北京市金融年鉴

ALMANAC
2013
OF BEIJING FINANCE
AND BANKING

《北京市金融年鉴》编辑部

（总第27卷）

中国金融出版社

责任编辑：赵天朗　陈争辉
责任校对：刘　明
责任印制：丁淮宾

图书在版编目（CIP）数据

北京市金融年鉴. 2013（Beijingshi Jinrong Nianjian 2013）/《北京市金融年鉴》编辑部. —北京：中国金融出版社，2014. 1
ISBN 978-7-5049-7249-1

Ⅰ. ①北…　Ⅱ. ①北…　Ⅲ. ①金融事业—北京市—2013—年鉴　Ⅳ. ①F832. 71-54

中国版本图书馆 CIP 数据核字（2013）第 308788 号

出版发行 中国金融出版社
社址　北京市丰台区益泽路 2 号
市场开发部　(010)63266347，63805472，63439533（传真）
网 上 书 店　http：//www. chinafph. com
(010)63286832，63365686（传真）
读者服务部　(010)66070833，62568380
邮编　100071
经销　新华书店
印刷　北京汇林印务有限公司
尺寸　185 毫米×260 毫米
印张　49
插页　12
字数　1048 千
版次　2014 年 1 月第 1 版
印次　2014 年 1 月第 1 次印刷
定价　80. 00 元
ISBN 978-7-5049-7249-1/F. 6809
如出现印装错误本社负责调换　联系电话（010）63263947
（内部发行）

2012年2月21日，北京市金融工作会议在北京国际饭店会议中心召开。

2012年5月30日，国家开发银行、农业银行北京市分行、中国银行北京市分行和中信银行总行营业部与北京市南水北调工程投资中心签署北京市南水北调配套工程东干渠项目55亿元银团贷款协议。

2012年2月25日，由北京市金融工作局主办、北京农商银行承办的“北京市农村基本金融服务村村通工程启动仪式”在怀柔区渤海镇北沟村举行，在启动仪式上北京市首家农村基本金融服务点正式挂牌营业。

2012年9月17日，建设银行北京市分行与北京首都农业集团有限公司签订银企战略合作协议，在未来3年至5年内，为北京首农集团提供60亿元意向性综合授信，用于支持包括北京首农安全农产品现代流通及应急保障体系建设在内的首农集团主营业务发展。

2012年10月30日，工商银行北京市分行等5家金融机构与中关村德胜科技园管委会签订战略合作协议。

2012年12月10日，招商银行北京分行与西城区人民政府签署战略合作协议。

2012年6月12日，上海浦东发展银行北京分行与中农集团种业控股有限公司签署10亿元综合授信战略合作协议。

2012年8月1日，北京市农村工作委员会、中国人保财险和北京银行携手支持首都“三农”暨镇域经济金融服务签约仪式在北京银行大厦举行。

2012年2月29日，华夏银行北京分行与在京商会、协会签署战略合作协议，大力支持小微企业发展。

2012年6月8日，交通银行北京市分行举办小微企业金融加速器合作项目启动仪式。

2012年8月，南京银行北京分行与阳光保险启动个人贷款保证保险战略合作。

2012年3月9日，工银瑞信基金管理有限公司与威灵顿管理有限责任合伙制公司签署《业务全面合作框架协议》。

2012年4月11日，浙商银行北京分行与福田汽车合作推出“福惠农·助业贷”项目。

2012年2月29日，平安银行北京分行与平安人寿保险公司北京分公司签订综合金融业务合作框架协议。

2012年9月28日，北京国际信托有限公司为门头沟区农村集体经济组织定制发行了针对农民拆迁款等个人财富及农村集体资产理财需求的专项信托产品——富民1号集合资金信托计划，募集资金1.6亿元。

2012年7月18日，由新华保险承接的“中国乡村儿童大病医保公益基金”在京启动。

2012年4月21日，北京银行与北京市医院管理局签署合作协议，共同推出“京医通”，全力支持北京公共卫生事业发展。

2012年4月17日，北京农商银行在新发地批发市场举行“小微企业金融服务宣传暨‘金凤凰掌上交易宝’发布会”。

2012年10月至2013年3月，北京市商务委员会、北京市财政局、人民银行营业管理部、北京银监局、中国银联北京分公司，以及在京24家中资商业银行举办“月刷卡、月中奖”2012年北京市刷卡促消费活动。

2012年5月26日至6月30日，人民银行营业管理部组织北京地区各中外资商业银行开展“北京市现金服务贴心工程”。

邮政储蓄银行北京分行举办创富大赛，为小微企业提供融资支持和服务。

2012年8月1日，北京市金融工作局会同北京保监局召开北京保险业“7·21”特大自然灾害保险善后服务工作会，通报全市保险理赔工作情况，部署下一阶段保险善后服务相关工作。

太平洋财产保险公司北京分公司业务人员查勘首都农业集团受灾倒塌的日光大棚。

北京农商银行在受灾地区开辟临时办公点，为农民提供基本金融服务。

华夏银行北京分行向遭受暴雨灾害最严重的房山区十渡镇捐款100万元。

中华联合财产保险公司北京分公司业务人员在通州南许场村查勘受灾现场。

新华人寿保险公司北京分公司为受灾客户提供上门理赔服务。

2012年4月11日，由北京银行发起设立的农安北银村镇银行股份有限公司揭牌。在开业仪式上，北京银行向农安县红卫小学捐助100万元，用于学校基础设施建设。

2012年2月8日，建设银行北京中关村分行开业。这是建设银行北京市分行在京设立的首家二级分行，旨在解决中小企业尤其是科技型小微企业融资难题。

包商银行北京分行在平谷区大华山村举办“包商银行送金融，服务‘三农’旺华山”农贷产品推介会。

大连银行北京分行启动绿色金融服务节。

北京银监局走访顺鑫农业创新食品分公司，了解企业发展和银行业金融服务情况。

邮政储蓄银行北京分行设立“三农”信贷专营机构，探索金融支农新模式。

渤海银行北京分行参加2012年中国国际金融服务展。

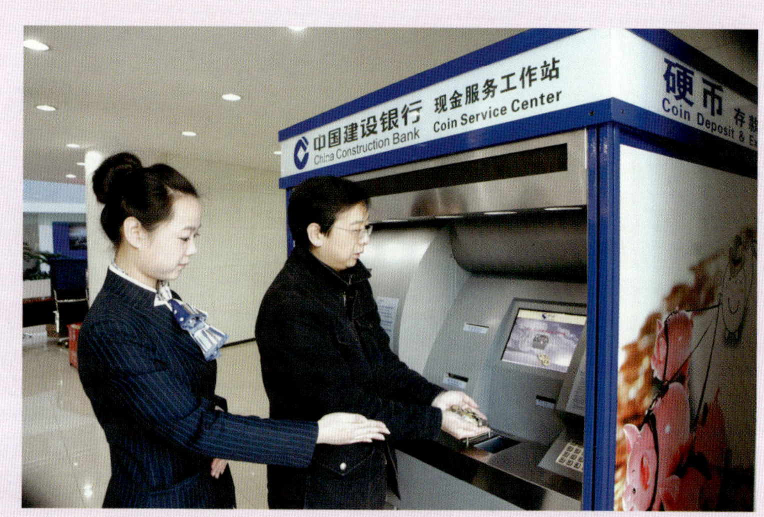

2012年11月9日，建设银行北京市分行在石景山支行营业大厅内布设了首台硬币自助存取款机。

华夏银行北京分行开通残障人士优先窗口，为残障人士提供专属金融服务。

北京“7·21”暴雨后，太平洋财产保险公司北京分公司在居民区设立服务站，方便客户咨询报案。

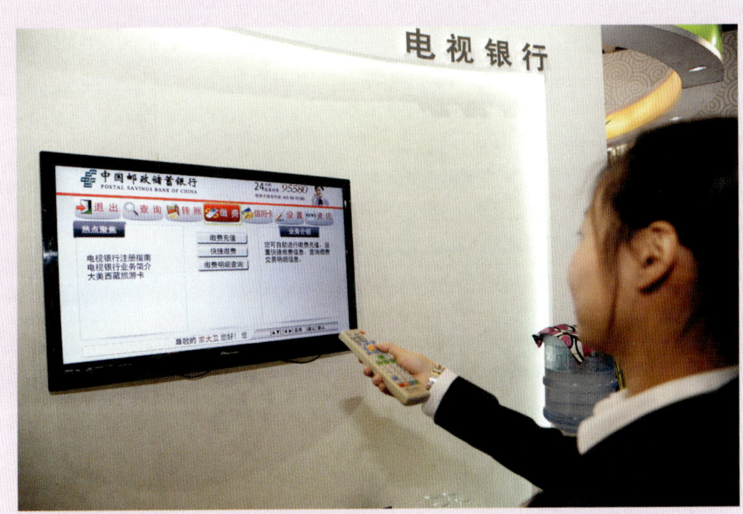

2012年12月28日，邮政储蓄银行北京分行上线电视银行，为首都市民提供便捷的金融服务。

2012年7月5日，广发银行北京分行推出“24小时智能银行”。

邮政储蓄银行北京分行开展小微企业金融服务宣传月活动。

天安保险公司北京分公司开展“3·15国际消费者权益保护宣传月”活动。

中国工商银行北京市分行开展“低碳生活 e路由你”手机银行宣传活动。

中国银行北京市分行举办“普及金融知识万里行活动”。

盛京银行北京分行员工走进社区开展反假货币宣传。

中信银行总行营业部、北京征信分中心、西城区金融办联合举办“信用北京行——信用记录关爱日专场”活动，为市民查询个人信用报告，宣传普及征信知识。

民生银行总行营业部向玉树州民族中学捐赠教学设备。

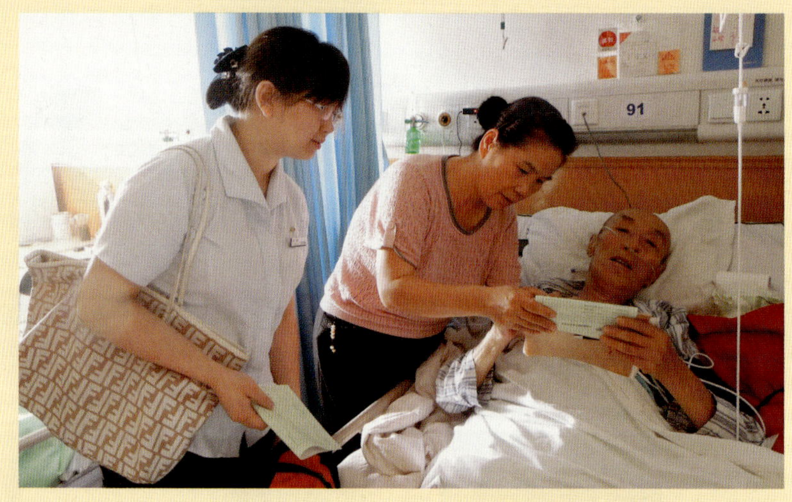

建设银行北京城建支行为住院老人提供上门服务。

太平人寿保险公司北京分公司向敬老院捐赠台球桌等物品。

进出口银行北京分行组织员工为北京“7·21”暴雨受灾地区捐款。

平安银行北京分行组织员工前往重庆市涪陵区李渡镇马鞍平安希望小学开展支教活动。

2012年6月25日，农业银行北京市分行举行全国文明单位揭牌仪式。

交通银行北京市分行与北京大学艺术学院、北京大学文化产业研究院联合举办“2012北京文化创意‘未来领袖’创业大赛”。

上海银行北京分行举办“第二届业务技能比赛”。

天津银行北京分行举办2012年综合业务知识竞赛。

宁波银行北京分行参加东城区红色旋律文化节。

盛京银行北京分行举办中国共产党成立九十一周年纪念活动。

江苏银行北京分行组织员工开展军训活动。

民生银行总行营业部组织员工进行拓展训练。

中国工商银行北京市分行举办第八届职工运动会。

太平洋人寿保险北京分公司举办第一届跳绳比赛。

《北京市金融年鉴》编辑委员会

《北京市金融年鉴》编辑部

编辑说明

一、《北京市金融年鉴》（以下简称《年鉴》）是北京市金融行业年鉴，是全面反映北京市金融运行、发展情况的资料性工具书。由中国人民银行营业管理部牵头，北京银监局、北京证监局、北京保监局、北京市金融工作局，60多家银行业、证券业、保险业机构以及10余家协会、商会、学会共同参与编写，《北京市金融年鉴》编辑部组织编纂，逐年出版。

二、本卷《年鉴》为总第27卷，主要记述的是2012年北京市金融业运行与发展情况、重大事件、活动及各金融机构贯彻执行国家金融政策，依法合规经营，防范和化解金融风险，改进金融服务，加强精神文明建设，支持首都经济增长目标的实现等方面所做的大量工作和面临的问题。

三、本卷《年鉴》收录的北京主要经济社会指标摘自《北京市统计年鉴》，金融统计资料由中国人民银行营业管理部、北京银监局、北京证监局、北京保监局提供。在使用中请注意统计口径的差别和适用范围。

四、本卷《年鉴》中各金融机构的排列顺序名次无高低之分。

五、本卷《年鉴》在编纂过程中得到北京市金融系统各单位的大力支持，在此表示衷心的感谢。

六、由于编纂水平有限，书中难免有缺陷和疏漏之处，诚请广大读者批评指正。

《北京市金融年鉴》编辑部

2013年9月

目　　录

一、形势综述

二、市场运行

三、发展与监管

四、服务与管理

五、机构业务综述

金融管理机构

金融机构

六、文件与规章

北京市金融工作局　中共北京市委宣传部

中国人民银行营业管理部

中国人民银行营业管理部　国家外汇管理局北京外汇管理部

七、专题与调研

八、统计资料

（三）金融机构业务统计

（四）机构、人员统计

九、大事记

十、附　　录

（一）北京市金融机构名录

(二) 机构简介

（三）协会、商会、学会活动简介

（四）2012 年度北京市金融系统先进单位、先进个人名录

一、形势综述

关于北京市2012年国民经济和社会发展计划执行情况与2013年国民经济和社会发展计划草案的报告

——2013年1月22日在北京市第十四届人民代表大会第一次会议上

北京市发展和改革委员会

各位代表：

受市人民政府委托，现将北京市2012年国民经济和社会发展计划执行情况与2013年国民经济和社会发展计划草案的报告提请市第十四届人大第一次会议审议，并请市政协各位委员提出意见。

一、2012年国民经济和社会发展计划执行情况

在党中央、国务院和中共北京市委的坚强领导下，全市上下坚决贯彻落实党的十八大和市十一次党代会精神，紧紧围绕主题主线要求，坚持稳中求进的工作总基调，坚持宏观调控和主动调控，努力克服外部环境变化、内部调整转型与自然灾害叠加等不利影响，在创新转化、结构调整、城市管理、生态环境、改善民生等领域积极求进，全市经济运行平稳向好，结构调整扎实推进，城市功能不断提升，民生明显改善，社会和谐稳定，年度重点任务和主要目标圆满完成。

（一）经济发展平稳协调质量提升

积极应对内外需求放缓与主动调控影响的双重压力，坚持把稳增长放在更加突出的位置，切实加强综合经济调度，出台稳增长调结构惠民生系列政策，努力增强内生增长动力，实现经济运行“转中趋稳、稳中向好”。地区生产总值增速逐季回升，初步核算全年经济总量达到1.78万亿元，增长7.7%，完成年度计划目标。其中，服务业和工业增加值分别增长7.8%和7%，服务业稳定器作用更为突出；全社会固定资产投资和社会消费品零售总额分别达到6 462.8亿元和7 702.8亿元，分别增长9.3%和11.6%，消费主导趋势更加巩固；质量效益稳步提升，地方公共财政预算收入增长10.3%，城乡居民收入分别实际增长7.3%和8.2%；价格水平和就业形势总体稳定，居民消费价格指数上涨3.3%，城镇登记失业率为1.27%；万元地区生产总值水耗下降5.72%，预计万元地区生产总值能耗和二氧化碳排放量分别下降4%和4.5%左右，空气中主要污染物浓度平均下降3.8%。

（二）经济调整转型取得新成效

把调结构、促创新作为发展方式转变的主要着力点，内需拉动、创新驱动、高端引领的发展格局渐趋形成。

内需结构不断优化。消费主导作用更加突出。节能家电推广、家具以旧换新等促消费政策陆续实施，多元化消费需求加快释放。一批特色街区和品牌消费区域加快形成，电子商务、信用消费等新型消费方式发展迅猛，批发零售企业网上零售额增长近1倍。本市成为国际品牌购物首选地之一，国际知名品牌100强中已有90家落户。投资支撑效果增强。建筑安装工程投资占全社会投资比重稳步提高，基础设施投资同比增长27.8%。制定促进民间投资实施细则，研究公共领域市场化建设试点方案，推进地铁14号线等一批引入社会资本的试点项目。房地产调控政策效果显现，价格保持稳定，房地产投资继续向保障居住转移，政策性住房投资增长14.9%。与此同时，外经外贸转型发展。本市服务贸易额占全国的五分之一，继续保持国内领先地位。新认定跨国公司地区总部15家，累计127家，其中世界500强企业地区总部84家。全市进出口总额4 079.2亿美元，实际利用外商直接投资80.4亿美元，同比增长14%。企业“走出去”步伐明显加快，全市境外直接投资额同比增长46%左右。

创新驱动势能加速积累。科技创新活力增强。全市科技创新大会召开，加快首都创新体系建设的意见发布实施。中关村“1+6”政策效果显著，扩区方案获得国务院批复，建设国家科技金融创新中心的意见发布实施，园区企业总收入2.45万亿元，增长25%。统筹100亿元政府资金，集中支持了243个重大科技成果产业化和产业统筹项目，支持设立了物联网、数字内容服务等5只战略性新兴产业创投基金；完成政府采购推广应用新技术新产品80亿元，力度明显增大；认定37个市级工程研究中心和70个工程实验室，实现八大战略性新兴产业全覆盖，全市技术交易额2 048.6亿元，增长61.5%。中关村科学城12所高校完成产业技术研究院组建并投入运营，未来科技城神华、商飞一期项目率先竣工入驻，国家蛋白质重大基础设施等项目开工。文化创新蓬勃兴起。本市被联合国教科文组织授予“设计之都”称号，中关村成为首批国家级文化和科技融合示范基地，趣游、中文在线等一批文化科技型企业加速成长。统筹100亿元文化创新发展资金，集中支持首都核心演艺区、国家广告产业园等文化功能区及重点项目建设，文化创意产业收入增长10.3%。首届中国艺术品产业博览会、第二届北京国际电影节、2012北京国际设计周成功举办，首都文化影响力不断提升。文化惠民力度进一步加大，首都图书馆新馆等公益文化设施建成开放，组建六大文化联盟，推出百余项惠民措施。文化体制改革稳步推进，国有文化资产监督管理办公室成立，中国评剧院等3家文艺院团成功转企改制。

高端引领能力不断增强。制造业高端引领态势更趋明显。高技术制造业增加值增长11.3%，高于工业平均水平4.3个百分点，其中电子信息、生物医药分别增长9.9%和14.9%。生产性服务业支撑更加稳固。首届国际服务贸易交易大会等重大活动成功举办，金融、商务服务、信息服务等发展态势较好，教育培训、健康医疗、文体娱乐等新兴人文服务业收入增长10%以上。世界草莓大会、食用菌大会顺利举办，会展农业、设施农业、观光农业态势良好。六大高端产业功能区承载了全市约六成投资和四成增加值，金融街积极承接全国性场外交易市场落户，商务中心区（CBD）14个项目加快推进，临空经济区国家对外文化贸易基地开工建设，亦庄一批重大科技成果产业化项目相继落地，丽泽累计入驻企业122家。

（三）城市运行承载和服务保障能力

进一步提升

紧扣交通治堵、空气质量、安全运行、能源资源和生活必需品保障等关键领域及市民关心的热点问题，集中实施一批重点工程，积极创新体制机制，城市建设管理和服务取得新提升。

交通拥堵治理力度加大。全面落实交通治堵年度任务。地铁6号线一期等4条轨道交通线路投入试运行，新增运营里程70公里，累计442公里，在建里程达190公里，2012年是中心城开通运营里程最多、效果最明显的一年。宋家庄和四惠综合交通枢纽投入运营，换乘更加便利，打通中心城6条微循环道路，有效改善了区域交通出行条件。大灰厂东路、梅市口路西延主体工程完工，长安街西延等主干道路加快推进；北京新机场、轨道交通加密版规划获国家批准，京张城际、丰台火车站等重大项目前期工作加快推进；出台城六区居住区停车设施建设支持政策，新增车位3.5万个，中心城公共交通出行比例达到44%，比上年提高2个百分点。

城市运行保障能力增强。水电气热等城市生命线实现安全稳定运行。西南热电中心主体工程建设完成，东北、西北热电中心开工建设，居民阶梯电价和天然气价格调整平稳实施。南水北调配套工程全面推进，建成南干渠和大宁调蓄水库主体工程，开工建设东干渠、团城湖和亦庄调节池以及郭公庄水厂和第十水厂。建成清河再生水厂主体工程，完成北小河、吴家村再生水厂调试并实现通水，中心城新增再生水生产能力23万立方米/日，累计再生水生产能力达到57万立方米/日，全年可生产高品质再生水1.5亿立方米。积极应对“7·21”特大自然灾害，按时建成10万平方米安置房，迅速启动水毁应急修复工程，20处立交桥区积水治理和34条中小河道治理工程加快推进，500公里供排水管网改造加紧实施。稳步推进“菜篮子”工程，新发展基本菜田3万亩，增加外埠蔬菜供应基地4万亩，加强货源组织调度，粮油肉蛋菜等生活必需品供应充足、价格总体平稳。

（四）城乡区域协调发展步伐加快

《北京市主体功能区规划》发布实施，四类功能区差异化协调发展基础得到巩固。

新城发展和新农村建设不断深入。进一步落实聚焦通州战略，副中心“一核五区”发展规划基本完成，核心区建设步伐加快，富华水乡、国家大剧院舞美基地等一批大项目相继落地。顺义综合保税区、地理信息产业园、中航工业等重点园区和项目加快推进，现代三工厂建成投产。昌平未来科技城、科技商务区（TBD）等重点区域建设进展顺利。大兴积极谋划和推进亦庄扩区和新航城建设。房山克服特大自然灾害影响，推动高端制造业产业基地等重点园区建设。门头沟、怀柔、平谷、密云、延庆等区域性新城主体功能进一步彰显。42个重点镇建设有序推进。小城镇发展基金首批合作项目开工建设，区县小城镇污水处理设施“打捆”引进社会资本试点项目顺利实施。新型农村社区试点建设稳步推进，“三起来”工程深入实施，山区农户搬迁进展顺利。

城南行动计划与西部转型扎实推进。城南行动计划第一阶段任务圆满完成，城南地区发生了重大而深刻变化，全社会投资三年间年均增长18.6%，高出全市8.1个百分点。园博湖和园博园湿地工程建成，京石客专通车，城南基础设施、公共服务、生态环境和产业基础全面提升。制定落实西部地区转型发展年度计划，成效初步显现，2012 年投资增长 16%，高于全市 6.7 个百分点。“一核、两区、三带”产业发展格局初步形成。石景山国家服务业综合改革试点区加快建设，永定河城市段治理完成，房山、门头沟深入推广一企一镇合作模式，斋堂等旅游集散镇发展态势良好，门头沟棚户区三年改造任务全面完成。

（五）生态建设与环境治理取得明显成效

坚持生态惠民理念，全力聚焦“绿色北京”建设，城市环境质量再上新台阶。多措并举改善大气质量，积极回应社会重大关切，建成 35 个 $PM_{2.5}$监测站，实现实时监测。大尺度城市森林体系加快构建。平原造林完成 25 万亩，营造千亩以上大尺度城市森林 51 处，一批新城滨河森林公园和郊野公园建成并免费向市民开放。京津风沙源治理一期工程全面收尾，全市林木绿化率、森林覆盖率分别达到 55.5% 和 38.6%，比上年提高 1.5 个和 1 个百分点。优化调整能源结构，完成 2 600 蒸吨燃煤锅炉清洁能源改造和 2.1 万户东西城区非文保区煤改电，全市压减燃煤 70 万吨。淘汰老旧机动车 37.7 万辆，第五阶段油品标准正式实施，关停退出高排放企业 200 余家。实施全民节能行动计划，强化三级“双控”机制，推进碳排放权交易试点工作和合同能源管理，内涵促降机制加快形成。全年二氧化硫、氮氧化物、化学需氧量和氨氮排放量预计分别下降 5%、6%、2%、2% 左右。城市水环境得到改善，通惠河、马草河等中心城区河道治理加快实施，永定河、北运河、潮白河三大流域水系综合整治全面推进。垃圾资源化水平不断提升，鲁家山焚烧厂开始设备调试，南宫焚烧厂开工建设，新增 600 个小区垃圾分类达标试点，新建再生资源回收站点 300 个，全市生活垃圾资源化率达到 45%。

（六）社会建设与民生保障持续增强

立足民生改善，优化公共服务配置，统筹社会发展政策，惠民效果不断增强。就业和社会保障工作不断加强。就业形势平稳，城镇新增就业 43.9 万人，帮助 12.57 万名就业困难人员实现就业，实现 6.66 万名农村劳动力转移就业。社会保险覆盖范围继续扩大，城镇职工基本养老、基本医疗等五项保险参保人数保持稳定增长。有序推进社保制度统一，实现市级公费医疗与职工基本医疗、农民工社会保险与职工社会保险并轨。企业退休职工基本养老金、最低工资、失业保险金等社保待遇标准稳步提高。基本公共服务水平进一步提升。学前教育三年行动计划全面实施，新增幼儿园学位 2.4 万个，中小学建设三年行动计划正式启动。天坛医院迁建工程、同仁医院北京经济技术开发区院区项目加快推进，密云、怀柔等 4 个区域性医疗中心加快建设。友谊、朝阳等 5 所医院医药分开试点效果良好，鼓励社会资本举办医疗机构政策发布实施，医药卫生体制改革工作得到中央肯定。631 个基层社区用房建设全面实施，“六型社区”、“一刻钟社区服务圈”加快建设，社会管理创新加快推进。各项惠民举措取得实效。保障房建设任务超额完成，建设收购 16.3 万套，竣工 8 万套，配租配售步伐不断加快。朝阳、大兴等区县养老设施加快建设，推进 100 个居家养老管理服务中心试点，全市新增养老床位 1 万张。实施老旧小区综合整治超过 1 500 万平方米，超额完成农民住宅抗震节能改造两年20万户目标。91个老旧小区约13万户居民实施配电设施升级，完成140个小区约300公里老旧供热管网改造。城乡结合部综合配套改革继续深化，50个重点村就业、社保、社区化服务快速跟进，延庆、密云农村阳光浴室基本实现全覆盖。实施送气下乡工程，解决了房山、门头沟小煤窑关闭区域约8万户用能问题。

总的来说，在国内外形势复杂、内外需求同步放缓与本市主动调控转型的叠加影响下，全市经济社会实现了平稳健康发展，成绩来之不易，但发展中存在的一些矛盾和问题也需要高度关注。一是经济回稳向好的基础仍不牢固，转型调整过程中新动力、新增长点培育亟待加强。二是在市场需求放缓、经营成本上升等多重影响下，部分实体经济特别是中小企业经营压力依然较大。三是人口资源环境矛盾依然突出，经济社会发展与城市功能还不协调，统筹做好新阶段下特大型城市的规划、建设、管理、运营和服务工作压力较大，特别是市民关心的交通出行、生态环境、城市管理等问题的解决还需付出更加艰苦的努力。

二、2013年经济社会发展计划初步安排

2013年是全面贯彻落实十八大精神的开局之年，是实施“十二五”规划承前启后的关键一年，转方式、调结构、惠民生、促改革责任重大，任务艰巨，机遇与挑战并存。

（一）发展环境总体判断

一方面，实现经济持续健康发展具备一系列有利条件。（1）党的十八大和市十一次党代会胜利召开，提出了全面建成小康社会的宏伟目标，为首都未来发展指明了方向，凝聚了意志，提振了信心，调动了各方面加快科学发展的积极性。（2）国家近年来实施的稳增长、促转型政策措施，累积效应将继续显现，工业化、信息化、城镇化和农业现代化深入推进，有利于激发经济发展的活力和动力，进一步提升增长的质量和效益，为本市发展营造更好的外部环境。（3）科技创新、文化创新成为国家发展战略的核心，有利于首都科技、文化资源在服务于国家战略中，加速释放市场优势、总部优势、服务优势。（4）“营改增”试点、中关村扩区、全国性场外交易市场落户、新机场建设等重大政策和重点项目落地，为首都发展提供了新的重大机遇。（5）首都城镇化进入优化发展期，新兴区域建设势头良好，新城、重点镇以及重点产业功能区积累的效能将持续释放。（6）经济体制改革不断深化，将使体制机制迸发更大活力，为首都实现科学发展提供强大动力。

另一方面，发展中存在一些问题和挑战需要积极应对。（1）世界经济低速增长态势仍将延续，主要经济体需求疲弱，各种形式的贸易保护主义明显抬头，潜在通胀和资产泡沫压力较大，世界经济进入深度转型调整期。（2）国内经济企稳回升的基础尚不稳固，企业生产经营仍比较困难，提升产业发展质量和效益的任务还比较艰巨，发展中不平衡、不协调、不可持续的问题依然突出。（3）外部经济形势仍然复杂，本市正处于经济转型的关键时期，企业生产经营成本上升和创新能力不足问题并存，新增长点培育和新区域崛起尚需时日。（4）特大型城市的人口资源环境约束进一步强化，通过改革创新破解城市发展难题日益紧迫。（5）在新的阶段，人民群众对优质公共服务、居住环境、文化生活和社会管理等方面提出了新的更高要求，服务市民、服务社会的能力需进一步提高。

总体判断，2013年首都发展面临的机遇大于挑战，我们既要坚定发展信心，又要树立“紧运行”意识，保持清醒头脑，迎难而上，奋力开拓首都发展的新局面。

（二）发展计划安排的总体思路

深入贯彻落实党的十八大、中央经济工作会和市十一次党代会精神，紧紧围绕主题主线，以提高经济增长质量和效益为中心，坚持经济发展与城市功能相协调，坚持发展方式与首都人口资源环境相适应，坚持城市发展与满足人民群众对美好生活的新期待相统一，着力提升“四个服务”功能，着力推进科技文化创新“双轮驱动”，着力加快生态文明建设，着力保障和改善民生，着力深化改革开放，实现经济持续健康发展和社会和谐稳定。

2013年工作安排的主要原则是：一要更加注重科技创新和文化创新，强化需求导向和企业主体地位，突出抓好高端产业功能区建设，进一步强化其作为首都经济主要承载地的功能定位，持续增强首都经济的动力、竞争力和影响力。二要更加注重统筹城乡区域发展，重点推进城区与郊区、中心城与新城、城南与城北等协调发展，在更大范围内统筹人口资源环境、产业布局和城市功能，促进经济社会发展与城市服务功能相协调，推动城市可持续发展。三要更加注重生态文明建设，让森林走进城市，让空气和水更加清洁，走资源节约、绿色发展道路，为市民生产生活创造更加宜居、美好的环境。四要更加注重解决好市民最关心最直接最现实的利益问题，使经济发展、城市功能与市民需求更加契合，让人民群众生活得更幸福。五要更加注重体制机制创新和对外开放，重点处理好政府与市场的关系，统筹国内、国外两个市场，在更高水平上推动首都科学发展。

（三）2013年经济社会发展主要目标初步安排

——地区生产总值增长8%左右；

——城镇居民人均可支配收入和农民人均纯收入实际增长7.5%左右，比2012年计划目标提高了0.5个百分点；

——居民消费价格指数控制在104%左右；

——城镇登记失业率控制在2%左右；

——地方公共财政预算收入增长9%；

——万元地区生产总值能耗和二氧化碳排放量分别下降2%以上和2.5%以上，水耗下降4%以上；

——空气中主要污染物浓度平均下降2%。

三、实现2013年经济社会发展计划的主要措施

（一）发挥创新驱动和高端引领战略优势，加快转变经济发展方式

坚持首都经济发展方向，聚焦高端产业功能区建设，推动科技文化创新，打造优势产业集群，增强发展内生活力和动力，实现有质量、有效益、可持续的发展。

突出抓好高端产业功能区建设，增强对全市经济的支撑能力。把“两城两带、六高四新”作为首都经济的主要承载地，注重要素集聚、政策集成、资源集约，着力提升高端产业功能区科学发展水平。

（1）切实加快拓区建设，增强经济要素集聚力。加快中关村、金融街、商务中心区（CBD）、亦庄等新扩区域的土地、规划等前期工作，注重完善基础设施和公共服务配套，进一步拓展高端产业发展空间，增强集聚优质要素的能力。（2）突出主体功能，促进差异化协调发展。强化重大项目市级统筹机制，引导优质要素资源按照功能区定位分类集聚，更加注重存量资源调整和置换升级，增强园区定向吸引能力，持续培育特色鲜明、功能互补的功能区体系。（3）创新园区运作模式，提升服务管理能力。围绕龙头企业和重点项目做好产业链配套，围绕功能定位做好园区的生活和服务配套。完善园区投入产出考核评价体系，促进资源集约利用。创新园区发展模式，鼓励园区自主建设持有产业地产，增强招商选资的灵活性。鼓励园区发现价值企业进行股权投资，提高资本运作能力。鼓励园区在更高水平、更深层次加强与国际同质园区的战略合作与交流，提升运营管理水平。

切实提高“两个100亿”专项资金使用效益，强化科技与文化创新双轮驱动。（1）切实把科技创新放在首都发展全局的核心位置。服务好国家创新战略，依托“部市会商”平台，统筹利用好首都创新资源，争取国家重大科技基础设施落地，推进国家科技重大专项建设，切实提高协同创新能力。深化中关村“1+6”先行先试政策试点，争取文化科技融合企业认定等5项新政策试点。抓紧实施中关村扩区规划，新增区域要在规划上落地、政策上覆盖。在支持培育大型企业集团的同时，更加重视服务市场前景好、创新能力强的中小企业。强化企业创新主体地位，继续布局和建设一批工程（技术）研究中心、工程实验室和企业技术中心。科学统筹使用好重大科技成果转化资金，健全统筹安排、公开公示和效益评价机制，聚焦重点领域和关键环节，重点支持关键核心技术突破、重大科技成果转化以及物联网等示范应用工程。坚持支持研发与提供市场并重，进一步扩大政府采购新技术、新产品的规模和领域。创新政府资金支持方式，注重发挥引导放大作用，综合运用投资平台、股权投资、补助贴息、共享知识产权等方式支持企业成长。积极发展科技金融，争取在科技商务、生物医药、移动互联等领域新设若干只产业创投基金。深化军民融合发展，推进蓝鲸园等一批产业基地建设。（2）充分发挥文化创新引领带动作用。统筹使用好文化创新发展资金，支持重点文化集聚区和重大文化项目建设，支持文化企业转企改制，支持政府购买文化产品和文化惠民服务，支持设立文创股权投资基金、小额贷款公司和担保公司。深化文化体制改革，推动文化企业跨领域、跨所有制重组，服务和承接好中央转企改制资源。进一步放开市场准入，制定出台引导民间资本投资文化创意产业的鼓励政策，满足市民多层次、多样化的文化需求。提升文化集聚区承载力，加快建设首都核心演艺区、国家音乐产业基地等特色文化功能区。以国际电影节、国际设计周、文博会、艺博会等品牌文化活动为重点，拓展传播渠道，增强首都文化影响力。

把生产性服务业作为提升首都服务功能的重要支撑。发挥首都市场优势、信息优势、人才智力优势、科技文化优势，壮大提升生产性服务业。抓住新兴金融功能区建设、全国性场外交易市场落地机遇，进一步完善首都金融服务功能，完善金融生态，吸引新机构，培育新业态。切实发挥“营改增”试点、石景山国家服务业综合改革和中关村现代服务业试点作用，提升“北京服务”品牌影响力。

加快将旅游业发展成为重要的支柱产业。适应旅游需求新变化，整合“吃住行游购娱”等要素，规划建设集产业集聚、资源整合、辐射带动等功能于一体的大型旅游休闲功能区，打造西山文化、燕山生态、长城沿线、五彩浅山、京北山区生态休闲环等一批各具特色的旅游带，加快延庆国家旅游综合改革试验区建设。加快融合传统文化和国际时尚文化元素，建设一批具有旅游体验功能的特色街区。在新城布局大型旅游综合体。着力打造颐和园等景区驻场演出，发挥奥林匹克5A级景区辐射带动作用，推进昌平国家大马戏院建设。

把非基本公共服务业作为拓展首都服务业的新增长点。满足人民群众对优质公共服务日益增长的多样化需求，推进非基本公共服务市场化和产业化。研究制定政府购买服务实施方案、行业服务标准和准入标准，研究设立产业引导基金，鼓励社会资本以直接投资、委托经营、公私合营等方式进入医疗、培训、养老等领域。

着力培育壮大具有竞争优势的特色制造业产业集群。抓住国家实施“宽带中国”战略的机遇，完成TD－LTE规模试验网络建设，推动下一代互联网、三网融合、移动互联、新一代移动通信发展，做强新一代信息网络集群。依托北斗卫星、北京二号遥感小卫星，加快发展位置导航、授时服务、遥感产品和应用服务，构建卫星应用产业集群。依托蛋白质国家基础设施、生物医药基地、中关村生命园等建设，做强生物医药产业集群。发挥特大型城市运行管理服务优势，在节能减排、垃圾和污水处理等领域，创制标准，发展系统和技术集成商，培育节能环保产业集群。立足自身需求、放眼全国市场，整合车辆装备、磁悬浮技术、地铁信号系统、地铁管理运营等优势资源，打造轨道交通产业集群。加快新能源和新能源汽车的研制和示范应用，提升集成电路芯片和专用装备设计制造水平，加强高端装备制造业企业研发设计和技术服务能力，高度关注新材料、通用航空、3D打印、绿色印刷等一批潜力领域，培育壮大应用和服务市场。

统筹用好各类要素资源，为首都发展提供坚实支撑。（1）加快市属国有资本有序进退，促进战略重组。退出一般性竞争行业，为民间资本拓展投资空间。制订专项推进计划，坚持有进有退，把置换出的国有资源集中投向符合首都定位、支撑未来发展的汽车制造、电子信息等战略性重点领域。（2）高度重视总部经济发展。在服务各类在京总部企业过程中实现城市自身更好发展。研究进一步促进总部经济发展的意见，吸引各类企业总部落户，鼓励将财务、研发、采购、营销等功能纳入总部，促进总部实体化发展。提升金融街金融总部、商务中心区（CBD）跨国公司地区总部、北京经济技术开发区高端制造业总部等聚集功能，推进世界华商中心、侨资、民资总部建设，促进总部特色化聚集。（3）切实为企业在京发展做好服务。树立服务为先理念，完善市区统筹服务机制，为符合城市功能定位的各类市场主体在京注册、投资、运营、发展等提供全过程高质量服务，为各类资源平等使用生产要素、公平参与市场竞争创造良好环境。

（二）坚持扩大内需战略，促进首都经济持续健康发展

抓投资促消费，进一步巩固投资与消费相互促进的内需拉动格局。

进一步强化消费拉动的基础性作用。发挥特大型城市市场优势，坚持供给与需求同向升级，提升功能与优化布局并举，增强消费拉动作用。（1）扩大新兴消费供给。积极培育与市民追求高品质生活相适应的健康养老、教育培训、文化娱乐、旅游休闲业发展，增加和丰富服务性消费供给。在继续提升群众基本消费需求供给基础上，培育特色消费和高端消费。持续吸引和培育有国际影响力的品牌展会和体育赛事，完善大型会展旅游设施周边商业环境，鼓励发展快捷连锁酒店和乡村连锁酒店，促进旅游消费。（2）优化消费功能布局。深入挖掘中心区文化内涵，优化西单、前门、王府井等具有百年历史消费街区环境，提升老字号品牌影响力，培育什刹海、南锣鼓巷等特色休闲文化街区，打造24小时休闲消费区域。加强新城商业布局规划，引导新增项目优先向新城集聚，鼓励社会力量建设一批大型商业和旅游综合体，培育一批有影响力的新消费商圈。鼓励品牌连锁商业企业加快向乡镇布局。（3）释放潜在消费需求。落实家电节能补贴、家具以旧换新等促消费政策，带动居家消费和便民消费。深入研究、不断释放72小时过境免签政策效果，培育定制服务供给环节，吸引境外消费。支持电子商务发展，进一步完善配送体系，提高支付本地化程度，积极扩大网上消费。支持小额消费信贷公司发展，鼓励信用消费。（4）加强消费预期引导，优化消费环境，增强消费信心。

进一步巩固投资支撑的关键性作用。保持投资合理增长，发挥投资对稳定经济增长、提升城市功能、促进民生改善的关键作用。（1）把扩大社会投资作为首要任务。落实国家鼓励引导民间投资实施细则和本市配套办法，以特许经营为主要方式，完善土地、规划、价格、补贴等配套政策，鼓励社会资本参与轨道交通、污水处理、垃圾处置、医疗、养老等领域投资和管理。继续坚持房地产市场调控政策不动摇，保持首都房地产市场平稳健康发展。（2）提高政府投资的引导放大作用。保持政府投资合理增长，集中力量、分阶段、系统性解决一批重大问题，重点支持完善城市功能、优化城市布局、提升生态文明、承载高端业态、增加基本公共服务供给的项目建设。通过资本金注入、设立基金、购买服务、补助贴息等方式，切实增强引导放大作用。（3）着力增强融资能力。坚持部门联动、市区联动，对接重大融资需求，编制落实重点领域融资计划。加强市区两级融资平台建设，落实轨道交通融资机制，完善和建立市级公路、区县中小河道治理等投融资平台，重点规范一批承担重大建设任务的区县融资平台。积极争取中央各类支持资金，扩大金融机构在京信贷规模，通过债市、股市、信托、保险债权投资计划等扩大直接融资。（4）进一步完善投资服务促进机制。全方位为社会投资落地做好服务。扩大重点工程管理规模，在重大项目上争取国家支持，加快京张城际、丰台火车站改扩建和陕京四线等项目推进。加强投资调度，把握时序，坚持保续建、保竣工、保重点，推动重大项目建设。更加重视投资绩效管理，加强项目稽查，提高投资效率。

（三）优化提升中心城功能，有序解决城市发展难题

做好首都“四个服务”，以更大的决心和毅力，务实有序解决交通、人口、环境难题，提升中心城综合服务功能。

系统谋划和治理中心城交通拥堵。严格落实好交通综合治理方案，制订年度工作计划，加大考核督察力度，努力为市民提供安全便捷舒适的出行环境，中心城公共交通出行比例达到46%。（1）大力提升中心城轨道交通承载力。集中力量加快中心城区轨道交通建设，克服困难，综合调度，协调推进，全面加快已开工线路建设，建成14号线西段等3段线路，新增通车里程24公里，总运营里程达到466公里。开工建设地铁8号线三期、地铁16号线和地铁6号线西延，实现规划2015年建成通车线路全面开工，确保规划目标实现。抓紧编制并上报2020年版轨道交通建设规划。继续实施地铁安全消隐、扩能改造工程，加强运行调度，在保障安全前提下，合理提升既有线路运载能力。（2）加快构建立体化公交换乘体系。切实改善轨道与地面交通接驳换乘条件，开工建设苹果园等综合交通枢纽，改造提升三元桥、德胜门等重点地区换乘设施，提高换乘效率。优化公交线网布局，减少长距离穿城线路。结合轨道交通站点布局，在四环外新建10处P+R停车场，缓解中心城交通压力。增加连接社区和地铁的“袖珍公交”数量，提高组织化和便利化程度。（3）提高城市交通疏导能力。实施30公里微循环道路加密工程，改善西直门、崇文门等地区交通状况。积极推动小区和单位合作错时停车，在重点区域、医院学校和老旧小区新建改造一批停车设施。加快建设京昆、京新、京台高速等11条交通疏解通道。（4）大力优化城市慢行系统。按照安全优先、路权优先原则，在中心城重点地区建设自行车出行示范区，完善公共租赁自行车网络，提高管理效率和便利化程度，增强绿色出行吸引力，逐步让自行车回归城市。（5）强化服务管理提升效率。加强物联网在交通管理中的应用，建设1 700处智能交通信号灯，提高易堵路口和交通节点通行效率。提高交通指挥中心信息发布平台的可及性和便利性，培养市民自觉使用交通信息的意识，引导车辆均衡出行。积极回应市民关切，系统研究解决方案，切实采取有效措施，缓解打车难等问题。

大力优化提升中心城功能。坚持“限、调、疏、改、增”多措并举，优化提升中心城功能。（1）坚决落实“四严”要求。实行最严格的规划、土地、投资等项目源头管理，明确责任，严格控制旧城区新建住宅开发，严格控制大型公建，严格限制医疗、行政办公、商业等大型服务设施新建和扩建，严格禁止疏解搬迁区域的人口再聚集。（2）有序调整一批不符合城市发展要求的功能。支持有条件的批发市场主动转型，逐步引导四环内低、小、散等商品批发市场有序调整。适应城市发展需要，研究长途客运站布局调整和线路优化。（3）推进公共服务功能向新城疏解。严控中心城区医疗、文化等大型公共服务机构就地扩张，引导新增资源向城市副中心和其他重点新城转移。加快建设良乡、沙河高校园区，扩建同仁医院北京经济技术开发区院区，推动大型医院康复服务机构在新城布局。（4）创新旧城开发改造模式。加强历史文化名城整体保护，实施钟鼓楼、地安门、前门东区等文保区修缮改造，为中轴线申遗创造条件。统一规划、明确标准、突出特色，探索在不改变用地性质的情况下，鼓励社会力量参与旧城改造，参与名人故居、四合院、会馆、历史宗教建筑修缮保护，使老区焕发新活力。适度集中规划中心城人口对接安置区域，高水平建设居住、绿化及配套公共服务设施。（5）增加城市亲民便民功能。高标准建设南护城河8公里滨水绿廊，形成二环亲水绿带。实施城区“见缝插绿”，推进社区绿化，提升100条胡同街巷绿化美化水平，满足市民亲绿需求。规划建设一批区位近、品位高、消费低的文化体育休闲场所。提升生活性服务业经营水平，加快培育组织化、品牌化、连锁化便民企业，通过品牌服务进社区，逐步替代服务水平较低的小餐饮、小网吧等。

（四）着力优化城市空间布局，促进城乡区域协调发展

落实国家积极稳妥推进城镇化的战略部署，走集约、智能、绿色、低碳的新型城镇化道路。落实本市主体功能区规划，统筹新城、重点镇和新农村建设，加快薄弱地区发展，加快形成城乡一体、多点支撑、特色突出的区域发展新格局。

全力推进城市副中心建设。将通州副中心建设与中心城功能疏解紧密结合，围绕承载城市新阶段的新功能和中心城区优质资源扩张的高端功能，强化市级统筹，研究制定土地、投融资等支持政策，加快建设符合首都城市空间布局战略调整和人口资源环境协调发展的城市副中心。积极发展医疗健康等非基本公共服务业、高端商务、文化旅游、现代物流等主导产业，引导侨商总部、艺术品交易中心、央视文化创意产业园等项目落地建设。坚持以城促业，适度超前、高标准配套基础设施、公共服务和生态环境，按照“一核五区”布局，优先加快建设3平方公里核心区起步区，集中支持广渠路二期、壁富路、通州水厂、北环环隧等重大基础设施建设，加快建设潞河医院、新华医院、中国人民大学、北京电影学院、国家大剧院舞美基地等公共服务项目，支持高碑店污水处理厂升级改造、湿地公园等一批生态提升项目，不断增强副中心的吸引力。

大力提升城市化水平。把新城、重点镇作为首都城市化战略的重要节点，加快城乡结合部和新农村城乡一体化发展。（1）提升综合性新城区域带动和综合服务功能。实施顺义天竺综合保税区、新国展二期等重点功能区建设。支持大兴—亦庄扩区建设，融合发展，超前谋划新航城。突出昌平科教特色，推进未来科技城和北京科技商务区（TBD）建设。增强房山与中心城的联系，加快高端产业园区和京良路等跨区通道建设。提升门头沟、怀柔、平谷、密云、延庆等区域性新城发展水平，带动区域城市化。（2）大力提升重点镇建设水平。出台加快重点小城镇发展意见，发挥小城镇发展基金的支持带动作用，鼓励支持央企、民企和市属国企等各类资源参与重点镇整体建设，鼓励社会资本以“打捆”方式建设运营小城镇基础设施和公共服务设施。（3）积极推进城乡一体化。持续推进城乡结合部建设，延伸城市建设管理和服务机制。大力改善农村生产生活条件，实施山区人口除险搬迁和农宅抗震节能工程，推进住宅安全化建设。实施11个市级新型农村社区建设试点，推进村庄社区化管理。大力发展现代农业、观光旅游、文化创意、特色生产，促进产业融合化发展。优化用能结构、提升公交便捷度，促进公共设施便利化。继续营造整洁村庄，推进农村环境田园化。

促进城南崛起和西部转型。（1）持续推进城南地区发展。按照“范围不变、力度不减、目标连续”的思路，编制和实施第二阶段城南行动计划。高标准、高水平推进北京新机场建设，大力支持北京经济技术开发区、丽泽金融商务区、石化新材料基地等产业园区，提升城南产业功能。打造首都核心演艺区、前门历史文化展示区，加强会馆修缮、保护和利用，提升城南文化功能。以骨干交通、生态环境、资源能源保障、公共服务项目建设为重点，营造优良的人居和发展环境。举办好园博会等重大活动，提升城南地区影响力。（2）建设西部转型发展示范区。出台新首钢高端产业综合服务区转型发展意见，启动核心区土地一级开发，吸引优质要素聚集。建设文化硅谷、中瑞生态谷、八大处和云居寺文化景区等重大功能区，加快门头沟新城高压线迁改工程和长辛店等五片棚户区改造，促进西部转型发展。

（五）统筹城市建设与管理，提高城市安全运行水平

坚持常态与应急、城区与郊区、地上与地下统筹，提高基础设施系统性、安全性，使城市运行更加成熟。

增强城市水资源和能源保障能力。（1）基本建成可靠的城市供水系统。围绕2014年南水北调中线通水，加快完善市内配套工程，建成东干渠、团城湖、亦庄调节池主体工程，基本形成城市供水主骨架。加快中心城区郭公庄、第十水厂建设，开工建设通州、良乡、黄村等新城水厂，提高供水保障能力。新建改造520公里供水管网。开工建设南水北调来水调蓄工程，储备城市战略水源。坚持“量水发展”理念，按区县和行业制定年度用水总量和用水效率等三条红线，全面落实建设项目节水“三同时”要求，建设重点户用水实时监控系统，严格用水计划管理和用水效率考核，将全年用水总量控制在37亿立方米以内。（2）增强能源多元、多向保障能力。深入推进能源结构和布局调整，加快四大燃气热电中心及相关配套管线建设，西南热电中心正式投入运营。建成陕京三线永久线、大唐煤制气（古北口—高丽营）工程，开工建设陕京四线。加快海淀500千伏变电站等设施建设，落实天然气、电煤保障，确保能源安全。积极发展新能源新技术，实现新能源占比达到5%左右。

提高城市综合防灾减灾能力。（1）整体提升防洪排水能力。完善“西蓄东排、南北分洪”的防洪排水格局，启动西郊蓄洪工程，利用南海子公园建设凉水河分洪连通工程。严格落实开发项目同步建设雨洪利用设施要求，实施一批雨洪利用工程，增加雨水入渗，减少雨洪排放。汛期前完成中心城20处立交桥区积水点和34条中小河道治理，有效提升城市排水能力。（2）健全城市应急管理快速响应机制。加强能源应急管理，加快实施热力、电力、燃气等地下管线消隐改造工程。细化应对各类重大自然灾害和突发事件应急预案。加强防洪、防震、防疫、防火等设施能力和应急队伍建设，完善重要物资储备体系，提高灾害预警预报和联动响应水平，增强市民风险防范意识和救护能力。

推进城市精细智能管理。（1）进一步做好人口服务和管理。把资源环境作为最严格的约束条件，完善人口服务与管理机制，进一步强化区县人口调控责任制，探索实行居住证制度和重大产业项目、重大政策的人口影响评估机制，为来京常住

人口做好服务管理，促进人口与城市功能、产业布局协调发展。（2）创新城市管理模式。总结基层管理实践经验，探索社会管理与城市管理网格化融合发展。逐步建立管理资源整合、部门职能互补、工作有机衔接的城市管理新模式，最大程度地响应居民的各种诉求。（3）加快建设“智慧城市”。落实“宽带中国”战略，实施“宽带北京”行动计划，建设高速无线网络和高性能光纤网络，推进宽带普及提速，试点推进4G移动应用。继续推进高清数字电视全覆盖工作。加快实施物联网示范应用工程，推广电子病历、智慧旅游、智慧社区（村）试点服务。

（六）大力推进绿色循环发展，提升生态文明水平

坚持节约优先、保护优先、生态优先，弘扬生态文化，改善城市环境品质，建设天蓝、地绿、水净的美丽城市。

提速大尺度森林绿地建设。实施35万亩平原造林，优先增加六环内林地布局。全面建成新城滨河森林公园，建设未来科技城滨水公园、南中轴森林公园等大尺度森林。启动温榆河、“三山五园”等100公里绿道工程建设，增加绿色休闲空间的可及性。启动京津风沙源治理二期工程、京冀生态水源保护林合作项目，持续改善区域生态环境。采取多种鼓励措施，推动全民绿化，倡导大型企业、总部集团和社会力量认建认养绿地。

改善城市水环境品质。统筹实施污染治理、生态治河，逐步恢复河道生态功能，打造滨水休闲空间。（1）增加河湖生态水源。实现清河、酒仙桥再生水厂建成通水，同步建设四大再生水调度利用体系，为亮马河、坝河、南护城河、凉水河等补充生态水源。（2）提高污水处理能力。建设郑王坟、稻香湖等再生水厂及配套管网，解决清河、凉水河流域污水处理问题。启动高碑店等污泥处置工程，提高污泥资源化利用水平。（3）生态治理城市河道。推进丰草河、南旱河等城市河道治理工程，基本完成中心城主要河道整治任务。围绕重点功能区和新城建设，推进永定河、北运河和潮白河三大流域生态治理。

下大力气持续改善空气质量。以控制$PM_{2.5}$污染为重点，实施源头分类治理。（1）打好城区压减燃煤攻坚战。完成城区燃煤锅炉清洁能源改造1 600蒸吨，实现四环路内集中供热无煤化；完成东、西城区平房煤改电4.4万户，基本实现核心区冬季采暖无燃煤。基本建成城市拓展区优质无烟型煤加工配送体系，实现优质型煤替代劣质散煤。全年削减燃煤140万吨。（2）有效控制机动车污染。鼓励淘汰高排放老旧机动车18万辆，研究实施小客车强制报废制度，在公交、环卫及政府机关推广应用纯电动、压缩天然气（CNG）等新能源汽车。加强对大型运输车辆的监管。倡导市民养成生态驾驶习惯。（3）深化工业污染治理。严格准入标准，加快淘汰落后产能和工艺。分批推进远郊区县大型燃煤锅炉脱硝治理改造。开展挥发性有机物治理专项行动。（4）遏制扬尘及农业面源污染。强化执法监管，提高绿色施工和道路保洁水平，控制扬尘污染。推动秸秆还田，加强农村畜禽养殖场粪污治理。（5）完善监测体系，推动区域大气污染联防联控。

提高垃圾资源化处置利用水平。坚持垃圾源头分类、规范收运与处理能力提升并重，综合施策，优化布局，提高再生利用能力。（1）加快垃圾处理设施建设。

建成并投入运营鲁家山焚烧厂等4座垃圾处理厂，新增处理能力5 050吨/日，开工建设海淀区循环经济产业园再生能源发电厂和朝阳区生活垃圾综合处理厂焚烧中心。有序推进餐厨垃圾、建筑垃圾集中处置设施建设。（2）强化垃圾处理全过程监管。新增600个垃圾分类达标居住小区，试点建立餐厨垃圾排放、收运和处置全过程监管体系。强化公众监督，严厉打击非法排放、收运和处置行为。（3）完善垃圾资源化处置配套政策。制定建筑垃圾和餐厨垃圾再生产品标准，落实生活垃圾焚烧发电、建筑垃圾资源化处置项目相关政策，引导社会资本参与建设运营。

深入推进节能减排。发挥工程、技术、管理、行为节能与市场机制的协同作用，全面推进“内涵促降”，能源消费总量控制在7 700万吨标准煤。（1）实施一批节能改造工程。完成200家“三高”企业搬迁调整，实施一批重点用能企业节能低碳改造。全面完成市级政府机构节能改造，启动区县政府机构节能改造。完成1 000万平方米既有建筑节能改造以及6 500万平方米居住建筑供热计量改造。（2）推广应用节能技术。推广百万只高效节能照明产品，发布推介百项新技术新产品，实施一批重大节能技术推广应用示范工程，通过政府集中采购加快节能技术应用。（3）科学推动管理节能。完善能耗强度和能源消费总量“双控”三级考核评价机制，深入推进合同能源管理，推动组建区县节能监察执法队伍，出台节能监测管理办法，提高能源计量、统计、标准等基础能力。推进低碳城市试点建设，出台碳排放权交易管理办法及配套细则。（4）大力发展循环经济。率先开展服务业清洁生产试点城市建设。加快建设国家“城市矿产”示范基地。开展亦庄国家级园区循环化改造试点，探索推进首都经济圈循环经济合作。（5）积极推动全民节能。落实节能减排全民行动计划，举办首届“低碳日”等主题活动，增强全社会节约意识和环保意识。

（七）全面加强社会建设，着力改善民生，促进和谐稳定

顺应人民群众新期待，提高公共服务的可及性和便捷度，让人民群众切实分享到改革发展成果。

加强就业和社保工作。实施就业优先战略，建设城乡均等的公共就业服务体系，大力实施创业带动就业，重点做好高校毕业生、农村转移劳动力、困难群体等就业工作。加快社会保障“人群全覆盖”，提高参保率。继续实施“六线联动”提高社保待遇标准。稳妥推进城乡保障一体化，重点建立城镇居民大病医疗保险制度，积极推进新农合市级统筹。

努力增加公共服务供给。深入落实本市教育领域三个三年计划，增加幼儿园学位2.4万个。积极推进北京大学第一医院南区和天坛医院迁建工程。制订养老设施三年行动计划，新建养老床位1万张，支持民办养老机构发展，鼓励社会力量建设社区日间老人照料机构。进一步加强基层公共文化、社区服务、公共体育、儿童福利设施建设。

推进公共服务均衡配置。适应人口增长和城市功能提升要求，研究修订公共服务配建标准。通过多种形式建设一批优质中小学校，试点推进名校办分校“一个法人、一体化管理”，研究建立鼓励优秀教师校际流动的长效机制。推进大医院资源向社区下沉，试点建立医疗联盟，优化医疗资源配置，促进优质医疗资源共享。

完成10个新城区域医疗中心一期工程建设，保障郊区县群众就近就医。

创新公共服务供给模式。按照准入平等、待遇平等的原则，吸引社会组织、社会资源参与生产和提供公共服务。支持国际合作办学、高校产学研一体化办学、职校校企合作办学，制定企事业单位办幼儿园面向社会招生鼓励政策。试点引入社会资本建设非营利性综合医院。探索公建民营模式，引进专业化社会运营团队，提高公共服务供给效率。

推进社会建设迈上新台阶。完善社区服务管理体系，力争完成全市社区用房规范化达标建设。建设200个“一刻钟社区服务圈”示范点。进一步健全社会组织“枢纽型”工作体系。推进向社会组织购买社会服务项目。加强社会工作人才队伍建设。加强志愿者工作的统筹协调和重大问题研究，完善应急志愿服务体系建设，引导公众广泛参与志愿服务。

增强民生工程的惠民效果。建设收购租赁保障性住房16万套，建成7万套。继续实施老旧热网电网改造、送气下乡、绿色燃气、阳光浴室等“能源安居工程”，让更多居民用上放心电、便捷气和清洁热。加大文化惠民力度，实施万场文艺演出下基层，举办北京群众文化节。推进区县文化中心和体育中心建设，实现重点镇文体活动中心全面开工，支持学校体育设施向社会开放。进一步加强食品、药品安全监管。落实《关于推进农村经济薄弱地区发展及低收入农户增收工作的意见》，研究制定相关规划及配套政策，促进农民增收。抓好人民群众关心的重点领域的价格调控，进一步推进菜篮子工程建设，新发展本地蔬菜生产基地2万亩，保障生活必需品市场供应，保持价格总水平稳定。

（八）大力推进改革开放，激发发展活力

深化重点领域和关键环节改革。全面深化经济体制改革，增强改革的系统性、整体性、协同性。深化行政管理体制改革，稳妥推进政府机构改革和事业单位改革。继续清理、规范、取消和调整一批行政审批事项。进一步深化国有企业改革，有计划地推进国有企业与央企、民企市场化重组，提高国有资产证券化水平。完善公共资源市场化配置机制。不失时机地推进资源性产品价格和环保收费改革，创新价格管理方法，更好地运用差别化、阶梯价格政策推动科学发展。深化收入分配制度改革，落实国家改革意见，制订本市收入分配改革方案。深化医药卫生体制改革，逐步分类推进公立医院改革试点，进一步深化基层医疗卫生机构综合改革，落实鼓励社会资本办医各项政策。

积极扩大对内对外开放。加快转变外贸发展方式，增加自有品牌和自主知识产权产品、服务贸易出口。加快制定出台本市《关于进一步做好利用外资工作的若干意见》、《中关村外商投资政策》，建立科学化、精细化招商选资机制，引导外资投向本市优势领域；研究制定并争取出台本市境外投资发展的综合性支持政策，支持企业参与国际展会、创制国际标准和境外并购。完善区域协调机制，加快推进首都经济圈发展规划编制和实施，研究配套政策措施，以大气污染联防联控、水资源保护利用为核心加强生态合作，在交通、能源、产业、公共服务等领域落实一批优势互补、互利双赢的重点合作项目。

各位代表：2013年任务更加艰巨而

繁重，我们要认真学习贯彻党的十八大精神，坚决落实中央的各项决策部署，在中共北京市委领导下，在市人大的监督支持下，进一步增强责任感和使命感，转变作风、扎实工作，为推动首都科学发展、建设中国特色世界城市而不懈努力。

北京市货币信贷政策执行情况

2012年，北京市货币信贷运行总体平稳，对首都经济“稳增长、转方式、调结构”形成有力支撑。截至年底，辖内金融机构（含外资，下同）本外币各项存款余额84 837.3亿元，同比增长13.1%，比上年末上升0.2个百分点；本外币各项贷款余额43 189.5亿元，同比增长8.9%，比上年末回落0.4个百分点。

从全年看，北京市存款增长逐渐好转，定期存款占比先升后降。截至年底，辖内金融机构人民币各项存款余额81 389.6亿元，同比增长12%。上半年，受集团企业向异地成员单位划拨资金增多以及财务公司导致的存款同业化等因素影响，人民币存款增长有所放缓；下半年，货币政策预调微调措施效果逐步显现，人民币存款增长逐渐加快。定期存款占比在前三个季度不断提升后，第四季度呈现下降趋势，反映出经济活跃程度有所回升。受人民币汇率双向波动特征增强和银行结售汇逆差扩大影响，外汇存款增长较快。截至年底，辖内金融机构外汇存款余额548.5亿美元，同比增长47.3%，比上年末上升32.5个百分点。

北京市信贷增长有所放缓，信贷资源配置效率不断提升。截至年底，辖内金融机构人民币各项贷款余额36 441.3亿元，同比增长9.2%，比上年末下降4.4个百分点；外汇贷款余额1 073.6亿美元，同比增长7.5%。信贷资金继续发挥优化调整经济结构的作用。北京市文化创意产业人民币贷款同比增长20.6%，高新技术产业人民币贷款同比增长35.8%；保障性住房本外币开发贷款同比增长19%，中、小微企业人民币贷款增速分别比大型企业高出8.8个百分点和5.7个百分点，涉农本外币贷款比年初增加115亿元。

2012年，在中国人民银行（以下简称总行）指导下，中国人民银行营业管理部（以下简称人行营业管理部）认真传导和执行稳健的货币政策，积极开展窗口指导和信贷政策导向评估、组织文化金融服务年活动、实施金融惠农工程、推进科技金融战略合作，支持首都经济发展方式转变。

一、认真贯彻落实稳健货币政策，引导信贷合理投放

一是有效落实稳健货币政策，引导金融机构信贷投放总量适度、节奏平稳。年初召开地方法人金融机构货币信贷与金融市场工作会议，传达总行工作会议精神和信贷调控政策，提出2012年货币信贷工作总体要求。根据差别准备金动态调整公式，测算2012年地方法人金融机构适度贷款规模。通过约见座谈、上门指导、电话联系等多种方式引导地方法人金融机构主动贯彻落实稳健货币政策。动态监测地方法人金融机构贷款投放进度，满足实体经济合理有效的贷款需求。总体来看，全年信贷调控工作符合宏观审慎管理要求，地方法人金融机构信贷投放平稳适度。

二是积极宣传稳健货币政策，提高货币政策传导效率。多形式、多渠道宣传稳健货币政策，积极争取地方政府理解与支持。针对市委、市政府急需解决的融资难题，积极研究拓展社会融资总量的途径。及时向市委、市政府报送稳健货币政策的执行情况，开展对银行贷款周转速度、银行理财产品对实体经济资金供给、银行表外信贷业务的调查分析，定期报送经济金融形势分析报告，为市领导决策提供参考。

三是继续加强货币政策窗口指导，合理引导社会公众预期。年内四次组织召开辖内银行经济金融形势分析例会暨季度窗口指导会，配合相关处室召开人行营业管理部情况通报会，通过多个层面及时向市政府、金融系统和有关方面传达总行工作会议精神，引导辖内金融机构主动落实稳健货币政策工作要求，加强信贷结构调整，支持地方经济发展方式转变。印制近千册《2011 年中国区域金融运行报告——北京分报告》、《2011 年北京市金融运行报告》、2012 年各季度《北京市金融运行报告》，分送相关政府部门、辖内金融机构。在《北京日报》、《金融时报》等媒体刊发形势分析新闻稿，合理引导社会各界预期。

四是探索研究差别准备金动态调整公式的创新，提高适度贷款规模与实体经济需求的契合度。在运用差别准备金动态调整公式过程中，发现公式中参数的调整与宏观经济形势变化稍有时滞，全国统一赋值在一定程度上降低了参数的适用性，目标参数整体取值易忽略地区特性，难以实现地区间信贷投放的差异化管理。针对以上问题，深入开展研究，撰写了《建议进一步完善差别准备金动态调整公式 增强宏观审慎管理的灵活性和针对性》分析报告，被总行采用。

二、充分发挥信贷政策作用，增强金融服务实体经济能力

一是加大信贷政策引导和激励约束力度，坚持信贷服务实体经济的本质要求。开展辖内中资银行 2011 年度信贷政策导向效果评估，对中资银行信贷政策落实情况进行评价并通报，增强信贷工作导向力和约束力。首次综合人行营业管理部和北京外汇管理部的相关业务职能制定并印发了《关于做好 2012 年金融服务工作 支持首都实体经济健康发展的意见》，从服务科技文化创新双轮驱动、支持小微型企业、夯实金融服务基础等七个方面提出了 28 条具体意见。该意见印发后，辖内银行机构根据要求制定了详细的工作措施、明确了信贷业务的重点支持目标。

二是组织开展“文化金融服务年”活动，服务北京建设中国特色社会主义先进文化之都。联合市文化局等文化主管部门共同启动“文化金融服务年”活动。组织辖内 6 家商业银行在《金融时报》开展文化金融专题宣传，以各行行领导署名文章的形式介绍文化金融在产品、机构、机制、人才等方面的创新。

三是促进首都金融和科技资源融合发展，支持国家科技金融创新中心建设。制订《2012 年科技金融工作方案》，从完善政银企沟通机制、健全公共服务平台等五方面确定了 18 项具体工作措施。联合中关村管委会组织 4 期战略性新兴产业培训。通过现场调研、问卷调查与座谈会等多种形式组织开展北京市生物医药行业金融支持情况的专题调研。与市科委联合举办面向银行机构和企业的科技金融政策宣讲会，与市科委签署科技金融战略合作协议。与中关村管委会就扩大科技专营机构贷款监测试点事宜联合发文。

四是严格落实各项房地产市场调控政策，大力支持北京市保障性住房建设。引导辖内银行努力改善首套住房贷款信贷服务，重点做好保障性住房金融服务工作，积极参与并有效配合相关部门拓宽保障性住房建设融资渠道。扩大经济适用住房开发贷款试点范围，新增6个试点项目和2家试点银行。配合市金融局等五部门共同出台《北京市金融支持保障性住房建设的意见》，通过政策合力加快推动北京市保障性住房建设。总结北京市保障性住房投资中心运作的相关经验上报总行，相关信息先后被总行、中办、国办采纳，并得到中央领导批示。

五是支持首都中小企业发展，做好民生领域金融服务工作。参与全国开展的“中小企业服务年”活动。联合市财政局、市人力资源和社会保障局先后印发《北京市小额担保贷款担保基金管理实施办法》和《北京市失业人员从事微利项目小额担保贷款财政贴息管理办法》，进一步完善北京市小额担保贷款的政策支持体系。

三、深化利率汇率监测分析，指导金融机构完善定价机制建设

一是做好利率汇率监测基础性工作。定期对辖内银行存贷款利率、货币市场利率、国际主要利率、民间借贷利率、小额贷款公司及非金融企业利率进行监测分析，按季度撰写辖内金融机构和非金融企业利率政策执行情况以及辖内企业汇率承受力情况报告。

二是扩大利率监测对象范围。结合北京地区总部经济特点，将全国性及市属财务公司均纳入利率政策与利率市场化分析范围，通过掌握财务公司利率政策执行情况，分析利率市场化推进过程中财务公司投融资决策和盈利模式变化。

三是开展利率定价专项调研。通过问卷调查、现场调研、专题座谈等方式持续关注商业银行内部资金转移定价机制建设。根据金融支持实体经济发展的政策导向，选择部分小微企业贷款市场份额较大、理念与机制创新较为突出的银行机构开展调查研究，探索推进小微企业贷款定价机制建设，研究指导银行机构合理定价的方法和途径，因地制宜、因时制宜采取多种形式指导银行机构进一步健全科学定价制度，助推小微企业贷款业务健康发展。相关调研报告获得总行相关司局的高度认可。

四是做好利率政策传导的管理和服务工作。继续加强对利率政策宣传与解释，做好对金融机构利息计算的辅导，指导辖内法人银行及时完善存贷款计结息规则。向辖内金融机构按月发布《利率监测简报》，加强金融机构报备数据的共享。

五是进一步做好民族贸易和民族特需商品生产贷款优惠利率相关工作。根据总行文件要求，将交通银行北京市分行、招商银行北京分行纳入民贸优惠利率贷款发放银行。配合北京市民委，参与审核“十二五”期间全国民族特需商品定点生产企业的申报工作，新增3家北京市民贸民品企业。

四、加强金融市场监管，持续开展金融市场业务宣传

一是开展金融市场业务检查，促进业务健康规范发展。参加对农业银行北京市分行和民生银行总行营业部的综合执法检查。对海航集团财务有限公司、法兴银行（中国）有限公司和交通银行北京市分行三家金融机构开展金融市场业务专项现场检查。针对检查中发现的问题，均已要求限期整改，有效防范金融市场业务风险。

二是加强黄金市场管理，首次认定非法黄金交易行为。制订人行营业管理部《非法黄金交易行政认定工作方案》，并协调市公安局、市工商局、市金融局、北京银监局和北京证监局等单位，处理2封举报非法黄金交易投资平台的投资者来信，对1家公司非法进行黄金交易行为进行认定。

三是助推债券市场发展，拓宽企业和金融机构融资渠道。联合银行间市场交易商协会共同组织召开北京市平台公司利用债务融资工具融资研讨会，首次搭建交易商协会与市属企业的沟通桥梁。对北京经济技术开发区科技型中小企业2011年度第一期集合票据、北京市海淀科技中小企业2012年第一期集合票据和中国庆华能源集团有限公司注册发行短期融资券和中期票据进行调查。严格按照总行工作要求以及金融债发行管理办法和操作规程有关规定，完成对丰田汽车金融公司发行金融债券、北京银行发行中小企业专项金融债券的初审工作。

四是严格银行间市场准入管理，认真开展行政许可工作。加强债券市场准入管理。做好全国银行间同业拆借市场准入工作，完成瑞士银行（中国）有限公司进入同业拆借市场及其原北京分行退出同业拆借市场、韩国产业银行北京分行和国民银行（中国）有限公司加入同业拆借市场的初审推荐工作。

五是开展金融市场业务培训，宣传银行间市场创新业务。召开辖内银行和非银行金融机构金融市场业务负责人共约180人参加的金融市场工作会议暨培训班，邀请总行金融市场司、国家外汇管理局国际收支司和银行间市场交易商协会有关领导就我国银行间债券市场创新与发展、黄金市场规范与管理、外汇形势等专题进行讲解和培训。

五、做好货币政策工具管理与操作，加强金融支农工作

一是做好货币政策工具管理与操作。积极运用再贴现货币政策工具，优先对中小企业贴现票据、商业承兑汇票、电子汇票办理再贴现，引导辖内金融机构增强对中小企业信贷支持，加大对商业承兑汇票、电子汇票的推广力度。召开辖区财务公司负责人准备金管理工作会议，对新开业金融机构开展准备金政策和缴存工作指导，对10家金融机构违反存款准备金管理规定进行处理，对3家金融机构存款准备金缴存情况开展现场检查。做好再贷款管理，参与现场核实农发行停息挂账的国有粮食购销企业原附营业务占用贷款情况。

二是持续开展地方法人银行流动性状况监测。通过多种形式及时向总行反馈存款准备金政策效应和金融机构流动性状况，按季向总行上报存款准备金政策执行情况报告，按总行布置开展法人金融机构流动性调查，并进行汇总分析上报。完成2011年度北京辖内流动性监测情况的报告和北京市地方财政收支变化及地方国库现金管理业务进展情况的报告并上报总行。按月上报北京市货币信贷及再贷款运行情况报告。

三是加强对地方农村金融机构监测与管理。分别对北京农商银行2011年改革试点进展情况和延庆村镇银行、密云汇丰村镇银行2011年经营情况进行监测考核。按照总行要求及时上报村镇银行、北京农商银行2011年度主要经营财务数据表和监测考核表。按季监测北京农商银行改革进展情况，参加北京农商银行工作会议，约见北京农商银行领导和部门负责人，开展专项中央银行票据兑付后续现场监测考核。

四是有效推动金融支农工作。组织开展“金融惠农工程”，推动辖内金融机构调整信贷结构，创新涉农信贷产品，增加对支农信贷投入。按总行要求组织开展涉农信贷政策导向效果评估，并向总行上报评估情况报告。开展金融支持林业发展、辖内村镇银行经营和发展状况、农村金融需求与供给状况等调查，并按时完成调查报告。

五是推动票据市场规范发展。按月、按季汇总监测辖内中外资商业银行、财务公司票据业务开展情况，分析票据市场运行情况和贴现、转贴现利率走势，并将市场运行情况及时反馈给辖内金融机构，指导金融机构开展有关业务，推动票据市场规范发展。

（赵　宏　李瑞敏）

北京市金融运行报告

中国人民银行营业管理部　货币政策分析小组

一、金融运行情况

2012 年，北京市金融机构认真贯彻落实稳健的货币政策，银行业、证券业、保险业稳步协调发展，金融机构改革继续深入，金融服务水平显著提高，金融生态环境建设成效突出。

（一）银行业健康发展，信贷资源配置效率提升

1. 银行业金融机构稳步发展，资产质量不断改善

2012 年，北京市银行业金融机构资产规模持续扩大，年末资产总额同比增长 17.2%；利润增速有所下降，同比增长 2.5%；资产质量不断改善，不良贷款率比 2011 年末回落 0.1 个百分点。银行业金融机构持续增加，年末机构网点总数同比增长 2.8%，法人金融机构数量同比增长 14.5%（见表 1），新增法人金融机构包括 2 家外资法人银行、1 家村镇银行、5 家财务公司和 1 家汽车金融公司。银行支付业务平稳发展，全年银行卡业务金额为 14.9 万亿元，同比下降 2%，年末银行发卡量累计达到 1.5 亿张，同比增长 11%。

表 1　2012 年银行业金融机构情况

机构类别	营业网点			法人机构（个）
	机构个数（个）	从业人数（人）	资产总额（亿元）	
一、大型商业银行	1 720	49 439	60 911.0	0
二、政策性银行及国家开发银行	17	757	12 534.0	0
三、股份制商业银行	424	17 272	27 735.0	0
四、城市商业银行	227	10 713	15 055.0	1
五、农村合作机构	693	7 032	4 251.0	1
六、财务公司	38	1 558	4 790.0	38
七、信托公司	3	341	72.0	3
八、邮政储蓄	537	2 023	1 550.0	0
九、外资银行	100	4 819	3 140.0	9

续表

机构类别	营业网点			法人机构（个）
	机构个数（个）	从业人数（人）	资产总额（亿元）	
十、新型农村金融机构	6	470	89.0	9
十一、其他	10	2 085	1 312.0	10
合　　计	3 775	96 509	131 436.0	71

注：营业网点不包括政策性银行及国家开发银行、大型商业银行、股份制银行等金融机构总部数据；大型商业银行包括中国工商银行、中国农业银行、中国银行、中国建设银行和交通银行；小型农村金融机构包括农村商业银行、农村信用社、农村合作银行；新型农村金融机构包括村镇银行、贷款公司和农村资金互助社；“其他”包含金融租赁公司、汽车金融公司、货币金融公司、消费金融公司等。

数据来源：中国人民银行营业管理部、北京银监局、北京市金融工作局。

2. 存款增长形势逐渐好转，定期存款占比先升后降

2012 年末，北京市金融机构本外币存款同比增长 13.1%，比 2011 年末上升 0.2 个百分点。其中，人民币存款同比增长 12.0%，比 2011 年末下降 1.1 个百分点（见图 1、图 3）。上半年，受集团企业向异地成员单位划拨资金增多以及财务公司增多导致的存款同业化等因素影响，人民币存款增长有所放缓；下半年，货币政策预调微调措施效果逐步显现，人民币存款增长逐渐加快。定期存款占比先升后降，在前三个季度定期存款占比不断提升后，第四季度定期存款占比呈现下降趋势，反映出第四季度经济活跃程度有所回升。北京市金融机构人民币单位存款中定期存款占比为 36.8%，比第三季度末下降 2.9 个百分点；活期存款占比为 35.5%，比第三季度末上升 5.3 个百分点。受人民币双向波动特征增强和北京市银行结售汇逆差扩大影响，外汇存款增长较快，2012 年末，北京市金融机构外币存款同比增长 47.3%，比 2011 年末上升 32.5 个百分点。

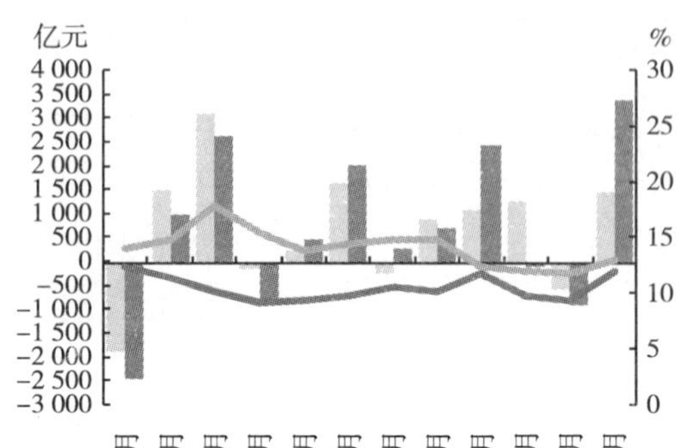

数据来源：中国人民银行营业管理部。

图 1　2011 ~ 2012 年北京市金融机构人民币存款增长变化

3. 信贷增长有所放缓，信贷资源配置效率不断提升

2012 年末，北京市金融机构本外币贷款同比增长 8.9%，比 2011 年末下降 0.4 个百分点。其中，人民币贷款同比增长 9.2%，比 2011 年末下降 4.4 个百分点（见图 2、图 3）。2012 年，在债券市场发展加快和信贷有效需求不足等因素影响下，北京市人民币贷款增长整体有所放缓，其中中长期贷款增速放缓较多，短期贷款依然保持较快增速。从政策因素看，政府融资平台贷款监管约束增强、债券融资替代和利率政策调整对中长期贷款增长形成明显的影响。从经济因素看，当经济处于放缓周期，企业投资增速下降，盈利预期减弱，企业的借贷主要是满足流动性需要，而非借中长期贷款进行投资，从而

表现为短期贷款增加较多，而中长期贷款增长放缓。

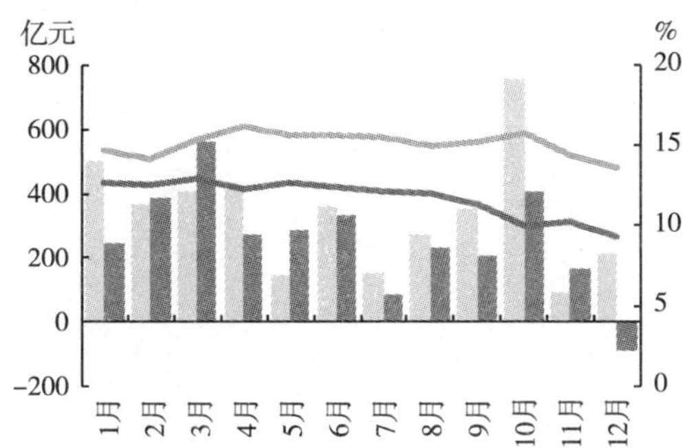

数据来源：中国人民银行营业管理部。

图 2　2011～2012 年北京市金融机构人民币贷款增长变化

数据来源：中国人民银行营业管理部。

图 3　2011～2012 年北京市金融机构本外币存、贷款增速变化

信贷资金继续发挥优化调整经济结构的作用。2012 年，中国人民银行营业管理部（以下简称人行营业管理部）继续加强对金融机构支持实体经济的引导，着力优化信贷结构，不断加大对小微企业、“三农”等重点领域和经济薄弱环节的支持力度。2012 年末，北京市中资银行文化创意产业人民币贷款（不含票据贴现）同比增长 20.6%，高新技术产业人民币贷款（不含票据贴现）同比增长 35.8%；北京市金融机构本外币保障性住房开发贷款同比增长 19.0%，中、小微企业人民币贷款（不含票据贴现）增速分别比大型企业高出 8.8 个百分点和 5.7 个百分点，本外币涉农贷款比年初增加 115 亿元。

4. 本外币贷款利率整体趋降，存款利率差异化程度提高

2012 年，受人民币存贷款基准利率下调、存贷款利率浮动区间调整和宏观审慎管理政策实施等综合因素影响，金融机构下浮利率贷款占全部人民币贷款的比重上升，上浮利率和基准利率贷款占比下降（见表 2），人民币存款利率差异化程度提高，金融机构自主定价能力有所提升。受境内外汇资金供求变化等影响，金融机构美元存贷款利率震荡下行，整体利率水平低于 2011 年（见图 4）。

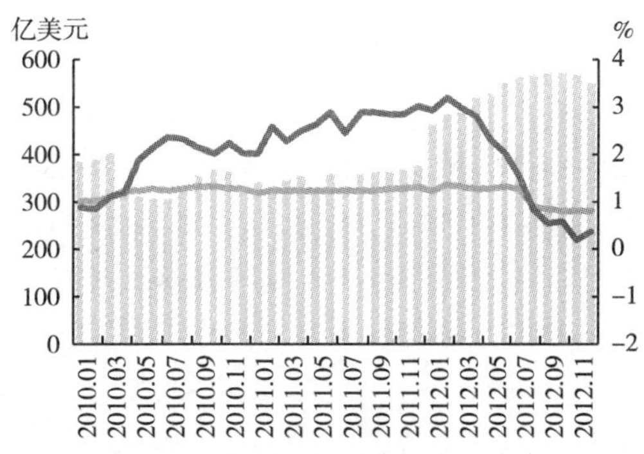

数据来源：中国人民银行营业管理部。

图 4　2010～2012 年北京市金融机构外币存款余额及外币存款利率

表2 2012年北京市金融机构人民币贷款各利率浮动区间占比表 单位：%

月份		1月	2月	3月	4月	5月	6月	7月	8月	9月	10月	11月	12月
合计		100	100	100	100	100	100	100	100	100	100	100	100
[0.9，1.0)		13.4	15.5	6.5	9.5	10.2	32.8	39.1	40.2	46.0	40.7	35.8	56.9
1.0		41.4	43.8	54.1	51.3	49.1	40.0	30.0	29.7	25.3	34.9	36.9	23.4
上浮水平	小计	45.2	40.7	39.4	39.2	40.7	27.2	30.9	30.1	28.7	24.4	27.3	19.7
	(1.0，1.1]	27.8	23.3	23.1	20.0	21.4	13.6	16.0	12.1	12.5	11.9	10.2	8.3
	(1.1，1.3]	12.7	11.1	12.5	14.2	13.5	10.0	9.5	11.9	9.7	7.8	10.6	6.5
	(1.3，1.5]	3.7	4.8	2.7	3.3	3.8	2.4	3.6	3.8	3.4	2.1	3.0	2.4
	(1.5，2.0]	0.9	1.3	1.0	1.5	1.8	1.0	1.2	1.6	2.6	2.3	3.0	2.1
	2.0以上	0.1	0.2	0.1	0.2	0.2	0.2	0.6	0.7	0.5	0.3	0.5	0.4

数据来源：中国人民银行营业管理部。

5. 银行业金融机构改革继续深入，金融服务水平不断提升

政策性银行资产负债总量稳步增长，各项业务运行平稳，管理制度逐步完善。2012年，国家开发银行北京市分行继续加大对中小企业、涉农、环保及节能减排、保障房项目建设等领域的信贷支持，中国进出口银行北京分行继续支持进出口发展，中国农业发展银行北京市分行加大对首都新农村建设的支持，在信贷资金安排上加大向粮食收购、储备贷款的倾斜力度。

五家已改制大型商业银行北京市分行稳步推进内部改革，各项业务全面协调发展，流动性较为充裕，不良贷款低位“双降”。2012年，受利差收窄影响，大型商业银行盈利增幅有所放缓，但收入结构进一步改善，中间业务收入占比比2011年提高1.2个百分点，利息收入占比比2011年下降5.9个百分点。

两家地方主要的中资法人银行盈利水平进一步提高，风险抵补能力保持良好水平。2012年，北京银行主动调整资产负债期限结构，积极进行产品创新，年末不良贷款率比2011年末虽有上升，但仍处于较低水平。北京农商银行各项业务持续向好，涉农贷款增速高于全部贷款平均增速4.3个百分点，法人治理结构不断完善。

2012年，门头沟珠江村镇银行开业，辖内营业的村镇银行数目增至9家，村镇银行盈利能力稳步提高，监管指标趋于稳定，为农村地区金融服务增添了活力。

6. 跨境人民币业务稳步增长

2012年，辖内银行办理跨境人民币实际收付额4 452.3亿元，居全国前列，同比增长16.5%。其中，经常项目人民币实际收付额同比增长12.6%，资本与金融项目人民币实际收付额同比增长82.9%。市场参与度显著提升，全年辖内银行共为4 690户企业办理跨境人民币结算业务，同比增加1 757户；共办理业务24 367笔，同比增加11 870笔。

专栏1　商业银行积极探索同业存款定价机制

随着利率市场化进程的不断推进，同业存款在各项存款中率先实现了市场化定价。同业存款定价能力反映了商业银行未来适应利率市场化的能力。2012年，在人行营业管理部的指导下，北京市商业银行对同业存款定价机制进行了积极探索，适应利率市场化的能力进一步提高。

一是Shibor已成为商业银行同业存款定价中最主要的参考指标。调查显示，商业银行对Shibor的重视程度不断提升，目前绝大多数商业银行已将Shibor作为同业存款定价的主要依据。同业存款累计发生额中，占比最高的7天至3个月（含）短期同业定期存款多以Shibor加减点进行定价，3个月以上同业定期存款和同业活期存款定价除依据Shibor外，还参考了一般存款利率。

二是收益性和流动性是商业银行同业存款定价的重要参考因素。商业银行在进行同业存款定价时，还考虑了另外两个重要因素，即整体业务收益和自身流动性水平。整体业务收益为同业存款资金运用收益与吸收同业存款成本之差。商业银行在根据Shibor和一般存款利率确定基本价格后，还会根据自身流动性水平以及在确保同业存款资金运用收益的前提下，适度调整定价水平。

三是商业银行内部资金转移定价（FTP）体系日趋完善。FTP价格通过影响客户的财务价值和分行的业务收益为同业存款定价设置了上限，成为分析同业存款定价水平的重要指标。全额FTP价格体系可以使FTP价格与同业存款利率进行及时有效的联动和协调，并根据市场形势灵活调整。调查显示，辖内大部分商业银行已经建立FTP价格体系，只有少数城市商业银行FTP价格体系正在建设中。

四是客户综合贡献逐步纳入商业银行同业存款的定价体系。客户综合贡献分析是分析客户财务价值、计算同业存款基础利率的重要环节，也体现了以客户为中心的先进定价理念，辖内部分商业银行已将客户综合贡献度纳入同业存款的定价分析体系，并不断探索两者的定量对应关系。

（二）证券业务活跃性下降，上市公司筹资总额有所下降

1. 证券业机构数量略有增加，市场交易活跃程度下降

2012年末，北京市法人证券公司数量同上年持平；各地证券公司在京营业部比上年增加4家；中外合资基金公司比上年增加2家；期货公司营业部比上年增加9家。证券公司营业部客户交易结算资金余额同比下降14.2%；全年股票基金交易额同比下降28.2%，法人证券机构利润总额同比增长5.6%。

2. 上市公司总数位居全国前列，筹资总额有所下降

2012年末，北京市上市公司比上年增加23家，总数位居全国第二，总市值同比增长3.8%。全年通过A股市场筹资总额同比下降46.4%。

表3　2012 年北京市证券业基本情况表

项　　目	数量
总部设在辖内的证券公司数（家）	18
总部设在辖内的基金公司数（家）	15
总部设在辖内的期货公司数（家）	20
年末国内上市公司数（家）	217
当年国内股票（A 股）筹资（亿元）	705
当年发行 H 股筹资（亿元）	—
当年国内债券筹资（亿元）	16 969
其中：短期融资券筹资额（亿元）	9 027

数据来源：中国人民银行营业管理部、北京证监局。

（三）保险业务稳步发展，保障功能不断增强

1. 保险业务稳步发展，业务结构进一步优化

2012 年末，北京市保险公司总资产 3 608.7 亿元，同比增长 15.2%。全年实现保费收入居全国第五位，其中财产险保费收入同比增长 14.8%，人身险保费收入同比增长 11.5%。同上年相比，财产险中车险保费收入占比下降 0.1 个百分点，人身险中普通寿险占比上升 0.8 个百分点。

2. 财产险公司经营效益下降，人身险公司退保率低于全国水平

受“7·21”特大自然灾害影响，财产险公司支付赔款同比增长 28.4%，行业承保利润率比上年下降 4.3 个百分点。人身险公司退保率为 2.3%，低于全国 0.4 个百分点。

3. 保险业社会保障功能进一步增强

2012 年，北京市保险密度比上年增加 144 元/人，保险深度比上年上升 0.1 个百分点。北京市政策性农业保险已开办农业险种类 19 种，实现保费收入同比增长 20.1%。商业健康险及新农合“共保联办”项目均取得新进展。

表4　2012 年北京市保险业基本情况表

项　　目	数量
总部设在辖内的保险公司数（家）	50
其中：财产险经营主体（家）	13
寿险经营主体（家）	27
保险公司分支机构（家）	91
其中：财产险公司分支机构（家）	37
寿险公司分支机构（家）	54
保费收入（中外资，亿元）	923.0
其中：财产险保费收入（中外资，亿元）	267.0
人身险保费收入（中外资，亿元）	656.0
各类赔款给付（中外资，亿元）	286.0
保险密度（元/人）	4 269.0
保险深度（%）	5.0

数据来源：中国保监会官方网站、北京保监局。

（四）直接融资发展提速，金融市场交易活跃

1. 债券市场成为主要融资渠道，直接融资占比超过七成

2012 年，北京地区非金融机构直接融资占比持续提高，企业通过债券市场融资积极性提高，发行债券金额合计 1.7 万亿元。超短期融资券、短期融资券和中期票据是北京地区企业通过债券市场融资的主要方式，三者在发行总额中的占比合计达到 72.9%。融资产品的类型、期限不断丰富，市场参与者的数量稳定增长（见表5）。

表5 2001～2012年北京市非金融机构部门融资结构表

年份	融资量（亿元人民币）	比重（%）		
		贷款	债券（含可转债）	股票
2001	1 476.0	82.1	4.4	13.5
2002	2 117.4	84.8	7.8	7.4
2003	2 843.7	83.5	7.8	8.7
2004	2 184.4	88.4	8.5	3.1
2005	3 174.6	60.3	39.6	0.1
2006	4 089.1	69.9	25.8	4.3
2007	6 200.0	38.8	17.6	43.6
2008	8 531.0	38.0	47.5	14.5
2009	16 553.9	47.6	43.3	9.1
2010	11 701.7	46.4	47.4	6.2
2011	10 009.9	33.6	57.7	8.7
2012	11 735.8	29.9	64.1	6.0

注：贷款、债券融资量均以当年新增额口径计算。

数据来源：中国人民银行营业管理部、北京证监局、中国债券网。

2. 货币市场交易活跃，净融出资金规模大幅增加

2012年，北京地区金融机构同业拆借和债券回购双向累计成交172.7万亿元，同比增长42.9%，占全国交易量的45.8%；通过同业拆借和债券回购累计净融出资金47.5万亿元，同比增长91.9%。

3. 票据市场业务增长较快，票据贴现利率降中趋稳

2012年，辖内金融机构累计签发银行承兑汇票5 471亿元，同比增长16.3%。年末辖内金融机构银行承兑汇票贴现余额同比增长18.9%，商业承兑汇票贴现余额同比增长69.6%。2012年，在信贷有效需求偏弱的背景下，金融机构出于维持规模和盈利性考虑，持票意愿明显增强，同时稳健货币政策适时适度预调微调使得金融体系流动性趋于宽松，票据贴现利率降中趋稳。

表6 2012年北京市金融机构票据业务量统计表

单位：亿元

季度	银行承兑汇票承兑		贴现			
			银行承兑汇票		商业承兑汇票	
	余额	累计发生额	余额	累计发生额	余额	累计发生额
1	1 838.3	1 176.0	1 018.5	2 406.1	71.5	117.0
2	2 073.8	2 604.5	1 393.1	5 907.2	76.2	334.0
3	2 213.7	4 061.5	1 660.6	9 601.0	70.6	405.0
4	2 174.9	5 471.0	1 279.4	13 306.3	74.5	707.1

数据来源：中国人民银行营业管理部。

表7 2012年北京市金融机构票据贴现、转贴现利率表

单位:%

季度	贴现		转贴现	
	银行承兑汇票	商业承兑汇票	票据买断	票据回购
1	7.1840	6.8703	6.7545	5.3386
2	5.4741	5.8097	4.9042	4.4740
3	5.1581	6.0435	4.7818	4.3688
4	5.5259	6.4388	4.7722	4.5666

数据来源：中国人民银行营业管理部。

4. 金融市场创新继续深化，银行理财业务压力增大

2012年，北京地区银行业金融机构累计发行理财产品4.6万亿元，同比下降2.8%。理财产品收益率下降和证券公司、信托公司等创新性产品竞争是银行理财产品发行量下降的主要原因。银行理财业务压力加大，促使银行在产品销售策略、产品研发等方面的创新继续深化。

（五）金融生态环境建设继续推进，

支持实体经济健康发展

2012年，人行营业管理部出台《关于做好2012年金融服务工作支持首都实体经济健康发展的意见》，从服务科技文化创新双轮驱动、支持小微型企业、夯实金融服务基础等七个方面提出28条政策措施和工作意见，提高金融服务实体经济水平。多部门联合启动“文化金融服务年”活动，大力推进文化产品、机构、机制、人才等方面创新。制定18项科技金融具体工作措施，推动金融与科技资源融合。大力推动跨国公司外汇资金集中运营管理，顺利启动北京地区货物贸易外汇管理制度改革。稳步推进银行卡助农取款服务和农村地区手机支付试点，改善农村金融支付环境。严厉打击制贩假币、洗钱以及外汇违法违规行为，有力维护首都金融市场秩序。开展金融安全、反假货币、农村支付等宣传活动，加强金融知识宣传和普及，提高社会公众金融意识。

二、经济运行情况

2012年，北京市坚持“稳中求进”的工作总基调，认真落实“稳增长”政策，扎实推进调结构、转方式，经济增速虽比2011年略有回调，但年内呈现温和回升态势，总体运行平稳。初步核算，2012年实现地区生产总值17 801亿元，按可比价格计算，同比增长7.7%（见图5）。

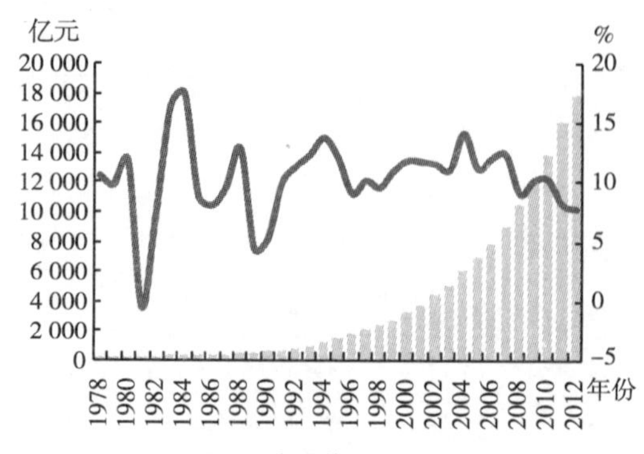

数据来源：北京市统计局。

图5　1978~2012年北京市地区生产总值及其增长率

（一）三大需求协调发展，经济在调整中温和回升

2012年，北京市经济在调整中呈现温和回升态势，第一季度增长7%，上半年增长7.2%，前三个季度增长7.5%，全年增速进一步提高。从三大需求看，2012年，北京市投资增长稳健，消费增速有所提高，进出口增速呈现一定下降。

1. 投资稳健增长，国有部门投资比重上升

2012年，北京市完成全社会固定资产投资6 462.8亿元，同比增长9.3%（见图6）。在投资构成中，基础设施投资同比增长27.8%，占全社会投资比重为27.7%，比2011年提高4个百分点；建安投资同比增长19%，增速超过全社会固定资产投资9.7个百分点。房地产开发

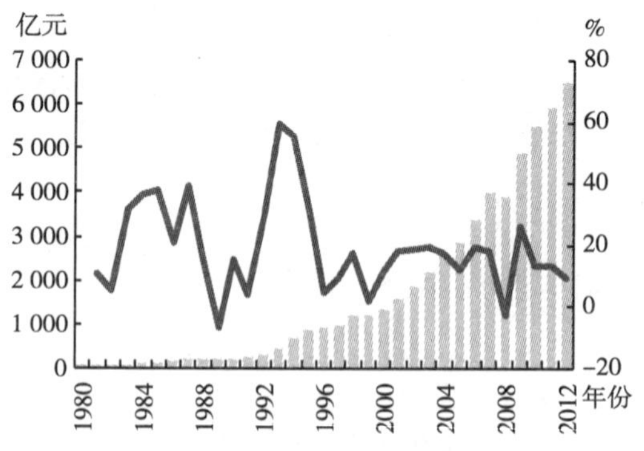

数据来源：北京市统计局。

图6　1980~2012年北京市固定资产投资及其增长率

投资同比增长3.9%；政策性住房投资同比增长14.9%。受经济环境影响，民间投资增速较低，全年完成民间投资同比增长4.9%，增速低于全社会固定资产投资4.4个百分点。国有部门投资比重上升，对北京市投资形成了重要支撑。北京市国有及国有控股单位全年完成投资3 972.6亿元，同比增长15%，占全社会投资比重为61.5%，比2011年提高3.1个百分点。

2. 居民收入持续增长，消费增速有所提高

2012年，北京市城镇居民人均可支配收入同比增长10.8%，扣除价格因素后，实际增长7.3%，增幅高于2011年0.1个百分点；农村居民人均纯收入同比增长11.8%，扣除价格因素后，实际增长8.2%，增幅高于2011年0.6个百分点。在网上销售快速增长等因素带动下，北京市居民消费保持稳健增长，增速比2011年有所提高，全年实现社会消费品零售额同比增长11.6%。在消费价格涨幅比2011年回落2.3个百分点的情况下，零售总额增幅仍高出2011年0.8个百分点，表现出消费增长的内在动力（见图7)。与居民消费结构升级相关的商品销售增长较快，通讯器材类零售额同比增长57.9%，书报杂志类零售额同比增长26%。

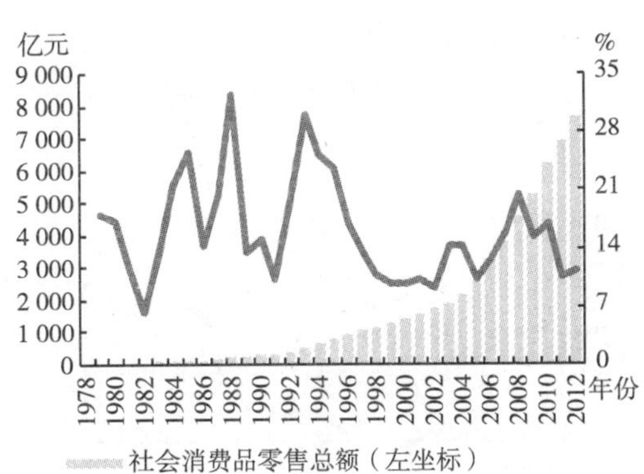

数据来源：北京市统计局。

图7 1978～2012年北京市社会消费品零售总额及其增长率

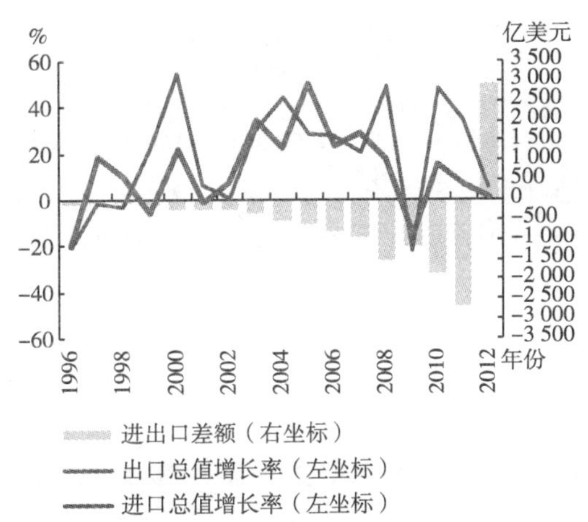

数据来源：北京市统计局。

图8 1996～2012年北京市外贸进出口变动情况

3. 对外贸易低速增长，利用外资增长较快

受总体经济环境影响，北京地区对外贸易增速下降，其中进口增速下降尤为明显。2012年，北京地区进出口总值同比增长4.7%。其中，出口同比增长1.1%；进口同比增长5.3%（见图8)。在全国实际利用外资连续数月下降的情况下，2012年，北京市实际利用外资达到80.4亿美元，创历史新高，同比增长14%，增幅比2011年提高3.1个百分点。其中，服务业成为外商投资重点领域，实际利用外资69.1亿美元，占实际利用外资总额的85.9%；大项目拉动作用显著，千万

美元以上大项目 117 个，实际入资 61.3 亿美元；城市功能拓展区为吸收外资主要区域，实际利用外资 49.5 亿美元。

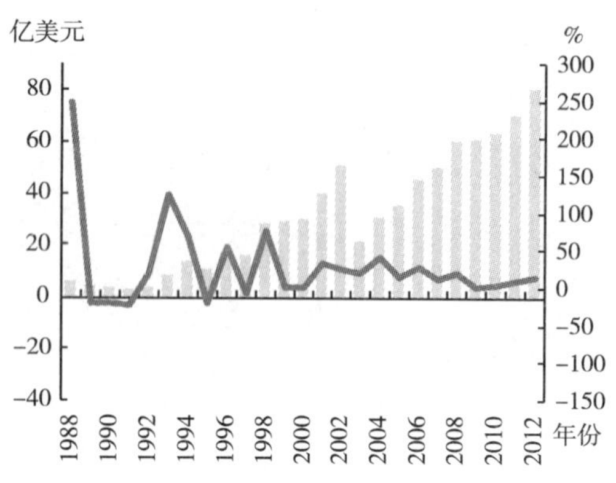

数据来源：北京市统计局。

图 9　2012 年北京市外商直接投资额及其增长率

（二）产业结构调整持续深入，经济结构进一步优化

2012 年，北京市持续促进产业结构优化升级，强化政策引导，丰富支持手段，取得多方面成效，三次产业结构由 2011 年的 0.9∶23.4∶75.7 进一步调整为 0.8∶22.8∶76.4。

1. 农业生产增势稳定，都市型农业稳步发展

2012 年，北京市第一产业增加值按可比价格计算，同比增长 3.2%，增幅比 2011 年提高 2.3 个百分点，平原造林工程的推进是主要带动力量。2012 年，北京市粮食总产量同比下降 6.6%，但亩产基本稳定，同比增长 0.9%。同时，都市型农业继续稳步发展。全年设施农业收入 52 亿元，同比增长 14%；农业观光园和民俗旅游户收入同比分别增长 23.8% 和 4.3%。农业投资增速较快，2012 年北京市第一产业完成投资同比增长 2.1 倍。

2. 工业生产运行平稳，企业效益有所改善

2012 年，受市场需求乏力影响，北京市工业生产低位开局，在“稳增长”政策作用下，增速小幅回升。全年规模以上工业增加值按可比价格计算，同比增长 7%。从重点行业看，电力、热力的生产和供应业，医药制造业保持较快增长，同比分别增长 19.6% 和 14.9%；计算机、通信和其他电子设备制造业同比增长 9.9%；汽车制造业同比增长 8%；装备制造业仍呈降势，通用设备制造业、专用设备制造业同比分别下降 8.6% 和 3.4%。受经济环境好转、货币政策调整等因素影响，企业效益有所改善。北京市规模以上工业企业利润在 7 月份止跌回升后保持增势；规模以上工业企业实现主营业务收入同比增长 6.8%；实现利润 1 216.6 亿元，同比增长 6.4%。但受投资信心仍然不足等因素影响，第二产业投资同比有所下降。2012 年，北京市第二产业完成投资同比下降 5.6%。

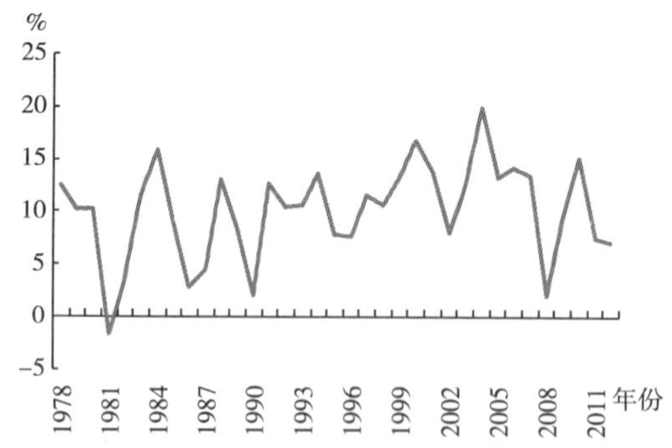

数据来源：北京市统计局。

图 10　1978～2012 年北京市规模以上工业增加值同比增长率

3. 服务业发展较快，带动产业结构进一步优化

2012 年，北京市加快推动服务业发展，金融中心城市功能不断增强，信息服务、商务服务、科技服务带动作用更加突出。北京市第三产业增加值按可比价格计算，同比增长 7.8%。从增加值占比较大的行业看，金融业，批发和零售业同比分别增长 14.4% 和 5.9%；信息传输、计算机服务和软件业，租赁和商务服务业同比分别增长 6.2% 和 7.2%；房地产业，科学研究、技术服务和地质勘查业同比分别增长 13.7% 和 5.8%。

（三）价格涨幅得到有效控制，通货膨胀压力减轻

1. 居民消费价格涨幅整体回落

北京市继续做好稳定物价工作，全面推进保供应、抓流通、重监管、稳预期等各项措施，保持物价总水平基本稳定。2012 年，北京市居民消费价格同比上涨 3.3%，高于全国居民消费价格涨幅 0.7 个百分点，涨幅比 2011 年回落 2.3 个百分点。价格月度同比涨幅呈现先降后升态势，8 月份以来受服务项目价格较快上涨影响，涨幅有所扩大。食品类与居住类价格涨幅较大仍是全年居民消费价格上行的主要原因，其中食品类价格同比上涨 6.6%，居住类价格同比上涨 3.9%，共拉动总指数同比上涨 2.8 个百分点。

2. 工业生产价格涨幅由升转降

2012 年 1～4 月北京市工业生产者出厂价格指数单月同比涨幅不断缩小；5 月份起同比呈下降态势，8 月份降幅达到 3.2% 的阶段性低点；之后降幅缓慢缩小，12 月当月降幅为 2.7%。北京市工业生产者出厂价格全年同比下降 1.6%，与全国平均水平基本持平。北京市工业生产者购进价格指数单月同比涨幅也在 1～4 月不断缩小；5～8 月降幅不断扩大，达到 4.3% 的阶段性低点；12 月当月降幅缩小至 2.9%。北京市工业生产者购进价格指数全年同比下降 1.3%，低于全国平均水平 0.5 个百分点。

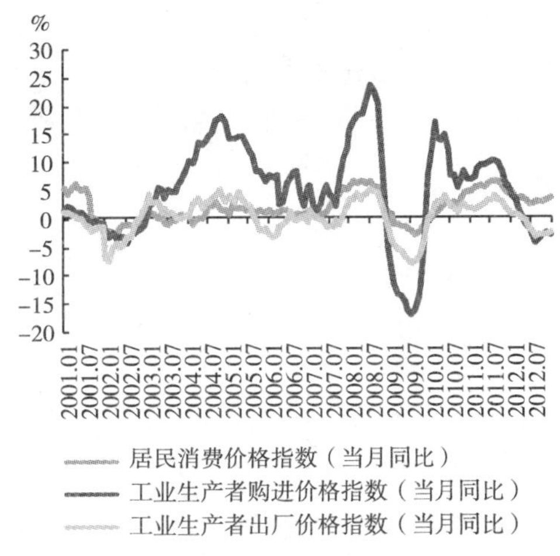

数据来源：北京市统计局。

图 11　2001～2012 年北京市居民消费价格和生产者价格变动趋势

3. 劳动力成本平稳增长

2012 年，北京市实现城镇新增就业 36 万人、21 万登记失业人员再就业和农村劳动力转移就业。在制定居民收入倍增计划、推行工资集体协商、建立工资正常增长机制的政策背景下，年城镇居民家庭人均工资性收入达到 27 962 元，同比增长 11.1%；人均养老金或离退休金为 10 102 元，同比增长 12.4%。2012 年，北京市最低工资标准同比提高 8.6%，城镇居民最低生活保障标准同比提高 4%，中低收入群体收入水平得以提升。农村居民人均工资性收入 10 843 元，同比增长 13.2%，收入增速快于城镇居民。

4. 资源性产品价格改革继续深化

2012年，北京市在水电、天然气、供热等方面进一步优化资源价格形成机制，居民生活用电阶梯电价正式施行，引导节约用电正效应初现；管道天然气居民用气售价适时上调，成品油价格继续实行与国际油价联动机制。同时，北京着力抓好重点领域节能减排，支持清洁生产，启动低碳改造，增强水资源水环境承载能力，逐步发挥资源性产品价格的调节作用。

（四）财政收支增速回落，财政支出结构进一步优化

2012年，北京市财政收入增速有所回落，市与区县分税制财政管理体制继续完善，营业税改征增值税试点顺利推进。受经济增长速度放缓、结构性减税等因素影响，全年完成地方公共财政预算收入3 314.9亿元，同比增长10.3%，增速比2011年下降17.4个百分点。从主要税种看，增值税和营业税同比分别增长32.1%和7.6%；企业所得税和个人所得税同比分别增长10.1%和3.1%。财政支出增速也有所回落，但支出结构进一步优化，保障和改善民生、稳定经济增长和调整经济结构等领域投入增加较快。全年地方公共财政预算支出3 685.3亿元，同比增长13.6%。其中，文化体育与传媒、交通运输、教育、社会保障和就业、农林水事务支出同比分别增长61.7%、22.4%、20.9%、19.2%和18.9%。

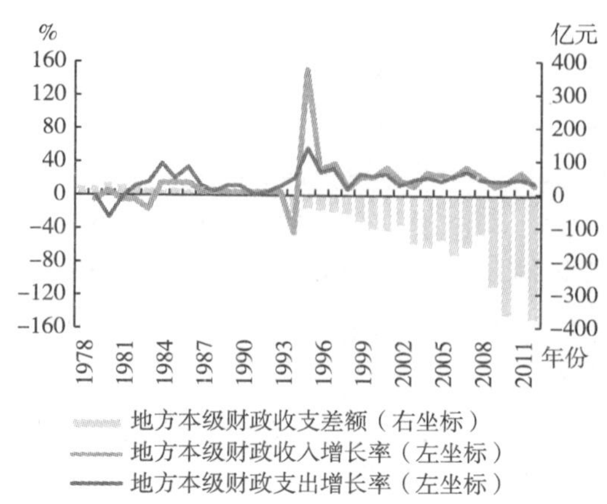

数据来源：北京市统计局。

图12 1978～2012年北京市财政收支状况

（五）地区生态文明建设取得成效，城市建设管理不断加强

2012年，北京市继续实施“人文北京、科技北京、绿色北京”的发展战略。在生态文明建设方面，增强大气环境、水环境治理，节能减排走在全国前列，综合发展指数连续多年排名全国第一。空气中主要污染物浓度平均下降29.3%，生活垃圾焚烧和生化处理比重由10%提高到50%，污水处理率、再生水利用率分别达到83%和61%。大力实施平原地区百万亩造林绿化，建成开放一批森林公园和郊野公园，完成京津风沙源治理、三北防护林工程阶段任务，北京市森林覆盖率达到38.6%。城市建设管理不断加强。2012年，建成轨道交通300公里，通车总里程达到442公里。南水北调中线北京段、城市电网改造等一批重大项目建成使用，资源能源保障能力明显增强。但总体看，北京市作为资源输入型城市，近年来人口资源环境压力不断加大，防治污染、加强节能减排、发展循环经济的任务仍十分繁重，推动经济与人口资源环境协调发展已成为十分紧迫的问题。

专栏2　建立健全金融支持文化产业工作机制　促进首都文化创意产业发展

北京市是全国文化中心，科教文化资源丰富，创意人才荟萃。发展文化创意产业是北京市推动经济结构调整、提高自主创新能力、转变经济发展方式的重要战略选择。近几年，人行营业管理部不断探索研究，建立健全文化产业金融支持工作机制，促进首都文化创意产业发展。

一是完善政策推动机制，探索有利于金融服务文化产业发展的制度办法。2009年出台《关于金融支持首都文化创意产业发展的指导意见》，2010年、2011年继续出台《2010年文化金融工作安排》、《2011年科技金融和文化金融工作实施意见》，不断进行金融支持文化产业发展的政策探索。2012年，进一步出台《关于做好文化金融工作 支持北京建设中国特色社会主义先进文化之都的意见》，从加快创新、完善配套、拓宽领域、培养人才四个方面提出15项具体要求，着力改善辖内银行文化金融服务水平。

二是健全考核激励机制，激发银行发展文化金融业务的内在动力。在中国人民银行系统内率先将文化产业信贷业务开展情况纳入商业银行信贷政策导向效果评估体系，连续三年组织辖内商业银行文化创意产业信贷工作评比表彰活动，不断完善金融支持首都文化产业发展的外部激励机制。建立北京市文化金融专家智库，充分发挥文化金融专家的辐射和带动作用，促进金融机构培养文化金融人才。

三是形成创新成果推广机制，增强首都文化金融的品牌效应。通过编撰中小企业信贷创新产品汇编和“文化金融服务年”活动专刊等信息材料，为文化企业提供更新的融资资讯，为辖内银行创新成果的推广提供更有利的机会。在人行营业管理部和相关部门共同推动下，辖内银行加快建立并完善文化金融专项营销审批机制、绩效考核机制、差别化定价机制，积极开展组织、机制、产品和服务方式创新，在多个领域成为国内文化金融工作先行先试的代表。

四是构建政银企合作机制，打造有利于文化金融融合发展的外部环境。联合多部门共同召开中小企业融资专题培训会议，特别面向文化创意型中小企业介绍相关优惠政策、金融产品、担保业务以及办理融资相关流程和问题，便利文化创意企业融资。召开金融服务文化创意企业推进工作会，发挥了良好的政策聚集效应和典型示范效应。联合政府相关部门和辖内银行多次举办金融服务走进文化创意产业集聚区活动，为政银企有效对接、深入合作奠定良好基础。

五是建立信息共享机制，打造提供文化金融咨询的专业平台。不断充实和完善自主开发的北京市中小企业金融服务网络平台，专门开设文化金融服务专栏，汇集政府部门的政策信息、银行的产品信息和中介机构的服务信息，为辖内银行和文化创意企业搭建信息共享平台。

（六）主要行业分析

1. 房地产市场调控取得积极效果

2012年，北京市房地产市场运行总体平稳，住房成交量同比明显增加，但低于2008～2011年平均水平。在房地产市场调控不放松的政策背景下，投机投资性购房需求被有效遏制。新房均价同比下降，二手住房价格及租金涨幅回落。房地产贷款上半年增长相对放缓，下半年随着市场成交量变化逐步回升，信贷对保障性住房建设支持力度加大。

（1）房地产开发投资增速回落，开发商自筹资金同比下降。2012年，北京市完成房地产开发投资同比增长3.9%，比2011年下降6.2个百分点；占全社会固定资产投资的48.8%，比2011年下降2.6个百分点。房地产开发项目本年到位资金同比增长14.1%。其中，自筹资金同比下降6.9%；定金及预收款、金融贷款、利用外资同比分别增长37.5%、28.3%、62.1%。

（2）商品住宅新增供应低位回升，保障性住房建设加快推进。2012年，北京市商品住宅竣工面积同比增长15.7%，2011年同比下降12.2%。全年完成各类保障性住房投资同比增长14.9%，占北京市房地产开发投资的27.2%，占比比2011年提高2.6个百分点；全年建设、收购各类保障性住房18万套，基本建成10万套，配租配售9.3万套。

（3）商品住房成交量大幅增长，中等户型占比提升。2012年，北京市商品房销售面积同比增长35%（见图13）。其中，新建商品住宅销售面积同比增长43.3%，改善性需求推动中等户型新房成交比重提升。

（4）新建商品住房成交均价下降，

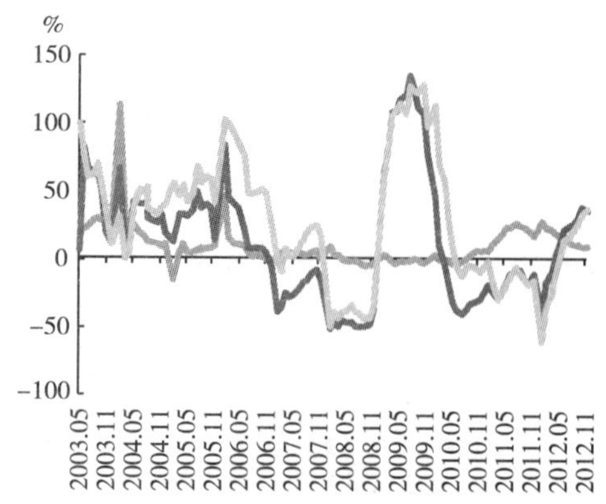

数据来源：北京市统计局。

图13　2003～2012年北京市商品房施工和销售变动趋势

二手住房价格与租金涨幅回落。2012年，受新建商品住房市场重心外移因素影响，北京市新建商品住房成交均价同比下降7.6%，为近年来首次下降；二手住房成交均价同比上涨7.1%，涨幅比2011年回落1.3个百分点；住房平均租金同比上涨8.5%，增幅比2011年回落2.5个百分点。

（5）房地产贷款恢复增长，信贷对保障性住房建设支持力度不断加大。2012年末，北京市金融机构本外币房地产贷款同比增长5.3%，比2011年同期提高4.3个百分点。其中，房地产开发贷款同比增速自7月起恢复为正增长，年末同比增速为6.2%；个人住房贷款在第一季度、第二季度呈现一定程度萎缩，随着购房需求在第三季度的逐步释放，累计放款量逐步回升，年末同比增速为2.3%，比2011年末提高0.2个百分点。银行保障性住房开发贷款同比增长18.9%，辖内银行结合保障性住房投资及资金需求特点积极通过产品创新为保障性住房项目提供信贷支持，公租房中长期贷款取得突破性进展。

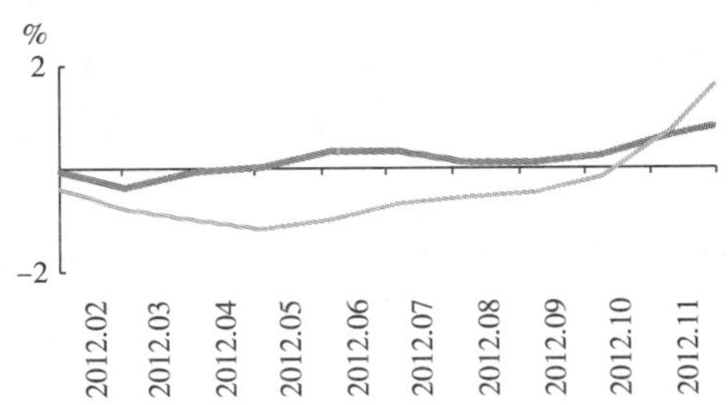

数据来源：北京市统计局。

图14 2012年北京市新建住宅销售价格变动趋势

2. 文化创意产业发展总体呈现稳定向好态势，信贷支持文化创意产业力度持续加大

2012年，北京市文化创意产业在第一季度低位开局，第二季度开始企稳向好，新兴文化业态快速成长，文化消费拉动作用增强，集聚效应进一步突出。辖内银行积极参加人行营业管理部组织的“2012文化金融服务年”活动，通过组织、机制、产品和服务领域创新，不断加大信贷支持力度，提升金融服务水平。2012年，北京市中资银行文化创意产业人民币贷款累计发放额同比增长28.5%，各子行业贷款均保持较快增长。

3. 高新技术产业已经成为北京经济发展的主要支柱，中关村国家自主创新示范区在提升自主创新能力、建设创新型国家中的示范引领和辐射带动作用显著

2012年，北京市规模以上高技术制造业工业增加值同比增长11.3%；全年实现收入3 446.8亿元，占规模以上工业收入的20.5%。中关村国家自主创新示范区拥有高新技术企业近2万家，每年新创办企业超过3 000家。

2012年，人行营业管理部继续推动辖内金融机构先行先试，积极创新，促进科技资源与金融资源融合发展。18家银行在中关村设立了专门为科技企业服务的信贷专营机构或特色支行；各银行累计为企业提供信用贷款160亿元；信用保险及贸易融资试点进展顺利，累计为60多家企业提供近200亿元的信用保险和10亿元的贸易融资贷款；中关村信用贷款试点和股权质押贷款工作快速推进，信用贷款试点银行增至24家；18家中关村企业在创业板上市，年末创业板上市的中关村企业达到62家。

三、预测与展望

2013年是全面深入贯彻落实十八大精神的开局之年，是实施“十二五”规划承前启后的关键之年，也是北京市在新的起点上推动科学发展，向着建设中国特色世界城市迈出更大步伐的重要一年。展望2013年，虽然首都经济发展依然面临较多的困难和挑战，但推动经济增长的长期动力并未发生根本变化。

从国际环境看，虽然在发达经济体超宽松货币政策刺激下，全球经济形势有望较2012年略有改善，但同时金融危机的影响呈现长期化趋势，欧元区主权债务危机尚未得到有效解决，发达经济体量化宽松政策又引发了新一轮全球货币竞争性贬值，加上贸易投资保护主义倾向上升，世界经济增长前景仍存在较大不确定性。从国内环境看，近年来国家实施的稳增长、促转型政策的累积效应正在逐渐显现，城镇化、产业转型、贸易升级的深入推进以及城乡居民收入不断提高都为内需增长创造了有利条件，未来一段时期国内经济持续增长的动力依然较强。从北京自身看，

科技创新、文化创新成为国家战略发展的核心，有利于充分发挥首都的资源优势、总部优势和服务优势；“营改增”试点、中关村扩区、新三板市场建立和新机场建设等重大政策和重点项目落地，为北京经济发展提供了新的重大机遇；“六高四新”高端产业功能区发展格局初步形成，将显著提高中关村国家自主创新示范区的高端引领作用，持续增强首都经济的发展动力和竞争力。

2013 年，推动北京经济持续增长的内生动力仍然较为充足。消费需求方面，教育、医疗和住房保障等公共服务质量的不断提高，将有效改善居民消费预期，增强居民的消费能力；随着城乡发展一体化的推动和居民收入持续增长，健康养老、教育培训、文化娱乐和旅游休闲等新型服务性消费需求进入高增长阶段；小额消费信贷公司快速发展和 15 万个小微商户便民金融服务设施建设，家电节能补贴、家具以旧换新、72 小时落地免签和加大保障房供给等各项政策的有机结合，也将加速释放潜在的消费需求，预计 2013 年北京市消费仍将保持较快增长。投资需求方面，国家和北京市“十二五”规划重点建设项目还将陆续开工建设；传统优势产业转型升级和技术改造，增加基本公共服务供给，加大节能减排和环境治理等方面也会产生较大的投资需求；同时，国家鼓励引导民间投资细则和北京市配套办法的落实，将进一步激发民间投资活力。

价格方面，国内总需求趋于稳定，粮食连续九年增产，工业生产和供给能力充足，人民币汇率接近均衡水平，这些因素都有利于物价保持基本稳定。但影响物价稳定的不确定因素也在增加，国际宽松货币政策对流动性的注入将推动大宗商品价格上升，未来输入型通胀压力较大；在劳动年龄人口减少，供求结构矛盾突出与大城市生活成本高、劳动力素质提升和诉求提高的综合作用下，劳动力成本上升已成长期趋势；此外资源性产品价格形成机制有待理顺，2012 年末房价和房租出现较快上涨，都增大了通胀预期管理的难度。综合考虑各相关因素影响，预计 2013 年北京市物价水平仍将呈现上涨态势，并可能继续高于全国，但出现大幅上涨的可能性不大。

从金融运行情况看，2013 年北京市金融业综合竞争力将继续提高，服务首都经济发展和世界城市建设的能力有望进一步增强。国家科技金融创新中心加快建设，全国性场外交易市场落户金融街，中国水权交易所在京设立，都将进一步强化首都的总部金融特征，有利于充分发挥金融市场配置资源的基础性作用。2013 年，北京市金融部门将切实把握更好地服务实体经济的要求，加大对国家重点在建续建项目、现代服务业、新兴产业的信贷支持，推进涉农及小微企业金融服务创新，完善就业、助学等民生金融服务。积极推动社会融资多元化发展，强化利用银行间市场及其他债务融资渠道，支持首都各功能区建设。配合首都科技创新与文化创新“双轮驱动”发展战略进一步实施，着力推进科技金融、文化金融机制建设，促进科技、文化资源与金融的有效融合。落实好差别化住房信贷政策，加大对中小套型普通商品住房和保障房建设的支持力度。

2013 年，人行营业管理部将按照中央经济工作会议和中国人民银行工作会议的部署，继续贯彻落实稳健的货币政策，探索创新机制与手段，努力提升金融服务水平，为北京市经济平稳健康发展提供有效的金融支持。

总　纂：李　超　姜再勇

统　稿：赵　宏　李瑞敏

执　笔：张　丹　张英男　魏海滨　蒋湘伶　朱　睿　张向军　黄美娟　王新宇　张宝航　张笑尘　周　翔　单　方　吕潇潇　齐　川　贺　杰　杨　进　李　甲　吴逾峰　尹兴中　赵晓英　王　瑞　姚　刚

提供材料的还有：邓凯宏　徐海勇　邱　震　张素敏

北京市金融稳定报告（摘要）

中国人民银行营业管理部　金融稳定分析小组

2012 年，北京市金融业总体稳健运行，与地区经济形成良性互动。银行业金融机构本外币存贷款继续平稳增长，信贷资产质量良好，法人机构风险抵御水平充足；证券公司盈利能力回升，基金份额和净值快速增长；产寿险保费收入稳步增长，业务结构继续优化；金融市场运行平稳，资金净融出规模同比翻番；支付、征信、反洗钱、外汇检查等金融服务及基础设施建设取得新成效，跨境人民币结算业务稳步前行，金融业发展环境持续改善，为北京金融体系的稳健合规运行提供了有力保障。

一、区域经济运行与金融稳定（略）

二、金融业与金融稳定

（一）银行业经营情况

2012 年，北京市金融机构（含外资，下同）信贷资产规模稳步增长，资产质量继续提高，银行业整体运行平稳。但同时银行业也面临着银行业金融机构利润增速放缓、少数机构不良贷款反弹压力较大等一系列可能影响金融稳定的潜在风险。

1. 银行业整体运行平稳，信贷资产规模及质量继续提升

（1）本外币贷款增长平稳，信贷资金主要投向首都经济发展支柱行业。2012 年末，辖内金融机构本外币各项贷款同比增长 8.90%，辖内金融机构本外币短期贷款同比增长 14.37%，新增短期贷款占各项贷款新增额的 46.71%。中长期贷款则受政府融资平台贷款监管约束增强、债券融资替代等多重因素影响而增速有所放缓。2012 年末，本外币中长期贷款同比增长 5.83%。同时，票据融资受管理部门规范业务因素影响，规模自 9 月以来持续收缩。2012 年末，辖内金融机构票据融资同比增长 39.95%，较年内最高增速下降 71.39 个百分点。

由于受监管部门规范海外代付及人民币对美元持续走强等因素影响，2012 年 9 月以来，境内贸易融资增长较快，相应带动外币贷款较快增长。2012 年末，外币各项贷款同比增长 7.49%。

2012 年全年，辖内银行业金融机构贷款增加最多的六大行业分别为采矿业，交通运输仓储和邮政业，批发和零售业，制造业，公共管理、社会保障和社会组织，信息传输、软件和信息技术服务业，

占全部新增贷款（不含贴现）的77.08%。

（2）本外币存款继续平稳增长，个人存款增长较快。2012年末，辖内金融机构本外币存款同比增长13.11%。其中，单位存款由于季节因素影响增速有所提高。2012年12月末，本外币单位存款同比增长9.71%，增速较上月提高2.17个百分点。个人存款受理财产品年底增发及理财资金从表外转向表内存款等因素影响而继续保持较快增速。2012年末，个人存款同比增长17.08%；其中结构性存款同比增长60.91%。

（3）信贷资产质量良好，法人机构风险抵御能力继续提高。2012年，北京地区银行业金融机构不良贷款继续低位“双降”，信贷资产质量整体良好。2012年末，辖内银行业金融机构不良贷款余额同比下降7.42%；不良贷款率为0.48%，同比下降0.10个百分点。

从贷款五级分类来看，辖内银行业金融机构贷款结构健康，未出现向下迁徙现象。2012年末，辖内银行业金融机构关注类贷款同比增长6.37%，低于各项贷款平均增速；次级类贷款、可疑类贷款和损失类贷款同比分别下降7.85%、5.06%和14.29%。

同时，法人金融机构拨备覆盖率继续提高，风险抵御水平充足。2012年末，辖内法人金融机构拨备覆盖率同比提高1.41个百分点，其中，法人银行拨备覆盖率同比提高6.99个百分点。

2. 需要关注的问题

（1）银行利润增速放缓，盈利模式转型压力增大。2012年，利率市场化迈出重要步伐。受此影响，辖内商业银行净息差不断收窄，利润也持续受压。2012年末，辖内银行业金融机构利润增速较上年同期大幅下降12.85个百分点。从机构类型来看，政策性银行、大型银行和外资银行利润水平较上年同期下降，其他类型银行业金融机构不同程度盈利，但利润增速也大幅下滑。此外，银行业金融机构经营效率也明显下降。2012年末，银行业金融机构资产利润率同比下降0.13个百分点，成本收入比率同比提高1.34个百分点。

由于北京地区非金融企业债券发行量增长对信贷产生明显的替代效应，金融脱媒态势明显，因此可能进一步挤压银行利息收入。加之商业银行中间业务的发展也仍显疲弱，银行业利润的可持续增长正在经受挑战，盈利模式转型压力骤增。

（2）辖内法人银行压力测试结果显示：房地产信贷风险可控，存贷款利率非对称调整将对利润造成较大压力。人行营业管理部采用2012年末静态数据，对北京银行和北京农商银行两家法人银行开展了房地产信贷和利率风险情景压力测试，结果显示：一是重度压力下房地产贷款不良率上升幅度有限，房地产信贷风险基本可控；二是存贷款利率的非对称调整将较大程度影响银行净利息收入及净利润，尤其是在重度压力下，北京银行和北京农商银行净利润降幅较大。

（3）少数机构不良贷款反弹压力较大。2012年末，辖内银行业金融机构不良贷款继续实现“双降”，但少数机构不良贷款余额反弹，资产质量恶化压力仍然存在。2012年末，城市商业银行、非银行金融机构及外资银行不良贷款余额分别较年初不同程度增加。由于近期企业盈利波动性较大，经济运行中的不确定因素也仍然存在，部分机构不良贷款有可能继续反弹，对此需持续关注。

（4）银行业金融机构信贷客户集中现象仍未有效改善。2012 年内，银行业金融机构信贷客户集中度仍然较高。2012 年末，辖内银行业金融机构中最大的十家集团客户贷款占各项贷款比例同比提高 5.07 个百分点，辖内法人银行单一客户集中度同比提高 0.76 个百分点。银行业金融机构客户集中度较高一方面表明银行业与地方经济发展的联动程度提高，另一方面也从侧面反映中小企业贷款投放量在未来仍有较大改善空间。

（5）信托行业发展迅速，相关风险值得关注。2012 年，北京地区信托业快速发展，全年信托产品发行规模超千亿元。此外，商业银行与信托公司合作的银信理财产品规模也在快速增长，其中的风险也不可小视。一是信托项目的到期兑付风险。随着房地产市场调控的持续从紧，部分还款困难的项目通过延期或金融机构之间相互续接的方式继续运行，违约风险被暂时掩盖。二是政策性风险。管理部门不断出台的管理政策使银信合作业务面趋窄，一些业务合作模式可能随时被叫停。

（6）融资性担保公司违规经营风险暴露。2012 年内，北京地区个别融资性担保机构发生风险事件，暴露出部分融资性担保机构运营中的多项风险点。一是担保机构不专注本业而过多通过委托贷款参与高利贷业务。二是融资性担保机构抽逃资本金现象严重，或虚假注册资本，或注册后挪用资本金。

（7）政府融资平台贷款风险仍需持续关注。2012 年内，辖内银行业实施多项清理措施后，政府融资平台贷款整体质量良好，但仍需关注以下风险：一是部分重点客户被调回监管类后将接受更为严格的监管，融资需求可能无法满足，平台现金流紧张的风险仍然存在；二是部分土地开发类平台贷款面临土地一级市场上市风险；三是 2012 年及 2013 年为平台贷款到期还款小高峰，加之地方融资平台债券发行量也有所增加，土地收入下降对地方融资平台债务偿还能力的影响仍然值得关注；四是预计 2013 年平台贷款需求仍然非常旺盛；五是近期地方政府投资规模有进一步扩大的迹象，政府融资平台贷款有可能进一步增加。

（二）证券业经营情况

2012 年，北京市证券业总体经营状况有所好转，证券公司利息收入大幅增加，基金份额和净值均大幅增长，期货公司资产总额和代理交易额出现回升，上市公司数量小幅上升。

1. 证券市场行情继续振荡，基金份额和净值大幅上升

（1）证券市场活跃度持续下降，证券公司盈利能力小幅回升。2012 年末，北京市共有正常经营的法人证券公司 18 家，与上年末持平；证券公司在京营业部 267 家，比上年增加 5 家。2012 年，北京地区证券市场交易额继续下降，证券公司营业收入和净利润指标小幅回升。全年，证券市场交易额比上年下降 6.55%，其中股票基金交易额比上年下降 28.16%，证券市场活跃度持续下降；北京地区证券公司营业收入比上年上升 2.54%，实现净利润 46.95 亿元，较上年上升 5.62%；证券公司客户交易结算资金余额 920.87 亿元，较上年下降 14.22%。

（2）基金份额大幅增加，基金净值快速增长。2012 年末，在京注册的法人基金管理公司 10 家，比上年增加 1 家，其中，中外合资基金公司 8 家。2012 年

末，法人基金公司共管理基金140只，较上年末上升32.08%。其中，封闭式基金7只，与上年持平；开放式基金133只，较上年增加34只。全年，管理基金份额规模同比上升28.65%，基金管理净值比上年上升39.47%。2012年末，法人基金公司QDII份额总规模较上年上升6.10%；基金净值较上年上升21.99%。

（3）期货公司资产总额增速回升，代理交易额同比增加。2012年末，北京市共有期货经纪公司20家，资产总额和净资产同比增速分别比上年提高14.26个和42.86个百分点。2012年，北京地区期货市场交易活跃性有所回升，期货公司期货代理交易额较上年上升14.40%；累计利润较上年上升64.20%。

（4）上市公司当年累计募集资金规模继续缩减，上市公司总市值小幅上升。2012年末，北京地区境内上市公司共217家。其中，主板上市公司126家，中小板上市公司38家，创业板上市公司53家，无暂停上市公司。北京地区境内上市公司当年累计募集资金较上年大幅缩减46.35%，募集资金规模连续快速下降；境内上市公司总市值较上年末上升3.84%。

2. 需要关注的问题

（1）证券公司核心盈利模式仍然有待完善。2012年，北京地区证券公司尽管实现了营业收入和净利润的小幅上升，但资产利润率由2011年的2.46%下降至2.03%，显示出其盈利能力仍有待提高。证券公司普遍缺少核心的盈利能力，收入增长与资本市场行情相关性较高等问题仍然明显。

（2）对于证券行业的投诉量居高不下。2012年，北京地区对于证券行业的投诉案件达365起，主要反映的内容包括上市公司的信息披露、公司内部管理、公司重组、内幕交易以及非法证券投资咨询活动等。在打击非法活动的同时，对投资者的教育工作也需要进一步加大力度。

（3）证券行业信息系统安全问题仍需关注。近年来，证券行业信息系统建设逐步完善，但仍需关注部分薄弱环节。证券公司交易系统一旦发生故障，很容易引发风险。从2012年信息系统发生的故障来看，证券公司交易系统故障等原因导致的突发安全事故仍会发生。

（三）保险业经营情况

2012年，北京保险市场总体平稳发展，服务领域不断拓宽，产品创新取得新进展。受自然灾害影响，财产险公司经营效益下滑，保险行业增长的可持续性面临压力。

1. 保费收入稳步增长，服务领域不断拓宽

（1）机构数量略有增加，保费规模位居全国前列。2012年末，共有在京保险分公司和直接经营业务的保险总公司99家，较上年增加4家。其中，产险公司39家，寿险公司55家，再保险公司4家，政策性保险公司1家。2012年末，保险公司总资产较年初增长15.2%。全年实现原保险保费收入[①]同比增长12.5%，保费规模居全国第四位。

（2）产寿险保费收入稳步增长，业务结构继续优化。2012年，财产险公司

① 以下简称保费收入，是执行财政部《企业会计准则解释第2号》后的口径数据，与2010年及以前不具有可比性。

保费收入同比增长 15.5%，人身险公司保费收入同比增长 11.2%。财产险中，车险保费收入同比增长 15.3%，占比同比下降 0.1 个百分点。寿险中，分红险保费收入占比 90.9%，同比下降 0.7 个百分点；普通寿险占比 8.4%，同比上升 0.8 个百分点。银邮渠道保费收入占比同比下降 4.3 个百分点，个人代理渠道占比同比上升 0.1 个百分点。

（3）财产险经营效益下滑，人身险退保率低于全国水平。2012 年，受“7·21”特大自然灾害影响，财产险公司经营效益有所下滑。各产险公司累计支付赔款同比增长 28.4%，综合费用率上升 1.7 个百分点，行业承保利润率同比下降 4.3 个百分点。人身险公司寿险业务新单期缴率同比上升 4.3 个百分点，人身险公司退保率为 2.3%，低于全国 0.4 个百分点。

（4）保险产品创新取得新进展。责任保险方面，开展了政府机构公众责任保险试点，启动了养老服务机构综合责任保险。寿险方面，推出了我国首款将被保险人健康状况细分为 6 个等级的定期寿险，打破了仅将被保险人分为健康体和非健康体的传统做法。

（5）专项领域保险取得新进展。2012 年末，北京市政策性农业保险实现保费收入同比增长 20.1%，风险保障金额同比增长 21.4%，赔付支出同比增长 59.5%。健康险信息平台数据收集、信息查询和统计分析功能已经开发完成。某健康保险公司与平谷区政府新农合“共保联办”项目成效显著，截至年末，“共保联办”项目减少参合农民自负医疗费用近 4 000 万元，约占农户当年医疗保健支出的 8.5%。

（6）外资保险公司市场份额及集中度基本稳定。2012 年末，在京经营业务的外资产险公司保费收入同比增长 14.7%，市场份额为 3.9%，与去年基本持平；保费规模居前 5 位的外资产险公司市场份额为 3.1%，同比下降 0.2 个百分点。在京经营业务的外资寿险公司保费收入同比增长 16.9%，市场份额为 16.3%，同比上升 0.8 个百分点；保费规模居前 5 位的外资寿险公司市场份额为 10.8%，同比上升 1.6 个百分点。

2. 需要关注的问题

（1）投资型寿险产品占比较高，保障型产品有待发展。2012 年，北京市寿险业务中投资型产品占比仍然很高，容易引发寿险产品销售中夸大收益、回避风险以及由于收益达不到预期而引起退保的问题，也使整个寿险行业的产品与银行理财产品以及证券基金行业的投资产品趋同，造成保险行业缺乏核心竞争力。

（2）寿险公司现金流压力增大，保险机构资金运用风险值得关注。寿险公司面临增长乏力，集中退保风险以及满期给付等问题，这些可能导致寿险公司现金流压力增大，2012 年末，个别保险公司偿付能力充足率已低于 100%。随着保险资金投资范围的放宽，相应的投资风险进一步加大。

（3）保险业持续增长的压力仍然很大。财产险中车险业务受限购政策影响增速有限，非车险受宏观经济形势影响面临“瓶颈”；寿险产品较为单一，且与银行理财产品等相比竞争力不强，寿险新单业务已连续两年负增长。

（4）银行系保险公司的加入，使其他中小保险公司竞争压力增大。目前，国有五大行中除了中国银行尚未控股（参股）寿险公司外，其他大行旗下均有经营银保业务的寿险公司。这些公司的加入，给缺乏银行背景的中小保险公司带来了一定冲击。

（5）行业长期积累的矛盾和问题需要进一步解决。保险行业依然存在市场秩序不规范的问题，表现在销售误导和理赔难等方面。保险行业粗放式发展模式没有根本转变，产品创新不足，公司间的竞争大多体现在非理性价格竞争。保险公司应注重这些制约行业发展的传统问题的解决。

三、金融市场运行与金融稳定

（一）金融市场运行情况

1. 货币市场交易活跃，净融出资金规模快速增长

金融机构[①]同业拆借成交量显著增长，资金流向为净拆出。2012 年，北京地区网上拆借累计成交金额同比增长 35.57%，占全国交易量的 53.53%，占比较上年同期下降 1.61 个百分点。债券回购成交量大幅上升，买断式回购交易量接近翻番。2012 年，北京地区债券回购累计成交金额同比增长 46.11%，占全国交易量的 43.29%，占比较上年提高 1.07 个百分点。2012 年，北京地区金融机构通过回购净融出资金同比增长 91.86%。

2. 现券交易成交量小幅减少，金融机构持债意愿增强

2012 年，北京地区金融机构现券买卖累计成交金额同比下降 13.07%，占全国交易量的 19.94%，占比较上年下降 7.64 个百分点。信用债券成交量逆势增长，在全部债券交易量中占比近半。全年信用债券累计成交金额同比增长 15.69%，占全部债券交易量的 48.27%，占比较上年提高 11.69 个百分点。远期交易成交量大减，参与机构单一。远期交易累计成交金额同比下降 47.24%，交易品种包括 7 天、14 天、21 天、1 个月和 2 个月。

3. 非金融企业债券融资大幅增长，超短期融资券发行占比第一

2012 年，北京地区非金融企业发行债券金额同比增长 42.1%，占全国非金融企业发行债券总额的 45.6%，在全国各省市中排名第一。超短期融资券、短期融资券和中期票据是北京地区企业通过债券市场融资的主要方式，在发行总额中的占比合计达到 72.9%。

4. 结售汇总量稳中有升，外汇衍生品交易总体快速增长

2012 年，北京地区即期外汇交易稳定，交易量略有增长。即期外汇买卖成交量折合美元金额同比增长 6.41%。外汇远期交易量大幅减少，掉期交易量显著增长。外汇远期交易买卖累计成交折合美元金额同比下降 57.51%；外汇掉期交易买卖累计成交折合美元金额同比增长 44.80%。

外币对交易量明显减少，欧元/美元与美元/港元是交易主力品种。外币对买卖累计成交折合美元金额同比下降 43.17%。交易最活跃的外币对为欧元/美元、美元/港元、澳元/美元，买卖累计成交金额占比分别为 32.68%、29.67%、17.13%。

5. 黄金市场交易活跃度有所下降

① 指在北京地区营业的所有金融市场成员，包括各政策性银行、各国有商业银行总行及北京市分行、各股份制商业银行总行及在京营业机构、北京银行、北京农商银行、中国邮政储蓄银行、各外资银行在京营业机构，在京各证券公司、财务公司、基金管理公司、保险公司、信托投资公司、资产管理公司等。

2012年，北京地区交易所会员黄金买卖累计成交量同比下降24.1%。其中，黄金买入成交量同比下降25.57%，卖出成交量同比下降22.75%；自营交易成交量同比下降27.66%，代理交易成交量同比下降17.79%；实际提货量同比增长7.26%。

（二）需要关注的问题

1. 货币市场利率的波动性增加了中小金融机构流动性管理的难度

2012年，货币市场利率的波动幅度依然很大。从政策因素来看，货币市场利率受到2次存款准备金率调整、2次基准利率调整及公开市场操作等的影响比较明显；从外部因素来看，货币市场利率又受到外汇占款、节日资金需求以及债券发行等因素变化的影响。如果作为资金净融出方的大型银行融出资金量减少，中小型金融机构则会面临资金价格上升的压力，给流动性管理带来一定影响。

2. 债券市场信用风险事件逐渐增多

2012年，全国共发生5起债券到期兑付的信用风险事件，北京地区也发生了2起中小企业集合债到期不能兑付由担保公司代偿事件。一起是1月份，“10中关村债”联合发行人地杰通信偿债困难由中关村担保履行担保责任；另一起是10月份，“10京经开SMECN1”联合发行人康特荣宝无法兑付由北京首创担保履行担保代偿责任。债券市场信用风险事件逐渐增多趋势需要关注。

四、金融基础设施与金融稳定

（一）支付体系不断完善，支付环境日益优化

2012年，北京市支付系统覆盖面不断拓展，各类支付系统参与机构不断增加。大额支付系统业务金额连续五年位居全国第一位，小额支付系统处理业务接近1亿笔，支付系统在加速社会资金流转、畅通货币政策传导等方面发挥着积极作用。依托账户电子化审批系统，人民银行核准类银行结算账户行政许可效率进一步提高，审批时间明显缩短，支持了北京经济平稳运行。非现金支付环境进一步优化，电子商业汇票推广力度加大，全年承兑和贴现金额分别同比增长124.49%和85.99%，位居全国前列。北京地区银行卡市场稳步发展，银行卡助农取款服务进展顺利，全年共发展助农取款点223个，交易笔数700余笔。非金融支付服务机构监管工作成效显著，多层次的支付机构监管体系初步建立，截至年末，已有47家机构获得支付业务许可证。

（二）征信服务及监管体系进一步完善，社会信用环境继续提升

2012年，北京地区累计发放机构信用代码证78.42万户，发放比例接近100%，发证数量列全国各省市第六位，有效推动了社会信用体系建设。全年，个人征信服务窗口提供查询服务11.5万人次，同比增加88.5%；企业征信服务窗口共办理贷款卡行政许可1.5万户，同比增长38.7%。通过督导辖内金融机构建立个人信用报告查询管理系统、集中管理授权档案、建立内部自查机制，商业银行违规查询比例大幅度下降。推动建立辖内信贷市场评级机构总经理联席会议制度，扩大评级行业影响。深入开展海淀区中小企业信用体系试验区建设，会同北京市经信委等部门落实试验区工作方案各项任务措施。延伸服务，在海淀园企业服务大厅设立征信服务窗口，为中小企业建立征信服务绿色通道。

（三）逐步转变反洗钱监管理念，反

洗钱监管效能显著提升

2012年，反洗钱监管贯彻落实“以风险为本”的核心理念，按照“整体推进、分类监管、点面结合、突出转型”的工作思路，以全面提高辖内金融机构反洗钱工作的有效性为主线，引导辖内机构建立风险为本的反洗钱内控体系。全年，共对辖内8家金融机构和1家支付机构进行了现场检查，被查金融机构内控问题同比下降近50%，反洗钱监管成效显著。2012年，辖内金融机构一般可疑交易报告量同比下降41.65%，可疑交易报告质量进一步提高，可疑交易分析识别水平持续提升，通过深入开展可疑交易监测和定期筛查分析，广泛开展跨部门协调合作，通过反洗钱机制发现并协助破获了多起案件，维护了社会公平与正义，净化了首都金融环境。

（四）创新外汇检查工作手段，遏制异常跨境资金流入

2012年，人行营业管理部组织或参与了对多家银行及大型企业外汇业务专项检查，提高了银行和企业的合规经营意识，为完善外汇管理政策提供了事实依据。为了解北京地区保险公司外汇业务开展情况，完善保险公司外汇管理，对北京地区28家保险公司外汇业务开展情况进行首次摸底调查，并组织对4家保险公司开展现场检查。为了打击外汇违法违规行为，遏制异常跨境资金流入，人行营业管理部加大案件查处力度。全年共立案700余件，结案率98.4%，收缴罚没款人民币300余万元。

（五）跨境人民币业务稳步前行

2012年，北京地区银行办理跨境人民币实际收付额4 452.26亿元，同比增加629.53亿元，增长16.47%。全年跨境人民币实际收支额占地区跨境收支总额的10.51%，同比增加0.49个百分点。其中，经常项目人民币结算增长平稳，资金双向流动规模扩大；资本与金融项目人民币结算快速增长，资金流入加快。从收支结构看，2012年，北京地区银行跨境人民币实际收入1 209.13亿元，同比增长82.39%；实际支出3 243.13亿元，同比增长2.64%；净流出2 034亿元，同比下降18.54%。2012年，北京地区银行为4 690户企业办理跨境人民币结算，同比增加1 757户；共办理业务24 367笔，同比增加11 870笔。

（六）首都金融生态环境建设稳步推进

2012年，北京市出台了《关于做好2012年金融服务工作支持首都实体经济健康发展的意见》，从服务科技文化创新双轮驱动、支持小微型企业、夯实金融服务基础等七个方面提出28条政策措施和工作意见，提高金融服务实体经济水平。大力推动跨国公司外汇资金集中运营管理，顺利启动货物贸易外汇管理改革，促进首都开放型经济发展。成功举办第八届北京国际金融博览会和第七届中国北京文化创意产业国际博览会，金融交流与合作不断加强；开展金融安全、IC卡应用、反假货币、信用北京行、反洗钱、农村支付、诚信兴商等宣传活动，加强金融知识宣传和普及，提高社会公众金融意识。

五、总体评估和政策建议

（一）总体评估和定量评价

2012年，北京地区经济增速有所放缓，银行业资产规模稳步增长，资产质量继续改善；证券业及保险业健康发展，金融市场运行基本平稳，社会融资结构继续优化，金融基础设施建设继续改善。

人行营业管理部2012年金融稳定定量评估模型结果显示，北京市2012年金融稳定状况综合得分较2011年微幅下降。此次金融稳定综合得分下调主要有三个原因：一是经济增速放缓导致宏观经济和企业部门的增长指标有所恶化；二是存贷款利率非对称调整导致银行业利润增速明显放缓；三是年内“7·21”特大自然灾害等多重因素使保险行业经营环境有所恶化。

（二）政策建议

1. 妥善处理稳增长、调结构与控物价的关系

执行稳健的货币政策来严防通货膨胀风险，防范国外宽松货币政策推高中国通货膨胀，密切监测热钱流入；深化金融财税体制改革，营造有利于中小企业可持续发展的经济金融环境；继续严格执行差别化的住房信贷政策，支持保障性住房、中小套型普通商品住房建设和居民首套自主普通商品住房消费，抑制投机投资性购房。

2. 鼓励商业银行加强资产负债管理水平，加快业务模式转型步伐，积极应对金融脱媒挑战

利率市场化深入推进对商业银行资产负债管理水平提出新挑战，建议商业银行主动提高科学定价水平，合理应对利率风险。此外，存贷款非对称调整使银行净利息收入减少，建议商业银行加强全面创新，从战略、管理、业务、产品等多个维度挖掘新的收入增长点。鉴于大型企业金融脱媒态势更为明显，银行业金融机构还应及时调整客户结构，积极拓展中小企业及零售客户金融服务。

3. 提高证券公司盈利能力，降低传统业务的经营成本

解决证券公司盈利能力问题。开展多元化经营，分散经营风险；大力进行业务品种创新，增加盈利渠道；改变传统经纪业务，在构筑全新价值链的基础上降低传统业务的经营成本。

4. 增强社会风险保障意识，回归保险业基本保障功能

当前，北京市保险产品中，投资类产品占了很大比例，风险保障类产品比例仍然偏低。这在一定程度上反映出居民的风险保障意识不强，造成了保险公司为达到保费增长计划而虚假宣传以及保险产品与银行理财产品趋同等问题。对此，相关部门应加大保险知识宣传，增强社会的风险保障意识；完善保险公司激励考核机制，避免主要以保费增长作为考核指标；保险公司应加强风险保障产品的开发研究，回归行业的基本保障功能。

5. 加强信用债券信息披露，强化信用评级机构作用

随着个别中小企业集合债风险开始暴露，应加强对信用债券的监管。应明确发债主体信息披露责任，加强信息披露的全面性和真实性；按照建立自律处罚体系的整体要求，充实完善信息披露违规处罚体系。同时，信用评级机构要发挥其在信用风险方面的优势，强化持续跟踪安排。

6. 密切监测交叉性金融业务创新情况，防范交叉性金融风险

针对交叉性金融产品设计复杂，传染性风险较强等特点，加强对金融机构之间交叉性金融业务和产品创新情况的跟踪分析，扎实开展风险监测与评估，提升风险预警水平，切实防范交叉性金融业务风险。

总　纂：严宝玉

统　稿：董洪福

执　笔：齐　川　田　娟　钱　珍　甘　瀛　李长卿
陈　芾　张素敏　马凌霄　李雪飞　李瑞敏

其他参与写作人员：（以姓氏笔画为序）

陈　岩　张　丹
卜国军　王　栋　赵晓英　贺　刚
王利生　王新宇　徐海勇　戴　兵

二、市场运行

金融市场

2012 年，北京地区金融市场总体运行平稳。在货币政策和公开市场操作影响下，银行间市场流动性呈现宽松态势，北京地区金融机构净融出资金量同比翻番。同业拆借成交量显著增长，债券回购交易量大幅增加，现券交易量小幅减少，债券远期交易大减，外汇远期交易明显减少，掉期交易活跃，黄金市场交易热情降温。

一、金融市场运行基本情况

（一）货币市场

1. 同业拆借市场

同业拆借成交量显著增长，资金流向为净拆出。北京地区金融机构①网上拆借累计成交 50 万亿元，同比增长 35. 57%，占全国交易量的 53. 53%，占比较 2011 年同期下降 1. 61 个百分点。其中，拆入资金 24. 12 万亿元，同比增长 24. 17%；拆出资金 25. 88 万亿元，同比增长 48. 26%；净拆出资金 1. 77 万亿元，而 2011 年为净拆入 1. 97 万亿元（见图 1）。

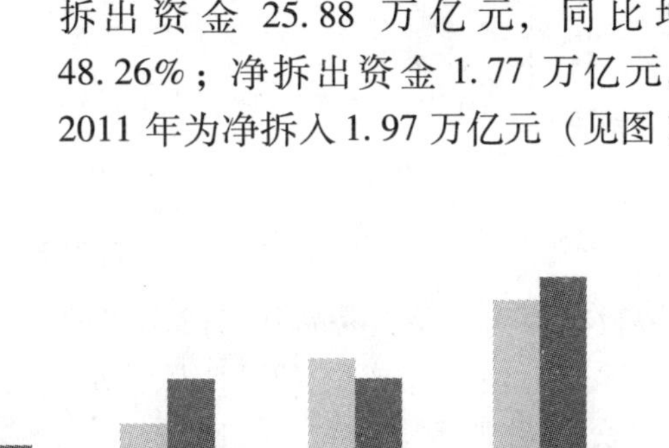

图 1　北京地区网上拆借变动趋势

政策性银行成为资金主要供给者，非银行类金融机构资金需求量大增。从成交量来看，其他银行②、国有商业银行和政策性银行拆入拆出累计分别成交 24 万亿元、13. 76 万亿元和 7. 3 万亿元，分别占全部成交量的 48%、27. 51% 和 14. 6%。从资金流向来看，政策性银行和外资银行分别净拆出资金 4. 26 万亿元和 0. 19 万亿

---

① 指在北京地区营业的所有金融市场成员，包括各政策性银行、各国有商业银行总行及北京市分行、各股份制商业银行总行及在京营业机构、北京银行、北京农商银行、中国邮政储蓄银行、各外资银行在京营业机构，在京各证券公司、财务公司、基金管理公司、保险公司、信托投资公司、资产管理公司等。

② 指在京各股份制商业银行总行及营业机构、中国邮政储蓄银行、各城市商业银行北京分行、北京银行、北京农商银行。

元，同比分别增长 56.40% 和 67.12%；其他银行净拆出资金 0.70 万亿元，同比下降 62.35%；国有商业银行由 2011 年的净拆入资金 4.9 万亿元变为净拆出 0.59 万亿元；财务公司和证券公司分别净拆入资金 2.16 万亿元和 1.77 万亿元，同比分别增长 139.34% 和 141.9%（见图 2）。

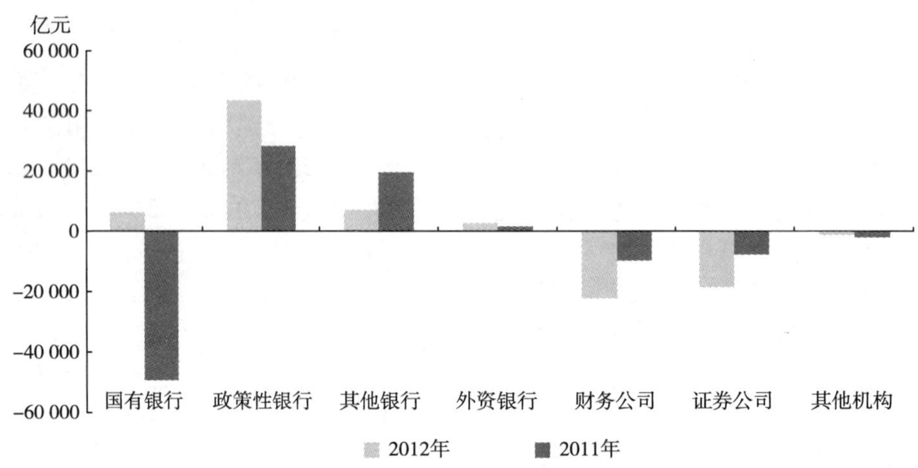

图 2　北京地区网上拆借净融出资金分布

隔夜拆借为主要交易品种，占比超过八成。隔夜拆借累计成交 42.11 万亿元，占全部交易量的 84.23%，占比较 2011 年提高 4.38 个百分点。7 天、14 天和 21 天期限交易占比分别为 10.48%、2.90% 和 0.60%，占比较 2011 年分别下降 3.99 个百分点、0.39 个百分点和 0.19 个百分点。1 个月及以上期限交易占比为 1.79%（见图 3）。

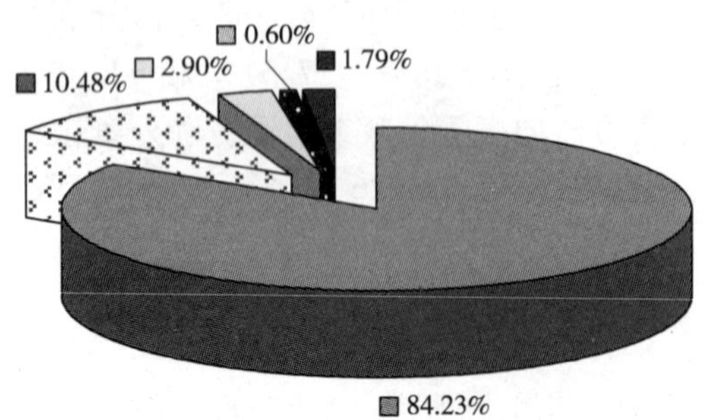

图 3　北京地区网上拆借期限结构分布

2. 债券回购市场

债券回购成交量大幅上升，买断式回购交易量接近翻番。债券回购累计成交 122.69 万亿元，同比增长 46.11%，占全国交易量的 43.29%，占比较 2011 年提高 1.07 个百分点。其中，正回购累计成交 37.59 万亿元，同比增长 26.98%；逆回购累计成交 85.10 万亿元，同比增长 56.53%。从交易方式来看，买断式回购累计成交 2.99 万亿元，同比增长 95.02%；质押式回购累计成交 119.70 万亿元，同比增长 45.2%（见图 4）。

净融出资金量大增，市场资金供需两旺。2012 年，北京地区金融机构通过回购净融出资金 47.51 万亿元，同比增长 91.86%。国有商业银行和政策性银行是回购市场主要资金供给方，分别净融出资金 37.26 万亿元和 25.57 万亿元，同比分别增长 162.77% 和 86.99%。外资银行净融出资金 5 929.50 亿元，同比增长146.88%。其他银行由 2011 年的净融出资金 1.46 万亿元变为净融入 0.64 万亿元；财务公司、证券公司、保险公司和基金管理公司分别净融入资金 4.29 万亿元、4.10 万亿元、2.88 万亿元和 1.72 万亿元，同比分别增长 119.07%、69.37%、76.46%和926.71%（见图5）。

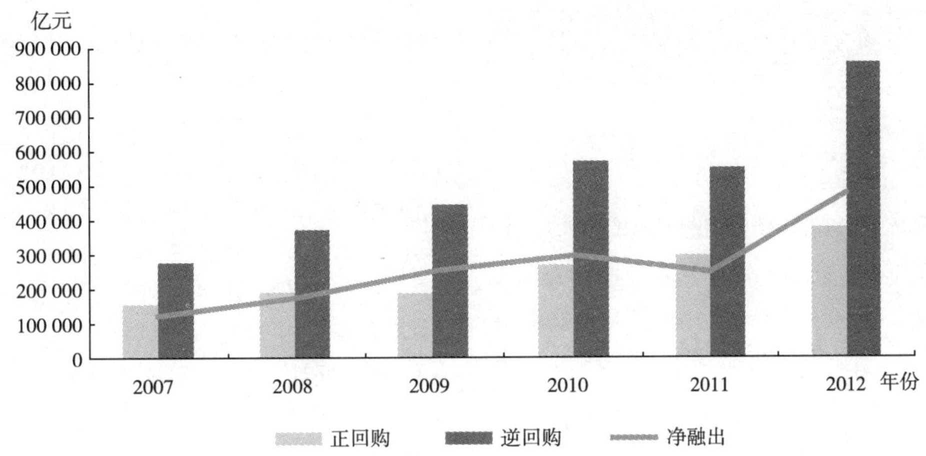

图4 北京地区债券回购交易变动趋势

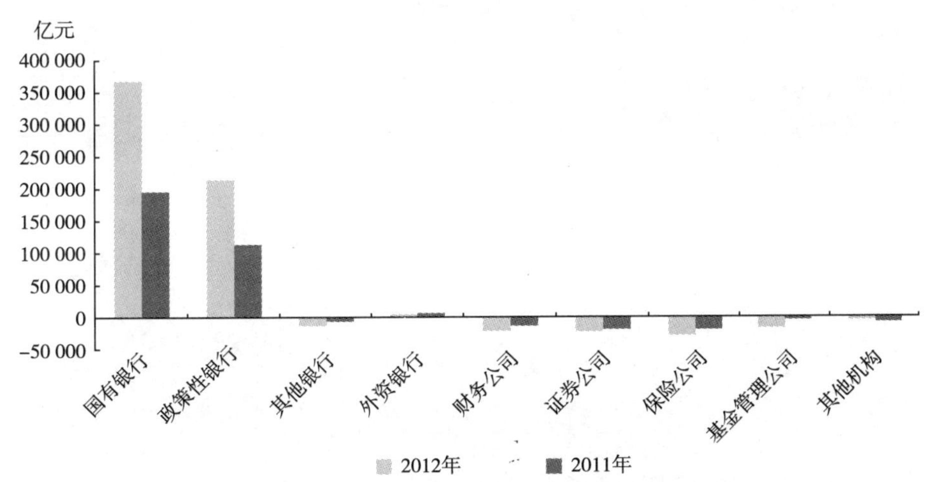

图5 北京地区债券回购净融出资金分布

交易呈现短期化趋势，隔夜交易占比明显提高。在全年流动性趋向宽松的情况下，债券回购交易短期化趋势明显。隔夜回购累计成交 100.75 万亿元，占全部交易量的 82.12%，占比较 2011 年提高6.48 个百分点。7 天和 14 天期限交易占比分别为 12.23%和3.21%，占比较2011年分别下降 4.3 个和 1.4 个百分点。21天和 1 个月及以上期限交易占比分别为0.61%和 1.84%（见图6）。

（二）现券交易市场

现券交易成交量小幅减少，金融机构

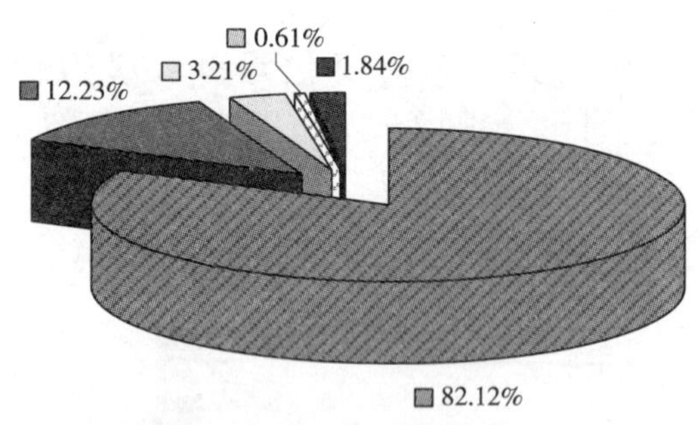

图6 北京地区债券回购期限结构分布

持债意愿增强。北京地区金融机构现券买卖累计成交 32 万亿元，同比下降 13.07%，占全国交易量的 19.94%，占比较 2011 年下降 7.64 个百分点。其中，买入累计成交 16.22 万亿元，同比下降 12.65%；卖出累计成交 15.78 万亿元，同比下降 13.51%。在流动性趋向宽松的情况下，金融机构出于资产配置的需要，持有债券的意愿增强，北京地区金融机构累计净买入债券 4 397.90 亿元，同比增长 35.36%。国有商业银行净买入债券 3 759.54 亿元，同比下降 31.26%；政策性银行由 2011 年的净卖出债券 84.08 亿元变为净买入债券 414.35 亿元；其他银行净卖出债券 14.23 亿元，同比下降 97.47%；证券公司净卖出债券 1 285.14 亿元，同比下降 0.84%（见图 7）。

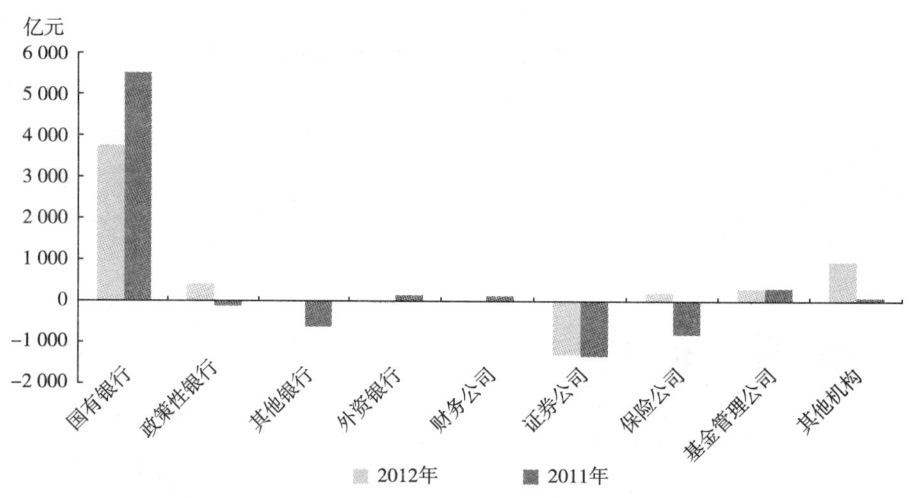

图7 北京地区各金融机构净买入债券分布

信用债券成交量逆势增长，在全部债券交易量中占比近半。全年信用债券累计成交 15.45 万亿元，同比增长 15.69%，占全部债券交易量的 48.27%，占比较 2011 年提高 11.69 个百分点。其中，中期票据、短期融资券、企业债和超短期融资券分别成交 7.18 万亿元、5.22 万亿元、2.37 万亿元、0.56 万亿元，分别占全部信用债券成交量的 46.47%、33.80%、15.37% 和 3.66%。非公开定向债务融资工具和中小企业集合票据分别成交 927.41 亿元和 148.75 亿元。

（三）债券远期市场

远期交易成交量大减，参与机构单一。远期交易累计成交 328.13 亿元，同比下降 47.24%，交易品种包括 7 天、14

天、21 天、1 个月和 2 个月。参与远期交易的金融机构只有两家，包括 1 家股份制银行和 1 家证券公司。

（四）银行间外汇市场

即期外汇交易稳定，交易量略有增长。即期外汇买卖成交量折合 2.86 万亿美元，同比增长 6.41%。其中，买入 1.44 万亿美元，同比增长 5.89%；卖出 1.42 亿美元，同比增长 6.95%。

外汇远期交易量大幅减少，掉期交易量显著增长。外汇远期交易买卖累计成交折合 733.44 亿美元，同比下降 57.51%；其中，买入和卖出分别累计成交折合 373.46 亿美元和 359.98 亿美元，同比分别下降 55.76% 和 59.18%。外汇掉期交易买卖累计成交折合 2.07 万亿美元，同比增长 44.80%。其中，买入累计成交折合 1.18 万亿美元，同比增长 60.03%；卖出累计成交折合 0.89 万亿美元，同比增长 28.70%。

外币对交易量明显减少，欧元/美元与美元/港元是交易主力品种。外币对买卖累计成交折合 280.56 亿美元，同比下降 43.17%。交易最活跃的外币对为欧元/美元、美元/港元、澳元/美元，买卖累计成交分别折合 91.68 亿美元、83.24 亿美元、48.07 亿美元，占比分别为 32.68%、29.67%、17.13%。

（五）黄金市场

黄金市场交易热情降温，实际提货量小幅增长。2012 年，国内黄金价格呈现震荡上行态势，上海黄金交易所现货金价主力合约品种 AU99.99 年初开盘价 328.45 元/克，12 月末收于 334.50 元/克，全年内最高价 363 元/克，最低价 312.69 元/克，振幅为 15.73%。全年，北京地区交易所会员黄金买卖累计成交 2 335.75 吨，同比下降 24.1%。其中，黄金买入成交 1 100.83 吨，同比下降 25.57%，卖出成交 1 234.92 吨，同比下降 22.75%；自营交易成交 1 423.95 吨，同比下降 27.66%，代理交易成交 911.80 吨，同比下降 17.79%；实际提货量 439.84 吨，同比增长 7.26%。

（六）其他情况

非金融企业债券融资大幅增长，超短期融资券发行占比第一。2012 年，北京地区非金融企业发行债券金额合计 1.7 万亿元，同比增长 42.1%，占全国非金融企业发行债券总额的 45.6%，在全国各省市中排名第一。超短期融资券、短期融资券和中期票据是北京地区企业通过债券市场融资的主要方式，发行金额分别为 5 299 亿元、3 596.5 亿元和 3 486.5 亿元，在发行总额中的占比合计达到 72.9%。非公开定向融资工具、政府支持机构债、企业债券和公司债分别发行 1 032.3 亿元、1 500 亿元、1 237 亿元和 738 亿元；可转债和中小企业集合票据分别发行 82.6 亿元和 6.4 亿元。

非法人投资产品在银行间债券市场的交易量有所增长，信托产品是交易主力军。2012 年，非法人投资产品通过现券买卖和债券回购累计成交 1.37 万亿元，同比增长 10.98%。资产管理计划和信托公司信托产品分别成交 2 563.56 亿元和 8 689.18 亿元，同比分别增长 226.81% 和 0.53%。企业年金计划成交 2 473.55 亿元，同比下降 15.87%。

银行间债券持续保持吸引力，债券市场准入备案数量小幅增长。2012 年，北京地区共有 190 只企业年金基金、74 家非金融企业和 82 只信托财产进入全国银行间债券市场，并到人行营业管理部备案，同比增长 4.22%。

二、金融市场形势变化产生的影响

一是存款准备金政策调整和公开市场操作结合促使流动性趋向宽松，金融机构净融出资金规模显著增长。2012 年，中国人民银行两次下调法定存款准备金率，同时灵活运用逆回购操作向市场注入流动性，银行间市场资金面总体呈现宽松态势，货币市场利率平稳，市场资金供需两旺，金融机构净融出资金量大幅增长。北京地区金融机构通过同业拆借和债券回购累计净融出资金 61.71 万亿元，同比增长 116.13%。其中，国有商业银行和政策性银行为资金的主要供给方，分别净融出资金 37.26 万亿元和 25.27 万亿元，同比分别增长 162.77% 和 86.99%；外资银行净融出资金 5 929.50 亿元，同比增长 146.88 亿元。

其他银行由 2011 年的净融出资金 1.46 万亿元变为净融入资金 6 448.98 亿元。非银行金融机构全部表现为资金需求，且资金需求量都有不同程度的增加。财务公司、证券公司、保险公司和基金管理公司分别净融入资金 4.29 万亿元、4.10 万亿元、2.88 万亿元和 1.72 万亿元，同比分别增长 119.07%、69.37%、76.46% 和 926.71%。

表 1　2012 年北京地区货币市场资金流向表　　单位：亿元

机构名称	融入	融出	净融出	同比增长
国有商业银行	148 287.75	520 915.21	372 627.45	162.77%
政策性银行	20 180.26	275 874.71	255 694.44	86.99%
其他银行	265 509.10	259 060.12	-6 448.98	
外资银行	2 522.70	8 452.20	5 929.50	146.88%
财务公司	49 510.93	6 609.75	-42 901.17	119.07%
证券公司	42 176.94	1 163.84	-41 013.10	69.37%
保险公司	56 076.88	27 231.60	-28 845.28	76.46%
基金管理公司	24 519.36	7 308.38	-17 210.98	926.71%
其他机构	7 918.13	3 188.38	-4 729.75	-17.36%
总计	617 051.00	1 109 804.19	492 753.20	116.13%

注：融入 = 同业拆入 + 质押式正回购 + 买断式正回购，融出 = 同业拆出 + 质押式逆回购 + 买断式逆回购，净融出 = 融出 - 融入，净融出栏里的负号表示净融入资金。

二是债券收益率变动趋势出现分化。2012 年，北京地区现券交易卖出到期收益率为 4.1939%，较 2011 年下降 10 个基点。从债券品种来看，非公开定向债务融资工具、集合票据和汽车金融公司金融债等品种的卖出到期收益率却呈现上行态势，上行幅度分别为 38 个基点、39 个基点和 71 个基点。主要原因在于这些债券品种具有非公开发行、发行人主体信用评级较低、行业特点明显等特征，这也反映出银行间债券市场发展所带来的市场多样性已经初步形成。

三是货币基金成为市场亮点。截至年末，173 只货币基金份额已经达到 7 111.93 份，同比增长 141.17%，其中 2012 年新设立货币基金 92 只。三方面因素推动货币基金迅速发展：首先，货币基金本金相对安全，其投资于货币市场的稳定收益产品，在基金产品中属于低风险产品，受到低风险偏好投资者的欢迎；其次，大部分货币基金的收益率高于一年期银行定期存款利率，在投资收益方面具有一定吸引力；再次，“T+0”货币基金的推出使得货币基金的灵活性已近似于活期存款，在流动性方面的吸引力进一步显现。在投资者对基金行业和货币基金的认可度提高后，其对银行活期存款甚至是银行短期理财的替代作用也将逐步显现。

四是央票存量减少对商业银行资产配置产生影响。自2011年银行间市场流动性趋紧以来，中国人民银行逐步减少了央票的发行量，2012年则没有发行央票。2012年末，银行间市场央票存量为1.16万亿元，与2011年末相比减少了0.78万亿元。央票存量的减少对现券交易中央票品种的交易量产生了一定影响，2012年，央票现券交易量同比下降63.51%。央票存量的变化将对商业银行的资产配置特别是流动性资产产生一定的影响。

三、值得关注的情况

一是银行理财产品定价情况值得关注。近两年银行理财产品高速发展，参与银行不断增加，发行产品数量与规模急速扩张。值得注意的是，银行理财产品的预期收益率很大程度上与理财产品的投向与管理情况关联较弱。从目前的情况看，银行理财产品的收益率更大程度上取决于银行对资金的渴求程度，而不是其资产管理水平与实际投资产品。具体表现首先是在年末等流动性紧张、资金融入压力大的特殊时点理财产品收益率普遍上涨，其次是城市商业银行、股份制商业银行、国有商业银行的理财产品收益率依次降低。因此，对于预期收益率明显高于市场平均水平的银行理财产品，应关注其产品设计、资金投向中可能隐藏的风险。

二是信用债流动性仍有进一步提高的空间。自银行间债券市场设立以来，针对市场的制度创新不断推出，银行间债券市场的流动性也随之增强。以换手率来衡量的话，2012年，银行间债券市场的换手率已经达到8.7，但从交易所市场的情况来看，银行间债券市场的回购交易还有较大的提升空间。银行间债券市场目前可用质押式回购的券种大部分是国债和央票，还有少量的高等级信用债。有相当规模的信用债还不能应用到回购业务中，只能进行现券交易或是由投资者持有到期，阻碍了整个银行间债券市场的流动性进一步提高。因此，可以考虑借鉴交易所市场或是国外债券市场的成熟模式，对银行间债券市场的回购制度进行创新，以提高信用债的流动性。

（张笑尘）

票据市场

2012年，北京地区票据市场继续保持活跃，票据签发量稳步增长，贴现规模先增后降，票据利率走势降中趋稳。

一、票据市场情况

（一）承兑汇票签发量稳步增长

2012年，北京地区承兑汇票签发量保持了相对稳定的增长。其中，银行承兑汇票仍然占据绝对比重，但商业承兑汇票增速相对更高。截至年末，金融机构银行承兑汇票余额2 174.9亿元，同比增长18.9%，增速较2011年提高5.9个百分点。全年累计签发银行承兑汇票5 471亿元，同比增长16.3%。分季度看，第一季度至第四季度分别签发汇票1 175.98亿元、1 428.5亿元、1 457.5亿元和1 409.5亿元，各季度较上年同期均有显著的增加（见图1）。商业承兑汇票规模相对较小，但保持了相对较高的增速。截至年末，北京地区商业承兑汇票余额53.6亿元，同比增长69.6%，增速较2011年提高50.8个百分点。

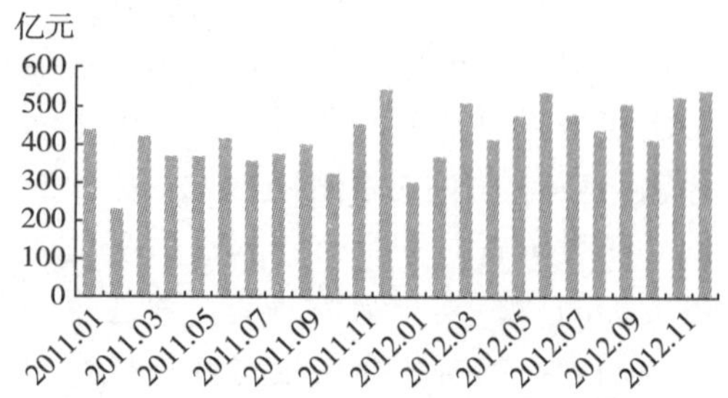

图1 北京地区银行承兑汇票当月发生额

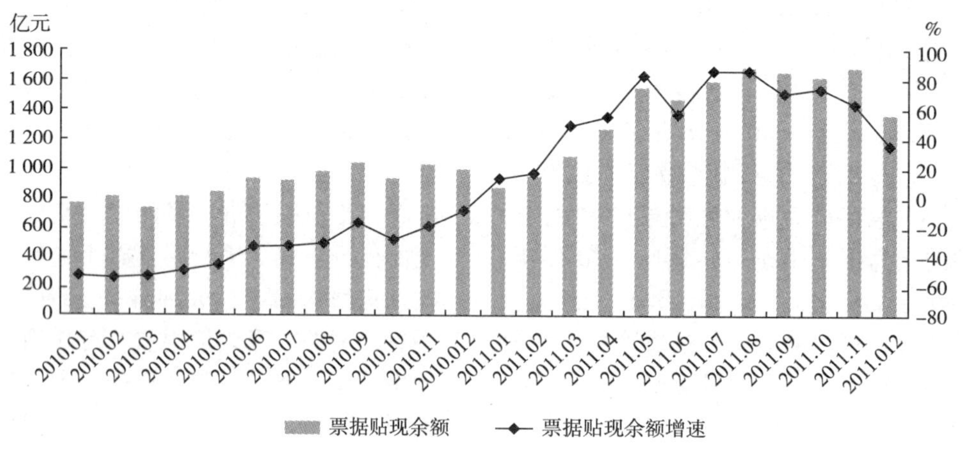

图2 北京地区票据贴现余额及其增速变化

（二）票据贴现规模先增后降

2012年，北京地区票据贴现规模呈现前增后降的趋势。其中，票据贴现余额在12月份出现了显著的下降，而贴现余额增速进入第四季度后不断下降。前三个季度，北京地区票据贴现余额呈现不断增加的趋势，第一季度至第三季度末的余额分别为1 018.5亿元、1 393.1亿元和1 660.6亿元。第四季度，票据贴现余额尽管在11月份出现小幅冲高，但在12月份出现了显著下降，减少330.2亿元，季末余额低于第二季度、第三季度。从增速来看，前三个季度呈现不断提高的趋势，分别为54.36%、59.9%和71%。进入第四季度，增速显著回落，10～12月份增速分别为73.9%、63.9%和35.1%。

（三）票据利率降中趋稳

2012年，票据利率整体呈现降中趋稳的走势。6月份，北京地区3个月（含）以内的银行承兑汇票、商业承兑汇票、买断式转贴现和回购式转贴现的平均利率为4.9462%、5.3505%、4.9085%和4.1401%，分别较3月份下降0.9040个、1.2948个、1.5132个和0.4136个百分点；3～6个月期限平均利率为5.2275%、5.5157%、4.5687%和4.4242%，分别较3

月份下降0.9512个、1.4291个、1.0439个和0.6400个百分点。下半年以来，特别是第三季度，票据利率下降趋势有所改变，部分期限利率出现小幅提高，但是整体趋势稳定。12月份，3个月（含）以内的银行承兑汇票、商业承兑汇票、买断式转贴现和回购式转贴现平均利率为5.6760%、6.0368%、4.4521%和4.8167%，分别较9月份提高0.5185个、0.5336个、-0.3610个和0.4323个百分点；3~6个月期限平均利率为5.6988%、7.0114%、5.2712%和4.8849%，分别较9月份提高0.2262个、-0.2468个、0.1043个和0.3149个百分点。

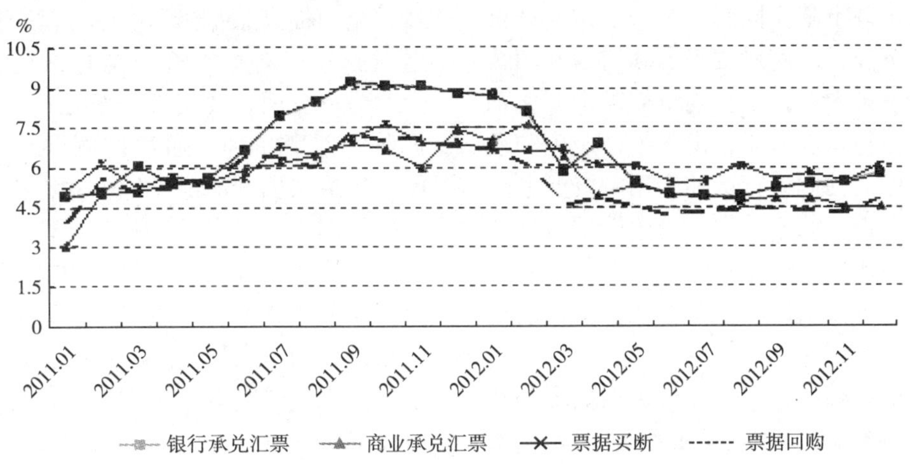

图3　北京地区3个月（含）以内票据利率变化

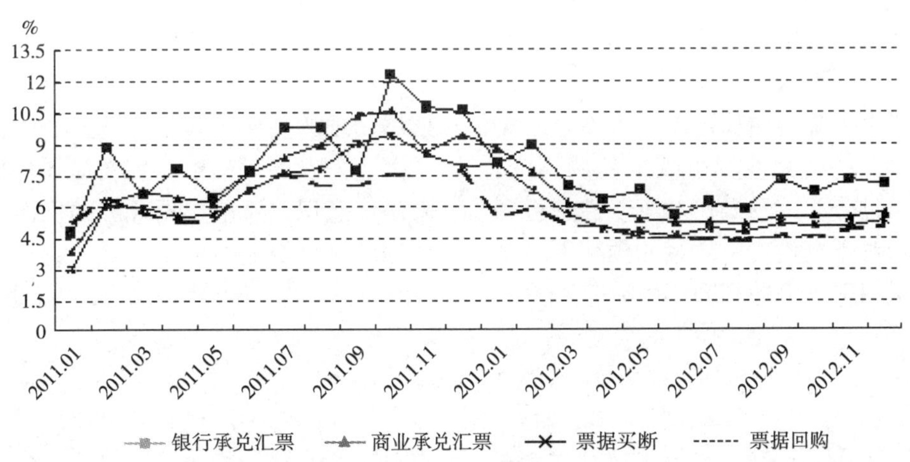

图4　北京地区3~6个月票据利率变化

二、票据规模和利率变化的原因分析

一是受一般性贷款的有效需求不足和政策调整影响，票据贴现规模先升后降。从全年来看，票据融资规模保持了较快的增长速度，但从阶段性变化看，票据融资规模呈现先升后降的变化特征。前三个季度，在经济增长放缓的背景下，企业经营效益整体下滑，投资计划推迟，对信贷资金需求出现下降。同时，由于固定资产投资增速下降，政府融资平台和房地产领域贷款受政策限制，中长期贷款需求明显不足。从银行角度来说，出于维持规模和盈利性考虑，辖内银行增加票据融资业务意愿明显增强。第四季度，受监管部门规范银行同业代付业务以及第四季度信贷规模有所收紧等因素影响，票据融资余额出现一定幅度的回落。

二是流动性状况变化对票据贴现利率走势影响较大。2012 年上半年，货币政策的适时适度预调微调对金融体系的流动性状况产生了显著的影响。存款准备金率和存贷款利率下调使得货币市场流动性维持相对宽松的局面，进而引致各期限的票据贴现利率呈现不断下降的趋势。但是在下半年，流动性状况有所改变，使得票据利率走势由下降转向稳定。一方面，中央银行持续保持稳健性货币政策基调不变，且主要通过公开市场操作对流动性进行调节，公众对于宽松货币政策的预期不断弱化，对于利率走势的判断产生调整。另一方面，受到季节性因素影响，特别是考核因素的影响，商业银行对于流动性资金的需求不断增加，从而导致货币市场流动性状况向供不应求的方向转变。

三、相关建议

一是加快票据业务创新。一方面要加强制度建设，建立票据业务创新工作机制，通过对票据业务及其管理流程进行再造，全面提高票据业务的经营核算水平，增强业务创新、风险控制与市场营销能力。另一方面，要突破创新方式，扩大票据业务创新品种，通过挖掘票据投资功能、塑造票据产品品牌等方式，积极推进新的票据产品和交易方式。

二是切实提高票据风险防控能力。在票据业务快速增长的过程中，票据业务的风险也会相应增加。一方面，受宏观经济形势不景气的影响，特别是在经济增速不断放缓的背景下，企业的经营效益和盈利能力下降，企业贷款的回收风险提升，进而加大辖内银行的票据兑付风险；另一方面受获利动机驱使，在票据业务快速发展过程中，也会出现不法企业违规虚开票据的情况，而如果商业银行仅仅基于维持信贷规模而存在不规范操作的情况，会产生票据贴现的操作风险。因此，商业银行在票据业务发展过程中应切实提高自身的风险防范意识，规范票据业务的操作，提高票据风险防控能力。

（张向军）

证券市场

一、证券市场总体运行情况

一是A股市场指数呈现M字形走势。2012年末，上证指数收于2 269.13点，同比上涨69.71点，涨幅3.17%；深成指数收于9 116.48点，同比上涨197.66点，涨幅2.22%；沪深300指数收于2 522.95点，涨幅7.56%。沪深两市A股总市值22.90万亿元，流通市值18.27万亿元。2012年A股市场两次指数高点分别出现在3月初和5月初，随后震荡下行并在12月出现反弹。

二是市场成交低迷，为2009年以来的最低值。2012年，沪深两市股票成交总额31.37万亿元，日均成交额1 283.03亿元，同比分别下降了25.37%和26.05%，连续三年下降，为2009年以来的最低值。2012年股票成交换手率为1.82倍，较2010年的3.5倍下降近一半，整体市场成交低迷。

表1　2011～2012年经纪业务成交情况

单位：亿元

	A股股票总成交额	日均股票成交额	换手率
2011年	420 339.19	1 735.04	2.18倍
2012年	313 715.14	1 283.03	1.82倍
变动幅度	-25.37%	-26.05%	

三是IPO节奏放缓，再融资成募资主力。2012年，IPO节奏放缓，各项指标较2011年均显著下降：市场新发IPO项目150单，募集资金总额1 017亿元，较上年分别同比下降45.84%和62.57%。再融资方面，2012年共有157家上市公司增发，7家公司配股，分别募集资金3 479.55亿元和121亿元，均较上年减少。从结构上看，2012年再融资成为市场股权融资的主力，占比达到78%。

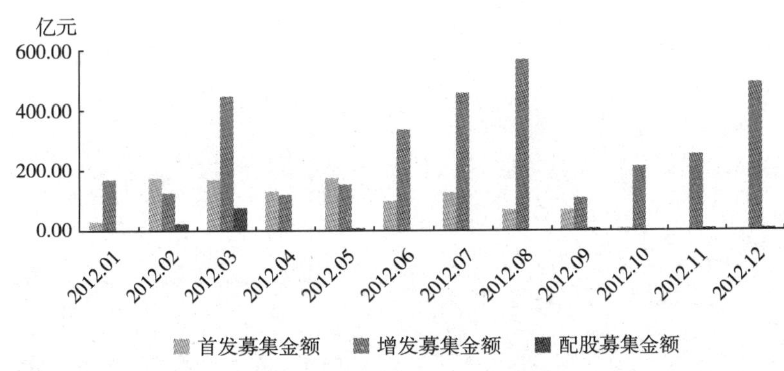

图1　2012年月度市场股权融资情况

四是信用交易蓬勃发展，市场扩容效果显著。2012年，信用交易的蓬勃发展是证券市场的一大亮点。截至年末，市场融资融券余额895.16亿元，较2011年末增加513.09亿元，增长134.29%；标的证券的扩容以及业务常规化是融资融券规模增长的两大动力。截至年末，已开展信用交易的券商数量74家，较试点券商数量新增49家。

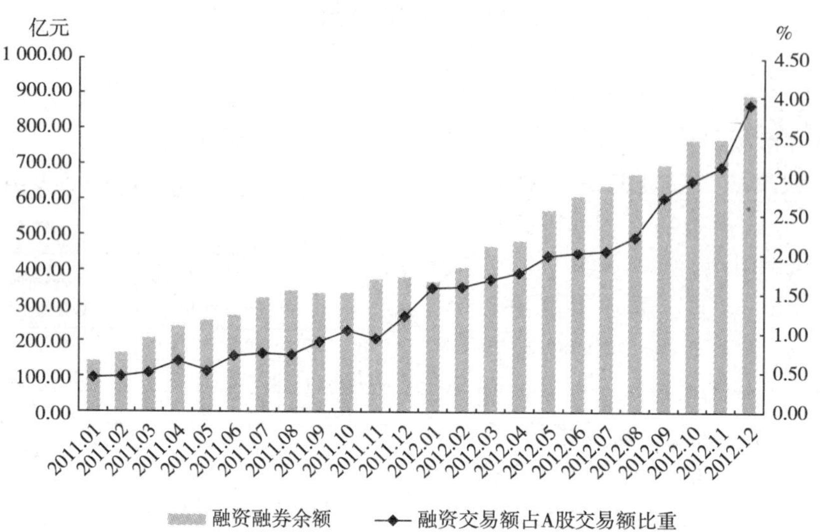

图2 融资融券余额变化及融资交易额占A股交易额比重

二、北京辖区证券市场总体情况

面对市场持续低迷，传统通道业务业绩大幅下滑的不利局面，辖区证券经营机构加快业务转型，积极开拓创新，保持了健康稳健的发展态势。

（一）辖区证券经营机构数量稳步增长

2012年，北京辖区证券经营机构数量持续增长，新增3家分公司、13家证券营业部。截至年末，北京辖区有证券公司18家、分公司38家、营业部269家，证券投资咨询机构17家、分公司3家，另有资信评级机构2家。

（二）辖区证券经营机构盈利水平相对稳定

2012年，北京辖区18家证券公司全部实现盈利，共实现营业收入215.79亿元，净利润46.94亿元，较2011年有所增长。

（三）辖区证券交易量稳步提升

2012年，辖区营业部证券交易金额8.38万亿元，较2011年增加800亿元，增长0.95%。其中，股票交易额4.37万亿元，基金交易额0.16万亿元，其他交易额3.85万亿元（见图3）。

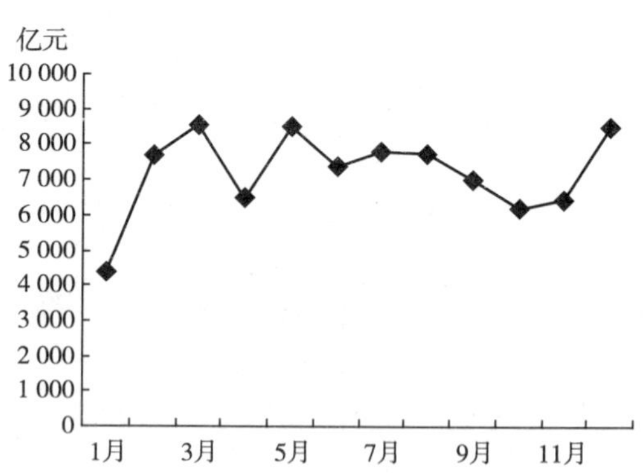

图3 2012年辖区证券营业部每月交易量

（四）投资者数量保持稳定

2012年，辖区投资者开户数从年初的523万户增至年末的536万户，全年持续保持基本稳定态势（见图4）。

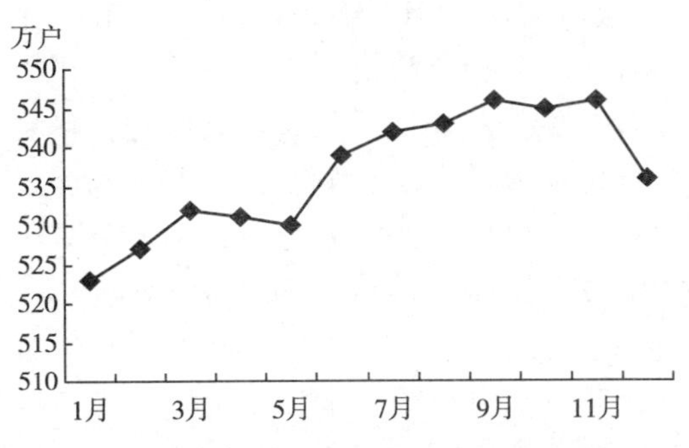

图 4　2012 年辖区证券投资者开户数

（五）辖区证券营业部三方存管客户分布情况相对集中

2012 年，辖区证券营业部三方存管客户集中度较高，其中中国工商银行的三方存管客户数量和资金余额分别占比为 40.34% 和 40.84%。三方存管客户数量排名前三位的中国工商银行、中国建设银行、中国农业银行共占比 68.45%，三方存管资金余额排名前三位的中国工商银行、中国建设银行、招商银行共占比 70.47%。辖区证券营业部客户交易资金划转对个别银行过度依赖，对银行技术系统提出了较高要求。

基金行业发展情况

一、北京辖区基金业基本情况

2012 年末，北京辖区共有基金管理公司 15 家，管理基金 236 只，占全国的 20.12%；总资产规模 10 851.13 亿元。基金净值 8 362.23 亿元，基金份额 8 854.04 亿份。其中封闭式基金规模 334.94 亿份，资产净值 329.6 亿元。QDII 基金规模 411.62 亿份，资产净值 306.14 亿元。全年，北京辖区共发行基金 50 只。辖区基金管理公司资产规模行业占比 29.17%，列全国第二位，有 3 家基金管理公司（华夏、嘉实、工银瑞信）管理资产规模在全国居前十位。辖区基金管理公司营业收入 85.89 亿元，净利润 20.53 亿元。

二、主要特点

一是机构数量和管理规模稳步增长。从机构数量上看，截至年末，北京辖区共有基金管理公司 15 家，分公司 45 家，理财中心 13 家，基金代销机构 50 家，基金专户子公司 5 家，资产管理类外资代表处 22 家，上述各类基金机构总数增至 150 家，且呈现不断增加的趋势。从管理规模上看，辖区 15 家基金管理公司管理资产规模共计 10 851 亿元，占行业的 30%，总体资产规模同比增长 27%，其中公募基金产品规模增速超出行业 1.72 个百分点。从业务结构上看，辖区非公募业务与公募业务比例呈现三七开的格局，相比全国二八开的比例，更为均衡。

二是绝大多数基金取得正收益，回报投资者能力进一步增强。根据银河基金研究中心统计数据，2012 年辖区公司绝大部分股票、债券基金投资取得了正收益，除 4 家新基金管理公司外，11 家基金管理公司中有 8 家公司的股票投资整体取得了正收益，有 10 家公司的债券投资整体取得了正收益。公司的管理业绩水平持续提升，回报投资者的能力不断增强。

三是核心人才储备有所提升，基金经

理流动更为有序。2012 年，辖区共有 131 名基金经理发生变更。剔除内部兼任、转任以及 45 人新任职等情况，实际仅有 15 人离职。45 名新上任的基金经理中，外聘 17 人，内部培养 28 人。与往年相比，基金经理离职率下降，内部培养提拔比例上升，团队稳定性增强，流动更为有序。

四是克服不利因素的影响，公司总体实现盈利。受内外部因素影响，辖区基金管理公司的营业收入、营业支出、利润与上年相比均呈现了下降趋势。辖区公司营业收入比上年下降 10.13%，营业支出下降 8.5%，利润总额下降 13.69%，净利润下降 15.47%。但总体看，除 3 家新公司外，其他公司 2012 年都实现了盈利。

五是维稳意识不断增强，风险处置能力逐步提高。2012 年，辖区公司不断完善风险防范和化解机制，快速反应，积极应对，妥善地处理了几起重大事件：华夏基金妥善处理高层人员变动、明星基金经理离职等事件，未对基金业绩和人员队伍产生较大影响，确保了基金的平稳运营；银华基金针对业内首次分级基金下拆事件，及早制订风险预案，平稳度过了下拆后的流动性风险关，为该类产品应急处置积累了宝贵经验；长盛基金在长盛同庆基金转型前，周密部署、提前沟通、充分准备，成功召开了基金持有人大会，基金顺利转型。上述措施有效控制了风险的积聚和外溢，维护了辖区基金行业稳定发展局面。

（王韧）

期货市场

一、全国期货市场总体运行情况

2012 年，期货行业认真贯彻中央经济工作会议、全国金融工作会议精神，坚持稳中求进，成功推出油菜籽、菜籽粕、白银和玻璃期货，优化棉花、菜籽油、黄大豆 1 号、铜、焦炭等 12 个品种期货合约的业务规则。截至年末，全国期货市场客户保证金 1 767 亿元，同比增长 19%；全年期货市场成交 14.5 亿手，同比增长 37.6%；成交金额 171.1 万亿元，同比增长 24.4%。

二、北京辖区期货市场总体情况

2012 年，辖区期货市场继续保持稳健发展态势，实现安全平稳运行。

（1）机构数量稳步增加，资本实力进一步增强。截至年末，北京辖区共有 20 家期货公司、83 家营业部，同比增加了 9 家营业部。辖区 20 家期货公司资产总额 415.3 亿元，同比增长 14%；净资本 78.0 亿元，同比增长 52%，资本实力进一步增强。

（2）客户数量增长较快，保证金规模略有上升。截至年末，辖区期货公司共代理客户 31.8 万户，其中法人客户 1.2 万户、自然人客户 30.6 万户，同比分别增长 43% 和 40%，但产业和机构客户比例仍然较低。辖区期货公司共吸收客户保证金 318.1 亿元，同比增长 8%，占全国的比重为 18%，客户保证金规模略有上升。

（3）市场交易规模增长较快，手续费收入大幅度上升。辖区期货公司 2012

年代理交易量 4.5 亿手，代理交易额 45.6 万亿元，同比分别增长 36% 和 15%，市场交易规模出现较大幅度的上升；全年手续费收入 18.5 亿元，同比增长61%。

（曾桂玲）

保险市场

2012 年，北京保险业积极应对复杂的外部形势和“7·21”特大自然灾害等多重影响与挑战，保险市场呈现稳中趋好的发展态势，行业实力持续增强，市场结构稳中有变，经营效益有所下降，行业风险基本可控。

一、保险业务较快发展

北京地区累计实现保费收入 923.09 亿元，居全国第四位，同比增长 12.45%，增速比上年回升了 10.48 个百分点，高于全国 4.44 个百分点。其中，财产险业务保费收入 267.02 亿元，同比增长 14.82%；人寿保险保费收入 554.27 亿元，同比增长 9.58%；健康保险保费收入 80.06 亿元，同比增长 20.71%；意外伤害保险保费收入 21.74 亿元，同比增长 34.16%。初步核算，2012 年北京地区的保险密度为 4 268.70 元，保险深度为 5.20%。

二、行业实力不断增强

截至年末，在京保险公司资产总额 3 608.72 亿元，居全国之首，较年初增长 15.21%；管理保户储金及投资款 733.27 亿元，较年初增长 5.35%；共有保险分公司和在京经营业务的总公司 99 家，较年初增加 4 家。在京专业中介法人机构 379 家，较年初增加 22 家。

三、市场结构稳中有变

一是车险和非车险业务均衡发展。车险业务保费收入 182.96 亿元，同比增长 15.26%；非车险业务保费收入 92.20 亿元，同比增长 16.01%，其中责任保险、信用保险、农业保险等政府推动力度较大的险种增长较快。车险与非车险业务比为 66:34，与上年基本持平。二是人身险公司结构调整取得积极进展。保障型业务快速增长，意外伤害险、健康险和普通寿险同比分别增长 34.48%、19.35% 和 20.29%，三个险种合计占比 21.64%，较上年同期提高 1.81 个百分点。渠道发展更趋均衡，银保渠道业务占比 46.14%，同比下降 4.28 个百分点；个代渠道业务占比 36.45%，同比上升 0.11 个百分点；公司直销、其他兼业代理、保险经纪、专业代理等渠道业务占比合计提高 4.15 个百分点。寿险新单期缴率 30.08%，同比上升 4.28 个百分点。三是市场集中度一升一降。财产险市场集中度略有提高，规模排名前三位的公司市场份额合计 68.53%，同比提高 0.72 个百分点。人身险市场集中度显著下降，规模排名前五位的公司市场份额均同比下降，合计下降 5.26 个百分点。

四、行业风险基本可控

行业风险得到有效防控，现金流继续保持稳定，财产险公司和人身险公司经营活动产生的现金流量净额同比分别增长 20.07% 和 64.48%；寿险集中满期给付和非正常退保风险得到了较好防范，满期给付和退保金分别为58.72亿元和67.10亿元，增速较上年分别下降18.58个百分点和37.65个百分点；退保率为2.33%，低于5%的警戒线。

五、保险作用有效发挥

全年累计赔付支出286.17亿元，同比增长22.93%，高于保费增速10.48个百分点。特别是在“7·21”特大自然灾害中，北京保险业已累计赔付11.3亿元，是近年来我国发生重大自然灾害中，保险补偿水平较高的一次。行业全年累计承担了32.7万亿元的风险保障。其中，寿险和健康险为人民群众未来的养老和健康积累准备金2 671.8亿元，较年初增长17.1%；政策性农业保险保费收入5.1亿元，提供风险保障129.9亿元，受益农户21.3万户次；责任保险保费收入15.2亿元，提供风险保障2.3万亿元。

（汪先锋）

要素市场

2012年，北京市各类交易场所不断开拓交易品种，总成交额28 089亿元，其中包括银行间市场交易额13 391亿元。全市36家交易场所，共21个交易类别。其中，权益类包括国有产权、金融资产、知识产权等11个类别；商品类包括铁矿石、石油、棉花等10个类别。全年新增交易品种8种，成交金额约为23亿元。

紧密结合国家政策变化，在资源类产品方面，北京石油交易所推出硫磺、燃料油交易品种，新增交易额约22亿元。通过与担保公司合作，在行业企业和银行间搭建融资渠道，推出“油信通”服务，截至年末已成功为企业融资约1.6亿元。北京国际矿业权交易所推出中国铁矿石现货交易，从5月8日开市到12月31日，平台总成交量699.69万吨，总成交额约为55.8亿元。中国铁矿石现货交易平台已汇聚了国内外近500家行业企业会员，包括淡水河谷、必和必拓、力拓等国际知名矿业企业，打造铁矿石价格国际话语权。北京石油交易所共有驻场企业会员近300家，网络注册会员1万余家。高端消费产品类中，金马甲创新推出国窖1573原浆酒、古井贡酒年份原浆，北京国际葡萄酒交易所推出了高端葡萄酒、白酒等品种，成交总额约6 000万元。北京环境交易所配合碳交易试点，做好碳交易市场化平台建设工作。全国棉花交易市场通过仓单质押、贸易融资等融资服务方式，为行业企业提供了80多亿元资金。北京股权交易中心按照国家和全市相关政策，设计完善交易制度，整理挖掘挂牌会员资源。

（柳宁）

三、发展与监管

银行业发展与监管

▲政策性银行

一、基本情况和重大变更事项

（一）基本情况

2012 年末，中国农业发展银行北京市分行（以下简称农发行北京市分行）、中国农业发展银行总行营业部（以下简称农发行总行营业部）和中国进出口银行北京分行（以下简称进出口银行北京分行）资产总额 2 882.25 亿元，较年初增加 939.36 亿元，增长 48.35%；贷款余额 2 753.98 亿元，较年初增加 978.97 亿元，增长 55.15%；负债总额 2 837.79 亿元，较年初增加 923.64 亿元，增长 48.25%；所有者权益 44.46 亿元，较年初增加 15.71 亿元，增长 54.64%。

2012 年，辖内 3 家政策性银行均实现盈利，累计实现利润 43.01 亿元，较上年同期增加 15.56 亿元，增长 56.68%。

（二）重大变更事项

原中国农业发展银行河南省分行副行长周瑞玲调任农发行北京市分行副行长。

原进出口银行北京分行副行长龚俊调任中国进出口银行福建省分行副行长（主持工作）。原中国进出口银行优惠贷款部副总经理马焱调任进出口银行北京分行副行长。原进出口银行北京分行行长助理师芳提任该行副行长。原中国进出口银行法律事务部副总经理齐巍调任进出口银行北京分行副行长。

二、金融产品创新和金融服务

农发行总行营业部认真执行国家粮棉油糖肉等调控计划，完成棉花临储、进口棉花、进口原糖、国产糖临储等 13 个批次的收储、抛售计划，为稳定国内主要农产品市场价格起到了积极的作用。外汇业务快速发展，办理了第一笔跨境贸易人民币结算业务，实现了国际结算品种的新突破。响应市委、市政府加快首都新农村建设的战略部署，与政府需求对接，加强同业合作，大力发展信贷支农业务。

进出口银行北京分行全年新开办业务 17 项，其中涉及各项贷款 5 个品种，分别为境外投资流动资金贷款、开放型产业整合贷款、中小企业信贷成长计划流动资金贷款、租金保理、支持国内企业自主创新及重大技术装备国产化贷款，批贷金额 34.51 亿元，放款 17.31 亿元；涉及中间业务 13 个品种，分别为国内信用证开立、国内信用证押汇、进口双保理、国内保理、进口代收押汇、汇出汇款融资（T/T）、内保内贷融资类保函、跨境人民币非融资类保函、内保外贷融资类保函、远期售汇、美元和人民币同业代付业务、国内信用证项下同业偿付、国内信用证项下福费廷，累计业务金额超过百亿元。

三、存在的问题和风险

一是国别风险仍需持续关注。二是个别行资产质量下行压力增大。三是创新业务存在风险隐患。四是信贷管理工作仍有待加强。五是平台贷款还款潜在风险不容忽视。六是政策性国储物资异地库存网点和数量大幅增加，代储库占比提高，贷后管理压力上升。七是不良贷款清收化解难度较大。八是业务规模增加与人员配备不足矛盾显现。

四、监管工作情况

（一）督促各行有效落实各项政策，加大对“三农”、“走出去”等领域的支持力度

中国银行业监督管理委员会北京监管局（以下简称北京银监局）督促农发行总行营业部和农发行北京市分行积极响应国家政策，增强大局观念和社会责任意识，加大对“三农”的支持力度。根据粮食调控政策要求，密切关注粮油市场变化，充分发挥贴近市场的行业优势，及时提供收储资金，维护主要农产品市场价格稳定，保障农民利益；在科学合理把控风险的基础上，加大对水利建设、农业科技等领域的信贷投入。督促进出口银行北京分行优化信贷投放结构，提升出口金融服务水平；深入贯彻落实国家宏观调控和产业结构调整政策，做好做细信贷资金投放计划；严格钢铁、光伏、有色金属等行业信贷准入，加大对拥有自主品牌、核心技术和稳定海外需求的新兴产业和高科技企业以及有正常资金需求的“走出去”企业的金融支持力度。

（二）扎实推进地方政府融资平台贷款清理规范工作

针对各行特点以“分步走、分类推进”的工作思路，扎实推进平台贷款清理规范工作。通过现场走访银行及平台公司、约见会谈、下发监管意见书等方式，及时传导平台最新监管政策，帮助剖析清理工作难点和问题；要求各行采取多种方式补充有效现金流，落实贷款抵质押品或第三方担保，切实防范平台资金链风险；以新增贷款的合规性和存量贷款的安全性为监管重点，进行月度逐笔密切监测；根据所监管机构均为非法人银行，且平台贷款的主要风险在于新增贷款的合规性和存量贷款本息安全性的特点，建立平台贷款监测台账，逐笔监测各行平台贷款存量及变动情况。

（姚春梅）

▲商业银行（一）国家开发银行

一、基本情况和重大变更事项

（一）基本情况

2012年末，国家开发银行北京市分行（以下简称国开行北京市分行）、国家开发银行企业局（以下简称国开行企业局）资产总额本外币合计9 651.91亿元，比上年增加461.10亿元，增长5.02%；其中各项贷款占资产总额的93.66%。各项贷款余额9 040.33亿元，比上年增加606.57亿元，增长7.19%；负债总额9 582.89亿元，比上年增加494.81亿元，增长5.44%；所有者权益69.02亿元，比上年减少33.70亿元，下降32.81%。

2012年，辖内国家开发银行2家机构均实现盈利，累计实现利润68.02亿元，比上年同期减少33.70亿元，下降33.13%。

（二）重大变更事项

2012年4月，原国开行企业局客户三处处长安秀珍提任该局副局级高级客户经理。9月，原国开行北京市分行客户二处处长马东祺提任该行副行长。

二、金融产品创新和金融服务

2012年，国开行北京市分行进一步优化信贷资源配置，对北京市暴雨灾后重建、保障房建设、文化创意产业发展和中关村国家自主创新示范区建设等提供信贷支持。通过“绿色通道”，对北京“7·21”特大暴雨灾害救助提供6.1亿

元应急贷款，对北京市保障性住房项目净增贷款63亿元，年末余额261亿元，同比增长32%；对文化创意产业和中关村国家自主创新示范区建设贷款余额分别为110亿元、77.88亿元，同比分别增长53.67%、13.37%。

三、存在的问题和风险

贷后管理的针对性、风险敏感性有待提高；外汇贷款持续增长，境外业务风险不容忽视；政府融资平台贷款存在潜在风险。

四、监管工作情况

（一）引导落实各项政策，积极支持实体经济发展

引导两家银行贯彻落实国家宏观调控政策和北京市产业发展政策，以金融服务支持实体经济为导向，在支持“两基一支”、传统优势领域的同时，集中信贷资源优先支持“稳增长”的重点领域和改善民生的薄弱环节，并逐步加大对战略性新兴产业和先进制造业的信贷投入。

（二）督促机构加强贷款管理，提高贷后管理工作的针对性和有效性

通过信贷资产质量分类现场检查、现场调研及非现场持续监测，督促两家银行采取有效措施提高贷后管理的针对性和风险敏感性，确保交易背景真实，资金流向合规，保障信贷资金安全。

（三）督促落实还款计划，加强平台贷款合规管理

通过现场走访银行及平台公司、约见会谈、下发监管意见书等方式，及时传导最新监管政策，要求国开行北京市分行协调平台公司采取多种方式补充有效现金流，落实贷款抵质押品或第三方担保；建立平台贷款监测台账，逐笔监测贷款存量及变动情况，对于大额将到期平台贷款，提前下发非现场监测提示单，提示银行提前落实还款来源，防范资金风险。

（四）加强国别风险管理，积极管控境外业务风险

督促两家银行加强海外业务发展规划，结合国家能源、资源等战略，确定合理的海外业务开拓重点，努力实现风险防控与业务发展同步；对境外借款项目，密切监测借款人本部财务及经营状况，采取境外检查、委托代理、外聘中介、远程监控等方式，加强贷后管理。

（苏秋桂）

▲商业银行（二）工、农、中、建、交5家银行

一、基本情况和重大变更事项

（一）基本情况

2012年末，工商银行北京市分行、农业银行北京市分行、中国银行北京市分行、建设银行北京市分行和交通银行北京市分行（以下简称5家银行）资产总额6.09万亿元，比上年增长14.67%；其中各项贷款余额1.59万亿元，比上年增长8.15%。负债总额6.07万亿元，比上年增长14.90%；其中各项存款余额4.81万亿元，比上年增长12.81%。所有者权益247.51亿元，比上年下降22.24%。5家银行全年累计净利润356.51亿元，比上年下降8.26%。不良贷款总额比年初下降12.37%，不良贷款率比年初下降0.12个百分点。

截至年末，5家银行共有机构网点1 720家（含分行），比上年增加58家。其中，分行6家；支行1 454家，比上年增加162家；分理处84家，比上年减少53家；储蓄所176家，比上年减少51家。5家银行共有纳入监管范围的高级管

理人员 189 人，比上年减少 85 人。5 家银行在岗员工 52 666 人。其中，工商银行北京市分行 18 415 人，农业银行北京市分行8 141 人，中国银行北京市分行 9 647 人，建设银行北京市分行 11 831 人，交通银行北京市分行 4 632 人。

（二）重大变更事项

1. 机构变更情况

2012 年，建设银行北京市分行新增 37 家支行，中国银行北京市分行新增 12 家支行，农业银行北京市分行新增 5 家支行，交通银行北京市分行新增 2 家支行。

2. 分行级高级管理人员变更情况

北京银监局核准农业银行北京市分行武钢、建设银行北京市分行张力铮与徐洪昇、交通银行北京市分行郑家渡的副行长任职资格。中国银行北京市分行姚华明，建设银行北京市分行龚毅、秦仁文不再担任副行长。

二、金融产品创新和金融服务

（一）支持中关村国家自主创新示范区建设

经北京银监局批准，辖内国有银行在中关村地区设立的首家专营二级分行建设银行北京中关村分行于 2012 年 2 月 8 日正式开业。建设银行中关村分行定位为“支持高新技术产业发展的特色分行”，针对多数高科技企业“轻资产”、缺乏有效抵押品的特点，推出“园区通”、“入园通”、“知贷通”等“九个通”产品，发放贷款总额 2. 98 亿元，满足了大部分高新科技型企业的融资需求。

（二）积极支持北京市“重点村”改造项目

为落实市委、市政府提出关于城乡结合部 50 个“重点村”改造建设战略部署，按照“分批分层推动、平衡还款资金来源、滚动开发”的工作思路，增加对“重点村”信贷投放，截至年末，5 家银行 50 个“重点村”项目贷款余额 204. 03 亿元，比年初增加 57. 15 亿元，增长 39. 00%，高于辖内银行各项贷款总体增速 26. 99 个百分点。

（三）探索农村集体土地建设新型城乡结合部的融资新问题

针对市政府提出金融支持城乡一体化改造试点的工作要求，建设银行北京市分行在符合金融政策的前提下，按照商业可持续、自愿承担风险的原则积极探索实践融资方式创新，发放 3. 85 亿元贷款。

（四）创新支持保障房建设工作

5 家银行积极响应北京市政府号召，调整房地产贷款结构，严格执行差别化住房信贷政策，按照商业可持续原则积极支持保障性安居工程建设。全年，支持 10 个项目，发放金额 17. 21 亿元。

（五）发放中小微企业贷款，加大对文化创意、高科技、节能环保等产业的支持

工商银行北京市分行与阿里巴巴、慧聪网合作，开展“易融通”业务，为阿里巴巴、慧聪网平台上网商微型企业提供 100 万元以内的信用贷款、300 万元以内的保证贷款和 500 万元以内的抵质押贷款。交通银行北京市分行联合再担保公司带动双方共同确定的合作担保机构，采用直保方式、风险分担模式、担保和再保结合等业务合作模式，为融资需求 500 万元以下的初创期科技企业提供快捷金融服务，全年共发放贷款 0. 48 亿元。

2012 年，5 家银行积极支持中小微企业和科技金融发展，累计发放贷款 2 856 笔，金额 195. 38 亿元，年末贷款余额 149. 81 亿元。

三、存在的问题和风险

（一）信用风险防范的前瞻性尚需加强

5家银行信贷资产质量总体呈上升趋势，但个别行业信贷质量存在不稳定因素。2012年，国家对房地产行业进行重点调控，2013年，该行业也将是国家宏观调控重点，房地产企业面临的资金压力持续增加，其信用风险不断集聚，存在较大违约风险。由此反映出银行在前期对宏观经济和行业发展走势研判不够充分，对借款人经营状况评估和预期现金流测算不够审慎，信用风险精细化管理能力有待持续提升，信用风险防范的前瞻性尚需加强。

（二）理财业务风险管理和销售行为不规范，信访投诉较多

一是个别银行代销第三方理财产品时，通过手工填单、直接转账的线下交易方式进行，未通过全行统一的主机系统，风险隐患较大；二是个别基层网点疏于管理，使第三方公司得以在银行网点以银行名义销售自身理财产品，暴露出个别基层网点管理人员的合规意识、警觉意识淡薄；三是员工销售行为不规范，未告知投资者理财产品的实际投资资产种类、投资品种、投资比例、投资风险等情况，信息披露不充分；四是个别银行非保本浮动收益产品实行资金池运作和滚动发行，存在期限错配，可能引发流动性风险。

（三）信访投诉和负面舆情高居不下

2012年，北京银监局收到针对5家银行的信访投诉近百起，主要集中于银行收费、服务纠纷，理财、保险误导销售等问题。其中，银行收费问题集中在开户、打印对账单、网银转账、银行卡年费等；服务纠纷包括高峰时段服务窗口少，服务态度不热情，错误录入账户信息，特殊人群业务办理不便等；理财、保险销售及相关问题主要是反映网点人员片面宣传产品收益，客户风险评估流于形式，误导客户购买不适宜的产品。相关银行在解决处理上述问题的方式上存在不足。一是处理投诉停留于问题表面，未能从完善内部管理和改进业务流程的角度深入分析原因、解决问题，从源头上堵塞漏洞；二是处理投诉手段过于简单，不能及时采取有效措施化解矛盾，个别投诉引发较大的法律风险和声誉风险。

（四）绩效考核科学性有待加强

一是“重业绩、轻风控”的考核评价特征依然明显，中间业务收入、个人贷款、现金管理客户新增量等指标业绩压力偏大，风险内控考核以定性评价和倒扣分为主，存在方式简单、权重偏低的问题，对员工的约束压力明显小于经营效益和业务发展类指标。二是在执行《银行业金融机构绩效考评监管指引》时存在利用“双线管理”打政策“擦边球”的现象，虽在综合绩效考核中取消了时点考核指标，但仍在年度经营计划中提出公司存款和储蓄存款时点增加额的要求，基层经营单位依然面临着“冲时点”的压力。

四、监管工作情况

（一）加强房地产领域贷款风险防控，推进融资平台贷款规范清理，督促加快中担担保贷款风险处置工作

一是按季度对到期大额房地产贷款与土储贷款进行风险提示，督促5家银行持续开展房地产压力测试和房地产贷款业务自查，努力化解贷款潜在风险；二是继续加强平台贷款的非现场跟踪，督促5家银行推动平台贷款抵质押担保整改工作，加强贷后管理和后续跟踪，对未退

出名单的平台建立新增贷款监测台账；三是要求5家银行认真自查与中担公司合作情况，审慎评估偿债风险，切实做好风险防范及保全工作。以中担事件为警示，及时对融资性担保公司的准入和日常管理进行规范，并对其他担保公司、典当行、小额贷款公司、租赁公司合作的情况进行全面自查。

（二）加强理财产品研发销售的风险监管，切实提高理财业务规范性

一是加强对理财产品的备案管理，对理财产品资金投资运作和收益情况进行前瞻性调研，不断规范市场行为；二是加强相关产品销售环节的合规性监管；三是要求5家银行对员工"走私单"行为进行自查，并将有关情况及时上报；四是要求5家银行对自营理财产品实施全流程风险监管，发现舆情立即启动风险应对预案，减少声誉风险。

（三）促进银行改进经营管理，稳步推进科学转型

一是按照《银行业金融机构绩效考评监管指引》的要求，制订审慎可行的年度经营计划和绩效考评制度，提高考评指标设置的科学性，增强转型发展的内生动力。二是深入研究银行业发展趋势，积极应对金融脱媒和利率市场化的挑战，提升资产负债管理能力，围绕首都实体经济和各行优势稳健开展业务创新，实现特色化经营和科学转型。三是继续推动资本管理高级方法的落地和应用工作，优化经济资本配置，完善全面风险管理架构，确保风险管理体系能够准确识别、监测、管控和报告各类传统风险和新型风险。

（四）深入开展"不规范经营"专项治理活动，提升银行服务水平

根据中国银监会开展"不规范经营"专项治理工作相关要求，北京银监局派出检查组对5家银行"七不准四公开"执行情况进行现场检查，督促5家银行合规收取财务顾问费，科学进行贷款定价，补充完善与收费相关的内控制度，确保各项收费依法合规。采取暗访、核查信访举报等方式，核实5家银行是否进行收费公示、是否存在为多收手续费而误导客户等情况，确保监管政策在基层网点得到切实有效地执行。

（赵恒）

▲商业银行（三）其他商业银行

一、基本情况和重大事项

（一）基本情况

2012年末，中信银行总行营业部、中国民生银行总行营业部、中国光大银行北京分行、华夏银行北京分行、招商银行北京分行、上海浦东发展银行北京分行、广发银行北京分行、兴业银行北京分行、平安银行北京分行、渤海银行北京分行、浙商银行北京分行共11家中小商业银行在京营业机构（以下简称11家银行）本外币资产总额27 734.65亿元，比上年增加4 792.94亿元，增长20.89%；其中贷款余额9 199.15亿元，比上年增加506.68亿元，增长5.83%。负债总额27 417.48亿元，比上年增加4 771.83亿元，增长21.07%；其中存款余额19 745亿元，比上年增加1 805.19亿元，增长10.06%。全年累计实现净利润251.81亿元，同比增加18.7亿元，增长8.02%。

截至年末，11家银行在京营业机构数共计448家，比上年增加32家。其中分行级机构11家；支行437家，比上年增加32家。在职人员共计17 997人，其中高管人员483名。

（二）重大事项

2012 年，深圳发展银行股份有限公司与平安银行股份有限公司合并，并更名为平安银行股份有限公司，原深圳发展银行股份有限公司北京分行相应更名为平安银行股份有限公司北京分行。

原平安银行北京分行行长杨宾调平安银行北区管理部工作，原平安银行济南分行行长刘峰任平安银行北京分行行长。原中国民生银行总行营业部总经理陈进忠升任中国民生银行纪委书记，原中国民生银行济南分行行长马琳任中国民生银行总行营业部总经理。原广发银行北京分行主持工作的副行长江友青提任该行行长。

二、金融产品创新和金融服务

（一）金融产品创新

一是进一步加快电子银行建设，推出新版手机银行、手机支付业务等，拓宽电子银行服务渠道，丰富服务种类和功能，提高电子银行使用的安全性，为客户创造良好的电子银行外部服务环境。二是拓展个人理财业务品种，满足不同客户的风险偏好和投资需求，进一步规范理财产品销售流程，提高理财业务服务水平。三是创新信贷产品体系，满足小微企业多层次的融资需求。

（二）金融服务

一是零售银行业务智能化服务水平进一步提升。广发银行北京分行推出首家“24 小时智能银行”，客户可通过全天候的远程人工服务在自助机具上办理存取款和转账业务，以及自助开户、自助申领储蓄卡和申请信用卡等业务。二是进一步加强和改进小微企业金融服务。深入开展市场调研，研发符合小微企业融资需求的特色化金融产品，着力推进中关村自主创新示范区和文化创意产业等重点区域、领域小微企业信贷支持工作。三是积极发展个人消费类和个人经营类贷款业务。创新业务模式和流程，提高业务审批效率，为居民合理的消费需求和小企业经营发展提供信贷支持。四是积极履行社会责任，推出系列金融服务便民措施，改善金融服务环境，促进银行与社会和谐发展。

三、存在的问题和风险

（一）信用风险仍是辖内股份制商业银行面临的主要风险

一是政府融资平台贷款进入集中还款期，资金偿付风险不容忽视。个别银行平台贷款到期还款时间主要集中于近三年，贷款集中到期风险较大。二是房地产贷款等重点行业风险需关注。个别银行房地产行业贷款规模和占比增长较快，行业风险集中度进一步上升。三是个别银行关注类贷款上升明显，存量不良贷款结构较差，后两类不良贷款占比较高，贷款清收难度进一步加大。四是部分银行个人不良贷款不同程度上升，个贷业务风险逐步显现。

（二）理财业务风险较为突出，潜在声誉风险不容忽视

一是个别银行理财业务缺乏统一的管理机制与组织制度，业务开展存在一定的合规风险。二是部分银行理财产品专职销售人员配备不足，个别网点销售人员不具备理财产品销售资格。三是个别银行出现因银行理财产品到期亏损引发客户投诉事件，对其声誉和形象造成了一定的负面影响，而且目前少数理财产品仍处于亏损状态，潜在声誉风险不容忽视。

（三）贷款“三查”制度执行不严，信贷业务精细化管理水平有待提高

2012 年，北京银监局对部分银行对公贷款和房地产开发贷款进行现场检查，发现个别银行存在贷前未严格审核贷款贸

易背景、贷后资金监控不到位以致信贷资金未按规定用途使用等问题。

（四）客户投诉及负面舆情有所增加，业务管理的规范性有待增强

2012年，北京银监局处理辖内股份制商业银行的各类投诉、举报和负面舆情与上年相比有所增加，内容涉及理财产品销售、服务收费、银行卡服务、第三方存管业务以及ATM机具管理等。在核查过程中发现，个别银行业务管理规范性有待加强。投诉数量的增加也反映出部分银行需加强投诉及负面舆情的管理，进一步提升金融服务水平。

四、监管工作情况

（一）扎实推进地方政府融资平台贷款清理规范工作，严控平台贷款风险

一是充分利用非现场监管手段，密切关注各行政府融资平台存量贷款的风险变化情况，及时搜集月度动态管理台账，进行日常监测分析，梳理各行平台贷款管理分类情况和近三年到期情况，摸清平台贷款到期风险；以监管通报、召开风险座谈会、走访调研等形式对各行平台贷款管理提出监管要求，并及时向中国银监会报送平台贷款清理规范的各项工作进展。二是开展平台贷款现场检查，对现场检查中发现的问题持续跟踪监管，督促各行及时进行整改。三是妥善处理中国银监会平台名单调整以及北京市政建设集团有限责任公司退出平台相关工作。四是加强对各行的政策指导和信息沟通，强化平台贷款政策执行力。

（二）切实加强房地产贷款风险管理，做好风险防范与合规管理工作

一是以监管通报、风险提示等形式对各行房地产贷款进行风险提示并提出监管要求。二是开展房地产贷款现场检查，强化房地产贷款的全流程风险管控。三是抽查与走访调研相结合，督促各行有效落实房地产差别化信贷政策。四是持续监测各行大额房地产贷款和土储贷款情况，及时提示贷款业务风险。要求各行做好企业还款能力摸底，对还款存在困难的企业提前采取应对措施，有效保障贷款资金安全。

（三）加强案件防控工作，密切关注民间借贷风险向银行体系转移

一是以监管通报、监管会谈、风险座谈会、电话提示等形式，及时传达中国银监会关于案件防控的各项工作要求，对各行案件防控工作保持高压态势。二是督促各行按照北京银监局统一部署，做好案件防控系列工作。三是就辖内股份制商业银行案件防控工作开展情况进行调研，并撰写完成《辖内股份制银行“五道防线”全方位构筑案件防控体系》的报告。四是对部分股份制商业银行开展案件防控和操作风险飞行检查，并就检查中发现的问题，督促各行及时整改。

（四）督导各行加强小微企业金融服务，支持实体经济发展

一是在日常监管工作中，逐月监测各行小微企业贷款指标变化情况，对增量或增速不符合要求的，及时采取约见会谈或其他监管措施，实现“两个不低于”的监管要求。二是贯彻落实《北京银监局关于促进辖内银行业金融机构进一步改进小微企业金融服务的通知》的有关精神，开辟市场准入绿色通道，鼓励各行设立小微企业专营网点。三是深入郊区县和企业开展调研，实地了解小微企业金融服务中存在的问题和困难，督导各行有效支持小微企业发展。四是督导各行认真做好小微企业金融服务宣传月相关工作，并取得良好效果。

（五）督导辖内银行业金融机构认真开展“不规范经营”专项治理活动

一是开展辖内股份制商业银行“不规范经营”访查工作，并针对访查中发现的问题，督促各行及时完成整改。二是开展2012年“促监管政策进基层行”——“不规范经营”专项治理工作宣讲活动3次，向11家银行的各支行行长及分行主要业务部门负责人传达中国银监会“不规范经营”专项治理工作要求，取得良好效果。三是注意收集辖内股份制商业银行在“不规范经营”专项治理工作中存在的问题和建议，及时给予政策指导，并向中国银监会有关部门提出相关政策建议。四是妥善处理“不规范经营”负面舆情及投诉事项，并对涉及投诉事项的银行提出监管意见。

（六）积极推动辖内股份制商业银行金融服务能力和水平的提升

一是以召开会议、约见会谈、电话提示等方式，向各行传达北京银监局信访舆情工作会议精神、假日金融服务等各项工作要求。二是在十八大期间，走访辖内部分股份制商业银行在金融街地区的营业网点，督导金融服务等各项安全维稳工作落实情况。三是向11家银行下发通知，对各行延时服务、错时服务经营设想进行调研，并要求各行进一步提高窗口服务质量，提升服务效率，加强特殊时期的金融服务。四是对辖内部分股份制商业银行理财业务、服务收费、代理保险销售等业务进行抽查、暗访及现场督导。五是结合信访举报工作，妥善处理客户投诉事宜，切实维护金融消费者的合法权益，查找银行金融服务工作中的漏洞和不足。

（宋春艳）

▲城市商业银行（一）北京银行

一、基本情况和重大变更事项

（一）基本情况

2012年末，北京银行资产总额11 180.34亿元，比上年增长16.93%；负债总额10 463.39亿元，比上年增长15.52%；各项贷款余额4 937.94亿元，比上年增长21.96%；各项存款余额7 121.98亿元，比上年增长16.02%；实现利润117.05亿元，同比增长31.08%。

截至年末，北京银行共设有10家分行、231家支行，在中国香港和荷兰阿姆斯特丹各有1家代表处，发起设立3家村镇银行、北银消费金融有限公司，入股中荷人寿保险有限公司、廊坊银行，共有签约员工8 259人。

（二）重大变更事项

1. 股权结构变化情况

2012年，北京银行定向增发118亿元资金募集到位，华泰汽车集团有限公司和中信证券股份有限公司取代国际金融公司和中国对外经济贸易信托有限公司分别成为第4大股东和第5大股东。

2. 三会一层人员情况

2012年，北京银监局核准姚克满、陆海军和李健董事资格，核准姚克满副行长任职资格；史元辞去监事长职务。

3. 对外投资情况

2012年，北京银行向中荷人寿保险公司增资1亿元；申请独资设立北银金融租赁有限公司。

4. 机构发展情况

2012年，北京银行新设分支机构29家（以取得开业批复为准）。其中，7家北京地区支行，21家分行下辖同城支行，1家分行下辖异地支行。新建自助银行44

家，新增自助机具208台；在吉林发起设立1家村镇银行。

二、金融产品创新和金融服务

（一）支持北京地区重点产业发展

2012年，北京银行继续深化“创意贷”、“软件贷”和“节能贷”等产品影响力，支持北京地区文化创意、科技、节能环保等产业发展。文化金融方面，加大营销力度，为《永不磨灭的番号》等国产影视提供资金支持；深化合作模式，与北京市国有文化资产监督管理办公室签署100亿元意向性授信的战略合作协议。科技金融方面，发布科技金融三年发展规划；作为首批试点银行参加中国银行业协会主办的科技专家选聘系统发布会；参加由市科委、北京银监局、人民银行营管部三方召开的“金融激励试点方案2011年发布会”。绿色金融方面，加深与IFC在节能减排领域的业务合作，推动中小企业节能、节水融资损失分担项目进程；与市发改委节能低碳发展创新服务平台签署100亿元战略合作协议；支持北京市节能减排项目建设，并多次举办和参加与市发改委节能低碳发展创新服务平台企业的银企对接会等活动。截至年末，北京银行北京地区文化创意、科技行业①和绿色信贷贷款余额分别为73.61亿元、209.78亿元和100.08亿元，比上年分别增长5.29%、54.98和61.84%。

（二）推进小微企业金融产品和服务创新

一是发行300亿元小微企业专项金融债，增加小微信贷资金来源。二是推出“商户贷”、“房产贷”等特色产品，通过批量模式拓展小微目标客户群体。三是试行风险补偿金、政府采购等批量业务模式，出台相关管理制度，建立银政风险共担机制。四是以神州数码供应链产品“科技链”为试点，探索电子化融资平台，实现中小企业批量化营销。五是协助中关村分行推出以科技补贴资金为质押的“科技贷”、500万元以下“小额信用贷”等。截至年末，北京银行北京地区小微企业贷款（含个人经营性贷款）余额952.49亿元，比上年增长17.04%。

（三）服务“三农”力度持续加大

一是将“三农”作为重点投向领域予以信贷支持。积极探索小微企业贷款、“短贷宝”对涉农产业的支持模式，提出“三建五进一实现”的整体目标，即建立活动宣传平台、政策服务平台、企业对接平台，进园区、农村、协会、社区、单位。二是与市农委开展合作共同推出“5+5金融行动计划”，即计划为郊区农民办理50万张“富民卡”，发放50亿元小额贷款，支持农民发展生产、自主创业、增收致富。三是针对资质较好的中小涉农企业采取发行中小企业集合票据等直接融资方式；对大型涉农企业，在提供传统贷款的同时，积极引导客户使用信用证、保函等融资方式；实施小额担保贷款，解决农户资金需求，并针对农户时令性特点，引入担保公司、开辟绿色通道、简化审批流程，保证其生产顺利进行。四是与各郊区县镇政府展开全面战略合作，实施“镇域经济”服务方案，推出“荐信贷”、“厂房贷”和“农乐贷”产品。截至年末，北京银行北京地区涉农贷款余额为114.83亿元。

（四）促进民生保障、支持城乡一体

① 科技行业贷款数据来源：北京银行。

化建设

一是加大对民生相关的批发零售类、饮食餐饮类等中小微企业的信贷支持，借助“商户贷”、“订单贷”等特色产品，通过锁定商圈、供应链条开展上下游批量业务。二是为北京地区下岗失业人员、大学毕业生、农村转移劳动力、复转军人、农村妇女提供融资服务。截至年末，北京银行累计发放“就业贷”（小额担保贷款）1 776 笔，共计 2.33 亿元，帮助 4 100 余名就业困难人员实现就业[①]。三是推出“京医通”卡，实现小额支付功能，加载金融功能社保卡激活量增至 21 万张；推动北京大学结算中心结算系统二期建设落地，并向院校类客户推广。四是大力支持北京城乡一体化建设。截至年末，北京银行支持北京市保障性安居工程贷款余额 116.12 亿元，比上年增长 97.5%[②]。从贷款投向来看，主要用于支持经济适用房、两限房项目建设和棚户区改造等北京市重点项目建设。

三、存在的问题和风险

（一）信用风险状况

2012 年，北京银行主要信用风险监管指标满足监管要求。信用风险管理方面，继续推行总分支风险管理三级架构，推动分行和管理部“信贷六集中”机制建设；进一步加强授信管理制度建设；针对小微企业、集团客户、联保贷款、担保公司、钢贸等行业风险变化，及时调整信贷准入政策。但受经济下行和民营担保公司不规范经营影响，北京银行不良贷款微升。

（二）流动性风险状况

2012 年，北京银行流动性风险管理有所加强，制定了《北京银行流动性风险管理年度指引（2012 年）》，对流动性资产储备最低限额和流动性缺口限额标准作出规定；着手推进新一代资产负债系统建设，以实现前瞻性资产负债组合管理、利率和流动性风险主动管理，但流动性风险日常管理的精细化和前瞻性仍待加强。

（三）市场风险状况

2012 年，北京银行市场风险相关指标符合监管要求，汇率风险总体较小，利率风险敏感度有所降低。市场风险管理架构有所完善，管理制度建设有所加强，限额管理执行较好，但债券估值损益存在波动。

（四）操作风险状况

2012 年，北京银行细化了业务条线操作风险管理要求，强化了北京地区管理部操作风险管理职能，完善了分支机构操作风险考核方案，全年未发生重大案件，但基层网点管理有待进一步加强。

（五）声誉风险状况

2012 年，北京银行未出现造成较大影响的法律诉讼案件。声誉风险管理方面，总、分行均成立了服务管理委员会，建立了基层服务管理机制，对员工开展客户投诉管理与危机控制培训，将微博等新媒体形式纳入监测范围，按季度对声誉风险情况进行分析，强化舆情应对的主动性和预判能力，但信用卡业务客户服务水平还需进一步提升。

（六）信息科技风险状况

2012 年，北京银行实现了信息技术部物理独立，加强了信息科技风险项目管

① 数据来源：北京银行。

② 数据来源：北京银行。

理，启动了西安灾备中心二期筹建和信息安全等级保护测评等工作，在系统外包管理方面有待进一步加强。

四、监管工作情况

（一）严守风险底线，督导北京银行加强全面风险监管

一是开展贷后管理和政府融资平台贷款专项检查，分析监测不良贷款变化情况、政府融资平台贷款到期还款情况等，强化信用风险监管。二是开展流动性风险管理专项现场检查，加强同业业务对流动性管理影响的监管提示和监管意见整改跟踪，深化流动性风险监管。三是针对理财产品设计和托管情况进行走访调研，开展银证合作类理财产品调研和理财业务暗访核查，加强个人理财产品报备材料审核，强化理财、同业等创新业务风险监管。四是通过下发风险提示、同业调研和实地走访等方式督促北京银行开展全面风险排查，强化操作风险管理。五是进行数据中心实地走访和灾备中心建设情况调研，督促北京银行提高信息科技风险管理水平。六是加强舆情监测，督促北京银行有效防控声誉风险。

（二）推进战略转型，引导北京银行加大对实体经济支持力度

一是对商业银行发行小微企业专项金融债有关情况进行调研，初审同意北京银行发行300亿元小微企业专项金融债；走访北京银行郊区管理部，对该行北京地区“三农”及郊区小微企业金融服务情况进行调研。二是通过年度监管意见、实地走访、座谈调研等形式督促北京银行加大对中关村国家自主创新示范区的信贷支持，强化科技金融分行特色。三是开展实地访查督导，督促北京银行认真开展“不规范经营”专项治理工作。四是通过采取约见会谈方式，督促北京银行加强服务管理、提高金融服务水平。

（三）深化机制改革，推动北京银行进一步提升综合管理水平

一是首次召开2012年北京银行并表联动监管工作会议，参加部分城商行并表管理工作座谈会，对北京银行并表管理情况进行稽核调研，督促北京银行提升并表管理能力。二是针对高管换届等问题与北京市相关部门做好沟通，列席北京银行董事会、监事会会议，加强公司治理监管。三是加强与内外部审计联动，约见内审负责人沟通年度立项及主要审计发现的问题，开展外部审计质量评估和三方会谈，向内外部审计提示监管中发现的风险苗头。四是通过约见会谈、现场沟通、下发监管提示等方式，推动北京银行实施新资本协议，指导北京银行做好资本充足报表填报工作。

（朱超）

▲城市商业银行（二）其他城市商业银行

一、基本经营情况

（一）基本情况

2012年末，北京辖内共有10家异地城市商业银行北京分行，分别为天津银行北京分行、大连银行北京分行、杭州银行北京分行、南京银行北京分行、盛京银行北京分行、上海银行北京分行、江苏银行北京分行、宁波银行北京分行、包商银行北京分行及锦州银行北京分行（以下简称10家城商行北京分行）。10家城商行北京分行共有支行网点46家，从业人员2 572人。

2012年，10家城商行北京分行实现平稳较快发展，资产规模大幅增长，总体

资产质量良好。截至年末，10 家城商行北京分行资产总计 3 874.27 亿元，比上年增长 111.33%；其中各项贷款余额 827.06 亿元，比年初增长 32.49%。负债总额 3 837.78 亿元，较年初增长 112.83%；其中各项存款余额 2 060.65 亿元，较年初增长 52.86%。全年实现利润 26.87 亿元，较上年同期增长 29.01%。

（二）重大经营事项

1. 机构发展情况

2012 年，10 家城商行北京分行共设立 17 家支行（以开业批复为准）。

2. 高管变动情况

2012 年，经北京银监局核准，陈力平任上海银行北京分行行长。

二、金融产品创新和金融服务

（一）针对北京地区经济特色打造服务品牌

2012 年，10 家城商行北京分行结合北京地区经济特色和自身文化创意产业与高新技术产业优势，有针对性地制定发展战略，打造特色服务品牌。杭州银行北京分行为解决科技型企业难以落实抵押物的问题，推出了“新三板”专属金融服务创新方案，以在“新三板”市场挂牌或拟挂牌企业作为目标客户，通过自然人担保及股权质押相结合的担保模式，提供综合化的产品服务。

（二）小微企业金融服务力度持续增强

2012 年末，10 家城商行北京分行小微企业贷款余额共计 151.84 亿元（含个人经营性贷款），较年初增长 96.71%，高于各项贷款平均增速 64.22 个百分点，整体上实现了“两个不低于”目标。同时，各行认真组织筹办“小微企业金融服务宣传月”活动，通过产品推介、服务创新等持续完善小微企业服务；积极开展“不规范经营”专项治理活动，小微企业服务收费进一步规范。

（三）金融服务进一步向中关村、郊区县和小微企业聚集区延伸

2012 年，10 家城商行北京分行新设 17 家支行，其中 7 家位于小微企业聚集的中关村或郊区县。宁波银行北京分行等 5 家城商行北京分行均选择将首家在京支行落户中关村。杭州银行北京分行进一步确立了“环城区”网点发展战略，所设 9 家支行中有 7 家位于中关村或郊区县。

三、存在的问题和风险

（一）信用风险有所上升

一是受宏观经济环境变化，制造业、批发和零售业行业经营不景气等因素影响，不良贷款率微升。贷款五级分类准确性有待提高。二是行业集中度偏高。贷款集中度最高行业仍是批发和零售业，占比 30.86%，较年初上升 7.82 个百分点。三是风险管控能力有待提高。

（二）表外业务风险值得关注

一是票据业务规模持续扩张。个别银行在票据业务合规性、开票背景真实性等方面需引起关注。二是委托贷款业务增长迅速。部分行委托贷款业务成倍增长，委托业务的合规性值得关注。

（三）人员管控有待加强

一是人员准入把关不严，个别银行疏于考察员工从业经历、职业操守和思想道德。二是人员管理力度不够，轮岗、强制休假等制度执行不严。三是绩效考核机制不科学，部分银行考核指标设置过高。

（四）对实体经济的支持力度有待加强

一是小微企业服务力度不足。部分城

商行仍缺乏小微业务专业队伍、专业化服务和产品，小微企业信贷审批机制、激励机制不完善。二是对北京市的信贷支持不足。部分城商行存贷比偏低，资金通过上存总行流往外地，对北京地区实体经济的支持力度有待加强。

四、监管工作情况

一是督导10家城商行北京分行完善内部控制，切实加强信用风险管理。推动相关银行做好风险化解工作，加大对部分银行委托贷款等表外业务及新业务的监测。二是督导10家城商行北京分行加大舆情应对力度，切实防范声誉风险。三是督导10家城商行北京分行突出经营特色，加强小企业金融服务力度。通过现场走访、调研、监管会谈等多种形式，深入了解各行小企业金融服务现状，引导各行推出差异化、个性化的小企业金融服务和产品；召开小企业金融服务座谈会、进行小微企业服务工作先进评选，促进各行小企业金融服务经验的共享与交流。四是督导10家城商行北京分行科学制定机构发展规划，确保网点扩张速度与风险管控能力相匹配。五是召开辖内异地城商行内审工作会议，推动10家城商行北京分行吸收同业先进经验，提升内审有效性。六是督导10家城商行北京分行深入开展“不规范经营”专项治理工作。

（朱超）

▲农村商业银行——北京农商银行

一、基本情况和重大变更事项

（一）基本情况

2012年末，北京农商银行资产总额4 250.91亿元，较上年末增加480.07亿元，增长12.73%；其中各项贷款余额2 030.83亿元，占资产总额的47.77%，较上年末增加336.01亿元，增长19.83%。负债总额4 062.49亿元，较上年末增加454.05亿元，增长12.58%；其中各项存款余额3 546.2亿元，占负债总额的87.29%，较上年末增加195.2亿元，增长5.82%。所有者权益共计188.41亿元，同比增加26.02亿元，增长16.02%。实现净利润32.33亿元，同比增加10.03亿元，增长44.98%；拨备前利润54.76亿元，同比增加4.29亿元，增长8.51%。资本充足率15.11%，较上年末提高0.24个百分点；核心资本充足率9.28%，较上年末下降0.24个百分点；杠杆率4.41%，较上年末提高0.13个百分点。单一集团客户授信集中度11.75%，较上年末提高0.35个百分点；单一客户贷款集中度7.83%，较上年末提高0.33个百分点。不良贷款余额48.47亿元，较上年末减少10.52亿元；不良贷款率2.39%，较上年末下降1.09个百分点。拨备覆盖率197.35%，较上年末提高41.35个百分点；贷款拨备率4.77%，较上年末下降0.72个百分点。涉农贷款余额503.93亿元，较年初增加97.83亿元，较上年同比多增38.37亿元；涉农贷款增速24.09%，高于各项贷款平均增速4.26个百分点。涉农贷款投放实现“两个不低于”的监管要求。

（二）重大变更事项

1. 机构和人员变化

2012年末，北京农商银行共有机构694家，其中支行203家，分理处490家，一家分理处经批准升格为支行。在册职工8 084人，比年初增加7人，本科以上学历人员占57.63%，比年初提高9.6个百分点。2012年年内，董事会增选一名副董事长。

2. 其他重要事项

2012 年 12 月，北京农商银行在全国银行间债券市场公开发行 51 亿元次级债券，其中新发行 26 亿元，剩余部分用于替换该行存量到期次级债券，期限十年。通过此次发行，北京农商银行按新资本管理办法测算的年末资本充足率达 11.4%。

二、金融产品创新和金融服务

（一）积极推进“三大工程”建设

2012 年，北京农商银行积极响应中国银监会“三大工程”（富民惠农创新工程、金融服务进村入社区工程及阳光信贷工程）建设要求，着力通过产品创新、服务创新提高支持“三农”实体经济水平。一是获准发行附带支农功能信用卡，拓宽农户贷款渠道；二是推出 8 项创新涉农金融产品，其中农户板栗收购贷款解决了板栗收购季节农户的大量资金需求，获得当地政府、农户的一致好评。

（二）改善农村地区支付环境

2012 年，北京农商银行落实市政府有关要求，作为主要承建机构，积极参与“村村通”工程建设。截至年末，北京农商银行已经完成了 3 家小额助农取现的“乡村便利店”和 197 家简化模式的“助农取款金融服务点”建设。

三、存在的问题和风险

（一）房地产贷款风险不容忽视

2012 年末，北京农商银行房地产贷款占各项贷款余额的比例达 19.36%，接近监管底线；部分房地产开发贷款办理中存在合规性问题；个别个人住房贷款未严格执行差别化房贷政策。

（二）信贷结构亟须调整

2012 年末，北京农商银行 5 000 万元以上大额贷款占一般贷款余额的比例达 96.20%，较年初上升 3.21 个百分点；小微企业贷款余额则较年初减少 16.49 亿元，未达到监管要求，信贷结构亟须调整。

（三）操作风险控制亟须加强

2012 年，北京农商银行进一步加强操作风险防控力度，但整体操作风险水平仍然偏高，存在尚未建立覆盖全行的操作风险关键指标体系、损失数据库和管理信息系统，风险排查存在盲区，未能及时发现和有效避免个别操作风险事件等问题。

（四）信息科技水平有待提高

北京农商银行 IT 基础设施建设虽然取得一定进展，为业务的发展、管理的提升提供了有力的支撑，但由于信息科技基础较为薄弱，对部分重点风险领域缺乏信息系统支持，还需进一步全方位提升信息科技风险管理水平。

四、监管工作情况

（一）督促北京农商银行密切关注重点行业信贷风险

一是针对重点行业风险情况及时下发提示，督促该行调整信贷策略。二是督促该行及时纠正房地产贷款统计偏差。三是督促该行主动加强与地方政府和司法部门联系，依法加大清收力度。

（二）持续引领北京农商银行提升公司治理水平

一是及时向上级部门反映该行公司治理方面存在的问题并受到高度重视，促进该行公司治理水平进一步提高。二是开展并表管理能力调研和评估。三是初步建立对该行董事会成员履职情况跟踪评价机制。

（三）督促北京农商银行筑牢“影子银行”风险防火墙

一是就该行理财资金投资异地融资平台债券现象开展调研，并提出相关政策建议。二是对该行理财产品会计核算进行调查，督促其切实做到“分账经营、分类管理”。三是约见该行主管副行长就理财产品代销进行风险提示。

（四）督导北京农商银行加强市场风险和流动性风险管理

一是督导该行积极应对利率市场化改革，认真开展压力测试，建立市场风险处置预案。二是密切监测该行流动性监管指标变化情况，针对该行 LCR、NSFR 等指标测算中存在的问题及时予以纠正和辅导。

（五）引导北京农商银行积极应对新监管标准实施

一是完成对该行发行 51 亿元次级债券初审工作，积极支持该行补充资本。二是督促该行及时上报资本补充规划，并对规划的科学性和可行性进行论证。三是围绕新监管标准开展调研，完成《北京地区农村商业银行新流动性监管指标测算存在的问题及建议》，获得中国银监会领导批示肯定。

（六）督导北京农商银行有效提升服务“三农”实体经济水平

一是鼓励该行支持北京市城乡一体化建设和“三农”实体经济。截至年末，北京农商银行新投放北京市“重点村”改造项目贷款 43.48 亿元，保障房建设贷款 13.77 亿元，并完成涉农贷款投放“两个不低于”的监管要求。二是下发《北京银监局关于进一步做好北京地区“三农”金融服务工作的通知》，要求北京农商银行在信贷支农力度、郊区服务渠道建设、涉农金融新产品和新机制、送金融知识下乡以及履行支农社会责任等方面加大工作力度。

（赵安平）

▲村镇银行

一、基本情况和重大变更事项

（一）基本情况

2012 年末，北京地区共有 9 家村镇银行，分别为北京延庆村镇银行、北京密云汇丰村镇银行、北京怀柔融兴村镇银行、北京大兴九银村镇银行、北京昌平兆丰村镇银行、北京大兴华夏村镇银行、北京顺义银座村镇银行、北京通州国开村镇银行、北京门头沟珠江村镇银行，6 家村镇银行分支机构，分别为北京顺义银座村镇银行天竺支行、南彩支行、石园支行、杨镇支行，北京大兴九银村镇银行兴业路支行，北京昌平兆丰村镇银行回龙观支行。辖内 9 家村镇银行资产总额 885 997 万元，负债总额 800 042 万元，所有者权益总额 859 547 万元。

（二）业务开展情况

1. 业务规模持续增长

2012 年末，辖内 9 家村镇银行资产总额 88.60 亿元，较年初增加 42.49 亿元，增长 92.15%。各项贷款余额 36.88 亿元，较年初增加 17.35 亿元，增长 88.86%。各项存款余额 72.41 亿元，较年初增加 34.42 亿元，增长 90.59%。各项存款中，对公存款余额 57.67 亿元，较年初增加 30.11 亿元，增长 109.25%；储蓄存款余额 14.73 亿元，较年初增加 6.33 亿元，增长 75.36%。辖内开业满一年的 7 家村镇银行均实现了业务规模的持续增长，业务竞争能力进一步提高。

2. 盈利水平大幅提升

2012 年，辖内 9 家村镇银行共实现净利润 7 247.67 万元，同比增加 5 456.10 万元，增长 304.54%。资产利润率 1.08%，资本利润率 9.94%，分别较上年同期提升 0.57 个百分点和 6.46 个百分点。除北京密云汇丰村镇银行和开业未满一年的北京门头沟珠江村镇银行外，其他 7 家村镇银行均实现了盈利。

3. “支农支小”定位明确

2012 年末，辖内村镇银行农户贷款余额 12.35 亿元，农户贷款户数 2 274 户，小微企业贷款余额 21.26 亿元，贷款户数 984 户。在开业满一年的村镇银行的农户和小微企业贷款占比均超过 80% 以上。

（三）重大变更事项

1. 机构发展情况

2012 年末，北京地区 9 家村镇银行共有 15 家营业网点，较上年末增加 6 家。在册员工 476 人，比上年增加 168 人，其中高管人员 39 人。北京门头沟珠江村镇银行，北京大兴九银村镇银行兴业路支行，北京顺义银座村镇银行南彩支行、石园支行、杨镇支行分别在年内获准开业。

2. 主要人事变更情况

2012 年 7 月和 10 月，北京延庆村镇银行新任董事长郭文华、新任董事黄赢、新任监事长王国申到任。7 月，北京门头沟珠江村镇银行董事长马宇阳、行长于春阳、副行长李锦湖到任。9 月，北京怀柔融兴村镇银行行长助理彭明勇到任。10 月，北京昌平兆丰村镇银行副行长张静到任。

3. 股权变动情况

2012 年 12 月，北京大兴华夏村镇银行增资扩股方案获得北京银监局批复，正式引入区域内两家实力较强的非银行企业股东，股权结构得到优化。

二、金融产品创新和金融服务

（一）产品创新成果斐然

辖内 9 家村镇银行深入调研县域和镇域市场，在发起行的技术援助下，在担保方式、服务渠道、商业模式等方面进行了大量有益的创新，丰富和完善了产品体系。大兴九银村镇银行自主研发了针对小微客户的“无声贷”（无申请贷款），被评为全国银行业金融机构小微企业金融服务特色产品；大兴华夏村镇银行设计了专门针对农牧产品上下游客户的“牧链保监贷”产品。

（二）服务手段日益丰富

一是网点下沉速度加快，服务半径不断扩大。着力农村地区金融服务均等化建设，全年共有 3 家村镇银行新设了 5 家分支机构，新设网点数量较上年增加了 4 家。二是现代化服务手段迅速发展，服务便捷性增强。截至年末，共有 3 家村镇银行开通了网上银行，2 家村镇银行布置了 6 台 ATM，3 家村镇银行发行了借记卡，1 家村镇银行开通了手机银行。三是借力社区居委会、村委会等组织开展宣传活动，拓展业务，提高了服务的覆盖面。

三、存在的问题和风险

（一）风险管控能力不足，信用风险逐步显现

受自身风险管控能力不足和 2012 年宏观经济下行的影响，辖内部分村镇银行开始出现不良贷款，信用风险逐步显现。9 家村镇银行中有 3 家贷款均为正常类，3 家村镇银行出现了不良贷款，3 家村镇银行出现了关注类贷款。信用风险需引起高度关注。

（二）资本管理水平较低，面临长期资本压力

辖内多数村镇银行尚未建立有效的资本约束机制和资本规划体系，缺乏稳定的资本补充渠道。随着新资本协议实施、分支机构的陆续开设、业务规模的持续扩

大，村镇银行面临长期资本压力，资本充足水平将成为辖内村镇银行在未来几年发展中的重要约束条件，亟须主发起行及村镇银行加以重视。

（三）公司治理机制不健全，治理层履职能力有待提高

辖内9家村镇银行虽然配备了较为完整的公司治理架构，但董监事的履职能力尚待提升。董事会在风险管理和战略规划上履职不足，监事会缺少实质履职行为，监督职能弱化，高级管理层的法人意识和管理能力不足。部分村镇银行高管层缺乏主动学习意识，“等、靠、要或照搬”的思想严重，无法充分发挥村镇银行作为独立法人的特有优势，也造成内控机制建设等关键环节的不足，公司治理的有效性亟待提高。

（四）自主盈利能力仍然薄弱，可持续发展前景不容乐观

2012年，辖内9家村镇银行的自我盈利能力依然处于较低水平，政府补助所占利润份额较大，实现盈利的政策依赖性强。由于收入来源渠道狭窄，经营效率不高，精细化经营管理不到位，综合服务能力较差，使得村镇银行的可持续发展前景不容乐观。

四、监管工作情况

（一）立足风险为本监管，提高村镇银行风险防控能力

北京银监局先后完成对辖内部分村镇银行的个贷业务、票据业务、存款业务、表外业务、流动性风险等专项检查与核查，并进行风险提示、提出整改要求。严禁村镇银行向小贷公司、典当行等高风险机构进行融资安排，筑好与非法集资、高利贷、金融传销等领域的“防火墙”，切实维护金融稳定。尽快建立独立的内审机构，加强风险防控机制建设。

（二）跟进资本监管，稳步推进新监管标准实施

北京银监局加强对辖内村镇银行高管及业务人员新监管标准培训，要求各行根据新监管标准进行差距分析，将实施工作提上日程，稳步开展资本评估、资本规划和资本补充。

（三）加强市场定位监管，督导村镇银行“支农支小”

北京银监局强化对村镇银行市场定位的监管，持续监测各行涉农贷款“两个不低于”目标完成情况，督导辖内7家村镇银行开展“双百竞赛”和“三大工程”创建活动，组织召开北京地区“三农”发展主题调研，协调村镇银行支持地方经济发展，确保村镇银行能够坚持“支农支小”的市场定位。

（四）提倡监管服务，为村镇银行培育发展提供帮助

北京银监局完成对北京银行发起设立的各家村镇银行、顺义银座村镇银行及门头沟珠江村镇银行董事及高管人员的培训辅导，实地走访大兴九银及通州国开等村镇银行，调研其网点搬迁或新开业后在经营过程中面临的困难，进行政策指导。加强与政府部门的横向沟通，多次在政府部门召开的会议上就村镇银行工作传递政策或提出建议，配合市财政局落实村镇银行定向补贴类优惠政策。召开北京地区村镇银行“发展及风险防控工作会议”，听取各村镇银行及发起行的意见，为各行交流工作经验提供平台。指导北京延庆村镇银行开展救灾减灾工作。对雪灾受损情况进行摸底调查，约见该行董事长、行长及监事长，提示北京延庆村镇银行调整受灾客户信贷政策，提高对突发事件的管理能

力，积极参与救灾减灾工作。

（高宾）

▲邮政储蓄银行

一、基本情况和重大变更事项

（一）基本情况

2012年末，中国邮政储蓄银行北京分行（以下简称邮储银行北京分行）总资产1 549.52亿元，同比增长25.18%；其中各项贷款余额185.09亿元，同比增长74.37%（其中个人贷款余额86.49亿元，对公贷款余额58.68亿元，票据类资产余额39.92亿元）。不良贷款率0.12%，同比下降0.06个百分点。总负债1 539.16亿元，同比增长24.88%；其中各项存款余额1 343.08亿元，同比增长17.08%（其中储蓄存款余额1 140.29亿元，同比增长15.52%）。所有者权益10.36亿元，同比增长92.66%。实现各项收入67.40亿元，同比增长30.62%；各项支出共计59.37亿元，同比增长29.60%；实现净利润6.41亿元，同比增长78.41%，资产利润率0.46%。

截至年末，邮储银行北京分行所辖支行及代理网点共536个，其中一级支行16个，二级支行241个，邮政代理网点279个。所辖机构数较年初增加5个。员工共计3 540人，较年初增加184人。

（二）重大变更事项

1. 主要人事变动情况

2012年，邮储银行北京分行副行长刘志军调任中国邮政储蓄银行总行工作、副行长周毅明退休，原计财部总经理李红、原渠道部总经理徐兴晔提任邮储银行北京分行副行长。

2. 机构变动情况

2012年，中国邮政储蓄银行有限责任公司整体更名为中国邮政储蓄银行股份有限公司，邮储银行北京分行相应完成更名换证工作；完成5家迁址新设、59家“名行实所”及17家变更为代理营业机构的二类支行改革。年末，机构总数536家，较年初增加5家。

3. 新业务开办情况

2012年，邮储银行北京分行开办代理贵金属业务、手机银行业务、外汇贷款业务、国际贸易融资业务、个人留学贷款业务、个人汽车消费贷款业务、电视银行业务，试开办了“太平洋—龙源电力风电场债权投资计划”独立监督业务。

二、金融产品创新和金融服务

邮储银行北京分行本着风险可控的原则，加大产品和服务创新力度。结合同业产品特点，充分研究农民、个体经营者的融资需求、融资特点，持续开发设计了“好借好还”、合作社贷款等系列特色产品；创新服务模式，推出“背包银行”上门服务，累计已发放涉农贷款44亿元，缓解了京郊2万农户生产经营资金短缺的难题；主动在农村地区开展信用建设工作，对于整体信用良好的村镇、信用合作社、微小企业主，与当地政府合作授予“信用村”、“信用社”、“信用企业”等称号，并给予快速受理、审批“绿色通道”等信贷支持，强化农村地区客户的信用意识。邮储银行北京分行连续两年获得“社会力量参与北京市社会主义新农村建设先进单位”荣誉称号。

三、存在的问题和风险

第一，信贷业务及资金交易业务规模增长较快，各类新开办业务品种多、发展快，对银行管理能力、专业素质、后台系统支持等提出较高的要求。

第二，部分网点安保设施投入及基础设施建设仍待加强，各级机构内部控制能力与长期经营发展的战略需要尚存在一定差距，业务整体经营管理水平和专业性有待进一步提升。

第三，机构改革及建设力度较大，对管理人才及专业人才储备形成一定压力，整体员工队伍的管理经验和实践经验有待继续提升。

第四，信息系统建设水平与优秀商业银行相比仍存在一定差距，对核心系统的掌控能力与应急处置能力有待增强。

四、监管工作情况

2012 年，北京银监局加强案件防控工作，引导邮储银行北京分行切实提升履职管理效能与案件风险管控能力。督导推进网点安保设施整改，抓好重点领域风险防范基础工作，持续推动贷款科学化管理，严格防范各类资金风险，加强房地产领域贷款风险防控，持续提升信息科技系统支持力度及应急处置能力。鼓励邮储银行北京分行大力推行“普惠金融”，有效促进实体经济科学发展，切实增强金融支农与扶持小微企业发展力度，不断提升基础金融服务水平。督导邮储银行北京分行继续稳步推进机构改革，进一步完善客户投诉处理机制，切实保障金融消费者权益。

（赵阳）

▲外资银行

一、基本情况和重大变更事项

（一）基本情况

1. 机构及人员情况

2012 年末，北京辖内共有外资银行营业性机构 109 家，较年初增加 8 家。其中，外资法人银行 9 家，较年初增加 2 家；外资法人银行分行 30 家；外国银行分行 11 家；支行 59 家，较年初增加 6 家。外国银行代表处 70 家，较年初减少 2 家。北京辖内外资银行营业性机构从业人员 5 701 人；辖内外国银行代表处共有正式员工 224 人。

2. 行业发展概况及特点

（1）资产规模增速放缓，各项贷款保持平稳增长。2012 年末，北京辖内外资银行资产总额 4 644. 66 亿元，同比增长 10. 66%，占全国外资银行资产总额的 19. 49%，与 2011 年持平。各项贷款余额 1 933. 42 亿元，同比增长 10. 72%，占全国外资银行各项贷款的 18. 6%。辖内外资银行资产结构出现微调，债券投资规模缩减，贸易融资、贴现等短期授信规模增加。

（2）负债结构基本稳定，存款规模增速放缓。2012 年末，北京辖内外资银行负债总额 4 182. 90 亿元，同比增长 9. 12%，占全国外资银行负债总额的 19. 69%，基本与 2011 年持平。其中，各项存款余额 3 227. 66 亿元，同比增长 8. 92%，占辖内外资银行负债总额的 77. 16%，同比下降 0. 2 个百分点。

（3）营业收入持续增长，盈利能力有所下滑。2012 年，北京辖内外资银行实现营业收入共计 242. 58 亿元，同比上升 15. 54%；所有者权益共计 461. 75 亿元，同比上升 25. 93%。实现利润 32. 29 亿元，同比下降 24. 84%，占全国外资银行利润总额的 19. 76%，较 2011 年下降 5. 92 个百分点。截至年末，辖内外资银行资产收益率为 0. 70%，同比下降 0. 43 个百分点，与全国外资银行平均水平持平。其中主要收入来源仍为利息净收入，同比增长 3. 68%。

（二）重大变更事项

1. 机构变更

2012 年，北京辖内外资银行法人开业 2 家，分行开业 3 家、筹建 1 家，支行开业 8 家、支行筹建 6 家；新设外国银行代表处 1 家，关闭 3 家；法人异地分行筹建 5 家。

2. 人事变更

2012 年，北京银监局共核准或初审转报中国银监会高管任职资格 88 人。其中总行级行长 1 人，董事 18 人，分行级行长 11 人、分行级副行长 15 人，支行行长 22 人，外国银行代表处首席代表 9 人，合规负责人 11 人，内审负责人 1 人。

二、金融产品创新和金融服务

（一）建立并完善舆情监测机制，推动辖内外资银行改进客户服务

建立按周监测的舆情监测机制，随时关注国际经济金融形势对辖内外资银行可能产生的影响。同时，引导各行关注舆情信息，注重提升服务水平，提高服务收费的规范化与透明化。

（二）积极响应国家调控政策，引领外资银行支持实体经济发展

一是与北京市中关村管委会联合举办了辖内外资银行服务中关村国家科技金融创新中心建设活动，促进辖内外资银行了解中关村科技金融创新中心的相关政策，增进银企交流与沟通。

二是开启小微企业特色支行行政审批绿色通道，加强对小微企业的金融支持力度。截至年末，已有 1 家外资银行小微企业特色支行获批开业，1 家获批筹建。截至年末，辖内外资银行小微企业贷款余额 340.91 亿元，同比增长 4.46%，占外资银行各项贷款的 17.63%，当年新增小微贷款占外资银行贷款增量的 7.77%。

三、存在的问题和风险

（一）整体盈利能力下滑，个别外资银行出现亏损

2012 年，北京辖内外资银行实现利润 32.29 亿元，同比下降 24.84%。盈利能力整体下滑主要原因是受国际经济形势影响以及国内利差缩小，外资银行普遍盈利能力不强，外国银行分行经营出现亏损。

（二）资产质量恶化，信用风险呈上升趋势

受个别外国银行分行贷款质量恶化影响，辖内外资银行不良贷款余额和比率“双升”，不良贷款率高于全国外资银行整体水平，关注类贷款余额较年初有所增加，在信用风险管控方面仍存在关键信息掌握不到位、依靠母行或母公司等第二还款来源、贷后管理不足等问题。

（三）操作风险隐患突出

辖内个别外资银行存在操作风险管理程序、制度约束、执行力等方面与监管要求差距较大的问题，操作风险隐患较为突出。

（四）金融衍生品业务活跃，市场风险管控难度进一步加大

2012 年，辖内外资法人银行共开展金融衍生产品交易 4.29 万亿元，业务交易量是其资产规模的 9.24 倍。但随着人民币利率浮动范围扩大和汇率双向波动的不确定性，外资银行市场风险管控难度进一步加大。

（五）跨境风险传染渠道多样，监管难度加大

一是信用风险的跨境传染。部分外资银行出现境外母公司经营困难导致境内借款人资金链断裂，进而形成不良贷款的情况。二是流动性风险的跨境传染。某外资

行曾出现母行评级下调、股价下挫直接导致境内子行流动性一度趋紧。另外，辖内外国银行分行境外资金依存度高，易受到境外母行（总行）财务能力和风险事件的影响。三是母行的战略调整将直接影响境内子行的未来发展。

四、监管工作情况

（一）坚持重点调研对监管工作的指导作用

一是完成北京辖内外资法人银行战略转型的调查研究、辖内外资法人银行分支机构管控情况等调研报告。二是密切关注国际银行业监管动态及北京辖内外资银行经营管理中出现的新情况，积极完成国际银行业监管动态编译，及时反映相关信息。

（二）做深市场风险监管，切实提升监管专业化水平

一是密切关注外资法人银行表外业务情况，全面了解行业衍生品交易业务情况。二是初步建立辖内外资法人银行市场风险监管数据库，持续收集汇总、跟踪监测相关数据。三是加强对辖内外资法人银行市场风险资本计量与管理监管。

（三）健全跨境风险监管，切实防范跨境风险传染

一是按季度收集辖内外资银行境外母行的主要财务数据，加强对跨境风险源头的监测和监管。二是每周监测辖内外资银行的跨境资金流动及境外重大舆情，对异常资金流出和重大负面舆情及时采取监管措施，强化对跨境风险的应急监管能力。三是创建可变现能力加权的境内资产与境内负债比率，进一步做实外资银行境内偿付能力监管。四是不断丰富跨境风险监管工具，包括约谈外资银行境外母行高管人员，并下发监管纪要等。

（四）做实操作风险监管，切实防范重大案件隐患

一是及时要求辖内外资银行开展操作风险及案件隐患排查，并进行抽查，及时提出整改要求。二是以现场抽查工作表的形式初步形成柜面业务等抽查的要点。三是加强异地现场访查联动。

（五）扎实推进外资银行服务首都实体经济

一是联合中关村管委会开展银政企三方交流活动，引领辖内外资银行积极参与中关村国家科技金融创新中心建设。二是多措并举积极推动辖内外资银行服务小微企业。在政策辅导、开辟绿色通道、制订专门的市场准入流程等方面做了大量工作。

（刘述）

▲金融资产管理公司

一、基本情况和重大变更事项

（一）基本情况

2012 年末，中国华融资产管理公司北京市分公司（以下简称华融北京市分公司）、中国长城资产管理公司北京办事处（以下简称长城北京办事处）、中国东方资产管理公司北京办事处（以下简称东方北京办事处）、中国信达资产管理公司北京市分公司（以下简称信达北京市分公司）总资产余额 278.157 亿元，比上年增加 35.03 亿元，增长 14.41%。其中商业化业务资产余额 250.29 亿元，比上年增加 105.14 亿元，增长 72.43%（商业化资产增幅较大的主要原因是华融股改后将政策性资产买断），2012 年新增商业收购资产 145.37 亿元，比上年增加 80.21 亿元，增长 123.10%。商业化利润 27.12 亿元，比上年增加 11.83 亿元，增

长 77.37%。商业化收购资产累计处置 575.77 亿元，占收购资产总额的 67.40%；处置回现 291.16 亿元，阶段性现金回收率 50.57%。剩余可供处置资产账面价值（签署协议债权本金加表内利息）共计 279.25 亿元。

（二）重大变更事项

1. 高级管理人员变更情况

2012 年 6 月，原华融国际信托有限责任公司总经理助理邹俊为华融北京市分公司副总经理。11 月，原中国华融管理公司业务审查部副总经理程莉调任华融北京市分公司党委委员、副总经理。

2012 年 1 月 16 日，长城北京办事处副总经理朱丽华调任中国长城资产管理公司法律部巡视员。5 月 17 日，中国长城资产管理公司协同部卢祎萍调任长城北京办事处风险总监（总经理助理级）。10 月 16 日，长城北京办事处副总经理李志军调任中国长城资产管理公司兰州办事处党委副书记（主持工作）。

2012 年 6 月 25 日，中国信达资产管理公司任命原中国信达资产管理公司风险管理部总经理王晓军为信达北京市分公司总经理。

2. 机构变更情况

2012 年 9 月 26 日，中国华融资产管理公司改制更名为中国华融资产管理股份有限公司，中国华融资产管理公司北京办事处更名为中国华融资产管理股份有限公司北京市分公司。

2012 年第一季度，长城北京办事处完成内部机构设置等调整。一是将审议决策委员会调整为业务审核委员会、风险管理委员会和资金财务审查委员会。二是按照前台、中台和后台对部门进行划分，前台部门包括资产经营部（资产经营二部、资产经营三部）、投资业务部、中间业务部、代理业务部；中台包括业务审核部、法律合规部（业务管理部）；后台包括资金财务部、综合管理部（监察审计部）。

二、存在的风险和问题

一是个别资产公司存在收购非金融机构债权或为银行发放委托贷款提供远期收购承诺的情况，超出资产公司现有业务范围。二是从银行收购不良资产时，接收档案中银行内部不良资产认定材料不全，仅有银行出具的不良资产确认函，不良资产认定依据不充分。三是存在对债权真实性评估分析不充分、项目要件中无债权转让协议，项目发生重大变化时未重新立项、投资项目资金来源界定不够明确等问题。

三、监管工作情况

（一）持续跟踪商业化业务进展，督导严守风险底线

通过现场核查、调研走访等多种形式，持续跟踪辖内四家资产公司各项业务开展情况，对存在的问题和风险及时下发监管意见书，督促做好风险排查，及时进行问题整改。对风险暴露项目，督促资产公司及时采取资产保全措施。引导资产公司开展资产风险分类，采取计提风险减值准备等风险缓释措施。

（二）稳步推进资产公司商业化转型

开展资产公司商业化业务现场检查，下发检查意见书，监督整改。配合中国银监会资产公司高管题库建设和行政许可事项相关制度制定工作。继续督导华融北京市分公司、信达北京市分公司深化股份制改革，完善公司治理机制。

（三）坚持审慎监管原则，发挥窗口指导作用

督促辖内四家资产公司坚持围绕主业，在风险可控、合规经营的前提下开展

创新业务，为实体经济提供多元化金融服务。召开辖内资产公司业务研讨会，传达中国银监会年度监管工作会议精神，明确监管要求，为各资产公司交流转型中存在的问题、困难，分享工作思路以及寻求政策支持和帮助提供平台。

（胡璇）

▲信托、财务、汽车金融、金融租赁、消费金融、货币经纪公司

一、基本情况

2012年末，辖内共有辖内信托公司、企业集团财务公司、汽车金融公司、金融租赁公司、消费金融公司和货币经纪公司共六类51家法人非银行金融机构，资产合计（本外币合计，其中包含信托公司信托资产2 480.12亿元）8 652.12亿元，比上年增加1 299.47亿元，增长31.47%；负债合计5 160.5亿元，比上年增加880.91亿元，增长20.58%；所有者权益（不含信托权益）合计1 011.5亿元，比上年增加228.01亿元，增长29.1%；全年累计实现净利润106.1亿元，比上年同期增加24.98亿元，增长30.79%。

（一）信托公司

2012年末，辖内3家信托公司资产合计2 551.96亿元，比上年增加971.90亿元，增长61.51%。其中，固有业务资产合计71.83亿元，比上年增加9.60亿元，增长15.43%；信托资产合计2 480.12亿元，比上年增加962.30亿元，增长63.40%。固有业务负债合计4.11亿元，比上年减少0.13亿元，下降2.96%。所有者权益合计67.73亿元，比上年增加9.73亿元，增长16.77%。全年累计实现净利润10.51亿元，同比增加2.71亿元。

截至年末，辖内3家信托公司存续管理的信托项目共计634个。其中，集合资金信托计划共计227个，单一资金信托计划共计380个，财产权信托计划共计27个。全年3家信托公司共计清算交付（不包含部分到期的信托项目）164个信托项目，累计给付信托本金636.43亿元，累计分配信托收益54.36亿元。

（二）财务公司

2012年末，辖内38家企业集团财务公司资产总额4 789.89亿元，较年初增加771.75亿元，增长19.21%；负债总额4 028.88亿元，较年初增加612.55亿元，增长17.93%；所有者权益合计761.01亿元，较年初增加159.2亿元，增长26.45%；全年累计实现净利润82.78亿元，较去年同期增加17.04亿元，增长25.91%。

（三）汽车金融公司

2012年末，辖内7家汽车金融公司资产合计887.99亿元，比上年增加270.82亿元，增长43.88%；负债合计762.17亿元，比上年增加214.81亿元，增长39.25%；所有者权益合计125.82亿元，比上年增加56.01亿元，增长80.22%。全年累计实现净利润8.91亿元（不含北京现代汽车金融有限公司），同比增加3.25亿元。

（四）金融租赁公司

2012年末，建信金融租赁股份有限公司资产总额402.88亿元，比上年增加42.65亿元，增长11.84%；负债总额349.51亿元，比上年增加39.94亿元，增长12.90%；所有者权益53.37亿元，比上年增加2.72亿元，增长5.37%。全年累计实现净利润3.56亿元，同比增加

1.45 亿元。

（五）消费金融公司

2012 年末，北银消费金融公司资产总额 19.10 亿元，比上年增加 14.14 亿元，增长 2.85 倍；负债总额 15.82 亿元，比上年增加 13.72 亿元，增长 6.56 倍；所有者权益 3.28 亿元，比上年增加 0.42 亿元，增长 14.65%。全年累计实现净利润 0.41 亿元，同比增加 0.49 亿元。

（六）货币经纪公司

2012 年末，中诚宝捷思货币经纪有限公司资产总额 0.31 亿元，比上年减少 0.04 亿元，下降 12.58%；负债总额 0.02 亿元，比上年增加 0.02 亿元，增长 6.80 倍；所有者权益 0.29 亿元，比上年减少 0.06 亿元，下降 17.58%。全年累计亏损 0.06 亿元，同比亏损减少 0.04 亿元。

二、金融产品创新和金融服务

（一）支持中关村科技创新型企业发展

北京国际信托有限公司（以下简称北京信托）与中关村担保有限公司、北京中关村创业投资发展有限公司联合发起设立了中关村瞪羚投资发展有限公司（北京信托出资 450 万元，股权占比 15%），成立了“中关村瞪羚投资发展基金”，为中关村科技型企业的长远发展提供持续的金融资源。

（二）支持高科技项目建设

北京信托以股权方式投资于北京京东方显示技术有限公司的第 8.5 代薄膜晶体管液晶显示器件（TFT－LCD）项目，累计投资 85 亿元（2012 年末余额为 34 亿元），用于第八代薄膜晶体管液晶显示器件的生产线建设。

（三）满足中小企业融资需求

北京信托针对中小企业发展特点和融资需求，设计了“北京信托·中小企业系列信托”（以下简称中小企业系列信托）创新型金融产品。截至年末，“中小企业系列信托”累计发行 45 只信托产品，共为 281 家次中小企业提供融资，涉及高科技、制造业、文化创意等不同行业和领域，信托贷款资金总规模达到 20.1 亿元。

（四）支持保障性住房建设

2012 年 4 月 27 日，北京信托与华夏银行合作设立了“北京信托·保障房之南苑棚户区改造项目单一资金信托”，信托总规模为 20 亿元，信托资金以有限合伙方式运用于丰台南苑棚户区改造项目收益权，专项用于棚户区改造项目的开发建设。

三、存在的问题和风险

（一）信托公司

（1）风险控制能力仍需进一步加强。2012 年，信托公司业务发展继续呈现较快增长态势，且业务涉及房地产、艺术品、矿产资源、信政合作、结构化产品等领域，给信托公司风险控制能力带来挑战。

（2）主动管理能力有待提高。2012 年，中国证监会出台《证券公司客户资产管理业务管理办法》等政策，为证券公司资产管理业务“松绑”，加剧了资产管理业务市场的竞争，使信托公司传统的高规模、低收费的通道式业务受到限制。信托公司需进一步培育主动管理能力，提高主动管理产品规模。

（二）财务公司

（1）资金集中水平有所下降。北京辖内财务公司年末平均资金集中度总体低于全国行业平均水平，且比上年有所下降。资金集中度偏低的主要原因：一是受成员单位上市、专项资金封闭管理以及贷款资金监管规定等政策影响，更多资金归集受限。二是新设财务公司资金归集度普遍低于平均水平。三是委托业务增长快。

（2）流动性管理困难加大，部分公司流动性风险需重点关注。2012 年，财务公司存款稳定性较差，特别是季末存款流失现象严重，资金紧缺型集团财务公司情况更加显著。在缺乏有效的流动性管理工具情况下，财务公司流动性管理困难加大。

（3）委托业务内部管理与业务增长速度不相匹配。2012 年，辖内财务公司委托业务规模大幅增长，委托贷款及委托投资增幅和增速远超同期自营贷款及投资，业务表外化趋势明显，但委托业务的尽职管理存在一些问题。

（4）新设财务公司经营面临两难困境。受央行信贷规模控制影响，辖内新设财务公司信贷规模都较小，难以有效满足集团及成员单位的信贷需求，加之其无对外投资资格，资金运用受到较大限制，影响了成员单位资金归集的积极性，出现资金投放渠道不畅和资金归集困难的两难困境。

（三）汽车金融公司

（1）经销商交易对手风险应引起关注。2012 年，在民间融资资金断裂现象频发、汽车经销商车辆销量有所下滑的背景下，经销商作为汽车金融公司交易对手本身存在的风险值得应引起持续关注。

（2）异地业务风险管控压力依然较大。2012 年，辖内汽车金融公司异地业务继续扩大。截至年末，异地贷款余额 793.28 亿元，比上年增长 42.00%，占全部贷款业务的 96.56%。异地业务本身存在风险管控环节多、人员管理难度较大、易发生案件等特点，风险管控特别是操作风险管控压力较大。

（3）外包业务风险值得持续关注。汽车金融公司在异地业务管理环节引入外包，外包业务管理的规范性及风险控制的有效性需高度关注。

（四）金融租赁公司

（1）租赁设备专业管理能力仍需加强。金融租赁公司在租赁业务审查和管理中较多依赖于承租人资质管理，自身对租赁设备的管理能力和力度存在不足。

（2）流动性风险较为突出。融资渠道较为狭窄，资金的来源与运用期限错配较为严重。

（五）消费金融公司

（1）贷款管理精细化程度仍需提高。消费金融公司面对整体素质及收入水平不高的客户群体，在贷前审查以及贷后管理环节仍存在不足，对贷款用途管理缺乏有效监控手段。

（2）短期资金来源渠道狭窄。消费金融公司的贷款期限较短，对于短期资金需求较为迫切，但受到政策限制，尚不能进入同业拆借市场进行融资。

（六）货币经纪公司

（1）市场认可度较低，业务拓展能力较弱。货币经纪公司在争取客户、签约展业等方面面临着较大的困难，业务拓展受到一定阻碍。

（2）专业员工数量较少，从业人员的专业水平还需要进一步提高。货币经纪行业在国内属于新生事物，有丰富业务经验的人才较少，专业人员的培养尚需一个渐进的过程。

四、监管工作情况

（一）针对公司、行业及监管政策的

变化，及时加强窗口指导和风险提示。一是针对贯彻实施《商业银行资本管理办法（试行）》对公司进行深入辅导，督促公司建立答疑机制。二是关注辖内信托公司银信合作、房地产、艺术品等业务风险状况，及时提示风险。三是提示辖内汽车金融公司关注操作风险和交易对手信用风险，切实提高风险管控能力。四是按照中国银监会关于整治银行业金融机构不规范经营的总体部署，督导公司规范经营，进一步提高服务水平。五是要求公司扎实做好信访和舆情各项工作，组织开展信访维稳和舆情风险情况的专项排查。六是要求非银行金融机构加强政策敏感性，合理控制信贷业务规模，把握业务开展节奏。

（二）运用不同监管手段，提高非银行金融机构非现场监管有效性和科学性。一是加强对辖内信托公司重点项目的监测，积极引导其开辟新的业务领域，不断提升自主管理能力。二是深入走访调研，密切关注辖内非银行金融机构业务开展和风险状况。

（三）进一步加强对辖内非银行金融机构公司治理的监管。通过参加公司董事会、进行审慎监管会谈、调研走访、下发监管意见书等形式，引导辖内非银行金融机构提高公司治理和风险管控水平。

（王巍）

证券期货业发展与监管

▲证券公司

一、基本情况和重大变更事项

（一）行业发展概况

2012 年，面对市场低迷、传统通道业务业绩大幅下滑的不利影响，辖区证券经营机构加快业务转型，积极开拓创新，保持了健康稳健的发展态势。

1. 经营业绩和财务状况相对稳定

辖区 18 家证券公司总资产 2 320.91 亿元，净资本 677.56 亿元，管理客户资产 35 986.6 亿元，全年实现营业收入 215.79 亿元，净利润 46.94 亿元，平均净资产收益率 5.86%，高于行业平均水平。辖区已开业的 263 家营业部中有 137 家实现盈利，合计实现净利润 12.49 亿元，营业部累计部均净利润 489.85 万元，辖区投资者股票账户 539 万户，全年净增 18 万户，实现交易量 84 601.88 亿元。

2. 业务转型不断加快

2012 年，随着行业创新发展政策的推出，辖区证券公司加快业务转型，在保持传统业务增长的同时，逐步拓展新型业务模式。截至年末，辖区有 8 家公司设立了直投子公司，4 家公司设立了香港子公司，11 家公司开展了融资融券业务，7 家公司开展了中介介绍业务（IB 业务），11 家公司通过中小企业私募债主承销商资格评审，6 家公司承销了 17 个中小企业私募债项目，3 家公司拥有银行间市场非金融企业债主承销资格，2 家公司成为柜台交易（OTC）业务试点券商，2 家公司成为远程代理质押登记业务试点券商。

3. 创新业务取得较快发展

2012 年，辖区共有 14 家公司开展了资产管理业务，总规模 2 011.42 亿元，同比增长295.54%，占全国总规模的10.62%；有6家公司开展了现金管理业务，签约客户共86 169户，年末规模为125.8亿元，占全国的53.76%；有3家公司开展了债券报价回购业务，共签约客户46 268户；有7家公司开展了约定式购回业务，共签约客户183户；有4家公司参与了北京、辽宁等省市的区域性股权交易市场的建设和筹备工作。

2012年，在中国证监会证券公司分类评价中，北京辖区有3家公司被评为AA类，5家公司被评为A类，4家公司被评为BBB类，2家公司被评为B类，AA类和A类公司分别占全行业的20%和26%。

（二）机构发展及重大变动情况

1. 机构重大变动情况

（1）辖区证券营业部同城迁址情况

1月20日，东海证券有限责任公司北京安立路证券营业部迁至朝阳区安苑北里25号长白山国际酒店3层，更名为东海证券有限责任公司北京安苑北里证券营业部。

2月22日，国都证券有限责任公司北京亮马桥路证券营业部迁至朝阳区亮马桥路98号光明饭店写字楼5层，更名为国都证券有限责任公司北京三元西桥证券营业部。

2月27日，中国银河证券股份有限公司北京望京西园证券营业部迁至朝阳区望京阜通东大街12号宝能中心2层，更名为中国银河证券股份有限公司北京望京证券营业部。

3月9日，安信证券股份有限公司北京阜成路证券营业部迁至西城区复兴门外大街A2号中化大厦11层，更名为安信证券股份有限公司北京复兴门外大街证券营业部。

3月28日，华泰证券股份有限公司北京分公司迁至西城区丰盛胡同28号太平洋保险大厦18层。

4月13日，湘财证券有限责任公司北京朝阳路证券营业部迁至东城区建国门内大街7号光华长安大厦1座506室、206室，更名为湘财证券有限责任公司北京建国门内大街证券营业部。

5月11日，招商证券股份有限公司北京新街口外大街证券营业部迁至朝阳区朝外大街6号新城国际5号楼1～5层，更名为招商证券股份有限公司北京朝外大街证券营业部。

6月21日，齐鲁证券有限公司北京百万庄大街证券营业部迁至西城区金融大街5号新盛大厦1层，更名为齐鲁证券有限公司北京金融大街营业部。

6月27日，华宝证券有限责任公司北京崇文门外大街证券营业部迁至朝阳区建国门外大街丙12号楼1层东北侧及15层1501单元，更名为华宝证券有限责任公司北京朝阳建国门外大街证券营业部。

7月13日，招商证券股份有限公司北京证券经纪业务管理分公司迁至朝阳区建国路118号8层A1、A2单元，9层C2、D1单元，11层B1、B2单元。

7月18日，国信证券有限责任公司北京呼家楼北街证券营业部迁至朝阳区朝阳北路199号摩码大厦0102号、0103号，更名为国信证券股份有限公司北京朝阳北路证券营业部。

8月9日，南京证券有限责任公司北京惠新西街证券营业部迁址至朝阳区东三环南路19号院1号楼4层，更名为南京证券有限责任公司北京东三环南路证券营业部。

爱建证券有限责任公司北京朝阳门内大街证券营业部迁至东城区南竹竿胡同1号2层206室、207室、208室。

9月14日，湘财证券有限责任公司北京承销与保荐分公司迁至西城区丰盛胡同28号太平洋保险大厦9层901B区。

9月28日，中国银河证券股份有限公司北京和平里证券营业部迁至朝阳区夏家园11号楼1层2号商业、2层9号商业，更名为中国银河证券股份有限公司北京太阳宫证券营业部。

10月9日，东方证券股份有限公司北京霄云路证券营业部迁至海淀区学院路30号科大天工大厦B座12层，更名为东方证券股份有限公司北京学院路证券营业部。

10月25日，广州证券有限责任公司北京三里河东路证券营业部迁至海淀区复兴路17号国海广场A座8层，更名为广州证券有限责任公司北京复兴路证券营业部。

（2）辖区新设证券营业部情况

3月2日，中信建投证券股份有限公司北京良乡拱辰南大街证券营业部开业，地址为房山区拱辰南大街1号1层105室。

中信建投证券股份有限公司北京回龙观西大街证券营业部开业，地址为昌平区回龙观镇西大街85号。

7月17日，中信建投证券股份有限公司北京顺义站前街证券营业部开业，地址为顺义区站前街顺鑫国际商务中心7层。

中信建投证券股份有限公司北京太平桥路证券营业部开业，地址为丰台区太平桥路华源四里13号楼1层、2层。

9月5日，华融证券股份有限公司北京太平桥路证券营业部开业，地址为丰台区太平桥路华源四里2号楼2层22022号和22023号。

华融证券股份有限公司北京石景山路证券营业部开业，地址为石景山区石景山路22号A座（长城大厦）A－1（底商）。

2. 主要人事变更情况

1月30日，钟凌任华融证券股份有限公司财务负责人，徐子兵任中国民族证券有限责任公司副总经理。

2月9日，熊顺祥任第一创业摩根大通证券有限责任公司监事。

4月13日，孙小庆任东兴证券股份有限公司副总经理。

5月2日，方婷任瑞银证券有限责任公司副总经理。

5月17日，冯壮勇任民生证券股份有限公司董事，王彤任民生证券股份有限公司董事，李能任民生证券股份有限公司董事。

5月21日，许维利任华融证券股份有限公司监事。

6月13日，王勤任瑞银证券有限责任公司副总经理。

6月21日，王方敏任中信建投证券股份有限公司合规总监。

7月24日，王宗奇任民生证券股份有限公司监事，彭子瑄任中国民族证券有限责任公司董事会秘书。

7月30日，刘冰任民生证券股份有限公司监事，王一兵任民生证券股份有限公司监事。

8月8日，谭世豪任东兴证券股份有限公司副董事长。

8月10日，万军任中德证券有限责任公司董事会秘书。

8月23日，高敢任华融证券股份有限公司董事。

8月24日，苗西红任民生证券股份有限公司董事，林秀香任民生证券股份有限公司董事。

9月10日，杜朋任瑞银证券有限责任公司董事会秘书。

10月22日，司颖任华融证券股份有限公司副总经理，付巍任华融证券股份有限公司副总经理。

10月23日，侯绍泽任国开证券有限责任公司副总经理。

11月9日，宋群力任中国民族证券有限责任公司副总经理。

12月5日，李启之任瑞银证券有限责任公司监事会主席。

12月13日，杨毓莹任中国国际金融有限公司运营协调委员会成员。

12月14日，吴剑任国都证券有限责任公司监事会主席。

12月24日，黄芳任华融证券股份有限公司监事。

12月31日，尹岩武任中国银河证券股份有限公司副总经理。

二、存在的问题和风险

（一）资本实力及创新能力有待加强

一是净资本实力偏弱。目前，辖区18家证券公司平均净资本为37.64亿元，低于43.61亿元的行业平均水平。随着行业创新的不断深入和发展，证券公司作为资本市场中介的功能和作用将逐步扩大，资本金不足将使公司在业务开展上受到较大制约，在竞争上处于劣势。

二是缺少新的盈利模式。辖区证券公司以传统业务为主的局面仍未根本改变，从收入结构看，经纪业务及投行业务收入仍分别占到总收入的46.06%和18.45%，创新业务中除融资融券业务增长较为明显外，其他业务尚未形成新的利润增长点。

三是创新能力尚显不足。辖区除少数证券公司的现金管理业务、债券报价回购业务获得了一定品牌效应外，其他公司的创新产品缺乏亮点，辖区证券公司的创新意识和创新能力还有待提高。

（二）合规管理人员数量不足，合规管理水平有待提高

一是合规管理人员偏少。目前，国际上先进投行的合规人员占比平均为2.5%～3%，而辖区公司合规人员占比仅为0.56%，除个别几家合资证券公司高于上述国际平均比例外，辖区公司合规人员低于1%的占到了12家，最低的仅为0.16%。合规人员的短缺及专业能力的不足，使得证券公司快速的业务创新和发展缺乏良好的合规支撑和服务。

二是辖区证券公司自身主动发现问题的能力偏弱。绝大多数公司出现的问题均是通过客户投诉、员工举报、舆论监督、监管部门或自律组织检查等外部渠道所暴露，部分证券公司的合规部门和合规总监不能真正发挥“把关”作用，日常合规工作流于形式，合规审查不到位。

三是对分支机构及一线员工的合规管控和教育培训有待加强。辖区证券公司内部对分支机构及一线员工的合规管控和教育培训不足，对防范内幕交易、利益输送、欺诈客户、从业人员炒股等违规行为的能力薄弱。

（三）全面风险管理意识不强，缺乏前瞻性的风险预警

一是全面风险管理的意识和理念尚未形成。大部分证券公司尚未将风险管理上升为公司战略，没有建立符合自身风险偏好、业务发展特点的风险管理体系；辖区

有10家证券公司尚未设立单独的风险管理部门，相关工作由合规总监一并负责，风险管理人员数量普遍偏少。

二是风险管理手段有限。辖区大多数证券公司的风险管理仍停留在简单的净资本风控指标监控层面，局限于中国证监会规定的几张监管报表，压力测试缺乏及时性和有效性；很多证券公司尚未建立风险管理信息系统，不能对相关风险进行准确识别、审慎评估、动态监控、及时应对和有效管理。

三是对创新业务风险管理前瞻性不足。随着柜台交易、资产证券化、衍生产品、代销金融产品等创新业务推出，业务的杠杆率和产品的复杂性将大量增加，辖区证券公司对创新业务风险的分析和预判能力不强，存在一定的风险隐患。

（四）客户服务水平和投诉解决能力有待进一步提高

一是信访投诉频发。2012年，中国证券监督管理委员会北京监管局（以下简称北京证监局）共受理证券经营机构信访投诉70件，涉及3家证券公司、1家分公司和40家证券营业部，其中对分支机构的投诉量占到总投诉量的95%；有2家公司及其所属营业部被投诉数量8起，4家公司所属营业部被投诉数量在3起以上。

二是总部对营业部的管控力度仍显薄弱。2012年，北京证监局查处的营业部违规行为主要包括经纪人擅设非法网点、营业部未经总部批准与私募信托合作、同一分公司多家营业部经纪人违规营销提前展业、营业部员工私自代客理财等。上述违规行为，暴露出公司总部对营业部营销人员管控不到位的突出问题。

三是营业部服务水平有待加强。从投诉内容看，2012年受理的70件投诉主要集中在佣金纠纷、交易规则纠纷、适当性管理、不当营销等。这是营业部信访处置机制不健全、与客户沟通渠道不畅通、营销服务环节存在疏漏等所致，尽管大部分问题都通过事后与客户的沟通协调得以解决，但也凸显了营业部员工的客户服务水平需要进一步提高。

三、监管工作情况

（一）强化创新意识，推动辖区证券公司创新发展

围绕证券公司创新发展和风险防范，北京证监局开展深入调研，积极了解各公司创新动态。一方面，通过实地走访和组织召开创新工作座谈会等方式，强化辖区证券公司的创新意识。另一方面，对各证券公司的创新业务和创新产品采取先期介入、保持跟进、积极协调等措施，推动辖区证券公司的创新发展。

（二）深入开展现场检查，推动公司合规经营、规范发展

2012年，北京证监局共开展了21项全面及专项现场检查工作，累计检查133家次，其中涉及证券公司28家次、证券分支机构79家次、投资咨询机构24家次、资信评级机构2家次，出动检查人员405人次。检查内容主要涉及全面检查、合规与风控、信息系统安全、创新业务资格申请、年审跟进、信访投诉调查、投资咨询机构年检、突发事件核查处理等。并对部分机构存在的违规问题采取了责令整改等6项监管措施。

（三）加强投资者教育和保护，有效遏制损害投资者合法权益的行为

一方面，积极督促各证券经营机构要强化信访接访的责任意识，加强合规管理和员工培训，提高客户服务水平，力求从

源头解决各类投诉纠纷；面对举报投诉中出现的新情况、新问题，积极探索应对方法，摸索行政监管与民事和解相结合的信访处理新机制。全年，共受理投诉70件，其中62件已得到妥善解决，剩余8件正在积极处理中。另一方面，积极组织各证券经营机构开展形式多样的投资者保护与教育活动。通过制定辖区统一的投资者警示教育词条并以短信方式发送给投资者、组织召开投资者座谈会、与上交所联合举办北京地区“引导理性投资”专项培训班、开展投资者保护调研工作等形式，提高投资者自我防范意识，有效遏制了损害投资者合法权益的行为。

（四）坚持依法行政与行业服务并重，做好各类行政许可工作

北京证监局严格按照中国证监会的各项规定开展行政许可审核工作，确保公开、公平、公正。通过优化、固化审核流程，统一审核标准，提高审核效率，切实提升了行政服务能力。全年，共办理证券机构类行政许可申请148件，其中涉及董监高、分支机构负责人的行政许可101件，涉及分支机构设立、撤销、迁址的28件，涉及变更业务范围、变更章程重要条款的19件。所有审核事项全部严格按照法定审核要求和条件办理，未发生一起超期办理、违规办理的事项，未发生过一起涉及行政许可的举报投诉、行政复议或行政诉讼。

（徐晓欢、周楠）

▲基金管理公司

一、基本情况和重大变更事项

2012年末，北京辖区共有基金管理公司15家（北京注册11家），分公司45家，基金理财中心13家，基金代销机构50家（其中商业银行28家、证券公司14家、投资咨询机构3家、独立销售机构5家）。北京地区共有基金从业人员2 800余人，其中基金经理177名，占全国基金经理的21.53%。

2012年，北京辖区新设2家基金管理公司、2家分公司、7家基金代销机构。辖区共有131名基金经理发生变更，剔除内部兼任及转任，实际新增45人、离职15人，基金经理整体流动率较为稳定。

截至年末，辖区基金管理公司共管理基金236只，占全国的20.12%；基金净值8 362.23亿元，占全国的29.17%；基金份额8 854.04亿份，占全国的27.92%。在基金行业规模排名中，辖区有3家基金管理公司居前10名，华夏基金管理有限公司和嘉实基金管理有限公司分别位于第一名和第三名。

辖区基金管理公司中，有5家公司具有社保业务资格，4家公司具有企业年金业务资格，13家公司具有专户业务资格，7家公司具有合格境内机构投资者（QDII）资格，4家公司具有全牌照业务资格，5家公司成立了专户子公司。

在对外开放方面，辖区有8家合资基金管理公司（北京注册6家），2家公司在中国香港设立子公司，并已获得资产管理等业务牌照。华夏基金管理有限公司和嘉实基金管理有限公司首批获得人民币合格境外机构投资者（RQFII）资格，华夏基金管理有限公司推出首只华夏沪深300指数ETF基金，嘉实基金管理有限公司成功发行嘉实MSCI中国A股指数ETF基金。

二、存在的问题和风险

1. 行业创新不足，向现代财富管理机构转型任重道远

辖区基金管理公司需要加快创新发展步伐，牢固树立以市场为导向、以客户为中心的经营理念，推进向现代财富管理机构转型。

2. 长期激励约束机制不完善，缺乏良性的人才培养机制

基金行业人员流动性高，核心人才流失较为普遍，部分基金管理公司缺乏人才长远规划，没有建立人才梯队，一些关键性岗位缺乏人才备份，整体上没有建立起有效的人才培养机制和良好的长效激励约束机制，阻碍了公司和行业的健康发展。

3. 行业发展的外部环境日趋严峻

随着银行理财、证券资管、保险、信托、阳光私募、VC/PE 等资产管理行业的快速发展，基金行业面临着巨大挑战和激烈竞争；在销售方面，基金行业对银行渠道依赖严重；个别从业人员的违规操作，对行业造成很大的伤害，行业经营环境不容乐观。

三、监管工作情况

（一）以现场检查为手段，及时发现并处理违规风险

2012 年，北京证监局开展各类现场检查共 37 次，其中针对货币市场基金规模大幅波动、信用债持仓比例处于警戒线、基金定投系统漏洞、信用债风险事件、基金异常交易等事项启动了专项检查。针对发现的违规问题和重大风险，先后向两家基金管理公司下发监管提示函，向一家基金销售机构下发监管警示函，对一名基金经理采取了监管谈话并记入诚信档案。

（二）通过非现场监管方式，督导公司查漏纠偏

通过分析基金监管监控系统（FIRST）数据、处理信访举报事项、审阅日常报备材料、从业人员管理、舆情监控等手段，查找辖区基金管理公司的薄弱环节和潜在风险，及时督导公司予以纠正和改进。

（三）以监察稽核为抓手，促进公司合规能力建设

在督察长联席会机制外，新建立了稽核报告审阅分析、报告质量反馈、稽核任务定期下达三项工作机制，在全辖区开展了两次专项稽核工作，通过加大外部监管压力，促使基金管理公司提升内部合规动力。

（四）以产品线监管为切入点，提升固定收益业务规范水平

针对近两年来固定收益产品发展迅猛且风险突出的情况，北京证监局将固定收益投资业务监管作为重点工作，通过组织培训、专项检查、摸底排查、问题通报、座谈讨论等措施，强化对该类业务和产品的监管。

（五）重视开展调查研究，优化监管服务能力

结合市场形势，积极进行走访调研，针对发挥机构投资者作用、固定收益投资管理业务、投资咨询业务、改进信息披露、货币市场基金融资机制和流动性救助机制等开展课题研究，提出多项建议上报有关部门，为辖区基金行业创新发展建言献策，有效地提升了一线监管服务能力。

（王韧）

▲期货公司

一、基本情况

一是机构数量增加，整合加快，资本实力增强。2012 年，辖区新增 9 家期货营业部，已开业营业部达到 83 家；3 家期货公司进行并购重组和增资，资本实力

进一步增强。辖区期货公司资产总额415.3亿元，较上年增长14%；净资本78.0亿元，较上年增长52%，抗风险能力显著提高。

二是投资者群体扩大，机构投资者比例小幅提升。2012年，辖区投资者数量31.8万人，较上年增长40%；其中机构客户1.2万人，较上年增长43%。

三是交易规模增加，盈利水平提高。2012年末，辖区期货公司客户保证金318.1亿元，同比增长8%，占全行业的18%。全年代理交易量4.5亿手、代理交易额45.6万亿元，同比分别增长36%、15%；利润总额8.3亿元，同比增加58%。

四是分类评价结果稳步提升，市场影响力进一步扩大。在2012年中国证监会期货公司分类评价中，北京共有AA类公司2家（全国4家），A类公司1家（全国18家），B类公司9家，C类公司8家；合规部分平均分达到99.79分，获得加分的公司有15家，较上年增加2家，共获加分76.85分。其中，获得市场影响力指标加分的公司有14家，较上年增加2家；剩余净资本指标加分的公司有10家，较上年增加6家。

五是积极探索多元化经营模式，业务范围稳步扩大。2012年，期货资产管理业务正式开闸，辖区有4家公司获得该项业务资格。截至年末，有17家公司拥有期货投资咨询业务资格，4家公司向中国期货业协会备案成立风险管理子公司。辖区期货公司的盈利模式逐步从单一经纪业务向多元化发展。

二、存在的问题

一是投资者结构以散户为主，不利于期货市场的发展。目前，全国期货市场中的72万户有效客户中仅有4万户机构客户。个人投资者的风险承受能力较低，投资者保护工作艰巨。以个人为主的投资者结构在一定程度上会助长市场投机氛围，加大价格波动幅度，不利于市场的稳定运行，也不利于市场功能的发挥。

二是人才队伍建设投入不足，缺少高素质人才。期货行业竞争激烈，而收入有限，对人力资源投入的不足，导致行业高素质专业人才的缺口较大。营业部负责人变更频繁，任职年龄日趋年轻化，管理经验和综合能力不足。行业依然没有形成人才梯队建设和有效的激励机制，人员流动性较大。

三是业务收入主要依靠经纪业务手续费，盈利模式单一。期货投资咨询业务开展已经1年多，但仍处于业务培育阶段。期货资产管理业务、期货公司设立风险管理子公司业务刚刚开闸，尚未成为期货公司收入的增长点。

三、监管工作情况

（一）强化常规监管，为创新发展打好基础

一是以现场检查促规范，督促辖区期货公司提高合规运作水平。2012年，北京证监局对9家公司、19家营业部进行了现场检查，下发监管提示函3份、约见高管谈话10余家次。通过检查，强化辖区机构的合规经营意识，及时发现问题，督促整改，有效化解风险。

二是切实提高非现场监管水平，有效控制“两金”风险。2012年北京证监局共处理8起保证金预警、13起净资本预警事件。通过约谈相关高管，督促公司采取措施及时处理，完善内部管理制度，避免问题再次出现。

三是加强信息技术管理，提高突发事

件的应急处置能力。持续督促辖区期货公司完成信息系统备份能力建设及信息安全等级保护工作，采取查演结合的方式开展期货业信息安全专项检查，增强了公司应对技术故障、灾难灾害等突发事件的处置能力。

四是实行差异化监管，强化营业部合规管理水平。2012 年，北京证监局首次开展辖区营业部分类评价工作。通过营业部自查、北京证监局初评、营业部反馈、征求商会意见，评选出 A 类营业部 50 家、B 类营业部 25 家、C 类营业部 7 家。

五是妥善处理信访投诉，防范期货业务风险。2012 年，北京证监局共处理 12 起期货业信访投诉，并将典型案例在《期货监管动态》中进行分析通报，对防范期货业务风险起到了较好的警示作用。

（二）创新监管理念，服务辖区期货经营机构

一是优化工作规程，提高监管效率。北京证监局简化 20 余项工作规程，减轻公司报备工作量；结合行政许可下放工作，及时修订、公示相关工作规程和申报要求，增加行政许可的透明度和规范化。

二是深入开展调研，推动创新发展。北京证监局对期货公司自有资金使用情况、期货居间人管理、投资咨询业务开展以及创新业务的筹备情况等开展调查研究，摸清市场状况和存在问题，研究解决措施，提出政策建议。

三是构建居间人管理体系，探索居间行为立体化管理。北京证监局指导北京期货商会制定《北京辖区期货居间人管理指导意见》，建立居间人管理信息系统，对居间行为进行持续管理，强化期货公司对居间人的管理责任，有效防范居间人代客理财等风险。

四是加强信息交流和培训，拓宽沟通渠道。通过召开监管工作会、总经理例会、组织营业部负责人培训、编写《期货监管工作动态》等，及时了解行业动态，传递最新监管政策、理念，促进辖区期货公司间经验交流，形成有效的监管互动。

（三）积极推动创新，促进辖区期货业提升服务实体经济的能力

一是支持公司业务创新，鼓励做优做强。北京证监局制定了辖区期货公司吸收合并业务工作规程，使辖区公司的整合有据可依，程序清晰。对辖区期货公司进行摸底，鼓励符合条件的公司申请首发上市；积极推进 3 家期货公司增资扩股、收购兼并，引入金融机构作为战略合作者，做大做强；支持辖区符合条件的公司及早取得资产管理等新业务资格。

二是推动期货公司与上市、证券、基金等机构交流，促进辖区资本市场资源的整合对接。指导商会组织召开机构投资者金融期货培训会和上市公司市值管理研讨会，深入探讨期货市场功能作用，研讨上市公司市值管理模式等课题，有效推动辖区期货业与相关行业的对接。

（曾桂玲）

▲证券投资咨询公司

一、基本情况

2012 年末，北京辖区证券投资咨询公司总资产 8.74 亿元，净资产 4.43 亿元，营业收入 3.08 亿元，合计亏损 445 万元。截至年末，北京辖区共有 17 家证券投资咨询公司，3 家异地公司在京分公司。

二、主要问题与风险

一是投资咨询行业准入门槛低，资本

实力弱，股东更换频繁，不利于公司长期稳定发展，行业缺乏有效的盈利模式和健康持续的发展路径。二是“荐股软件”销售活动中存在夸大宣传、承诺收益、设局等问题，营销行为不规范。三是部分证券投资咨询公司提供的产品质次价高，投资者使用或接受指导后造成亏损，易引发客户投诉。

三、监管工作情况

2012年，北京证监局对辖区内销售荐股软件违规问题较多的证券投资咨询公司及其关联公司，在坚持依法行政的前提下，采取约谈、现场检查、投诉调查，立案稽查、联合公安部门“打非”等多种手段，有效地遏制了荐股软件泛滥的局面，净化了市场环境，维护了广大投资者的合法权益。支持符合条件的证券投资咨询公司开展基金代销、财富管理等新业务，引导其合法、合规开展经营，赚取阳光利润。

（一）对荐股软件业务加强常规监管

一是加强前端控制，对申请在辖区开展荐股软件销售业务的类持牌机构加强资质审查，对存在违规、涉诉较多或缺乏诚信的公司采取冷淡处理。二是责成辖区机构全面终止与无证券投资咨询资格的代理商合作，并妥善处理未到期客户，共清理200多家代理商。三是制定监管标准，下发《关于进一步规范证券投资咨询公司有关行为的通知》，对证券投资咨询机构做好投资者适当性管理和风险揭示、价格不应过度偏离价值、营销环节进行强制留痕等提出明确要求。四是维护投资者合法权益，最大限度地实现投资者的合理诉求。

（二）保持高压态势，重点清理影响较大、违规严重的机构

北京证监局结合年检工作，对投诉量大、违规行为多发的证券投资咨询公司逐一采取专项处理措施，使辖区内违规荐股软件业务迅速蔓延的态势得到了初步控制。

（三）打防结合、宣教并举，营造地区良好的投资环境

一是对于辖区非持牌机构销售荐股软件的行为坚决予以严厉整治。二是加强投资者教育和保护工作。通过撰写宣传手册，联合北京证券业协会及辖区机构发送警示短信，联合电台、电视台、报纸等媒体对非法机构开展集中曝光等方式，倡导理性投资理念，提高投资者自我防范意识。

（徐晓欢、邹楠）

保险业发展与监管

▲财产保险公司

一、基本情况

2012年，在京财产保险公司累计实现保费收入275.16亿元，同比增长15.51%，增速比上年提高5.73个百分点，占北京总保费收入的29.81%，保费规模居全国第5位；受“7·21”特大自然灾害及人力成本、物价上涨等因素影响，北京财产保险业累计支付赔款

155.50亿元，同比增长28.40%；综合赔付率65.66%，同比上升2.65个百分点；承保亏损1.53亿元，承保利润率-0.72%，同比下降4.34个百分点。

2012年末，北京财产保险业总资产250.15亿元，比年初增加59.63亿元；所有者权益28.72亿元，比上年增加0.78亿元。辖区共有在京财产保险分公司和直接经营业务的保险总公司39家。

（1）车险业务平稳增长。2012年，北京财产保险市场车险保费收入182.96亿元，同比增长15.26%，占财产险公司总保费收入的66.49%，同比下降0.1个百分点，对财产险公司保费增长的贡献率为65.62%。

（2）非车险业务增速放缓。2012年，在京产险公司非车险保费收入92.20亿元，同比增长16.0%，增速较上年下降7.90个百分点。主要险种中，企业财产保险、责任保险、特殊风险保险和信用保险同比分别增长5.03%、43.46%、43.10%和29.32%；货运险和工程险同比分别下降4.44%和1.71%。

（3）产险公司市场集中度有所上升。截至年末，中国人民财产保险公司北京市分公司、中国平安财产保险公司北京分公司、中国太平洋财产保险公司北京分公司保费规模居市场前3位，市场份额共计68.53%，同比上升0.73个百分点，保费分别同比增长17.41%、14.56%和18.62%，直接拉动全行业保费增长。中资财产险公司保费收入264.41亿元，同比增长15.54%；外资财产险公司保费收入10.75亿元，同比增长14.69%，占比3.91%，同比基本持平。

二、保险产品创新和保险服务

一是稳步提升行业服务“三农”水平。修订完善北京市政策性农业保险条款，研究修订承保、理赔服务规程，推进政策性农险标准化经营服务。与北京市金融工作局等单位协同推进北京市农村基本金融服务村村通工程，提高农村地区整体金融服务水平。二是积极推动责任险发展，服务首都公共安全体系建设。在中国保险监督管理委员会北京监管局（以下简称北京保监局）推动下，2012年春节，市安监局按照“政府推动、市场化运作”的方式，选择在全市1 429个烟花爆竹零售网点投保安全责任保险；推进西城区政府机构和事业单位责任险试点工作，开创政府机关通过购买商业保险转移风险的新模式。三是扎实做好车船税代收代缴工作。会同市地税局进一步探索完善车船税保险机构代收代缴的“北京模式”。四是建立北京地区交强险道路救助基金。联合市财政局下发规范要求，明确救助基金提取比例、提取方式，充分发挥基金救助道路交通事故受害人、化解社会矛盾的作用。

三、存在的问题和风险

（一）车险非理性竞争行为有所抬头

2012年，商业车险手续费支出同比增长26.84%，高于保费增速9.61个百分点；手续费率18.00%，同比上升1.36个百分点；综合费用率37.38%，同比上升3.18个百分点。车险综合赔付率69.69%，同比上升3.91个百分点；承保利润率-4.54%，同比下降6.49个百分点。

（二）非车险业务经营风险增大

一是受宏观经济总体发展趋缓影响，部分非车险险种发展放缓甚至出现负增长。自2012年2月起，非车险业务增速呈下滑趋势，月均下降3.21个百分点。

截至年末，非车险业务同比增长16.01%，增幅较上年下降7.87个百分点。主要险种中，企财险业务增幅回调13.98个百分点，工程险连续两年负增长，货运险也自2010年后首次出现负增长。二是业务竞争加剧，经营风险加大。截至年末，产险公司应收保费23.84亿元，同比增长48.06%；应收保费率7.60%，比上年提高2.31个百分点，高于全国平均水平3.68个百分点。应收保费快速上涨势头需密切关注。

四、监管工作情况

（一）重点解决车险理赔难，有效提升保险服务水平

一是制定北京地区车险理赔管理规定，明确车险理赔关键环节、处理时效等22项监管要求，重点解决定损价格争议等突出问题，强化保险公司信息披露和说明义务。二是对11家财产保险公司开展未决赔案清理检查，针对理赔时效合规性、赔案档案管理、未决赔案数据真实性等方面查找问题。三是持续完善车险理赔信息披露制度，在原有3项指标基础上，增加续保率、超时定损案件数、超时支付案件数、注销案件重开数、投诉数量、持证定损人员数量6项指标，增强信息披露制度，督促保险公司提高服务水平。四是稳步推进车险定损人员分级分类管理。组织行业实施4场定损人员考试，32家公司2 167人次参考，1 296人取得初级定损师资质。五是加强车险理赔知识宣传，召开媒体沙龙会，参与电视、电台专题栏目，开展局长在线访谈活动。

（二）深化商业车险管理制度改革，推进科学有效监管

一是完成北京地区商业车险行业示范条款的草拟工作，初步形成了三款责任范围不同、符合北京地区实际的行业示范条款。二是完成北京车险信息平台共1 659.6万条数据的清理工作，为纯损失率测算打下良好的数据基础；邀请精算专家及精算顾问公司进行座谈，研讨纯损失率测算方案。三是配合商业车险条款费率改革，组织研究增减调整商业车险浮动系数，进一步提高商业车险费率浮动方案的科学性。

（三）加大违法查处力度，持续规范市场秩序

2012年，累计派出33个检查组，检查人员109人次，共投入214个工作日，对20家财产保险公司开展了39家次现场检查及案件调查工作，并将意外险、农业保险、车险理赔等重点关注领域与检查工作相结合。

（四）做好风险预警和有效处置，着力防范市场风险

一是多措并举防范车险骗赔行为，拓宽理赔信息查询渠道，强化社会监督力度。被保险人可通过交管局网站查询被保险车辆的交通违章信息以及历史理赔记录；完善北京信息平台车险理赔数据，增加事故第三方车辆、报案人以及修理厂等信息，满足有效排查骗赔高风险车辆、人员以及维修企业的需要。二是依托现行分类监管制度，借助统计信息系统、车险信息平台，研究建立保险公司非现场核心监管指标体系，并探索建立非现场风险预警监测机制。

（五）积极应对“7·21”特大自然灾害

北京“7·21”特大自然灾害发生后，北京保监局组织指导北京财产保险业全力做好保险救灾理赔工作。一是协调外省市保险资源和有关部门为保险理赔提供

便利。二是统一行业理赔标准，明确纠纷处理原则，开辟绿色通道，加快赔付速度。三是及时发布救灾理赔信息，主动回应热点问题，舒缓公众情绪，引导社会合理预期。四是组织行业力量主动化解理赔矛盾纠纷，消除不稳定因素。截至年末，北京保险业对“7·21”特大自然灾害的赔付已累计达11.27亿元。

（谭锐）

▲人寿保险公司

一、基本情况

（一）人身险市场发展稳中趋好，寿险新单业务降幅收窄

2012年末，北京地区共有人身险公司55家，其中分公司50家，直接经营业务的总公司5家。按类型分，寿险公司47家，健康险公司4家，养老险公司4家。资产规模2 623.3亿元，所有者权益-379.8亿元，累计实现原保险保费收入647.9亿元，同比增长11.2%，保费规模全国排名第4位；赔付支出130.7亿元，同比增长16.9%；承保利润2.8亿元，同比增长42.7%，承保利润率7.3%。北京人身保险市场寿险业务实现新单保费收入297.3亿元，同比降幅由1月的10.8%缩小为2.5%。

（二）业务结构持续向好，业务品质逐步优化

一是新单业务结构转好，寿险业务新单期缴率提升。2012末，北京寿险业务新单期缴保费收入89.4亿元，新单期缴率30.1%，同比上升4.4个百分点。

二是渠道结构小幅调整。2012年末，北京人身险市场各渠道均实现同比正增长，其中公司直销渠道和个人代理渠道（以下简称个险渠道）分别实现保费收入74.1亿元和236.1亿元，同比分别增长42.0%、11.5%，业务占比分别为11.4%、36.4%。银行邮政代理渠道（以下简称银邮渠道）业务占比46.1%，同比下降1个百分点，银邮渠道相对优势略有降低。

三是续期业务保费拉动势头明显。2012年实现寿险续期保费收入257亿元，同比增长28.0%，占全部寿险保费收入的46.4%，成为拉动保费增长的主要因素。

四是业务品质有所提升。个险渠道和银邮渠道13个月保费继续率分别为89.6%、97.5%，较上年同期略有提高。新单折标率提升，年末新单折标率47%，同比上升1.5个百分点；退保率2.3%，较上年同期略有提高。

（三）保障型产品增幅明显，新型产品市场份额小幅下滑

2012年，普通寿险、意外险和健康险合计实现保费收入140.3亿元，同比增长21.6%，占人身险保费收入的21.7%。其中，普通寿险业务保费收入46.6亿元，意外险业务保费收入17.0亿元，健康险业务保费收入76.6亿元，同比均实现正增长，增幅分别为20.3%、34.5%和19.4%。

寿险新型产品实现保费收入507.7亿元，同比增长9.4%，占人身险保费收入的78.4%，市场份额同比下降1.3个百分点。其中，分红险市场份额下滑明显，实现保费收入503.6亿元，同比增长8.7%，占整体市场份额的77.7%，同比下降1.5个百分点；万能险保费收入3.6亿元，同比增长5.0%；投连险保费收入0.5亿元，同比下降0.8%。

（四）市场集中度进一步下降，银行

系保险公司发展迅猛

2012年末，北京市场保费规模前五位的保险公司实现保费收入374.3亿元，占比57.8%，同比下降6.2个百分点，北京寿险市场集中度有所下降。银行系保险公司[①]实现保费收入49.1亿元，占比7.6%。

二、保险产品创新和保险服务

（一）保险产品创新情况

针对出境旅行风险日益特殊化、多元化的特点，美亚保险北京分公司在意外险产品中增加了多种运动风险（滑雪、潜水、骑马、登山、蹦极等活动）、恐怖袭击意外伤害风险、航班及行李延误风险、旅程缩短或取消风险的保障。

（二）保险服务方面

认真落实国家“新医改”和中国保监会相关要求，积极与政府部门合作，扩大服务领域，提高服务能力，在健康险、新农合等领域取得较快发展。2012年11月，北京保险行业健康险信息平台二期建设基本完成，实现了统计分析功能和健康险全险种上平台。

2011年，人保健康北京分公司与平谷区政府试点新农合“共保联办”项目，在强化医疗行为管控、节约行政成本、减轻参保农民就医负担等方面取得成效。2012年，在扩大重大疾病保障范畴并提高补偿比例的前提下，全年新农合基金补偿支出仅比上年增加4万元。两年来，参合农民减少自负医疗费用近4 000万元。

三、存在的问题和风险

（一）寿险业务增长制约因素较多

一是个险渠道增员难，产能不高。北京人身险市场普遍存在增员较难，留存率低等问题。2012年末，北京市场个险渠道营销员有7 504人，同比增长2.4%，营销员13个月留存率36.7%，个险渠道新单保费同比下降14.9%。

二是银邮渠道业务结构、产品类型过度集中，银行与保险公司合作缺乏长期利益共享机制。银邮渠道产品种类单一、同质化现象明显的状况短时间难以改变；2012年，银邮渠道新单业务中，趸交业务占比79.8%，分红险业务占比83.4%；银邮渠道手续费支出12.9亿元，同比增长19%；手续费率4.3%，上升0.6个百分点；保险公司在银行销售人员资质、销售行为管控方面力度薄弱，无法进行有效的监督。

（二）退保风险维持高位运行，各项支出大幅增长

一是退保金激增，退保风险居高不下。2012年末，北京寿险市场退保金累计67.1亿元，同比增长35.1%，10家寿险公司退保率超过5%的预警值。从产品来看，退保金主要集中于分红险（占比93.3%）。一方面，随着5年期分红产品的到期给付高潮的到来，部分客户对分红预期不满意，诱发退保事件的发生；另一方面，人身险公司发展面临的种种不利因素也会使夸大收益或承诺高收益等违法违规行为再度抬头，造成退保事件发生。

二是各项支出大幅增长，经营成本有所增加。一方面，各项业务支出增长迅速。2012年，赔付支出大幅增长，累计发生赔款和给付支出130.7亿元，同比增

① 本文中的“银行系保险公司”指银行股份占比较高的保险公司，以及与银行同属一个集团公司的保险公司。目前北京市场人身险保险公司属银行系保险公司的有7家：建信人寿、中荷人寿、中邮人寿、光大永明人寿、招商信诺人寿、工银安盛、农银人寿。

长17.0%；赔款支出、给付支出分别增长22.7%、15.8%，其中满期给付支出58.2亿元，同比增长8.7%。随着5年期分红产品到期给付高潮的到来，部分客户可能对分红预期不满意，未来出现因分红不理想引发群体投诉、集中退保等问题的可能性依然存在。另一方面，经营成本持续攀升。2012年，北京人身险市场业务及管理费率为8.6%，同比上升0.6个百分点。

（三）销售行为不规范的问题仍然存在

一是个险渠道、银邮渠道销售误导问题较为普遍。个险渠道表现为夸大收益，夸大保险责任，隐瞒保险合同重要事项，代替或诱导、唆使他人代替投保人、被保险人填写投保单等相关文件，部分营销员私自印制并散发涉嫌销售误导问题的宣传材料等；产品说明会存在引人误解的内容、课件未经总公司审核、档案未由分公司统一备案管理等。银保渠道主要表现为以理财产品、存款等其他金融产品的名义宣传销售保险产品，以"零存整取"、"存钱"等词汇推介产品，混淆保险产品经营主体，夸大收益，隐瞒保险合同重要事项等。全年银保渠道投诉占寿险销售误导全部投诉的48.4%。

二是营销员电话扰民问题仍有发生。2012年1~9月，特别是4月12378上线运行以来，北京保监局接到反映电话扰民的信访件快速增加，共105件；其中电销渠道55件，占比52.4%。主要反映消费者明确拒绝投保后仍反复接到保险公司的销售电话。9月，电销禁拨平台上线以后，北京保监局未接到反映电销渠道营销扰民的信访件，但营销员电话扰民投诉仍时有发生。

四、监管工作情况

（一）规范寿险销售行为

2012年初，根据中国保监会《关于人身保险业综合治理销售误导有关工作的通知》（保监寿险〔2012〕246号）要求，研究制订了《北京人身保险业综合治理销售误导工作方案》。一是在银保渠道，与北京银监局反复沟通协调，联合下发《关于进一步规范北京地区商业银行代理保险业务有关事项的通知》（京保监发〔2012〕477号），指导行业协会统一印制在银行网点张贴的《投保提示》，制定行业统一的《银行代理机构合作协议书行业指引》。二是在电销渠道，指导行业建立了北京人身保险电话营销禁拨平台。三是指导行业协会完善《北京地区保险销售强调语及新单回访基础用语》，并将配套出台《新单回访问题件标准和处理流程行业指引》。四是不断加大现场检查力度。全年开展现场检查12家次，延伸检查中介机构3家次。

（二）规范意外险经营

一是强化行业信息披露，发挥外部监督作用。2011年10月，指导行业协会上线意外险信息平台。截至2012年末，保险公司累计上传保单2 900万件，涉及被保险人4 106.93万人次，平台累计发送保单购买核实短信544.92万人次，50 016人次主动访问意外险信息平台，消费者咨询达到471人次，压缩了假机构、假保单的生存空间，2012年没有出现反映虚假意外险保单的投诉。二是持续加大现场检查和处理力度。将意外险业务作为常规综合性检查的必查内容，对规模较大、市场反映较多的中介机构的意外险业务已实现检查全覆盖。三是借助意外险信息平台，加强对中介机构的资质管控。

通过平台及时发现中介机构许可证过期、无资格销售意外险产品等违规问题。四是加强消费者教育，及时作出风险提示。通过北京证监局网站、广播电台、在线访谈等渠道向社会公众进行意外险知识普及和假保单风险提示等。

（三）促进健康险发展

一是推进健康险信息平台二期建设。二是指导行业制定北京地区健康保险经营规范。主要从系统、产品、销售、管理、服务等方面对健康险提出规范性要求，统一产寿险和专业健康险公司的经营标准，明确健康险经营的基本条件，强化保险公司经营责任，加强对消费者利益的保护。三是注重与市人力社保局沟通协调，力争尽快完成“推动商业健康险信息平台与‘社会保障卡’系统对接”的工作任务。四是关注人保健康北京分公司“共保联办”项目运行情况。

（四）防范化解风险

一是建立完善寿险公司核心监管指标体系。完善寿险公司分支机构风险状况核心监管指标体系，并将其运用到动态风险评估中，与静态分类监管相结合，开展非现场风险监测。二是实时关注非正常退保风险。针对2011年以来的退保金呈较快增长态势，每月分析退保数据的异常变动，按季度对市场整体退保情况进行风险排查，从重点险种、重点渠道、舆情监测、投诉处理等方面全方位掌握市场退保情况。

（孔健）

▲保险中介机构

一、基本情况

（一）保险专业中介主体数量及业务规模稳步增长

2012年末，北京地区共有保险专业中介法人机构379家，同比增加22家。其中，代理机构166家（全国性代理23家），经纪机构168家，公估机构45家。

2012年，在京保险专业代理机构实现代理保费收入39.69亿元，同比增长16.22%；在京保险经纪机构实现经纪保费收入221.71亿元，同比增长12.37%；在京保险公估机构实现业务收入1.89亿元，同比增长24.35%。

（二）保险兼业代理机构业务规模平稳增长，主渠道作用继续保持

2012年末，北京地区共有保险兼业代理机构7 216家，同比增加287家，其中仍以银邮类和汽车类兼业代理机构为主，数量分别为3 867家和2 245家。

2012年，北京地区保险兼业代理机构实现保费收入475.41亿元，同比增长8.01%，占全市总保费的51.52%。其中，财产险公司通过保险兼业代理机构实现保费收入157.42亿元，同比增长17.27%，渠道占比57.26%；人身险公司通过保险兼业代理机构实现保费收入317.98亿元，同比增长3.95%，渠道占比49.08%。

二、行业发展特点

（一）主体进入趋缓，股东实力增强

受中国保监会准入限制政策影响，北京地区2012年新增机构数量比上年减少10家，市场进入趋于理性，呈现出以下特点：一是资本实力显著增强。2012年末，在京保险专业中介机构中，注册资本在5 000万元以上的机构40家，占机构总数的10.56%。集团化趋势初显，英大长安保险经纪集团有限公司成立，多家公司在酝酿成立中介集团。二是机构间兼并收购活跃，新进入主体呈现“三多”特

点，即具有行业背景的公司多、外资入股多以及保险公司投资多。2012 年末，在京保险专业中介机构中，国有及国有控股的机构 31 家，全外资机构 2 家，含外资股东的机构 13 家，保险公司投资设立的销售机构 5 家。

（二）专业价值凸显，创新能力提升

2012 年，北京保险专业中介机构规模化发展的同时不断提升专业能力，在风险管理、承保理赔等方面发挥了积极的作用，尤其是电力、航空、石油、教育、体育等行业性经纪公司已成为各领域的保险专家及风险管理顾问。在激烈的竞争环境下，各机构在渠道、管理、产品上进行了一系列探索创新。截至年末，北京地区的保险专业中介机构中，超过 60% 的机构计划或正在参与保险产品开发；已有 18 家开展网销和 10 家从事电销业务；10 余家具有特殊行业股东背景的机构，发挥专业技术优势参与了多项重点工程和大型项目的风险管理与保险项目。

（三）合规意识增强，经营管理改善

2012 年，北京保监局从规范中介业务经营行为和强化保险公司管控责任入手，不断加大保险中介市场治理力度，中介市场整体秩序向着良好方向发展。从日常监管、投诉处理及现场检查情况看，越来越多的中介机构意识到诚信经营和规范化发展的重要性，不断加强自身内部管理建设，完善业务流程，转变考核机制并规范市场行为。

三、存在的问题和风险

（一）以违规股权激励方式经营中介业务而引发纠纷

2012 年，北京地区出现了保险中介机构违规股权激励引发集中退保和群访群诉问题。相关公司通过鼓吹上市计划，将客户购买保单与获取股权挂钩，片面夸大上市收益，误导无实际保险需求的客户购买高额的中长期寿险产品，多数情况下投保人无力缴纳续期保费，由此产生的风险不容忽视。

（二）竞争行为不规范，扰乱市场秩序

一是销售行为不规范。其中销售误导问题较为突出，特别是银邮渠道销售过程中，将保险产品与银行存款、基金进行不当比较，夸大保险预期收益，诱导消费者选择与自身风险状况、经济状况不适应的保险产品。此外，意外险经营中部分兼业代理机构与无资质机构合作、捆绑销售以及中介机构电销扰民等也是市场集中反映的问题。二是保险中介业务经营不规范。中介机构与保险公司合谋，利用中介业务虚开发票、虚构业务非法套取资金仍是中介行业的重要问题；还有部分机构凭借资源垄断地位索要高额手续费，扰乱市场秩序。三是销售人员无资质展业。从现场检查中发现，部分专业、兼业中介机构销售人员无资质展业问题仍然存在。

（三）内部管理规范化程度仍有待提高

北京地区保险专业中介机构管理层普遍有一定的合规经营意识，但对法律法规的掌握程度和落实情况差异较大，相当一部分机构仍呈现无制度、无管理的双无现象，内部管理不规范、制度不健全的情况较为普遍，导致违反监管规定要求的行为时有发生。其主要表现在：一是聘任不具有任职资格及从业资格的人员；二是未按规定报告股权、住所及名称变更事项；三是未按规定缴纳监管费及投保职业责任保险。

四、监管工作情况

（一）加强中介市场行为监管，规范保险市场秩序

一是区分不同业务领域，联动治理保险中介市场。通过要求专业及银邮类兼业中介机构进行全面自查，对主要从事寿险业务的专业代理公司、邮政公司及相关保险公司进行现场检查，以提高保险中介业务中寿险销售行为的合规性；对产险中介业务进行联动检查，发挥信息系统优势管控意外险中介业务领域。二是加大信访投诉处理力度，防范化解市场风险。从维护保险消费者权益和维护社会稳定出发，妥善处理多次群访群诉案件；妥善处理8件代理合同纠纷投诉，促进行业提升科学管理代理人队伍的水平。

（二）围绕市场发展变化，加强市场研究和制度梳理

一是结合政策调整，积极开展市场调研。针对中国保监会暂停部分中介行政审批，引导兼业代理专业化、专业代理规模化的政策导向，第一时间向社会发布公告，向市场传递政策调整信息，并开展一系列调研活动。二是区分不同业务领域和机构类型梳理监管制度和工作情况，明确监管重点。梳理历年监管规章和规范性文件，并就专兼业代理机构监管要求不匹配、中介从业人员管理和网络销售业务监管制度缺位等问题提出意见和建议。三是出台兼业代理管理等多项制度，简化行政审批，强化监管效果。对银邮机构3 700多家营业网点许可证不再打印有效期；简化专业中介分支机构设立的验收程序及专业中介机构报表报送频次等。四是开展对中介机构高管的系统培训，提升机构合规经营意识。首次区分不同业务领域，对北京地区保险专业中介机构的高管进行监管法规培训，使中介机构对监管法规有了更加全面和深刻的了解，效果明显。

（三）多措并举，加强北京地区保险销售从业人员管理

一是发挥信息系统作用，加强人员资格管理。要求北京地区寿险公司改造业务管理系统，实现对所属营销人员和合作中介机构及销售人员资质信息的记录和校验功能。二是发挥社会监督作用，加大失信惩戒力度。指导行业协会出台《保险销售从业人员销售行为警示信息管理办法》，并配套建立北京地区保险销售从业人员销售行为警示信息系统。北京地区51家寿险公司和88家专业代理公司签署了自律公约，并按照规定组织所属销售人员签署了诚信展业承诺书，在京银邮机构也按照行业规定组织所属销售人员签署了承诺书。三是探索分级分类制度，促进人员素质提升。指导行业研究北京地区人身保险销售从业人员分级分类管理制度，设计并开展调查问卷，征求辖内公司意见；研究构建行业对销售从业人员的完整管理体系，规范销售从业人员行为。四是加强资格考试管理，把好市场准入关。研究制定《北京地区保险中介从业人员资格考试巡查工作管理办法》，每月对行业协会承办的从业人员考试工作巡查。

（陆昀）

其他机构发展与监管

▲小额贷款公司

一、基本情况

（1）实现规模化发展。2012 年末，北京市共有批准设立的小额贷款公司 62 家，其中正式营业 58 家，实现全市十六个区县全覆盖。已设立的小额贷款公司注册资本 83.6 亿元，从银行融入资金约 8.53 亿元，带动社会资金百余亿元，为有效缓解中小微企业融资难提供资金保障。

（2）持续增加对“稳增长”的贡献。2012 年，58 家已正式开业运营的小额贷款公司累计发放贷款 138.02 亿元，年末贷款余额 69.48 亿元，贷款利率均严格控制在规定的利率区间，小额贷款行业服务实体经济的能力进一步增强。

（3）加大对“三农”、小微企业的支持。2012 年，58 家小额贷款公司发放的贷款全部投向“三农”、小微企业、个体工商户，涉及的行业包括农业、林业、交通运输业、商业饮食业、居民服务业、技术服务业等。其中，累计发放涉农贷款 43.36 亿元，累计向中小微企业贷款 31.78 亿元，累计向个体工商户、个人贷款 62.88 亿元。积极为“三农”客户提供小额贷款支持，最低单笔借款额度为 2 000 元。部分小额贷款公司与贷款客户签订 2 万元的个人授信贷款合同，由村委会提供保证担保，在不超过授信额度的前提下可随借随还。

二、监管工作情况

2012 年，北京市金融工作局（以下简称市金融局）总结开展小额贷款公司试点工作经验，研究制订小额贷款业发展规划，修订《北京市小额贷款公司试点实施办法》，推进小额贷款公司行政审批权向区县下放，健全完善小额贷款公司在线监管系统，规范现场检查和非现场监管操作规程，完成了对小额贷款公司的年度现场检查工作。

（一）不断完善制度体系建设

严格监督小额贷款公司参照银行业信贷管理制度及流程，建立信贷管理制度、内部风险控制制度、贷款出账审批制度、财务稽核制度、行政管理制度、薪酬管理制度、资产分类制度、档案管理制度等。信贷流程包括客户申请、业务受理、贷款审核、合同签订、贷款发放、贷后管理、贷款本息收回。建立健全小额贷款公司审批、监管“依法审批机制、依法监管机制、依法处罚机制、信息公示机制、廉政建设机制、协调合作机制、数据分析机制、行业自律机制”八项工作机制，拟定《北京市小额贷款公司审批、监管实施细则》、《北京市小额贷款公司监管工作指南》、《北京市小额贷款公司审批“一审一核”办法》等规章制度。

（二）进一步提升从业人员业务素质

组织开展小额贷款行业首次从业人员资格培训认证工作，55 家小额贷款公司总经理和副总经理参加了为期 3 天的培训，内容涉及小额贷款政策、法律问题、抵押业务办理与相关知识、贷款利率管理、反洗钱、贷款五级分类及风险管理常识、公证业务办理等相关专业知识，收到良好的效果。

（柳宁）

▲融资担保机构

一、基本情况

2012年末，北京市获得融资性担保机构经营许可证的机构有126家。其中，法人机构124家；外省法人在京设立的分支机构2家。124家法人机构中，注册资本10亿元以上的13家，1亿元以上的114家，1亿元以下的10家。融资性担保行业从业人员4 568人，其中研究生以上学历966人，本科学历2 570人，大专及以下学历1 032人。

2012年，北京市126家融资性担保机构总资产合计707.76亿元，实收资本517.17亿元，净资产574.36亿元，融资性担保责任余额1 351.56亿元，融资性担保放大倍数为2.35，担保准备金49.03亿元，拨备覆盖率364.05%。

二、存在的问题和风险

（一）民营担保机构规模小、数量多、竞争激烈

北京市126家融资性担保机构中民营担保机构100家。这些机构普遍存在资本金规模小、抗风险能力低、担保业务同质化等问题。

（二）民营担保机构存在资本金不实，资金抽逃现象

根据现场检查和专项检查发现，部分民营担保机构存在资本金不实的情况，资金抽逃现象严重。这将会严重影响担保机构在出现风险时的赔付能力，使其抗风险能力和社会信用下降。

（三）民营担保机构担保规模和放大倍数偏低

除几大国有政策性融资担保机构外，大部分中小型民营担保机构难以达到担保资金放大倍数的盈亏平衡，致使发生违规开展大额投资、使用实收资本金获取高收益的情况，从而使整个行业的系统风险增加。

（四）民营担保机构经营不规范，从业人员素质不高

根据现场检查和实收资本核查情况，民营担保机构还存在业务开展不规范，为谋求利益最大化变相从事核准以外的业务等现象，甚至出现挪用客户保证金以及高息放贷等恶劣行为。此外，民营担保机构存在从业人员业务水平不高、专业性不强、道德素养低等问题，导致社会对民营担保机构出现信用危机。

（五）民营担保机构银担合作困难，业务开展不顺畅

因“中担事件”对民营担保机构的整体社会信用产生严重负面影响，银行采取紧缩手段应对银担合作，普遍提高融资性担保机构准入门槛，部分商业银行提高担保机构存入银行的保证金比例，或暂停与民营担保机构合作，甚至仅选择与大型国有担保机构开展业务合作等，致使银担合作出现停滞甚至倒退，民营担保机构生存和发展环境受到制约，难以发挥对中小微企业融资的支持作用，从而影响北京市中小微企业的整体融资环境，银担合作情况亟待改善。

三、监管工作情况

（一）建立健全规章制度，开展行业规范整顿

2012年，市金融局会同北京银监局等8家单位联合发布了《关于促进北京市融资性担保行业规范发展的意见》，联合市工商局出台了《关于统一本市融资

性担保机构名称的通知》（京金融〔2012〕149号），下发了《关于进一步加强融资性担保机构管理的通知》（京金融〔2012〕146号），对融资性担保公司名称统一、实收资本金监管及客户保证金专户管理等作出具体规定，建立健全各项规章制度，开展融资性担保行业规范整顿。

（二）运用科学手段，搭建多层次立体监管组织体系

在融资性担保业务监管部门联席会议及三方合作监管框架下，市金融局不断丰富和完善科学监管手段，实现了四个"率先"。一是在全国率先开展融资性担保机构实收资本金专项检查并进行资金结算账户监管、客户保证金专户管理；二是在全国率先建立了非现场实时监管系统，已上线运行；三是在全国率先联合律师事务所、会计师事务所等中介机构开展现场检查，并就发现的问题下发整改或停业整顿通知书，辅以督促整改、高管约谈等措施，提高融资性担保机构规范经营的意识和主动性；四是在全国率先形成"多体制竞合发展，多渠道综合服务，多层次立体监管"的融资性担保体系。

（柳宁）

四、服务与管理

货币金银管理

2012年，中国人民银行营业管理部（以下简称人行营业管理部）认真贯彻落实“总量满足、结构合理、票面整洁、让持有者放心”的工作方针，以“为首都市民提供最好的现金服务”为己任，稳步推进北京人民币立体发行库（以下简称北京立体库）试运行工作，有效保障首都现金供应，全面提升货币金银工作质量。

北京立体库试运行 2011年12月至2012年2月，人行营业管理部完成了发行保管库与北京立体库的对接，正式开始了清分业务。1月9～13日，北京立体库通过了第2次系统可用度测试（系统终验），系统可用度达98.98%。1月底至2月初，分10批完成了发行基金的搬迁工作，共搬运发行基金约2.5万件，出车172台次，出动人员748人次。2月底至3月初，分4批完成了办公处室的搬迁。这些为北京立体库的试运行奠定了基础。3～6月，所有货币发行业务到北京立体库集中办理。

试运行期间，北京立体库实现了生产系统（仓储管理系统、订单系统）数据库重要数据在三里河办公区的批量异地备份，对仓储管理系统进行了运行风险分析与加固，进行了7次压力测试，完成了与北京银行、招商银行北京分行的直接对接。截至年末，北京立体库运行平稳，货位占用率达62%。

北京钞票处理中心成立 2012年1月9日，钞票清分处理系统通过验收，正式开始清分残损人民币。截至年末，机械销毁设备运行362.93小时，销毁466 127千张，金额合计66.99亿元。3月30日，北京钞票处理中心（以下简称钞处中心）正式成立。为确保安全运行，钞处中心制定了《北京钞票处理中心管理办法实施细则》、《北京钞票处理中心钞票处理设备管理办法实施细则》、《北京钞票处理中心货币金银信息系统管理规定实施细则》等制度，明确各项业务风险点的防范措施。成立检查小组，组织开展业务自查，排除风险隐患。组织员工学习和执行业务操作流程，保证制度执行到位。按照中国人民银行（以下简称总行）的要求，做好钞票处理信息管理系统试点及联网模拟运行的准备工作。6月11日至9月30日，清分机与总行钞票处理信息管理系统联网模拟运行。组织管理人员参加“反假货币上岗资格考试”，取得上岗资格证书。根据清分业务外包的实际情况，开展调查研究，撰写《总行营业管理部清分业务外包的实践与启示》，并上报总行。

现金服务贴心工程 2012年5月26日，人行营业管理部启动现金服务贴心工程，开展“现金服务贴心工程宣传月”活动。制订《现金服务贴心工程规划》，明确各阶段目标，提出具体工作要求，制作《现金服务贴心工程宣传手册》，各商业银行开展了多种形式的宣传活动。活动期间，共发放《现金服务贴心工程宣传手册》91万册，办理残损币兑换18 415笔，办理零币兑换18 489笔。

为保证“用零大户”的现金需求，人行营业管理部召开现金服务工作座谈会，邀请苏宁电器、华联超市、地铁运营公司等单位参会，听取企业对现金收付工作的意见和建议，并协助零钞收入量大的电车公司与一些企业达成了零钞供求横向调剂的合作意向。

现金供应 2012 年初，组织召开由 11 家主要商业银行、发行保管库参加的旺季现金供应工作座谈会，提出工作要求，共同做好 2012～2013 年旺季现金供应工作。认真分析北京市现金投放回笼趋势及各发行基金保管库库存变化情况，研究制订每周发行基金调拨工作计划，合理安排调拨工作。针对部分发行保管库库房狭小、库存发行基金胀库的现象，采取增加调拨频率，加大单次调拨数量的办法，解决发行基金胀库现象。全年，北京市发行基金投放同比下降 2.79%；回笼同比下降 3.78%；净投放 284.25 亿元，同比增长 6.13%。

2012 年贺岁普通纪念币采取设置发行网点面向公众兑换的方式发行，人行营业管理部以城近郊区为重点、兼顾远郊区县，选定了 9 家商业银行的 1 054 个营业网点为发行网点，总数比上年增长 5%，确保了纪念币发行任务的按时完成。

反假货币 组织召开北京市反假货币联席会议第五次会议，加强成员单位间的工作协调。与市金融局，市公安局，朝阳区、海淀区相关政府部门就开展重点整治工作达成共识，对调动基层城市管理者参与反假货币工作进行部署。与市公安局密切配合，于 3 月和 6 月，破获两起涉案金额超百万元的假币犯罪大案。全年共为公安机关鉴定假人民币 48 起，共计 3.6 万张，面额约 254.2 万元。5 月，连续第 17 年开展反假货币宣传月活动。参与的商业银行由原来的 30 余家中资银行发展到全市 60 余家中外资商业银行，活动覆盖范围遍及全市 16 个区县，设立宣传网点 800 余个，动员银行从业人员超过万名，免费发放《第五套人民币防伪知识宣传册》137 万余册。参加人行营业管理部综合执法检查，对农业银行北京分行的 26 家支行、民生银行总行营业部的 14 家支行和杭州银行北京分行的 4 家支行的人民币收付及反假货币业务进行检查。对其他商业银行 80 多个营业网点进行专项执法检查。修订《北京市银行业金融机构反假货币业务考核办法》，制作假货币收缴、鉴定规范程序教学片，举办 2012 年北京市银行系统反假货币培训班，提高商业银行反假货币意识。

发行库管理 完善《中国人民银行营业管理部人民币立体发行库仓储管理系统管理办法（试行）》、《中国人民银行营业管理部人民币立体发行库自动化物流设备管理办法（试行）》等制度规定。全年对北京分库、中心支库进行检查 15 次，对辖内发行保管库进行全面检查 30 次，辖内发行库未发生业务差错。北京立体库启用后，人行营业管理部对辖内现金供应格局作出新的规划，在抓紧做好北京立体库与商业银行对接工作的同时，根据北京市现金供应的实际情况，撤销宣武发行保管库，将原属于宣武保管库的代理业务转移至崇文、海淀、天宁寺等地。加大培训力度，举办两期辖内发行保管库管理人员培训班，参训人员近 200 人，受训率 100%。

金银管理 组织召开北京市黄金制品进出口管理工作会议，对《黄金及黄金制品进出口管理方法（征求意见稿）》、

《黄金制品进出口业务互联网办理操作流程》进行讨论和修改。依法为企业办理进出口许可证，全年共计办理黄金饰品进出口业务 1 177 笔，共计 167 355 件，重 832 743 克（纯重）。参加总行第二代货币金银管理信息系统业务需求书的编制工作，完成 2009 ~ 2011 年北京市黄金及其制品进出口数据统计工作。

信息调研 全年完成调研报告 15 篇，上报各类信息 66 篇。其中《北京市首次发现人民币变造加工犯罪窝点》、《分支机构探索假币纠纷举证机制 全面推广冠字号码管理成效显著（联合调研）》等 5 篇信息被总行办公厅采用；《人行营业管理部推进北京市商业银行付出现金记录冠字号码工作情况》、《总行营业管理部积极应对“7·21”暴雨洪灾》等 5 篇信息或调研被总行货币金银局《货币金银工作参考》采用。

（李志东 杨兴安）

国家金库业务

2012 年，国家金库北京市分库全面落实《“十二五”时期国库业务发展规划》，坚持“稳中求进、进中求新、新中求实”的原则，全面推进国库标准化管理，创新服务手段，提升信息化水平，确保国库资金安全和业务平稳运转，为促进国家宏观经济调控和各项改革政策的有效落实、支持首都经济发展方式的转变发挥积极作用。

一、创新服务手段，提升国库现代化管理水平

一是在全国率先开展银行自助机具电子缴税及网银电子缴税。积极组织辖内商业银行开发自助机具和网银电子缴税功能，并向全辖各银行推广实施。

二是推进区（县）代理支库集中支付业务电子化。统一代理支库集中支付业务电子化处理模式，组织各代理银行完善相关业务接口，组织西城、平谷、密云等代理支库使用国库信息处理系统（TIPS）办理集中支付业务，实现代理支库集中支付额度业务电子化处理。按照总库和国家税务总局统一部署，完成退库、更正、免抵调库业务无纸化实地测试，为相关业务无纸化试点做好准备。

二、夯实基础业务，确保国库资金安全和业务平稳运行

一是完成国库会计核算工作。全年共组织全辖各级国库办理预算收入 10 453. 46 亿元。其中，中央预算收入 5 549. 66 亿元，地方预算收入 4 903. 80 亿元。办理省级财政支出 3 019. 03 亿元。为市财政计付利息 2. 85 亿元，为区财政计付利息 2. 72 亿元。

二是做好北京市“营改增”试点工作。参与“营改增”方案制订和研讨工作，配合国税部门开展两轮联调测试，完成体制参数维护、测试及监测等工作，组织全市银行、代理支库做好“营改增”税收收入收缴业务。

三是做好国库各项系统运行管理工作。对本市国库系统运行情况进行实时监测，组织各级国库进行系统应急演练，保障业务顺利开展。认真应对国库信息处理系统（TIPS）突发事件，协调市财政局、国税局和地税局，加强部门联动，积极稳妥地完成国库信息处理系统（TIPS）应急处置工作。

三、加强制度建设，推进国库会计标准化管理

一是结合辖区国库工作实际，不断完善国库管理制度体系。完成《国库会计管理基本规定实施细则》等2项细则的制定和印发工作，制定《中国人民银行营业管理部国库会计核算监督操作规程》等4项制度，会同北京财监办、市财政局、国税局、地税局和海关制定《北京市国库与财政、征收机关对账管理办法》、《北京市国库办理预算收入退库业务管理办法》2项制度，进一步规范和统一北京市各级国库办理国库业务行为，明确各相关单位的业务处理职责和手续。

二是组织开展“制度执行力建设”等专项活动。举办4期国库制度培训班，增强国库员工的风险意识和制度执行力。严格落实国库风险管理责任制，定期组织开展国库业务检查，排查操作风险，促进国库业务规范化和国库会计标准化水平的不断提升。

四、创新监管模式，提升国库监管能力

一是完善优胜劣汰的代理支库管理机制。加强代理支库达标升级考核，推进代理支库业务管理标准化，修订《北京市商业银行国库代理支库业务管理规定》、《北京市商业银行国库代理支库达标升级考核办法》等制度，对辖内18家代理支库进行现场检查和非现场监管，结合辖区国库监管工作实际，创新试点派驻国库监管员制度。

二是强化对商业银行代理支库的监管力度。开展监管制度创新，制定《北京市银行业金融机构国库经收业务管理规定》等3项制度，建立对商业银行国库经收、代理国库集中收付、代理国债发行与兑付业务的监管制度体系。实施对商业银行代理集中收付业务资格认定，完成对20家申请银行市级集中收付代理银行资格的审核和评定工作，开展对213家区（县）级集中收付代理银行资格的审核和评定工作。参加综合执法检查，对农业银行北京市分行等3家银行的国库业务进行专项检查，有效地规范了辖内商业银行代理国库业务。

五、加强国债发行兑付组织工作，完成各期国债发行任务

一是国债收款单催兑工作。组织辖内工商银行北京市分行等4家代理银行开展收款单催兑工作，要求银行全面清查摸底，梳理债权人信息，按照清单逐条分解落实催兑任务，在分行、支行和营业网点设置专岗负责催兑工作，明确具体催兑责任人。制作国债收款单催兑公告，适时有效地开展国债收款单兑付业务的宣传、解释工作。建立督察制度，每月召开专题通报会议，通报催兑进展情况。全年，共组织兑付国债收款单本息金额合计54 246元。

二是组织辖内国债承销、分销银行落实凭证式国债改革有关要求，保障国债顺利发行。加强日常监管，严格查处银行网点在办理国债发售、兑付业务中的违规行为，切实维护首都国债市场秩序。全年组织本市国债承销、分销机构共发售3期凭证式国债，金额145.19亿元；14期储蓄国债（电子式），金额297.59亿元，发行量及占比均居全国首位。

六、强化国库统计分析，提高调研信息工作水平

加强统计分析和国库信息反馈工作力度，改进统计分析方法，完善预算收入每日监测、旬度分析、月度报告制度和国库现金流分析预测报告制度，提高国库统计分析的深度和质量。在全辖代理支库推广使用TMIS预处理系统，组织开展系统上线前的测试、业务培训，各代理支库TMIS预处理系统已经全部上线运行，效果良好。开展国库特色调研，努力提升调研工作水平。全年共有30余篇信息、调研被上级单位和报刊杂志采用。其中《北京市分库成功开展商业银行自助机具电子缴税和网银电子缴税业务》等被中国人民银行刊用，《上半年北京市国库收入总体增势较好》等信息被北京市政府刊用，《银行间市场国债回购在国库现金管理中的应用》等被《金融时报》等刊物刊用，《北京市财政支出规模有效性实证分析》等调研文章获得北京市预算会计研究会优秀论文成果评比二等奖。

（陈永波）

支付结算清算管理

2012年，面对极为复杂的内外部环境，人行营业管理部牢牢把握“稳中求进”的总基调，努力保障首都支付清算体系平稳高效运行，加速社会资金流通，提高资金使用效率，有力地支持了首都经济发展和经济结构的优化。

一、支付清算体系平稳高效

支付系统覆盖面不断拓展。截至年末，北京辖内已有支付系统直接参与商业银行79家，间接参与者2 187家；全国支票影像交换系统参与者1 709家；境内外币支付系统参与者11家；网上支付跨行清算系统参与者16家；同城票据交换机构1 720家。

支付系统核心作用进一步凸显。2012年，北京市大额支付系统共处理业务5 131.03万笔，金额1 220.31万亿元，同比分别增长22.10%和31.00%，业务金额连续五年居全国第一位。小额支付系统共处理业务9 250.41万笔，金额3.79万亿元，同比分别增长25.35%和0.86%。大、小额支付系统在加速社会资金流转、畅通货币政策传导等方面发挥着积极的作用。

支付清算系统运行安全稳定率进一步提升。2012年，北京城市处理中心利用12次维护窗口，完成系统变更53次，完成应急演练4次。各系统参与者完成系统升级、变更和维护操作136次，开展应急演练62次，完成机房搬迁和系统迁移13次，排除各类故障59次，通过前置机季度健康性检查发现并完成问题整改15次。系统运行环境有效改善，运行坚固性增强。

第二代支付系统和ACS系统建设工作有序开展。辖内19家法人银行开展了第二代支付系统联调测试工作，完成了两轮业务测试和一次专项业务测试。中国工商银行、中国农业银行、中国银行、中国建设银行等14家参测机构以二代身份接入了国家处理中心（NPC）测试系统。人行营业管理部选派业务骨干参加了中国人民银行组织的 ACS 系统业务测试、制度拟写和培训工作，并结合北京实际情况对 ACS 系统建设提出了意见和建议。

农信银资金清算中心（以下简称农信银）监管工作有效加强。通过调研和检查，建立非现场监管体系，以农信银业务数据报送为核心，及时掌握其业务开展、系统运行等经营状况，要求农信银发展模式从“发展中规范”转变为“规范中发展”。针对农信银近几年业务发展较快的实际，为防范资本金不足以覆盖备付金和营运资金的风险，向其提出增资扩股的监管建议。要求农信银加强系统维护管理，确保业务系统安全稳定运行，并配合清算总中心对农信银信息系统技术安全情况进行调研，未发现严重影响系统安全运行的高风险问题，系统安全技术整体情况良好。

二、非现金支付环境进一步优化

新型支付工具应用范围显著拓展。通过召开银企推介会和组织业务培训等多种方式，加大电子商业汇票推广力度。全年，承兑 11 971 笔，同比增长 92.24%，金额 692.69 亿元，同比增长 124.49%；贴现 11 432 笔，同比增长 55.54%，金额 472.20 亿元，同比增长 85.99%，继续在全国保持领先；再贴现 697 笔，金额 35.62 亿元，由上年同期的全国中下游水平跃升至全国前三位。

支付信用环境进一步净化。全年，共下发空头支票行政处罚意见告知书 4 521 份，下发决定书 2 576 份，实际处罚缴库 1 762 笔，缴库金额 763.09 万元。通过提高商业银行参与程度、加大宣传力度等方式有效地遏制了签发空头支票的行为，净化了支票信用环境，维护了首都的信用环境和支付结算秩序。

移动支付在京郊地区试点推广。在充分考虑北京农村地区经济发展情况的基础上，确定邮储银行北京分行在延庆县中屯村等 6 个村、北京顺义银座村镇银行在顺义区仁和镇石门市场开展农村地区手机支付的试点工作，以农村商户群体作为手机支付试点对象，选择费用低廉、操作简便的通信卡改造模式作为手机支付解决方案，相关工作稳步推进。

银行机构支付结算监管力度进一步加强。2012 年，根据中国人民银行要求，为维护首都支付结算秩序，人行营业管理部对农业银行北京市分行、民生银行总行营业部、杭州银行北京分行进行了支付结算执法检查，对建设银行北京市分行、光大银行北京分行进行了银行卡专项检查，累计检查银行机构 115 个网点，发现各类问题 20 余项。

三、结算账户管理力度显著加强

账户行政许可效率显著提高。依托账户电子化审批系统，人行营业管理部账户行政许可效率进一步提高，审批时间大大缩短，为银行机构和存款人办理核准类银行结算账户业务带来了极大的便利。全年，北京地区共开立人民币银行结算账户 2 092.10 万户，支持了北京市经济平稳运行。

个人账户身份真实性核实工作稳步推进。北京市共有 62 家银行开展存量个人人民币存款账户核实工作。截至年末，北京地区已核实账户数量 0.24 亿户，占应核实账户数的 20.74%；21 家主报告行已核实账户数量 328.05 万户，占其应核实账户数的 29.50%。

四、银行卡市场稳步发展

银行卡推广与行业应用深入结合。2012 年，人行营业管理部与市财政局联合下发文件，加快推进公务卡制度改革。与财政、教育等相关部门沟通，在北京市全面推行普通高中学生资助卡，进一步加强普通高中国家助学金发放监管工作，中职卡的业务功能充分发挥。

银行卡助农取款服务进展顺利。为进一步提升农村地区金融服务水平，北京地区以构建支农、惠农、便农的“支付绿色通道”为目标，以服务北京偏远农村地区小额现金支取为宗旨，加强银行卡助农取款服务宣传，确定农业银行北京市分行、邮储银行北京分行等7家机构作为试点单位开展助农取款服务工作。全年共发展助农取款点223个，累计发生查询笔数76笔，交易笔数735笔，交易金额44.6万元。

继续开展银行卡刷卡促消费活动。2012年，人行营业管理部联合北京地区24家金融机构、中国银联北京分公司开展了总金额约2亿元的“月刷卡，月中奖”宣传营销活动；在北京电视台以“改善农村支付环境　金融支持新农村建设”为主题，设计并制作新闻专题片“金融惠农在京郊”等多种宣传活动，进一步提升了北京地区居民持卡消费的意愿。

用卡环境进一步净化。5月17日，人行营业管理部与市公安局联合出击，协调辖内9家金融机构，在全市范围集中开展“打击信用卡套现”专项行动，有效地震慑了犯罪分子和犯罪行为。继续协调有关金融机构、中国银联北京分公司配合公安机关案件侦查，提供相关银行卡信息，共同打击银行卡犯罪行为，维护首都良好的用卡环境。

五、非金融支付服务机构监管工作成效显著

非金融支付服务机构市场准入工作稳步推进。截至年末，北京市共有47家法人机构获得《支付业务许可证》。8家机构申报材料的初审及上报工作已经完成，另有11家机构的申报材料在进一步补正及审核过程中。

全方位、多层次的支付机构监管体系初步建立。2012年，人行营业管理部全面加强对支付机构的监督管理工作，初步建立了针对支付机构的全方位、多层次监管体系。一是加强支付机构高管人员管理，组织高管人员和业务骨干进行支付业务与监管政策培训；二是严格规范辖内已获牌法人支付机构的经营范围；三是切实强化支付机构备付金监管，开发建设了多用途预付卡业务数据报送统计分析系统，重点监测备付金余额数量大、增长快的支付机构，防范支付风险，初步建立了多用途预付卡发行机构业务数据周报、月报制度和所有支付机构业务数据季度报送制度；四是落实异地分公司业务备案制度，全年共完成辖内6家支付机构96家外地分公司以及14家外地支付机构北京分公司从事支付业务的备案工作；五是探索建立与工商、监察等部门的横向联系，从制度上推动各部门之间的工作衔接。

（徐海勇）

征信系统建设与征信管理

2012年，人行营业管理部认真贯彻落实中国人民银行（以下简称总行）征信工作会议精神，全力推进北京地区机构信用代码推广应用工作，深入开展企业和个人征信系统建设及应用，构建辖内个人信用报告查询防控体系，创新征信宣传模式，推动信用评级行业自律和规范发展，推进中小企业、农村信用体系试验区建设和首都社会信用体系建设，提升征信服务实体经济的能力。

一、落实总行征信工作会议精神，全力推进北京地区机构信用代码推广应用工作

一是周密组织，顺利完成北京地区机构信用代码动员部署阶段工作。成立推广应用工作领导小组，多次召开专题会议，研究解决推广应用中的重点和难点问题，制订符合北京实际的总体工作方案，组织辖内商业银行成立以“一把手”为组长的工作小组，明确各单位的具体工作要求。

二是重点督导，扎实做好机构信用代码培训、实施阶段工作。深入工作量较大的商业银行，逐户实地督导工作落实情况；督促商业银行加强资料统计报送、快速反馈和内部专项考核机制；全辖联动，举办2期培训班，商业银行再培训11 673人次；在机构信用代码系统中新增银行机构网点1 884个，组织辖内商业银行开设各类用户9 400余个，配发空白《机构信用代码证》和申请表106万份；强化进度通报机制，大力解决进度统计困难、特殊操作等环节问题。截至年末，共发证784 263户，剔除久悬户，发证率接近100%。

三是推动机构信用代码各项应用工作。推动机构信用代码在反洗钱领域应用，截至年末，辖内各银行成功查询655 326次，发现异常或可疑线索469条；在人民银行贷款卡行政许可管理中应用机构信用代码证，8～12月共查验7 506户；支持北京农商银行在核心业务系统中增加机构信用代码字段进行系统标识和整合。

二、提高数据质量，深入开展企业和个人征信系统建设工作

一是大力推动企业征信系统数据质量和系统建设。规范开展信贷业务数据两端核对和抽样监测工作，解决辖内53家地方性金融机构数据报送存在的突出问题，接口行综合考评达到99.51分，非接口行达到97.32分；加强对金融机构日常数据报送情况的监控，报送连续率和通过率保持较高水平；督促金融机构实现“T＋1”数据报送并及时更新已入库数据；全年共对5家银行进行6次监测，对4家完成程序开发的金融机构进行上线测试验收，办结辖内金融机构分支机构加入及信息维护220家次。

二是大力推动个人征信系统数据质量和系统建设。加大管理力度，有效提高个人征信数据质量，实现辖内地方性金融机构数据上报率达99.93%，保持量化评分稳定在99分以上，超过考核标准；积极推动北京市公积金中心开发个人征信系统接口程序，完成北京公积金约400万条缴存信息报送个人征信系统；指导辖内10家法人机构、12家分支机构加入个人征信系统，推动北京银行等机构及时完成个人征信系统接口“T+1”改造。

三、加强征信管理，构建辖内个人信用报告查询防控体系

一是通过督导辖内金融机构建立个人信用报告查询管理系统、集中管理授权档案、建立内部自查机制，在辖内初步建成个人信用报告查询风险防控体系，商业银行违规查询比例大幅度下降，北京农商银行等数家商业银行违规查询比例降至零。

二是开展征信业务监管和培训，提升征信管理成效。对4家商业银行进行综合执法检查，发现问题28个，提出整改建议11项，实施行政处罚，罚款金额3万元；首次对辖内商业银行开展征信业务进行综合评价；组织召开辖内个人征信业务管理培训工作会议，对61家金融机构进行个人征信业务培训。

四、创新征信文化建设与宣传教育方式，扩大人民银行征信工作社会影响力

一是创新个人征信宣传教育方式，借力商业银行信息服务平台开展征信宣传教育。与建设银行北京市分行、民生银行信用卡中心合作，借助商业银行客户服务和短信服务平台，在不增加商业银行成本费用的前提下，通过官方网站、官方微博、短信、信用卡账单等多种形式，定期有针对性地向个人贷款和信用卡新办客户、逾期客户发送个人征信宣传口号及相关提示性信息。截至年末，累计发送短信94万余条，寄送征信宣传教育夹页近60万份。

二是推动征信文化建设，积极落实总行部署的征信宣传工作。发放征信文化建设调查问卷，完成总行征信文化建设调研；组织开展征信中心宣传口号的征集活动；大力开展动产融资登记公示系统宣传活动；组织开展北京地区“征信组歌”推广传唱；开展第五次“信用记录关爱日”活动；坚持开展“信用北京行”活动8次；联合市经信委等政府部门，深入特色商业街、金博会、远郊区县等有重点地开展征信文化宣传教育。

三是加强合作，扩大征信工作影响力。借力市经信委重点工程“信用北京网”，开办征信管理专栏，创建征信宣传平台；调整《北京征信》编辑出版管理模式，借助行业协会办刊能力，扩大《北京征信》发行量，提高质量水平。

五、多措并举，推动信用评级行业自律和健康发展

一是推动建立辖内信贷市场评级机构总经理联席会议制度，扩大评级行业影响；二是组织信用评级机构做好违约率检验系统数据重报第三阶段工作，建立违约率数据质量非现场检查、现场检查和处罚机制，加强数据质量监督管理；三是做好资信评级机构统计报表、北京市银行间债券市场信用评级管理情况季报表、辖内评级机构年度工作总结及财务报表审计报告报送工作；四是配合总行完成各项征信市场调查工作；五是协调政府相关部门，以行业价格自律为切入点，提高评级市场收费标准，并通过建立服务电话备案制和违规行为监督举报机制，缓解评级市场价格恶性竞争问题；六是建立信用评级报告评审机制，通过评审结果向社会公开的方式，打造评级机构公信力；七是组织辖内信用评级机构开展第四次中关村国家自主创新示范区企业信用评级从业人员资格考试，提升评级从业人员业务水准；八是借力“征信管理”专栏，建立辖内评级机构信息报送通讯员制度，定期宣传各机构评级动态和研究成果。

六、持续探索适合北京实际的地方社会信用体系建设模式

一是深入开展海淀区中小企业信用体系试验区建设，会同市经信委等部门落实试验区工作方案及各项任务措施。延伸服务，在海淀园企业服务大厅设立征信服务窗口，为中小企业建立征信服务绿色通道。

二是积极推动北京农村信用体系建设。协调大兴区调研农村信用体系试验区建设工作方案；商促北京农商银行开发服务“三农”贷款产品。

三是全面参与首都社会信用体系建设各项工作。巩固“生物医药融资激励项目”试点成果；全面落实北京市2012年和“十二五”时期信用体系建设的各项任务。

七、积极推动征信服务实体经济，切实提高征信工作水平

一是以便利企业为原则，优化工作流程，通过与市质监局信息共享，实现了5万多户贷款卡基本信息自动更新，年节省社会成本近千万元，取得良好的社会效应；组织辖内金融机构协助持卡单位办理贷款卡基本信息日常更新4 435户，协助中央级单位办理年度更新600余户；为市科委生物医药中心、北京证监局等提供企业信用报告1 500余户。

二是创新贷款卡管理方式，推动在远郊区县、中小企业信用体系试验区等区域，由商业银行协助中小企业申办贷款卡工作；扎实做好基础工作，全年共办理贷款卡行政许可审批15 538户，比上年增长38.7%，办理贷款卡挂失、修改密码等业务1 902次，接听企业征信业务电话咨询3.8万次；在合规的前提下，帮助小微企业解决办理贷款卡配号等业务中遇到的问题；提高贷款卡业务资料管理电子化水平，进行扫描前整理19 466份，清理档案等资料5万余份，采集中小企业档案信息11 264份。

三是开展个人信用报告查询文明窗口创建工作。全年，个人征信服务窗口提供查询服务11.5万人次，较上年增长88.5%，日均460人次，日峰值901人次；中信银行网银渠道累计查询1.3万人次；受理异议服务794人次，较上年增长近40%，异议回复率100%；发现并制止冒名查询个人信用报告案件10起。

（武逸）

金融信息化建设

2012年，人行营业管理部及北京辖内区域性商业银行重要系统信息安全等级保护、重要时期信息安全保障工作圆满完成，非金融支付机构监督检查机制初具模型，金融IC卡应用推进工作全面展开，发卡量接近千万张，居全国第二位。

一、全面开展信息安全等级保护工作，辖内金融业信息安全保障体系进一步完善

2012年，中国人民银行（以下简称总行）在银行业全面推进信息安全等级保护工作。人行营业管理部统筹部署、严抓落实，完成了内部系统信息安全等级保护定级、备案和测评整改，组织完成了北京银行、北京农商银行的系统定级评审，指导辖内其他93家商业银行全面开展信息安全等级保护工作。9～10月，联合市公安局、北京银监局抽查了北京辖内10家商业银行信息安全等级保护定级、备案及测评整改工作情况。按照总行工作部署，完成2012年“两会”及十八大等重要时期信息安全保障工作，实现信息安全零事件目标。

二、强化系统信息安全保障，探索建立非金融支付机构技术监管工作机制

2012年，人行营业管理部共完成对6家非金融机构支付业务许可准入审核。截至年末，北京辖内共有42家（全国197家）机构获得《支付业务许可证》，占全国总量的21.3%。随着大规模非金融支付机构技术审查集中受理的结束，根据总行要求，人行营业管理部及时调整工作重心，由行政许可审核转为日常监管，探索建立非金融支付机构监管机制。一是为北京辖内的获牌机构建立监管台账，全面跟踪记录其重要信息；二是发布风险提示，开展专项检查，帮助非金融支付机构查找漏洞，及时整改；三是开展辖内非金融支付机构系统检测认证，强化业务系统信息安全保障能力。

三、金融IC卡推广应用工作全面展开，机具改造基本完成，发卡量位居全国前列

根据总行工作部署，人行营业管理部稳步实施《北京市金融IC卡应用推进工作总体规划》，组织召开北京市金融IC卡应用推进工作会议，明确2012年乃至“十二五”期间北京市金融IC卡迁移工作任务，辖内各商业银行、中国银联北京分公司努力改造IC卡受理环境，积极推进卡片发行，深入拓展行业应用，北京市金融IC卡推广应用工作取得阶段性成果。截至年末，北京地区30余万台POS、ATM等银行卡受理机具完成了金融IC卡受理改造工作，北京辖内已有9家（含1家外资银行）商业银行发行金融IC卡，累计发卡量达989万余张，位居全国第二名。

（李薇）

金融法制建设

▲中国人民银行营业管理部法制工作

2012年，人行营业管理部立足“服务总行、服务北京”，以建设法治央行为目标，认真做好行政监督、金融立法调研、普法宣传等工作，努力防范首都金融风险，稳步推进依法行政，成效显著。

一、制发规范性文件，进一步提升窗口指导实效

2012年，人行营业管理部依照《营业管理部规范性文件制定程序规定》，制定发布了《北京市银行业金融机构储蓄类国债业务管理办法》、《北京市银行业金融机构稳健性现场评估暂行办法》、《北京市金融统计工作考核评比办法》、

《北京市地方国库集中收付代理银行资格认定管理办法（暂行）》、《北京市银行业金融机构国库经收业务管理规定（暂行）》5份规范性文件，并根据辖区特点细化中国人民银行（以下简称总行）有关规定，增强各项制度的可操作性。

二、严格各项行政执法活动，促进金融机构合规经营

2012年，人行营业管理部认真行使法律法规赋予的监督管理等法定职能，严格依照程序，切实纠正各种违法违规行为，做好行政许可等工作。全年，共实施行政处罚56件（含北京外汇管理部作出的行政处罚，不含空头支票专项行政处罚），实施空头支票专项处罚2 576笔；共受理行政许可申请327 684笔，准予行政许可304 352笔。对农业银行北京市分行、民生银行总行营业部、杭州银行北京分行开展综合执法检查。

三、以促进首都金融有序发展为目的，全面做好金融法律服务

2012年，人行营业管理部根据《中国人民银行法律事务工作规定》，认真做好社会公众的法律咨询工作，悉心解答社会公众、金融机构、司法机关对人民银行发布的有关规章、规范性文件及政策的来电、来访咨询400余件，出具各类法律意见书百余份。全年共受理亿利集团财务有限公司等17家机构接入央行业务系统的申请，下发5份准入通知书。

四、深入开展金融法制调研，以调研成果为总行决策服务

2012年，人行营业管理部积极参与总行《中国人民银行法》立法后评估工作，完成《中央银行法律地位问题研究》、《金融稳定——从中央银行救助视角的研究》两项课题。围绕工作难点、热点问题，完成《中小企业非典型担保模式融资问题研究》、《网络信贷法律问题研究》、《中国乡村贫困农户信贷权利问题研究》、《我国非金融支付机构监管模式研究》、《人民银行金融消费权益保护投诉和争议处理机制运行方式的设想》等调研报告，及时反映辖内实际工作中亟待解决的问题。

五、严格落实“六五”普法工作要求，开展形式多样的金融法制宣传活动

2012年，人行营业管理部相继开展支付宣传月、反洗钱宣传月、“信用北京行”及“信用关爱日”系列征信宣传、反假货币宣传月、外汇市场“诚信兴商宣传月”等法制宣传活动，提升社会公众及金融消费者的金融法制意识。创新普法宣传教育手段、载体，进一步拓展“金融法制宣传网”、“北京外汇管理部互联网网页”的“网络普法”维度及力度；启用巨幅LED显示屏进行反假币宣传，滚动播放宣传标语，成效显著。

（孙宇）

▲银行业监管法制建设

2012年，中国银行业监督管理委员会北京监管局（以下简称北京银监局）紧密围绕国家经济金融形势和银行业监管任务，深入完善工作机制，推进依法行政工作，不断夯实银行业监管法制基础，督导辖内机构做好案防工作，大力维护首都金融稳定良好局面，银行业监管法制工作取得显著成效。

一、搭建完善工作机制，强化依法行政执行力

2012年，北京银监局搭建、完善内容完备、程序规范的依法行政机制，为有效监管提供法律保障，提升依法行政的执行力。

一是坚持“查处分离”的执法原则，继续完善行政处罚集体决策工作机制。通过处罚委员会集体审议、对告知及决定环节进行两次法律审核、编写处罚信息季报、开展绩效考核、实行信息公开等手段，加强对行政处罚全流程的制度约束和监督，确保行政处罚工作依法进行。

二是充分发挥法律审查评估制度的风险防范作用，严格落实重大监管事项、外签合同的法律审查机制，明确监管部门负责调查取证和专业判断、法规部门负责合法性审查的职责分工，提高行政执法的公正性、专业性和执法效率。

三是强化程序性规定的执行力度。督促监管人员充分保障当事人陈述、申辩、质证、听证等各项法律权利，主动履行听证、复议、诉讼权利等告知义务，严格遵守执法权限、程序和时效要求。

二、法规备案和公示并举，提高政务信息透明度

2012 年，北京银监局严格依照《银监会派出机构规范性文件备案管理办法》、《北京银监局规范性文件审查与备案实施细则》的有关要求，认真组织规范性文件的起草论证、报备登记，有效避免与上位法不衔接、不协调等问题。依托监管信息网及其他定点外部媒体拓展政务信息公开的渠道、方式，适时对规范性文件及其他监管政策性文件进行公示，不断提高监管透明度和公众参与度。

三、继续保持案件防控高压态势，案件防控工作成效显著

2012 年，北京银监局进一步发挥案件防控督导作用，强化辖内机构案防第一责任人意识，提高案件防控水平。

一是组织召开案防工作会议，总结经验教训，巩固深化“执行年”活动成果。4 月 26 日，组织召开辖内中资银行业机构参加的“2012 年辖内银行业机构案防工作会议暨 2011 年深化‘执行年’活动总结会”，交流银行同业案件防控工作经验，向辖内机构传达 2012 年中国银监会案件防控和安全保卫工作会议精神，总结 2011 年案防工作经验，部署辖内 2012 年案件防控重点工作。

二是开展案防制度培训，落实中国银监会案件防控工作要求。通过案情分析会、实地走访、部分中资银行案防工作座谈会等多种形式，督导辖内机构落实中国银监会有关案件防控工作要求，并邀请专家对《中国银监会办公厅关于落实案件防控工作有关要求的通知》（银监办发〔2012〕127 号）进行解读，加强辖内机构与监管部门的互动交流，提升辖内机构风险管理水平和内部控制水平。

三是案防工作与市场准入相结合，强化辖内机构高管人员案防政策水平。将案防政策，特别是中国银监会案件处置三项制度作为高管准入考试的必考内容，强化辖内机构高管人员案防政策意识，提升案防政策水平。

四是适时开展案防工作考评，提升辖内机构案防工作水平。根据中国银监会的统一部署，组织开展辖内机构 2011 年案件防控工作考核评价；在机构自评的基础上，对辖内 130 家机构进行复评。根据考核结果，辖内机构 2011 年案件防控工作总体良好。

五是通过检查巡视，加强十八大期间银行业金融机构安全保卫工作。十八大召开前夕，对十八大会议代表驻地沿线等重点金融机构网点开展巡查，提出案防及安保工作要求，消除安全隐患。

四、配合做好非法集资性质认定等工作，维护首都金融稳定

2012 年，北京银监局加强与市金融局、公安局等部门的联系沟通，积极配合相关部门做好非法集资性质认定工作，切实维护首都金融稳定，确保十八大顺利召开。

一是与市政府相关部门及时沟通，形成工作合力。加强与市政府相关部门联系，及时传达中国银监会的监管精神，汇报主要工作措施，提出工作建议；及时获取市政府相关部门掌握的非法集资风险信息，把握监管工作重点。

二是加大督导巡查力度，形成全辖打非宣教声势。下半年，按照《中国银监会办公厅关于深入开展防范和打击非法集资宣传教育活动的通知》（银监办发〔2012〕194 号）要求，部署辖内银行开展宣教活动，加大督导力度，形成全辖打非宣教合力。其一是建立打非宣教活动统计制度，对辖内银行网点、网站、媒体和现场等各渠道宣传情况进行统计；其二是开展网点巡查活动，对存在问题的银行进行电话督导提示，确保辖内宣教活动质量和连续性。

三是配合相关部门做好涉嫌非法集资案件的性质认定工作。充分发挥银行业监管部门的专业优势，积极配合公安等部门做好非法集资案件的性质认定工作，及时出具非法集资性质认定意见。全年，北京银监局就北京中铁林木林业投资公司等 47 家企事业单位和 1 名个人涉嫌非法集资、非法经营的行为性质或业务资质出具书面认定意见，为公检法部门办理非法集资案件提供有效支持。

四是配合市政府做好十八大维稳工作。针对十八大期间出现的多起非法集资案件苗头，按照市政府的统一部署做好非法集资认定工作的政策解读，组织召开涉案账户协查会议，积极配合公安机关等政府部门做好十八大维稳工作。

五是加强对银行从业人员行为的排查和教育。督导银行通过填表、谈话、家访等方式，加强对银行从业人员行为的排查，建立银行信贷资金与民间借贷市场的防火墙。督导银行加强对员工的教育培训，提高对非法集资等违法行为的敏感性和警惕性。

五、深化培训辅导，加强法律人才队伍建设

一是利用各类学习平台，采取法规释义、专家授课座谈、工作实务交流、赴司法机关观摩学习等多种方式，面向全体员工开展以行政法规制度为主要内容的法律知识学习和监管执法培训，提高员工的依法行政意识和水平。

二是不断充实由法规部门专职工作人员、监管处室兼职法律联络员共同组成的法律人才队伍，实现每个监管处室均配备 1 名法律兼职工作人员，形成监管业务、法规工作双向交流促进，有效互动合作的良好格局。

三是深入推进公职律师试点工作。2012 年，根据《中国银监会公职律师试点工作实施方案》（银监办发〔2009〕271 号）、《北京银监局公职律师试点工作实施方案》要求，大力推动公职律师服务监管工作。截至年末，公职律师已完成对 28 份外签合同的法律审查，参与 3 次行政处罚委员会审议会议，为局内各处室提供法律咨询十余次。

四是通过“合作备忘录”等形式与市公安司法机关建立干部交流挂职锻炼、

业务双向培训研习、联合宣教等合作机制，促进员工依法行政意识、能力的培养和提升。

（曹妍）

▲证券期货业监管法制建设

2012年，中国证券监督管理委员会北京监管局（以下简称北京证监局）坚持以科学发展观为指导，以服务首都实体经济、保护投资者利益为重心，牢固树立依法监管、依法治市理念，完善监管工作规程，提高执法人员法制素养，提升监管工作规范化和精细化水平，为首都证券市场稳定发展作出积极贡献。

一、充实法律专业力量，搭建法制工作交流平台，为证券监管提供法律支撑

2012年，北京证监局进一步加大法律专业人员的选拔和聘用力度，不断充实监管队伍的法律专业力量。充分发挥法制工作处和法律专业小组在法制事务中的作用，通过文件会签、法律小组讨论等形式对行政监管措施、信访处理答复提出法律意见，促进依法行政水平的提高。按月编发《法制工作通讯》，反映行业立法动态，剖析典型案例，交流执法经验，该期刊已成为普法宣传和执法讨论的交流平台。

二、开展法律理论学习和内部培训，鼓励干部参与法律专项课题研究，提高监管法制理论水平

一是集中安排两次全局法律专业学习，邀请中国证监会法律部、最高人民法院的专业人士授课；组织法律小组内部培训，介绍中国证监会规范性文件制定情况，增进小组成员对证券监管系统立法工作的了解。

二是鼓励监管人员参与各类学术交流和评比，提升自身业务能力和理论水平。2012年，北京证监局中标并完成了上海证券交易所联合研究计划课题，撰写完成课题报告，获得有关方面的肯定与好评。

三、完善监管规范和工作流程，提高监管工作规范化、精细化水平

一是细化完善内部工作流程。结合上级业务部门检查要求，重新修订机构业务许可审核工作制度，系统梳理行政许可项目审核程序，绘制相关工作流程图，提高机构业务许可审核工作的规范化、标准化。借鉴中国国际期货公司合并工作经验，制定辖区期货公司吸收合并业务相关工作规程，规范期货公司合并重组业务。制定期货公司董事、监事和高级管理人员日常管理内部指引，加强对期货公司从业人员的日常管理。建立《信访工作简报》制度，充分利用信访接待窗口，定期分析信访投诉热点，提示监管风险，有效防范化解维稳风险。

二是制定发布对外监管细则。制定实施《北京辖区期货营业部分类监管暂行办法》，持续对营业部的业务活动开展情况进行动态考核和评价，有效促进营业部合规管理水平的提升。针对期货居间人管理中存在的突出问题，制定《北京辖区期货居间人管理指导意见》，对辖区期货居间人实行统一管理。拟订《北京辖区保荐机构持续督导工作监管指引》，明确保荐机构在上市公司治理和规范运作中的督导责任，规范持续督导工作程序。

四、扎实完成各项监管执法工作，促进首都证券市场健康发展

一是做好行政许可审批工作。落实中国证监会行政许可审批下放工作要求，系统地梳理了许可审批权下放后北京证监局承担的行政许可项目，全年共接收行政许可申请材料309件，补正51件，反馈意见72件，完成各类行政许可文件送达242件。

二是科学配置监管力量，稳步开展日常监管和现场检查工作。合理配置监管资源，科学拟订检查计划，保质保量地完成了各项日常监管和现场检查任务。全年累计完成现场检查200多家次，其中对上市公司、证券公司、期货公司、投资咨询公司总部检查82家次，对证券期货基金分支机构检查100多家次。

三是服务与监管并重，系统地开展监管对象业务培训。全年共举办5期上市公司董监事培训，辖区共计1 977名董事、监事参加了培训，占全体董事监事人数的98%。

四是依法采取行政监管措施，严肃查处违法违规案件。北京证监局对现场检查和专项检查中发现的违法违规问题，采取警示函、责令改正、监管谈话等行政监管措施，及时揭示违规风险，纠正违规行为。稽查部门承办证券期货违法案件50件，其中主办案件14件，协查案件36件。

五是加强监管协作，完善相关工作制度，签署合作协议。与市公安局经侦总队签署《“打击非法证券活动”合作备忘录》，联合开展清网行动，参加整非打非执法联席会议10次。构建打击和防控内幕交易联席会议机制，推进北京辖区内幕交易打击与防控工作，推动市政府部门层面建立内幕信息知情人登记制度。

五、妥善处理各类信访投诉，切实维护中小投资者合法权益

2012年，北京证监局共受理信访投诉379件，其中涉及非法证券活动67件。在该类投诉的处理过程中，以维护投诉人合法权益为核心，通过协商、调解等多种途径寻求解决办法，为投诉人挽回损失80余万元。对10起涉及刑事违法的案件线索移送市公安机关，并配合出具非法经营行为认定意见。

六、多渠道开展普法宣传，营造知法、敬法、用法的执法氛围

北京证监局紧密结合监管工作实践开展普法活动，持续关注证券市场重大典型行政处罚和司法判例，旁听案件庭审，及时总结提炼，形成60多篇案件快报。开展对《关于办理内幕交易、泄露内幕信息刑事案件具体应用法律若干问题的解释》、《关于办理证券期货违法犯罪案件工作的若干问题的意见》的宣传学习，编制宣传手册，介绍近年来防范打击内幕交易的成果，编辑印制《“六五”普法法规汇编》，成为普法学习的重要工具。注重将普法工作与投资者教育工作相结合。5月，西城区人民法院对北京证监局移送的张欣非法证券咨询案一审宣判，这是北京辖区首例获得司法判决的非法证券咨询案件。北京证监局以该案为契机，组织《上海证券报》、《北京青年报》等四家主流媒体进行宣传报道，收到良好的宣传警示效果。7月27日，会同市金融局、市公安局、人民银行营业管理部等七家单位以“防范金融风险，远离金融诈骗”为主题，在石景山万达广场举办了2012年北京市金融安全知识宣传推进会，现场为投资者答疑解惑。

七、落实诚信监管办法，为辖区市场法制建设营造诚信氛围

2012年，北京证监局积极贯彻落实《证券期货市场诚信监督管理暂行办法》，制订《诚信监管办法》落实方案，规范诚信信息范围、办理流程和时限；通过《上海证券报》等主流媒体，宣传报道辖区证券市场诚信建设进展情况；开展市场主体公开承诺信息录入诚信档案工作；与北京期货商会合作建立居间人准入诚信管理电子信息系统，记录期货行业居间人诚信信息，规范居间人从业行为。

（傅冬霞）

▲保险业监管法制建设

2012年，中国保险监督管理委员会北京监管局（以下简称北京保监局）深入贯彻中国保监会“抓服务、严监管、防风险、促发展”的工作要求，夯实法制基础建设，完善各项监管制度，保护消费者利益，防范化解风险，引导行业改善形象、提升能力，积极服务首都经济社会建设。

一、完善监管法律制度建设，加强行业法律问题研究

一是完善内部管理制度，提升监管效能。全面清理北京保监局自成立以来出台的各项规章制度，涉及文件256件；进一步规范行政处罚和行政应诉程序，修订《北京保监局行政处罚内部实施规程》、研究制定《北京保监局行政处罚证据规则》、《北京保监局行政应诉规程》，夯实依法行政基础；整合现行多项统计报送制度，修订完善北京保险市场月度统计分析制度和考评制度，减轻机构文件报送负担，提升数据报送质量；建立与主监管员制度相互承接的主研究员制度，进一步提升市场分析和研判能力，提高监管效率和水平。二是围绕中心监管工作，加强行业法律问题研究。全年共撰写《关于对车损险和涉水险引发争议问题的法律分析》、《关于“自保件”法律问题分析》、《欺骗投保人行为认定的法律分析》、《关于团体养老保险退保金支付问题的法律问题研究》等研究报告40余篇。

二、以制度建设为抓手，加强市场行为监管，营造健康有序的法制市场环境

一是做好车险管理制度改革基础工作。收集整理基础数据、认真分析欧美、日韩等国家的有益经验，开展北京地区商业车险条款费率改革研究；推动行业协会启动“技术有分级、日常有考核、进退有机制”的车险定损人员分级认证和分类管理。二是落实中介改革政策。指导行业协会出台《北京人身保险销售从业人员销售行为警示信息管理暂行办法》，建立配套警示信息管理系统，充分发挥社会和行业的监督作用，加大销售人员的违规成本，促进诚信展业；简化兼业代理行政许可审批流程和申报材料要求，有效节约监管资源，提高行政效能。三是持续加大市场规范力度。开展以数据真实性为重点的综合性检查和农险、未决赔案等专项检查，清理整顿代理市场。全年共检查58家保险公司和中介机构，从检查结果看，虚假批退、假赔案、以存款名义销售保险等违法违规问题大为减少。

三、切实保护消费者权益，强化信访投诉处理工作

一是标本兼治解决车险理赔难问题。研究制定车险理赔监管规定，在广泛开展市场调研的基础上，明确行业在理赔关键环节、资源配置、处理时效、信息披露方面的22项规范性要求。加大对理赔时效不合规、服务承诺不兑现等问题的查处力度，完善车险理赔信息披露制度，提高理赔服务透明度。北京治理车险理赔难的问题成效显著，车险结案率同比提高1.8个百分点，结案周期减少4.2天。二是构建销售误导综合治理长效体系。与北京银监局共同制定商业银行代理保险业务的规范要求，强化对宣传资料、投保提示等环节的监管；指导行业协会建立北京人身保险电话营销禁播平台，减少电销扰民行为。指导行业协会继续完善北京地区保险销售强调语和新单回访基础语，出台新单回访问题件标准和处理流程行业指引，系统规范新单销售和回访环节。三是以12378热线开通为契机，完善信访投诉机制。建立“当日转办、七日反馈”的12378热线信访投诉快速处理机制，确保处理时效。建立社会监督员制度，畅通消费者维权渠道。全年共接到热线投诉2 997件，处理满意度为94.2%。四是积极开展“7·21”灾后理赔，提升行业形象。抓住救灾和理赔两个重点，明确理赔原则，统一理赔标准，畅通快速理赔通道，最大限度地保护保险消费者合法权益；注重信息公开、舒缓公众情绪、维护社会稳定，减轻政府救灾压力。

四、落实“六五”普法规划，开展法制宣传教育活动，提高依法监管水平

一是结合北京保险业实际情况制订《北京保监局“六五”普法规划》、《北京保监局开展学法用法活动工作方案》，开展各项学法用法活动，提升监管干部依法行政和依法监管的能力。二是不定期开展法律法规培训，对中国保监会新出台的规范性文件和监管实践中的经验进行学习研讨，提高监管工作水平。三是组织各类讲座交流活动，邀请检察官就行政执法取证问题进行授课，与业内专家、学者、法官、律师等人士进行热点法律问题研讨交流，提高监管干部运用法律知识和法律手段解决问题的能力。四是开展法制宣传，与市金融局等五部门共同举办2012年首都金融安全知识宣传活动，向消费者讲解保险基础知识、回答消费者咨询提问，提高保险消费者的保险意识、履责意识和维护自身合法权益的能力。

（吴昕凌）

反洗钱工作

2012年，人行营业管理部继续贯彻落实“风险为本”的反洗钱监管理念，逐步确立“法人监管”制度体系，不断完善反洗钱监管工作机制，加大可疑交易线索分析调查力度，积极推进反洗钱跨部门协调合作，反洗钱预防与遏制洗钱犯罪的成效日益显著，反洗钱各项工作不断取得新成果。

一、贯彻落实“风险为本”的反洗钱监管理念，逐步确立“法人监管”制度体系

2012年，人行营业管理部继续贯彻落实“风险为本”的反洗钱监管理念，按照“整体推进、分类监管、点面结合、突出转型”的工作思路，以全面提高辖内金融机构反洗钱工作的有效性为主线，引导辖内机构建立“风险为本”的反洗钱内控体系。结合监管经验和辖内法人金融机构意见，初步形成了北京地区法人监管工作体系，从制度建设、业务规范、监管评价、内部协调几方面入手，不断推动辖内机构提高反洗钱工作水平。

二、完善反洗钱监管工作机制，反洗钱监管成效显著

一是深入开展反洗钱现场检查及回访工作，推动辖内机构反洗钱工作水平持续提升。2012 年，人行营业管理部共对辖内 8 家金融机构和 1 家支付机构进行了现场检查。通过检查，向被检查机构有效传导监管政策及合规理念，指导和督促机构进一步提高反洗钱工作履职水平，被检查金融机构内控问题同比下降近 50%，反洗钱监管成效显著。对以前年度接受现场检查的 5 家金融机构进行了回访，掌握机构实际整改情况。对现场检查存在问题的 4 家机构依法进行了处罚，处罚金额合计 115 万元。

二是认真做好第三方支付机构反洗钱措施验收审核工作，建立监管档案，强化支付机构洗钱风险防范意识。全年共对 10 家支付机构上报的反洗钱措施验收材料进行了审核，对 6 家支付机构进行了现场核查，出具审核意见 32 份。为辖内 47 家支付机构建立了监管档案，综合采取风险评估、现场指导、下发监管意见书、会议培训等多种措施，强化支付机构对洗钱风险的防范意识。

三是完成大额和可疑交易报送主体资格申请及数字证书发放工作，确保后续报送工作顺利开展。根据中国人民银行相关文件要求，制订内部操作规程，优化操作程序，规范对报告机构反洗钱报送主体资格申请和机构信息变更的管理工作。全年共受理 58 家机构的主体资格审核材料，为 205 家机构制作并下发了数字证书，确保了辖内机构大额和可疑交易报送工作的顺利开展。

三、加大对可疑交易线索的分析和调查力度，积极推进跨部门反洗钱合作，充分发挥反洗钱预防和遏制洗钱犯罪的职能优势

2012 年，人行营业管理部通过走访、座谈、培训等方式指导辖内机构主动、深入开展可疑交易监测和定期筛查分析，成效显著。全年辖内金融机构一般可疑交易报告量同比下降 41.65%，而重点可疑交易报告质量明显提升。全年共接收重点可疑交易报告近百份，分析发现并移送多起涉嫌犯罪线索，涉及金额数百亿元。广泛开展跨部门协调合作，协助公安等司法执法部门对十余起案件线索开展行政调查百余次，主动发现并协助破获了某局级干部受贿、某非法吸收公众存款、某非法经营等多起具有一定社会影响的案件，维护了社会的公平与正义，净化了首都金融环境。

四、广泛开展反洗钱宣传培训，提高从业人员反洗钱意识和技能

一是组织开展辖内机构反洗钱业务培训。5 月，人行营业管理部对在京 24 家获得支付业务许可证的支付机构反洗钱高管及岗位人员开展了反洗钱法律法规和业务培训；根据辖内部分金融机构和小额贷款业协会的实际培训需求，针对不同行业和业务特点，分别开展反洗钱业务专项培训，提高辖内机构履行反洗钱义务的意识和工作水平。

二是编发反洗钱简报 6 期，以反洗钱工作简报为宣传和培训阵地，紧扣当前工作任务和形势，为促进金融机构相互学习和借鉴发挥了桥梁作用。

三是组织开展北京市反洗钱宣传活动。11 月，人行营业管理部组织开展以“警惕网络洗钱陷阱，增强反洗钱意识”

为主题的反洗钱宣传月活动。此次活动参与机构共计618家，参与人数达41万余人；共在经营场所开展宣传活动290余次，开展户外宣传120余次；发放宣传材料83万余份，进一步提升了社会公众对反洗钱工作的认知度。

（许莹）

五、机构业务综述

金融管理机构

中国人民银行营业管理部

2012年，中国人民银行营业管理部（以下简称人行营业管理部）牢牢把握“稳中求进”的总基调，努力践行科学发展观，紧紧围绕加快经济发展方式转变和经济结构调整这一主线，认真传导和执行稳健的货币政策，着力维护首都金融安全与稳定，不断提升金融服务和外汇管理水平，有效地促进了履职能力的提升。

一、以“稳”为前提，在发展中着力夯实履职基础

（一）畅顺货币信贷政策传导渠道

多形式、多渠道宣传稳健货币政策，加强窗口指导，引导社会各界形成合理预期。落实宏观审慎管理政策措施，运用差别存款准备金动态调整工具，完善地方法人金融机构信贷调控机制。深化利率汇率监测分析，引导金融机构利率定价机制建设。完善地方农村金融机构监测制度，动态监测北京农商银行改革进展。强化存款准备金政策工具管理。

（二）金融安全稳定基础得到明显加强

建立银行、证券、保险等正规金融与非正规金融的季度风险研讨机制和月度金融风险监测制度，增加对小额贷款公司、融资性担保公司、私募股权基金等非正规金融的风险监测。修改北京市金融稳定定量分析评估模型部分指标和权重。规范金融机构重大事项报告制度，适时开展分析和情况通报。规范黄金市场管理，明确非法黄金交易案件行政认定工作程序。北京资金融通中心清理圆满结束。开展金融IC卡应用、反假货币、信用北京行、反洗钱、农村支付、诚信兴商等宣传活动，着力普及金融基础知识。加大支付系统业务风险排查，及时消除安全隐患。开展票据清分应急演练，提高支付系统保障能力。

（三）金融服务与管理基础继续巩固

建立金融业信息安全应急协调处置工作平台。全面推进银行业信息安全等级保护。支付机构日常监管制度基本确立。稳步推进银行卡助农取款服务和农村地区手机支付试点。电子商业汇票系统业务增长迅速，全国排名稳步提升。北京钞票处理中心正式启动运行。合理调拨发行基金，确保首都现金供应充足整洁。圆满完成发行保管库达标升级考核。加强国库各项系统运维管理和实时监测。大力推进机构信用代码系统建设和推广应用、延伸服务工作。继续加强海淀中小企业和大兴区农村信用体系试验区建设。完善和优化非现场监管网络体系，充分利用反洗钱监管交互平台，实现与北京银监局、北京证监局、北京保监局监管信息的电子化交互。

二、以“进”为抓手，在创新中不断提升履职能力

（一）灵活运用货币政策工具，提高金融服务实体经济水平

从区域视角，调整货币信贷政策执行情况分析框架，针对14类103项重点分析指标进行动态监测。开展各项社会融资

监测分析，大力推动非金融企业在银行间市场融资，促进北京市社会融资多元化。2012年，北京市人民币贷款增加3 053.3亿元，北京地区非金融企业债券、股票等直接融资比重同比提高5.7个百分点。

创新工作机制，有效整合人民银行和外汇管理各项业务职能，从服务科技文化创新双轮驱动、支持小微型企业、夯实金融服务基础等七个方面提出了28条政策措施和工作意见。多部门联合启动“文化金融服务年”活动，开展文化金融专题宣传，评选文化金融“品牌支行”，大力推进产品、机构、机制、人才等方面创新。制定发布科技金融工作措施18项，通过与市科委签署科技金融战略合作协议，面向银行机构和企业举办科技金融政策宣讲会，扩大科技专营机构贷款监测试点，推动金融与科技资源有效融合。灵活发挥再贴现工具改善小微企业融资的正向激励作用。实施金融惠农工程，推进农村金融产品与服务方式创新。认真落实“扩大北京市经济适用住房开发贷款试点范围”政策。截至年末，中资银行文化创意产业人民币贷款（不含票据贴现）同比增长20.6%，高新技术产业人民币贷款（不含票据贴现）同比增长35.8%；北京市金融机构本外币保障性住房开发贷款同比增长19%，中小微企业人民币贷款（不含票据贴现）增速分别比大中型企业高出8.8个百分点和5.7个百分点，本外币涉农贷款比年初增加115亿元。

（二）推进金融机构规范管理，加强金融生态环境建设，有效维护首都金融安全与稳定

一是推进金融机构规范管理。首次开展北京辖区金融机构、非正规金融的风险排查。稳步推进“两管理、两综合”，对3家银行实施综合执法检查，启动综合执法检查“回头看”，对74家银行进行综合评价。拟订银行业金融机构稳健性现场评估暂行办法，并对3家商业银行进行现场评估。

二是加强金融生态环境建设。开展假币犯罪活动突出地区重点整治。利用反洗钱线索主动发现并协助破获案件3起。会同市公安局经侦总队联合开展打击银行卡及非法经营支付结算业务犯罪专项行动，查扣POS机具55台。

（三）加快金融服务电子化，探索提升监管效率，金融服务水平显著提升

一是主要金融服务指标保持全国领先。大小额支付系统业务金额连续5年居全国首位，网上跨行支付系统处理业务金额占全国的近70%。金融IC卡发卡量突破900万张，居全国前列。截至年末，已获牌非金融支付机构42家，居全国第二位。国库电子缴税业务缴税比例和金额均居全国首位。

二是推进金融服务电子化。完成北京支付系统同城备份中心设备更新改造。实现同城票据影像联网传输和自动处理。建设多用途预付卡发行机构业务数据统计分析系统，加强备付金监测。在全国率先进行自助机具电子缴税及网银电子缴税试点；首批完成退库、更正、免抵调库业务无纸化实地测试。在全国率先启动金融机构个人信用报告查询前置系统建设，多数商业银行违规查询现象几近于零。

三是积极探索提升管理效率。实施现金服务贴心工程，全面加强人民币收付业务管理，开展“降低残损券含完整券比率”专项行动，加快自助硬币存取款机布放，推动商业银行在自助设备、清分设备配置冠字号码识别功能。深化发行基金

保管库管理，调整布局规划。在全国率先出台银行业金融机构国库经收业务管理制度。创新个人征信宣传模式，借力商业银行信息服务平台进行征信宣传。开展金融机构大额和可疑交易报告综合试点，初步建立反洗钱法人监管、分类监管和风险监管体系。

（赵晓英）

国家外汇管理局北京外汇管理部

2012年，北京地区涉外经济总体运行继续呈现良好态势，涉外交易活跃，外汇收支保持平稳快速增长。全年跨境资金收支总额6 723.58亿美元，同比增长13.8%，跨境资金总量居全国第三位，笔数超过208万笔。银行累计结售汇总额6 278.6亿美元，同比下降0.6%，结售汇总量继续居全国首位。

2012年，国家外汇管理局北京外汇管理部（以下简称北京外汇管理部）认真贯彻年初全国金融工作会议和外汇管理工作会议的总体精神，牢牢把握“稳中求进”的工作总基调，加快外汇管理理念和方式转变。

一、坚持“金融为实体经济服务”

（一）把开展跨国公司总部外汇资金集中运营管理改革作为服务实体经济的“突破点”

为满足北京地区跨国公司总部对外汇资金集中运营管理的迫切需求，北京外汇管理部成立专项工作组，通过密集走访和深入调研，设计完成《北京地区跨国公司总部外汇资金集中运营管理改革试点总体方案》和《实施细则》。2012年12月1日，北京地区跨国公司总部外汇资金集中运营管理试点正式启动，在京注册的7家跨国公司总部获得首批试点资格。

（二）把促进企业贸易便利化作为服务实体经济的“关键点”

一是制订北京地区民贸外汇管理政策框架，引导和促进民贸业务发展。二是深入调研北京地区第三方支付机构现状及其业务发展需求，推动机构和个人跨境电子外汇支付便利化。三是改革外汇账户管理模式，创新工作方法，为公司拓展境外业务提供便利。四是建立重点企业联系机制，确保重点企业沟通无障碍。

（三）把便利经济主体跨境投融资行为作为服务实体经济的“侧重点”

一是加大简政放权力度，推进外债转贷款管理方式改革。二是支持北京市在全国率先开展股权投资基金试点工作，推动首都科技金融创新。三是率先实现通过直投系统远程办理外商投资企业验资询证业务，该项措施自8月1日启动以来，减少直接投资项下业务量3 500余次。四是加快跨境投资登记业务办理，全年累计办理外商直接投资登记127.24亿美元，同比增长36.47%；实缴注册资本116.7亿美元，同比增长27.16%。累计办理境外直接投资登记570.70亿美元，同比增长125.30%；境外投资资金汇出198.59亿美元，同比增长32.06%。

（四）把提升经济主体的资金运营和管理能力作为服务实体经济的“落脚点”

一是增强银行外汇交易主动性和灵活

性，调整辖内19家外汇指定银行（含企业集团财务公司）结售汇综合头寸下限，辖内29家银行结售汇综合头寸年末余额3.14亿美元，收付实现制头寸年末余额10.58亿美元，6家银行持有负头寸。二是推广普及网上申报业务，提高国际收支申报的及时性，北京地区开通网上申报业务的机构数量已超过20 577家。三是落实股权激励计划新政，简化审批手续，促进企业的经营管理。四是建立重要、特殊业务的绿色审批通道，在风险可控的前提下简化审批流程，提高资金使用效率。

二、加快外汇管理理念和方式转变

（一）实施货物贸易外汇管理制度改革，促进贸易便利化和监管有效性的有机统一，保障辖内近4万家进出口企业相关业务顺利衔接，构建起全面监测、重点监测、动态监测相结合的有效机制

（二）按照国家外汇管理局进一步改进和调整直接投资外汇管理政策的相关要求，采取宣传培训、调整业务流程等手段，有序推进直接投资外汇管理改革，妥善处理过渡期业务衔接，确保新政实施平稳过渡

（三）编写《北京地区外汇业务办理指南》，探索主体监管思路，该书于2013年2月正式出版发行

（四）加强金融机构管理，提高依法合规经营意识

一是完成对辖内银行2011年、2012年上半年执行外汇管理政策的考核评价。二是做好金融机构市场准入审批与备案。全年完成108家网点开办结售汇业务备案、20家网点开办远期结售汇业务备案、84家网点开办掉期业务备案、59家网点开办期权业务备案、21家外币代兑业务备案审核工作。三是完善保险公司经营外汇业务管理。在现场验收环节开展法规测试，提升合规水平，累计约谈保险机构相关业务负责人40余次。四是强化对特许兑换机构及经营网点的全程监管，对验收合格的特许机构换发经营许可证。

（五）坚持外汇检查服务于外汇管理，体现“以人为本”的办案理念

经北京外汇管理部案审会审议决定，对外商投资企业未按规定参加外汇年检给予警告、1 000元人民币罚款的行政处罚，并适用外汇检查简易程序，案件办理时间由30个工作日缩短到1~2个工作日，提高了办案效率。全年共完成年检违规处罚633件。

（六）改进外汇管理方式，实现规范管理与提高效率的协调统一

一是鼓励企业通过会计师事务所上传数据，减少现场年检环节。二是提出外汇账户管理信息系统利用及发展路径新设想，建立保险机构外汇业务基本信息档案库及定期报送制度。三是完成北京地区个人结售汇系统、银行结售汇系统、新版贸易信贷调查系统等的测试和应用门户整合推广工作，确保新系统平稳上线运行；自行设计开发资本项目外汇业务审批管理系统，提高业务审批效率；调整银行外债指标及对外担保指标报送数据内容及方式，提高数据准确率及汇总时效。

三、坚决“守住风险底线”

根据国家外汇管理局关于“坚守风险底线，构建防范跨境资本流动冲击的体制机制”的工作要求，北京外汇管理部坚持“打热钱”和“防风险”不放松，通过非现场监测和检查处罚手段，保持对异常外汇资金高压打击态势。

（一）不断完善跨境资金非现场监测手段

一是以非现场检查系统为依托，增强打击“热钱”的主动性和精确性。全年，发现可疑交易线索1 500多笔，涉及金额逾6 800万美元。二是继续提高对个人分拆结售汇、违规提现业务的监管。全年，重点地区银行办理疑似个人分拆结售汇业务同比下降30%，查实数量同比下降50%。三是按照均衡管理的思路，加强对跨境资金流动双向监测分析，提高形势分析的预判性。四是建立健全跨境资本流动全口径统计监测体系，实施本外币监管一体化，加大非现场核查力度。截至年末，核查人员共发现90家企业及相关银行的外汇资金往来异常，已初步核实并向检查部门移交45家涉嫌违规的交易主体线索。

（二）进一步夯实统计分析监测数据基础

一是顺利完成对27家在京银行总行和外资银行主报告行的数据接口程序的现场验收并顺利启用。二是实施国际收支统计申报数据质量分级管理，依据银行报送数据的差错严重程度，分别采取提示、约谈、通报等递进式监管措施。三是指定专人根据银行需求按日下发各银行国际收支申报数据，增强银行对国际收支工作的重视程度。四是加强对银行等金融机构的业务指导，整理编发案例材料供辖内金融机构学习，全年共核查国际收支申报数据280.10万笔，差错率为0.31%，较上年同期下降近0.95个百分点。

（三）不断加大对外汇违法违规案件的查处力度

一是按照国家外汇管理局统一部署，先后开展中国农业发展银行外汇业务专项检查、大型企业外汇业务专项检查以及外汇非现场检查系统二期入库基础数据合规性非现场专项检查。二是自行对辖内四家保险公司外汇业务开展现场检查。全年，共立案728起，结案689起，结案率94.7%；收缴罚没款金额341.80万元。

四、优化服务与管理手段

2012年，北京外汇管理部以满足市场需求和降低社会成本为出发点，丰富服务途径，优化服务手段，发扬务实作风，服务水平得到有效提升。一是在服务大厅安装“业务指南查询机”，通过电话咨询、网页更新等做好政策宣传解释，提升政务公开水平。二是业务人员深入银行、企业宣讲外汇管理政策，组织开展2012年北京市金融知识安全宣传活动，向辖内83家银行下发4 000张主题宣传画和2 000本宣传册，进一步提高公众对外汇法规的认知度。柜台工作人员忠于职守，热忱服务。全年，共办理企业名录及确认书业务17 789笔，贸易信贷报告82 999笔，完成外商投资企业外汇登记11 439笔，各类外债登记及核准业务9 378笔，完成12 753家外商投资企业及1 238家境外投资企业外汇年检工作。

（云璐）

中国银行业监督管理委员会北京监管局

2012年，中国银行业监督管理委员会北京监管局（以下简称北京银监局）坚定不移地执行党中央、国务院的经济金融政策，认真贯彻落实中国银监会各项工作部署，积极支持实体经济和地方经济发展，按照“稳中求进”的工作总基调，坚持“守底线、强服务、严内控、促转型”，有力地促进了北京银行业安全稳健运行和社会经济平稳持续发展。

一、以贯彻落实国家宏观调控政策和“稳增长”要求为主线，引领辖内银行业有效服务实体经济

（一）督导辖内银行业金融机构加大对国家和北京市重点项目建设支持力度

一是全面梳理并持续跟进辖内国家和北京市重点项目信贷支持状况，加大对地铁轨道交通、高速公路、南水北调工程等重点在建、续建项目的信贷支持。二是北京“7·21”特大暴雨灾害发生后，立即召开辖内银行业金融机构专题会议部署相关工作，深入受灾严重地区实地查看慰问，指导辖内银行在抗灾自救的同时，积极配合地方政府开展灾后重建工作。三是引导辖内6家汽车金融公司创新产品，支持北银消费金融有限公司开展“Mini循环消费贷业务”和试点开办“按照业务条线的异地业务”。

（二）服务于创新型国家建设战略，以中关村国家科技型中小企业发展为重点，推动首都科技金融创新

一是推动辖内第二家专业服务中关村的特色分行——建设银行北京中关村分行成立，推动辖内异地城商行在中关村设立4家营业网点。二是督导建设银行北京中关村分行建立授信业务标准化作业流程，为尝试建立“尽职免责”机制奠定基础，该行还将小微企业不良贷款容忍度提高至3%；指导北京银行中关村分行发布“科技金融三年发展规划”，设置“四个不低于”目标①。三是首次举办“外资银行服务中关村国家科技金融创新中心建设活动”，推动辖内外资银行加大对中关村的金融支持力度。四是支持北京国际信托公司针对高科技等行业设计“中小企业系列信托”创新型金融产品，搭建“中关村瞪羚投资发展基金”等新型投融资平台，创造性尝试凝聚社会资金支持中关村建设。

（三）结合北京市“双轮驱动”发展战略，大力推动小微企业不良贷款率考核、存贷比考核等差别化监管政策“落地”

一是进一步细化小微企业差异化监管政策，包括对小微企业贷款优惠计算风险权重、对小微企业不良贷款率执行差别化考核、对金融债项对应的单户授信总额500万元（含）以下的小微企业贷款不纳入存贷比考核范围等政策，提高辖内银行服务小微企业的积极性；通过“促监管政策进基层行”、“送金融知识进社区”等活动将差异化监管政策传导至社会各界，引导辖内银行探索差异化发展道路。二是在全国率先启动小微企业金融服务宣传月活动，举办“北京银行业金融服务成就展”，累计5 000余人参观；与《银行家》杂志、金融时报社等主流媒体共同主办“北京银行业小微企业金融服务发展研讨会”、“小微企业战略发展高层研讨会”。三是引导辖内银行细分市场，推出一系列针对文化创意等首都重点行业小微企业的创新产品，推动建立了全国首家文化创意产业特色支行——北京银行宣

① 即科技企业信贷业务增速不低于全行信贷业务平均增速，累计为科技企业投放不低于1 000亿元的信贷支持，重点培育不低于1 000家高成长型科技企业，建设科技企业专营支行不少于20家。

武门支行。四是针对北京地区小微企业分布区域广、郊区县和中关村金融服务需求旺盛的实际，深入京郊区县专题调研 5 次，联动当地政府研讨破解小微企业融资难题。

（四）以支持都市型现代农业发展为重点，持续推动涉农服务产品创新，积极探索国际大都市不弃“三农”的创新经验

一是紧密结合首都新农村建设和城乡一体化发展需求，通过“三农”特色机构快速审批机制，相继在郊区县设立了 25 个银行网点、2 家村镇银行，金融资源向金融服务薄弱领域及“三农”需求旺盛的地区配置逐步优化。二是创建村镇银行开业辅导制度，向市政府争取并落实定向补贴类优惠政策，引领村镇银行结合所在区县的产业规划及市场需求制定自身发展战略。三是以“双百竞赛”和“三大工程”建设活动为载体，持续推动辖内农村中小金融机构提升支农服务水平。四是开展支农专题调研，探索“产、农、融”① 有效对接支持首都现代农业发展新路径。

（五）在依法合规、风险可控的前提下，引导辖内银行业金融机构稳步增加对北京市城乡一体化改造和保障房建设的资金供应

一是督导辖内银行支持“重点村”改造建设完成预定的两年目标任务，探索农村集体土地建设新型城乡结合部的融资新问题，有效推动西红门镇和旧宫镇城乡一体化改造试点工作。二是深入调研北京市保障房融资需求；联合相关部门成功申请将北京市经济适用住房开发贷款试点由 1 家试点银行、3 个试点项目扩大到 4 家试点银行、6 个试点项目；支持北京国际信托公司在商业可持续的前提下对丰台南苑棚户区改造项目开展交易结构创新，探索解决保障房建设资金需求的可行途径；鼓励辖内银行认购保障房私募债 226.3 亿元；推动发放了辖内首笔公租房贷款 6 154.5 万元；指导辖内 7 家银行与市保障房中心签署了中长期战略合作协议，另有 4 家正在洽谈中。

（六）以高度的政治责任意识促进首都银行业切实提升金融服务水平，以密集的督导访查推动“不规范经营”专项治理活动和纠风工作深入开展，切实维护首都银行业消费者的合法权益

二、以持续强化重点领域风险防控为重点，督导辖内银行业强化风险防控第一责任，坚守风险底线

（一）针对中担投资信用担保有限公司（以下简称“中担公司”）等重点风险苗头，督促辖内银行业金融机构动态调整贷款风险分类；组织开展辖内贷款风险分类自查整改；针对贷款风险分类系统建设、贷款分类偏离情况等内容开展专项现场检查；重点督导辖内法人银行完善贷款风险分类制度和流程

（二）狠抓全面风险排查与重点风险事件处置，强化案情分析和考评测试，推动辖内银行业金融机构案防工作基础不断完善

一是开展辖内法人银行等重点机构案情分析、座谈交流与专题辅导，增强案防敏感性。二是把握案防关键，将案防政策列入高管准入考试“必考题”；制定统一的考核评价操作表，采取机构自评与北京银监局复评相结合的方式，推动辖内银行

① 产指北京市及各区县农业产业发展规划；农指农村、农业、农民；融指提供融资的银行业金融机构。

业金融机构强化案防第一责任，全面审视内控体系中的不足，梳理制度漏洞；通过转发文件、召开座谈会督导辖内银行业金融机构完善轮岗、对账及内审等方面制度流程，以“九种人”① 为重点加强员工行为排查，并建立守押业务统一协商机制、案防工作组织协调机制、与北京银监局案防工作联动制度等机制，提升案防内控执行力。三是督导辖内银行全面排查各业务条线风险隐患，推动建立风险排查常态工作机制。四是密切跟踪中担公司、“中辉系”重点风险事件，有力推动风险处置工作。五是开展防范和打击非法集资宣传教育，先后巡查21家银行的24个网点；配合市政府相关部门对46家企事业单位和1名个人进行涉嫌非法集资、非法经营性质认定，严防民间借贷风险向银行体系转移。

（三）以辖内法人银行为重点，深入推进数据质量良好标准评估工作

一是坚持“三个联动”、“四项原则”，创新“一表多查”等手段，对辖内3家法人银行开展数据质量良好标准评估工作。二是组织辖内未参评机构开展数据质量良好标准自查。三是对辖内141家机构非现场监管报表填报情况进行考核，提高数据质量管控意识。

（四）强化风险预警与重点排查，推动辖内银行业金融机构有效执行个人住房信贷政策

一是通过重点抽查、现场检查、专题调研推动“限购”、“限贷”等房地产差别化信贷政策“落地”。二是监测预警大额房地产贷款偿债风险，现场检查房地产贷款管理问题。三是督导辖内信托公司做好事前报告并到期前制订资金退出方案，实现辖内全部房地产信托到期项目如期兑付。确立辖内信托公司统一适用的事前报告处理标准，督促辖内信托公司对房地产信托项目到期兑付做到“提前介入、摸清底数”，提前半年制订信托资金退出方案。

（五）有效化解到期融资平台贷款偿债风险，引导辖内银行合理支持省级平台、重点项目资金需求

一是推动多方联动，督促辖内银行逐一落实到期平台贷款还款来源与处置预案，有效化解平台贷款到期违约风险。二是合理优化平台贷款结构，引导辖内银行积极支持省级平台与重点项目合理资金需求。

（六）深入推动辖内法人银行信息安全治理与信息科技风险应急管理工作，加强流动性风险预警监测，敏锐防控理财、同业代付等各类表外业务风险异动

北京银监局会同北京保监局出台代理保险业务规范性政策，对辖内27家银行的42个网点开展了理财和代理保险业务专项访查，引导辖内银行积极自查整改同业代付业务；推动辖内信托公司、财务公司进一步规范债券回购、委托贷款等业务。开展辖内4家中资法人银行信息安全治理自查督导工作，推动银行加强应急管理与灾备体系建设工作。

三、以科学转型发展为主线，推动辖内法人银行健全内生机制

（一）督导辖内法人银行有效补充资

① “九种人”包括有“黄赌毒”行为的；个人或家庭经商办企业的；大额资金炒股的；个人、家庭负债较大，或在行社有贷款的（正常消费贷款除外）；无故不能正常上班或经常旷工的；交友混乱，经常出入高档消费场所的；在职工作超过强制休假、轮岗规定时限的；有不良记录或犯罪前科的；已经出现违规操作的。

本，增提拨备，夯实稳健持续发展基础

一是通过年度监管通报、监管会谈督促辖内4家中资法人银行落实中长期资本补充规划，调整业务结构，加大利润留存力度，适当减少分红，增强资本补充能力。二是督导辖内法人银行准确分类、有针对性地计提特种拨备，对新增不良贷款补提拨备。

（二）引领辖内法人机构提升公司治理水平

首次尝试年度联动监管会议与信息科技风险会议、片区内审联动会议套开形式，召开辖内3家法人银行年度监管会议，加强系统内、与市委有关部门联动，引领辖内法人机构提升公司治理水平。

（三）加强技术指导、前沿调研与信息交流，针对辖内法人银行不同特点，开展“一行一策”贴身辅导，推动完善新监管标准达标实施规划。通过建立专用邮箱与人才库、参加中国银监会新资本协议实施银行评估验收工作，加强信息共享与人才培养

（张璐）

中国证券监督管理委员会北京监管局

2012年，中国证券监督管理委员会北京监管局（以下简称北京证监局）按照全国证券期货监管会议精神和中国证监会各项工作部署，以科学发展观为指导，结合辖区实际，不断完善监管方式，全面落实辖区监管责任制，有效推进重点工作，坚决打击证券期货违法违规行为，维护了首都资本市场的稳定和健康发展。

一、履行辖区监管责任制，积极推进常规工作和监管创新

上市公司监管方面。以信息披露监管为核心，以公司治理监管为抓手，扎实完成年报监管、现场检查和日常监管三大基础工作，全力推进“解决同业竞争、规范关联交易”、内控规范、内幕信息防控体系建设、现金分红监管等专项工作。全年共完成对57家公司的现场检查，培训上市公司董事、监事1 981人次。构筑“公司自治、中介督导、政府监管”三道防线，切实增强公司合规的内生动力。通过培训交流、现场督导、专项检查等方式，推动辖区正式实施内控规范的99家主板上市公司夯实内控基础。认真落实《拟上市公司辅导工作监管指引》各项要求，规范企业辅导备案和验收工作，源头把关上市公司质量。全年受理拟上市公司辅导备案190家，完成辅导监管和验收102家。

证券机构监管方面。强化公司合规和风控，通过月度、季度、年度报告审阅及报表分析，各类备案材料审阅等非现场监管方式，及时了解各证券经营机构经营情况，有效监控公司风险。联合交易所对辖区公司创新业务准备情况进行检查。加强投资咨询公司荐股软件业务监管，对申请开展荐股软件业务的类持牌机构加强资质审查。全年共完成整改落实检查、合规性检查及信息系统安全、各项业务资格获取、经纪人制度实施等21项现场检查工作，涉及证券公司28家次、证券分支机

构79家次，投资咨询机构4家次，资信评级机构2家次。

基金管理公司监管方面。确立“以产品线归类监管、以现场检查重点监管、以非现场监控辅助监管、以监察稽核延伸监管、以投诉线索导向监管、以机制优化促进监管”的监管思路，认真落实“三条底线”防控，维护辖区基金行业平稳健康发展。优化现场检查模式，促进基金管理公司合规发展。及时把握市场形势及行业发展热点，合理确定产品线分类监管模式。通过FIRST系统定期监控、内控评价报告审阅分析、媒体舆论跟踪等方式，强化非现场监管手段，提升基金管理公司风险防控能力。

期货公司监管方面。加强期货公司高管管理，促进公司不断提高合规运作水平。督促落实首席风险官制度，通过以净资本为核心的监管机制，督促公司构建自我规范长效机制和抗风险能力。有序开展期货公司年报审计、现场检查和分类评价工作。扶优限劣，合理布局，引导辖区营业部良性竞争。通过现场检查、月报分析、定期培训等手段，强化营业部合规管理。通过持证企业月报核对和分析、境外代理行的变动报备等方式，掌握企业交易和风险情况。妥善处理辖区8起期货公司客户保证金预警。

中介服务机构监管方面。加大审计与评估业务监管力度，探索形成律师职业监管工作规程，切实提高辖区中介机构的执业质量。全年共审阅252家公司的总体审计策略和审计计划，完成27家年审机构执业质量检查，约见辖区176家公司的主审会计师谈话；对3家律师事务所的证券执业情况进行检查，调查92家律师事务所证券期货执业情况。

二、推动辖区市场创新发展，提升服务实体经济能力

一是积极引导辖区市场中介机构创新。围绕行业创新工作的总体部署，先后组织30余次调研座谈，开展20次创新业务培训，引导辖区各类机构交流创新理念和信息，充分发挥证券公司中介服务功能，推动基金管理公司向现代财富管理机构转变，提升期货公司服务实体经济的能力。二是拓宽融资渠道，服务实体经济。全年，辖区有11家公司发行公司债，共募集资金634.8亿元，有18家中小企业在交易所进行私募债券融资备案，备案金额达29.5亿元。三是参与推动多层次市场建设。结合“新三板”市场建设筹备情况，对辖区150余家“新三板”挂牌公司进行全面调研，总结挂牌企业特点，提出监管建议；引导证券公司积极参与各地区域性股权交易市场建设。

三、打击证券期货违法犯罪，保护投资者合法权益

一是深入开展投资者教育活动。成立投资者保护工作小组，制订工作方案，切实提高辖区机构的投资者保护意识。二是妥善处理信访投诉，保护投资者合法权益。全年受理信访投诉337起，接听投诉电话5 000余个，接待信访人来访200人次，为信访人协调退款80余万元。三是严格执法，加大对违法违规行为的打击力度。全年办理证券期货违法案件56件，通过深挖举报投诉材料，自立案件5件；采取监管措施15份，及时矫正各类违规行为。四是突出重点，查办非法证券工作取得新突破。全年办理涉及非法证券活动的信访投诉67件，向市公安机关移送各类非法证券经营案件10件，为公安机关出具认定意见15份。五是通过各种手段，全力维护辖区市场稳定。提前制订预案，强化市场主体的责任意识；通过强化技术手段应用、应急演练、现场检查等方式，有效防范证券期货经营机构信息安全隐患。

四、坚持依法行政，提高监管执法的规范化水平

一是扎实做好行政许可工作，严格市场准入门槛。修订《北京证监局证券机构行政许可审核工作制度（内部）》，编制《北京证监局证券机构类行政许可审核工作手册》，并绘制各类许可工作流程图，实现审核工作标准化、规范化。二是公开监管执法标准，实施制度化、阳光化监管。通过制定、下发、修订有关监管标准，提高工作效率和监管公信力，引导辖区各市场主体规范发展。三是明确内部工作标准，推行精细化、规范化监管。统一检查标准和尺度，推动建立重大行政监管措施的集体合议决策制度，加强对重大事项决策权的约束和监督。

（张靖）

中国保险监督管理委员会北京监管局

2012 年，中国保险监督管理委员会北京监管局（以下简称北京保监局）认真贯彻全国保险监管工作会议和北京市金融工作会议精神，以实现和维护好保险消费者利益为根本目的，进一步治理销售误导和理赔难问题，防范化解风险，加强改进监管，引导行业逐步改善形象、提升能力，积极服务首都经济社会建设，促进北京保险市场平稳健康发展。

一、加强和改进监管，保护保险消费者权益

综合运用多种手段，维护市场秩序，解决市场突出问题，保护保险消费者权益。多措并举，解决车险理赔难和寿险销售误导问题。完善监管制度，研究制定车险理赔管理指引、车险理赔时效信息披露、银保渠道监管要求和销售人员分级分类管理制度；规范销售行为，完善北京地区保险销售强调语和新单回访基础语、搭建电话销售禁播平台；强化资质管理，推动行业实施车险定损员分级考试管理和建立寿险销售人员警示信息平台；启动北京地区商业车险条款费率制度改革研究工作，推动车险产品和服务创新。2012 年，车险平均理赔周期较 2010 年末缩短 3 天，结案率提高 1.6 个百分点；个人代理和电销渠道误导问题得到有效规范，存在误导问题的保单数量较 2010 年下降了近 10 个百分点；人身险电话销售禁播平台上线后，电话销售扰民的投诉量下降近九成。创新机制，拓宽消费者维权渠道。做实 12378 信访投诉热线，建立投诉快速处理机制和投诉处理测评制度，提高投诉处理时效和质量；完善“局长接待日”制度，建立局领导轮流主持、处室负责人全程参与、现场答疑、跟踪督办的工作机制。全年共接到 12378 热线投诉 2 887 件，其中 2 045 件已协商解决，消费者对协商解决的满意度达 94.2%。持续加大市场规范力度。开展保险公司数据真实性自查、代理市场清理整顿工作和农险、未决赔案等专项检查，加强对理赔和销售行为等与消费者利益密切相关问题的检查。全年共检查58家保险公司和中介机构，依法处罚保险机构8家，处理责任人10人，罚款金额120万元。

二、积极防范化解风险，维护金融市场安全

加强风险监测和预警，采取有效措施防范化解风险，切实维护首都金融市场安全稳定。完善风险监测机制。密切关注宏观经济金融形势变化及其对行业的影响，重点关注给付、现金流和准备金等数据变化情况，强化风险预警；加强对退保数据的监测和分析，从重点险种、重点渠道、舆情监测、投诉处理等方面全方位掌握市场退保情况。加强对重点领域和重点公司的风险处置指导。配合公安部门，成功侦破一起特大车险团伙骗赔案件，涉案金额近700万元；妥善解决部分公司满期给付分红率较低引发的群访群诉问题，保护保险消费者利益；妥善处置部分中介机构以期权激励方式诱使营销员误导客户购买分红险问题，维护市场稳定。探索建立健全反映不同类别保险公司分支机构风险状况的核心监管指标体系，实现以核心监管指标为主的动态风险评估与分类监管、市场分析等相结合的科学监管模式，增强监管工作的预见性和针对性。

三、推动行业提升服务能力，服务首都经济社会发展

推动行业不断拓宽服务领域，支持首都经济社会发展。积极应对北京“7·21”特大暴雨山洪泥石流灾害。灾害发生后，北京保监局统一协调部署，指导各公司迅速开展救灾理赔工作；明确灾后理赔原则，最大限度地维护消费者合法权益；保证信息公开透明，舒缓公众情绪，维护灾后社会稳定，减轻政府救灾压力。截至年末，累计赔付11.3亿元，是近年来我国发生重大自然灾害中保险补偿水平较高的一次。发挥风险保障功能，积极服务“三农”。修订完善北京市政策性农业保险条款，新增小麦穗发芽以及苹果、桃、梨等果类作物低温冻害保险责任；研究修订承保、理赔服务规程，推进标准化经营服务；与市金融局等单位共同推进北京市农村基本金融服务村村通工程，促进农村地区整体金融服务水平提升。截至年末，北京市政策性农业保险实现保费收入5.1亿元，提供风险保障金额合计129.9亿元，参保农户21.3万户次，受益农户16.7万户次。创新服务方式，积极助力“新医改”。推动健康险信息平台建设，初步实现健康险全险种覆盖和数据录入标准化；制订北京地区健康保险经营规范，明确经营条件，统一经营标准；持续深化人保健康北京分公司和平谷区政府新农合“共保联办”试点，强化医疗行为管控。两年来，每年为政府节省近百万元人力成本，参合农民少支出近4 000万元的自负医疗费用。发挥社会管理功能，服务首都和谐发展。按保费收入1%提取北京地区交强险道路救助基金，截至年末，缴纳额度1.03亿元。继续推动责任险服务首都安全体系建设，深化西城区政府机构和事业单位责任保险试点，共支付赔款40万元，赔付率80%；启动北京市安责险制度试点工作，为全市1 429个烟花爆竹零售网点办理安责险。

（黄芳）

北京市金融工作局

初步核算，2012 年，北京市金融业实现增加值 2 592.5 亿元，同比增长 14.4%，占北京地区生产总值的 14.6%。实现地方财政收入 523.9 亿元，同比增长 26.4%，占全市地方公共财政预算收入的 15.8%，增收贡献率达 35.4%。实现三级税收同比增长 43.4%，占全市比重为 42.2%。630 家法人金融机构覆盖金融全领域，地方金融业态稳步发展，融资性担保机构 126 家，小额贷款公司 62 家，第三方支付机构 42 家，VC/PE 发展迅速。全年，在京发生的创业投资和股权投资案例 360 起，投资金额合计 311.4 亿元，投资案例数居全国首位，首都金融组织体系更趋完善。

推进科技金融、文化金融创新发展 贯彻落实九部委联合印发的《关于中关村国家自主创新示范区建设国家科技金融创新中心的意见》及北京市金融工作局与市委宣传部联合印发的《关于金融促进首都文化创意产业发展的意见》，金融支持高新技术产业和文化产业的力度不断加大。截至年末，全市高新技术产业人民币贷款余额 1 388 亿元，同比增长 35.8%；文化创意产业人民币贷款余额 536 亿元，同比增长 20.6%。

多层次资本市场和金融要素市场快速发展 全年新增 A 股上市公司 23 家，首发募集资金 197 亿元，上市公司数量、总市值、融资额等七项指标居全国首位。全国中小企业股份转让系统有限责任公司（“新三板”）在京设立，使北京成为第三个具有全国资本交易市场功能的城市。区域股权交易市场建设有序推进。各类交易场所不断开拓交易品种，金融要素市场交易活跃。稳步推进交易场所清理整顿工作，有力化解市场风险。

重点领域融资得到保障 非金融企业直接融资总量持续扩大，达 11 888.7 亿元，在融资总额中占比 68%，债券融资已是人民币新增贷款的 2.4 倍。推动 290 亿元保险资金继续投资北京市土地储备项目。保障房私募债累计发行 249.3 亿元，支持了北京市 31 个重大项目建设，融资示范效应影响全国。

加大中小微企业金融支持力度 截至年末，全市小型微型企业人民币贷款余额 3 014.9 亿元，同比增长 7.5%，增速高于大型企业 5.7 个百分点。北京地区全年共有 30 只中小企业私募债备案，其中 16 只已完成发行，发行总额 13.2 亿元。

金融服务民生领域逐步拓宽 “三通工程”开通缴费项目 73 项，累计投放缴费终端 18.6 万个，覆盖全市 1 900 个社区，实现交易金额 600 亿元。农村基本金融服务“村村通”工程已覆盖 325 个行政村，覆盖 76.2 万人，为农户提供小额取款等基本金融服务。保险行业积极参与城市运行和管理，开展公众责任险、养老机构综合责任险等专项工作，完成北京“7·21”特大自然灾害的赔付工作，在维护社会稳定等方面发挥了积极的作用。

首都金融发展环境持续优化 切实落实各项支持政策。在全国率先建立地方金融综合统计制度和体系，开展政策提升研究工作，启动地方金融立法前期工作，有序推进金融功能区发展。成功举办北京国际金融博览会等专题活动、京台金融合作论坛、第四届全球PE论坛等一系列大型活动，首都金融影响力持续扩大。

履行地方金融监管职责，防范、化解和处置金融风险 印发实施《北京市交易场所管理办法（试行）》、《关于促进北京市融资性担保行业规范发展的意见》和《关于进一步加强融资性担保机构管理的通知》等规章制度，稳步推进中担投资信用担保有限公司等风险事件处置，成功处置汉唐交易所事件。

（柳宁）

金融机构

中国农业发展银行北京市分行

2012年末，中国农业发展银行北京市分行（以下简称农发行北京市分行）贷款余额330.07亿元；经营利润8.41亿元，人均利润206.02万元；人均存款1 802.95万元，同比增加5.04万元；国际业务营销量2.43亿美元。

截至年末，农发行北京市分行下辖13个支行（部），在岗员工412人。

政策性粮油信贷业务 贯彻落实国家宏观调控和保供给稳物价政策，全年累计发放和收回粮油贷款119亿元，同比增加38亿元；累计发放粮食收购贷款1.72亿元，支持郊区粮食收购。支持国家级龙头加工企业发展，促进首都农产品价格平稳。做好夏粮、秋粮收购资金的供应与管理，连续9年实现“双结零”。

政策性中长期信贷业务 全年累计发放续贷资金27.3亿元，用于支持大兴、昌平等地区新农村建设项目；新发放贷款14.94亿元，用于支持中关村创新园土地整治项目、石景山区刘娘府旧村综合改造项目及通州文化旅游区项目。

中间业务 全年实现中间业务收入499.71万元，人均中间业务收入12 555.61元。

票据业务 全年共办理买断式票据业务72笔，累计票面金额277亿元；办理卖断式票据业务2笔，累计票面金额13亿元；票据资产年末余额36.2亿元，实现利息收入7.16亿元。

国际结算业务 全年办理国际结算业务280笔，业务量24 276.53万美元；实现业务收入99.99万元；开立外币户56户，单位存款年末余额49万美元。

金融产品和服务创新 开办投资业务，取得现代种业发展基金托管承办行资格，获得一期15亿元托管基金存款；开办企业常年财务顾问业务。

不良贷款清收 2012年内，完成3笔不良贷款的核销工作，存量不良贷款实现“清零”。清收工作取得新进展，现金清收附营业务停息挂账贷款1 096万元。完成3 600万元风险贷款的清收化解工作，继续保持自2005年开展新业务以来新增不良贷款的“零增长”。

人力资源管理 开展创先争优活动，评选出先进基层党组织8个、窗口和服务单位优秀共产党员26名；健全和发扬党内关怀机制，对16名生活困难党员进行补助；加强支行领导班子建设，通过公开选拔和公开竞聘，选任支行行长2名、支行副行长9名；加大干部交流力度，17名处级干部进行了岗位交流；举办高管人员赴港培训、复合型人才培训、专家型人才培训、实用型人才培训等多类型的培训班，适应业务发展需要。

企业文化建设 举办“至诚金农发”第五届职工文艺会演，全行近200名员工参加了演出。召开第三届、第四届职工运动会，组队参加农发行华北地区第十四届职工运动会。开展“北京分行青年礼仪之星”行为礼仪竞赛活动，对全行30名青年同志进行礼仪培训。组队参加总行“金农发行杯”合规风险防控业务知识竞赛，获集体三等奖。组织职工参观昌平国际草莓博览园、小微企业贷款成果展、“科学发展成就辉煌”大型图片展览。

（李灵毓）

中国进出口银行北京分行

2012年末，中国进出口银行北京分行（以下简称进出口银行北京分行）累计批准贷款项目113个，批准贷款343亿元，比上年增长69%；累计发放贷款352亿元，比上年增长65%；各类贷款余额本外币合计513亿元，年内新增108亿元，完成计划的153%，比上年多新增53亿元，增长96%；资产质量有所提高，实现“双下降”目标；实现账面利润8.21亿元，比上年增加0.65亿元，超额完成总行下达的利润目标。

截至年末，进出口银行北京分行内设处室11个，在职正式员工63人。

支持地方实体经济发展 贯彻落实国家支持稳定外贸增长政策，全年新增贷款支持外贸进出口占比71%；加大对具有自主知识产权、自主品牌和高附加值产品出口和企业“走出去”的支持力度，贷款增长249%；加大对“三农”、小微企业项目的支持，实现贷款增长不低于上年、贷款增速不低于全行贷款增速的目标；支持北京地区产业升级，为北京福田戴姆勒汽车有限公司提供18亿元人民币开放型产业整合贷款，使谈判近10年之久的项目最终得以启动；服务辖区科技创新工作，全力支持芯片制造等战略性新兴产业发展；支持北京四达时代通讯公司在非洲九国开展无线数字电视网络建设项目，推动中国文化“走出去”。

业务拓展 为扭转年初储备项目不足和贷款大量到期带来的贷款余额持续下降的局面，深入辖区内各企业对接需求，开拓客户和项目，全年开发新客户26个。5月11日，以总行名义与北京市政府签署了“十二五”时期战略合作备忘录，建立长效合作机制。加大业务创新力度，努力拓展业务发展空间。全年共计有17个业务品种实现了零的突破。其中，创新业务贷款涉及8个项目5个品种，批准贷款34.51亿元，发放贷款17.31亿元；中间业务涉及12个品种，进口双保理业务为进出口银行首笔。全年共完成64亿元同业合作业务。

强化内控与风险管理 以开展“贷款质量年活动”为契机，不断强化贷款“三查”和内部管理；建立健全各项规章制度，全年共制定、修订业务操作规定15项，内部管理制度9项；进一步强化计划管理工作，提高资金计划、信贷计划等项工作的科学性和准确性；狠抓风险防范与化解工作，努力提高资产质量，全额现金收回5 450万元不良贷款，完成1 061.94万元呆账核销工作，处置化解了近30亿元人民币的隐患贷款项目，实现了不良贷款“双下降”。2012年，进出口银行北京分行在总行系统信贷项目档案评比排名从2011年的第19位跃升至第5位，并在制度建设和统计工作等评比中获得优秀。

企业文化 认真学习贯彻十八大精神，开展爱国主义教育活动；做好中国进出口银行党代会代表的选举和分行党支部的改选、评议工作，发展5名同志成为中国共产党预备党员；开展廉政风险排查和完善防控措施工作，保持和巩固了零发案的良好态势；加强员工队伍建设，全年共举办各类讲座16次，参加人数近1 000人次，开展副处级以上干部竞争上岗，有6位优秀员工走上了领导岗位；履行社会责任，赴岷县开展扶贫捐赠活动，组织全体员工向北京“7·21”灾区和困难职工捐款，树立良好的社会形象。

（徐强）

国家开发银行股份有限公司北京市分行

2012年末，国家开发银行股份有限公司北京市分行（以下简称国开行北京市分行）表内外贷款余额3 408亿元，比上年增长13.1%。

截至年末，国开行北京市分行内设处室20个，在职正式员工206人。

坚持规划引领业务发展 推动首都城市发展战略和功能优化研究及北京市文化、科技“双轮驱动”战略实施，签订开发性金融合作协议24项，协议金额2 470亿元，开展规划合作项目15项，实现了保障房、重大基础设施及产业功能区建设、基层民生等领域项目的开发储备，确保了资产结构的合理优化。

保证首都“稳增长”重点领域资金需求 全年，实现表内贷款发放945亿元，余额新增210亿元，同比增长8.96%；表外受托业务工作量296亿元，同比增长174%，余额新增182亿元，增长27.24%。实现重大项目贷款发放512亿元，保障性安居工程建设贷款84亿元，高科技产业贷款59亿元，重点村改造等涉农贷款128亿元，文化产业贷款27亿元。

支持重大项目、重点产业建设 与首钢国际、国药集团、万达文化、昊华能源等企业建立新的合作关系；向北京“7·21”特大暴雨灾害地区提供捐赠、应急贷款和重建规划建议等支持；围绕科技、文化“双轮驱动”战略实施，向经开光谷、二十一世纪小卫星星座系统、普天科创、新立基真空玻璃、乐视网等科技型企业提供贷款8.22亿元；与市文资办搭建文化创意统贷平台，完成中广传播全国移动网络建设项目、华谊兄弟影片摄制流动资金贷款等文化创意项目融资总量21.5亿元。发放京东方八代线银团贷款、中芯国际一期增资扩产项目银团贷款、亦庄数字显示产业园、北工大软件园二期等产业项目共计85亿元。发放北京高端制造业基地03街区4个项目贷款5.92亿元。

支持民生领域发展 完成张仪村和丰台高立庄对接安置房、西城区桃园二期危改小区Ⅱ期工程和新兴盛危改小区扩大用地土地一级开发、丰台科技园西一区等26个项目评审承诺；发放京煤集团工矿棚户区改造项目贷款4.8亿元；接受北京市保障性住房投资中心将保障房私募债资金45亿元发放委托贷款，用于门头沟棚户区改造、黑山项目等5个保障房项目建设。构建邦信资产下属中小企业转贷模式，实现评审承诺1亿元；以北京高技术创业服务中心为统贷平台，支持三家科技型中小企业，累计放款7 000万元。全年发放新农村建设贷款122.2亿元。发放中央彩票公益金存单质押小额扶贫贷款5.1亿元，支持农户20万户。支持首农集团流动资金贷款、现代化肉鸡养殖科技示范区等一批“菜篮子”项目，发放贷款6.27亿元。实现援藏项目评审承诺7 617万元，援疆项目评审承诺5.2亿元。

创新金融产品和服务 全年银团工作量204.78亿元，支持丰台科技园西区园区建设、昌平区东小口镇旧村改造、顺义区板桥村土地一级开发等项目。采取“债贷结合”模式，发行全国规模最大的保障房私募债、国内首只涉农中小企业集合票据、清华同方、北大方正等10只债券，发行额度208.8亿元。实现信托贷款发放10亿元，完成9笔信托业务，累计到位资金36.6亿元，支持丰台区城乡一体化槐房村和新宫村旧村改造等项目。

支持企业“走出去” 实现汉能希腊光伏电站、拓富散货船等项目评审承诺36.8亿元，发放中信集团、中信泰富、华锐风电巴西、中国水产公司并购莫桑比克渔业公司、信威通信等重大项目贷款16.3亿美元。与市发改委、国资委建立“走出去”沟通渠道，调研中工国际等一批潜在客户需求，推动与巴西石油公司的新一轮合作。

通州国开村镇银行经营稳健 截至年末，通州国开村镇银行资产总额146 963.16万元，贷款余额12 234.01万元；负债总额136 837.09万元，其中存款余额136 518.33万元；累计本息回收率100%，贷款不良率为零，资本充足率为86.60%，单一客户贷款集中度为8.42%；流动性比例为71.53%。

风险管理 加强与北京银监局、市金融局、市发改委的沟通协调，配合北京市深化融资平台贷款规范，46户平台贷款实现全覆盖。成功化解良乡高教园不良贷款1.78亿元。提升内控合规管理水平，加强担保公司分类管理，将中小企业贷款风险防范前移至上会和审议环节，采取背对背发送廉政建设和金融服务征询意见函方式，从源头上防范道德风险。

（常江）

中国工商银行股份有限公司北京市分行

2012年末，中国工商银行股份有限公司北京市分行（以下简称工商银行北京市分行）本外币资产总计2.39万亿元，比上年增长13.27%。实现拨备前利润340.51亿元，拨备后利润333.15亿元，比上年分别增长6.8%和6.1%。本外币全部存款余额2.3万亿元，比上年增加2 616亿元。本外币各项贷款余额4 505亿元，比上年增加418亿元。中间业务收入79亿元，比上年增长6.76%。

截至年末，工商银行北京市分行共有37家二级分行（含分行营业部），642家营业网点（含自助银行90家）；员工总数18 415人，其中正式员工16 038人，外聘员工2 377人。

信贷业务 立足集团总部和北京本地两个信贷市场，紧抓集团本部、中央企业、“走出去”企业和市属重点企业四大板块，重点支持国家和北京市重点在建续建项目及“十二五”规划确定的重大项目建设，全年累计投放公司贷款3 548亿元，净增308亿元。积极支持符合国家产业政策和经济结构调整方向的先进制造业、现代服务业、文化产业和战略性新兴产业的发展，贷款合计增加180亿元，占新增贷款的43%。持续加强对中小企业的金融服务，小企业贷款累计发放189亿元，中型客户贷款比上年增加166亿元，户数增加153户。以核心企业供应链为重点，加大贸易融资业务发展力度，贸易融资比上年增加62亿元。积极满足居民消费领域贷款需求，个人贷款比上年增加73亿元，贷款余额716亿元。充分发挥“总部经济”资源和资金大行优势，综合运用间接融资+直接融资、投行+商行、信贷存量+信贷流量等多种方式，满足客户多元化金融服务需求；同时，不断提高贷款定价的科学性，进一步增强贷款议价能力。

存款业务 通过综合金融服务、集团公司与财务公司联动营销抓好大客户资金“揽入”，以新兴产业市场开发为契机，加强对中小公司客户的集群拓展，夯实公司存款的增长基础。充分发挥境内网点、境外网络优势，强化境内外联动，促进外汇存款增长。全年，人民币对公存款（不含同业）比上年增加1 466亿元，外汇存款比上年增加23亿美元。坚持“抓资金源头、抓高端客户、抓批量发展”的工作策略，将“大联动、大营销”活动与个人直销服务有机结合，重点抓好储蓄存款的源头竞揽。截至年末，人民币储蓄存款比上年增加806亿元，余额7 166亿元。注重存款增长的均衡性，通过存款的均衡稳定增长提高效益，全年储蓄存款和对公存款日均增量分别达到325亿元和690亿元。理性应对利率市场化条件下的市场竞争，着力增强成本意识，严控高成本存款增长，通过产品的创新组合，为客户提供个性化的综合金融服务。

中间业务 及时根据监管要求和市场变化调整经营策略，认真抓好不规范经营问题专项治理和金融消费者权益保护，培养“整治是为了规范，规范是为了更好的发展”的理念；坚持将中间业务作为经营转型的主攻方向，将金融资产服务业务作为战略转型重点，加大统筹规划和系统推动力度，通过创新引领、资源整合和专业化服务，深入挖掘新的收入增长点。全年销售个人四项理财产品和法人理财产品5 780亿元和2 871亿元。新增信用卡164万张，总量突破800万张。新增个人网银、企业网银和手机银行证书客户132万户、2.1万户和133万户，电子银行交易额55万亿元，同比增长7.5%。主承销债务融资工具2 089亿元，国际结算量1 606亿美元，新增对公结算账户6万户，总量24.7万户。销售实物贵金属13.4吨，账户贵金属6 061吨。资产托管规模8 980亿元，同比增长43%。养老金企业客户总量876户，服务职工人数达396万人。

改革创新 加快解决服务突出问题，第四季度贵宾和普通客户平均等候时间分别降至10分钟和18分钟，客户投诉量比上年下降71%。在中国银行业文明规范服务千佳示范单位评比中，工商银行北京市分行申报的10家网点全部入围。创新实施运营标准化改革，在327家贵宾理财中心以上网点推广以服务环境、大堂经理、运营流程、服务行为、服务管理五个方面标准化为核心的运营标准化改革，截至年末，161家网点已通过标准化改革验收。持续推进业务流程综合改造和业务集中处理改革，完成了20个流程优化项目，解决了94个紧迫性流程问题；稳步推进现金业务与2 700台自助机具的集中管理，提高了自助机具集约化管理水平和运营效率。不断完善多元渠道体系，全年新建、迁建、升格网点51家，新建自助银行26家，网点总量642家（含90家自助银行）。贵宾理财中心以上网点341家，占网点总量的62%。全年新增自助机具1 250台，总量5 944台；柜面业务可分流率降至35.7%，同比下降3.6个百分点。

风险管理 积极做好不良贷款的清收处置和潜在风险贷款的清收转化，不良贷款连续12年保持“双降”，不良贷款余额和不良贷款率分别比上年下降1.7亿元和0.08个百分点。推进监督体系改革，强化对风险领域和重点环节的业务检查，加强对高风险机构和高风险柜员的管控，开展“十类”严重违规行为专项治理，充分利用核查系统做好风险核查工作。持续提升风险量化管理水平，扎实做好客户信息安全、外包业务、表外业务、市场风险、声誉风险和法律风险等各类风险的防控工作。进一步完善内控合规体系建设，深入开展“内控案防执行年”和“员工行为规范教育”等系列活动，持续加强对案件易发领域和违规多发环节的检查整治，严格落实案件防范责任制，全年未发生重大安全事故和风险案件。

（夏仲尼）

中国农业银行股份有限公司北京市分行

2012年末，中国农业银行股份有限公司北京市分行（以下简称农业银行北京市分行）本外币总资产6 392亿元，比上年增加1 368亿元，增长27.23%。本外币各项存款余额5 669亿元，比上年增加1 080亿元，增长23.53%；其中人民币各项存款余额5 537亿元，比上年增加1 030亿元，增长22.86%。本外币各项贷款余额2 593亿元，比上年增加352亿元，增长15.71%；其中人民币各项贷款余额2 324亿元，比上年增加334亿元，增长16.78%。拨备前利润107亿元，比上年末增长45.97%。

截至年末，农业银行北京市分行共有营业网点327家，在岗员工8 141人。

公司金融业务 贯彻国家宏观调控政策，实施差异化信贷策略，推进信贷结构调整。增量贷款主要投向优质客户和低风险类业务，BBB级（含）以上法人客户贷款占比98.08%，比上年提高0.32个百分点。文化创意产业企业比年初增加21户，增长38.18%；年末贷款余额比年初增加4.41亿元，增长10.54%。高新技术企业比年初增加31户，增长25.62%；年末贷款余额比年初增加50.33亿元，增长37.5%，在各项贷款中占比较上年提高0.88个百分点。推进“绿色信贷”业务，支持节能减排客户11户，年末贷款余额17亿元。“两高一剩”行业客户比年初减少19户，贷款规模与不良贷款双双下降，年末贷款余额占全部法人贷款比年初下降3.9个百分点。与政府及有关单位签署战略合作协议5个，累计提供意向性支持额度1 073亿元；与企业签署战略合作协议6个，累计提供意向性支持额度390亿元。累计投放轨道交通建设、城乡一体化建设、城市基础设施建设、南水北调等项目贷款超过165亿元。着力解决中小企业融资难问题，法人中小微企业贷款户数比年初增加268户，增长35.12%；贷款余额比年初增加51亿元，增长9.77%。立足于市委、市政府加快农村改革发展步伐的目标，大力拓展农户小额贷款和惠农卡业务，涉农贷款增幅连续两年接近50%。

个人金融业务 落实扩大内需政策，发展非住房贷款业务，推动消费贷款、经营贷款两翼齐飞，打造差异化资金媒介。全年，累计投放个人贷款比上年增加23.79亿元，增长24.17%；余额比年初增加76亿元，增长31.02%；在各项贷款中占比为9.31%，比年初提高1.02个百分点。坚持创新驱动，推出电子商务、金融IC卡、商惠通卡等新产品，电子银行注册客户数累计净增418万户，正常运行现金类自助设备增加606台，业务分流率达到95.21%。新增IC卡发卡量29万张。净增信用卡发卡量24万张，同比增长20.4%；其中净增贷记卡发卡量24万张，同比增长75.68%；新增贷记卡客户19万户，同比增长47.68%。新增间联商户9 302户，同比增长241.11%；新增外卡商户1 466户，是上年同期的14倍。完善“四位一体”的贵宾客户服务体系，上线智能叫号机二期系统、网点营销业绩统计分析系统、PCRM（2011年版）和CFE（2012年版）系统，初步形成了面向私人银行客户的“心”系列融智服务平台、面向优质个人客户的多元理财服务平台。达标私人银行客户比年初净增1 148名，总资产比年初净增58亿元。推进网点转型，构建差异化服务渠道，完成51家网点的软转型导入及验收工作。在2012年中国银行业文明规范服务千佳示范单位评选活动中，有三家网点被评为千佳示范单位。

中间业务 巩固提高传统中间业务收入，重点加快高端投行、国际贸易融资、电子商务、理财等新兴业务发展，实现传统业务和新兴业务双轮驱动。截至年末，中间业务收入26.8亿元，同比增加6.23亿元，增长30.3%。中间业务收入中投行业务、人民币结算业务、资产处置业务、理财业务、国际业务、代理保险业务、信用卡业务、托管业务和电子银行业务收入分别为5.38亿元、4.27亿元、3.05亿元、3.01亿元、2.62亿元、2.08亿元、1.9亿元、1.35亿元和1.3亿元；资产处置业务、理财业务增量分别为2.32亿元和2.07亿元，投行业务、国际业务和信用卡业务收入增量分别为0.72亿元、0.55亿元和0.51亿元。全年债券承销客户新增17户，债券承销份额占北京地区市场份额的6.02%。实现贵金属收入1 595万元，同比增长75.5%。个贷中间业务收入2 337万元，同比增加639万元，增长37.61%；其中公积金委托贷款手续费收入2 221万元，同比增加545万元，增长32.52%。

风险管理 坚持以集中监控、集中作业、集中授权为重点的三大后台中心建设，着力推动现金中心建设，操作风险管控能力大幅提升。严格执行监管部门规定，坚持推行叫停问责、信贷年检、风险经理派驻和信贷业务回访“四项制度”，进一步强化对信贷业务各环节的管理。认真执行风险分类政策，客观反映信贷资产质量，不良贷款余额、占比持续双降。实施新的非信贷资产风险分类制度，推广非信贷资产风险分类系统。加强评级管理，强化定期监控，提升评级工作质量。扎实开展信贷资产减值测试和预计负债工作，拨备覆盖水平稳步提升。强化科技支撑，推进经济资本、信贷数据直通车、风险监测报告系统的推广和应用。以操作风险高级计量法建设为中心，以操作风险信息管理系统为平台，加大关键指标变动情况通报力度，推进操作风险自评估，夯实操作风险管理基础，提高操作风险防控能力。进一步推进流程银行建设，有效解决制约发展的基础性和瓶颈性问题。严格落实“三个办法、一个指引”，新发放三类贷款受托支付比例达到98.9%，比上年提高4.96个百分点。

社会公益 支持北京“7·21”特大自然灾害抗灾抢险和恢复重建工作，向房山区、门头沟区分别捐款30万元和20多万元的物资，提供8亿元信贷资金用于房山区集中供热项目和基础设施重建。做好首届京交会、第八届北京国际金融博览会、“普及金融知识万里行”、东城金宝街嘉年华、第三届北京王府井国际品牌节、全民健身操大赛、2012年李宁杯全国羽毛球团体锦标赛等重大主题活动。协助举办并组织参加“中国农业银行杯”CCTV2012年度“三农”人物面对面活动，取得较好的社会反响。

企业荣誉 2012年内，农业银行北京市分行荣获第三批“全国文明单位”、“北京市城乡结合部重点村建设突出贡献单位”、“北京市十佳银团贷款银行”等称号，万寿路铁道支行荣获“2011年中国银行业协会文明规范服务百佳示范单位”称号。

（顾方凯）

中国银行股份有限公司北京市分行

2012年末，中国银行股份有限公司北京市分行（以下简称中国银行北京市分行）本外币实有资产总额10 152.29亿元，比年初增加1 257.32亿元，增长14.14%。本外币各项存款余额5 698.07亿元，比年初减少655.27亿元，下降10.31%；其中人民币存款余额5 116.75亿元，比年初减少804.30亿元，下降13.58%。本外币各项贷款余额2 118.25亿元，比年初减少234.18亿元，下降9.95%；其中人民币贷款余额1 907.18亿元，比年初减少132.58亿元，下降6.5%。实现税后利润65.06亿元，比上年增加16.62亿元，增长34.3%。

截至年末，中国银行北京市分行共有营业机构278家，其中分行1家、管辖/直属支行31家、经营性支行245家、分理处1家，在职正式员工7 037人。

负债业务 加强主动负债管理，促进负债结构进一步优化。转变发展方式，扩大核心存款规模，压降高成本负债。拓展行政事业存款，在军队、武警等单位取得突破，实现行政事业单位存款新增166.86亿元。充分发挥公司金融和金融市场特色产品对存款的吸收作用，完善民生金融产品服务体系，扩大核心存款资金来源。个人存款实施精细化管理，布局全年金融资产发售节奏，实现客户资金在银行体系内循环，带动派生存款增长。截至年末，本、外币存款总额突破1万亿元，比上年增加810亿元，增长8.71%；其中人民币存款受主动压缩高成本负债等因素影响，比上年下降8.2%。人民币公司日均存款比上年增加87亿元，人民币储蓄核心存款日均余额新增123亿元。

资产业务 大力调整信贷结构，不断完善信贷资源分配机制。优先支持交通、电力、石油、石化等国民经济重要行业和中小企业客户信贷需求，积极引导业务结构转变，其中积极增长类和选择性增长类行业授信占比91.27%。降低对产能过剩、两高一剩等行业的授信支持，此类贷款比上年减少15.36亿元。个人贷款以效益为中心，细分市场，创新产品，实现高定价个人资产业务规模适度增长。针对不同客户群体推出了“茶商贷”、“悦洋贷”、“工薪贷”、“财富贷”、“快易贷”等创新产品，实现了非房零售贷款突破式增长。针对非房类大额消费需求，推出银行卡分期业务，盘活存量汽车经销商资源，拓宽营销渠道，汽车分期业务量增长8倍。截至年末，本、外币贷款总额2 118亿元，比上年下降9.95%。其中，公司中型授信客户336户，比上年增长98.81%，授信余额171.98亿元；小微客户723户，比上年增长34%，授信余额62.07亿元；零售贷款新增34.95亿元，比上年增长9.39%。

中间业务 优化中间业务结构，重点发展轻资本型中间业务。全年中间业务净收入38.92亿元，其中轻资本中间业务收入占比为91.81%，比上年提高1.94%。资金业务条线在代客资金交易、汇率利率保值、债券承销等业务的带动下，实现快速发展。全年债券承销总额1 573亿元，比上年增长47%。全辖累计完成对公保值交易122亿美元，比上年增长30%。探索投行特色业务新模式，开办“中银集富——与时聚金”差别收益率产品，累计募集资金96.55亿元。与各金融机构合作趋于多元化，对公托管业务成为中间业务收入的重要支撑，实现手续费收入1.25亿元，比上年增长143%。国际结算业务大力推进供应链融资、海内外双边联动，依托保函、单证等传统优势业务发展，实现中间业务收入占北京市场份额的37.28%。跨境人民币结算量与国际贸易结算量突破千亿元和千亿美元大关。个人金融业务改进营销模式，加强公私联动。推出贵金属个性化定制产品，试点贵金属销售中心和回购业务，实现贵金属中间业务收入5 998万元；基金代销和资产托管业务同步发展，基金业务收入1.26亿元；挖掘中高端客户群体潜力，创新结算工具和支付渠道，实现银行卡收入同比增长40%。

客户基础 发挥多元化平台优势，扎实推进客户基础建设。单位银行结算账户新开2.1万户，存量账户同比增长18.48%。通过现金管理平台，新增上线客户95家，成功获得中粮、中化、五矿集团全球外汇资金集中运营管理试点业务主办行资格。深入挖掘集团客户在京核心成员单位业务需求，链式拓展集团在京核心二级、三级子公司及上下游企业，营销集团在京成员单位新开户302户。依托供应链金融模式，批量拓展上下游客户33家，新增跨境基础客户300余家，海关五百强客户30余家。通过与北京产权交易所及其集团化运营模式下的10家交易所及1家股权登记管理公司签订全面战略合作协议，从源头上开辟新的客户群体。抓住工会账户制度调整契机，拓展工会账户累计7 481户。成功中标3家央企企业年金管理人资格，市存量房交易服务平台监管银行资格，再次中标北京市财政支付代理银行资格。新增行政事业单位客户数518户，比上年增长30%。个人金融条线适应客户消费习惯变化，强化业务联动和交叉销售，年内共拓展基础客户48万户，新增中高端客户1.1万户。

渠道建设 以网点效能为核心，努力打造大中型精品网点和旗舰网点。全年新建及迁址网点20家，其中大中型网点173家，占比62%。截至年末，全辖网均利润4 497万元，网均存款19.91亿元。全年布放自助设备780台，ATM单台日均交易笔数72笔，BST单台日均交易量109笔，柜台业务替代率66%。投放智能叫号机129台，客户平均等候时间由30分钟降至12分钟。电子渠道通过提升存量客户覆盖率、源头营销等方式快速扩大客户规模，截至年末，个人和企业网银客户数分别达到343万户和6.61万户，有效客户覆盖率分别为51.18%和66.84%，电子渠道金融交易替代率64.97%。率先推出基于手机支付的线上线下综合支付模式，与130余家商户开展银联无卡支付业务合作。创新“支付宝分期”业务品种，推出BST“联嘉云”购物特色服务。

风险管理 深化全面风险管理理念，保持资产质量稳定。平稳、务实、有效地推动整治“不规范经营”工作，积极宣导，消除隐患。实行重点领域和重点环节信用风险管控，加强贷后管理，缓释风险，化解不良资产。借助新资本协议落地，实施资本集约化经营，引导综合平衡发展。强化风险内控委员会决策和管理作用，深化全面、全程、全员的操作风险和案件风险管理。改进现场检查组织工作方法，对二道防线检查计划进行统筹，将107项现场检查计划整合为49项，实现检查和整改信息三道防线共享。加大非现场监控和代职行长现场检查力度，为基层行减负和提高检查质效起到显著作用。全年清收不良贷款现金5.2亿元，其中清收公司不良贷款3亿元，清收零售不良贷款2.2亿元；年末不良贷款率为0.75%，拨备覆盖率为314.64%。牢筑案件风险防线，连续三年无重大风险责任事故及案件发生。

流程整合 推进流程整合，重点推动国际汇出汇款后台集中、对私国际收支申报集中录入、可疑交易集中甄别、人民币全面额集中清分等25项流程再造项目，提高综合运营的专业化和标准化程度。完善网点服务功能，推进标准化服务销售流程落地，提升客户体验与客户满意度。开发并投产了存量房交易服务平台资金监管系统、人民币单位结算账户集中处理模式项目、预售房资金监管系统二期项目、社保代发项目、派驻业务经理管理系统、人力资源部职位审核系统、对公客户印鉴智能化管理的“管印宝”系统等46个项目。完善创新考核机制，实现创新报备工作规范化、常态化，切实提升科技引领水平。

人力资源 深化人力资源管理建设，

改进激励约束机制。加强经营管理序列队伍建设，优化领导班子结构，大力推进干部交流，加强后备人才培养，逐步建立老、中、青搭配的干部梯次结构。全面推进专业技术队伍建设，强化基层网点营销队伍建设，将职数资源进一步向基层倾斜。细化技能操作队伍建设，对等级柜员实施动态管理，推行业务量计价的考核激励模式，促进工作效率和服务质量提升。26家支行参照柜员绩效管理办法制定了实施细则并实施，取得了良好效果。

（黎明）

中国建设银行股份有限公司北京市分行

2012年末，中国建设银行股份有限公司北京市分行（以下简称建设银行北京市分行）本外币总资产12 243.82亿元，比上年增加1 765.33亿元，增长16.85%。本外币全口径存款余额12 064.5亿元，比上年增加1 738.77亿元，增长16.84%；其中人民币全口径存款余额10 892.44亿元，比上年增加1 717.63亿元，增长18.72%。本外币贷款余额3 836.21亿元，比上年增加542.09亿元，增长16.46%；其中人民币贷款余额3 576.98亿元，比上年增加449.31亿元，增长14.37%。全年，实现账面利润110.18亿元。

截至年末，建设银行北京市分行辖内设二级分行1家、综合营业中心37家、营业中心184家、个人金融中心204家，在职员工11 831人。

公司业务 上移核心客户经营重心，由分行统一经营已有的集团客户及成员单位，对电力、石油石化、铁道三个行业由专业支行经营，通过直接有效的服务方式，提供方便的融资模式和简捷的审批流程。按照客户需求，整合本外币、投行、金融市场、投资理财、资金结算等业务流程，为客户提供全方位、多元化的综合金融服务。开展链式营销，变“点对点”服务为“点对面”、“点对链”，由“1”家核心企业，深入到其整个供应链“N”家企业，实现客户数量的批量增加。截至年末，完成供应链案例238个，拓展其上下游客户142家。人民币企业存款（含保本理财）时点余额6 117亿元，比上年增加1 257亿元；人民币对公贷款（含贴现、含小企业）余额2 905亿元，比上年增加360亿元。

个人金融业务 强调精耕细作，营销组织由分散化、被动式、短期突击式的传统方式向集约化、主动式、客户细分和精准营销转变。倡导以客户全量资金来衡量个人业务发展的规模实力，推动存款、理财、信托、保险、基金、贵金属业务全面均衡增长。从“态度、效率、能力”三方面入手狠抓服务，建立并完善个人客户中高端服务体系，大力充实个人客户经理数量，不断提升个人业务队伍专业能力和实战能力。本外币个人存款（含保本理财）年末时点余额2 958.31亿元，当年新增399.83亿元，存款、非保本理财、信托合计新增458亿元，其他产品销售428亿元。全年个人网银、手机银行、短信通、电话银行客户净新增分别为144.6

万户、154.4 万户、124.7 万户、133.4 万户，电子银行和自助设备账务性交易量占比 86.96% 和 71.94%，比年初分别提升了 7.63 个和 6.04 个百分点。推出“理财直通车”微博应用营销平台，铁路客运电子支付项目正式上线，开办手机银行彩票业务。调整消费信贷业务营销架构，将消费信贷业务营销延伸至所有分支机构。自营性个人贷款余额比上年增加 88.60 亿元，累计发放贷款 212.98 亿元，客户数量比上年新增 37 212 户；自营性个人不良贷款余额比上年减少 0.31 亿元，不良率下降 0.12 个百分点；政策性个人（公积金）贷款余额比上年增加 188.24 亿元。

中间业务 各项业务持续快速发展，13 项主要金融产品中间业务收入超过亿元，收入构成进一步改善，市场竞争能力与服务客户能力得到有效提升。全年实现中间业务净收入 54.25 亿元，比上年增长 20.41%；实现税前利润 131.88 亿元。

投资银行业务 推出“园区建设基金”，先后与丰台、通州、门头沟区政府合作，通过设立专项基金，累计募集资金近 36 亿元；与多家优质企业签约，创立建设银行北京市分行股权选择权业务品牌；发行“乾元”北京区域定制资产组合型（保本）人民币理财产品，满足投资者稳健的理财投资需求。截至年末，理财产品发行 3 938 亿元，比年初新增 622.62 亿元。全年承销各类债券 2 196.2 亿元，同比增长 54.26%；债券承销业务实现收入 6.7 亿元，同比增长 88.8%。

国际业务 依托区域特点，积极应对外部环境变化，以“做深做透国际贸易项下供应链融资服务，打通境内外两个市场服务平台”为主题，深入开展“融汇贯通”贸易融资暨跨境人民币业务专项营销活动，提升综合服务能力。截至年末，外汇对公全口径存款新增 113.61 亿美元；外汇贷款比年初新增 15.17 亿美元；实现中间业务收入 3.97 亿元，同比增长 36%；跨境人民币结算量 733 亿元，同比增长 188%；国际结算量突破千亿美元。

私人银行业务 开展私人银行业务创新，推进产品服务定制化，打造综合性非金融服务平台。借助参与“艺术北京 2012 经典艺术博览会”，大力推介私人银行产品与服务。围绕“新客户加入计划”、“艺术季”、“成长季”和“感恩季”开展活动，共举办各类特色客户营销活动 60 余场，覆盖客户近 6 000 人次。截至年末，个人高端客户 6 229 名，管理客户资产超过 418.76 亿元。

信用卡业务 以实现信用卡及分期业务超常规发展为目标，转变营销模式，拓展连锁类、平台类和集团类客户，快速提升市场份额和业务收入。全年实现中间业务净收入 5.23 亿元，同比增长 85%；消费交易额 371 亿元，同比增长 54.17%；分期交易额 41.28 亿元；客户新增 60.8 万户；新增收单和分期商户 9 047 家，同比增长 85%。

现金服务业务 深化专业运营，现金服务集中管理，集中城区 5 座现金业务库覆盖 344 个网点，单座金库网点覆盖率较集中前增长 214%，网点正常缴提款配送时间平均减少近 50%；465 台离行式设备集中维护，1 106 台附行式自助设备由金库集中供钞，网点清机时间缩短 60% 以上。上门收款采用信用封包和金库集中处理，较集中前节约人力成本近 50%，年内新增 94 个收款点，增长率 131%。启用“款箱出入库电子控制系统”，通过为款箱安装统一规范的身份标识，实现随时监控掌握款箱状态及数据，出现异常自动预警等功能，平均每天每个金库可节省款箱交接时间约1.2小时。解决“清机提速”难点问题，实现清机加钞无纸化流水操作，单台设备清机时间节省约4分钟。力抓反假货币、反洗钱工作，严格履行“从建行提取现金绝不出现假币”的公开承诺，被国务院反假货币联席会议评为“全国反假货币先进集体”，被人行营业管理部评为年度人民币管理先进单位。

内部管理 推动部门集约化、专业化运作。实行网点功能定位，对距离相近的网点进行适度整合，提高对全行经营管理的整体把握能力、前台市场拓展能力、中后台支持保障能力、各项工作运转效率和专业化经营能力。广开言路，认真倾听员工声音，着力解决员工关注的突出问题。通过行长信箱、内部流程用户之声（VOPA）系统征集员工意见和建议，帮助员工解决困难。优化人员组织结构，强化服务意识，全年开展了78期近5 000人参加的服务礼仪培训，从服务态度、服务效率、服务能力三方面入手，切实提高客户服务水平。为员工打开管理岗位、专业技术职务和专业等级三种晋升通道。鼓励员工走专业化发展道路，专业技术职务的职数向前台一线、创造价值、专业性强、难以替代的岗位倾斜。设立专业岗位后备人才库，员工根据自身特点爱好自主选择专业技术岗位的发展方向，报名“入库”并接受培训、竞聘上岗，引导员工自主规划职业生涯。建立基于岗位的员工绩效考核机制，打破员工的机构属性，实现考核方式、标准和分配规则的全行统一。实施管理岗位后备人才培养工程，启动卓越人才、管理英才培养计划。全行前台人员占比从77.8%增至83.1%；支行前台人员占比从86.7%提升至95.7%。

（何冰）

交通银行股份有限公司北京市分行

2012年末，交通银行股份有限公司北京市分行（以下简称交通银行北京市分行）本外币资产总规模6 794.68亿元，比上年增加66.58亿元，增长0.99%。本外币全口径存款余额6 689.67亿元，比上年增加89.38亿元，增长1.35%；其中人民币各项存款余额5 065.74亿元，比上年增加264.52亿元，增长5.51%。本外币各项贷款余额（含买断式转贴现）2 831.08亿元，比上年增加118.62亿元，增长4.37%。全年，实现本外币经营利润（含资金业务）92.77亿元，同比同口径减少1.82亿元，下降1.92%；实现本外币拨备后利润（含资金业务）92.61亿元，同比同口径减少0.90亿元，下降0.96%。

截至年末，交通银行北京市分行机构网点总量113家，其中分行营业部1家、中心支行18家、直属支行1家、专业支行8家、二级支行85家；共有员工4 769名，平均年龄32岁。

公司金融业务 优先支持地方优势产

业及中小企业客户，新增贷款向短期融资、贸易融资、供应链融资等倾斜。截至年末，对公实质性贷款中，中型客户贷款占比 28.62%，比年初提升 3.82 个百分点。推进客户营销，扩大金融服务覆盖面，推广银卫安康产品，与协和医院等 4 家医院签订合作协议；成功营销路易达孚、TESCO 集团、嘉能可（中国）等国际大型企业客户，填补分行业务空白；推动与锦州银行的银银合作业务，全面营销其结算代理、银团贷款、资产转让、第三方存管等业务。充分利用系统内“香港分行 + 离岸中心 + 交银国际”综合化平台，提供全面金融服务，抢抓首批超短期融资券业务，全年累计参加 20 家企业的超短期融资券主承销团。

个人金融业务 夯实客户基础，开展品牌客户“开户有礼”、“友福齐乐”活动，积极拓展个人中高端客户。全年，个人资产新增 217.5 亿元，比上年增长 13.04%；新增私人银行客户 813 户、沃德财富客户（个人高端客户）17 961 户。充分发挥电子渠道便捷特点，开拓手机银行市场，全年新增手机银行客户 18.2 万户，比上年增长 109.2%。优化收单业务流程，拓展收单客户，全年实现收单业务净收入 1.15 亿元。进一步完善个人金融服务产品体系，持续发售“京品”个金理财产品 97 期；针对代发客户定向发售专属理财产品，提升 2.65 万户代发客户为达标交银理财客户；深化与投资移民机构业务合作，提升高端个人客户跨境财富管理服务水平；推动经营类个贷业务加快发展，个人商铺贷款及经营性物业、小型设备贷款占比分别比年初上升 2.28 个百分点和 1.24 个百分点。

国际业务 积极把握业务发展机遇，重点发展代付业务及“优汇通”业务，带动全年业务发展。广泛拓展中长期出口贸易融资业务，全面推动资本项目跨境人民币业务。发挥贸易融资、离在岸联动对国际结算的带动作用，全年国际结算量 921.39 亿美元，比上年增长 28.94%。设计一揽子外汇理财服务方案，成功办理交通银行系统内首笔人民币外汇期权组合业务，金额达 3.7 亿美元。

业务创新 联合平安财险公司、人保财险公司推动国内贸易信用险项下小微企业融资业务。加大科技应用，开展银联直联在线支付业务，完成 9 家商户接入工作；上线手机魔卡，进一步提高手机银行业务的安全性；与京东商城联合开发“PDA POS 一体机”，有效满足 B2C 类商户及物流类商户的特殊需求；调整石油企业清算路径，开通石油企业付款清算专用通道，提高付汇清算速度；完成电子回单自助打印系统上线推广，促进电子回单柜签约率提高约 2.5 个百分点；优化 POS 机直联商户清算流程，将消费款项清算入账时间缩短 1 天。

基础管理 加大精细管理力度，顺利完成营运组织架构调整工作，研究公司业务组织架构改革方案，推进零贷部、小企业部管理职能及组织架构的调整完善，进一步加强前台、中台、后台分工协作；建立个人外汇交易中心、贵金属交易及回购中心，丰富专业服务渠道；加强信息系统建设，上线绩效考核系统一期及模拟计结息系统，研发法律审查系统；进一步提升服务水平，将 2012 年确定为服务提升强力推进年，广泛开展客户意见调查工作，推进网点亮丽工程，提升客户体验。

风险管理 设立全面风险管理委员会，下设内部控制、信贷风险管理和理财业务管理3个专项委员会，并专设贷款审查、中小企业贷款审查、个人贷款审查和风险资产审查4个业务审查委员会，构建全面风险管理框架。加强专项风险和重点风险管控，建立授信预审会制度及大额贷款临期预警处理机制，强化房地产贷款、异地贷款、政府融资平台、钢贸行业等重点领域风险排查，完善主动减退加固机制，全年减退贷款53户，金额52.63亿元。强化会计营运风险防控，综合运用现场检查、非现场数据核查、录像监控等方式，开展检查工作；加强内部审计、安全保卫及反洗钱工作，扎实推进案件防控。全面开展“不规范经营专项治理”工作，构建规范经营长效机制；围绕“合规文化建设年”活动，梳理“禁碰红线”违规案例，开展“操作红线”培训，将合规文化建设融入到各项工作中。

企业文化建设 推进学习型组织建设，开展集中脱产培训，加强干部理论素养及领导能力培养；加大网络培训比重，开展“送教到支行”活动，创建多层次培训体系，全年完成培训项目283期，培训20 184人次。加强责任文化建设，在《北京晚报》、《北京青年报》推出系列报道，刊发典型服务案例，进一步提升社会形象；“7·21”北京特大暴雨中，交通银行北京市分行员工在危急时刻舍身救人的事迹在全社会产生强烈反响。

（徐丹）

招商银行股份有限公司北京分行

2012年末，招商银行股份有限公司北京分行（以下简称招商银行北京分行）总资产3 479.19亿元，比上年增加430.75亿元，增长14.13%；本外币自营存款余额2 867.42亿元，比上年增加327.92亿元，增长12.91%；本外币自营贷款余额1 317.80亿元，比上年增加138.27亿元，增长11.72%；按“五级分类”口径不良贷款率0.17%，不良贷款拨备覆盖率1 071%。全年，实现利润94.2亿元，比上年增加10.63亿元，增长12.71%。

截至年末，招商银行北京分行共设营业机构60家，其中年内新开业营业网点3家；员工总数3 367人，其中正式员工2 983人。

发展方式转型 继续深化“二次转型”发展战略，推进精细化管理、集约化经营、内涵式发展，资本回报水平、人员效能、费用效率、贷款定价、价值客户增长等核心指标进一步提升。2012年，经风险调整后的资本回报率（RAROC）为89.3%，资产利润率（ROA）为2.83%，人均创利319万元，网均创利1.61亿元。

批发银行业务 以客户为中心，推进对公客户的分层经营。加强大中客户集中管理，强化对专业领域的分析、指导和营销，全年取得多项财政类资格，大客户直营取得明显成效；推进小企业批量化拓展，开发“央采贷”、“商采贷”、“上市贷”、“影视贷”等产品，推动“千鹰展翼”计划项下综合金融服务体系建设，小企业一般性贷款余额增长112%。加强特色化产品营销，推动重点业务快速发展。投行与金融市场业务，全年承销36只债务融资工具，金额603亿元；设计代销集合信托计划27只，金额85亿元；销售公司理财产品430余期，累计销额超过2 700亿元。探索国际业务新模式，推动联动资产、负债和中间业务大幅增长。资产托管业务快速发展，托管资产规模1 070亿元；票据业务、现金管理业务、养老金业务等也都取得了较快的发展。

零售银行业务 强化客户群经营，持续巩固客户群基础。私人银行客户、钻石客户、金葵花客户、金卡客户以及代发业务、公积金联名卡业务均取得快速增长；推动客户精细化管理，客户满意度和贡献度得到进一步提升。加强产品创新和营销创新，提升队伍销售能力。基金业务，多只首发重点产品屡创佳绩；保险业务量稳步提升；理财产品销售4 663亿元；黄金业务首创“网上预约”销售模式。截至年末，招商银行北京分行管理客户总资产4 167亿元。加快小微企业业务发展，构建抵押贷、配套贷、POS机流量贷、联保贷、AUM信用贷等多元化产品体系，以“一圈一链”思路为抓手，探索批量化营销模式，优化业务流程，提升处理效率，小微企业贷款余额增长187%。

风控管理 以“控风险、促发展、带队伍”为思路，大力推进风险管理关口前移，开展风险排查，充实风险经理队伍，完善考评办法。全面开展“不规范经营”专项治理活动，持续加强员工行为管理，举办“一把手”讲合规、合规短信大赛等活动，弘扬合规文化。总结分析新形势下声誉风险传播的特点，推动风险事前防范，有效防范和化解多项风险。牢牢把握“六防”重点，强化安全检查和风险提示，开展执法监察，加强警队建设。进一步明确部门管理职责与应对流程，提升全行风险防范意识。完成多项基础网络改造和应急演练，保障信息系统的安全平稳运行。

渠道建设 2012年内，新开业天通苑支行、西翠路支行、太阳宫支行，营业机构达60家。企业网上银行新增4 754户，对公非柜面渠道结算类业务替代率95.53%，非结算类业务替代率49.03%；零售网上银行专业版、快易理财、手机银行客户不断增长，非柜面交易笔数替代率91.04%。

队伍建设 2012年内，新增员工240人，员工总人数达3 367人。完善绩效考核体系，充分调动各岗位人员的积极性；构建特色化、专业化的培训体系，全年共举办各类培训282期，累计培训1.9万人次；通过弘扬企业文化、组织文体活动、履行社会责任等方式不断提升队伍凝聚力。

（金晶）

上海浦东发展银行股份有限公司北京分行

2012年末，上海浦东发展银行股份有限公司北京分行（以下简称浦发银行北京分行）资产总额2 288.87亿元，比上年增加927.33亿元。本外币一般存款余额1 433.84亿元，比上年增加248.47亿元；本外币各项贷款余额723.95亿元，比上年增加62.03亿元；中间业务收入4.36亿元，比上年增加0.81亿元。实现账面利润26.76亿元，比上年增加7.83亿元。

截至年末，浦发银行北京分行共设有营业机构42家（含营业部），其中年内新建开业1家；正式员工1 272人。

公司银行业务 推出多产品组合营销，开展贸易融资、现金管理、资产托管、企业年金以及中小企业贷款等资产业务，优化资产质量，提升资产经营能力。拓展贸易融资、银团贷款、债券承销、并购金融、资产托管、国际结算等业务。推进绿色信贷和碳金融业务，参加由工信部、中国节能协会节能服务产业委员会举办的大型节能会议，尝试并利用合同能源管理未来收益权质押等创新融资方式为企业提供授信支持。截至年末，本外币一般对公存款余额1 219.95亿元，比上年增加210.87亿元；本外币对公贷款余额573.01亿元，比上年增加37.54亿元；离岸存款余额16.61亿美元，比上年增加9.26亿美元；实现对公中间业务收入3.58亿元，比上年增加7 046万元。

中小企业业务 加强中小企业业务队伍建设，提高基础管理能力和中场组织能力，着力营销方式的转变和风险控制的提升，创建小微、文创、科技、涉农等特色支行，制定管理办法，给予业务指导、审查审批快速通道等扶持政策；优化投贷联动产品，开展科技企业履约保证险融资、影视贷等业务。被人行营业管理部评为“中小企业信贷工作先进单位”、“高新技术企业信贷工作先进单位”。

个人银行业务 结合出国留学人员的业务需求，发行国际学生证联名卡，推出包括个人结售汇、存款证明、留学保证金、境外汇款、海外见证开户等服务在内的一揽子留学金融服务解决方案，为出国留学人员提供完整、快捷的金融服务。力推“融资易”、“消贷易”产品，构建个人客户全方位融资平台。加强基金、保险、信托和贵金属等财富类产品的宣传推广，实现由传统储蓄向金融资产管理的过渡，合理提高财富管理业务在个人金融总资产中的占比，逐步优化客户的资产结构，帮助客户实现资产的保值增值。对所有投资理财类产品实行售前准入、售中控制和售后管理的三级风险防范体制，确保客户资金安全。响应国家信贷投放政策导向，大力发展个人经营性贷款及个人消费贷款，重点支持小微企业融资、满足个人合理消费信贷需求。截至年末，优质以上客户11.6万户，比上年增加3.5万户；个人金融总资产规模348亿元，比上年增加116亿元；储蓄存款余额213.9亿元，比上年增加37.4亿元；个人贷款余额150.9亿元，比上年增加24.5亿元。个人业务总收入9.6亿元，比上年增加2.5亿元；其中中间业务收入7 763万元，比上年增加1 065万元。

风险管理 制定《上海浦东发展银行北京分行2012年度公司客户信贷投向政策指引》，从行业、客户、产品、收益导向四个维度提出公司信贷政策导向；严格执行“三个办法、一个指引”贷款新规要求，做好贷前调查和贷时审查审批工作，认真分析企业资金运作特点和资金需求量，匹配业务品种，切实加强发放审核和支付的管理，确保信贷资金进入实体经济；结合监管重点对重点风险客户加大贷后常规检查、专项检查、案件排查力度，提升贷后管理水平。加强风险预警与动态分类，坚持到期提示制度，动态跟进还款情况，建立事先预警、事后快速消除的逾期管理工作机制，夯实资产质量。截至年末，全行后三类贷款余额1.55亿元，比上年减少1.05亿元，不良贷款比率0.21%，比上年下降0.18个百分点。

内控管理 进一步发挥集约化业务处理优势，从系统、设备、人员、流程和机制等维度强化落实集中作业各项管理要求，提高业务运营质量，防范操作风险。优化运营人力资源配置，通过网点业务量增减变化同步调整人员，形成动态调配机制，提高运营工作效能；实施运营员工统一考核评价机制，完善考核办法，提高各岗位、各网点运营工作的能力和水平；完善案件防范长效机制建设，不断提高反洗钱工作的有效性。落实安全保卫目标责任制，查防并举，及时发现和化解安全风险；落实总行和监管机构的各项检查要求，对重点客户群体、重点业务品种开展现场排查，督促整改落实，顺利通过总行的全面审计。围绕十八大保障等重点项目，加强电子化管理与营销支持技术保障。积极创建示范单位，整体推进网点服务。2012年，浦发银行北京分行营业部、安外支行顺利通过北京市银行业协会的暗访检查及现场验收，荣获千佳示范单位。

队伍建设 深化人才工程建设，加大各级各类岗位后备人才储备和有序培养的力度。通过社会公开招聘和行内岗位竞聘，使一批社会金融英才和行内优秀青年骨干走上分、支行重要管理岗位。启动“青苗人才培养计划”，208名优秀青年员工入围。开展岗位专业知识与业务技能培训，提升员工专业素质。强化员工持证上岗制度，专业人员持证上岗率持续保持在90%以上。举办“国际财资管理师（CTP）认证培训班”，注重专业人员的知识更新和拓展。务实推进党建工作，开展评先比优活动，评选表彰先进党支部、优秀共产党员。开展表彰浦发银行行庆20周年“金鹰奖”、“金牛奖”员工和分行年度“明星员工”等活动。

（段晓玲）

广发银行股份有限公司北京分行

2012年末，广发银行股份有限公司北京分行（以下简称广发银行北京分行）总资产1 694.35亿元，比上年增加405.02亿元，增长31.41%。本外币存款1 273.24亿元，比上年增加113.93亿元，增长9.83%；其中人民币存款1 220.63亿元，比上年增加79.34亿元，增长6.95%。实现利润11.01亿元。

截至年末，广发银行北京分行营业网点39家；在岗人数1 699人，其中正式在编1 538人。

贷款业务 有效把握经营环境的变化趋势和特点，坚持金融服务于实体经济的本质要求，加快推进经营模式转型，优化调整信贷结构，实施主动风险管理，持续提升风险管理水平。强化信贷队伍建设、优化审批出账流程、改进激励约束机制等工作基础，对重点领域加强风险化解力度和风险处置力度，不断提升风险管理工作的前瞻性和针对性，确保资产质量保持在良好水平。

公司业务 优化业务结构和客户结构，推广同业合作、债券承销、贸易融资业务，基本完成中小企业金融条线的制度建设，与驻京商会签署战略合作协议，拓宽中小企业营销渠道，公司业务稳步发展。截至年末，人民币对公存款余额1 000.02亿元，比年初增加100.02亿元，增长11.11%；日均存款907.53亿元，比上年增加93.59亿元，增长11.50%。外汇对公存款余额119 049万美元，比年初增加80 649万美元，增长210.02%；外汇日均存款65 275万美元，比上年增加11 473万美元，增长21.32%。

中小企业业务 大力发展中小企业信贷业务，开发"市场贷"、"保证保险"、"采贷通"、"融信通"、"快融通"等产品，服务中小企业的金融产品种类翻了5倍。2012年9月18日，广发银行北京分行5家小企业金融中心正式授牌。

金融市场业务 发展债务融资工具业务，推进直接融资，大幅度降低企业融资成本；开展非标准化债权投资业务，满足企业多层次、多方面的结构化融资需求；发展理财业务，满足机构与个人客户理财需求，实现更多资产收益；发展衍生交易业务，基于国内外利率、汇率、本外币价格变化，为客户实现无风险套利；拓展同业业务，与各类金融机构密切合作，为企业提供更加多元、综合的金融服务；继续发展票据业务，取得总行票据转贴现授权，直贴转贴"双轮滚动"，高速增长。截至年末，全辖区37家支行开展了金融市场业务，新增企业客户42家，实现中间业务收入7 223万元，净利息收入15 607.7万元。

个人银行业务 完善个人贷款产品体系，优化个人贷款业务机构，推出个人经营性贷款产品——生意通，为个体工商户及小微企业融资提供新的融资渠道。截至年末，新增人民币储蓄日均18.53亿元；AUM年日均31.67亿元；新增VIP客户数量3 209名，实现个人中间业务收入5 711万元。

信用卡业务 以"广发乐赏日"为市场营销品牌，着力推进与各领域优质知名商户的联合优惠促销活动，取得了广发卡优秀的口碑和稳定的市场份额。全年新增发卡量22万张，累计消费额253亿元，信用卡收入9亿元，实现利润5亿元。

电子银行业务 充分发挥电子银行的渠道优势，积极开展电子银行品牌推广，促进客户规模和质量的提升；拓展网上优惠商户，让广大电子银行客户享受便捷和实惠。截至年末，新增个人网上银行客户19.29万户，新增手机银行客户7.97万户；个人网上银行活跃客户21.59万户，手机银行活跃客户1.07万户；自助设备269台，存取款交易笔数354万笔，交易金额65.92亿元；电子渠道替代率87.51%。

机构发展 加快机构建设，在网点布局上，着重向中关村国家自主创新示范区予以倾斜，注重在车流量大、地理位置显著的地段成立网点。年内成立4家网点，其中广发银行北京海淀支行是服务于中小企业的超大型支行。2012年7月5日，广发银行北京分行在金融街支行率先推出国内首家"24小时智能银行"。该智能银行实现全天候的远程人工服务，客户可以在此办理自助机具的存取款和转账业务，以及自助开户、自助申领储蓄卡和申请信用卡等业务。截至年末，广发银行北京分行已成立了两家“24 小时智能银行”（金融街支行、日坛支行）。

（陈悦喆）

兴业银行股份有限公司北京分行

2012 年末，兴业银行股份有限公司北京分行（以下简称兴业银行北京分行）本外币资产 2 199.73 亿元，比上年增长 27.46%；本外币负债 2 158.73 亿元，比上年增长 27.70%。本外币存款余额 1 626.82 亿元，比上年增长 33.90%；本外币贷款余额 725.52 亿元，比上年增加 108.56 亿元，增长 17.59%。不良贷款 3.07 亿元，不良贷款率 0.42%，比上年下降 0.04%。实现本外币账面利润（按本行九级分类计提专项准备后）40.09 亿元，比上年增加 4.31 亿元，增长 12.04%；实现本外币中间业务净收入 4.88 亿元。

截至年末，兴业银行北京分行共设支行 42 家（含分行营业部）。

企业金融业务 贸易金融、小企业、投资银行业务核心客户数和业务量保持快速增长，经营质量、市场地位得到进一步提升。截至年末，本外币公司存款余额 1 461 亿元，比上年增加 398 亿元；本外币对公日均存款 1 057.71 亿元，比上年增加 156 亿元；绿色金融业务融资余额 54.78 亿元，比上年增加 23.84 亿元；公司客户共计 25 423 户，比上年增加 6 706 户；现金管理集团客户数存量为 87 户，比上年增加 58 户。

贸易金融业务取得长足进展。全年本外币国际结算量 50.63 亿美元，比上年增长 127%；外币对公存款年末余额 28.88 亿美元，比上年增长 3 069%；外币对公贷款年末余额 23.55 亿美元，比上年增长 2 330%。供应链融资业务累计发生额 215.88 亿元人民币，比上年增长 390%。

投资银行业务取得快速发展。全年为 12 家企业承销发行非金融企业债务融资工具 205.6 亿元，比上年增长 62.9%。并购贷款等板块业务也实现突破，全年共落地并购贷款 13 亿元。

小企业业务保持快速发展。截至年末，小企业客户存款余额 265.47 亿元，比上年增加 128.27 亿元；小企业客户日均存款 132.73 亿元，比上年增加 16.35 亿元；小企业客户贷款余额 31.11 亿元。小企业基础客户共计 2 760 户，比上年增加 564 户；“芝麻开花”入池客户 147 户，其中有效基础客户 117 户，比上年增加 27 户；“芝麻开花”入池客户日均存款 11.54 亿元，比上年增加 4.17 亿元。

零售金融业务 零售业务总体呈现稳步增长态势，业务结构、客户结构和盈利结构得到优化。截至年末，个人存款余额 166.19 亿元，比上年增加 13.76 亿元；个人存款日均 147.18 亿元，比上年增加 6.98 亿元。个人贷款余额 120.03 亿元，比上年增加 9.77 亿元；实现个人贷款利息收入 7.44 亿元，比上年增加 1.59 亿元。全年，累计销售理财产品 292.17 亿元，比上年增长 28.51%；累计拓展零售核心客户 139 449 户，比上年增加 40 257

户。全年，实现零售中间业务净收入17 933万元。

同业金融业务 以传统同业业务为基础，以理财业务为增长点，大力拓展同业负债规模，各项同业业务呈现较好的发展态势。截至年末，人民币同业存款余额498.78亿元，比上年增加57.84亿元；日均余额602.10亿元，比上年增加231.49亿元；同业核心客户数24户。持续发展理财业务，累计销售理财产品457.73亿元。银行类同业存款、基金公司存款日均余额分别达到133.99亿元、53.96亿元，分别比上年增加78.72亿元、46.92亿元。

风险管理 加强风险管理制度建设，推动风险管理制度体系完善。开展独立贷后检查，实施贷后管理评价，持续提高贷后管理整体水平。严格授权转授权管理，及时发布风险提示，开展风险分类、风险排查。完善非零售客户内部评级管理，保障新信贷系统上线使用，开展操作风险检查，深化零售信贷及新兴业务风险管理。落实中国银监会关于重要会计岗位轮岗要求，对280余个岗位的人员进行调整，轮岗率100%。加强银行结算账户及支付结算风险管理，开展机构信用代码证及支付密码器推广工作。强化柜面业务操作风险及存款风险管理，定期开展柜面业务操作及单位存款滚动式检查活动；建立银企对账“账单动态跟踪数据平台”，提高银企对账工作精细化水平，确保客户资金安全。增加自助机具配置规模，推广银行卡等非现金支付工具，为改善首都农村地区支付环境作出贡献。

（覃春龙）

平安银行股份有限公司北京分行

（原深圳发展银行股份有限公司北京分行，2012年8月更名）

2012年末，平安银行股份有限公司北京分行（以下简称平安银行北京分行）总资产1 334.67亿元，比上年增加323.39亿元，增长31.98%。本外币各项存款余额870.86亿元，比上年增加37.32亿元，增长4.48%；其中人民币各项存款余额793.83亿元，比上年增加4.21亿元，增长0.53%。本外币贷款余额（不含贴现）565.89亿元，比上年增加58.39亿元，增长11.51%；其中人民币贷款余额486.46亿元，比上年增加27.95亿元，增长6.09%。实现净利润4.93亿元，比上年增加3.50亿元，增长243.76%。

截至年末，平安银行北京分行下辖28个营业网点；在岗职工1 381人，其中正式职工1 298人，外聘人员83人，平均年龄31岁。

公司业务 充分利用平安集团资源，发挥综合金融优势，与平安各专业公司建立优质高效合作。采取产品创新、拓宽业务渠道、根据客户需求组成营销团队并量身制订营销方案等措施，为客户提供多元化的金融服务。推出节能收益贷、交易市场电子仓单融资、反向采购融资、广告代理权融资、电视剧合同融资、知识产权质押融资等创新型业务，促进供应链金融业务发展。创新离岸资金管理模式，推出煤炭重点合同融资、特定类型交易市场、年末无追索保理等9个创新产品，扩大离岸业务规模。推出“1小时投资指令处理”托管资金清算和“私募管家”托管套餐、“业绩和风险评估增值服务”等托管产品，投行资产托管业务量持续提升，基础客户群、资产托管规模及收益稳步增长。

零售业务 组织开展“零售五项技能大比武”、“财富标杆，荣耀平安”、“双卡和璧”、“白金献礼新平安”系列活动，历练员工队伍，促进业务发展。举办“财智人生，平安童行”亲子财商、“爱在六一亲子运动会”，“关爱母亲，关爱家人”母亲节关爱活动，宣传推广金融知识。设立个贷销售团队及个贷处理中心。成立小微金融业务部，采用“1+N”团队管理模式，下辖6支小微直销团队，从单一的抵押业务，逐渐发展为以联保、信用、法人担保、票据等担保方式的多元发展格局。推动无抵押贷款业务，制定销售指引和渠道管理规范，开展渠道营销，适应市场小额贷款类融资需求。成立零售综合拓展渠道，下设1个管理部门，5支团队，紧密联系平安寿险，探索综合金融业务模式。零售客户资产规模持续增长，存款规模稳步提升。

同业业务 通过信托受益权、理财投资等新产品拓宽盈利渠道，平衡业务结构；加强业务及客户储备，持续优化利润结构；同业利息净收入中，同业存款、票据业务、代付、信托受益权及理财投资等资产业务收入占比基本实现等分，各项业务全面发展；与宁夏黄河农村商业银行开通三方存管与贵金属银银代理业务系统，扩大理财产品销售，提升同业产品市场认知度。

风控管理 实施“全流程、全员管理”模式，加强对宏观经济形势和行业的分析研究，梳理完善信贷管理制度体系，优化工作内容与流程，强化监测预警职能，实现全流程风险管理。通过风险控制前置，推动创新产品和业务开展。加强对不良资产的清收处置，实现不良贷款余额和不良贷款率的“双降”。以“合规促发展，内控保平安”为指导，通过提升案防合规工作组织领导力，优化案防合规工作流程；设立操作风险管理岗，完善操作风险管理架构；开展“案防到支行”活动、“可疑人员可疑行为”排查，组织“万人千天合规行”案防合规主题活动，营造“人人重案防、事事要合规”的良好氛围；有序推进落实反洗钱覆盖全业务的监管要求，提升洗钱风险防范水平；实现全年零案件工作目标。

内部管理 2012年内，平安银行北京分行完成两行整合，在短时间内实现了系统、业务、证照、印章、内外部标识等系列变更。引入行政达标管理机制，梳理日常工作细节，进一步明确各岗位工作职责，提升精细化管理水平。开展规范化服务标准导入辅导、网点运营服务标准化阶段提升、“新银行 心服务”运营服务技能大练兵活动，提升服务水平，3家网点分别获得“2012年度全国文明规范服务千佳示范单位”及“北京市银行业特色网点”称号。加大网点建设步伐，完善战略布局，新建财满街支行、朝外支行，营业机构达28家。

（崔超）

中信银行股份有限公司总行营业部

2012 年末，中信银行股份有限公司总行营业部（以下简称中信银行总行营业部）本外币资产总额 4 103 亿元，本外币存款余额（含金融机构存款）3 954 亿元；本外币贷款余额（含贴现）1 797 亿元，比上年增加 87 亿元，增长 5%。实现账面利润 57 亿元，比上年增加 4.54 亿元，增长 9%。不良贷款余额 3.5 亿元，不良率 0.2%。

截至年末，中信银行总行营业部共有支行 56 家，员工 2 283 人。

公司银行业务 负债业务，通过创新考核方式、着力突破重点项目、强化分类营销、做多负债业务增长点，对公负债业务继续保持北京地区中型银行存款存量、月均增量、市场份额等各项指标排名第一位的优势。截至年末，本外币公司一般性存款余额 2 825 亿元，比上年增加 173 亿元，增长 6.5%。

资产业务，支持实体经济发展，优先扶持中小企业客户，全力支持产业金融等业务，力促客户重心下移，推进战略转型。截至年末，本外币公司一般性贷款余额 1 236 亿元。

投资银行业务，发扬并购贷款、跨境融资业务竞争优势，以资产管理业务、股权融资业务、银团贷款业务和新型保理业务为增长点，业务发展态势良好。全年共发行 28 家企业的 37 只债务融资工具，承销规模突破 731.6 亿元，比上年增加 397.6 亿元，增长 119.04%，市场占有率提升近 3%；银团贷款和项目融资累计投放 50.56 亿元，资产余额 138.44 亿元，比上年增长 12.2%。蝉联“北京市十佳银团贷款银行”称号。

票据业务，实现票据直贴累计发生额 820 亿元，同比增长 40%；累计实现票据直贴利息收入 10 亿元，同比增加 2.3 亿元，增长 30%。

托管业务，加强传统托管产品营销力度，拓展新兴领域托管项目，创新资金托管渠道，上线北车、国电等多只委托债权和结构融资类产品的资金托管，拓展商行理财及通道类托管产品，托管规模 663 亿元。中标首农集团、信达资产企业年金托管项目，夺得首旅集团企业年金转托管项目，通过增强年金估值运营、增值营运服务，实现了年金托管能力的跨越式提升。

汽车金融业务，面对严峻的市场形势，深入挖掘市场潜力，扩大与经销商合作，取得优良业绩。截至年末，已涉足 27 个汽车主流品牌，主办全国 9 大汽车品牌网络，有效经销商户数 301 户，年内新增 77 户；经销商日均存款 44.36 亿元，比上年增加 16.36 亿元；累计融资额 466.75 亿元，比上年增加 151.75 亿元，不良率为零。

零售银行业务 初步建成以网点转型和财富管理为核心的零售综合体系，新支点项目取得阶段性成果。零售资产业务，截至年末，零售贷款余额 451.5 亿元，比上年增加 55.7 亿元。其中，一手房按揭贷款余额 283.33 亿元，比上年增加 31 亿元；二手房贷款余额 119.91 亿元，比上年减少10.77亿元。非按揭类零售资产规模迅速扩大，放款量占零售贷款总额的38%，个贷业务结构优化转型显著，零售贷款综合定价能力稳步提升，资产质量保持优良。零售负债业务，以理财、基金、保险、国债为外延的财富管理体系进一步完善，零售代销基金、保险量迅速增长，全年本外币储蓄余额日均余额373.6亿元，比上年增加53.54亿元，增长16.73%；管理资产余额882.65亿元，比上年增加194.24亿元，增长28.22%。

开发银—证—信（SOT）合作新模式，个人理财资金与信贷资产对接，保证理财产品供给的稳定增长。开展“代动2012”代发工资客户及富裕客户营销活动，持续深化中高端客户维护，建立超高端客户定期交流机制，推出“中信银行·陆虎俱乐部联名钻石卡”，打造属于私行客户专属的产品体系。

电子银行业务快速增长，率先推出ATM联营的新型合作运营模式，上线多媒体自助终端一卡通充值和圈存、阶梯电价改造、社保代发系统（一期）等项目，围绕优势产品扩大市场份额，为未来收单业务创造中间业务收入奠定坚实的基础。全年，个人电子银行交易量4 291.76亿元，公司网银累计交易量3.1万亿元，银行卡累计交易874.56亿元，POS机收单业务累计有效商户数1.5万户，装机5 000台，市场占有率提升到5%。

国际业务　围绕“加快转型，加强管理，加速提升市场竞争力”的工作思路，大力推动非贸易和代理开证等重点业务，优化业务增长方式，持续提高国际业务主线价值创造能力。全年办理国际结算业务9.8万笔，完成国际业务收付汇量787亿美元，比上年增长7.4%，占北京地区市场份额的22.5%。引入第三方认证，在北京市场率先获得ISO9001：2008质量管理体系认证。

中间业务　认真研究市场形势，通过将总行条线计划分解到部门，对重点产品、资源消耗产品和普通产品实现差别费率，进一步优化业务结构；充分挖掘新兴业务带动中间业务收入有效增长。全年中间业务收入11.2亿元，成为盈利增长的重要支点。

风险控制　坚持“提高综合效益、扩大客户群体、加大加快创新、坚持合规经营”的授信基本原则，重视风险管控体系建设，优化客户结构，创新审批模式，强化审批流程，细化风险管理，全力打通特色业务安全快速审批通道。截至年末，零售贷款不良余额3 240.45万元，不良率0.071%。开展跨境人民币清算业务，积极营销境外银行开立人民币账户，开户数已达25个。人民币资金存放、人民币购售等方面实现突破，累计实现盈利近1 380万元人民币。连续8年获得花旗银行美元“清算直通率奖”，连续2年获得德意志银行欧元直通率奖。全年不良资产回收金额1.89亿元，实现贡献利润6 600万元。其中，对公不良资产回收1.72亿元；零售保全不良资产回收1 677万元。

机构建设　立足战略发展和组织结构优化需要，加快网点建设速度，完成中信城、房山、珠市口、密云、怀柔、方庄、石景山7家网点的新建和开业工作。截至年末，营业网点数量达57家。

（柏宏君）

中国光大银行股份有限公司北京分行

2012年末，中国光大银行股份有限公司北京分行（以下简称光大银行北京分行）资产总额3 560亿元，比上年增加823亿元，增长30%。一般存款余额2 298亿元，比上年增加333亿元，增长17%。其中，储蓄存款余额370亿元，比上年增加100亿元，增长37%；对公存款余额1 928亿元，比上年增加233亿元，增长14%。一般贷款余额951亿元，比上年减少29亿元。其中，对公贷款余额772亿元，比上年减少29亿元；零售业务贷款余额179亿元，与上年持平。中小企业贷款规模223亿元，比上年增加72亿元。实现风险调整前利润42亿元。

截至年末，光大银行北京分行辖内营业网点58家，员工2 300多人。

公司银行业务 对公存款快速增长，年末对公时点存款余额同比增长16%。贸易金融业务和同业业务稳步推进，全年主承销债务融资工具47只，金额962亿元，办理高资理财业务委托债权680亿元，理财产品累计交易量805亿元。退出低效益授信项目，增加高收益资产占比，贷款平均利率水平较年初提高15.1%。综合运用结算、贸易融金、资金托管、投资银行、理财等业务产品深度绑定客户，变一种服务为一揽子服务，客户综合服务能力不断提高。

零售银行业务 零售业务继续保持增长势头，储蓄存款规模不断壮大，年末余额370亿元，同比增长37%，储蓄存款占比较年初提高2个百分点。零售客户总量达到301万户，对私优质及以上客户增长率超过50%。信用卡客户突破百万户，交易额同比增长64%，社区维修资金卡、存贷合一卡、“出国金融+卡”等业务发展迅速。

业务转型 大力发展中小微业务，设立中小企业业务部，指定15家中小微专业支行，依托“圈”、“链”（“圈”为商圈，“链”为供应链和产业链）推动中小微业务模式化经营，开发了西联国际石材资金池模式、棉花交易市场模式、雅宝路商圈模式等多个模式化项目。中小微贷款年末余额222亿元，比上年增加70亿元，增长46%。下沉客户重心，贷款结构、客户结构更加合理。全年中间业务净收入14.2亿元，同比增长26%；中间业务收入占总收入的24%，占净利润比例达到44%，收入结构进一步调整。

风险管理 资产质量继续保持优良，连续第三年被北京银监局监管评级为I级行，被总行评定为全系统一级行。坚持业务发展与合规管理并重，对近年发生的51 000多笔贷款逐笔进行风险排查，对政府平台、房地产、钢贸、光伏等业务展开重点检查。推进全面风险管理，严防操作风险、案件风险和舆情声誉风险。强化全员合规管理，严肃违规问责，全面清理不规范收费和私自代售行为，避免由于违规操作带来的案件和差错。再次实现全年无案件、无事故、无大的违规行为、无重大业务差错。

服务管理 完善网点布局，新设姚家园路、马连道西、亦庄、安慧四家支行，新布设现金自助设备122台，新开发4家离行式自助银行，与电信、电商、网络支付公司的合作不断深入，整体服务能力稳步提升。深入推进“阳光服务精益管理”，重点推进“改进服务设计，改进服务管理”、“优化渠道结构，优化内部布局，优化资源配置，优化服务流程”工作，实行“分行为基层服务，后台为前台服务，全行为客户服务”，不断提升服务效率、服务品质和市场口碑。光大银行北京分行连续三年在光大银行系统“阳光服务”工作综合评比中名列第一名。2家支行荣获中国银行业协会“百佳示范单位”和“百佳示范单位创建鼓励奖”，5家支行入选“千佳示范单位”，3家支行获得“北京市银行业协会特色服务示范单位”。

企业文化建设 以党建工作为基础，以企业文化为抓手，强化作风建设。深入开展创先争优活动，充分发挥党员的模范带头作用，北京海淀支行党支部被中组部评选为全国“创先争优先进基层党组织”。召开职代会解决员工关注的问题；提倡员工不加班，合理定岗定编，提高效率；加强员工健康管理，开展健康咨询，组织员工体检；建立阳光关爱基金，救助困难员工；举办各类文体活动，组织大龄青年联谊。推动行务公开，征求员工意见。光大银行北京分行被评为总行学习型组织标兵单位、集团联动先进工作单位、金融教育先进集体，被中华全国总工会授予“模范职工之家”称号。

（李文韬）

中国民生银行股份有限公司总行营业部

2012年末，中国民生银行股份有限公司总行营业部（以下简称民生银行总行营业部）本外币总资产余额5 599.37亿元，比上年增加1 223.59亿元，增长27.96%。各项存款余额3 863.28亿元，比上年增加23.74亿元，增长0.62%；其中人民币存款余额3 715.51亿元，比上年增加39.89亿元，增长1.09%。各项贷款余额1 436.93亿元，比上年增加50.64亿元，增长3.65%。全年，营业收入52.35亿元，营业支出42.19亿元，实现税前利润10.2亿元。

截至年末，民生银行总行营业部下设支行52家，正式员工2 244人。

公司银行业务 根据国家宏观政策导向，结合北京地区经济特点、全行战略规划和自身发展实际，加快客户结构、业务结构的调整，加大对民营、中小企业的支持力度，服务区域经济发展。截至年末，公司贷款余额906.28亿元，比上年减少13.88亿元；本外币公司存款余额3 394.13亿元，比上年增加18.87亿元。

贷款业务，贷款重点投向公共管理、社会保障和社会组织、制造业、租赁和商务服务业、批发和零售业、建筑业，年末贷款余额占公司贷款余额的79.24%。年末民营企业客户数占公司客户数的89.61%，贷款余额占公司贷款余额的55.14%。中小企业贷款年末余额61.38亿元，比上年增长14.88%。

服务实体经济，高新技术企业贷款年末余额92.44亿元，文创类企业贷款年末余额31.58亿元，绿色金融贷款年末余额22.97亿元。支持中关村国家自主创新示范区建设，全年累计发放贷款87.83亿元，示范区高新技术企业贷款年末余额82.35亿元。针对“三高六新”、“七大战略新兴产业”企业，推出组合贷、牵手贷、投联贷、齐心贷、节能贷等标准化创新产品，提供信贷业务、支付结算、现金管理、贸易融资、PE融资、企业年金、财税咨询、上市辅导、个人金融、电子银行等综合金融服务。辖内18家机构已成为中关村信用贷款扶持资金重点合作经营机构。支持南水北调工程、四惠公交枢纽、宋家庄公交枢纽等重点项目建设贷款年末余额25.17亿元，全年累计发放保障性住房开发贷款16.56亿元。

贸易融资业务，截至年末，贸易融资余额148.74亿元，其中表内合计40.75亿元，表外合计107.99亿元。非融资性保函余额19.67亿元，融资性保函余额12.46亿元，信用证余额66.07亿元。国际业务结算量128.34亿美元。表内外资产状况良好，无不良发生。

票据业务，全年累计办理票据直贴业务308亿元，转贴现2 585亿元，买入返售1 944亿元。

资产托管业务，产品体系日趋完善，券商资产管理、保险资产管理、交易所平台业务、单用途预付卡等发展迅速，全年托管产品181只，托管规模1 007亿元。

发债融资业务，全年发行债券27只，承销额220亿元。

零售银行业务 截至年末，储蓄存款余额488亿元，比上年增加24.34亿元，增长5.25%。个人贷款余额530.94亿元，比上年增加64.93亿元，增长13.93%。金融资产余额1 052.4亿元，比上年增加219.2亿元，增长26.3%。本外币理财余额508亿元，比上年增加183亿元，增长56.3%。基金余额35.7亿元，比上年增加12.4亿元，增长53.2%。高端零售客户增长较快，贵宾客户11.4万户，比上年增加1.66万户。全年发卡30.44万张。电子银行业务稳步增长，个人网银客户75.61万户，比上年增加14.19万户，增长23.10%；个人网银替代率86.58%，比上年提高8.69个百分点。手机银行有效客户8.71万户。

中间业务 大力推动发债融资、公司理财、资产托管、国内信用证、保理、理财产品销售、贵金属交易等业务，实现中间业务收入83 906万元。

资金业务 业务规模大幅提升，交易对手快速扩张。截至年末，同业存款余额1 397.73亿元，比上年增加1 217.11亿元，同业存款日均579.54亿元，同比增长85.7%。全年资金业务累计交易量14 615.14亿元，同比增长231.81%。

小微金融 信贷资源继续向小微企业倾斜，提供资产、负债、结算、理财、专业服务、非金融增值服务等综合金融服务，业务涉及茶叶、珠宝、酒水、家装建材、木材流通、餐饮旅游、文化创意、高新技术、外贸服饰、家电等行业，满足小微企业用款“急、频、快”的特点，创新推出“畅易贷”、“流水贷”等小额信用授信产品。截至年末，小微企业贷款余额380.51亿元，比上年增加90.58亿元，增长31.24%，在个贷余额中占比71.67%，资产质量良好。全年启动商圈项目313个，小微企业客户数17 430户，比上年增加2 064户。

小微企业互助基金 突破传统抵押担保方式局限，以小微企业或实际控制人“自愿互助、风险共担、利益共享”为原则，发起成立小微企业互助合作基金，解决小微企业融资难题，提升整体抗风险能力。北京地区首只小微企业“中关村科技创新互助基金”正式启动，发放贷款1.8亿元。全年牵头组建小微企业互助基金21只，提供授信34亿元。

风险管理 落实各项监管政策，全面风险管理体系更加健全，中介机构管理进一步规范，产能过剩、平台贷款有效压缩，资产结构得以优化，受托支付比例同比提升。截至年末，共对14家评估公司进行规范化管理；水泥、多晶硅、有色金属等产能过剩贷款退出3亿元；政府融资平台贷款余额197.66亿元，比上年减少5.9亿元，全额退出平台贷款4户，涉及金额21.7亿元；调出平台贷款4户，贷款余额12亿元，纳入一般公司类贷款管理。全年新发放贷款受托支付比例达99.12%。

（户艺霏）

华夏银行股份有限公司北京分行

2012年末，华夏银行股份有限公司北京分行（以下简称华夏银行北京分行）资产总额2 163.76亿元，比年初增加291.36亿元；贷款余额861.05亿元，比年初增加69.27亿元。负债总额2 141.99亿元，比年初增加288.52亿元；一般性存款余额1 479.83亿元，比年初增加62.7亿元；一般性存款日均1 257.07亿元，比年初增加74.1亿元。不良贷款余额6.4亿元，比年初下降1.19亿元；不良贷款率0.74%，比年初下降0.22个百分点。实现中间业务收入5.8亿元，同比增加1.4亿元；实现利润24.2亿元，同比增长15.46%。

截至年末，华夏银行北京分行下辖81个所属机构，其中支行53个、行业公司业务部11个，分行部室17个，共有正式员工1 813人。

公司金融业务 持续加大对中小信贷客户的支持和服务力度，全年用信户增加335户，其中小型企业客户净增300户，大中型客户净增35户。通过发展银团贷款，弥补在传统贷款业务中规模限制的不足，被北京市银行业协会评为“北京市十佳银团贷款银行”。加强供应链金融、票据融资、资产托管和企业网银等重点产品营销，扩大与北车集团、中交总公司、中铁物资北京公司、中铁十六局、大唐燃料、金隅股份、中建土木、中国铁物、中铁现代物流、五矿物流、五矿钢铁、中国工艺艺术品交易所、北京国际葡萄酒交易所、北京林权交易所等客户的业务合作。截至年末，对公用信客户数1 223户，同比增加335户；对公有效客户数4 371户，同比增加497户；贸易融资客户数345户，同比增加173户；小微企业授信客户数（含个人经营性贷款客户）1 494户，同比增加644户。

个人金融业务 推出老年人金融特色服务，为老年客户减免华夏卡挂失等3项手续费，推出7期针对老年人的理财产品。启动拆迁项目4个，完善货币化拆迁综合服务方案，吸收存款超过10亿元。储蓄存款年末余额255亿元，一般性存款占比17.28%。个人理财产品销量695亿元，较上年度翻番。截至年末，个人金融资产总量612.83亿元，比上年增加129.77亿元，增长27%；新增个人客户30.60万户，其中个人贵宾客户增加14 822户；华夏速通卡发行突破42万张，北京地区市场占有率67%；启动个贷集中管理工作，个贷五级不良余额降至7 981万元。

中间业务 国际业务在出口形势低迷、规范收费和同业监管新政出台、汇率波动幅度加大等多种不利因素影响下逆市增长，实现国际结算量146.58亿美元，同比增长20%，由此带来中间业务收入10 911.65万元。金融市场业务通过合理运用传统业务、投行和同业业务产品满足客户需求，成功注册非金融企业债务融资客户13家，比上年增长160%，成功注册非金融企业债务融资工具15只，成功主承销发行华夏银行第一只超短期融资券，非公开定向债务融资工具实现突破，参与北京市保障性住房建设投资中心保障房非公开定向债务融资工具的发行。

渠道网点建设 2012年内，新开业支行3家，网点总数达到53家；筹建支行4家；完成了20余家支行网点改造。新增自助设备41台，布放总量为598台，覆盖北京16个区县，其中远郊县设备92台，占比15.38%。银行卡特约商户10 104家，比年初增加2 686户；布设POS机具14 064台，比年初增加2 960台；布放TPOS机具10 600台，比年初增加2 580台。企业网上银行客户数14 472户，个人网银签约客户21.39万户（证书版13.93万户），比年初增加12.65万户。

客户服务 加强网点设施、物品的规范化管理，提升网点服务标准化、规范化水平；开展唐装迎宾、社区客户服务、客户座谈会等活动，设立老年人和残障人士优先服务窗口，为特殊群体提供专属金融服务。设立“文明优质服务大看台”，启动投诉联动机制，成立客户投诉管理委员会，加强对客户投诉工作的处理和应对；按季度召开客户服务提升专题分析会，优化检查方式，提升专业检查能力；成立服务办公室，配备专职人员统筹服务工作的组织推动，构建起“分行统一领导、各业务条线组织推进、营业网点具体实施、员工广泛参与”齐抓共管的服务工作格局。

合规与风险管理 根据北京地区业务特点，从信用风险、市场风险、信息科技风险、流动性风险、内控合规、舆情控制等方面，加强全员、全方位、全过程风险管控。开展“七不准、四公开”、“不规范经营”专项治理活动、民主评议行风建设活动、“合规操作年”活动，建立“三个不放过”整改工作机制，防止干部员工差错重犯。成立案防工作领导小组，健全案防协调会和案防联席会工作制度，强化专业培训和辅导，实行员工100%异常行为排查，100%交心谈心，全年未发生案件，未出现违法和重大违规现象。

履行社会责任 2012年内，华夏银行北京分行大力支持保障性住房建设和旧城改造项目，保障性安居贷款、50个重点村改造项目贷款年末余额共计37.8亿元；推广ETC速通卡，为发展低碳经济、方便交通出行贡献力量；普及金融知识，组织反假货币及防金融诈骗宣传活动；关注贫困地区教育事业发展和校舍建设，向唐山市丰润区姜家营乡郭庄子小学捐赠25台电脑及60份新年爱心大礼包；“7·21”北京特大暴雨灾害后，向房山区十渡镇捐赠100万元，赠送总价值1 200万元的ETC电子设备3万个。

（张文）

渤海银行股份有限公司北京分行

2012年末，渤海银行股份有限公司北京分行（以下简称渤海银行北京分行）本外币总资产643.03亿元，比上年末增加184.92亿元，增长40.36%；本外币各项贷款余额168.97亿元，比上年末增加33.41亿元，增长24.65%。全年实现中间业务净收入8 788.55万元，比上年末增加3 124.55万元，增长55.16%；实现拨备后利润2.55亿元，比上年末增加0.18亿元，增长7.59%；按照五级分类口径，不良贷款率0.20%，资产质量保持优良。

截至年末，渤海银行北京分行共设有营业机构（含分行营业部）9家；员工491人，其中合同制员工422人，派遣制员工69人。

批发业务 以金融市场、投资银行和贸易融资业务为重点，加强有效客户群和营销队伍建设，强化创新和创效意识，在严格内控的前提下，努力提高经营效益。加强与国开行的投资理财和银证理财业务合作，全年累计完成国开行投资理财业务51.86亿元，银证理财业务57.4亿元；按照“三一”营销策略（每个经营单位至少营销一个贸易融资客户、一个财务公司客户以及一个投资银行客户），认真梳理现有客户资源，分析客户的各种业务需求，开展上下游和业务品种的联动营销，新增贸易融资有效客户49个；按照“利率上浮优先、高贷款协存优先、高中间业务收入优先”的放款原则，调整信贷结构，对优势行业、优质项目、综合回报高的客户给予重点支持，提高资产盈利能力。截至年末，批发银行存款余额215.32亿元，存款日均218.3亿元，比上年增加9.53亿元，增长9.53%；贷款余额103.19亿元，贷款日均133亿元，比上年增加12.2亿元，增长10.1%，新增对公有效客户392户。

零售业务 理财产品销售规模化增长，产品开发初成体系。全年共开发“渤鑫”、“渤盈”、“渤盛”等专属理财产品65期，共计24.9亿元；为大客户定制个性化理财产品14期，共计3.32亿元。与德威集团合作开发联名卡，发行“浩瀚—高尔夫卡”，投产IPHONE和安卓版的手机代理缴费系统，成为系统内唯一一家可在柜面、网上银行、手机银行以及客户端4个渠道进行代理缴费业务的银行。通过“员工爱行用卡”活动、个人网银营销系列活动、手机银行营销开户活动、“绿色网银体验季”、“网银精彩体验季”等活动使电子银行业务迅速发展。截至年末，储蓄存款余额29.88亿元，比上年增加3.18亿元，增长12%；个人贷款余额27.68亿元，比上年增加1.9亿元，增长7%；借记卡发卡90 005张，比上年增加13 810张；个人客户数89 294户，比上年增加13 942户；网银开户8 902户，比上年增加1 009户，增长12.75%；手机银行开户数1 579户，比上年增加1 270户，增长411%；个人理财产品销售37.78亿元。

风险控制 制定《渤海银行北京分行个人商用车贷款管理实施细则（暂行）》等规章制度，夯实风险管理基础；开展合规教育，把内控优先、合规经营的理念融入员工的心中；通过组织预防金融犯罪专题讲座、员工职业操守的专题培训、员工异常行为排查、风险提示和建立一二线检查机制，切实加强内控管理；实施每日发送项目进度图及周报表等量化措施，增强授信审批透明度，提高审批效率；探索创新业务风险识别、控制模式，切实保证创新业务规范化、专业化；全面落实贷后管理要求，加强授信后风险控制工作，全年没有出现一笔业务风险；加快不良资产清收节奏，保持对信贷资产质量全流程“高压”态势；不良贷款率0.20%，资产质量持续保持优良。

队伍建设 坚持“德才兼备、任人唯贤”的标准，在中层干部任用和调整中，严格履行民主推荐、民主测评、公开公示、组织考察、集体研究、任前谈话等程序和要求，切实把好选人用人关，为中层干部做好组织储备，年内新提拔使用总经理助理、支行行长助理以上干部15人，其中12人在批发、零售条线工作。结合业务发展重点，举办多期业务讲座和培训，提高员工业务技能，参训员工近1万人次，培训内容涵盖产品、流程、政策、服务、营销、宏观经济、企业文化、风险合规、系统操作、员工能力素质等方面。

（张兵）

浙商银行股份有限公司北京分行

2012年末，浙商银行股份有限公司北京分行（以下简称浙商银行北京分行）总资产371.72亿元，比上年增加33.70亿元，增长9.97%。本外币各项存款余额320.12亿元，比上年增加45.84亿元，增长16.71%；本外币各项贷款余额121.28亿元，比上年增加12.45亿元，增长11.44%。全年，实现利润11.11亿元，比上年增加3.75亿元，增长50.95%；不良贷款率为零，资产质量保持优良。

截至年末，浙商银行北京分行共设有营业机构（含分行营业部）3家，共有员工292人。

公司银行业务 紧跟银行模式转型潮流，不断创新商业模式和服务，以客户为中心，结合北京市场特点，立足优化业务结构，建设“流程银行”，打造综合金融服务平台，提升资产经营水平。着力开拓特色业务，积极探索供应链金融专业化服务的经营模式；全年国际业务结算量10.04亿美元，比上年增长151%；全力拓展高端客户的债务融资工具承销业务，承销额85.1亿元，比上年增长近10倍，发行量跃居浙商银行系统第一位，占全行新增额近40%。

小企业业务 根据不同规模、行业、经营方式、区域的小企业特点，创新担保、提款、还款方式，相继开展“三年贷”、“便利贷”、“积分贷”、“商位通”等特色产品，形成门类较为齐全，制度相对完善、管理比较成熟的小企业金融服务平台。围绕小微企业关注的担保难问题，不断创新小企业产品，探索保证、信用项下小企业贷款。截至年末，累计发放小微企业贷款673户，余额21.58亿元，小企业贷款占全部贷款的比重从上年末的16.5%上升至18%，不良资产为零，当年累计收息率为100%。

风险管控 2012年内，对全部资产进行排查，分类管理，列出重点关注的客户，并且组成专题小组研究，实现对重点关注客户的实时跟踪和有序退出；成立监控小组，对供应链金融实施实时独立监控和不定期飞行检查；推进专业评审及主审联系人制，进行专业化分工和风险预判，前移信用风险关口，提高风险管理的有效性；印制《风险案例专刊》，组织员工赴监狱参观，进行警示教育，增强员工的合规意识；搭建合规经理对应条线、内控经理对应部门的合规组织管理体系。截至年末，本外币贷款余额121.28亿元，实现了本息的100%回收。实现了安全营运和无“三防一保”案件。

团队建设 坚持以人为本的体制机制建设，制订“领头雁提升计划（2.0版）”，为做大做强专业特色部门、领头雁支行提供职业跑道。完善客户经理制，在考核中增加合规、资格论证、风险管理权重等指标。完善内控经理制，实施对内控经理的日常考核，把日常内控工作落实到每个部门、每个人身上。实施分类考核，市场部门考核围绕存款、盈利、特色业务等核心经营指标，职能部门考核围绕条线业务特点、本职工作和管理服务化要求。全面实施内控问责考核机制，将内控考核与部门考核挂钩、与各位员工考核挂钩，区别管理部门、营销部门、支行的特点细化考核标准。

（王乃勃）

北京银行股份有限公司

2012年末，北京银行股份有限公司（以下简称北京银行）资产总额1.12万亿元，实现净利润117亿元，人均创利140万元，成本收入比为26%，资产利润率1.13%，资本利润率19.14%，不良贷款率0.59%，拨备覆盖率420%，资本充足率12.9%，品牌价值106.39亿元，一级资本排名全球千家大银行第132位，各项经营指标均达到国际银行业先进水平。

截至年末，北京银行分支机构总数236家，其中北京地区分支机构168家，在册员工8 259人。

公司业务 启动集团客户存款工程，实施重点集团客户名单式营销；举办北京市国资委企业金融产品推介会、“京医通”揭卡仪式、债券承销业务高端客户研讨会等，提升产品创新和交叉销售。截至年末，人民币公司存款余额5 196亿元，人民币公司贷款余额3 089亿元，实现中间业务收入12.69亿元。

零售业务 深入推进“赢在网点”、“赢在网上”项目，紧密围绕提升“网点业绩、服务效率、客户满意度”三大目标，开展客户分层服务工作；创新零售产品，发行金融IC卡；开展私人银行业务，组建私人银行部，成立3家私人银行。截至年末，零售客户资金量余额1 889亿元，储蓄存款余额1 393亿元，个人贷款余额855亿元，零售客户规模达到960万户，私人银行达标与潜力客户增长40%。

中小企业业务 坚持“服务中小企业”这一核心战略定位，落实国家产业和信贷政策，结合国家经济结构调整和发展方式转变的战略要求，加大倾斜支持力度，创新求变、加快转型，推动中小企业业务实现又好又快的发展。截至年末，中小企业人民币贷款余额1 908亿元，户数7 072户；小型微型企业人民币贷款余额1 280亿元，户数6 034户。

金融市场业务 积极开展各项资金业务、同业业务和国际业务，金融市场业务整体发展势头良好。推出“天天盈”系列理财产品，获批保险资金托管资格，推出“保管家”产品。截至年末，本外币投资规模2 215亿元，同业资产余额2 548亿元，同业负债余额3 002亿元，实现国际结算量408亿美元。

信用卡业务 坚持“以市场为导向，以客户为中心”的经营理念，年内发行中荷人寿联名卡、尊尚白金卡、北京旅游卡，开展特色分期业务，举办大爱卡“大爱圆梦行动”。截至年末，信用卡发卡28万张，累计发卡量139万张；全年，新增信用卡客户24万户，信用卡交易额突破148亿元。

信息化建设 全力打造“京彩生活”手机银行移动金融服务平台，大力拓展“新e代”网上银行产品服务，建立西安客服分中心，推出远程智能柜员机和电话银行“人工智能导航”服务。

（王维言）

大连银行股份有限公司北京分行

2012年末，大连银行股份有限公司北京分行（以下简称大连银行北京分行）总资产163.69亿元，比上年增加81.23亿元，增长98.51%；一般性存款余额111.55亿元，比上年增加48.65亿元，增长77.34%；本外币贷款余额57.90亿元，比上年增加21.39亿元，增长58.59%；不良贷款率保持为零。

截至年末，大连银行北京分行设有分行营业部和西城、海淀、经济技术开发区三家支行，共有员工173人。

公司业务 围绕“紧密团结大客户、重点服务中型客户、全力开发小型客户”的战略规划，启动贸易金融产品试点，选取核心客户，制订一户一策的定制性金融解决方案，为客户提供个性化金融服务。拓展信托类理财业务新渠道，为企业提供多项融资方案，满足客户多样化业务需求。开展“规范贷款行为、科学合理收费”宣传和自查工作，向社会宣传银行收费项目和收费标准，杜绝乱收费现象发生。截至年末，对公存款余额105.5亿元，比上年增长180%。

小企业业务 贯彻落实监管部门要求，围绕向中小企业转型的战略目标，在资源配置、组织架构、信贷投向等方面向小企业业务倾斜。设立“小微企业金融服务中心”，提供“一站式”、“集约化”金融服务；设立小企业专业审批人，快速决策，提高审批效率；推行“两圈一链”经营策略，将小企业业务市场定位在以贸易链为纽带、处于物理商圈（中关村国家自主创新示范区、亦庄经济技术开发区等）和虚拟商圈（商会协会、核心企业上下游），按照“规划先行、批量开发、精耕细作、落地生根”的经营策略开展小企业业务，以税金通、小企业信用贷等产品为切入点形成经营特色，专门针对北京市场研发推广的“政金通”特色产品，获得了市场的广泛认可。截至年末，小微企业表内授信余额16亿元，比上年增长52%，小微企业业务信贷规模占比27%。

个人业务 以支持首都经济、服务市民为发展方向，优化资源配置，为客户提供专属的金融服务；尝试理财业务与信用卡业务创新，大力发展融易通特色产品，支持微型企业发展；加强渠道建设，完善组织构架，以职能团队为依托带动业务发展；倡导绿色金融、低碳服务，科学合理收费，主动承担社会责任，保护消费者合法权益。

同业业务 将同业业务作为重要利润增长点，拓宽合作渠道，创新产品和交易模式，逐步确立了以票据业务、资金同业业务、投行业务为主要范围，以票据转贴现、同业存款、理财产品投资、财务顾问、资产和资金管理等为具体产品的经营模式。

国际业务 加大对贸易项下客户的融资支持力度，改善过度依赖汇款业务的业务结构，利用贸易融资产品，通过与同业银行的合作等模式满足客户需求，提高服务质量。截至年末，贸易融资投放量4 700万美元，比上年增加3 963万美元，增长557%；结算量22 919.33万美元，比上年增加11 519.33万美元，增长101.05%。

内控及风险管理 落实监管要求，全面梳理各条线的规章制度，强化制度执行力；持续开展各类风险排查，杜绝风险隐患；加强行业分析与指引，实施区别和差异化授信准入策略；加强贷款新规管理，认真执行受托支付；加强贷款风险预警及分类管理，不断提高风险分类的准确性和有效性；严格流动资金测算，坚持合规审批，确保信贷资产健康、可持续发展；倡导“诚实守信、依法合规、求真务实、科学发展”的合规经营理念，开展合规征文，合规辩论赛、演讲等活动，组织员工观看警示教育片，外请专家来行现场讲解金融犯罪案例，宣导合规文化，增强员工合规意识；开展丰富多样的培训，提高员工业务技能，打造素质一流的风险防控队伍。

（李聪）

天津银行股份有限公司北京分行

2012 年末，天津银行股份有限公司北京分行（以下简称天津银行北京分行）本外币各项资产 303.2 亿元，比年初增加 96.72 亿元，增长 46.84%；本外币存款余额 293.61 亿元，比上年增加 93.87 亿元，增长 47%；本外币贷款余额 111.30 亿元，比上年增加 12.49 亿元，增长 12.64%。实现账面利润 4.17 亿元，比上年增加 1.23 亿元。

截至年末，天津银行北京分行共设 8 个支行及分行营业部，共有员工 285 人。

公司银行业务 完善产品线，为经营部门提供广阔的发展平台；加强与多家信托公司的合作洽谈，调研银信合作方式；针对货币资金形势的多种可能，形成多样化的应对措施，如信托产品的代销、传统银信合作、结构化信托产品的对接等。

国际业务 主动跟踪国内外汇率差、利率差的波动，向客户提供本外币、境内外联动的业务方案，创新表外融资的新模式，全年实现国际结算 4.63 亿美元，比上年增长 55.4%。

同业业务 同业业务从最初作为分行流动性管理的补充渠道，发展到同业存放、同业贷款、同业投资等多品种并举，在壮大天津银行北京分行资产规模的同时，也成为新的利润增长点。全年，同业业务交易量 1 500 亿元，实现净息差收入 2 021 万元；票据业务实现净息差收入 1 725 万元，交易额 90 亿元。

个人银行业务 加快个人金融业务发展，实施全员联动营销，在积极拓展个金业务的同时，注重联动开发对公业务，实现公司、个金交叉营销，取得重大突破。让利客户，存款利率一浮到顶，向客户推介符合实际需求的理财和融资方案，培养零售核心客户群体。

内控建设与风险管理 对现有制度进行查缺补漏、细化修订，强化制度的严谨性和可操作性。根据监管部门及总行要求，结合分行实际，开展柜面业务、重点环节操作风险专项检查，检查覆盖面达到 100%，排查阶段无案件情况发生。扎实推进“不规范经营”专项治理自查活动，有序推进各项宣导和合规文化建设工作，落实对自查问题的整改。做好合规管理日常工作，对于在检查中发现的问题，及时进行处理。

（唐宗元）

杭州银行股份有限公司北京分行

2012 年末，杭州银行股份有限公司北京分行（以下简称杭州银行北京分行）资产总额 493.73 亿元，总负债 488.58 亿元，存款余额 275.65 亿元，贷款余额

108.20 亿元，营业净收入 8.32 亿元，利润总额 5.15 亿元。不良贷款余额按风险分类口径为 2 141.81 万元，不良率0.19%。

截至年末，杭州银行北京分行下设 9 家支行，员工 397 人。

业务规划 立足于“中小企业服务银行”的市场定位，充分发挥“快速、灵活”的核心优势，着力打造“中小企业成长伙伴”的品牌，形成了“以公司业务为主体，以投行同业业务和小微零售业务”为两翼的“一体两翼”业务格局，着力构建“环城带”金融服务网络。积极服务北京市场“轻资产、高成长、重创意”的中小型企业，协助破解传统担保方式无法解决的融资难题。

公司业务 面向高成长型企业的“起飞计划”客户、拟上市及上市（发债）企业的“卓越计划”客户和城镇一体化改造的“星火计划”客户，通过多种金融手段，为客户提供综合化的金融服务。截至年末，对公存款余额 256.5 亿元。

投行同业业务 截至年末，开展同业存放业务 80 笔，累计交易金额 379.961 亿元；办理各类票据业务 4 366 笔，累计金额 337.62 元，其中直贴业务 47.49 亿元；发行杭州银行系统首只中小企业集合票据、中小企业私募债，开展托管业务 8 笔（含信托类、债务融资工具类、中小企业私募债类），累计托管资金 19.3 亿元；操作结构化融资业务 5 笔，累计金额 16.6 亿元。

零售业务 截至年末，储蓄存款余额同比增加 11.95 亿元，个人理财产品销售 11.55 亿元（折算后）。

小微业务 将“两圈一链一型”定为主要小企业目标客户群，实行单列信贷额度，重点满足 500 万元以下小微金融市场的融资需求。截至年末，单户授信 100 万元以下的微贷卡累计发卡 5 263 张，授信额度 33 亿元，贷款规模 28.6 亿元，涉及北京地区的石材、木材、汽配、眼镜、水产、服装等多个大型批发市场和外地在京商会。

科技金融 以中关村科技园区为业务辐射点，充分运用物理网点优势，组建专营团队，给予单独的扶持政策、风险容忍度、问责标准和考核激励机制，通过新三板企业专属金融服务方案、“投联贷”、“投转贷”和“期权贷”等创新产品，服务首都科技型中小企业。截至年末，科技金融贷款余额 20.12 亿元，信贷户数 158 户，其中中小型科技企业信贷客户 117 户。

（李永芳）

南京银行股份有限公司北京分行

2012 年末，南京银行股份有限公司北京分行（以下简称南京银行北京分行）资产总额 299.31 亿元，比上年末增加 50.31 亿元，增长 20.20%。本外币各项存款余额 201.53 亿元，比上年末增加 44.53 亿元，增长 28.36%；本外币各项贷款余额 100.21 亿元，比年初基数增加 8.98 亿元，增长 9.84%。全年，累计实现中间业务收入 574.75 万元，实现账面净利润 1.81 亿元。资产质量保持良好，不良贷款率为零。

截至年末，南京银行北京分行下设营业网点（含分行营业部）8 家，在岗正式员工 273 人。

对公业务 截至年末，人民币对公存款时点余额 166.78 亿元，比上年增加 32.63 亿元，增长 24.32%；对公贷款余额 90.57 亿元，比上年增加 8.59 亿元。

中小企业金融服务 截至年末，小企业贷款余额 11.04 亿元，比上年增加 2.88 亿元，增长 35.29%。其中，文化创意产业贷款余额 4.9 亿元，绿色金融贷款余额 5.2 亿元。

个人业务 截至年末，本外币储蓄余额 17 亿元，比上年增长 130.04%；日均余额 11.6 亿元，比上年增长 96.61%；个人贷款余额 3.86 亿元，比上年增长 29.97%；个人中高端客户 3 306 户，累计销售理财产品约 52.02 亿元；成功发行首张汇旅通联名卡，与阳光保险集团合作开展了个人经营性贷款保证保险业务。

机构发展 2012 年内，南京银行北京分行第一家郊区县支行——顺义支行正式获准开业。

（党章）

盛京银行股份有限公司北京分行

2012 年末，盛京银行股份有限公司北京分行（以下简称盛京银行北京分行）本外币各项资产合计 593.42 亿元，比上年增加 314.23 亿元，增长 112.55%；本外币各项存款余额 351.19 亿元，比上年增加 86.35 亿元，增长 32.60%；本外币各项贷款余额 106.58 亿元，比上年增加 10.42 亿元，增长 10.84%；不良贷款率保持为零。

截至年末，盛京银行北京分行共设支行（含分行营业部）3 家，员工 121 人。

公司业务 严格遵循监管要求，完善和提升各业务条线、各环节的精细化管理，坚持以金融创新为主线，进一步优化资产和负债结构，拓展战略客户、培育忠诚客户，加大对高新技术产业、文化创意产业、“三农”等中小微企业的金融支持力度，实现结构优化、制度优化、服务优化、创新发展。截至年末，本外币公司存款余额 346.30 亿元，比年初增加 84.22 亿元，增长 32.16%。

国际业务 坚持以本外币一体化营销，通过区分客户群体，实行差别营销策略，促进不同类型国际业务客户的统筹发展；以贸易改革和直接投资改革为契机，推动创新工作开展，促进国际业务发展。截至年末，完成国际结算量 63 344 万美元，比上年增加 26 904 万美元；外币存款对公时点余额 4 600 万美元，比上年增加 1 499 万美元。

小企业业务 设立“小微企业金融服务中心”，创新小企业贷款经营管理模式，推出“小微企业科技贷”、“小微企业商贸贷”等产品，使企业的融资链条进一步前移。全年累计为小企业发放贷款 2 850 万元，年末余额 2 640 万元。

风险控制 根据监管政策的变化和要求，重点对原有信贷操作流程进行修订，规范信贷资金发放与支付环节，明确岗位职责、细化操作流程。组织开展“操作风险十三条”、“全面风险排查”等各类风险排查工作10余次，开展“七不准、四公开”、“防范和打击非法集资宣传教育活动”、“反洗钱宣传月”等专项宣传教育活动5次，有效规避风险，履行社会职责、树立良好的社会形象。

优质服务 开展“争做千佳优秀银行服务单位”活动，针对不同群体提供个性化服务。对残障病患客户在核实情况后采取上门延伸服务；为网点周边商铺免费提供残缺污损人民币兑换及零币兑换；定期举办社区活动，宣讲普及人民币及现代支付工具的相关知识，针对社区的老年人专门组织防诈骗常识及反假货币知识等系列讲座。

（曾欣）

上海银行股份有限公司北京分行

2012年末，上海银行股份有限公司北京分行（以下简称上海银行北京分行）总资产940.99亿元，比上年增加773.07亿元，增长460.38%；本外币各项存款余额282.14亿元，比上年增加173.05亿元，增长158.63%；本外币各项贷款余额107.81亿元，比上年增加14.7亿元，增长15.79%；实现中间业务收入6 082.55万元，比上年增长88.62%；实现利润总额2.5亿元。

截至年末，上海银行北京分行共有营业网点5家，在岗正式员工227人。

公司业务 竭诚服务央、市两级国资委企业，全力支持政府及大型机关事业单位，加强与各级政府部门的沟通协调，深化银政合作，推进区域经济发展；发挥中小银行优势，大力扶持中小企业发展；深化客户合作，促进银企互利共赢。截至年末，对公存款余额278.56亿元，比上年增加174.15亿元，增长166.79%；对公贷款余额101.9亿元，比上年增加10.21亿元，增长11.14%。

零售业务 公私联动，全员营销，定位高端客户，完善零售产品及服务，借助联盟方资源，形成品牌合作，实现客户资源共享。截至年末，个人储蓄存款日均3.41亿元，比上年增加1.06亿元，增长45.11%。

投行业务 成立投资银行部，完善机构建设、人员配备，积极拓展客户、研发产品，整体收益稳步增长。截至年末，债务承销业务发行规模88亿元，实现中间业务收入3 550.5万元；对公理财销售151.21亿元，实现中间业务收入162.43万元，占全行中间业务收入的58.37%。

同业业务 加强与券商、金融租赁、金融资产管理、信托、银行、保险、基金管理公司等金融机构的广泛合作，在同业借款模式创新、存放同业业务授权，以及票据业务推动等方面成效显著。截至年末，同业存款余额559.18亿元，比上年增加503.05亿元，增长896.22%；同业借款余额93亿元，比上年增加74亿元，增长389.47%。

国际业务 紧贴市场和客户需求，通过传统的国际结算、结售汇和新型外汇产品的互动协调发展，提升国际业务价值创造力。着力业务创新，持续丰富产品线，实现首笔外汇银团贷款业务、首笔NRA账户信用证转开业务、首笔外汇掉期业务、首笔人民币信用证业务。截至年末，国际结算量突破10亿美元，比上年增加3.9亿美元，增长63.93%；结售汇8亿美元，比上年增加2.62亿美元，增长48.7%；实现中间业务收入1 533万元，比上年增长15.87%。

风险管理 推进“三道防线”体系建设，逐步形成全面风险管理体系。截至年末，顺利清收不良贷款5 700余万元，成功化解7 450万元银票垫款风险，实现不良贷款额和不良贷款率“双降”。

（吴玲媛）

江苏银行股份有限公司北京分行

2012年末，江苏银行股份有限公司北京分行（以下简称江苏银行北京分行）资产总额595.37亿元，比上年末增加286.62亿元，增长92.84%。各项存款余额366.80亿元，比上年末增加115.07亿元，增长45.71%；各项贷款余额134.26亿元，比上年末增加49.40亿元，增长58.21%。实现利润总额56 628万元，净利润41 506万元。

截至年末，江苏银行北京分行共开设9家支行，正式在册员工420余人。

公司业务 加大对重点项目、新兴行业、文化创意和中关村科技企业的支持力度，明确战略客户发展方向，与大型国有企事业单位加强关系营销，通过集团授信方式开发大型企业集团总部或下属核心企业，推进产业链融资，实现银企合作“双赢”。尝试开展银团贷款和经营性物业贷业务，丰富业务品种、增加收入来源。合规设计融资方案，寻找主营业务突出、已进入上市进程的IPO企业，做好前期储备营销。加强企业资金结算、客户群体拓展、电子银行、现金管理、代收代付的推广及产品营销工作，创新资金管理模式。把握债务融资工具业务机遇，加大新兴业务、投行知识培训，做好营销基础性工作。

零售业务 零售业务实现快速发展。理财业务品种不断丰富，“尊享系列”理财产品市场认可度高，品牌影响力骤增；个贷业务快速发展，形成“1+N”发展模式，带动其他业务共同发展；开展银行卡受理市场业务创新，引入银联非金融机构代理清算业务；完善小微企业信贷业务“绿色通道”审批机制，提升审批效率，促进业务发展。

资金业务 充分利用首都地缘优势积极拓展同业市场，形成了贴现等传统资金业务与理财等中间业务并重的业务结构，涉及票据、买入返售、同业借款、拆借等业务，资金创利逐年递增。截至年末，交易对手达200多家，遍布全国20多个省市，逐步形成了较为广泛的交易网络。

国际业务 国际业务产品数量及跨境人民币业务实现飞跃式发展。开办福费廷业务、紫金交易大户室业务、融资性保函业务、代理远期结售汇业务等，全年累计实现跨境人民币结算业务量7.34亿元。依托总行与1 600多家境内外银行机构的代理行关系以及自身与境内外同业机构建立的良好关系，业务网络辐射全球。

（杨锐恒）

宁波银行股份有限公司北京分行

2012年末，宁波银行股份有限公司北京分行（以下简称宁波银行北京分行）资产总额137.47亿元，比上年增加70.35亿元。一般性存款余额99.23亿元，比上年增加65.7亿元，增长195.9%。贷款余额53.11亿元，比上年增加30.23亿元，增长132.1%；其中中小微企业贷款余额24.48亿元。

截至年末，宁波银行北京分行设有1家支行，员工总数202人。

公司业务 贯彻区域型进出口企业金融服务专家、中型企业现金管理专家、中小企业电子金融服务专家的工作思路，利润结构向多元化发展，企业存款稳步增长，机构合作效果显现，区域重点业务拓展取得突破，人员业绩稳步提升。截至年末，对公存款余额94.14亿元，日均存款71.23亿元，比上年增长40.47亿元。

个人业务 梳理业务流程，实现白领通业务飞速发展，有效夯实客户基础。财富管理业务开展富有成效，逐步带动负债规模。加强品牌宣传，扩大个人业务品牌影响力。截至年末，个人储蓄存款余额5.1亿元，理财产品销售24.53亿元，基础客户增长150%，高端客户增长180%。

国际业务 根据市场形势和自身业务发展，努力推动外汇基础客户群体的培养建立，加强国际结算产品的营销指导，开展业务知识的普及培训，有序完成授权内业务的落地处理，推进国际结算业务的健康快速发展。全年，实现国际结算量3.26亿美元，中间业务收入386万元。

金融市场业务 以利润为目标，以客户为基础，坚持分支联动、条线联动，积极探索金融市场业务发展和盈利模式，搭建组织架构，拓展和培育客户，同业负债和同业资产业务初具规模。截至年末，人民币同业存款余额34.15亿元。

（刘菁）

包商银行股份有限公司北京分行

2012年末，包商银行股份有限公司北京分行（以下简称包商银行北京分行）资产总额281.58亿元；各项存款余额114.28亿元，比年初增加78.74亿元；各项贷款余额18.31亿元，比年初增加14.97亿元；同业存款余额145.22亿元；实现净利润1.79亿元。

截至年末，包商银行北京分行共有2

家支行，员工总数360人。

公司业务 占领“央企”小高地，利用北京总部经济优势，积极营销央企总部及其下属公司，与政府管理部门和科技园区建立沟通、合作机制，共同设计企业融资需求方案，夯实战略客户群体。通过财务顾问、信托、融资租赁等业务，为企业提供综合化金融服务方案，增加低风险中间业务收入，提高投资收益，实现了公司业务的稳健发展。截至年末，公司存款余额104.8亿元，比年初增加72.99亿元。

小企业业务 按照“一圈一链一散户”的营销思路，积极接洽北京中心城区重点商圈、商会、金融中介机构，尝试应收账款质押、包融通等贸易融资业务，其中在北京高新技术产业园区推出的专利技术质押类业务，客户反馈较好。截至年末，小企业流动资金贷款余额4.94亿元，比年初增加3.87亿元，增长361%。

微小企业业务 坚持传统业务和创新业务“双轮驱动”，以市场需求为导向，以客户服务为中心，依据不同商圈、不同行业的经营模式、淡旺季周期及现金流状况，积极推广“联好贷”三户联保业务，创新推出“无担保纯信用”贷款产品。通过单户渗透、展台宣传、媒体推广等营销组合，集中拓展第三方渠道，推进批量业务模式开发。截至年末，累计发放微小企业贷款2 055笔，金额6.74亿元，累计服务客户1 594户。

同业业务 搭建合作平台，举办“草原行·包商情”大型同业交流会，与全国60余家金融机构建立合作关系；同业存款稳中求进，全年累计吸收同业存款211.93亿元；拓展代开银行承兑汇票业务，促进负债业务的增长；同业偿付业务初见成效，全年累计业务发生额16.74亿元；协议存款业务实现开门红，年末存款余额41.06亿元，比年初增加36.06亿元。

个人业务 开展形式多样的营销活动，积累了大批稳定高端客户和财富客户；储蓄存款稳健增长，时点余额突破5亿元；业务种类逐渐丰富，贷款金额和贷款笔数稳步增加，年末个人贷款余额2.09亿元；理财产品体系日臻完善，募集能力逐步提高，其中国债、信托、人民币理财等产品均超额完成总行下达的任务指标，网点平均产能居包商银行首位。

（范志华）

北京农村商业银行股份有限公司

2012年末，北京农村商业银行股份有限公司（以下简称北京农商银行）资产总额4 239.91亿元，较上年末增长12.51%；实现拨备前利润55.09亿元，较上年末增长9.09%；资本充足率15.12%，核心资本充足率9.29%，拨备覆盖率197.35%。在2012年英国《银行家》杂志最新发布的银行排名中，北京农商银行按照一级资本位列全球千强银行第306位，较上年的第342位上升了36位。

截至年末，北京农商银行共有管辖支

行26家，机构网点694家；从业人员8 084人，其中在岗合同制员工7 032人、派遣制员工1 052人。

贷款业务 截至年末，各项贷款余额2 023.38亿元。全年累计投放涉农贷款406.75亿元，涉农贷款年末余额503.93亿元，同比增长24.09%，达到监管部门“两个不低于”的考核要求。

负债业务 截至年末，各项存款余额3 547.29亿元，其中人民币储蓄存款余额1 804.40亿元，同比增长17.10%。

中间业务 截至年末，实现中间业务收入7.37亿元，同比增加0.53亿元，增长7.80%。其中，银行卡新增发卡65.90万张，实现手续费收入2.82亿元，同比增长20.80%；会计结算业务实现手续费收入8 648万元；公司业务实现中间业务收入3 280.60万元；资金营运实现中间业务收入8 575.70万元；外汇业务实现中间业务收入2 551.10万元；机构业务实现手续费收入2 804.90万元；电子银行实现中间业务收入7 622.84万元，柜面替代率69.84%，同比提高4.83个百分点；个金代理销售保险、基金、国债、理财产品合计268亿元，实现手续费收入1.20亿元。

金融市场业务 资金营运密切跟进市场资金价格走势，全年实现账面利润31.80亿元，营运资金加权利率4.57%，同比增加0.15个百分点，实现了无不良资产、无流动性透支、无差错事故的风险管理目标。

金融创新 支持小微企业发展，推出“中关村科贷通”、“联东U谷小微贷”两大业务品种，涵盖“信用贷”、“保证贷”、“抵押贷”、“快捷贷”和“循环贷”5个信贷子产品。对传统存款类产品进行梳理和分类管理，推出个人“定期一本通”、“零存整取”、“对公定期一本通”产品。开办国内信用证买方融资业务，全年业务发生额7.70亿元。改善金融支付环境，推出移动支付终端“金凤凰掌上交易宝”、“凤凰福农卡”和公务信用卡。“金凤凰掌上交易宝”发展客户80余户，交易金额1.11亿元；“凤凰福农卡”年度累计发卡20 357张。手机银行年内净增客户29 661户；上线凤凰卡无卡支付业务，凤凰卡功能不断完善。

服务“三农” 以客户需求为出发点，充分发挥总支行联动的创新机制，推出农工商公司流动资金“集合”授信、保障性农民回迁安置房建设贷款、旧村改造贷款、凤凰乡村游商户贷款、板栗收购贷款、“兴市惠农”农户贷款、民俗旅游贷款、虹鳟鱼—鲟鱼农户养殖贷款8项农贷款产品。板栗收购贷款当年累计发放2 450万元，保障性农民回迁安置房建设贷款审批28.60亿元，重点村改造贷款累计发放104.27亿元。2012年2月25日，由北京市金融局主办，北京农商银行承办的“北京市农村基本金融服务村村通工程启动仪式”在怀柔区渤海镇北沟村举行，在启动仪式上北京市首家农村基本金融服务点正式挂牌营业。

社会养老服务 截至年末，北京农商银行城乡居民养老保险留存户143.40万户，实现年累计代发564.91万户，代发金额12.84亿元；年累计代缴113.14万户，代缴金额11.07亿元。无保障福利养老金留存户45.49万户，年累计代发956.26万户，代发金额13.83亿元。2012年10月12日，国务院授予北京农商银行“全国新型农村和城镇居民社会养老保险工作先进单位”称号。

提升服务内力 成功发行51亿元次级债券，有效充实二级资本，赢得更大的发展空间。获得信用卡全功能牌照和“北京市市级财政授权支付业务”代理资格，扩大了经营和服务范围。全面推进分支机构改革，优化“三定”方案，规范岗位设置，实现管理架构由“四级”向“三级”转变和业务集中管理，为“管辖支行做大做强、经营网点做优做精”奠定了基础。持续推动“3110”工程建设和网点转型工作，建成财富管理中心6个、贵宾理财中心70个、普通理财网点330个（含全功能网点273个、单一功能网点57个），完成228个网点转型工作。

信息科技 信息系统安全稳定运行，网络改造全面完成。全年，新建或优化升级对公信贷管理系统（二期）、信用卡系统等17个，建成并投产应用系统97个。梳理柜面业务流程，完成61项升级优化，后督集中、授权集中、核算集中、参数集中的“四集中”工程取得初步成效，票据集中提入平台运行平稳。

风险防控 强化“从严治行、从严治纪、从严治财、从严治贷”的管理理念，坚持业务发展与风险防范统筹兼顾、有机统一，依法合规、稳健经营。加强信贷准入、运行和退出全过程管理，开展风险排查，强化政府融资平台、房地产、融资性担保公司准入和信贷集中度等重点领域管理，夯实五级分类基础，坚守风险底线。完成全部管辖支行内控评价工作，按照“高风险、高频率，低风险、低频率”的工作思路，组织开展现场专项审计，并首次利用审计系统开展非现场审计，提升了内审工作的有效性和针对性。

社会责任 积极应对“7·21”特大暴雨灾害，确保各项业务平稳运行，向房山区政府捐款100万元人民币用于救灾善后，“金融服务流动车”第一时间进入房山受灾严重地区，为当地农村居民提供基本金融服务。2012年8月9日，与北京房山国有资产经营有限责任公司举行“北京农商银行支持房山区灾后重建贷款签约仪式”，并将5亿元用于重点基础设施建设以及道路修缮和维护的应急贷款划转给房山区财政。

（郑海峰）

北京延庆村镇银行股份有限公司

2012年末，北京延庆村镇银行股份有限公司（以下简称延庆村镇银行）总资产47 063.82万元；存款余额39 911.33万元，其中对公存款余额26 990.24万元，储蓄存款余额12 921.09万元；贷款余额25 019.98万元，其中个人贷款余额24 449.98万元，中小企业贷款余额570万元；连续16个季度收息率100%，不良率为零。全年，实现税前利润1 026.62万元。各项监管指标达标，流动性比率49.27%，拨备覆盖率100%；按照巴塞尔新资本协议Ⅲ要求计算，资本充足率19%，核心资本充足率17.90%；存贷比为62.69%，资产不良率为零。

涉农贷款 截至年末，延庆村镇银行发放涉农贷款474笔，余额25 019.98万元。贷款主要投放于种植业、养殖业、农产品加工、民俗旅游、生态农业、新农村建设、新能源、建筑业、批发零售业、服务业等，贷款全部投放在延庆县的15个乡镇。

2012年11月3日，延庆县遭受暴雪灾害，延庆村镇银行的38户贷款户损失惨重，涉及贷款余额1 636万元。延庆村镇银行组织员工对受灾情况进行实地调查，采取有效措施，帮助受灾户进行生产自救，保证银行资产安全，降低受灾户损失；对受灾严重的贷款户，主动调整还款计划，降低贷款利率。由于受灾农户的贷款90%以上为抵押贷款，绝大部分风险可控，从而将损失降到最低。

召开股东大会 2012年2月7日，延庆村镇银行召开2012年第一次股东大会。会议讨论通过了延庆村镇银行第一届董事会、监事会换届的议案，选举产生了第二届董事会、董事长、董事，第二届监事会、监事长、监事，选举郭文华为董事长，黄赢为董事，王国申为监事长（后经北京银监局批准）。

（张帆）

北京密云汇丰村镇银行有限责任公司

2012年末，北京密云汇丰村镇银行有限责任公司（以下简称密云汇丰村镇银行）资产总额16 354.43万元；各项存款余额10 956.72万元，比上年增加532.82万元，增长5.11%；各项贷款余额9 265.22万元，比上年增加3 337.23万元，增长56.30%。连续四年保持无重大差错事件和违规案件。

截至年末，密云汇丰村镇银行在职员工36人，暂未开设分支机构。

存款业务 优化存款结构，上线人民币借记卡业务，提升服务水平；开展社区宣传活动，加大存款吸收力度。截至年末，对公存款余额7 603万元，比上年增加16.76万元，增长0.22%；个人存款余额3 353.72万元，比上年增加516.06万元，增长18.19%。

贷款业务 整合现有资源，提升团队工作效率；加强岗位培训，培养后备力量；引进优秀业务人才，增强业务拓展实力。截至年末，累计发放涉农贷款15 340万元。其中，公司类贷款累计发放12 498万元，自然人贷款累计发放2 842万元。

新增业务 2012年5月30日，密云汇丰村镇银行人民币借记卡业务正式上线，在一定程度上解决了支付结算渠道单一和物理网点少的难题。10月，正式开展保险兼业代理业务，为辖内中小微企业和农户带来便利。

公益活动 关注社会公益事业，注重做好社会可持续发展工作。2012年9月，在密云县古北口中心小学举行“汇丰儿童悦读计划”图书室揭牌和捐书仪式，一次性捐赠2 500册图书和相关配套设施，为当地留守儿童和流动儿童建立图书室，圆孩子们一个“悦读梦”。

（马小营）

中国邮政储蓄银行股份有限公司北京分行

2012年末，中国邮政储蓄银行股份有限公司北京分行（以下简称邮储银行北京分行）资产总额1 543亿元，比上年末增加305亿元，增长25%；贷款余额185亿元，比上年末增加79亿元，增长74%。负债总额1 549亿元，存款余额1 512亿元。

截至年末，邮储银行北京分行下设支行及代理网点534个，其中一级支行（区县局支行）16个，员工总计3 540人。

个人金融业务 截至年末，个人储蓄存款余额1 139.06亿元，比上年增加152.69亿元；其中自营网点存款余额425.25亿元，比上年增加67.77亿元；市场占有率5.43%，比上年末增长0.27%。信用卡累计发卡近11万张，卡激活率和交易金额不断增加。推出养老金客户免费短信通知服务，开展养老金志愿者、客户征文活动、自助取款赢大奖等系列金融服务回馈活动，提升客户忠诚度，客户数量和客户资产规模稳步增长。

公司金融业务 业务产品种类不断丰富，客户服务能力稳步提升。供应链金融、保函、存量房资金监管等新业务相继推广，现金管理业务加快发展，形成了以公司负债业务、资产业务、中间业务为核心的产品体系。将公司信贷、债券等资产类业务和现金管理等结算类产品有机结合，深度开发中石化、中国电信、中国联通、中化集团、华电集团等集团型、总部型客户，为龙头企业带动开展全产业链合作打下良好的基础。截至年底，公司存款余额363亿元，比上年增加140亿元，增长63%；公司信贷授信453亿元，参与认购公司债、私募债等债券26.5亿元，结余36.5亿元；票据贴现61亿元，签发银行承兑汇票3.23亿元。

信贷业务 公司信贷业务坚持“两小”（小额、小企业）战略，实行差异化经营，优化业务流程，加强信贷内控体系建设；推出合作社贷款、土地承包经营权质押贷款；引入农业担保公司担保方式，小额贷款最高贷款额度提高到50万元；全国首批试点开办个人信用消费贷款和个人汽车消费贷款，推出国内保理、票据质押、经营性车辆贷款和法人按揭贷款业务；探索银政联手服务中小微企业的模式，加强与协会和商会联系，促进客户集群开发。全年，发放贷款118亿元，比上年末增加31亿元，增长36%；其中发放零售贷款75亿元，同比增长26%，年末余额99亿元，同比增长32%。

金融同业业务 同业资产、同业资金运营、票据融资相继取得突破。全年，累计实现票据转贴现交易量1 885.47亿元；累计办理存放同业业务1 059.5亿元，办理同业代付业务4.37亿元；同业合作客户160余家，覆盖全国21个省；新增同业授信机构10家。

国际业务 个人外汇继续保持良好态势，外币储蓄存款规模1 924万美元，个人国际汇款总交易量14.5万笔；公司外汇业务取得突破，率先开立资产变现专用账户，跨境人民币、进口信用证结算等业务相继破题，国际结算量突破7亿美元。

渠道建设 截至年末，邮储银行北京分行有网点534个，居北京市银行业第三位。开业和在建自助银行150家，其中离行70家；新增自助缴费终端177台，新增布放ATM和CRS自助设备350台，自助设备总量累计1 470台，全年受理交易4 200万笔。电视银行在北京地区金融同业率先推广上线。个人网银客户数量近182万户，同比增长41.57%；电话银行累计注册客户数近185万户，同比增长16.02%；手机银行客户数近40万户。

提升服务机构类客户能力 2012年内，邮储银行北京分行获得财政授权支付代理银行资格、市建委存量房交易资金监管行资格、北京市住房保障办公室公共租赁住房租金补贴代发行资格及中央国家机关住房公积金归集、贷款和保值增值业务经办银行资格，服务政府机构和财政预算单位的能力不断增强。

上线电视银行系统 2012年12月28日，邮储银行北京分行与北京歌华有线电视网络股份有限公司合作开发的电视银行系统成功上线。电视银行依托于数字电视运营商的双向数字网，以有线电视和机顶盒作为客户终端，遥控器作为操作工具，为客户提供银行服务。目前已具有个人客户人民币账户信息查询、转账（定活互转、行内转账）、信用卡（还款、账单查询）、缴费、查询银行产品信息等功能。

人力资源管理 完善绩效考核办法，使积分绩效管理成为员工奖励分配、评优选先和岗位晋升的重要依据。突出效益导向，以“规模、效益、贡献”为主要KPI考核指标，薪酬正向激励作用充分发挥。积极引进同业人才，建立完善的大学生“村官”选、育、用、留培养机制，累计招收大学生“村官”360名。网点支行全面推进“一柜通”工程和“一行四经理”模式，有效释放和盘活了柜台内人力资源。持续开展高管人员和各层级各岗位系统培训，全年共举办培训班1 358期，累计共有2 196人次通过银行从业资格考试。

（程凯宁）

中国华融资产管理股份有限公司北京市分公司

（原中国华融资产管理公司北京办事处，2012年10月更名）

2012年，中国华融资产管理股份有限公司北京市分公司（以下简称中国华融北京市分公司）实现净收入52 494万元，完成公司下达全年确保收入计划的164%。其中，资产管理类业务收入67 771万元，占84%；财务性投资业务收入3 686万元，占5%；金融中间业务收入7 412万元，占9%；其他业务收入1 912万元，占2%。实现利润42 762万元，完成公司下达全年确保利润计划的173%。

业务发展 加大市场拓展力度，严格把控项目风险，择优汰劣；深入研究市场需求，努力设计贴近客户的项目方案；新增项目数量多于往年，到期项目资金回收及时。全年经营状况呈以下特点，一是存续项目及新增项目正常实施，企业按期履约，无风险苗头。二是抓主业保重点，资产管理业务收入成为重要支撑。全年资产管理类业务收入6.78亿元，占收入总额的83.89%。三是资产收购对象取得新的突破，业务范围得到进一步拓宽。新增29个项目中，有11个项目的收购对象为银行和金融租赁公司。四是调整业务结构，房地产类项目集中度风险较高的状况得到扭转。当年新增项目中，有6个项目属于非房地产项目，投资金额21.91亿元，占投放总额的35.56%。五是与兄弟分公司的合作取得新进展，整体协同效应进一步显现。全年共与山西、河北、陕西、江苏、重庆5家分公司成功合作实施了5个收购类项目和1个投资类项目。

风险管理 建立拟立项项目初期论证会议制度，对项目的可行性进行初步识别和判断；实行风险管理与业务经营两个层面的“双线”管理模式；推动风险审查工作向专业化发展；实施投放前审核，有效控制资金投放的操作风险；加强项目后期管理，确保项目正常运行，及时发现风险因素，切实加以解决。

队伍建设 开展“学习雷锋精神，弘扬道德风尚——深化五有企业文化建设，正确树立社会主义核心价值观”教育活动，提高员工的思想作风和工作作风。完善2012年经营管理目标考核办法，实现抓利润、强管理、全面推进中国华融北京市分公司持续协调健康发展的目的。通过领导讲话、走廊文化、警示教育、网络宣传、日常谈心和主题教育活动等方式，以积极向上的价值理念和发展理念引领队伍廉洁从业。组织2012年员工招聘工作，充实员工力量，合理构建适合商业化运作的“梯形”人才队伍。

（袁宁）

中国长城资产管理公司北京办事处

2012年，中国长城资产管理公司北京办事处紧紧围绕公司战略发展规划，坚持“以资产经营管理为核心，以重点服务中小企业为特色，以多种综合金融服务为手段的现代金融服务企业”的发展定位，牢牢把握“稳中求进、好中求快”的工作总基调，较好地完成了各项工作任务和经营目标。全年，实现商业化考核利润23 894.39万元，完成全年利润确保目标的238.94%，力争目标的199.12%。

（王凯）

中国东方资产管理公司北京办事处

2012年，中国东方资产管理公司北京办事处（以下简称东方资产北京办事处）共处置各类资产合计49 095.7万元；累计回收现金48 095.57万元，其中，中国银行政策类资产回收现金2 282.91万元，中国银行损失类债权回收现金3 460.54万元，建设银行可疑类资产回收现金8 738.26万元，商业化收购不良资产回收现金33 613.86万元。

商业化业务　新商业化业务迅猛发展，经营利润大幅提升，全年实现商业化业务收入2.86亿元，资金成本0.82亿元，实现毛利2.04亿元，实现税后净收益1.88亿元。当年增量利润1.71亿元，占办事处新商业化业务利润的91.03%。资产管理规模迅速增加，2011年结转项目投资余额9.6亿元，2012年新增投资项目6个，投资总额30.01亿元，同比增长312.60%。客户质量明显提升，业务渠道进一步拓宽。2012年内，六个新增项目平均投资额在5亿元以上，对应资产全部位于稀缺区域，交易对手经营管理能力较强，融资渠道广泛，具备较强抗风险能力。发挥协同作用，与平台公司进行对接。扩大不良资产范围，在非金融债权方面进行尝试。

股权管理　截至年末，东方资产北京办事处管理的政策性债转股企业共计9户，其中北京地区4户，内蒙古企业5户。9户政策性债转股企业，转股金额合计9.57亿元。

风险防控　围绕资产处置业务和商业化创新发展，充分发挥审计职能，对终结项目及反洗钱情况开展常规审计工作，加大对重大、热点和疑难项目的专项审计和问责力度，加强项目后续跟踪管理，结合公司风险管理量化管理体系变革，建立自身风险管理体系，制定相关管理办法，提高风险管理水平。全年，组织召开经营审查委员会会议76次，审议新商业化业务、建设银行可疑类项目以及政策类、损失类项目118个/次；召开评估审核与中介机构管理委员会会议12次，选聘律师事务所、评估师事务所、会计师事务所等中介机构8家，为东方资产北京办事处各项业务管理与发展提供完善服务。

（罗慧荣）

中国信达资产管理股份有限公司北京市分公司

2012年，中国信达资产管理股份有限公司北京市分公司（以下简称中国信达北京市分公司）全口径现金回收57.73亿元，实现商业化会计利润5.27亿元，新增收购不良资产成本37亿元，新增财务性投资规模3亿元，实现财务性投资业务新突破。

截至年末，中国信达北京市分公司正式员工48人。

债权项目处置　灵活运用多种方式，全力破解重大疑难项目。锦绣大地系列资产包项目通过与地方政府反复协商，以协议转让方式实现回收；海洋馆项目通过与保证人提前进行保证担保重组实现回收，坚持推进企业破产程序，进一步提升回收率；中南天项目通过公开拍卖程序实现回收；北方工业公司项目按照协议约定正常履约。近70户个贷项目实现全部清收。

股权项目处置 强化股权项目管理处置，实现重大项目突破。顺利回收北京水泥厂股权转让款；获得北京紫竹药业有限公司分红收入，并通过上海联合产权交易所完成对所持该公司股权的挂牌转让，成交金额15.48亿元；通过二级市场对金花股份进行减持，缩短管理半径。

市场业务开拓 全年实现新增收购不良资产规模38.96亿元，收购成本37亿元，收购天津市塘沽区土地整理中心、百荣投资控股集团有限公司、昌盛集团系列等11个项目；完成北京金隅红树林环保技术有限责任公司财务性投资3亿元，在北京水泥厂股权成功退出的同时，拓展了与金隅股份的深度合作；促成信达资本、深圳华建对金隅红树林项目的投资；与平安信托建立战略合作关系，加强与北京市各级政府部门、大中型国有企业的沟通，积极开发客户资源；通过派遣员工等方式继续深化与金谷信托、信达租赁、信达财险等平台公司的协同力度。

（武春杰）

北京国际信托有限公司

2012年，北京国际信托有限公司（以下简称北京信托）实现收入总额13.3亿元，实现净利润7.21亿元；固有资产总额35.03亿元，负债总额2.22亿元，净资产32.81亿元，不良资产率为零。年内新增信托财产规模919.08亿元，受托管理的信托财产年末余额1 134.53亿元，累计向信托受益人分配收益93.61亿元。各项监管指标全面达标，信托赔偿准备金足额提取，已达到注册资本金的24%，比上年提升了4个百分点。自2002年以来，北京信托受托管理的信托财产累计4 974.19亿元。

服务农村经济 联合北京市农村经济研究中心和门头沟区委、区政府，为永定镇东辛称村和白庄子村的集体经济组织定制发行了针对农民拆迁款等个人财富及农村集体资产理财需求的专项信托产品——富民1号集合资金信托计划，募集资金1.6亿元，并以此资金投资于城镇化基础设施建设项目，在以信托制度服务农村长期财富管理需求方面进行了有益的探索。

中小企业金融服务 以中关村科技金融创新联盟为依托，扩大中小企业金融服务成果，形成为中小制造企业和科技企业提供贷款的“成长之星”系列、应收账款保理模式的“明日之星”系列、“文化北京”的文化产业融资系列、以郊区农业合作社为服务对象的“三农”系列等信托产品。2012年内，新发行中小企业开放式信托产品9个，新增借款人户数131家，新增信托融资16.3亿元。现已累计发行45个中小企业系列信托产品，累计为281家次提供融资，总规模达到34.3亿元，存续余额16.75亿元。

参与生态环境整治 继续以信托资金支持地方建设和生态环境治理，2012年内，融资36亿元用于无锡太湖北岸（北区）农村面源污染综合治理，支持太湖新城建设和生态环境整治。至此，北京信托与工商银行、太湖新城建设指挥部、太湖新城发展集团合作，开展的无锡“太湖北岸生态修复工程”、“环湖环境整治工程”等信托项目规模已近百亿元。

新型城镇化建设 与镇江市人民政府合作，推出了“北京信托城市发展系列集合资金信托计划1期”信托产品，共募集33亿元，用于镇江城市发展的水利、农田、港口等基础设施建设项目；以信托融资方式支持江苏常州木渎镇、江苏大丰港、江阴森茂汽车城、天津武清区、云南澄江太阳山旅游休闲社区等城镇基础设施建设。

支持灾区重建 为四川省成都市龙泉驿区推出总规模近13亿元的“成都龙泉驿生态移民集合资金信托计划”，将信托资金用于茶店镇胜利村生态移民项目建设，支持该地区在汶川特大地震后的城镇化改造建设工作。

保障性住房建设 以信托资金参与保障房建设业务增长迅速，投资保障房建设资金75亿元，参与北京市南苑棚户区改造项目、云南保障房建设等项目。

业务创新 推出“德瑞股权投资基金集合信托计划”，以43亿元信托资金公开市场产权交易并购取得成功。这是北京信托第一次通过信托型基金参与重大资产并购、整合、重组。

信息化建设 完成数据库建设主体系统开发和升级，满足了业务数据存储需求，并实现了与中国银监会EAST数据上报和校验；客户关系管理系统与客户身份证件识别系统投入使用，客户自助服务、在线咨询、客户数据统计和基本分析系统全面升级，初步实现了从手工签约向电子化签约的转变，提升了客户服务及信托产品销售能力，增加了反洗钱及客户识别新手段。

公益慈善 推出“希望之星2号”长期可存续慈善信托。由北京信托接受委托人王保东先生委托的100万元，无偿帮助委托人管理此项助学基金，用理财所得收益作为资助贫困学生的助学金来源。

（王连顺）

中国银联股份有限公司北京分公司

2012年，中国银联股份有限公司北京分公司（以下简称北京银联）围绕“全球网络、国际品牌”的战略目标，顺应银行卡市场开放的发展趋势，强化市场竞争能力，与商业银行、专业化服务公司、第三方机构共同推动62银联信用卡和金融IC卡的发行与使用、受理市场的建设与规范、开展联合营销活动、银行卡风险防范和银联技术服务与支持等工作，促进北京地区银行卡产业持续健康发展。截至年末，北京地区联网商户累计283 032户，比上年增长33.38%；POS机具累计423 451台，比上年增长25.65%；ATM机具量累计18 396台，比上年增长17.17%。

截至年末，北京银联设有市场部、业务部、技术部和办公室4个部门，在岗职工40名。

一、推动62银联信用卡的发卡，提升银联卡市场规模

强化内部发卡推动机制。建立和完善16家重点信用卡发卡银行服务代表制，明确服务代表职责，建立有效的发卡推动机制。开展银联标准信用卡发卡评比活动，激励各发卡银行加大对62银联信用卡的发卡力度。全年，北京地区累计发行62银联信用卡301.77万张。按照“一行一策”模式加强与发卡银行的合作。与农业银行、中国银行、建设银行、邮储银行、中信银行、招商银行、民生银行、广发银行等签署年度发卡合作协议，明确发卡量、活卡占比和交易金额占比等目标，推动62银联信用卡及高端卡的发卡规模和品质的提高。开展以刷62银联信用卡为主题的营销宣传活动。全年，62银联信用卡的活卡占比为34.35%，比上年同期的28.55%提升了5.8%；62银联信用卡的交易金额占比为27.41%，比上年同期的21.75%提升了5.66%。

为满足国内居民日益增长的境外商务、旅游、学习的用卡需要，中国银联积极展开国际受理网络建设，把境内商业银行的服务通过银联网络延伸到境外。截至年末，银联卡可以在中国香港、中国澳门、中国台湾、新加坡、马来西亚、泰国、菲律宾、越南、柬埔寨、韩国、澳大利亚、新西兰、哈萨克斯坦、印度尼西亚、蒙古、法国、德国、比利时、卢森堡、土耳其、俄罗斯、瑞士、奥地利、丹麦、列支敦士登、日本、美国、荷兰、意大利、埃及、南非、埃塞俄比亚、匈牙利等141个国家和地区开通受理。

二、推动金融IC卡发卡、受理、行业应用工作进程

推动出台金融IC卡工作规划。推动召开2012年北京市金融IC卡应用推进工作会议，人行营业管理部发布了《北京市金融IC卡应用推进工作整体规划》、《2012年北京市金融IC卡宣传工作方案》。推动建设银行、中国银行、浦发银行等银行开展金融IC卡发卡、营销活动，推动受理环境的非接改造（可支持受理非接触式金融IC卡），启动首都机场等重点商圈的非接应用改造，推动IC卡行业应用。截至年末，工商银行、农业银行、东亚银行等12家银行发行金融IC卡989.72万张；北京地区可受理接触式IC卡的POS机终端28.03万台，占比100%；可受理非接触式IC卡的POS机终端6.84万台，占比24.4%。

三、创新业务发展，扩大银联网络覆盖范围

推广银联在线支付业务。全年，北京地区累计新增支付商户765户、交易量1 321.1亿元、注册用户136.16万户；继续做好京东商城、国家知识产权局和铁道部的用户维护和售后服务工作。推广银联移动支付业务。全年，累计新增用户30.57万户（其中A类21.04万户）、金额42.95亿元、交易211.72万笔。推进“三通”工程建设。整合社会资源，丰富交费业务品种，加大业务宣传，提高“三通”工程的覆盖面和影响力。截至年末，累计开通水、电、气等73项缴费业务，布放缴费终端17.66万台，圆满地完成了市政府制订的三年规划目标。全年累计成功交易1 796.45万笔，交易金额379.04亿元。

四、推动受理市场发展，维护公平有序的市场秩序

推动获牌非金融支付机构纳入市场协调委员会统一管理。组织召开银行卡市场协调委员会全体成员单位会议，表决通过了14家获牌的非金融支付机构加入市场协调委员会的提议，增选其中3家为副主任成员单位。

做好银行卡价格政策调整落实工作。在人行营业管理部和总公司的指导下，北京银联制定北京地区刷卡手续费调整期间工作指引，建立工作协调保障机制，形成每周五向市场协调委员会报送周报的制度，协调各成员机构做好商户协议换签工作。

组织开展2012年受理市场发展评比活动。制订《北京地区收单机构受理市场发展评比活动方案》，每月组织评比，及时将评比结果向收单机构反馈，并上报人行营业管理部；年终对每月得分进行累计排名，鼓励收单机构加大商户拓展力度，提高收单服务质量。

推进银联旅游卡商圈建设。开拓北海公园、云居寺、鸟巢、水立方等重点景区，全年拓展100家左右旅游特惠商户；配合市旅游委申报刷卡无障碍城市。

加强农村支付环境建设。推动有资质的商业银行和专业化服务公司联合政府部门落实远郊区县发展目标，驻点办公，拓展商户和发展助农取款服务点。截至年末，共发展助农取款服务点223个，新发展远郊区县直联银行卡特约商户12 078户，布放POS机13 453台。

组织收银员职业技能竞赛。举办北京市第五届商业服务业收银员职业技能竞赛，并选派3名优胜选手参加全国比赛，获得团体第六名。

持续开展对违规套用商户类别码的侦测工作。2012年，北京银联向各成员机构累计下发核查疑似违规套用商户类别码的商户2 619户，其中受理投诉商户78户。经核查，确认违规套用商户类别码的商户1 332户，已全部整改。

五、加大营销力度，扩大银联品牌宣传

开展北京市刷卡促消费活动。2012年10月至2013年3月，市商务委、市财政局、人行营业管理部和北京银监局主办，北京银联及24家中资商业银行承办了2012年北京市刷卡促消费活动。北京银联与市财政局、商业银行共计投入1.6亿元作为奖金，其中，北京银联投入500万元，每月送出12.5万个现金奖项。2012年10～12月，刷卡促消费活动期间，北京地区剔除房地产批发类交易的POS机跨行交易后，总金额1 534亿元，同比增长55%。

开展重点商户营销活动。在总公司指导下，北京银联筛选本地收入贡献度大的前30个重点商户开展“刷银联卡，乐享每一周”营销活动，推动跨行交易增长，提高财务收入。

组织各类主题营销活动。组织开展中国银联成立十周年、五一国美店庆、62卡友节、国庆节、年末重点商户营销、圣诞新年营销等节庆主题营销活动，开展“银联绿色食品商户体验行”、“10元美食轻松享”、“宾馆酒店十足心意”、BHG百货商户营销、OLE、家乐福、沃尔玛超市营销等20多项62银联卡专享优惠活动，确保“月月有活动、行行有营销”。

六、加强银行卡风险防范，打击银行卡犯罪活动

推动建立警银合作机制。推动人行营业管理部和市公安局经侦总队召开打击“警银协作打击银行卡和非法支付结算犯罪工作部署会”。会议明确了各银行要强化立案、报案机制，完善警银协作机制，加强合作沟通，共同促进北京市金融市场的有序健康发展。联合市公安局经侦总队、商业银行和非金融收单机构成立了北京市银行卡安全合作委员会。联合发文制订业务规则，明确工作职能，确定工作内容，为警银合作拓宽渠道。

参与“打击信用卡套现”专项行动。依托银联系统综合分析 POS 机终端所属机构、交易情况等信息，有效地支持了套现窝点端点打击工作，被总公司、公安部经侦总局联合授予年度银行卡安全协作“优秀合作单位”。

做好银行卡风险事件的协查和监控服务。全年，“中国银联风险监控系统”产生风险预警级风险案例 69 018 笔，处理回复 57 035 笔，确认欺诈案例 473 笔。

开展安全用卡和业务规则培训。全年，累计组织辖内银行开展业务规则及风险防范培训 7 次，培训人员 260 余人次。

七、加强技术支持，保障业务顺利开展

圆满完成十八大期间运营保障工作。根据《第三方机构接入中国银联的技术安全要求》，制订检查方案和应急预案，协调各商业银行和非金融支付机构加强检查和进行整改工作，确保十八大期间系统安全稳定运行。

完成 2. 1 标准升级和新业务规则落地。派专人驻场协助北京农商行进行改造和测试工作，继续推动北京农商行完成青岛即墨村镇银行和湖北仙桃村镇银行的 2. 1 及新业务规则落地改造工作。

完成北京地区 3G 灾备网络建设项目。在人行营业管理部支持下，历时 4 个月完成 3G 灾备网络建设。全年，完成 11 家成员机构和 6 家 MIS 商户的 3G 灾备网络建设。

做好多渠道平台、移动支付业务的技术支持工作。全年，完成 50 项多渠道平台业务的测试和投产工作，完成 83 项移动支付业务的入网测试及参数配置上线工作，完成 407 户互联网商户的入网测试及参数配置上线工作。

（李涌）

北京高华证券有限责任公司

北京高华证券有限责任公司（以下简称北京高华）2004 年由几位中国资深银行家与联想控股有限公司共同投资创立，总部设在北京，可从事证券经纪，自营，证券投资咨询（含财务顾问），资产管理及中国证监会批准的其他业务。同年，北京高华与高盛（亚洲）有限责任公司合资成立高盛高华证券有限责任公司。2012 年，北京高华收购乾坤期货有限公司，开拓国内期货产品业务。

截至年末，北京高华在北京、上海、深圳设有 3 家证券营业部，拥有合格从业人员 168 名。

高盛高华证券有限责任公司

高盛高华证券有限责任公司（以下简称高盛高华）由北京高华证券有限责任公司与高盛（亚洲）有限责任公司共同出资组建的中外合作经营的证券公司，于2004年12月正式成立，注册资本8亿元，总部设在北京。高盛高华下设投资银行部、资本市场部、债券市场部、并购部、财务部、法务部、合规部（含内部稽核）和企业交流部。

高盛高华已经获得的相关业务资格有股票（包括人民币普通股、外资股）和债券（包括政府债券、公司债券）的承销；外资股的经纪；债券（包括政府债券、公司债券）的经纪和自营；中国证监会批准的其他业务。2005年11月获得保荐人资格。

2012年，高盛高华积极参与中国资本市场融资项目，经办的项目包括中国南车87.5亿元的A股非公开配售、中国石化200亿元高级债券发行、国家电网150亿元企业债券以及比亚迪30亿元债券发行等。

国都证券有限责任公司

2012年末，国都证券有限责任公司资产总额94.22亿元，净资本44.50亿元、净资产59.13亿元。

经纪业务　推出网上交易互动系统，提供24小时全天候网上交易和移动证券业务；建立客户服务中心，提供即时贴心服务；建设客户关系管理系统，细分客户群，提供差异化服务；建立VIP客户咨询服务体系，推出菜单式服务和“利生汇”品牌增值服务。致力于营业部“一个通道两个平台”建设，与36家基金管理公司建立代销关系，代销开放式基金686只。全年实现营业收入2.34亿元，净利润2 510万元，代理买卖业务净收入1.73亿元，营业部托管总资产449亿元，资金账户数25.9万户。

投资银行业务　投资银行团队凭借丰富的专业经验和广泛的信息资源，为上百家上市公司、大型企业及创新型中小企业提供各类专业化的服务。截至年末，正在承做项目39个。其中IPO项目4个，改制辅导类项目17个，定向增发项目1个，并购重组类1个，股改及其他财务顾问3个，持续督导12个，债券分销类1个。

资产管理业务　注重投资风险管理，致力于为客户谋取长期稳定的投资收益，实现资产的保值增值。全年实现收入1 391.90万元，净利润489.30万元。

证券投资业务　建立多层次的投资决策体系及完善的技术支持平台，证券投资业务在复杂多变的市场中取得佳绩。截至年末，权益类投资盈利1.2亿元，其中股票投资盈利9 825万元，股指期货套保盈利2 202万元，年度收益率7.52%；固定收益类投资盈利8 415万元，年度收益率8.41%。

融资融券业务 融资融券业务迅速发展，有效地满足了客户对杠杆交易、信用交易、套利交易的需求，丰富了客户的投资模式和盈利手段。全年累计息费收入1 877.91万元，同比增长14.22%；实现信用交易佣金收入665.71万元，同比增长140.00%；实现担保物交易佣金收入253.07万元，同比增长313.78%。

场外市场业务 设立场外市场部，开展新三板和中小企业私募债业务。截至年末，实现业务收入71万元。其中，代办系统主办商实现业务收入66万元；中小企业私募债实现业务收入5万元。

另类投资业务 秉承多样化投资理念，为分散投资风险，提升利润率，2012年11月成立国都景瑞投资有限公司，注册资金1.0亿元，开展另类投资业务。

华融证券股份有限公司

2012年，华融证券股份有限公司（以下简称华融证券）实现营业收入7.15亿元，同比增长38.13%；实现利润总额2.25亿元，同比增长90.40%；实现净利润1.61亿元，同比增长83.66%。实现总交易量6 405亿元，其中股票基金交易量2 005亿元，比上年下降23%。2012年末，总资产71.59亿元，净资本33.89亿元，所有者权益45.05亿元。

截至年末，华融证券下设31家营业部和上海、深圳投资银行部以及投行西南办事处，1家控股期货子公司和1家全资直投子公司，共有员工665人。

证券经纪业务 加大市场拓展力度，优化营业网点，配合投行业务和财富管理发展定位，加快创新，探索转型，以客户服务为中心，全方位提高经纪业务服务质量和管理水平。全年，实现经纪业务收入19 012万元。与20家基金管理公司建立代销关系，全年销售开放式基金产品104只，销售证券投资基金总额19 748.26万元，代理销售收入70.31万元；与农业银行北京市分行、华夏银行北京分行签署战略合作协议；与昆仑信托、融德资产签订合作框架协议，成立北京昆融投资中心（有限合伙），设立初始规模为100亿元的昆融基金。

投资银行业务 完成联化科技、华微电子、欧亚股份、深圳赤湾石油基地公司债的发行工作，承销金额19.9亿元。完成ST宝龙、南江矿业等多家重大财务顾问项目，全年财务顾问费收入3 000万元。申报了湖南百利科技、江苏斯迪克两个IPO项目及再融资、企业债、公司债、并购融资项目各一个，储备了IPO、再融资项目20余个，债券承销项目10余个。全年，实现净收入6 706.04万元，年末保荐代表人21人，准保荐代表人18人。

资产管理业务 完成中国长城资产管理公司定向资产管理计划的转托管工作，新增受托资产16.67亿元，受托管理资产规模153.81亿元；完成首只现金管理定向资产管理计划（中诚信托现金管理定向资产管理项目）、业内首只分级SOT小集合产品（华融分级固利系列产品）、首只投向委托贷款和首只购买银行贷款等多个定向资产管理计划；完成第2只集合理财产品（华融稳健成长2号）的发行工作。全年，实现资产管理业务收入6 231.30万元。

自营业务 坚持稳健投资原则，调整大类资产配置结构，实现了权益类投资和固定收益类投资均衡发展。全年，实现自营业务收入35 346.81万元。

研究咨询业务 着力推进研究咨询业务市场化转型，不断拓宽收入来源、探索新的研究业务盈利模式，为基金管理公司、中国华融分支机构和其他机构客户提供研究咨询服务。积极开展市场宣传和营销，对外刊发研究报告，参加中央电视台、北京电视台、中央人民广播电台、《中国证券报》等各类媒体的节目制作和采访，扩大公司的影响力。加强对自营、资产管理以及营业部提供研究支持服务，推动相关业务的发展。全年，实现投资咨询服务收入335万元。

风险控制管理 落实“三重一大”决策制度，做好新增投资项目的风险管控；上线电子化合规管理系统，更换风险监控系统，实现风控工作与业务发展的同步；强化审计工作力度和效果，建立纪检监察联席会议制度，严控风险。全年无一起风险事故发生，在中国证监会证券公司分类评价中被评为A类A级券商。

民生证券股份有限公司

（原民生证券有限责任公司，2012年7月更名）

2012年，民生证券股份有限公司（以下简称民生证券）完成公司股份制改造，成立董事会战略与投资委员会和战略发展部，启动公司上市准备工作，在债券融资、债券投资、研究销售业务、融资融券等领域取得突破性进展，连续7年保持盈利。在中国证监会证券公司分类评价中获评B类BBB级评级。

截至年末，民生证券下设44家证券营业部，在上海、广东、河南、山东、深圳、南京设有分公司。民生证券控股的民生期货有限公司在北京、天津、郑州、南宁、大连等地设有10多家营业部，全资子公司民生通海投资有限公司年内在北京成立。

投行业务 加强固定收益、并购重组、资产证券化等创新业务项目储备；获得中小企业私募债承销资格，并尝试开展业务；推动投行资源共享和跨部门合作，尝试建立投行与研究院、资管部门的合作模式；严格控制成本支出，确保在优化团队的基础上度过行业转型期。股票承销保荐业务全年完成IPO项目7家、增发4家；已通过中国证监会审核未发行项目11家，其中7家IPO项目、2家非公开发行项目、1家配股项目、1家可转债项目。债券承销业务完成债券主承销发行11个，财务顾问项目2个。全年，实现营业收入

33 050 万元，同比下降 39.96%。

研究业务 研究业务实现了对公募基金的全覆盖，新出租交易单元 33 个，出租交易单元总数达到 100 个。全年，实现基金分仓佣金收入 6 854 万元，同比增长 83.18%。加大对非基金客户的开拓和服务力度。2012 年 9 月，取得向保险机构出租交易单元资格，与 40 多家保险公司建立了联系。全面开展社保基金服务，承接多个研究课题。加强研究队伍建设，引进多位资深分析师及行业专家，形成以首席经济学家邱晓华为核心，由七个品牌优势团队和一批专业分析师组成的研究队伍，奠定了研究业务实现创收的坚实基础。

经纪业务 加强营业部队伍建设，调整创新发展模式、激励约束机制，努力开拓市场，年内新增客户 3.47 万户，新增资产 39.09 亿元。整合客户经理队伍，将 A 类、B 类、C 类客户经理合并管理，完善考核机制。加强河南分公司职能，整合资源，形成区域竞争优势，确保公司在传统优势地区的市场占有率和盈利能力。全年，完成股票基金权证交易量 3 100.24 亿元，市场占比 4.82%。经纪业务创新取得突破，2012 年 7 月，取得融资融券业务资格后，积极开发信用客户，年末融资融券余额 1.3 亿元，息费收入 176 万元，佣金收入 118 万元，授信额度 5.58 亿元。成立理财规划部，推出 12 只结构化信托和伞形信托创新产品，新增资产 1.5 亿元，实现业务收入 175 万元。

投资顾问业务尝试佣金收费和固定收费，培养人才队伍，搭建综合服务平台，促进业务发展。在“全景百佳证券营业部暨明星投资顾问评选大赛”中，民生证券荣获“十佳投顾服务券商”称号。大力推动非通道业务发展，在固定收益产品、资管专户理财产品销售等方面做出尝试，取得一定成绩。

债券销售 抓住第二、第四季度的交易性机会，取得良好业绩。全年，完成交易量 1 518 亿元，共参加分销项目 40 家。积极开拓债券结构化证券投资集合资金信托计划，为今后新的利润增长打下基础。

债券自营业务 全年，投资交易业务实现营业收入 8 145 万元。其中，债券投资业务实现收入 7 257 万元，股票与基金投资业务实现收入 887 万元。债券自营业务抓住结构化行情中的波段机会，取得较好的投资业绩。创新业务发展，2012 年 12 月 15 日获准开展利率互换业务，国债期货业务已处在仿真交易阶段，债券质押式报价回购业务等待交易所反馈意见，资本市场中介业务正在尝试开展。股票自营业务抓住市场波段行情，以稳定可控的仓位比例，握住风险，取得了正收益。

资产管理业务 积极拓展定向产品，丰富产品种类，探索新的盈利模式。全年，发行大集合产品 1 只，实现产品展期 1 只，开发定向产品 6 只，资产规模 17 亿元，受托定向资产管理规模 1 000 万元，三个集合资产管理计划规模为 5.85 亿份。截至年末，金中宝 1 号净值 0.7330 元，比年初净值 0.7666 元下跌 1.04%；惠富达创新精选净值 0.9535 元，比年初净值 0.9544 元下跌 1.00%；惠富达避险回报策略净值 1.0028 元。资产管理业务实现营业收入 -667 万元。

瑞信方正证券有限责任公司

2012年，瑞信方正证券有限责任公司（以下简称瑞信方正）完成11个主承销项目，总承销金额390.36亿元，实现营业收入20 646.94万元。股权融资方面，作为保荐人和主承销商完成渤海轮渡A股首次公开发行项目，作为保荐人和联席主承销商完成兴业银行2012年非公开发行项目。债权融资方面，共计参与完成22个承销项目，其中9家主承销的项目分别为以联席主承销商身份完成中国人寿保险一期280亿元和二期100亿元次级债、徐工机械15亿元公司债、中国农业银行500亿元次级债，以主承销商身份完成哈尔滨银行25亿元金融债、丹阳投资集团15亿元企业债、盾安环境12亿元公司债、武汉农商行12亿元次级债、慈溪国控8亿元企业债。在并购和财务顾问业务方面，签约合同总金额965万元，实现财务顾问费收入780万元，除改制和辅导项目之外的签约项目数为4家。截至年末，瑞信方正在编员工143人。

瑞银证券有限责任公司

瑞银证券有限责任公司（以下简称瑞银证券）是中国首家外资直接参股的全牌照证券公司，于2006年12月正式成立，是在对原北京证券有限责任公司重组的基础上新设立的证券公司，注册资本14.9亿元。瑞银证券现有股东为北京国翔资产管理有限公司（33%）、瑞银集团（20%）、中央汇金投资有限责任公司（14.01%）、国电资本控股有限公司（14%）、中粮集团有限公司（14%）和国际金融公司（4.99%）。

2012年，瑞银证券实现营业收入7.43亿元，净利润1 127万元；年末总资产为34亿元，负债为19.3亿元。

截至年末，瑞银证券在北京、上海、深圳、广州和杭州等城市设有6家证券营业部，并在上海设有两家分公司，拥有员工448人，其中58%拥有研究生及以上学历。

投资银行业务 推动非公开发行项目，大力开拓执行周期短、销售压力小的公司债券业务。全年，共担任6个股权融资项目的保荐人或联席主承销商，23宗债券发行项目的主承销商。股票和债券承销业务总金额名列第八位，市场份额4.20%。投行并购咨询业务，充分发挥瑞银作为全球性金融集团的平台和资源优势，抓住有利的市场时机，协助客户完成了一系列规模较大、影响力较高的跨国并购项目，其中包括兖州煤业与澳洲Gloucester煤炭公司的合并。

证券业务 充分发挥瑞银证券在交易

执行方面的优势，经纪佣金收入增幅超过市场整体；积极开发推广新技术、新产品，在国内首推的算法交易已成功推广至16家大型基金客户并取得优异的交易绩效。

财富管理业务 财富管理业务新增资产净流入24.52亿元，客户资产总额92.24亿元，业务收入保持了良好的增长势头。

资产管理业务 大力推出创新产品，在2012年最后两个月，管理的资产规模增加22亿元，创历史新高。

首创证券有限责任公司

2012年末，首创证券有限责任公司（以下简称首创证券）总资产77.60亿元，净资产20.17亿元，母公司净资本12.17亿元，经营与资产状况良好，抗风险能力较强。全年，实现营业收入3.56亿元，利润总额1.17亿元，净利润1.02亿元，完成证券交易量（包括股票、基金、债券、回购等）1 979.28亿元，客户数量20.78万户，客户保证金17.68亿元。在中国证监会证券公司分类评价中获得B类BBB级评级。

截至年末，首创证券下辖15家证券营业部，共有正式员工788人。

证券经纪业务 执行“控成本、保创收”的经营方针，通过加强投资顾问团队建设、升级客户关系管理系统、强化主动呼出服务等举措，进一步提升客户服务质量。全年经纪业务实现证券交易量1 979.28亿元，比上年下降9.93%；其中股票、基金交易量1 299.86亿元。

投资银行业务 成立投资银行事业部，统筹规划、管理投资银行业务；抓住大力发展多层次市场建设和证券公司创新发展的机会，2012年6月初，首批取得中小企业私募债承销业务资格，并于8月完成第一只中小企业私募债券发行。在成为齐鲁股权托管交易中心、上海股权托管交易中心的会员后，注资北京股权交易中心，为开展场外市场业务奠定基础。成功发行重庆江北企业债（12渝江北债）。全年，共计完成债券承销23亿元。

固定收益业务 加大对固定收益业务的投入，业务范围由银行间市场扩展至交易所市场，融资模式更加多元化，市场判断和操作能力逐步增强。认真分析市场，调整投资结构和品种，取得较好收益。全年，实现交易量2 732亿元，比上年增长57%；实现收入1.40亿元，比上年增长186%。

证券投资业务 加强投资分析和对投资方法的研究力度，设计∂投资组合等模式，以积极选股的主动型投资方式，来获取市场超额收益。严格控制权益类证券投资规模，积极拓展固定收益类投资业务范围和交易模式，业务管理与风控制度日臻完善，有效地降低了业务风险。

资产管理业务 积极应对低迷的市场行情，调整产品开发思路，由最初设计权益类产品为主转为以开发低风险、固定收益类产品为主要方向。了解市场状况与渠道需求，研发具有一定市场吸引力的业务及产品。截至年末，受托管理资金本金累计规模56.81亿元。

信达证券股份有限公司

2012年末，信达证券股份有限公司（以下简称信达证券）资产总计143.27亿元，负债总计87.65亿元，净资产55.61亿元，净资本43.11亿。全年，实现各项营业收入13.61亿元，营业支出10.85亿元，税前利润3.04亿元，税后利润2.25亿元。

截至年末，信达证券设有证券营业部68家，经纪业务网点覆盖15个省、直辖市，共有员工373人。

经纪业务 全力扩大股票基金市场份额，努力拓展金融产品销售，网点区域集中管理、网点布局研究、营销队伍优化、客户服务标准化管理等取得成效。2012年，信达证券股票基金市场份额9.144‰，较上年增长1.13%。

投资银行业务 积极把握债券市场机会，完成12个债券主承销项目，募集资金总计206亿元，发行的项目数量和募集金额同比增加3倍以上。其中，中国信达金融债项目发行规模100亿元，是信达证券成立以来最大规模的债券主承销项目。承销国家开发银行和农业发展银行金融债290亿元，承销规模同比增长66%。

资产管理业务 拓展资产管理业务空间，探索银证合作模式，研究设计创新项目，管理资产规模160亿元。

证券投资业务 积极把握弱市中的结构性机会和新股发行制度改革带来的投资机会，同时抓住债券市场机遇，获取了较好的投资收益率。全年，权益类证券投资收益率11.22%，债权类投资收益率约为10.5%。

融资融券业务 2012年内，信达证券取得融资融券业务资格，并于7月20日进行首笔交易。

直投业务 2012年，信达证券设立全资子公司——信风投资管理有限公司，从事直接投资业务。

业务创新 全力推广“现金宝”，在市场引起很大反响，年末签约份额20亿元；与辽宁省合作，参与、推进辽宁区域性股权交易市场建设，取得阶段性进展；研究并明确有关业务创新转型的业务模式及配套机制，开展调整、构建适应未来业务发展的组织架构的各项准备与论证工作。

新时代证券有限责任公司

2012年末，新时代证券有限责任公司（以下简称新时代证券）总资产79.12亿元，总负债52.25亿元，所有者权益26.87亿元。全年，累计实现营业收入

5.52 亿元，实现净利润 0.18 亿元。

截至年末，新时代证券下设 42 家证券营业部，正式在册员工 1 668 人。

经纪业务 秉承“新时代、新价值、心服务”的企业文化，为客户提供无休日服务、资产增值无休日服务、晚餐后服务、客户升级服务、预约上门服务及百家上市公司集体调研等；成立财富人生俱乐部，为会员提供综合性金融服务；整合客户服务和呼叫平台资源，建立全国统一的呼叫中心；强化投资顾问团队建设，丰富服务产品，满足客户多样化的需求；开展短信资讯、邮件服务，为客户提供最新的交易信息和全面的研究成果；推动业务机制的改革与创新，为客户提供丰富的金融产品，年末累计上线公募基金产品 398 只。

投资银行业务 广东登云汽配 IPO 通过中国证监会审核，广州路翔股份重大资产重组项目经中国证监会重大资产重组发审会审核通过，重庆新金航船务股份有限公司在重庆股份转让中心成功挂牌，完成湖北国创高新公司债的发行以及北京国投对上海新黄浦股份公司和华闻传媒股份公司的收购财务顾问项目，并备有数个 IPO、配股、再融资以及中小企业私募债项目。

自营业务 为降低 A 股二级市场波动对自营投资业务的冲击，逐步开展股指期货套期保值业务、债券投资及结构化产品业务，增加固定收益产品在资产配置中的比例，在一定程度上控制了市场剧烈波动对投资业绩的影响。逐步确立权益类一二级市场、基金投资、固定收益业务、量化投资分层递进、均衡投资的经营模式。固定收益业务实现收入 16 524 万元。其中，债券交易投资实现收入 15 300 万元；债券承销业务收入 1 224 万元。

资产管理业务 积极推进产品服务创新，量化投资、现金管理业务有突破性进展。全年，成立产品 3 只，募集了“新时代元亨 1 号稳健成长集合资产管理计划”、“新时代量化套利 1 号限额特定集合资产管理计划”，并成功发行了“新时代天天利集合资产管理计划”保证金理财产品。截至年末，管理客户资产规模超过 5 亿元。

融资融券业务 2012 年 5 月，新时代证券取得融资融券业务资格，6 月初正式上线。截至年末，42 家证券营业部共办理 1 109 位客户的融资融券业务申请，客户授信额度 9.8 亿元，融资融券余额 2.0 亿元，融资融券交易 6 759 笔，成交额 16.72 亿元。

渠道协作 2012 年 8 月，成立渠道协作部，开展渠道协作与金融产品代销业务。自成立以来，共接受营业部 75 个项目需求，促成银证信合作项目 1 个，银证保合作项目 1 个，引入包含基金、信托、私募等各类产品多只。与新华、方正东亚、爱建、华融、中铁、华澳等信托公司建立合作关系；与浦发银行、光大银行、民生银行、北京银行、天津银行、杭州银行等银行建立合作关系；与华夏、嘉实、易方达、广发、华安、大成、银华等 35 家基金管理公司建立合作关系；与天安保险公司、光大永明保险资产管理公司、合众保险资产管理公司、中国人寿保险股份有限公司、安邦保险资产管理公司建立业务联系，为拓宽业务渠道，开展综合性业务奠定了基础。

信息化建设 优化部门操作细则和流程管理，确保各项交易系统平稳运行，完成北京中心机房由金融街整体搬迁至西海国际中心。配合业务部门完成新三板代办股份转让、融资融券、转融通、约定购回等创新业务资格申请。支持新时代证券三只资管产品发布、呼叫中心平台集中、投顾平台上线，以及单账户多银行、B 股转 H 股、跨市 ETF 等新业务的正常开展。

中国银河证券股份有限公司

中国银河证券股份有限公司（以下简称银河证券）是经中国证监会批准，由中国银河金融控股有限责任公司作为主发起人，联合 4 家国内投资者于 2007 年 1 月 26 日正式成立的全国性综合类证券公司，中央汇金投资有限责任公司为实际控制人。银河证券总部设在北京，注册资本 60 亿元。银河期货拥有银河创新资本管理有限公司、中国银河国际金融控股有限公司和银河期货有限公司 3 家子公司。截至年末，银河证券共有员工 7 800 余人。

证券经纪业务 银河证券设有 229 个营业网点，直接为约 557 万客户提供服务，客户托管证券总市值约为 1.8 万亿元。在全国有超过 20 个网上交易镜像站点，可支持百万以上的客户同时使用，全年网上交易占公司证券经纪总交易额的 89.1%。

债券融资业务 以企业债券和公司债券为主导，以商业银行次级债券、债权投资计划、资产证券化等产品为补充，服务于铁道部、国家电网、南方电网、中国石油、中国石化、首都机场、国电集团、华电集团、中电投集团、中水电集团、保利集团、联想控股、清华控股、京投公司、河北建投、上海国盛、大连港等客户。2012 年内，获得中小企业私募债券及银行间市场非金融企业债务融资工具的主承销商资格，为债券融资业务的发展拓展了渠道。截至年末，企业债券承销金额累计近 2 479 亿元。

机构客户业务 统筹公司机构客户业务，开展面向特定专业投资机构的销售交易服务。截至年末，共与 77 家基金管理公司搭建了业务合作平台，提供专业的研究咨询、产品代理销售、创新业务合作等配套服务。

投资顾问业务 建立投资顾问团队，通过实行资讯产品线、投资建议线和理财产品配置线的三线并行，满足客户对深度资讯、个性化投资、财富管理等方面的投资需求。

融资融券业务 坚持“以客户需求为导向，以专业服务为依托”的理念，在全国各营业部建立推荐人队伍，为客户提供“一对一”全程陪护式融资融券服务，帮助客户实现财富的稳步增长。2012 年 8 月，获得首批转融资试点资格（2013 年 2 月获得首批转融券试点资格），为符合条件的机构投资者提供转融通证券出借代理服务，帮助机构投资者在不改变其战略持有目的的前提下获取稳定额外的利息收入，拓宽投资盈利渠道。

金融创新业务 2011 年，银河证券作为债券质押式报价回购业务试点券商，推出“天天利”产品。2012 年末，该产品未到期余额已突破 35 亿元。

中国民族证券有限责任公司

2012年末，中国民族证券有限责任公司（以下简称民族证券）资产总额87.38亿元，净资本12.72亿元；全年，实现营业收入6.63亿元，净利润9 103.25万元，连续七年获得盈利。

截至年末，民族证券设有50家证券营业部，员工1 983名。

证券经纪业务 推进经纪业务创新与转型，在保持传统通道业务优势的基础上，财富管理、金融产品销售、营销活动组织策划、新业务探索等取得成果。“民富齐实”经纪业务服务品牌在国家商标局注册，成为国内第一家成功申请商标注册的投资顾问服务品牌，全年累计签约1.75万户，签约资产51.64亿元，签约佣金率均高于市场平均佣金率。全年，累计销售各类金融产品9.27亿元。与腾讯公司建立战略合作关系并联合举办“2012年度A股大赛”、“第二届中国投资顾问大赛”、“民富齐实”全国五个城市巡回论坛，荣获“2012中国券商‘金方向’”之“中国证券公司最佳创新财富管理部门”奖。

投资银行业务 2012年内，民族证券完成3个主承销项目和1个代办系统推荐挂牌项目，实现募集资金总额10.98亿元。另有2个债券项目取得中国证监会核准，1个再融资项目通过审核。加大债券融资业务力度，成立债券融资部，并于8月获得中小企业私募债券承销业务资格。

固定收益业务 坚持专业、高效、稳健、创新的投资理念，以科学有效的风险管控能力为依托，实现自有资金的保值增值，并为客户提供一流的金融增值服务。全年，投资绝对收益率20.17%，大幅领先于市场同期参考指数；投资顾问业务成绩名列前茅，受到业内好评。

资产管理业务 全年，完成5只产品的发行，其中集合产品3只，创新类定向产品2只。截至年末，管理客户资产规模288.89亿元。

融资融券业务 2012年6月，民族证券获得融资融券业务资格，仅用半年的时间就实现业务收入1 400万元。11月，获得第二批参与转融通业务试点资格。截至年末，已通过转融通业务增加1.4亿元可用资金，提高了资金的流动性。

中国国际金融有限公司

2012年，中国国际金融有限公司（以下简称中金公司）完成交易规模近1万亿元，其中股票承销940亿元，债券承销5 666亿元，兼并收购交易规模2 885亿元。截至年末，中金公司下设上海和深圳2家分公司，16家证券营业部，在中国香港、美国、英国和新加坡设有子公司，拥有员工数近2 000人。

中信建投证券股份有限公司

2012年末，中信建投证券股份有限公司（以下简称中信建投证券）总资产498.85亿元，总负债379.50亿元，所有者权益119.35亿元，客户总数量343万户。全年，实现营业收入44.30亿元，净利润13.42亿元，净资产收益率11.97%。在中国证监会组织的证券公司分类评价中获得A类AA级评级。

截至年末，中信建投证券设有140家证券营业部，中信建投期货经纪有限公司、中信建投资本管理有限公司、中信建投（国际）金融控股有限公司3家子公司，共有正式员工4 536人。

投资银行业务 依托丰富的项目经验和专业的工作团队，为客户提供优质的投资银行服务，并为政府部门等机构提供专业化咨询服务。全年，共完成76单股票及债券主承销项目，主承销金额1 111.44亿元，其中交通银行298亿元非公开发行为年内最大规模的股权融资项目；完成5单并购重组项目，涉及交易金额178.64亿元；完成9单新三板项目挂牌；推荐2家企业在浙江区域性股权交易市场首批成功挂牌，并作为股东单位参与北京市区域性股权交易市场的设计。

证券经纪业务 把握行业最新动态，整合在各业务领域的优势，为个人客户、公司客户、机构客户和政府客户，提供资产配置方案、金融产品设计和销售、投资顾问咨询、风险管理等全方位的理财服务，实现财富的保值增值。全年，完成4家分公司设立，15家营业部开业；销售各类金融产品141亿元；债券质押式报价回购业务累计余额3 682亿元；完成股票基金交易量2.08万亿元，市场占比3.26%。

证券金融业务 全年，完成信用资金账户开户2.03万户，融资融券年末余额32.33亿元，信用账户交易总额1 103亿元；约定购回业务正式开展，待购回交易金额2.21亿元。

期货业务 中信建投证券所属中信建投期货经纪有限公司建立了以信息技术、研究咨询、运营管理、风险控制为依托的多层次的管家式服务体系。全年，完成代理交易额2.94万亿元，市场占比0.86%；完成2家期货营业部的新设工作，期货营业部增至13家。

资产管理业务 以创新为导向，推出多类型符合客户需求的创新型集合产品，开展批量定向业务，并在定向资产管理业务方面大力发展与个人客户、公司客户和机构客户的合作。全年，共发行7只集合计划、2只股票型定向计划和37只固定收益类定向计划，年末资产管理规模578亿元。

风险管理 完善自营业务风险限额体系，建立部分项目及产品的风控标准；加强风险管理系统建设，完成了对权益类证券、固定收益类证券组合风险价值模型的开发应用；加大对创新业务的风险防范力度，对近20项新业务进行立项跟踪，确

保创新业务顺利开展。（杨婕）

中国银河证券股份有限公司北京分公司

2012年，中国银河证券股份有限公司北京分公司（以下简称银河证券北京分公司）实现营业收入3.95亿元，实现税前利润2.09亿元。

截至年末，银河证券北京分公司下辖15家营业部，共有员工600人。

证券经纪业务 截至年末，银河证券北京分公司辖区营业部客户数量44.62万户，客户总资产11 272.37亿元。完成股票基金交易量3 690.76亿元；开放式基金销售26.01亿元，其中基金申购20.85亿元，基金认购5.16亿元。

中间介绍业务 2012年内，银河证券北京分公司辖区内共有8家营业部获取中间介绍业务（IB业务）资格。IB业务客户总数2 072户，客户总资产7.37亿元，全年交易额1 408.17亿元，手续费收入539.12万元。

银行渠道合作 2012年内，银河证券北京分公司以中国银行、农业银行、工商银行、建设银行为主要合作伙伴，联合营销促进业务开展。截至年末，银河证券北京地区合作的银行14家，合作的网点数量300个。

融资融券业务 2012年内，银河证券北京分公司组织辖区内营业部参加总部举办的融资融券业务培训及推荐人资格考试。北京地区营业部全年累计开户3 973户，累计授信额度36.19亿元，成交金额189.28亿元。

统一培训 2012年内，银河证券北京分公司组织北京地区辖区内营业部一线人员业务培训两期，参训学员123人；组织地区全体员工进行产品销售业务知识竞赛，比赛覆盖人员数超过500人。配合总部，开办营销总监培训示范班，参训总监约50人。配合公司人力资源部、经纪管理总部，完成营销人员岗前培训平台的建立及流程设置工作。

（李莹）

东方基金管理有限责任公司

2012年末，东方基金管理有限责任公司（以下简称东方基金）共管理10只开放式证券投资基金，其中包括3只股票型基金、4只混合型基金、2只债券型基金和1只货币型基金。根据中国银河证券研究所基金研究中心所作的基金排名统计，在行业内70家基金管理公司所管理的1 174只证券投资基金中，东方基金所管理的基金资产净值为102.75亿元，规模排名第49位，同比增长24.92%，市场占比为0.34%。2012年，东方基金发行并成立了东方强化收益债券型证券投资基金、东方央视财经50指数增强型证券投资基金。

截至年末，东方基金共有员工99人。

方正富邦基金管理有限公司

方正富邦基金管理有限公司于2011年6月30日正式获批，是首家获得中国证监会批准与中国台湾合资设立的基金管理公司，注册资本2亿元。其中，方正证券股份有限公司出资66.7%；富邦证券投资信托股份有限公司出资33.3%。注册地为北京市。

工银瑞信基金管理有限公司

2012年末，工银瑞信基金管理有限公司（以下简称工银瑞信）总资产规模1 568亿元，比年初增长46%。

公募基金业务 2012年内，工银瑞信发行7只基金，开展了系列持续营销工作。首家发行超短期理财基金——工银7天理财基金，实现393亿元的发行规模。与工商银行合作推出国内首款“自动申赎货币基金进行理财”的信用卡——工银货币基金卡。截至年底，公募基金管理规模1 072亿元，比年初增长55%。

企业年金和全国社保业务 截至年末，工银瑞信企业年金管理规模168亿元，比上年增长48%，所有年金组合均获得正回报。社保基金管理规模63亿元，比上年增长104%。

成立专项资产管理子公司 2012年11月16日，工银瑞信获批设立全资专项资产管理子公司——工银瑞信投资管理有限公司，开展特定客户资产管理业务以及中国证监会许可的其他业务，将包括业务但不限于非上市股权、债券和其他财产权利业务。

香港子公司业务进展顺利 2012年3月8日，工银瑞信的全资子公司——工银瑞信资产管理（国际）有限公司在香港正式开业并成功发行第一只私募产品——工银瑞信中国机会基金。6月，该公司获全国社保基金境外3亿美元股票组合投资管理委托，成为业内仅有的两家获得社保境外投资管理人资格的公司之一。8月，该公司获得人民币合格境外机构投资者（RQFII）资格。

业务创新 2012年10月，工银瑞信获得受托管理保险资金资格，特定资产管理业务进一步拓展到了保险资金领域。设立北京、上海、深圳分公司，提升对渠道和客户的服务质量。（倪莹）

国金通用基金管理有限公司

国金通用基金管理有限公司（以下简称国金通用）成立于2011年11月2日，是经中国证监会批准成立的从事基金募集、基金销售、资产管理以及中国证监会许可的其他业务的专业资产管理公司。国金通用的股东为国金证券股份有限公司、苏州工业园区地产经营管理公司、广东宝丽华新能源股份有限公司、中国通用技术（集团）控股有限责任公司，四家企业共同出资2.8亿元，出资比例分别为49%、19.5%、19.5%和12%。

2012年8月，国金通用发行了国内首只混合型发起式基金，年末获中国证监会核准设立专户子公司，并于2013年第一季度向中国证监会上报了2只被动投资型的指数类产品。

华商基金管理有限公司

2012年末，华商基金管理有限公司（以下简称华商基金）共管理12只开放式基金和8只特定客户资产管理产品，资产管理规模超过242亿元，累计为持有人分红10.39亿元，累计为超过230万名投资者提供专业理财服务。

截至年末，华商基金共有员工137人，其中硕士以上学历人员超过54%。

公募基金 2012年内，华商基金募集发行了华商主题精选股票型证券投资基金、华商中证500指数分级证券投资基金、华商现金增利货币市场基金。

客户服务 创建俱乐部积分商城平台，为客户提供差异化的金融服务；深化“金海螺客户俱乐部”服务体系，主办投资理财巡讲会、母亲节现场亲子互动、“金海螺”杯足球联赛、暖冬公益捐助活动、邀请客户参与打工子弟学校趣味运动会和新年联欢会等主题活动。通过“小举动　大爱心”、“退账单　得彩票”、“金海螺俱乐部服务升级”为主题的电子账单推广活动，鼓励投资者低碳环保，得到23.4万名客户的响应。

华夏基金管理有限公司

2012年末，华夏基金管理有限公司（以下简称华夏基金）共管理41只开放式基金，1只封闭式基金，基金累计分红超过800亿元。华夏基金还管理多只全国社保基金投资组合，被超过160家大中型企业确定为年金投资管理人，并被多家客户确定为特定客户资产管理人，是境内管理基金数目最多、品种最全的基金管理公司之一。

客户服务 以客户需求为导向，推出华夏基金活期通账户服务，客户可通过活期通账户办理华夏现金增利证券投资基金的快速取现、余额理财、信用卡还款等业务，提高客户资金使用效率；推出移动客户端基金交易功能，客户可通过 iPhone、iPad 以及 Android 版移动客户端办理基金开户、申购、赎回、转换、定期定额投资等业务；推出关联账户查询服务，客户可通过网上查询系统一站式查询指定关联人的基金投资情况。

（董燕妍）

建信基金管理有限责任公司

2012年末，建信基金管理有限责任公司（以下简称建信基金）共管理28只公募基金，资产管理规模突破952.2亿元，为超过393万名客户提供理财服务。公募基金累计分红金额超过165亿元。

公募基金业务 2012年内，建信基金募集成立了7只基金，分别是建信深证100指数增强型证券投资基金、建信社会责任股票型证券投资基金、建信全球资源股票型证券投资基金、建信转债增强债券型证券投资基金、建信纯债债券型证券投资基金、建信双周安心理财债券型证券投资基金、建信月盈安心理财债券型证券投资基金。

（张译方）

泰达宏利基金管理有限公司

2012年末，泰达宏利基金管理有限公司旗下共管理18只公募基金，其中包括9只股票型基金，3只混合型基金，2只指数型基金，2只债券型基金，1只货币市场基金和1只QDII基金，资产管理规模244.78亿元。

（荆妙娟）

益民基金管理有限公司

益民基金管理有限公司（以下简称益民基金）于2005年12月经中国证监会

批准设立，注册资本1亿元，注册地为重庆市。目前，益民基金总部所在地为北京市，股东由重庆国际信托有限公司、中国新纪元有限公司和中山证券有限责任公司三家构成，依次占股49%、31%、20%。益民基金旗下共有5只基金产品，涵盖混合型证券投资基金、债券型证券投资基金和货币市场基金。

安信期货有限责任公司

2012年，安信期货有限责任公司（以下简称安信期货）实现期货代理成交量（双边）14 301 210手，成交金额（双边）2.43万亿元；年末客户数12 508户，客户保证金18.73亿元。

截至年末，安信期货拥有上海、深圳、昆明、广州4家营业部；员工149人，平均年龄32岁，全部为专科和专科以上学历。

北京首创期货有限责任公司

2012年，北京首创期货有限责任公司（以下简称首创期货）资产同比增长2.94%，营业收入同比增长22.73%，所有者权益同比增长10.44%；客户成交量同比增长28.49%，客户成交金额同比下降3.04%；客户数量同比增长9.87%，客户保证金同比增长2.31%。

截至年末，首创期货下设14家营业部，共有员工295人。

期货投资咨询业务　2012年1月，首创期货取得期货投资咨询业务资格。依托首创期货研发中心团队优势，组建专业、高效的投资顾问团队，针对产业或机构客户风险管理顾问类咨询项目，提供风险管理、财富管理及其他衍生品咨询服务；针对自主交易客户，有偿提供策略报告、投资计划、操作指导或程序化（信号）终端等交易咨询类服务产品。

客户服务　建立交易顾问团队，为客户提供交易指导服务、VIP客户交易账户诊断及按照客户需求出具阶段账户分析报告；建立客户分类服务体系，分类推送研发与投资咨询类产品，结合客户需求定制，提供个性化的、全程跟踪的服务方案；400热线电话一站式服务，提供预约开户、银期转账、行情交易软件技术支持、新开客户入市辅导等常规业务咨询服务。

（贾婷婷）

北京中期期货有限公司

2012年，北京中期期货有限公司（以下简称北京中期）代理期货成交量4 000多万手，代理成交金额4万亿元，手续费收入1.4亿元，客户保证金规模近20亿元。

截至年末，北京中期设有十多家营业部，共有员工300多人。

期货投资咨询业务 2012年12月，北京中期取得期货投资咨询业务资格。推进业务开展，探索服务模式，为投资者提供研究与咨询服务，尝试为部分机构投资者提供金融创新产品与套保服务，为扩大客户群体奠定了基础。

产品创新业务 北京中期创新研发中心设有金融产品部和产品创新部，负责金融期货和商品期货相关稳定收益产品的研发工作，已形成较完善的以数据库驱动和以模型开发为核心的产品设计、验证和实测业务体系，完成了股指基础数据库建设、股指组合构建、股指制度准备、股指模拟交易、商品交割库和交易所调研、商品基础数据库开发、黄金套利模型和交易策略开发、黄金模拟交易和策略优化等重要基础工作，为将来开展资产管理业务和风险管理子公司业务奠定了基础。

第一创业期货有限责任公司

2012年，第一创业期货有限责任公司（以下简称第一创业期货）完成期货交易量3 380 215手，代理成交金额5 107.95亿元，较上年分别增长173.45%和144.99%；客户数量3 042户，日均客户权益3.06亿元，较上年分别增长45.00%和26.97%。实现营业收入2 675.70万元。其中，手续费及佣金净收入1 938.86万元；利息收入463.18万元；投资收益-5.74万元；其他业务收入280万元。营业支出3 171.36万元；年度营业净利润-497.15万元。

截至年末，第一创业期货设有3家分支机构。

格林期货有限公司

格林期货有限公司（以下简称格林期货），是经中国证监会、国家工商行政管理总局核准的专业期货公司，也是中国成立最早的大型专业期货公司之一。格林期货拥有国内全部4家期货交易所交易结算会员席位，是历届中国期货业协会理事单位，营业网点覆盖全国15个省、自治区、直辖市，并在中国香港设有子公司，为3万余名客户提供专业的服务。2012年，格林期货广州营业部、南京营业部正式开业，并正式设立投资咨询部，积极推进投资咨询业务。

探索研发道路 格林期货在北京、上海、郑州设立三大研发分中心。全年撰写了11个期货品种的《套保手册》和19个热门期货品种的《品种宣传手册》。在2012年大商所组织的十大研发团队比赛活动中，格林期货化工团队获得十大研发团队奖，农产品团队获得最具成长潜力奖。

信息网络系统建设 2012年内，格林期货实现了沪豫两地机房异地灾备功能，其中上海机房为主机房，郑州机房为灾备机房。完成金仕达V8T交易系统上线工作，通过“期货公司信息技术指引”三类标准验收。

冠通期货有限公司

（原冠通期货经纪有限公司，2012年11月更名）

2012年，冠通期货有限公司（以下简称冠通期货）累计代理交易量2 885.9万手，累计代理交易金额20 976.5亿元；年末客户数量10 561户，客户保证金13.4亿元。

截至年末，冠通期货正常经营的营业部共计15家，在职员工253人。

研发创新提升 推进研发部门的构建与提升，针对橡胶、塑料、铜、白糖、豆类、油脂、棉花、甲醇以及新上市的白银、玻璃等品种，进行实地调研，掌握第一手资料与数据，迅速转化为分析成果并传递给客户；参与利率期货、期权等新品种的准备工作，组织相关研究人员参加协会、交易所等举办的培训班；完善期货及衍生品研究体系与框架，拓展研究领域，构建覆盖经济、金融与投资的分析网络。在此基础上，逐步打造出冠通期货独有的囊括大多数活跃品种的“基本面量化交易策略池”，并持续模拟运行，以更客观的形式指导客户，迎接期货资产管理业务的全面到来。

营业网点扩充 根据网点布局规划，积极申请筹建新的营业网点，合肥、长沙、武汉、成都4家营业部相继获批开业，营业部数量达到15家。

国都期货有限公司

2012年末，国都期货有限公司（以下简称国都期货）实收资本2亿元，所有者权益1.81亿元，负债总额5.58亿元，扣除客户权益后，负债总额819.71

万元。客户总数 5 991 户，较上年增加 1 818 户，增长 43.57%；客户日均权益 5.65 亿元，较上年增长 22.29%。代理成交总量 1 723 万手，较上年增长 148.99%，占全国成交总量的 0.59%；代理成交总额 1.54 万亿元，较上年增长 133.48%，占全国成交总额的 0.45%。

截至年末，国都期货在大连、郑州、上海、合肥各设有1家营业部，共有员工218 人。

中间介绍业务 国都期货作为券商控股的期货公司，充分发挥股东优势，以"搭建渠道"作为目标，兼顾收益与成本的平衡，协助国都证券的4 家证券营业部申报并取得了中间介绍业务（IB 业务）资格，IB 业务客户总数、有交易客户数和手续费收入不断增加。全年，国都期货手续费收入同比增长 27.14%，其中股指期货手续费收入增长 50.69%。

期货投资咨询业务 2012 年 11 月，国都期货取得期货投资咨询业务资格。成立投资咨询部，围绕经纪业务发展，以为机构投资者提供风险管理顾问服务为切入点，将期货投资咨询产品作为经纪业务营销的附加价值推送给机构客户，支持专业化顾问式期货中介服务体系的建设。

产业客户培育 结合市场发展状况，重点拓展具备一定基础的产业链客户，与各交易所合作，举办油脂油料高峰论坛、饲料企业风险规避研讨、棉花研讨会、焦煤产业链投资报告会等投资者教育培训活动十余次，宣传期货市场知识，吸引更多的产业投资主体参与期货市场交易，建立了一定的产业链客户群及潜在客户群，完善了投资者结构。截至年末，法人客户日均权益 2.4 亿元，占公司总客户日均权益的 42%，同比增长 65%；法人客户日均持仓 14 180 手，同比增长 237%。

（王蕊）

国元期货有限公司

（原国元海勤期货有限公司，2013 年 2 月更名）

2012 年，国元期货有限公司（以下简称国元期货）累计实现业务收入 5 942 万元，较上年增长 88.46%；实现利润总额 1 017 万元，较上年的 -499 万元大幅度增长，并扭亏为盈。年末客户权益 5.66 亿元，较上年增长 80%；全年累计成交量、成交金额分别为 1 283 万手和 1.5 万亿元，分别较上年增长 148.72% 和 109.89%。在中国证监会期货公司分类评价中获得 C 类 CC 级评级。

截至年末，国元期货内设 11 个部门，在上海、通辽、大连、厦门、西安、重庆设有 6 家营业部。

2012 年，国元期货举办形式多样的投资者教育及市场推介活动，包括面向国元证券全国各地区营业部大型巡回培训活动，联合中国金融期货交易所、上海期货交易所、大连商品交易所举办大型投资者报告会，对股指期货业务的开展起到积极的推动作用；拓展中间介绍业务（IB 业务）渠道，全年 IB 业务收入占公司总收入近 30%，客户权益占总权益超过 20%。高度重视期货投资咨询业务，精心准备申请材料，做好人员、制度、技术等相关准备工作，并于12月底取得期货投资咨询业务资格。根据市场特点和客户需求，研发产品，加强对客户交易的实战性指导。在全国“十大期货研发团队评选”活动中，国元期货能源化工团队入围“十大能源化工团队”，农产品团队获得“最具成长性农产品团队”。

宏源期货有限公司

2012年末，宏源期货有限公司（以下简称宏源期货）客户保证金日均余额同比增长5.59%，交易额市场份额同比增长13.54%；收入同比增长62.68%。

截至年末，宏源期货下设11家营业部，在职员工近300人。

经纪业务 贯彻落实中国证监会《期货营业部管理规定（试行）》的相关要求，结合营业部现场检查，梳理相关制度和业务流程，完善营业部制度管理体系；围绕优势品种开发产业客户和机构客户，围绕热点品种和重点品种开发投机客户，取得良好的业绩回报；与中央电视台合作举办期货实盘精英赛，报名人数近700人，参赛客户权益累计近3亿元；开展营销竞赛，有10个部门、137人次获奖。促进了宏源期货客户保证金规模和市场份额的增长。

中间介绍业务 与中国金融期货交易所合作，联合宏源证券开展股指期货投资者教育全国巡讲活动，在北京、深圳、广州、乌鲁木齐、上海等重点地区证券营业部组织了28场投资报告会，累计2 500人次参与；对近90家证券营业部进行了21场视频培训，与宏源证券协作推进其所属证券营业部中间介绍业务（IB业务）开业资格的申请工作，取得IB业务资格的证券营业部数量达到32家。截至年末，IB业务新开客户数占公司新开客户总数的10.29%；IB业务客户保证金占公司客户保证金总额的4.46%；IB业务代理客户成交金额占公司代理客户成交金额的13.60%；IB业务收入占公司收入总额的4.22%。

基础建设 成立跨部门的资产管理创新业务工作小组和量化对冲创新工作小组，设立创新业务部，完成增资手续，具备了开展创新业务的实力。引进高端专业人才，建立创新业务相关制度和业务流程，加强创新业务经营模式研究。根据《期货公司设立子公司开展以风险管理服务为主的业务试点工作指引》，组织论证设立风险管理服务子公司开展仓单服务、合作套保、定价服务、基差交易等业务的可行性。完成上海期货交易所综合交易平台自运维系统、上海灾备机房、郑州易盛系统和量化基础环境平台建设以及核心交易结算服务器升级、信息安全等级保护测评。根据发展战略和业务需要，积极申请筹建新的营业网点，石家庄、昆明两家营业部先后获批开业，营业部数量达到11家，扬州营业部已获批筹建。

（陈琦）

金鹏期货经纪有限公司

2012年，金鹏期货经纪有限公司期货成交金额较上年下降55.70%，成交量下降35.04%。营业收入较上年增加3 861.55万元，增长81.49%，收入的主要来源是期货经纪手续费收入，利息收入和二级市场的股票投资收益。由于客户保证金大幅度下降，手续费净收入较上年减少411.73万元，下降11.11%。持续加强投资研究，在股票二级市场剧烈波动的情况下，实现投资收益3 402.59万元、公允价值收益888.37万元；加强对流动资产及自有资金的管理，实现利息收入1 015.82万元，与上年持平。积极发挥自身优势，针对企业客户和高端客户进行定制化服务。在国内新品种上市过程中，借助会议和培训等模式，深入了解企业客户需求，为企业客户进行针对式的辅导咨询和方案制订，为后期市场服务积累了大量的企业资源与经验；在高端客户服务上，借助投资者教育平台，开展期货市场知识普及活动，培养期货市场专业投资者。

京都期货有限公司

2012年，京都期货有限公司（以下简称京都期货）客户数量逾600户，客户权益约9 200万元，手续费收入近283万元，交易量82万手，成交金额890亿元。

2012年年初，京都期货获得中国金融期货交易所交易会员资格。2月，在北京设立了第一家期货营业部。4月，开通农业银行的银期转账系统，从而具备了工商银行、建设银行、农业银行三家银行的全国银期转账系统，基本满足了客户资金划转需求。完成国债期货仿真交易等新业务的运营、交割，为新产品上线做好了技术和管理流程的充分准备。

截至年末，京都期货设有1家营业部，员工44人。

经易期货经纪有限公司

2012年，经易期货经纪有限公司（以下简称经易期货）代理成交金额26 830亿元，成交量1 900万手，客户权益19.18亿元，客户数量比上年小幅增长；实现手续费收入9 006万元，利息收入2 854万元，投资收益51.5万元，提取风险基金450万元，缴纳营业税及附加税497万元，业务及管理费支出7 328万元，利润总额3 645万元，应缴纳企业所得税964万元，实现净利润2 681万元。年末净资产2.64亿元，总资产22.17亿元，期货风险准备金2 416万元。

截至年末，经易期货设有10个分支机构，员工总数187人。

改善客户结构 调整客户开发战略，在保持传统客户开发模式的基础上，大力开发程序化交易客户，全年共计开发程序化客户20余名，权益约2亿元。

电子化建设 2012年内，新建上期综合交易平台系统（CTP），并实现了独立运维。

民生期货有限公司

2012年，民生期货有限公司（以下简称民生期货）实现净利润812.76万元，净资产收益率9.55%。在中国证监会期货公司分类评价中获得CCC级评级。12月，民生期货取得期货投资咨询业务资格。2012年“大连商品交易所十大研发团队评选活动”中，民生期货综合成绩排名第12位，获得“最具成长性农产品研发团队”的称号。截至年末，民生期货设有12家营业部。

银河期货有限公司

2012年，银河期货有限公司（以下简称银河期货）成交量7 608.32万手，成交金额9.61万亿元，分别同比增长60.57%和26.60%；利润总额1.6亿元，同比增长46.04%。连续三年在中国证监会期货公司分类评价中获得A类评级。

截至年末，银河期货设有22家营业部。

银建期货经纪有限责任公司

2012年，银建期货经纪有限责任公司交易量373.91万手，同比增长31.83%；成交金额2 957.61亿元，同比增长17.1%。年末客户数量5 576户，同比增长7.54%；其中法人数68户，自然人数5 508户。客户保证金规模2.09亿元。全年，实现营业收入3 012.69万元，同比增长26.5%。其中，手续费收入1 857.52万元，同比增长7.08%；利息净收入339.64万元；其他业务收入

817.29 万元，同比增长 131.32%。业务及管理费同比下降 0.93%，实现净利润 18.46 万元。

中国国际期货有限公司

中国国际期货有限公司（以下简称中国国际期货）成立于 1992 年，现有注册资本 17 亿元，主营商品期货、金融期货经纪业务、期货投资咨询业务以及资产管理业务。在中国证监会期货公司分类评价中连续四年排名第一位。

截至年末，中国国际期货已开业营业部 56 家，基本覆盖全国各大中城市。

2012 年，中国国际期货市场化吸收合并华元期货有限责任公司，加强了在华东地区的战略布局。积极参与资产管理业务资格的筹备和申报工作，并于 11 月正式通过审批。进一步拓展战略发展空间，全新打造“柜台中期”、“网上中期”、“掌上中期”及“95162 语音中期”四位一体的立体式服务体系，竭诚为广大客户提供全方位、专业化的优质期货顾问式服务，努力实现客户资产的保值、增值，打造多元化、全方位的金融服务和风险管理平台。

中钢期货有限公司

2012 年，中钢期货有限公司（以下简称中钢期货）立足于金属行业和金融行业，以产业和机构客户为重心，以服务实体经济为导向，坚持贴身服务理念，发挥钢铁行业优势，大力推进金融期货市场开发，为基金管理公司和大型证券投资机构提供专业化风险管理服务。完成中钢期货网站改版，引进多套交易软件，优化网络配置，推进第二交易中心建设，整体信息化水平稳步提升。参与期货新品种的研发工作，对铁矿石和焦煤的合约设计、制度制定、风险控制等提出建议，为进一步丰富期货品种，满足实体经济风险管理需求作出贡献。全年，完成代理交易量 1 181 万手、代理交易金额 10 775 亿元，实现期货经纪业务收入 7 090 万元，年末所有者权益为 4 亿元。

截至年末，中钢期货设有 8 家营业部。

中衍期货有限公司

2012 年，中衍期货有限公司（以下简称中衍期货）期货交易量 1 947.03 万手，交易金额 15 210.62 亿元。年末总资产 63 512.30 万元，所有者权益 13 719.30 万元，客户数量 18 485 户，客户保证金 48 331.74 万元。

截至年末，中衍期货下设北京营业部、大连营业部、上海办事处、郑州办事处，拥有员工 114 人。

中国人民财产保险股份有限公司北京市分公司

2012 年，中国人民财产保险股份有限公司北京市分公司（以下简称人保财险北京市分公司）实现保费收入 86.26 亿元，同比增加 12.81 亿元，增长 17.41%；实收保费 86.61 亿元，同比增加 13.16 亿元，增长 17.92%。

截至年末，人保财险北京市分公司设有 21 家支公司、7 家分公司内设营业部、4 家营销服务部、32 家营业部，在编人员 1 575 人。

销售能力建设 构建新的销售布局，通过新建、裂变等方式打造非车险专营机构和团队；坚持渠道清分，进一步实施专管专营，通过专业化服务，巩固客户关系，提升销售能力；加快组建内部渠道销售部门，强化非车险团队建设，夯实销售队伍基础；根据市场变化，及时调整业务预案，进一步深化过程管理。

服务能力建设 理赔服务方面，完成理赔事业部改革，开展理赔“速度、态度、准确度、满意度”四度专项治理活动，推广汽车园区理赔模式、建立理算中心、理赔档案“省集中”等，不断提升理赔服务品质。客户服务方面，加强客户服务专线能力建设，推进客户服务标准化工作，运用客户资源管理平台推进差异化服务体系建设，着力解决客户信息真实性的问题；应急服务方面，在“7·21”暴雨灾害中，以专业、优质的服务得到了社会和客户的认可，在市委、市政府的“7·21”救灾总结大会上，作为唯一的保险企业获得表彰。

（李晓晗）

中国平安财产保险股份有限公司北京分公司

2012年，中国平安财产保险股份有限公司北京分公司（以下简称平安产险北京分公司）累计实现保费收入60.62亿元，比上年增加7.7亿元，增长14.6%，市场占有率22%。其中，车险保费收入42.05亿元，同比增长9.4%；财产险保费收入17.26亿元，同比增长27.8%，承保利润9 808.9万元；意健险保费收入1.31亿元，同比下降34.6%，承保利润2 738.8万元。

截至年末，平安产险北京分公司设有2个营业部、4个支公司、4个营销服务部；从业人员1 777人，其中在编员工1 487人，劳务派遣员工290人。

团体中心 深化直销转型，调整组织架构方案，制订薪酬考核办法等，落实穿透检视，加强日常跟踪考核，提高直销业务能力，直销年化人均产能居全国首位。制定《2012年团体中心直销渠道基本管理办法实施细则》、《2012年重客渠道基本管理办法实施细则》、《2012年银保渠道基本法实施细则》等，确保基本法的有效执行。按月分析各项经营指标的完成情况，及时发现存在的问题，提出改进措施。加大E行销力度，以商机、活动等为抓手，结合新上线项目拓展费申请、财产险询报价、车险询报价等功能，引导业务员深化应用E行销系统，促进团体业务及客户数量的增长。

个人中心 实施车行渠道责任月薪制，通过追踪季度薪酬和月度薪酬的对比，了解前线人员对薪酬考核制度的意见和建议，实现由绩效提奖制向责任月薪制的平稳过渡。落实减损工作，对亏损车行进行月度、季度跟踪，对相关渠道经理进行月度、季度的专项问责，有效抑制亏损车行历年制赔付率的提高。制定派修管理办法，细化推修产值数据；管理、审批各车行业务部推修需求，完成派工试点车行调整，定期提取合作车行推修数据清单，协助处理各车行推修投诉件。

运营中心 车险意健险理赔改变查勘模式，按片区分组，推行网格化7天24小时工作制，组建专职现场查勘队伍，将基础、重案查勘区域整合成5个作业区域。开展百日打假减损活动，通过减损日报追踪、适当的激励制度，确保全年减损计划超额完成。车物减损率5.23%，比上年增长2.35%；人伤减损率38.24%，比上年增长12.83%。对公估公司、合作律所、调查公司制订考核指标及奖惩方案，激励合作单位提升服务质量。

全面提升财产险理赔服务品质，实施8项差异化服务，陪同业务部门展业66次，举办培训102次，主动预赔共29笔。改变大作业室管理架构，按险种设置7个作业组，提高作业管控能力；加速新人育成，组织周培训17次，部门上岗考试通过率97%。

举办多期VIP客户活动，推出短信关怀、免费年审、酒后代驾和机场泊车服务；将运营支持室分成个人中心、团体中心、郊县业务部三个支持小组，加大对前端销售的支持力度。配合业务部门做好

NBA 系统上线推广、业务员减负项目、学平险集中出单项目、公交集中出单项目推动工作。在郊县建设客服理赔部，方便远郊客户承保、理赔。

资源支持中心 强化行政管理达标升级工作。制订财务服务提升方案，在预算管理、单证管理、核算管理、资金管理及税务支持上为业务部门提供更加便利的服务。深化个团分设，完成组织架构调整；建立精简型三级机构，实现业务覆盖、客户服务向远郊县的延伸。面对市场变化，重新预判市场环境，在保费计划、推动策略上予以适度调整。牵头、协同相关部门，设立怀柔支公司，实现北京市场近郊全覆盖。组织 43 期培训，举办销售技能大比武活动，推送 72 名干部员工参加大学培训班，组织两核上岗、初级考试 56 场，考生 320 人。

重大承保与赔付 承保梅赛德斯—奔驰（中国）有限公司安装工程一切险及第三者责任险，保额 994 亿元；承保中国港湾工程有限责任公司建筑工程一切险及第三者责任险，保额 71 亿元；承保渤海船舶重工有限责任公司船舶建造险，保额 23 亿元；承保海航集团机场责任险，保额 13 亿元。赔付中国石油天然气集团公司等单位公众责任险项下一笔赔案，赔付金额 3 948 万元；南水北调中线干线工程建设管理局等建筑工程一切险及第三者责任险项下一笔赔案，赔付金额 1 220 万元；Electrolux（China）Home Appliance Company Ltd. 等财产一切险项下一笔赔案，赔付金额 961 万元。

（王丹薇）

华泰财产保险有限公司北京分公司

2012 年，华泰财产保险有限公司北京分公司（以下简称华泰财险北京分公司）实现原保费收入 118 348.84 万元，同比增长 2.54%。其中，车险原保费收入 56 472.58 万元，同比下降 0.09%；非车险原保费收入 61 876.26 万元，同比上升 5.06%。实现承保利润 12 977.53 万元。

截至年末，华泰财险北京分公司共有 8 个支公司，在编员工 454 人。

车险业务 2012 年，车险市场竞争激烈，外部成本显著提升，受到“7·21”暴雨影响，整体赔付率大幅攀升，华泰财险北京分公司车险经营近十年来首次出现亏损。在恶劣的市场环境下，华泰财险北京分公司始终坚持“质量效益型”的发展思路，加强对车险市场的细分与筛选，车险综合成本率和利润率仍居市场前列。在政府公务车项目上取得重大突破，首次入围北京市政府公务车招标项目，成为国管局、中直机关和北京市政府三大公务车项目的供应商。

商险业务 海外项目依靠强大的承保能力以及海外服务网络的支持，通过对海外投资的落实和诸多项目的启动，保费收入创开办海外分入业务以来的新高，且呈现多元化发展，从以前单一的工程险发展成为集工程险、运营期财产险、职业责任险、运输险等综合型的保险解决方案，全方位地满足客户的需求，获得惠誉国际

A－评级。

理赔服务体系建设 健全理赔服务机制，加强理赔队伍专业化技能培训，完善服务设施，重视客户监督，采纳客户意见，确保客户尊享优质服务，理赔服务满意度回访始终保持在97%以上。在2012年北京市保险行业协会车险理赔质量测评指标的通报中，华泰财险北京分公司的投诉率为0.1‰，车险理赔部荣获“北京保险业优质服务窗口”称号。

实施人才发展战略 优化公司组织架构、管理职能及人力资源配置，建立人才梯队，加强职位序列的合理性、有效性，提高员工职业规划的连贯性。开拓内外部渠道，发掘和引进重点人才，通过薪酬福利、绩效管理等体系的不断优化和各项人力资源管理制度的持续改进与完善，提高人才吸引与保留能力，稳定员工队伍。开展“打造BEST计划”系列活动，评选出20位“最美华泰北分人”，加强公司核心价值观及人才标准体系的宣传推动，注重人才培养及储备，有效地支撑公司战略发展。

（王云飞）

中国太平洋财产保险股份有限公司北京分公司

2012年，中国太平洋财产保险股份有限公司北京分公司（以下简称太平洋财险北京分公司）保费收入417 140万元，同比增长18.62%。其中，非车险保费收入76 280万元，同比增长10.03%；车险保费收入340 860万元，同比增长20.74%。累计赔款支出245 501万元，综合赔付率63.02%。

截至年末，太平洋财险北京分公司下设9家支公司，正式员工984人。

机动车辆保险业务 采取引导业务结构调整、对渠道实施差异化管理、分级管理、重点目标跟进等措施，提高业务质量；根据北京地区商业车险平台的特殊情况，着力提升车险业务产品、渠道、客户等策略的协调性和有效性，实施向核心业务、核心区域和核心项目倾斜的资源配置政策，优化车险的内部结构；通过强化成本控制与预算管理，完善车险业务发展策略，实现规模、速度和效益的最佳组合，积极发展电话营销，提高车险承保的盈利水平。全年，车险保费收入340 860万元，同比增长20.74%。

非车险业务 落实非车险经营责任制，改善承保政策，加强分险种考核、专业团队培训、业管部门内部建设，提升非车险销售能力，推动责任险、意外险、货运险、家财险等核心业务的快速发展；继续完善以客户为中心的项目管理体系，巩固重大项目优势。全年，非车险保费收入76 280万元，同比增长10.03%。

提升管理水平 强化条线管理部门对市场和业务的引领作用，按照“个人业务渠道化，法人业务专业化”的原则，分步进行销售体制改造，尝试建立专业销售团队，筹建了经济技术开发区支公司、CBD营业部、石景山营销部及3个综合业务部、4个车险拓展部、2个车险营销部、2个车商专业化团队。明确综合管理部室职能，推行干部交流与轮岗，提高工作效率，为进一步开展干部管理体制改革奠定了基础。

客户服务 通过星级示范门店建设、理赔区域服务中心建设，初步搭建了以“大客服”为目标的综合服务平台。积极应对“7·21”特大暴雨灾害，95500 平台承受了极限考验，运用新技术集中处理水灾案件，提高了对重大灾害的处置能力。以客户需求为导向，开展 95500 窗口体验、“优享汇”建设、VIP 客户增值服务等活动，客户服务部在 2012 年总公司服务明星评选表彰活动中被评为卓越服务团队。

（祝涛）

太平财产保险有限公司北京分公司

2012 年，太平财产保险有限公司北京分公司（以下简称太平财险北京分公司）实现总保费收入 41 827 万元，同比增长 51.72%。其中，车险保费收入 18 056 万元，同比增长 76.8%；非车险保费收入 23 771 万元，同比增长 36.96%。非车险保费收入中，水险保费收入 1 739.5 万元，同比增长 34.94%；非水险保费收入 16 842 万元，同比增长 8.48%；意康险保费收入 5 189.54 万元，同比增长 858.36%。实现净利润 133.74 万元。

截至年末，太平财险北京分公司下设支公司 3 家，营销服务部 1 家，在职员工 223 人。

车险业务 开展提升客户满意度活动，推出酒后代驾、全天候非事故道路救援、法律服务直通车等系列增值特色服务，促进车险业务发展。提升理赔服务质量，为客户提供“快易赔”、“万元以下 8 小时赔付”服务，缩短结案周期，提高当期案件的结案率。

非车险业务 拓展药物临床试验责任险、一生太平高额意外险，与中航协合作开发航意险、航班延误险；在现有成熟的中联重科股份有限公司业务板块基础上，拓展非“中联”业务；开展业务竞赛，制定标准化产品，简化业务审批流程；推出“财产险 10 万元以下，3 天赔付”的理赔服务，促进业务发展。

（李梦溪）

中华联合财产保险股份有限公司北京分公司

2012 年，中华联合财产保险股份有限公司北京分公司（以下简称中华财险北京分公司）实现保费收入 7.74 亿元，市场份额 2.82%；承担风险责任 1 485.68 亿元；累计处理赔案总量 12.29 万件，支付赔款 5.11 亿元；总资产 5.62 亿元，实现经营利润 3 707.29 万元。

截至年末，中华财险北京分公司下设 12 家支公司、2 个营销服务部，与 538 家中介机构建立合作关系，拥有正式员工

473 人，服务网络覆盖全市 16 个区县。

政策性农险业务 加强服务能力建设，推行承保“五个到户”，理赔“六项措施”，开展果实成熟期“驱鸟惠民”、汛期来前赠送防雹减灾炮弹费活动，利用“农信通”在恶劣天气和农忙时节及时告知农户天气变化，提前预防灾害损失。积极应对“7·21”特大暴雨灾害，及时查勘定损，在灾害发生三天后完成北京市首笔政策性农险赔款支付。实施农村保险服务网络体系建设，在合作的重点乡镇和重点村建立了第一批农险服务站，聘请乡镇农险管理员、承保员、村级协保员，构建“县县有机构、乡乡有网点、村村有人员”的三级农险服务网络，为农民提供“行不出村、足不出户”的保险服务保障。全年，农险保费收入 1.33 亿元，业务规模实现重大突破。

销售渠道建设 设立专项指标，对分支机构拓展销售渠道数量进行考核；以市场热销车型的4S店及其他品牌的 A 类4S店作为主要营销对象，新拓展车商渠道 30 家；与开元汽车、庞大汽贸（北京大区）等全国百强汽车经销商开展合作；加入国际航空航天共保体，初步实现航天保险业务的国际化；开展保险进社区活动，探索直销业务发展模式。截至年末，合作的中介机构同比增长 50%。

客户服务 深化理赔集中管理，重新规划理赔管理组织结构，设立城郊 11 家理赔分中心，最大限度地缩小管理半径；向社会承诺“十大举措、九大承诺、五项标准”，开展“百万客户大回访”、“安全宝典普及”、“经代车商服务与合作交流会”、“中华保险大讲堂”活动。

“7·21”特大灾害快速理赔服务 2012 年 7 月 21 日，北京特大暴雨发生后，中华联合财险北京分公司秉承“特事特办”的处理原则，最大限度地保障消费者权益，出台十项简易快赔措施、延长理赔工作时间、设置临时定损点并建立暴雨绿色理赔通道，对车辆全损和涉水问题实行“宽松赔付”，对农险实施“四快”理赔，赔付灾后首笔农险赔款，并为灾区筹集款物。

人事变动 2012 年 2 月，中华联合财产保险股份有限公司任命王钢为中华财险北京分公司总经理，中共中华联合财产保险股份有限公司委员会任命王钢为中华财险北京分公司党委书记。

（袁婕）

华安财产保险股份有限公司北京分公司

2012 年，华安财产保险股份有限公司北京分公司（以下简称华安保险北京分公司）实现保费收入 14 773.03 万元，同比增长 14.01%。

截至年末，华安保险北京分公司下设 5 家支公司、7 家营销服务部，在职员工 103 人。

业务发展 加强对业务机构的管理，制定《华安财产保险股份有限公司北京分公司 2012 年销售系列人员考核管理办法》，鼓励多劳多得，调动销售人员展业积极性；通过市场分析，并根据自身业务结构制订季度业务竞赛方案，收效显著，第一季度开门红业务竞赛促使保费收入同比增长71.49%；实行差异化费用结算政策，针对不同渠道采取以周、半月、整月为周期结算费用，提升结算时效，确保业务稳定发展。全年，实现车险保费收入13 233.79万元，占总保费收入的89.58%；非车险保费收入1 539.23万元，占总保费收入的10.42%。

理赔服务 推进服务引导销售策略，重新布局定损网点，年内新增4家定损点，通过跟踪机制对所设定损网点进行考评，加强对直赔修理单位的服务管控；实施查勘定损人员分级管理，将查勘定损人员的工资与其工作量、工作品质挂钩，奖优罚劣，有效推动服务水平的提升；"7·21"暴雨灾害突发后，启动应急机制，妥善处理因暴雨灾害引发的理赔案件。全年，共受理报案20 925笔。其中，车险20 322笔；非车险603笔。赔款总支出6 360.05万元。其中，车险5 756.22万元；非车险603.83万元。

风险管控 坚持承保日报、周报、月报及相关专项的统计分析工作；对重点业务项目采取专报专批制度，对专项业务项目进行发展监控，并根据监控结果制定相适应的管控政策，确保业务品质合理；对计划发展的业务目标通过历史数据、同业数据、目标情况等信息进行承保前分析，为业务管控提供数据技术支持；跟踪市场需求，适时适度调整核保政策，严控风险。2012年，华安保险北京分公司满期赔付率控制在48.36%，整体业务品质较好。

企业文化建设 秉承"责任、专业、奋进"的企业文化理念，坚持"公开、公平、公正"的原则，强调价值创造与回报相匹配，依托公司晨会、干部例会、内部网络、公司宣传栏、《北京华安》刊物等途径，传播公司文化，营造团结、奋进的工作氛围。实施"春蕾计划"，接收优秀应届大学毕业生，将新人培训与人才培养有机结合；完善员工考核激励办法，引入同业优秀人员，助推公司业务持续健康发展。开展产品条款、承保理赔案例分析、财务知识等培训，参加总公司的"金刚钻培训"计划，提升员工岗位专业技能；开展以中层管理干部为培训对象的"金种子"培训，提升干部管理水平。

（王海月）

天安保险股份有限公司北京分公司

2012年，天安保险股份有限公司北京分公司（以下简称天安保险北京分公司）实现保费收入6 095.78万元。其中，车险保费收入5 010.51万元；财产险保费收入982.79万元；人身险保费收入102.48万元。已决赔款11 229.19万元，累计综合赔付率93.05%。

截至年末，天安保险北京分公司下设1家支公司、8家营销服务部，共有正式员工139人。

车险业务 实施车险精细化管理，强化规模和效益共赢的理念，推广渠道专业化管理，发展电销、网销等新的销售方式，带动业务发展；通过人车联动展业，促进车险及人身险业务的共同发展，提高整体业务规模和承保的盈利水平。

非车险业务 以效益为指导，合理制定承保条件，提高业务品质。参与承保了中国工商银行、国美电器集团有限公司、中谷粮油集团公司、中远集团、中信国安集团天下第一城、柳州重工集团等重大保险项目，共保了国家体育场、上海中航光电子项目、河池至都安高速公路项目、中国电子科技 Y8 飞机项目、武罐高速项目、龙首二级水电站、江西省交通运输厅赣州至崇义高速公路项目建设、甘肃双冠水电投资以及广西公路桥梁工程等项目。

（彭博）

中国大地财产保险股份有限公司北京分公司

2012 年，中国大地财产保险股份有限公司北京分公司（以下简称大地保险北京分公司）实现保费收入 34 049 万元，同比增长 13.33%；剔除巨灾因素，承保利润在 1 000 万元以上。

业务发展 截至年末，车险业务保费收入 2.30 亿元，同比增长 33.11%；再保前出险年度赔付率 61.64%，同比上升 2.4 个百分点，再保前满期保费 1.956 亿元；受暴雨灾害影响，再保前出险年度赔付率 58.76%，同比下降 0.48 个百分点。意健险克服年初人员流失意健险不可续保因素影响，实现保费收入 5 172 万元，其中高端健康险保费收入 3 609 万元，新增保费近 926 万元。企财险、信用险、船建险、货物运输险分别比上年增长 22.92%、19.51%、30.28%、94.79%，业务量合计 5 046 万元，占财产险保费总收入的 86.99%。

渠道建设 统筹业务条线、销管部门，合力推进渠道建设。截至年末，新增渠道 99 家，贡献保费 2 850.63 万元。其中，新增车商渠道 16 家，新增专业代理 12 家。启动渠道清分工作，优化核心渠道配置，提高专业化水平。全年，渠道对业务发展的贡献率一直保持在 95% 以上。

理赔服务 梳理优化渠道业务理赔管理办法、大案管理办法、未决案件管理办法，细化岗位时效指标和考核指标，推进理赔服务的标准化。加强现场服务能力，细化节点时效监控，提高结案时效；密切客户沟通，有效化解投诉；推进上门收单、网上交单等增值服务，并针对重点客户，推出免费代年检、酒后代驾、事故施救等特色服务。理赔服务进入业务前端，客服部门参与大客户及渠道洽谈。打击虚假赔案，合理挤压理赔水分，协助公安机关破获北京历史上最大的骗赔团伙，年内累计有效拒赔 220 余万元。有效应对突发灾害，实现服务、控赔“双满意”。截至年末，“7·21”暴雨案件结案率 99.4%，金额结案率 98.5%。2012 年，大地保险北京分公司理赔服务指标稳居行业前五名，客户服务部荣膺北京市产险五佳“优秀服务窗口”称号。

合规经营 认真落实业务、财务数据的过程化管控，对所属机构及业务部门费用实施有效监控，最大限度地压缩未决赔案金额，加强应收保费管理，及时防范和化解财务风险，保证经营数据的真实性。

认真落实监管要求，把合规渗透到每个岗位，落实到管理全过程。坚持“合规问题一票否决”制度，明确“绝不允许私设‘小金库’，绝不允许财务数据不真实”两条“高压线”，对违规行为始终保持高压态势，全年实现零违规。

机构建设 按照“分公司扎营海淀，先城区后郊县，逐步延伸三级机构”的思路，从配强分支机构班子、建立管理规章、细化考核方案入手，以现有业务团队为主，有计划分步骤展开机构铺设工作。2012年6月，朝阳支公司获准开业，丰台支公司年内通过了北京保监局验收，顺义支公司正在筹建中。

（崔婧）

中国人寿保险股份有限公司北京市分公司

2012年，中国人寿保险股份有限公司北京市分公司（以下简称中国人寿北京市分公司）实现总保费收入72.24亿元，市场份额11.1%。其中，个险渠道规模保费收入27.84亿元；团险渠道规模保费收入5.87亿元；银保渠道规模保费收入35.84亿元；电销渠道规模保费收入2.68亿元。共为139万名市民提供了个人寿险保障，为7.7万家大中型企业提供了员工人身意外、企业养老、医疗保障等团体寿险服务。全年，处理各种赔付、给付近27万人次，金额6.36亿元。

队伍建设 个险渠道持证人力、新员工育成、主管晋升、队伍结构、人均产能等均呈向好态势；银保渠道实现了客户经理、理财经理两套“基本管理办法”的全市统一，理财经理队伍规模达到722人；团险渠道完成了销售人员职级套改和销售人员管理系统上线，净增代理制销售人员50人；电销渠道坐席人力达到532人，同比增长17%。

社会责任 与市委组织部合作推出大学生村官保险，为近四千名大学生村官提供重大疾病和人身意外伤害综合保险；与北京市计划生育协会合作，在北京13个区县开展计划生育家庭意外伤害保险业务；与房山区政府合作，为近两万名低保人员开办小额人身保险业务；连续12年为市公安局民警和职工提供保险保障服务，免除了公安干警及其家属的后顾之忧。

（徐福军）

中国平安人寿保险股份有限公司北京分公司

2012年，中国平安人寿保险股份有限公司北京分公司（以下简称平安人寿北京分公司）实现规模保费收入112.42亿元，同比增长9.84%。其中，个险实现规模保费收入93.69亿元；团险实现规模保费收入0.40亿元；银保实现规模保费收入 18.33 亿元。拥有客户 400 万余名，保单 563 万余件。全年，赔款与给付支出 32.69 亿元，审结理赔案件 5.49 万件。

截至年末，平安人寿北京分公司下设 34 个营销服务部，在职内勤员工 711 名，银保外勤 151 名，保全外勤 95 名，个人代理人 19 830 名。

个人营销业务 夯实管理基础，稳抓制度建设，业务持续健康增长，继续保持在保险市场的竞争优势。全年，实现规模保费收入 93.69 亿元，同比增长 9.29%；个险 13 个月累计保费继续率达到 93.45%，25 个月累计保费继续率达到 95.50%，续期业务保持良好品质。个人营销人力、营业组、营业部数量持续攀升。截至年末，拥有个人营销系列人力 19 830 人，营业组 1 851 个，营业部 185 个。加强保险消费者教育，向消费者免费赠送《保险知识普及丛书》4 000 套，发放《关于合理购买人身保险产品的公告》60 余万份，向消费者传递正确的保险理念和知识。

银行代理业务 秉持“弯道超越 业务转型”的经营方针，持续强化各项业务品质管理，完善业务品质管理办法、规范作业流程，通过追踪、督导等方式，提升部门关键品质指标；通过金品质表彰、优秀品质竞赛等活动，营造合规文化。坚持以期缴分红险产品和趸缴长险为主打，全面展开渠道沟通、内外部产品培训、理顺业务流程，通过荣誉与物质激励相结合的方式，推动了银保业务转型和结构优化。全年，实现规模保费收入 18.33 亿元，同比增长 12.51%。

重大承保与理赔 2012 年内，平安人寿北京分公司承保 3 件超千万元保额保单、599 件超百万元保额保单、4 739 件超 50 万元保额保单。客户史某投保寿险保额 600 万元、意外险保额 1 000 万元，年度累计承保保额 1 600 万元，成为平安人寿北京分公司 2012 年最大承保契约。

推出“标准案件 资料齐全 三天赔付”的服务承诺，理赔时效不断提升，理赔 3 日时效承诺率 99.9%。高效处理“7·21 暴雨灾害”、“尼日利亚空难”等事故，启动理赔应急响应与绿色通道，完成首笔北京“7·21 暴雨灾害”寿险赔款。客户王某因意外身故，其受益人获得身故保险金近 216 万元，这是平安人寿北京分公司 2012 年最大单笔理赔款。

客户服务 围绕提升专业技能和客户服务感受，开展“P－STAR 后援知识网上答题”、“后援技能达人赛”、“服务金点子演讲比赛”等活动，激发平安人在服务中求变革的创新意识和 P－STAR 服务理念。2012 年 5～8 月，举办第十七届客户服务节。组织开幕式、系列少儿活动、专家巡讲、社区活动、闭幕式暨“平安夏令营”主题活动，参与人数近 6 万人。平安 VIP 俱乐部围绕“健康、财富、亲子、时尚、运动”等主题，举办“春天嘉年华”高尔夫体验沙龙、“梦幻之城”儿童梦想课堂少儿职业体验沙龙、“童话世界·梦游仙境”大型梦幻动漫卡通童话剧观赏、“平安喜乐会·快乐你我他”相声专场演出等活动，2 040 名 VIP 客户参与。全年，为 11 000 多名白金卡及钻石卡 VIP 会员赠送了生日礼物，为 570 多名 VIP 客户提供了住院探视服务。

风险控制 始终坚持以风险为导向，开展合规宣导、风险检视、C－SOX 内控自评项目、反洗钱自查、重点可疑交易报送等工作；结合年度监管重点，加强对保险营销人员销售误导行为的治理，不定期进行现场检查，注重风险的事前管控。诉讼工作整体状况平稳、诉讼案件总量稳中有降。对于疑难复杂或可能波及整个行业的重大诉讼案件，根据个案特点，深入调查研究，积极研讨并采取合适的诉讼策略；加强与行业协会的沟通，针对个案建立起良好的诉调对接机制，切实有效地维护行业形象，尊重并保障客户的合法权益。

社会责任 履行企业社会责任，与北京地区9所高校展开合作，征集论文逾百篇，其中38篇论文获得嘉奖，来自北京大学、清华大学、中国人民大学的135位同学获得平安励志奖学金。选拔四批次支教志愿者，赴房山区蒲洼乡平安希望小学进行支教，给孩子们带去了知识和欢乐。实施“中国平安希望小学维护计划”，向学校捐赠5.8万元善款、20台电脑和230件T恤，用于教学设备更新和教职工、学生生活条件的改善。“城乡共建”实践活动中，向房山区阎村镇和青龙湖镇坨里村捐赠18 000元现金，大米、面粉100袋，食用油40桶，受益人近300人。落实“关爱留守儿童家庭”活动，向在京打工的任女士送出了北京至长沙的往返机票。

（吴泽慧）

中国太平洋人寿保险股份有限公司北京分公司

2012年，中国太平洋人寿保险股份有限公司北京分公司（以下简称太平洋人寿北京分公司）实现保费收入44.76亿元。其中，个人营销业务实现新单保费收入3.64亿元；银邮业务实现保费收入13.47亿元；团体业务实现保费收入4.94亿元；续期业务实现保费收入22.71亿元。

截至年末，太平洋人寿北京分公司下辖10个支公司，2个营销服务部，在职内勤员工329名，个人营销员4 543名，银行保险系列外勤员工342名、团体业务系列外勤员工58名。

个人营销业务 大力发展个人营销业务渠道，注重差异化管理，立足增员，严格考核，加强合规经营，不断提升队伍销售能力。全年，个人营销业务实现新单保费收入3.64亿元。

银邮业务 面对政策及市场变化，积极转型谋求突破，深层挖掘客户需求，注重渠道经营，规范培训指导，强化队伍建设，顺利达成经营要求。全年，共实现保费收入13.47亿元，其中期缴保费3.9亿元。

团体业务 探索转型模式，以客户需求为导向，全面提升细分客户的专业化经营能力，精心培植创新项目、精细化项目，巩固拓展渠道客户，实现客户的不断延伸和渠道价值的不断积累。全年，实现保费收入4.94亿元，其中意外险保费收入0.61亿元。

（多玲辉）

泰康人寿保险股份有限公司北京分公司

2012年，泰康人寿保险股份有限公司北京分公司（以下简称泰康人寿北京分公司）实现总规模保费收入46.22亿元，同比下降27.7%。其中，个险保费收入14.95亿元，同比增长7.86%，其中新契约保费4.65亿元，同比增长8.6%；银保保费收入28.16亿元，同比下降25.95%。

截至年末，泰康人寿北京分公司下设20个支公司，20个营销服务部，在职内勤员工306人，营销持证业务员3 150人，电话销售610人，银保365人。

个险营销业务 以传统保障型保险为销售重点，坚持基础管理及专业化经营，优化队伍结构，完善培训体系，提高业务人员素质、业务绩效和业务收入。全年，实现新契约规模保费收入4.53亿元，其中期缴标准保费3.17亿元，同比增长5%。

银行保险业务 截至年末，实现银行保险业务规模保费收入20.05亿元，其中期缴保费收入3亿元，占比15%，五年期及以上期缴占比超过96%。落实公司规模、价值共同发展的战略，全年实现新单价值10 484万元；高价值终身养老保险产品幸福人生实现突破性发展，全年实现保费收入9 503万元。加强渠道建设，共与15条渠道开展合作。多元化营销模式立体推进，养老社区推广初见成效，客户服务水平迈上新的台阶。

电话行销业务 建立电销业务团队，加强基础管理，合规经营，提升人均产能，电销业务实现跨越式发展。全年，累计实现保费收入1.27亿元，月均保费收入稳定在千万元之上，人力稳定在700人左右。

（田雪）

新华人寿保险股份有限公司北京分公司

2012年，新华人寿保险股份有限公司北京分公司（以下简称新华人寿北京分公司）实现总保费收入97.75亿元，同比增长0.57%。其中，实现个险新单保费收入8亿元，个险总保费收入44.35亿元；银保新单保费收入26.78亿元，银保总保费收入49.60亿元；团险总保费收入3.8亿元。

截至年末，新华人寿北京分公司下设12个支公司、2个营业部、9个营销服务部；员工总数11 816人，其中在职人数1 852人，聘用离退休人员11人，保险代理人9 953人。

个人营销业务 根据销售节奏制定推动策略，突出核心业务价值，建立“交流、学习、竞争、和谐向上”的企业文化，加大培训力度，提升作业能力；开展“少儿书画大赛”活动，加强与客户的交流和市场开拓，团队产能不断提高；人均产能同比上升32.23%，件均标保同比上升40.83%，年末绩优人力同比上升66.26%。

法人业务 重点发展短期险项目，加快新渠道拓展，通过晨会、夕会、经理例会、月度分析会追踪业务进度，开展多种形式的培训，提升队伍的专业技能，推进职域销售等创新业务发展。全年，短期险保费收入29 527.58万元。

银行代理业务 重新梳理岗位职责，优化工作流程，完善危机处理机制；开展人才引进，加强培训，提升队伍专业技能；在业务推动、渠道经营、网点管理及品质管理等方面推陈出新，充分激发队伍潜能，深化合规经营。全年，共实现新单规模保费收入25亿元，其中期缴保费收入7.1亿元，五年期期缴占比65%。

客户服务 坚持客户至上的原则，讲求服务精益求精，年内新设潘家园大厦、延庆两家客服中心。创新服务手段、依托专业的服务队伍，为客户提供专业、快捷的服务。配合各营业渠道开展“客户大拜访”、“少儿书画大赛”、“健康讲座”等活动，整个活动客户拜访量23.75万人。发布新契约回访管理考核办法，明确流程，界定职责，提高了新契约回访处理效率，做到公司、员工、客户三赢。

风险管控 加强风险管理体系建设，制定《合同管理办法》、《授权管理办法》，初步拟订完成《北京分公司风险管理体系建设和运行纲要》、《北京分公司产品销售信息资料管理办法》；深入开展合规教育，通过专项会议、晨会广播、专项考试等形式，加大反洗钱知识的宣传和培训力度，增强员工的法制观念。开展内部控制评估和风险排查，组织、协调各部门配合外部监管和公司内部检查工作；开展“彩虹项目”、“反洗钱内部模拟检查”、“合规经营整改”等工作。

（王宇天）

太平人寿保险有限公司北京分公司

2012年，太平人寿保险有限公司北京分公司（以下简称太平人寿北京分公司）累计实现总保费收入24.05亿元，同比增长29.03%。其中，个人业务保费收入7.63亿元，同比增长15.88%；银行代理业务保费收入14.88亿元，同比增长41.11%。全年，累计客户接待量1.8万人次，上门服务量600余次。

截至年末，太平人寿北京分公司下辖9个营销服务部，在职内勤员工274人，个人代理人2 730人，银行保险客户经理217人，续期服务专员46人。

个险业务 全年，实现新契约规模保费1.47亿元。严格规范代理人展业行为，大力倡导合规经营理念，提升客户服务质量，注重续期经营品质。2012年，累计个险13个月保费继续率94.5%，累计个险25个月保费继续率96.7%。建立和完善员工考核晋升、参与公司管理与决策、员工培养成长、搭建员工展示平台四大体系，营造和谐的团队文化，打造“高素质、高品质、高绩效”的专业人才队伍。

银保业务 坚持专业化经营，紧跟总公司网点差异化经营思路和坚持趸缴、期缴均衡发展的策略，积极探索，在系统内率先形成了网点差异化管理模式，实现了“争先进位、跑赢大市、逆势成长”的骄人业绩。全年，累计实现保费收入14.88亿元。其中，新单保费收入9.47亿元，同比上升57.99%；续期保费收入5.41亿元，同比上升18.86%。坚持主推内涵价值较高的10年期期缴业务，全年累计实现期缴保费收入1.41亿元，同比上升36.87%。2012年，银保业务累计期缴13个月保费继续率94.50%，25个月保费继续率97.00%。坚持专业化建设，开展形式多样的专业技能培训、实战演练、管理追踪、荣誉激励等活动，有效提升团队专业服务质量，实现员工个人全面发展。

电销业务 通过大力开拓渠道、夯实基础管理、细化工作目标、加强团队建设等举措，电销业务保费规模和人力资源实现了跨越式的发展。全年，累计实现标准保费收入5 175万元，同比增长51.36%，人力同比增长36.68%，实现了业绩与人力的双项增长。2012年9月26日，太平电子商务有限公司在深圳成立，原太平人寿北京分公司多元行销部更名为太平电子商务有限公司北京分部。

客户服务 始终以诚信服务为原则，以“客户利益最大化”为己任，不断完善客户服务流程，升级客户服务中心设备，实行差异化运营服务；严格规范柜面服务行为，实行柜员服务通关，努力为客户提供高附加值、便捷的服务。举办“放飞爱心　四海太平”大型客户服务节，开展VIP客户健康管家系列服务，推动“太平手拉手爱心书屋”捐书活动，为打工子弟小学建立“爱心图书室”。

社会公益 积极投身于社会公益事业。2012年4月，组织全体员工参加由中华环境保护基金会主办的“绿色助学　公益植树”活动；“母亲节”前夕，向北京市慈善协会捐赠3.1万元助学款，用于帮助北京市家庭困难、品学兼优的学生；5月中下旬，赴北京市第五福利院慰问老人，为老人奉上精彩的节目和慰问礼物；“六一儿童节”前夕，组织员工慰问北京智光特殊教育培训学校，为孩子们送上了节日的问候和关怀；联合北京市慈善协会发起“爱心图书室”捐赠活动，共计捐赠爱心图书及音像制品5 000余册；向遭受“7·21”特大灾害地区捐款36 062.9元；12月，在朝阳区北京双馨实验学校举办“太平人寿手拉手爱心书屋”捐赠活动，共计捐赠图书4 000余册，并建立“爱心图书室”，这是北京分公司为打工子弟小学建立的第五个“爱心书屋”。

（周文华）

民生人寿保险股份有限公司北京分公司

2012年，民生人寿保险股份有限公司北京分公司（以下简称民生人寿北京分公司）实现保费收入32 141.41万元，同比增长2.71%。其中，个人业务（包括个险、中介渠道和电销渠道）规模保费收入 13 388.42 万元，同比增长 9.02%，含新单业务保费收入 2 488.30 万元，续期业务保费收入 10 900.12 万元；银邮业务规模保费收入 18 071.66 万元，含期缴保费收入 15 930.32 万元（其中续期保费收入 11 082.62 万元），趸缴保费收入 2 141.34 万元；团险业务保费收入 681.33 万元。

截至年末，民生人寿北京分公司下辖 9 个营销服务部；在册员工 925 人，其中内勤 96 人，外勤 829 人。

个人业务 推动机构改革，完善人力架构，增强团队体能；以百团建设为重点，以新人育成为核心，提升有效人力；主打富贵系列产品，推广专业化营销模式，提高件均、人均产能。截至年末，个人代理人 829 名，持证率 100%，保费收入 11 647.34 万元。

银邮业务 根据总公司的统一部署，坚持期趸缴相结合经营，推动业务开展；完善与北京银行、华夏银行、民生银行、邮政储蓄银行的合作，网点增长率比上年下降 27.05%。全年，实现规模保费收入 18 071.66 万元，其中期缴保费收入 15 930.32 万元。

团险业务 注重合规经营，禁止团单个做、洗钱、非法集资、承诺固定回报等违规行为；以个险营销员销售中小企业团体意外伤害保险业务为综合开拓主线，推出出国险短期意外险，积累优质客户。全年，实现保费收入 681.33 万元。

客户服务 通过非常“6 + 1”快速理赔机制、“一柜式”服务等，为客户提供便捷的售后服务。全年，共赔付案件 1 576 件，平均结案时间 2.11 天，30 日结案率 99.94%。开展“走进桃花源”VIP 客户答谢会，举办第七届客户服务嘉年华活动；以“关爱民生、品味生活”为主题，组织健康讲座、电影进社区等系列活动。践行企业社会责任，2012 年 7 月 30 日，郭东燊总经理亲自登门看望“7·21”特大暴雨灾害遇难者家属，并现场赔款 111 301.93 元。

（张旭昇）

六、文件与规章

北京市金融工作局　中共北京市委宣传部

北京市金融工作局　中共北京市委宣传部
关于印发金融促进首都文化创意产业发展意见的通知

各相关单位：

根据市委十届十次会议精神和《中共北京市委关于发挥文化中心作用加快建设中国特色社会主义先进文化之都的意见》（京发〔2011〕28号），市金融局会同市委宣传部等部门研究制定了《关于金融促进首都文化创意产业发展的意见》，并报经市政府批准。现印发给你们，请认真贯彻落实。

特此通知。

二〇一二年七月十七日

关于金融促进首都文化创意产业发展的意见

在市委、市政府领导下，根据《中共北京市委关于发挥文化中心作用加快建设中国特色社会主义先进文化之都的意见》，依据中宣部、人民银行等九部门联合印发的《关于金融支持文化产业振兴和发展繁荣的指导意见》，针对文化创意产业的特点，大力促进首都文化资源与金融资源的全面对接，形成覆盖文化创意企业和文化产品全生命周期、文化创意产业全链条、文化市场全交易环节的金融创新体系。

一、充分认识金融支持文化创意产业发展的重要性、紧迫性，推动首都文化大发展、大繁荣

（一）首都文化金融发展初具成效。文化越来越成为民族凝聚力和创造力的主要源泉、综合国力竞争的重要因素、经济社会发展的重要支撑、我国人民的热切愿望。近年来，首都金融业不断加大对文化创意产业的支持力度，在机构创新、产品创新、市场创新等方面取得突破，初步形成了支持文化创意企业持续健康发展的文化金融产业链条。首都文化创意产业的融资规模快速增长，社会投资得到拓展，资源配置效率得到提升，出现了首都金融与文化创意产业日益融合发展的大好局面，金融支持北京文化中心建设力度日益增强。

（二）金融是文化创意产业持续增长的强大动力。实现文化创意产业和金融的有效对接，充分发挥金融资源配置的先导作用，满足文化创意产业发展的融资、投资、交易、风险管理等需求，是首都实施“双轮驱动”战略、打造中国特色社会主义先进文化之都、推进中国特色世界城市建设的需要，是推动文化创意产业跨越式发展，提升首都文化软实力、国际影响力的需要，是首都文化创意产业市场化运作、加快产业升级的需要，是形成以公有制为主体、多种所有制共同发展的文化创意产业格局的需要。

（三）各类金融组织应肩负起推动文化大发展的历史使命。首都各类金融组织要把积极推动文化创意产业发展作为重点发展战略，实现社会效益和经济效益的统一；要把文化金融业务作为拓展业务的新领域，创造新的盈利模式的重要举措，加强适合新时期文化创意产业体制机制需要的金融产品和金融服务创新，重点在构建文化创意产业体系和文化创意产业格局、推进文化科技创新和扩大文化消费等方面加大金融支持力度，在文化创意企业投融资、文化重点项目建设、大型文化创意企业兼并重组、优秀文化资源汇聚开发、新兴文化创意产业创新发展等方面发挥积极作用，促进首都文化金融大发展、大繁荣。

二、坚持发展具有首都特色的文化金融体系，打造具有国际影响力的文化中心城市

（四）指导思想。以邓小平理论和“三个代表”重要思想为指导，深入贯彻落实科学发展观，紧紧围绕党的十七届六中全会提出的“发挥首都作为全国文化中心的示范作用”重要要求，完善文化金融服务体系，加强文化金融创新，促进文化与金融有机结合，全面推进“人文北京、科技北京、绿色北京”的建设。

（五）基本原则。坚持首都文化发展定位和方向，坚持中央统一部署与首都文化现状相结合，坚持政府引导推动与市场运作发展相结合，坚持文化创意产业特性与金融运行规律相结合，通过积极提升政策环境，创新文化金融产品，健全文化金融市场，聚集文化金融机构，吸引文化金融人才，完善文化金融政策，加强文化金融科技合作，构建全国文化中心城市。

（六）工作目标。构建涵盖“文化信贷”、“文化保险”、“文企上市”、“文化要素市场”、“文化股权投资基金”、“文化投融资体制改革”、“文化金融综合试验区”、“文化信用增进”、“文化金融人才”的“九文”文化金融服务体系。健全文化金融政策体系，构建文化创意产业政策性引导体系、担保体系、风险补偿体系，完善文化金融监管体系，推进文化创意产业与金融产业的共赢发展。

三、加快完善文化创意产业信贷支持体系

（七）鼓励银行机构通过多样化金融方式助推文化创意企业发展。大力支持银行机构通过信用贷款、并购贷款、银团贷款等多种信贷产品支持首都文化“航母”的建设工程。在风险可控前提下，对处于成熟期、经营模式稳定、经济效益好的首都文化创意企业给予信用贷款支持。对首都文化类重大融资项目，积极组织银团贷款对接具体项目。对重点文化集团发放并购贷款。设立特色机构，从风险共担机制等角度给予支持，提升特色化经营水平。鼓励银行机构加强对首都中小微型文化创意企业的金融产品创新。鼓励银行大力开发收益权质押贷款、知识产权质押贷款等符合政策导向的信贷产品。推动银行尽快形成适合文化创意企业特点的信用评级机制、贷款审批机制和利率定价机制。

（八）鼓励银行机构努力拓展文化消费信贷产品。鼓励银行机构拓展文化消费类信贷产品的创新工作，通过文化类消费信贷产品有效撬动首都文化市场的繁荣与发展。鼓励银行机构加强文化类消费信贷产品研发，结合文化领域特点，深入进行可行性研究，拓展文化类消费信贷的新产品。积极做好文化消费支付结算服务。

（九）鼓励银行机构深入拓展金融支持文化创意企业融资的相关服务。积极落实相关支持政策，鼓励银行业金融机构进一步增加为文化创意产业服务的特色支行、信贷专营机构、文化金融事业部等机构，并实施单独的考核和奖励政策，优化贷款审批流程，提高审批效率和放款速度。

（十）进一步提高小额贷款公司支持中小微型文化创意企业力度。鼓励小额贷款公司创新适应文化创意产业发展的产品和服务，设计开发适合文化创意产业特色的信贷产品和模式。引导小额贷款公司加大文化创意产业贷款投放。

（十一）加大融资性担保支持水平。通过财政奖励、风险补偿等方式引导在京融资性担保机构开展文化创意产业融资性担保业务。鼓励银行机构加强与融资性担保机构、保险公司及相关组织合作，分散银行机构风险。按照国家政策导向，积极引导融资性担保机构在控制风险的前提下，在影视、版权等领域加深研究，通过银担合作，不断推进担保类新产品对文化创意企业支持力度，提升文化创意企业的资源整合能力。

四、加快创新文化创意产业直接融资体系

（十二）支持文化创意企业上市。建立上市企业储备库，加强券商与文化企业对接，对入库企业实施定期培训辅导，建立企业上市协调机制，争取到“十二五”末，北京新增文化创意上市公司 50 家，形成“北京文化”板块。重点推动市属国有文化创意企业上市。大力培育文化艺术、新闻出版、广播、电视、电影、广告会展、艺术品交易、设计服务、旅游、休闲娱乐、其他辅助服务等类别的文化创意上市公司。支持有条件的文化创意产业园区组建市场化的运营主体并发行债券或股票融资，重点培育 2 ~ 3 个综合收入超千亿元的功能区，形成地标性的“文化航母”，建设 5 ~ 8 个综合收入过百亿元的“文化金融试验区”。

（十三）支持注册在中关村国家自主创新示范区的文化创意企业在中关村代办股份转让系统挂牌交易。配合国家有关部门完善中关村代办股份转让系统相关制度，增强市场活力以及市场功能，增强文化市场吸引力。促进文化与科技的融合，争取中关村代办股份转让系统挂牌企业范围扩大到文化创意产业园区。

（十四）支持文化创意企业发行债务工具融资。支持文化创意企业独立发行或集合发行企业债券以及超短期融资券、短期融资券、中期票据等债务融资工具。政府相关部门要加大对发行中小文化创意企业集合债务工具的组织和协调。对于中小企业集合发行债务融资工具，给予一定的担保费补贴或利息补贴。支持具备条件的文化创意企业在香港发行人民币债券。

（十五）支持文化创意企业实施并购重组。通过改革、改组、改造，推进文化资源整合，推进市属文化资源和中央文化资源强强合作，推进跨地区、跨行业、跨所有制兼并重组。支持文化创意上市公司利用资本市场平台，实现并购重组，做优做强，增强核心竞争力和影响力。支持文化创意企业通过并购重组实现上市。

（十六）支持文化创意企业运用保险资金、信托资金以及金融租赁等方式融资。在文化创意产业基础设施建设中，积极探索引入保险资金和信托资金。支持文化创意产业投资基金引入保险资金，扩大基金规模。支持文化创意企业运用金融租赁解决大型设备所需资金。探索保险资金与信贷资金、债券、信托资金、基金等结合支持文化创意企业发展的新途径。鼓励设立艺术品、版权投资信托计划，促进艺术品、版权投资。

五、加快发展文化股权投资体系

（十七）支持发展文化创意产业投资基金。支持设立首都文化创意产业投资基金，进一步完善文化股权投资体系。支持一批专注于图书报刊、演出娱乐、电视剧、动漫游戏等文化创意产业的市场化股权投资基金在京发展，逐步形成立足首都、辐射全国的文化股权投资基金中心。鼓励文化股权投资机构进行新媒体、版权、影视等项目投资。鼓励有实力的股权投资机构支持优秀文化创意企业提升行业整合能力，实现兼并重组。鼓励有经验的股权投资机构帮助文化创意企业扩展国际市场和渠道，实施“走出去”战略。

（十八）发展多元化股权投资主体。鼓励创投引导基金投资文化创意类创投企业，引导保险资金、券商资金、信托资金、合格机构投资者和成熟民间资本等作为文化股权投资基金的投资者。吸引一批优秀的外资股权投资机构在京发起设立股权投资基金，对投资于鼓励类文化创意产业的外资股权投资基金在资本金结汇等方面争取先行先试的政策支持。鼓励在京文化股权投资管理机构优化专业能力，提升管理水平，加强团队建设。推动境内文化股权投资机构与外资进行合作，提升股权投资管理的国际化水平和国际竞争力。

（十九）发展股权投资中介服务。加强文化股权投资基金与相关金融机构的合作，在基金设立募集、中介服务、项目退出等环节提升专业化服务水平。加强市与区县联动，发挥北京股权投资基金协会和各类文化要素市场作用，建立健全股权投资服务体系。市金融局和相关部门加大对文化股权投资机构的支持力度，制定有利于文化股权投资在京注册、发展的激励机制；区县政府做好落地服务工作；北京股权投资基金协会加强对会员的跟踪服务与自律管理。

六、加快培养和发展文化创意产业保险创新体系

（二十）创新完善文化创意产业保险产品。鼓励保险机构努力开发适合文化创意企业特点和文化创意产业需要的保险产品，不断扩大文化创意产业保险公司试点范围，加大文化创意产业险种创新试点力度，积极推进文化创意产业保险的创新发展。在现有保险产品的基础上，进一步探索研究开展知识产权侵权保险，艺术品保险，演艺、会展、动漫、游戏、各类出版物、印刷、复制、发行和广播影视产品完工险、损失险，适合剧场演出活动、电影院等文化公共场所的公众责任保险，演艺人员、动漫游戏等文化创意企业高管和关键人员的意外与健康保险，与人才激励配套的养老和医疗保险等适合文化创意企业特点和文化创意产业需要的专属险种和各种保险业务。

（二十一）完善创新文化创意企业保险服务模式。创新保险对文化创意企业的服务模式，鼓励保险机构为文化创意企业制订一揽子保险计划，提供专业化服务，将保险服务拓展到文化创意企业成长的各个阶段。切实加强保险机构对文化创意企业的服务意识，提升保险从业人员文化知识水平，支持保险公司深入进行文化创意产业风险研究，提高保险公司对文化创意企业的服务能力。鼓励保险机构协助文化创意企业制定风险管理措施，提升风险预防水平，减少事故发生频率和损失程度，建立文化创意产业保险承保和理赔的便捷通道。对于信誉好、风险低的文化创意企业和文化创意产业项目，适当降低保险费率。

（二十二）充分发挥文化创意企业出口信用保险作用。鼓励中国出口信用保险公司加大对文化创意企业的支持力度，扩大信用保险在文化创意产业领域的综合性服务。在信用风险管理、融资支持和企业信用体系建设等方面，加强为文化创意企业提供信用保险、资信调查、商账追收、保单融资等多方面的保障服务。加快出口信用保险和海外投资保险服务创新，对于符合《文化产品和服务出口指导目录》条件、文化主管部门重点扶持的文化创意企业和文化创意产业项目，积极创新服务模式，提供有力的出口信用保险服务，防范化解企业风险，按本市规定对投保企业给予保费补贴，鼓励和促进文化创意企业参与国际竞争，不断发展壮大。

七、积极发展文化要素市场

（二十三）发展文化要素市场。构建服务文化创意产业对接金融机构，具有市场交易发展中枢作用的文化要素市场体系，打造全国文化要素市场中心。加快推进设立中国北京文化产权交易所，将其打造成为规范全国文化产权交易的国家级平台，为全国文化类资产有序流转提供公开、公正、公平的市场服务，推动各类资本有序进入文化创意产业相关领域。支持以版权交易为核心，综合利用多种金融工具，在无形文化资产的确权、评估、质押、托管、流转、变现等环节发挥市场中介作用，创新中小文化创意企业融资产品。支持首都艺术品、信息类要素市场规范发展。

（二十四）鼓励要素市场创新支持文化创意产业。鼓励各要素市场针对文化创意企业和文化产品的特点，开展业务创新和产品创新。在国家金融管理部门监管原则指导下，重点支持北京金融资产交易所开展金融创新业务，重点支持国际版权交易中心开展版权金融创新服务，鼓励文化创意企业参与其未上市企业股权询价系统，获得股权支持型金融服务。

（二十五）大力发展要素市场中介服务。完善文化经纪代理、评估鉴定、拍卖、律师、会计师等要素市场中介服务机构，为要素市场有序发展创造提供全产业链支持。构建文化类无形资产流转评估体系。探索建立文化创意产业专利权、商标权、著作权、版权等无形资产评估确权体系。鼓励资产评估协会组织力量开展文化资产评估专业研究，在现有实力较强的评估机构中培育发展若干文化资产评估权威机构。鼓励发展其他第三方专业评估机构，推动不同文化创意产业相关产品统一评估标准的建立。

八、完善金融支持文化创意产业的公共服务体系

（二十六）推进文化创意产业投融资体制改革。完善现有财政资金的投资方式，建立北京文化创新发展专项资金，在整合资源的基础上，每年统筹资金100亿元，用于支持首都文化发展。充分发挥财政资金的引导作用，采取专项奖励、贷款贴息、风险补偿、专项补贴等方式引导金融机构扶持重点文化产业园区等具有示范性、导向性的文化产业项目，支持国有经营性文化事业单位转企改制，支持大宗文化产品和服务的出口，提升金融机构服务中小文化企业的积极性。创新融资模式，拓展融资渠道，吸引更多的社会资本投入文化创意产业，形成多元化融资格局。

（二十七）建设文化金融综合试验区。以现有各类文化创意产业集聚区为基础，加快聚集金融机构和中介机构，不断拓展辐射范围，形成文化金融机构聚集效应。增强现有各类文化创意产业集聚区的文化金融服务功能，配套建设面向文化金融服务机构的公共服务设施，为文化金融服务机构入驻服务提供场所。

（二十八）推进文化创意企业建立现代企业制度。在全国率先全面完成经营性文化单位转企改制，加快推进一般国有文艺院团和非时政类报刊出版单位转企改制。推动已转制文化创意企业面向资本市场融资，建立健全现代企业制度和现代企业财务会计制度，提高信息披露透明度，进一步做大做强，成为有实力、有竞争力、与首都“国家文化中心”地位相称的文化创意企业和企业集团。支持有条件的文化创意产业园区组建市场化的运营主体。

（二十九）加快发展文化创意企业信用增强体系。加大融资性担保支持；将文化创意企业信用信息纳入全市统一的企业信用信息系统，促进文化创意企业信用信息的采集、使用和共享，推动统一征信平台建设；政府部门、金融机构、信用评级机构、会计师事务所等共同开展对文化创意企业的综合信用评定，充分发挥信用自律组织作用，建立完善的文化创意企业信用评价体系；创新信用增进模式，采取企业集合增信、担保公司联合增信、再担保公司放大增信规模、投保信用保险增信的方式，为文化创意企业融资提供信用增进服务。

（三十）完善知识产权法律体系。依法加强对文化创意产业发展的规范管理，严厉打击各类盗版侵权行为；完善打击知识产权侵权违法行为的工作机制，整合知识产权执法力量，提高行政执法透明度；加强知识产权的行政服务，积极提供相关的法律援助，降低企业维护知识产权的成本，对通过诉讼方式维护知识产权的知识产权所有人予以支持；建立知识产权质押贷款质权处置周转金制度，解决知识产权质押贷款处置难的问题。健全知识产权登记、转让和质押登记制度，建立权属登记系统，为知识产权的确权、交易、质押、取证、维权等提供全方位的支持，使版权公共服务体系成为文化金融创新的重要支撑平台。

九、充分发挥文化金融人才的引领作用

（三十一）大力引进和培养文化金融领域高层次人才。结合实施“北京海外人才聚集工程”，加快引进一批了解文化创意产业发展特点、熟悉国际金融运行规则的高层次人才和外国专家，在创办文化领军企业、推动金融资源与文化资源对接等方面发挥引领作用。依托《首都中长期人才发展规划纲要（2010～2020年）》中提出的“人文北京名家大师培养造就工程”，着力加强文化创意产业领军人才培养水平，带动文化资源聚集和开发，有效衔接金融产品和金融服务的创新。注重找准文化人才与金融人才发展的契合点，大力开发文化金融人才资源，针对文化创意产业发展特点，加快培养一批天使投资、股权投资方面的领军人才，支持由高端人才创办的文化创意企业做大做强。

（三十二）利用文化金融合作产业链开发和用好人才资源。充分发挥文化国有资产监督管理委员会的职能作用，加强对文化经营管理及文化金融专业人才的培养，打造一支懂经营、会管理、国际视野开阔、熟悉金融业务的市属国有文化企业高端人才队伍。鼓励大型金融机构引进和培养文化金融产品开发、定价、风险管理等领域的高级经济学家、风险评估及预测专家、高级金融分析家等高层次人才，针对文化创意产业的发展特点，着力培养一批基金经理、风险管理、市场开发、保险精算、投行业务、高级财务等方面的急需紧缺人才，为产业发展提供智力支撑。

（三十三）建设文化人才管理改革试验区。借鉴中关村人才特区的建设经验，以创新文化金融人才发展体制机制为着力点和突破口，依托综合收入过百亿元、超千亿元的文化金融试验区、文化产业功能区，率先探索促进文化人才全面发展的有效措施，打造文化人才管理改革试验区，引领文化创新。抓住与人才发展紧密相关的体制机制问题，集成现有政策资源，探索新的扶持措施，优化文化人才管理服务体系，构建完善文化金融合作体系。

（三十四）强化文化金融人才培养力度。建立文化创意企业和金融机构定期的、常态化的交流沟通机制。金融机构运用多种手段加大文化创意产业投融资专门人才的培养力度；金融机构和文化创意企业充分利用自有人才资源加强对对方的业务培训，形成金融机构和文化创意企业业务培训长效机制。探索建立文化创意企业与金融机构人才交流制度。有计划地选拔文化创意企业与金融机构中层及以上干部相互交叉挂职任职。

十、加强组织领导和协调保障

（三十五）完善领导体制和协调机制。在市委、市政府领导下，充分发挥文化创意产业领导小组的作用，将文化金融作为专项工作，统筹协调，研究重大决策，部署重点工作，强化督促检查，金融机构共同支持首都文化创意产业发展，形成央地联动、部市协同的共建格局，形成推动首都文化创意产业发展的强大合力。

（三十六）搭建多层次信息沟通机制。进一步发挥“政金企”沟通交流机制作用，搭建首都金融管理等有关部门和宣传文化系统、文化创意企业、金融机构之间的多层次信息沟通机制，建立文化创意企业和金融机构信息交流平台，建设文化创意企业信息数据库，定期发布文化创意产业发展规划、投资指导目录、文化创意产业园区、重点企业名录、文化创意产业投融资优质项目数据库、金融机构的创新产品、业务发展动态等信息，引导金融机构有重点地支持文化创意产业，引导文化创意企业有目标地选择金融服务。

（三十七）加强政策落实监测评估。建立和完善金融支持文化创意产业发展的专项统计制度，加强对金融支持文化创意产业的统计和监测分析。及时总结和推广金融支持文化创意产业发展的有效方式和途径。结合首都实际，建立金融支持文化创意产业发展的专项政策导向效果评估制度，强化金融机构对金融支持文化创意产业政策的认识水平和执行力度。

中国人民银行营业管理部

中国人民银行营业管理部关于做好文化金融工作支持北京建设中国特色社会主义先进文化之都的意见

银管发〔2012〕43号

辖内各银行：

为贯彻党的十七届六中全会精神，落实中央和北京市关于加快推进文化产业发展的相关文件要求，充分发挥金融在支持首都文化产业振兴和发展繁荣中的积极作用，支持中国特色社会主义先进文化之都建设，现制定本意见。

一、加快文化金融产品、组织和机制创新

（一）开发信贷创新产品。各银行应在符合相关政策要求的前提下，针对文化创意产业尤其是各子行业的特点，积极稳妥地开展信贷创新产品试点，研发设计满足文化创意企业需求的信贷产品。积极与保险、信托、担保、评估等机构合作，利用知识产权质押贷款等形式支持拥有核心知识产权的文化创意企业发展。将信贷业务与结算业务、国际业务、投行业务有效衔接，为文化创意企业提供综合性金融服务。

（二）打造文化金融特色支行和专业团队。各银行可通过整合营业网点、明确文化金融业务重点支行、在文化创意产业集聚区设立专营机构等方式，为文化创意企业提供便利的金融服务。探索建立专家团队，深入把握文化创意各子行业的经营模式及特点，为文化创意企业提供有针对性的金融服务。

（三）完善文化创意产业信贷机制。各银行应逐步建立健全适合文化创意产业特点的信用评级和信用评分制度，科学制定有利于文化金融业务拓展的业务考核指标，将加强信贷风险管理和促进文化创意产业发展有效结合，完善正向激励机制。

（四）加强文化创意企业贷款利率定价机制建设。各银行应在风险可控、商业可持续原则的基础上，根据不同文化创意企业的实际情况，实行灵活的差别化定价策略。针对文化创意产业项目周期特点和风险特征，依据项目周期的资金需求和现金流分布状况，科学合理地确定贷款利率和贷款期限。

二、完善文化金融相关配套服务

（五）加快文化创意企业信用体系建设。各银行应构建信用等级评价机制，进一步探索适合文化创意企业的信用管理模式。积极参与“信贷快车”试点、中小企业信用保险及贸易融资试点、生物医药产业跨越发展金融激励试点。促进文化创意企业信用评价、信用激励与文化创意企业担保和融资业务结合，提高文化创意企业尤其是小微型文化创意企业的融资成功率。加强文化创意企业和个人信用体系建设与流程管理，积极开展征信宣传与培训，增强文化创意企业和企业负责人的信用意识。

（六）优化文化创意产业支付环境。各银行应进一步完善银行卡刷卡环境，推动文化娱乐、广播影视、新闻出版、旅游广告、艺术品交易等行业的刷卡消费，促进文化市场繁荣发展。积极推广电子商业汇票，进一步拓宽文化创意企业短期融资渠道，降低融资成本。充分发挥第三方支付企业贴近市场的优势，推动首都电子商务产业发展。

（七）完善文化创意企业外汇收支管理。各外汇指定银行应加大对文化创意企业管理人员的培训力度，加强外汇管理法规宣传，支持文化创意企业“走出去”。按照相关政策要求便利文化创意企业办理贸易信贷收付汇业务，增强进口付汇业务的时效性，促进文化创意企业提高外汇资金使用效率，降低财务成本。积极推动外汇金融产品和服务方式创新，有效满足文化创意企业贸易、投资及融资需求，确保各类外汇金融产品和服务用于企业真实的经营活动。

（八）拓宽文化创意企业融资渠道。各银行应加大宣传和培训力度，积极支持文化创意企业运用短期融资券、中期票据、集合票据等债务融资工具进行融资。针对文化创意企业尤其是小微型文化创意企业经营特点，开发信贷、投资、债券、信托、保险等多种金融工具相结合的金融产品和服务方式。人民银行营业管理部将进一步加强与中国银行间市场交易商协会的合作，为文化创意企业发行债务融资工具提供便利。

（九）加大跨境人民币结算业务推广力度。各银行应加强跨境人民币结算试点政策宣传，充分发挥政策便利和成本优势，引导、鼓励和支持文化创意企业开展跨境人民币结算试点工作。

三、扩大文化创意产业金融服务覆盖面

（十）参与文化金融主题活动。2012年人民银行营业管理部将组织开展“文化金融服务年”活动，大力推进金融业和文化产业融合发展。各银行应积极参与“金融服务进文化创意集聚区”等活动，帮助文化创意企业增强金融意识，利用金融资源破除企业发展瓶颈，促进文化金融需求与供给有效对接。

（十一）推进银政合作和银企对接。各银行应与北京市文化创意产业相关主管部门密切合作，积极构建有利于文化金融业务发展的银政合作机制，通过打造产融合作平台，支持优质文化创意企业发展。积极组织开展银企对接会和洽谈会，不断提高文化金融工作成效。人民银行营业管理部将加大与相关政府部门的合作力度，帮助银行在支持文化创意企业发展过程中，获得产业政策、信息等多方面支持，提高服务文化创意企业的能力。

（十二）宣传文化金融产品。各银行应通过媒体报道、专题活动等多种方式有效宣传自身的文化金融产品，帮助文化创意企业获得符合自身需求的金融服务。人民银行营业管理部将汇集政府部门出台的文化创意企业融资相关扶持政策，收集各银行为文化创意企业提供的各种信贷产品和金融服务信息，编辑文化创意型中小企业金融服务手册。

（十三）完善信息共享机制。各银行应按照人民银行营业管理部的要求，积极通过“北京市中小企业金融服务平台”（http：//210.73.81.180/）文化金融专栏提供信息。人民银行营业管理部将加快文化金融信息共享机制建设，进一步充实文化金融专栏的政策信息、产品信息和中介服务信息。

四、注重文化金融人才培养

（十四）发挥文化金融专家的作用。各银行应为入选“北京市文化金融智库”的专家创造有利条件，激励其深入拓展文化金融工作，充分发挥辐射作用，带动行内员工不断提高文化金融业务水平。鼓励各银行积极向人民银行营业管理部推荐文化金融优秀人才，丰富文化金融人才储备。

（十五）加强文化金融业务培训和交流。各银行应配合人民银行营业管理部组织文化金融专题培训，增强各层级员工向文化创意企业提供优质服务的意识和专业能力。

二〇一二年二月二十七日

中国人民银行营业管理部　国家外汇管理局北京外汇管理部

中国人民银行营业管理部　国家外汇管理局北京外汇管理部关于做好2012年金融服务工作支持首都实体经济健康发展的意见

银管发〔2012〕49号

辖内各银行：

为全面贯彻党的十七届六中全会、中央经济工作会议以及全国金融工作会议精神，按照人民银行工作会议部署，结合北京市委十届十次全会要求，现就做好2012年金融服务工作、支持首都实体经济健康发展提出以下意见：

一、认真贯彻稳健的货币政策，着力提高金融资源与实体经济的匹配度

（一）牢牢把握金融服务实体经济的工作方向。各银行要贯彻落实稳健的货币政策，紧紧围绕服务实体经济这一中心工作，按照总量适度、审慎灵活、定向支持的要求，合理把握信贷投放总量、节奏和投向，加大对社会经济重点领域和薄弱环节的金融支持力度，加快解决中小企业尤其是小微企业发展、保障性住房建设、惠农政策落实过程中存在的问题，为实体经济发展提供全面、优质的金融服务。做好信贷资金配置，遵循保重点、保续建、保竣工原则，积极满足国家和北京市重点在建、续建项目的融资需求。

（二）灵活运用货币政策工具支持实体经济发展。人行营业管理部将优先对涉农票据、小微企业签发和收受的票据办理再贴现；优先对生产性企业之间、生产性企业与贸易性企业之间背书转让的票据办理再贴现；优先为涉农信贷投放、中小企业尤其是小微企业信贷投放占比高的金融机构办理再贴现，引导资金流向实体经济。各银行要进一步强化票据操作流程中各环节的制约和控制，严禁承兑、贴现不具有真实贸易背景的商业汇票。

二、有效落实“有扶有控”的信贷政策，努力推动首都实体经济协调发展

（三）支持首都产业结构深度调整。

各银行要结合北京“优化一产、做强二产、做大三产”的方向，积极创新金融服务理念和服务方式，发掘培育新的经济增长点，深入推进首都产业结构优化升级，探索发展适合于北京资源环境特点的第二、第三产业相融合的实体经济业态，推动首都经济走上高端引领、创新驱动、绿色发展的轨道。

（四）促进首都城乡一体化发展。各银行应结合北京城乡区域差异化发展实际，细分金融服务需求，大力支持重点村改造、重点新城、新型城镇体系和新农村建设，增强对郊区县和“三农”的金融服务辐射力，加快解决农村金融服务供给不足问题。人行营业管理部 2012 年将组织开展“金融惠农工程”活动，深入推进农村金融产品和服务方式创新。

（五）推动消费稳定增长和结构升级。各银行要把扩大内需特别是消费需求作为应对国际复杂环境、推动经济平稳较快发展的主要着力点，适应消费结构升级和变化趋势，围绕文化娱乐、互联网络、学习培训、家政服务等新兴消费领域，结合北京市十大重点功能区和郊区旅游度假项目建设，深度挖掘消费潜力，开发新型消费信贷品种，满足消费者多元化的消费金融需求，确保首都经济社会发展动力和活力的持久性。

（六）增强房地产金融政策执行效果。各银行要结合北京市 2012 年保障性住房工作计划，按照《中国人民银行 中国银行业监督管理委员会关于认真做好公共租赁住房等保障性安居工程金融服务工作的通知》（银发〔2011〕193 号）相关要求，做好公共租赁住房等保障性住房金融服务。全市保障性住房开发贷款增量高于 2011 年水平，增速不低于各项贷款平均增速。有效落实差别化住房信贷政策，在贷款审批时间、利率水平、贷款条件、信贷资源配置等方面，切实改善首套住房贷款服务，严格执行第二套住房贷款信贷政策。

（七）服务节能减排降耗。各银行要结合北京市节能减排工作重点，探索建立符合首都经济特点、支持环境保护与经济发展的信贷管理模式，在成熟减排技术推广、可再生能源建筑一体化工程推进、城六区大型燃煤锅炉清洁能源改造、国家生态工业示范园区建设等方面予以积极支持，努力构建节能环保、收益稳定、运行安全、经济和社会效益良好的“绿色信贷”机制。

三、努力形成科技、文化创新双轮驱动的发展格局，积极支持首都优势产业做大做强

（八）加大科技金融创新力度。各银行要不断完善有利于科技金融业务创新发展的考核激励机制，强化科技金融专营机构建设，培养科技信贷业务专职队伍，探索金融支持高新技术产业的新模式、新途径，促进首都科技创新和成果产业化，重点支持科技型中小企业、非公经济发展壮大。高新技术企业贷款增量高于 2011 年水平，增速不低于各项贷款平均增速。人行营业管理部将继续组织开展系列培训，提高银行信贷人员对高新技术产业和战略性新兴产业的认识。

（九）支持中关村国家自主创新示范区建设。各银行要充分利用中关村建设国家自主创新示范区和国家科技金融创新中心的先行先试政策，积极创新产品和服务方式，推动云计算、新一代移动通信技术、物联网、生物医药、新材料等领域不断提升自主创新能力，促进中关村率先实现战略性新兴产业跨越式集群发展。支持信息服务业、电子商务和现代物流业、科技服务业、节能环保服务业等先进服务业态发展，为塑造“北京创造”和“北京服务”品牌提供强力支撑。

（十）完善文化金融服务。各银行要针对文化产业尤其是各子行业的具体特点，研发设计切实满足文化创意企业融资需求的信贷产品，积极稳妥开展创新产品试点，开辟金融服务新渠道。建立适合企业特点、专家参与的金融风险评估机制，确定合理的风险容忍度。鼓励有条件的银行设立文化金融专营机构，为文化创意企业提供专业化金融服务。文化创意产业贷款增量高于2011年水平，增速不低于各项贷款平均增速。人行营业管理部2012年将组织开展“文化金融服务年”活动，大力推进金融业和文化产业融合发展。

（十一）发挥金融服务先进文化之都建设的积极作用。各银行要按照北京市关于加快建设中国特色社会主义先进文化之都的相关要求，重点关注数字出版、网络电视、移动多媒体、设计创意、艺术品交易等新兴文化产业发展，支持国家广告产业园、音乐产业基地、新媒体产业园、出版创意产业园、动漫游戏城等重大项目建设。围绕发展潜力大、社会影响好、出口能力强、具有自主知识产权的品牌文化企业，探索、创新具有针对性和适用性的信贷产品和服务方式。

四、切实做好中小企业尤其是小微企业金融支持工作，持续增强首都实体经济发展活力

（十二）拓展小微企业信贷业务。各银行要努力达到小微企业贷款增量高于2011年同期水平、增速不低于各项贷款平均增速的要求，重点加大对单户授信500万元（含）以下小微企业的信贷支持。大力发展中小企业信贷专营机构，有效发挥地缘优势，增强对中小企业尤其是小微企业软信息的掌握和判断，落实中小企业贷款风险容忍度政策。

（十三）发挥小额担保贷款政策效应。各银行要深入领会解决就业再就业问题对首都经济社会发展的重要性，配合积极的就业政策，优化小额担保贷款流程，促进创业带动就业。大力支持劳动密集型小微企业发展，探索小额创业贷款和妇女创业小额担保贷款。人行营业管理部将加强与劳动、财政、妇联等部门的沟通协调，完善小额担保贷款政策，增加贷款额度和贴息，落实奖励政策。

（十四）探索中小企业多元化融资渠道。各银行要加大宣传和培训力度，积极支持中小企业运用短期融资券、中期票据、集合票据等债务融资工具融资。针对中小企业尤其是小微企业经营特点，开展信贷、投资、债券、信托、保险等多种金融工具相结合的金融产品和服务方式创新，建立多元化融资体系。人行营业管理部将进一步加强与中国银行间市场交易商协会的合作，借助银行间市场平台，帮助首都中小企业拓宽融资渠道。

五、努力夯实金融服务基础，有效增强实体经济发展支撑

（十五）加强支付清算基础设施建设。各银行要根据人民银行统一部署，认真做好第二代支付系统上线的各项准备工作，强化系统运行维护和风险控制，加强日常应急演练，保障系统成功上线后运行安全稳定。北京市同城票据清分系统各参与者要严格执行制度，切实规范业务流程，不断提高同城资金清算效率，降低资金使用成本，支持首都实体经济发展。

（十六）推广非现金支付工具。各银行要加大力度，持续投入，积极推广电子商业汇票应用，进一步拓宽企业短期融资渠道，降低融资成本，巩固北京此项业务在全国的领先地位。规范票据和结算凭证签章，防范资金清算风险。营造安全用卡受理环境，规范收单市场，丰富特色卡业务，组织银行卡宣传活动，增强居民刷卡消费意识与能力，全年刷卡消费业务量增长10%，充分发挥银行卡“促消费、扩内需”的作用。

（十七）规范第三方支付服务市场。人行营业管理部将加大资金监测力度，强化备付金监管要求，严格预付卡业务管理，推动辖内非金融支付服务机构健康有序发展。充分发挥第三方支付企业贴近市场的优势，做好北京市创建国家电子商务示范城市的各项工作，提高首都电子商务产业的核心竞争力和经济效益，推动首都电子商务产业发展。

（十八）提供人民币现金优质服务。各银行要配合人行营业管理部进一步加强现金运营的计划和管理工作，积极调配现金，定向供应大型超市、医院、地铁运营公司等开户单位，实现总量充足、结构合理的供应目标。加强人民币收付业务管理，提高现金清分能力和清分质量。推进反假货币工作，充分发挥堵截流通中假币关口作用，提高群众的现金服务满意度。

（十九）扩大北京地区人民币跨境使用。各银行要进一步加大政策宣传和推广力度，继续扩大跨境人民币结算在贸易和投资中的使用，大力推进境外项目人民币贷款业务，加快发展符合市场需求的跨境人民币金融产品，提升人民币跨境金融服务水平，增强服务实体经济能力。

（二十）加强代理国库业务管理。各银行要进一步加强国库经收信息化建设，不断优化业务系统，提高电子缴税业务处理成功率，积极开展自助机具电子缴税等业务，为纳税单位提供更加方便、快捷的金融服务。配合人行营业管理部开展出口退税横向联网电子化试点，为纳税单位及时享受税收优惠提供更加优质、高效的金融服务。认真做好代理国库集中收付业务，及时、准确地将预算收入足额缴入国库，将财政资金支付到收款单位。妥善做好代理国债发行和兑付工作，积极开展国债宣传、“送国债下乡”等活动。

六、加快推进首都信用体系建设，进一步优化金融服务实体经济的环境

（二十一）深入开展中小企业信用体系建设，助力首都中小企业融资发展。各银行应积极参与中小企业信用体系试验区建设工作，推进中小企业尤其是小微企业信用信息采集和应用。积极参与“信贷快车”试点、中小企业信用保险及贸易融资试点、生物医药产业跨越发展金融激励试点。构建中小企业信用等级评价和信用增级机制，促进内外部信用评级结合发展。人行营业管理部将推动建立北京地区评级机构总经理联席会议制度，加强评级行业自律和监管，提升评级机构服务中小企业融资的能力。

（二十二）提升征信服务水平，优化首都信用环境。各银行要加强征信系统建设和流程管理，完善个人信用报告查询前置系统。积极开展征信宣传与培训，不断优化信用环境。人行营业管理部将加强与政府部门、行业信息共享，扩大征信系统的覆盖和应用范围。提升征信服务水平，探索便利百姓和企业的工作新模式。加强征信业务监管，坚决查处违规查询行为，维护信息主体合法权益。

七、不断强化外汇管理和服务，大力支持首都开放型经济发展

（二十三）深化货物贸易外汇管理制度改革。北京外汇管理部将扎实做好进口付汇改革工作，积极开展进出口一体化核销改革，简化企业进出口收付汇的手续和环节，对境外承包工程开立境外账户继续采取批量审批方式，进一步扩大进口付汇季度备案登记管理试点范围，提升外汇监管效率，进一步促进首都涉外经济发展。

（二十四）进一步简化行政审批手续。北京外汇管理部将继续尝试建立绿色通道，在认真执行行政许可法的前提下，对于涉及国家战略、国计民生的业务实行一站式服务，为优质守法企业提供政策支持。进一步简化员工股权激励计划审批和结汇手续，促进投资便利化。努力创新服务手段，加强系统化建设，充分利用网络等电子化平台，提升外汇管理和服务水平。

（二十五）推进股权投资基金试点和跨国公司外汇管理改革试点工作。北京外汇管理部将进一步简化流程，下放权限，为企业涉外经济活动提供优质高效的外汇服务。深入研究跨国公司总部特征，研究推动北京 CBD 跨国公司总部外汇管理改革试点工作。

（二十六）继续实施企业贸易信贷便利政策。辖内外汇指定银行要认真贯彻《国家外汇管理局关于取消和调整部分资本项目外汇业务审核权限及管理措施的通知》（汇发〔2011〕20 号），便利企业办理贸易信贷收付汇业务。增强进口付汇业务的时效性，缩短预付货款退汇的资金入账时间，提高资金周转效率。北京外汇管理部将根据《国家外汇管理局关于境内企业外汇质押人民币贷款政策有关问题的通知》（汇发〔2011〕46 号），制定具体操作指引，并面向各银行和企业开展政策解读，加强数据监测分析，保证政策顺利实施，逐步消除中外资企业融资政策差异，切实缓解企业尤其是中小企业贸易融资难问题。

（二十七）推进辖内外债转贷款管理方式改革。北京外汇管理部将在“统一登记、统一结汇、统一购汇”的管理模式下，进一步推进外债转贷款改革工作，督促企业及时办理外债转贷款注销登记，减少行政许可事项，便利市场主体外汇收支，提高资金使用效率。相关转贷银行要根据文件精神，积极配合债务人做好外债转贷款管理方式改革的各项工作。

（二十八）完善非贸易外汇金融服务，有效满足实体经济用汇需求。辖内外汇指定银行要高度关注北京地区智力密集型行业跨境收支状况，积极推动外汇金融产品和服务方式创新，有效满足实体经济贸易、投资及融资需求，确保各类外汇金融创新服务于企业真实的经营活动。

各银行应根据上述意见，结合工作实际，制定切实可行的工作措施，部署辖属分支机构贯彻落实。请各银行于 2012 年 3 月底前，将制定的工作措施报送人行营业管理部。

人行营业管理部将定期开展督促指导，对各银行服务实体经济的相关工作进行总结和通报。各银行服务实体经济情况将作为人行营业管理部开展信贷政策导向效果评估和综合评价的依据之一。

二〇一二年三月二日

中国人民银行营业管理部

中国人民银行营业管理部关于实施“金融惠农工程”的通知

银管发〔2012〕57号

辖内各中资银行，北京银联商务有限公司：

为深入贯彻落实中央经济工作会议、全国金融工作会议和人民银行工作会议精神，进一步做好首都金融支农工作，人民银行营业管理部决定实施“金融惠农工程”，引导辖内银行认真落实人民银行货币信贷政策，努力探索农村金融发展新机制，大力推进农村金融产品和服务方式创新，推动首都农村金融服务向纵深发展，不断提升金融对首都农村经济社会发展的支持作用。现将有关要求通知如下：

一、深刻领会中央会议精神，认真做好金融支农工作

各银行应深刻领会中央经济工作会议、全国金融工作会议和人民银行工作会议精神，认真贯彻落实金融服务实体经济和稳健货币政策的总体要求，切实加大金融支农工作力度。在遵循总量适度、节奏平稳、结构优化原则的前提下，将支持首都城乡一体化发展作为优化信贷结构的着力点，进一步增强金融服务对郊区县和“三农”的辐射力，不断提高金融支农惠农成效。

二、加大金融支农力度，助推首都农村产业结构升级

各银行应以加快农业农村现代化建设为支点，大力支持农村产业结构升级，推动农业持续增产、农村持续发展、农民持续增收。突出经营特色，结合自身发展模式和定位，制定契合实际的涉农业务发展方向和具体规划。加大对农村种植、养殖业，农产品加工流通业，以农田、水利为重点的农业基础设施、农村基本生活设施建设等方面的支持力度；支持“菜篮子”基地和都市型现代农业示范园区建设。继续为籽种农业、休闲农业、循环农业、会展农业等新型现代农业的发展提供优质高效的金融服务，充分发挥金融在首都城乡产业结构调整中的积极作用。

三、结合区县功能定位，提升金融支农效率

各银行应准确把握各区县产业结构调整方向，合理规划信贷资金区域投向，着力支持适合区县功能定位的各类产业。大力支持城乡结合部优化产业结构，培育新兴产业，为首都城乡结合部一体化改革积极提供金融服务。各银行应在明确城乡结合部产业发展定位的基础上，大力支持符合首都经济实际、契合地域资源特点、集合各方发展优势的新兴产业，推动实现重塑地区经济支撑、吸纳当地居民就业、带动周边区域发展的目标。准确把握郊区县的功能定位和涉农主体产业，大力支持沟域经济开发，支持乡村旅游业、生态旅游业、民俗旅游业和观光农业发展，支持生态农业、特色林果业、农副产品加工业发展。

四、积极创新金融支农机制，切实满足“三农”需求

各银行应进一步完善组织机制建设，确保金融产品和服务贴近涉农企业和农户的新需求。加强金融支农专业队伍建设，强化管理，健全涉农业务内部管理机制。对涉农信贷业务实行单独考核、单独奖励，充分调动工作人员开拓相关业务的积极性。可以区县分支机构为单位，创新贷款产品和担保方式，积极拓展抵质押物范围，以满足差异化涉农小企业经营、农户生产的融资需求。

五、进一步做好大学生“村官”创业富民支持工作

人民银行营业管理部将联合相关部门对大学生“村官”创业实施小额担保贷款免反担保政策优惠，促进大学生“村官”创业贷款业务的规范化和长效化。各银行应认真落实大学生“村官”创业富民扶持政策，增强对“村官”创业就业的信贷支持。

六、推进信用体系建设，完善农村信用环境

各银行应积极参与人民银行营业管理部、市农委、市经济信息化委等部门联合组织的农村信用体系试验区建设，推进农村青年信用示范户工作，研究信用示范户的评价标准，创新“三农”服务手段，加大对农业专业合作社、农户小额信用贷款的支持力度。依托“三信工程”，开展农户信用档案建设，为农村金融发展营造良好的信用环境。

七、积极参与支付体系建设，努力改善农村支付环境

各银行应在北京市农村支付环境改善工作领导办公室的统一领导下，建设覆盖所有涉农金融机构的、安全高效的支付清算系统，保障广大农民群众享受优质的金融服务；要站在履行社会责任的高度，发展适用于农村地区的支付工具，积极参与构建有利于实施各项惠农政策的银行账户服务体系，开展银政惠民账户等特色服务；中国农业银行北京市分行、北京农商银行、中国邮政储蓄银行北京分行等涉农银行应不断提高银行卡等非现金支付工具在农村地区的渗透率。积极做好银行卡助农取款服务工作，实现2013年底前在全市农村乡镇的基本覆盖目标，加大助农取款推介一等系列宣传活动，北京农商银行、北京银联商务有限公司等已获准开办银行卡助农取款业务的收单机构，应积极推进业务发展，切实便利偏远农村地区小额现金支取；积极配合市政府开展农村基本金融村村通工程，有效推动农村支付服务环境建设向纵深发展。

八、加大金融产品创新力度，满足农村居民投资需求

各银行应按照贴近市场、贴近农户的原则，积极创新农村金融产品。开发针对农村居民需求的理财产品，加大理财产品在农村的推广和销售力度。积极参与人民银行营业管理部组织的“国债进乡村”宣传活动，实现国债销售额度向农村地区倾斜，满足农村居民多元化的投资需求。

九、加强协调配合，认真做好农村现金营运管理工作

各银行应努力做好城乡结合部和农村地区的现金管理工作。各代保管库要加强配合，积极调配现金，确保实现“现金总量充足、结构合理”的供应目标。各银行要积极配合人民银行营业管理部，定期在农村地区开展反假币宣传活动。北京农商银行要加强库房基础设施建设，按照人民银行发行库布局规划设置代理发行库，进一步调整和完善库房布局，提高现金业务库管理水平，全面提升现金管理能力。

“金融惠农工程”是2012年首都金融支农工作的重点，也是贯彻落实中央相关会议精神的新举措，各银行要高度重视，认真贯彻落实。人民银行营业管理部将优先对涉农票据办理再贴现，优先为涉农信贷投放占比高的银行办理再贴现，优先支持积极参与“金融惠农工程”的银行开展新业务。

人民银行营业管理部将对各银行实施“金融惠农工程”情况进行实地调研和督导。各银行实施“金融惠农工程”情况将作为年度涉农信贷政策导向效果评估的重要内容。

特此通知。

二〇一二年三月十三日

中国银行业监督管理委员会北京监管局

北京银监局关于促进辖内银行业金融机构进一步改进小微企业金融服务的通知

京银监通〔2012〕10号

各政策性银行北京市分行及总行营业部、国家开发银行在京营业机构、各国有商业银行北京市分行、辖内各股份制商业银行、各城市商业银行北京分行、北京银行、北京农商银行、辖内各村镇银行、中国邮政储蓄银行北京分行：

为贯彻落实《中国银监会关于支持商业银行进一步改进小企业金融服务的通知》（银监发〔2011〕59号，以下简称《通知》）、《中国银监会关于支持商业银行进一步改进小型微型企业金融服务的补充通知》（银监发〔2011〕94号，以下简称《补充通知》）要求，促进辖内银行业金融机构完善小微企业金融服务，进一步优化小微企业融资环境，现就有关事项及要求通知如下：

一、进一步加大小微企业信贷支持力度，做好小微企业服务规划

各机构应继续加大对小微企业的信贷支持力度。重点扶持主业清晰且符合国家产业和环保政策、有利于扩大就业、有偿还意愿和偿还能力、具有商业可持续性的小微企业，特别是北京市重点发展的高新技术产业、文化创意产业、“三农”领域的小微企业，满足其正常生产经营的资金需求。努力实现小微企业贷款增速不低于全部贷款平均增速，增量高于上年同期水平，并重点加大对单户授信总额500万元（含）以下小微企业的信贷支持。做好小微企业金融服务规划，做到合理布局，统筹推进，提高小微企业金融服务效率。

二、继续深化六项机制建设，提高小微企业服务管理水平

各机构应进一步完善利率风险定价、独立核算、高效审批、激励约束、专业人员培训和违约信息通报六项机制建设，努力做到对小微企业贷款单列信贷计划、单独配置人力和财务资源、单独客户认定与信贷评审、单独会计核算。并在此基础上，加快“流程银行”建设，实现对小微企业信贷业务的集约式、横贯型管理。

三、按照“四单原则”加快小企业金融服务专营机构建设

鼓励辖内银行业金融机构按照“四单原则”要求，进一步加快小企业金融服务专营机构建设。总行已经设立小企业金融服务专营机构的，可以在其分支机构所在地加快建设专营机构分中心，重点向社区、郊区县和大的集镇等基层延伸。

四、对小微企业支持力度大、风险管理到位的银行适用准入奖励性政策

允许小微企业金融服务成效良好的银行，在中关村园区、郊区县等小微企业集聚区同时申请筹建多家同城支行。

（一）申请条件

1. 小微企业授信客户数占该行辖内所有企业授信客户数70%以上；

2. 原则上最近六个月月末平均小微企业授信余额占该行辖内企业授信余额的20%以上；其中，占比20%～30%（含20%）的，最多可同时申请筹建不超过2家支行；占比30%以上（含30%）的，最多可同时申请筹建不超过3家支行；

3. 落实国家和监管部门政策要求开展小微企业金融服务和业务创新，成效良好；

4. 制订了符合本行特点的小微企业金融服务发展规划；

5. 主要经营及监管指标符合监管要求；

6. 风险管控良好，近2年未发生案件和重大违法违规行为；

7. IT系统建设、管理人才储备等能够满足新设支行经营需要。

为确保机构营业网点布局的合理性，各行应于每年年初向我局报告本年度服务小微企业分支机构设立的意向，合理做好选址、筹建、开业等工作安排。

（二）新设支行后续评估

经奖励性政策批准设立的支行应以服务小微企业为主营业务，原则上小微企业贷款户数应达到各项贷款户数的70%及以上，小微企业贷款余额应达到各项贷款余额的30%及以上。我局将对开业满一年的支行进行小微企业支持效果评估。如果达不到上述要求，将暂停其所有同城网点审批，待评估结果达到相关要求后再放开机构准入。

（三）审批时限

对银行上述新设支行的申请，我局收到申请材料后加快审批进度，将目前行政许可规定的受理筹建申请后的4个月和受理开业申请后的2个月内作出批复的审批时限，分别缩短为1个月和15个工作日。

五、支持商业银行发行小微企业贷款专项金融债

支持符合条件的商业银行申请发行专项用于小微企业贷款的金融债。我局将依照《通知》、《补充通知》及其他相关行政许可规定予以审核。对于获准发行专项金融债的银行，允许其将该债项对应的单户授信总额500万元（含）以下的小微企业贷款在计算“小微企业调整后存贷比”时，在分子项中予以扣除。我局将依据属地监管职责，对获准发行小微企业金融债的银行进行动态监测和抽样调查，采取非现场监控和现场检查等方式严格监管发债募集资金的流向，确保募集资金全部用于发放小微企业贷款。

六、对小微企业贷款涉及的相关监管指标作差异化考核

（一）小微企业贷款优惠计算风险权重

各机构在计算资本充足率时，如果采用内部评级法，允许将单户500万元（含）以下的小微企业贷款视同零售贷款处理；如果根据《商业银行资本管理办法》采用权重法，允许单户500万元（含）以下的小微企业贷款适用75%的优惠风险权重。

（二）对商业银行小微企业不良贷款率执行差别化考核

各机构应结合自身实际情况制定小微企业不良贷款率容忍度，推动客户经理拓展小微企业业务。各行确定的小微企业贷款不良率容忍度应以书面形式报送我局。我局将剔除不良率容忍度以内的小微企业不良贷款因素开展对各行的年度评级等考核工作，并将各行不良率容忍度的制定情况作为小微企业金融服务评比的标准之一。

七、规范小微企业金融服务收费

除银团贷款外，各行不得对小微企业贷款收取承诺费、资金管理费。严格限制对小微企业收取财务顾问费、咨询费等费用。我局将通过现场检查、非现场抽查、暗访等方式了解各行执行小微企业金融服务收费政策情况，一旦发现违规现象，立即进行严肃处理。

八、结合当前经济金融形势，加强小微企业信贷管理

各行应针对小微企业易受经济周期影响、抗风险能力较弱等特点，加强小微企业信贷管理。一是完善贷前调查、受托支付等环节，加强贷后管理；密切跟进企业经营管理、财务状况，确保信贷资金应用到小微企业正常生产经营。二是增强风险敏感度，提高信用风险预警分析能力。做好重点行业的风险监测和集中度缓释。贷款一旦出现逾期，应加大催收力度，做好贷款的清收处置和资产保全措施，确保将损失降到最低。三是开展信贷业务全面风险排查。重点关注对宏观经济环境及政策敏感度较高的行业。根据风险排查结果，及时调整贷款分类，提足拨备。

本通知所称“小微企业贷款”，含各行向小型企业、微型企业发放的贷款及个人经营性贷款。各行应加快系统升级改造，按照《关于印发中小企业划型标准规定的通知》（工信部联企业〔2011〕300号）规定统计小微企业贷款情况。

二〇一二年二月十日

北京银监局关于进一步做好北京地区“三农”金融服务工作的通知

京银监通〔2012〕16号

各政策性银行北京市分行及总行营业部、国家开发银行在京营业机构、各国有商业银行北京市分行、辖内各股份制商业银行、北京银行、北京农商银行、辖内各村镇银行、各城市商业银行北京分行、中国邮政储蓄银行北京分行：

为贯彻落实中央经济工作会议、中央金融工作会议和国务院《关于加快推进农村科技创新、持续增强农产品供给保障能力的若干意见》等有关会议和文件精神，按照中国银监会2012年工作会议关于进一步加强“三农”金融服务工作的总体部署，我局将持续督导辖内银行业金融机构充分发挥首都金融资源集聚优势，进一步做好北京地区“三农”金融服务工作，现就有关要求通知如下：

一、持续加大“三农”领域的信贷支持力度，优先支持“三农”发展的重点领域

各行要树立共享式发展理念，本着优先支持小规模农业生产、优先支持农业产业结构调整、优先支持扩大农村消费的原则，实现首都金融与首都农村地区经济的共同繁荣。一是北京农商银行、北京银行、中国农业银行北京市分行、农业发展银行北京分行、邮政储蓄银行北京分行、辖内各村镇银行等主要涉农机构要预留好2012年度的涉农贷款额度，保证年度为涉农贷款增速不低于全部贷款平均增速，增量不低于上年同期。其他银行涉农贷款投放力争完成“两个不低于”。二是积极开展农户小额信贷、农户联保贷款及其他农村微型金融业务，加大对规模化种植养殖户、农民专业合作社、县域小型微型企业的信贷投放力度，重点加强对科技人员下乡创业及科技型涉农企业的支持力度。三是探索对包含科研、农资、种养、加工、仓储、运输、营销等现代农业产业链在内的各类涉农企业提供全面金融服务，大力支持农业的区域化布局、专业化生产和产业化经营。四是积极支持北京市“菜篮子”工程建设、山区沟域经济开发，乡村旅游业、观光农业发展。五是在满足风险防控条件和合规要求的前提下，继续对北京地区重点村改造等基础设施建设提供融资支持。

二、进一步加强“三农”金融服务的渠道建设，提升农村地区金融服务的可获得性

各行要以提高服务渠道的广度、密度和深度为重点，建立物理网点与非物理网点相互补充、自助设备和工作人员相互配合的多元化服务渠道。一是积极开展在北京郊区设立支农专业支行或专营机构的可行性研究，加大自助机具在农村地区的布设力度，积极参与北京市“农村基本金融服务村村通”工程，加快推进农村地区支付服务基础设施建设。二是丰富农村地区现有营业网点的服务功能，增加柜面服务的种类，提升柜面服务质量，提升农村金融服务便利程度。三是在保留农村地区传统支付结算方式的基础上，逐步推进银行卡、电话银行、网上银行等服务介质在农村地区的普及，努力满足农村地区各层次客户对金融服务的个性化需求。

三、全面了解农村地区区域特色和政策导向，结合自身特点积极开发满足“三农”金融需求的新产品和新机制

各行要按照与首都“三农”金融服务需求相结合，与区县强农惠农政策相结合的原则，积极开发能够满足“三农”金融服务需求的新产品。一是认真学习并掌握北京市及各区县出台的强农惠农政策及区域“三农”发展定位，在此基础上，结合自身特点研究开发能够与相关强农惠农政策和区域发展定位对接的金融产品，提高研发金融产品的针对性和可操作性。二是在坚持依法合规的前提下，探索开展林权、土地经营权和宅基地使用权等“三权”抵押试点，因地制宜推广涉农补贴抵押、农用机械抵押等新型抵押担保方式，进一步丰富涉农贷款增信的方式和手段。三是适应农民收入提高、需求升级的现实情况，着手研发多种形式的理财服务和消费信贷产品，努力满足农民对资产保值和增值的金融需求。四是建立健全具有支农导向的绩效考核机制，进一步完善向“三农”业务倾斜的薪酬制度，合理设定涉农业务风险容忍度，推行尽职免责制度，提升各级员工开展农村金融服务的内在动力。

四、加大农村地区金融知识宣传力度，增强“三农”客户的风险防范意识和主动维权意识

一是积极开展“银行业公众教育服务”、“送金融知识下乡”、“送贷下乡”等公益性活动，加大农村地区特别是偏远地区金融知识宣传讲解的深度和广度，增强农村地区社会公众的风险意识，提升农村地区社会公众识别和防范金融风险的能力。二是积极推行“阳光服务”，进一步公开银行涉农金融服务的制度、流程、职责及收费标准等具体事宜，保障“三农”客户对相关信息的知情权和对服务方式的选择权，培育“三农”客户主动维权意识。

五、切实履行支农社会责任，杜绝不规范经营行为

一是要在规范现有产品定价和服务收费的基础上，综合考虑农村地区弱势群体对贷款利息和服务收费的承受能力，适度降低贷款利率，适度减免“三农”领域金融服务收费的项目或额度，有效减轻农户及农村地区小微企业的财务负担，杜绝不规范经营行为，真正实现“让利于农”。二是要在建立或明确专门的投诉受理部门基础上，健全投诉争议协调机制，改进部门的工作流程，提高服务效率，为“三农”消费者提供公平易得的争议解决渠道。

我局将采取多种措施对各行开展“三农”金融服务的情况进行持续跟踪和监管引领。一是继续发挥准入政策的正向激励作用。依据《北京银监局办公室关于进一步明确辖内中资银行分支机构部分市场准入政策的通知》精神，对中资银行到郊区县设立分支机构实行政策倾斜。二是持续监测涉农信贷投放进展情况，适时约谈涉农信贷投放增量和增速不达标的主要涉农银行机构进行督导。三是有效开展清理不规范经营行为的现场督导工作，严厉查处各行在涉农金融服务过程中存在的不合理收费、不规范操作等行为。四是就各行支农工作开展情况进行实地抽查或走访，全面收集各行支农工作特色做法和先进经验，并及时进行总结和宣传，促进各行支农工作水平的共同提升。五是深入部分区县开展调研，全面了解区县农业发展规划及强农惠农政策，有效引领各机构结合自身特点实现金融产品、金融服务与政策导向和发展规划的对接。同时根据调研结果进一步完善涉农业务的差异化监管政策。

二〇一二年三月一日

北京银监局关于加强金融服务管理的通知

京银监通〔2012〕56号

各政策性银行北京市分行及总行营业部、国家开发银行在京营业机构、各国有商业银行北京市分行、辖内各股份制商业银行、北京银行、北京农商银行、辖内各村镇银行、各城市商业银行北京分行、中国邮政储蓄银行北京分行、辖内各外资银行、各金融资产管理公司在京营业机构、辖内各信托公司、辖内各企业集团财务公司、辖内各汽车金融公司、金融租赁公司、消费金融公司、货币经纪公司、中国工商银行牡丹卡中心、中国银行银行卡中心、中国民生银行信用卡中心、中国工商银行票据营业部北京分部、中国工商银行私人银行部北京分部：

2012年上半年，我局按照中国银监会工作部署，在辖内银行业金融机构组织开展了“不规范经营”专项治理活动，并将专项治理与行业纠风工作紧密结合，引领和督导各机构全面落实纠风工作要求。辖内银行业金融机构高度重视、积极行动，认真开展自查自纠，贷款和服务收费等经营行为持续规范，服务能力和服务水平持续提升，成效显著。值得注意的是，随着社会公众金融参与度的不断加深和维权意识的不断提高，辖内银行业金融机构与金融消费者之间的服务纠纷数量有所上升，部分金融机构声誉风险有所增加。为夯实专项治理和纠风工作成果，持续优化北京辖内银行业金融服务环境，现就加强金融服务管理有关工作通知如下：

一、充分认识金融服务对银行业发展的重要意义

随着金融服务对现代社会经济发展支撑作用的逐步增强，紧紧围绕消费者有效需求不断提升服务能力和服务水平，已不仅是银行业履行社会责任、服务实体经济和广大金融消费者的体现，同时也是银行业提升核心竞争力、实现自身可持续发展的内在要求。辖内银行业金融机构要充分认识到服务对银行业科学发展的重要意义，从长远战略发展的高度切实做好金融服务管理工作。

二、健全金融服务管理体制，加大内部管理工作力度

辖内银行业金融机构要加强金融服务管理的组织建设和机制建设，建立指挥有力、分工明确的领导体制；明确各级机构、各个环节的工作职责和岗位要求；建立健全金融服务内部管理制度，加强业务系统建设，优化服务流程，完善服务标准；加强内部监督制约，加大金融服务管理工作力度。

三、提高员工综合业务素质，提升服务能力和水平

培养高素质的从业人员是保证金融服务质量的最基本要素，员工的能力建设对金融服务水平起着决定性的作用。辖内银行业金融机构要从提高员工综合业务素质入手，充分利用业务知识培训、技能比赛、服务经验交流等多种方式，加大对员工的培训管理力度，不断提升员工自身的服务意识和服务能力，进一步提升本系统整体服务环境和水平。

四、优化网点窗口服务，提升消费者服务体验满意度

金融机构窗口服务与广大金融消费者接触紧密，是消费者对金融服务的最直接体验，是重要的金融服务平台。辖内银行业金融机构要把持续改进窗口服务质效作为提升金融服务的重点工作和重要手段，统筹工作安排和人员配置，加强临柜人员和大堂经理管理，增强服务意识，提高服务效率，特别是要采取有效措施缓解客户等候时间长等一些消费者反映较多的问题，切实解决消费者困扰，提高消费者服务体验满意度。

五、提高营销规范性，尊重消费者知情权和选择权

辖内银行业金融机构要以服务价格公示为抓手，逐步提高金融服务透明度，使消费者在充分了解信息的基础上，自主选择金融服务。同时，要树立良好的经营管理理念，建立健全内部管理制度，约束员工严格按照相关法律法规和监管要求，规范开展营销活动。尤其是针对目前消费者反映较多的存款、理财、信用卡、代理销售基金和保险等业务，辖内银行业金融机构要进一步规范员工销售行为，切实保护消费者合法权益。

六、发展电子银行业务，丰富金融服务渠道

随着电子科学技术的不断进步及对金融发展支持的日益紧密，电子银行业务已逐步成为较多金融消费者使用金融服务的重要渠道；也是各银行拓展市场和业务发展空间、缓解柜面服务压力的有效渠道。辖内银行业金融机构要在科学发展电子银行业务的同时，注重安全性管理，加强新技术、新手段的研究和应用，不断提升电子银行业务的安全性，为消费者提供安全可靠的金融服务。

七、完善客户投诉处理机制，切实维护消费者合法权益

近期，中国银监会印发《关于完善银行业金融机构客户投诉处理机制切实做好金融消费者保护工作的通知》（银监发〔2012〕13号），对金融机构投诉处理机制和消费者保护提出了十九条具体要求。辖内银行业金融机构要高度重视客户投诉工作，切实落实通知要求，充分发挥内部投诉处理机制的作用，从思想观念、组织机制、人员素质等各方面，确保处理机制有效畅通，提高投诉处理效率，维护消费者合法权益。

八、树立大局意识，做好重大活动期间的金融服务工作

辖内银行业金融机构要充分树立“首都无小事”、“金融无小事”的意识，在做好日常金融服务的基础上，结合首都特点，合理规划，统筹安排，认真做好重大活动和重要会议期间的金融服务工作，展现首都银行业的良好形象，维护首都金融的和谐稳定。

九、做好舆情监测分析，加大新闻宣传力度

广泛深入的舆论监督是银行业查找、整改自身不足，不断提升金融服务能力和水平的重要推动力量。同时，正确的新闻宣传和舆论导向，也是银行业稳定健康发展的重要外部环境。辖内银行业金融机构要加强对新闻舆情的监测分析，查找问题原因，及时纠错整改，也要加大新闻宣传力度，正确引导舆论导向，防止矛盾激化，消除负面影响。

十、积极履行社会责任，持续开展公众教育宣传

加强公众教育宣传是我国银行业快速发展形势下社会公众的现实需要，更是银行业持续健康发展的长期要求。辖内银行业金融机构要强化社会责任意识，充分利用营业网点、网站、广播、报刊、电视等多种渠道，持续开展公众教育宣传工作，积极向公众推广普及金融知识，引导和培养公众熟练使用现代金融服务工具的能力，提高公众的风险意识和自我保护能力，维护社会和谐稳定，促进银行业健康持续发展。

二○一二年八月二十九日

中国证券监督管理委员会北京监管局

关于下发《北京辖区期货营业部分类监管暂行办法》的通知

京证期货发〔2012〕7号

北京辖区各期货营业部：

为了切实保护投资者合法权益，加强期货营业部日常管理工作，有效控制期货营业部风险，提高北京辖区期货营业部的依法合规运作水平，根据《期货交易管理条例》、《期货公司管理办法》及相关规章制度，特制定本暂行办法。

望北京地区各期货营业部高度重视，结合各自实际情况，认真学习，并贯彻执行。

附件：《北京辖区期货营业部分类监管暂行办法》

二○一二年二月二十七日

附件：

北京辖区期货营业部分类监管暂行办法

为进一步加强辖区期货营业部监管，合理配置监管资源，提高监管的有效性和针对性，促进辖区期货营业部持续规范经营，根据《期货交易管理条例》、《期货营业部监管规定（试行）》等行政法规、规范性文件，北京证监局《北京地区期货营业部日常监管指导意见》等相关文件，结合北京地区期货营业部的实际情况，制定本暂行办法。

一、分类监管的定义

期货营业部分类监管是指通过对期货营业部内控制度建设、合规管理、业务规范、投资者教育、行业自律、配合监管工作等方面的情况进行评价和评分，根据评分确定期货营业部的监管类别、相应采用不同监管措施的监管办法。

分类监管的对象为北京辖区依法设立的所有期货营业部。北京证监局依照本办法规定的评价指标，以一个会计年度为区间，持续对辖区期货营业部发生或存在的各种违法违规情况以及业务活动的开展情况等进行评价，确定营业部的分类等级。

二、分类监管的评价内容

期货营业部分类监管的评价内容有以下六个方面。

（1）内控制度建设与执行。主要评价营业部是否有效执行符合法律法规要求的基础制度（或公司总部对营业部实施的统一管理制度）。

（2）合规管理。主要评价营业部落实《期货交易管理条例》、《期货营业部监管规定》等法律法规情况，以及营业部落实自身内控制度和其他业务制度的有效性。

（3）业务规范。主要评价营业部落实开户实名制、适当性管理、营销环节的规范等。

（4）投资者教育。主要评价营业部是否按投资者教育制度在营业部公示有关信息、制订年度投资者教育工作计划、落实情况以及客户的投诉处理等。

（5）行业自律。主要评价营业部遵守北京期货商会自律性文件的情况。

（6）配合监管工作。主要评价营业部重大事项是否及时向监管局报告、月度统计报表的时效性与准确性、是否按要求参加监管局召开的会议或举办的活动、配合监管局现场检查情况等。

三、评分与分类标准

期货营业部评价的基准分为100分，在此基础上根据评价指标进行扣分或加分。每个会计年度的扣分或加分项原则上不跨年计算，但涉及重大违法违规行为且当年未能发现和扣分的除外。

北京证监局根据评价评分，将期货营业部分为四类。

A类：在一个会计年度内综合评价评分在100分以上的机构。

B类：在一个会计年度内综合评价和评分在100分（含）以下，95分以上的机构。

C类：在一个会计年度内综合评价和评分在95分（含）以下，85分以上的机构。

D类：在一个会计年度内综合评价和评分在85分（含）以下的机构；或因违法违规行为受到监管局下发行政处罚措施的机构。

对于同一事项涉及多项评价评分的，按扣分或加分分值最高的项目进行扣分或加分。

为确保公平公正，北京证监局还将每年选择部分营业部进行现场检查，每5年实现全部覆盖。如现场检查中发现营业部以前两年存在重大违法违规事项应扣分而未扣分的，计入本年度予以扣分。

四、评价分类的实施程序

采取期货营业部自评、北京证监局动态评价相结合的办法。

（一）自评

各期货营业部每年年终依据本办法的评价内容和指标进行全面自查、评分，填写《期货营业部分类监管综合评价工作底稿：自评表》（附件2），连同相关证明文件加盖公章，于次年1月10日前以书面形式报北京证监局。

（二）北京证监局的动态评价

北京证监局以日常监管为基础，通过现场检查、非现场检查、投诉举报事项的调查核实等监管方式，发现期货营业部存在违法违规行为的，依据分类监管评价指标所确定的分值和违法违规程度进行扣分，并将相关扣分意见反馈期货营业部。期货营业部对扣分事项有异议的，可于收到通知后5个工作日内向北京证监局提出，并出具有关证明材料；超过5个工作日未提出异议的，视为无异议。针对期货营业部存在的违法、违规行为，北京证监局将视情况对期货营业部采取谈话提醒、责令整改、下发监管函等监管措施，并将结果计入分类监管档案。

对于所属期货公司存在重大风险和进入风险处置程序的期货营业部，直接将该期货营业部列入D类，并采取相应的监管措施。

（三）评价分类结果的形成、认定和通知

根据自评、动态评价、结合北京期货商会意见，北京证监局对各期货营业部进行年度综合评定，形成初步评价结果。初步评价结果就扣分事项、违规事实和分类结果通知期货营业部。期货营业部对扣分事项有异议的，可于收到通知后5个工作日内向北京证监局提出，并出具有关证明材料；超过5个工作日未提出异议的，视为无异议。北京证监局于每年2月底前将最终评价结果通知各期货营业部及其所属期货公司。

期货营业部不得将分类结果用于广告、宣传、营销等商业目的。

五、分类结果的应用及监管措施

根据分类，北京证监局对期货营业部采取不同的监管措施。

（1）常规性监管。适用于A类期货营业部。北京证监局将对营业部进行通报表扬；对A类期货营业部的现场检查每5年进行一次。

（2）关注性监管。适用于B类期货营业部。北京证监局每3年对B类期货营业部进行一次现场检查。

（3）重点监管。适用于C类期货营业部。北京证监局将视情况约谈期货公司首席风险官，要求其加强管理。C类期货营业部所属期货公司在评价期的下一年度在北京或异地设立营业部，北京证监局对合规情况出具意见时将把分类评价结果作为重要参考依据；北京证监局每2年对C类期货营业部进行一次现场检查。自分类确定为C类之日起，期货公司应加强对营业部的合规检查力度，并每年向北京证监局报送合规检查报告。

（4）强制性监管。适用于D类期货营业部。北京证监局将约谈期货公司首席风险官，要求其加强管理。对于连续两年被列为D类的期货营业部，北京证监局将视情况对期货营业部负责人的任职资格提出异议。D类期货营业部所属期货公司在评价期下一年度在北京或异地设立营业部，北京证监局对合规情况出具意见时将把分类评价结果作为重要参考依据；北京证监局每年对D类期货营业部进行一次现场检查。自分类确定为D类之日起，期货公司应加强对营业部的合规检查力度，并每半年向北京证监局报送合规检查报告。

六、北京证监局可依据新颁布的法律、法规、规章及规范性文件的规定和阶段性监管工作重点对评价指标进行调整，并向辖区期货营业部公布

七、本办法由北京证监局负责解释

八、本办法自下发之日起施行，首个评价年度为2012年

附件：

1. 北京辖区期货营业部分类监管评价指标

2. 期货营业部分类监管综合评价工作底稿：自评表

附件1：

北京辖区期货营业部分类监管评价指标

评价内容	条目	评价项目	扣分标准	扣分依据
内控制度建设与执行	A1	未有效执行营业部统一结算、统一风险管理、统一资金调拨、统一财务管理及会计核算等方面的管理制度	发现一项扣6分	(II) 第十三条
	A2	未有效执行营业部岗位责任及人员管理制度	扣6分	(II) 第十三条
	A3	未有效执行营业部信息系统安全管理、应急制度（或应急预案）	扣6分	(II) 第十三条
	A4	未有效执行营业部合同及印章管理制度	扣6分	(II) 第十三条
	A5	未有效执行营业部档案管理制度	扣6分	(II) 第十三条
	A6	未有效执行营业部投资者教育制度（或机制）	扣6分	(II) 第十三条
	A7	未有效执行营业部客户投诉处理制度（或机制）	扣6分	(II) 第十三条
	A8	未有效执行营业部客户回访制度（或机制）	扣6分	(II) 第十三条
	A9	未有效执行营业部市场营销管理制度	扣6分	(II) 第十三条
	A10	未有效执行营业部反洗钱制度	扣6分	(II) 第十三条
	A11	未有效执行营业部负责人强制休假和定期审计制度或者轮岗制度	扣6分	(II) 第十条
合规管理	B1	与他人合资、合作经营管理营业部，或将营业部承包、租赁或者委托他人经营管理	扣26分	(Ⅲ) 第四十七条
	B2	在期货保证金账户和期货交易所专用结算账户之外存放客户保证金	扣26分	(Ⅲ) 第七十一条
	B3	接受客户的全权委托，向客户作获利保证、共担风险、代客理财等情况	营业部总经理、副总经理违规的扣26分；公司对员工和居间人管理不善的扣16分	(Ⅰ) 第二十五条
	B4	未经客户同意代客户进行账户密码修改或代客户保管账户密码	扣16分	
	B5	未以书面、录音、网站系统公示等形式向客户明确手续费收取标准	扣2分	
	B6	接受客户电话委托未进行录音，书面委托未保存相应记录	扣6分	(Ⅲ) 第五十六条

续表

评价内容	条目	评价项目	扣分标准	扣分依据
合规管理	B7	未在期货经纪合同中约定风险管理的标准、条件及处置措施	扣6分	(Ⅲ) 第五十九条
	B8	与未取得IB资格的证券机构开展中间介绍业务	扣6分	(Ⅳ) 第三条
	B9	客户穿仓，经核实为营业部原因的	每次扣4分，最高扣16分	(Ⅱ) 第二十三条
	B10	营业部未设立市场开发、开户与合同管理、交易、信息技术管理、财务等业务岗位，前、中、后台业务未分开；业务岗位无专职的工作人员；工作人员素质和从业经历等未能满足相关业务岗位的需要	发现一项扣16分	(Ⅱ) 第十一条
	B11	除营业部负责人外，营业部工作人员少于5人；营业部从事期货业务活动的工作人员未取得期货从业资格；营业部财务岗位工作人员无会计从业资格证书	发现一项扣6分	(Ⅱ) 第十一条 (Ⅵ) 第四条
	B12	营业部负责人未按规定进行任职资格审批提前任职	扣6分	(Ⅱ) 第六条
	B13	期货公司任用或免除营业部负责人，未在自作出决定之日起5个工作日内向北京证监局报告并提交规定的材料	扣3分	(Ⅴ) 第三十一条
	B14	营业部负责人在其他营利性机构兼职或者从事其他经营性活动	扣16分	(Ⅴ) 第三十三条
	B15	营业部负责人由期货公司总经理、副总经理、部门负责人等兼任	扣6分	(Ⅱ) 第七条
	B16	营业部负责人因涉嫌违法违规行为被有权机关立案调查或者采取强制措施的，未在知悉或者应当知悉之日起3个工作日内向北京证监局报告	扣6分	(Ⅴ) 第四十八条
	B17	营业部负责人被其所在期货公司给予处分的，未在自作出决定之日起5个工作日内向北京证监局报告	扣3分	(Ⅴ) 第四十九条
	B18	营业部负责人对于代客理财行为中涉嫌违法违规、损害投资者利益的，未采取果断措施予以制止或者及时向有关部门报告；营业部负责人对从业人员参与非法代客理财等违规行为未严肃追究责任	发现一次扣16分	(Ⅵ) 第十三条
	B19	未按规定报告营业部负责人近亲属在期货公司从事期货交易情况	扣6分	(Ⅴ) 第四十条
	B20	营业部负责人拟连续离岗10个工作日以上的，期货公司未临时指定1名符合营业部负责人任职条件的人员代为履行职责，并未提前5个工作日向营业部所在地派出机构报告的；营业部负责人1年内累计离岗时间超过3个月的，期货公司未更换营业部负责人，法律法规另有规定的除外	发现一项扣6分	(Ⅱ) 第七条
	B21	营业部负责人拟自行离职的，应当在离职前1个月向期货公司提出申请。期货公司未在接到营业部负责人离职申请之日起5个工作日内向营业部所在地派出机构报告，并在3个月内完成营业部负责人变更	扣6分	(Ⅱ) 第八条
	B22	期货公司未在营业部负责人离任之日起3个月内将离任审计报告报送营业部所在地派出机构	扣6分	(Ⅱ) 第九条

续表

评价内容	条目	评价项目	扣分标准	扣分依据
合规管理	B23	未按规定配备2条以上网络通讯线路；未配备2条以上具有录音功能的电话线路；未采取双路供电，或者在单路供电情况下，备用供电措施未能够提供正常业务运行4小时的供电时间；未配备防火、外围隔离以及防盗设施	发现一项扣6分	(Ⅱ) 第四条
	B24	营业部信息技术系统不符合有关监管要求，无法保证运行安全和稳定	发现一次扣4分	(Ⅱ) 第四条
	B25	营业场所不是产权清晰、使用权稳定的经营性房产；没有房产所有权或者使用权证明；营业场所未配备消防设施和灭火器材	发现一次扣16分	(Ⅱ) 第三条
	B26	未按照《期货公司信息技术指引》要求严格执行机房安全管理制度	扣6分	《期货公司信息技术指引》——相应类别的营业部技术要求
	B27	未按信息系统应急处理预案处置突发事件；迟报、漏报、瞒报信息系统技术事故；因信息系统管理不当、投入不足等自身原因造成技术事故，影响正常交易	发现一次扣16分	《证券期货业网络与信息安全事件应急预案》2009年版
	B28	期货公司未在完成营业部合规检查10个工作日内，将检查情况和发现的问题报告营业部所在地派出机构	扣6分	(Ⅱ) 第三十二条
业务规范	C1	未制定和执行开户业务制度和流程，并建立责任追究制度	扣16分	(Ⅲ) 第四十七条
	C2	开户业务制度不完整，没有风险提示或者实名制要求的内容	每项扣3分	(Ⅶ) 第九条
	C3	未设置专门的财务室和档案室（柜室）；未设置现场开户场地	每项扣3分	(Ⅱ) 第四条
	C4	开户合同未采用经中国期货业协会审查备案并报证监局备案的标准格式文本	每项扣3分	(Ⅲ) 第五十二条
	C5	自然人客户档案中客户信息不完整，没有开户申请表、客户头部正面照和身份证正反面扫描件等法规要求的合同要件	发现1户扣3分，最高扣18分	(Ⅶ) 第十条
	C6	法人客户档案中客户信息不完整，没有开户申请表、开户代理人头部正面照、开户代理人身份证正反面扫描件、单位客户营业执照（副本）和组织机构代码证（副本）扫描件等法规要求的合同要件	发现1户扣3分，最高扣18分	(Ⅶ) 第十条
	C7	未使用期货公司连续编号、统一印制的期货经纪合同，合同应一式三份	扣16分	(Ⅱ) 第十六条
	C8	无专人管理客户资料；未建立期货经纪合同的收发、存档及借阅记录台账	扣6分	(Ⅱ) 第十六条
	C9	期货经纪合同、期货结算账户中客户姓名或名称与其有效身份证明文件中的姓名或者名称不一致	发现1户扣6分	(Ⅶ) 第九条
	C10	与投资者签订期货经纪合同的合同签署人无期货公司授权	扣6分	(Ⅱ) 第十六条

续表

评价内容	条目	评价项目	扣分标准	扣分依据
业务规范	C11	营业部相关责任人员未在开户资料上复核，并签字留痕	扣6分	(Ⅱ) 第十六条
	C12	未在投资者开户完成1个月内，将投资者开户资料文本报送至期货公司总部，并留存相关资料文本或者电子文档，以备营业部所在地派出机构检查	扣6分	(Ⅱ) 第十六条
	C13	未通过期货公司总部统一为投资者申请交易编码，分配资金账户，统一在期货公司交易结算系统中维护投资者的开户资料	扣10分	(Ⅱ) 第十六条
	C14	未配备满足开户管理要求的相关影像采集设备	扣3分	(Ⅱ) 第四条
	C15	为未签订《期货经纪合同》的客户开立账户	发现1户扣6分	(Ⅲ) 第五十二条
	C16	未制订和执行股指期货投资者适当性标准的操作方案	扣6分	(Ⅹ) 第六条
	C17	股指期货合同签署、风险揭示、投资者知识测试等重点环节未按要求采集影像资料；股指期货开户在营业场所外完成	发现1户扣6分	(Ⅹ) 第十四条
	C18	每日收市后，未按公司规定向期货公司核对投资者的电话委托交易及手工出入金等情况及存在的差异； 未按照合同约定及期货公司规定向投资者提供结算账单	发现1户扣6分	(Ⅱ) 第十七条
	C19	营业部履行部分风险控制职责的，期货公司未直接管理营业部的风险管理人员	扣6分	(Ⅱ) 第十八条
	C20	未经过公司统一风险控制系统，使用电话、交易所内远程终端等方式直接将投资者的交易指令传送至期货交易所场内交易席位	扣26分	(Ⅱ) 第十九条
	C21	营业部自行设置交易系统的相关参数	扣26分	(Ⅱ) 第二十条
	C22	营业部投资者通过非银期转账方式出金的，未经期货公司总部财务、结算部门审核	扣6分	(Ⅱ) 第二十五条
	C23	营业部根据期货公司的凭证管理制度，需要将原始凭证和记账凭证提交期货公司的，未留存复印件或电子文档，以备营业部所在地派出机构检查	扣6分	(Ⅱ) 第二十八条
	C24	未建立财务印章和财务空白凭证的双人管理和审批使用制度，并做好使用登记工作	扣6分	(Ⅱ) 第二十九条
	C25	未按照适当性标准认真核实可用资金和交易经历、进行知识测试和综合评估	发现1户扣6分	(Ⅹ) 第七条
	C26	市场开发人员兼任知识测试人员	发现1户扣6分	(Ⅺ) 第八条
	C27	营业部工作人员及其配偶以本人或者他人名义从事期货交易	发现一人次扣16分	(Ⅲ) 第五十条

续表

评价内容	条目	评价项目	扣分标准	扣分依据
业务规范	C28	未要求期货客户签订《期货交易风险揭示书》和亲笔抄写有关内容并签字确认；营销人员代客户签署开户合同、风险揭示书等	发现1户扣6分	（Ⅲ）第五十二条、（Ⅺ）
	C29	聘用居间人但未建立居间人管理制度并有效执行	发现1人扣4分，最高扣16分	（Ⅷ）第十七条
	C30	与期货居间人签订的委托合同前，未核实居间人身份	扣3分	（Ⅸ）第二条
	C31	存在居间人以期货经营机构名义进行广告宣传、发布信息等情形，营业部负有管理责任的	发现1次扣4分，最高扣16分	（Ⅷ）第十七条
	C32	存在居间人以期货经营机构名义设立或变相设立营业服务网点，营业部负有管理责任的	发现1次扣6分，最高扣18分	（Ⅷ）第十七条
	C33	未制订和执行员工及期货居间人培训计划	扣6分	（Ⅷ）第十七条
	C34	未建立健全期货居间人档案管理制度，并及时、准确、完整地记录期货居间人的基本资料、业务情况、诚信记录等	扣3分	（Ⅷ）第十七条
	C35	发布虚假广告或者进行虚假宣传，诱骗客户参与期货交易	扣6分	《期货从业人员执业行为准则（修订）》第十二条
	C36	向客户非法集资或融资	扣26分	
	C37	未按照《证券期货业反洗钱工作实施办法》规定向当地证监会派出机构报送相关信息	扣6分	《证券期货业反洗钱工作实施办法》
	C38	恶意中伤同业竞争对手，以任何方式贬损同行	扣26分	（Ⅷ）第十五条
投资者教育	D1	未落实年度投资者教育工作计划	扣6分	《期货投资者教育工作指引》第十条
	D2	未设投资者教育园地；未定期对投资者教育园地进行内容更新；未在信息公示栏中公示中国期货业协会网址、期货公司网址、期货公司及营业部的投诉电话和服务电话、营业部从业人员的姓名、照片、岗位、任职时间、从业资格号等信息；未揭示投资者可以通过中国期货业协会网站查询期货公司及营业部从业人员资格公示信息，通过期货保证金安全存管监控机构查询服务系统查询期货交易结算结果和期货交易相关的其他信息	发现一项扣3分	（Ⅱ）第五条
	D3	重大问题营业部负责人未亲自出面处理；发生群访、聚众闹事、冲击营业场所等重大事件未及时向当地公安机关、公司总部和北京证监局报告	每次扣16分	（Ⅷ）第十八条
	D4	未按营业部客户投诉处理制度（或机制）处理客户投诉；无专人负责投诉处理	每次扣2分，最高扣16分	(II) 第十三条

续表

评价内容	条目	评价项目	扣分标准	扣分依据
行业自律	E1	违反各项自律约定	每查实一次扣4分，累计最高扣16分	
配合监管	F1	向北京证监局报送或者提供的信息、资料中作虚假记载或误导性陈述	每次扣26分	（Ⅲ）第八十三条
	F2	向北京证监局报送数据、资料不及时、不完整、不准确	每次扣1分，最高扣16分	（Ⅲ）第八十三条
	F3	以隐瞒情况、提供虚假文件资料等欺骗手段取得营业部设立、变更、终止、负责人任职资格等核准事项	扣26分	（Ⅰ）第七十二条
	F4	营业部重大突发事件未及时报告北京证监局	扣26分	（Ⅲ）第三十七条
	F5	无正当理由不参加北京证监局召集的会议	每人次扣2分，最高扣16分	
	F6	不配合北京证监局现场检查，包括不能完整、及时提供检查资料；不开放检查必须使用的网络、设备；检查底稿不签字等；未在规定时间内完成北京证监局的责令整改等监管要求的	扣26分	（Ⅰ）第五十三条 （Ⅲ）第八十五条
扣分项	G1	营业部所属期货公司最近一年分类评价结果为C类的	扣5分	
	G2	营业部所属期货公司最近一年分类评价结果为D类的	扣10分	
加分项	H1	营业部所属期货公司最近一年分类评价结果为A类的	加5分	
	H2	向北京期货商会及北京证监局提供有效的违法违规举报信息的	加3分	
	H3	近3年营业部分类评级均为A类的	加3分	
	H4	近2年没有发生期货投资者投诉的；或经调查期货营业部无违法违规行为及管理责任的	加3分	

指标依据Ⅰ：《期货交易管理条例》

Ⅱ：《期货营业部监管规定（试行）》

Ⅲ：《期货公司管理办法》

Ⅳ：《证券公司为期货公司提供中间介绍业务试行办法》

Ⅴ：《期货公司董事、监事和高级管理人员任职资格管理办法》

Ⅵ：《期货从业人员管理办法》

Ⅶ：《期货市场客户开户管理规定》

Ⅷ：《北京地区期货营业部日常监管指导意见》

Ⅸ：《关于北京辖区期货经营机构加强对居间人和代客理财管理的指导意见》

Ⅹ：《关于建立期指投资者适当性制度的规定（试行）》

Ⅺ：《股指期货投资者适当性制度操作指引（试行）》

附件2　（略）

关于进一步完善上市公司现金分红有关事项的通知

京证公司发〔2012〕101 号

辖区各上市公司：

日前，中国证监会下发了《关于进一步落实上市公司现金分红有关事项的通知》（证监发〔2012〕37 号），要求上市公司进一步强化回报股东的意识，制定明确的回报规划，做好现金分红事项的信息披露工作。为进一步增强辖区上市公司现金分红的透明度，便于投资者形成稳定的回报预期，我局就落实上述文件精神提出如下要求：

一、辖区各公司应当进一步强化回报股东的意识，制定明确的回报规划，充分维护公司股东依法享有的资产收益等权利，不断完善董事会、股东大会对公司利润分配事项的决策程序和机制。

二、辖区各公司董事会应当就长期的股东回报事宜进行专项研究论证，综合考虑公司所处的竞争环境、行业特点、发展战略及阶段等各方面因素，制定中长期股利分配政策，并在公司章程中就以下内容予以明确：

（一）公司的利润分配政策尤其是现金分红政策的具体内容、利润分配的形式、利润分配尤其是现金分红的期间间隔、现金分红的具体条件、发放股票股利的条件、各期现金分红最低金额或比例等。

（二）公司董事会、股东大会对利润分配尤其是现金分红事项的决策程序和机制，对既定利润分配政策尤其是现金分红政策作出调整的具体条件、决策程序和机制，以及为充分听取独立董事和中小股东意见所采取的措施。

三、辖区各公司可参考《公司章程中利润分配部分修改建议》（见附件）对公司章程中利润分配条款进行修订，章程修改工作应于 2012 年 8 月 31 日前完成。

四、辖区各公司在制订现金分红具体方案时，应当严格遵照《公司法》和公司章程的规定，董事会应当认真研究和论证公司现金分红的时机、条件和比例，独立董事、监事会应当充分发挥作用。股东大会对现金分红具体方案进行审议时，应当通过多种渠道主动与股东特别是中小股东进行沟通和交流，充分听取中小股东的意见和诉求，并及时答复中小股东关心的问题。

五、辖区各公司应当严格执行公司章程确定的现金分红政策以及股东大会审议批准的现金分红具体方案。确有必要对公司章程确定的现金分红政策进行调整或者变更的，应当满足公司章程规定的条件，经过详细论证后，履行相应的决策程序，并经出席股东大会的股东所持表决权的 2/3 以上通过。

六、辖区各公司应当在定期报告中详细披露现金分红政策的制定及执行情况，说明是否符合公司章程的规定或者股东大会决议的要求，分红标准和比例是否明确和清晰，相关的决策程序和机制是否完备，独立董事是否尽职履责并发挥了应有的作用，中小股东是否有充分表达意见和诉求的机会，中小股东的合法权益是否得到充分维护等。对现金分红政策进行调整或变更的，还要详细说明调整或变更的条件和程序是否合规和透明等。

特此通知。

附件：《公司章程中利润分配部分修改建议》

二〇一二年六月二十七日

附件：

公司章程中利润分配部分修改建议

第×××条：公司利润分配政策的基本原则：

1. 公司充分考虑对投资者的回报，每年按当年实现的____规定比例向股东分配股利；

说明：公司应明确股利分配的计算依据，例如合并报表可供分配利润、母公司可供分配利润等。

2. 公司的利润分配政策保持连续性和稳定性，同时兼顾公司的长远利益、全体股东的整体利益及公司的可持续发展；

3. 公司优先采用现金分红的利润分配方式。

第×××条：公司利润分配具体政策如下：

1. 利润分配的形式：公司采用现金、股票或者现金与股票相结合的方式分配股利。在有条件的情况下，公司可以进行中期利润分配。

2. 公司现金分红的具体条件和比例：除特殊情况外，公司在当年盈利且累计未分配利润为正的情况下，采取现金方式分配股利，每年以现金方式分配的利润不少于________的________。（百分比）

特殊情况是指：（公司可根据实际情况列举不进行现金分红的具体情况）

说明：本条规定的股利分配依据与基本原则中一致；当年盈利且累计未分配利润为正的口径与基本原则中一致；公司如规定不进行现金分红的特殊情况，特殊情况的描述应明确，例如发生重大投资而不进行现金分红则需要说明重大投资的判断标准。

3. 公司发放股票股利的具体条件：公司在经营情况良好，并且董事会认为公司股票价格与公司股本规模不匹配、发放股票股利有利于公司全体股东整体利益时，可以在满足上述现金分红的条件下，提出股票股利分配预案。

第×××条：公司利润分配方案的审议程序：

1. 公司的利润分配方案由________拟定后提交公司董事会、监事会审议。董事会就利润分配方案的合理性进行充分讨论，形成专项决议后提交股东大会审议。审议利润分配方案时，公司为股东提供网络投票方式。

2. 公司因前述第×××条规定的特殊情况而不进行现金分红时，董事会就不进行现金分红的具体原因、公司留存收益的确切用途及预计投资收益等事项进行专项说明，经独立董事发表意见后提交股东大会审议，并在公司指定媒体上予以披露。

第×××条：公司利润分配方案的实施：

公司股东大会对利润分配方案作出决议后，董事会须在股东大会召开后

________内完成股利（或股份）的派发事项。

第×××条：公司利润分配政策的变更：

如遇到战争、自然灾害等不可抗力，或者公司外部经营环境变化并对公司生产经营造成重大影响，或公司自身经营状况发生较大变化时，公司可对利润分配政策进行调整。

公司调整利润分配政策应由董事会作出专题论述，详细论证调整理由，形成书面论证报告并经独立董事审议后提交股东大会特别决议通过。审议利润分配政策变更事项时，公司为股东提供网络投票方式。

关于落实《证券期货市场诚信监督管理暂行办法》有关事项的通知

京证监发〔2012〕13号

辖区各有关单位：

按照中国证监会《证券期货市场诚信监督管理暂行办法》（证监会第80号令，以下简称《诚信办法》）和《关于贯彻落实〈证券期货市场诚信监督管理暂行办法〉的通知》（证监发〔2012〕57号）要求，结合北京辖区实际，现就北京辖区落实《诚信办法》，做好诚信档案对外服务业务有关事项通知如下：

一、北京证监局依《诚信办法》授权开展三类对外服务业务

按照《诚信办法》及相关通知规定，我局负责办理下述诚信档案对外服务业务：

1. 负责接收、审核、录入辖区内符合《诚信办法》第七条、第八条第（二）款规定的公民、法人或其他组织提出表彰、奖励、评比和信用评级信息；

2. 负责接收、办理辖区内公民、法人、其他组织提出的诚信信息查询申请；

3. 负责接收、办理辖区内符合《诚信办法》第七条的公民、法人、其他组织提出的诚信信息更正申请。

二、申请办理三类业务的流程和要求

（一）申请的提出

申请人应自行下载填写或在北京证监局现场填写有关申请表格，现场办理有关申请事宜。相关申请表格通过中国证监会网站下载（网址：http：//www.csrc.gov.cn——在线办事——表格下载）。为保证申请办理效率，申请应填写准确、完整，提供材料应真实、准确、完整、及时。

北京证监局受理诚信信息有关业务申请的机构为法制处，办公时间为8:30～11:30，13:30～17:00（节假日、公休日除外），办公地址：北京市西城区金融大街26号金阳大厦6层，邮政编码：100026。

（二）办理流程与处理时间

1. 我局接收表彰、奖励、评比和信用评级信息申报后，经过审查认为符合条件的，在接收之日起5个工作日内录入诚信档案。

2. 我局接收诚信信息查询申请材料后，经审核符合《诚信办法》第十六条、第十七条规定的，予以受理，并在收到查询申请后5个工作日内将查询结果反馈申请人。

3. 我局接收诚信信息更正申请材料后，经审核符合《诚信办法》第二十条规定的，予以受理，并在收到更正申请后15个工作日内将处理结果告知申请人。

（三）材料上报、信息查询使用要求

1. 辖区公民、法人或其他组织应保证自己申报、依法报告、公告的诚信信息的真实、准确、完整，一经发现存在虚假内容的，我局将根据《诚信办法》有关规定采取监督管理措施；情节严重的，依法追究法律责任。

2. 辖区公民、法人或其他组织不得违反《诚信办法》规定获取、使用、泄露诚信信息。如有违反，一经发现，我局将根据《诚信办法》有关规定采取监督管理措施；情节严重的，依法追究法律责任。

三、收费管理

我局办理诚信信息查询，不收取任何打印、复制、装订、邮寄成本费用。

四、本通知自下发之日起开始施行

本通知未尽事宜，按照中国证监会相关规定执行。

二〇一二年八月三十一日

关于落实《证券公司代销金融产品管理规定》有关事项的通知

京证机构发〔2012〕168号

辖区各证券公司：

2012年11月12日，证监会发布《证券公司代销金融产品管理规定》（证监会公告〔2012〕34号，以下简称《规定》），明确证券公司取得相关业务资格后可以代销金融产品。为切实落实《规定》各项监管要求，现就有关事项通知如下：

一、各证券公司应从源头上防范代销风险，认真研判、审慎选择委托人（发行人）和金融产品。一是应当建立集中统一的委托人（发行人）尽职调查和金融产品风险评估与筛选制度，实施严格的产品筛选责任制，尽职调查、产品筛选与产品销售活动应当相互独立。二是应当对委托人（发行人）的主体资格进行认真审查。不得代销不具备主体资格条件的发行人发行的金融产品。三是应当正确评估和审慎选择金融产品。重点关注金融产品的发行是否符合法律法规和监管要求，金融产品是否有明确的投资人范围、投资期限、投资方向、收益来源，产品设计是否透明清晰、是否与产品说明书的描述一致，产品资产是否单独托管和独立核算等。法律法规和国家政策明确禁止、暂停发行或者正处在清理整顿中的金融产品以及产品设计存在明显缺陷和风险隐患的金融产品，证券公司不得代销。考虑到合伙企业有限合伙份额形式的私募股权投资基金的监管机关和监管规则尚不确定，因此，暂不纳入证券公司代销范围。

二、各证券公司应当明确代销金融产品的风险分类标准，在已确定的代销产品风险等级和购买人范围基础上，根据特定客户风险承受能力和投资意愿，确认该客户是否适合购买该金融产品，确保将适当的产品销售给适当的客户。证券公司确定的购买人范围不应当超出发行人确定的金融产品购买人范围。发行人确定了金融产品的最低购买金额的，证券公司应当严格执行，并采取有效措施防止出现多名客户集合资金购买或类似情形的发生。

各证券公司在销售金融产品前，应当向客户充分披露产品信息并揭示存在的风险。对于流动性较低、透明度较低、结构较复杂、损失可能超过购买支出或者不易理解的特定金融产品，证券公司应当向客户充分说明，要求客户书面确认其已充分理解相关风险特点并愿意承受相关风险。原则上，证券公司不得向没有投资经验、专业知识不足、风险承受能力弱的个人投资者推介上述特定金融产品。

各证券公司应当加强对分支机构及其工作人员的培训，并建立合理的考核体系。统一组织讲解每一款金融产品的风险特征、风险等级及适合销售的客户范围，确保每一销售人员在代销前充分了解所销售的产品；合理制定分支机构及代销人员销售业绩考核指标，不得采取摊派等方式安排任务，绩效考核要与合规经营、适当性销售情况挂钩。

三、各证券公司应建立健全代销金融产品相关业务管理制度。证券公司代销金融产品各项业务制度必须经公司合规部门审议通过，并明确合规部门对代销制度执行情况的定期检查要求。证券公司应当按规定计算代销业务风险控制指标，准确评估、测量和预警代销业务潜在的风险。

四、证监会机构部已通过 CISP 系统“财务及业务数据—业务监管报表”栏目下增加《证券公司销售金融产品监管报表》，自《规定》生效当月起纳入报送范围。各证券公司应按照相关要求，做好填报工作。

二〇一二年十一月二十九日

中国保险监督管理委员会北京监管局
中国银行业监督管理委员会北京监管局

关于进一步规范北京地区商业银行代理保险业务有关事项的通知

京保监发〔2012〕477 号

各人身保险公司北京分公司，各在京直接经营业务人身保险公司总公司，各国有商业银行北京市分行、各股份制商业银行在京营业机构、北京银行、北京农商银行、辖内各村镇银行、各城市商业银行北京分行、中国邮政储蓄银行北京分行、辖内各外资银行，北京保险行业协会、北京银行业协会：

为进一步贯彻落实中国保监会和中国银监会《商业银行代理保险业务监管指引》（保监发〔2011〕10号）要求，规范北京地区商业银行代理保险业务市场秩序，促进商业银行代理保险业务健康有序发展，现将有关要求通知如下：

一、代理保险业务的商业银行营业网点应在营业场所显著位置张贴统一制式的《投保提示》。该《投保提示》由北京保监局监制，并由北京保险行业协会统一印刷、发放。

二、商业银行和保险公司应加强保险产品宣传资料传递渠道管理，理清管理责任，明确各自的负责部门和传递程序，做好留档等管理工作，防止宣传资料通过违规渠道进入商业银行营业网点。商业银行营业网点使用的电子或其他介质的含有保险产品内容的宣传资料，应符合中国保监会关于保险产品宣传资料的管理要求。

三、商业银行和保险公司应加强对商业银行代理保险业务销售人员（以下简称“销售人员”）和保险公司银保专管员的培训工作；银保双方应对各自开展培训内容的合规性负责，并妥善保管培训材料。

四、商业银行和保险公司应通过持续提升信息技术管理水平，加强销售人员资格管理，确保销售人员符合中国保监会规定的保险销售从业资格条件；保险公司对于未取得从业资格证书或从业资格证书过期的销售人员，应通过核心业务系统自动予以控制，不予出单。

五、销售人员应指导投保人如实、正确填写投保资料，不得擅自更改投保单信息、诱导投保人填写非真实信息。商业银行应向保险公司提供真实的投保人信息，协助保险公司做好新单回访工作。

六、保险公司应强化保单信息管理，建立投保单信息审查机制，及时有效地识别“不同投保人同一回访电话号码”等异常情况，确保回访对象为投保人本人。

七、保险公司在新单回访中发现投保单信息不真实、投保资料非本人签名、投保人对监管规定的回访内容作出否定回答、投保人对与保险合同有关的重要事项理解不清等问题时，应将该保单作为问题件处理。商业银行应积极配合做好相关问题件的处理工作，共同防范化解风险。

八、商业银行应进一步完善代理保险业务考核机制，不得简单地以销售业绩作为单一考核指标，应综合考虑是否涉及客户投诉、是否存在误导销售和错误销售以及其他违规行为等销售品质因素。

九、鼓励有条件的商业银行对代理销售保险业务过程进行全程录音，并妥善保管音频资料。

十、保险公司、商业银行应细化双方对客户投诉处理的职责分工，按照科学合理、权责明确的原则，密切合作，妥善处理投诉纠纷事件。对于商业银行因处理客户纠纷需要调取电话回访录音的，保险公司应积极予以配合。

十一、对于保单收益低于预期或出现亏损，有可能导致较大规模客户投诉或群体性事件的，保险公司应至少在保险产品集中满期前两个月制定应急处置预案，并在商业银行积极配合下，及时、妥善地处理客户投诉，避免争端升级。

十二、保险公司和商业银行应建立定期交流机制，交换商业银行代理保险业务信息。保险公司应将回访等管控环节中发现的销售人员误导销售、错误销售等情况向相关商业银行反馈。商业银行应将查实存在误导销售和错误销售等违规行为的销售人员及处理情况等信息提供给保险公司。

十三、北京保险行业协会和北京银行业协会应加强行业交流，建立定期交流机制，交换商业银行代理保险业务信息及自律情况。

十四、北京保监局和北京银监局将加强监管交流，及时互通商业银行代理保险业务现场检查及处罚情况。必要时开展联合检查，对存在问题的保险公司、商业银行依法严肃处理。

十五、其他银行业金融机构、邮政公司代理保险业务的，参照本通知执行。

十六、本通知自发文之日起执行。北京保监局和北京银监局此前所发文件与本通知不相符的，以本通知为准。

二〇一二年十一月八日

中国保险监督管理委员会北京监管局

关于切实做好北京“7·21”强暴雨保险理赔服务工作的紧急通知

京保监发〔2012〕239号

各在京财产保险公司北京分公司、在京直接经营业务的财产保险公司总公司，北京保险行业协会：

2012年7月21日北京出现强暴雨天气，给人民群众生命财产造成了重大损失。为充分发挥保险功能作用，减轻人民群众财产损失，切实做好保险理赔服务，现将有关事项紧急通知如下：

一、立即启动理赔工作应急预案。各保险公司要立即启动应对强暴雨保险理赔工作应急预案，建立理赔工作领导小组，确保组织到位、责任到人、措施有力。

二、简化索赔流程和材料，提高赔付效率，切实做好保险理赔工作。各保险公司应保证理赔及客服人员充足，确保接报案电话24小时畅通；应积极协调各方面资源，加快对受灾车辆的救援处置，被保险人自行施救产生的相关费用，应由保险公司承担；各公司应建立“7·21”强暴雨快速理赔机制，快速查勘定损，及时支付赔款，切实做好保险理赔工作。

三、加强宣传，与被保险人建立有效沟通渠道。各保险公司、北京保险行业协会要通过电话、短信、网络、电台、电视等多种形式和渠道，加强对被保险人办理保险理赔事项以及灾后注意事项的宣传提示，尽可能方便被保险人办理理赔，有效减轻灾后次生损失。

四、建立保险理赔信息日报制度。各公司应在每日上午9：00前，将保险理赔工作情况及《“7·21”强暴雨接报案数量及金额统计表》以电子邮件和传真形式报告我局。7月22日17：30前将7月21日强暴雨天气发生后截至今日17:00的有关保险理赔工作情况报告我局。

联系人：谭锐　王雅静

联系电话：66286802　66286001

手机：（略）

传真：66288138

电子邮箱：circbj@126.com

附件：“7·21”强暴雨接报案数量及估损金额统计表（略）

二〇一二年七月二十二日

北京保监局关于建立保险消费者权益保护工作社会监督员制度的通知

京保监发〔2012〕245号

各保险公司北京分公司、各在京直接经营业务保险公司总公司、各在京保险专业中介机构，北京保险行业协会、北京保险中介行业协会：

为充分发挥社会各界对保险消费者权益保护工作的监督作用，促进保险行业提升服务水平，提高服务质量，切实保护好保险消费者权益，根据中国保监会《关于建立保险消费者权益保护工作社会监督员制度的通知》（保监消保〔2012〕317号）精神要求，结合北京地区实际，北京保监局决定在北京保险行业建立保险消费者权益保护工作社会监督员（以下简称“社会监督员”）制度，现将有关事项通知如下：

一、社会监督员的聘任

（一）社会监督员需具备以下条件：

1. 具有一定的保险和法律方面的专业知识，熟悉保险消费者的有关权益，关心保险行业的发展；

2. 具有较强的责任感，能独立承担监督职责，具有与开展监督工作相匹配的经验和能力；

3. 具有良好的思想道德素质，坚持原则，公道正派，廉洁自律，自觉遵守法律法规和有关规章制度，能投入一定时间和精力从事监督工作。

（二）下列人员不得担任社会监督员：

1. 受过刑事处罚或者正在受到刑事追究的；

2. 受过劳动教养的；

3. 其他不适合担任社会监督员的情形。

（三）下列人员不宜担任社会监督员：

1. 北京保监局工作人员；

2. 北京保险行业协会、北京保险中介行业协会工作人员；

3. 保险公司、保险中介机构的从业人员；

4. 其他原因可能影响公正开展社会监督工作的人员。

（四）北京保监局聘任的社会监督员

包括保险消费者代表、消费者组织代表、法律工作者代表、保险学者代表、媒体记者代表和其他社会公众代表等各方人员。

（五）聘任社会监督员主要采用如下两种方式：

1. 商请国家机关、团体、事业单位、新闻媒体和大专院校推荐社会监督员人选；

2. 符合条件的社会公众个人向北京保监局自荐报名。

（六）北京保监局对推荐或自荐人选审核确定后，颁发社会监督员聘书，并向社会公告。

（七）社会监督员由北京保监局统一管理。社会监督员以兼职方式义务从事监督工作，不脱离原工作岗位。除行使对保险行业的监督职责外，社会监督员其他一切工作安排及其管理权限归属其所在工作单位。

（八）社会监督员每届任期两年，聘任期满后，根据工作需要和履职情况，可以连聘连任，如到期未续聘即自然解聘。社会监督员在任期内，不愿继续承担社会监督员工作的，可以辞去职务。出现本通知第（三）项规定情形的，社会监督员应当辞去职务。出现本通知第（二）项规定情形或者履职不当造成不良后果的，北京保监局应当及时解聘。

（九）北京保监局应当向社会公告聘任、解聘社会监督员以及社会监督员辞职等情况，并按上述规定增补社会监督员。

二、社会监督员监督内容、工作方式及要求

（一）社会监督员主要就保护保险消费者权益的下列工作开展监督：

1. 保险合同条款是否依法合规、公平公正；

2. 北京地区保险公司经营过程中是否存在侵害保险消费者合法权益的情形；

3. 北京地区保险公司是否按照规定披露与保险消费者合法权益相关的信息；

4. 北京地区保险公司履行服务承诺情况及保险从业人员服务质量和态度、工作作风情况；

5. 北京地区保险消费投诉处理工作情况，包括：投诉渠道是否畅通，投诉处理是否按照规定程序、时限和要求办理等；

6. 北京保险合同纠纷调解机构的调解工作是否规范、公正；

7. 涉及保险消费者权益保护工作的其他情况。

（二）社会监督员还可以开展下列工作：

1. 收集并反映社会各界对北京保险行业的意见和建议；

2. 提出做好保险消费者权益保护工作的意见和建议。

（三）社会监督员的监督对象是北京辖区内各类保险行业组织、保险机构及其从业人员。

（四）社会监督员不具有行政执法权限，但可以通过信函、面谈和电子邮件等方式向北京保监局反馈监督情况，提出意见和建议。

（五）社会监督员在行使职权的过程中，与被监督对象存在利害关系的，应予以回避。

（六）社会监督员开展监督工作，应当遵守法律法规和有关纪律规定，保守国家秘密，遵循保险行业关于信息披露的相关规定。

（七）社会监督员开展监督工作，应做到公正廉洁，不妨碍监督对象正常开展工作，严禁利用社会监督员身份提出不合理要求，谋求不正当利益。

三、社会监督员工作的管理及保障

（一）北京保监局通过以下方式为社会监督员开展监督工作提供保障：

1. 定期通报保险监管政策、保险消费者权益保护工作部署和有关工作情况；

2. 开展培训工作，帮助社会监督员深入了解和掌握相关保险业务知识、法律知识；

3. 定期召开座谈会，与社会监督员交流情况、听取意见和建议，并向社会监督员反馈有关问题的办理情况；

4. 适时邀请社会监督员参加、列席有关保险消费者权益保护工作的会议、培训、调研和宣传活动。

（二）对于打击报复社会监督员或者阻碍其开展监督工作造成严重后果的，北京保监局将移交有关部门依法依纪处理。

（三）北京保监局保险消费者权益保护工作部门负责社会监督员工作制度的组织实施，具体负责社会监督员的选任、解聘、增补等工作，并指定专人负责与社会监督员联络，收集整理社会监督员的意见和建议，协调处理有关事项，做好相关档案管理工作。

（四）对于收到的社会监督员反映的情况、意见和建议，北京保监局将按照规定认真研究、分类办理。对反映的侵害保险消费者合法权益的违法违规行为及时查处；对反映的服务问题或者投诉处理问题，督促相关保险公司及时整改；对提出的合理意见和建议，研究吸收。

（五）北京保监局对认真履行监督职责、成绩突出、有特殊贡献的社会监督员，予以表彰或奖励。

四、配合社会监督员工作的有关要求

（一）各保险机构、保险中介机构应积极配合社会监督员的监督工作：一是要提高认识、端正态度，正确对待监督，主动接受监督。二是应加强内部管理，从源头上解决销售误导和理赔难等侵害保险消费者利益的问题。

（二）北京保险行业协会、北京保险中介行业协会要配合做好有关工作：一是应加强与社会监督员的联系与沟通，及时了解社会公众反映强烈的突出问题，为社会监督员履行监督职责创造良好环境。二是经常听取社会监督员对保险行业抓服务、促规范的工作意见，做好保险知识宣传和保险消费者教育工作，共同树立良好的社会形象。

二〇一二年七月二十五日

附：

2012年文件与规章目录选编

中国人民银行营业管理部

1. 中国人民银行营业管理部关于印发《北京市银行业金融机构国库经收业务管理规定（暂行）》的通知

银管发〔2012〕1号

2. 中国人民银行营业管理部关于做好发行基金调拨工作的通知

银管发〔2012〕13号

3. 中国人民银行营业管理部关于做好存量个人人民币银行存款账户相关身份信息真实性核实工作的通知

银管发〔2012〕26号

4. 中国人民银行营业管理部关于做好文化金融工作支持北京建设中国特色社会主义先进文化之都的意见

银管发〔2012〕43 号

5. 关于印发促进北京市融资性担保行业规范发展意见的通知

银管发〔2012〕44 号

6. 中国人民银行营业管理部　国家外汇管理局北京外汇管理部关于做好2012 年金融服务工作支持首都实体经济健康发展的意见

银管发〔2012〕49 号

7. 中国人民银行营业管理部关于开展“文化金融服务年”活动的通知

银管发〔2012〕56 号

8. 中国人民银行营业管理部关于实施“金融惠农工程”的通知

银管发〔2012〕57 号

9. 关于印发全面推进农村基本金融服务村村通工程建设意见的通知

银管发〔2012〕64 号

10. 关于印发北京市金融支持保障性住房建设意见的通知

银管发〔2012〕69 号

11. 关于印发金融支持本市中小微企业发展若干意见的通知

银管发〔2012〕70 号

12. 关于开展北京地区机构信用代码推广应用工作的通知

银管发〔2012〕72 号

13. 中国人民银行营业管理部关于开展 2012 年北京市银行卡联网通用专项检查工作的通知

银管发〔2012〕105 号

14. 中国人民银行营业管理部关于开展反假货币宣传月活动的通知

银管发〔2012〕108 号

15. 中国人民银行营业管理部关于开展稳健性现场评估的通知

银管发〔2012〕127 号

16. 中国人民银行营业管理部关于开展现金服务贴心工程宣传月活动的通知

银管发〔2012〕143 号

17. 中国人民银行营业管理部关于进一步加强商业银行人民币收付业务管理的通知

银管发〔2012〕144 号

18. 中国人民银行营业管理部关于印发《北京市金融 IC 卡应用推进工作总体规划》的通知

银管发〔2012〕146 号

19. 北京市财政局　北京市人力资源和社会保障局　中国人民银行营业管理部关于印发《北京市小额担保贷款基金管理实施办法》的通知

银管发〔2012〕155 号

20. 北京市财政局　北京市人力资源和社会保障局　中国人民银行营业管理部关于印发《北京市失业人员从事微利项目小额担保贷款财政贴息管理办法》的通知

银管发〔2012〕170 号

21. 中国人民银行营业管理部关于深入推进银行卡助农取款服务工作的通知

银管发〔2012〕193 号

22. 中国人民银行营业管理部关于印发《北京市银行业金融机构稳健性现场评估暂行办法》的通知

银管发〔2012〕228 号

23. 中国人民银行营业管理部关于电子文件交换系统上线运行有关事项的通知

银管发〔2012〕229 号

24. 中国人民银行营业管理部关于印发《北京市〈国库会计管理基本规定〉实施细则》的通知

银管发〔2012〕232 号

25. 中国人民银行营业管理部　财政

部驻北京市财政监察专员办事处　北京市财政局　北京市国家税务局　北京市地方税务局　北京海关关于印发《北京市国库资金对账管理办法》的通知

银管发〔2012〕281号

26. 中国人民银行营业管理部　财政部驻北京市财政监察专员办事处　北京市财政局　北京市国家税务局　北京市地方税务局　北京海关关于印发《北京市国库办理预算收入退库业务管理办法》的通知

银管发〔2012〕282号

27. 中国人民银行营业管理部关于印发《北京市国库监管员派驻商业银行代理支库管理办法》的通知

银管发〔2012〕289号

28. 中国人民银行营业管理部　北京市财政局　北京市教育委员会关于北京市全面推行普通高中学生资助卡　加强普通高中国家助学金发放监管工作的通知

银管发〔2012〕301号

29. 中国人民银行营业管理部关于印发《北京市商业银行代理国库支库业务管理规定》的通知

银管发〔2012〕317号

30. 北京市财政局　北京市地税局　中国人民银行营业管理部关于印发《北京市财税库银税收收入电子缴库横向联网商业银行手续费计付管理实施细则》的通知

银管发〔2012〕321号

31. 中国人民银行营业管理部关于督察辖内银行存量个人人民币银行存款账户相关身份信息真实性核实工作的通知

银管发〔2012〕328号

32. 中国人民银行营业管理部关于印发《北京市金融机构反假货币工作考核办法（试行）》和《北京市金融机构人民币收付业务考核办法（试行）》的通知

银管发〔2012〕329号

中国银行业监督管理委员会
北京监管局

1. 北京银监局关于加强市场准入相关工作管理的监管意见

京银监发〔2012〕89号

2. 北京银监局关于商业银行理财业务和代理保险业务访查情况的通报

京银监发〔2012〕91号

3. 北京银监局关于2012年辖内银行业金融机构“不规范经营”治理主题宣传活动情况的通报

京银监发〔2012〕88号

4. 北京银监局关于北京地区银行业纠风工作阶段性进展情况的报告

京银监发〔2012〕98号

5. 北京银监局关于贯彻落实“全国银行业整治不规范经营问题电视电话会议”精神　全面推进辖内银行业“不规范经营”专项治理工作的通知

京银监通〔2012〕11号

6. 北京银监局关于加强金融服务管理的通知

京银监通〔2012〕56号

7. 北京银监局关于建立北京银行业支持中关村国家自主创新示范区建设统计制度的通知

京银监通〔2012〕6号

8. 北京银监局关于促进辖内银行业金融机构进一步改进小微企业金融服务的通知

京银监通〔2012〕10号

9. 北京银监局关于印发《北京辖内

银行业突发事件应急预案》的通知

京银监通〔2012〕67号

10. 关于进一步规范北京地区商业银行代理保险业务有关事项的通知

京银监通〔2012〕71号

11. 北京银监局办公室关于印发“不规范经营”专项治理活动督导工作方案的通知

京银监办〔2012〕18号

12. 北京银监局办公室关于印发《关于进一步推进北京银监局政务公开工作的指导意见》的通知

京银监办〔2012〕110号

13. 北京银监局办公室关于加强辖内农村中小金融机构银团贷款管理的通知

京银监办〔2012〕126号

14. 北京银监局关于印发《辖内银行业突发事件应急处置实施细则》的通知

京银监办〔2012〕168号

15. 北京银监局关于进一步做好北京地区“三农”金融服务工作的通知

京银监通〔2012〕16号

中国证券监督管理委员会北京监管局

1. 关于召开北京辖区上市公司监管工作会议的通知

京证公司发〔2012〕11号

2. 关于做好北京辖区上市公司内控规范实施工作的通知

京证公司发〔2012〕18号

3. 关于北京辖区上市公司内控规范实施工作的补充通知

京证公司发〔2012〕30号

4. 关于贯彻落实会计监管风险提示的通知

京证公司发〔2012〕44号

5. 关于开展北京辖区上市公司规范运作自查自纠工作的通知

京证公司发〔2012〕60号

6. 关于进一步完善上市公司现金分红有关事项的通知

京证公司发〔2012〕101号

7. 关于2011年度打击和防控内幕交易工作情况以及2012年度工作建议的报告

京证公司字〔2012〕4号

8. 北京辖区2012年创业板保荐机构持续督导监管工作总结报告

京证公司字〔2012〕163号

9. 关于2012年北京辖区创业板上市公司现场检查情况的总结报告

京证公司字〔2012〕164号

10. 关于召开北京辖区证券经营机构监管工作会议的通知

京证机构发〔2012〕22号

11. 关于进一步加强反洗钱数据报送管理工作的通知

京证机构发〔2012〕54号

12. 关于进一步完善客户回访工作的通知

京证机构发〔2012〕153号

13. 关于落实证券公司代销金融产品管理规定有关事项的通知

京证机构发〔2012〕168号

14. 关于北京辖区2012年证券经营机构现场检查情况的总结报告

京证机构字〔2012〕121号

15. 关于对中华人民共和国证券投资基金法修订草案修改意见的报告

京证基金字〔2012〕29号

16. 关于下发《北京辖区期货营业部分类监管暂行办法》的通知

京证期货发〔2012〕7号

17. 关于召开期货公司监管综合信息系统测试工作的通知

京证期货发〔2012〕106号

18. 关于启动期货公司监管综合信息系统试运营工作的通知

京证期货发〔2012〕125号

19. 北京证监局关于2012年期货监管工作的总结报告

京证期货字〔2012〕40号

20. 关于北京辖区非法证券咨询案件首获司法判决的情况报告

京证稽查字〔2012〕39号

21. 关于北京辖区内历史遗留股东超过200人股份公司情况调查摸底报告

京证稽查字〔2012〕54号

22. 关于2012年全国证券期货监管工作会议和辖区监管工作的情况报告

京证监文〔2012〕11号

23. 关于开展北京辖区2012年普法宣传活动的通知

京证监发〔2012〕6号

24. 关于落实证券期货市场诚信监督管理暂行办法有关事项的通知

京证监发〔2012〕13号

中国保险监督管理委员会
北京监管局

综合类

1. 关于进一步明确保险公司定期报送材料的通知

京保监发〔2012〕376号　2012年9月19日

2. 转发中国保监会关于第六批取消和调整行政审批项目的通知

京保监办发〔2012〕21号　2012年12月7日

财产保险类

1. 关于加强北京地区机动车辆保险理赔管理有关问题的通知

京保监发〔2012〕182号　2012年6月5日

2. 关于切实做好北京“7·21”强暴雨保险理赔服务工作的紧急通知

京保监发〔2012〕239号　2012年7月22日

3. 关于进一步做好北京“7·21”强暴雨保险理赔服务工作的紧急通知

京保监发〔2012〕242号　2012年7月24日

4. 关于做好道路交通事故社会救助基金提取和缴纳有关工作的通知

京保监发〔2012〕476号　2012年11月6日

人身保险类

1. 关于进一步加强非正常退保和满期给付潜在风险防范化解工作的通知

京保监发〔2012〕252号　2012年7月30日

2. 关于进一步规范北京地区商业银行代理保险业务有关事项的通知

京保监发〔2012〕477号　2012年11月9日

保险中介类

1. 关于进一步加强北京地区人身保险业务销售资质管理的通知

京保监发〔2012〕71号　2012年3月7日

2. 关于加强北京地区保险兼业代理机构管理有关事项的通知

京保监发〔2012〕196号　2012年6月8日

3. 北京保监局关于暂停区域性保险

代理机构和部分保险兼业代理机构市场准入许可工作的公告

京保监公告〔2012〕6 号　2012 年 3 月 27 日

4. 北京保监局关于进一步规范保险中介市场准入的公告

京保监公告〔2012〕14 号　2012 年 6 月 26 日

消费者权益保护类

1. 关于印发《北京地区保险公司投诉处理测评制度》的通知

京保监发〔2012〕172 号　2012 年 5 月 31 日

2. 北京保监局关于建立保险消费者权益保护工作社会监督员制度的通知

京保监发〔2012〕245 号　2012 年 7 月 25 日

统计研究类

1. 关于进一步加强北京保险市场统计分析工作的通知

京保监发〔2012〕272 号　2012 年 8 月 8 日

2. 关于加强保险公司统计分析考评工作的通知

京保监发〔2012〕469 号　2012 年 11 月 2 日

北京市金融工作局

1. 关于印发促进北京市融资性担保行业规范发展意见的通知

京金融〔2012〕88 号　2012 年 1 月 10 日

2. 关于印发北京市金融支持保障性住房建设意见的通知

京金融〔2012〕107 号　2012 年 3 月 2 日

3. 关于印发全面推进农村基本金融服务村村通工程建设意见的通知

京金融〔2012〕108 号　2012 年 3 月 8 日

4. 关于转发融资性担保业务监管部际联席会议关于规范融资性担保机构客户担保保证金管理通知的通知

京金融〔2012〕145 号　2012 年 4 月 12 日

5. 关于进一步加强融资性担保机构管理的通知

京金融〔2012〕146 号　2012 年 4 月 16 日

6. 关于统一本市融资性担保机构名称的通知

京金融〔2012〕149 号　2012 年 4 月 12 日

七、专题与调研

关于北京市金融支持保障性安居工程建设情况的调研报告

中国人民银行营业管理部　货币信贷管理处

调查显示：北京市保障性安居工程建设的资金支持方式呈现多元化。省级融资平台——北京市保障房建设投融资中心的成立，有效地推动了北京市保障房建设。继续推进金融支持保障性安居工程建设需要完善资金介入的外部环境。

一、北京市保障性安居工程建设情况

（一）保障性安居工程建设与规划的基本情况

“十一五”期间，北京市共建设收购各类保障性住房 4 392 万平方米、48.5 万套，完成投资 1 059 亿元，保障性住房新开工套数占全市住房新开工套数的比重由“十一五”初期的 5.8% 提高到“十一五”期末的 60% 以上。投放保障性住房用地 3 603 公顷，占同期住宅供地的 45.5%。通过实施保障性安居工程，累计解决了约 40 万户中低收入家庭的住房困难，是“十五”时期的 2.5 倍。“十二五”期间，北京市计划建设收购各类保障性住房 100 万套，比“十一五”期间翻一番。

（二）保障性安居工程建设主要运营模式

北京市保障性安居工程主要包括：公共租赁住房（含廉租住房）、经济适用房、限价商品房及定向安置房。建设主体上，以市属国企和区属国企为主，民营企业为辅。建设方式上，主要采取集中建设和配建相结合的模式。

经济适用住房建设用地实行行政划拨，收费减免，政府扶持，以保本微利为原则（利润控制在 3% 以下），向中低收入家庭出售，购买资格实行申请、审批制度。

限价商品房按照“以房价定地价”的思路，土地挂牌出让时限定房屋价格、建设标准和销售对象，政府对开发商的开发成本和合理利润进行测算后，设定土地出让的价格范围，以招标方式确定开发建设单位。

公共租赁住房房源通过新建（集中建设和配建）、改建、收购、在市场上长期租赁住房等方式多渠道筹集。面向经适房对象供应的公租房，建设用地实行划拨供应；其他方式投资的公租房，建设用地采用出让、租赁或作价入股等方式有偿使用。北京市廉租住房和公共租赁住房采取并轨建设、分配、运营和管理，资金统筹使用。

二、金融支持保障性安居工程建设情况

（一）银行贷款

保障房建设开发贷款主要集中于国有商业银行和地方法人银行。国家开发银行北京市分行、建设银行北京市分行与北京市住房保障管理部门签订了战略合作协议，分别承诺给予保障房建设一定额度的

融资支持。

（二）债券融资

在人民银行总行的大力支持下，2011年北京市获批500亿元私募债券额度，以多家市属企业为发行主体，对拓宽保障房建设资金来源发挥了重要作用。北京成为全国首家利用银行间市场发行私募债券筹集资金建设保障房的试点城市。

（三）公积金贷款试点

2010年北京市作为首批试点城市之一开展公积金贷款试点支持保障房建设。2011年末，北京住房公积金管理中心向15个项目发放贷款150.3亿元。2012年，北京市积极扩大试点规模，按照项目成熟情况分期分批报国家有关部门批准后实施。

（四）信托融资

在银行房地产信贷规模受限、政府融资平台贷款被严格管理的背景下，信托融资成为保障性安居工程建设资金的新来源。据了解，北京市多家信托公司参与了保障房项目融资。保障房项目信托融资总成本在9%左右，其中，信托计划向客户承诺的收益率约6%，银行按照募集规模收取3‰的托管费以及1%～2%的代销费，信托公司利润空间约2%。与银行贷款、私募债等融资方式相比，信托融资成本相对较高。

三、保障房建设投资机构运行情况

2011年6月，北京市注资100亿元成立了北京市保障性住房建设投资中心（以下简称中心）。中心成立后，逐步形成了保障房投融资、建设收购和运营管理“三位一体”的工作模式，摸索出一系列保障房建设、融资工作经验。

（一）在投融资方面，多渠道筹资以破解保障房建设资金瓶颈

一是积极发行私募债，融资工作取得突破。通过直接发行和委托发行方式，募集保障房私募债超过百亿元。其中，2012年第一季度发行的60亿元私募债汇集了单笔金额最大、用时最短、参团机构最多、发行利率最低、单期支持项目最多等亮点。

二是加强与银行合作，获得授信超千亿元。中心与多家商业银行签署了战略合作协议；同时，积极与商业银行探索开展公租房长期贷款业务，以不高于基准利率获得商业银行15年期的贷款。

三是争取公积金支持，降低融资成本。中心积极通过公积金贷款方式筹集中长期资金来源，破解因公租房回收期长、收益率低带来的融资难题。

四是大力推进创新，构建多元化融资渠道。中心积极与证券公司、基金管理公司、保险公司、社保基金理事会等机构探索保险资金、房地产投资信托（REITs）、股权基金、保障房产业基金及社保基金支持保障房建设的可行性，探索储备保障房建设其他融资渠道。

五是加快资金投入，缓解区县保障房建设资金压力。中心将筹集的资金快速投入到项目的建设收购中，包括以委托贷款方式支持区县项目建设；通过收购持有方式，有效解决北京市城六区公租房建设资金瓶颈问题。

（二）在建设收购方面，采用多种方式加大建设力度，努力发挥保障房建设主力军作用

一是加大公租房收购力度。中心按照“积极稳妥、风险可控”的原则，建立严格的项目收购审查机制，开展收购工作，不仅有力地支持了区县公租房建设，也为实现市级统筹创造了条件。

二是加快推进自建项目建设。自建项目坚持高起点规划、高品质建设、高水平管理。对重大设计方案，组织专家审查会进行充分研究、论证。首个自建项目“常营三期公租房项目”方案设计采用了国际招标，进行产业化、标准化的建设试点，为今后公租房运营管理的低成本、高效率维护使用打好基础。

三是大力开展内城人口疏解和棚户区改造。经北京市政府批准，中心注资 20 亿元成立了一家公司，承担保障房建设股权投资任务，为棚户区改造、安置房建设提供多种形式的资金支持。加强与北京市区县合作，先后与海淀、西城等区政府签署战略合作协议，推动旧城改造和人口疏解。

（三）在经营管理方面，多方位服务，积极探索公租房运营管理的有效模式

一是按照“三个对接”要求，理顺管理关系。初步确立了公租房运营管理的体制和架构，妥善协调各方关系。包括：与政府对接，总结运营管理中发现的问题，及时向政府相关部门反馈，推动各项政策制度的完善；与区县、街道和社区对接，将公租房管理与社会管理、社区建设相结合，推进和谐社区建设；与物业管理公司对接，实现管人和管房的统一，提高管理效率，降低管理成本。

二是按照“五个统一”的标准，形成管理品牌。中心提出了统一形象标识、统一服务规范、统一管理程序、统一设备配置、统一人员培训的“五统一”要求，努力打造一支具有一流水平的管理服务团队，力争形成管理服务品牌。

三是按照“两个融合”要求，注重管理实效。成立专门运营团队，全面开展租赁合同签订、入住手续办理、资格动态监管、租金收缴等租务管理工作，为入住家庭提供优质服务。加强管理人员与承租家庭的沟通，通过入户访谈、问卷调查等方式，了解入住家庭的困难，听取相关建议，将管理与服务相融合，提升管理效率。

四、金融支持保障性安居工程建设面临的主要困难

（一）银行信贷介入保障性住房项目建设的外部环境支持尚待完善

保障性住房开发贷款抵押担保落实难，风险处置难度大。部分保障性住房项目建设用地的使用权性质为划拨用地，其评估价值相对较低，且保障性住房出租出售均有较多政策限制，即使办理了抵押登记手续，一旦贷款出现风险，银行仍无法处置变现。经济适用住房销售周期比普通住房项目长，对企业形成资金压力，进而影响银行的流动性。公共租赁住房、廉租房项目租金收入较低，项目自身现金流无法满足贷款本息偿付要求，难以形成有效信贷需求。

（二）公共租赁住房项目贷款期限与回款周期匹配困难

《关于认真做好公共租赁住房等保障性安居工程金融服务工作的通知》（银发〔2011〕193 号）文件明确公共租赁住房项目贷款期限原则上不超过 15 年。据银行反映，单纯的公共租赁住房项目，仅靠租金偿还贷款本息，最长 15 年的贷款期限与回款周期无法匹配。

（三）部分私募债发行企业反映发行利率较高导致融资成本超出企业预期

私募债的发行成本包括：票面利率、债券承销费、企业信用增进费及其他杂费等。由于私募债在银行间市场发行，因此，票面利率与银行间市场资金流动性及

Shibor的变化密切相关。在市场流动性偏紧、Shibor上行时发行私募债券，发行成本偏高。以某公司2012年4月发行的3年期私募债为例，票面利率为6%，再加上债券承销费、企业信用增进费及其他杂费后，总成本达到7.66%，相当于同期银行贷款基准利率的1.15倍，企业控制融资成本面临较大压力。

五、相关政策建议

（一）建立保障性安居工程贷款激励机制和风险分担机制

相关政府部门应制定保障性住房金融支持奖励政策，提高金融机构参与该项工作的积极性。引入政府增信手段，对于经济适用住房等保障性住房项目，一旦其开发、销售无法达到预期计划导致还贷出现困难，先由政府对保障性住房项目进行回购，确保销售收入能够覆盖银行贷款本息。

（二）适时进一步细化公共租赁住房项目贷款相关政策

建议允许银行根据客观实际和商业原则自主确定公共租赁住房贷款期限，对于贷款期限超过15年的公共租赁住房项目要求银行向人民银行和监管部门备案。协调建设部门尽快出台公共租赁住房贷款项目租金监管指引，实现公共租赁住房租金封闭管理；明确对委托方和受托方在委托建设的公共租赁住房项目资本金筹集方面的相关政策要求，细化项目自有资金认定标准。

（三）对私募债发行主体及发行额度实行动态管理

私募债的发行是在银行间市场按照商业化方式运作，其发行主体应该是资产负债率较低、信誉较好、资金运作能力较强、能够确保专款专用并按时兑付的企业。因此，建议按一定的财务指标及定性评价标准对享有发行资格的主体实行名单制管理，并动态地进行调整、定期发布。私募债发行企业应合理测算项目建设进度、拟订资金需求计划，并持续关注银行间市场利率走势，择机发行债券、控制融资成本。

（课题组成员：魏海滨、蒋湘伶、童怡华）

2005年汇改以来出口企业生存状况及汇率波动影响分析

一、汇改以来样本企业生存状况分析

我们重点对32家生产型出口企业2005年以来每隔三年（2005年、2008年、2011年）的经营状况进行了调查，样本兼顾了规模和结构的代表性，大中小型企业及国有、外资、民营企业均有涉及，贸易方式涵盖一般贸易和加工贸易，所生产的出口产品涉及电子及通信设备制造、专业设备制造、纺织服装、有色金属等10个行业。

调查结果显示：样本企业整体经营状况在经历2008年全球金融危机冲击下滑后逐步回升，企业经营效率有所提高，出口产品销售收入和外销比重稳步增长，但出口对企业整体盈利贡献明显减弱。2011年，样本企业资本收益率为24%，较

2005 年和 2008 年分别提高 2.7 个百分点和 6.8 个百分点，单位员工创造销售额和净利润分别为 242.2 万元和 9.7 万元，分别较 2005 年增长 14.9% 和 25%；出口产品销售收入较 2005 年增长 28.9%，外销比重提高 1 个百分点至 70%，但出口销售净利润却累计下降 36.4%，出口销售利润率也下降 2 个百分点至 1.8%。

表 1　样本企业产品销售利润率变化

单位:%

指　标	2005 年	2008 年	2011 年
产品销售利润率	3.7	2.3	4.0
其中：出口销售利润率	3.6	1.7	1.8
内销销售利润率	4.0	3.4	9.2

数据来源：32 家样本企业调查数据。

二、汇率波动对企业出口的影响分析

（一）汇率波动对出口价格和数量传导分析

问卷调查结果显示，当汇率暂时性升值（1 周至 1 个月），只有 3% 的企业会上调出口价格；当汇率持续地升值（3 个月以上），75% 的企业表示会提高出口价格，但只能转嫁部分汇率风险。如不考虑其他因素变化，人民币单月兑美元升值 1%，59% 的企业预计会涨价 0 ~ 0.25%（其中多数企业会维持价格不变），25% 的企业预计会涨价 0.25% ~ 0.5%，13% 的企业预计会涨价0.75% ~1%。

为进一步了解汇改以来汇率波动对我国出口价格和数量的动态传导效应，我们基于 2005 年 1 月至 2011 年 12 月我国出口价格指数、出口数量指数、人民币兑美元中间价月均值等相关月度数据构建 VaR 模型。Granger 因果检验结果显示，人民币兑美元汇率变化是出口价格指数变化的 Granger 原因；人民币实际有效汇率是出口价格指数、出口数量指数、出口价值指数的 Granger 原因。基于此，建立人民币兑美元中间价月均值与出口价格指数、出口数量指数等三个变量的 VaR（4）模型（简称“模型一”），人民币实际有效汇率与出口价格指数、出口数量指数等三个变量的 VaR（5）模型（简称“模型二”），分别从人民币兑美元汇率、人民币实际有效汇率两个角度就汇率波动对出口价格、出口数量的影响进行分析。

1. 汇率波动对出口价格的影响

从模型一的脉冲响应分析来看，人民币兑美元中间价月均值每增加一个标准差的单位冲击，对我国出口价格指数的影响始终为负效应（即人民币升值会推动出口价格提升），在第 1 个月就开始显现，并在第 4 个月达到最大幅度（-0.01），之后影响逐渐减弱。从方差分解结果看，人民币兑美元汇率对我国出口价格指数的贡献率最大达到 36.9%，说明人民币升值对我国出口价格的提升具有较大的促进作用。

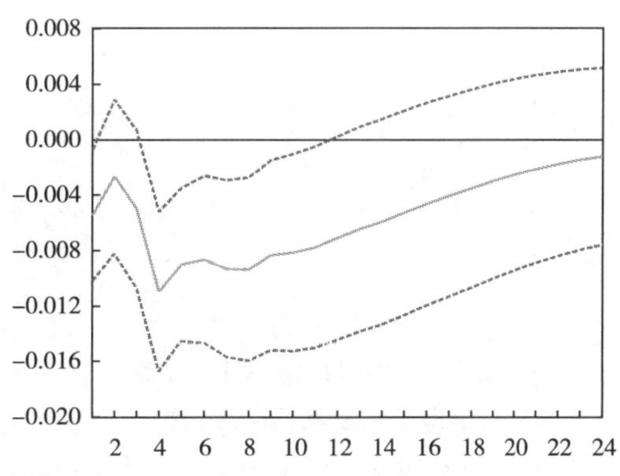

图 1　美元汇率冲击引起出口价格波动的响应函数

从模型二的脉冲响应分析和方差分解

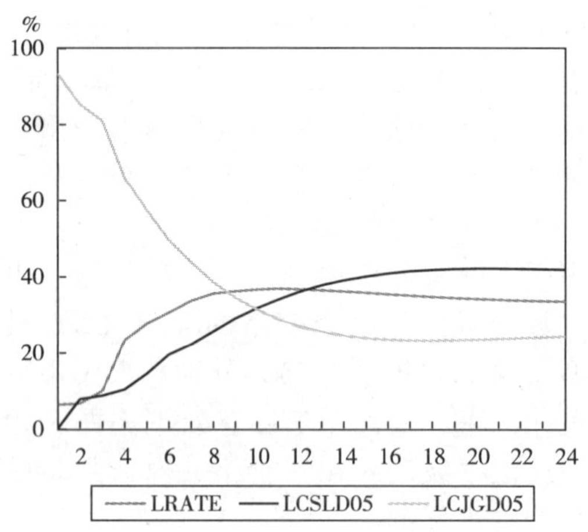

图2 出口价格指数方差分解

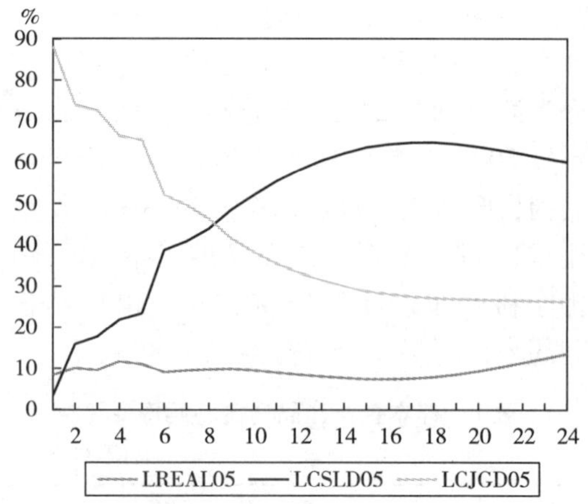

图4 出口价格指数方差分解

结果看，人民币对主要贸易币种的升值对我国出口价格的提升具有一定的促进作用，但传导效应在第 14 个月后才显现，传导速度明显慢于人民币兑美元汇率；人民币实际有效汇率对我国出口价格指数的贡献率最大达到 13.6%，传导程度也明显小于人民币兑美元汇率。

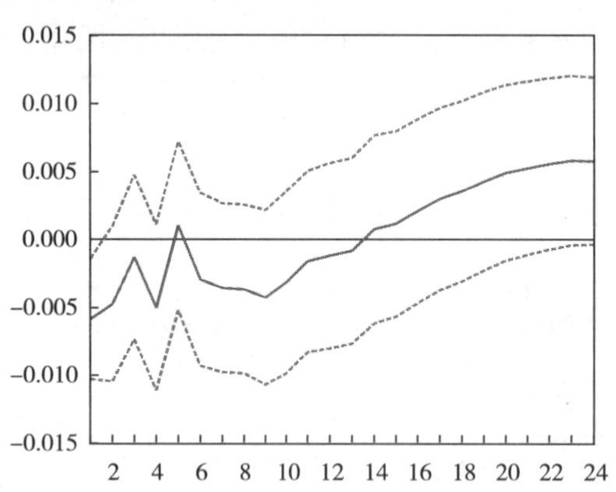

图3 实际有效汇率冲击引起出口价格波动的响应函数

以上两组模型结果与本次企业调查结果一致，亦即人民币升值会促使出口价格提升，但传导不完全且相对滞后。这与我国生产型企业所处的产业链位置以及出口定价模式是密不可分的。一方面，多数企业不掌握核心技术，面对国际需求下降及国内外竞争加剧的双重压力，议价能力相对较弱，出口定价的加成比率相对较低，难以通过提价完全转移汇率风险。另一方面，部分企业采取季度性或年度报价，合同期内无法调整出口价格，汇率传导具有一定的滞后性。

2. 汇率波动对出口数量的影响

从模型二的脉冲响应分析和方差分解结果看，在人民币对主要贸易币种升值初期（在第 2 ~ 5 个月），升值会导致企业出口数量下降，但随着时间的推移，升值的不利影响会逐渐减弱，对出口数量变化的贡献率最大达到 19.5%。这与 Choudhry（2005）、吴武清等（2008）的研究结论一致，亦即人民币升值导致企业出口量减少，这种效应具有一定的滞后性。

（二）企业出口经营效益影响因素分析

2005 年汇改以来企业外销利润率明显下滑，与内销利润率差距不断拉大。问卷调查结果显示：84.4% 的企业认为国际市场需求变化是影响企业出口经营业绩的最主要因素，46.9% 的企业认为汇率变化

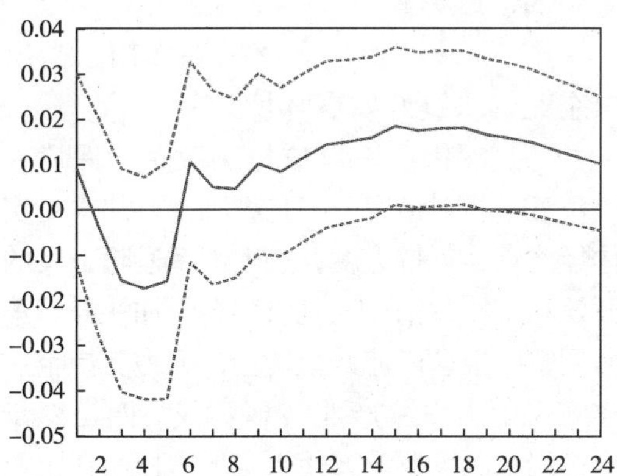

图5 实际有效汇率冲击引起出口数量波动的响应函数

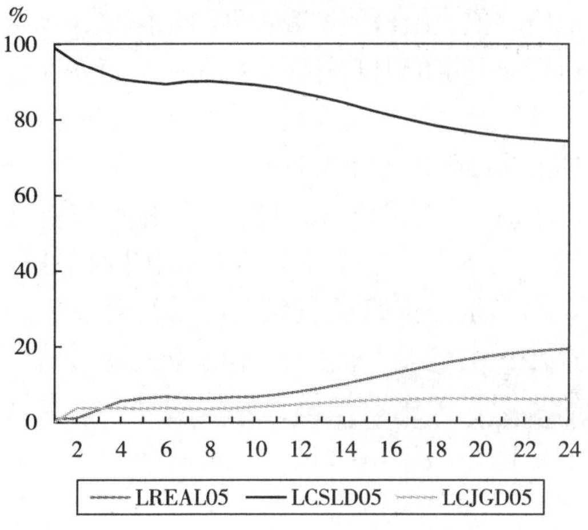

图6 出口数量指数方差分解

也是主要影响因素之一。为进一步了解汇率波动对企业出口盈利的影响，我们基于32家生产型出口企业2005年、2008年、2011年三个年度的调查信息构建了Panel Data模型。

经Hausman检验，采用Panel Data变截距固定效应模型进行估计。从表2的模型输出结果来看，国内采购成本比重每提高1%，企业出口销售利润率将下降0.76%；人工成本比重每提高1%，则企业出口销售利润率将下降0.08%。人民币兑美元汇率的回归系数未通过t检验，说明汇率变动对样本企业出口盈利影响暂不显著。这与Muller等（2006）的研究结论一致，亦即汇率波动并未对企业出口利润产生显著影响。

表2 出口销售利润率Panel Data模型输出结果

自变量	估计系数（t统计量的收尾概率）
进口成本比重	−0.03（0.7802）
国内采购成本比重	−0.76（0.0001）
人工成本比重	−0.08（0.0339）
出口退税比重	−0.43（0.4679）
人民币兑美元汇率	6.64（0.3831）
全球GDP实际增长率	−5.9（0.4618）
均方误差	13.2352
拟合优度	0.6636
确定效应F检验	3.17（0.0003）

三、值得关注的问题

（一）金融危机及外部环境恶化对企业出口影响程度超预期

本次国际金融危机的影响范围和程度以及持续时间远超预期，国际市场需求复苏缓慢，随着欧债危机进一步深化，外需疲弱再次对我国出口造成明显影响。2005年，样本企业出口销售利润率为3.6%，2008年降至1.7%，2011年小幅提高到1.8%，仍明显低于汇改当年的水平。除欧美市场外，政治动荡等因素导致中东、非洲等地区订单骤减，新兴市场经济增长放缓也导致我国与部分新兴市场经济体双边贸易减速。

（二）成本上升对“中国制造”的优势地位构成严峻挑战

原材料价格和劳动力成本上涨降低了企业出口竞争力。一些高新技术加工出口企业，生产设备及中间投入品等关键要素需从国外进口，普遍面临进口成本上升的压力，但外销价格上涨幅度却不及前者。随着近年来国内技术工人供需缺口扩大、通胀压力上升、最低工资标准提高、工人强制保险制度的推出，企业人工成本不断上涨。为应对工人流动频繁和招工难等问题，企业加大调薪频率，降低用工标准。某服装加工企业实际人工成本超过3 000元人民币，是越南的4倍、柬埔寨的8倍。

（三）主要出口产品附加值较低，仍位于全球产业链较低端

中国已成为“世界工厂”，但受限于跨国公司国际分工以及我国企业技术水平落后等因素，始终以生产加工低附加值的中间产品为主，位于全球产业链较低端位置。调查显示，32家样本企业中，生产低附加值产品的企业占68.8%，生产高附加值产品的企业仅占31.3%，前者的利润率远低于后者。2011年二者的出口产品平均销售利润率为－3.4%和4.9%，分别比2005年下降9个和4个百分点。

（四）企业汇率波动承受能力正在降低，汇率风险控制手段相对匮乏

一些低附加值产品生产企业由于外销利润率较低，对汇率波动的承受能力相对较弱。据某服装加工企业估算，2005年汇改到2011年末，人民币升值带来的利润损失占到利润总额的20%～25%。2011年该公司出口销售利润率为4.6%，较2005年下降4个百分点。随着利润空间的缩小，企业对汇率波动的承受能力正在减弱。一些外资企业受海外总部经营业绩不佳影响，也难以将汇兑风险转嫁给总部。

调查发现，部分企业汇率风险意识不够，汇率避险工具使用不足。企业普遍反映银行提供的汇率避险手段有限，成本高、灵活性差，对企业汇率避险的指导力不强。随着汇率波幅扩大，企业选择人民币跨境结算意愿有所增强，但由于交易对手缺乏人民币或境外支付不便而受阻。

四、政策建议

（一）政府积极发挥引导作用，为出口企业提供良好发展环境

一是深化汇率形成机制改革，保持人民币汇率相对稳定。二是鼓励银行加大对实体经济资金支持力度，加大汇率避险工具的开发和宣传营销。三是引导企业加快经营策略调整，推动产业升级转型，大力支持企业实施“走出去”产业转移步伐。四是稳步推进用工制度改革，使人工成本控制在企业所能承担的范围之内，为企业转型提供缓冲空间。五是可适度降低出口企业税负，如企业所得税、出口关税等，并给予国家鼓励出口行业一定的财政补贴。六是引导行业商会发挥积极作用，改变目前中国企业在国际市场上无序低价竞争的现状。

（二）推动人民币离岸市场和跨境支付体系建设，加快推进人民币国际化进程

一是加强跨境贸易人民币结算业务的宣传，引导企业增强使用跨境人民币结算的意识，为企业提供全方位指导。二是推动人民币离岸市场建设，提高海外人民币存量，降低交易对手获取人民币的成本。三是加强人民币跨境支付体系建设，减少人民币跨境支付障碍。

（三）企业应积极适应汇率变化，加强汇率风险管控手段

一是加强外币资产负债管理，尽量做到币种匹配。二是适度增加原材料进口采购比重，缩小外币资产负债规模差异。三是与外商协商缩短应收账款的回收期限以缩短汇率变动的期限，并尝试在合同中加列汇率条款，适当转嫁汇兑风险。四是充分利用出口押汇、人民币外汇期权等银行汇率避险产品，减少汇兑损失。

（课题组成员：金梅、周丹、侯晓霞）

关于北京地区“三农”金融服务情况的调研

中国银行业监督管理委员会北京监管局

为了贯彻落实中央经济工作会议、全国金融工作会议精神，确保中国银监会各项涉农金融服务措施“落地”，引导辖内商业银行的涉农金融产品和服务与北京市农业产业发展规划、各区县农业实体经济需求实现有效对接，北京银监局在2012年上半年通过召开“三农”金融服务座谈会，组织多个调研组深入远郊区县走访银行机构、企业和项目等方式，对北京市银行业金融机构“三农”金融服务情况进行了深入调研。

一、北京地区“三农”的基本情况

目前，北京市共有10个远郊区县，主要承担着城市功能发展和生态涵养发展这两大类职能。截至2011年末，全市耕地面积335万亩，约占郊区土地总面积的14.59%，占全市总面积的13.61%。2011年，北京市农林牧渔业实现增加值136.2亿元，占全市地区生产总值的0.9%。现有常住人口中，居住在乡村的人口为275.3万人，约占全市常住人口的14.0%。

调研了解到，近年来北京市推进“三农”发展的步伐在不断加快，“三农”发展的成效正在逐步显现。一是农民人均纯收入不断增长。自2007年至今，北京市农民人均年收入增速均在10%以上，收入绝对值明显高于全国平均值，在全国各省市排名中仅略低于上海。2011年，北京市农民人均纯收入为1.47万元，收入增速达到13.6%，再创五年来的新高。二是农村面貌发生显著变化。“十一五”期间，北京市推行了财政资金购买生态服务政策，实现了“村村通油路”、“村村通公交”、“村村通信息网络”、“村村有文化设施”、“村村有健身设施”、“村村有医疗卫生网络”等农村公共服务的全覆盖，实施了“五项基础设施”和“三起来”工程建设。三是农业产业不断升级。北京市树立了多个驰名中外的农业品牌，培育了一批农业产业链上的龙头企业。如平谷区将平谷大桃打造为“中国名牌农产品”和中欧地理标志互认产品；通州区围绕潮白河流域、运河流域两个自然风光景区打造观光休闲农业品牌；大兴区培育出以秋实农业、资源亚太等为代表的多家国家级农业龙头企业和以美丹食品公司、丰收葡萄酒公司等为代表的多家市级农业龙头企业。四是农业内涵继续深化。“十一五”时期，北京市树立了发展现代农业的目标，“十二五”期间，北京市将进一步探索以服务城市、繁荣农村为导向、以现代农业产业体系为载体、三大产业相融合的都市型现代农业体系建设，进一步开发农业在生产、生活、生态和示范等领域的功能或价值。

二、北京地区银行业金融机构在开展“三农”金融服务中的良好做法

2009年以来，北京银监局先后出台《关于促进辖内银行业金融机构大力支持

首都农村经济发展的指导意见》（京银监发〔2009〕69号）、《关于金融支持农民专业合作社发展的意见》（京银监发〔2011〕151号）及《关于进一步做好北京地区“三农”金融服务工作的通知》（京银监通〔2012〕16号）等一系列政策文件，并连续三年提出了涉农信贷投放“两个不低于”的工作目标，要求各行全面了解农村地区区域特色和政策导向，持续加大“三农”领域的信贷支持力度，积极开发满足“三农”金融需求的新产品和新机制，在农村地区增设银行网点和提供延伸服务，进一步满足“三农”客户的金融需求。

在北京银监局的大力引领督导下，辖内银行积极探索加大对上下游农业产业链和都市型现代农业等领域的金融服务力度，在优化网点布局、改进管理机制、创新特色产品、完善支付渠道、普及金融知识等方面做了大量工作。截至2012年6月末，北京地区银行业金融机构涉农贷款余额3 003.37亿元，比年初增加531.29亿元，增长21.49%。涉农贷款增量比上年同期增加15.3亿元，涉农贷款增速高于全部贷款平均增速14.67个百分点，阶段性地完成了中国银监会年初制定的涉农贷款“两个不低于”的工作目标。

（一）积极响应监管引领，优化“三农”网点布局

辖内银行业金融机构积极响应北京银监局提出的在区县增设营业网点、改善“三农”金融服务基础性条件的号召，探索了“涉农”业务的集成管理。北京银行于2009年整合了远郊区（县）营业网点成立了郊区管理部。三年多来，郊区管理部先后新设和筹建营业网点13家，目前下属网点达到26家，覆盖北京市的10个远郊区县。试点了“三农”信贷专营机构。中国邮政储蓄银行北京分行在大兴区、密云县等地设立了“三农”信贷专营机构和专业支农型支行，增强专业化服务能力。截至2012年6月末，该行共设立类似的信贷专营机构41家，支农型支行网点30个。多家具备服务“三农”和小微企业特色的银行在郊县发起设立了村镇银行。截至2012年6月末，已有包括台州银行、九江银行、包商银行等8家银行在北京地区发起设立村镇银行8家，分布在7个远郊区县，注册资本7亿元，员工总数369人，资产规模达到53.37亿元，累计发放各项贷款68.29亿元。村镇银行已成长为服务县域和“三农”的一支新生力量。

（二）围绕差别化市场定位，坚持对“三农”的全方位支持

辖内银行业金融机构种类齐全，市场定位和特色优势各有不同，在监管引领下，各行通过相互竞争与密切合作，发挥了支农领域内的协同效应。政策性银行积极介入期限较长的大型开发性农业项目，有力推进北京市“城乡一体化”建设。如国家开发银行北京市分行发放贷款近5亿元用于大兴区内三条河流环境综合治理项目；发放贷款近12亿元，配合大兴区榆垡、庞各庄等镇的新民居项目建设和“农村五项基础设施”建设。农发行北京市分行在2011年发放77.26亿元用于区内的非经营性农村路网建设、农村土地整治和农民集中住房建设。大中型商业银行通过商业化运作大力支持农业产业化龙头企业发展。如在农业银行北京市分行等银行的大力支持下，北京秋实农业发展公司资产总额在五年时间内增加了4倍，净利润增长了216%，由一家经营羊肠衣的中

型企业成长为国家级农业龙头企业；北京银行先后向北京金福艺农农业科技集团公司提供6 800万元的信贷资金，使其在三年内成长为拥有300栋智能日光温室、1 000平方米自动化电脑控制温室、700亩高效生态农业示范园的都市型农业示范企业。地域性银行机构积极扶持乡镇或村庄内的中小企业、农村经济组织或农户的生产经营。截至2012年6月末，北京辖内村镇银行在区县内已累计发放农户贷款16.22亿元，累计发放小企业贷款37.40亿元。中国邮政储蓄银行北京分行为大兴区安定镇佟营村从事牛羊养殖的农户先后提供贷款1 200多万元，使养殖规模由原来的年出栏量4 000只发展到目前的年出栏35 000只。

（三）对接政府发展规划，推进都市型现代农业的发展

2005年以来，北京市制定了“221行动计划”①，以发展籽种农业、循环农业、观光休闲农业和科技农业为核心，建立起推进都市型现代农业发展的工作机制。辖内各行积极与政府发展规划对接，配合市县政府部门实施了一批重大工程。一是积极支持设施农业建设。如北京银行自2010年开始支持密云县设施农业建设的试点村河南寨镇金沟村，两年时间帮助该村建成占地360亩的日光温室大棚169栋。二是大力促进立体农业构建。如中国邮政储蓄银行北京分行向房山区琉璃河镇发放贷款133笔，金额700万元，帮助当地村民发展林下经济，在梨树间种起了玉米、蘑菇、山药、金银花等农作物，从无到有逐步构建立体农业生产环境，有效带动农民增收。三是有效推动有机、循环农业重大项目建设。如北京银行提供融资4.07亿元与区政府、正大集团、农民专业合作社在平谷区峪口镇共同推进“四位一体”300万只蛋鸡项目，建设国内规模最大的科技型循环农业养殖场所，推动平谷地区家禽产业向有机高端蛋品生产升级。四是全力配合“菜篮子”工程。如国开行北京市分行与首农集团签订融资总量达300亿元的《支持首都“菜篮子”三保障体系建设合作协议》，在该协议项下，国开行北京市分行仅投向三元食品工业园项目的资金就达到4.71亿元。

（四）创新涉农金融产品与服务手段，满足“三农”客户差异性需求

一是通过信贷产品创新满足“三农”领域的多项资金需求。如北京大兴九银村镇银行先后开发了“雪中炭”、“无声贷”、“农家乐”、“绿园宝”等一揽子产业特色鲜明的涉农信贷产品，并配套推出了抵押、保证以及“邻帮邻”联保等贷款模式。中国邮政储蓄银行北京分行推出了“农业基础设施建设”小额贷款，主要采取农户保证、农户联保形式，允许结合设施农业生产经营生产周期确定个性化的还款期限。北京银行在2012年推出“农业金融供应链”支持模式，将农民、农业专业合作社、农产品加工贸易等农业龙头企业紧密结合起来，实现了供应链条各节点的供需对接。二是通过渠道创新提高农村地区金融服务的可得性和便利性。2010年以来，北京农商银行推出了“乡村便利店”、“乡村自助店”等全新服务模式，改善了农村地区特别是偏远村庄居

① 《北京市农村工作委员会关于实施“221行动计划”推进北京农业现代化的意见》，是指摸清市场需求和农业资源两张底牌，搞好科技和资金两个支撑，搭建一个信息平台。

民的基本金融服务环境。截至2012年6月末，已建成23家“乡村便利店”和6家“乡村自助店”，累计为超过4.95万的村民提供了存取款、查询、转账、自助缴费、存折补登等自助服务，完成存取款交易约14.03万笔，交易金额超过1.5亿元。三是通过机制和流程创新提高涉农贷款效率和员工支农积极性。如中国邮政储蓄银行北京分行将审批权限下放到各一级支行和代理点，同时通过对信用评级良好农户“预授信”方式，使部分农户用款实现了“随用随支”。北京银行简化农户贷款手续，设计易于填写的农户贷款申请表，并与担保公司同步开展贷前调查，使农户贷款放款速度从一周多缩短至三个工作日。大兴华夏村镇银行制定了客户经理的下乡补助制度，对涉农业务实行业绩奖励系数高于非涉农业务的倾斜政策。中国邮政储蓄银行北京分行三年来优先招聘近300名大学生“村官”，并通过“培训+实践”的模式，促进了大学生“村官”向复合型金融人才的转型，使之在支农惠农工作中发挥了重要作用。

（五）积极响应政策号召，切实履行社会责任

一是实施涉农贷款优惠定价。如农发行北京市分行以保本微利为原则确定涉农贷款定价机制。该行2011年涉农贷款最高执行基准利率，现有涉农贷款中约45.23%执行了下浮利率。中国邮政储蓄银行北京分行针对信用好的农户提供优惠利率，推行“还五免一”的优惠政策。二是为区域改革发展提供融智服务。如国开行北京市分行参与了《北京市“十二五”城乡经济社会一体化发展规划》的编制及《大兴区申请全国农村改革试验区开展农村金融改革试验的方案》的起草。三是积极参与金融知识义务宣传培训。如北京农商银行与农委和妇联等部门相互配合，开展了“走千村、进万户—送贷下乡”活动，走进村镇、走进田间地头向农村地区百姓发放宣传材料，讲解信用知识，解读金融产品。

三、金融支农与“三农”需求对接中的主要问题

（一）部分区县政府对都市型现代农业的重视程度和投入力度相对不足，难以契合“十二五”发展规划的需要

2012年6月，北京市发布《“十二五”时期都市型现代农业发展规划》，相关内容显示，北京的都市型现代农业在发展过程中面临着土地后备资源明显不足、农产品市场自主供应和应急保障能力不足（如2010年，北京市的蔬菜、猪肉、禽蛋自给率分别为28%、30%和56%）以及农产品生产在政策扶持、基础建设、技术支撑等环节仍需挖潜等问题。针对上述问题，规划中提出了“十二五”期间的发展目标：要使农业在2015年末成为北京市农产品供给、宜居城市的生态景观和农民增收的基础保障①，并建立完善的农业信息化服务体系等。

调查中发现，部分区县政府对市政府所倡导的都市型现代农业生产领域的重视程度以及有关的财政投入相对不足。如承担国家级“农村金融制度综合改革试验区”任务的大兴区，未来三年区政府拟在城乡结合部拆迁改造和工业大院建设中

① 包括首都蔬菜、猪肉自给率提高到35%和30%，禽肉、禽蛋、牛奶的自给率分别达到70%、66%、68%以上，设施农业产值和效益提高20%以上，农业服务业收入提高30%以上等。

的主导投资将在2 000亿元以上，而同时期对都市型现代农业领域的财政性补贴每年仅4 000万元到5 000万元。

（二）农业保障和补偿机制未能同步跟进，无法充分发挥对银行授信的风险缓释作用

一是现有保险机构、产品和保障水平难以满足农业的风险保障需要。由于涉农项目普遍具有经营地域分散、季节性周期性强、还款来源单一、运营效率和经营收益低、抗风险能力弱等典型的风险特征，所以多数商业性保险公司不愿开展此类业务。目前全市只有4家保险公司[①]经营了农险业务，少数区县甚至只有一家保险公司在做，农险市场的有效竞争不够充分，服务水平有待提高。另外，“十一五”结束时，北京市政策性农业保险的覆盖率[②]约为40%，而实际保障程度[③]还不到40%。目前已开办险种基本以养殖、粮食种植和农机具购置等为主，尚无法覆盖部分新型都市现代农业项目。如通州区温室蔬菜种植、食用菌生产等设施农业，政策性保险仍未涉足。农业保险的不充分使银行发放相关贷款时存在较多顾虑。

二是农村信贷的担保瓶颈尚未突破。农户宅基地使用权、农村土地承包经营权、集体土地上建立的厂房车间等权益和资产在现阶段仍不具备成为抵质押物的条件，银行难以在现有法律框架下落实风险缓释措施。一般的商业性担保公司对涉农项目的担保意愿较弱，或即使部分担保公司愿意提供担保，但收取3%～5%的担保费和评审费也使部分涉农客户望而却步。目前，北京地区专门从事农业担保的仅北京市农业担保公司这一家机构，公司注册资本5.6亿元人民币，根据《融资性担保公司管理暂行办法》，担保公司能够承担的担保责任余额不得超过其净资产的10倍，因此涉农业务的担保需求还不能得到充分满足。

三是政策性风险补偿机制存在缺失。目前北京市和各区县均未建立农村金融服务风险补偿专项基金、金融网点下乡或金融机具下乡补贴制度，无法对银行从事涉农贷款业务提供利差补贴或损失抵补，加之北京市县域银行网点盈利能力处于较低水平（如2011年，密云和延庆两县银行网点的平均利润为189.8万元，仅为城区网点平均利润的6.2%），影响了银行在农村地区开立网点或布放金融机具的积极性。

（三）财政政策对金融支农的支持力度有待提高

一是中央财政对金融支农的直接鼓励政策还有待完善。2010年财政部印发的《财政县域金融机构涉农贷款增量奖励资金管理办法》规定的适用对象是18个粮食主产省（区）或西部省（区）的县域金融机构，尚未将北京市的区县金融机构纳入且文件中还规定并非所有的增量涉农贷款都能够获得奖励[④]。另外，《中央财政农村金融机构定向费用补贴资金管理暂

① 包括中国人民财产保险股份有限公司、中华联合财产保险公司、安华农业保险股份有限公司和华农财产保险股份有限公司。

② 是指开办农业保险的险种总产值占全市农业总产值的比例。

③ 是指政策性农业保险各险种保险金额占各险种产值的比例。

④ “农村企业及各类组织其他生产贷款”、“城市企业及各类组织农林牧渔贷款”和“城市企业及各类组织支农贷款”这三类涉农贷款还不能适用该奖励办法。

行办法》中规定，定向费用补贴政策[①]仅面向三类新型农村金融机构（村镇银行、贷款公司和农村资金互助社）和基础金融服务薄弱的西部偏远地区乡（镇）银行业金融机构，而对农村商业银行和办理涉农信贷业务的其他商业银行均不适用。

二是部分地方政府的强农惠农政策与商业银行信贷未能实现有效配合。如大兴区农委出台政策对区域内的农民专业合作社择优进行每家10万~30万元的资金扶持，对农业标准化基地及有机、绿色、无公害基地建设给予了每家2万~10万元的资金扶持，对每个典型示范户样板田（园、场）提供15 000元补贴资金等。但是这些政策大多采取的是向所扶持产业、工程、群体或组织直接发放相关补贴的模式，这种财政补贴模式由于缺乏与商业银行的合作，难以发挥补贴资金对信贷资金的杠杆作用。

（四）部分银行的涉农信贷管理机制亟待改进

一是涉农信贷准入门槛设置不科学。部分银行在客户信用等级、抵质押担保条件、财务指标等方面对涉农业务设定的信贷门槛偏高，造成部分农户、农村经济组织和涉农小微企业知难而退。二是涉农信贷考核机制不健全。多数银行尚未建立涉农不良贷款容忍度或绩效考核等方面的差异性制度，导致基层机构和客户经理发放涉农贷款的积极性不高。三是涉农信贷培训机制不到位。有的银行未能切实提供涉农产业常识、发展规律和市场动态等方面的培训和技术支持，导致一线工作人员对涉农业务存在畏难情绪。四是涉农信贷定价机制不合理。部分银行在涉农信贷定价上未能充分考虑产业利润率、地区发展水平以及经营成本的差异，对涉农信贷业务利率采取“一刀切”。

四、相关建议

（一）国家宏观政策要加强引导，提供保障，构建合力支持“三农”发展的局面

一是通过财政政策构建政府支持和商业手段相结合的风险补偿机制，实现与银行信贷产品的有效衔接，充分发挥财政支农资金对涉农信贷资金的撬动作用。二是通过落实涉农贷款损失准备金税前扣除政策、推广涉农贷款利息收入营业税减征等优惠政策以及适度放宽农户不良贷款核销政策，提高银行机构服务“三农”的内生动力。三是通过相关扶持政策引导保险机构推进农险业务，扩大农险范围和保险覆盖率，提高出险后偿付标准，为农业生产和银行放贷解除“后顾之忧”。四是通过差别化监管政策有效发挥金融监管的引领作用。如通过市场准入的“绿色通道”、差异性监管资本要求和推进利率市场化等手段，引导银行业金融机构到郊区县设立分支机构，适度增加农村金融市场的供给主体，增强银行相互间的竞争活力，促进形成合理的资金价格和良好的金融服务格局。

（二）地方政府要立足当地，加强服务，建设有利于农村金融改革发展的金融生态环境

一是站在国家战略的高度，牢固树立传统农业是立国之本的理念，在城乡统筹发展过程中进一步加大对传统“三农”领域的支持力度。二是积极调整现有的地方财税补贴政策，财政预算要加大在农田

① 《关于印发〈中央财政农村金融机构定向费用补贴资金管理暂行办法〉的通知》（财金〔2010〕42号）。

水利基本建设、开发性农业等公共领域方面的投入。研究设立涉农金融服务的风险补偿基金，适度分担涉农信贷业务风险。切实提高涉农信贷定向补贴、增量奖励政策等的执行力度，保障优惠政策的及时落地。三是通过减免租金、减免税费等优惠条件，吸引各类金融机构入驻，并通过提高违约成本、提供信誉正向激励等措施加强信用环境建设，为金融支农营造适宜的信用环境。四是积极推进集体土地使用权的改革，协助涉农银行业金融机构开展土地确权、抵押以及变现等工作，有效降低涉农信贷业务风险敞口。五是科学推进城乡一体化建设。如拓宽城乡结合部改造和园区建设的融资渠道，尽量组织“拼盘融资”①，减轻大型项目对银行贷款的依赖程度；构建信息共享机制；保证银行对政府偿债资金账户和收费权账户的监督控制权力；合理规划项目进度，保证资金封闭运营，减少资金挪用风险等。

（三）银行业金融机构要结合实际，差别定位，主动对接区域发展战略，切实履行支农社会责任

一是找准市场定位，政策性银行和国有银行等大中型机构应进一步拓宽金融支农的服务领域，完善服务“三农”的管理机制，继续在支持开发性农业、农田水利基础设施建设以及支持农业龙头企业发展等方面做出特色。地方性法人机构特别是村镇银行应保持与地方政府的充分沟通，在全面了解地方政府区域发展规划的基础上，有效发挥网点遍布城乡的地缘优势和人脉优势、立足服务“三农”和“小微”，重点关注农业产业链上下游的小微企业、农民专业合作社和“菜篮子”工程等方面的资金需求，在服务“小微”、支持“三农”方面打出品牌。

二是履行社会责任。首先，加快产品和服务创新，着力开发面向本地新农村建设、农业产业升级、农民生活改善及收入提升等需求的特色金融产品。其次，合理确定涉农金融产品定价及服务收费项目，在商业可持续的前提下，尽量让利于“三农”，有效服务实体经济。再次，加大对农村地区、特别是偏远地区金融知识宣传讲解的深度和广度，增强农村地区社会公众的风险意识，提升农村地区社会公众识别和防范金融风险的能力。最后，以提高涉农金融服务渠道的广度、密度和深度为重点，建立物理网点与非物理网点相互补充、自助设备和工作人员相互配合的多元化服务渠道，提升农村地区金融服务的可获得性。

（张中奇）

① 如可注入政府部门的直接投资，可以引入外部风险投资基金，还可以探索地方融资平台发债机制等。

当前我国银行业消费者保护的难点与建议

中国银行业监督管理委员会北京监管局

在2008年次贷危机中，美国以惨痛的代价向全世界展示，金融消费者权益保护领域极其微小的漏洞也可能会令整个金融大厦瞬间坍塌。监管部门如果只关注金融机构的利益诉求而忽视消费者权益保护，势必会破坏金融业赖以生存和发展的基础。在后金融危机时代，多国监管者均在进行反思与变革，并采取行动将金融消费者权益保护与金融监管改革紧密结合。我国银行业正处于市场开放和变革的关键时期，如何能够兼顾金融创新和金融消费者权益保护，是值得深入探讨的问题。

一、当前银行业消费者权益保护工作中存在的难点问题

第一，金融消费者权益保护相关法律基础尚不完备，分业监管模式容易造成法律真空或冲突。世界银行《金融可获性报告2010》在对各国金融消费者保护评估后指出，金融消费者保护规定散见于各种形式的法律中。在118个有消费者保护立法的经济体中，48%既有专门的消费者保护立法又有金融部门法律框架下的相关立法，法律经常彼此冲突，导致产生复杂的监管结构，使法律的贯彻执行面临挑战。在当前我国银行、证券、保险三大领域的金融服务出现融合的背景下，一旦出现复杂的消费者权益纠纷，现有分业监管体系可能会导致法律真空或彼此冲突。

第二，银行业消费者权益保护仍停留在服务规范和客户投诉处理等微观细节层面，尚未从宏观审慎视角全面思考消费者保护的真正内涵。银行业金融机构普遍处于消费者权益保护流程制定和机制建设的初级阶段；相关制度规定仍然停留在服务规范和客户投诉处理等细节微观层面，尚未从产品创新流程管理、产品信息披露、争议解决处理机制等方面，全面思考消费者权益保护的真正内涵。

第三，金融创新过程中无法彻底避免侵害金融消费者权益行为的发生。一是在产品销售过程中，银行与客户对新产品内容和功能的理解存在差异，消费者在使用产品和接受服务过程中可能产生权益上的纠纷。二是银行对于新产品的业务操作不够完善，操作差错易造成消费者权益受到侵害。三是部分产品设计过程中存在损害金融消费者利益的隐患，表现较为突出就是2008年以前的QDII类理财产品，多款产品在投资设计上存在缺陷或不合理之处，仅挂钩单一基础资产，而未考虑风险的分散。在2008年全球股市、汇市、楼市、黄金、原油等市场遭遇不同程度损失的情况下，基础资产价格一路下滑，大量QDII类理财产品出现零收益甚至负收益，导致投资人损失惨重。

第四，消费者对银行业金融机构的期望值普遍提高，失误容忍度下降。当前消费者对银行业产品和服务的期望值越来越高，维权意识越发强烈。同时，“买者自负”理念在银行业消费者中尚未普及，

少数客户不接受市场规则，不愿承担基金、理财、保险等产品收益的损失；个别客户提出无理诉求，甚至是恶意投诉；部分客户投诉时利用媒体曝光、司法诉讼、信访投诉等方式施压，给银行业金融机构造成较大的负面影响。

第五，需要在保护金融消费者合法权益和维护银行业正当权力之间寻找合理的平衡点。目前，部分专家学者认为在法律维权过程中，由于存在信息不对称和诉讼成本等问题，消费者很少也很难通过诉讼的途径获得损害补偿。但银行业普遍反映，在司法实践过程中，司法部门从维护社会稳定和谐的角度出发，在审理银行机构与消费者之间的纠纷时往往更倾向于维护消费者权利，有时会损害银行应享有的合法权益，可能导致个别消费者出现道德风险。

二、关于做好银行业消费者权益保护工作的政策建议

第一，做好消费者权益保护的基础性支持工作。一是建立健全银行业消费者权益保护法律体系。银行业消费者权益保护范围“宜窄不宜宽”，应重点解决消费者合法权益受到侵害的情况；对于消费者提出的更高层面要求，应随着消费者权益保护工作的逐步深入和成熟，以及银行业金融机构服务能力的提升逐步解决。二是建立消费者权益保护工作规范化流程。消费者权益保护工作流程的建立“宜简不宜繁”，主要是因为金融服务纠纷事项普遍具有起因小、群众急等特点，处理环节多、时间长容易引起消费者不满，导致投诉的指向由银行业金融机构转化为监管部门。另外，繁杂的程序性工作会占用大量的监管资源。三是建立统一的投诉处理信息管理系统。一方面，利用投诉事项登记和信息流转的系统化，解决相关信息重复登记、纸质文件流转签收等问题，既减少了程序性工作量、提升了处置效率，也便于监管人员及时了解工作全貌和上级部门对工作的检查监督。另一方面，利用管理系统的统计分析功能，对消费者投诉数据进行系统记录和持续追踪，并与消费者行为研究和持续市场调查相结合，识别潜在的消费者权益保护问题，为制定和调整相关政策提供依据。

第二，对银行业消费者权益保护工作要有一个科学、清晰的定位。一是银行业监管部门在消费者权益保护工作中的定位“宜粗不宜细”。中国银监会应加强对金融消费者权益保护工作的原则性指导，制定投诉处理基本原则，针对投诉的定义、范围，对有责投诉、无理投诉等进行明确的定义和划分。督促银行业机构在原则框架指导下，妥善处理各类投诉纠纷。二是消费者权益保护工作在银行业整体监管业务中的定位“宜专不宜宽”。银行业监管部门一方面应推动消费者权益保护工作专业化，设立专业部门，实行专业化条线管理；另一方面，应尽量平衡机构监管部门工作，避免出现全局忙投诉处理、监管资源严重倾斜的情况。三是银行业监管部门与其他部门职权划分定位应“到位不越位”。一方面要明确其他部门在银行业消费者权益保护中所承担的职责和开展的工作，对于进入司法、信访等其他部门处置程序的消费者权益保护事项暂时不予受理，同时积极配合相关部门开展工作。另一方面，要充分认识银行业监管部门的法律地位，在执行监管职权时，不能干预银行业金融机构内部经营，不能介入机构与消费者之间的合同关系，不能越权对是否赔偿及赔偿方案等作出判定。

第三，树立抓消费者权益保护的长效机制建设的理念。一是培育银行业金融机构保护消费者权益的理念。银行业金融机构应将消费者权益保护上升到公司治理层面，尤其是在金融创新中要注意使业务研发贴近客户需求，严控风险节点；业务推介过程中充分披露信息和风险；业务销售自觉遵守“卖者有责”原则；业务售后认真开展售后评价，不断优化、改进产品和服务。二是培育消费者自我风险识别和权益保护的理念。将银行业消费者教育作为消费者权益保护工作的重要内容，通过消费者教育使消费者提高风险识别能力、决策能力和自我保护意识，减少金融服务提供者与使用者之间的信息不对称现象，维护金融市场乃至经济的平稳运行。

第四，依法维护各方合法权益，建立公平的市场环境。应加强舆论引导，开展多部门沟通，营造公平的市场环境，力争在有效保护金融消费者权益和降低金融消费者道德风险之间寻找平衡点。同时，努力建立金融监管部门、行业协会、行政管理部门、司法仲裁机构、商业银行、金融消费维权组织、媒体舆论监督等共同参与的多维银行业消费权益保护体系，尽力解决因分业监管等造成的监管“真空”问题。

（张晓琦）

国有四大商业银行收益结构与盈利能力对比分析

——兼述当前形势下商业银行发展建议

中国工商银行股份有限公司北京市分行

前　言

工商银行、建设银行、中国银行、农业银行（以下简称四大行）是我国四大国有商业银行，自2010年农业银行成功上市后，目前四大行已全部是上市股份制商业银行。截至2011年末，四大行总资产51.27万亿元，占全国商业银行全部资产总额的58%，构成我国国有金融体系中的最基础部分，并在促进国民经济发展、发挥市场调控上起到了重要作用。目前，外部金融危机对我国金融及实体经济所造成的影响正逐渐深化，国际及国内市场复杂多变，前景难以预期，发展不容乐观。为应对危机，我国出台了一系列政策措施，鼓励产业升级及绿色经济，积极促进经济发展转型，而商业银行在转型中发挥了关键作用，同时，其自身的经营转型也体现了这种新的要求。对各家商业银行主要财务指标共性及差异的分析，尤其是对收益结构及盈利能力的分析，将有助于了解国有商业银行经营特点及在转型发展过程中的重要特征，同时，其所体现出的差异性也是各商业银行核心竞争力的集中体现。本文以近年四大行年报及2012年度半年报为基础，按监管要求所披露的主要财务指标，特别是对收益结构指标及盈利能力指标进行对比分析，以揭示各商业银行的发展潜力及发展趋势。

一、收益结构对比分析

（一）营业收入总体结构

利润表中营业收入主要由利息净收入与非利息收入构成。利息净收入主要指生息资产利息收入减付息负债利息支出。非利息收入中手续费及佣金净收入构成主体部分。

按照四大行披露2011年度报告，营业收入合计1.58万亿元，占全国商业银行营业收入的59.22%。合计实现利息净收入1.2万亿元，占全国商业银行利息净收入的56%；利息净收入同比增长21.26%，低于全国商业银行29.3%的增长幅度。合计实现非利息收入3 776亿元，占全国商业银行非利息收入的73.33%；非利息收入同比增长33.81%，低于全国商业银行46.3%的增长幅度（见表1）。

从2010～2011年四大行营业收入的对比来看，工商银行保持了收入大行的位置，并且同比增长额及增长率高于四大行平均水平。建设银行、中国银行、农业银行营业收入同比增长额较工商银行差距有扩大趋势。但农业银行自上市后营业收入增长率连续两年高于工商银行增长率。工商银行、建设银行增长率同比分别提高了1.73个和1.68个百分点，中国银行下降了0.67个百分点（见表2）。

表1 2009～2011年营业收入 单位：百万元

	营业收入			利息净收入			非利息收入		
	2011年	2010年	2009年	2011年	2010年	2009年	2011年	2010年	2009年
工商银行	475 214	380 821	309 454	362 764	303 749	245 821	112 450	77 072	63 633
建设银行	397 090	323 489	267 184	304 572	251 500	211 885	92 518	71 989	55 299
中国银行	328 166	276 817	232 198	228 064	193 962	158 881	100 102	82 855	73 317
农业银行	377 731	290 418	222 274	307 199	242 152	181 639	70 532	48 266	40 635

表2 营业收入增长 单位：百万元、%

	2011年				2010年			
	同比增长	增长率	同比增长较工商银行	增长率较工商银行	同比增长	增长率	同比增长较工商银行	增长率较工商银行
工商银行	94 393	24.79			71 367	23.06		
建设银行	73 601	22.75	-20 792	-2.03	56 305	21.07	-15 062	-1.99
中国银行	51 349	18.55	-43 044	-6.24	44 619	19.22	-26 748	-3.85
农业银行	87 313	30.06	-7 080	5.28	68 144	30.66	-3 223	7.60

但在2012年半年报中，工商银行营业收入同比增长14.1%，低于建设银行15.8%的增长率。

从营业收入构成来看，农业银行2011年利息净收入占比81.33%，2012年年中达到79.95%，在四大行中占比最高，显示传统利差收入业务比重仍然较大；中国银行2011年利息净收入占比69.9%，2012年年中达到69.06%，在四大行中占比最低。

从利息净收入占比同期比较来看，2011年末工商银行占比较同期下降3.42个百分点，农业银行下降2.05个百分点，建设银行下降1.05个百分点，中国银行下降0.57个百分点。工商银行2011年收益结构调整步伐明显快于其他三行。但2012年半年报显示建设银行、中国银行、农业银行利息净收入占比较年初均有所下降，但工商银行占比却提高了0.53个百分点。

（二）利息净收入

1. 利息收入结构

利息收入主要包括：客户贷款及垫款收入、投资收入、存放央行收入、拆存放同业收入等。

工商银行2011年利息收入5 895.8亿元，建设银行、农业银行、中国银行利息收入分别为4 810.14亿元、4 729.21亿元、4 131.02亿元（见图1）。

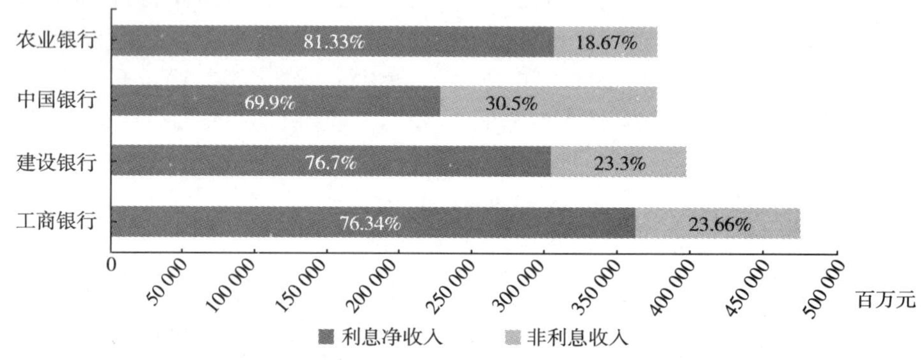

图1 2011年营业收入构成

从2011年利息收入内部构成占比来看，贷款及垫款利息收入占据主体部分。建设银行贷款及垫款收入最高，达到73.63%；其次是中国银行，占比71.87%。投资收入最高的是工商银行，占比20.54%；其次是建设银行，占比18.65%。从拆存放同业及存放央行合计占比来看，中国银行占比较高，达到14.39%；其次是农业银行，占比14.03%（见图2）。

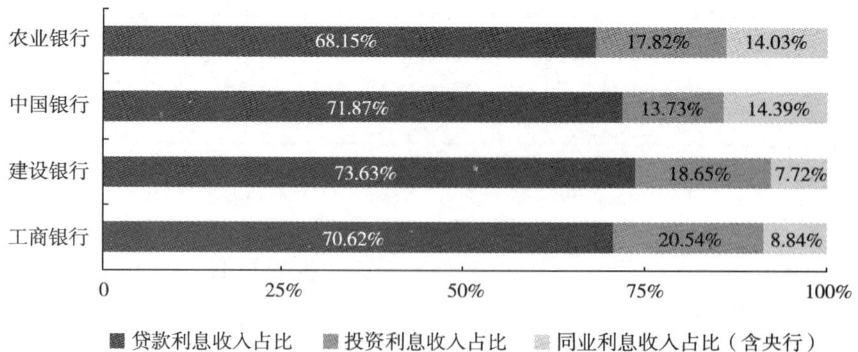

图2 利息收入构成

从近两年增长情况来看，工商银行利息收入增长最为显著，2011 年利息收入较上年增加 1 268. 18 亿元，其中贷款利息收入增加 1 002. 62 亿元，投资收入增加 144. 66 亿元，收入增长均位居四大行之首。农业银行收入增加 1 152. 61 亿元，居第二位；贷款利息收入增加 814. 05 亿元，排名第二位。建设银行利息收入增加 1 034. 07 亿元，其中投资收入增加 103. 99 亿元，排名第二位。中国银行利息收入增加 995. 69 亿元，在四大行中最低，但存拆放同业利息收入增加 200. 19 亿元，排名第一位（见表 3）。

表 3　2010 ~ 2011 年利息收入构成　　单位：百万元

项目	工商银行		建设银行		中国银行		农业银行	
	2011 年	2010 年	2011 年	2010 年	2011 年	2010 年	2011 年	2010 年
客户贷款及垫款	416 388	316 126	354 175	273 254	296 913	227 529	322 305	240 900
投资	121 077	106 611	89 716	79 317	56 728	53 987	84 266	78 247
存放央行	38 332	28 718	31 282	23 226	25 157	17 732	37 086	25 994
存拆放同业	13 783	11 307	5 841	1 810	34 304	14 285	29 264	12 519
利息收入合计	589 580	462 762	481 014	377 607	413 102	313 533	472 921	357 660

注：为四大行数据同口径可比，将建设银行买入返售及卖出回购金融资产净收入计入贷款收入。

2. 利息支出结构

利息支出主要包括存款利息支出、同业及其他金融机构存放和拆入款项利息支出及其他计息负债利息支出。

存款利息支出构成四大行利息支出中的主体部分。2011 年末，工商银行存款利息支出 1 886. 5 亿元，支出最多，既体现了存款第一大行的位置，也反映了成本支出的巨大负担。建设银行存款利息支出 1 519. 72 亿元，列第二位。中国银行与农业银行存款利息支出仅相差 7. 01 亿元。

存款利息支出较上年四大行均有明显增长，除农业银行外，工商银行、建设银行、中国银行增长均超过 400 亿元。与此同时，存款利息支出在利息支出合计中占比明显下降，工商银行更是下降 5. 2 个百分点。

与之相对应，同业及其他金融机构存放和拆入款项利息支出占比同比增长明显，工商银行增长 4. 72 个百分点，农业银行增长 3. 53 个百分点。四大行同业存款利息支出均增加 15 亿元以上。

其他计息负债利息支出相对稳定。除中国银行支出占比达到 3. 54% 外，其他三行占比均不超过 3%（见表 4）。

表 4　2010 ~ 2011 年利息支出构成　　单位：百万元

项目	工商银行		建设银行		中国银行		农业银行	
	2011 年	2010 年	2011 年	2010 年	2011 年	2010 年	2011 年	2010 年
存款	188 650	140 518	151 972	108 199	139 905	92 525	140 606	102 620
同业存拆放	32 809	15 503	20 464	14 367	38 579	22 370	21 646	11 007
其他计息负债	5 357	2 992	5 239	3 717	6 554	4 676	3 470	1 881
利息支出合计	226 816	159 013	177 675	126 283	185 038	119 571	165 722	115 508

（三）手续费及佣金净收入

近年来，在基准利率调整频繁，利率市场化逐步加快，存贷利差日渐收窄形势下，四大行积极展开业务创新，在中间业务市场服务与价格的争夺逐步加剧。中间业务收入的增长结构变化也充分表明了四大行核心竞争力的不同展现方向。

四大行手续费及佣金收入较上年均有明显增长。2011 年，工商银行手续费及佣金净收入 1 015. 5 亿元，是国内首家手续费及佣金收入及净收入突破千亿元的银行。与此同时，工商银行手续费及佣金支出增长率也超过其他三家银行（见表5）。

表 5　四大行手续费及佣金收支情况　　单位：百万元

项目	工商银行		建设银行		中国银行		农业银行	
	2011 年	2010 年	2011 年	2010 年	2011 年	2010 年	2011 年	2010 年
手续费及佣金收入	109 077	78 008	89 494	68 156	70 018	59 214	71 524	48 144
手续费及佣金支出	7 527	5 168	2 500	2 024	5 356	4 731	2 774	2 016
手续费及佣金净收入	101 550	72 840	86 994	66 132	64 662	54 483	68 750	46 128

工商银行基于客户优势，在结算与现金管理、投资银行、对公及个人理财、银行卡等服务收入上占优；建设银行在代理及托管业务上发展良好；中国银行在信用承诺、外汇买卖业务收入上领先；农业银行则在结算与清算手续费上紧追工商银行。

2010 ~ 2011 年，工商银行、建设银行、农业银行手续费及佣金净收入同比增长基本都超过 30%，增长率均超过净利润增长率，并且工商银行、农业银行增长率超净利润增长率 10 个百分点以上。中国银行 2011 年增长率同比基本持平，仅达到工商银行及农业银行一半的水平，2011 年增长率甚至低于净利润增长率。但受经济下行趋势及中间业务收费监管加强的影响，2012 年上半年四大行中间业务收入增长率同比均明显下滑（见表6）。

表 6　手续费及佣金净收入增长率　　单位：%

项目	工商银行		建设银行		中国银行		农业银行	
	2011 年	2010 年	2011 年	2010 年	2011 年	2010 年	2011 年	2010 年
手续费及佣金净收入增长率	39. 4	32. 1	31. 55	37. 61	18. 68	18. 41	49. 0	29. 4
净利润增长率	25. 6	28. 4	25. 48	26. 39	18. 81	28. 52	28. 5	46. 0

四大行收益结构逐步优化。2011 年末，工商银行、建设银行手续费及佣金净收入占营业收入之比超过 20%，建设银行达到 21. 91%，为四大行最高。农业银行占比同比增速最快，提高 2. 32 个百分点。中国银行 2011 年占比 16. 34%，在四大行中占比最低，且同比增速最慢（见图 3）。中国银行近年在经营转型过程中，结构优化的步伐明显较慢。

2012 年中报显示，农业银行手续费及佣金净收入占比较年初提高 0. 36 个百分点，四大行中只有农业银行占比提高，工商银行、建设银行和中国银行占比分别下降了 0. 73 个百分点、0. 22 个百分点和

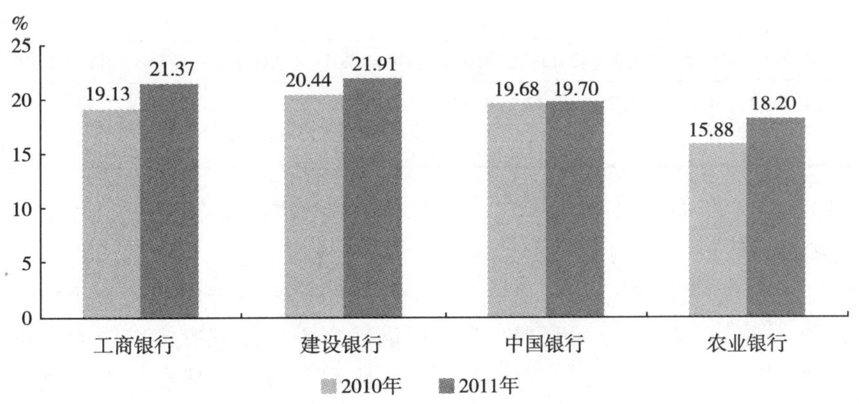

图3 手续费及佣金净收入占比营业收入

0.64个百分点。

（四）其他非利息收入

2011年末，其他非利息收入中国银行收入最高，达到354.4亿元，增长24.91%。主要是2010年第四季度至2011年央行多次加息，导致人民币与美元利差扩大，相应带来投资收益、公允价值变动收益扩大。国际市场上黄金等大宗商品价格快速上涨也给中国银行带来贵金属业务收入的大幅增长。

二、盈利能力对比分析

2012年以来，人民银行已进行两次不对称调息，对商业银行产品价格定价及内部利率管理造成重大影响，加快了利率市场化改革进程，对商业银行盈利能力及持续发展能力提出了更高要求。下面主要通过总资产回报率、净资产收益率、净息差、净利息收益率、贷款收益率、债券投资收益率、存款付息率、成本收入比、贷存比及人均效率等指标进行对比分析。

（一）总资产回报率与净资产收益率

总资产回报率（ROA）＝净利润/期初和期末资产总额平均值

净资产收益率（ROE）＝净利润/净资产

2011年末，全国商业银行平均资产回报率为1.28%，同比上升16个基点。工商银行、建设银行回报率高于全国平均水平，中国银行、农业银行相对较低。四大行中建设银行回报率最高，达到1.47%，2009～2011年总体来看，回报率高于工商银行。工商银行回报率同比增长与上年持平，建设银行回报率同比增长15个基点，在四大行中最高。中国银行最低，增长率仅比上年提高3个基点（见表7）。2012年中期，农业银行回报率较年初提高20个基点，在四大行中最高。建设银行、工商银行、中国银行分别提高18个基点、7个基点、5个基点。

2011年，全国商业银行平均净资产收益率为20.4%，同比上升1.18个百分点。四大行中只有中国银行低于全国平均水平。建设银行、中国银行、农业银行净资产收益率同比均呈下降态势，只有工商银行保持了明显增长。

表7　总资产回报率与净资产收益率　　单位：%

项目	工商银行			建设银行			中国银行			农业银行		
	2011 年	2010 年	2009 年	2011 年	2010 年	2009 年	2011 年	2010 年	2009 年	2011 年	2010 年	2009 年
总资产回报率	1.44	1.32	1.2	1.47	1.32	1.24	1.17	1.14	1.09	1.11	0.99	0.82
净资产收益率	23.44	22.79	20.14	22.51	22.61	20.87	18.27	18.87	16.48	20.46	22.49	20.53

（二）净利息差与净利息收益率

净利息差（NIS）＝平均生息资产收益率－平均计息负债成本率

净利息收益率（NIM）＝利息净收入/平均生息资产

2010～2011 年，农业银行净息差及净利息收益率均高于其他三家银行。不但在生息资产收益率上高于三家银行，并且在计息负债成本率上低于三家银行，在实现较高利差收益的同时，很好地把握了付息成本的增长。建设银行排名次席，中国银行两率均排名最后，且与农业银行差距达 70 个基点。

同比来看，农业银行 NIM、NIS 增长仍然高于其他三家银行，生息资产收益率同比增长 59 个基点，在四大行中最高；计息负债成本率同比提高 36 个基点，在四大行中最低。而中国银行 NIM、NIS 增长在三行中最低，生息资产收益率同比增长最低，付息负债成本率同比增长最高，达 48 个基点（见表 8）。

表8　净息差及净利息收益率　　单位：%

项目	工商银行		建设银行		中国银行		农业银行	
	2011 年	2010 年	2011 年	2010 年	2011 年	2010 年	2011 年	2010 年
生息资产收益率	4.25	3.72	4.27	3.74	3.85	3.34	4.39	3.8
计息负债成本率	1.76	1.37	1.7	1.34	1.83	1.35	1.66	1.3
净利息差	2.49	2.35	2.57	2.4	2.02	1.99	2.73	2.5
净利息收益率	2.61	2.44	2.7	2.49	2.12	2.07	2.85	2.57

注：中国银行年报中 2011 年、2010 年度净利息差分别为 2.12%、2.07%，本表按中国银行年报中生息资产收益率减计息负债成本率计算得出。

2012 年中报数据揭示，四大行净息差较年初下降了 1～4 个基点，随着央行不对称调息效果的逐步显现，年末净息差及净利息收益率同比应将继续下降。

（三）贷款收益率

农业银行 2011 年贷款收益率为 6.04%，并且 2010～2011 年连续两年贷款收益率在四大行中最高。工商银行与建设银行贷款收益率在 2008～2010 年相差近 10 个基点，至 2011 年收益率基本持平。中国银行收益率近四年来在四大行中最低，2011 年收益率为 4.87%，较农业银行低 117 个基点，差距较大。

贷款分项收益率上，无论公司类贷款还是个人贷款收益率农业银行都居首位。工商银行票据贴现收益率在四大行中最高，2011 年达到 9.29%。

受人民银行 2010 年以来连续 5 次加息影响，2011 年贷款收益率同比都有所提高，农业银行提高幅度较大，公司类贷款及个人类贷款同比分别提高了 81 个基点和 59 个基点，在四大行中最高（见表

9)。农业银行贷款收益提高显著，一是公司贷款定价管理有效，二是由于个人贷款的差异化住房信贷政策，导致新发放个人住房贷款利率提高。

表9　贷款分项收益率　　单位：%

项目	工商银行		建设银行		中国银行		农业银行	
	2011 年	2010 年	2011 年	2010 年	2011 年	2010 年	2011 年	2010 年
公司类贷款	5.93	5.26	5.93	5.34			6.22	5.41
票据贴现	9.29	3.71	7.26	3.38			6.75	3.07
个人贷款	5.31	4.77	5.38	4.83			5.73	5.14
境外及其他	3.49	3.03	2.49	2.65			2.21	2.06
综合收益率	5.68	4.99	5.69	5.07	4.87	4.22	6.04	5.22

注：中国银行年报中未提供本外币合计分项贷款收益率。

2008 年底以来，受外部经营环境影响，央行动作频频，基准利率先抑后扬，并对各大行进行信贷规模控制，造成银行贷款增长率及贷款收益率曲线的较大幅度波动。2009 年，为实现国家宏观调控目标，政府在市场逐步投放4万亿元资金以扩大内需，促使信贷规模膨胀。同年，四大行贷款较上年平均增长33.68%，在应对市场变化及信贷政策调整过程中，工商银行及建设银行较好地保证了收益曲线的稳定及在国家信贷政策调控下的贷款有效增长。而中国银行贷款增长率则波动较大，2009 年增长率高达48.97%，受监管机构关注后，2010 年和 2011 年骤减至15.28% 和 12.05%，两年来在四大行中增长率最低；而在 2008～2011 年间，相较于建设银行，中国银行贷款收益率持续相差80个基点（见图4）。

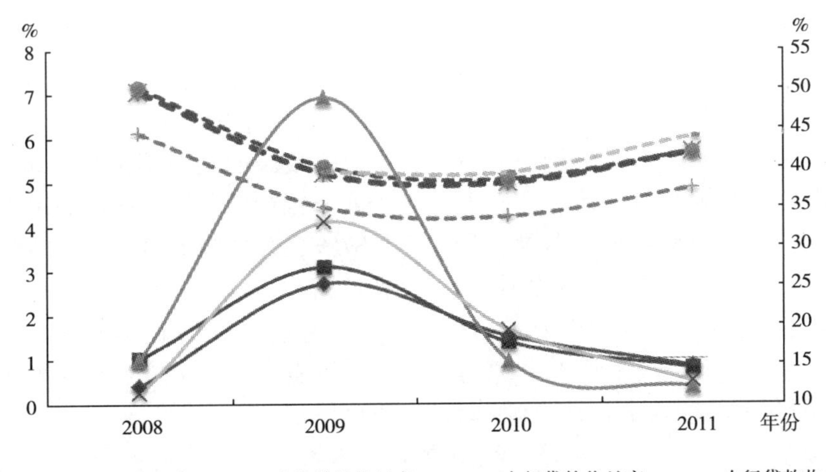

图4　2008～2011 年贷款增长率与贷款收益率

2012年6月以来，央行连续两次降低基准利率，并扩大基准利率浮动区间，这对贷款收益将产生较大影响。但由于调息影响的滞后性，当前到期重定价贷款余额规模有限，因此在半年报中四大行贷款收益率仍处于上升通道，四大行收益率较年初都提高50个基点以上，其中中国银行提高了75个基点。

（四）债券投资收益率

四大行中，农业银行近三年来保持了较高的债券投资收益水平。2010～2012年年中收益率分别达到3.05%、3.37%、3.67%。中国银行近四年来，投资收益率都是最低的，2011年收益率2.95%，较农业银行低42个基点；2012年中差距进一步扩大到54个基点。

从同比增长来看，2011年建设银行较上年收益率提高44个基点，工商银行提高38个基点，而中国银行提高22个基点，在四大行中最低。2012年中期收益率较年初增长方面，中国银行仅增18个基点，仍为最低（见图5）。

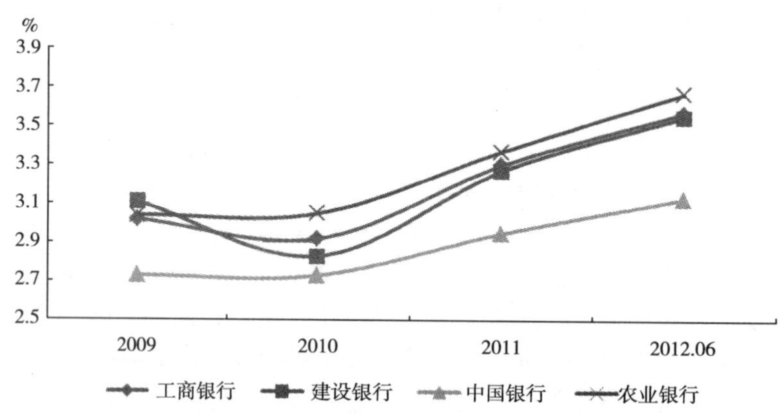

图5　债券投资收益率

（五）存款付息率

存款付息率＝存款利息支出/存款平均余额

2011年四大行中，中国银行存款综合付息率最高，达到1.71%；农业银行最低，为1.53%。同比来看，中国银行付息率增幅最高，较上年提高43个基点；农业银行增幅最低，提高28个基点。2010～2011年，央行5次上调存款基准利率，一年期存款基准利率合计上调125个基点，而农业银行总体上保持了较低的存款付息率，成本控制达到较高水平。2012年中期报告显示，四大行存款综合付息率最高的是中国银行，达到2.15%。而农业银行仍保持了最低的付息水平，为1.87%，并且同工商银行一样保持了较年初的最低增幅，增长34个基点（见表10）。存款仍处于上升通道，央行降息影响将随着存款重定价余额的增加在下半年得到体现。

表10　存款综合付息率　　单位：%

	工商银行			建设银行			中国银行			农业银行		
	2012年6月	2011年	2010年	2012年6月	2011年	2010年	2012年6月	2011年	2010年	2012年6月	2011年	2010年
付息率	2	1.66	1.35	2.03	1.61	1.28	2.15	1.71	1.28	1.87	1.53	1.25

从2011年分品种付息率来看，公司活期存款中国银行付息率最高，公司定期存款农业银行付息率最高，个人活期存款中国银行付息率最高，个人定期存款工商银行付息率最高（见表11）。

表11　存款分品种付息率　　单位：%

	工商银行		建设银行		中国银行		农业银行	
	2011年	2010年	2011年	2010年	2011年	2010年	2011年	2010年
公司定期	2.72	2.16	2.79	2.16	2.64	2.06	2.81	2.27
公司活期	0.81	0.63	0.8	0.63	0.84	0.67	0.74	0.59
个人定期	2.78	2.35	2.63	2.16	2.64	2.15	2.69	2.28
个人活期	0.49	0.37	0.49	0.37	0.51	0.35	0.49	0.36

注：中国银行年报未公布本外币合计存款分品种数据，付息率根据年报相关数据及年末汇率计算而得；因各行统计口径不同，可能存在不可比因素。

（六）成本收入比

成本收入比 = 业务及管理费/营业收入

成本收入比指标反映银行每边际收入所付出的成本。

四大行在2008～2011年间成本收入比总体上保持了持续下降的态势。工商银行2008年成本收入比29.54%，2011年成本收入比29.38%，在四大行中最低，几年来在业务快速发展的同时，较好地控制了成本增长。农业银行2008年成本收入比44.71%，2011年成本收入比35.89%，四年来一直是四大行中最高，表明业务的扩张一定程度上依靠成本的高投入。工商银行2011年度业务及管理费用同比增长14.5%，而农业银行同比增长20.3%。

2012年中报披露，工商银行、建设银行、中国银行、农业银行成本收入比分别为25.19%、24.97%、29.23%、33.74%，较上年末分别下降4.19个百分点、4.82个百分点、3.84个百分点、2.15个百分点，农业银行仍最高。考虑到成本费用全年来看很难做到均衡列支，因此下半年业务管理费用支出比重很可能会加大，四大行成本收入比预计将有所提高（见图6）。

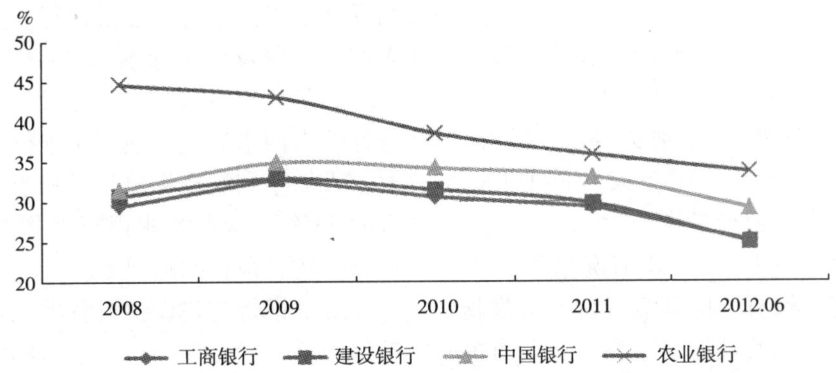

图6　成本收入比

（七）贷存比

贷存比 = 发放贷款和垫款总额/存款余额

贷存比指标可说明银行资产应用的结构及使用效率，在符合监管要求及风险可控条件下，较高的贷存比可在银行收入结构中带来更多的贷款利息收入。

总体上 2008 ~2011 年四大行贷存比都明显提高，平均提升了 7 个百分点。农业银行提升 7.66 个百分点，增幅最大，但四年来，贷存比持续保持最低水平，2011 年贷存比仅为 58.5%。中国银行四年来贷存比一直在四大行中处于高位，2009 年更是高达 72.04%，接近监管上限水平，近两年有所下降，2011 年达 68.77%。工商银行与建设银行 2009 ~ 2010 年贷存比基本一致，2011 年建设银行较工商银行高出 1.55 个百分点。

2012 年中，受经济下行态势影响，四大行贷存比较年初均有所回落，但中国银行仍居首位，达到 68.59%，工商银行与建设银行分别为 63.1%、62.85%，仅相差 0.25 个百分点（见图 7）。

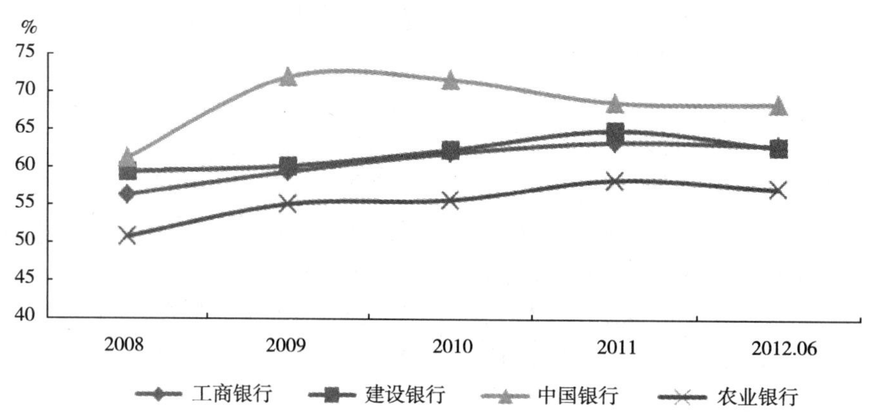

图 7　贷存比

（八）人均指标

人均指标能较客观反映各大商业银行的发展效率情况。

2011 年末，工商银行、建设银行、中国银行、农业银行从业人数（按含劳务派遣用工计算）分别为 44.5 万人、35.9 万人、29 万人、49 万人，农业银行人员最多，中国银行最少。

从 2009 ~2011 年总体情况来看，工商银行、建设银行、中国银行在人均营业收入、人均手续费及佣金净收入及人均净利润效率指标上较为接近，中国银行人均营业收入 113 万元，高出其他各行，但由于其人均业务管理费最高，所以人均净利润反低于工商银行与建设银行。建设银行人均手续费及佣金净收入 24 万元，在四大行中最高（见表 12、表 13）。农业银行各项人均指标较其他三家银行都相差较大，人均净利润指标更是只相当于建设银行的 53%，体现农业银行在提高人均效率方面还有很长的路要走。

工商银行与建设银行各项人均指标都极为接近，但建设银行各项指标均略优于工商银行，并且领先优势有扩大趋势。

表 12 人均指标 A 单位：万元

	人均营业收入			人均手续费及佣金净收入			人均净利润		
	2009 年	2010 年	2011 年	2009 年	2010 年	2011 年	2009 年	2010 年	2011 年
工商银行	72.59	87.58	106.71	12.94	16.75	22.80	30.34	38.18	46.81
建设银行	76.46	91.74	110.60	13.75	18.75	24.23	30.57	38.29	47.19
中国银行	88.43	99.11	113.18	17.52	19.51	22.30	32.51	39.27	44.95
农业银行	46.30	59.78	77.07	7.42	9.50	14.03	13.54	19.54	24.88

注：各行人数按包含劳务派遣用工计算。

表 13 人均指标 B 单位：万元

	人均业务管理费			人均存款			人均贷款		
	2009 年	2010 年	2011 年	2009 年	2010 年	2011 年	2009 年	2010 年	2011 年
工商银行	23.86	26.81	31.35	2 292.20	2 563.27	2 753.37	1 343.85	1 561.69	1 749.07
建设银行	25.16	28.87	32.95	2 289.85	2 573.62	2 781.65	1 343.04	1 567.09	1 761.66
中国银行	30.88	33.85	37.42	2 558.15	2 768.89	3 041.19	2 415.70	2 026.71	1 693.51
农业银行	19.96	23.07	27.66	1 561.68	1 829.54	1 963.19	835.56	985.59	1 101.54

注：各行人数按包含劳务派遣用工计算。

三、主要结论及发展建议

（一）四大行收益结构优化明显，但与国际大型商业银行相比收益结构还有待进一步提高

2011 年，四大行手续费及佣金净收入占比营业收入平均达到 20.3%，较上年提高 1.52 个百分点，这是四大行第一次均值超过 20%。但发展还不平衡，工商银行、建设银行占比略高，中国银行次之，而农业银行与建设银行还有 3 个百分点的差距，结构有待改善。四大行收益结构的总体优化标志着我国国有大型商业银行经营转型的初步成就，标志着我国商业银行金融服务水平的逐步提高。

但对比欧美银行，国有大型商业银行收益结构的改善还有进一步发展的余地。一是非利息收入占比较低。2011 年，四大行非利息收入占比平均达到 24%，而汇丰银行、美国银行、英格兰皇家银行占比均超过 50%，瑞穗集团更是达到 75%。二是利息收入结构中贷款利息收入占比较高，投资收入占比较低（见表 14）。

表 14 2011 年国际大行非利息收入占比 单位：%、百万美元

项目	花旗集团	美国银行	汇丰银行	英格兰皇家银行	瑞穗集团
营业收入	78 353	93 454	83 461	44 754	30 164
非利息收入	29 906	48 838	42 799	25 145	22 754
非利息收入占比	38.17	52.26	51.28	56.18	75.43

央行近期的不对称调息将进一步缩窄银行利差空间，传统存贷业务盈利水平将受到空前挑战，利率市场化进程将加剧银行发展转型的压力。在此前提下大力调整业务及产品结构，创新金融服务工具，扩大非利息收入占比将是增强国有商业银行

核心竞争力的重要途径。

（二）面对近年来复杂多变的金融环境，四大行资产收益水平保持了稳步提高

自2008年全球金融危机以来，我国出口导向型经济受到明显冲击，虽然受到实体经济发展减速影响，但金融领域仍保持了正常盈利水平。2009～2011年，四大行净利息收益率及净息差逐年稳步提高，资产收益率均值分别达到1.09%、1.19%、1.3%，年增长超过10个基点，四大行适应市场能力逐步增强，根据国内外两个环境变化及时调整经营思路的决策机制逐步建立，经营思路灵活机动。但从2012年上半年所发布的经济数据来看，在多个行业亏损前提下，国有银行仍取得了较好的经营业绩，也体现了经济发展的结构性矛盾。央行在半年时点前后连续两次不对称调息，银行利差缩窄同时产品结构及内部资金价格调整难以到位，近期监管部门又加大了中间业务收费标准的监督检查力度，下半年四大行将面临严峻的宏观经济形势、不利的央行货币政策调整及严苛的监管环境，其核心竞争力及关键财务指标是否能够延续上半年水平将受到新的考验。

（三）股改上市后四大行盈利能力开始分化，发展水平出现明显梯次

工商银行总资产长期居于首位，多年来总体上保持了国有商业银行第一梯队领头羊的态势，发展稳健，收益结构逐年改善，各项财务指标稳步提高，存贷及各项业务规模稳定增长，收益能力指标长期居于前列，波动较小。从各项财务指标综合来看，建设银行与工商银行同列国有商业银行中的第一发展梯队，建设银行只是在存贷款及收益规模上还略逊一筹，但增势凌厉。中国银行与农业银行作为第二发展梯队，在规模、总体资产收益水平上与工商银行、建设银行有明显差距，盈利能力指标发展不均衡，都有明显的短板，在未来发展转型及综合竞争力等方面还有待提高。

（四）农业银行虽然在四大行中起点基础较低，但股改后发展势头良好，效率指标得到有效改善后发展潜力巨大

股改上市后，农业银行规模指标上升很快，甚至在2012年中期，农业银行总资产、营业收入及存款规模等关键指标已超过中国银行。2011年贷款收益率、债券收益率在四大行中最高，存款付息率最低，表明其资产定价能力较强；但同时成本收入比最高，人均效率指标最低，且与其他行相比差距较大。今后应在保持较高资产收益率基础上，做好成本控制工作，按价值创造有效分配各项费用，提高资源使用效率，提高人均收益水平。农业银行收益结构还较为传统，利息净收入占比较高，中间业务净收入占比较低，在股改后结构有所优化，但今后仍应大力发展中间业务收入，不断提高其在营业收入中的占比。

（五）中国银行近年来总体上发展速度较慢，多项指标改善乏力，下阶段应下大力挖掘自身的核心竞争优势

受历史因素影响，在四大行中，中国银行收益结构相对较好，非利息收入占比最高，但手续费及佣金净收入占比已低于工商银行及建设银行，且占比同比增幅在四大行中最低。贷存比指标较高，但同时贷款收益率最低，抵消了贷存比优势。此外债券收益率最低，存款付息率最高，最终导致了净息差、净利息收益率最低。中国银行目前发展已明显落后于工商银行与建设银行，2012年中报显示，中国银行

在多个重要指标上第一次被农业银行超越，并将继续受到农业银行的挑战。今后发展过程中在保持营收结构优势基础上，应大力增强资产负债定价能力，稳步提高收益水平，充分利用外币业务优势，发挥自身的核心竞争优势。

（六）工商银行与建设银行的发展竞争目前进入白热化阶段，两行应充分发挥自身的核心优势，走出不同的创新型发展道路

从2011年两行年报各项数据比较来看，工商银行仅在资产、存贷、营收等规模指标上具有明显优势，而在多项盈利能力指标上与建设银行相差无几，甚至略微落后。

在资产收益率上，工商银行略低3个基点，贷款收益率基本持平，存款付息率工商银行高出5个基点。在人均效率指标上，2009年，表12、表13所列的6项指标相差都不超过4万元，甚至人均净利润仅相差0.23万元，人均手续费及佣金净收入相差0.82万元，人均存款及贷款仅相差2.35万元和0.81万元。但至2011年末人均存款指标已相差28.27万元，人均贷款指标相差12.59万元。2012年年中，工商银行在多项人均指标及其他盈利能力指标中均微落下风（见表15）。

表15 2011年指标比较

单位:%、万元

项目	工商银行	建设银行
资产收益率	1.44	1.47
贷款收益率	5.68	5.69
债券投资收益率	3.3	3.27
存款付息率	1.66	1.61
成本收入比	29.38	29.79
人均净利润	46.81	47.19
人均存款	2 753.37	2 781.65
人均贷款	1 749.07	1 761.66

工商银行与建设银行作为在第一梯队中的竞争对手，其良性竞争将有助于国有商业银行的健康发展，并引领同业在金融产品创新上发挥积极作用。但在发展转型过程中两行应保持自身独特的发展方向，突出各自产品及服务核心竞争优势，避免业务趋同，避免同质竞争，应走出符合自身企业发展特色的创新之路。

（七）在整体经济下行过程中应避免资产质量发生大规模劣变，进而影响盈利水平提高

2012年初以来，中央及地方政府为扭转经济下行趋势、实现稳增长的年度发展目标，采取了一系列加强政府投资等逆周期操作，在短期内发改委等部门已批复多项大型“铁公基”投资项目，投资金额已逾万亿元。虽目前仍未达到2008～2009年4万亿元的规模，但政府融资平台所暴露的风险已不可小觑。2012年上半年，政府及银监部门对平台贷款有所清理，但中报显示除工商银行外，中国银行、建设银行、农业银行平台贷款余额较年初均仍有增加。虽然四大行平台贷款不良率仍保持在低位，年内仍需严格控制新增平台贷款投放，做好平台贷款不良率监测，谨防资产质量的劣化。

（八）积极应对利率市场化趋势，提高存贷利率及内部资金转移价格定价能力

2011年末，四大行同比生息资产收益率上升大于负息付债成本率上升，因此净息差同比显著提高。但2012年上半年，四大行生息资产收益率较年初增长均低于付息负债成本率较年初增长，净息差较年初均呈下降态势。央行放宽存贷利率浮动空间，利率市场化进程开始提速。如何在市场利率浮动区间内，通过准确的产品定价及内部资金转移价格定价来传导市场价

格波动，优化产品结构、业务结构、客户结构乃至资产负债结构，在弥补所承担的各项资金成本及风险同时赚取更多的收入，这对商业银行利率定价水平提出了更高要求。金融产品及内部资金转移价格的定价能力，已成为商业银行应对利率市场化并争夺未来同业领先优势的核心竞争力。

参考文献

工商银行、建设银行、中国银行、农业银行2008～2012年年报、半年报。

（李笠）

完善现金分红制度　营造价值投资环境

——北京辖区上市公司现金分红情况调研报告

中国证券监督管理委员会北京监管局

现金分红是投资者实现投资回报的重要体现，是上市公司利益分配的重要方式，是资本市场培育长期投资理念、增强持久吸引力和活力的重要途径。近年来，市场各方对分红问题予以高度关切，中国证监会也出台一系列政策规范上市公司的股利分配政策，采取措施提升上市公司对股东的回报。本文对近年来北京辖区上市公司现金分红情况进行了汇总分析，并在此基础上提出完善现金分红监管政策的建议。

一、北京辖区现金分红情况分析

（一）整体现金分红情况分析

从近五年的统计数据看，北京辖区上市公司在现金分红的范围及现金分红的力度方面均高于全国的平均水平。

从现金分红范围看，辖区分红公司比[①]由2006年的61.76%逐步提高到2010年的76.67%，呈现出逐年增长的趋势（见表1）。剔除亏损公司的影响，2006年至2010年，辖区当年盈利的公司进行现金分红的比例分别为67%、67%、75%、72%、80%。这说明辖区上市公司参与现金分红的意识逐渐增强。

从现金分红力度看，辖区上市公司现金分红比率[②]呈现出抛物线的变化趋势。2006年至2008年，辖区公司现金分红比率基本每年增长10%左右；但2008年后现金分红比率呈现明显的下降趋势，这一变化趋势与全国上市公司现金分红比率的变化趋势一致。造成这一变化趋势的原因主要是两个方面：首先，2008年以来爆发的全球经济危机对辖区上市公司经营环境造成影响；其次，2008年10月9日开始实施的《关于修改上市公司现金分红若干规定的决定》（中国证券监督管理委员会令第57号）（以下简称《关于现金分红的若干规定》）将上市公司现金分红情况与再融资审核挂钩，导致部分上市公司在2008年度突击分红以满足政策要求。

① 分红公司比为实施现金分红公司数量占当年全部上市公司数量的比例。

② 现金分红比率为公司（或板块）当年的现金分红金额占当年实现的归属于母公司净利润的比例。

表1 北京辖区上市公司现金分红整体情况 单位：%

年份	分红公司比		现金分红比率	
	北京辖区	全国	北京辖区	全国
2006	61.76	49.56	22.19	32.56
2007	61.95	51.82	32.23	31.79
2008	66.96	53.02	45.92	39.215
2009	66.67	54.86	33.37	32.57
2010	76.67	60.92	34.64	32.14

（二）板块现金分红情况分析

统计数据显示，北京辖区中小板、创业板上市公司现金分红表现远高于辖区平均水平。

辖区中小板公司自2006年以来分红公司比平均在88%左右，即使在2009年的最低点也达到70%，高于辖区平均67%左右的水平。在现金分红比率方面，辖区中小板公司近5年也均高于辖区平均水平。辖区创业板公司同样呈现出分红范围远高于辖区平均水平的特点，但在平均的现金分红比率方面与辖区平均水平差距不大（见表2）。

从公司发展阶段论看，中小板、创业板公司处于成长期，需要大量资金用于投资扩张企业规模，相对于处于成熟期的主板公司来说，其现金分红的范围及力度理论上应当低些。但从北京辖区的情况看，中小板、创业板公司的现金分红情况却明显高于主板公司。原因有两个方面：一方面，从现金流情况看，辖区中小板，尤其是创业板公司募集资金尚未使用完毕，公司对资金的需求尚可满足；另一方面，从盈利能力来看，辖区中小板公司近三年平均每股收益分别为0.72元、0.86元、0.75元，而同期辖区主板公司平均每股收益则分别为0.29元、0.33元、0.42元，辖区创业板公司近两年平均每股收益分别为0.91元、0.82元，由此看来，辖区中小板、创业板公司较强的盈利能力，为较高的现金分红提供了客观条件。

表2 北京辖区各板块现金分红情况比较 单位：%

年份	分红公司比				现金分红比率			
	全辖区	主板	中小板	创业板	全辖区	主板	中小板	创业板
2006	61.76	65.71	100		22.19	21.71	39.47	
2007	61.95	60.00	87.55		32.23	32.23	36.41	
2008	66.96	64.15	100		45.92	45.59	31.89	
2009	66.67	65.49	70	70	33.37	33.37	37.64	29.46
2010	76.67	72.27	86.67	83.87	34.64	34.63	35.21	36.74

（三）行业现金分红的情况分析

北京辖区上市公司在全部的13个行业①均有分布，各行业现金分红情况分析显示，辖区金融保险业、采掘业为现金分

① 此处行业采用证监会门类行业划分。

红的主体，2008 年、2009 年、2010 年两个行业上市公司实现的现金分红分别占辖区全体上市公司现金分红的 95%、93%、90%，但两个行业实施现金分红的公司占辖区全部实施现金分红公司的比例不到 20%，这与金融保险业和采掘业体量大、股本高的特点密切相关。

从近三年各行业的现金分红比率看，除 2010 年交通运输行业的现金分红比率低于 20% 以外，其余行业分红比率均高于 20%，并且多数行业在近三年的分红比率分布在 20% ~50% 之间。分红比率一直维持较高水平的是电力、煤气和水的生产及供应业，该行业代表公司为长江电力、华能国际；分红比率稳定性最好的是采掘业，三年的分红比率一直维持在 40% 左右，该行业代表公司为中国神华、中国石油（见图 1）。

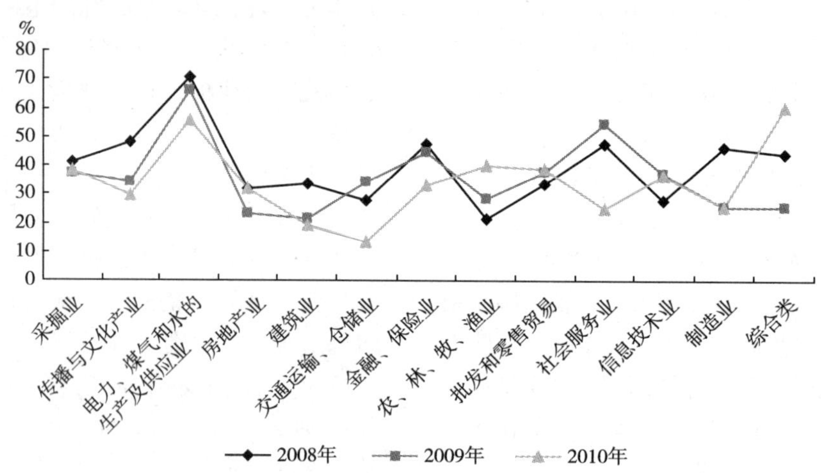

图 1　2008 ~2010 年行业现金分红趋势

二、北京辖区盈利公司未实施现金分红的原因分析

对辖区 2008 年至 2010 年公司当年盈利但未进行现金分红的原因进行分析，从公司年报披露信息看，盈利但未实施现金分红的公司主要出于以下三个原因。

（一）公司对资金需求量较大

统计结果显示，对于辖区非 ST 公司，在盈利情况下未进行现金分红的年度，公司对外披露的原因主要为：出于规模扩张或新投资项目建设的原因，公司对资金需求量较大。2008 年、2009 年和 2010 年公司出于资金需求而未进行现金分红的公司占全部盈利未分红公司的比例分别为 45%、46% 和 42%，是辖区盈利公司未进行现金分红的第一大原因，例如大恒科技、中创信测、国投中鲁等公司均以此理由连续三年未进行现金分红。但由于未分配的利润最终基本以补充流动资金的方式留存在公司，无论是普通投资者还是监管部门都很难衡量该部分资金的使用效率，也就很难判断公司出于该理由未进行现金分红的合理性。

（二）当年盈利但累计未分配利润仍为负

辖区 ST 公司或微利公司多数属于此类情况，由于以前年度亏损严重，当年出于保壳的需要公司实现盈利，但不足以弥补以前年度的亏损，导致账面未分配利润仍为负，不满足现金分红的客观条件。2008年至2010年，辖区出于该原因未进行现金分红的公司占全体盈利未分红公司的比重分别为36%、38%、39%，是辖区盈利公司未进行现金分红的另一主要原因，例如ST四环、中关村、三元股份等公司均由于此原因未进行现金分红。

（三）合并报表未分配利润为正，但母公司未分配利润为负

辖区出于该原因未进行现金分红的公司主要是以母公司投资控股为主的房地产公司，如华业地产、首开股份、大龙地产等均出于该理由而未进行现金分红。

我国《企业会计准则第2号——长期股权投资》规定，投资企业对子公司的长期股权投资应当采用成本法核算，即在子公司实际进行利润分配时，母公司才能计入投资收益；而在编制合并财务报表时，应当按照权益法进行调整，即母公司根据享有子公司所有者权益份额的变动，调整投资收益。对那些母公司业务较少的投资控股公司（如房地产公司或母公司仅负责管理的企业集团），母公司利润与合并报表利润将会有较大的差距，甚至会出现母公司亏损而合并报表盈利的局面。在这种情况下，上市公司合并报表虽盈利，但母公司并无实际的现金流支持，不具备以母公司为主体进行现金分红的客观条件。

三、现行现金分红政策分析

我国现行制度中对上市公司在现金分红方面进行规范的条款主要出自2008年10月9日出台的《关于现金分红的若干规定》，对上市公司现金分红政策方面的要求如下。

（一）《上市公司章程指引》（证监公司字〔2006〕38号）中规定：公司应当在章程中明确现金分红政策，利润分配政策应保持连续性和稳定性

从执行情况看，由于仅原则性地要求上市公司明确现金分红政策，但未细化具体的明确标准，对上市公司并未形成实质性的约束。辖区多数公司以“公司可采用现金分红或股票等方式分配股利”或“公司优先采用现金分红的方式进行股利分配”等方式在章程中对现金分红政策仅做出原则性的规定。

（二）《上市公司证券发行管理办法》（证监会令第30号）中公开发行证券的条件中要求：最近三年以现金方式累计分配的利润不少于最近三年实现的年均可分配利润的百分之三十

从前述数据统计结果来看，该政策出台后辖区上市公司在分红范围及分红力度上均有显著提高。从分红范围看，2006年和2007年辖区现金分红比均为62%左右，而2008年这一比例上升至67%；从分红力度看，2006年和2007年辖区上市公司现金分红比率分别为22%和32%，而2008年这一比例上升至46%。引起这一变化的原因肯定是多方面的，但与再融资挂钩的现金分红政策的出台是不可忽视的原因之一。

由此可以看出，对现金分红较为具体的要求（如将现金分红与再融资挂钩）对辖区上市公司现金分红水平的影响更为直接。

四、现金分红政策的思考与建议

我国《公司法》规定：“董事会制订公司的利润分配方案”、“股东大会审议批准公司的利润分配方案”，明确将公司利润分配政策的制定权归属于公司治理层。从理论角度看，股利政策是财务经济

学研究的一个重要分支，有关股利与股价的关联性及其对股东财富的影响，股利政策的无关论、信号理论、税差理论、代理理论、行为财务理论、迎合理论、生命周期理论等都提出各种解释，但至今尚无定论，成为数十年来一直困扰财务经济学界的一个“谜”。

因此，无论从法律角度还是执行角度，促进现金分红政策均应当综合考虑各方面的因素，尊重企业发展的阶段及运营特点，不应推行强制性的、“一刀切”的政策，但需要适当的监管政策予以引导和推动。

（一）以信息披露为核心，引导上市公司建立合理的分红制度

目前，对于上市公司股利分配制度的披露要求已覆盖了IPO阶段的招股说明书、公司章程以及上市后的年度报告中，需要披露的内容包括利润分配的形式、股利分配的期间间隔、现金分红的具体条件、关于股利分配政策的决策程序、具体内容的约定等各方面。然而在执行过程中，多数公司披露的股利分配政策大同小异，且多以现金分红比例不低于净利润的10%或20%描述公司现金分红政策。从统计数据可以看出，目前平均的现金分红比率在30%以上，因此，当前信息披露的要求并未改变上市公司普遍存在的现金分红政策随意化、缺乏透明度及持续性的现状。建议进一步细化现金分红政策信息披露要求，鼓励公司建立长期分红规划。

1. 鼓励公司建立《上市公司股利分配制度》，经股东大会批准后对外披露，制度中应详细描述公司所处的业务发展阶段，结合公司的战略目标制定短期、中期及长期的分配政策，并在年度报告中披露对股利分配制度的执行情况。

2. 要求公司独立董事在《独立董事年度工作报告》中对公司分红政策的制定与执行情况以及独立董事在此方面所做的工作做出描述。

3. 建议交易所出台股利分配政策信息披露备忘录，对于股利分配政策的披露统一格式。这一方面可以使上市公司披露更为明确的分红政策，另一方面有利于投资者对于各公司的分红政策做出更直接的对比。

（二）综合考虑板块特点，制定差异化监管要求

从公司发展阶段论来看，公司所处发展阶段对股利的发放政策存在较大影响。对于中小板、创业板的高技术、高成长企业，正处于高速发展期，面临很多经营扩张发展的机遇和挑战。如果每年大比例现金分红，有可能损害公司的未来发展，也会进而影响到股东的潜在收益，因此监管的关注点应在于公司分红政策的制定是否履行规定的程序并及时披露。同时，也应关注到中小板、创业板公司90%以上为自然人控股的民营企业，“三高”现象较为显著。市场不乏有对部分创业板公司高额分红以提升股价利于公司股东减持的质疑。因此，对于中小板、创业板公司，在鼓励其合理回报投资者的情况下，也应考虑到企业发展的需要以及股权结构的特点，制定差异化监管要求，将监管的重点放在分红政策的信息披露上。

而主板的一些成熟公司，因增长速度低，股价上升慢，股东主要靠分红回报获益。在国外市场，分红较多的往往是这些经营比较稳定的成熟型公司。但北京辖区现金分红数据统计结果显示，主板上市公司的现金分红比例却低于中小板、创业板公司，从侧面反映出作为资本市场主体的

主板上市公司分红力度不足的现状。因此，对于主板上市公司可以考虑适当出台强制性措施，督促其提高现金分红力度，从而提高整个资本市场的分红水平。一是主板公司已经进入稳定发展期，业绩不会大起大落，有条件建立长期分红规划，可以要求公司披露五年期分红规划，制定固定的分红比例，提高股利政策的透明度与稳定性；二是可将主板公司现金分红金额与公司股权融资金额对比，对于分红金额远低于融资金额的公司的再融资申请采取审慎措施。

（三）加强一线监管，督促上市公司完善公司治理结构

从统计数据看，上市公司现金分红政策缺乏持续性与稳定性，整体分红比例较成熟市场仍偏低，这与历史原因造成的我国上市公司公司治理结构不完善有关。短期内，上市公司主动回报股东的意识需不断加强，因此，在现阶段仍需发挥监管机构的作用，督促上市公司进一步完善公司治理机构，树立科学合理的股东回报观念。

1. 加强对上市公司治理层及管理层的培训，不断提升上市公司回报股东的意识。

2. 日常监管中对于长期盈利但不分红的公司强化其对未分红原因的信息披露，重点关注公司是否及时披露未分红的真实原因。

3. 将上市公司现金分红政策的制定及执行情况列为现场检查的重点。

（四）加强投资者教育，促进健康股权文化形成

从市场看，对现金分红的关注度往往与股票行情走势成反比，2005 年、2008 年以及最近的 2011 年属于现金分红关注度较高的年份，也恰恰是股市为熊市的年份，这反映出目前广大投资者并未形成正确的投资理念，多数投资者尤其是中小投资者单纯把公司投资行为当做一种理财或者短期行为，未从公司治理及长期投资的角度对上市公司的分红政策予以关注。而只有当投资者通过自己的研究和判断，对上市公司进行选择和买卖，才能够真正促使上市公司管理层及治理层在决策时充分考虑到全体股东的权益，从而形成健康的股东回报理念。

因此，在不断提高上市公司回报股东意识的同时，应不断加强对投资者教育，切实发挥中小投资者，尤其是机构投资者在公司分红政策制定中的作用。

（五）推进税收制度改革，营造鼓励长期投资的市场环境

目前，我国税收制度对于股息红利和股票转让所得实施不同的征税标准。我国个人所得税法规定，个人投资者和证券投资基金从沪深两市挂牌交易的上市公司取得的股息红利，暂减按 50% 计入应纳税所得额，计征个人所得税。而对于上市公司股票转让所得暂不征收个人所得税。上述税收政策显然不利于培养注重现金分红的股权投资文化。因此，建议中国证监会协调国家税务总局推进上市公司现金分红相关税收制度的改革，营造鼓励长期投资的市场环境。

北京辖区期货居间人调研报告

中国证券监督管理委员会北京监管局

自20世纪90年代初以来，伴随着国内期货行业的诞生，期货居间人孕育而生。期间中国期货市场从无序发展到治理整顿，从惨淡经营到迅猛发展，期货居间人作为期货经营机构开展营销的重要载体，已经成为期货市场的重要参与力量，在期货经营机构拓展营销网络、开发客户资源等方面起到了一定积极作用。但部分居间人低价竞争、炒手续费甚至是全权代理客户进行期货交易等不规范行为时有发生，不仅直接损害了期货投资者的合法权益，而且严重破坏了市场秩序。为探索有效的居间人监管机制，我们对辖区期货居间人情况进行了全面调研，并积极寻求适合辖区实际情况的居间人监管机制。

一、北京辖区居间人现状及居间人监管制度借鉴分析

（一）北京辖区居间人基本现状分析

我们在全面收集整理辖区十九家期货公司提供的数据资料的基础上，采用数理工具，对各类数据信息进行统计、汇总，并结合日常监管数据，得出以下情况。

1. 期货居间人数量分析

（1）自然人居间数量多，占比较大。

截至2011年9月30日，北京辖区共有19家期货公司，6 088名居间人，其中银河期货、宏源期货和中晟期货三家期货公司居间人数量较多，分别为1 527人、704人和533人，占辖区居间人总数的45%。中国国际、宏源期货、英大期货、银建期货四家期货公司没有机构居间人，6 088名居间人中自然人5 816人，占比96%；机构居间272个，占比4%。

（2）居间人数量远远高于公司市场开发员工及从业员工总量。

辖区各期货公司共有期货从业人员3 611人，其中1 568人为市场开发人员。辖区期货公司居间人是公司从业员工的1.7倍，是公司市场开发员工数量的3.9倍。

截至2011年9月30日，北京辖区共有56家异地营业部，1 983名居间人，其中申银万国、北方期货、鲁证期货、神华期货和中证期货五家北京营业部居间人数量较多，分别为151人、132人、121人、113人和113人，占辖区居间人总数的31%。1 983名居间人中自然人1 911个，占比96%；机构居间72个，占比4%。辖区异地营业部共有期货从业人员654人，其中345人为市场开发人员。辖区异地营业部居间人是从业员工的3倍，是市场开发员工数量的5.7倍。

2. 期货居间人市场份额分析

（1）居间人开发客户数量占客户总量的36%。

截至2011年9月30日，辖区客户总量为220 825名，居间人开发客户78 746名，占辖区客户总量的36%。国元海勤、英大期货、中晟期货、第一创业、银河期货和宏源期货六家期货公司客户开发对居

间人依赖较大，居间人开发客户占比分别为 90%、83%、78%、77%、66% 和 62%。

（2）居间人开发客户权益占客户权益总额的 25%，其中经营业绩相对较差的期货公司对居间人依赖性较高。

截至 2011 年 9 月 30 日，辖区期货公司客户权益总额 3 170 879 万元，居间人开发客户权益 801 490 万元，占客户权益总额的 25%。辖区内居间人开发客户权益占期货公司总客户权益 25% 以上比重的公司有 13 家，其中京都期货、英大期货和中晟期货居间人开发客户权益占其全体客户权益比例相当高，分别为 86%、79% 和 66%。

（3）居间人开发客户交易额占代理交易总额的 33%，经营业绩相对较差的期货公司占比较高。

2011 年 1 ~9 月，辖区代理交易总额 290 081 亿元，其中居间人开发客户交易额 95 388 亿元，占代理交易总额的 33%。与之前客户权益占比相对应，京都期货、英大期货和第一创业期货居间人客户成交额占其总体成交额比例较高，分别为 89%、78% 和 62%。

（4）居间人开发客户手续费收入占到辖区手续费总收入的 42%，其中经营业绩相对较差的期货公司占比尤其高。

2011 年 1 ~9 月，辖区手续费收入总额 97 390 万元，居间人开发客户的手续费收入 41 362 万元，占手续费收入总额的 42%。其中，京都期货、金鹏期货和英大期货占比尤其高，分别为 93%、92% 和 84%。

根据上述居间人客户数量占比、客户权益占比、代理交易额占比和手续费收入占比分析可以看出，辖区居间人占有一定的市场份额，是不容忽视的市场力量。

3. 期货居间人返佣情况分析

2011 年 1 ~9 月，辖区期货公司员工佣金总额 5 302 万元，平均返佣比例 11%；居间人佣金总额 17 290 万元，平均返佣比例 42%，较员工高 31 个百分点。其中中晟期货、银建期货、国元海勤三家期货公司比例较高，分别为 60%、57%、54%。金鹏期货、中钢期货、格林期货三家期货公司返佣比例较低，分别为 11%、34%、34%。

根据统计结果，我们可以看出，相比期货公司员工佣金比例，居间人佣金比例较高。同时业绩相对较差的期货公司，由于自身的市场开发力量较弱而更多地依赖于居间人，故而其居间返佣相对较高。

4. 期货居间人区域分布

截至 2011 年 9 月 30 日，辖区公司居间人除甘肃、宁夏、青海、西藏 4 个辖区之外，其他辖区均有分布。其中辖区公司居间人主要分布在北京（2 014 人、33%）、山东（654 人、11%）、广东（390 人、6%）、上海（381 人、6%）和浙江（356 人、6%）等发达地区。因公司总部均位于北京，故北京辖区分布的居间人最多。

从居间人总体分布情况来看，大部分期货公司其居间人分布与营业部布局是一致的。辖区公司在所设营业部区域的居间人为 4 983 人，占居间人总量的 82%；在未设营业部区域的居间人总量为 1 105 人，占居间人总量的 18%。营业部较少的期货公司，例如安信期货、国元海勤、中晟期货、第一创业四家期货公司在未设营业部的地区居间人较多，分别达到其公司总体居间人数的 81%、73%、61%、44%，以通过开发居间人来弥补营业部网点设立的不足。

（二）北京辖区居间监管状况概述

为加强居间人的管理，北京证监局曾于 2007 年和 2010 年下发《关于落实新法规进一步做好期货机构经营管理工作的指导意见》（京证期货发〔2007〕82 号）和《关于北京辖区期货经营机构加强对居间人和代客理财管理的指导意见》（京证期货发〔2010〕204 号），针对居间人管理等工作提出相关意见和要求。

1. 强化内控机制、加强制度建设

文件要求各机构制定完善的居间人管理制度，确定居间人管理部门和分管居间人的公司高管。居间人管理制度应当包括但不限于：居间人准入条件、行为准则、风险提示、退出标准和罚则等。辖区各机构要与居间人签订书面协议，协议最长不得超过 2 年，应当由总部签署居间人协议并留存居间人协议原件备查，涉及营业部的居间人协议至少一式三份。

2. 明确诚信记录查询，建立居间人档案

要求各机构严把居间人准入关。签订居间人协议前，应当核实居间人身份，登录中国期货业协会网站查询诚信记录，不得与有不良诚信记录的居间人签订协议。同时，各机构要建立详细的居间人档案，档案应当包括但不限于居间人基本资料、业务情况和诚信记录等资料。机构应当定期对居间人的业务情况和诚信记录进行评估，按照居间人管理制度中的退出标准确定是否继续合作。

3. 做好涉及居间人的客户的管理工作

各机构对于居间人开发的客户，在有效执行开户工作双人复核制度的同时，应当临柜办理开户业务或由开户岗人员上门办理开户手续，详细提示风险，口头及书面声明居间人身份，并做好合同及相关资料的签收登记保存工作。辖区各期货机构居间人不得参与开户环节的任何工作。对于交易频繁、手续费留存较高而亏损较大的客户，要求各机构予以特别关注，并通过适当方式向投资者提示风险。

4. 北京辖区各机构居间管理情况概述

通过日常监管及本次调查，本辖区各机构基本建立了居间人管理制度，建立了相应的居间人信息档案资料。同时，确立了分管居间的部门和高管人员。居间协议均由总部统一制定，在签署居间协议前，核实居间人身份，查询居间人诚信记录，严把居间人准入关。同时按照北京银监局要求，在开户环节，采取书面方式向投资者揭示居间人身份，签署相应书面文件。同时，部分机构在公司网站公示居间人信息并定期对居间人客户进行回访。

（三）国内其他辖区期货居间管理状况介绍

目前，共有北京、上海、河北、山东、青岛、山西、辽宁、江苏、宁波、厦门、广东、深圳、吉林、福建 14 个辖区监管部门或地方自律组织已出台期货居间人管理规定或自律公约。因各地出台规定存在共性，故总体加以介绍。

1. 居间人资格准入管理

要求居间人进行居间展业前，期货经营机构应当审查居间人的资格条件，在此基础上部分辖区要求居间人须取得期货从业人员资格考试成绩合格证（如山东、江苏和厦门等辖区）或取得当地协会认可的期货居间人培训合格证明（如上海、辽宁等辖区）。广东辖区较为特殊，其根据期货居间人从事居间业务的内容进行分类管理，对仅提供一次性介绍服务的期货居间人不需取得培训合格证；对介绍客户与期货经营机构签订期货合同，并协助期货公司向客户提供相关服务的期货居间人，必须定期参加协会组织的居间人培训并获得培训合格证。

2. 居间人信息备案、公示管理

大部分辖区规定了居间人信息备案及公示要求。以上海辖区为例，期货经营机构应于签订居间合同和解除居间合同的5个工作日内，向上海期货同业公会（以下简称公会）备案。居间人的备案材料应当通过公会的网站向会员公示姓名、身份证号码。同时期货经营机构应当在营业网点和网站公示居间人信息，建立健全居间人信息查询制度。公会建立居间人信息平台，建立居间人诚信记录为会员单位、客户提供信息服务。

3. 居间人培训管理

各辖区均规定了居间人培训要求。以上海地区为例，在上海地区从事居间业务的居间人必须经过培训，取得培训证明。期货经营机构可向公会申报培训方案，取得资格后可为本机构从事居间业务的居间人进行培训。培训内容须参照公会发布的培训大纲。培训时间不少于20个小时，其中法律法规和职业道德的培训时间不少于10个小时。期货经营机构不能组织培训的，其居间人须参加公会或公会指定培训机构的居间人培训。新居间人取得培训证明并在公会备案后方可从事居间业务。同时，各辖区均要求期货经营机构应建立居间人后续培训体系，为居间人执业提供知识支持。

4. 居间人执业禁止管理

大部分辖区均规定了居间人禁止行为，包括不得以期货经营机构名义开展业务，不得利用居间人身份从事变相融资、非法集资活动、不得从事越权代理行为，不得为投资者办理开销户、密码重置等行为。对于居间人违反上述要求的，协会记入居间人诚信档案，并将视情节轻重处以警告、协会内部通报、协会网站公示、通知期货经营机构解除居间合同等处罚。构成犯罪的，交由司法机关追究其责任。

关于居间人代客理财，不同辖区态度上有细微的差别。上海、厦门等辖区并未明确规定居间人不得接受客户委托从事代客理财，只是明确说明不得有越权代理行为。而广东、山东、辽宁辖区则明确规定禁止居间人代客理财。深圳辖区则规定居间人不得成为其介绍的客户的交易指令下达人、资金调拨人或交易结算报告确认人。

5. 其他强制规定

（1）居间人不得同时在两家或者两家以上的期货经营机构担任期货居间人，在上海、山东、广西等辖区有此类规定。

（2）对期货居间人返佣比例作出限制性规定，以防止不正当竞争行为的发生。如上海辖区规定期货经营机构返佣比率不得高于上海地区平均值；青岛辖区规定最高返佣比例不得超过净手续费的50%；厦门辖区规定最高返佣比例不得超过净手续费收入的40%。广东辖区较为特殊，其规定对一次性介绍服务的居间人，只可支付一次性居间酬金，比例不得超过其介绍客户开始交易三个月内净手续费的30%；对介绍客户与期货经营机构签订期货合同，并协助期货公司向客户提供相关服务的期货居间人，可按月支付居间酬金，酬金计算比例不得超过净手续费的30%。

（四）境外介绍经纪制度介绍与分析

1. 美国的介绍经纪人制度

根据美国商品期货交易委员会（CFTC）的定义，IB（Introducing Broker）是指按照合约市场或衍生品交易执行场所的规则，在相关市场或场所从事招揽期货合约或接受期货合约指令活动的人。IB既可以是个人也可以是机构，但一般都是以机构的形式存在。可分为独立执业的IB（Independent Introducing Broker IIB）和FCM（期货佣金商，相当于我国的期货经纪公司）担保的IB（Guaranteed Introducing Broker GIB）。CIB的特征主要有招揽或接受客户的期货指令，不得接受客户资金，所有账户都必须开立在FCM名下，客户报告和确认信息由FCM发送，必须维持最低净资本要求。

CFTC授权全国期货业协会（NFA）对其进行注册与日常管理。除非特别规定要求提供书面文件外，NFA要求申请者通过电子系统进行注册。个人申请注册为IB或申请注册为IB的AP都必须通过系列3考试，而且必须每年接受一定时间的道德培训。另外，CFTC对于IIB还有财务方面要求，在此不予赘述。

2. 我国台湾地区的期货交易辅助人制度

目前，我国台湾地区的期货中介主要包括期货商、期货信托事业、期货经理事业、期货顾问事业以及期货交易辅助人。台湾地区的期货从业人员一般隶属于某一机构，代表该机构履行业务职能。上述中介的主要业务范围如表1所示。

表1 台湾地区期货中介主要业务范围

中介类别	业务范围
期货商	1. 接受客户委托买卖期货，选择权契约并接受客户委托开设期货交易账户 2. 自行买卖期货、选择权契约（未经许可不得从事全权委托业务）
期货信托	募集、管理期货信托基金
期货经理事业	接受特定人委托从事全权期货交易业务（代客理财）
期货顾问事业	1. 受人委托，提供期货交易分析意见或建议 2. 发行有关期货交易的出版品 3. 举办有关期货交易讲座
期货交易辅助人	1. 招揽期货交易人从事期货交易 2. 代理期货商接受期货交易人开户 3. 接受期货交易人期货交易之委托单并交付期货商执行

期货交易辅助人只能接受一家期货商的委托，而期货商则可以同时委托一家以上期货交易辅助人。

期货交易辅助人实行许可管理。目前在台湾地区只有证券商可以申请成为期货交易辅助人，且其业务仅限于证券相关的期货业务。更类似于我们国内的IB业务。申请经营期货交易辅助业务的证券商应当保持良好的经营记录，最近没有违法违规的记录，向主管机关提交相应的文件申请，在主管机关许可之日起六个月内，可向主管机关申请核发许可证。

期货交易辅助人的从业人员管理。从事期货招揽业务的人员应具备期货商业务员资格。期货交易辅助人业务人员的登记、变更，应由期货交易辅助人向期货商同业公会联合主管机关指定的机构办理；业务员非经登记不得执行业务。同时，业务员必须参加职前培训或在职培训，且成绩合格。期货交易辅助人的业务员从事招揽业务的，不得有以下行为：收受客户任何款项；未依客户委托事项或条件办理期货交易辅助业务；接受客户的全权委托交易；泄露客户资料等。非业务员不得执行业务员职务或代理业务员职务。

3. 我国香港地区的核准介绍代理人（AIA）制度

申领牌照及注册。根据香港《证券及期货条例》，核准介绍代理人实际上是注册交易商（经纪商）的一种形式，即该交易商仅从事其注册类别的许可业务范围的一部分，主要是介绍业务。根据香港条例规定凡在香港证券期货市场上从事受规管的活动的机构或个人都必须申领牌照或注册。机构和个人可向香港证监会提出书面申请，并在缴纳相关费用和审核通过后，注册为核准介绍代理人。

持续责任。持牌人及注册机构都必须时刻具备适当人选的资格，如果有变更事项，必须在指定的期限内通知香港证监会。持牌法团及注册机构负责设计并实施最能契合其聘用的持牌代表或有关人士的培训需要的持续教育课程，以提高这些人的行业知识、技能及专业操守，有关课程及参与持续培训情况进行记录并保存最少3年。一般而言，持牌法团的代表及注册机构的有关人士每年就其进行的每类规管活动须完成5小时的持续培训。

身份及风险揭示责任。通常核准介绍代理人在开发客户时，应充分对其身份进行解释，并就期货交易的有关风险进行提示。主要应当包括：（1）告知客户该公司的核准介绍代理人身份；（2）该公司不能以核准代理人的身份处理管理资金，而所有的资金仅由客户选择的经纪商处理；（3）除非该公司本身的疏忽、故意失责或欺诈行为，该公司不会就其核准介绍代理人身份有关的事情负任何法律责任；（4）该公司将会因客户账户的开设从经纪商处获得一笔定额的介绍费用；（5）事先向客户提供交易风险披露声明等。

（五）我国证券行业经纪人管理现状介绍

2009年4月，中国证监会出台《证券经纪人管理暂行规定》，对证券行业经纪人的从业资质与证券公司的法律关系和权责界定等进行了详细规定，为证券行业经纪人管理提供了规范依据。

1. 资格准入与培训体系

根据《证券经纪人管理暂行规定》，证券经纪人为证券从业人员，应当通过证券从业人员考试，同时证券公司应当对证券经纪人进行不少于60个小时的执业前培训，其中法律法规和职业道德的培训时间不少于20个小时。

2. 注册登记与年检

根据《证券经纪人管理暂行规定》，证券公司应当在与证券经纪人签订委托合同、对其进行执业前培训并经测试合格后，向中国证券业协会进行执业注册登记。证券经纪人证书由协会统一印制、编号。取得证券经纪人证书后，证券经纪人方可执业。证券公司终止与证券经纪人的委托关系的，应当收回其证券经纪人证书，并自委托关系终止之日起5个工作日内向协会注销该人员的执业注册登记。

协会对证券经纪人自其取得证券经纪人证书之日起每年检查一次，未通过年检的，由协会注销其证券经纪人执业注册登记。

3. 信息公示与报送管理

证券公司应当建立健全信息查询制度，保证客户能够通过现场、电话或者互联网络的方式随时查询证券经纪人的姓名、代理权限、代理期间、服务的证券营业部、执业地域范围及证券经纪人证书编号等信息，能够通过现场或者互联网络的方式查看证券经纪人的照片。

证券公司应当在每年1月31日之前，向住所地证监会派出机构报送证券经纪人管理年度报告。内容包括本年度证券经纪人数量的变动情况、证券营业部的分布情况、执业前培训和后续培训等情况。

4. 其他强制规定

（1）根据《证券经纪人管理暂行规定》，证券经纪人只能接受一家证券公司的委托，并应当专门代理证券公司从事客户招揽和客户服务等活动。

（2）禁止证券经纪人替客户办理账户开立、注销、转移，证券认购、交易或者资金存取、划转、查询等事宜。

（六）比较分析与借鉴

综合上述国内其他辖区期货居间监管情况介绍、境外期货介绍经纪人制度介绍以及证券行业经纪人管理规定，我们可以总结出对中介机构和人员通常适用的监管原则。

（1）明确监管机构，进行注册登记。所有从事介绍业务的机构或人员都必须在政府监管部门或自律组织注册登记，获得许可后方可展业。

（2）适当的专业能力。所有的中介都必须具备并保持适当的专业能力，通过指定的专业考试，接受后续教育培训以维持其专业能力。

（3）风险披露。介绍经纪人或居间人在开展业务时必须明示其身份及其业务权限，提示客户交易风险。

（4）信息公示与备案，建立居间人诚信档案。所有从事此类业务的机构或人员信息需经监管部门或自律组织备案，并建立完善的信息查询制度，公示相关信息。

（5）明确业务范围。一般限于招揽、介绍客户，将客户指令转交期货经纪商执行。在适当的条件下，如取得咨询资格，可以延伸至提供咨询和建议。但严禁介绍经纪人或居间人收取客户资金。

相比较而言，本辖区在居间人监管方面存在以下不足。

（1）缺乏统一居间人监管规定。

（2）未明确监管主体，缺乏统一监管机关。对比证券行业建立的中国证监会、中国证券业协会、证券公司的证券经纪人三级管理体系，其他辖区建立的属地证监局、期货业协会、期货公司的监管体系，本辖区并未明确建立居间人管理监管体系。

（3）未对居间人资格准入及相应专业能力进行强制规定。

（4）未对居间人进行注册登记管理。

（5）未建立完善的居间人信息备案、公示制度。

二、期货居间人管理政策意见及建议

通过上述辖区居间人现状的分析，我们可以得知辖区期货居间人队伍庞大，市场份额较大，全盘否定期货居间人的发展模式并不现实，加强居间人监管和规范管理则是当务之急。借鉴前述居间监管原则，提出如下意见及建议。

（一）制定统一监管制度、建立三级监管管理体系

鉴于目前我国期货居间人队伍庞大，

期货机构在相当长一段时间内对居间人依赖程度较高以及各地证监局对居间人管理不统一的现状，建议中国证监会或中国期货业协会制定统一的期货居间人管理办法，形成相应的管理体系，以避免监管套利。

在无全国统一监管规定的情况下，北京证监局将借鉴证券行业与其他辖区居间管理规定，建立由北京证监局、北京期货商会以及期货公司组成的三级管理机制。北京证监局负责出台居间人管理指导意见，监督期货机构对居间人各项法律法规的执行情况，督促各期货机构加强居间人管理；北京期货商会协助北京证监局开展工作，开发在线培训和注册登记系统，对居间人进行注册登记和备案管理，开展行业自律监管，建立相关居间人的诚信管理体系及数据库，教育和组织期货机构执行有关居间人的法律法规；期货公司制定内部居间人管理制度，建立居间人档案，并将居间人管理纳入期货公司考核指标体系中。通过上述安排，建立起监管部门负责居间人监督指导，协会负责培训、注册、公示、诚信档案管理等一系列自律管理措施，期货公司负责本公司居间人规范管理的三级规范管理体系。

（二）建立居间人市场准入机制，提高居间人的从业门槛

期货居间人从事的业务关系投资者的切身利益，责任重大，应具备良好的职业道德。居间人应具备期货专业知识及丰富的从业经验，依一定的条件和程序取得合法资格后才能开展经纪活动。借鉴证券行业与其他辖区居间管理规定，在本辖区建立期货居间人持证上岗制度。

对居间人组织岗前培训及测试，居间人须参加北京期货商会的在线培训，同时通过相应测试。对于规则实施前已经从事居间业务的居间人，可规定由期货经营机构先行向北京期货商会备案，在备案后一定期限内参加培训并通过测试。若一定限期内没有参加培训且测试合格的，则相应取消在北京期货商会的备案记录，不得从事居间业务。

（三）建立期货居间人注册登记制度

为了保证居间人具备适当的资质和专业能力，各国对介绍经纪人普遍采取了注册要求。借鉴境外对证券行业经纪人的监管方法，拟对本辖区居间人实行注册登记管理。

居间人具备准入条件签订居间合同后，由期货公司向北京期货商会进行执业注册登记。执业注册登记事项参照证券经纪人要求，包括居间人姓名、身份证号码、代理权限、代理期间、服务的期货公司、执业地域范围和公司查询与投诉电话等。期货公司在为期货居间人进行执业注册登记后，按照规定打印期货居间人证书，并加盖公司公章，颁发给期货居间人。期货居间人证书由北京期货商会统一印制、编号。取得期货居间人证书后，期货居间人方可执业。期货居间人应当在执业过程中向客户出示居间人证书，明示其与期货公司的委托代理关系。

期货公司终止与居间人业务关系的，应当自关系终止之日起5个工作日内向北京期货商会注销该人员的注册登记，并收回相应注册登记证书。

（四）建立期货居间人信息披露机制和诚信管理工作

借鉴证券行业及其他辖区规定，建立期货居间人公示制度和市场禁入制度，使居间人接受全社会的监督。对缺乏责任意识违规开展代客理财给期货投资者造成损

失或给期货市场造成不良影响的居间人，由期货机构追究其相关责任报商会取消其居间人执业资格，记入诚信档案，增加期货居间人的违规成本。

期货公司负责制作居间人的诚信档案，包括违法违规情况、损害客户利益情况、不正当竞争情况等。同时要求期货公司要定期对居间人诚信进行专项考核，将具有不诚信记录的居间人名单定期上报北京期货商会及北京证监局。北京期货商会则根据期货公司上报的经纪人执业诚信档案以及相应的投诉纠纷情况，相应发布居间人黑名单、禁入名单等。

同时，参照证券行业规定建立居间人后续培训体制，每年后续执业培训不少于10个小时。

（五）明确期货居间人的业务范围和活动权限

借鉴证券行业经纪人规定，明确居间人和期货公司及投资者的关系，明确居间人与期货机构的代理关系，并只能为一家期货公司服务。同时，建议明令禁止居间人的下列行为。替客户办理账户开立、销户、结算签字，或者资金存取、划转、查询等事宜；接受客户各种形式的委托交易；与客户约定分享投资收益，对客户期货买卖的收益或者赔偿期货买卖的损失作出口头的或书面的承诺；采取贬低竞争对手等不正当手段招揽客户；损害客户、期货公司合法权益或者扰乱市场秩序的其他行为。

（六）其他强制规定

1. 建议强制规定一名居间人不可以同时服务于2家及以上期货公司

从我国期货行业的现状出发，一方面借鉴证券行业经纪人管理规定，另一方面也是为了保证期货居间人这一新制度的健康发展，在短期内不应当提倡期货居间人与多个期货经纪公司发生联系，以免造成不必要的混乱和恶性竞争。

2. 建议除中国证监会审批同意的合法从事期货居间业务活动的组织机构外，其他法人和经济组织不得成为居间人

从我国目前的情况来看，居间人大多以自然人身份存在，机构居间只占一小部分比例。根据《期货交易条例》的精神，对期货行业是实行市场准入机制的，也就是凡是专门从事期货相关业务的法人，必须经过期货监管部门的许可。而目前除关于券商申请IB资格外，对其他类型法人和经济组织并没有相应的资格审核流程和制度，目前除券商外的机构居间的存在并不具备资格依据，一直以来都是灰色监管地带。同时，机构居间往往也是居间人代客理财纠纷的集中爆发点。综上所述，建议除中国证监会审批同意的合法从事期货居间业务活动的组织机构外，其他法人和经济组织不得成为居间人。

开放十年，外资保险公司在京发展情况研究报告

中国保险监督管理委员会北京监管局

2012年，是北京保险业对外开放的第十年。十年间，北京保险业的对外开放

程度逐步扩大，开放进程逐步加快，外资保险公司对北京市场的影响逐渐增大，在市场中发挥着越来越重要的作用。

一、外资保险公司发展特点

（一）主体数量增长迅速

自2002年北京保险业对外开放以来，外资保险公司高度重视北京市场，纷纷在京设立机构。截至2011年底，全国有六成外资公司在京经营业务，机构数量达到30家，其中，外资寿险公司21家，占全国外资寿险公司数量的84%；外资产险公司9家，占全国外资产险公司数量的42.8%（见图1）。

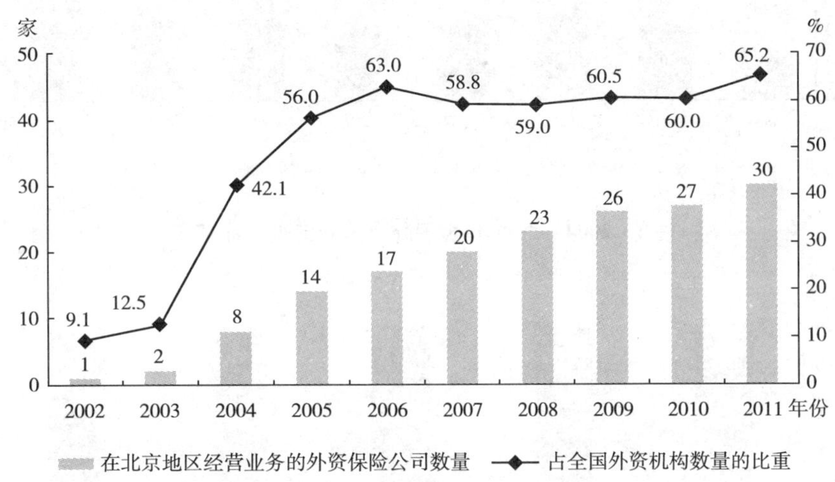

图1 2002～2011年北京外资保险机构数量情况

（二）外资保险公司保费收入保持高速增长

一是外资保险公司市场份额逐步提高，市场地位日益提升。随着北京地区外资保险公司数量的不断增加，外资保险公司的业务量也不断扩大，保费由2002年的2 494万元增长到2010年的157.6亿元（其中寿险公司保费150.1亿元，产险公司保费7.5亿元），2011年受经济形势影响略有下降，规模为126.6亿元。外资保险公司市场份额逐步提高，2011年达到13.4%（其中外资寿险公司市场份额16.6%，外资产险公司市场份额3.9%），高于全国平均水平9.5个百分点。

从全国来看，北京逐渐成为外资保险公司重点发展的区域市场之一。北京外资寿险公司保费收入占全国外资寿险业务的比重由2002年的0.6%上升到2011年的20.8%，已于2010年超过上海成为外资寿险业务规模最大的区域市场（见图2）[①]；北京外资产险公司保费收入占全国的比重由2007年的8.2%上升到2011年的18%，居全国第三位，因外资企业进入较晚，与上海、广东等地相比仍存在一定差距（见图3）。

① 本分析扣除了中意2005年的193.21亿元和2006年的21.71亿元大单影响。

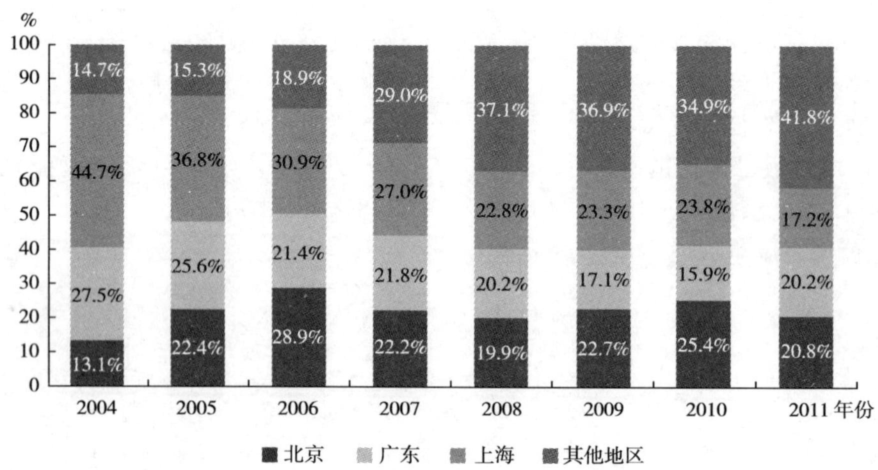

图 2 2004～2011 年全国外资寿险业务分布情况

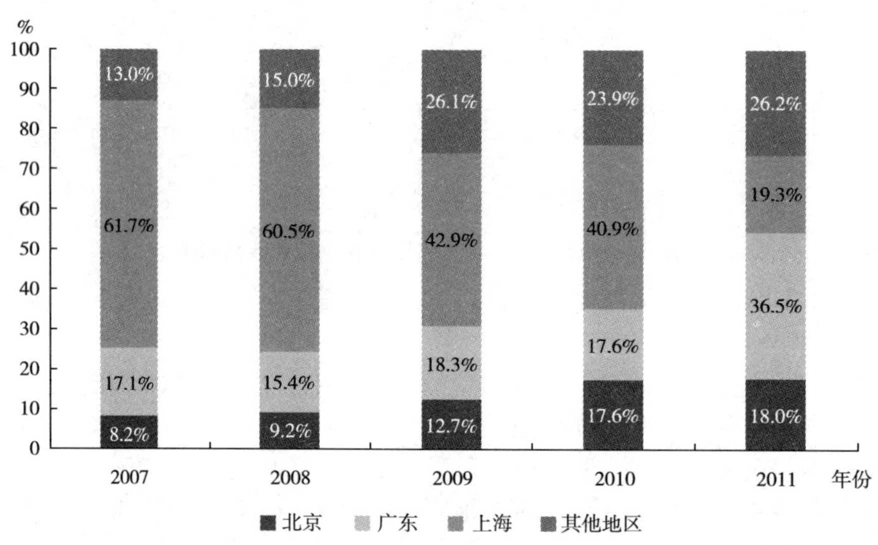

图 3 2007～2011 年全国外资产险业务分布情况

二是外资保险公司业务增速快于中资公司。外资保险公司进入北京市场以来，业务发展较快，年均增长率达到 50% 以上，远高于同期中资公司的发展速度。比较而言，外资寿险公司进入北京市场（2002 年）早于产险公司（2006 年），在市场份额方面，外资寿险公司明显高于产险公司，但产险公司的业务规模增速高于寿险公司。

从寿险公司来看，除 2008 年和 2011 年受国际金融危机影响导致保费收入同比下滑外，2004～2011 年保费收入整体保持了正增长态势，从 2004 年的 11.1 亿元增长到 2011 年的 117.2 亿元，保费收入年均增长率达到了 34.3%，市场份额也由 5.2% 增长到 16.6%（见图 4）。

从产险公司来看，2007～2011年，外资产险公司保费收入从2.0亿元增长到9.4亿元，市场份额从1.7%逐年上升至2011年的3.9%；保费收入年均增速为47.2%，且增速较快，在2010年达到86.4%，高出中资产险公司保费增速58个百分点，2011年虽有所回落，但仍高出中资公司15.5个百分点（见图5）。

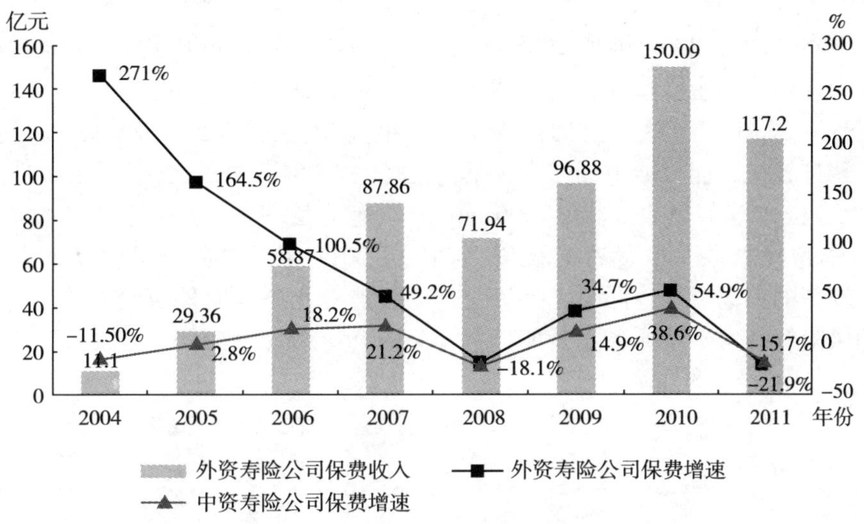

图4 2004～2011年北京外资寿险业务保费收入情况

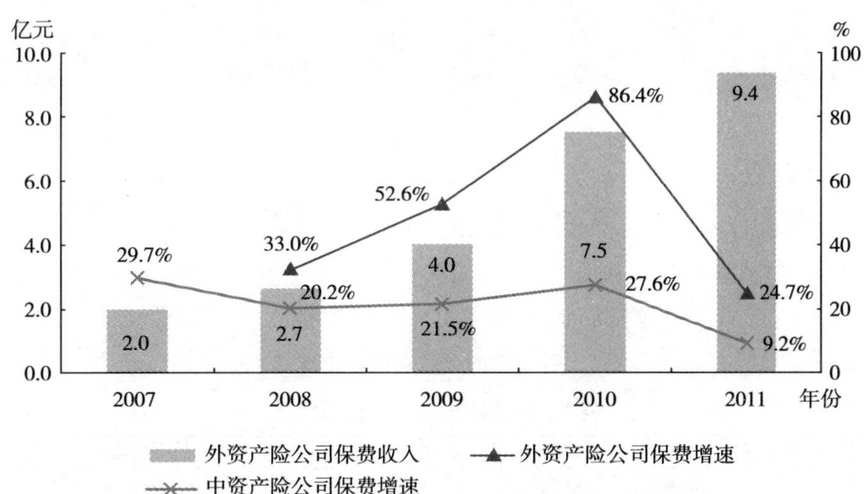

图5 2007～2011年北京外资产险业务保费收入情况

（三）外资保险公司注重发展特色险种

中外资保险公司在险种结构上存在一定差异，相对于中资公司分红险、车险一险独大的险种结构情况，外资公司更重视依靠自身风险管理技术等方面的优势发展特色险种，如外资寿险公司重视发展投连险业务，外资产险公司重视发展船舶险、责任险等业务。

一是外资寿险公司险种结构调整灵活，根据市场需要发展特色险种。2004～2011年，分红险始终是中资公司的主要险种，而同期外资公司险种结构调整相对灵活、变化较大。2005年，万能险占外资寿险业务的49%；2007年和2008年，投连险成为外资公司主要险种，占比达到57%和46%（见图6）。这一方面体现了外资公司转型较快，能根据市场需求灵活调整险种结构，较好地把握了2006～2008年资本市场繁荣、消费者对投资型产品需求较高的市场机会；同时，外资公司较高的风险管理水平和业务运营能力也是支撑其经营投连险、万能险等高风险、高技术含量特色险种的关键。

外资寿险公司在发展投连险等特色业务方面独树一帜，市场份额和市场参与度始终处于较高水平。2006～2012年，投连险业务外资占比均在50%左右，2007年更高达71%（见表1）；2005～2011年，50%左右的外资公司开展了投连险业务，2008年这一比例达到70%，而同期只有不足30%的中资公司经营投连险。到2011年，中资公司仅有5家仍在开展投连险业务，而外资公司有12家，占外资公司总数的57%（见表2）。

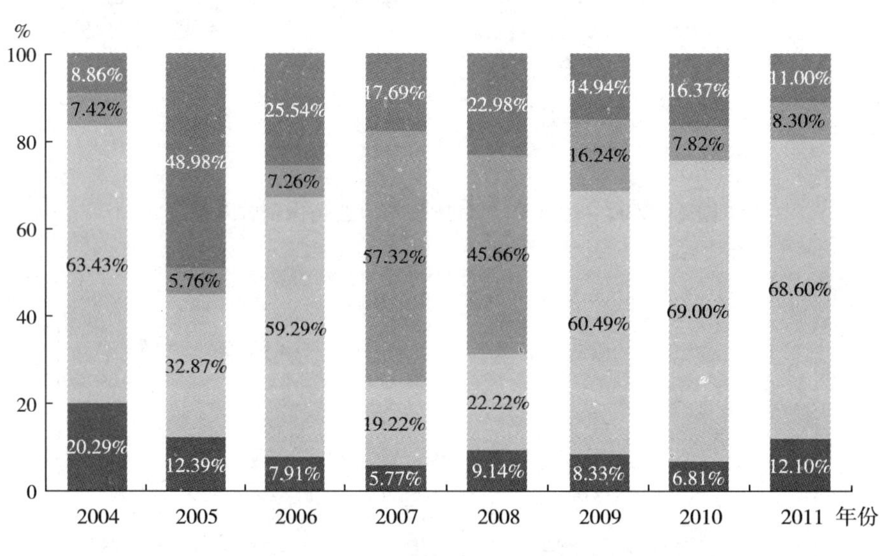

图6 外资寿险公司各险种占比情况

表1 投连险领域外资占比情况 单位：%

	2004年	2005年	2006年	2007年	2008年	2009年	2010年	2011年
外资占比	5.33	23.07	50.35	70.98	50.67	64.04	48.89	43.2

表2 寿险公司开展投连险业务情况 单位：家、%

	2004年	2005年	2006年	2007年	2008年	2009年	2010年	2011年
外资公司数	3	6	6	12	14	9	9	12
占外资公司比例	23.08	42.86	40.00	63.16	70.00	45.00	47.37	57.14
中资公司数	3	4	4	6	7	5	2	5
占中资公司比例	33.33	28.57	23.53	22.22	25.00	16.67	6.67	15.60

二是外资产险公司在风险管理要求高的险种上优势明显，且各公司经营特色突出。外资产险公司进入北京市场之初以非车险为主要经营险种，货运险和企财险占据了外资产险公司业务 83.4% 的份额。随着公司的发展，责任险和机动车辆保险份额逐年提升。2011 年，责任险占到了外资公司整体业务的 23.2%，而车险业务占到了 19.8%，形成了企财险、责任险、车险、货运险为主要险种（占比达 94.8%），船舶险、工程险及其他险种稳步发展的险种结构格局（见图 7）。

相对于中资产险公司车险独大的局面（2011 年中资产险公司车险占比 68.7%），外资产险公司险种相对均衡，尤其车险占比较低，主要原因在于，一方面外资公司受政策限制不能经营交强险业务，影响了车险业务的发展；另一方面外资公司在责任险、船舶险等对风险管理要求较高的险种上，能够借助母公司经验，有竞争优势。2011 年，外资产险公司在船舶险、责任险、货运险和特殊风险业务中的市场份额分别达到 14.7%、17.9%、13.6% 和 15.4%（见表 3），且市场份额整体呈上升趋势明显。

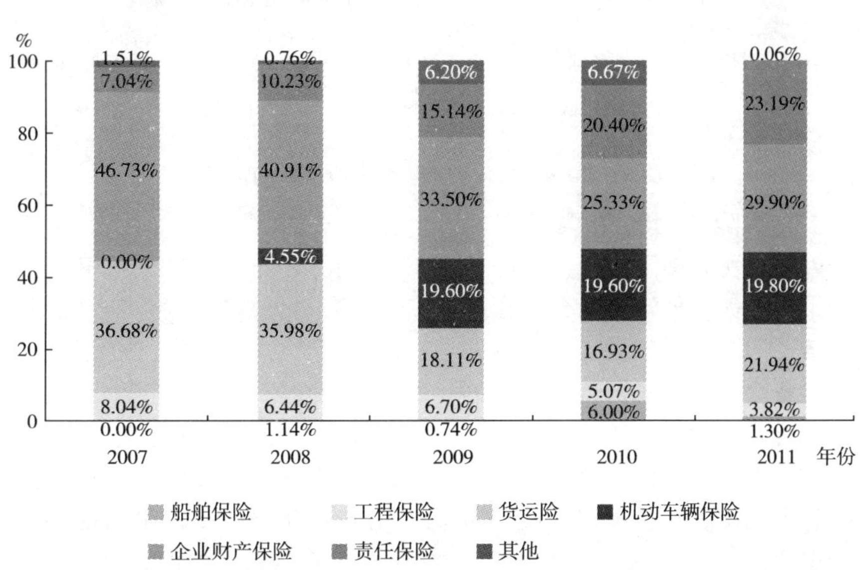

图 7 外资产险公司各险种占比情况

表 3 相关业务领域外资产险公司占比情况 单位：%

	2007 年	2008 年	2009 年	2010 年	2011 年
船舶保险	0.0	10.3	6.4	43.3	14.7
责任保险	4.0	5.5	9.9	17.8	17.9
货运险	10.7	10.7	10.2	13.1	13.6
工程保险	7.1	6.4	4.7	6.4	5.5
特殊风险保险	0.7	0.0	4.5	8.4	15.4

从公司情况看，各外资产险公司经营特色突出，在险种结构上存在明显差异。如苏黎世以企财险和责任险为主、利宝以车险为主、美亚和太阳联合以责任险为主、三井和三星以货运险为主；现代、中意险种结构较为均衡（见图8）。这与90%的中资产险公司车险业务占比超过一半形成鲜明对比。

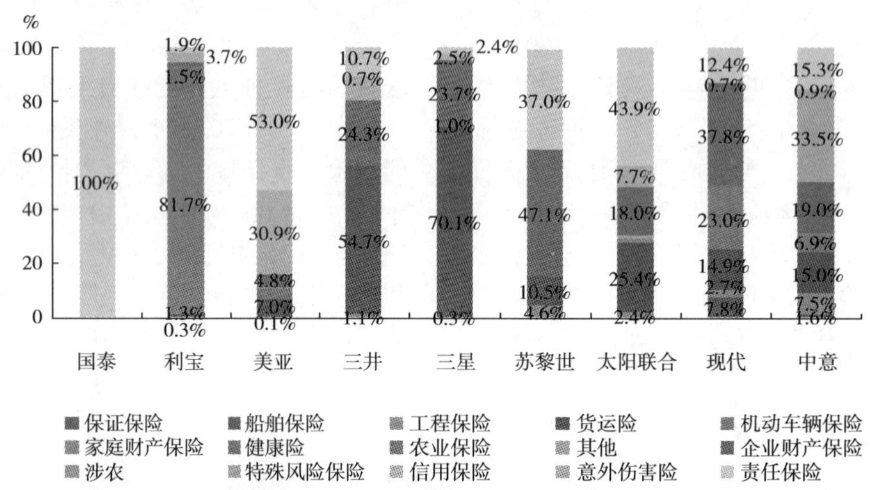

图8 2010年各外资产险公司险种结构情况

（四）外资保险公司销售渠道多元化，在部分渠道有所创新

在销售渠道方面，外资保险公司在开拓市场传统渠道的同时，积极引入、拓展新兴渠道，对整个保险市场销售渠道的创新起到了一定推动作用。相比较而言，外资寿险公司较重视发展银保渠道和公司直销渠道；而外资产险公司更重视发展公司直销和经纪渠道。

一是外资寿险公司银保渠道占主导，公司直销、个人代理渠道稳步发展。外资寿险公司进入北京市场初期，由于受到经营范围限制，前期以个人代理渠道和银保渠道为主，2004年外资公司个人代理渠道保费收入占比为49.3%，银保渠道为49.1%，二者合计达到98.4%。此后，随着保险业的进一步对外开放，公司直销渠道逐步发展，中美大都会、中英、招商信诺等公司积极开拓电销渠道、专业经纪和代理公司渠道等，促进了业务的快速发展（见表4）。具体分析有如下特点：第一，公司直销渠道起步较晚但发展迅速。自2005年开始，我国履行对外开放承诺，外资寿险公司获准经营团险业务，北京外资寿险公司的公司直销渠道业务占比开始逐步提高，从2005年的7.2%提高到2011年的13.9%，比同期中资公司高了1.6个百分点。然而，外资公司的公司直销渠道由于承保了大量股东团险业务，业务发展呈现较大波动性。第二，个人代理渠道实现平稳增长。个人代理渠道作为外资寿险公司重点发展的渠道，业务一直保持增长态势。然而，与其他渠道不断发展壮大相比，个人代理渠道在外资寿险公司中的业务份额呈下降趋势，2011年为23.62%，比中资公司低14.3个百分点。第三，银保渠道始终占据半壁江山。自2004年外资寿险公司进入北京以来，银保渠道以其管理简单、易上规模的特点迅速成为各公司的主要销售渠道，业务份额始终保持在50%左右，仅2006年为36.9%（与当年公司直销渠道大单有关，并非银保渠道本身发生萎缩），2008年业务占比最高，达到57.8%。

表4　中外资寿险公司各渠道业务占比情况　单位：%

		个人代理	公司直销	保险专业代理	银行邮政代理	其他兼业代理	保险经纪业务
2004年	外资	49.26	0.42	0.11	49.05	0.47	0.69
	中资	18.90	8.66	0.24	17.27	0.85	0.55
2005年	外资	33.71	7.23	1.05	56.80	0.62	0.59
	中资	42.17	19.09	0.6	35.46	1.39	1.21
2006年	外资	23.20	37.56	1.52	36.85	0.46	0.42
	中资	41.90	17.82	0.66	36.92	1.17	1.53
2007年	外资	26.71	9.36	4.11	57.81	0.68	1.33
	中资	38.97	16.93	1.10	41.43	0.96	0.62
2008年	外资	32.59	4.24	2.40	57.80	1.33	1.64
	中资	34.94	13.45	0.64	49.34	0.88	0.76
2009年	外资	21.75	12.26	2.26	54.56	7.79	1.37
	中资	35.35	9.45	0.74	52.27	1.39	0.79
2010年	外资	16.80	21.18	2.23	50.39	6.39	3.01
	中资	31.80	8.16	0.96	57.22	1.02	0.83
2011年	外资	23.62	13.94	2.66	48.41	7.79	3.58
	中资	37.88	12.32	0.69	47.25	0.96	0.90

二是外资产险公司侧重于公司直销和经纪渠道。与中资产险公司重视发展代理渠道不同，外资公司更侧重于直销和经纪渠道的开拓。直销业务是外资公司的主要业务来源，尽管直销渠道对外资保险公司的保费贡献度逐年下降，已由2007年的98.6%降至2011年的33.9%，但仍高出中资公司17.1个百分点。随着经营网络的逐步建立，外资公司中介业务也得到快速发展，以非车险为主的险种结构决定了对中介机构的专业度要求较高，经纪成为中介业务的主要来源，2011年占比为44.4%，成为外资产险业务首要渠道（见图9）。

（五）外资保险公司赔付支出水平整体低于中资公司，在费用支出方面产寿险公司表现不一

在赔付支出方面，外资公司短期健康险和意外险的赔付水平皆低于中资公司，外资产险公司的综合赔付率略高于中资产险公司，并呈上升趋势；同期，在费用支出方面，外资寿险公司费用率逐渐与中资公司持平，外资产险公司综合费用率逐年降低，但受业务及管理费用率较高的影响，其综合费用率仍显著高于中资公司。

一是在短期健康险领域，外资公司赔付水平显著低于中资公司，外资公司赔付率整体呈上升趋势。2007～2011年，外

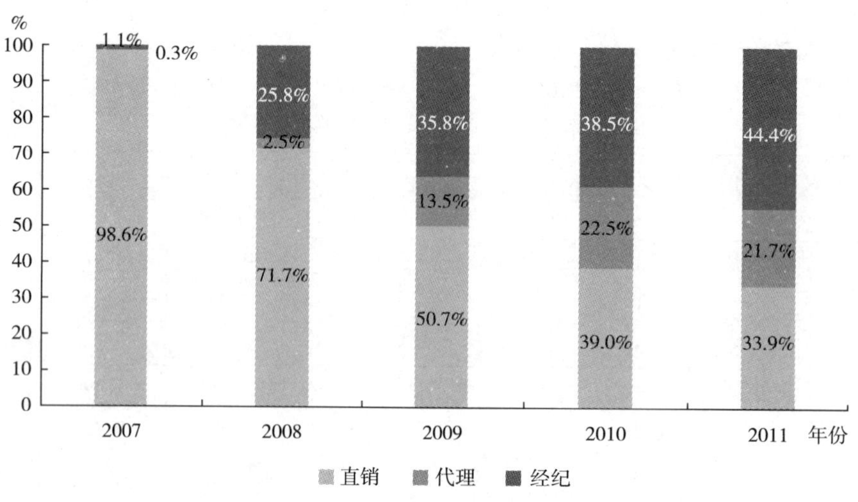

图9　2007～2011年外资产险公司渠道结构情况

资寿险公司赔付率比中资寿险公司平均低20个百分点，但中资寿险公司赔付率呈现逐渐下降的趋势（见图10），2011年外资仅比中资低4.4个百分点，二者逐渐持平；外资产险公司的赔付水平显著低于中资公司，2011年低于中资产险公司13.4个百分点（见图11）。

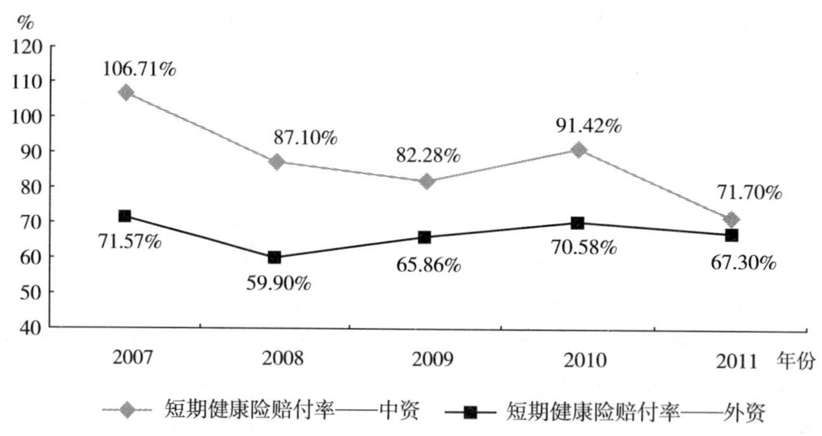

图10　短期健康险赔付率情况——寿险

二是在意外险领域，外资寿险公司赔付水平低于中资公司，并呈下降趋势；而外资产险公司赔付水平则逐年上升。外资寿险公司赔付率整体呈下降趋势（2008年除外），2007～2011年，外资寿险公司比中资公司平均低14.3个百分点（见图12）。同期，外资产险公司的赔付率则逐年上升，与中资公司日益接近，2011年首次超过中资产险公司，高出10.2个百分点（见图13）。

三是从外资产险公司整体赔付情况来看，外资公司综合赔付率明显高于中资公

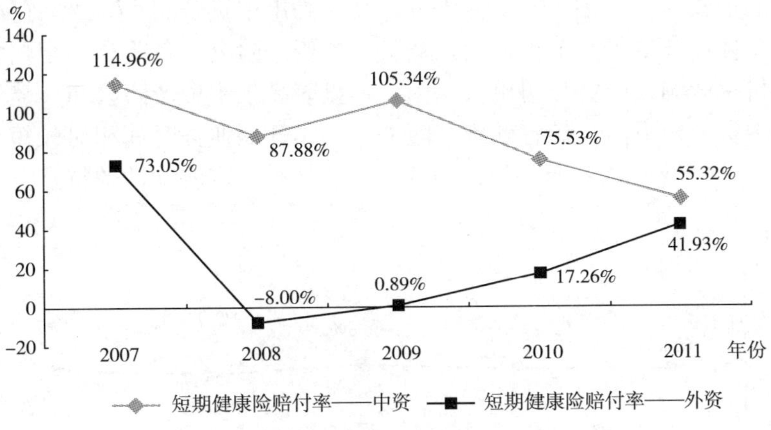

图 11　短期健康险赔付率情况——产险

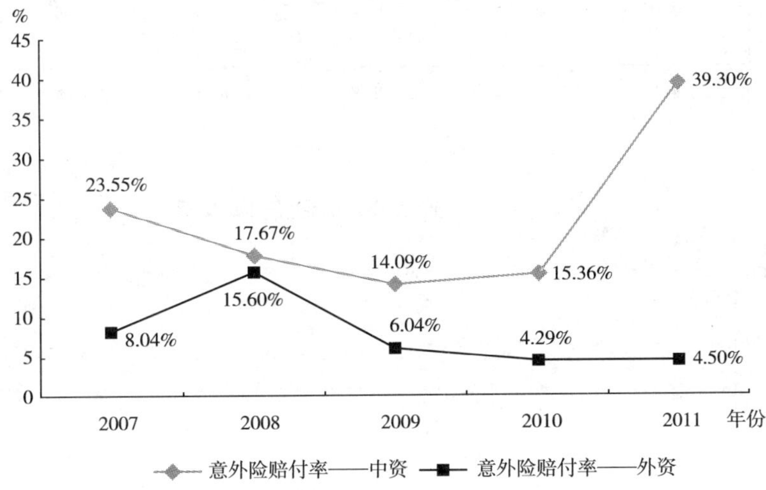

图 12　意外险赔付率情况——寿险

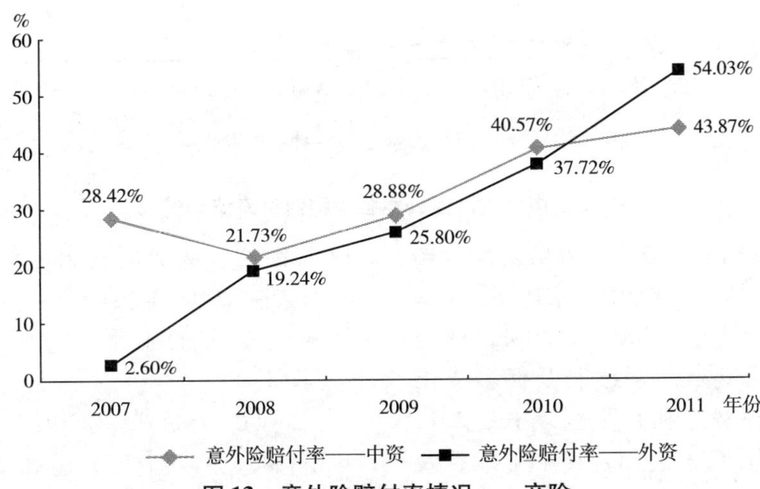

图 13　意外险赔付率情况——产险

司，且赔付波动较大（见图 14）。由于外资产险公司总体业务量仍然偏小，大宗赔案对综合赔付率影响较中资公司更大，因而赔付率较中资公司更高。随着外资产险公司的发展，其赔付支出逐年上升，2011年高出中资公司 17.4 个百分点。而同时，外资产险公司各险种综合赔付率的波动均显著高于中资产险公司，显示出外资产险公司开展业务时间相对较短，赔付等方面还具有一定波动性的特点（见图 15）。

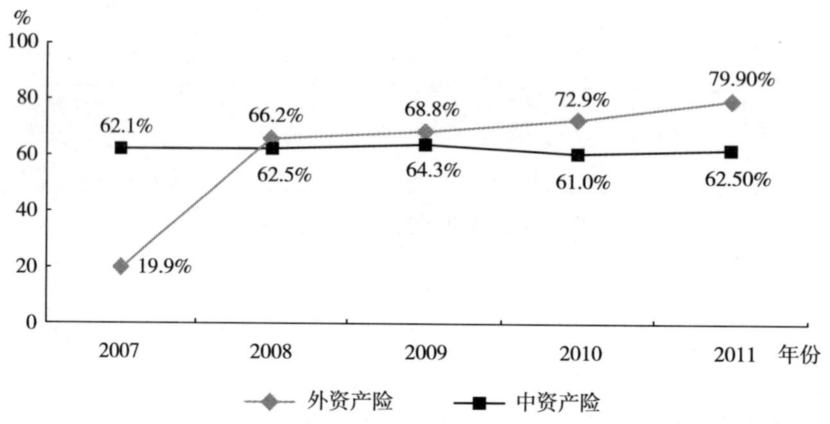

图 14　中外资产险公司综合赔付率情况

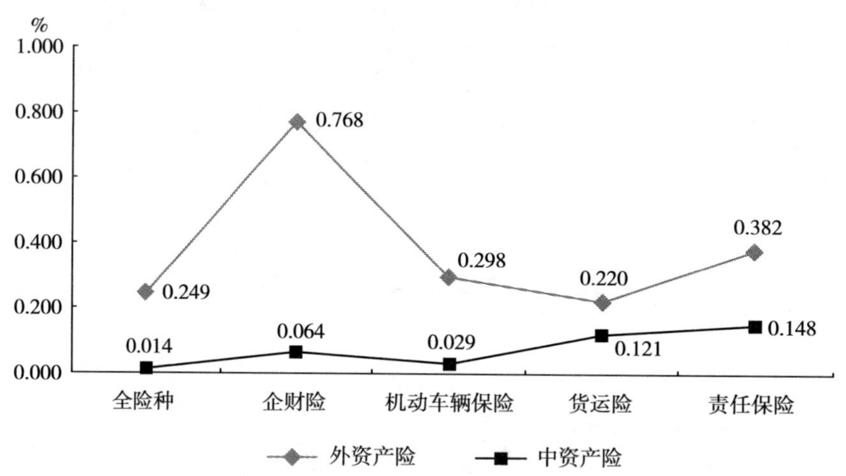

图 15　中外资产险公司各险种赔付率波动情况

四是在费用支出方面，外资寿险公司费用支出平稳增长，费用率与中资公司基本持平且保持稳定。2004 年以来，外资寿险公司费用支出（手续费及佣金支出与业务及管理费之和）平稳增长，2011 年费用支出为 20.3 亿元，其中手续费及佣金支出 7.6 亿元、业务及管理费支出 12.7 亿元。从费用支出占保费收入之比来看，除 2004 年较高外，其他年度均保持较为正常的水平，与中资公司相当（见图 16）。

同期，外资产险公司综合费用率呈逐年下降趋势，但仍明显高于中资公司。2007 年以来，外资产险公司费用支出逐

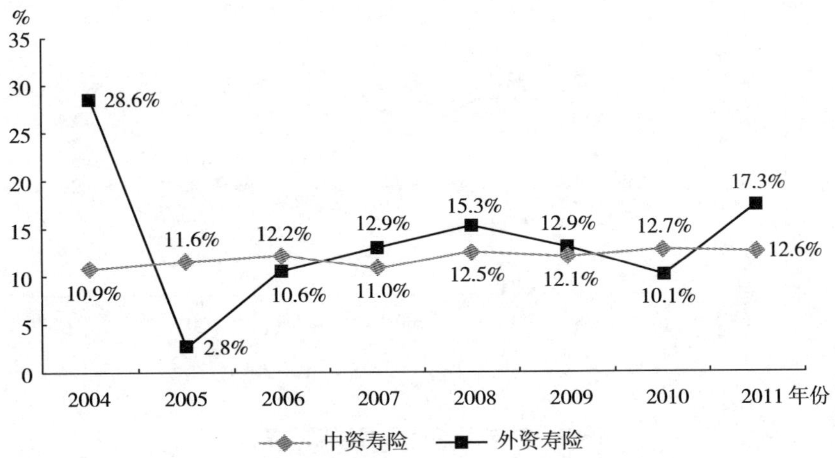

图 16　中外资寿险公司费用支出占保费收入之比

年增长，2011 年费用支出为 3.75 亿元，其中手续费支出 1.04 亿元、业务及管理费支出 2.71 亿元。外资产险公司综合费用率随公司业务发展逐年降低，但仍显著高于中资公司，2011 年，外资产险公司综合费用率高出中资公司 26.4 个百分点（见图 17）。

（六）外资寿险退保情况总体稳定，整体呈上升态势

外资寿险公司退保始终保持较为平稳的态势。退保是寿险公司要面临的主要问题之一，外资寿险公司 2011 年退保金为 25.3 亿元，退保金占北京市场全部退保金的 18.2%，与市场规模大致匹配。从退保率来看，2005～2009 年，外资寿险公司退保率低于中资公司，但整体来看外资公司与中资公司退保率指标逐渐趋于一致，2011 年，中资和外资公司退保率分别为 4.2% 和 4.8%，外资公司高出 0.6 个百分点（见图 18）。

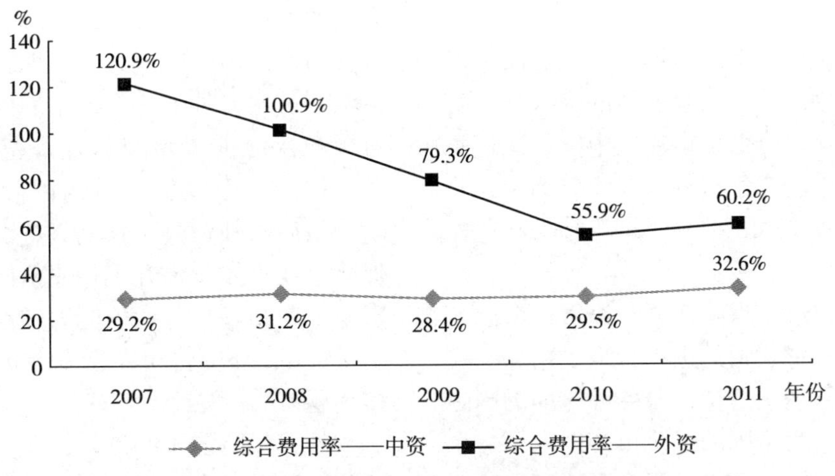

图 17　中外资产险公司综合费用率情况

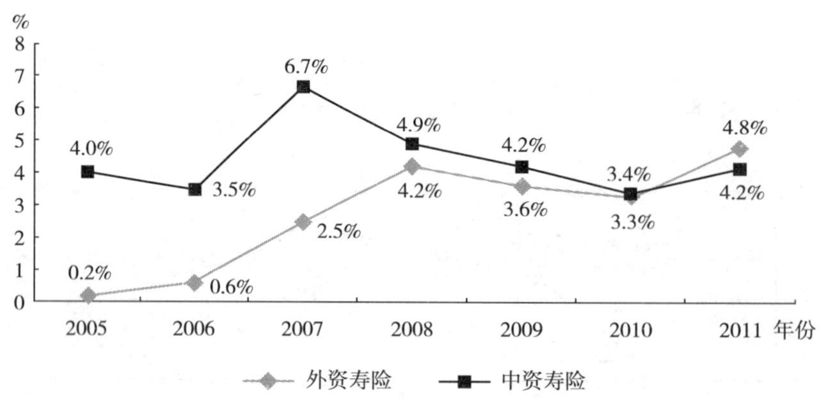

图18　中外资寿险公司退保率情况

二、北京保险市场十年演变的启示与思考

北京对外开放保险市场已经十年，通过对外资保险公司十年经营情况的分析总结，可以得出北京保险市场十年演变给我们的启示与思考。

（一）外资保险公司的进入对市场的发展起到了积极影响

自2002年北京保险业对外开放以来，外资保险公司高度重视北京市场并在京设立相关机构，外资公司的进入对北京市场的发展和创新起到了积极的“鲶鱼效应”作用。

一是优化了保险市场结构，提高了保险市场效率。外资保险公司的进入，丰富了市场主体，降低了市场集中度，通过引入和创新市场竞争机制为保险市场多元化作出了积极贡献，推动了市场结构的优化和效率的提升。

二是促进了保险业服务经济社会能力的提高。外资公司的进入带来了精算、险种设计、管理、营销、服务等方面的国际先进经验，为中国的保险市场引入了一系列的新观念和新技术，提升了中国保险业的服务能力。首先，创新了销售渠道，率先引入了代理人制度并在电话销售方面进行积极尝试，推动了行业销售渠道的多元化；其次，丰富了保险产品供给，积极引入投连险、变额年金、特色财产险等新型产品，满足了消费者的多样需求；最后，提升了行业专业化水平和服务能力，外资公司积极引入国外服务标准，推出便捷车险理赔、提供全球服务、协助进行专业化的项目风险管理等都极大地推动了保险行业服务能力的提升。

三是提高了保险业整体竞争力。首先，外资保险公司的进入带来了世界各地先进的经营理念，在组织管理、稳健经营等方面为中国保险业开拓了思路，提供了借鉴。其次，外资公司严格的内控管理和合规经营促进了整个行业规范水平的提升，推动了中国保险业与国际水平的接轨。最后，外资公司长期坚持引入和培养保险专业人才，提升了行业整体人力资源素质，增强了行业竞争能力和水平。

（二）外资公司在京发展仍面临着诸多问题

外资保险公司的进入，在实现自身成长的同时也极大地促进了北京保险市场的创新发展，但在此过程中，外资公司也呈现出其面临的一些问题，值得关注和思考。

一是部分外资公司发展缓慢，尚未进入正轨。首先，部分公司发展中逐渐放弃了母公司优势和自身特色，这在外资寿险公司发展过程中表现得尤为明显。产品全覆盖、渠道严重依赖银邮等现象制约了公司的创新和成长。其次，部分外资公司过度利用股东背景，如借助股东在某一领域的支配地位，建立垄断排他优势；利用股东大单业务实现自身发展等，其不仅不利于公司的长远健康发展，同时也破坏了市场的公平竞争秩序，不利于市场的健康发展。再次，部分外资公司业务规模偏小且波动较大，难以良好地分散风险和应对突发事件，对公司长远发展产生了制约。

二是部分外资公司本土化程度不足制约了发展。部分公司核心高管全为外籍人士，对中国和北京市场缺乏了解；部分公司经营理念和文化多直接由外方股东嫁接而来，难以落地；部分公司战略制定、经营决策都要由母公司直接作出，与市场现实脱节。而这些问题导致外资公司一方面决策不够灵活，丧失了竞争效率和市场机会；另一方面，推出的产品、服务不适合中国市场环境，导致系列失败。同时，由于国内外环境的不同，部分外资公司“水土不服”，资金利用效率偏低，难以形成竞争优势。

（三）外资公司的进入给中国市场带来了新的风险点

外资公司母公司通常是国际大型金融或保险集团，在全球范围内配置资源，与国外存在广泛联系。一旦外资公司母公司发生金融危机，将可能传染到我国或是影响国内外资公司的正常经营。如2008年AIG集团深陷金融危机，导致美国友邦保险公司短时间内新业务大幅减少，退保显著增加，最终该公司脱离AIG集团独立运营。调查显示，多数公司认为，即使目前风险有所缓解，但金融危机带来的深远影响可能改变保险业在未来几年的发展格局。从宏观环境来说，经历国际金融危机之后，尽管全球经济有回暖迹象，但形势仍不明朗，依然面临考验。这给中国保险市场也起到了警醒作用，外资保险公司的进入，将使保险行业风险的来源全球化，这对行业整体风险应对带来了全新挑战。

（四）夯实行业发展基础是行业未来十年工作的关键

国际经验表明，保险业的国内市场竞争越充分、越有序，法律等基础设施越完善，对外开放就越能促进本国保险业的良性发展，就越能在保证金融安全的基础上发挥保险保障等功能。而当前，中国保险市场及法律环境等方面尚存在不完善的地方，进一步夯实行业发展的基础环境正成为未来行业持续健康稳定发展的关键。

一是加强相关法律制度体系建设。与成熟保险市场国家相比，我国保险业发展时间较短，在法律、制度等方面还存在很多不完善的地方，影响了市场的整体发展，也制约了国外经验技术的引入。如代理人制度不完善，还没有真正的独立代理人制度，使得一些在国外通过独立代理人渠道拓展业务的公司，发展受到限制；再如产品的市场化形成机制尚不健全，制约了外资公司的产品创新，特别是缺少必要的保险经验数据，使得在健康险、养老险、农业险、责任险等领域，一些在国外具有丰富管理经验的公司，难以引进优势险种，甚至部分传统产品的开发也面临困难，技术优势和管理能力尚未体现，没有起到推动重点业务领域发展和进步的作用。进一步建立健全相关制度体系，是夯实行业发展基础的关键，也是未来行业发展的工作重点。

二是完善行业人力资源招募和培养机制。对在京外资保险公司的调研发现，46.4%的公司反映了人才队伍匮乏的问题，管理人才、专业技术人才严重不足。国内保险市场的快速发展，新兴保险机构日益增多，管理人才及关键岗位专业人才需求旺盛，而人才招募和培养机制与机构开设的步伐未能同步，保险公司管理人才及关键人才流动日益严重，同时公司骨干人员的经验及素质水平都尚待提升。营销人员招募困难。营销员受制于各方面因素限制，社会保障及税负政策尚未健全，随着市场主体数量的增长，多数公司增员出现一定困难。人才是行业发展的重要基础，从行业整体的高度建立、完善行业人力资源招募和培养机制，将有助于打破行业发展的人才制约，进而推动行业的持续健康发展。

三是进一步规范市场秩序，塑造良好的市场环境。目前，北京市场上仍有部分公司过于片面地追求市场份额和短期的经济利益，背离了保险抵御风险的责任和社会保障的要求，加速了非理性竞争，加剧了市场风险，也对客户造成了一定程度的负面影响；部分公司产品设计激进，持续推出低利润甚至负利润的激进型新产品，不但与保险公司经营理念不相符，也不利于公司业务长远的发展；部分公司恶意挖墙脚、相互诋毁，直接损害了行业秩序；同时，销售误导、理赔难等侵害消费者权益事件仍时有发生，严重阻碍了行业形象建立和健康发展。进一步规范市场秩序，引导保险公司合规经营、合理竞争，塑造良好的市场环境，这是夯实行业发展基础的根本。

（贾金峰）

附：

2012年专题与调研目录选编

中国人民银行营业管理部
2012年优秀调研报告

一等奖

1. 关于北京市金融支持保障性安居工程建设情况的调研报告（货币信贷管理处）

2. 利率期限结构的远期利率预测作用（金融研究处）

3. 担保公司出风险的模式及渠道（金融稳定处）

二等奖

1. 北京市城镇居民购房需求综合指数编制研究（调查统计处）

2. 关于北京市文化金融工作机制的调研报告（货币信贷管理处）

3. 关于北京市银担合作情况的调研报告（货币信贷管理处）

4. 融资性担保公司涉嫌巨额虚假增资情况调查及建议（反洗钱处）

5. 人民币汇率严重低估了吗（金融研究处）

6. 在京跨国公司发展情况分析研究（国际收支处）

7. 金融业增加值核算问题研究（金融研究处）

8. “1+2+3”中小企业信用体系建设助力首都中小企业融资发展（征信管理处）

9. 北京市地方国库现金管理实践研究（国库处）

10. 商业银行现金管理类委托贷款调查报告（调查统计处）

11. 关于银行间市场国债回购在国库现金管理中应用的思考（国库处）

12. 营业管理部2012年假币非法流通的调研报告（货币金银处）

13. 近三年离职员工的调查报告（宣传群工部）

14. 主体监管理念的延伸思考（外汇综合业务处）

15. 我国房地产信托发展主要特点及新动向（办公室）

16. 支付机构预付卡反洗钱信息管理系统建设现状调查（反洗钱处）

17. 银行收费的国内外对比分析（金融研究处）

18. 北京辖区金融支持社会办医情况调研报告（货币信贷管理处）

19. 2005年汇改以来出口企业生存状况及汇率波动影响分析（国际收支处）

20. 货物贸易外汇管理制度改革的政策效应及相关建议（经常项目管理处）

三等奖

1. 关于构建外汇管理系统内部审计体系的思考（外汇综合业务处）

2. 境外直接投资及境外放款管理政策的执行现状、问题与建议（资本项目管理处）

3. 第三方支付机构外汇支付业务政策探索（外汇检查处）

4. 对改进保险外汇管理有效性的思考（经常项目管理处）

5. 关于加强内控安全管理长效机制建设的思考（内审处）

6. 会计准则顺周期性及其对宏观审慎管理影响的实证研究（会计财务处）

7. 由银行违规案件分析引发的对银行外汇检查的思考（外汇检查处）

8. 流通中人民币券别结构研究（货币金银处）

9. 从问题金融机构救助视角看央行金融稳定职责（法律事务处）

10. 对国库会计核算事后监督系统建设的思考（事后监督中心）

11. 营业管理部合同用工风险分析及管理措施探讨（人事处联合课题组）

12. 2012年上半年北京市实体经济流动性状况分析（调查统计处）

13. 对北京当前企业信贷需求状况的调查（调查统计处）

14. 国外跨境支付清算系统的发展实践及对我国建立人民币跨境支付系统的启示（清算中心）

15. 个人本外币兑换特许业务行业发展和监管的国际经验（国际收支处）

16. 论我国金融消费者权利实现的行政保障（法律事务处）

17. 构建个人信用报告查询防控体系有效保护金融消费者权益（征信管理处）

18. 关于北京地区转口贸易的调查报告（跨境办与经常项目管理处联合课题组）

19. 北京地区人民币与非美元储备货币汇率挂牌情况调研（跨境办）

20. 资本项目非现场核查的初步实践与探索（资本项目管理处）

21. 我国非金融支付机构监管模式研究（支付结算处）

22. 我国上市银行2011年经营状况分析（会计财务处）

23. 关于北京市银行业金融机构重大事项报告制度执行情况的调查报告（金融稳定处）

24. 关于营业管理部职能部门行政执

法工作的探讨（纪检监察办公室）

25. 干部人事档案管理工作研究（人事处）

26. 银行票据凭证管理的现状、问题与对策（支付结算处）

27. 干部退休制度建立30年以来推进老有所为的探索与实践（离退休干部处）

28. 对我国中央银行独立性的探究（营业室）

29. 营业管理部开展业务竞赛的实践与思考（机关工会办公室）

八、统计资料

北京市2012年国民经济和社会发展统计公报

北京市统计局　国家统计局北京调查总队

2013年2月7日

2012年，面对日趋严峻的国际经济形势，以及内部调整转型、自然灾害叠加等多重因素影响，全市人民在党中央、国务院和市委、市政府的坚强领导下，坚决贯彻落实党的十八大和市十一次党代会精神，紧密围绕主题主线，坚持“稳中求进”，积极推进各项宏观调控政策，全市经济持续健康发展，社会和谐稳定。

一、综合

经济增长：初步核算，全年实现地区生产总值17 801亿元，比上年增长7.7%。其中，第一产业增加值150.3亿元，增长3.2%；第二产业增加值4 058.3亿元，增长7.5%；第三产业增加值13 592.4亿元，增长7.8%。

表1　2012年地区生产总值

指　　标	绝对量（亿元）	比上年增长（%）	比重（%）
地区生产总值	17 801	7.7	100
第一产业	150.3	3.2	0.8
第二产业	4 058.3	7.5	22.8
工业	3 294.3	7	18.5
建筑业	764	9.7	4.3
第三产业	13 592.4	7.8	76.4
交通运输、仓储和邮政业	778.5	4.9	4.4
信息传输、计算机服务和软件业	1 610.8	6.2	9
批发和零售业	2 279.4	5.9	12.8
住宿和餐饮业	373	-0.3	2.1
金融业	2 592.5	14.4	14.6
房地产业	1 244.2	13.7	7
租赁和商务服务业	1 311.2	7.2	7.4
科学研究、技术服务和地质勘查业	1 240.5	5.8	7
水利、环境和公共设施管理业	92.6	3.9	0.5
居民服务和其他服务业	120	2	0.7
教育	653.8	4.5	3.7
卫生、社会保障和社会福利业	346	7.6	1.8
文化、体育和娱乐业	384.7	6	2.2
公共管理和社会组织	565.2	3.4	3.2

按常住人口计算，全市人均地区生产总值达到87 091元（按年平均汇率折合13 797美元）。三次产业结构由上年的0.8∶23.1∶76.1变化为0.8∶22.8∶76.4。

财政：全市完成地方公共财政预算收入3 314.9亿元，比上年增长10.3%。其中，实现增值税和营业税314亿元和1 152.7亿元，分别增长32.1%和7.6%；

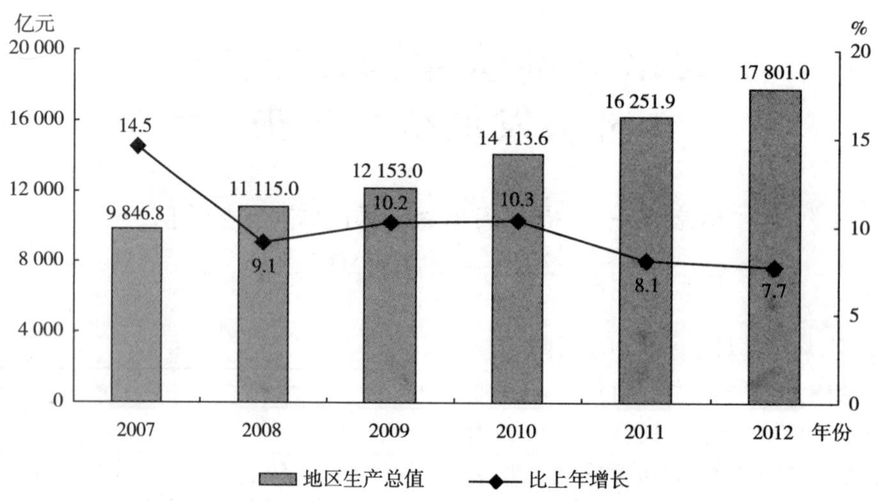

图1 2007～2012年地区生产总值及增长速度

实现企业所得税和个人所得税752.5亿元和281.5亿元。分别增长10.1%和3.1%。地方公共财政预算支出（含中央追加支出）3 685.3亿元，增长13.6%。其中，用于文化体育与传媒、交通运输、教育、社会保障和就业、农林水事务的支出分别增长61.7%、22.4%、20.9%、19.2%和18.9%。

全市完成国税、地税税收（费）收入9 220.3亿元，比上年增长15.2%。其中，地税税收（费）收入2 865.2亿元，增长7.5%。

价格：全年居民消费价格比上年上涨3.3%，涨幅比上年回落2.3个百分点。其中，食品价格上涨6.6%，非食品价格上涨2%；消费品价格上涨2.7%，服务项目价格上涨4.2%。

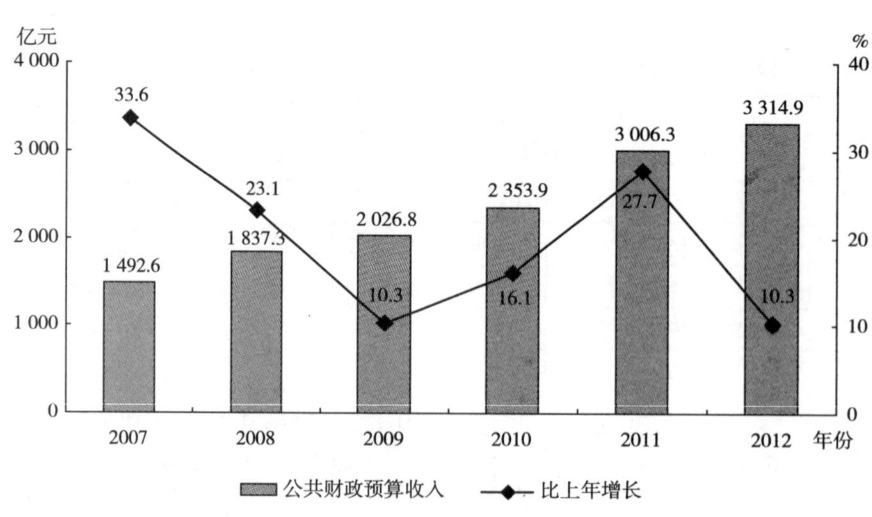

图2 2007～2012年地方公共财政预算收入及增长速度

表2 2011年、2012年居民消费价格涨跌幅度

单位：%

指　　标	2012年	2011年
居民消费价格总水平	3.3	5.6
食　　品	6.6	10.6
其中：肉禽及其制品	6.7	21.8
水产品	4.8	9.5
菜	12	-1.9
干鲜瓜果	2.1	10.7

续表

指　　标	2012年	2011年
烟　酒	2.2	2.5
衣　　着	0.9	2.7
家庭设备用品及维修服务	2.8	4.2
医疗保健和个人用品	1.5	3.7
交通和通信	-0.9	1.5
娱乐教育文化用品及服务	2.3	-0.3
居　　住	3.9	8.5

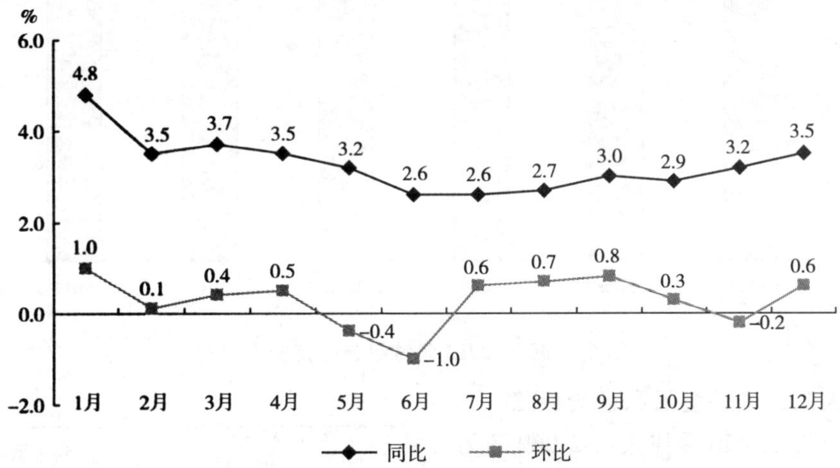

图3 2012年居民消费价格月度同比和环比涨跌幅度

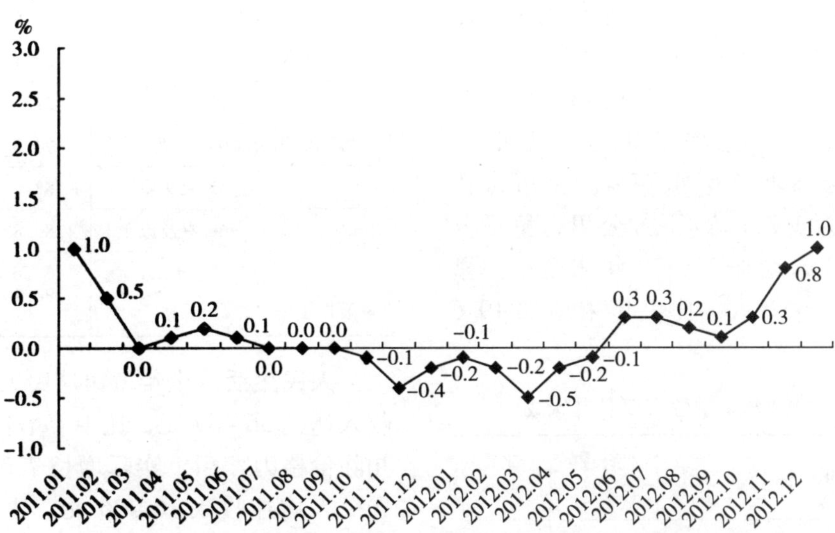

图4 2011年以来新建商品住宅销售价格环比涨跌幅度

全市农产品生产价格比上年上涨4.7%。工业生产者出厂价格下降1.6%，工业生产者购进价格下降1.3%。固定资产投资价格上涨1.3%。

全市新建商品住宅销售价格环比走势由降转升，12月环比上涨1%。

就业：全年城镇新增就业43.89万人。年末全市城镇实有登记失业人员7.2万人，比上年末减少0.93万人。城镇登记失业率为1.27%，比上年末下降0.12个百分点。

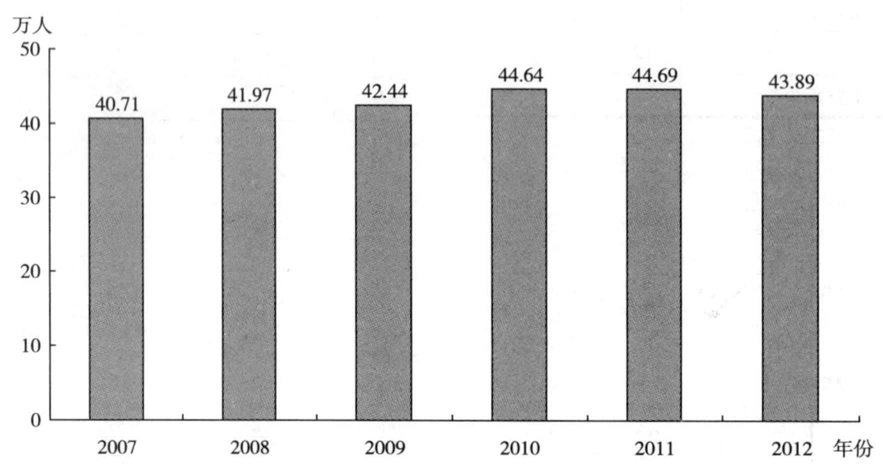

图5　2007～2012年城镇新增就业人数

二、人口、人民生活和社会保障

人口：年末全市常住人口2 069.3万人，比上年末增加50.7万人。其中，常住外来人口773.8万人，占常住人口的比重为37.4%。常住人口中，城镇人口1 783.7万人，占常住人口的86.2%。全市常住人口出生率9.05‰，死亡率4.31‰，自然增长率4.74‰。全市常住人口密度为1 261人/平方公里，每平方公里比上年末增加31人。年末全市户籍人口1 297.5万人，比上年末增加19.6万人。

表3　2012年末常住人口及其构成

指　标	年末数（万人）	比重（%）
常住人口	2 069.3	100
按城乡分：城镇	1 783.7	86.2
乡村	285.6	13.8
按性别分：男性	1 068.1	51.6
女性	1 001.2	48.4
按年龄组分：0－14岁	194.5	9.4
15－59岁	1 588	76.7
60岁及以上	286.8	13.9
其中：65岁及以上	190.4	9.2

人民生活：全年城镇居民人均可支配收入达到36 469元，比上年增长10.8%；扣除价格因素后，实际增长7.3%。农村居民人均纯收入16 476元，比上年增长11.8%；扣除价格因素后，实际增长8.2%。城镇居民恩格尔系数为31.3%，

比上年下降0.1个百分点；农村居民恩格尔系数为33.2%，比上年提高0.8个百分点。全市城镇居民人均住房建筑面积29.26平方米，农村居民人均住房面积49.08平方米。

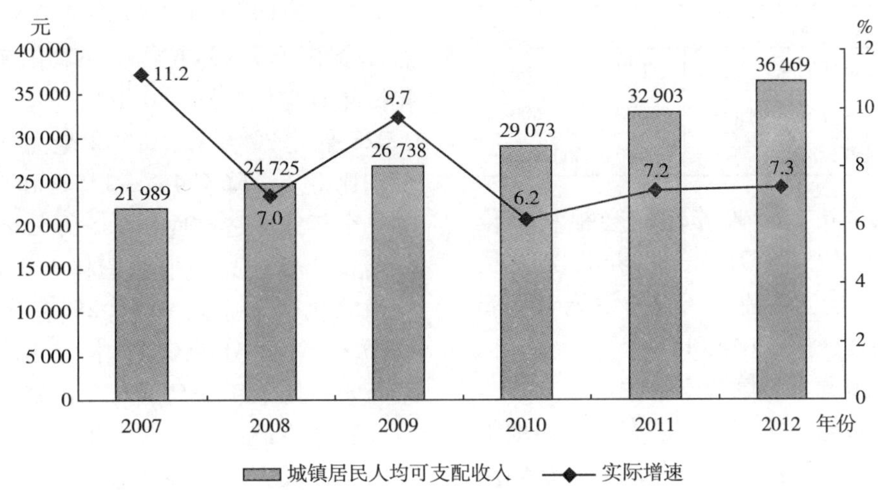

图6　2007～2012年城镇居民人均可支配收入及实际增速

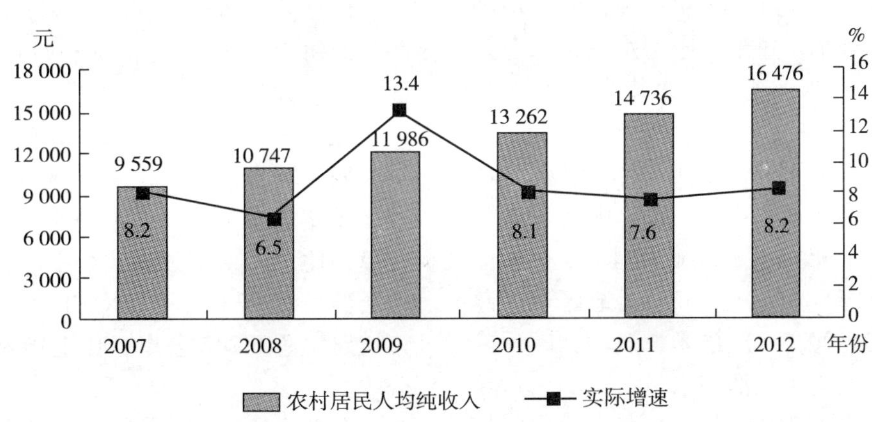

图7　2007～2012年农村居民人均纯收入及实际增速

社会保障：年末全市参加基本养老、基本医疗、失业、工伤保险人数分别为1 206.4万人、1 279.7万人、1 006.7万人和897.2万人，比上年末增加117万人、91.7万人、125.7万人和34.7万人。年末参加城乡居民养老保险的农村居民为167万人，比上年末增加3.3万人。参加新型农村合作医疗的人数达到267.4万人，参合率为98.1%，高于上年末0.4个百分点。全市享受城市最低生活保障的居民为11万人，享受农村最低生活保障的农民为6.3万人。

表4 社会保障相关待遇标准变化情况

单位：元/月

指　　标	2012年	2011年
失业保险金最低标准	842	782
城市居民最低生活保障标准	520	500
职工最低工资标准	1 260	1 160

年末全市各类收养性社会福利单位434家，床位7.8万张，收养各类人员3.2万人。建立各种社区服务设施10 093个，其中社区服务中心181个。

三、资源、环境与安全生产

土地资源：全年全市国有建设用地供应总量4 115.3公顷。其中，工矿仓储用地465公顷，住宅用地1 168公顷，基础设施等其他用地2 482.3公顷。

水资源：全年水资源总量39.5亿立方米，比上年增长47.4%。全年平均降水量705毫米。年末大中型水库蓄水总量15.2亿立方米，比上年末多蓄水0.3亿立方米。全市总用水量36.5亿立方米，比上年增长1.4%。其中，生活用水15.8亿立方米，增长1.3%；工业用水5亿立方米，与上年持平；农业用水10.6亿立方米，下降2.8%。全市万元地区生产总值水耗为20.5立方米，比上年下降5.72%。人均年生活用水量77.3立方米，比上年下降1.3%。在全市有水河中，符合II、III类水质标准的河长占比为54.5%，劣V类河长占比为39.5%。在全市大中型水库中，符合II、III类水质标准的蓄水量占比为90.8%。在城市湖泊中，符合II、III类水质标准的湖泊面积占比为69.7%，劣V类湖泊面积占比为2.2%。

环境：全市污水处理率为83%，其中城六区污水处理率达到96%，分别比上年提高1个和0.5个百分点。全市生活垃圾无害化处理率（根据垃圾产生量计算）为99.1%，比上年提高0.9个百分点。全市可吸入颗粒物、二氧化硫、二氧化氮年日均值分别为0.109毫克/立方米、0.028毫克/立方米、0.052毫克/立方米，分别比上年下降4.4%、1.5%和5.5%。

全年完成造林面积2.5万公顷，比上年增长2倍；其中平原造林1.7万公顷。城市绿化覆盖率达到46.2%，比上年提高0.6个百分点。林木绿化率达到55.5%，比上年提高1.5个百分点。

安全生产：全年共发生道路交通、生产安全、火灾、铁路交通、农业机械死亡事故982起，死亡1 073人。与上年相比，事故增加5起，上升0.5%；死亡人数减少16人，下降1.5%。亿元地区生产总值生产安全事故死亡率为0.06；道路交通每万车死亡人数为1.77人；工矿商贸从业人员每10万人死亡人数为0.98人；煤矿每百万吨死亡人数为0.41人。

四、城市建设

道路建设：年末全市公路里程21 454公里，比上年末增加107公里。其中，高速公路里程923公里，增加11公里；城市道路里程6 282公里，比上年末增加24公里。

公共交通：年末全市公共电汽车运营线路779条，比上年末增加30条；运营线路长度19 547公里，比上年末增加87公里；运营车辆22 146辆；全年客运总量51.5亿人次，比上年增长2.4%。

年末全市轨道交通运营线路16条，比上年末增加1条；运营线路长度442公里，比上年末增加70公里；运营车辆

3 685 辆；全年客运总量 24.6 亿人次，比上年增长 12.3%。

公用事业：全年自来水销售量 9.8 亿立方米，比上年增长 3.2%。其中，生产运营用水 1.3 亿立方米，与上年持平；居民家庭用水 4.9 亿立方米，增长 2.1%。

北京地区用电量达到 874.3 亿千瓦时，比上年增长 6.4%。其中生产用电 712.4 亿千瓦时，增长 5.2%；城乡居民生活用电 161.8 亿千瓦时，增长 11.8%。

全年液化石油气供应总量 45 万吨，比上年增长 1.7%；天然气供应总量 88 亿立方米，增长 20.6%。年末共有燃气家庭用户 700 万户，比上年末增长 8.7%；其中天然气家庭用户 510 万户，增长 7.7%。全市燃气管线达到 1.8 万公里，比上年末增长 4.2%。

全市集中供热面积 5.1 亿平方米，比上年增长 1%。

五、农业、工业和建筑业

农业：全年实现农林牧渔业总产值 395.7 亿元，比上年增长 9%。其中，受平原造林带动，林业实现产值 54.8 亿元，比上年增长 1.9 倍。全年粮食播种面积 19.4 万公顷，比上年减少 1.6 万公顷。粮食产量 113.8 万吨，下降 6.6%。其中，夏粮产量 27.5 万吨，秋粮产量 86.3 万吨。

表 5　2012 年主要农副产品产量

指　标	单位	产量	比上年增长（%）
粮食	万吨	113.8	-6.6
蔬菜及食用菌	万吨	279.9	-5.7
肉类	万吨	43.2	-2.8
出栏生猪	万头	306.1	-2
出栏家禽	万只	10 089.4	-6
禽蛋	万吨	15.2	0.6
水产品	万吨	6.4	4.3
牛奶	万吨	65.1	1.7
干鲜果品	万吨	84.3	-4

全市农业观光园 1 283 个，比上年减少 17 个；观光园总收入 26.9 亿元，增长 23.8%。民俗旅游实际经营户 8 367 户，比上年减少 29 户；民俗旅游总收入 9.1 亿元，增长 4.3%。种业收入 16.1 亿元，比上年下降 11.2%。已利用设施农业占地面积 1.9 万公顷，比上年增长 2.4%；实现收入 52 亿元，增长 14%。

工业：全年实现工业增加值 3 294.3 亿元，比上年增长 7%。其中，规模以上工业企业增加值增长 7%。在规模以上工业中，高技术制造业、现代制造业增加值分别增长 11.3% 和 7.4%。规模以上工业销售产值 15 267.5 亿元，增长 6.7%。其中内销产值 13 768.6 亿元，增长 7.8%；出口交货值 1 498.9 亿元，下降 2.3%。产品销售率为 99.1%。

表 6　2012 年规模以上工业主要行业增加值增长速度　单位：%

指　标	比上年增长
工业增加值	7
其中：国有及国有控股企业	9.2
其中：电力、热力生产和供应业	19.6
汽车制造业	8
计算机、通信和其他电子设备制造业	9.9
医药制造业	14.9
通用设备制造业	-8.6
电气机械和器材制造业	-3.1
专用设备制造业	-3.4
石油加工、炼焦和核燃料加工业	-2.4
化学原料和化学制品制造业	-1.9
非金属矿物制品业	-1.5
铁路、船舶、航空航天和其他运输设备制造业	7
黑色金属冶炼和压延加工业	-9.9

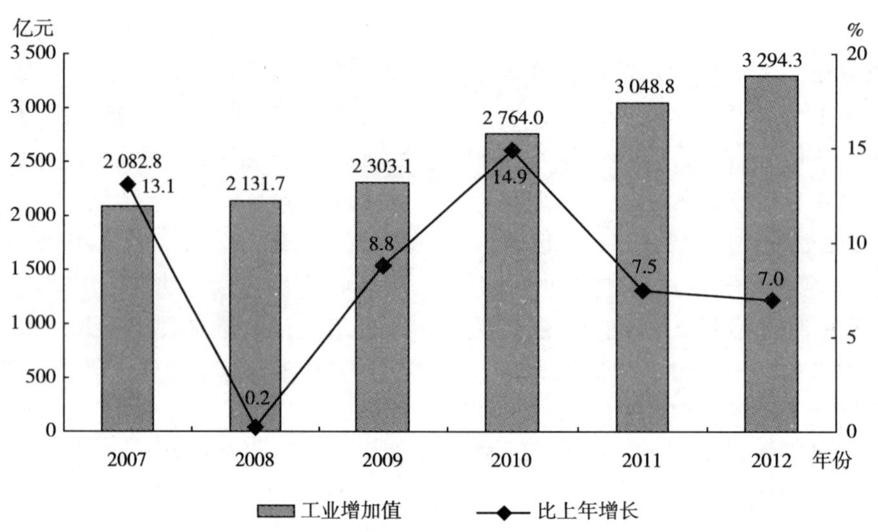

图8 2007～2012年全市工业增加值及增长速度

表7 2012年规模以上工业企业主要产品产量

产品名称	单位	产量	比上年增长（%）
发电量	亿千瓦时	290.8	10.6
原油加工量	万吨	1 075.0	-2.5
乙烯	万吨	84.0	-6.3
金属切削机床	台	18 887	-2.0
其中：数控金属切削机床	台	13 332	8.7
汽车	万辆	167.0	11.0
其中：基本型乘用车（轿车）	万辆	78.5	16.9
集成电路	亿块	31.9	-8.7
显示器	万台	796.9	-6.4
微型计算机设备	万台	1 074.5	-2.6
移动通信手持机（手机）	万部	19 949.3	-22.8
饮料酒	万千升	191.7	2.6
其中：啤酒	万千升	166.2	1.3
乳制品	万吨	56.6	-3.3

全年规模以上工业企业经济效益综合指数为253.2，比上年提高4.7个点。规模以上工业企业实现利润1 216.6亿元，比上年增长6.4%。其中，国有及国有控股企业实现利润768.3亿元，增长14.7%。从利润占比较大的行业看，电力、热力生产和供应业实现利润353.8亿元，增长43.1%；汽车制造业实现利润224.3亿元，增长11.1%；医药制造业实现利润86.1亿元，增长12.9%；计算机、通信和其他电子设备制造业实现利润64亿元，下降33%；专用设备制造业实现利润54.4亿元，下降15.7%；通用设备制造业实现利润49.9亿元，下降30.2%。

建筑业：全市具有资质等级的总承包和专业承包建筑业企业完成建筑业总产值6 564.8亿元，比上年增长8.6%。其中，本市完成2 565.9亿元，增长10.7%；外埠完成3 998.9亿元，增长7.3%。本年新签合同额8 050.6亿元，增长5.2%。

六、新产业

全年文化创意产业实现增加值2 189.2亿元，比上年增长10%；占地区生产总值的比重为12.3%，比上年提高0.1个百分点。高技术产业实现增加值1 139.2亿元，增长9.2%；占地区生产总值的比重为6.4%，与上年持平。生产性服务业实现增加值8 994亿元，增长10.7%；占地区生产总值的比重为50.5%，比上年提高0.5个百分点。

七、固定资产投资与房地产开发

固定资产投资：全年完成全社会固定资产投资6 462.8亿元，比上年增长9.3%。其中，国有及国有控股单位完成投资3 972.6亿元，比上年增长15%；民间投资完成2 087.1亿元，比上年增长4.9%。

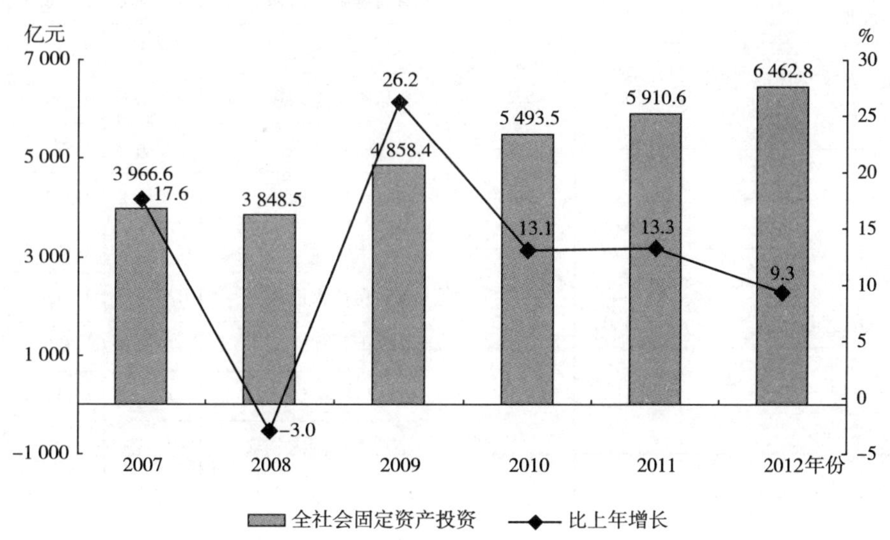

图9　2007～2012年全社会固定资产投资及增长速度

分城乡看，城镇投资5 853.1亿元，增长7.1%；农村投资609.8亿元，增长36.5%。

分产业看，第一产业投资145.4亿元，增长2.1倍；第二产业投资719.8亿元，下降5.6%，其中工业投资707.8亿元，下降5.9%；第三产业投资5 597.5亿元，增长9.7%。

表8　2012年分行业固定资产投资

行业名称	投资额（亿元）	比上年增长（%）
总　计	6 462.8	9.3
农、林、牧、渔业	145.4	2.1倍
采矿业	6.2	−28.9
制造业	469.7	−17.9

续表

行业名称	投资额（亿元）	比上年增长（%）
电力、热力、燃气及水的生产和供应业	232.0	35.5
建筑业	12.0	17.2
批发和零售业	30.9	7.7
交通运输、仓储和邮政业	735.1	5.1
住宿和餐饮业	58.0	52.1
信息传输、软件和信息技术服务业	165.4	46.5
金融业	52.9	-39.0
房地产业	3 506.5	6.8
租赁和商务服务业	40.2	-13.0
科学研究和技术服务业	133.0	44.6
水利、环境和公共设施管理业	494.2	18.8
居民服务、修理和其他服务业	20.6	78.9
教育	108.3	-18.5
卫生和社会工作	49.6	3.1
文化、体育和娱乐业	97.3	77.0
公共管理、社会保障和社会组织	105.6	1.2倍

全年完成基础设施投资1 789.2亿元，增长27.8%，主要投向交通运输和公共服务业，交通运输投资712亿元，所占比重为39.8%，公共服务业投资508.1亿元，所占比重为28.4%。

房地产开发：全年完成房地产开发投资3 153.4亿元，比上年增长3.9%。其中住宅投资1 628亿元，下降8.5%；办公楼投资384.8亿元，增长5.8%；商业营业用房投资275.9亿元，下降7%。

表9　2012年房地产开发和销售主要指标

指标	单位	绝对数	比上年增长（%）
房地产开发投资	亿元	3 153.4	3.9
其中：住宅	亿元	1 628.0	-8.5
商品房施工面积	万平方米	13 122.5	8.8
其中：住宅	万平方米	7 510.4	4.8
商品房竣工面积	万平方米	2 390.9	6.5
其中：住宅	万平方米	1 522.7	15.7
商品房销售面积	万平方米	1 943.7	35.0
其中：住宅	万平方米	1 483.4	43.3
商品房待售面积	万平方米	1 911.8	6.6
其中：住宅	万平方米	789.5	12.8
本年资金来源	亿元	6 112.4	14.1
其中：国内贷款	亿元	1 498.4	28.3
自筹资金	亿元	1 626.1	-6.9
定金及预收款	亿元	2 086.8	37.5

保障性住房建设：全年新开工建设、收购各类保障性住房18万套，基本建成10万套。

八、贸易、旅游和开发区

贸易：全年批发和零售业实现商品购销总额98 285.5亿元，比上年增长9%。其中，实现销售总额50 777.5亿元，增长10.2%。在批发和零售业商品销售总额中，批发业实现43 211亿元，比上年增长9.8%；零售业实现7 566.5亿元，比上年增长12.5%。

全年实现社会消费品零售额7 702.8亿元，比上年增长11.6%。限额以上批发和零售企业中，汽车类实现零售额1 531.4亿元，增长12.4%；中西药品类实现零售额621.3亿元，增长20.6%；通讯器材类实现零售额292.8亿元，增长57.9%；书报杂志类实现零售额124.9亿元，增长26%；体育娱乐用品类实现零售额89.2亿元，增长17.9%。限额以上批发和零售企业实现网上零售额596.8亿元，增长99.8%。

表10 2012年社会消费品零售额

指标	零售额（亿元）	比上年增长（%）
社会消费品零售额	7 702.8	11.6
吃的商品	1 679.1	7.5
穿的商品	718.0	7.9
用的商品	4 678.4	14.7
烧的商品	627.3	5.7

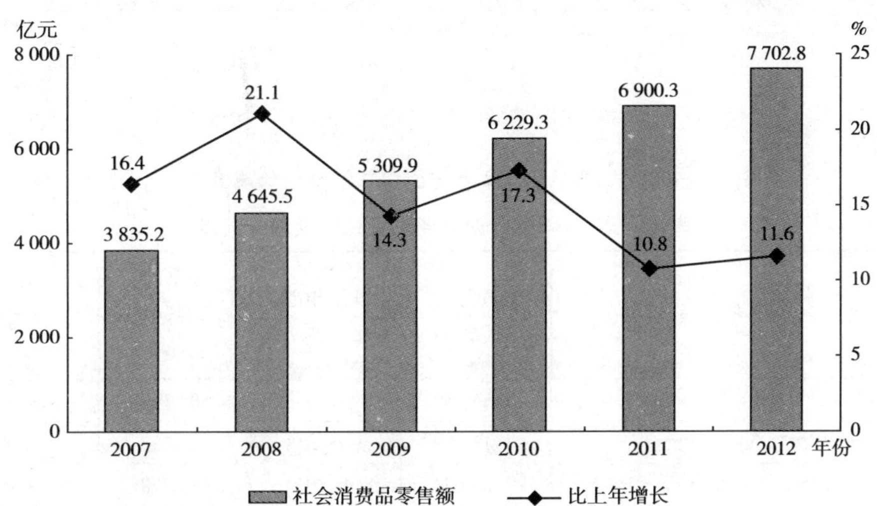

图10 2007～2012年社会消费品零售额及增长速度

全年北京地区进出口总值4 079.2亿美元，比上年增长4.7%。其中出口596.5亿美元，增长1.1%；进口3 482.7亿美元，增长5.3%。

表11 2012年北京地区海关进出口总值

指标	总值（亿美元）	比上年增长（%）
进出口总值	4 079.2	4.7
出口	596.5	1.1
其中：一般贸易	286.3	-4.2
来料加工装配贸易	45.7	18.6
进料加工贸易	177.7	5.9
其中：机电产品	373.9	6.1
其中：高新技术产品	189.3	4.5
进口	3 482.7	5.3

全年批准合同外资113.5亿美元，比上年增长0.5%。实际利用外资金额80.4亿美元，增长14%。其中，租赁和商务服务业占20.1%，信息传输、计算机服务和软件业占16.8%，交通运输、仓储和邮政业占14.3%，房地产业占10.9%，制造业占10.7%。

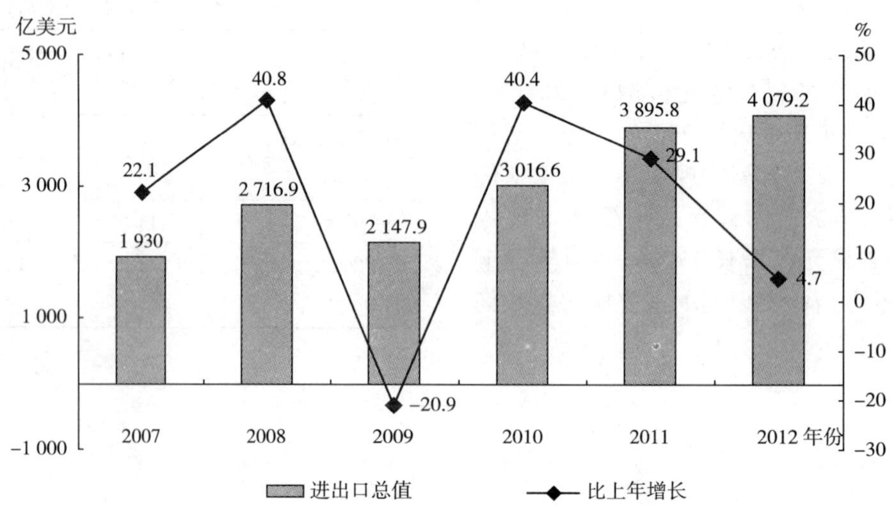

图 11　2007～2012 年进出口总值及增长速度

表 12　2012 年分行业外商直接投资及增长速度

行业名称	合同外资（万美元）	比上年增长（%）	实际利用外资（万美元）	比上年增长（%）
总　　计	1 135 353	0. 5	804 160	14
农、林、牧、渔业	13 989	10. 2 倍	733	2. 4 倍
制造业	65 674	-45. 2	86 378	36. 5
电力、燃气及水的生产和供应业	20 092	385. 4 倍	25 305	72
建筑业	1 583	1. 1 倍	383	-83. 7
交通运输、仓储和邮政业	41 528	-65. 9	114 930	6. 1 倍
信息传输、计算机服务和软件业	126 823	-34	135 121	23. 7
批发和零售业	97 942	-50. 1	74 311	-35. 6
住宿和餐饮业	2 287	2. 2 倍	2 877	68. 7
金融业	133 811	3. 6 倍	36 349	31. 4
房地产业	218 431	1. 8 倍	87 739	-22
租赁和商务服务业	306 341	16. 3	161 595	-15. 1
科学研究、技术服务和地质勘查业	98 993	-11. 9	70 044	58. 1
水利、环境和公共设施管理业	712	-79. 1	270	-94. 6
居民服务和其他服务业	1 014	6. 2	4 497	10. 5 倍
教育	0		321	79. 3 倍
卫生、社会保障和社会福利业	1 594	1. 5 倍	554	
文化、体育和娱乐业	4 345	-51. 1	2 493	70. 9

全年境外投资中方实际投资额 11.9 亿美元，比上年增长 59.2%。对外承包工程完成营业额 29 亿美元，增长 16.4%。对外劳务合作人员实际收入 5 737 万美元，增长 50.8%。

旅游：全年接待入境旅游者 500.9 万人次，比上年下降 3.8%。其中，外国人 434.4 万人次，下降 2.9%；港、澳、台同胞 66.5 万人次，下降 8.9%。旅游外汇收入 51.5 亿美元，下降 4.9%。全年接待国内旅游者 2.3 亿人次，增长 8.4%。国内旅游收入 3 301.3 亿元，增长 15.3%。国内外旅游收入总计达到 3 626.6 亿元，增长 12.8%。全年出境游人数 272.5 万人次，增长 47.9%。

开发区：年末全市国家级与市级开发区累计招商项目 3 985 个；投产开业企业 26 014 个，比上年末增加 1 892 个。各类开发区实现总收入 2.8 万亿元，比上年增长 21.7%；实现利润总额 1 955.3 亿元，增长 12.8%。

中关村国家自主创新示范区投产开业企业 15 500 个，比上年末增加 296 个；实现总收入 2.4 万亿元，比上年增长 25%（其中本年新认定入区企业对总收入增长的贡献率在一半左右）。全年实现技术收入 3 197.9 亿元，增长 12.4%；实现新产品销售收入 3 294 亿元，下降 11%；出口总额 231.5 亿美元，下降 2.4%；实现利润总额 1 731.3 亿元，增长 12.9%。

北京经济技术开发区投产开业企业 3 014 个，实现总收入 3 848.2 亿元，比上年下降 7.1%；实现利润总额 275.1 亿元，下降 19%。

九、交通运输和邮电

交通运输：全年货运量 28 649.5 万吨，比上年增长 6.7%。全年客运量 149 035.6 万人，比上年增长 2.2%。

表 13　2012 年各种运输方式完成货运量及增长速度

指　标	单　位	绝对数	比上年增长（%）
货运量	万吨	28 649.5	6.7
铁路	万吨	1 232.2	-10.7
公路	万吨	24 925.0	7.1
民航	万吨	134.1	2.0
管道	万吨	2 358.2	14.4
货物周转量	亿吨公里	638.3	3.5
铁路	亿吨公里	307.6	-1.2
公路	亿吨公里	139.8	5.6
民航	亿吨公里	49.0	3.1
管道	亿吨公里	141.9	12.8

表 14　2012 年各种运输方式完成客运量及增长速度

指　标	单　位	绝对数	比上年增长（%）
客运量	万人	149 035.6	2.2
铁路	万人	10 314.5	5.7
公路	万人	132 333.0	1.9
民航	万人	6 388.1	4.7
旅客周转量	亿人公里	1 595.2	4.4
铁路	亿人公里	116.4	7.1
公路	亿人公里	304.8	0.4
民航	亿人公里	1 174.1	5.2

年末全市机动车拥有量 520 万辆，比上年末增加 21.7 万辆。民用汽车 495.7 万辆，增加 22.5 万辆；其中私人汽车 407.5 万辆，私人汽车中轿车 298.2 万辆，分别增加 17.8 万辆和 12 万辆。

邮电：全年实现邮电业务总量 547.3

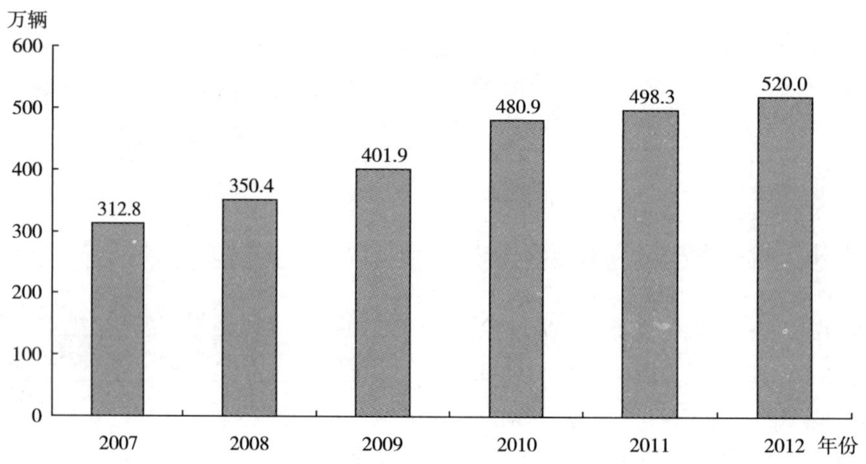

图 12　2007～2012 年年末全市机动车拥有量

亿元，比上年增长 12.2%。其中，邮政业务总量 58.4 亿元，增长 13.3%；电信业务总量 488.9 亿元，增长 12.1%。全年发送邮政函件 6.7 亿件，下降 5.1%；特快专递 3 984 万件，增长 22.3%。年末固定电话用户累计达到 883.2 万户，其中城市电话用户 705.5 万户，农村电话用户 177.8 万户。固定电话主线普及率达到 42.7 线/百人，每百人比上年减少 1.1 线。全年新增移动电话用户 592.1 万户，年末累计达到 3 168 万户，其中 3G 移动电话用户 855.5 万户。移动电话普及率达到 153.1 户/百人，每百人比上年末增加 25.5 户。全年短信业务总量达到 447.9 亿条，比上年增长 9.2%。年末互联网宽带接入用户数达到 572 万户。

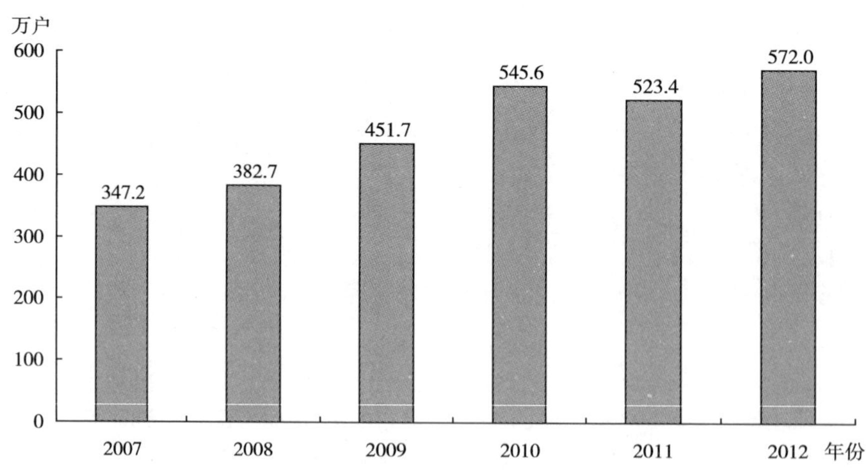

图 13　2007～2012 年年末互联网宽带接入用户数

十、金融

存贷款：年末全市金融机构（含外资）本外币存款余额 84 837.3 亿元，比年初增加 9 843.8 亿元，增加额比上年多 1 222.5 亿元。其中人民币存款余额 81 389.6 亿元，比年初增加 8 742.6 亿元，增加额比上年多 315.6 亿元。

年末全市金融机构（含外资）本外币贷款余额 43 189.5 亿元，比年初增加 3 508 亿元，增加额比上年多 138.9 亿元。其中人民币贷款余额 36 441.3 亿元，比年初增加3 053.3 亿元，增加额比上年少 938.4 亿元。

表 15　2012 年末全市金融机构（含外资）本外币存贷款

单位：亿元

指　标	年末数	比年初增加额	增加额比上年增减
各项存款余额	84 837.3	9 843.8	1 222.5
其中：人民币	81 389.6	8 742.6	315.6
其中：单位存款	49 443.1	3 592.9	-247.8
储蓄存款	21 644.9	2 518.8	244.8
各项贷款余额	43 189.5	3 508	138.9
其中：人民币	36 441.3	3 053.3	-938.4
其中：短期贷款	11 380.8	1 687.5	-153.4
中长期贷款	23 816.5	1 033.6	-1 182
票据融资	1 145.7	328.9	414
其中：个人消费性贷款	4 875	396	-95.1

证券：全年证券市场各类证券成交额 85 412.9 亿元，比上年增长 8%。其中股票成交额 44 993.4 亿元，下降 27.1%；基金成交额 2 355.9 亿元，增长 57.6%；债券成交额 37 388.6 亿元，增长 1.4 倍。年末股票市场累计开户数 551.5 万户，比上年末增加 30 万户。

保险：全年实现原保险保费收入 923.1 亿元，比上年增长 12.5%。其中，财产险保费收入 267 亿元，人身险保费收入 656.1 亿元。全年各类保险赔付支出 286.2 亿元。其中财产险赔付 152.3 亿元，人身险赔付 133.9 亿元。

十一、教育、科学技术、文化、卫生和体育

教育：全市共有 56 所普通高校和 79 个科研机构培养研究生，全年研究生教育招生 8.7 万人，在学研究生 25.2 万人，毕业生 7.1 万人。全市 91 所普通高等院校全年招收本专科学生 16.2 万人，在校生 58.2 万人，毕业生 15.3 万人。成人本专科在校学生 26.5 万人。

全市普通高中招生 6.3 万人，在校生 19.4 万人，毕业生 5.6 万人；初中招生 10.8 万人，在校生 30.6 万人，毕业生 9.6 万人；普通小学招生 14.2 万人，在校生 71.9 万人，毕业生 11 万人；幼儿园在园幼儿 33.2 万人。各类中等职业教育（含技工学校）招生 8.3 万人，在校生 23.3 万人，毕业生 7.4 万人。特殊教育招生 1 190 人，在校生 8 118 人，毕业生 1 747 人。

全市共有民办小学 40 所，在校学生 5.1 万人；民办普通中学 72 所，在校学生 4.5 万人；民办普通高校 15 所，在校学生 6.8 万人；民办的其他高等教育机构 69 个，注册学生 11.5 万人。

科学技术：全年研究与试验发展（R&D）经费支出 1 031.1 亿元，比上年增长 10.1%；相当于地区生产总值的 5.79%。

全市研究与试验发展（R&D）活动人员 31.8 万人，比上年增长 7.2%。专利申请量与授权量分别为 92 305 件和

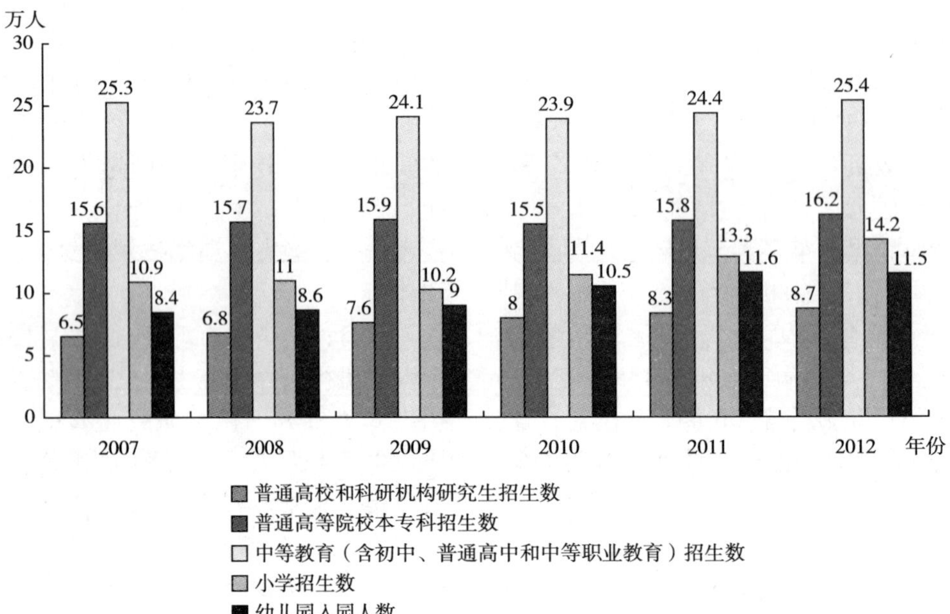

图14　2007～2012年全市部分教育招生数

50 511件，分别增长18.4%和23.5%；其中发明专利申请量与授权量分别为52 720件和20 140件，增长17%和26.8%。

全年共签订各类技术合同59 969项，增长12%；技术合同成交总额2 458.5亿元，增长30.1%。

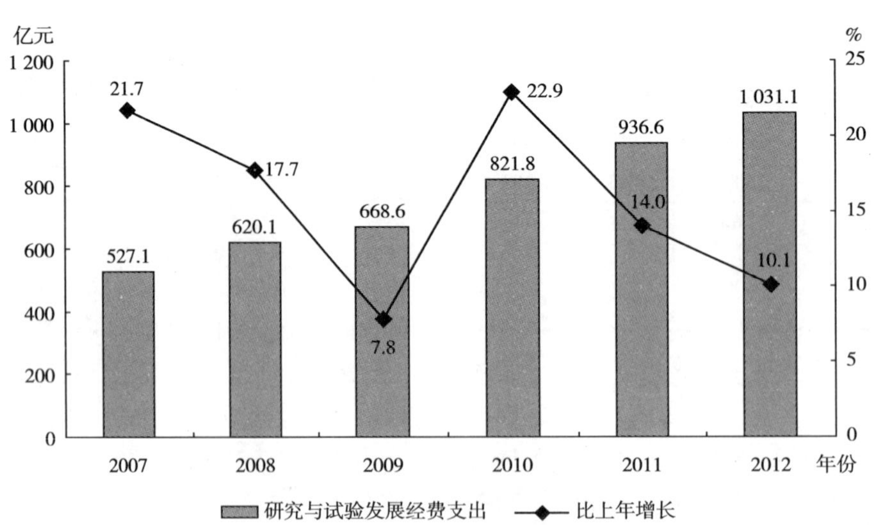

图15　2007～2012年研究与试验发展经费支出及增长速度

文化：年末全市共有公共图书馆25个，总藏量5 100万册。全市拥有全国重点文物保护单位98处，市级文物保护单位255处。全市拥有注册博物馆165座。全市共有国家综合档案馆17个，已开放档案88.4万卷。年末有线电视注册用户达到495.7万户，其中高清交互数字电视用户310.9万户。北京地区17条院线135家影院（726块屏幕）共放映电影119.9万场，观众3 752.6万人次，票房收入16.12亿元。北京地区出版报纸254种，出版期刊3 044种，出版图书18.2万种。

卫生：年末全市共有卫生机构9 964个，比上年末增加265个；其中医院593个。卫生机构中社会办医机构3 475个。卫生机构共有床位10万张，比上年末增加0.5万张；其中医院9.2万张。卫生机构中社会办医机构床位1.6万张。全市卫生技术人员达到19.4万人，比上年末增加1.3万人；其中执业（助理）医师7.4万人，注册护士8万人。全市医疗机构总诊疗17 873万人次，出院221.7万人次。全年报告甲乙类传染病发病率194.03/10万，死亡率0.89/10万。全市婴儿死亡率2.87‰，孕产妇死亡率6.05/10万。

体育：年末全市共有体育场馆6 163个。全市共有优秀体育运动员1 137人。获得国际性比赛奖牌36枚，其中金牌20枚，银牌9枚。获得全国性比赛奖牌138枚，其中金牌57枚，银牌36枚。

公报注释：

1. 本公报中2012年数据均为初步统计数。与上年相比增速为2012年初步统计数与统计年鉴中的2011年数据比较结果。

2. 地区生产总值及其中各行业增加值绝对数按现价计算，增长速度均按可比价计算。

3. 本公报中地区生产总值、外商直接投资行业划分标准仍沿用《国民经济行业分类》（GB/T 4754—2002），规模以上工业增加值、全社会固定资产投资行业划分标准依照《国民经济行业分类》（GB/T 4754—2011）。

4. 恩格尔系数是指居民食品支出占消费支出总额的比重。

5. 万元地区生产总值水耗按现价计算，下降率按2010年可比价计算。如按2010年可比价计算，2012年万元地区生产总值水耗为22.21立方米。

6. 天然气供应总量不包含对燕山石化的供应量。

7. 规模以上工业企业是指年主营业务收入2 000万元及以上的全部法人工业企业；限额以上批发零售企业是指年主营业务收入2 000万元及以上批发企业和年主营业务收入500万元及以上零售企业。

8. 新产业增加值绝对数和增长速度均按现价计算。

9. 中关村国家自主创新示范区与北京经济技术开发区数据均包括中关村国家自主创新示范区亦庄园。

10. 邮电业务总量按2010年不变价格计算。

11. 3G是指第三代蜂窝移动通信系统（3rd - generation），3G移动电话用户是指报告期末在计费系统拥有使用信息、占用3G网络资源的在网用户。

12. 公报中部分数据合计数或相对数由于计量单位取舍不同而产生的计算误差，均未作机械调整。

（一）北京市主要经济社会指标

表1.1 主要年份国民经济和社会发展总量与速度指标

项目 \ 年份	总量指标							速度指标（%）					
								指数（2012年为以下各年）					
	1990	1995	2000	2005	2010	2011	2012	1990	1995	2000	2005	2010	2011
人口与就业													
人　口													
年末全市常住人口（万人）	1 086.0	1 251.1	1 363.6	1 538.0	1 961.9	2 018.6	2 069.3	190.5	165.4	151.8	134.5	105.5	102.5
按性别分													
男性人口	545.0	627.0	710.9	778.7	1 013.0	1 040.7	1 068.1	196.0	170.4	150.2	137.2	105.4	102.6
女性人口	541.0	624.1	652.7	759.3	948.9	977.9	1 001.2	185.1	160.4	153.4	131.9	105.5	102.4
按城乡分													
城镇人口	798.0	946.2	1 057.4	1 286.1	1 686.4	1 740.7	1 783.7	223.5	188.5	168.7	138.7	105.8	102.5
乡村人口	288.0	304.9	306.2	251.9	275.5	277.9	285.6	99.2	93.7	93.3	113.4	103.7	102.8
年末户籍人口（万人）	1 032.2	1 070.3	1 107.5	1 180.7	1 257.8	1 277.9	1 297.5	125.7	121.2	117.2	109.9	103.2	101.5
就　业													
从业人员年末人数（万人）	627.1	665.3	619.3	878.0	1 031.6	1 069.7	1 107.3	176.6	166.4	178.8	126.1	107.3	103.5
#城镇单位在岗职工人数	454.9	470.9	434.2	448.4	587.7	640.3	670.4	147.4	142.4	154.4	149.5	114.1	104.7
年末实有城镇登记失业人员（万人）	1.67	2.19	3.32	10.57	7.73	7.89	7.20	431.1	328.8	216.9	68.1	93.1	91.3
宏观经济													
国民经济核算													
地区生产总值（亿元）	500.8	1 507.7	3 161.7	6 969.5	14 113.6	16 251.9	17 879.4	1 007.7	576.1	353.6	199.8	116.4	107.7
第一产业	43.9	73.5	79.3	88.7	124.4	136.3	150.2	127.9	122.6	114.4	111.4	104.1	103.2
第二产业	262.4	645.8	1 033.3	2 026.5	3 388.4	3 752.5	4 059.3	814.1	486.0	309.6	180.8	114.7	107.5
第三产业	194.5	788.4	2 049.1	4 854.3	10 600.8	12 363.1	13 669.9	1 357.1	675.9	383.0	209.5	117.3	107.9
人均地区生产总值（元/人）	4 635	12 690	24 127	45 993	73 856	81 658	87 475	531.9	334.6	226.7	148.1	108.9	104.9
固定资产投资													
全社会固定资产投资（亿元）	179.2	841.5	1 297.4	2 827.2	5 493.5	5 910.6	6 462.8	3 606.5	768.0	498.1	228.6	117.6	109.3
#房地产开发投资	22.5	352.8	522.1	1 525.0	2 901.1	3 036.3	3 153.4	14 015.1	893.8	604.0	206.8	108.7	103.9
#国有单位	154.2	514.2	765.8	897.7	1 907.3	1 903.3	2 248.2	1 458.0	437.2	293.6	250.4	117.9	118.1

续表

项目 \ 年份	总量指标							速度指标（%）					
								指数（2012 年为以下各年）					
	1990	1995	2000	2005	2010	2011	2012	1990	1995	2000	2005	2010	2011
全社会房屋施工面积（万平方米）	2 864.9	5 524.3	6 995.9	14 096.2	15 572.1	18 065.2	20 045.4	699.7	362.9	286.5	142.2	128.7	111.0
全社会房屋竣工面积（万平方米）	1 081.2	1 530.2	2 358.2	4 679.2	3 908.4	4 032.9	3 723.5	344.4	243.3	157.9	79.6	95.3	92.3
财　政													
地方财政收入（亿元）	74.0	115.3	398.4	1 007.4	3 810.9	4 359.1	4 512.9	6 097.6	3 915.4	1 132.7	448.0	118.4	103.5
#地方公共财政预算收入			345.0	919.2	2 353.9	3 006.3	3 314.9			960.9	360.6	140.8	110.3
地方财政支出（亿元）	66.5	154.4	490.3	1 137.3	4 065.0	4 574.9	4 803.8	7 221.5	3 111.2	979.7	422.4	118.2	105.0
#地方公共财政预算支出			443.0	1 058.3	2 717.3	3 245.2	3 685.3			831.9	348.2	135.6	113.6
价格指数（上年 =100）													
居民消费价格指数（%）	105.4	117.3	103.5	101.5	102.4	105.6	103.3						
商品零售价格指数（%）	104.1	112.6	98.9	99.7	100.4	103.2	100.6						
农产品生产价格指数（%）	101.9	130.6	95.0	102.9	106.5	110.7	104.7						
工业生产者出厂价格指数（%）	107.9	107.3	102.5	101.3	102.2	102.3	98.4						
工业生产者购进价格指数（%）	114.8	106.7	100.0	111.4	110.5	108.4	98.7						
固定资产投资价格指数（%）		113.9	101.0	100.7	102.5	105.7	101.3						
能源消费总量（万吨标准煤）	2 709.7	3 533.3	4 144.0	5 521.9	6 954.1	6 995.4	7 177.7	264.9	203.1	173.2	130.0	103.2	102.6
产　业													
农村经济													
耕地面积（万公顷）	41.3	39.4	32.9	23.3									
农林牧渔业总产值（现价）（亿元）	70.2	164.4	188.6	239.3	328.0	363.1	395.7	563.7	240.7	209.8	165.4	120.6	109.0
主要农产品产量（万吨）													
粮　食	264.6	259.8	144.2	94.9	115.7	121.8	113.8	43.0	43.8	78.9	119.9	98.4	93.4
蔬菜及食用菌	356.1	397.3	466.3	373.1	303.0	296.9	279.9	78.6	70.5	60.0	75.0	92.4	94.3
禽　蛋	25.8	28.5	16.0	16.0	15.1	15.1	15.2	58.9	53.3	95.0	95.0	100.7	100.6
牛　奶	21.7	20.6	30.3	64.2	64.1	64.0	65.1	299.7	316.0	214.6	101.4	101.6	101.7
肉　类	26.8	39.8	50.5	53.3	46.3	44.4	43.2	161.1	108.6	85.6	81.1	93.3	97.2

注：1. 地区生产总值绝对值按现价计算，发展速度按可比价格计算；2006 ~ 2010 年人均地区生产总值根据第六次人口普查数据进行修正。

2. 2007 年及以前在岗职工人数包括乡及乡以上独立核算法人单位，不包括乡镇企业、私营单位和个体工商户；2008 年及以后包括乡镇企业。

3. 从 2011 年起，根据国家统计局相关规定，固定资产投资起点由 50 万元调整至 500 万元。

续表

年份 / 项目	总量指标							速度指标（%）指数（2012年为以下各年）					
	1990	1995	2000	2005	2010	2011	2012	1990	1995	2000	2005	2010	2011
工业													
工业增加值（现价，规模以上）（亿元）		473.1	776.0	1 627.0	2 751.7	2 899.1	3 033.3						
工业总产值（现价，规模以上）（亿元）	625.9	1 493.3	2 842.0	6 946.2	13 699.8	14 513.6	15 596.2	2 491.8	1 044.4	548.8	224.5	113.8	107.5
轻工业	262.2	472.2	719.3	1 164.9	2 000.0	2 227.2	2 402.1	916.1	508.7	334.0	206.2	120.1	107.9
重工业	363.7	1 021.1	2 122.7	5 781.3	11 699.8	12 286.4	13 194.1	3 627.7	1 292.1	621.6	228.2	112.8	107.4
工业企业主要经济指标（规模以上）													
资产总计（亿元）	498.3	2 582.6	4 612.7	12 829.8	22 750.6	25 321.7	28 613.2	5 742.2	1 107.9	620.3	223.0	125.8	113.0
负债总额（亿元）		1 528.8	2 676.4	4 706.7	11 548.1	12 648.6	14 837.2		970.5	554.4	315.2	128.5	117.3
主营业务收入（亿元）	610.5	1 590.4	2 821.4	7 279.1	14 807.1	15 753.4	16 905.1	2 769.3	1 063.0	599.2	232.2	114.2	107.3
利润总额（亿元）	48.9	85.3	127.1	413.5	1 028.3	1 129.5	1 267.9	2 590.9	1 486.5	997.6	306.6	123.3	112.3
建筑													
建筑业施工企业总产值（亿元）	94.7	426.6	812.5	1 894.0	5 196.0	6 046.3	6 588.3	6 957.0	1 544.4	810.9	347.9	126.8	109.0
建筑业施工企业年末从业人员（万人）	60.2	82.6	56.6	67.2	59.9	49.6	49.2	81.7	59.6	86.9	73.2	82.1	99.2
运输													
货物周转量（亿吨公里）	268.8	323.1	299.6	457.7	513.7	616.9	638.3	237.4	197.6	213.0	139.4	124.3	103.5
铁路	206.7	239.3	200.2	310.8	257.5	311.3	307.6	148.8	128.5	153.7	99.0	119.5	98.8
公路	57.5	76.2	82.6	85.5	101.6	132.3	139.8	243.2	183.4	169.1	163.5	137.6	105.6
民航	4.5	7.5	16.8	28.2	48.2	47.5	49.0	1 096.8	653.6	292.1	173.9	101.5	103.2
管道	0.2	0.1	0.0	33.3	106.4	125.8	141.9				426.7	133.4	112.8
旅客周转量（亿人公里）	119.8	207.7	314.0	838.1	1 399.5	1 528.7	1 595.8	1 332.0	768.3	508.2	190.4	114.0	104.4
邮电													
邮电业务总量（亿元）	11.9	56.1	214.7	413.0	1 108.9	487.9	546.5						112.0
固定电话用户（万户）	33.3	150.5	451.2	943.5	885.6	883.9	883.1	2 652.4	586.7	195.7	93.6	99.7	99.9

续表

项目 \ 年份	总量指标							速度指标（%）指数（2012年为以下各年）					
	1990	1995	2000	2005	2010	2011	2012	1990	1995	2000	2005	2010	2011
固定电话主线普及率（线/百人）	3.1	12.0	33.1	61.3	45.1	43.8	42.7						
移动电话用户（万户）	0.3	16.9	347.2	1 459.8	2 129.8	2 575.9	3 168.0			912.4	217.0	148.7	123.0
移动电话普及率（户/百人）	0.0	1.4	25.5	94.9	108.6	127.6	153.1						
商业													
社会消费品零售总额（亿元）	345.1	950.4	1 658.7	2 911.7	6 229.3	6 900.3	7 702.8	2 232.1	810.5	464.4	264.5	123.7	111.6
吃类商品	136.8	405.7	471.4	751.0	1 331.0	1 561.4	1 679.1	1 227.4	413.9	356.2	223.6	126.2	107.5
穿类商品	45.6	138.9	198.8	282.4	548.4	665.2	718.0	1 574.7	517.0	361.2	254.3	130.9	107.9
用类商品	154.6	387.9	932.0	1 643.7	3 884.0	4 080.1	4 678.4	3 026.1	1 206.1	502.0	284.6	120.5	114.7
烧类商品	8.1	17.9	56.5	234.6	465.9	593.6	627.3	7 744.6	3 504.6	1 110.3	267.4	134.7	105.7
对外经济贸易和旅游													
北京地区进出口总值（亿美元）	236.4	370.4	494.0	1 255.1	3 016.6	3 895.8	4 081.1	1 726.0	1 101.9	826.1	325.2	135.3	104.8
进口值	192.3	267.9	374.3	946.4	2 462.2	3 305.9	3 484.8	1 812.0	1 301.0	931.0	368.2	141.5	105.4
出口值	44.1	102.5	119.7	308.7	554.4	590.0	596.3	1 351.1	581.8	498.2	193.2	107.6	101.1
实际利用外商直接投资额（亿美元）	2.8	14.0	24.6	35.3	63.6	70.5	80.4	2 903.6	573.3	327.2	228.0	126.4	114.0
接待入境旅游者人数（万人次）	100.0	207.0	282.1	362.9	490.1	520.4	500.9	500.9	242.0	177.6	138.0	102.2	96.2
旅游外汇收入（亿美元）	6.6	21.8	27.7	36.2	50.4	54.2	51.5	783.6	236.0	186.0	142.2	102.1	95.1
金融保险													
金融机构（含外资）本外币存款余额（亿元）			11 526.0	28 969.9	66 584.6	75 001.9	84 837.3			736.1	292.8	127.4	113.1
金融机构（含外资）本外币贷款余额（亿元）			6 407.9	15 335.5	36 479.6	39 660.5	43 189.5			674.0	281.6	118.4	108.9
原保险保费收入（亿元）			93.4	498.2	966.5	820.9	923.1			987.9	185.3	95.5	112.4

注：1. 工业增加值按生产法计算。

2. 邮电业务总量2000年及以前按1990年不变价格计算，2010年及以前按2000年不变价格计算，从2011年开始按2010年不变价计算。

续表

项目 \ 年份	总量指标							速度指标（%） 指数（2012年为以下各年）					
	1990	1995	2000	2005	2010	2011	2012	1990	1995	2000	2005	2010	2011
教育、文化、科技、卫生													
教育													
在校学生数（万人）		238.0	229.9	226.4	330.0	342.6	356.8		149.9	155.2	157.6	108.1	104.2
专任教师数（万人）		17.7	16.7	17.5	20.7	20.0	20.5		116.0	122.6	117.3	99.1	102.5
文化													
公共图书馆总藏数（万册、万件）	2 205	2 629	3 020	3 626	4 613	5 049	5 556	251.9	211.3	184.0	153.2	120.4	110.0
专业艺术剧团国内演出场次（场）	7 527	6 728	7 610	8 934	10 483	11 069	11 675	155.1	173.5	153.4	130.7	111.4	105.5
科技													
研究与试验发展经费内部支出（亿元）			155.7	379.5	821.8	936.6	1 063.4			683.0	280.2	129.4	113.5
技术合同成交总额（亿元）	20.3	41.2	140.3	434.4	1 579.5	1 890.3	2 458.5	12 128.8	5 971.6	1 752.4	566.0	155.7	130.1
专利授权量（件）	2 268	4 025	5 905	10 100	33 511	40 888	50 511	2 227.1	1 254.9	855.4	500.1	150.7	123.5
卫生													
卫生机构个数（个）	4 953	4 955	6 176	4 818	6 539	9 699	9 974	201.4	201.3	161.5	207.0	152.5	102.8
卫生机构病床数（万张）	5.9	6.7	7.1	7.9	9.3	9.5	10.0	169.7	149.7	140.6	126.7	107.9	105.7
卫生技术人员数（万人）	11.2	11.6	11.6	12.0	17.1	18.2	22.0	196.9	189.5	190.2	183.3	128.4	120.8
#执业医师	5.1	5.4	5.2	5.1	6.6	7.0	8.2	161.4	151.9	159.4	162.4	124.6	117.8
注册护师（士）	3.5	3.7	4.0	4.3	6.7	7.3	9.5	275.4	259.3	238.6	221.9	141.4	130.8
生活与环境													
婚姻													
登记结婚对数（万对）	9.30	8.55	8.02	9.66	13.81	17.32	17.41	187.2	203.6	217.1	180.2	126.1	100.5
离婚对数（万对）	1.47	2.02	2.66	3.42	4.40	4.35	4.86	329.4	240.9	182.5	141.8	110.5	111.6
居住													
城镇居民人均住房建筑面积（平方米）				22.03	28.94	29.38	29.26				132.8	101.1	99.6

续表

项目 \ 年份	总量指标							速度指标（%）					
								指数（2012 年为以下各年）					
	1990	1995	2000	2005	2010	2011	2012	1990	1995	2000	2005	2010	2011
农村居民人均住房面积（平方米）	20.62	24.74	28.91	36.94	40.62	48.63	49.08	238.0	198.4	169.8	132.9	120.8	100.9
生　活													
城镇居民人均可支配收入（元）	1 787.1	5 868.4	10 350.0	17 653.0	29 073.0	32 903.0	36 469.0	2 040.7	621.4	352.4	206.6	125.4	110.8
农村居民人均纯收入（元）	1 297.1	3 208.5	4 687.0	7 860.0	13 262.0	14 736.0	16 476.0	1 270.2	513.5	351.5	209.6	124.2	111.8
金融机构（含外资）储蓄存款余额（亿元）				8 315.8	17 585.2	19 690.6	22 298.6				268.1	126.8	113.2
工　资													
城镇单位在岗职工工资总额（亿元）	118.9	382.0	695.5	1 520.1	3 789.1	4 778.6	5 657.9	4 758.5	1 481.1	813.5	372.2	149.3	118.4
城镇单位在岗职工平均工资（元）	2 653.0	8 144.0	15 726.0	34 191.0	65 683.0	75 834.0	85 307.0	3 215.5	1 047.5	542.5	249.5	129.9	112.5
市政建设													
全社会用电量（亿千瓦时）	150.5	222.6	384.4	570.5	809.9	821.7	874.3	581.0	392.8	227.4	153.2	107.9	106.4
自来水销售总量（亿立方米）	5.3	6.8	7.5	7.2	8.9	9.5	9.4	178.0	138.2	124.5	131.0	105.2	99.2
居民燃气用户（万户）	176.1	219.8	291.9	462.6	634.2	644.1	713.5	405.2	324.6	244.4	154.2	112.5	110.8
城市公共交通客运量（亿人次）	33.5	37.2	40.7	51.8	69.0	72.3	76.2	227.6	205.0	187.3	147.1	110.4	105.4
环　境													
城市绿化覆盖率（%）	28.0	32.7	36.5	42.0	45.0	45.6	46.2						
污水处理率（%）	7.3	19.4	39.4	62.4	81.0	81.7	83.0						

注：1. 北京地区用电量来源于北京市电力公司，2000 年以前工业用电量不包含输配损失和发电企业自产自用电量。

2. 从 2001 年开始，有关职工的指标调整为在岗职工的指标。2007 年及以前城镇单位在岗职工工资包括乡及乡以上独立核算法人单位，不包括乡镇企业、私营单位和个体工商户；2008 年及以后包括乡镇企业。

3. 离婚对数包括在民政部门登记的对数和经法院调离和判离的对数。

4. 自 2010 年起，卫生机构中的卫生院数据并入到社区卫生服务中心（站）等其他卫生机构。自 2011 年起，卫生机构中包括村卫生室。

5. 城镇居民人均住房建筑面积改为城镇住户抽样调查数据。

表 1.2 地区生产总值（1978～2012 年）

单位：亿元

年 份	地区生产总值	第一产业	第二产业			第三产业	人均地区生产总值（元/人）	人均地区生产总值（美元/人）
				工业	建筑业			
1978	108.8	5.6	77.4	70.2	7.2	25.8	1 257	797
1979	120.1	5.2	85.2	77.4	7.8	29.7	1 358	908
1980	139.1	6.1	95.8	86.9	8.9	37.2	1 544	1 009
1981～1985	**950.9**	**62.3**	**589.4**	**515.5**	**73.9**	**299.2**		
1981	139.2	6.6	92.5	82.7	9.8	40.1	1 526	895
1982	154.9	10.3	99.8	89.3	10.5	44.8	1 671	883
1983	183.1	12.8	112.7	98.8	13.9	57.6	1 943	983
1984	216.6	14.8	130.7	114.0	16.7	71.1	2 262	972
1985	257.1	17.8	153.7	130.7	23.0	85.6	2 643	900
1986～1990	**1 978.7**	**162.9**	**1 084.3**	**917.3**	**167.0**	**731.5**		
1986	284.9	19.1	165.8	141.2	24.6	100.0	2 836	821
1987	326.8	24.3	182.6	154.5	28.1	119.9	3 150	846
1988	410.2	37.1	221.3	189.5	31.8	151.8	3 892	1 046
1989	456.0	38.5	252.2	212.8	39.4	165.3	4 269	1 134
1990	500.8	43.9	262.4	219.3	43.1	194.5	4 635	969
1991～1995	**4 847.2**	**289.6**	**2 220.4**	**1 833.5**	**386.9**	**2 337.2**		
1991	598.9	45.8	291.5	255.6	35.9	261.6	5 494	1 032
1992	709.1	49.1	345.9	293.0	52.9	314.1	6 458	1 171
1993	886.2	53.7	419.6	339.2	80.4	412.9	8 006	1 389
1994	1 145.3	67.5	517.6	417.9	99.7	560.2	10 240	1 188
1995	1 507.7	73.5	645.8	527.8	118.0	788.4	12 690	1 520
1996～2000	**12 084.0**	**387.8**	**4 277.7**	**3 450.5**	**827.2**	**7 418.5**		
1996	1 789.2	75.0	714.7	576.2	138.5	999.5	14 254	1 714
1997	2 077.1	77.2	781.8	635.9	145.9	1 218.1	16 621	2 005
1998	2 377.2	77.9	840.6	670.4	170.2	1 458.7	19 128	2 310
1999	2 678.8	78.4	907.3	724.0	183.3	1 693.1	21 407	2 586
2000	3 161.7	79.3	1 033.3	844.0	189.3	2 049.1	24 127	2 915
2001～2005	**26 032.9**	**423.4**	**7 759.7**	**6 446.2**	**1 313.5**	**17 849.8**		
2001	3 708.0	80.8	1 142.4	938.8	203.6	2 484.8	26 980	3 260
2002	4 315.0	82.4	1 250.0	1 021.2	228.8	2 982.6	30 730	3 713
2003	5 007.2	84.1	1 487.2	1 224.5	262.7	3 435.9	34 777	4 202
2004	6 033.2	87.4	1 853.6	1 554.7	298.9	4 092.2	40 916	4 943
2005	6 969.5	88.7	2 026.5	1 707.0	319.5	4 854.3	45 993	5 615
2006～2010	**55 346.2**	**545.6**	**13 571.1**	**11 103.4**	**2 467.7**	**41 229.5**		
2006	8 117.8	88.8	2 191.4	1 821.8	369.6	5 837.6	51 722	6 488
2007	9 846.8	101.3	2 509.4	2 082.8	426.6	7 236.1	60 096	7 903
2008	11 115.0	112.8	2 626.4	2 131.7	494.7	8 375.8	64 491	9 286
2009	12 153.0	118.3	2 855.5	2 303.1	552.4	9 179.2	66 940	9 799
2010	14 113.6	124.4	3 388.4	2 764.0	624.4	10 600.8	73 856	10 910
2011	16 251.9	136.3	3 752.5	3 048.8	703.7	12 363.1	81 658	12 643
2012	17 879.4	150.2	4 059.3	3 294.3	765.0	13 669.9	87 475	13 857

注：1. 本表按当年价格计算。

2. 本表中地区生产总值三次产业数据按国家 2002 年版国民经济行业分类标准核算。

3. 根据全国第二次农业普查和全国第二次经济普查结果对 1997～2008 年数据进行了修订（下同）。

4. 人均地区生产总值按年平均常住人口计算。同时，根据全国第六次人口普查数据对 2006 年至 2010 年人均地区生产总值进行了调整。

表 1.3　按行业分地区生产总值（2000～2012 年）

单位：亿元

项目 \ 年份	2000	2001	2002	2003	2004	2005	2006	2007	2008	2009	2010	2011	2012
地区生产总值	**3 161.7**	**3 708.0**	**4 315.0**	**5 007.2**	**6 033.2**	**6 969.5**	**8 117.8**	**9 846.8**	**11 115.0**	**12 153.0**	**14 113.6**	**16 251.9**	**17 879.4**
第一产业	**79.3**	**80.8**	**82.4**	**84.1**	**87.4**	**88.7**	**88.8**	**101.3**	**112.8**	**118.3**	**124.4**	**136.3**	**150.2**
第二产业	**1 033.3**	**1 142.4**	**1 250.0**	**1 487.2**	**1 853.6**	**2 026.5**	**2 191.4**	**2 509.4**	**2 626.4**	**2 855.5**	**3 388.4**	**3 752.5**	**4 059.3**
工　业	844.0	938.8	1 021.2	1 224.5	1 554.7	1 707.0	1 821.8	2 082.8	2 131.7	2 303.1	2 764.0	3 048.8	3 294.3
建筑业	189.3	203.6	228.8	262.7	298.9	319.5	369.6	426.6	494.7	552.4	624.4	703.7	765.0
第三产业	**2 049.1**	**2 484.8**	**2 982.6**	**3 435.9**	**4 092.2**	**4 854.3**	**5 837.6**	**7 236.1**	**8 375.8**	**9 179.2**	**10 600.8**	**12 363.1**	**13 669.9**
交通运输、仓储和邮政业	220.6	254.2	281.1	309.0	356.8	403.3	455.2	497.5	498.9	556.6	712.0	809.0	816.3
信息传输、计算机服务和软件业	164.4	210.1	278.6	378.0	449.6	586.6	696.4	870.5	999.1	1 066.5	1 214.1	1 493.4	1 621.8
批发与零售业	372.5	424.1	463.0	515.5	587.7	704.3	872.0	1 098.2	1 426.7	1 525.0	1 888.5	2 139.7	2 229.8
住宿和餐饮业	81.2	97.2	122.0	112.6	163.3	182.3	218.4	245.0	274.4	262.5	317.3	348.4	373.1
金融业	425.2	487.5	561.9	635.6	713.8	840.2	982.4	1 302.8	1 519.2	1 603.6	1 863.6	2 215.4	2 536.9
房地产业	144.0	203.6	298.0	341.9	436.1	493.7	658.3	821.5	844.6	1 062.5	1 006.5	1 074.9	1 244.2
租赁和商务服务业	118.8	137.0	214.2	231.6	276.6	360.7	447.1	623.6	765.3	809.6	953.2	1 162.1	1 340.6
科学研究、技术服务与地质勘查业	123.0	178.7	209.2	246.2	276.5	347.4	438.6	566.2	706.7	816.9	941.1	1 135.5	1 268.4
水利、环境和公共设施管理业	23.4	25.2	27.3	30.5	34.6	40.5	47.0	51.8	59.1	67.2	75.3	86.3	101.3
居民服务和其他服务业	36.2	42.2	54.7	64.1	79.6	80.2	85.3	82.1	74.9	73.9	99.3	112.1	124.3
教　育	102.3	148.8	159.6	206.2	267.4	289.4	320.6	365.2	402.1	444.1	516.2	605.9	681.8
卫生、社会保障和社会福利业	55.3	67.7	73.7	87.2	105.9	118.2	140.3	162.6	187.8	213.0	254.5	311.5	363.6
文化、体育与娱乐业	84.5	96.9	111.6	125.0	142.7	170.2	189.0	223.1	247.4	259.0	294.6	339.4	402.6
公共管理与社会组织	97.7	111.6	127.7	152.5	201.6	237.3	287.0	326.0	369.6	418.8	464.6	529.5	565.2

注：本表按当年价格计算；行业按国家2002年版国民经济行业分类标准核算。

表 1.4 部分新兴产业增加值（2004～2012 年）

单位：亿元

项目 \ 年份	2004	2005	2006	2007	2008	2009	2010	2011	2012
地区生产总值	**6 033.2**	**6 969.5**	**8 117.8**	**9 846.8**	**11 115.0**	**12 153.0**	**14 113.6**	**16 251.9**	**17 879.4**
文化创意产业	**573.0**	**674.1**	**823.2**	**1 008.3**	**1 346.4**	**1 489.9**	**1 697.7**	**1 989.9**	**2 205.2**
文化艺术	22.6	32.2	35.3	38.8	42.7	48.8	53.7	68.0	76.0
新闻出版	108.1	106.8	135.3	142.2	153.7	159.8	171.8	191.9	208.3
广播、电视、电影	54.9	78.0	73.5	102.7	120.1	124.5	138.6	154.0	177.6
软件、网络及计算机服务	229.2	266.6	375.5	483.4	703.1	710.5	847.1	1 042.2	1 190.3
广告会展	47.8	51.0	52.2	64.9	112.2	98.5	127.4	159.0	168.6
艺术品交易	11.5	7.1	10.1	13.8	20.5	30.9	43.0	56.4	59.2
设计服务	29.9	31.6	40.2	49.2	52.8	76.4	84.2	90.6	97.4
旅游、休闲娱乐	27.0	37.6	48.4	50.2	58.4	60.7	69.5	78.6	83.4
其他辅助服务	42.0	63.2	52.7	63.1	82.9	179.8	162.4	149.2	144.4
信息产业	**867.3**	**1 152.7**	**1 344.5**	**1 668.3**	**1 759.8**	**1 762.9**	**1 989.2**	**2 377.7**	**2 560.7**
电子信息设备制造	216.6	303.5	343.5	391.6	331.5	260.2	282.5	297.0	374.6
电子信息设备销售和租赁	87.7	127.7	157.2	229.7	233.1	235.1	261.4	320.5	245.2
电子信息传输服务	285.7	355.6	381.7	462.8	382.6	445.6	480.0	613.5	661.5
计算机服务和软件业	163.9	231.0	314.7	407.8	616.5	620.8	734.1	879.9	960.7
其他信息相关服务	113.4	134.9	147.4	176.4	196.1	201.2	231.2	266.8	318.7
高技术产业	**370.6**	**504.4**	**606.4**	**729.6**	**852.3**	**778.4**	**888.8**	**1 043.2**	**1 240.3**

续表

项目 \ 年份	2004	2005	2006	2007	2008	2009	2010	2011	2012
核燃料加工	0.2	0.2		−0.4			0.0		
信息化学品制造	1.5	1.1	1.7	1.7	2.7	2.0	3.3	2.2	1.5
医药制造业	46.2	49.7	56.4	78.1	114.4	127.2	150.1	175.8	221.3
航空航天器制造	16.8	17.7	23.8	25.2	27.0	28.6	34.6	41.3	46.8
电子及通信设备制造业	144.3	214.8	248.3	265.9	234.1	189.4	204.3	199.1	257.5
电子计算机及办公设备制造业	48.4	65.3	63.6	88.2	64.8	33.2	36.4	44.3	56.1
医疗设备及仪器仪表制造业	53.3	52.0	73.5	82.7	86.6	89.0	88.3	105.6	116.0
公共软件服务	59.9	103.6	139.1	188.2	322.7	309.0	371.8	474.9	541.1
现代制造业		**602.7**	**679.7**	**779.3**	**836.2**	**895.2**	**1 082.3**	**1 234.9**	**1 396.1**
电子类		260.5	289.1	323.0	268.8	202.9	222.9	226.6	295.7
机电类		132.6	154.2	169.6	212.0	243.5	263.3	279.6	288.0
交通类		130.0	142.7	178.3	206.5	279.0	400.7	494.6	533.0
医药类		55.0	66.1	84.6	124.1	141.6	165.7	200.8	244.1
其他类		24.6	27.6	23.8	24.8	28.2	29.7	33.3	35.3
现代服务业	**2 669.6**	**3 206.8**	**3 870.0**	**4 933.1**	**5 660.0**	**6 264.7**	**7 026.3**	**8 311.3**	**9 435.3**
信息传输、计算机服务和软件业	449.6	586.6	696.4	870.5	999.1	1 066.5	1 214.0	1 493.4	1 621.8
金融业	713.8	840.2	982.4	1 302.8	1 519.2	1 603.6	1 863.6	2 215.4	2 536.9
科学研究、技术服务和地质勘查业	276.5	347.4	438.6	566.2	706.7	816.9	941.1	1 135.5	1 268.4
卫生和社会保障业	100.7	112.9	133.8	155.1	171.2	192.9	226.3	286.0	335.2

续表

项目 \ 年份	2004	2005	2006	2007	2008	2009	2010	2011	2012
文化、体育和娱乐业	142.7	170.2	189.0	223.1	247.4	259.0	294.6	339.4	402.6
房地产业	436.1	493.7	658.3	821.5	844.6	1 062.5	1 006.5	1 074.9	1 244.2
商务服务业	268.7	350.4	434.1	608.8	748.7	791.7	930.9	1 126.6	1 302.2
环境管理业	14.1	16.0	16.8	19.9	21.0	27.5	33.1	34.2	42.2
教　育	267.4	289.4	320.6	365.2	402.1	444.1	516.2	605.9	681.8
生产性服务业	**2 261.0**	**2 802.1**	**3 409.4**	**4 425.2**	**5 355.3**	**5 676.1**	**6 705.0**	**8 124.8**	**8 890.8**
流通服务	544.5	667.2	844.9	1 062.1	1 365.0	1 379.5	1 733.0	2 118.4	2 123.1
信息服务	449.6	586.6	696.4	870.5	999.1	1 066.5	1 214.1	1 493.4	1 621.8
金融服务	713.8	840.2	982.4	1 302.8	1 519.2	1 603.6	1 863.6	2 215.4	2 536.9
商务服务	276.6	360.7	447.1	623.6	765.3	809.6	953.2	1 162.1	1 340.6
科技服务	276.5	347.4	438.6	566.2	706.7	816.9	941.1	1 135.5	1 268.4
信息服务业		**721.5**	**843.8**	**1 047.0**	**1 195.2**	**1 267.6**	**1 445.3**	**1 760.2**	**1 940.9**
信息传输服务		308.4	309.4	375.6	265.7	319.6	309.4	371.3	355.0
信息技术服务		231.0	314.7	407.8	616.5	620.8	734.1	879.9	960.7
信息内容服务		182.1	219.7	263.6	313.0	327.2	401.8	509.0	625.2
物流业			**368.0**	**383.5**	**423.4**	**427.7**	**493.7**	**562.5**	**598.5**
交通运输、邮政、仓储业			306.2	318.1	324.2	326.1	382.9	429.9	452.7
流通加工、配送、包装业			61.8	65.4	99.2	101.6	110.8	132.6	145.8

表 1.5　全社会固定资产投资和增长速度情况（1978～2012 年）

单位：亿元，%

年　份	全社会固定资产投资	城镇固定资产投资	#房地产开发投资	农村固定资产投资	#基础设施投资	#建筑安装投资	新增固定资产	全社会固定资产投资比上年增长	城镇固定资产投资	#房地产开发投资	农村固定资产投资	#基础设施投资	#建筑安装投资
1978	22.6	22.6			5.4		16.9						
1979	26.5	26.5			5.8		21.2	17.3	17.3			7.4	
1980	33.2	33.2			6.0		23.2	25.3	25.3			3.4	
1981～1985	**286.8**	**234.4**		**50.8**	**40.6**		**184.4**	**18.8**	**11.7**			**10.3**	
1981	36.6	31.4		5.2	5.8		30.9	10.2	-5.4			-3.3	
1982	38.6	34.5		4.1	6.1		26.3	5.5	9.9		-21.2	5.2	
1983	51.3	38.5		12.8	6.7		32.5	32.9	11.6		212.2	9.8	
1984	66.3	52.2		14.1	8.8		47.1	29.2	35.6		10.2	31.3	
1985	94.0	77.8		14.6	13.2		47.6	41.8	49.0		3.5	50.0	
1986～1990	**724.1**	**634.9**	**22.5**	**76.5**	**117.9**		**417.4**	**14.8**	**16.8**		**1.5**	**20.0**	
1986	106.2	94.5		10.4	14.5		58.5	13.0	21.5		-28.8	9.8	
1987	136.2	121.4		12.7	22.1		79.9	28.2	28.5		22.1	52.4	
1988	163.0	138.7		21.3	23.2		77.3	19.7	14.3		67.7	5.0	
1989	139.5	122.2		14.7	26.5		79.6	-14.4	-11.9		-31.0	14.2	
1990	179.2	158.1	22.5	17.4	31.6		122.1	28.5	29.4		18.4	19.2	
1991～1995	**2 358.7**	**2 181.5**	**568.4**	**154.1**	**494.9**	**1 297.1**	**1 229.1**	**34.2**	**36.0**	**59.9**	**19.7**	**40.8**	
1991	192.0	168.4	24.0	21.0	35.2	107.3	139.0	7.1	6.5	6.7	20.7	11.4	
1992	266.0	234.7	33.7	27.2	58.8	136.2	157.8	38.5	39.4	40.4	29.5	67.0	26.9
1993	410.4	376.6	58.4	30.0	91.4	232.0	201.6	54.3	60.5	73.3	10.3	55.4	70.3
1994	648.8	607.4	99.5	35.7	153.4	362.6	356.0	58.1	61.3	70.4	19.0	67.8	56.3
1995	841.5	794.4	352.8	40.2	156.1	459.0	374.7	29.7	30.8	254.6	12.6	1.8	26.6
1996～2000	**5 461.7**	**5 063.8**	**1 979.5**	**322.7**	**1 382.1**	**3 069.5**	**4 051.2**	**8.9**	**8.2**	**3.9**	**16.2**	**19.7**	**9.9**
1996	876.9	825.6	328.2	43.6	188.8	515.8	592.5	4.2	3.9	-7.0	8.5	20.9	12.4

续表

年份	全社会固定资产投资	城镇固定资产投资	#房地产开发投资	农村固定资产投资	#基础设施投资	#建筑安装投资	新增固定资产	全社会固定资产投资比上年增长	城镇固定资产投资	#房地产开发投资	农村固定资产投资	#基础设施投资	#建筑安装投资
1997	961.2	912.4	330.3	40.6	218.3	546.2	637.9	9.6	10.5	0.6	-6.9	15.6	5.9
1998	1 155.6	1 060.3	377.4	75.8	320.4	626.9	759.3	20.2	16.2	14.3	86.7	46.8	14.8
1999	1 170.6	1 072.9	421.5	78.2	302.7	679.1	949.5	1.3	1.2	11.7	3.2	-5.5	8.3
2000	1 297.4	1 192.6	522.1	84.5	351.9	701.5	1 112.0	10.8	11.2	23.9	8.1	16.3	3.3
2001～2005	**10 857.4**	**10 033.6**	**5 974.0**	**755.4**	**2 260.0**	**5 926.2**	**6 897.4**	**17.7**	**17.9**	**29.0**	**20.1**	**8.5**	**18.0**
2001	1 530.5	1 417.1	783.8	93.7	356.4	801.6	1 177.0	18.0	18.8	50.1	10.9	1.3	14.3
2002	1 814.3	1 688.2	989.4	102.5	411.9	964.9	1 251.0	18.5	19.1	26.2	9.4	15.6	20.4
2003	2 157.1	1 999.9	1 202.5	132.1	417.8	1 151.3	1 165.9	18.9	18.5	21.5	28.9	1.4	19.3
2004	2 528.3	2 333.0	1 473.3	195.3	463.2	1 438.9	1 455.1	17.2	16.7	22.5	47.8	10.9	25.0
2005	2 827.2	2 595.4	1 525.0	231.8	610.7	1 569.5	1 848.4	11.8	11.2	3.5	18.7	31.8	9.1
2006～2010	**21 538.5**	**19 678.6**	**10 863.2**	**1 859.9**	**6 137.3**	**9 860.6**	**11 666.8**	**14.4**	**14.2**	**12.0**	**16.2**	**24.2**	**7.7**
2006	3 371.5	3 086.3	1 719.9	285.2	935.3	1 836.0	1 972.1	19.3	18.9	12.8	23.0	53.2	17.0
2007	3 966.6	3 656.7	1 995.8	309.9	1 175.8	2 117.9	2 004.9	17.6	18.5	16.0	8.7	25.7	15.4
2008	3 848.5	3 554.8	1 908.7	293.7	1 160.7	1 798.8	2 666.8	-3.0	-2.8	-4.4	-5.2	-1.3	-15.1
2009	4 858.4	4 378.2	2 337.7	480.2	1 462.0	1 983.0	2 457.2	26.2	23.2	22.5	63.5	26.0	10.2
2010	5 493.5 (5 218.3)	5 002.6	2 901.1	490.9	1 403.5	2 124.9	2 565.8	13.1	14.3	24.1	2.2	-4.0	7.2
2011	5 910.6	5 463.9	3 036.3	446.7	1 400.2	2 585.3	2 382.0	13.3	14.8	10.1	-2.9	0.3	22.4
2012	6 462.8	5 853.1	3 153.4	609.8	1 789.2	3 076.6	2 570.4	9.3	7.1	3.9	36.5	27.8	19.0

注：1. 根据国家统计局有关规定，从2004年起，全社会固定资产投资中不包括零星购置投资。

2. 自2004年起，新增固定资产、基础设施投资、建筑安装投资中包含农村投资。

3. 根据国家统计局有关规定，自2011年起投资统计起点调整为500万元，为便于比较2010年的相应数据也作了调整，未加括号的为原口径数，括号内为调整后的数据，当年固定资产投资等增长速度均按可比口径计算。

表 1.6 全社会固定资产投资资金来源情况（1978～2012 年）

单位：亿元

年 份	上年末结余资金	本年资金来源小计	国家预算内资金	国内贷款	债 券	利用外资	自筹资金	其他资金
1978		22.5	16.9					
1979		26.5	19.2					
1980		33.2	18.5					
1981		31.4	15.4					
1982		34.5	14.1					
1983		38.5	16.0					
1984		52.2	22.5					
1985		77.8	30.4					
1986		94.5	33.0					
1987		126.2	43.1					
1988		149.4	37.4					
1989		123.1	35.0	12.8		18.2	44.5	12.6
1990		136.2	34.4	22.8		15.2	52.3	11.5
1991		151.1	35.5	28.2		13.9	65.5	8.0
1992		216.7	42.2	40.1		14.9	109.9	9.6
1993	54.3	425.2	47.1	79.2	1.6	28.0	205.2	64.1
1994	71.1	695.7	64.1	91.5	0.8	96.9	331.2	111.2
1995	200.8	915.8	70.3	122.7	1.1	187.3	339.8	194.6
1996	204.9	926.1	76.7	152.8	1.0	161.2	330.5	203.9
1997	183.1	1 016.7	86.3	194.3		139.2	383.4	213.5
1998	207.1	1 140.1	98.4	223.8	17.0	132.1	450.2	218.6
1999	212.1	1 183.8	136.2	262.2	1.4	82.7	461.3	240.0
2000	293.1	1 439.1	107.0	373.8	0.6	51.5	505.6	400.6
2001	325.5	1 796.8	136.7	429.4	2.5	35.6	595.6	597.0
2002	433.2	2 075.3	108.5	543.8	1.9	41.5	672.8	706.8
2003	542.7	2 674.0	78.4	755.2		52.6	887.9	899.9
2004	654.6	3 712.8	118.6	804.7		120.5	1 245.7	1 423.3
2005	924.4	4 553.7	128.8	1 055.8		70.9	1 452.8	1 845.4
2006	1 043.8	4 927.3	126.4	1 347.5	32.7	76.2	1 532.2	1 812.3
2007	1 202.2	6 193.0	102.2	1 513.3	22.4	82.8	2 195.6	2 276.7
2008	1 469.5	5 184.7	104.2	1 394.2	35.5	80.0	2 016.4	1 554.5
2009	1 321.7	8 702.2	118.1	3 038.5	17.5	39.3	2 441.3	3 047.4
2010	2 109.1	8 327.8	99.5	2 218.7	4.3	43.8	3 209.1	2 752.4
2011	2 341.4	8 235.4	71.7	1 853.6	85.4	29.8	3 588.6	2 606.3
2012	2 830.7	9 156.0	156.1	2 186.3	12.7	24.9	3 478.4	3 297.6

注：1978～1992 年不含房地产开发和农村投资；1993～2003 年不含农村投资。

表 1.7　地方财政收支（1978～2012 年）

单位：亿元

年份	地方财政收入	地方公共财政预算收入	税收收入	#增值税	#营业税	#个人所得税	#企业所得税	#城市维护建设税	非税收入	基金预算收入
1978	50.46		18.25							
1979	47.75		19.41							
1980	51.29		21.22							
1981～1985	**234.27**		**191.96**	**8.34**	**11.46**	**0.61**	**43.77**	**2.16**		
1981	49.12		24.22			0.02	1.76			
1982	47.25		25.81	0.05		0.05	1.43			
1983	39.84		38.03	1.30		0.07	11.70			
1984	45.62		43.91	2.20	1.23	0.13	12.70			
1985	52.44		59.99	4.79	10.23	0.34	16.18	2.16		
1986～1990	**337.13**		**397.96**	**65.02**	**103.00**	**7.29**	**116.89**	**16.67**		
1986	60.34		60.83	7.61	13.19	0.97	20.46	2.51		
1987	63.62		67.77	9.09	15.42	1.54	21.87	2.70		
1988	68.11		84.04	15.10	21.11	1.23	27.70	3.37		
1989	71.05		91.09	16.75	25.33	1.53	24.31	3.74		
1990	74.01		94.23	16.47	27.95	2.02	22.55	4.35		
1991～1995	**456.48**		**643.24**	**136.88**	**228.80**	**35.46**	**105.24**	**34.07**		
1991	77.02		100.58	19.53	30.78	2.56	20.59	4.77		
1992	80.25		110.54	22.29	35.86	3.15	19.08	5.13		
1993	84.10		148.19	42.30	52.07	4.30	14.20	6.57		
1994	99.85		120.53	25.54	45.63	9.24	21.70	7.18		
1995	115.26		163.40	27.22	64.46	16.21	29.67	10.42		

续表

年份	地方财政收入	地方公共财政预算收入	税收收入	#增值税	#营业税	#个人所得税	#企业所得税	#城市维护建设税	非税收入	基金预算收入
1996～2000	**1 341.65**		**1 397.26**	**185.46**	**570.06**	**190.18**	**223.71**	**70.84**		
1996	150.90		201.32	29.53	81.61	22.67	37.22	11.36		
1997	209.91	182.32	235.82	32.67	97.54	28.76	41.05	12.74	-53.50	27.59
1998	262.01	229.45	272.23	37.58	113.00	36.49	41.42	14.12	-42.78	32.56
1999	320.44	281.37	315.10	39.72	128.86	45.88	45.99	15.27	-33.74	39.07
2000	398.39	345.00	372.79	45.96	149.05	56.38	58.03	17.35	-27.79	53.39
2001～2005	**3 611.96**	**3 244.40**	**3 216.46**	**367.43**	**1 389.75**	**355.88**	**566.23**	**147.84**	**27.94**	**367.57**
2001	507.68	454.17	475.00	59.00	181.35	79.52	86.07	20.53	-20.83	53.51
2002	600.96	533.99	539.87	66.69	227.79	61.29	100.00	24.91	-5.88	66.97
2003	665.94	592.54	588.96	75.26	263.69	57.21	93.70	28.85	3.58	73.40
2004	830.03	744.49	726.50	68.88	333.16	73.34	121.70	34.72	17.99	85.55
2005	1 007.35	919.21	886.13	97.60	383.76	84.52	164.76	38.83	33.08	88.14
2006～2010	**11 889.54**	**8 827.85**	**8 453.62**	**800.72**	**3 321.83**	**801.97**	**1 965.28**	**317.03**	**374.23**	**3 061.69**
2006	1 235.78	1 117.15	1 076.82	117.80	460.99	102.28	213.86	45.17	40.33	118.63
2007	1 882.04	1 492.64	1 435.67	134.84	601.06	135.20	309.34	56.63	56.97	389.40
2008	2 282.04	1 837.32	1 775.58	158.34	651.78	171.33	497.52	63.95	61.75	444.71
2009	2 678.77	2 026.81	1 913.97	179.73	752.60	177.84	430.42	71.28	112.84	651.96
2010	3 810.91	2 353.93	2 251.59	210.01	855.40	215.33	513.09	80.00	102.34	1 456.98
2011	4 359.10	3 006.28	2 854.63	237.76	1 071.51	272.90	683.71	145.65	151.65	1 352.82
2012	4 512.86	3 314.93	3 124.75	314.00	1 152.74	281.49	752.47	160.34	190.18	1 197.92

注：1. 地方财政收支数为决算数。

2. 从2011年开始，原指标“地方一般预算收入”和“地方一般预算支出”更名为“地方公共财政预算收入”和“地方公共财政预算支出”。

资料来源：北京市财政局。

续表

年份	地方财政支出	#地方公共财政预算支出	#一般公共服务	#教育	#科学技术	#文化体育与传媒	#社会保险和就业	#医疗卫生	#节能环保	#交通运输	#城乡社区事务	#农林水事务
1978	20.38											
1979	20.06											
1980	14.87											
1981～1985	**111.40**											
1981	14.85											
1982	16.80											
1983	19.61											
1984	27.15											
1985	32.99											
1986～1990	**272.89**											
1986	44.27											
1987	49.67											
1988	52.93											
1989	59.50											
1990	66.52											
1991～1995	**473.64**											
1991	67.98											
1992	71.74											
1993	80.99											
1994	98.53											

续表

年份	地方财政支出	#地方公共财政预算支出	#一般公共服务	#教育	#科学技术	#文化体育与传媒	#社会保险和就业	#医疗卫生	#节能环保	#交通运输	#城乡社区事务	#农林水事务
1995	154.40											
1996～2000	**1 646.07**											
1996	187.45											
1997	262.20	236.39										
1998	307.55	280.68										
1999	398.53	355.19										
2000	490.34	443.00										
2001～2005	**4 219.74**	**3 878.85**										
2001	614.92	559.11										
2002	683.98	628.35										
2003	809.39	734.80										
2004	974.17	898.28										
2005	1 137.28	1 058.31										
2006～2010	**12 765.99**	**9 942.31**	**987.56**	**1 604.40**	**578.30**	**309.36**	**1 048.02**	**718.40**	**199.77**	**422.53**	**1 182.65**	**613.55**
2006	1 411.58	1 296.84	159.95	209.21	70.14	40.51	149.22	100.95	20.14	7.05	153.26	88.62
2007	2 067.65	1 649.50	179.56	263.00	90.74	53.62	179.28	118.95	29.27	33.09	187.43	102.51
2008	2 400.93	1 959.29	196.27	316.30	112.19	61.11	209.33	145.05	35.47	80.35	199.84	121.77
2009	2 820.86	2 319.37	212.21	365.67	126.31	74.75	234.29	166.63	54.04	147.07	347.82	142.01
2010	4 064.97	2 717.32	239.57	450.22	178.92	79.36	275.90	186.82	60.85	154.99	294.30	158.64
2011	4 574.94	3 245.23	261.38	520.08	183.07	87.01	354.88	225.49	94.51	199.12	339.27	187.34
2012	4 803.75	3 685.31	286.57	628.65	199.94	141.37	424.31	256.06	113.54	243.76	430.76	222.69

表 1.8　各种价格指数（1978～2012 年）

（上年 = 100）

年　份	居民消费价格指数	商品零售价格指数	农业生产资产价格指数	农产品生产价格指数	工业生产者出厂价格指数	工业生产者购进价格指数	固定资产投资价格指数
1978	100.6	100.6	98.8				
1979	101.8	101.8	100.0	109.5			
1980	106.0	106.7	100.3	105.5			
1981	101.3	101.4	100.1	109.4			
1982	101.8	102.0	100.1	101.9			
1983	100.5	100.6	101.6	101.8			
1984	102.2	102.1	109.7	102.3			
1985	117.6	118.6	100.9	117.6			
1986	106.8	106.7	102.7	108.1			
1987	108.6	108.7	110.8	116.1			
1988	120.4	121.9	117.6	123.2			
1989	117.2	118.5	121.5	106.8			
1990	105.4	104.1	102.1	101.9	107.9	114.8	
1991	111.9	108.5	102.5	101.7	105.8	111.7	107.3
1992	109.9	108.3	103.6	102.4	100.9	103.3	112.2
1993	119.0	116.9	109.1	107.0	121.8	133.2	126.6
1994	124.9	117.9	120.1	133.4	112.9	118.7	116.2
1995	117.3	112.6	133.2	130.6	107.3	106.7	113.9
1996	111.6	107.3	106.8	101.5	100.7	100.3	108.2
1997	105.3	103.8	100.4	92.8	101.1	103.4	102.7
1998	102.4	98.3	102.6	93.6	95.1	98.1	100.8
1999	100.6	98.8	94.2	97.5	97.7	95.8	99.9
2000	103.5	98.9	101.7	95.0	102.5	100.0	101.0
2001	103.1	98.8	100.2	102.0	99.4	100.5	100.6
2002	98.2	98.4	102.9	92.4	96.6	97.1	100.4
2003	100.2	98.2	98.5	102.5	101.5	104.7	102.2
2004	101.0	99.2	114.3	106.2	103.0	114.2	104.3
2005	101.5	99.7	101.4	102.9	101.3	111.4	100.7
2006	100.9	100.2	103.7	99.1	99.1	105.5	100.4
2007	102.4	100.8	111.2	114.4	99.7	105.0	102.8
2008	105.1	104.4	117.4	112.3	103.3	115.8	107.8
2009	98.5	97.8	106.2	98.3	94.4	88.6	97.1
2010	102.4	100.4	106.9	106.5	102.2	110.5	102.5
2011	105.6	103.2	107.2	110.7	102.3	108.4	105.7
2012	103.3	100.6		104.7	98.4	98.7	101.3

注：工业生产者出厂价格指数原指标为“工业品出厂价格指数”；工业生产者购进价格指数原指标为“原材料、燃料、动力购进价格指数”。

表 1.9　北京地区对外经济贸易（1980～2012 年）

年份	进出口总值（万美元）	出口	#高新技术产品	#机电产品	进口	#高新技术产品	#机电产品	外商直接投资项目（合同）个数（个）	实际利用外商直接投资额（万美元）
1980								4	
1981～1985								**124**	
1981								3	
1982								4	
1983	3 059 926	1 468 740			1 591 186			5	
1984	3 559 284	1 751 704			1 807 580			29	
1985	3 254 341	437 398			2 816 943			83	
1986～1990	**13 945 243**	**1 865 234**			**12 080 009**			**709**	
1986	3 060 236	371 282			2 688 954			63	
1987	2 670 466	354 374			2 316 092			72	9 534
1988	2 988 576	395 887			2 592 689			148	50 278
1989	2 861 489	302 343			2 559 146			185	31 846
1990	2 364 476	441 348			1 923 128			241	27 696
1991～1995	**14 305 670**	**3 547 263**			**10 758 405**			**10 912**	**410 896**
1991	2 424 137	457 114			1 967 023			724	24 482
1992	2 498 241	561 037		157 835	1 937 204	271 005	731 359	2 208	34 984
1993	2 791 700	669 930		151 133	2 121 769	302 965	885 074	3 753	66 693
1994	2 888 079	834 205		194 937	2 053 873	421 071	1 121 082	2 675	144 460
1995	3 703 513	1 024 977		281 810	2 678 536	407 176	1 225 200	1 552	140 277
1996～2000	**17 397 285**	**5 011 639**		**1 609 152**	**12 385 646**	**2 242 338**	**5 049 210**	**4 100**	**989 794**
1996	2 931 833	811 975		254 450	2 119 858	240 903	733 641	868	155 290
1997	3 038 852	961 103		271 119	2 077 749	346 166	766 288	790	159 286
1998	3 050 608	1 051 293		325 390	1 999 315	347 556	909 222	651	206 415
1999	3 435 951	990 352		320 852	2 445 599	567 687	1 213 857	644	223 004
2000	4 940 041	1 196 916	226 549	437 341	3 743 125	740 026	1 426 202	1 147	245 799
2001～2005	**39 258 570**	**9 270 820**	**2 525 916**	**4 291 246**	**29 987 748**	**5 318 558**	**10 501 427**	**7 821**	**1 231 631**
2001	5 149 809	1 177 236	263 382	477 568	3 972 572	992 797	1 883 151	1 147	177 000
2002	5 250 529	1 261 386	314 174	570 971	3 989 142	916 363	1 701 504	1 370	178 964
2003	6 850 017	1 688 682	396 489	715 359	5 161 335	990 357	1 949 077	1 362	214 675
2004	9 457 572	2 056 926	580 929	970 117	7 400 647	1 053 395	2 271 805	1 806	308 354
2005	12 550 643	3 086 590	970 942	1 557 231	9 464 052	1 365 646	2 695 890	2 136	352 638
2006～2010	**113 918 161**	**24 817 747**	**8 781 469**	**14 861 935**	**89 100 414**	**11 589 524**	**25 107 110**	**9 232**	**2 818 387**
2006	15 803 663	3 795 398	1 388 925	2 170 700	12 008 265	1 704 997	3 786 847	2 106	455 191
2007	19 299 976	4 892 639	1 797 751	2 862 301	14 407 337	2 360 093	4 477 646	2 177	506 572
2008	27 169 290	5 749 961	1 906 381	3 354 179	21 419 329	2 417 936	4 987 666	1 897	608 172
2009	21 479 103	4 835 807	1 751 571	3 080 447	16 643 296	2 357 239	5 194 072	1 423	612 094
2010	30 166 129	5 543 942	1 936 840	3 394 308	24 622 187	2 749 258	6 660 878	1 629	636 358
2011	38 958 314	5 899 770	1 811 744	3 523 452	33 058 544	3 145 224	7 667 795	1 345	705 447
2012	40 810 735	5 963 212	1 901 750	3 737 918	34 847 523	2 987 939	7 217 809	1 360	804 160

注：进出口总值为海关统计的北京地区进出口数据（包括中央单位）。

资料来源：北京市商务委员会、中华人民共和国北京海关。

表 1.10 北京地区海关进出口贸易总值（按登记注册类型、贸易方式分）

项　目	金额（万美元）		2012 年为 2011 年%	构　成（%）	
	2012	2011		2012	2011
出　口	**5 963 212**	**5 899 770**	**101.1**	**100.00**	**100.00**
按登记注册类型分					
内资企业	3 828 499	3 735 189	102.5	64.20	63.31
国有企业	3 207 836	3 163 470	101.4	53.79	53.62
集体企业	12 306	11 080	111.1	0.21	0.19
其　他	608 357	560 639	108.5	10.20	9.50
外商投资企业	2 134 714	2 164 581	98.6	35.80	36.69
中外合资	1 294 838	1 365 925	94.8	21.71	23.15
中外合作	8 276	10 259	80.7	0.14	0.17
外商独资	831 600	788 397	105.5	13.95	13.36
按贸易方式分					
一般贸易	2 861 663	2 987 627	95.8	47.99	50.64
来料加工装配贸易	457 138	385 414	118.6	7.67	6.53
进料加工贸易	1 777 013	1 678 342	105.9	29.80	28.45
对外承包工程货物	503 388	530 291	94.9	8.44	8.99
出料加工贸易	1 488	337	441.0	0.02	0.01
进　口	**34 847 523**	**33 058 544**	**105.4**	**100.00**	**100.00**
按登记注册类型分					
内资企业	29 534 324	27 543 311	107.2	84.75	83.32
国有企业	25 392 602	23 507 822	108.0	72.87	71.11
集体企业	148 699	142 259	104.5	0.43	0.43
其　他	3 993 022	3 893 230	102.6	11.46	11.78
外商投资企业	5 313 199	5 515 232	96.3	15.25	16.68
中外合资	1 045 059	1 185 970	88.1	3.00	3.59
中外合作	4 950	7 038	70.3	0.01	0.02
外商独资	4 263 190	4 322 224	98.6	12.23	13.07
按贸易方式分					
一般贸易	31 140 187	29 758 806	104.6	89.36	90.02
来料加工装配贸易	1 009 828	868 622	116.3	2.90	2.63
进料加工贸易	661 672	622 921	106.2	1.90	1.88
外商投资企业进口设备、物品	41 633	105 837	39.3	0.12	0.32
租赁贸易	244 142	148 119	164.8	0.70	0.45

资料来源：中华人民共和国北京海关。

表1.11 北京地区海关进出口贸易总值（按国别、地区分）

项目	金额（万美元）		2012年为2011年%	构成（%）	
	2012	2011		2012	2011
出口合计	**5 963 212**	**5 899 770**	**101.1**	**100.00**	**100.00**
按国别（地区）分					
中国香港	478 361	458 932	104.2	8.02	7.78
中国澳门	34 788	28 513	122.0	0.58	0.48
中国台湾	116 659	124 868	93.4	1.96	2.12
日　本	473 689	544 131	87.1	7.94	9.22
新加坡	119 907	128 983	93.0	2.01	2.19
韩　国	200 287	295 974	67.7	3.36	5.02
越　南	182 520	156 322	116.8	3.06	2.65
伊　朗	113 798	170 014	66.9	1.91	2.88
印　度	253 408	286 989	88.3	4.25	4.86
印度尼西亚	157 064	149 885	104.8	2.63	2.54
英　国	89 216	85 003	105.0	1.50	1.44
德　国	153 649	170 328	90.2	2.58	2.89
法　国	88 877	81 498	109.1	1.49	1.38
意大利	57 159	56 045	102.0	0.96	0.95
匈牙利	64 445	129 271	49.9	1.08	2.19
俄罗斯联邦	155 925	127 119	122.7	2.61	2.15
美　国	499 105	491 284	101.6	8.37	8.33
澳大利亚	76 280	106 035	71.9	1.28	1.80
进口合计	**34 847 523**	**33 058 544**	**105.4**	**100.00**	**100.00**
按国别（地区）分					
中国香港	476 084	473 831	100.5	1.37	1.43
日　本	1 382 380	1 679 045	82.3	3.97	5.08
新加坡	191 048	209 930	91.0	0.55	0.64
韩　国	1 436 414	1 515 742	94.8	4.12	4.59
沙特阿拉伯	3 085 971	3 250 811	94.9	8.86	9.83
英　国	344 132	279 459	123.1	0.99	0.85
德　国	2 009 873	2 102 093	95.6	5.77	6.36
法　国	285 006	275 954	103.3	0.82	0.83
意大利	166 330	191 059	87.1	0.48	0.58
瑞　士	854 275	1 522 584	56.1	2.45	4.61
比利时	78 587	78 653	99.9	0.23	0.24
俄罗斯联邦	1 039 310	785 882	132.2	2.98	2.38
加拿大	413 133	368 721	112.0	1.19	1.12
美　国	2 914 011	2 251 284	129.4	8.36	6.81
澳大利亚	1 781 719	1 233 772	144.4	5.11	3.73
阿　曼	1 236 702	1 065 132	116.1	3.55	3.22
安哥拉	2 894 101	2 030 226	142.6	8.31	6.14

资料来源：中华人民共和国北京海关。

表1.12 外商投资企业实际利用外资情况（2006～2012年）

单位：万美元

项目 \ 年份	2006	2007	2008	2009	2010	2011	2012
实际利用外商直接投资额	**455 191**	**506 572**	**608 172**	**612 094**	**636 358**	**705 447**	**804 160**
按登记注册类型分							
合资经营	80 570	77 887	90 916	91 049	91 335	78 983	191 944
合作经营	33 039	18 037	21 372	32 249	22 890	15 068	14 184
独资经营	341 367	408 754	490 252	448 912	516 766	594 890	592 310
外商投资股份制	215	1 894	5 632	39 884	5 367	16 506	5 722
按产业分							
第一产业	544	4 774	2 032	3 833	1 246	214	733
第二产业	109 380	93 391	162 515	88 536	71 899	80 798	112 326
第三产业	345 267	408 407	443 625	519 725	563 213	624 435	691 101
按行业分							
农、林、牧、渔业	544	4 774	2 032	3 833	1 246	214	733
制造业	105 590	89 618	150 056	75 364	68 496	63 303	86 378
建筑业	1 254	878	1 715	2 493	411	2 343	383
信息传输、计算机服务和软件业	44 341	78 470	105 396	94 752	95 453	109 246	135 121
批发与零售业	24 378	33 318	34 677	55 411	66 032	115 437	74 311
住宿和餐饮业	1 882	5 824	3 357	8 427	3 525	1 705	2 877
房地产业	72 242	119 476	78 787	79 682	141 728	112 539	87 739
租赁和商务服务业	174 342	92 896	132 541	225 888	175 580	190 363	161 595
其他行业	30 618	81 318	99 611	66 244	83 887	110 297	255 023
按外商国别（地区）分							
中国香港	86 600	149 291	173 292	270 295	312 863	323 041	440 357
英属维尔京群岛	78 445	104 154	125 045	123 201	76 255	112 981	28 882
开曼群岛	27 596	68 646	75 463	41 389	45 209	35 982	59 320
日　本	67 580	30 386	47 174	23 905	40 692	77 196	59 022
韩　国	35 357	24 420	27 841	17 601	14 725	22 372	70 959
美　国	20 043	18 280	17 888	18 628	21 370	30 221	21 097
新加坡	17 616	15 328	10 520	12 600	24 888	12 898	31 656
巴巴多斯	7 278	13 789	15 803	2 384	941	821	200
德　国	47 797	11 476	26 654	14 308	22 344	17 939	25 763
毛里求斯	10 166	8 068	7 780	5 615	7 179	1 311	1 392
百慕大	1 658	7 540	1 699	4 441	4 860	813	1 483
萨摩亚	1 483	6 189	2 468	1 310	1 705	893	1 163
荷　兰	4 610	4 876	28 520	4 906	10 639	3 677	8 542
法　国	3 578	3 824	2 583	6 349	3 700	6 642	2 286
英　国	2 977	3 304	4 897	4 242	1 120	6 245	3 828

资料来源：北京市商务委员会。

表 1.13　境外投资情况（2003～2011 年）

单位：万美元

年　份	中方投资额	截至各年期末直接投资存量
2003	30 054	44 844
2004	15 739	70 086
2005	11 306	92 940
2006	5 612	91 873
2007	15 295	159 195
2008	47 299	251 019
2009	45 185	375 865
2010	76 614	480 882
2011	117 503	603 380

资料来源：北京市商务委员会。

表1.14　对外经济合作（1984～2012年）

年　份	合同数（份）	#对外承包工程	合同数（万美元）	#对外承包工程	完成营业额（万美元）	#对外承包工程	年末在外人数（人）	对外承包工程	对外劳务合作
1984	9	2	2 801	2 768	502	331	541	163	378
1985	12	2	852	736	2 083	355	2 401	18	2 383
1986	30	7	446	319	1 535	90	837	71	766
1987	37	5	547	354	696	186	690	20	670
1988	46	5	885	344	802	281	819	104	715
1989	111	7	1 685	235	1 018	459	600	83	517
1990	105	16	3 756	2 253	1 056	625	336	25	311
1991	114	9	3 202	1 671	1 897	1 469	980	306	674
1992	130	16	8 889	7 762	3 140	2 543	952	264	688
1993	143	48	29 397	27 625	9 748	8 871	1 555	532	1 023
1994	114	34	15 715	15 089	18 783	17 822	2 720	1 694	1 026
1995	116	35	15 613	14 014	12 789	12 156	2 604	1 297	1 307
1996	116	49	67 689	62 945	43 057	38 124	2 516	1 559	957
1997	107	37	35 640	23 374	29 629	17 945	3 122	1 993	1 129
1998	180	48	25 526	19 292	31 009	24 930	3 647	2 239	1 408
1999	90	28	25 232	18 715	26 167	19 690	3 476	2 199	1 277
2000	104	54	16 285	9 936	19 799	13 543	3 205	1 660	1 545
2001	105	54	21 439	14 758	18 628	11 680	3 494	2 141	1 353
2002	73	42	27 949	19 376	23 160	14 453	2 134	1 112	1 022
2003	117	99	48 271	30 761	34 926	17 334	2 097	1 270	827
2004	128	116	81 185	51 136	59 630	29 241	2 552	1 629	923
2005	272	238	93 732	56 709	71 281	35 554	4 424	2 528	1 896
2006	232	166	176 752	160 328	83 518	70 062	8 962	6 760	2 202
2007	317	143	236 881	211 560	94 077	71 727	11 299	7 060	4 239
2008	486	197	558 714	520 973	168 416	131 686	11 422	6 366	5 056
2009	190	182	336 223	296 851	226 893	185 017	17 121	11 805	5 316
2010	199	170	286 179	251 114	259 794	222 514	22 499	17 145	5 354
2011	229	229	264 019	262 078	252 951	249 146	17 821	12 393	5 428
2012	340	340	405 885	403 475	295 639	289 902	16 747	12 143	4 604

注：1984～2008年，对外承包工程统计中含对外设计咨询统计数据。

资料来源：北京市商务委员会。

表 1.15　证券市场交易量情况（1994～2012 年）

单位：亿元

年　份	证券市场交易量	股票交易	基金交易	债券交易	权证交易	其他交易	股市开户数（万户）
1994	183.26	135.51		47.75			
1995	1 619.04	520.48		152.31		946.25	
1996	5 224.77	2 900.63		2 324.06		0.07	
1997	7 934.42	3 900.93		3 844.82		188.67	
1998	10 241.50	3 426.37	187.02	6 435.43		192.68	
1999	10 694.46	5 268.19	341.74	5 005.52		79.01	88.93
2000	14 456.98	9 136.52	346.02	4 825.91		148.53	115.18
2001	12 596.50	5 339.61	400.61	6 729.69		126.60	148.95
2002	12 565.91	3 788.22	485.77	8 216.53		75.39	154.99
2003	23 369.83	5 041.40	110.45	18 048.37		169.60	162.39
2004	18 512.92	7 247.72	78.94	10 928.92		257.33	166.21
2005	9 322.49	4 343.65	91.30	4 567.28		320.26	169.83
2006	19 557.06	14 851.55	298.27	2 075.20		2 332.04	189.37
2007	97 978.66	77 487.83	1 534.96	2 060.09	9 756.74	7 139.04	314.92
2008	62 773.56	46 231.27	1 389.37	4 052.52	9 587.51	1 512.89	373.62
2009	92 148.02	78 339.50	2 253.54	1 791.32	8 823.82	939.84	426.10
2010	87 575.38	79 843.07	1 714.94	3 384.28	2 287.76	345.33	475.14
2011	79 103.13	61 743.17	1 494.81	15 275.31	437.86	151.98	521.53
2012	85 412.95	44 993.38	2 355.87	37 388.61	0.00	675.07	551.50

表 1.16　上市公司基本情况（1993～2012 年）

年　份	境内上市公司（家）	股票总发行股本（万股）	股票首发数量（万股）	股票筹资额（万元）
1993	2	10 814	1 900	39 780
1994	6	90 121	19 000	113 737
1995	6			27 048
1996～2000		**1 542 276**	**396 463**	**4 060 434**
1996	13	99 575	18 013	111 254
1997	27	237 503	68 700	546 787
1998	34	195 512	52 750	518 179
1999	45	489 880	109 000	767 286
2000	58	519 806	148 000	2 116 928
2001～2005		**10 774 652**	**755 200**	**4 664 942**
2001	65	9 355 826	342 500	1 964 590
2002	69	94 199	23 800	317 099
2003	76	1 259 132	367 600	1 843 666
2004	83	65 495	21 300	508 452
2005	83			31 135
2006～2010		**160 295 150**	**11 318 172**	**86 820 080**
2006	91	63 036 411	2 667 911	11 343 486
2007	103	49 890 423	2 305 303	27 326 555
2008	109	3 376 142	698 853	8 705 788
2009	126	6 626 871	2 048 990	15 081 487
2010	164	37 365 303	3 597 115	24 362 764
2011	194	2 131 793	440 920	12 968 165
2012	217	1 934 216	214 252	19 693 834

资料来源：中国证券监督管理委员会北京证监局。

表 1.17　保险业务情况（1997～2012 年）

单位：亿元

年　份	原保险保费收入	人身险	财产险	赔付支出	人身险	财产险
1997	102.5					
1998	88.6					
1999	91.8			29.9		
2000	93.4			28.4		
2001	141.3			32.0		
2002	234.1			46.9		
2003	282.5			48.0		
2004	279.3			55.3		
2005	498.2			75.4		
2006	411.5	327.2	84.4	84.0	45.1	38.9
2007	498.1	386.3	111.8	135.4	85.7	49.7
2008	585.9	451.8	134.1	188.9	121.0	67.9
2009	697.6	533.2	164.4	196.0	110.6	85.4
2010	966.5	754.2	212.3	199.7	105.9	93.7
2011	820.9	588.4	232.6	232.8	113.8	119.0
2012	923.1	656.1	267.0	286.2	133.9	152.3

资料来源：中国保险监督管理委员会北京监管局。

表 1.18　保险业务情况

单位：亿元

项　　目	原保险保费收入		赔付支出	
	2012	2011	2012	2011
合　　计	**923.1**	**820.9**	**286.2**	**232.8**
人身险业务小计	**656.1**	**588.4**	**133.9**	**113.8**
人寿保险	554.3	505.8	100.2	84.4
非分红产品	46.6	38.7	24.0	16.7
分红产品	503.6	463.2	75.3	66.7
投资连结产品	0.5	0.5	0.2	0.4
万能产品	3.6	3.4	0.6	0.6
意外伤害保险	21.7	16.2	5.0	3.9
健康保险	80.1	66.3	28.7	25.5
财产险业务小计	**267.0**	**232.6**	**152.3**	**119.0**
企业财产保险	30.2	28.8	12.3	8.0
家庭财产保险	0.6	0.5	0.3	0.1
机动车辆及第三者责任保险	183.0	158.7	119.6	97.0
货物运输保险	12.6	13.2	4.0	2.8
责任保险	15.2	10.6	4.4	3.4
工程险	5.6	5.7	2.5	3.5

资料来源：中国保险监督管理委员会北京监管局。

表 1.19 北京地区服务贸易情况（2003～2012 年）

单位：亿美元

项　目	2003	2004	2005	2006	2007	2008	2009	2010	2011	2012
服务贸易总额	**162. 24**	**235. 70**	**300. 74**	**393. 23**	**503. 06**	**691. 92**	**644. 10**	**798. 29**	**895. 40**	**1 000. 20**
运　输	42. 73	66. 79	80. 06	107. 29	110. 96	144. 38	140. 50	177. 11	196. 30	223. 21
旅　游	30. 87	48. 60	54. 93	68. 22	94. 13	88. 66	92. 90	108. 68	136. 10	155. 48
通讯服务	8. 71	7. 41	8. 55	11. 49	18. 39	24. 28	17. 20	17. 62	21. 50	26. 15
建筑服务	10. 66	11. 90	19. 56	23. 69	46. 28	79. 56	74. 30	87. 16	92. 40	85. 23
保险服务	8. 91	11. 90	14. 91	19. 85	23. 54	72. 85	58. 60	92. 22	133. 10	132. 14
金融服务	0. 53	0. 47	0. 53	0. 53	1. 79	1. 93	4. 70	8. 09	11. 70	22. 16
计算机和信息服务	9. 00	9. 76	11. 60	18. 32	24. 74	29. 25	28. 80	39. 83	52. 00	60. 19
专利使用费和特许费	5. 27	7. 38	9. 40	14. 39	16. 80	20. 38	16. 40	21. 11	22. 60	28. 40
咨　询	12. 22	18. 94	28. 33	43. 28	57. 91	84. 38	81. 10	89. 47	99. 10	116. 36
广告、宣传	3. 19	5. 16	6. 26	7. 40	10. 02	12. 90	10. 80	13. 19	17. 80	19. 61
电影、音像	0. 74	1. 33	1. 95	1. 82	3. 85	5. 51	2. 70	3. 56	3. 40	4. 91
其他商业服务	29. 41	46. 06	64. 66	76. 95	94. 65	127. 82	116. 00	140. 27	109. 50	126. 36

资料来源：北京市商务委员会。

表 1.20　北京地区服务贸易情况

单位：亿美元

项　目	服务贸易总额		外汇收入		外汇支出		顺（逆）差	
	2012	2011	2012	2011	2012	2011	2012	2011
合　计	**1 000.20**	**895.40**	**445.11**	**415.00**	**555.09**	**480.40**	**-109.98**	**-65.40**
运　输	223.21	196.30	57.22	53.90	165.99	142.50	-108.76	-88.60
旅　游	155.48	136.10	51.49	54.20	103.99	81.90	-52.50	-27.70
通讯服务	26.15	21.50	13.56	12.90	12.59	8.70	0.97	4.20
建筑服务	85.23	92.40	64.80	72.40	20.43	20.00	44.36	52.40
保险服务	132.14	133.10	19.71	16.50	112.43	116.50	-92.72	-100.00
金融服务	22.16	11.70	4.63	7.10	17.53	4.60	-12.90	2.50
计算机和信息服务	60.19	52.00	49.08	41.00	11.11	11.00	37.97	30.00
专利使用费和特许费	28.40	22.60	5.73	2.90	22.66	19.70	-16.93	-16.80
咨　询	116.36	99.10	88.71	75.10	27.65	24.00	61.06	51.10
广告、宣传	19.61	17.80	12.73	11.60	6.88	6.20	5.86	5.40
电影、音像	4.91	3.40	0.76	0.70	4.15	2.70	-3.38	-2.00
其他商业服务	126.36	109.50	76.68	66.80	49.68	42.60	26.99	24.20

资料来源：北京市商务委员会。

注：以上统计表摘自《北京市统计年鉴（2013）》。

（二）金融业务综合统计

表 2.1　北京市金融机构（含外资）本外币信贷收支统计

单位：亿元

项目名称	余额	比年初	项目名称	余额	比年初
一、各项存款	84 837	9 844	一、各项贷款	43 190	3 508
1. 单位存款	51 581	4 431	（一）境内贷款	40 344	3 377
其中：活期存款	18 299	650	1. 短期贷款	12 808	1 638
定期存款	19 144	2 102	（1）个人贷款及透支	915	371
通知存款	3 882	511	其中：个人消费贷款	209	93
保证金存款	1 703	24	（2）单位普通贷款及透支	10 043	733
2. 个人存款	25 046	3 655	其中：经营贷款	9 599	668
储蓄存款	22 299	2 608	固定资产贷款	438	85
保证金存款	30	18	（3）普通并购贷款		-1
结构性存款	2 718	1 029	（4）银团贷款	27	-24
3. 财政性存款	1 362	292	（5）贸易融资	1 823	561
4. 临时性存款	99	-4	（6）境外筹资转贷款		
5. 委托存款	529	188	2. 中长期贷款	26 334	1 409
6. 其他存款	6 221	1 284	（1）个人贷款	5 276	455
二、金融债券	276	51	其中：个人消费贷款	4 667	303
三、中长期借款	164	53	（2）单位普通贷款	17 491	131
四、应付及暂收款	2 071	205	其中：经营贷款	3 506	-658
其中：应付利息	1 109	291	固定资产贷款	13 984	788
五、同业往来（来源方）	5 055	744	（3）普通并购贷款	832	417
六、系统内资金往来（来源方）			（4）银团贷款	2 349	336
七、外汇买卖（来源方）	4 977	3 770	（5）贸易融资	326	77
其中：结售汇	4 744	3 561	（6）境外筹资转贷款	61	-7
八、各项准备	913	158	3. 融资租赁	50	4
其中：贷款损失准备金	856	145	4. 票据融资	1 146	327
九、所有者权益	1 859	221	其中：贴现	1 146	327
其中：实收资本	439	93	5. 各项垫款	6	-1
十、其他	-2 795	947	（二）境外贷款	2 846	132
			二、有价证券	2 948	1 065
			三、股权及其他投资	2 489	908
			四、应收及预付款	830	-55
			其中：应收利息	290	35
			五、同业往来（运用方）	780	150
			六、系统内资金往来（运用方）	41 440	6 572
			七、金银占款		
			八、外汇买卖（运用方）	4 976	3 770
			其中：结售汇	4 743	3 561
			九、固定资产	425	31
			十、库存现金	276	44
			十一、投资性房地产	2	
资金来源总计	97 356	15 992	资金运用总计	97 356	15 992

表 2.2　北京市中资金融机构本外币信贷收支统计

单位：亿元

项目名称	余额	比年初	项目名称	余额	比年初
一、各项存款	82 616	9 605	一、各项贷款	41 840	3 409
1. 单位存款	49 671	4 228	（一）境内贷款	39 063	3 277
其中：活期存款	17 699	586	1. 短期贷款	12 153	1 587
定期存款	17 834	1 963	（1）个人贷款及透支	915	371
通知存款	3 882	511	其中：个人消费贷款	208	93
保证金存款	1 703	24	（2）单位普通贷款及透支	9 411	695
2. 个人存款	24 736	3 614	其中：经营贷款	8 968	630
储蓄存款	21 988	2 568	固定资产贷款	438	85
保证金存款	30	18	（3）普通并购贷款		-1
结构性存款	2 718	1 029	（4）银团贷款	27	-24
3. 财政性存款	1 362	292	（5）贸易融资	1 800	547
4. 临时性存款	99	-4	（6）境外筹资转贷款		
5. 委托存款	529	188	2. 中长期贷款	25 826	1 348
6. 其他存款	6 219	1 289	（1）个人贷款	5 209	445
二、金融债券	276	51	其中：个人消费贷款	4 600	294
三、中长期借款	164	53	（2）单位普通贷款	17 050	79
四、应付及暂收款	1 881	242	其中：经营贷款	3 506	-658
其中：应付利息	1 085	286	固定资产贷款	13 544	737
五、同业往来（来源方）	4 989	754	（3）普通并购贷款	832	417
六、系统内资金往来（来源方）			（4）银团贷款	2 349	336
七、外汇买卖（来源方）	4 977	3 770	（5）贸易融资	326	77
其中：结售汇	4 744	3 561	（6）境外筹资转贷款	61	-7
八、各项准备	885	150	3. 融资租赁	50	4
其中：贷款损失准备金	828	138	4. 票据融资	1 028	341
九、所有者权益	1 678	187	其中：贴现	1 028	341
其中：实收资本	344	80	5. 各项垫款	6	-1
十、其他	-2 627	855	（二）境外贷款	2 776	131
			二、有价证券	2 948	1 069
			三、股权及其他投资	2 288	707
			四、应收及预付款	740	-35
			其中：应收利息	274	36
			五、同业往来（运用方）	768	148
			六、系统内资金往来（运用方）	40 584	6 524
			七、金银占款		
			八、外汇买卖（运用方）	4 976	3 770
			其中：结售汇	4 743	3 561
			九、固定资产	420	32
			十、库存现金	274	45
			十一、投资性房地产	2	
资金来源总计	94 839	15 668	资金运用总计	94 839	15 668

表 2.3　北京市金融机构（含外资）人民币信贷收支统计

单位：亿元

项目名称	余额	比年初	项目名称	余额	比年初
一、各项存款	81 390	8 743	一、各项贷款	36 441	3 053
1. 单位存款	49 443	3 593	（一）境内贷款	36 399	3 053
其中：活期存款	17 531	420	1. 短期贷款	11 381	1 688
定期存款	18 204	1 778	（1）个人贷款及透支	915	371
通知存款	3 845	498	其中：个人消费贷款	208	93
保证金存款	1 319	-252	（2）单位普通贷款及透支	9 493	1 055
2. 个人存款	24 344	3 564	其中：经营贷款	9 049	949
储蓄存款	21 645	2 519	固定资产贷款	438	126
保证金存款	29	17	（3）普通并购贷款		-1
结构性存款	2 671	1 028	（4）银团贷款	27	-24
3. 财政性存款	1 362	292	（5）贸易融资	946	287
4. 临时性存款	54	-1	（6）境外筹资转贷款		
5. 委托存款	528	190	2. 中长期贷款	23 816	1 034
6. 其他存款	5 659	1 105	（1）个人贷款	5 275	454
二、金融债券	276	51	其中：个人消费贷款	4 667	303
三、中长期借款	111	52	（2）单位普通贷款	15 510	-73
四、应付及暂收款	1 693	75	其中：经营贷款	3 071	-590
其中：应付利息	1 057	263	固定资产贷款	12 439	518
五、同业往来（来源方）	4 325	1 103	（3）普通并购贷款	474	257
六、系统内资金往来（来源方）			（4）银团贷款	2 282	329
七、外汇买卖（来源方）	2 388	1 575	（5）贸易融资	274	66
其中：结售汇	2 383	1 586	（6）境外筹资转贷款	1	
八、各项准备	751	23	3. 融资租赁	50	4
其中：贷款损失准备金	695	11	4. 票据融资	1 146	329
九、所有者权益	1 893	391	其中：贴现	1 146	329
其中：实收资本	392	82	5. 各项垫款	6	-1
十、其他	-4 874	-626	（二）境外贷款	42	
			二、有价证券	2 948	1 069
			三、股权及其他投资	2 487	907
			四、应收及预付款	710	38
			其中：应收利息	269	43
			五、同业往来（运用方）	738	188
			六、系统内资金往来（运用方）	41 525	4 445
			七、金银占款		
			八、外汇买卖（运用方）	2 430	1 617
			其中：结售汇	2 378	1 581
			九、固定资产	422	31
			十、库存现金	249	39
			十一、投资性房地产	2	
资金来源总计	87 953	11 387	资金运用总计	87 953	11 387

表 2.4　北京市中资金融机构人民币信贷收支统计

单位：亿元

项目名称	余额	比年初	项目名称	余额	比年初
一、各项存款	79 621	8 644	一、各项贷款	35 442	2 986
1. 单位存款	47 901	3 520	（一）境内贷款	35 410	2 986
其中：活期存款	17 105	384	1. 短期贷款	10 875	1 634
定期存款	17 088	1 741	（1）个人贷款及透支	914	371
通知存款	3 845	498	其中：个人消费贷款	208	93
保证金存款	1 319	-252	（2）单位普通贷款及透支	8 992	1 005
2. 个人存款	24 119	3 540	其中：经营贷款	8 549	899
储蓄存款	21 419	2 495	固定资产贷款	438	126
保证金存款	29	17	（3）普通并购贷款		-1
结构性存款	2 671	1 028	（4）银团贷款	27	-24
3. 财政性存款	1 362	292	（5）贸易融资	941	284
4. 临时性存款	54	-1	（6）境外筹资转贷款		
5. 委托存款	528	190	2. 中长期贷款	23 451	1 008
6. 其他存款	5 657	1 103	（1）个人贷款	5 209	445
二、金融债券	276	51	其中：个人消费贷款	4 600	294
三、中长期借款	111	52	（2）单位普通贷款	15 211	-90
四、应付及暂收款	1 567	144	其中：经营贷款	3 071	-590
其中：应付利息	1 035	257	固定资产贷款	12 139	501
五、同业往来（来源方）	4 318	1 108	（3）普通并购贷款	474	257
六、系统内资金往来（来源方）			（4）银团贷款	2 282	329
七、外汇买卖（来源方）	2 388	1 575	（5）贸易融资	274	66
其中：结售汇	2 383	1 586	（6）境外筹资转贷款	1	
八、各项准备	728	17	3. 融资租赁	50	4
其中：贷款损失准备金	672	5	4. 票据融资	1 028	341
九、所有者权益	1 795	376	其中：贴现	1 028	341
其中：实收资本	344	80	5. 各项垫款	6	-1
十、其他	-4 756	-689	（二）境外贷款	32	1
			二、有价证券	2 948	1 069
			三、股权及其他投资	2 286	706
			四、应收及预付款	676	102
			其中：应收利息	256	43
			五、同业往来（运用方）	738	188
			六、系统内资金往来（运用方）	40 858	4 539
			七、金银占款		
			八、外汇买卖（运用方）	2 430	1 617
			其中：结售汇	2 378	1 581
			九、固定资产	420	32
			十、库存现金	247	39
			十一、投资性房地产	2	
资金来源总计	86 047	11 277	资金运用总计	86 047	11 277

表 2.5　北京市外资银行人民币信贷收支统计

单位：亿元

项目名称	余额	比年初	项目名称	余额	比年初
一、各项存款	1 769	99	一、各项贷款	1 000	67
1. 单位存款	1 542	73	（一）境内贷款	989	67
其中：活期存款	426	36	1. 短期贷款	506	53
定期存款	1 116	37	（1）个人贷款及透支		
通知存款			其中：个人消费贷款		
保证金存款			（2）单位普通贷款及透支	501	50
2. 个人存款	226	24	其中：经营贷款	501	50
储蓄存款	226	24	固定资产贷款		
保证金存款			（3）普通并购贷款		
结构性存款			（4）银团贷款		
3. 临时性存款			（5）贸易融资	5	3
4. 其他存款	2	2	（6）境外筹资转贷款		
二、代理财政性存款			2. 中长期贷款	366	26
三、金融债券			（1）个人贷款	66	9
其中：境外发行			其中：个人消费贷款	66	9
四、中长期借款			（2）单位普通贷款	299	17
其中：境外借款			其中：经营贷款		
五、应付及暂收款	125	-69	固定资产贷款	299	17
其中：应付利息	22	5	（3）普通并购贷款		
六、卖出回购资产		-4	（4）银团贷款		
七、向中央银行借款			（5）贸易融资		
八、同业往来（来源方）	395	118	（6）境外筹资转贷款		
1. 同业存放	372	112	3. 融资租赁		
其中：境外同业存放	8	-6	4. 票据融资	117	-12
2. 同业拆借	23	6	其中：贴现	117	-12
其中：境外同业拆借			5. 各项垫款		
九、境外联行往来（来源方）	1	-1	（二）境外贷款	11	
十、外汇买卖（来源方）			二、有价证券		
其中：结售汇			三、股权及其他投资	201	201
十一、委托存款及委托投资基金（净）			四、应收及预付款	33	-63
1. 委托存款及委托投资基金			其中：应收利息	13	1
2. 减：委托贷款及委托投资			五、买入返售资产		-1
十二、代理金融机构委托贷款基金			六、存放中央准备金存款	90	16
其中：中央银行委托贷款基金			七、存放中央银行特种存款		
十三、各项准备	23	7	八、缴存中央银行财政性存款		
其中：贷款损失准备	23	6	九、同业往来	388	3
十四、所有者权益	98	16	1. 存放同业	21	-81
其中：实收资本	48	2	其中：存放境外同业		
十五、其他	-698	59	2. 拆放同业	368	85
			其中：拆放境外同业		
			十、境外联行往来（运用方）		
			十一、代理金融机构贷款		
			其中：代理人行专项贷款		
			十二、库存现金	1	
			十三、外汇买卖（运用方）		
			其中：结售汇		
			十四、投资性房地产		
资金来源总计	1 713	223	资金运用总计	1 713	223

表 2.6　北京市金融机构（含外资）外汇信贷收支统计

单位：亿美元

项目名称	余额	比年初	项目名称	余额	比年初
一、各项存款	549	176	一、各项贷款	1 074	75
1. 单位存款	340	134	（一）境内贷款	628	53
其中：活期存款	122	37	1. 短期贷款	227	-7
定期存款	149	52	（1）个人贷款及透支		
通知存款	6	2	其中：个人消费贷款		
保证金存款	61	44	（2）单位普通贷款及透支	88	-51
2. 个人存款	112	15	其中：经营贷款	88	-44
储蓄存款	104	14	固定资产贷款		-7
保证金存款			（3）普通并购贷款		
结构性存款	7		（4）银团贷款		
3. 财政性存款			（5）贸易融资	140	44
4. 临时性存款	7		（6）境外筹资转贷款		
5. 委托存款			2. 中长期贷款	400	61
6. 其他存款	89	29	（1）个人贷款		
二、金融债券			其中：个人消费贷款		
三、中长期借款	8		（2）单位普通贷款	315	33
四、应付及暂收款	60	21	其中：经营贷款	69	-10
其中：应付利息	8	5	固定资产贷款	246	44
五、同业往来（来源方）	116	-57	（3）普通并购贷款	57	26
六、系统内资金往来（来源方）	14	-338	（4）银团贷款	11	1
七、外汇买卖（来源方）	412	349	（5）贸易融资	8	2
其中：结售汇	376	314	（6）境外筹资转贷款	10	-1
八、各项准备	26	21	3. 融资租赁		
其中：贷款损失准备金	26	21	4. 票据融资		
九、所有者权益	-6	-27	其中：贴现		
其中：实收资本	7	2	5. 各项垫款		
十、其他	331	250	（二）境外贷款	446	22
			二、有价证券		-1
			三、股权及其他投资		
			四、应收及预付款	19	-15
			其中：应收利息	3	-1
			五、同业往来（运用方）	7	-6
			六、系统内资金往来（运用方）		
			七、金银占款		
			八、外汇买卖（运用方）	405	343
			其中：结售汇	376	315
			九、固定资产		
			十、库存现金	4	1
			十一、投资性房地产		
资金来源总计	1 510	397	资金运用总计	1 510	397

表 2.7　北京市中资金融机构外汇信贷收支统计

单位：亿美元

项目名称	余额	比年初	项目名称	余额	比年初
一、各项存款	477	154	一、各项贷款	1 018	70
1. 单位存款	282	113	（一）境内贷款	581	48
其中：活期存款	94	32	1. 短期贷款	203	-7
定期存款	119	36	（1）个人贷款及透支		
通知存款	6	2	其中：个人消费贷款		
保证金存款	61	44	（2）单位普通贷款及透支	67	-49
2. 个人存款	98	12	其中：经营贷款	67	-43
储蓄存款	91	12	固定资产贷款		-7
保证金存款			（3）普通并购贷款		
结构性存款	7		（4）银团贷款		
3. 财政性存款			（5）贸易融资	137	42
4. 临时性存款	7		（6）境外筹资转贷款		
5. 委托存款			2. 中长期贷款	378	55
6. 其他存款	89	30	（1）个人贷款		
二、金融债券			其中：个人消费贷款		
三、中长期借款	8		（2）单位普通贷款	293	27
四、应付及暂收款	50	16	其中：经营贷款	69	-10
其中：应付利息	8	5	固定资产贷款	223	38
五、同业往来（来源方）	107	-56	（3）普通并购贷款	57	26
六、系统内资金往来（来源方）	44	-315	（4）银团贷款	11	1
七、外汇买卖（来源方）	412	349	（5）贸易融资	8	2
其中：结售汇	376	314	（6）境外筹资转贷款	10	-1
八、各项准备	25	21	3. 融资租赁		
其中：贷款损失准备金	25	21	4. 票据融资		
九、所有者权益	-19	-30	其中：贴现		
其中：实收资本			5. 各项垫款		
十、其他	339	246	（二）境外贷款	437	22
			二、有价证券		
			三、股权及其他投资		
			四、应收及预付款	10	-22
			其中：应收利息	3	-1
			五、同业往来（运用方）	5	-6
			六、系统内资金往来（运用方）		
			七、金银占款		
			八、外汇买卖（运用方）	405	343
			其中：结售汇	376	315
			九、固定资产		
			十、库存现金	4	1
			十一、投资性房地产		
资金来源总计	1 442	385	资金运用总计	1 442	385

表 2.8　北京市外资银行外汇信贷收支统计

单位：亿美元

项目名称	余额	比年初	项目名称	余额	比年初
一、各项存款	72	22	一、各项贷款	56	5
1. 单位存款	59	21	（一）境内贷款	46	5
其中：活期存款	28	5	1. 短期贷款	24	
定期存款	31	16	（1）个人贷款及透支		
通知存款			其中：个人消费贷款		
保证金存款			（2）单位普通贷款及透支	21	-2
2. 个人存款	13	3	其中：经营贷款	21	-2
储蓄存款	13	3	固定资产贷款		
保证金存款			（3）普通并购贷款		
结构性存款			（4）银团贷款		
3. 临时性存款			（5）贸易融资	3	2
4. 其他存款		-1	（6）境外筹资转贷款	0	0
二、代理财政性存款			2. 中长期贷款	23	6
三、金融债券			（1）个人贷款		
其中：境外发行			其中：个人消费贷款		
四、中长期借款			（2）单位普通贷款	22	6
其中：境外借款			其中：经营贷款		
五、应付及暂收款	10	5	固定资产贷款	22	6
其中：应付利息			（3）普通并购贷款		
六、卖出回购资产			（4）银团贷款		
七、向中央银行借款			（5）贸易融资		
八、同业往来（来源方）	14	-1	（6）境外筹资转贷款		
1. 同业存放	5	1	3. 融资租赁		
其中：境外同业存放			4. 票据融资		
2. 同业拆借	9	-1	其中：贴现		
其中：境外同业拆借	9		5. 各项垫款		
九、境外联行往来（来源方）	7	1	（二）境外贷款	9	
十、外汇买卖（来源方）			二、有价证券		-2
其中：结售汇			三、股权及其他投资		
十一、委托存款及委托投资基金（净）			四、应收及预付款	9	7
1. 委托存款及委托投资基金			其中：应收利息		
2. 减：委托贷款及委托投资			五、买入返售资产		
十二、代理金融机构委托贷款基金			六、存放中央准备金存款		
其中：中央银行委托贷款基金			七、存放中央银行特种存款		
十三、各项准备	1		八、缴存中央银行财政性存款		
其中：贷款损失准备			九、同业往来	24	3
十四、所有者权益	13	3	1. 存放同业	7	-1
其中：实收资本	7	2	其中：存放境外同业	1	
十五、其他	-25	-16	2. 拆放同业	17	4
			其中：拆放境外同业		
			十、境外联行往来（运用方）	3	2
			十一、代理金融机构贷款		
			其中：代理人行专项贷款		
			十二、库存现金		
			十三、外汇买卖（运用方）		
			其中：结售汇		
			十四、投资性房地产		
资金来源总计	92	15	资金运用总计	92	15

表 2.9　北京市金融机构本外币存贷款总量情况

单位：亿元、亿美元、%

项目名称	余额	同比增长	比年初增减	
			今年	去年
一、金融机构存款				
（一）本外币存款	84 837.3	13.1	9 843.8	8 621.3
1. 中资金融机构	82 615.9	13.1	9 605.4	8 325.2
2. 外资金融机构	2 221.4	12.0	238.4	296.1
（二）人民币存款	81 389.6	12.0	8 742.6	8 427.0
1. 中资金融机构	79 620.6	12.2	8 643.9	8 185.4
其中：中资全国性大型银行	48 319.5	12.2	5 240.4	4 883.2
中资全国性中小银行	26 014.8	10.9	2 566.3	2 546.7
中资区域性中小银行	3 614.1	6.7	228.2	361.3
2. 外资金融机构	1 769.1	5.9	98.7	241.6
（三）外币存款	548.5	47.3	176.1	47.4
1. 中资金融机构	476.5	47.6	153.8	36.8
2. 外资金融机构	72.0	45.0	22.3	10.6
二、金融机构贷款				
（一）本外币贷款	43 189.5	8.9	3 508.0	3 369.2
1. 中资金融机构	41 839.8	8.9	3 408.6	3 242.5
2. 外资金融机构	1 349.7	8.0	99.5	126.7
（二）人民币贷款	36 441.3	9.2	3 053.3	3 991.7
1. 中资金融机构	35 441.7	9.3	2 986.2	3 870.9
其中：中资全国性大型银行	19 407.7	9.4	1 638.9	2 408.5
中资全国性中小银行	13 084.1	5.9	735.3	903.4
中资区域性中小银行	2 063.1	20.4	348.9	318.5
2. 外资金融机构	999.6	7.2	67.2	120.8
（三）外币贷款	1 073.6	7.5	74.8	-45.5
1. 中资金融机构	1 017.9	7.3	69.5	-48.8
2. 外资金融机构	55.7	10.4	5.3	3.3

表 2.10　北京市中资银行人民币存贷款（区县表）

单位：亿元

区县名称	各项存款				各项贷款			
		单位存款	储蓄存款	其他存款		短期贷款	中长期贷款	其他贷款
全市合计	**77 876**	**47 700**	**21 405**	**8 772**	**34 518**	**10 739**	**22 459**	**1 320**
首都功能核心区	34 969	22 639	5 236	7 094	18 837	5 674	12 291	871
东城区	8 749	5 902	2 073	773	4 240	1 353	2 740	147
西城区	26 220	16 737	3 163	6 320	14 597	4 321	9 551	725
城市功能拓展区	34 215	21 020	11 603	1 592	12 647	4 284	8 234	129
朝阳区	12 163	6 988	4 463	713	5 591	1 641	3 875	74
丰台区	4 529	2 159	2 151	219	2 026	626	1 392	8
石景山区	1 150	616	524	11	367	119	245	3
海淀区	16 373	11 258	4 465	650	4 664	1 898	2 721	45
城市发展新区	7 033	3 300	3 656	76	2 588	663	1 613	311
昌平区	1 385	541	827	17	338	40	296	2
通州区	1 336	550	778	9	395	60	323	12
顺义区	1 419	770	630	19	684	255	401	28
大兴县	1 922	1 001	896	25	925	255	401	269
房山区	971	439	525	7	245	52	192	
生态涵养发展区	1 659	740	910	9	446	118	321	8
门头沟区	358	166	190	2	81	11	70	
平谷区	339	153	184	2	120	30	89	
密云县	364	152	209	3	107	40	65	1
怀柔区	387	182	203	3	95	25	67	3
延庆县	210	86	124		43	11	30	2

表 2.11 北京市中资金融机构贷款行业分布

单位：亿元、亿美元

项目	本外币		人民币		外币	
	余额	比年初	余额	比年初	余额	比年初
A. 农、林、牧、渔业	201.7	56.8	197.5	56.1	0.7	0.1
B. 采矿业	3 439.9	795.2	1 857.5	695.7	251.8	16.4
C. 制造业	4 821.8	265.4	4 425.6	306.3	63.0	-6.3
D. 电力、热力、燃气及水生产和供应业	2 831.4	-207.8	2 789.8	-219.6	6.6	1.9
E. 建筑业	1 465.5	69.0	1 337.1	47.5	20.4	3.5
F. 批发和零售业	3 704.3	299.1	2 749.8	113.8	151.9	29.8
G. 交通运输、仓储和邮政业	5 274.8	523.9	4 774.1	502.7	79.7	3.6
H. 住宿和餐饮业	296.6	47.5	296.2	47.5	0.1	
I. 信息传输、软件和信息技术服务业	610.5	127.0	598.2	124.4	2.0	0.4
J. 金融业	264.8	-26.1	155.5	-24.1	17.4	-0.3
K. 房地产业	4 826.3	81.2	4 814.3	84.6	1.9	-0.5
L. 租赁和商务服务业	2 190.6	-3.9	1 999.7	-31.6	30.4	4.5
M. 科学研究和技术服务业	149.3	19.1	147.0	18.8	0.4	0.1
N. 水利、环境和公共设施管理业	1 343.1	-131.5	1 340.2	-131.6	0.5	
O. 居民服务、修理和其他服务业	177.5	-10.9	177.4	-11.0		
P. 教育	40.5	-9.4	40.5	-8.9		-0.1
Q. 卫生和社会工作	39.6	-5.3	39.3	-5.3	0.1	
R. 文化、体育和娱乐业	126.9	11.8	126.9	11.8		
S. 公共管理、社会保障和社会组织	997.0	244.3	992.2	243.8	0.8	0.1
T. 国际组织						
对境外贷款	2 845.8	131.5	42.2	0.3	446.0	21.9
个人贷款及透支	5 561.8	648.3	5 560.8	647.9	0.2	0.1
贷款总计	**41 209.8**	**2 925.4**	**34 461.7**	**2 468.9**	**1 073.6**	**75.1**

注：贷款总计不包括委托贷款、票据融资。

表 2.12 北京市中外资银行大中小微企业人民币贷款情况

单位：亿元

项目	大型企业贷款	中型企业贷款	小型企业贷款	微型企业贷款
贷款合计	**14 729.3**	**6 143.4**	**2 524.2**	**490.7**
A. 农、林、牧、渔业	134.7	39.4	18.8	2.9
B. 采矿业	1 533.3	267.8	34.3	21.6
C. 制造业	3 188.0	631.0	332.1	51.8
D. 电力、热力、燃气及水生产和供应业	2 125.9	377.4	184.4	48.5
E. 建筑业	1 062.7	201.3	55.3	7.0
F. 批发和零售业	1 468.6	799.1	401.7	57.6
G. 交通运输、仓储和邮政业	2 204.0	538.2	204.9	9.2
H. 住宿和餐饮业	164.5	96.6	32.4	2.2
I. 信息传输、软件和信息技术服务业	335.3	155.6	87.9	4.5
J. 金融业	81.7	55.7	14.6	0.6
K. 房地产业	857.3	1 986.2	259.3	231.4
L. 租赁和商务服务业	790.7	545.3	560.6	42.3
M. 科学研究和技术服务业	75.2	28.6	26.0	2.4
N. 水利、环境和公共设施管理业	658.4	324.2	186.7	7.2
O. 居民服务、修理和其他服务业	22.3	22.1	68.4	0.2
P. 教育	3.2	2.7	2.2	0.1
Q. 卫生和社会工作	1.8	9.7	6.4	
R. 文化、体育和娱乐业	21.7	49.0	48.2	1.3
S. 公共管理、社会保障和社会组织		13.4	0.1	
T. 国际组织				

表 2. 13　北京市银行业（含外资）本外币房地产信贷情况

单位：亿元

项目	余额		比年初	
	2012 年	2011 年	2012 年	2011 年
合计	**8 763. 3**	**8 322. 9**	**420. 8**	**199. 8**
一、房地产开发贷款	4 574. 1	4 305. 2	253. 7	1. 5
1. 地产开发贷款	2 210. 6	1 997. 2	195. 2	-184. 9
其中：政府土地储备机构贷款	1 887. 1	1 723. 1	164. 1	-169. 6
2. 房产开发贷款	2 363. 6	2 308. 0	58. 5	186. 4
（1）住房开发贷款	1 437. 1	1 487. 7	-50. 6	229. 6
其中：保障性住房开发贷款	437. 0	367. 3	87. 1	189. 7
（2）商业用房开发贷款	753. 2	656. 8	96. 5	20. 0
（3）其他房产开发贷款	173. 2	163. 5	12. 6	-63. 3
二、购房贷款	4 189. 1	4 017. 6	167. 1	198. 3
1. 企业购房贷款	188. 8	185. 7	3. 9	44. 7
（1）商业用房贷款	178. 7	182. 5	-2. 9	43. 9
（2）住房贷款	10. 1	3. 3	6. 8	0. 9
2. 机关团体购房贷款	1. 6		1. 6	
（1）商业用房贷款				
（2）住房贷款				
3. 个人购房贷款	3 998. 7	3 831. 9	161. 6	153. 6
（1）个人商业用房贷款	364. 8	281. 4	83. 2	80. 0
（2）个人住房贷款	3 633. 9	3 550. 5	78. 4	73. 6
a. 新建房贷款	2 416. 0	2 377. 3	33. 7	-7. 7
其中：抵押贷款	2 273. 2	2 243. 9	-3. 6	-23. 3
b. 再交易房贷款	1 217. 9	1 173. 2	44. 7	81. 2
三、证券化的房地产贷款				
1. 证券化个人住房贷款				
2. 其他证券化房地产贷款				
附：个人购买保障性住房贷款	35. 5	32. 7	2. 3	2. 6
附：企业收购、租赁保障性住房贷款	7. 3		7. 3	
附：机关团体收购、租赁购买保障性住房贷款				

注：部分统计口径略有调整，同比仅供参考。

表 2.14 北京市中资银行本外币个人贷款情况

单位：亿元

项目	2012 年	2011 年
个人贷款合计	**5 512.8**	**4 873.0**
一、个人消费贷款	4 216.5	3 997.8
其中：住房贷款	3 532.6	3 455.5
汽车贷款	10.9	17.3
助学贷款	10.8	12.5
其他贷款	662.3	512.5
二、个人经营性贷款	1 296.3	875.2

注：以上统计表由中国人民银行营业管理部调查统计处提供。

表 2.15 北京辖区直接外债余额

单位：亿美元

年份	总计	为上年（%）	中长期债务	占总计（%）	短期债务	占总计（%）
2008	1 332	105.22	889	66.74	443	33.26
2009	1 443	108.33	972	67.36	471	32.64
2010	1 950	135.14	1 027	52.67	923	47.33
2011	3 114	159.69	1 154	37.06	1 960	62.94
2012	3 299	105.94	1 257	38.10	2 042	61.90

注：本统计表由国家外汇管理局北京外汇管理部资本项目管理处提供。

表 2.16 2012 年北京地区储蓄国债统计（凭证式）

单位：亿元

期　数	金　额
第一期	57.51
第二期	49.16
第三期	38.52
合计	145.19

表 2.17　2012 年北京地区储蓄国债统计（电子式）

单位：亿元

期　数	金　额
第一期	77.01
第二期	27.05
第三期	33.44
第四期	16.72
第九期	33.43
第十期	24.79
第十一期	29.59
第十二期	19.84
第十三期	16.08
第十四期	19.64
合计	145.19

注：以上统计表由中国人民银行营业管理部国库处提供。

表 2.18　北京辖区证券公司客户交易结算资金第三方存管上线情况统计

公司营业部总数（个）	累计已上线客户数量（户）	本期上线客户数量（户）	实施第三方存管的客户交易结算资金金额（亿元）
718	10 758 123	45 594	683

表 2.19　北京辖区证券公司服务特定机构或产品相关信息统计

类别	数量（个）	租用席位（交易单元）数量（个）	证券账户数量（个）	指定或托管的证券市值（亿元）
证券投资基金公司		1 884		
信托产品或信托公司			1 720	385.59
通过公司进行交易的 QFII	116			
其他		6		

表 2.20　北京地区基金管理公司业务综合统计

指标	2012 年 12 月		2011 年 12 月		2010 年 12 月	
	绝对值	同比增长(%)	绝对值	同比增长(%)	绝对值	同比增长(%)
主要经营地在辖区基金管理公司数（家）	15	15	13	18	11	
其中：中外合资基金管理公司数（家）	8	14	7	40	5	
辖区法人基金管理公司数（家）	11	22	9	29	7	
其中：中外合资基金管理公司数（家）	6	20	5	67	3	
辖区法人基金管理公司管理基金数（只）	139	28	109	30	84	−0.294118

续表

指标	2012年12月		2011年12月		2010年12月	
	绝对值	同比增长(%)	绝对值	同比增长(%)	绝对值	同比增长(%)
其中：封闭式基金数（只）	7	17	6	100	3	-0.625
开放式基金数（只）	192	86	103	27	81	-0.27027
辖区法人基金管理公司管理基金季末总规模（亿份）	5 700.40	29	4 414.51	9	4 032.08	-0.398367
其中：封闭式基金总规模（亿份）	192.00	33	143.89	49	96.43	-0.7191
开放式基金总规模（亿份）	5 508.40	29	4 270.62	9	3 935.65	-0.381051
辖区法人基金管理公司管理基金资产季末净值（亿元）	5 247.58	37	3 817.37	-15	4 486.9	-0.41094
其中：封闭式基金资产净值（亿元）	189.04	44	131.21	25	105.06	-0.724541
开放式基金资产净值（亿元）	5 058.55	37	3 686.16	-16	4 381.84	-0.39441
辖区法人基金管理公司QDII总规模（亿份）	223.43	6	210.68	-11	237.72	-0.536843
辖区法人基金管理公司QDII总净值（亿元）	187.86	22	154.01	-29	215.69	-0.451868
辖区法人基金管理公司当年新发基金数（只）	14	-44	25	79	14	
辖区法人基金管理公司新发基金首次募集规模（亿份）	604.45	35	448.1	-5	472.7	
辖区法人基金管理公司新发基金首次募集金额（亿元）	975.57	118	448.1	-5	472.7	
辖区法人基金管理公司新发基金年末净值（亿元）	909.77	200	303.38	-9	333.65	

表2.21 北京辖区上市公司情况统计（2008~2012年）

项目	2008年	2009年	2010年	2011年	2012年
股票市价总值（亿元）	76 855.88	128 026.81	114 891.62	104 298.53	108 299.26
其中：股票流通市值（亿元）	8 548.53	47 089.22	67 463.69	63 141.97	67 077.95
境内上市公司数（家）	109	126	164	194	217
其中：A股（家）	89	104	141	169	191
A+B股（家）	1	1	1	1	1
A+H股（家）	19	21	22	24	25

注：以上统计表由中国证券监督管理委员会北京监管局提供。

表 2.22　北京市各财产保险公司业务统计

单位：万元、%

	公司名称	本年累计			
		保费收入	同比增长	赔款支出	同比增长
中资	人保股份京分	862 350. 11	0. 1741	554 061. 53	0. 2033
	平安财京分	606 228. 48	0. 1456	364 289. 58	0. 4833
	太保财京分	417 140. 09	0. 1862	245 500. 76	0. 3552
	英大财产京分	149 320. 5	0. 1569	29 670. 99	-0. 1067
	国寿财产京分	123 223. 01	0. 3394	60 757. 79	0. 4904
	华泰京分	118 348. 84	0. 0254	49 531. 73	0. 2114
	中华联合京分	77 448. 05	0. 1479	53 725. 99	0. 3037
	太平保险京分	41 827. 13	0. 5172	14 451. 65	0. 244
	阳光财产京分	38 426. 79	0. 0236	22 833. 41	0. 0187
	大地财产京分	33 969. 43	0. 137	18 596. 7	0. 2097
	天平车险京分	22 843. 18	0. 1516	12 718. 14	0. 4014
	中银保险京分	20 416. 55	1. 0465	4 641	0. 2487
	安邦京分	19 859. 99	-0. 1207	3 859. 68	-0. 7183
	信达财险京分	19 567. 19	-0. 1591	14 371. 46	0. 4191
	永诚京分	16 153. 08	-0. 1836	12 494. 55	-0. 1038
	华安京分	14 773. 03	0. 1062	6 360. 05	0. 425
	紫金财产京分	11 458. 93	0. 0856	5 167. 54	0. 972
	永安京分	11 330. 66	0. 0053	7 847. 83	-0. 167
	华农京分	6 124. 66	0. 7698	4 611. 54	0. 6836
	天安京分	6 095. 78	-0. 5581	11 229. 19	0. 0576
	安华农业京分	5 248. 39	1. 4766	5 023. 63	1. 2573
	浙商财产京分	5 244. 87	0. 6773	2 764. 46	3. 9131
	长安责任京分	4 767. 46	0. 7456	3 313. 35	-0. 2694
	都邦京分	4 636. 15	-0. 2936	3 728. 66	-0. 2421
	民安京分	3 849. 97	-0. 1009	2 012. 99	0. 6846
	渤海京分	3 080. 84	0. 5478	1 825. 63	0. 6253
	安诚京分	293. 9	-0. 9467	3 704. 35	0. 2392
	大众北分	67. 01		13. 79	
小计		2 644 094. 08	0. 1554	1 519 107. 98	0. 2758
外资	苏黎世京分	34 676. 57	0. 2899	6 812. 84	3. 8742
	中意财产京分（虚拟）	18 700. 03	-0. 0161	6 198. 06	0. 7551
	利宝互助京分	16 329. 56	0. 0598	12 379. 17	0. 4349
	现代财产京分（虚拟）	8 352. 65	-0. 1367	2 309. 78	-0. 0051
	三星京分	8 231. 34	-0. 0465	1 354. 74	-0. 1395
	美亚京分	8 205. 75	0. 4446	2 225. 12	0. 6786
	三井京分	7 307. 35	0. 0524	2 770. 66	1. 9222
	太阳联合京分	1 966. 04	0. 296	627. 65	-0. 121
	东京海上京分	1 703. 71		195. 42	
	国泰财险京分	1 257. 62	440. 2702	301. 9	
	日本财产京分	791. 59		748. 03	
小计		107 522. 22	0. 1469	35 923. 38	0. 7575
合计		2 751 616. 29	0. 1551	1 555 031. 36	0. 284

注：虚拟是指未设立北京分公司的保险公司在北京开展的业务。

表 2.23 北京市财产保险公司各险种保费收入与赔付支出统计

单位：万元、%

险 种	保费收入	同比增长	赔款支出	同比增长
1. 企业财产保险	302 246. 3	0. 0503	122 594. 9	0. 5369
2. 家庭财产保险	5 990. 87	0. 1803	2 608. 54	1. 1751
其中：投资型家财险	355. 73	9 999. 99	45. 24	29. 868
3. 机动车辆保险	1 829 580. 45	0. 1526	1 196 314. 19	0. 2333
其中：交强险	359 771. 19	0. 0782	184 964	0. 0372
4. 工程保险	55 801. 75	-0. 0171	24 782. 12	-0. 2829
5. 责任保险	152 288. 37	0. 4346	43 891. 97	0. 2914
6. 信用保险	54 476. 05	0. 2932	55. 36	-0. 8985
7. 保证保险	20 170. 26	0. 9518	2 509. 61	4. 1214
其中：机动车辆消费贷款保证保险	0. 08	-0. 9921	-181. 95	0. 2274
其中：个人贷款抵押房屋保证保险	-858. 12	0. 3159	304. 91	6. 2612
8. 船舶保险	10 610. 5	0. 4709	2 841. 88	0. 7111
9. 货物运输保险	126 415. 26	-0. 0444	40 381. 88	0. 4296
10. 特殊风险保险	58 980. 41	0. 431	38 328. 28	3. 0338
11. 农业保险	51 261. 42	0. 1899	46 218. 76	0. 6209
12. 健康险	34 361. 24	0. 6161	16 361. 31	0. 6223
其中：投资型健康险		9 999. 99		9 999. 99
13. 意外伤害保险	47 027. 1	0. 3299	15 815. 89	0. 4922
其中：投资型意外险		9 999. 99	1 011. 76	0. 1207
14. 其他险	2 406. 31	-0. 6106	2 326. 69	0. 2028
合计	2 751 616. 29	0. 1551	1 555 031. 36	0. 284

表 2.24 北京市各人身保险公司业务统计

单位：万元、%

公司	原保费收入	同比	退保金	同比	赔款支出	同比	死伤医疗给付	同比	满期给付	同比	年金给付	同比
国寿股份京分	746 439.64	-5.13	181 089.97	42.20	38 790.53	-21.60	17 810.00	0.46	175 125.70	-17.29	17 094.50	12.08
太保寿京分	460 951.34	3.06	129 280.17	14.16	2 655.32	20.41	6 417.10	35.39	11 016.40	-75.24	11 957.00	49.18
平安寿京分	1 466 612.71	5.54	208 843.61	20.32	4 656.56	-2.70	38 681.20	26.27	226 212.10	33.87	70 348.80	12.33
新华京分	996 762.96	0.78	238 647.84	57.29	20 298.77	55.33	13 906.70	22.81	88 133.80	250.98	55 589.70	67.86
泰康京分	569 320.50	-9.73	291 323.00	20.14	16 063.62	22.34	19 572.20	32.54	41 467.70	399.13	25 398.60	109.88
太平人寿京分	246 148.66	29.20	87 425.29	14.12	1 152.07	-64.39	1 996.90	51.84	18 241.20	8561.13	11 793.60	35.58
建信人寿京分	155 034.75		718.55		440.54		7.00					
天安人寿京分（虚拟）	89 958.03		378.90		0.12		0.50					
光大永明京分	140 421.85	-18.86	49 203.28	-22.83	1.18	64.15	1 200.70	187.81	87.60	360.83	705.50	30.30
民生人寿京分	32 671.78	5.49	4 609.70	32.61	316.42	39.82	360.20	14.56	6 930.10	772.89	856.20	8.37
生命人寿京分	216 865.99	65.15	27 554.58	41.24	1 647.30	99.91	476.20	38.68	7 002.30	-67.05	0.40	38.51
国寿存续京分	27 399.16	-1.92	997.76	-27.18	72.20	-2.55	3 066.50	4.63	5 235.20	12.33	35 074.90	64.21
平安养老京分	75 579.95	39.63	201.45	31.67	33 727.90	32.88	2.80				303.30	44.66
中融人寿京分	3 824.93	-38.15	1 764.12	90 108.95	53.60	4427.74						
合众人寿京分	36 578.16	-20.32	14 840.36	53.07	1 269.50	-3	218.60	-26.86	1 695.40	-48.32	437.30	117.41
太平养老京分	15 014.23	134.24			4 092.20	191.88	188.30	370.69				
人保健康北分	54 506.52	16.82	1 235.04	9.51	17 101.80	115.81	80.70	-70.40	12 773.50	-65.15		
华夏人寿京分	25 458.54	35.36	3 529.90	-18.69	1 000.80	-17.13	734.90	240.04	0.00		201.10	456.59
正德人寿京分	30 949.64	61.12	11 655.30	88.27	11.80	-54.41	20.10	21.36	0.80	-54.24		
信泰京分	5 755.02	31.03	-366.50	-171.92	94.40	-11.32	53.30	30.08	31.30	-50.61	1.00	-69.51
嘉禾人寿京分	49 582.22	12.65	6 569.11	39.88	323.80	25.95	79.20	-47.17	16 682.20	259.53	345.00	93.04
长城京分	38 681.15	-50.61	27 715.17	32.05	280.10	-4.55	294.20	-22.86	0.00		472.50	59.82
昆仑健康京分	45 763.93	13.69	4 497.49	913.72	6 029.80	-15.10	221.20	703.59	1 564.60	52.31		
和谐健康京分	220 554.05	1206.79	461.84	1513.36			10.00					
人保寿险京分	544 765.24	13.34	89 958.56	61.20	12 828.70	159.35	8 063.60	728.06	105 643.20	1716.15	67 847.40	27.01
国华人寿京分	57 544.08	22.00	8 615.43	-40.69	107.60	-65.69	24.70	117.65	3.00		49.10	317.78
国寿养老京分（虚拟）												
英大人寿京分	82 820.97	27.26	19 092.38	133.71	1 520.70	185.78	16 213.60	142.43	63.00	-76.08	437.40	725.48
泰康养老京分	0.00		0.00				0.10	1.12			0.00	

续表

公司	原保费收入	同比	退保金	同比	赔款支出	同比	死伤医疗给付	同比	满期给付	同比	年金给付	同比
幸福人寿京分	73 203.55	24.63	8 245.73	-27.01	2 735.70	-5.22	383.20	176.08			86.50	214.63
阳光人寿京分	107 082.77	-37.38	48 528.24	100.80	74.70	-63.66	698.80	-0.44	2 038.90	28.98	0.00	
百年人寿京分	34 245.79	21.52	5 691.55	392.47	2 344.30	369.56	22.00				65.40	166.38
中邮人寿京分	35 566.89	30.69	1 443.39	641.31			80.00	508.77			14.10	
安邦人寿京分	7 326.65	167.36	117.81	758.02	36.10	145					1.50	
弘康人寿京分（虚拟）	682.10											
中宏人寿京分	6 765.31	22.67	146.97	1.69	75.20	21.65	105.80	-16.17	110.00	5400	88.80	59.80
中德安联京分	27 926.45	20.61	5 196.88	46.17	115.80	9.21	97.50	-26.69	57.60	237.85	430.60	78.41
工银安盛京分	91 023.12	88.20	4 512.13	31.93	7 028.00	25.04	152.00	102.11	5 063.40	49540.75	901.70	267.95
信诚京分	113 062.66	2.11	18 586.25	6.48	3 216.80	40.97	1 592.10	-12.36	1 586.60	50.45	17.00	78.20
中意京分	214 147.53	4.55	49 659.22	29.03	15 547.80	28.71	1 912.20	67.56	84.70	-99.56	156 119.70	0.19
友邦京分	155 502.59	4.61	59 810.09	22.65	3 669.70	-11.67	3 679.20	57.69	82.90	115.10	1 420.00	21.31
中荷人寿京分	54 300.88	-2.20	6 466.52	-16.84	27.70	568.43	761.70	103.84	32 143.40	535.02	31.70	-13.73
中英人寿京分	75 022.54	4.14	43 583.51	35.76	3 624.60	21.16	842.90	24.79	2 563.30	1155.96	1 939.40	124.86
海康人寿京分	35 609.48	45.51	12 167.69	11.99	7 951.40	6.38	260.00	117.50			685.70	23.03
招商信诺京分	46 075.98	47.58	6 269.83	-34.30	5 583.30	61.71	247.80	-14.48			64.30	-27.03
长生人寿京分	10 412.13	107.56	122.00		403.60	1 300.33	93.30				0.00	
恒安标准京分	29 733.40	27.74	14 195.60	17.34	2 457.00	-3.12	203.90	-1.58		-100	365.10	24.61
瑞泰人寿京分（虚拟）	32 697.36	-19.71	21 001.46	-4.58	3.60		214.40	362.20				
中法人寿京分（虚拟）	3 426.20	-47.72	5 260.63	30.48			0.30		3 249.60	119.90		
华泰人寿北分	26 238.00	-19.78	28 246.59	59.85	1 242.10	16.09	337.60	19.64			195.20	153.63
国泰人寿京分	1 577.57	14.34	15.99	2.93	626.00	-38.48	40.10	126.80			44.80	85.97
中美联泰京分	185 268.29	56.72	22 246.45	9.89	801.40	77.92	3 231.80	21.42	72.60	3530.13	72.00	474.21
平安健康京分	17 470.89	32.33	2 566.34	61.44	4 728.70	108.30	1 857.60	51.28			0.00	
中航三星京分	37 010.58	30.06	4 414.00	83.90	1 866.70	86.72	59.60	-66.30	735.10	33.68	402.50	71.87
新光海航京分（虚拟）	21 465.69	35.32	1 990.06	145.13	726.30	145.81	109.00	73.45			156.00	-25.76
汇丰人寿京分	9 157.57	240.13	23.61		1.20		75.00				39.60	
合计	7 887 967.97	11.54	1 780 350.82	28.12	143 411.30	-26.60	146 758.60	38.04	765 697.20	0.35	462 055.10	0.23

注：虚拟是指未设立北京分公司的保险公司在北京开展的业务。

表 2.25 北京市人身保险公司各险种保费收入与赔付支出统计

单位：万元

险种名称	原保险保费收入	赔款支出	死伤医疗给付	满期给付	年金给付	退保金
一、寿险小计	6 622 596.7		48 485.5	750 081.4	462 055.1	1 724 717.0
1. 普通寿险	453 520.8		17 878.6	84 232.3	136 889.9	26 091.7
（1）定期寿险	25 968.5		5 107.4	120.2		454.0
（2）两全寿险	261 762.6		4 548.7	82 843.5	22 060.3	13 574.2
（3）终身寿险	68 078.0		6 212.1	77.6		4 240.1
（4）年金保险	97 711.7		2 010.4	1 190.9	114 829.6	7 823.4
2. 分红寿险	5 183 288.9		21 056.0	554 715.1	324 173.3	759 723.1
（1）定期寿险						
（2）两全寿险	3 934 704.9		17 515.7	492 717.7	34 079.3	612 307.3
（3）终身寿险	177 195.1		1 689.2	38.4		5 563.4
（4）年金保险	1 071 388.9		1 851.2	61 958.9	290 094.1	141 852.4
3. 投资连结保险	95 411.8		1 911.2	8 156.9	0.4	153 780.0
4. 万能保险	890 375.2		7 639.7	102 977.1	991.5	785 122.3
二、意外伤害险小计	168 079.5	34 028.6				
1. 一年期以内业务	22 675.3	630.7				
2. 一年期业务	137 856.5	33 397.9				
3. 一年期以上业务						
三、健康险小计	1 097 291.8	207 159.9	98 355.1	15 615.8		55 633.8
1. 短期业务	301 470.4	207 159.9				
2. 长期业务	795 821.4		98 355.1	15 615.8		55 633.8
合计	7 887 968.0	241 188.5	146 840.6	76.6	462 055.1	1 780 350.8

注：以上统计表由中国保险监督管理委员会北京监管局提供。

表 2. 26 中国人民银行对金融机构存款利率

单位：年利率%

项目	2002－02－21	2003－12－21	2005－03－17	2006－04－28	2006－08－19	2007－03－18	2007－05－19	2007－07－21	2007－08－22	2007－09－15
一、金融机构存款										
准备金存款	1.89	1.89	1.89	1.89	1.89	1.89	1.89	1.89	1.89	1.89
超额准备金	1.89	1.62	0.99	0.99	0.99	0.99	0.99	0.99	0.99	0.99
欠交准备金①	按日利率万分之六计收利息	同前								
二、保险公司存款	1.89	1.89		1.89	1.89	1.89	1.89	1.89	1.89	1.89
三、邮政储蓄转存款②	4.347	4.131				同前				

项目	2007－12－21	2008－11－27	2008－12－23	2009－12－31	2010－10－20	2010－12－26	2011－02－09	2011－04－06	2011－07－07	
一、金融机构存款										
准备金存款	1.89	1.62	1.62	1.62	1.62	1.62	1.62	1.62	1.62	
超额准备金	0.99	0.72	0.72	0.72	0.72	0.72	0.72	0.72	0.72	
欠交准备金①										
二、保险公司存款	1.89									
三、邮政储蓄转存款②										

注：①2004 年 12 月 30 日银发〔2004〕302 号文规定，金融机构未按照中国人民银行规定交存存款准备金的，按照相关法规规定处罚；依法减轻处罚的，对其欠交存款准备金不足部分按每日万分之六的比例处以罚款。

②2002 年 12 月 31 日银发〔2002〕393 号文规定，从 2003 年 1 月 1 日起邮政储蓄转存款利率暂调整为 4.131%。2003 年 9 月 1 日银发〔2003〕177 号文规定，自 2003 年 8 月 1 日起，邮政储蓄新增存款转存人民银行的部分，按照金融机构准备金存款利率（年利率为 1.89%）计息；此前的邮政储蓄在人民银行的转存款暂按现行转存款利率计息（年利率为 4.131%）。

表 2.27　中国人民银行对金融机构贷款利率

单位：年利率%

项目	2002－02－21	2004－03－25	2005－01－01	2006－04－28	2006－08－19	2007－03－18	2007－05－19	2007－07－21	2007－08－22	2007－09－15
一、对金融机构贷款										
1. 再贷款（不含农村信用社）	①									
二十天以内	2.7	3.33								
三个月以内	2.97	3.6								
六个月以内	3.15	3.78								
一年	3.24	3.87								
2. 再贴现	2.97	3.24								
3. 逾期贷款	按日利率万分之五计收利息	同前	同前	同前	同前	同前	同前	同前	同前	同前
二、对农村信用社再贷款	②									
二十天以内	1.71	1.71	2.7	3.015	3.015					
三个月以内	1.98	1.98	2.97	3.285	3.285					
六个月以内	2.16	2.16	3.15	3.465	3.465					
一年	2.25	2.25	3.24	3.555	3.555					

项目	2007－12－21	2008－01－01	2008－11－27	2008－12－23	2009－12－31	2010－10－20	2010－12－26	2011－02－09	2011－04－06	2011－07－07
一、对金融机构贷款										
1. 再贷款（不含农村信用社）										
二十天以内		4.14	3.06	2.79	2.79	2.79	3.25	3.25	3.25	3.25
三个月以内		4.41	3.33	3.06	3.06	3.06	3.55	3.55	3.55	3.55
六个月以内		4.59	3.51	3.24	3.24	3.24	3.75	3.75	3.75	3.75
一年		4.68	3.6	3.33	3.33	3.33	3.85	3.85	3.85	3.85
2. 再贴现		4.32	2.97	1.8	1.8	1.8	2.25	2.25	2.25	2.25
3. 逾期贷款	同前	同前	同前	同前	同前	同前	同前	同前	同前	同前
二、对农村信用社再贷款										
二十天以内		3.42	2.88	2.34	2.34	2.34	2.8	2.8	2.8	2.8
三个月以内		3.69	3.15	2.61	2.61	2.61	3.05	3.05	3.05	3.05
六个月以内		3.87	3.33	2.79	2.79	2.79	3.25	3.25	3.25	3.25
一年		3.96	3.42	2.88	2.88	2.88	3.35	3.35	3.35	3.35

注：①2004 年 3 月 24 日银发〔2004〕59 号文，决定从 2004 年 3 月 25 日起，用于金融机构头寸调节和短期流动性支持的各档次再贷款利率，在现行再贷款基准利率基础上加 0.63 个百分点。其中，20 天以内再贷款利率为 3.33%，3 个月以内为 3.6%，6 个月以内为 3.78%，1 年以内为 3.87%。

②2004 年 3 月 24 日银发〔2004〕59 号文，农村信用社再贷款（不含紧急贷款）浮息采取逐步到位的政策。2004 年，保持现行农村信用社再贷款利率政策不变，即在再贷款基准利率基础上下浮 0.99 个百分点；自 2005 年 1 月 1 日起，农村信用社再贷款利率执行再贷款基准利率；2006 年 1 月 1 日起，农村信用社再贷款利率在再贷款基准利率基础上加点，加点幅度按同期人民银行确定的流动性再贷款利率加点幅度减半执行。农村信用社再贷款按合同利率执行到期，合同期内不分段计息。

表 2.28　金融机构存

项目	2002－02－21	2004－10－29	2006－04－28	2006－08－19	2007－03－18	2007－05－19	2007－07－21	2007－08－22	2007－09－15	2007－12－21
一、活期存款	0.72	0.72	0.72	0.72	0.72	0.72	0.81	0.81	0.81	0.72
二、定期存款										
1. 整存整取										
三个月	1.71	1.71	1.71	1.8	1.98	2.07	2.34	2.61	2.88	3.33
半年	1.89	2.07	2.07	2.25	2.43	2.61	2.88	3.15	3.42	3.78
一年	1.98	2.25	2.25	2.52	2.79	3.06	3.33	3.6	3.87	4.14
二年	2.25	2.7	2.7	3.06	3.33	3.69	3.96	4.23	4.5	4.68
三年	2.52	3.24	3.24	3.69	3.96	4.41	4.68	4.95	5.22	5.4
五年	2.79	3.6	3.6	4.14	4.41	4.95	5.22	5.49	5.76	5.85
2. 零存整取、整存零取、存本取息										
一年	1.71	1.71	1.71	1.8	1.98	2.07	2.34	2.61	2.88	3.33
三年	1.89	2.07	2.07	2.25	2.43	2.61	2.88	3.15	3.42	3.78
五年	1.98	2.25	2.25	2.52	2.79	3.06	3.33	3.6	3.87	4.14
3. 定活两便	按一年以内定期整存整取同档次利率60%执行	按一年以内定期整存整取同档次利率60%执行	同前	同前	同前	同前	同前	同前	同前	同前
三、协定存款	1.44	1.44	1.44	1.44	1.44	1.44	1.53	1.53	1.53	1.53
四、通知存款										
一天	1.08	1.08	1.08	1.08	1.08	1.08	1.17	1.17	1.17	1.17
七天	1.62	1.62	1.62	1.62	1.62	1.62	1.71	1.71	1.71	1.71

注：自2012年6月8日起，金融机构存款利率浮动区间由基准利率的（0，1］倍调整为（0，1.1］倍。

款利率

单位：年利率%

2008-10-09	2008-10-30	2008-11-27	2008-12-23	2009-12-31	2010-10-20	2010-12-26	2011-02-09	2011-04-06	2011-07-07	2012-06-08	2012-07-06
0.72	0.72	0.36	0.36	0.36	0.36	0.36	0.40	0.50	0.50	0.40	0.35
3.15	2.88	1.98	1.71	1.71	1.91	2.25	2.60	2.85	3.10	2.85	2.60
3.51	3.24	2.25	1.98	1.98	2.2	2.5	2.80	3.05	3.30	3.05	2.80
3.87	3.6	2.52	2.25	2.25	2.5	2.75	3.00	3.25	3.50	3.25	3.00
4.41	4.14	3.06	2.79	2.79	3.25	3.55	3.90	4.15	4.40	4.10	3.75
5.13	4.77	3.6	3.33	3.33	3.85	4.15	4.50	4.75	5.00	4.65	4.25
5.58	5.13	3.87	3.6	3.6	4.2	4.55	5.00	5.25	5.50	5.10	4.75
3.15	2.88	1.98	1.71	1.71	1.91	2.25	2.60	2.85	3.10	2.85	2.60
3.51	3.24	2.25	1.98	1.98	2.2	2.5	2.80	3.05	3.30	3.05	2.80
3.87	3.6	2.52	2.25	2.25	2.5	2.75	3.00	3.25	3.50	3.25	3.00
同前	同前	同前	同前	同前	同前	同前	同前	同前	同前	同前	同前
1.53	1.53	1.17	1.17	1.17	1.17	1.17	1.21	1.31	1.31	1.21	1.15
1.17	1.17	0.81	0.81	0.81	0.81	0.81	0.85	0.95	0.95	0.85	0.80
1.71	1.71	1.35	1.35	1.35	1.35	1.35	1.39	1.49	1.49	1.39	1.35

表2.29　金融机构贷

项目	2002－02－21	2004－10－29	2005－03－17	2006－04－28	2006－08－19	2007－03－18	2007－05－19	2007－07－21	2007－08－22	2007－09－15	2007－12－21
一、短期贷款											
六个月以内（含六个月）	5.04	5.22	5.22	5.4	5.58	5.67	5.85	6.03	6.21	6.48	6.57
六个月至一年（含一年）	5.31	5.58	5.58	5.85	6.12	6.39	6.57	6.84	7.02	7.29	7.47
二、中长期贷款											
一至三年（含三年）	5.49	5.76	5.76	6.03	6.3	6.57	6.75	7.02	7.2	7.47	7.56
三至五年（含五年）	5.58	5.85	5.85	6.12	6.48	6.75	6.93	7.2	7.38	7.65	7.74
五年以上	5.76	6.12	6.12	6.39	6.84	7.11	7.2	7.38	7.56	7.83	7.83
三、贴现	在再贴现利率基础上，按不超过同期贷款利率（含浮动）加点	在再贴现利率基础上，按不超过同期贷款利率（含浮动）加点	同前	同前	同前	同前	同前	同前	同前	同前	同前
四、个人住房贷款											
1. 个人住房公积金贷款											
五年以下（含五年）	3.6	3.78	3.96	4.14	4.14	4.32	4.41	4.5	4.59	4.77	4.77
五年以上	4.05	4.23	4.41	4.59	4.59	4.77	4.86	4.95	5.04	5.22	5.22
2. 自营性个人住房贷款①											
五年以下（含五年）	4.77	4.95	取消优惠利率，改按商业性贷款利率执行	同前	同前	同前	同前	同前	同前	同前	同前
五年以上	5.04	5.31									

注：①自2006年8月19日起，商业银行个人住房贷款利率的下限扩大为贷款基准利率的0.85倍，其他商业性贷款利率下限仍保持0.9倍不变。

自2008年10月27日起，商业银行个人住房贷款利率的下限扩大为贷款基准利率的0.7倍，其他商业性贷款利率下限仍保持0.9倍不变。

自2012年6月8日起，金融机构贷款利率的下限由基准利率的0.9倍调整为0.8倍；自2012年7月6日起，金融机构贷款利率的下限由基准利率的0.8倍调整为0.7倍。

以上统计表由中国人民银行营业管理部货币信贷管理处提供。

款利率

单位：年利率%

2008 – 09 – 16	2008 – 10 – 09	2008 – 10 – 30	2008 – 11 – 27	2008 – 12 – 23	2009 – 12 – 31	2010 – 10 – 20	2010 – 12 – 26	2011 – 02 – 09	2011 – 04 – 06	2011 – 07 – 07	2012 – 06 – 08	2012 – 07 – 06
6. 21	6. 12	6. 03	5. 04	4. 86	4. 86	5. 1	5. 35	5. 60	5. 85	6. 10	5. 85	5. 60
7. 2	6. 93	6. 66	5. 58	5. 31	5. 31	5. 56	5. 81	6. 06	6. 31	6. 56	6. 31	6. 00
7. 29	7. 02	6. 75	5. 67	5. 4	5. 4	5. 6	5. 85	6. 10	6. 40	6. 65	6. 40	6. 15
7. 56	7. 29	7. 02	5. 94	5. 76	5. 76	5. 96	6. 22	6. 45	6. 65	6. 90	6. 90	6. 40
7. 74	7. 47	7. 2	6. 12	5. 94	5. 94	6. 14	6. 4	6. 60	6. 80	7. 05	6. 80	6. 55
同前	同前	同前	同前	同前	同前	同前	同前	同前	同前	同前	同前	同前
4. 59	4. 32	4. 05	3. 51	3. 33	3. 33	3. 5	3. 75	4. 00	4. 20	4. 45	4. 20	4. 00
5. 13	4. 86	4. 59	4. 05	3. 87	3. 87	4. 05	4. 3	4. 50	4. 70	4. 90	4. 70	4. 50
同前	同前	同前	同前	同前	同前	同前	同前	同前	同前	同前	同前	同前

表2.30 2012年中国人民银行发行普通纪念币一览表

序号	名称	发行日期	材质	规格	面值（元）	图案		铸造数量（万枚）
						正面	背面	
1	2012年贺岁普通纪念币	2012-8-28	黄铜合金	直径25mm	1	主景为“中国人民银行”行名、“1元”和汉语拼音字母“YIYUAN”及“2012”年号。	主景图案为一个着中国传统服饰的小男孩在舞龙，内缘右下方刊“壬辰”字样。	8 000

注：本统计表由北京市钱币学会提供。

（三）金融机构业务统计

表 3.1　国家开发银行北京市分行人民币信贷收支统计

单位：万元

项目名称	余额	比年初	项目名称	余额	比年初
一、各项存款	4 089 472	-640 089	一、各项贷款	44 619 466	2 987 579
1. 单位存款	3 689 472	-640 089	（一）境内贷款	44 619 466	2 987 579
其中：活期存款	2 082 276	-627 291	1. 短期贷款	6 600 188	1 513 560
定期存款	1 358 665	345 473	（1）个人贷款及透支		
通知存款	9 645	-226 355	其中：个人消费贷款		
保证金存款	11 089	-110 597	（2）单位普通贷款及透支	6 532 068	1 513 560
2. 个人存款			其中：经营贷款	2 647 363	-3 327
储蓄存款			固定资产贷款	3 884 706	1 516 887
保证金存款			（3）普通并购贷款		
结构性存款			（4）银团贷款	68 120	
3. 临时性存款			（5）贸易融资		
4. 其他存款	400 000		（6）境外筹资转贷款		
二、代理财政性存款			2. 中长期贷款	38 019 277	1 474 020
三、金融债券			（1）个人贷款		
其中：境外发行			其中：个人消费贷款		
四、中长期借款			（2）单位普通贷款	32 649 210	378 507
其中：境外借款			其中：经营贷款	2 960 400	1 070 480
五、应付及暂收款	67 259	-8 310	固定资产贷款	29 688 810	-691 973
其中：应付利息	11 038	-8 611	（3）普通并购贷款	977 209	347 600
六、卖出回购资产			（4）银团贷款	4 392 859	747 913
七、向中央银行借款			（5）贸易融资		
八、同业往来（来源方）	26 389	-32 655	（6）境外筹资转贷款		
1. 同业存放	26 389	-32 655	3. 融资租赁		
其中：境外同业存放			4. 票据融资		
2. 同业拆借			其中：贴现		
其中：境外同业拆借			5. 各项垫款		
九、境外联行往来（来源方）			（二）境外贷款		
十、外汇买卖（来源方）	31 587	-46 582	二、有价证券		
其中：结售汇			三、股权及其他投资	7 500	
十一、委托存款及委托投资基金(净)		-8	四、应收及预付款	114 514	-11 958
1. 委托存款及委托投资基金	375 000	374 992	其中：应收利息	113 486	-10 727
2. 减：委托贷款及委托投资	375 000	375 000	五、买入返售资产		
十二、代理金融机构委托贷款基金			六、存放中央准备金存款	1 487 295	1 231 543
其中：中央银行委托贷款基金			七、存放中央银行特种存款		
十三、各项准备	1 113 602	-653 023	八、缴存中央银行财政性存款		
其中：贷款损失准备	1 113 602	-653 023	九、同业往来	1 300 000	-2 490 000
十四、所有者权益	1 465 486	990 387	1. 存放同业	200 000	-2 500 000
其中：实收资本			其中：存放境外同业		
十五、其他	41 229 290	2 520 286	2. 拆放同业	1 100 000	10 000
			其中：拆放境外同业		
			十、境外联行往来（运用方）		
			十一、代理金融机构贷款		
			其中：代理人行专项贷款		
			十二、库存现金		
			十三、外汇买卖（运用方）	494 311	412 841
			其中：结售汇		
			十四、投资性房地产		
资金来源总计	48 023 085	2 130 006	资金运用总计	48 023 085	2 130 006

表 3.2　中国进出口银行北京分行人民币信贷收支统计

单位：万元

项目名称	余额	比年初	项目名称	余额	比年初
一、各项存款	57 746	-73 535	一、各项贷款	4 138 933	190 342
1. 单位存款	57 746	-73 535	（一）境内贷款	4 138 933	191 637
其中：活期存款	19 697	2 593	1. 短期贷款	625 793	413 653
定期存款		-44 024	（1）个人贷款及透支		
通知存款			其中：个人消费贷款		
保证金存款	38 049	-32 104	（2）单位普通贷款及透支	82 000	-18 450
2. 个人存款			其中：经营贷款	82 000	-18 450
储蓄存款			固定资产贷款		
保证金存款			（3）普通并购贷款		
结构性存款			（4）银团贷款		
3. 临时性存款			（5）贸易融资	543 793	432 103
4. 其他存款			（6）境外筹资转贷款		
二、代理财政性存款			2. 中长期贷款	3 513 140	-222 016
三、金融债券			（1）个人贷款		
其中：境外发行			其中：个人消费贷款		
四、中长期借款			（2）单位普通贷款	1 848 760	-160 972
其中：境外借款			其中：经营贷款	1 848 760	-160 972
五、应付及暂收款	8 806	566	固定资产贷款		
其中：应付利息	4 780	615	（3）普通并购贷款		
六、卖出回购资产			（4）银团贷款	202 413	-22 483
七、向中央银行借款			（5）贸易融资	1 455 800	-37 590
八、同业往来（来源方）			（6）境外筹资转贷款	6 168	-972
1. 同业存放			3. 融资租赁		
其中：境外同业存放			4. 票据融资		
2. 同业拆借			其中：贴现		
其中：境外同业拆借			5. 各项垫款		
九、境外联行往来（来源方）			（二）境外贷款		-1 295
十、外汇买卖（来源方）			二、有价证券		
其中：结售汇			三、股权及其他投资		
十一、委托存款及委托投资基金(净)			四、应收及预付款	9 468	1 456
1. 委托存款及委托投资基金			其中：应收利息	8 728	1 516
2. 减：委托贷款及委托投资			五、买入返售资产		
十二、代理金融机构委托贷款基金			六、存放中央准备金存款	13 583	7 750
其中：中央银行委托贷款基金			七、存放中央银行特种存款		
十三、各项准备	103 080	203	八、缴存中央银行财政性存款		
其中：贷款损失准备	102 354	212	九、同业往来	29	
十四、所有者权益	71 242	71 242	1. 存放同业	29	
其中：实收资本			其中：存放境外同业		
十五、其他	3 921 141	201 073	2. 拆放同业		
			其中：拆放境外同业		
			十、境外联行往来（运用方）		
			十一、代理金融机构贷款		
			其中：代理人行专项贷款		
			十二、库存现金	3	1
			十三、外汇买卖（运用方）		
			其中：结售汇		
			十四、投资性房地产		
资金来源总计	4 162 016	199 549	资金运用总计	4 162 016	199 549

表 3.3　中国农业发展银行北京市分行人民币信贷收支统计

单位：万元

项目名称	余额	比年初	项目名称	余额	比年初
一、各项存款	856 662	-90 137	一、各项贷款	3 661 583	-1 728 660
1. 单位存款	856 662	-90 137	（一）境内贷款	3 661 583	-1 728 660
其中：活期存款	656 204	-90 307	1. 短期贷款	1 130 304	-35 413
定期存款	197 843	55 034	（1）个人贷款及透支		
通知存款		-50 170	其中：个人消费贷款		
保证金存款	2 616	-4 694	（2）单位普通贷款及透支	1 130 304	-35 413
2. 个人存款			其中：经营贷款	1 130 304	-35 413
储蓄存款			固定资产贷款		
保证金存款			（3）普通并购贷款		
结构性存款			（4）银团贷款		
3. 临时性存款			（5）贸易融资		
4. 其他存款			（6）境外筹资转贷款		
二、代理财政性存款	56 391	-17 807	2. 中长期贷款	2 169 773	-560 851
三、金融债券			（1）个人贷款		
其中：境外发行			其中：个人消费贷款		
四、中长期借款			（2）单位普通贷款	1 914 423	-467 012
其中：境外借款			其中：经营贷款		
五、应付及暂收款	5 870	-81	固定资产贷款	1 914 423	-467 012
其中：应付利息	31	30	（3）普通并购贷款		
六、卖出回购资产			（4）银团贷款	255 350	-93 839
七、向中央银行借款			（5）贸易融资		
八、同业往来（来源方）	1 509	-1 496	（6）境外筹资转贷款		
1. 同业存放	1 509	-1 496	3. 融资租赁		
其中：境外同业存放			4. 票据融资	361 506	-1 132 396
2. 同业拆借			其中：贴现	361 506	-1 132 396
其中：境外同业拆借			5. 各项垫款		
九、境外联行往来（来源方）			（二）境外贷款		
十、外汇买卖（来源方）	-15	-1	二、有价证券		
其中：结售汇	-15	-1	三、股权及其他投资		
十一、委托存款及委托投资基金(净)			四、应收及预付款	330	302
1. 委托存款及委托投资基金			其中：应收利息		-6
2. 减：委托贷款及委托投资			五、买入返售资产		
十二、代理金融机构委托贷款基金			六、存放中央准备金存款	8 252	706
其中：中央银行委托贷款基金			七、存放中央银行特种存款		
十三、各项准备			八、缴存中央银行财政性存款		
其中：贷款损失准备			九、同业往来	302 965	298 119
十四、所有者权益	84 047	-433	1. 存放同业	302 965	298 119
其中：实收资本			其中：存放境外同业		
十五、其他	2 968 932	-1 319 557	2. 拆放同业		
			其中：拆放境外同业		
			十、境外联行往来（运用方）		
			十一、代理金融机构贷款		
			其中：代理人行专项贷款		
			十二、库存现金	266	21
			十三、外汇买卖（运用方）		
			其中：结售汇		
			十四、投资性房地产		
资金来源总计	3 973 396	-1 429 512	资金运用总计	3 973 396	-1 429 512

表 3.4　中国工商银行北京市分行人民币信贷收支统计

单位：万元

项目名称	余额	比年初	项目名称	余额	比年初
一、各项存款	217 484 892	29 098 656	一、各项贷款	42 052 425	3 986 368
1. 单位存款	126 468 809	14 584 497	（一）境内贷款	42 018 989	3 982 627
其中：活期存款	44 401 949	5 479 692	1. 短期贷款	8 294 620	942 932
定期存款	60 657 462	8 866 999	（1）个人贷款及透支	85 816	45 263
通知存款	7 997 329	1 138 768	其中：个人消费贷款	26 836	14 481
保证金存款	186 077	-62 457	（2）单位普通贷款及透支	5 052 854	616 243
2. 个人存款	87 642 743	13 570 244	其中：经营贷款	5 052 535	651 364
储蓄存款	68 531 015	6 497 303	固定资产贷款	320	-35 121
保证金存款	11 339	8 701	（3）普通并购贷款		
结构性存款	19 100 388	7 064 240	（4）银团贷款		
3. 临时性存款	61 339	-4 295	（5）贸易融资	3 155 950	281 426
4. 其他存款	3 312 000	948 210	（6）境外筹资转贷款		
二、代理财政性存款	5 475 896	-245 093	2. 中长期贷款	33 309 049	2 856 409
三、金融债券			（1）个人贷款	7 037 704	676 037
其中：境外发行			其中：个人消费贷款	6 374 466	247 520
四、中长期借款			（2）单位普通贷款	24 522 468	1 819 449
其中：境外借款			其中：经营贷款	3 913 535	1 072 572
五、应付及暂收款	4 199 236	1 109 088	固定资产贷款	20 608 933	746 877
其中：应付利息	2 749 572	850 693	（3）普通并购贷款	892 785	632 635
六、卖出回购资产			（4）银团贷款	856 092	-271 711
七、向中央银行借款	13 779	-9 599	（5）贸易融资		
八、同业往来（来源方）	25 330 367	2 149 557	（6）境外筹资转贷款		
1. 同业存放	25 259 067	2 078 257	3. 融资租赁		
其中：境外同业存放	10 625	-2 136	4. 票据融资	415 320	183 286
2. 同业拆借	71 300	71 300	其中：贴现	415 320	183 286
其中：境外同业拆借	71 300	71 300	5. 各项垫款		
九、境外联行往来（来源方）			（二）境外贷款	33 435	3 741
十、外汇买卖（来源方）	18 743 525	18 743 525	二、有价证券	32 722 628	10 148 457
其中：结售汇	18 743 525	18 743 525	三、股权及其他投资	9 773 886	-1 310 336
十一、委托存款及委托投资基金(净)	32		四、应收及预付款	850 078	276 796
1. 委托存款及委托投资基金	8 673 221	1 102 676	其中：应收利息	741 887	213 439
2. 减：委托贷款及委托投资	8 673 189	1 102 676	五、买入返售资产	5 004 451	2 097 884
十二、代理金融机构委托贷款基金			六、存放中央准备金存款	1 782 802	758 981
其中：中央银行委托贷款基金			七、存放中央银行特种存款		
十三、各项准备	792 924	60 474	八、缴存中央银行财政性存款	6 918 192	-365 625
其中：贷款损失准备	778 903	60 384	九、同业往来	3 408 010	910
十四、所有者权益	2 172 888	-101 631	1. 存放同业	480 000	-520 000
其中：实收资本			其中：存放境外同业		
十五、其他	-152 588 616	-16 548 058	2. 拆放同业	2 928 010	520 910
			其中：拆放境外同业		
			十、境外联行往来（运用方）		
			十一、代理金融机构贷款		
			其中：代理人行专项贷款		
			十二、库存现金	470 584	56 112
			十三、外汇买卖（运用方）	18 641 867	18 607 370
			其中：结售汇	18 641 859	18 607 367
			十四、投资性房地产		
资金来源总计	121 624 923	34 256 918	资金运用总计	121 624 923	34 256 918

表 3.5　中国农业银行北京市分行人民币信贷收支统计

单位：万元

项目名称	余额	比年初	项目名称	余额	比年初
一、各项存款	55 908 675	10 841 793	一、各项贷款	23 235 509	3 337 039
1. 单位存款	27 090 321	4 196 972	（一）境内贷款	23 230 083	3 335 635
其中：活期存款	11 769 557	1 755 359	1. 短期贷款	7 368 728	1 328 207
定期存款	6 514 880	202 874	（1）个人贷款及透支	335 354	178 902
通知存款	1 264 350	434 285	其中：个人消费贷款	245 473	149 385
保证金存款	276 869	-264 614	（2）单位普通贷款及透支	6 820 307	1 124 238
2. 个人存款	20 842 520	3 817 034	其中：经营贷款	6 745 700	1 049 707
储蓄存款	19 869 860	2 844 375	固定资产贷款	74 600	74 600
保证金存款	1	1	（3）普通并购贷款		
结构性存款	972 659	972 659	（4）银团贷款	10 434	-25 566
3. 临时性存款	9 263	1 012	（5）贸易融资	202 633	50 633
4. 其他存款	7 966 571	2 826 775	（6）境外筹资转贷款		
二、代理财政性存款	489	-534	2. 中长期贷款	15 767 564	2 054 128
三、金融债券			（1）个人贷款	2 864 907	583 227
其中：境外发行			其中：个人消费贷款	2 736 201	524 954
四、中长期借款			（2）单位普通贷款	9 961 650	-65 874
其中：境外借款			其中：经营贷款	1 255 411	-537 116
五、应付及暂收款	961 511	283 705	固定资产贷款	8 706 240	471 242
其中：应付利息	715 271	221 626	（3）普通并购贷款	677 455	275 360
六、卖出回购资产			（4）银团贷款	2 263 551	1 261 415
七、向中央银行借款			（5）贸易融资		
八、同业往来（来源方）	3 724 484	2 003 376	（6）境外筹资转贷款		
1. 同业存放	3 709 935	1 988 827	3. 融资租赁		
其中：境外同业存放			4. 票据融资	90 556	-46 654
2. 同业拆借	14 548	14 548	其中：贴现	90 556	-46 654
其中：境外同业拆借	14 548	14 548	5. 各项垫款	3 235	-47
九、境外联行往来（来源方）			（二）境外贷款	5 426	1 404
十、外汇买卖（来源方）	3 959 803	3 953 501	二、有价证券	543 372	367 705
其中：结售汇	3 959 803	3 953 501	三、股权及其他投资		
十一、委托存款及委托投资基金(净)	5	3	四、应收及预付款	89 372	18 059
1. 委托存款及委托投资基金	8 809 401	1 765 603	其中：应收利息	67 938	16 841
2. 减：委托贷款及委托投资	8 809 396	1 765 600	五、买入返售资产	273 217	95 454
十二、代理金融机构委托贷款基金	858 785	353 240	六、存放中央准备金存款	82 446	-274 603
其中：中央银行委托贷款基金			七、存放中央银行特种存款		
十三、各项准备	518 266	28 061	八、缴存中央银行财政性存款	7 715	-17 561
其中：贷款损失准备	505 331	17 767	九、同业往来	2 832 000	1 319 130
十四、所有者权益	984 669	258 171	1. 存放同业	1 360 000	850 000
其中：实收资本			其中：存放境外同业		
十五、其他	-34 854 628	-8 532 966	2. 拆放同业	1 472 000	469 130
			其中：拆放境外同业		
			十、境外联行往来（运用方）		
			十一、代理金融机构贷款	858 785	353 240
			其中：代理人行专项贷款		
			十二、库存现金	194 075	44 350
			十三、外汇买卖（运用方）	3 945 567	3 945 537
			其中：结售汇	3 945 567	3 945 537
			十四、投资性房地产		
资金来源总计	32 062 058	9 188 348	资金运用总计	32 062 058	9 188 348

表 3.6　中国银行北京市分行人民币信贷收支统计

单位：万元

项目名称	余额	比年初	项目名称	余额	比年初
一、各项存款	51 167 461	-8 042 983	一、各项贷款	19 071 828	-1 325 832
1. 单位存款	29 221 061	-10 484 824	（一）境内贷款	18 994 743	-1 316 609
其中：活期存款	8 122 203	-5 057 197	1. 短期贷款	4 067 538	-1 475 992
定期存款	13 652 573	-651 171	（1）个人贷款及透支	150 752	68 322
通知存款	1 391 168	-1 025 986	其中：个人消费贷款	147 188	66 446
保证金存款	612 176	-2 169 627	（2）单位普通贷款及透支	3 591 360	-1 290 972
2. 个人存款	15 647 269	1 096 803	其中：经营贷款	3 591 360	-1 290 172
储蓄存款	15 644 524	1 094 788	固定资产贷款		-800
保证金存款	2 744	2 015	（3）普通并购贷款		
结构性存款			（4）银团贷款	30 000	30 000
3. 临时性存款	190 628	-4 345	（5）贸易融资	295 426	-283 343
4. 其他存款	6 108 503	1 349 383	（6）境外筹资转贷款		
二、代理财政性存款	1 700	1 678	2. 中长期贷款	14 301 135	320 815
三、金融债券			（1）个人贷款	3 844 690	290 301
其中：境外发行			其中：个人消费贷款	3 721 182	238 404
四、中长期借款			（2）单位普通贷款	8 522 407	-220 977
其中：境外借款			其中：经营贷款	1 317 598	-906 370
五、应付及暂收款	930 547	-56 001	固定资产贷款	7 204 808	685 394
其中：应付利息	692 511	146 659	（3）普通并购贷款	216 688	129 542
六、卖出回购资产			（4）银团贷款	1 311 807	100 779
七、向中央银行借款			（5）贸易融资	405 543	21 169
八、同业往来（来源方）	13 285 725	6 333 744	（6）境外筹资转贷款		
1. 同业存放	13 285 725	6 333 744	3. 融资租赁		
其中：境外同业存放	1 337	-702	4. 票据融资	626 070	-161 431
2. 同业拆借			其中：贴现	626 070	-161 431
其中：境外同业拆借			5. 各项垫款		
九、境外联行往来（来源方）			（二）境外贷款	77 085	-9 224
十、外汇买卖（来源方）			二、有价证券	82 401	-74 379
其中：结售汇			三、股权及其他投资		
十一、委托存款及委托投资基金(净)			四、应收及预付款	160 102	-8 531
1. 委托存款及委托投资基金	12 366 436	9 871 392	其中：应收利息	100 797	-20 412
2. 减：委托贷款及委托投资	12 366 436	9 871 392	五、买入返售资产		
十二、代理金融机构委托贷款基金		-10	六、存放中央准备金存款	1 414 857	-1 917 354
其中：中央银行委托贷款基金			七、存放中央银行特种存款		
十三、各项准备	490 153	33 403	八、缴存中央银行财政性存款	30 549	17 082
其中：贷款损失准备	449 168	30 351	九、同业往来	13 043 853	5 642 623
十四、所有者权益	-528 552	-528 552	1. 存放同业	4 356 829	1 237 600
其中：实收资本			其中：存放境外同业		
十五、其他	-31 242 990	4 622 890	2. 拆放同业	8 687 024	4 405 023
			其中：拆放境外同业		
			十、境外联行往来（运用方）		
			十一、代理金融机构贷款		-10
			其中：代理人行专项贷款		
			十二、库存现金	300 455	30 569
			十三、外汇买卖（运用方）		
			其中：结售汇		
			十四、投资性房地产		
资金来源总计	34 104 044	2 364 169	资金运用总计	34 104 044	2 364 169

表3.7 中国建设银行北京市分行人民币信贷收支统计

单位：万元

项目名称	余额	比年初	项目名称	余额	比年初
一、各项存款	90 469 020	16 537 691	一、各项贷款	35 769 758	4 493 055
1. 单位存款	57 683 193	12 221 315	（一）境内贷款	35 736 072	4 487 771
其中：活期存款	19 211 057	2 546 332	1. 短期贷款	11 561 256	2 510 054
定期存款	12 918 679	1 789 846	（1）个人贷款及透支	397 110	281 192
通知存款	6 572 896	2 440 005	其中：个人消费贷款	228 828	177 028
保证金存款	489 384	-431 983	（2）单位普通贷款及透支	9 593 289	1 214 302
2. 个人存款	29 297 084	3 970 122	其中：经营贷款	9 591 286	1 232 231
储蓄存款	27 086 845	3 213 257	固定资产贷款		
保证金存款	348	37	（3）普通并购贷款		
结构性存款	2 209 891	756 828	（4）银团贷款		
3. 临时性存款	7 677	-1 782	（5）贸易融资	1 570 857	1 014 561
4. 其他存款	3 481 067	348 036	（6）境外筹资转贷款		
二、代理财政性存款	11 840	-1 661	2. 中长期贷款	23 940 126	1 884 056
三、金融债券			（1）个人贷款	6 279 560	599 703
其中：境外发行			其中：个人消费贷款	5 719 886	499 512
四、中长期借款			（2）单位普通贷款	16 964 804	766 293
其中：境外借款			其中：经营贷款	2 937 921	-800 884
五、应付及暂收款	1 247 237	346 407	固定资产贷款	14 026 883	1 567 177
其中：应付利息	977 044	431 728	（3）普通并购贷款	694 970	519 020
六、卖出回购资产			（4）银团贷款		
七、向中央银行借款			（5）贸易融资	792	-960
八、同业往来（来源方）	18 455 412	638 672	（6）境外筹资转贷款		
1. 同业存放	18 455 412	638 672	3. 融资租赁		
其中：境外同业存放	14 679	14 677	4. 票据融资	234 690	93 661
2. 同业拆借			其中：贴现	234 690	93 661
其中：境外同业拆借			5. 各项垫款		
九、境外联行往来（来源方）	447	447	（二）境外贷款	33 686	5 285
十、外汇买卖（来源方）	0	0	二、有价证券	41 219	-37 890
其中：结售汇			三、股权及其他投资	9 676 523	5 428 772
十一、委托存款及委托投资基金(净)	1	1	四、应收及预付款	296 645	92 228
1. 委托存款及委托投资基金	5 180 324	-917 487	其中：应收利息	271 318	83 538
2. 减：委托贷款及委托投资	5 180 323	-917 488	五、买入返售资产	1 123 045	723 045
十二、代理金融机构委托贷款基金			六、存放中央准备金存款	203 755	-164 745
其中：中央银行委托贷款基金			七、存放中央银行特种存款		
十三、各项准备	54 287	161	八、缴存中央银行财政性存款	20 811	3 052
其中：贷款损失准备	111	111	九、同业往来	7 022 598	5 948 001
十四、所有者权益	233 591	-50 706	1. 存放同业	3 562 150	3 098 001
其中：实收资本			其中：存放境外同业		
十五、其他	-56 025 839	-932 704	2. 拆放同业	3 460 448	2 850 000
			其中：拆放境外同业		
			十、境外联行往来（运用方）		
			十一、代理金融机构贷款		
			其中：代理人行专项贷款		
			十二、库存现金	291 643	52 788
			十三、外汇买卖（运用方）		
			其中：结售汇		
			十四、投资性房地产		
资金来源总计	54 445 997	16 538 307	资金运用总计	54 445 997	16 538 307

表 3.8　交通银行北京市分行人民币信贷收支统计

单位：万元

项目名称	余额	比年初	项目名称	余额	比年初
一、各项存款	50 657 361	2 650 109	一、各项贷款	27 488 361	2 130 133
1. 单位存款	28 868 596	-1 587 671	（一）境内贷款	27 478 070	2 125 263
其中：活期存款	6 158 260	-786 521	1. 短期贷款	7 453 777	1 831 960
定期存款	10 740 446	-1 589 098	（1）个人贷款及透支	32 719	21 081
通知存款	2 095 026	-513 171	其中：个人消费贷款	19 918	8 380
保证金存款	2 092 992	-115 000	（2）单位普通贷款及透支	6 496 163	1 393 880
2. 个人存款	10 099 119	1 480 857	其中：经营贷款	6 496 163	1 393 880
储蓄存款	9 426 335	1 049 872	固定资产贷款		
保证金存款	3 937	240	（3）普通并购贷款		
结构性存款	668 847	430 745	（4）银团贷款	78 218	12 631
3. 临时性存款	10 543	-2 837	（5）贸易融资	846 678	404 369
4. 其他存款	11 679 103	2 759 760	（6）境外筹资转贷款		
二、代理财政性存款	93	0	2. 中长期贷款	18 969 697	-274 958
三、金融债券			（1）个人贷款	4 400 487	312 758
其中：境外发行			其中：个人消费贷款	3 750 628	130 913
四、中长期借款			（2）单位普通贷款	10 136 712	-985 350
其中：境外借款			其中：经营贷款	2 429 330	-921 558
五、应付及暂收款	1 373 746	-899 460	固定资产贷款	7 707 381	-63 793
其中：应付利息	799 522	-13 417	（3）普通并购贷款	46 215	-2 300
六、卖出回购资产			（4）银团贷款	4 386 283	399 935
七、向中央银行借款			（5）贸易融资		
八、同业往来（来源方）	13 243 274	-1 890 859	（6）境外筹资转贷款		
1. 同业存放	13 238 656	-1 895 478	3. 融资租赁		
其中：境外同业存放	52	-160 001	4. 票据融资	1 054 596	568 260
2. 同业拆借	4 618	4 618	其中：贴现	1 054 596	568 260
其中：境外同业拆借	4 618	4 618	5. 各项垫款		
九、境外联行往来（来源方）	1 050 000	1 050 000	（二）境外贷款	10 291	4 871
十、外汇买卖（来源方）	2	-14	二、有价证券	19	19
其中：结售汇	2	-14	三、股权及其他投资	250	
十一、委托存款及委托投资基金(净)	83 311	-2 227 949	四、应收及预付款	2 310 577	762 492
1. 委托存款及委托投资基金	4 142 285	-4 373 696	其中：应收利息	76 250	-124 673
2. 减：委托贷款及委托投资	4 058 973	-2 145 747	五、买入返售资产	1 697 858	609 798
十二、代理金融机构委托贷款基金			六、存放中央准备金存款	1 107 834	546 010
其中：中央银行委托贷款基金			七、存放中央银行特种存款		
十三、各项准备	356 677	87 516	八、缴存中央银行财政性存款	67	-61
其中：贷款损失准备	356 677	87 516	九、同业往来	1 878 069	1 854 837
十四、所有者权益	-109 481	-223 392	1. 存放同业	1 878 069	1 861 837
其中：实收资本			其中：存放境外同业		
十五、其他	-32 056 989	7 355 388	2. 拆放同业		-7 000
			其中：拆放境外同业		
			十、境外联行往来（运用方）		
			十一、代理金融机构贷款		
			其中：代理人行专项贷款		
			十二、库存现金	114 959	-1 889
			十三、外汇买卖（运用方）	1	1
			其中：结售汇		
			十四、投资性房地产		
资金来源总计	34 597 994	5 901 340	资金运用总计	34 597 994	5 901 340

表 3.9　招商银行北京分行人民币信贷收支统计

单位：万元

项目名称	余额	比年初	项目名称	余额	比年初
一、各项存款	26 772 907	2 678 112	一、各项贷款	12 425 929	1 319 815
1. 单位存款	11 053 431	-36 412	（一）境内贷款	12 387 690	1 316 780
其中：活期存款	4 318 311	-209 343	1. 短期贷款	4 714 720	1 161 276
定期存款	2 074 684	42 188	（1）个人贷款及透支	568 099	376 147
通知存款	1 582 420	302 852	其中：个人消费贷款	84 394	-42 517
保证金存款	328 406	-183 195	（2）单位普通贷款及透支	4 095 182	822 773
2. 个人存款	14 015 734	2 552 842	其中：经营贷款	4 090 428	852 344
储蓄存款	14 015 734	2 552 842	固定资产贷款	4 754	-29 571
保证金存款			（3）普通并购贷款		
结构性存款			（4）银团贷款		-30 850
3. 临时性存款	8 033	4 008	（5）贸易融资	51 439	-6 794
4. 其他存款	1 695 709	157 674	（6）境外筹资转贷款		
二、代理财政性存款	5 701	4 487	2. 中长期贷款	7 515 020	157 463
三、金融债券			（1）个人贷款	3 998 407	221 269
其中：境外发行			其中：个人消费贷款	3 081 925	-183 148
四、中长期借款			（2）单位普通贷款	2 670 776	-63 761
其中：境外借款			其中：经营贷款	577 191	-61 505
五、应付及暂收款	523 366	131 877	固定资产贷款	2 093 585	-2 256
其中：应付利息	428 371	140 429	（3）普通并购贷款	36 990	-2 000
六、卖出回购资产			（4）银团贷款	805 299	10 870
七、向中央银行借款			（5）贸易融资	3 548	-8 915
八、同业往来（来源方）	7 673 146	3 552 908	（6）境外筹资转贷款		
1. 同业存放	7 673 146	3 552 908	3. 融资租赁		
其中：境外同业存放			4. 票据融资	157 950	-1 959
2. 同业拆借			其中：贴现	157 950	-1 959
其中：境外同业拆借			5. 各项垫款		
九、境外联行往来（来源方）			（二）境外贷款	38 239	3 035
十、外汇买卖（来源方）		-4	二、有价证券		
其中：结售汇			三、股权及其他投资		
十一、委托存款及委托投资基金(净)			四、应收及预付款	44 535	8 551
1. 委托存款及委托投资基金	2 105 480	-3 554 652	其中：应收利息	41 785	10 460
2. 减：委托贷款及委托投资	2 105 480	-3 554 652	五、买入返售资产		-635 374
十二、代理金融机构委托贷款基金			六、存放中央准备金存款	363 396	232 123
其中：中央银行委托贷款基金			七、存放中央银行特种存款		
十三、各项准备	225 198	31 254	八、缴存中央银行财政性存款	7 097	5 406
其中：贷款损失准备	223 754	30 139	九、同业往来	2 013 104	1 021 806
十四、所有者权益	508 682	65 795	1. 存放同业	822 074	551 377
其中：实收资本			其中：存放境外同业		
十五、其他	-20 723 762	-4 482 741	2. 拆放同业	1 191 030	470 429
			其中：拆放境外同业		
			十、境外联行往来（运用方）		
			十一、代理金融机构贷款		
			其中：代理人行专项贷款		
			十二、库存现金	131 177	29 361
			十三、外汇买卖（运用方）		
			其中：结售汇		
			十四、投资性房地产		
资金来源总计	14 985 238	1 981 688	资金运用总计	14 985 238	1 981 688

表3.10　上海浦东发展银行北京分行人民币信贷收支统计

单位：万元

项目名称	余额	比年初	项目名称	余额	比年初
一、各项存款	13 724 194	2 137 942	一、各项贷款	6 985 330	434 201
1. 单位存款	10 124 895	1 172 940	（一）境内贷款	6 977 185	433 332
其中：活期存款	2 741 026	380 605	1. 短期贷款	2 395 451	-60 996
定期存款	4 055 930	837 346	（1）个人贷款及透支	486 724	289 288
通知存款	1 315 953	-61 012	其中：个人消费贷款	272 436	237 867
保证金存款	417 949	208 333	（2）单位普通贷款及透支	1 832 439	-357 575
2. 个人存款	2 082 467	380 479	其中：经营贷款	1 832 439	-349 187
储蓄存款	1 805 035	404 238	固定资产贷款		-8 388
保证金存款	1 533	119	（3）普通并购贷款		
结构性存款	275 899	-23 878	（4）银团贷款		
3. 临时性存款	2 324	-3 356	（5）贸易融资	76 288	7 291
4. 其他存款	1 514 508	587 879	（6）境外筹资转贷款		
二、代理财政性存款	69	66	2. 中长期贷款	4 072 208	78 730
三、金融债券			（1）个人贷款	1 014 508	-45 313
其中：境外发行			其中：个人消费贷款	871 399	-84 931
四、中长期借款			（2）单位普通贷款	2 077 128	-507 966
其中：境外借款			其中：经营贷款	1 076 885	-288 609
五、应付及暂收款	508 009	218 634	固定资产贷款	1 000 243	-219 357
其中：应付利息	229 094	67 275	（3）普通并购贷款	167 038	147 538
六、卖出回购资产			（4）银团贷款	813 534	484 471
七、向中央银行借款			（5）贸易融资		
八、同业往来（来源方）	7 997 633	6 609 658	（6）境外筹资转贷款		
1. 同业存放	7 997 633	6 609 658	3. 融资租赁		
其中：境外同业存放			4. 票据融资	509 526	415 598
2. 同业拆借			其中：贴现	509 526	415 598
其中：境外同业拆借			5. 各项垫款		
九、境外联行往来（来源方）			（二）境外贷款	8 145	869
十、外汇买卖（来源方）	956	83	二、有价证券	5 918	-5 467
其中：结售汇	111	98	三、股权及其他投资		
十一、委托存款及委托投资基金(净)	1 650	-2 569	四、应收及预付款	324 145	162 959
1. 委托存款及委托投资基金	4 700 800	1 196 634	其中：应收利息	67 134	26 442
2. 减：委托贷款及委托投资	4 699 150	1 199 203	五、买入返售资产	815 999	815 999
十二、代理金融机构委托贷款基金			六、存放中央准备金存款	258 754	-258 675
其中：中央银行委托贷款基金			七、存放中央银行特种存款		
十三、各项准备	91 907	-1 824	八、缴存中央银行财政性存款	776	752
其中：贷款损失准备	86 345	-1 789	九、同业往来	4 364 168	2 021 932
十四、所有者权益	262 398	80 483	1. 存放同业	3 683 750	1 738 837
其中：实收资本			其中：存放境外同业		
十五、其他	-9 793 965	-5 875 124	2. 拆放同业	680 418	283 095
			其中：拆放境外同业		
			十、境外联行往来（运用方）		
			十一、代理金融机构贷款		
			其中：代理人行专项贷款		
			十二、库存现金	37 660	-4 332
			十三、外汇买卖（运用方）	101	-20
			其中：结售汇	35	-16
			十四、投资性房地产		
资金来源总计	12 792 851	3 167 349	资金运用总计	12 792 851	3 167 349

表 3.11　广发银行北京分行人民币信贷收支统计

单位：万元

项目名称	余额	比年初	项目名称	余额	比年初
一、各项存款	12 206 333	793 433	一、各项贷款	5 377 765	-402 836
1. 单位存款	8 994 032	726 959	（一）境内贷款	5 377 765	-402 836
其中：活期存款	2 575 135	-905 876	1. 短期贷款	2 251 690	-113 619
定期存款	3 169 634	878 419	（1）个人贷款及透支	27 406	-21 162
通知存款	1 747 582	614 769	其中：个人消费贷款	710	-4 787
保证金存款	463 717	70 683	（2）单位普通贷款及透支	2 222 284	-76 963
2. 个人存款	949 188	-171 634	其中：经营贷款	2 151 693	-132 518
储蓄存款	779 203	-319 269	固定资产贷款	70 591	55 555
保证金存款	5 756	5 116	（3）普通并购贷款		
结构性存款	164 229	142 519	（4）银团贷款		-12 000
3. 临时性存款	74 072	-3 328	（5）贸易融资	2 000	-3 494
4. 其他存款	2 189 041	241 436	（6）境外筹资转贷款		
二、代理财政性存款			2. 中长期贷款	2 424 957	-889 905
三、金融债券			（1）个人贷款	482 351	-44 377
其中：境外发行			其中：个人消费贷款	421 729	-60 238
四、中长期借款			（2）单位普通贷款	1 526 322	-762 389
其中：境外借款			其中：经营贷款	1 046 238	-574 604
五、应付及暂收款	233 518	58 601	固定资产贷款	480 084	-187 785
其中：应付利息	203 222	54 495	（3）普通并购贷款		
六、卖出回购资产			（4）银团贷款	414 816	-80 502
七、向中央银行借款			（5）贸易融资	1 468	-2 637
八、同业往来（来源方）	3 685 975	2 919 842	（6）境外筹资转贷款		
1. 同业存放	3 661 556	2 895 423	3. 融资租赁		
其中：境外同业存放			4. 票据融资	697 813	597 383
2. 同业拆借	24 419	24 419	其中：贴现	697 813	597 383
其中：境外同业拆借	4 419	4 419	5. 各项垫款	3 305	3 305
九、境外联行往来（来源方）			（二）境外贷款		
十、外汇买卖（来源方）	91	-105	二、有价证券	232 954	219 113
其中：结售汇	86	-2	三、股权及其他投资		
十一、委托存款及委托投资基金(净)			四、应收及预付款	18 193	-640
1. 委托存款及委托投资基金	1 354 548	48 381	其中：应收利息	13 131	-385
2. 减：委托贷款及委托投资	1 354 548	48 381	五、买入返售资产		
十二、代理金融机构委托贷款基金			六、存放中央准备金存款	178 819	-24 871
其中：中央银行委托贷款基金			七、存放中央银行特种存款		
十三、各项准备	5 753	2 597	八、缴存中央银行财政性存款	1 092	169
其中：贷款损失准备	5 753	2 597	九、同业往来	171 433	-493 800
十四、所有者权益	108 820	-38 573	1. 存放同业	55 433	-559 800
其中：实收资本			其中：存放境外同业		
十五、其他	-10 229 802	-4 439 205	2. 拆放同业	116 000	66 000
			其中：拆放境外同业		
			十、境外联行往来（运用方）		
			十一、代理金融机构贷款		
			其中：代理人行专项贷款		
			十二、库存现金	30 240	685
			十三、外汇买卖（运用方）	192	-1 230
			其中：结售汇	192	-1 193
			十四、投资性房地产		
资金来源总计	6 010 688	-703 410	资金运用总计	6 010 688	-703 410

表 3.12 兴业银行北京分行人民币信贷收支统计

单位：万元

项目名称	余额	比年初	项目名称	余额	比年初
一、各项存款	14 430 884	2 360 962	一、各项贷款	5 773 514	-335 116
1. 单位存款	12 405 994	2 191 699	（一）境内贷款	5 769 123	-333 831
其中：活期存款	3 970 702	832 711	1. 短期贷款	2 148 809	-99 838
定期存款	4 701 426	1 408 700	（1）个人贷款及透支	408 950	155 269
通知存款	1 275 892	-111 382	其中：个人消费贷款	54 841	33 357
保证金存款	190 467	-49 910	（2）单位普通贷款及透支	1 739 481	-161 084
2. 个人存款	1 647 952	138 477	其中：经营贷款	1 728 141	-165 584
储蓄存款	1 641 158	139 508	固定资产贷款	11 340	4 500
保证金存款	6 793	-1 031	（3）普通并购贷款		
结构性存款			（4）银团贷款		-14 400
3. 临时性存款	1 259	-3 808	（5）贸易融资	377	-79 623
4. 其他存款	375 680	34 594	（6）境外筹资转贷款		
二、代理财政性存款		-238	2. 中长期贷款	3 616 059	-188 844
三、金融债券			（1）个人贷款	786 966	-56 333
其中：境外发行			其中：个人消费贷款	677 372	-64 833
四、中长期借款			（2）单位普通贷款	1 843 305	-270 053
其中：境外借款			其中：经营贷款	160 330	-44 400
五、应付及暂收款	194 262	18 002	固定资产贷款	1 682 974	-225 653
其中：应付利息	129 773	6 461	（3）普通并购贷款		
六、卖出回购资产			（4）银团贷款	985 788	137 542
七、向中央银行借款			（5）贸易融资		
八、同业往来（来源方）	4 987 799	508 416	（6）境外筹资转贷款		
1. 同业存放	4 987 799	578 416	3. 融资租赁		
其中：境外同业存放			4. 票据融资	4 255	-45 149
2. 同业拆借		-70 000	其中：贴现	4 255	-45 149
其中：境外同业拆借			5. 各项垫款		
九、境外联行往来（来源方）			（二）境外贷款	4 391	-1 286
十、外汇买卖（来源方）			二、有价证券	2 582 305	1 372 087
其中：结售汇			三、股权及其他投资	650	
十一、委托存款及委托投资基金(净)	2 435	826	四、应收及预付款	43 238	14 654
1. 委托存款及委托投资基金	2 910 134	-209 475	其中：应收利息	41 318	16 603
2. 减：委托贷款及委托投资	2 907 699	-210 301	五、买入返售资产	821 000	-436 768
十二、代理金融机构委托贷款基金			六、存放中央准备金存款	93 235	-6 070
其中：中央银行委托贷款基金			七、存放中央银行特种存款		
十三、各项准备	79 460	7 681	八、缴存中央银行财政性存款	1 060	-1 349
其中：贷款损失准备	75 237	3 529	九、同业往来	2 247 987	1 003 020
十四、所有者权益	430 263	77 693	1. 存放同业	1 027 487	997 520
其中：实收资本			其中：存放境外同业		
十五、其他	-8 533 993	-1 360 349	2. 拆放同业	1 220 500	5 500
			其中：拆放境外同业		
			十、境外联行往来（运用方）		
			十一、代理金融机构贷款		
			其中：代理人行专项贷款		
			十二、库存现金	28 121	2 536
			十三、外汇买卖（运用方）		
			其中：结售汇		
			十四、投资性房地产		
资金来源总计	11 591 110	1 612 993	资金运用总计	11 591 110	1 612 993

表 3.13 平安银行北京分行人民币信贷收支统计

单位：万元

项目名称	余额	比年初	项目名称	余额	比年初
一、各项存款	7 938 299	42 118	一、各项贷款	4 914 591	239 958
1. 单位存款	5 703 758	339 248	（一）境内贷款	4 903 596	241 062
其中：活期存款	1 647 557	547 413	1. 短期贷款	2 341 973	324 729
定期存款	1 582 131	-259 554	（1）个人贷款及透支	178 313	103 628
通知存款	574 114	199 276	其中：个人消费贷款	2 768	-2 443
保证金存款	526 587	-442 333	（2）单位普通贷款及透支	1 782 587	-89 536
2. 个人存款	834 755	195 381	其中：经营贷款	1 756 139	-86 744
储蓄存款	824 149	192 684	固定资产贷款	26 448	-2 792
保证金存款	10 606	2 697	（3）普通并购贷款		
结构性存款			（4）银团贷款		
3. 临时性存款	3 691	204	（5）贸易融资	381 073	310 636
4. 其他存款	1 396 095	-492 715	（6）境外筹资转贷款		
二、代理财政性存款			2. 中长期贷款	2 496 312	-33 631
三、金融债券			（1）个人贷款	1 090 641	-159 544
其中：境外发行			其中：个人消费贷款	868 697	-156 312
四、中长期借款			（2）单位普通贷款	927 801	105 092
其中：境外借款			其中：经营贷款	234 317	-47 943
五、应付及暂收款	328 485	-123 703	固定资产贷款	693 484	153 036
其中：应付利息	114 268	3 680	（3）普通并购贷款		
六、卖出回购资产			（4）银团贷款	303 115	2 418
七、向中央银行借款			（5）贸易融资	174 755	18 402
八、同业往来（来源方）	3 989 063	2 925 860	（6）境外筹资转贷款		
1. 同业存放	3 778 556	2 715 354	3. 融资租赁		
其中：境外同业存放			4. 票据融资	49 997	-39 498
2. 同业拆借	210 506	210 506	其中：贴现	49 997	-39 498
其中：境外同业拆借			5. 各项垫款	15 315	-10 539
九、境外联行往来（来源方）			（二）境外贷款	10 995	-1 104
十、外汇买卖（来源方）			二、有价证券		
其中：结售汇			三、股权及其他投资	283 000	283 000
十一、委托存款及委托投资基金(净)			四、应收及预付款	267 430	-631 285
1. 委托存款及委托投资基金	305 733	79 689	其中：应收利息	31 384	12 395
2. 减：委托贷款及委托投资	305 733	79 689	五、买入返售资产	2 258 680	2 069 988
十二、代理金融机构委托贷款基金			六、存放中央准备金存款	75 832	11 502
其中：中央银行委托贷款基金			七、存放中央银行特种存款		
十三、各项准备	78 663	-2 481	八、缴存中央银行财政性存款	925	540
其中：贷款损失准备	78 524	-2 482	九、同业往来	644 130	624 080
十四、所有者权益	64 158	49 518	1. 存放同业	15	-10 035
其中：实收资本			其中：存放境外同业		
十五、其他	-3 933 177	-283 086	2. 拆放同业	644 115	634 115
			其中：拆放境外同业		
			十、境外联行往来（运用方）		
			十一、代理金融机构贷款		
			其中：代理人行专项贷款		
			十二、库存现金	20 904	10 443
			十三、外汇买卖（运用方）		
			其中：结售汇		
			十四、投资性房地产		
资金来源总计	8 465 490	2 608 226	资金运用总计	8 465 490	2 608 226

表 3.14　中信银行总行营业部人民币信贷收支统计

单位：万元

项目名称	余额	比年初	项目名称	余额	比年初
一、各项存款	29 311 041	1 607 728	一、各项贷款	17 020 597	1 279 526
1. 单位存款	23 966 293	777 044	（一）境内贷款	16 969 811	1 280 150
其中：活期存款	5 911 128	663 245	1. 短期贷款	5 022 291	1 160 158
定期存款	10 394 323	596 190	（1）个人贷款及透支	391 351	311 346
通知存款	2 269 288	347 323	其中：个人消费贷款	4 271	502
保证金存款	768 907	-87 981	（2）单位普通贷款及透支	4 159 553	423 437
2. 个人存款	4 773 320	625 128	其中：经营贷款	4 128 022	419 711
储蓄存款	4 149 172	240 278	固定资产贷款		
保证金存款	963	-1 470	（3）普通并购贷款		
结构性存款	623 184	386 320	（4）银团贷款		
3. 临时性存款	68 794	-24 388	（5）贸易融资	471 387	425 374
4. 其他存款	502 634	229 944	（6）境外筹资转贷款		
二、代理财政性存款	4 287	843	2. 中长期贷款	10 852 713	-145 978
三、金融债券			（1）个人贷款	4 072 765	246 249
其中：境外发行			其中：个人消费贷款	3 817 270	128 358
四、中长期借款			（2）单位普通贷款	5 936 966	-708 930
其中：境外借款			其中：经营贷款	1 815 480	-881 783
五、应付及暂收款	497 835	126 758	固定资产贷款	4 121 486	172 853
其中：应付利息	243 400	70 599	（3）普通并购贷款	515 890	297 078
六、卖出回购资产			（4）银团贷款	327 092	19 625
七、向中央银行借款			（5）贸易融资		
八、同业往来（来源方）	5 888 384	-8 024 842	（6）境外筹资转贷款		
1. 同业存放	5 587 212	-8 326 015	3. 融资租赁		-7
其中：境外同业存放	20 658	-3 611	4. 票据融资	1 090 709	266 004
2. 同业拆借	301 173	301 173	其中：贴现	1 090 709	266 004
其中：境外同业拆借			5. 各项垫款	4 099	-26
九、境外联行往来（来源方）			（二）境外贷款	50 785	-624
十、外汇买卖（来源方）	83 301	-2 567 192	二、有价证券	38 058	-64 633
其中：结售汇	69 330	-2 506 583	三、股权及其他投资		
十一、委托存款及委托投资基金(净)	2 327 498	1 893 488	四、应收及预付款	85 854	-26 907
1. 委托存款及委托投资基金	9 754 607	4 870 421	其中：应收利息	60 260	-28 230
2. 减：委托贷款及委托投资	7 427 109	2 976 932	五、买入返售资产	1 943 441	1 291 698
十二、代理金融机构委托贷款基金			六、存放中央准备金存款	597 012	242 461
其中：中央银行委托贷款基金			七、存放中央银行特种存款		
十三、各项准备	172 984	4 928	八、缴存中央银行财政性存款	726	-3 198
其中：贷款损失准备	171 386	4 594	九、同业往来	4 565 132	-7 899 440
十四、所有者权益	444 926	66 079	1. 存放同业	2 911 438	-7 673 838
其中：实收资本			其中：存放境外同业		
十五、其他	-14 239 649	-682 286	2. 拆放同业	1 653 694	-225 602
			其中：拆放境外同业		
			十、境外联行往来（运用方）		
			十一、代理金融机构贷款		
			其中：代理人行专项贷款		
			十二、库存现金	69 436	26 526
			十三、外汇买卖（运用方）	170 350	-2 420 530
			其中：结售汇	151 805	-2 369 312
			十四、投资性房地产		
资金来源总计	24 490 607	-7 574 497	资金运用总计	24 490 607	-7 574 497

表 3.15　中国光大银行北京分行人民币信贷收支统计

单位：万元

项目名称	余额	比年初	项目名称	余额	比年初
一、各项存款	21 610 457	2 675 594	一、各项贷款	8 927 509	122 688
1. 单位存款	16 552 950	1 194 060	（一）境内贷款	8 918 423	123 837
其中：活期存款	4 734 947	－325 042	1. 短期贷款	4 143 066	1 969
定期存款	7 190 440	143 060	（1）个人贷款及透支	22 308	15 372
通知存款	1 823 874	388 845	其中：个人消费贷款	2 250	1 335
保证金存款	595 758	180 580	（2）单位普通贷款及透支	2 789 475	－280 245
2. 个人存款	3 413 948	940 183	其中：经营贷款	2 779 425	－126 094
储蓄存款	2 571 909	401 632	固定资产贷款	50	50
保证金存款	13 461	12 144	（3）普通并购贷款		
结构性存款	828 578	526 407	（4）银团贷款		－6 667
3. 临时性存款	27 409	10 002	（5）贸易融资	1 331 283	273 509
4. 其他存款	1 616 150	531 349	（6）境外筹资转贷款		
二、代理财政性存款	457	457	2. 中长期贷款	4 667 669	74 325
三、金融债券			（1）个人贷款	1 746 599	－10 286
其中：境外发行			其中：个人消费贷款	1 043 974	－98 924
四、中长期借款			（2）单位普通贷款	2 572 085	39 457
其中：境外借款			其中：经营贷款	2 014 488	99 295
五、应付及暂收款	456 160	93 314	固定资产贷款	557 597	－59 838
其中：应付利息	376 241	83 277	（3）普通并购贷款		
六、卖出回购资产	151 031	151 031	（4）银团贷款	340 076	46 427
七、向中央银行借款			（5）贸易融资	8 909	－1 273
八、同业往来（来源方）	6 684 864	1 934 752	（6）境外筹资转贷款		
1. 同业存放	6 684 864	1 934 752	3. 融资租赁	15	
其中：境外同业存放			4. 票据融资	107 673	47 543
2. 同业拆借			其中：贴现	107 673	47 543
其中：境外同业拆借			5. 各项垫款		
九、境外联行往来（来源方）			（二）境外贷款	9 086	－1 149
十、外汇买卖（来源方）			二、有价证券	19 563	－7 668
其中：结售汇			三、股权及其他投资	2 434 925	2 434 925
十一、委托存款及委托投资基金(净)	4 741 639	3 204 302	四、应收及预付款	34 135	6 375
1. 委托存款及委托投资基金	5 149 008	3 183 357	其中：应收利息	32 049	7 123
2. 减：委托贷款及委托投资	407 369	－20 945	五、买入返售资产	1 524 949	588 526
十二、代理金融机构委托贷款基金			六、存放中央准备金存款	343 991	40 406
其中：中央银行委托贷款基金			七、存放中央银行特种存款		
十三、各项准备	180 228	20 033	八、缴存中央银行财政性存款	1 690	1 559
其中：贷款损失准备	179 783	20 023	九、同业往来	1 553 027	－1 359 406
十四、所有者权益	292 084	18 693	1. 存放同业	6 783	－1 845 650
其中：实收资本			其中：存放境外同业		
十五、其他	－19 229 574	－6 256 306	2. 拆放同业	1 546 244	486 244
			其中：拆放境外同业		
			十、境外联行往来（运用方）		
			十一、代理金融机构贷款		
			其中：代理人行专项贷款		
			十二、库存现金	47 557	14 465
			十三、外汇买卖（运用方）		
			其中：结售汇		
			十四、投资性房地产		
资金来源总计	14 887 346	1 841 870	资金运用总计	14 887 346	1 841 870

表3.16　华夏银行北京分行人民币信贷收支统计

单位：万元

项目名称	余额	比年初	项目名称	余额	比年初
一、各项存款	16 013 402	711 414	一、各项贷款	8 431 171	568 171
1. 单位存款	10 598 860	68 863	（一）境内贷款	8 425 002	567 914
其中：活期存款	3 837 729	-338 613	1. 短期贷款	2 874 242	307 703
定期存款	3 025 058	-224 242	（1）个人贷款及透支	69 601	31 339
通知存款	1 221 114	22 331	其中：个人消费贷款	20 203	-3 676
保证金存款	323 680	-28 221	（2）单位普通贷款及透支	2 531 147	11 429
2. 个人存款	2 542 235	218 141	其中：经营贷款	2 495 461	-17 468
储蓄存款	2 496 743	172 838	固定资产贷款	35 685	28 897
保证金存款	45 492	45 303	（3）普通并购贷款		
结构性存款			（4）银团贷款		
3. 临时性存款	11 168	6 857	（5）贸易融资	273 494	264 935
4. 其他存款	2 861 139	417 553	（6）境外筹资转贷款		
二、代理财政性存款	261	255	2. 中长期贷款	5 530 960	294 330
三、金融债券			（1）个人贷款	1 662 139	113 511
其中：境外发行			其中：个人消费贷款	1 257 372	94 900
四、中长期借款			（2）单位普通贷款	3 193 871	-133 285
其中：境外借款			其中：经营贷款	934 600	-586 733
五、应付及暂收款	508 713	-223 062	固定资产贷款	2 259 272	453 447
其中：应付利息	165 995	42 540	（3）普通并购贷款	17 900	
六、卖出回购资产			（4）银团贷款	634 682	307 163
七、向中央银行借款			（5）贸易融资	22 367	6 941
八、同业往来（来源方）	4 596 503	2 240 505	（6）境外筹资转贷款		
1. 同业存放	4 415 749	2 059 751	3. 融资租赁		
其中：境外同业存放	1 011 267	1 011 267	4. 票据融资	19 800	-31 719
2. 同业拆借	180 754	180 754	其中：贴现	19 800	-31 719
其中：境外同业拆借			5. 各项垫款		-2 399
九、境外联行往来（来源方）			（二）境外贷款	6 169	257
十、外汇买卖（来源方）		-4 835 453	二、有价证券	117 702	-273 003
其中：结售汇		-4 831 251	三、股权及其他投资		
十一、委托存款及委托投资基金(净)			四、应收及预付款	237 979	21 249
1. 委托存款及委托投资基金	9 975 953	1 910 467	其中：应收利息	134	103
2. 减：委托贷款及委托投资	9 975 953	1 910 467	五、买入返售资产	2 873 944	2 873 944
十二、代理金融机构委托贷款基金			六、存放中央准备金存款	268 707	1 123
其中：中央银行委托贷款基金			七、存放中央银行特种存款		
十三、各项准备	162 090	11 480	八、缴存中央银行财政性存款	2 638	2 539
其中：贷款损失准备	161 204	11 611	九、同业往来	2 151 635	599 515
十四、所有者权益	219 410	34 680	1. 存放同业	2 003 744	471 623
其中：实收资本			其中：存放境外同业		
十五、其他	-7 345 713	1 037 646	2. 拆放同业	147 892	127 892
			其中：拆放境外同业		
			十、境外联行往来（运用方）		
			十一、代理金融机构贷款		
			其中：代理人行专项贷款		
			十二、库存现金	70 490	19 381
			十三、外汇买卖（运用方）	399	-4 835 454
			其中：结售汇		-4 831 251
			十四、投资性房地产		
资金来源总计	14 154 665	-1 022 535	资金运用总计	14 154 665	-1 022 535

表 3.17　中国民生银行总行营业部人民币信贷收支统计

单位：万元

项目名称	余额	比年初	项目名称	余额	比年初
一、各项存款	37 155 127	-96 468	一、各项贷款	14 369 281	506 393
1. 单位存款	23 912 088	341 297	（一）境内贷款	14 346 725	511 214
其中：活期存款	9 285 089	-2 111 786	1. 短期贷款	7 239 685	1 076 920
定期存款	8 820 942	2 052 251	（1）个人贷款及透支	3 576 669	1 060 048
通知存款	1 665 597	-581 476	其中：个人消费贷款	12 798	3 564
保证金存款	1 692 701	228 807	（2）单位普通贷款及透支	3 663 015	21 872
2. 个人存款	4 756 980	218 081	其中：经营贷款	3 630 236	271 480
储蓄存款	4 537 272	81 818	固定资产贷款	32 779	-249 608
保证金存款	184 208	100 763	（3）普通并购贷款		-5 000
结构性存款	35 500	35 500	（4）银团贷款		
3. 临时性存款	13 104	-1 949	（5）贸易融资		
4. 其他存款	8 472 955	-653 897	（6）境外筹资转贷款		
二、代理财政性存款			2. 中长期贷款	7 058 531	-600 869
三、金融债券			（1）个人贷款	1 710 060	-406 121
其中：境外发行			其中：个人消费贷款	1 378 644	-233 009
四、中长期借款			（2）单位普通贷款	4 375 922	-204 539
其中：境外借款			其中：经营贷款	1 150 457	-556 753
五、应付及暂收款	928 831	-125 233	固定资产贷款	3 225 466	352 214
其中：应付利息	809 799	-86 671	（3）普通并购贷款	254 000	90 000
六、卖出回购资产	2 230 256	241 966	（4）银团贷款	718 549	-80 209
七、向中央银行借款			（5）贸易融资		
八、同业往来（来源方）	13 777 159	12 287 713	（6）境外筹资转贷款		
1. 同业存放	13 507 159	12 017 713	3. 融资租赁		
其中：境外同业存放			4. 票据融资	48 409	35 062
2. 同业拆借	270 000	270 000	其中：贴现	48 409	35 062
其中：境外同业拆借			5. 各项垫款	101	101
九、境外联行往来（来源方）			（二）境外贷款	22 556	-4 821
十、外汇买卖（来源方）	290 576	99 853	二、有价证券		
其中：结售汇	290 576	99 853	三、股权及其他投资		
十一、委托存款及委托投资基金(净)		-15 000	四、应收及预付款	461 445	-158 849
1. 委托存款及委托投资基金	1 191 825	391 684	其中：应收利息	82 205	36 571
2. 减：委托贷款及委托投资	1 191 825	406 684	五、买入返售资产	7 882 714	4 981 093
十二、代理金融机构委托贷款基金			六、存放中央准备金存款	636 451	220 027
其中：中央银行委托贷款基金			七、存放中央银行特种存款		
十三、各项准备	290 635	76 715	八、缴存中央银行财政性存款	2 191	2 030
其中：贷款损失准备	289 337	76 690	九、同业往来	7 409 739	6 380 013
十四、所有者权益	140 377	-105 114	1. 存放同业	7 269 739	6 494 549
其中：实收资本			其中：存放境外同业		
十五、其他	-23 697 699	-321 793	2. 拆放同业	140 000	-114 536
			其中：拆放境外同业		
			十、境外联行往来（运用方）		
			十一、代理金融机构贷款		
			其中：代理人行专项贷款		
			十二、库存现金	62 865	12 079
			十三、外汇买卖（运用方）	290 576	99 853
			其中：结售汇	290 576	99 853
			十四、投资性房地产		
资金来源总计	31 115 262	12 042 639	资金运用总计	31 115 262	12 042 639

表 3.18　渤海银行北京分行人民币信贷收支统计

单位：万元

项目名称	余额	比年初	项目名称	余额	比年初
一、各项存款	2 337 973	−139 462	一、各项贷款	1 308 756	−156 810
1. 单位存款	1 567 027	−225 028	（一）境内贷款	1 308 756	−156 810
其中：活期存款	390 163	−197 008	1. 短期贷款	644 775	135 995
定期存款	259 487	−115 820	（1）个人贷款及透支	14 997	4 443
通知存款	192 783	−61 189	其中：个人消费贷款	3 673	2 611
保证金存款	322 196	174 477	（2）单位普通贷款及透支	629 778	134 552
2. 个人存款	298 533	31 769	其中：经营贷款	629 778	134 552
储蓄存款	232 744	5 100	固定资产贷款		
保证金存款			（3）普通并购贷款		
结构性存款	65 789	26 669	（4）银团贷款		
3. 临时性存款	103	−198	（5）贸易融资		−3 000
4. 其他存款	472 311	53 995	（6）境外筹资转贷款		
二、代理财政性存款			2. 中长期贷款	629 509	−325 777
三、金融债券			（1）个人贷款	261 830	14 535
其中：境外发行			其中：个人消费贷款	167 208	−6 038
四、中长期借款			（2）单位普通贷款	316 539	−338 152
其中：境外借款			其中：经营贷款	308 189	−317 429
五、应付及暂收款	80 333	−63 028	固定资产贷款	8 350	−20 723
其中：应付利息	75 547	27 323	（3）普通并购贷款		
六、卖出回购资产	1 217 314	1 168 340	（4）银团贷款	51 140	−2 160
七、向中央银行借款			（5）贸易融资		
八、同业往来（来源方）	2 376 385	446 095	（6）境外筹资转贷款		
1. 同业存放	2 376 385	446 095	3. 融资租赁		
其中：境外同业存放			4. 票据融资	34 472	32 972
2. 同业拆借			其中：贴现	34 472	32 972
其中：境外同业拆借			5. 各项垫款		
九、境外联行往来（来源方）			（二）境外贷款		
十、外汇买卖（来源方）			二、有价证券	509 615	509 615
其中：结售汇			三、股权及其他投资		
十一、委托存款及委托投资基金(净)			四、应收及预付款	21 759	−76 498
1. 委托存款及委托投资基金	393 675	105 897	其中：应收利息	20 674	14 111
2. 减：委托贷款及委托投资	393 675	105 897	五、买入返售资产	1 895 336	1 781 948
十二、代理金融机构委托贷款基金			六、存放中央准备金存款	24 178	−5 323
其中：中央银行委托贷款基金			七、存放中央银行特种存款		
十三、各项准备			八、缴存中央银行财政性存款	3	3
其中：贷款损失准备			九、同业往来	106 554	45 253
十四、所有者权益	18 570	−4 996	1. 存放同业	2 754	−28 547
其中：实收资本			其中：存放境外同业		
十五、其他	−2 161 086	691 884	2. 拆放同业	103 800	73 800
			其中：拆放境外同业		
			十、境外联行往来（运用方）		
			十一、代理金融机构贷款		
			其中：代理人行专项贷款		
			十二、库存现金	3 287	643
			十三、外汇买卖（运用方）		
			其中：结售汇		
			十四、投资性房地产		
资金来源总计	3 869 489	2 098 832	资金运用总计	3 869 489	2 098 832

表 3.19 浙商银行北京分行人民币信贷收支统计

单位：万元

项目名称	余额	比年初	项目名称	余额	比年初
一、各项存款	3 157 948	623 905	一、各项贷款	1 206 455	222 655
1. 单位存款	2 987 508	546 564	（一）境内贷款	1 206 455	222 655
其中：活期存款	655 056	138 149	1. 短期贷款	632 550	22 637
定期存款	882 221	18 871	（1）个人贷款及透支	83 390	27 756
通知存款	232 288	-25 476	其中：个人消费贷款	1 638	527
保证金存款	332 839	200 726	（2）单位普通贷款及透支	549 160	-5 119
2. 个人存款	36 083	2 716	其中：经营贷款	549 160	25 881
储蓄存款	36 083	2 716	固定资产贷款		-31 000
保证金存款			（3）普通并购贷款		
结构性存款			（4）银团贷款		
3. 临时性存款	2 746	2 014	（5）贸易融资		
4. 其他存款	131 611	72 611	（6）境外筹资转贷款		
二、代理财政性存款			2. 中长期贷款	563 208	200 246
三、金融债券			（1）个人贷款	30 762	21 875
其中：境外发行			其中：个人消费贷款		
四、中长期借款			（2）单位普通贷款	517 627	163 552
其中：境外借款			其中：经营贷款	93 702	-48 298
五、应付及暂收款	8 994	3 652	固定资产贷款	423 925	211 850
其中：应付利息	2 791	2 610	（3）普通并购贷款		
六、卖出回购资产			（4）银团贷款	14 820	14 820
七、向中央银行借款			（5）贸易融资		
八、同业往来（来源方）	205 652	-345 793	（6）境外筹资转贷款		
1. 同业存放	124 652	-426 793	3. 融资租赁		
其中：境外同业存放			4. 票据融资	10 697	-228
2. 同业拆借	81 000	81 000	其中：贴现	10 697	-228
其中：境外同业拆借			5. 各项垫款		
九、境外联行往来（来源方）			（二）境外贷款		
十、外汇买卖（来源方）			二、有价证券		
其中：结售汇			三、股权及其他投资	100 000	
十一、委托存款及委托投资基金(净)			四、应收及预付款	14 059	6 260
1. 委托存款及委托投资基金	554 605	287 105	其中：应收利息	12 946	6 500
2. 减：委托贷款及委托投资	554 605	287 105	五、买入返售资产	716 098	456 828
十二、代理金融机构委托贷款基金			六、存放中央准备金存款	53 228	-7 790
其中：中央银行委托贷款基金			七、存放中央银行特种存款		
十三、各项准备			八、缴存中央银行财政性存款		
其中：贷款损失准备			九、同业往来	930 655	-161 204
十四、所有者权益	103 915	33 772	1. 存放同业	120 655	-88 954
其中：实收资本			其中：存放境外同业		
十五、其他	-455 268	201 249	2. 拆放同业	810 000	-72 250
			其中：拆放境外同业		
			十、境外联行往来（运用方）		
			十一、代理金融机构贷款		
			其中：代理人行专项贷款		
			十二、库存现金	747	36
			十三、外汇买卖（运用方）		
			其中：结售汇		
			十四、投资性房地产		
资金来源总计	3 021 242	516 785	资金运用总计	3 021 242	516 785

表 3.20　北京银行人民币信贷收支统计（全国）

单位：万元

项目名称	余额	比年初	项目名称	余额	比年初
一、各项存款	69 287 804	9 378 434	一、各项贷款	47 310 544	7 451 443
1. 单位存款	50 168 512	6 848 470	（一）境内贷款	47 282 230	7 423 130
其中：活期存款	22 172 086	1 955 752	1. 短期贷款	21 728 321	4 154 487
定期存款	10 868 563	1 279 264	（1）个人贷款及透支	1 406 184	426 334
通知存款	2 602 277	351 965	其中：个人消费贷款	245 695	57 790
保证金存款	3 193 000	706 481	（2）单位普通贷款及透支	19 802 932	4 021 116
2. 个人存款	13 807 152	2 412 359	其中：经营贷款	19 609 751	4 065 044
储蓄存款	11 707 208	2 276 528	固定资产贷款	191 997	-24 613
保证金存款	291	291	（3）普通并购贷款		
结构性存款	2 099 654	135 540	（4）银团贷款	82 142	-196 988
3. 临时性存款	62 652	45 248	（5）贸易融资	437 062	-95 975
4. 其他存款	5 249 488	72 357	（6）境外筹资转贷款		
二、代理财政性存款	74	-81 985	2. 中长期贷款	24 531 497	3 065 766
三、金融债券	1 997 225	1 008	（1）个人贷款	7 324 178	1 706 514
其中：境外发行			其中：个人消费贷款	6 516 448	1 379 884
四、中长期借款			（2）单位普通贷款	13 661 461	682 836
其中：境外借款			其中：经营贷款	1 737 302	-477 387
五、应付及暂收款	1 065 927	158 711	固定资产贷款	11 924 159	1 160 223
其中：应付利息	781 388	205 084	（3）普通并购贷款	323 566	156 909
六、卖出回购资产	3 874 178	-3 331 817	（4）银团贷款	2 531 762	-161 454
七、向中央银行借款	19 421	15 951	（5）贸易融资	690 530	680 962
八、同业往来（来源方）	25 098 387	6 197 519	（6）境外筹资转贷款		
1. 同业存放	24 161 761	7 285 893	3. 融资租赁		
其中：境外同业存放			4. 票据融资	1 022 412	205 238
2. 同业拆借	936 626	-1 088 374	其中：贴现	1 022 412	205 238
其中：境外同业拆借	201 500	131 500	5. 各项垫款		-2 362
九、境外联行往来（来源方）			（二）境外贷款	28 314	28 314
十、外汇买卖（来源方）	61 877	51 661	二、有价证券	22 154 668	3 399 958
其中：结售汇	61 877	51 661	三、股权及其他投资	167 577	21 924
十一、委托存款及委托投资基金(净)	92 613	112 579	四、应收及预付款	777 034	236 242
1. 委托存款及委托投资基金	12 256 518	6 238 092	其中：应收利息	690 460	191 674
2. 减：委托贷款及委托投资	12 163 905	6 125 513	五、买入返售资产	11 644 530	9 313 128
十二、代理金融机构委托贷款基金	486 643	486 434	六、存放中央准备金存款	14 229 740	2 004 869
其中：中央银行委托贷款基金			七、存放中央银行特种存款		
十三、各项准备	1 424 139	356 959	八、缴存中央银行财政性存款	8 064	-906
其中：贷款损失准备	1 209 916	281 751	九、同业往来	12 532 321	-7 803 031
十四、所有者权益	7 157 407	2 125 425	1. 存放同业	5 762 640	-5 120 849
其中：实收资本	880 016	257 260	其中：存放境外同业		
十五、其他	-864 920	-287 453	2. 拆放同业	6 769 681	-2 682 182
			其中：拆放境外同业		
			十、境外联行往来（运用方）		
			十一、代理金融机构贷款	486 643	486 434
			其中：代理人行专项贷款		
			十二、库存现金	321 009	64 860
			十三、外汇买卖（运用方）	47 778	9 673
			其中：结售汇	47 228	9 604
			十四、投资性房地产	20 870	-1 170
资金来源总计	109 700 776	15 183 425	资金运用总计	109 700 776	15 183 425

表 3.21 北京银行人民币信贷收支统计（北京）

单位：万元

项目名称	余额	比年初	项目名称	余额	比年初
一、各项存款	54 260 233	5 460 401	一、各项贷款	28 383 634	3 315 290
1. 单位存款	37 747 574	3 670 235	（一）境内贷款	28 377 674	3 309 329
其中：活期存款	18 871 668	1 521 981	1. 短期贷款	11 521 513	1 527 086
定期存款	7 457 455	215 275	（1）个人贷款及透支	900 670	258 824
通知存款	2 163 417	410 198	其中：个人消费贷款	230 015	55 143
保证金存款	645 931	112 858	（2）单位普通贷款及透支	10 419 331	1 808 028
2. 个人存款	11 796 526	1 709 151	其中：经营贷款	10 314 913	1 855 820
储蓄存款	10 057 082	1 764 405	固定资产贷款	103 734	-28 477
保证金存款			（3）普通并购贷款		
结构性存款	1 739 445	-55 254	（4）银团贷款	82 142	-196 988
3. 临时性存款	16 059	12 050	（5）贸易融资	119 369	-342 778
4. 其他存款	4 700 073	68 964	（6）境外筹资转贷款		
二、代理财政性存款	34	-79 564	2. 中长期贷款	16 660 641	1 859 459
三、金融债券	1 997 225	1 008	（1）个人贷款	3 839 609	553 194
其中：境外发行			其中：个人消费贷款	3 445 451	441 912
四、中长期借款			（2）单位普通贷款	9 662 909	761 015
其中：境外借款			其中：经营贷款	1 130 063	173 028
五、应付及暂收款	761 951	43 137	固定资产贷款	8 532 846	587 987
其中：应付利息	539 723	102 770	（3）普通并购贷款	246 067	136 111
六、卖出回购资产	3 874 178	-3 329 823	（4）银团贷款	2 244 564	-256 323
七、向中央银行借款			（5）贸易融资	667 493	665 463
八、同业往来（来源方）	5 552 267	-1 971 101	（6）境外筹资转贷款		
1. 同业存放	4 727 767	-770 601	3. 融资租赁		
其中：境外同业存放			4. 票据融资	195 520	-74 854
2. 同业拆借	824 500	-1 200 500	其中：贴现	195 520	-74 854
其中：境外同业拆借	200 000	130 000	5. 各项垫款		-2 362
九、境外联行往来（来源方）			（二）境外贷款	5 960	5 960
十、外汇买卖（来源方）	61 877	51 661	二、有价证券	20 904 517	2 149 808
其中：结售汇	61 877	51 661	三、股权及其他投资	167 577	21 924
十一、委托存款及委托投资基金(净)	92 613	110 248	四、应收及预付款	557 985	101 341
1. 委托存款及委托投资基金	11 043 050	5 647 594	其中：应收利息	473 968	59 190
2. 减：委托贷款及委托投资	10 950 438	5 537 346	五、买入返售资产	1 847 110	769 074
十二、代理金融机构委托贷款基金	291 103	291 103	六、存放中央准备金存款	13 113 171	1 352 457
其中：中央银行委托贷款基金			七、存放中央银行特种存款		
十三、各项准备	1 130 020	259 180	八、缴存中央银行财政性存款	8 025	-728
其中：贷款损失准备	961 928	230 103	九、同业往来	3 511 306	-7 888 315
十四、所有者权益	6 811 710	1 955 512	1. 存放同业	1 331 947	-3 591 004
其中：实收资本	880 016	257 260	其中：存放境外同业		
十五、其他	-5 691 768	-2 617 180	2. 拆放同业	2 179 359	-4 297 311
			其中：拆放境外同业		
			十、境外联行往来（运用方）		
			十一、代理金融机构贷款	291 103	291 103
			其中：代理人行专项贷款		
			十二、库存现金	288 368	54 126
			十三、外汇买卖（运用方）	47 778	9 673
			其中：结售汇	47 228	9 604
			十四、投资性房地产	20 870	-1 170
资金来源总计	69 141 443	174 582	资金运用总计	69 141 443	174 582

表3.22　天津银行北京分行人民币信贷收支统计

单位：万元

项目名称	余额	比年初	项目名称	余额	比年初
一、各项存款	1 530 263	-26 102	一、各项贷款	1 111 238	124 780
1. 单位存款	1 220 665	-178 992	（一）境内贷款	1 111 238	124 780
其中：活期存款	455 214	-77 293	1. 短期贷款	667 091	37 761
定期存款	398 752	-219 104	（1）个人贷款及透支	44 551	7 716
通知存款	99 504	49 614	其中：个人消费贷款	13 593	-952
保证金存款	267 195	67 791	（2）单位普通贷款及透支	616 540	24 045
2. 个人存款	103 563	598	其中：经营贷款	616 540	24 045
储蓄存款	103 563	598	固定资产贷款		
保证金存款			（3）普通并购贷款		
结构性存款			（4）银团贷款		
3. 临时性存款	639	-2 352	（5）贸易融资	6 000	6 000
4. 其他存款	205 396	154 644	（6）境外筹资转贷款		
二、代理财政性存款			2. 中长期贷款	273 797	-73 331
三、金融债券			（1）个人贷款	77 482	8 559
其中：境外发行			其中：个人消费贷款	72 719	6 731
四、中长期借款			（2）单位普通贷款	196 315	-81 890
其中：境外借款			其中：经营贷款	92 850	-86 355
五、应付及暂收款	16 453	5 073	固定资产贷款	103 465	4 465
其中：应付利息	11 048	1 679	（3）普通并购贷款		
六、卖出回购资产	3 000	3 000	（4）银团贷款		
七、向中央银行借款			（5）贸易融资		
八、同业往来（来源方）	1 388 558	954 036	（6）境外筹资转贷款		
1. 同业存放	1 382 558	948 036	3. 融资租赁		
其中：境外同业存放			4. 票据融资	162 962	152 962
2. 同业拆借	6 000	6 000	其中：贴现	162 962	152 962
其中：境外同业拆借			5. 各项垫款	7 388	7 388
九、境外联行往来（来源方）			（二）境外贷款		
十、外汇买卖（来源方）			二、有价证券	470 000	70 000
其中：结售汇			三、股权及其他投资		
十一、委托存款及委托投资基金(净)			四、应收及预付款	364	210
1. 委托存款及委托投资基金	13 181	-34	其中：应收利息	68	68
2. 减：委托贷款及委托投资	13 181	-34	五、买入返售资产	99 519	99 519
十二、代理金融机构委托贷款基金			六、存放中央准备金存款	152 821	25 012
其中：中央银行委托贷款基金			七、存放中央银行特种存款		
十三、各项准备			八、缴存中央银行财政性存款		
其中：贷款损失准备			九、同业往来	342 780	200 344
十四、所有者权益	41 515	12 312	1. 存放同业	189 780	157 524
其中：实收资本			其中：存放境外同业		
十五、其他	-801 562	-429 133	2. 拆放同业	153 000	42 820
			其中：拆放境外同业		
			十、境外联行往来（运用方）		
			十一、代理金融机构贷款		
			其中：代理人行专项贷款		
			十二、库存现金	1 505	-679
			十三、外汇买卖（运用方）		
			其中：结售汇		
			十四、投资性房地产		
资金来源总计	2 178 227	519 186	资金运用总计	2 178 227	519 186

表 3.23　大连银行北京分行人民币信贷收支统计

单位：万元

项目名称	余额	比年初	项目名称	余额	比年初
一、各项存款	1 115 080	486 128	一、各项贷款	576 351	211 283
1. 单位存款	875 660	348 837	（一）境内贷款	576 351	211 283
其中：活期存款	155 437	29 855	1. 短期贷款	435 779	200 651
定期存款	291 931	217 303	（1）个人贷款及透支	28 904	21 151
通知存款	68 226	44 400	其中：个人消费贷款	11 179	5 318
保证金存款	281 184	117 540	（2）单位普通贷款及透支	406 875	179 500
2. 个人存款	60 083	16 005	其中：经营贷款	401 875	177 500
储蓄存款	60 083	16 005	固定资产贷款	5 000	2 000
保证金存款			（3）普通并购贷款		
结构性存款			（4）银团贷款		
3. 临时性存款	1 336	1 286	（5）贸易融资		
4. 其他存款	178 000	120 000	（6）境外筹资转贷款		
二、代理财政性存款			2. 中长期贷款	76 841	-32 298
三、金融债券			（1）个人贷款	19 142	-14 368
其中：境外发行			其中：个人消费贷款	16 116	-12 670
四、中长期借款			（2）单位普通贷款	57 700	-14 300
其中：境外借款			其中：经营贷款	57 200	-13 400
五、应付及暂收款	17 486	8 751	固定资产贷款	500	-900
其中：应付利息	15 175	8 195	（3）普通并购贷款		
六、卖出回购资产			（4）银团贷款		-3 630
七、向中央银行借款			（5）贸易融资		
八、同业往来（来源方）	437 937	287 882	（6）境外筹资转贷款		
1. 同业存放	437 937	287 882	3. 融资租赁		
其中：境外同业存放			4. 票据融资	63 730	42 930
2. 同业拆借			其中：贴现	63 730	42 930
其中：境外同业拆借			5. 各项垫款		
九、境外联行往来（来源方）			（二）境外贷款		
十、外汇买卖（来源方）	214 770	29 005	二、有价证券	325 872	264 657
其中：结售汇	214 768	29 006	三、股权及其他投资		
十一、委托存款及委托投资基金(净)			四、应收及预付款	5 455	2 359
1. 委托存款及委托投资基金	30 035	21 679	其中：应收利息	3 789	1 997
2. 减：委托贷款及委托投资	30 035	21 679	五、买入返售资产	199 847	26 474
十二、代理金融机构委托贷款基金			六、存放中央准备金存款	60 416	50 201
其中：中央银行委托贷款基金			七、存放中央银行特种存款		
十三、各项准备	11 655	3 656	八、缴存中央银行财政性存款		
其中：贷款损失准备	11 655	3 656	九、同业往来	83 020	82 099
十四、所有者权益	12 095	-304	1. 存放同业	83 020	82 099
其中：实收资本			其中：存放境外同业		
十五、其他	-342 175	-148 689	2. 拆放同业		
			其中：拆放境外同业		
			十、境外联行往来（运用方）		
			十一、代理金融机构贷款		
			其中：代理人行专项贷款		
			十二、库存现金	1 115	350
			十三、外汇买卖（运用方）	214 770	29 005
			其中：结售汇	214 768	29 006
			十四、投资性房地产		
资金来源总计	1 466 847	666 429	资金运用总计	1 466 847	666 429

表 3.24　杭州银行北京分行人民币信贷收支统计

单位：万元

项目名称	余额	比年初	项目名称	余额	比年初
一、各项存款	2 736 132	725 692	一、各项贷款	1 075 512	241 849
1. 单位存款	2 385 065	448 247	（一）境内贷款	1 075 512	241 849
其中：活期存款	1 086 146	48 595	1. 短期贷款	759 757	229 672
定期存款	595 174	32 675	（1）个人贷款及透支	178 474	112 063
通知存款	375 426	203 712	其中：个人消费贷款	694	-2 840
保证金存款	328 319	163 265	（2）单位普通贷款及透支	576 203	112 530
2. 个人存款	189 597	118 114	其中：经营贷款	560 203	103 530
储蓄存款	168 538	97 055	固定资产贷款	16 000	9 000
保证金存款			（3）普通并购贷款		
结构性存款	21 059	21 059	（4）银团贷款		
3. 临时性存款	1 358	327	（5）贸易融资	5 080	5 080
4. 其他存款	160 113	159 003	（6）境外筹资转贷款		
二、代理财政性存款			2. 中长期贷款	312 187	18 968
三、金融债券			（1）个人贷款	7 701	-2 080
其中：境外发行			其中：个人消费贷款	5 041	-185
四、中长期借款			（2）单位普通贷款	284 487	11 048
其中：境外借款			其中：经营贷款	78 231	-24 910
五、应付及暂收款	39 482	20 081	固定资产贷款	206 256	35 958
其中：应付利息	30 199	17 834	（3）普通并购贷款		
六、卖出回购资产		-50 384	（4）银团贷款	20 000	10 000
七、向中央银行借款			（5）贸易融资		
八、同业往来（来源方）	2 078 359	1 969 358	（6）境外筹资转贷款		
1. 同业存放	2 073 279	1 964 278	3. 融资租赁		
其中：境外同业存放			4. 票据融资	3 567	-6 791
2. 同业拆借	5 080	5 080	其中：贴现	3 567	-6 791
其中：境外同业拆借			5. 各项垫款		
九、境外联行往来（来源方）			（二）境外贷款		
十、外汇买卖（来源方）			二、有价证券		-195 000
其中：结售汇			三、股权及其他投资	130 057	130 057
十一、委托存款及委托投资基金(净)			四、应收及预付款	13 134	10 682
1. 委托存款及委托投资基金	184 435	109 403	其中：应收利息	10 899	10 055
2. 减：委托贷款及委托投资	184 435	109 403	五、买入返售资产		-50 384
十二、代理金融机构委托贷款基金			六、存放中央准备金存款	105 146	48 998
其中：中央银行委托贷款基金			七、存放中央银行特种存款		
十三、各项准备	11 352	-1 305	八、缴存中央银行财政性存款		
其中：贷款损失准备	11 352	-1 305	九、同业往来	2 398 133	2 381 070
十四、所有者权益	50 997	-115	1. 存放同业	2 398 133	2 381 070
其中：实收资本			其中：存放境外同业		
十五、其他	-1 190 285	-93 951	2. 拆放同业		
			其中：拆放境外同业		
			十、境外联行往来（运用方）		
			十一、代理金融机构贷款		
			其中：代理人行专项贷款		
			十二、库存现金	4 056	2 105
			十三、外汇买卖（运用方）		
			其中：结售汇		
			十四、投资性房地产		
资金来源总计	3 726 038	2 569 377	资金运用总计	3 726 038	2 569 377

表 3.25　南京银行北京分行人民币信贷收支统计

单位：万元

项目名称	余额	比年初	项目名称	余额	比年初
一、各项存款	1 996 983	433 289	一、各项贷款	980 110	66 417
1. 单位存款	1 825 583	338 844	（一）境内贷款	980 110	66 417
其中：活期存款	419 819	43 252	1. 短期贷款	692 727	121 631
定期存款	624 348	96 541	（1）个人贷款及透支	17 231	-285
通知存款	143 507	81 583	其中：个人消费贷款	6 105	-13
保证金存款	175 613	9 621	（2）单位普通贷款及透支	659 265	107 585
2. 个人存款	169 753	95 949	其中：经营贷款	659 265	107 585
储蓄存款	169 753	95 949	固定资产贷款		
保证金存款			（3）普通并购贷款		
结构性存款			（4）银团贷款		
3. 临时性存款	1 608	-1 543	（5）贸易融资	16 231	14 331
4. 其他存款	39	39	（6）境外筹资转贷款		
二、代理财政性存款			2. 中长期贷款	228 392	-49 067
三、金融债券			（1）个人贷款	21 342	9 202
其中：境外发行			其中：个人消费贷款	14 967	9 328
四、中长期借款			（2）单位普通贷款	136 114	-74 362
其中：境外借款			其中：经营贷款	60 395	-89 055
五、应付及暂收款	23 111	2 286	固定资产贷款	75 719	14 693
其中：应付利息	17 288	2 835	（3）普通并购贷款		
六、卖出回购资产		-132 821	（4）银团贷款	70 936	16 093
七、向中央银行借款			（5）贸易融资		
八、同业往来（来源方）	908 486	195 705	（6）境外筹资转贷款		
1. 同业存放	892 255	179 474	3. 融资租赁		
其中：境外同业存放			4. 票据融资	58 991	-6 147
2. 同业拆借	16 231	16 231	其中：贴现	58 991	-6 147
其中：境外同业拆借			5. 各项垫款		
九、境外联行往来（来源方）			（二）境外贷款		
十、外汇买卖（来源方）			二、有价证券	180 000	180 000
其中：结售汇			三、股权及其他投资		
十一、委托存款及委托投资基金(净)			四、应收及预付款	8 287	6 005
1. 委托存款及委托投资基金	163 316	21 316	其中：应收利息	7 688	5 526
2. 减：委托贷款及委托投资	163 316	21 316	五、买入返售资产	470 638	-24 492
十二、代理金融机构委托贷款基金			六、存放中央准备金存款	40 149	6 044
其中：中央银行委托贷款基金			七、存放中央银行特种存款		
十三、各项准备	430	246	八、缴存中央银行财政性存款		
其中：贷款损失准备	430	246	九、同业往来	190 571	-11 069
十四、所有者权益	16 888	16 888	1. 存放同业	61 921	-139 719
其中：实收资本			其中：存放境外同业		
十五、其他	-1 073 833	-291 702	2. 拆放同业	128 650	128 650
			其中：拆放境外同业		
			十、境外联行往来（运用方）		
			十一、代理金融机构贷款		
			其中：代理人行专项贷款		
			十二、库存现金	2 310	986
			十三、外汇买卖（运用方）		
			其中：结售汇		
			十四、投资性房地产		
资金来源总计	1 872 065	223 891	资金运用总计	1 872 065	223 891

表 3.26 盛京银行北京分行人民币信贷收支统计

单位：万元

项目名称	余额	比年初	项目名称	余额	比年初
一、各项存款	3 481 475	860 447	一、各项贷款	1 062 795	102 248
1. 单位存款	3 430 911	838 433	（一）境内贷款	1 062 795	102 248
其中：活期存款	1 151 691	3 732	1. 短期贷款	274 870	50 170
定期存款	1 326 961	1 148 596	（1）个人贷款及透支	300	-600
通知存款	25 720	-47 587	其中：个人消费贷款	300	-600
保证金存款	778 402	-199 258	（2）单位普通贷款及透支	274 570	50 770
2. 个人存款	47 447	18 897	其中：经营贷款	270 570	49 770
储蓄存款	47 447	20 901	固定资产贷款	4 000	1 000
保证金存款		-2 004	（3）普通并购贷款		
结构性存款			（4）银团贷款		
3. 临时性存款	3 117	3 117	（5）贸易融资		
4. 其他存款			（6）境外筹资转贷款		
二、代理财政性存款			2. 中长期贷款	787 925	52 078
三、金融债券			（1）个人贷款	647	450
其中：境外发行			其中：个人消费贷款	647	450
四、中长期借款			（2）单位普通贷款	787 278	51 628
其中：境外借款			其中：经营贷款	544 920	-36 480
五、应付及暂收款	20 637	8 376	固定资产贷款	242 358	88 108
其中：应付利息	17 897	8 230	（3）普通并购贷款		
六、卖出回购资产			（4）银团贷款		
七、向中央银行借款			（5）贸易融资		
八、同业往来（来源方）	1 042 813	1 042 813	（6）境外筹资转贷款		
1. 同业存放	1 042 813	1 042 813	3. 融资租赁		
其中：境外同业存放			4. 票据融资		
2. 同业拆借			其中：贴现		
其中：境外同业拆借			5. 各项垫款		
九、境外联行往来（来源方）			（二）境外贷款		
十、外汇买卖（来源方）	116 789	116 789	二、有价证券		
其中：结售汇	116 000	116 000	三、股权及其他投资		
十一、委托存款及委托投资基金(净)			四、应收及预付款	9 484	6 624
1. 委托存款及委托投资基金		-69 200	其中：应收利息	9 080	6 616
2. 减：委托贷款及委托投资		-69 200	五、买入返售资产	521 314	111 576
十二、代理金融机构委托贷款基金			六、存放中央准备金存款	3 004	-40 954
其中：中央银行委托贷款基金			七、存放中央银行特种存款		
十三、各项准备			八、缴存中央银行财政性存款		
其中：贷款损失准备			九、同业往来	2 376 396	2 376 336
十四、所有者权益	47 862	-8 589	1. 存放同业	2 376 396	2 376 336
其中：实收资本			其中：存放境外同业		
十五、其他	-618 653	652 887	2. 拆放同业		
			其中：拆放境外同业		
			十、境外联行往来（运用方）		
			十一、代理金融机构贷款		
			其中：代理人行专项贷款		
			十二、库存现金	1 141	104
			十三、外汇买卖（运用方）	116 789	116 789
			其中：结售汇	116 000	116 000
			十四、投资性房地产		
资金来源总计	4 090 923	2 672 723	资金运用总计	4 090 923	2 672 723

表 3.27　上海银行北京分行人民币信贷收支统计

单位：万元

项目名称	余额	比年初	项目名称	余额	比年初
一、各项存款	2 801 929	1 717 374	一、各项贷款	1 031 554	120 776
1. 单位存款	2 761 128	1 723 172	（一）境内贷款	1 031 554	120 776
其中：活期存款	539 196	42 046	1. 短期贷款	832 702	222 710
定期存款	1 530 206	1 404 644	（1）个人贷款及透支	900	-3 764
通知存款	366 605	313 607	其中：个人消费贷款		
保证金存款	35 426	-90 515	（2）单位普通贷款及透支	828 908	223 580
2. 个人存款	35 801	-10 598	其中：经营贷款	814 361	230 460
储蓄存款	35 801	-10 598	固定资产贷款		
保证金存款			（3）普通并购贷款		
结构性存款			（4）银团贷款		
3. 临时性存款		-200	（5）贸易融资	2 894	2 894
4. 其他存款	5 000	5 000	（6）境外筹资转贷款		
二、代理财政性存款		-200	2. 中长期贷款	145 646	-151 996
三、金融债券			（1）个人贷款	4 892	-2 123
其中：境外发行			其中：个人消费贷款	4 833	-1 177
四、中长期借款			（2）单位普通贷款	137 671	-152 956
其中：境外借款			其中：经营贷款	10 000	-91 727
五、应付及暂收款	49 421	43 529	固定资产贷款	127 671	-61 229
其中：应付利息	47 785	44 339	（3）普通并购贷款		
六、卖出回购资产			（4）银团贷款	3 083	3 083
七、向中央银行借款			（5）贸易融资		
八、同业往来（来源方）	5 594 736	5 033 473	（6）境外筹资转贷款		
1. 同业存放	5 591 842	5 030 579	3. 融资租赁		
其中：境外同业存放			4. 票据融资	53 206	50 062
2. 同业拆借	2 894	2 894	其中：贴现	53 206	50 062
其中：境外同业拆借	2 894	2 894	5. 各项垫款		
九、境外联行往来（来源方）			（二）境外贷款		
十、外汇买卖（来源方）	340 828	172 841	二、有价证券		
其中：结售汇	340 828	172 841	三、股权及其他投资		
十一、委托存款及委托投资基金(净)			四、应收及预付款	3 967	366
1. 委托存款及委托投资基金	148 157	122 412	其中：应收利息	17	-38
2. 减：委托贷款及委托投资	148 157	122 412	五、买入返售资产		
十二、代理金融机构委托贷款基金			六、存放中央准备金存款	52 638	17 782
其中：中央银行委托贷款基金			七、存放中央银行特种存款		
十三、各项准备	1 299	-220	八、缴存中央银行财政性存款		-200
其中：贷款损失准备	1 299	-220	九、同业往来	565 698	374 672
十四、所有者权益	23 568	13 573	1. 存放同业	255 698	254 672
其中：实收资本			其中：存放境外同业		
十五、其他	-6 815 169	-6 295 453	2. 拆放同业	310 000	120 000
			其中：拆放境外同业		
			十、境外联行往来（运用方）		
			十一、代理金融机构贷款		
			其中：代理人行专项贷款		
			十二、库存现金	1 928	-1 319
			十三、外汇买卖（运用方）	340 827	172 840
			其中：结售汇	340 827	172 840
			十四、投资性房地产		
资金来源总计	1 996 612	684 917	资金运用总计	1 996 612	684 917

表 3.28　江苏银行北京分行人民币信贷收支统计

单位：万元

项目名称	余额	比年初	项目名称	余额	比年初
一、各项存款	3 504 053	1 051 444	一、各项贷款	1 208 935	437 312
1. 单位存款	3 374 511	970 549	（一）境内贷款	1 208 935	437 312
其中：活期存款	1 016 724	734 742	1. 短期贷款	896 274	359 767
定期存款	1 065 077	-293 159	（1）个人贷款及透支	868	286
通知存款	704 468	379 763	其中：个人消费贷款	523	-47
保证金存款	291 883	23 615	（2）单位普通贷款及透支	846 631	310 706
2. 个人存款	128 366	80 720	其中：经营贷款	830 631	314 706
储蓄存款	128 366	80 720	固定资产贷款	16 000	-4 000
保证金存款			（3）普通并购贷款		
结构性存款			（4）银团贷款	875	875
3. 临时性存款	1 176	175	（5）贸易融资	47 900	47 900
4. 其他存款			（6）境外筹资转贷款		
二、代理财政性存款			2. 中长期贷款	285 205	99 748
三、金融债券			（1）个人贷款	45 571	39 814
其中：境外发行			其中：个人消费贷款	33 422	28 479
四、中长期借款			（2）单位普通贷款	214 634	34 934
其中：境外借款			其中：经营贷款	10 000	-8 000
五、应付及暂收款	53 039	19 918	固定资产贷款	204 634	42 934
其中：应付利息	41 888	13 844	（3）普通并购贷款		
六、卖出回购资产			（4）银团贷款	25 000	25 000
七、向中央银行借款			（5）贸易融资		
八、同业往来（来源方）	2 144 704	1 657 292	（6）境外筹资转贷款		
1. 同业存放	2 098 704	1 611 292	3. 融资租赁		
其中：境外同业存放			4. 票据融资	27 456	-22 203
2. 同业拆借	46 000	46 000	其中：贴现	27 456	-22 203
其中：境外同业拆借			5. 各项垫款		
九、境外联行往来（来源方）			（二）境外贷款		
十、外汇买卖（来源方）	10 211	10 211	二、有价证券		
其中：结售汇	10 211	10 211	三、股权及其他投资		
十一、委托存款及委托投资基金(净)	379	-18 606	四、应收及预付款	12 279	4 488
1. 委托存款及委托投资基金	943 936	289 078	其中：应收利息	9 373	6 053
2. 减：委托贷款及委托投资	943 557	307 684	五、买入返售资产	1 011 308	442 630
十二、代理金融机构委托贷款基金			六、存放中央准备金存款	31 705	11 916
其中：中央银行委托贷款基金			七、存放中央银行特种存款		
十三、各项准备	14 448	14 448	八、缴存中央银行财政性存款		
其中：贷款损失准备	14 448	14 448	九、同业往来	919 210	375 857
十四、所有者权益	41 781	41 781	1. 存放同业	690 145	379 106
其中：实收资本			其中：存放境外同业		
十五、其他	-2 573 106	-1 492 885	2. 拆放同业	229 065	-3 249
			其中：拆放境外同业		
			十、境外联行往来（运用方）		
			十一、代理金融机构贷款		
			其中：代理人行专项贷款		
			十二、库存现金	1 861	1 189
			十三、外汇买卖（运用方）	10 211	10 211
			其中：结售汇	10 211	10 211
			十四、投资性房地产		
资金来源总计	3 195 509	1 283 603	资金运用总计	3 195 509	1 283 603

表 3. 29　宁波银行北京分行人民币信贷收支统计

单位：万元

项目名称	余额	比年初	项目名称	余额	比年初
一、各项存款	991 855	335 512	一、各项贷款	531 124	228 784
1. 单位存款	940 687	325 843	（一）境内贷款	531 124	228 784
其中：活期存款	231 008	60 583	1. 短期贷款	235 398	4 857
定期存款	185 187	74 923	（1）个人贷款及透支	32 881	18 326
通知存款	220 320	131 808	其中：个人消费贷款	25 727	16 072
保证金存款	88 842	-4 698	（2）单位普通贷款及透支	201 088	-14 898
2. 个人存款	50 668	9 327	其中：经营贷款	201 088	-14 898
储蓄存款	50 668	9 327	固定资产贷款		
保证金存款			（3）普通并购贷款		
结构性存款			（4）银团贷款		
3. 临时性存款	500	342	（5）贸易融资	1 429	1 429
4. 其他存款			（6）境外筹资转贷款		
二、代理财政性存款			2. 中长期贷款	108 963	45 239
三、金融债券			（1）个人贷款	5 493	-49
其中：境外发行			其中：个人消费贷款	5 493	401
四、中长期借款			（2）单位普通贷款	103 470	45 288
其中：境外借款			其中：经营贷款	26 670	6 488
五、应付及暂收款	12 861	9 782	固定资产贷款	76 800	38 800
其中：应付利息	3 231	2 206	（3）普通并购贷款		
六、卖出回购资产	12 350	12 350	（4）银团贷款		
七、向中央银行借款			（5）贸易融资		
八、同业往来（来源方）	341 549	341 549	（6）境外筹资转贷款		
1. 同业存放	341 549	341 549	3. 融资租赁		
其中：境外同业存放			4. 票据融资	186 763	178 688
2. 同业拆借			其中：贴现	186 763	178 688
其中：境外同业拆借			5. 各项垫款		
九、境外联行往来（来源方）			（二）境外贷款		
十、外汇买卖（来源方）			二、有价证券		
其中：结售汇			三、股权及其他投资	10 000	10 000
十一、委托存款及委托投资基金(净)			四、应收及预付款	1 199	1 174
1. 委托存款及委托投资基金	318 747	178 787	其中：应收利息	848	848
2. 减：委托贷款及委托投资	318 747	178 787	五、买入返售资产	59 820	39 820
十二、代理金融机构委托贷款基金			六、存放中央准备金存款	19 913	3 540
其中：中央银行委托贷款基金			七、存放中央银行特种存款		
十三、各项准备	7 419	4 412	八、缴存中央银行财政性存款		
其中：贷款损失准备	7 419	4 412	九、同业往来	80 859	79 866
十四、所有者权益	7 578	6 263	1. 存放同业	859	-134
其中：实收资本			其中：存放境外同业		
十五、其他	-669 559	-345 908	2. 拆放同业	80 000	80 000
			其中：拆放境外同业		
			十、境外联行往来（运用方）		
			十一、代理金融机构贷款		
			其中：代理人行专项贷款		
			十二、库存现金	1 138	776
			十三、外汇买卖（运用方）		
			其中：结售汇		
			十四、投资性房地产		
资金来源总计	704 053	363 960	资金运用总计	704 053	363 960

表 3.30　包商银行北京分行人民币信贷收支统计

单位：万元

项目名称	余额	比年初	项目名称	余额	比年初
一、各项存款	1 137 177	781 813	一、各项贷款	183 113	149 717
1. 单位存款	1 047 928	729 801	（一）境内贷款	183 113	149 717
其中：活期存款	76 955	4 793	1. 短期贷款	154 961	128 468
定期存款	384 928	344 413	（1）个人贷款及透支	39 361	30 101
通知存款	2 000	-17 810	其中：个人消费贷款	2 395	2 395
保证金存款	173 465	37 825	（2）单位普通贷款及透支	115 600	98 367
2. 个人存款	88 817	51 580	其中：经营贷款	115 600	98 367
储蓄存款	88 817	51 580	固定资产贷款		
保证金存款			（3）普通并购贷款		
结构性存款			（4）银团贷款		
3. 临时性存款	432	432	（5）贸易融资		
4. 其他存款			（6）境外筹资转贷款		
二、代理财政性存款			2. 中长期贷款	17 101	10 198
三、金融债券			（1）个人贷款	15 162	9 275
其中：境外发行			其中：个人消费贷款	3 548	2 660
四、中长期借款			（2）单位普通贷款	1 939	923
其中：境外借款			其中：经营贷款	1 939	923
五、应付及暂收款	41 401	20 292	固定资产贷款		
其中：应付利息	37 893	18 424	（3）普通并购贷款		
六、卖出回购资产			（4）银团贷款		
七、向中央银行借款			（5）贸易融资		
八、同业往来（来源方）	1 452 179	65 000	（6）境外筹资转贷款		
1. 同业存放	1 452 179	65 000	3. 融资租赁		
其中：境外同业存放			4. 票据融资	11 051	11 051
2. 同业拆借			其中：贴现	11 051	11 051
其中：境外同业拆借			5. 各项垫款		
九、境外联行往来（来源方）			（二）境外贷款		
十、外汇买卖（来源方）			二、有价证券		
其中：结售汇			三、股权及其他投资		
十一、委托存款及委托投资基金(净)			四、应收及预付款	333 426	283 731
1. 委托存款及委托投资基金	38 500	38 500	其中：应收利息	9 406	-10 586
2. 减：委托贷款及委托投资	38 500	38 500	五、买入返售资产	98 189	98 189
十二、代理金融机构委托贷款基金		-8 800	六、存放中央准备金存款	5 648	-6 443
其中：中央银行委托贷款基金			七、存放中央银行特种存款		
十三、各项准备	46	44	八、缴存中央银行财政性存款		
其中：贷款损失准备	46	44	九、同业往来	386 198	91 323
十四、所有者权益	17 878	16 823	1. 存放同业	386 198	231 323
其中：实收资本			其中：存放境外同业		
十五、其他	-1 640 308	-266 081	2. 拆放同业		-140 000
			其中：拆放境外同业		
			十、境外联行往来（运用方）		
			十一、代理金融机构贷款		-8 800
			其中：代理人行专项贷款		
			十二、库存现金	1 799	1 374
			十三、外汇买卖（运用方）		
			其中：结售汇		
			十四、投资性房地产		
资金来源总计	1 008 373	609 091	资金运用总计	1 008 373	609 091

表 3.31 锦州银行北京分行人民币信贷收支统计

单位：万元

项目名称	余额	比年初	项目名称	余额	比年初
一、各项存款	1 020 011	605 421	一、各项贷款	154 813	93 859
1. 单位存款	966 726	584 133	（一）境内贷款	154 813	93 859
其中：活期存款	168 656	41 057	1. 短期贷款	115 155	66 526
定期存款	277 784	124 619	（1）个人贷款及透支	50 281	12 082
通知存款	1 557	-10 241	其中：个人消费贷款		
保证金存款	77 821	30 758	（2）单位普通贷款及透支	64 874	54 444
2. 个人存款	53 284	21 287	其中：经营贷款	64 874	54 444
储蓄存款	53 284	21 287	固定资产贷款		
保证金存款			（3）普通并购贷款		
结构性存款			（4）银团贷款		
3. 临时性存款			（5）贸易融资		
4. 其他存款	1	1	（6）境外筹资转贷款		
二、代理财政性存款			2. 中长期贷款	39 458	37 033
三、金融债券			（1）个人贷款	2 478	53
其中：境外发行			其中：个人消费贷款	283	283
四、中长期借款			（2）单位普通贷款	36 980	36 980
其中：境外借款			其中：经营贷款	36 980	36 980
五、应付及暂收款	11 987	8 326	固定资产贷款		
其中：应付利息	10 913	7 520	（3）普通并购贷款		
六、卖出回购资产			（4）银团贷款		
七、向中央银行借款			（5）贸易融资		
八、同业往来（来源方）	470 918	208 906	（6）境外筹资转贷款		
1. 同业存放	470 918	208 906	3. 融资租赁		
其中：境外同业存放			4. 票据融资	200	-9 700
2. 同业拆借			其中：贴现	200	-9 700
其中：境外同业拆借			5. 各项垫款		
九、境外联行往来（来源方）			（二）境外贷款		
十、外汇买卖（来源方）	23 767	23 767	二、有价证券	300 687	300 687
其中：结售汇	23 767	23 767	三、股权及其他投资		
十一、委托存款及委托投资基金(净)			四、应收及预付款	4 894	3 161
1. 委托存款及委托投资基金	59 820	47 500	其中：应收利息	2 524	1 178
2. 减：委托贷款及委托投资	59 820	47 500	五、买入返售资产		
十二、代理金融机构委托贷款基金			六、存放中央准备金存款	6 563	-2 460
其中：中央银行委托贷款基金			七、存放中央银行特种存款		
十三、各项准备			八、缴存中央银行财政性存款		
其中：贷款损失准备			九、同业往来	250 276	139 888
十四、所有者权益	6 749	6 749	1. 存放同业	250 276	139 888
其中：实收资本			其中：存放境外同业		
十五、其他	-792 085	-294 053	2. 拆放同业		
			其中：拆放境外同业		
			十、境外联行往来（运用方）		
			十一、代理金融机构贷款		
			其中：代理人行专项贷款		
			十二、库存现金	347	214
			十三、外汇买卖（运用方）	23 767	23 767
			其中：结售汇	23 767	23 767
			十四、投资性房地产		
资金来源总计	741 347	559 116	资金运用总计	741 347	559 116

表 3.32　北京农商银行人民币信贷收支统计

单位：万元

项目名称	余额	比年初	项目名称	余额	比年初
一、各项存款	35 416 494	1 938 175	一、各项贷款	20 262 053	3 315 810
1. 单位存款	16 852 701	-1 197 861	（一）境内贷款	20 262 053	3 315 810
其中：活期存款	12 301 302	-801 108	1. 短期贷款	7 513 785	1 220 132
定期存款	3 969 834	-230 367	（1）个人贷款及透支	46 251	-21 820
通知存款	365 043	-270 697	其中：个人消费贷款	635	148
保证金存款	67 389	-28 341	（2）单位普通贷款及透支	7 455 959	1 230 377
2. 个人存款	18 043 538	2 634 955	其中：经营贷款	7 430 772	1 336 903
储蓄存款	18 043 538	2 634 965	固定资产贷款	25 187	-106 525
保证金存款		-10	（3）普通并购贷款		
结构性存款			（4）银团贷款		
3. 临时性存款	20 025	1 077	（5）贸易融资	11 575	11 575
4. 其他存款	500 230	500 004	（6）境外筹资转贷款		
二、代理财政性存款	11 471	-39 208	2. 中长期贷款	9 150 194	102 811
三、金融债券	760 000	510 000	（1）个人贷款	492 091	-102 548
其中：境外发行			其中：个人消费贷款	417 586	-77 658
四、中长期借款			（2）单位普通贷款	7 277 835	-308 623
其中：境外借款			其中：经营贷款	2 139 571	-1 576 823
五、应付及暂收款	940 284	255 550	固定资产贷款	5 138 264	1 268 200
其中：应付利息	570 433	212 475	（3）普通并购贷款		
六、卖出回购资产	2 882 100	1 481 580	（4）银团贷款	1 380 268	513 982
七、向中央银行借款		-14 218	（5）贸易融资		
八、同业往来（来源方）	386 405	253 573	（6）境外筹资转贷款		
1. 同业存放	286 405	153 573	3. 融资租赁		
其中：境外同业存放			4. 票据融资	3 573 197	1 996 122
2. 同业拆借	100 000	100 000	其中：贴现	3 573 197	1 996 122
其中：境外同业拆借			5. 各项垫款	24 877	-3 255
九、境外联行往来（来源方）			（二）境外贷款		
十、外汇买卖（来源方）	4	4	二、有价证券	7 911 672	1 348 489
其中：结售汇	4	4	三、股权及其他投资	6 063	270
十一、委托存款及委托投资基金(净)	1 289	1 289	四、应收及预付款	170 060	-2 718
1. 委托存款及委托投资基金	1 722 475	285 391	其中：应收利息	97 689	-1 760
2. 减：委托贷款及委托投资	1 721 186	284 103	五、买入返售资产	1 416 147	-103 987
十二、代理金融机构委托贷款基金			六、存放中央准备金存款	7 209 439	46 863
其中：中央银行委托贷款基金			七、存放中央银行特种存款		
十三、各项准备	1 210 296	112 964	八、缴存中央银行财政性存款	11 232	-27 419
其中：贷款损失准备	956 617	36 354	九、同业往来	5 367 337	-49 392
十四、所有者权益	1 882 639	259 992	1. 存放同业	4 407 337	-654 025
其中：实收资本	955 225		其中：存放境外同业		
十五、其他	-941 960	-198 504	2. 拆放同业	960 000	604 633
			其中：拆放境外同业		
			十、境外联行往来（运用方）		
			十一、代理金融机构贷款		
			其中：代理人行专项贷款		
			十二、库存现金	194 822	33 318
			十三、外汇买卖（运用方）		-20
			其中：结售汇		-20
			十四、投资性房地产	197	-17
资金来源总计	42 549 022	4 561 196	资金运用总计	42 549 022	4 561 196

表 3.33　北京密云汇丰村镇银行人民币信贷收支统计

单位：万元

项目名称	余额	比年初	项目名称	余额	比年初
一、各项存款	10 957	533	一、各项贷款	9 265	3 337
1. 单位存款	7 603	17	（一）境内贷款	9 265	3 337
其中：活期存款	6 251	-546	1. 短期贷款	9 221	3 293
定期存款	1 352	562	（1）个人贷款及透支	1 854	407
通知存款			其中：个人消费贷款		
保证金存款			（2）单位普通贷款及透支	7 366	2 885
2. 个人存款	3 354	516	其中：经营贷款	7 366	2 885
储蓄存款	3 354	516	固定资产贷款		
保证金存款			（3）普通并购贷款		
结构性存款			（4）银团贷款		
3. 临时性存款			（5）贸易融资		
4. 其他存款			（6）境外筹资转贷款		
二、代理财政性存款			2. 中长期贷款	45	45
三、金融债券			（1）个人贷款	45	45
其中：境外发行			其中：个人消费贷款	45	45
四、中长期借款			（2）单位普通贷款		
其中：境外借款			其中：经营贷款		
五、应付及暂收款	148	3	固定资产贷款		
其中：应付利息	74	37	（3）普通并购贷款		
六、卖出回购资产			（4）银团贷款		
七、向中央银行借款			（5）贸易融资		
八、同业往来（来源方）	1 100	1 100	（6）境外筹资转贷款		
1. 同业存放	1 100	1 100	3. 融资租赁		
其中：境外同业存放			4. 票据融资		
2. 同业拆借			其中：贴现		
其中：境外同业拆借			5. 各项垫款		
九、境外联行往来（来源方）			（二）境外贷款		
十、外汇买卖（来源方）			二、有价证券		
其中：结售汇			三、股权及其他投资		
十一、委托存款及委托投资基金(净)			四、应收及预付款	61	18
1. 委托存款及委托投资基金			其中：应收利息	43	20
2. 减：委托贷款及委托投资			五、买入返售资产		
十二、代理金融机构委托贷款基金			六、存放中央准备金存款	2 565	-899
其中：中央银行委托贷款基金			七、存放中央银行特种存款		
十三、各项准备	136	98	八、缴存中央银行财政性存款		
其中：贷款损失准备	136	98	九、同业往来	4 257	-854
十四、所有者权益	4 147	-90	1. 存放同业	4 257	-854
其中：实收资本	5 000		其中：存放境外同业		
十五、其他	-174	76	2. 拆放同业		
			其中：拆放境外同业		
			十、境外联行往来（运用方）		
			十一、代理金融机构贷款		
			其中：代理人行专项贷款		
			十二、库存现金	165	117
			十三、外汇买卖（运用方）		
			其中：结售汇		
			十四、投资性房地产		
资金来源总计	16 314	1 720	资金运用总计	16 314	1 720

表 3.34　北京延庆村镇银行人民币信贷收支统计

单位：万元

项目名称	余额	比年初	项目名称	余额	比年初
一、各项存款	39 911	8 305	一、各项贷款	25 020	5 011
1. 单位存款	26 899	6 444	（一）境内贷款	25 020	5 011
其中：活期存款	16 700	868	1. 短期贷款	17 574	4 356
定期存款	6 716	3 498	（1）个人贷款及透支	17 344	4 206
通知存款	2 300	1 730	其中：个人消费贷款	11	-200
保证金存款	1 183	348	（2）单位普通贷款及透支	230	150
2. 个人存款	13 012	1 861	其中：经营贷款	230	150
储蓄存款	13 012	1 861	固定资产贷款		
保证金存款			（3）普通并购贷款		
结构性存款			（4）银团贷款		
3. 临时性存款			（5）贸易融资		
4. 其他存款			（6）境外筹资转贷款		
二、代理财政性存款			2. 中长期贷款	7 446	655
三、金融债券			（1）个人贷款	7 106	1 132
其中：境外发行			其中：个人消费贷款	297	-35
四、中长期借款			（2）单位普通贷款	340	-327
其中：境外借款			其中：经营贷款	340	-327
五、应付及暂收款	493	269	固定资产贷款		
其中：应付利息	325	186	（3）普通并购贷款		
六、卖出回购资产			（4）银团贷款		-150
七、向中央银行借款			（5）贸易融资		
八、同业往来（来源方）	2 116	988	（6）境外筹资转贷款		
1. 同业存放	2 116	988	3. 融资租赁		
其中：境外同业存放			4. 票据融资		
2. 同业拆借			其中：贴现		
其中：境外同业拆借			5. 各项垫款		
九、境外联行往来（来源方）			（二）境外贷款		
十、外汇买卖（来源方）			二、有价证券		
其中：结售汇			三、股权及其他投资		
十一、委托存款及委托投资基金(净)			四、应收及预付款	95	20
1. 委托存款及委托投资基金			其中：应收利息	95	20
2. 减：委托贷款及委托投资			五、买入返售资产		
十二、代理金融机构委托贷款基金			六、存放中央准备金存款	6 606	1 058
其中：中央银行委托贷款基金			七、存放中央银行特种存款		
十三、各项准备	401	200	八、缴存中央银行财政性存款		
其中：贷款损失准备	401	200	九、同业往来	14 976	4 603
十四、所有者权益	4 528	856	1. 存放同业	14 976	4 603
其中：实收资本	3 000		其中：存放境外同业		
十五、其他	-566	137	2. 拆放同业		
			其中：拆放境外同业		
			十、境外联行往来（运用方）		
			十一、代理金融机构贷款		
			其中：代理人行专项贷款		
			十二、库存现金	187	63
			十三、外汇买卖（运用方）		
			其中：结售汇		
			十四、投资性房地产		
资金来源总计	46 884	10 756	资金运用总计	46 884	10 756

表 3.35　北京怀柔村镇银行人民币信贷收支统计

单位：万元

项目名称	余额	比年初	项目名称	余额	比年初
一、各项存款	103 954	44 229	一、各项贷款	71 439	27 039
1. 单位存款	96 291	42 280	（一）境内贷款	71 439	27 039
其中：活期存款	67 069	46 027	1. 短期贷款	30 790	16 180
定期存款	27 880	-3 572	（1）个人贷款及透支	13 122	3 344
通知存款			其中：个人消费贷款	30	-235
保证金存款	1 342	-175	（2）单位普通贷款及透支	17 668	12 836
2. 个人存款	7 662	1 949	其中：经营贷款	17 668	12 836
储蓄存款	7 662	1 949	固定资产贷款		
保证金存款			（3）普通并购贷款		
结构性存款			（4）银团贷款		
3. 临时性存款			（5）贸易融资		
4. 其他存款			（6）境外筹资转贷款		
二、代理财政性存款			2. 中长期贷款	21 236	5 099
三、金融债券			（1）个人贷款	18 006	6 519
其中：境外发行			其中：个人消费贷款	2 556	1 899
四、中长期借款			（2）单位普通贷款	3 230	-1 420
其中：境外借款			其中：经营贷款	3 230	-1 420
五、应付及暂收款	895	-528	固定资产贷款		
其中：应付利息	544	291	（3）普通并购贷款		
六、卖出回购资产			（4）银团贷款		
七、向中央银行借款			（5）贸易融资		
八、同业往来（来源方）	66 500	56 500	（6）境外筹资转贷款		
1. 同业存放	66 500	56 500	3. 融资租赁		
其中：境外同业存放			4. 票据融资	19 413	5 760
2. 同业拆借			其中：贴现	19 413	5 760
其中：境外同业拆借			5. 各项垫款		
九、境外联行往来（来源方）			（二）境外贷款		
十、外汇买卖（来源方）			二、有价证券		
其中：结售汇			三、股权及其他投资		
十一、委托存款及委托投资基金(净)			四、应收及预付款	756	447
1. 委托存款及委托投资基金	13 067	13 067	其中：应收利息	292	220
2. 减：委托贷款及委托投资	13 067	13 067	五、买入返售资产		
十二、代理金融机构委托贷款基金			六、存放中央准备金存款	33 671	23 212
其中：中央银行委托贷款基金			七、存放中央银行特种存款		
十三、各项准备	1 072	671	八、缴存中央银行财政性存款		
其中：贷款损失准备	1 072	671	九、同业往来	62 117	40 990
十四、所有者权益	11 874	1 406	1. 存放同业	62 117	40 990
其中：实收资本	10 000		其中：存放境外同业		
十五、其他	-16 166	-10 597	2. 拆放同业		
			其中：拆放境外同业		
			十、境外联行往来（运用方）		
			十一、代理金融机构贷款		
			其中：代理人行专项贷款		
			十二、库存现金	147	-6
			十三、外汇买卖（运用方）		
			其中：结售汇		
			十四、投资性房地产		
资金来源总计	168 130	91 682	资金运用总计	168 130	91 682

表3.36 北京大兴华夏村镇银行人民币信贷收支统计

单位：万元

项目名称	余额	比年初	项目名称	余额	比年初
一、各项存款	50 614	22 279	一、各项贷款	31 682	28 540
1. 单位存款	40 589	13 539	（一）境内贷款	31 682	28 540
其中：活期存款	20 901	13 495	1. 短期贷款	23 678	20 605
定期存款	3 375	-5 402	（1）个人贷款及透支	5 243	3 930
通知存款	200	200	其中：个人消费贷款		
保证金存款	8 108	8 018	（2）单位普通贷款及透支	18 435	16 675
2. 个人存款	9 875	8 590	其中：经营贷款	18 435	16 675
储蓄存款	9 846	8 597	固定资产贷款		
保证金存款	29	-7	（3）普通并购贷款		
结构性存款			（4）银团贷款		
3. 临时性存款	150	150	（5）贸易融资		
4. 其他存款			（6）境外筹资转贷款		
二、代理财政性存款			2. 中长期贷款	3 734	3 665
三、金融债券			（1）个人贷款	53	34
其中：境外发行			其中：个人消费贷款	27	27
四、中长期借款			（2）单位普通贷款	3 681	3 631
其中：境外借款			其中：经营贷款	3 681	3 631
五、应付及暂收款	359	107	固定资产贷款		
其中：应付利息	182	79	（3）普通并购贷款		
六、卖出回购资产			（4）银团贷款		
七、向中央银行借款			（5）贸易融资		
八、同业往来（来源方）			（6）境外筹资转贷款		
1. 同业存放			3. 融资租赁		
其中：境外同业存放			4. 票据融资	4 270	4 270
2. 同业拆借			其中：贴现	4 270	4 270
其中：境外同业拆借			5. 各项垫款		
九、境外联行往来（来源方）			（二）境外贷款		
十、外汇买卖（来源方）			二、有价证券		
其中：结售汇			三、股权及其他投资		
十一、委托存款及委托投资基金(净)			四、应收及预付款	141	84
1. 委托存款及委托投资基金	35 000	28 000	其中：应收利息	141	87
2. 减：委托贷款及委托投资	35 000	28 000	五、买入返售资产		
十二、代理金融机构委托贷款基金			六、存放中央准备金存款	10 572	7 715
其中：中央银行委托贷款基金			七、存放中央银行特种存款		
十三、各项准备	492	461	八、缴存中央银行财政性存款		
其中：贷款损失准备	492	461	九、同业往来	17 825	-13 145
十四、所有者权益	9 514	360	1. 存放同业	13 585	-17 385
其中：实收资本	10 000		其中：存放境外同业		
十五、其他	-538	176	2. 拆放同业	4 240	4 240
			其中：拆放境外同业		
			十、境外联行往来（运用方）		
			十一、代理金融机构贷款		
			其中：代理人行专项贷款		
			十二、库存现金	223	190
			十三、外汇买卖（运用方）		
			其中：结售汇		
			十四、投资性房地产		
资金来源总计	60 442	23 384	资金运用总计	60 442	23 384

表 3.37　北京昌平兆丰村镇银行人民币信贷收支统计

单位：万元

项目名称	余额	比年初	项目名称	余额	比年初
一、各项存款	31 877	1 243	一、各项贷款	22 127	1 603
1. 单位存款	21 044	3 272	（一）境内贷款	22 127	1 603
其中：活期存款	18 380	4 522	1. 短期贷款	15 145	-1 141
定期存款	1 401	-709	（1）个人贷款及透支	7 554	-1 530
通知存款	100	-20	其中：个人消费贷款	169	59
保证金存款	1 163	-521	（2）单位普通贷款及透支	7 591	389
2. 个人存款	10 833	-2 029	其中：经营贷款	7 591	389
储蓄存款	10 833	-2 029	固定资产贷款		
保证金存款			（3）普通并购贷款		
结构性存款			（4）银团贷款		
3. 临时性存款			（5）贸易融资		
4. 其他存款			（6）境外筹资转贷款		
二、代理财政性存款			2. 中长期贷款	6 983	2 744
三、金融债券			（1）个人贷款	4 601	2 331
其中：境外发行			其中：个人消费贷款	791	586
四、中长期借款			（2）单位普通贷款	2 381	413
其中：境外借款			其中：经营贷款	2 316	647
五、应付及暂收款	118	13	固定资产贷款	66	-234
其中：应付利息	60		（3）普通并购贷款		
六、卖出回购资产			（4）银团贷款		
七、向中央银行借款			（5）贸易融资		
八、同业往来（来源方）			（6）境外筹资转贷款		
1. 同业存放			3. 融资租赁		
其中：境外同业存放			4. 票据融资		
2. 同业拆借			其中：贴现		
其中：境外同业拆借			5. 各项垫款		
九、境外联行往来（来源方）			（二）境外贷款		
十、外汇买卖（来源方）			二、有价证券		
其中：结售汇			三、股权及其他投资		
十一、委托存款及委托投资基金(净)			四、应收及预付款	180	125
1. 委托存款及委托投资基金			其中：应收利息	93	93
2. 减：委托贷款及委托投资			五、买入返售资产		
十二、代理金融机构委托贷款基金			六、存放中央准备金存款	5 131	787
其中：中央银行委托贷款基金			七、存放中央银行特种存款		
十三、各项准备	704	499	八、缴存中央银行财政性存款		
其中：贷款损失准备	704	499	九、同业往来	10 199	-949
十四、所有者权益	6 268	274	1. 存放同业	10 199	-949
其中：实收资本	7 000		其中：存放境外同业		
十五、其他	-1 122	-374	2. 拆放同业		
			其中：拆放境外同业		
			十、境外联行往来（运用方）		
			十一、代理金融机构贷款		
			其中：代理人行专项贷款		
			十二、库存现金	208	89
			十三、外汇买卖（运用方）		
			其中：结售汇		
			十四、投资性房地产		
资金来源总计	37 846	1 654	资金运用总计	37 846	1 654

表 3.38　北京大兴九银村镇银行人民币信贷收支统计

单位：万元

项目名称	余额	比年初	项目名称	余额	比年初
一、各项存款	153 982	51 405	一、各项贷款	78 271	25 565
1. 单位存款	141 568	47 984	（一）境内贷款	78 271	25 565
其中：活期存款	63 464	18 710	1. 短期贷款	38 153	13 847
定期存款	33 997	9 128	（1）个人贷款及透支	18 243	7 706
通知存款	14 460	6 560	其中：个人消费贷款	105	70
保证金存款	29 646	13 586	（2）单位普通贷款及透支	19 910	6 141
2. 个人存款	12 415	3 451	其中：经营贷款	19 910	6 141
储蓄存款	12 415	3 451	固定资产贷款		
保证金存款			（3）普通并购贷款		
结构性存款			（4）银团贷款		
3. 临时性存款		-30	（5）贸易融资		
4. 其他存款			（6）境外筹资转贷款		
二、代理财政性存款			2. 中长期贷款	8 143	-419
三、金融债券			（1）个人贷款	3 373	891
其中：境外发行			其中：个人消费贷款	85	-15
四、中长期借款			（2）单位普通贷款	4 770	-1 310
其中：境外借款			其中：经营贷款	4 770	-1 310
五、应付及暂收款	841	-109	固定资产贷款		
其中：应付利息	564	131	（3）普通并购贷款		
六、卖出回购资产			（4）银团贷款		
七、向中央银行借款		-1 860	（5）贸易融资		
八、同业往来（来源方）	39	-3 930	（6）境外筹资转贷款		
1. 同业存放	39	-3 930	3. 融资租赁		
其中：境外同业存放			4. 票据融资	31 976	12 137
2. 同业拆借			其中：贴现	31 976	12 137
其中：境外同业拆借			5. 各项垫款		
九、境外联行往来（来源方）			（二）境外贷款		
十、外汇买卖（来源方）			二、有价证券		
其中：结售汇			三、股权及其他投资		
十一、委托存款及委托投资基金(净)			四、应收及预付款	70	19
1. 委托存款及委托投资基金	8 000	8 000	其中：应收利息	51	5
2. 减：委托贷款及委托投资	8 000	8 000	五、买入返售资产		
十二、代理金融机构委托贷款基金			六、存放中央准备金存款	27 829	6 626
其中：中央银行委托贷款基金			七、存放中央银行特种存款		
十三、各项准备	1 773	1 141	八、缴存中央银行财政性存款		
其中：贷款损失准备	1 773	1 141	九、同业往来	62 500	15 944
十四、所有者权益	13 025	1 660	1. 存放同业	62 500	15 944
其中：实收资本	10 000		其中：存放境外同业		
十五、其他	-532	112	2. 拆放同业		
			其中：拆放境外同业		
			十、境外联行往来（运用方）		
			十一、代理金融机构贷款		
			其中：代理人行专项贷款		
			十二、库存现金	459	265
			十三、外汇买卖（运用方）		
			其中：结售汇		
			十四、投资性房地产		
资金来源总计	169 128	48 419	资金运用总计	169 128	48 419

表 3.39 北京顺义银座村镇银行人民币信贷收支统计

单位：万元

项目名称	余额	比年初	项目名称	余额	比年初
一、各项存款	167 768	51 128	一、各项贷款	96 725	48 159
1. 单位存款	89 649	14 271	（一）境内贷款	96 725	48 159
其中：活期存款	68 417	17 474	1. 短期贷款	92 512	46 875
定期存款	19 951	−4 253	（1）个人贷款及透支	80 012	38 545
通知存款	1 000	1 000	其中：个人消费贷款	969	453
保证金存款	281	51	（2）单位普通贷款及透支	12 500	8 330
2. 个人存款	78 119	36 857	其中：经营贷款	12 500	8 330
储蓄存款	78 119	36 857	固定资产贷款		
保证金存款			（3）普通并购贷款		
结构性存款			（4）银团贷款		
3. 临时性存款			（5）贸易融资		
4. 其他存款			（6）境外筹资转贷款		
二、代理财政性存款			2. 中长期贷款	359	221
三、金融债券			（1）个人贷款	359	221
其中：境外发行			其中：个人消费贷款	359	221
四、中长期借款			（2）单位普通贷款		
其中：境外借款			其中：经营贷款		
五、应付及暂收款	1 712	1 120	固定资产贷款		
其中：应付利息	1 012	737	（3）普通并购贷款		
六、卖出回购资产			（4）银团贷款		
七、向中央银行借款			（5）贸易融资		
八、同业往来（来源方）			（6）境外筹资转贷款		
1. 同业存放			3. 融资租赁		
其中：境外同业存放			4. 票据融资	3 853	1 063
2. 同业拆借			其中：贴现	3 853	1 063
其中：境外同业拆借			5. 各项垫款		
九、境外联行往来（来源方）			（二）境外贷款		
十、外汇买卖（来源方）			二、有价证券		
其中：结售汇			三、股权及其他投资		
十一、委托存款及委托投资基金(净)			四、应收及预付款	517	338
1. 委托存款及委托投资基金			其中：应收利息	321	163
2. 减：委托贷款及委托投资			五、买入返售资产		
十二、代理金融机构委托贷款基金			六、存放中央准备金存款	87 145	9 556
其中：中央银行委托贷款基金			七、存放中央银行特种存款		
十三、各项准备	1 451	965	八、缴存中央银行财政性存款		
其中：贷款损失准备	1 451	965	九、同业往来	1 846	−2 957
十四、所有者权益	16 996	1 986	1. 存放同业	1 846	−2 957
其中：实收资本	15 000		其中：存放境外同业		
十五、其他	93	784	2. 拆放同业		
			其中：拆放境外同业		
			十、境外联行往来（运用方）		
			十一、代理金融机构贷款		
			其中：代理人行专项贷款		
			十二、库存现金	1 788	888
			十三、外汇买卖（运用方）		
			其中：结售汇		
			十四、投资性房地产		
资金来源总计	188 020	55 983	资金运用总计	188 020	55 983

表 3.40　北京市通州国开村镇银行人民币信贷收支统计

单位：万元

项目名称	余额	比年初	项目名称	余额	比年初
一、各项存款	136 518	136 518	一、各项贷款	12 234	12 234
1. 单位存款	136 283	136 283	（一）境内贷款	12 234	12 234
其中：活期存款	128 587	128 587	1. 短期贷款	11 070	11 070
定期存款	2 520	2 520	（1）个人贷款及透支	150	150
通知存款			其中：个人消费贷款		
保证金存款			（2）单位普通贷款及透支	10 920	10 920
2. 个人存款	235	235	其中：经营贷款	10 920	10 920
储蓄存款	235	235	固定资产贷款		
保证金存款			（3）普通并购贷款		
结构性存款			（4）银团贷款		
3. 临时性存款			（5）贸易融资		
4. 其他存款			（6）境外筹资转贷款		
二、代理财政性存款			2. 中长期贷款	1 164	1 164
三、金融债券			（1）个人贷款		
其中：境外发行			其中：个人消费贷款		
四、中长期借款			（2）单位普通贷款	1 164	1 164
其中：境外借款			其中：经营贷款	1 164	1 164
五、应付及暂收款	319	319	固定资产贷款		
其中：应付利息	15	15	（3）普通并购贷款		
六、卖出回购资产			（4）银团贷款		
七、向中央银行借款			（5）贸易融资		
八、同业往来（来源方）			（6）境外筹资转贷款		
1. 同业存放			3. 融资租赁		
其中：境外同业存放			4. 票据融资		
2. 同业拆借			其中：贴现		
其中：境外同业拆借			5. 各项垫款		
九、境外联行往来（来源方）			（二）境外贷款		
十、外汇买卖（来源方）			二、有价证券		
其中：结售汇			三、股权及其他投资		
十一、委托存款及委托投资基金(净)			四、应收及预付款	29	29
1. 委托存款及委托投资基金			其中：应收利息	28	28
2. 减：委托贷款及委托投资			五、买入返售资产		
十二、代理金融机构委托贷款基金			六、存放中央准备金存款	13 217	13 217
其中：中央银行委托贷款基金			七、存放中央银行特种存款		
十三、各项准备	330	330	八、缴存中央银行财政性存款		
其中：贷款损失准备	330	330	九、同业往来	121 084	121 084
十四、所有者权益	10 126	10 126	1. 存放同业	121 084	121 084
其中：实收资本	10 000	10 000	其中：存放境外同业		
十五、其他	-641	-641	2. 拆放同业		
			其中：拆放境外同业		
			十、境外联行往来（运用方）		
			十一、代理金融机构贷款		
			其中：代理人行专项贷款		
			十二、库存现金	88	88
			十三、外汇买卖（运用方）		
			其中：结售汇		
			十四、投资性房地产		
资金来源总计	146 652	146 652	资金运用总计	146 652	146 652

表 3.41　门头沟村镇银行人民币信贷收支统计

单位：万元

项目名称	余额	比年初	项目名称	余额	比年初
一、各项存款	28 551	28 551	一、各项贷款	22 029	22 029
1. 单位存款	16 766	16 766	（一）境内贷款	22 029	22 029
其中：活期存款	7 701	7 701	1. 短期贷款	22 029	22 029
定期存款	5 395	5 395	（1）个人贷款及透支	14 629	14 629
通知存款			其中：个人消费贷款		
保证金存款	3 670	3 670	（2）单位普通贷款及透支	7 400	7 400
2. 个人存款	11 785	11 785	其中：经营贷款	7 400	7 400
储蓄存款	11 785	11 785	固定资产贷款		
保证金存款			（3）普通并购贷款		
结构性存款			（4）银团贷款		
3. 临时性存款			（5）贸易融资		
4. 其他存款			（6）境外筹资转贷款		
二、代理财政性存款			2. 中长期贷款		
三、金融债券			（1）个人贷款		
其中：境外发行			其中：个人消费贷款		
四、中长期借款			（2）单位普通贷款		
其中：境外借款			其中：经营贷款		
五、应付及暂收款	133	133	固定资产贷款		
其中：应付利息	84	84	（3）普通并购贷款		
六、卖出回购资产			（4）银团贷款		
七、向中央银行借款			（5）贸易融资		
八、同业往来（来源方）			（6）境外筹资转贷款		
1. 同业存放			3. 融资租赁		
其中：境外同业存放			4. 票据融资		
2. 同业拆借			其中：贴现		
其中：境外同业拆借			5. 各项垫款		
九、境外联行往来（来源方）			（二）境外贷款		
十、外汇买卖（来源方）			二、有价证券		
其中：结售汇			三、股权及其他投资		
十一、委托存款及委托投资基金(净)			四、应收及预付款	96	96
1. 委托存款及委托投资基金			其中：应收利息	93	93
2. 减：委托贷款及委托投资			五、买入返售资产		
十二、代理金融机构委托贷款基金			六、存放中央准备金存款	2 361	2 361
其中：中央银行委托贷款基金			七、存放中央银行特种存款		
十三、各项准备	330	330	八、缴存中央银行财政性存款		
其中：贷款损失准备	330	330	九、同业往来	13 360	13 360
十四、所有者权益	9 476	9 476	1. 存放同业	13 360	13 360
其中：实收资本	10 000	10 000	其中：存放境外同业		
十五、其他	-401	-401	2. 拆放同业		
			其中：拆放境外同业		
			十、境外联行往来（运用方）		
			十一、代理金融机构贷款		
			其中：代理人行专项贷款		
			十二、库存现金	243	243
			十三、外汇买卖（运用方）		
			其中：结售汇		
			十四、投资性房地产		
资金来源总计	38 089	38 089	资金运用总计	38 089	38 089

表3.42 中国邮政储蓄银行北京分行人民币信贷收支统计

单位：万元

项目名称	余额	比年初	项目名称	余额	比年初
一、各项存款	13 418 460	1 959 056	一、各项贷款	1 839 853	780 466
1. 单位存款	1 764 472	277 544	（一）境内贷款	1 839 853	780 466
其中：活期存款	1 258 919	108 852	1. 短期贷款	676 569	326 621
定期存款	196 120	18 367	（1）个人贷款及透支	157 097	37 124
通知存款	276 142	118 798	其中：个人消费贷款	154	-216
保证金存款	33 291	31 526	（2）单位普通贷款及透支	519 472	289 497
2. 个人存款	11 390 789	1 526 985	其中：经营贷款	519 172	289 197
储蓄存款	11 390 789	1 526 985	固定资产贷款	300	300
保证金存款			（3）普通并购贷款		
结构性存款			（4）银团贷款		
3. 临时性存款		-941	（5）贸易融资		
4. 其他存款	263 199	155 467	（6）境外筹资转贷款		
二、代理财政性存款			2. 中长期贷款	790 884	163 369
三、金融债券			（1）个人贷款	707 766	131 735
其中：境外发行			其中：个人消费贷款	560 688	105 158
四、中长期借款			（2）单位普通贷款	83 118	31 634
其中：境外借款			其中：经营贷款	50 800	800
五、应付及暂收款	246 645	74 134	固定资产贷款	32 318	30 834
其中：应付利息	210 227	71 953	（3）普通并购贷款		
六、卖出回购资产			（4）银团贷款		
七、向中央银行借款			（5）贸易融资		
八、同业往来（来源方）	115 955	65 786	（6）境外筹资转贷款		
1. 同业存放	115 955	65 786	3. 融资租赁		
其中：境外同业存放			4. 票据融资	372 401	290 476
2. 同业拆借			其中：贴现	372 401	290 476
其中：境外同业拆借			5. 各项垫款		
九、境外联行往来（来源方）			（二）境外贷款		
十、外汇买卖（来源方）			二、有价证券		
其中：结售汇			三、股权及其他投资		
十一、委托存款及委托投资基金(净)			四、应收及预付款	77 354	13 577
1. 委托存款及委托投资基金	454 322	191 002	其中：应收利息	73 751	13 302
2. 减：委托贷款及委托投资	454 322	191 002	五、买入返售资产	2 210 368	1 244 228
十二、代理金融机构委托贷款基金			六、存放中央准备金存款	136	18
其中：中央银行委托贷款基金			七、存放中央银行特种存款		
十三、各项准备	22 786	6 928	八、缴存中央银行财政性存款	3	
其中：贷款损失准备	22 786	6 928	九、同业往来	4 197	-29 838
十四、所有者权益	-3 852	26 737	1. 存放同业	4 197	-29 838
其中：实收资本			其中：存放境外同业		
十五、其他	-9 574 135	-119 462	2. 拆放同业		
			其中：拆放境外同业		
			十、境外联行往来（运用方）		
			十一、代理金融机构贷款		
			其中：代理人行专项贷款		
			十二、库存现金	93 948	4 727
			十三、外汇买卖（运用方）		
			其中：结售汇		
			十四、投资性房地产		
资金来源总计	4 225 859	2 013 179	资金运用总计	4 225 859	2 013 179

表 3.43 国家开发银行北京市分行外汇信贷收支统计

单位：万美元

项目名称	余额	比年初	项目名称	余额	比年初
一、各项存款	141 978	134 970	一、各项贷款	7 284 038	506 325
1. 单位存款	139 489	132 481	（一）境内贷款	3 025 814	264 449
其中：活期存款	120 457	114 283	1. 短期贷款	347 735	-447 465
定期存款	18 280	18 280	（1）个人贷款及透支		
通知存款			其中：个人消费贷款		
保证金存款	752	-82	（2）单位普通贷款及透支	347 735	-447 465
2. 个人存款			其中：经营贷款	347 735	-382 414
储蓄存款			固定资产贷款		-65 051
保证金存款			（3）普通并购贷款		
结构性存款			（4）银团贷款		
3. 临时性存款			（5）贸易融资		
4. 其他存款	2 489	2 489	（6）境外筹资转贷款		
二、代理财政性存款			2. 中长期贷款	2 678 079	711 914
三、金融债券			（1）个人贷款		
其中：境外发行			其中：个人消费贷款		
四、中长期借款			（2）单位普通贷款	2 006 164	410 503
其中：境外借款			其中：经营贷款	151 000	-10 000
五、应付及暂收款	1 646	250	固定资产贷款	1 855 164	420 503
其中：应付利息	1 632	250	（3）普通并购贷款	566 279	255 895
六、卖出回购资产			（4）银团贷款	81 308	52 435
七、向中央银行借款			（5）贸易融资		
八、同业往来（来源方）			（6）境外筹资转贷款	24 328	-6 919
1. 同业存放			3. 融资租赁		
其中：境外同业存放			4. 票据融资		
2. 同业拆借			其中：贴现		
其中：境外同业拆借			5. 各项垫款		
九、境外联行往来（来源方）			（二）境外贷款	4 258 224	241 876
十、外汇买卖（来源方）	73 618	73 094	二、有价证券		
其中：结售汇			三、股权及其他投资		
十一、委托存款及委托投资基金(净)			四、应收及预付款	8 648	822
1. 委托存款及委托投资基金			其中：应收利息	14 673	331
2. 减：委托贷款及委托投资			五、买入返售资产		
十二、代理金融机构委托贷款基金			六、存放中央准备金存款		
其中：中央银行委托贷款基金			七、存放中央银行特种存款		
十三、各项准备	217 108	217 108	八、缴存中央银行财政性存款		
其中：贷款损失准备	217 108	217 108	九、同业往来		
十四、所有者权益	-124 933	-210 973	1. 存放同业		
其中：实收资本			其中：存放境外同业		
十五、其他	6 983 269	292 699	2. 拆放同业		
			其中：拆放境外同业		
			十、境外联行往来（运用方）		
			十一、代理金融机构贷款		
			其中：代理人行专项贷款		
			十二、库存现金		
			十三、外汇买卖（运用方）		
			其中：结售汇		
			十四、投资性房地产		
资金来源总计	7 292 686	507 147	资金运用总计	7 292 686	507 147

表3.44　中国进出口银行北京分行外汇信贷收支统计

单位：万美元

项目名称	余额	比年初	项目名称	余额	比年初
一、各项存款	10 223	7 661	一、各项贷款	158 040	25 706
1. 单位存款	10 223	7 661	（一）境内贷款	158 040	25 706
其中：活期存款	683	-794	1. 短期贷款	17 658	7 897
定期存款			（1）个人贷款及透支		
通知存款			其中：个人消费贷款		
保证金存款	9 540	8 455	（2）单位普通贷款及透支		
2. 个人存款			其中：经营贷款		
储蓄存款			固定资产贷款		
保证金存款			（3）普通并购贷款		
结构性存款			（4）银团贷款		
3. 临时性存款			（5）贸易融资	17 658	7 897
4. 其他存款			（6）境外筹资转贷款		
二、代理财政性存款			2. 中长期贷款	140 382	17 809
三、金融债券			（1）个人贷款		
其中：境外发行			其中：个人消费贷款		
四、中长期借款			（2）单位普通贷款	102 606	-327
其中：境外借款			其中：经营贷款	102 606	-327
五、应付及暂收款	105	-17	固定资产贷款		
其中：应付利息	100	-19	（3）普通并购贷款		
六、卖出回购资产			（4）银团贷款	8 666	8 666
七、向中央银行借款			（5）贸易融资	29 110	9 470
八、同业往来（来源方）			（6）境外筹资转贷款		
1. 同业存放			3. 融资租赁		
其中：境外同业存放			4. 票据融资		
2. 同业拆借			其中：贴现		
其中：境外同业拆借			5. 各项垫款		
九、境外联行往来（来源方）			（二）境外贷款		
十、外汇买卖（来源方）			二、有价证券		
其中：结售汇			三、股权及其他投资		
十一、委托存款及委托投资基金(净)			四、应收及预付款	248	19
1. 委托存款及委托投资基金			其中：应收利息	248	19
2. 减：委托贷款及委托投资			五、买入返售资产		
十二、代理金融机构委托贷款基金			六、存放中央准备金存款		
其中：中央银行委托贷款基金			七、存放中央银行特种存款		
十三、各项准备	1 106	176	八、缴存中央银行财政性存款		
其中：贷款损失准备	1 106	176	九、同业往来	123	117
十四、所有者权益	1 725	1 725	1. 存放同业	123	117
其中：实收资本			其中：存放境外同业		
十五、其他	145 252	16 297	2. 拆放同业		
			其中：拆放境外同业		
			十、境外联行往来（运用方）		
			十一、代理金融机构贷款		
			其中：代理人行专项贷款		
			十二、库存现金		
			十三、外汇买卖（运用方）		
			其中：结售汇		
			十四、投资性房地产		
资金来源总计	158 412	25 841	资金运用总计	158 412	25 841

表 3.45　中国农业发展银行北京市分行外汇信贷收支统计

单位：万美元

项目名称	余额	比年初	项目名称	余额	比年初
一、各项存款	50	41	一、各项贷款		
1. 单位存款	50	41	（一）境内贷款		
其中：活期存款	50	41	1. 短期贷款		
定期存款			（1）个人贷款及透支		
通知存款			其中：个人消费贷款		
保证金存款			（2）单位普通贷款及透支		
2. 个人存款			其中：经营贷款		
储蓄存款			固定资产贷款		
保证金存款			（3）普通并购贷款		
结构性存款			（4）银团贷款		
3. 临时性存款			（5）贸易融资		
4. 其他存款			（6）境外筹资转贷款		
二、代理财政性存款			2. 中长期贷款		
三、金融债券			（1）个人贷款		
其中：境外发行			其中：个人消费贷款		
四、中长期借款			（2）单位普通贷款		
其中：境外借款			其中：经营贷款		
五、应付及暂收款			固定资产贷款		
其中：应付利息			（3）普通并购贷款		
六、卖出回购资产			（4）银团贷款		
七、向中央银行借款			（5）贸易融资		
八、同业往来（来源方）			（6）境外筹资转贷款		
1. 同业存放			3. 融资租赁		
其中：境外同业存放			4. 票据融资		
2. 同业拆借			其中：贴现		
其中：境外同业拆借			5. 各项垫款		
九、境外联行往来（来源方）			（二）境外贷款		
十、外汇买卖（来源方）	2		二、有价证券		
其中：结售汇	2		三、股权及其他投资		
十一、委托存款及委托投资基金(净)			四、应收及预付款		
1. 委托存款及委托投资基金			其中：应收利息		
2. 减：委托贷款及委托投资			五、买入返售资产		
十二、代理金融机构委托贷款基金			六、存放中央准备金存款		
其中：中央银行委托贷款基金			七、存放中央银行特种存款		
十三、各项准备			八、缴存中央银行财政性存款		
其中：贷款损失准备			九、同业往来		
十四、所有者权益	2	1	1. 存放同业		
其中：实收资本			其中：存放境外同业		
十五、其他	-54	-42	2. 拆放同业		
			其中：拆放境外同业		
			十、境外联行往来（运用方）		
			十一、代理金融机构贷款		
			其中：代理人行专项贷款		
			十二、库存现金		
			十三、外汇买卖（运用方）		
			其中：结售汇		
			十四、投资性房地产		
资金来源总计			资金运用总计		

表3.46 中国工商银行北京市分行外汇信贷收支统计

单位：万美元

项目名称	余额	比年初	项目名称	余额	比年初
一、各项存款	548 264	139 835	一、各项贷款	480 397	36 034
1. 单位存款	248 565	107 913	（一）境内贷款	414 271	44 172
其中：活期存款	90 696	5 607	1. 短期贷款	225 595	50 871
定期存款	134 397	88 578	（1）个人贷款及透支		
通知存款	2 300	1 691	其中：个人消费贷款		
保证金存款	21 173	13 128	（2）单位普通贷款及透支	5 874	-4 613
2. 个人存款	260 823	20 485	其中：经营贷款	5 874	-4 613
储蓄存款	260 431	24 083	固定资产贷款		
保证金存款	293	293	（3）普通并购贷款		
结构性存款	99	-3 890	（4）银团贷款		
3. 临时性存款	6 775	4 568	（5）贸易融资	219 721	55 483
4. 其他存款	32 101	6 869	（6）境外筹资转贷款		
二、代理财政性存款			2. 中长期贷款	188 628	-6 612
三、金融债券			（1）个人贷款		
其中：境外发行			其中：个人消费贷款		
四、中长期借款	33 770	-2 358	（2）单位普通贷款	153 393	-3 657
其中：境外借款	33 770	-2 358	其中：经营贷款	5 000	4 878
五、应付及暂收款	25 857	18 962	固定资产贷款	148 393	-8 535
其中：应付利息	2 707	1 572	（3）普通并购贷款		
六、卖出回购资产			（4）银团贷款	1 500	-600
七、向中央银行借款			（5）贸易融资		
八、同业往来（来源方）	304 198	94 658	（6）境外筹资转贷款	33 736	-2 355
1. 同业存放	304 198	94 658	3. 融资租赁		
其中：境外同业存放	1	-2 799	4. 票据融资	48	-87
2. 同业拆借			其中：贴现		
其中：境外同业拆借			5. 各项垫款		
九、境外联行往来（来源方）			（二）境外贷款	66 126	-8 138
十、外汇买卖（来源方）	3 238 238	3 229 380	二、有价证券		
其中：结售汇	2 951 073	2 945 599	三、股权及其他投资		
十一、委托存款及委托投资基金(净)			四、应收及预付款	2 522	1 531
1. 委托存款及委托投资基金	47 841	34 356	其中：应收利息	1 158	457
2. 减：委托贷款及委托投资	47 841	34 356	五、买入返售资产		
十二、代理金融机构委托贷款基金			六、存放中央准备金存款		
其中：中央银行委托贷款基金			七、存放中央银行特种存款		
十三、各项准备	7 572	575	八、缴存中央银行财政性存款		
其中：贷款损失准备	7 572	574	九、同业往来	23 649	-9 762
十四、所有者权益	16 437	12 835	1. 存放同业	23 649	-9 762
其中：实收资本			其中：存放境外同业	718	-30 525
十五、其他	-404 505	-213 325	2. 拆放同业		
			其中：拆放境外同业		
			十、境外联行往来（运用方）	379	-977
			十一、代理金融机构贷款		
			其中：代理人行专项贷款		
			十二、库存现金	8 339	2 573
			十三、外汇买卖（运用方）	3 254 546	3 251 163
			其中：结售汇	2 967 383	2 967 383
			十四、投资性房地产		
资金来源总计	3 769 832	3 280 562	资金运用总计	3 769 832	3 280 562

表 3.47 中国农业银行北京市分行外汇信贷收支统计

单位：万美元

项目名称	余额	比年初	项目名称	余额	比年初
一、各项存款	211 368	79 959	一、各项贷款	429 418	30 324
1. 单位存款	104 035	29 918	（一）境内贷款	429 418	30 324
其中：活期存款	19 540	6 389	1. 短期贷款	131 871	14 137
定期存款	82 136	28 458	（1）个人贷款及透支	324	111
通知存款			其中：个人消费贷款	324	111
保证金存款	2 358	-4 929	（2）单位普通贷款及透支	14 522	-3 478
2. 个人存款	10 632	1 101	其中：经营贷款	14 522	-3 478
储蓄存款	10 632	1 101	固定资产贷款		
保证金存款			（3）普通并购贷款		
结构性存款			（4）银团贷款		
3. 临时性存款	430	148	（5）贸易融资	117 025	17 505
4. 其他存款	96 272	48 792	（6）境外筹资转贷款		
二、代理财政性存款			2. 中长期贷款	297 547	16 188
三、金融债券			（1）个人贷款		
其中：境外发行			其中：个人消费贷款		
四、中长期借款			（2）单位普通贷款	292 741	16 722
其中：境外借款			其中：经营贷款	283 600	17 400
五、应付及暂收款	9 162	1 452	固定资产贷款	9 141	-678
其中：应付利息	6 856	855	（3）普通并购贷款		
六、卖出回购资产			（4）银团贷款	1 000	1 000
七、向中央银行借款			（5）贸易融资	3 806	-1 534
八、同业往来（来源方）	125 393	-33 998	（6）境外筹资转贷款		
1. 同业存放	79 675	-79 715	3. 融资租赁		
其中：境外同业存放			4. 票据融资	1	-1
2. 同业拆借	45 717	45 717	其中：贴现		
其中：境外同业拆借	45 717	45 717	5. 各项垫款		
九、境外联行往来（来源方）			（二）境外贷款		
十、外汇买卖（来源方）	625 004	624 936	二、有价证券		
其中：结售汇	625 004	624 936	三、股权及其他投资		
十一、委托存款及委托投资基金(净)			四、应收及预付款	1 454	138
1. 委托存款及委托投资基金			其中：应收利息	1 317	35
2. 减：委托贷款及委托投资			五、买入返售资产		
十二、代理金融机构委托贷款基金			六、存放中央准备金存款		
其中：中央银行委托贷款基金			七、存放中央银行特种存款		
十三、各项准备			八、缴存中央银行财政性存款		
其中：贷款损失准备			九、同业往来		-697
十四、所有者权益	3 210	677	1. 存放同业		-697
其中：实收资本			其中：存放境外同业		
十五、其他	83 881	-17 459	2. 拆放同业		
			其中：拆放境外同业		
			十、境外联行往来（运用方）		
			十一、代理金融机构贷款		
			其中：代理人行专项贷款		
			十二、库存现金	2 071	725
			十三、外汇买卖（运用方）	625 075	625 075
			其中：结售汇	625 075	625 075
			十四、投资性房地产		
资金来源总计	1 058 019	655 566	资金运用总计	1 058 019	655 566

表 3.48　中国银行北京市分行外汇信贷收支统计

单位：万美元

项目名称	余额	比年初	项目名称	余额	比年初
一、各项存款	924 857	238 786	一、各项贷款	335 796	-160 421
1. 单位存款	466 053	243 398	（一）境内贷款	335 796	-160 421
其中：活期存款	150 378	12 261	1. 短期贷款	156 898	-68 251
定期存款	218 712	161 236	（1）个人贷款及透支		
通知存款	44 935	43 417	其中：个人消费贷款		
保证金存款	52 028	26 483	（2）单位普通贷款及透支	25 525	-10 229
2. 个人存款	378 828	52 957	其中：经营贷款	25 525	-10 229
储蓄存款	378 253	52 705	固定资产贷款		
保证金存款	575	252	（3）普通并购贷款		
结构性存款			（4）银团贷款		
3. 临时性存款	24 365	-7 908	（5）贸易融资	131 373	-58 022
4. 其他存款	55 612	-49 661	（6）境外筹资转贷款		
二、代理财政性存款			2. 中长期贷款	178 898	-92 170
三、金融债券			（1）个人贷款	55	22
其中：境外发行			其中：个人消费贷款	55	22
四、中长期借款			（2）单位普通贷款	164 426	-66 162
其中：境外借款			其中：经营贷款	100 000	-67 846
五、应付及暂收款	21 907	8 993	固定资产贷款	64 426	1 685
其中：应付利息	20 983	8 866	（3）普通并购贷款	2 550	-200
六、卖出回购资产			（4）银团贷款	5 447	-27 667
七、向中央银行借款			（5）贸易融资	2 861	2 268
八、同业往来（来源方）	2 594 946	2 009 191	（6）境外筹资转贷款	3 558	-432
1. 同业存放	2 594 946	2 037 293	3. 融资租赁		
其中：境外同业存放	105	16	4. 票据融资		
2. 同业拆借		-28 102	其中：贴现		
其中：境外同业拆借		-28 102	5. 各项垫款		
九、境外联行往来（来源方）	3 597	3 597	（二）境外贷款		
十、外汇买卖（来源方）			二、有价证券		
其中：结售汇			三、股权及其他投资		
十一、委托存款及委托投资基金(净)			四、应收及预付款	1 524	-4 462
1. 委托存款及委托投资基金	6 086	6 000	其中：应收利息	1 379	-4 297
2. 减：委托贷款及委托投资	6 086	6 000	五、买入返售资产		
十二、代理金融机构委托贷款基金			六、存放中央准备金存款		
其中：中央银行委托贷款基金			七、存放中央银行特种存款		
十三、各项准备	7 876	-4 636	八、缴存中央银行财政性存款		
其中：贷款损失准备	7 819	-4 479	九、同业往来	365 470	173 406
十四、所有者权益	-42 755	-42 755	1. 存放同业	360 470	171 706
其中：实收资本			其中：存放境外同业		
十五、其他	-2 790 093	-2 201 766	2. 拆放同业	5 000	1 700
			其中：拆放境外同业		
			十、境外联行往来（运用方）		
			十一、代理金融机构贷款		
			其中：代理人行专项贷款		
			十二、库存现金	17 546	2 886
			十三、外汇买卖（运用方）		
			其中：结售汇		
			十四、投资性房地产		
资金来源总计	720 336	11 409	资金运用总计	720 336	11 409

表 3.49　中国建设银行北京市分行外汇信贷收支统计

单位：万美元

项目名称	余额	比年初	项目名称	余额	比年初
一、各项存款	244 757	40 526	一、各项贷款	416 132	151 718
1. 单位存款	115 216	29 309	（一）境内贷款	416 132	151 718
其中：活期存款	52 010	-1 910	1. 短期贷款	241 776	130 937
定期存款	41 206	15 930	（1）个人贷款及透支		
通知存款	1 300	-5 187	其中：个人消费贷款		
保证金存款	18 219	17 995	（2）单位普通贷款及透支	47 500	9 337
2. 个人存款	45 915	4 958	其中：经营贷款	47 500	9 337
储蓄存款	45 784	4 886	固定资产贷款		
保证金存款	49	-9	（3）普通并购贷款		
结构性存款	81	81	（4）银团贷款		
3. 临时性存款	5 406	1 217	（5）贸易融资	194 276	121 600
4. 其他存款	78 221	5 042	（6）境外筹资转贷款		
二、代理财政性存款			2. 中长期贷款	174 356	20 781
三、金融债券			（1）个人贷款	2	
其中：境外发行			其中：个人消费贷款	2	
四、中长期借款	30 874	-1 057	（2）单位普通贷款	113 224	2 035
其中：境外借款	30 874	-1 057	其中：经营贷款	11 155	4 534
五、应付及暂收款	14 162	11 969	固定资产贷款	102 069	-2 499
其中：应付利息	13 436	11 510	（3）普通并购贷款		
六、卖出回购资产			（4）银团贷款		
七、向中央银行借款			（5）贸易融资	30 316	19 789
八、同业往来（来源方）	1 636 709	12 639	（6）境外筹资转贷款	30 814	-1 043
1. 同业存放	1 636 709	12 639	3. 融资租赁		
其中：境外同业存放	335	-263	4. 票据融资		
2. 同业拆借			其中：贴现		
其中：境外同业拆借			5. 各项垫款		
九、境外联行往来（来源方）			（二）境外贷款		
十、外汇买卖（来源方）			二、有价证券		
其中：结售汇			三、股权及其他投资	2 481	2 481
十一、委托存款及委托投资基金(净)			四、应收及预付款	2 604	-16 299
1. 委托存款及委托投资基金	5 200	5 200	其中：应收利息	1 665	-3 497
2. 减：委托贷款及委托投资	5 200	5 200	五、买入返售资产		
十二、代理金融机构委托贷款基金			六、存放中央准备金存款		
其中：中央银行委托贷款基金			七、存放中央银行特种存款		
十三、各项准备		-12	八、缴存中央银行财政性存款		
其中：贷款损失准备			九、同业往来	19 200	17 974
十四、所有者权益	-15 494	-31 430	1. 存放同业	19 200	17 974
其中：实收资本			其中：存放境外同业		
十五、其他	-1 467 812	124 146	2. 拆放同业		
			其中：拆放境外同业		
			十、境外联行往来（运用方）		
			十一、代理金融机构贷款		
			其中：代理人行专项贷款		
			十二、库存现金	2 779	905
			十三、外汇买卖（运用方）		
			其中：结售汇		
			十四、投资性房地产		
资金来源总计	443 196	156 780	资金运用总计	443 196	156 780

表3.50　交通银行北京市分行外汇信贷收支统计

单位：万美元

项目名称	余额	比年初	项目名称	余额	比年初
一、各项存款	458 493	70 178	一、各项贷款	130 850	-149 067
1. 单位存款	203 438	28 120	（一）境内贷款	130 850	-149 067
其中：活期存款	51 201	15 921	1. 短期贷款	104 365	-87 065
定期存款	31 435	-21 253	（1）个人贷款及透支		
通知存款	119	-87	其中：个人消费贷款		
保证金存款	120 684	33 540	（2）单位普通贷款及透支	4 879	-46 004
2. 个人存款	62 995	5 782	其中：经营贷款	4 879	-46 004
储蓄存款	31 219	1 262	固定资产贷款		
保证金存款	980	148	（3）普通并购贷款		
结构性存款	30 796	4 373	（4）银团贷款		
3. 临时性存款	5 990	1 896	（5）贸易融资	99 486	-41 061
4. 其他存款	186 069	34 379	（6）境外筹资转贷款		
二、代理财政性存款			2. 中长期贷款	26 475	-61 995
三、金融债券			（1）个人贷款		
其中：境外发行			其中：个人消费贷款		
四、中长期借款			（2）单位普通贷款	18 832	-55 865
其中：境外借款			其中：经营贷款	11 500	-25 000
五、应付及暂收款	358 178	144 475	固定资产贷款	7 332	-30 865
其中：应付利息	10 851	7 342	（3）普通并购贷款		
六、卖出回购资产			（4）银团贷款	6 338	-6 041
七、向中央银行借款			（5）贸易融资		
八、同业往来（来源方）	18 162	-47 653	（6）境外筹资转贷款	1 305	-90
1. 同业存放	18 162	-47 653	3. 融资租赁		
其中：境外同业存放			4. 票据融资	10	-7
2. 同业拆借			其中：贴现		
其中：境外同业拆借			5. 各项垫款		
九、境外联行往来（来源方）			（二）境外贷款		
十、外汇买卖（来源方）			二、有价证券		
其中：结售汇			三、股权及其他投资		
十一、委托存款及委托投资基金(净)	1		四、应收及预付款	74 162	-142 236
1. 委托存款及委托投资基金	72 411	-28 268	其中：应收利息	358	-2 928
2. 减：委托贷款及委托投资	72 410	-28 268	五、买入返售资产		
十二、代理金融机构委托贷款基金			六、存放中央准备金存款		
其中：中央银行委托贷款基金			七、存放中央银行特种存款		
十三、各项准备	3 840	-1 464	八、缴存中央银行财政性存款		
其中：贷款损失准备	3 840	-1 464	九、同业往来	6 624	134
十四、所有者权益	-15 567	-17 322	1. 存放同业	6 624	134
其中：实收资本			其中：存放境外同业	1 196	1 042
十五、其他	-609 495	-439 431	2. 拆放同业		
			其中：拆放境外同业		
			十、境外联行往来（运用方）	437	-222
			十一、代理金融机构贷款		
			其中：代理人行专项贷款		
			十二、库存现金	1 540	177
			十三、外汇买卖（运用方）		-2
			其中：结售汇		-2
			十四、投资性房地产		
资金来源总计	213 613	-291 216	资金运用总计	213 613	-291 216

表 3.51　招商银行北京分行外汇信贷收支统计

单位：万美元

项目名称	余额	比年初	项目名称	余额	比年初
一、各项存款	305 168	98 589	一、各项贷款	120 716	11 204
1. 单位存款	141 560	45 299	（一）境内贷款	120 716	11 204
其中：活期存款	56 315	25 217	1. 短期贷款	80 716	14 705
定期存款	11 999	-51 311	（1）个人贷款及透支		
通知存款	450	257	其中：个人消费贷款		
保证金存款	72 796	71 136	（2）单位普通贷款及透支	2 355	1 855
2. 个人存款	91 717	12 434	其中：经营贷款	2 355	1 855
储蓄存款	91 717	12 434	固定资产贷款		
保证金存款			（3）普通并购贷款		
结构性存款			（4）银团贷款		
3. 临时性存款	5 979	-8 116	（5）贸易融资	78 361	12 850
4. 其他存款	65 912	48 972	（6）境外筹资转贷款		
二、代理财政性存款			2. 中长期贷款	40 000	-3 501
三、金融债券			（1）个人贷款		
其中：境外发行			其中：个人消费贷款		
四、中长期借款	528	528	（2）单位普通贷款	40 000	
其中：境外借款	528	528	其中：经营贷款		
五、应付及暂收款	5 637	5 234	固定资产贷款	40 000	
其中：应付利息	5 633	5 273	（3）普通并购贷款		
六、卖出回购资产			（4）银团贷款		-3 501
七、向中央银行借款			（5）贸易融资		
八、同业往来（来源方）	6 389	-10 066	（6）境外筹资转贷款		
1. 同业存放	6 389	468	3. 融资租赁		
其中：境外同业存放			4. 票据融资		
2. 同业拆借		-10 534	其中：贴现		
其中：境外同业拆借		-10 534	5. 各项垫款		
九、境外联行往来（来源方）			（二）境外贷款		
十、外汇买卖（来源方）	57	-60	二、有价证券		
其中：结售汇			三、股权及其他投资		
十一、委托存款及委托投资基金(净)			四、应收及预付款	274	-269
1. 委托存款及委托投资基金			其中：应收利息	274	-269
2. 减：委托贷款及委托投资			五、买入返售资产		
十二、代理金融机构委托贷款基金			六、存放中央准备金存款		
其中：中央银行委托贷款基金			七、存放中央银行特种存款		
十三、各项准备	2 414	201	八、缴存中央银行财政性存款		
其中：贷款损失准备	2 414	201	九、同业往来	10 413	-6 936
十四、所有者权益	4 874	509	1. 存放同业	10 413	-6 936
其中：实收资本			其中：存放境外同业		
十五、其他	-191 729	-90 564	2. 拆放同业		
			其中：拆放境外同业		
			十、境外联行往来（运用方）		
			十一、代理金融机构贷款		
			其中：代理人行专项贷款		
			十二、库存现金	1 878	433
			十三、外汇买卖（运用方）	57	-61
			其中：结售汇		
			十四、投资性房地产		
资金来源总计	133 338	4 371	资金运用总计	133 338	4 371

表3.52　上海浦东发展银行北京分行外汇信贷收支统计

单位：万美元

项目名称	余额	比年初	项目名称	余额	比年初
一、各项存款	98 586	56 072	一、各项贷款	40 803	29 971
1. 单位存款	53 205	21 866	（一）境内贷款	40 803	29 971
其中：活期存款	7 295	1 546	1. 短期贷款	39 783	30 091
定期存款	16 198	13 231	（1）个人贷款及透支		
通知存款	555	555	其中：个人消费贷款		
保证金存款	29 157	6 534	（2）单位普通贷款及透支		-5 770
2. 个人存款	9 057	-625	其中：经营贷款		-5 770
储蓄存款	8 987	359	固定资产贷款		
保证金存款			（3）普通并购贷款		
结构性存款	70	-984	（4）银团贷款		
3. 临时性存款	637	-10	（5）贸易融资	39 783	35 861
4. 其他存款	35 687	34 841	（6）境外筹资转贷款		
二、代理财政性存款			2. 中长期贷款	1 020	-120
三、金融债券			（1）个人贷款		
其中：境外发行			其中：个人消费贷款		
四、中长期借款			（2）单位普通贷款	1 020	-120
其中：境外借款			其中：经营贷款		
五、应付及暂收款	3 380	683	固定资产贷款	1 020	-120
其中：应付利息	995	859	（3）普通并购贷款		
六、卖出回购资产			（4）银团贷款		
七、向中央银行借款			（5）贸易融资		
八、同业往来（来源方）	1 550	960	（6）境外筹资转贷款		
1. 同业存放	1 550	960	3. 融资租赁		
其中：境外同业存放			4. 票据融资		
2. 同业拆借			其中：贴现		
其中：境外同业拆借			5. 各项垫款		
九、境外联行往来（来源方）			（二）境外贷款		
十、外汇买卖（来源方）	1 092	908	二、有价证券		
其中：结售汇	9	-18	三、股权及其他投资		
十一、委托存款及委托投资基金(净)			四、应收及预付款	230	-14
1. 委托存款及委托投资基金			其中：应收利息	34	-14
2. 减：委托贷款及委托投资			五、买入返售资产		
十二、代理金融机构委托贷款基金			六、存放中央准备金存款		
其中：中央银行委托贷款基金			七、存放中央银行特种存款		
十三、各项准备			八、缴存中央银行财政性存款		
其中：贷款损失准备			九、同业往来	383	85
十四、所有者权益	827	-336	1. 存放同业	383	85
其中：实收资本			其中：存放境外同业		
十五、其他	-62 205	-27 258	2. 拆放同业		
			其中：拆放境外同业		
			十、境外联行往来（运用方）		
			十一、代理金融机构贷款		
			其中：代理人行专项贷款		
			十二、库存现金	584	60
			十三、外汇买卖（运用方）	1 230	927
			其中：结售汇	22	2
			十四、投资性房地产		
资金来源总计	43 230	31 029	资金运用总计	43 230	31 029

表 3.53　广发银行北京分行外汇信贷收支统计

单位：万美元

项目名称	余额	比年初	项目名称	余额	比年初
一、各项存款	83 698	55 104	一、各项贷款	18 121	-7 173
1. 单位存款	54 939	37 790	（一）境内贷款	18 121	-7 173
其中：活期存款	12 554	6 279	1. 短期贷款	18 121	-6 566
定期存款	39 155	28 677	（1）个人贷款及透支		
通知存款			其中：个人消费贷款		
保证金存款	3 230	2 834	（2）单位普通贷款及透支	13 935	4 546
2. 个人存款	1 919	478	其中：经营贷款	13 935	4 546
储蓄存款	1 828	388	固定资产贷款		
保证金存款	91	91	（3）普通并购贷款		
结构性存款		-1	（4）银团贷款		
3. 临时性存款	49	-1 104	（5）贸易融资	4 186	-11 112
4. 其他存款	26 791	17 940	（6）境外筹资转贷款		
二、代理财政性存款			2. 中长期贷款		
三、金融债券			（1）个人贷款		
其中：境外发行			其中：个人消费贷款		
四、中长期借款			（2）单位普通贷款		
其中：境外借款			其中：经营贷款		
五、应付及暂收款	1 064	-21 669	固定资产贷款		
其中：应付利息	1 059	606	（3）普通并购贷款		
六、卖出回购资产			（4）银团贷款		
七、向中央银行借款			（5）贸易融资		
八、同业往来（来源方）	17 389	17 379	（6）境外筹资转贷款		
1. 同业存放	9 437	9 427	3. 融资租赁		
其中：境外同业存放			4. 票据融资		
2. 同业拆借	7 952	7 952	其中：贴现		
其中：境外同业拆借	3 838	3 838	5. 各项垫款		-607
九、境外联行往来（来源方）			（二）境外贷款		
十、外汇买卖（来源方）	28	-197	二、有价证券		
其中：结售汇	28	-191	三、股权及其他投资		
十一、委托存款及委托投资基金(净)			四、应收及预付款	102	-17 025
1. 委托存款及委托投资基金			其中：应收利息	98	-220
2. 减：委托贷款及委托投资			五、买入返售资产		
十二、代理金融机构委托贷款基金			六、存放中央准备金存款		
其中：中央银行委托贷款基金			七、存放中央银行特种存款		
十三、各项准备		-334	八、缴存中央银行财政性存款		
其中：贷款损失准备		-334	九、同业往来	2 240	1 866
十四、所有者权益	201	-294	1. 存放同业	2 240	1 866
其中：实收资本			其中：存放境外同业		
十五、其他	-81 266	-72 103	2. 拆放同业		
			其中：拆放境外同业		
			十、境外联行往来（运用方）		
			十一、代理金融机构贷款		
			其中：代理人行专项贷款		
			十二、库存现金	639	235
			十三、外汇买卖（运用方）	12	-17
			其中：结售汇	12	
			十四、投资性房地产		
资金来源总计	21 114	-22 114	资金运用总计	21 114	-22 114

表 3.54　兴业银行北京分行外汇信贷收支统计

单位：万美元

项目名称	余额	比年初	项目名称	余额	比年初
一、各项存款	292 129	279 347	一、各项贷款	235 517	225 826
1. 单位存款	237 827	228 840	（一）境内贷款	235 517	225 826
其中：活期存款	2 485	-4 840	1. 短期贷款	235 517	225 826
定期存款	737	-678	（1）个人贷款及透支		
通知存款			其中：个人消费贷款		
保证金存款	234 605	234 357	（2）单位普通贷款及透支	10 368	3 673
2. 个人存款	3 301	-369	其中：经营贷款	10 368	3 673
储蓄存款	3 301	-369	固定资产贷款		
保证金存款			（3）普通并购贷款		
结构性存款			（4）银团贷款		
3. 临时性存款	200	74	（5）贸易融资	225 150	222 154
4. 其他存款	50 802	50 802	（6）境外筹资转贷款		
二、代理财政性存款			2. 中长期贷款		
三、金融债券			（1）个人贷款		
其中：境外发行			其中：个人消费贷款		
四、中长期借款			（2）单位普通贷款		
其中：境外借款			其中：经营贷款		
五、应付及暂收款	1 923	1 749	固定资产贷款		
其中：应付利息	1 921	1 893	（3）普通并购贷款		
六、卖出回购资产			（4）银团贷款		
七、向中央银行借款			（5）贸易融资		
八、同业往来（来源方）	10 582	5 335	（6）境外筹资转贷款		
1. 同业存放	889	-4 358	3. 融资租赁		
其中：境外同业存放			4. 票据融资		
2. 同业拆借	9 693	9 693	其中：贴现		
其中：境外同业拆借			5. 各项垫款		
九、境外联行往来（来源方）			（二）境外贷款		
十、外汇买卖（来源方）			二、有价证券		
其中：结售汇			三、股权及其他投资		
十一、委托存款及委托投资基金(净)			四、应收及预付款	974	858
1. 委托存款及委托投资基金			其中：应收利息	974	858
2. 减：委托贷款及委托投资			五、买入返售资产		
十二、代理金融机构委托贷款基金			六、存放中央准备金存款		
其中：中央银行委托贷款基金			七、存放中央银行特种存款		
十三、各项准备	2 364	2 246	八、缴存中央银行财政性存款		
其中：贷款损失准备	2 364	2 246	九、同业往来	55	44
十四、所有者权益	-3 227	-3 440	1. 存放同业	55	44
其中：实收资本			其中：存放境外同业		
十五、其他	-66 947	-58 473	2. 拆放同业		
			其中：拆放境外同业		
			十、境外联行往来（运用方）		
			十一、代理金融机构贷款		
			其中：代理人行专项贷款		
			十二、库存现金	278	37
			十三、外汇买卖（运用方）		
			其中：结售汇		
			十四、投资性房地产		
资金来源总计	236 825	226 764	资金运用总计	236 825	226 764

表 3.55　平安银行北京分行外汇信贷收支统计

单位：万美元

项目名称	余额	比年初	项目名称	余额	比年初
一、各项存款	123 661	53 863	一、各项贷款	127 520	49 679
1. 单位存款	91 064	52 008	（一）境内贷款	127 520	49 679
其中：活期存款	10 068	568	1. 短期贷款	105 492	27 652
定期存款	54 751	25 821	（1）个人贷款及透支		
通知存款	2 134	2 034	其中：个人消费贷款		
保证金存款	24 110	23 585	（2）单位普通贷款及透支	81 107	3 982
2. 个人存款	742	18	其中：经营贷款	81 107	3 982
储蓄存款	742	18	固定资产贷款		
保证金存款			（3）普通并购贷款		
结构性存款			（4）银团贷款		
3. 临时性存款	363	150	（5）贸易融资	24 385	23 670
4. 其他存款	31 492	1 686	（6）境外筹资转贷款		
二、代理财政性存款			2. 中长期贷款	22 028	22 028
三、金融债券			（1）个人贷款		
其中：境外发行			其中：个人消费贷款		
四、中长期借款			（2）单位普通贷款	22 028	22 028
其中：境外借款			其中：经营贷款	22 028	22 028
五、应付及暂收款	27 083	－12 104	固定资产贷款		
其中：应付利息	3 466	2 676	（3）普通并购贷款		
六、卖出回购资产			（4）银团贷款		
七、向中央银行借款			（5）贸易融资		
八、同业往来（来源方）	10 012	10 000	（6）境外筹资转贷款		
1. 同业存放	10 012	10 000	3. 融资租赁		
其中：境外同业存放			4. 票据融资		
2. 同业拆借			其中：贴现		
其中：境外同业拆借			5. 各项垫款		
九、境外联行往来（来源方）			（二）境外贷款		
十、外汇买卖（来源方）			二、有价证券		
其中：结售汇			三、股权及其他投资		
十一、委托存款及委托投资基金(净)			四、应收及预付款	3 174	－36 840
1. 委托存款及委托投资基金			其中：应收利息	3 141	1 558
2. 减：委托贷款及委托投资			五、买入返售资产		
十二、代理金融机构委托贷款基金			六、存放中央准备金存款		
其中：中央银行委托贷款基金			七、存放中央银行特种存款		
十三、各项准备	990	341	八、缴存中央银行财政性存款		
其中：贷款损失准备	963	341	九、同业往来	116	30
十四、所有者权益	－2 383	－2 336	1. 存放同业	116	30
其中：实收资本			其中：存放境外同业		
十五、其他	－28 441	－36 887	2. 拆放同业		
			其中：拆放境外同业		
			十、境外联行往来（运用方）		
			十一、代理金融机构贷款		
			其中：代理人行专项贷款		
			十二、库存现金	111	6
			十三、外汇买卖（运用方）		
			其中：结售汇		
			十四、投资性房地产		
资金来源总计	130 921	12 876	资金运用总计	130 921	12 876

表 3.56　中信银行总行营业部外汇信贷收支统计

单位：万美元

项目名称	余额	比年初	项目名称	余额	比年初
一、各项存款	616 067	123 124	一、各项贷款	150 425	-64 626
1. 单位存款	459 758	116 257	（一）境内贷款	110 739	-46 387
其中：活期存款	192 731	66 316	1. 短期贷款	106 992	-44 080
定期存款	250 681	62 315	（1）个人贷款及透支		
通知存款			其中：个人消费贷款		
保证金存款	4 999	-1 991	（2）单位普通贷款及透支	59 382	-23 822
2. 个人存款	25 993	3 921	其中：经营贷款	59 382	-23 822
储蓄存款	18 521	5 530	固定资产贷款		
保证金存款			（3）普通并购贷款		-1 539
结构性存款	7 472	-1 609	（4）银团贷款		
3. 临时性存款	16 929	5 316	（5）贸易融资	47 611	-18 719
4. 其他存款	113 387	-2 371	（6）境外筹资转贷款		
二、代理财政性存款			2. 中长期贷款	3 560	-2 215
三、金融债券			（1）个人贷款		
其中：境外发行			其中：个人消费贷款		
四、中长期借款			（2）单位普通贷款	3 560	-215
其中：境外借款			其中：经营贷款		
五、应付及暂收款	6 610	1 472	固定资产贷款	3 560	-215
其中：应付利息	5 937	2 702	（3）普通并购贷款		
六、卖出回购资产			（4）银团贷款		-2 000
七、向中央银行借款			（5）贸易融资		
八、同业往来（来源方）	123 385	44 985	（6）境外筹资转贷款		
1. 同业存放	122 359	43 959	3. 融资租赁	186	-92
其中：境外同业存放	3 077		4. 票据融资		
2. 同业拆借	1 026	1 026	其中：贴现		
其中：境外同业拆借	1 026	1 026	5. 各项垫款		
九、境外联行往来（来源方）			（二）境外贷款	39 686	-18 239
十、外汇买卖（来源方）	16 510	6 195	二、有价证券		
其中：结售汇	14 987	14 606	三、股权及其他投资		
十一、委托存款及委托投资基金(净)	425	-35	四、应收及预付款	1 765	-1 459
1. 委托存款及委托投资基金	425	-35	其中：应收利息	1 637	-1 515
2. 减：委托贷款及委托投资			五、买入返售资产	30 000	30 000
十二、代理金融机构委托贷款基金			六、存放中央准备金存款		
其中：中央银行委托贷款基金			七、存放中央银行特种存款		
十三、各项准备	2 075	-264	八、缴存中央银行财政性存款		
其中：贷款损失准备	2 075	-172	九、同业往来	54 494	-103 017
十四、所有者权益	-2 904	-4 828	1. 存放同业	46 484	-92 027
其中：实收资本			其中：存放境外同业	7 029	-33 539
十五、其他	-521 525	-326 698	2. 拆放同业	8 010	-10 990
			其中：拆放境外同业		
			十、境外联行往来（运用方）		
			十一、代理金融机构贷款		
			其中：代理人行专项贷款		
			十二、库存现金	1 321	180
			十三、外汇买卖（运用方）	2 638	-17 127
			其中：结售汇	1 866	-7 212
			十四、投资性房地产		
资金来源总计	240 643	-156 050	资金运用总计	240 643	-156 050

表 3.57　中国光大银行北京分行外汇信贷收支统计

单位：万美元

项目名称	余额	比年初	项目名称	余额	比年初
一、各项存款	220 358	106 138	一、各项贷款	94 272	-64 686
1. 单位存款	55 994	381	（一）境内贷款	94 272	-64 686
其中：活期存款	15 540	2 103	1. 短期贷款	74 438	-1 408
定期存款	38 160	-1 846	（1）个人贷款及透支		
通知存款			其中：个人消费贷款		
保证金存款	2 294	124	（2）单位普通贷款及透支		
2. 个人存款	46 235	10 143	其中：经营贷款		
储蓄存款	16 385	8 048	固定资产贷款		
保证金存款	237	81	（3）普通并购贷款		
结构性存款	29 613	2 014	（4）银团贷款		
3. 临时性存款	14	10	（5）贸易融资	74 438	-1 408
4. 其他存款	118 115	95 604	（6）境外筹资转贷款		
二、代理财政性存款			2. 中长期贷款	19 834	-63 278
三、金融债券			（1）个人贷款		
其中：境外发行			其中：个人消费贷款		
四、中长期借款			（2）单位普通贷款	5 112	-50 000
其中：境外借款			其中：经营贷款	5 112	-50 000
五、应付及暂收款	1 584	777	固定资产贷款		
其中：应付利息	1 584	783	（3）普通并购贷款		
六、卖出回购资产			（4）银团贷款		
七、向中央银行借款			（5）贸易融资	14 722	-13 278
八、同业往来（来源方）	38 475	-80 219	（6）境外筹资转贷款		
1. 同业存放	20 057	-60 482	3. 融资租赁		
其中：境外同业存放			4. 票据融资		
2. 同业拆借	18 418	-19 737	其中：贴现		
其中：境外同业拆借	18 418	-19 737	5. 各项垫款		
九、境外联行往来（来源方）			（二）境外贷款		
十、外汇买卖（来源方）			二、有价证券		
其中：结售汇			三、股权及其他投资		
十一、委托存款及委托投资基金(净)	965	-4 373	四、应收及预付款	1 609	-892
1. 委托存款及委托投资基金	3 360	-4 373	其中：应收利息	1 609	-892
2. 减：委托贷款及委托投资	2 395		五、买入返售资产		
十二、代理金融机构委托贷款基金			六、存放中央准备金存款		
其中：中央银行委托贷款基金			七、存放中央银行特种存款		
十三、各项准备	1 933	-688	八、缴存中央银行财政性存款		
其中：贷款损失准备	1 933	-688	九、同业往来	4 169	714
十四、所有者权益	-1 759	104	1. 存放同业	4 169	714
其中：实收资本			其中：存放境外同业		
十五、其他	-160 798	-87 097	2. 拆放同业		
			其中：拆放境外同业		
			十、境外联行往来（运用方）		
			十一、代理金融机构贷款		
			其中：代理人行专项贷款		
			十二、库存现金	708	-494
			十三、外汇买卖（运用方）		
			其中：结售汇		
			十四、投资性房地产		
资金来源总计	100 758	-65 358	资金运用总计	100 758	-65 358

表3.58 华夏银行北京分行外汇信贷收支统计

单位：万美元

项目名称	余额	比年初	项目名称	余额	比年初
一、各项存款	43 274	18 088	一、各项贷款	28 784	20 077
1. 单位存款	36 354	15 162	（一）境内贷款	28 784	20 077
其中：活期存款	28 380	11 899	1. 短期贷款	24 164	22 146
定期存款	4 815	3 178	（1）个人贷款及透支		
通知存款	319	-2 559	其中：个人消费贷款		
保证金存款	2 840	2 644	（2）单位普通贷款及透支	3 392	2 890
2. 个人存款	2 492	474	其中：经营贷款	3 392	2 890
储蓄存款	2 492	474	固定资产贷款		
保证金存款			（3）普通并购贷款		
结构性存款			（4）银团贷款		
3. 临时性存款	2 920	967	（5）贸易融资	20 771	19 256
4. 其他存款	1 508	1 484	（6）境外筹资转贷款		
二、代理财政性存款			2. 中长期贷款	4 620	-2 069
三、金融债券			（1）个人贷款		
其中：境外发行			其中：个人消费贷款		
四、中长期借款	18 466	5 456	（2）单位普通贷款	2 853	805
其中：境外借款	18 466	5 456	其中：经营贷款		-445
五、应付及暂收款	706	-256	固定资产贷款	2 853	1 250
其中：应付利息	103	-113	（3）普通并购贷款		
六、卖出回购资产			（4）银团贷款		-2 459
七、向中央银行借款			（5）贸易融资		-293
八、同业往来（来源方）	2 940	2 402	（6）境外筹资转贷款	1 767	-122
1. 同业存放	538		3. 融资租赁		
其中：境外同业存放			4. 票据融资		
2. 同业拆借	2 402	2 402	其中：贴现		
其中：境外同业拆借			5. 各项垫款		
九、境外联行往来（来源方）			（二）境外贷款		
十、外汇买卖（来源方）	64	-516 331	二、有价证券		
其中：结售汇	64	-516 331	三、股权及其他投资		
十一、委托存款及委托投资基金(净)			四、应收及预付款	559	82
1. 委托存款及委托投资基金	200		其中：应收利息		-3
2. 减：委托贷款及委托投资	200		五、买入返售资产		
十二、代理金融机构委托贷款基金			六、存放中央准备金存款		
其中：中央银行委托贷款基金			七、存放中央银行特种存款		
十三、各项准备	377	-229	八、缴存中央银行财政性存款		
其中：贷款损失准备	377	-229	九、同业往来	4 200	3 341
十四、所有者权益	-282	-1 000	1. 存放同业	4 200	3 341
其中：实收资本			其中：存放境外同业		
十五、其他	-31 638	-975	2. 拆放同业		
			其中：拆放境外同业		
			十、境外联行往来（运用方）		
			十一、代理金融机构贷款		
			其中：代理人行专项贷款		
			十二、库存现金	366	-14
			十三、外汇买卖（运用方）		-516 331
			其中：结售汇		-516 331
			十四、投资性房地产		
资金来源总计	33 908	-492 845	资金运用总计	33 908	-492 845

表 3.59　中国民生银行总行营业部外汇信贷收支统计

单位：万美元

项目名称	余额	比年初	项目名称	余额	比年初
一、各项存款	235 087	-25 464	一、各项贷款		
1. 单位存款	215 883	-26 094	（一）境内贷款		
其中：活期存款	26 506	10 056	1. 短期贷款		
定期存款	188 007	-34 557	（1）个人贷款及透支		
通知存款	200	-65	其中：个人消费贷款		
保证金存款	1 169	-1 477	（2）单位普通贷款及透支		
2. 个人存款	18 967	3 459	其中：经营贷款		
储蓄存款	18 940	3 526	固定资产贷款		
保证金存款			（3）普通并购贷款		
结构性存款	28	-67	（4）银团贷款		
3. 临时性存款	237	-2 830	（5）贸易融资		
4. 其他存款			（6）境外筹资转贷款		
二、代理财政性存款			2. 中长期贷款		
三、金融债券			（1）个人贷款		
其中：境外发行			其中：个人消费贷款		
四、中长期借款			（2）单位普通贷款		
其中：境外借款			其中：经营贷款		
五、应付及暂收款	2 475	-221	固定资产贷款		
其中：应付利息	2 475	-175	（3）普通并购贷款		
六、卖出回购资产			（4）银团贷款		
七、向中央银行借款			（5）贸易融资		
八、同业往来（来源方）	86 483	15 184	（6）境外筹资转贷款		
1. 同业存放	86 483	15 184	3. 融资租赁		
其中：境外同业存放			4. 票据融资		
2. 同业拆借			其中：贴现		
其中：境外同业拆借			5. 各项垫款		
九、境外联行往来（来源方）			（二）境外贷款		
十、外汇买卖（来源方）	46 230	15 960	二、有价证券		
其中：结售汇	46 230	15 960	三、股权及其他投资		
十一、委托存款及委托投资基金(净)			四、应收及预付款	284	-60
1. 委托存款及委托投资基金			其中：应收利息		-3
2. 减：委托贷款及委托投资			五、买入返售资产		
十二、代理金融机构委托贷款基金			六、存放中央准备金存款		
其中：中央银行委托贷款基金			七、存放中央银行特种存款		
十三、各项准备		.	八、缴存中央银行财政性存款		
其中：贷款损失准备			九、同业往来	917	-6 475
十四、所有者权益	-7 530	-3 322	1. 存放同业	917	-6 475
其中：实收资本			其中：存放境外同业		
十五、其他	-313 623	7 839	2. 拆放同业		
			其中：拆放境外同业		
			十、境外联行往来（运用方）		
			十一、代理金融机构贷款		
			其中：代理人行专项贷款		
			十二、库存现金	1 691	550
			十三、外汇买卖（运用方）	46 230	15 960
			其中：结售汇	46 230	15 960
			十四、投资性房地产		
资金来源总计	49 122	9 976	资金运用总计	49 122	9 976

表 3.60　渤海银行北京分行外汇信贷收支统计

单位：万美元

项目名称	余额	比年初	项目名称	余额	比年初
一、各项存款	17 139	11 754	一、各项贷款	21 813	21 813
1. 单位存款	17 091	11 743	（一）境内贷款	21 813	21 813
其中：活期存款	746	-2 564	1. 短期贷款	21 813	21 813
定期存款	13 247	12 247	（1）个人贷款及透支		
通知存款			其中：个人消费贷款		
保证金存款	3 097	2 059	（2）单位普通贷款及透支	9 214	9 214
2. 个人存款	48	11	其中：经营贷款	9 214	9 214
储蓄存款	48	11	固定资产贷款		
保证金存款			（3）普通并购贷款		
结构性存款			（4）银团贷款		
3. 临时性存款			（5）贸易融资	12 599	12 599
4. 其他存款			（6）境外筹资转贷款		
二、代理财政性存款			2. 中长期贷款		
三、金融债券			（1）个人贷款		
其中：境外发行			其中：个人消费贷款		
四、中长期借款			（2）单位普通贷款		
其中：境外借款			其中：经营贷款		
五、应付及暂收款	362	356	固定资产贷款		
其中：应付利息	362	356	（3）普通并购贷款		
六、卖出回购资产			（4）银团贷款		
七、向中央银行借款			（5）贸易融资		
八、同业往来（来源方）	44 338	44 338	（6）境外筹资转贷款		
1. 同业存放	35 002	35 002	3. 融资租赁		
其中：境外同业存放			4. 票据融资		
2. 同业拆借	9 335	9 335	其中：贴现		
其中：境外同业拆借	9 131	9 131	5. 各项垫款		
九、境外联行往来（来源方）			（二）境外贷款		
十、外汇买卖（来源方）			二、有价证券		
其中：结售汇			三、股权及其他投资		
十一、委托存款及委托投资基金(净)			四、应收及预付款	77	77
1. 委托存款及委托投资基金			其中：应收利息	77	77
2. 减：委托贷款及委托投资			五、买入返售资产		
十二、代理金融机构委托贷款基金			六、存放中央准备金存款		
其中：中央银行委托贷款基金			七、存放中央银行特种存款		
十三、各项准备			八、缴存中央银行财政性存款		
其中：贷款损失准备			九、同业往来	746	689
十四、所有者权益	36	32	1. 存放同业	746	689
其中：实收资本			其中：存放境外同业		
十五、其他	-39 206	-33 891	2. 拆放同业		
			其中：拆放境外同业		
			十、境外联行往来（运用方）		
			十一、代理金融机构贷款		
			其中：代理人行专项贷款		
			十二、库存现金	32	10
			十三、外汇买卖（运用方）		
			其中：结售汇		
			十四、投资性房地产		
资金来源总计	22 668	22 589	资金运用总计	22 668	22 589

表 3.61　浙商银行北京分行外汇信贷收支统计

单位：万美元

项目名称	余额	比年初	项目名称	余额	比年初
一、各项存款	6 943	-26 224	一、各项贷款	1 025	-15 579
1. 单位存款	6 750	-26 413	（一）境内贷款	1 025	-15 579
其中：活期存款	255	-482	1. 短期贷款	1 025	-15 579
定期存款	1 599	-6 175	（1）个人贷款及透支		
通知存款	4 896	-19 756	其中：个人消费贷款		
保证金存款			（2）单位普通贷款及透支		
2. 个人存款	4	1	其中：经营贷款		
储蓄存款	4	1	固定资产贷款		
保证金存款			（3）普通并购贷款		
结构性存款			（4）银团贷款		
3. 临时性存款	188	188	（5）贸易融资	1 025	-15 579
4. 其他存款			（6）境外筹资转贷款		
二、代理财政性存款			2. 中长期贷款		
三、金融债券			（1）个人贷款		
其中：境外发行			其中：个人消费贷款		
四、中长期借款			（2）单位普通贷款		
其中：境外借款			其中：经营贷款		
五、应付及暂收款			固定资产贷款		
其中：应付利息			（3）普通并购贷款		
六、卖出回购资产			（4）银团贷款		
七、向中央银行借款			（5）贸易融资		
八、同业往来（来源方）			（6）境外筹资转贷款		
1. 同业存放			3. 融资租赁		
其中：境外同业存放			4. 票据融资		
2. 同业拆借			其中：贴现		
其中：境外同业拆借			5. 各项垫款		
九、境外联行往来（来源方）			（二）境外贷款		
十、外汇买卖（来源方）			二、有价证券		
其中：结售汇			三、股权及其他投资		
十一、委托存款及委托投资基金(净)			四、应收及预付款	7	-62
1. 委托存款及委托投资基金	278	278	其中：应收利息	7	-62
2. 减：委托贷款及委托投资	278	278	五、买入返售资产		
十二、代理金融机构委托贷款基金			六、存放中央准备金存款		
其中：中央银行委托贷款基金			七、存放中央银行特种存款		
十三、各项准备			八、缴存中央银行财政性存款		
其中：贷款损失准备			九、同业往来	3 379	2 842
十四、所有者权益	166	126	1. 存放同业	3 379	2 842
其中：实收资本			其中：存放境外同业		
十五、其他	-2 694	13 299	2. 拆放同业		
			其中：拆放境外同业		
			十、境外联行往来（运用方）		
			十一、代理金融机构贷款		
			其中：代理人行专项贷款		
			十二、库存现金	4	-1
			十三、外汇买卖（运用方）		
			其中：结售汇		
			十四、投资性房地产		
资金来源总计	4 414	-12 800	资金运用总计	4 414	-12 800

表 3.62 北京银行外汇信贷收支统计（全国）

单位：万美元

项目名称	余额	比年初	项目名称	余额	比年初
一、各项存款	310 080	90 567	一、各项贷款	332 043	236 617
1. 单位存款	286 617	85 017	（一）境内贷款	329 138	234 330
其中：活期存款	117 691	68 893	1. 短期贷款	327 114	243 752
定期存款	27 421	-3 646	（1）个人贷款及透支	75	
通知存款	586	-508	其中：个人消费贷款	75	
保证金存款	140 920	20 277	（2）单位普通贷款及透支	87 057	48 644
2. 个人存款	20 243	2 330	其中：经营贷款	87 057	48 644
储蓄存款	12 938	1 540	固定资产贷款		
保证金存款			（3）普通并购贷款		
结构性存款	7 305	790	（4）银团贷款		
3. 临时性存款			（5）贸易融资	239 981	195 109
4. 其他存款	3 220	3 220	（6）境外筹资转贷款		
二、代理财政性存款			2. 中长期贷款	2 021	-9 003
三、金融债券			（1）个人贷款		
其中：境外发行			其中：个人消费贷款		
四、中长期借款			（2）单位普通贷款	417	-749
其中：境外借款			其中：经营贷款		
五、应付及暂收款	17 294	-4 478	固定资产贷款	417	-749
其中：应付利息	1 114	51	（3）普通并购贷款		
六、卖出回购资产			（4）银团贷款	434	-9 424
七、向中央银行借款			（5）贸易融资	1 170	1 170
八、同业往来（来源方）	178 721	173 949	（6）境外筹资转贷款		
1. 同业存放	7 421	3 250	3. 融资租赁		
其中：境外同业存放			4. 票据融资		
2. 同业拆借	171 299	170 699	其中：贴现		
其中：境外同业拆借	110 869	110 869	5. 各项垫款		-419
九、境外联行往来（来源方）			（二）境外贷款	2 906	2 287
十、外汇买卖（来源方）	7 668	1 615	二、有价证券	112	-20 873
其中：结售汇	7 319	1 343	三、股权及其他投资	15	
十一、委托存款及委托投资基金(净)	58		四、应收及预付款	1 579	936
1. 委托存款及委托投资基金	352		其中：应收利息	1 579	936
2. 减：委托贷款及委托投资	295		五、买入返售资产		
十二、代理金融机构委托贷款基金			六、存放中央准备金存款	17 298	3 107
其中：中央银行委托贷款基金			七、存放中央银行特种存款		
十三、各项准备	5 337	1 535	八、缴存中央银行财政性存款		
其中：贷款损失准备	4 522	720	九、同业往来	170 304	36 245
十四、所有者权益	1 935	1 398	1. 存放同业	60 316	-41 874
其中：实收资本			其中：存放境外同业	37 420	-1 106
十五、其他	12 289	7	2. 拆放同业	109 988	78 119
			其中：拆放境外同业		
			十、境外联行往来（运用方）		
			十一、代理金融机构贷款		
			其中：代理人行专项贷款		
			十二、库存现金	2 099	252
			十三、外汇买卖（运用方）	9 931	8 308
			其中：结售汇	9 931	8 308
			十四、投资性房地产		
资金来源总计	533 382	264 593	资金运用总计	533 382	264 593

表 3.63 北京银行外汇信贷收支统计（北京）

单位：万美元

项目名称	余额	比年初	项目名称	余额	比年初
一、各项存款	126 017	52 657	一、各项贷款	41 442	890
1. 单位存款	107 253	50 349	（一）境内贷款	38 537	-1 397
其中：活期存款	88 089	48 637	1. 短期贷款	36 513	8 025
定期存款	17 135	2 349	（1）个人贷款及透支	75	
通知存款	586	-199	其中：个人消费贷款	75	
保证金存款	1 442	-439	（2）单位普通贷款及透支	14 604	438
2. 个人存款	18 764	2 308	其中：经营贷款	14 604	438
储蓄存款	12 084	1 576	固定资产贷款		
保证金存款			（3）普通并购贷款		
结构性存款	6 680	733	（4）银团贷款		
3. 临时性存款			（5）贸易融资	21 834	7 586
4. 其他存款			（6）境外筹资转贷款		
二、代理财政性存款			2. 中长期贷款	2 021	-9 003
三、金融债券			（1）个人贷款		
其中：境外发行			其中：个人消费贷款		
四、中长期借款			（2）单位普通贷款	417	-749
其中：境外借款			其中：经营贷款		
五、应付及暂收款	16 144	-4 708	固定资产贷款	417	-749
其中：应付利息	189	9	（3）普通并购贷款		
六、卖出回购资产			（4）银团贷款	434	-9 424
七、向中央银行借款			（5）贸易融资	1 170	1 170
八、同业往来（来源方）	17 604	15 599	（6）境外筹资转贷款		
1. 同业存放	129	-1 277	3. 融资租赁		
其中：境外同业存放			4. 票据融资	3	
2. 同业拆借	17 475	16 875	其中：贴现		
其中：境外同业拆借			5. 各项垫款		-419
九、境外联行往来（来源方）			（二）境外贷款	2 906	2 287
十、外汇买卖（来源方）	7 668	1 615	二、有价证券	112	-20 873
其中：结售汇	7 319	1 343	三、股权及其他投资	15	
十一、委托存款及委托投资基金(净)	58		四、应收及预付款	309	140
1. 委托存款及委托投资基金	352		其中：应收利息	309	140
2. 减：委托贷款及委托投资	295		五、买入返售资产		
十二、代理金融机构委托贷款基金			六、存放中央准备金存款	15 833	3 686
其中：中央银行委托贷款基金			七、存放中央银行特种存款		
十三、各项准备	2 050	-373	八、缴存中央银行财政性存款		
其中：贷款损失准备	1 493	-929	九、同业往来	143 521	69 164
十四、所有者权益	2 989	1 911	1. 存放同业	49 533	-2 955
其中：实收资本			其中：存放境外同业	37 420	-1 106
十五、其他	40 311	-5 192	2. 拆放同业	93 988	72 119
			其中：拆放境外同业		
			十、境外联行往来（运用方）		
			十一、代理金融机构贷款		
			其中：代理人行专项贷款		
			十二、库存现金	1 678	195
			十三、外汇买卖（运用方）	9 931	8 308
			其中：结售汇	9 931	8 308
			十四、投资性房地产		
资金来源总计	212 841	61 509	资金运用总计	212 841	61 509

表 3.64　天津银行北京分行外汇信贷收支统计

单位：万美元

项目名称	余额	比年初	项目名称	余额	比年初
一、各项存款	3 708	2 666	一、各项贷款	275	21
1. 单位存款	3 688	2 653	（一）境内贷款	275	21
其中：活期存款	438	153	1. 短期贷款	275	21
定期存款	3 250	2 500	（1）个人贷款及透支		
通知存款			其中：个人消费贷款		
保证金存款			（2）单位普通贷款及透支		
2. 个人存款	20	13	其中：经营贷款		
储蓄存款	20	13	固定资产贷款		
保证金存款			（3）普通并购贷款		
结构性存款			（4）银团贷款		
3. 临时性存款			（5）贸易融资	275	21
4. 其他存款			（6）境外筹资转贷款		
二、代理财政性存款			2. 中长期贷款		
三、金融债券			（1）个人贷款		
其中：境外发行			其中：个人消费贷款		
四、中长期借款			（2）单位普通贷款		
其中：境外借款			其中：经营贷款		
五、应付及暂收款	16	16	固定资产贷款		
其中：应付利息	16	16	（3）普通并购贷款		
六、卖出回购资产			（4）银团贷款		
七、向中央银行借款			（5）贸易融资		
八、同业往来（来源方）			（6）境外筹资转贷款		
1. 同业存放			3. 融资租赁		
其中：境外同业存放			4. 票据融资		
2. 同业拆借			其中：贴现		
其中：境外同业拆借			5. 各项垫款		
九、境外联行往来（来源方）			（二）境外贷款		
十、外汇买卖（来源方）			二、有价证券		
其中：结售汇			三、股权及其他投资		
十一、委托存款及委托投资基金(净)			四、应收及预付款		
1. 委托存款及委托投资基金			其中：应收利息		
2. 减：委托贷款及委托投资			五、买入返售资产		
十二、代理金融机构委托贷款基金			六、存放中央准备金存款		
其中：中央银行委托贷款基金			七、存放中央银行特种存款		
十三、各项准备			八、缴存中央银行财政性存款		
其中：贷款损失准备			九、同业往来	20	-2
十四、所有者权益	35	11	1. 存放同业	20	-2
其中：实收资本			其中：存放境外同业		
十五、其他	-3 456	-2 673	2. 拆放同业		
			其中：拆放境外同业		
			十、境外联行往来（运用方）		
			十一、代理金融机构贷款		
			其中：代理人行专项贷款		
			十二、库存现金	8	1
			十三、外汇买卖（运用方）		
			其中：结售汇		
			十四、投资性房地产		
资金来源总计	303	20	资金运用总计	303	20

表 3.65　大连银行北京分行外汇信贷收支统计

单位：万美元

项目名称	余额	比年初	项目名称	余额	比年初
一、各项存款	74	55	一、各项贷款	420	420
1. 单位存款	3	-5	（一）境内贷款	420	420
其中：活期存款	3	-5	1. 短期贷款	420	420
定期存款			（1）个人贷款及透支		
通知存款			其中：个人消费贷款		
保证金存款			（2）单位普通贷款及透支		
2. 个人存款	11		其中：经营贷款		
储蓄存款	11		固定资产贷款		
保证金存款			（3）普通并购贷款		
结构性存款			（4）银团贷款		
3. 临时性存款	59	59	（5）贸易融资	420	420
4. 其他存款			（6）境外筹资转贷款		
二、代理财政性存款			2. 中长期贷款		
三、金融债券			（1）个人贷款		
其中：境外发行			其中：个人消费贷款		
四、中长期借款			（2）单位普通贷款		
其中：境外借款			其中：经营贷款		
五、应付及暂收款	4	4	固定资产贷款		
其中：应付利息	4	4	（3）普通并购贷款		
六、卖出回购资产			（4）银团贷款		
七、向中央银行借款			（5）贸易融资		
八、同业往来（来源方）	1 000	1 000	（6）境外筹资转贷款		
1. 同业存放	1 000	1 000	3. 融资租赁		
其中：境外同业存放			4. 票据融资		
2. 同业拆借			其中：贴现		
其中：境外同业拆借			5. 各项垫款		
九、境外联行往来（来源方）			（二）境外贷款		
十、外汇买卖（来源方）	32 239	4 568	二、有价证券		
其中：结售汇	32 239	4 568	三、股权及其他投资		
十一、委托存款及委托投资基金(净)			四、应收及预付款	3	3
1. 委托存款及委托投资基金			其中：应收利息	3	3
2. 减：委托贷款及委托投资			五、买入返售资产		
十二、代理金融机构委托贷款基金			六、存放中央准备金存款		
其中：中央银行委托贷款基金			七、存放中央银行特种存款		
十三、各项准备	7	7	八、缴存中央银行财政性存款		
其中：贷款损失准备	7	7	九、同业往来	30	-3
十四、所有者权益	4	14	1. 存放同业	30	-3
其中：实收资本			其中：存放境外同业		
十五、其他	-623	-654	2. 拆放同业		
			其中：拆放境外同业		
			十、境外联行往来（运用方）		
			十一、代理金融机构贷款		
			其中：代理人行专项贷款		
			十二、库存现金	12	6
			十三、外汇买卖（运用方）	32 239	4 568
			其中：结售汇	32 239	4 568
			十四、投资性房地产		
资金来源总计	32 705	4 994	资金运用总计	32 705	4 994

表3.66　杭州银行北京分行外汇信贷收支统计

单位：万美元

项目名称	余额	比年初	项目名称	余额	比年初
一、各项存款	3 271	1 685	一、各项贷款	1 044	763
1. 单位存款	3 010	1 466	（一）境内贷款	1 044	763
其中：活期存款	3 010	2 477	1. 短期贷款	1 044	763
定期存款		-1 012	（1）个人贷款及透支		
通知存款			其中：个人消费贷款		
保证金存款			（2）单位普通贷款及透支		-91
2. 个人存款	261	219	其中：经营贷款		-91
储蓄存款	261	219	固定资产贷款		
保证金存款			（3）普通并购贷款		
结构性存款			（4）银团贷款		
3. 临时性存款			（5）贸易融资	1 044	855
4. 其他存款			（6）境外筹资转贷款		
二、代理财政性存款			2. 中长期贷款		
三、金融债券			（1）个人贷款		
其中：境外发行			其中：个人消费贷款		
四、中长期借款			（2）单位普通贷款		
其中：境外借款			其中：经营贷款		
五、应付及暂收款	8	1	固定资产贷款		
其中：应付利息	8	1	（3）普通并购贷款		
六、卖出回购资产			（4）银团贷款		
七、向中央银行借款			（5）贸易融资		
八、同业往来（来源方）			（6）境外筹资转贷款		
1. 同业存放			3. 融资租赁		
其中：境外同业存放			4. 票据融资		
2. 同业拆借			其中：贴现		
其中：境外同业拆借			5. 各项垫款		
九、境外联行往来（来源方）			（二）境外贷款		
十、外汇买卖（来源方）			二、有价证券		
其中：结售汇			三、股权及其他投资		
十一、委托存款及委托投资基金(净)			四、应收及预付款		
1. 委托存款及委托投资基金			其中：应收利息		
2. 减：委托贷款及委托投资			五、买入返售资产		
十二、代理金融机构委托贷款基金			六、存放中央准备金存款		
其中：中央银行委托贷款基金			七、存放中央银行特种存款		
十三、各项准备			八、缴存中央银行财政性存款		
其中：贷款损失准备			九、同业往来	1 161	1 128
十四、所有者权益	83	3	1. 存放同业	1 161	1 128
其中：实收资本			其中：存放境外同业		
十五、其他	-1 148	209	2. 拆放同业		
			其中：拆放境外同业		
			十、境外联行往来（运用方）		
			十一、代理金融机构贷款		
			其中：代理人行专项贷款		
			十二、库存现金	8	6
			十三、外汇买卖（运用方）		
			其中：结售汇		
			十四、投资性房地产		
资金来源总计	2 214	1 897	资金运用总计	2 214	1 897

表 3.67　南京银行北京分行外汇信贷收支统计

单位：万美元

项目名称	余额	比年初	项目名称	余额	比年初
一、各项存款	2 911	-398	一、各项贷款	3 678	3 534
1. 单位存款	2 876	-412	（一）境内贷款	3 678	3 534
其中：活期存款	1 331	43	1. 短期贷款	3 678	3 534
定期存款			（1）个人贷款及透支		
通知存款			其中：个人消费贷款		
保证金存款	45	45	（2）单位普通贷款及透支		
2. 个人存款	35	14	其中：经营贷款		
储蓄存款	35	14	固定资产贷款		
保证金存款			（3）普通并购贷款		
结构性存款			（4）银团贷款		
3. 临时性存款			（5）贸易融资	3 678	3 534
4. 其他存款			（6）境外筹资转贷款		
二、代理财政性存款			2. 中长期贷款		
三、金融债券			（1）个人贷款		
其中：境外发行			其中：个人消费贷款		
四、中长期借款			（2）单位普通贷款		
其中：境外借款			其中：经营贷款		
五、应付及暂收款	54	-663	固定资产贷款		
其中：应付利息	32	-13	（3）普通并购贷款		
六、卖出回购资产			（4）银团贷款		
七、向中央银行借款			（5）贸易融资		
八、同业往来（来源方）	3 086	3 086	（6）境外筹资转贷款		
1. 同业存放			3. 融资租赁		
其中：境外同业存放			4. 票据融资		
2. 同业拆借	3 086	3 086	其中：贴现		
其中：境外同业拆借	1 938	1 938	5. 各项垫款		
九、境外联行往来（来源方）			（二）境外贷款		
十、外汇买卖（来源方）			二、有价证券		
其中：结售汇			三、股权及其他投资		
十一、委托存款及委托投资基金(净)			四、应收及预付款	8	8
1. 委托存款及委托投资基金			其中：应收利息	8	8
2. 减：委托贷款及委托投资			五、买入返售资产		
十二、代理金融机构委托贷款基金			六、存放中央准备金存款		
其中：中央银行委托贷款基金			七、存放中央银行特种存款		
十三、各项准备			八、缴存中央银行财政性存款		
其中：贷款损失准备			九、同业往来	17	7
十四、所有者权益	-90	-90	1. 存放同业	17	7
其中：实收资本			其中：存放境外同业		
十五、其他	-2 234	1 626	2. 拆放同业		
			其中：拆放境外同业		
			十、境外联行往来（运用方）		
			十一、代理金融机构贷款		
			其中：代理人行专项贷款		
			十二、库存现金	24	12
			十三、外汇买卖（运用方）		
			其中：结售汇		
			十四、投资性房地产		
资金来源总计	3 727	3 561	资金运用总计	3 727	3 561

表 3.68 盛京银行北京分行外汇信贷收支统计

单位：万美元

项目名称	余额	比年初	项目名称	余额	比年初
一、各项存款	4 841	493	一、各项贷款	475	309
1. 单位存款	4 606	434	（一）境内贷款	475	309
其中：活期存款	2 653	583	1. 短期贷款	475	309
定期存款	1 940	-57	（1）个人贷款及透支		
通知存款			其中：个人消费贷款		
保证金存款	13	-92	（2）单位普通贷款及透支	475	475
2. 个人存款	235	59	其中：经营贷款	475	475
储蓄存款	235	59	固定资产贷款		
保证金存款			（3）普通并购贷款		
结构性存款			（4）银团贷款		
3. 临时性存款			（5）贸易融资		-166
4. 其他存款			（6）境外筹资转贷款		
二、代理财政性存款			2. 中长期贷款		
三、金融债券			（1）个人贷款		
其中：境外发行			其中：个人消费贷款		
四、中长期借款			（2）单位普通贷款		
其中：境外借款			其中：经营贷款		
五、应付及暂收款	18	-7	固定资产贷款		
其中：应付利息	18	-7	（3）普通并购贷款		
六、卖出回购资产			（4）银团贷款		
七、向中央银行借款			（5）贸易融资		
八、同业往来（来源方）			（6）境外筹资转贷款		
1. 同业存放			3. 融资租赁		
其中：境外同业存放			4. 票据融资		
2. 同业拆借			其中：贴现		
其中：境外同业拆借			5. 各项垫款		
九、境外联行往来（来源方）			（二）境外贷款		
十、外汇买卖（来源方）	21 033	21 033	二、有价证券		
其中：结售汇	20 555	20 555	三、股权及其他投资		
十一、委托存款及委托投资基金(净)			四、应收及预付款	1	1
1. 委托存款及委托投资基金			其中：应收利息	1	1
2. 减：委托贷款及委托投资			五、买入返售资产		
十二、代理金融机构委托贷款基金			六、存放中央准备金存款		
其中：中央银行委托贷款基金			七、存放中央银行特种存款		
十三、各项准备			八、缴存中央银行财政性存款		
其中：贷款损失准备			九、同业往来	48	-7
十四、所有者权益	24	14	1. 存放同业	48	-7
其中：实收资本			其中：存放境外同业		
十五、其他	-4 306	-183	2. 拆放同业		
			其中：拆放境外同业		
			十、境外联行往来（运用方）		
			十一、代理金融机构贷款		
			其中：代理人行专项贷款		
			十二、库存现金	52	13
			十三、外汇买卖（运用方）	21 034	21 034
			其中：结售汇	20 555	20 555
			十四、投资性房地产		
资金来源总计	21 610	21 350	资金运用总计	21 610	21 350

表 3.69 上海银行北京分行外汇信贷收支统计

单位：万美元

项目名称	余额	比年初	项目名称	余额	比年初
一、各项存款	3 136	2 134	一、各项贷款	7 413	4 180
1. 单位存款	2 875	1 881	（一）境内贷款	7 413	4 180
其中：活期存款	415	61	1. 短期贷款	6 113	2 880
定期存款			（1）个人贷款及透支		
通知存款	500	500	其中：个人消费贷款		
保证金存款	1 960	1 320	（2）单位普通贷款及透支	1 081	81
2. 个人存款	22	14	其中：经营贷款	1 081	81
储蓄存款	22	14	固定资产贷款		
保证金存款			（3）普通并购贷款		
结构性存款			（4）银团贷款		
3. 临时性存款	239	239	（5）贸易融资	5 032	2 799
4. 其他存款			（6）境外筹资转贷款		
二、代理财政性存款			2. 中长期贷款	1 300	1 300
三、金融债券			（1）个人贷款		
其中：境外发行			其中：个人消费贷款		
四、中长期借款			（2）单位普通贷款		
其中：境外借款			其中：经营贷款		
五、应付及暂收款	7	7	固定资产贷款		
其中：应付利息	7	7	（3）普通并购贷款		
六、卖出回购资产			（4）银团贷款	1 300	1 300
七、向中央银行借款			（5）贸易融资		
八、同业往来（来源方）	2 313	2 313	（6）境外筹资转贷款		
1. 同业存放			3. 融资租赁		
其中：境外同业存放			4. 票据融资		
2. 同业拆借	2 313	2 313	其中：贴现		
其中：境外同业拆借	2 313	2 313	5. 各项垫款		
九、境外联行往来（来源方）			（二）境外贷款		
十、外汇买卖（来源方）	52 812	27 441	二、有价证券		
其中：结售汇	52 812	27 441	三、股权及其他投资		
十一、委托存款及委托投资基金(净)			四、应收及预付款	12	-50
1. 委托存款及委托投资基金			其中：应收利息		
2. 减：委托贷款及委托投资			五、买入返售资产		
十二、代理金融机构委托贷款基金			六、存放中央准备金存款		
其中：中央银行委托贷款基金			七、存放中央银行特种存款		
十三、各项准备			八、缴存中央银行财政性存款		
其中：贷款损失准备			九、同业往来	33	9
十四、所有者权益	260	70	1. 存放同业	33	9
其中：实收资本			其中：存放境外同业		
十五、其他	1 751	-388	2. 拆放同业		
			其中：拆放境外同业		
			十、境外联行往来（运用方）		
			十一、代理金融机构贷款		
			其中：代理人行专项贷款		
			十二、库存现金	9	-3
			十三、外汇买卖（运用方）	52 812	27 441
			其中：结售汇	52 812	27 441
			十四、投资性房地产		
资金来源总计	60 279	31 577	资金运用总计	60 279	31 577

表 3.70　江苏银行北京分行外汇信贷收支统计

单位：万美元

项目名称	余额	比年初	项目名称	余额	比年初
一、各项存款	26 320	16 032	一、各项贷款	23 815	11 401
1. 单位存款	25 861	15 575	（一）境内贷款	23 815	11 401
其中：活期存款	4 080	2 339	1. 短期贷款	23 815	11 401
定期存款	16 385	7 981	（1）个人贷款及透支		
通知存款			其中：个人消费贷款		
保证金存款	5 396	5 255	（2）单位普通贷款及透支	5 033	-5 234
2. 个人存款	459	457	其中：经营贷款	5 033	-5 234
储蓄存款	459	457	固定资产贷款		
保证金存款			（3）普通并购贷款		
结构性存款			（4）银团贷款		
3. 临时性存款			（5）贸易融资	18 782	16 635
4. 其他存款			（6）境外筹资转贷款		
二、代理财政性存款			2. 中长期贷款		
三、金融债券			（1）个人贷款		
其中：境外发行			其中：个人消费贷款		
四、中长期借款			（2）单位普通贷款		
其中：境外借款			其中：经营贷款		
五、应付及暂收款	270	113	固定资产贷款		
其中：应付利息	270	113	（3）普通并购贷款		
六、卖出回购资产			（4）银团贷款		
七、向中央银行借款			（5）贸易融资		
八、同业往来（来源方）	4 570	4 570	（6）境外筹资转贷款		
1. 同业存放	4 570	4 570	3. 融资租赁		
其中：境外同业存放			4. 票据融资		
2. 同业拆借			其中：贴现		
其中：境外同业拆借			5. 各项垫款		
九、境外联行往来（来源方）			（二）境外贷款		
十、外汇买卖（来源方）	1 605	1 605	二、有价证券		
其中：结售汇	1 605	1 605	三、股权及其他投资		
十一、委托存款及委托投资基金(净)			四、应收及预付款	119	-47
1. 委托存款及委托投资基金			其中：应收利息	119	-47
2. 减：委托贷款及委托投资			五、买入返售资产		
十二、代理金融机构委托贷款基金			六、存放中央准备金存款		
其中：中央银行委托贷款基金			七、存放中央银行特种存款		
十三、各项准备			八、缴存中央银行财政性存款		
其中：贷款损失准备			九、同业往来	17	11
十四、所有者权益	-44	-44	1. 存放同业	17	11
其中：实收资本			其中：存放境外同业		
十五、其他	-7 159	-9 302	2. 拆放同业		
			其中：拆放境外同业		
			十、境外联行往来（运用方）		
			十一、代理金融机构贷款		
			其中：代理人行专项贷款		
			十二、库存现金	6	4
			十三、外汇买卖（运用方）	1 605	1 605
			其中：结售汇	1 605	1 605
			十四、投资性房地产		
资金来源总计	25 562	12 974	资金运用总计	25 562	12 974

表 3.71　宁波银行北京分行外汇信贷收支统计

单位：万美元

项目名称	余额	比年初	项目名称	余额	比年初
一、各项存款	78	-35	一、各项贷款		
1. 单位存款	20	-64	（一）境内贷款		
其中：活期存款	20	-12	1. 短期贷款		
定期存款			（1）个人贷款及透支		
通知存款			其中：个人消费贷款		
保证金存款			（2）单位普通贷款及透支		
2. 个人存款	58	29	其中：经营贷款		
储蓄存款	58	29	固定资产贷款		
保证金存款			（3）普通并购贷款		
结构性存款			（4）银团贷款		
3. 临时性存款			（5）贸易融资		
4. 其他存款			（6）境外筹资转贷款		
二、代理财政性存款			2. 中长期贷款		
三、金融债券			（1）个人贷款		
其中：境外发行			其中：个人消费贷款		
四、中长期借款			（2）单位普通贷款		
其中：境外借款			其中：经营贷款		
五、应付及暂收款			固定资产贷款		
其中：应付利息			（3）普通并购贷款		
六、卖出回购资产			（4）银团贷款		
七、向中央银行借款			（5）贸易融资		
八、同业往来（来源方）			（6）境外筹资转贷款		
1. 同业存放			3. 融资租赁		
其中：境外同业存放			4. 票据融资		
2. 同业拆借			其中：贴现		
其中：境外同业拆借			5. 各项垫款		
九、境外联行往来（来源方）			（二）境外贷款		
十、外汇买卖（来源方）			二、有价证券		
其中：结售汇			三、股权及其他投资		
十一、委托存款及委托投资基金(净)			四、应收及预付款		
1. 委托存款及委托投资基金			其中：应收利息		
2. 减：委托贷款及委托投资			五、买入返售资产		
十二、代理金融机构委托贷款基金			六、存放中央准备金存款		
其中：中央银行委托贷款基金			七、存放中央银行特种存款		
十三、各项准备			八、缴存中央银行财政性存款		
其中：贷款损失准备			九、同业往来	8	-20
十四、所有者权益	-7	3	1. 存放同业	8	-20
其中：实收资本			其中：存放境外同业		
十五、其他	-46	24	2. 拆放同业		
			其中：拆放境外同业		
			十、境外联行往来（运用方）		
			十一、代理金融机构贷款		
			其中：代理人行专项贷款		
			十二、库存现金	17	12
			十三、外汇买卖（运用方）		
			其中：结售汇		
			十四、投资性房地产		
资金来源总计	25	-8	资金运用总计	25	-8

表 3.72　包商银行北京分行外汇信贷收支统计

单位：万美元

项目名称	余额	比年初	项目名称	余额	比年初
一、各项存款	891	890	一、各项贷款		
1. 单位存款	11	11	（一）境内贷款		
其中：活期存款	11	11	1. 短期贷款		
定期存款			（1）个人贷款及透支		
通知存款			其中：个人消费贷款		
保证金存款			（2）单位普通贷款及透支		
2. 个人存款	502	501	其中：经营贷款		
储蓄存款	502	501	固定资产贷款		
保证金存款			（3）普通并购贷款		
结构性存款			（4）银团贷款		
3. 临时性存款	378	378	（5）贸易融资		
4. 其他存款			（6）境外筹资转贷款		
二、代理财政性存款			2. 中长期贷款		
三、金融债券			（1）个人贷款		
其中：境外发行			其中：个人消费贷款		
四、中长期借款			（2）单位普通贷款		
其中：境外借款			其中：经营贷款		
五、应付及暂收款	3	3	固定资产贷款		
其中：应付利息	3	3	（3）普通并购贷款		
六、卖出回购资产			（4）银团贷款		
七、向中央银行借款			（5）贸易融资		
八、同业往来（来源方）			（6）境外筹资转贷款		
1. 同业存放			3. 融资租赁		
其中：境外同业存放			4. 票据融资		
2. 同业拆借			其中：贴现		
其中：境外同业拆借			5. 各项垫款		
九、境外联行往来（来源方）			（二）境外贷款		
十、外汇买卖（来源方）			二、有价证券		
其中：结售汇			三、股权及其他投资		
十一、委托存款及委托投资基金(净)			四、应收及预付款		
1. 委托存款及委托投资基金			其中：应收利息		
2. 减：委托贷款及委托投资			五、买入返售资产		
十二、代理金融机构委托贷款基金			六、存放中央准备金存款		
其中：中央银行委托贷款基金			七、存放中央银行特种存款		
十三、各项准备			八、缴存中央银行财政性存款		
其中：贷款损失准备			九、同业往来	2	2
十四、所有者权益	3	3	1. 存放同业	2	2
其中：实收资本			其中：存放境外同业		
十五、其他	-885	-884	2. 拆放同业		
			其中：拆放境外同业		
			十、境外联行往来（运用方）		
			十一、代理金融机构贷款		
			其中：代理人行专项贷款		
			十二、库存现金	10	10
			十三、外汇买卖（运用方）		
			其中：结售汇		
			十四、投资性房地产		
资金来源总计	12	12	资金运用总计	12	12

表 3.73　锦州银行北京分行外汇信贷收支统计

单位：万美元

项目名称	余额	比年初	项目名称	余额	比年初
一、各项存款	1 420	1 416	一、各项贷款	19 579	19 579
1. 单位存款	1 416	1 416	（一）境内贷款	19 579	19 579
其中：活期存款	1	1	1. 短期贷款	19 579	19 579
定期存款	1 415	1 415	（1）个人贷款及透支		
通知存款			其中：个人消费贷款		
保证金存款			（2）单位普通贷款及透支	19 538	19 538
2. 个人存款	4		其中：经营贷款	19 538	19 538
储蓄存款	4		固定资产贷款		
保证金存款			（3）普通并购贷款		
结构性存款			（4）银团贷款		
3. 临时性存款			（5）贸易融资	41	41
4. 其他存款			（6）境外筹资转贷款		
二、代理财政性存款			2. 中长期贷款		
三、金融债券			（1）个人贷款		
其中：境外发行			其中：个人消费贷款		
四、中长期借款			（2）单位普通贷款		
其中：境外借款			其中：经营贷款		
五、应付及暂收款	15	15	固定资产贷款		
其中：应付利息	15	15	（3）普通并购贷款		
六、卖出回购资产			（4）银团贷款		
七、向中央银行借款			（5）贸易融资		
八、同业往来（来源方）			（6）境外筹资转贷款		
1. 同业存放			3. 融资租赁		
其中：境外同业存放			4. 票据融资		
2. 同业拆借			其中：贴现		
其中：境外同业拆借			5. 各项垫款		
九、境外联行往来（来源方）			（二）境外贷款		
十、外汇买卖（来源方）	3 768	3 768	二、有价证券		
其中：结售汇	3 768	3 768	三、股权及其他投资		
十一、委托存款及委托投资基金(净)			四、应收及预付款	17	17
1. 委托存款及委托投资基金			其中：应收利息	17	17
2. 减：委托贷款及委托投资			五、买入返售资产		
十二、代理金融机构委托贷款基金			六、存放中央准备金存款		
其中：中央银行委托贷款基金			七、存放中央银行特种存款		
十三、各项准备			八、缴存中央银行财政性存款		
其中：贷款损失准备			九、同业往来	6	3
十四、所有者权益	11	11	1. 存放同业	6	3
其中：实收资本			其中：存放境外同业		
十五、其他	18 159	18 154	2. 拆放同业		
			其中：拆放境外同业		
			十、境外联行往来（运用方）		
			十一、代理金融机构贷款		
			其中：代理人行专项贷款		
			十二、库存现金	3	-3
			十三、外汇买卖（运用方）	3 768	3 768
			其中：结售汇	3 768	3 768
			十四、投资性房地产		
资金来源总计	23 373	23 364	资金运用总计	23 373	23 364

表 3.74　北京农商银行外汇信贷收支统计

单位：万美元

项目名称	余额	比年初	项目名称	余额	比年初
一、各项存款	7 247	2 205	一、各项贷款	7 351	7 051
1. 单位存款	6 673	1 950	（一）境内贷款	7 351	7 051
其中：活期存款	6 602	1 961	1. 短期贷款	7 351	7 051
定期存款	52	52	（1）个人贷款及透支		
通知存款			其中：个人消费贷款		
保证金存款	19	-63	（2）单位普通贷款及透支		
2. 个人存款	574	255	其中：经营贷款		
储蓄存款	574	255	固定资产贷款		
保证金存款			（3）普通并购贷款		
结构性存款			（4）银团贷款		
3. 临时性存款			（5）贸易融资	7 351	7 051
4. 其他存款			（6）境外筹资转贷款		
二、代理财政性存款			2. 中长期贷款		
三、金融债券			（1）个人贷款		
其中：境外发行			其中：个人消费贷款		
四、中长期借款			（2）单位普通贷款		
其中：境外借款			其中：经营贷款		
五、应付及暂收款	67	-596	固定资产贷款		
其中：应付利息	1	1	（3）普通并购贷款		
六、卖出回购资产			（4）银团贷款		
七、向中央银行借款			（5）贸易融资		
八、同业往来（来源方）	9 465	8 465	（6）境外筹资转贷款		
1. 同业存放	465	465	3. 融资租赁		
其中：境外同业存放			4. 票据融资		
2. 同业拆借	9 000	8 000	其中：贴现		
其中：境外同业拆借			5. 各项垫款		
九、境外联行往来（来源方）			（二）境外贷款		
十、外汇买卖（来源方）		-3	二、有价证券		
其中：结售汇		-3	三、股权及其他投资		
十一、委托存款及委托投资基金(净)			四、应收及预付款	29	-24
1. 委托存款及委托投资基金			其中：应收利息	12	8
2. 减：委托贷款及委托投资			五、买入返售资产		
十二、代理金融机构委托贷款基金			六、存放中央准备金存款	151	-89
其中：中央银行委托贷款基金			七、存放中央银行特种存款		
十三、各项准备			八、缴存中央银行财政性存款		
其中：贷款损失准备			九、同业往来	16 442	7 094
十四、所有者权益	236	41	1. 存放同业	2 551	-1 239
其中：实收资本			其中：存放境外同业	1 952	571
十五、其他	7 022	3 914	2. 拆放同业	13 890	8 333
			其中：拆放境外同业		
			十、境外联行往来（运用方）		
			十一、代理金融机构贷款		
			其中：代理人行专项贷款		
			十二、库存现金	63	-7
			十三、外汇买卖（运用方）	1	1
			其中：结售汇	1	1
			十四、投资性房地产		
资金来源总计	24 037	14 025	资金运用总计	24 037	14 025

表 3.75　中国邮政储蓄银行北京分行外汇信贷收支统计

单位：万美元

项目名称	余额	比年初	项目名称	余额	比年初
一、各项存款	1 968	-24	一、各项贷款		
1. 单位存款	46	-759	（一）境内贷款		
其中：活期存款	46	-759	1. 短期贷款		
定期存款			（1）个人贷款及透支		
通知存款			其中：个人消费贷款		
保证金存款			（2）单位普通贷款及透支		
2. 个人存款	1 922	735	其中：经营贷款		
储蓄存款	1 922	735	固定资产贷款		
保证金存款			（3）普通并购贷款		
结构性存款			（4）银团贷款		
3. 临时性存款			（5）贸易融资		
4. 其他存款			（6）境外筹资转贷款		
二、代理财政性存款			2. 中长期贷款		
三、金融债券			（1）个人贷款		
其中：境外发行			其中：个人消费贷款		
四、中长期借款			（2）单位普通贷款		
其中：境外借款			其中：经营贷款		
五、应付及暂收款	20	7	固定资产贷款		
其中：应付利息	21	8	（3）普通并购贷款		
六、卖出回购资产			（4）银团贷款		
七、向中央银行借款			（5）贸易融资		
八、同业往来（来源方）	2 000	2 000	（6）境外筹资转贷款		
1. 同业存放	2 000	2 000	3. 融资租赁		
其中：境外同业存放			4. 票据融资		
2. 同业拆借			其中：贴现		
其中：境外同业拆借			5. 各项垫款		
九、境外联行往来（来源方）			（二）境外贷款		
十、外汇买卖（来源方）			二、有价证券		
其中：结售汇			三、股权及其他投资		
十一、委托存款及委托投资基金(净)			四、应收及预付款		
1. 委托存款及委托投资基金			其中：应收利息		
2. 减：委托贷款及委托投资			五、买入返售资产		
十二、代理金融机构委托贷款基金			六、存放中央准备金存款		
其中：中央银行委托贷款基金			七、存放中央银行特种存款		
十三、各项准备			八、缴存中央银行财政性存款		
其中：贷款损失准备			九、同业往来	19	-40
十四、所有者权益			1. 存放同业	19	-40
其中：实收资本			其中：存放境外同业		
十五、其他	-3 944	-2 139	2. 拆放同业		
			其中：拆放境外同业		
			十、境外联行往来（运用方）		
			十一、代理金融机构贷款		
			其中：代理人行专项贷款		
			十二、库存现金	25	-116
			十三、外汇买卖（运用方）		
			其中：结售汇		
			十四、投资性房地产		
资金来源总计	45	-156	资金运用总计	45	-156

以上统计表由中国人民银行营业管理部调查统计处提供。

（四）机构、人员统计

表 4.1　北京辖区内金融管理机构数量与从业人员数量统计

2012 年 12 月 31 日

单位：家、人

机构名称	机构数量	职工人数
中国人民银行营业管理部	1	542
中国银行业监督管理委员会北京监管局	1	272
中国证券监督管理委员会北京监管局	1	103
中国保险监督管理委员会北京监管局	1	85
北京市金融工作局	1	61
合计	5	1 063

注：表中数据由表中各部门提供。

表 4.2　北京辖区内银行及其他金融机构数量与从业人员数量统计

2012 年 12 月 31 日

单位：家、人

机构名称	机构数			从业人员数	营业员工数
	法人机构	分行级（含总行营业部、办事处、代表处）	支行及支行以下营业网点		
国家开发银行北京市分行		2		324	133
政策性银行合计		3	12	522	320
中国进出口银行北京分行		1		63	12
农业发展银行北京市分行		2	12	459	308
国有商业银行合计		6	1 714	50 517	33 920
工商银行北京市分行		1	493	16 038	9 791
农业银行北京市分行		1	274	8 141	5 163
中国银行北京市分行		1	280	9 738	6 129
建设银行北京市分行		2	293	11 831	9 302
交通银行北京市分行		1	114	4 769	3 535
股份制商业银行合计	2	11	437	17 997	5 585
中信银行总行营业部		1	56	2 283	789
光大银行北京分行		1	57	2 297	650
华夏银行北京分行	1	1	53	1 802	501
广发银行北京分行		1	38	1 538	545
平安银行北京分行		1	27	1 381	301

续表

机构名称	机构数			从业人员数	营业员工数
	法人机构	分行级（含总行营业部、办事处、代表处）	支行及支行以下营业网点		
招商银行北京分行		1	60	3 209	1 398
浦发银行北京分行		1	42	1 272	435
兴业银行北京分行		1	41	1 728	423
民生银行总行营业部	1	1	52	1 732	431
浙商银行北京分行		1	3	264	21
渤海银行北京分行		1	8	491	91
城市商业银行合计	1	11	216	10 831	5 467
北京银行	1	1	172	8 259	4 249
天津银行北京分行		1	7	285	183
大连银行北京分行		1	3	189	60
杭州银行北京分行		1	9	397	225
南京银行北京分行		1	7	282	189
盛京银行北京分行		1	2	121	75
上海银行北京分行		1	4	227	116
江苏银行北京分行		1	9	400	233
宁波银行北京分行		1	1	208	20
包商银行北京分行		1	1	360	48
锦州银行北京分行		1	1	103	69
农村金融机构合计	10		699	8 560	5 624
北京农商银行	1		693	8 084	5 187
村镇银行	9		6	476	437
邮政储蓄银行北京分行		1	536	3 540	1 972
卡中心	1	2			
外资银行	9	41	59	5 701	2 287
外资银行代表处		69		224	
外资非银行代表处		19		50	
资产管理公司		4		195	
非银行金融机构合计	51			4 058	
企业集团财务公司	38			1 572	
信托公司	3			340	
金融租赁公司	1			90	
汽车金融公司	7			1 857	
消费金融公司	1			119	
货币经纪公司	1			80	
合计	74	81	3 673	102 519	55 308

注：本统计表由中国银行业监督管理委员会北京监管局提供。

表 4.3　北京辖区内证券机构数量与从业人员数量统计

2012 年 12 月 31 日

单位：家、人、万户

机构类别	机构数量	从业人员数量	投资者开户数
证券公司	18		1 088
证券分公司	38		
证券营业部	269	9 342	536
基金管理公司	15	2 800	
基金分公司	45		
期货经纪公司	20	4 953	32
期货营业部	83	989	7
证券投资咨询公司	20		
上市公司	217		
外资代表处	46		
合计	771	18 084	1 663

注：本统计表由中国证券监督管理委员会北京监管局提供。

表 4.4　北京辖区内保险机构数量与从业人员数量统计

2012 年 12 月 31 日

单位：家、人

机构类别	总公司	分公司	支公司	营业部	营销服务部	公司职工	保险营销员
中资产险公司		28	104	39	59		
中资寿险公司	2	33	92	10	195		
中资再保险公司		1					
外资产险公司	1	10					
外资寿险公司	3	17			43		
外资再保险公司		3					
政策性保险公司				1			
合计	6	92	196	50	297		
中介法人机构							
其中：代理公司	166	131				10 497	
经纪公司	168	40				7 562	
公估公司	45	9				1 148	
合计	379	180				19 207	80 076

注：本统计表由中国保险监督管理委员会北京监管局提供。

九、大 事 记

1月

1月1日 北京保险行业协会组织建设的“北京车险信息平台车船税应急征收系统”上线运行。全年，在京30家保险机构代收代缴车船税款21.97亿元，实现营业外收入1.1亿元。

在中国银联北京分公司的支持和推动下，北京市具有金融功能的第二代社保卡正式开始在新纳入医保的市级公费医疗参保人员中发放，持卡人可通过北京银行启用第二代社保卡的金融支付功能。

1月12日 中国银行北京市分行与中国移动通信集团公司合作研发，成功启动无线网络布设试点工作。

1月 农业银行北京市分行与北京市商务委员会、北京市移动公司合作推进北京市“万村千乡市场工程”，在北京市商务委员会确定的龙头连锁企业下的农家店建立金融信息机网络，搭建“万村千乡市场工程综合信息服务平台”。6月7日，农业银行北京市分行为门头沟区“万村千乡”商户安装了北京地区第一台“农商通”信息机。“农商通”设备具有物流、购销等商业服务和政府信息服务功能，同时具备刷卡结算、助农取款等金融功能，以及提供公用电话、移动充值等服务。

2月

2月8日 建设银行北京市分行在京首家二级分行——中关村分行正式挂牌成立。中关村分行整合了建设银行原中关村海淀园区内13个支行和18个储蓄所。作为全功能银行，中关村分行除与政府合作开展传统银行业务之外，主要根据中关村园区内高科技中小企业集聚的特点，开展有针对性的服务，并与区内各类金融企业及中介机构开展合作，同时为高端客户人群提供私人银行服务。

2月10日 北京银监局印发《关于促进辖内银行业金融机构进一步改进小微企业金融服务的通知》，要求辖内银行业金融机构进一步加大小微企业信贷支持力度，做好小微企业服务规划；继续深化六项机制建设，提高小微企业服务管理水平；按照“四单原则”加快小企业金融服务专营机构建设等八项要求，促进辖内银行业金融机构完善小微企业金融服务，进一步优化小微企业融资环境。

人民银行营业管理部召开2011年全年北京经济金融形势分析会暨窗口指导会议。会议通报了2011年全年北京市经济金融形势，传达了人民银行2012年工作会议精神，对辖内金融机构信贷工作进行窗口指导。北京市发展和改革委员会、北京市经济和信息化委员会、北京市商务委员会、北京市金融工作局等政府宏观经济管理部门，辖内23家中资银行在京分行及2家外资银行的相关负责人50余人参加会议。

2月21日 北京市金融工作会议在北京国际饭店会议中心召开。会议由市政府副秘书长杨志强主持，市委常委、常务副市长吉林出席会议并讲话。中国人民银行、中国银监会、中国证监会、中国保监会、财政部等国家金融管理部门及相关部委、市金融服务工作领导小组、市打击非法集资和非法证券经营活动工作协调小组成员单位、各区县和部分在京金融机构有关负责人参加了会议。会议指出：2012年，北京市将全面贯彻中央经济工作会议、全国金融工作会议和市委十届十次全会精神，深入贯彻落实科学发展观，牢牢把握“稳中求进”的总基调，践行北京精神，强化服务意识，进一步优化金融发展环境；强化推动金融创新的意识，在支持首都调整结构和培育新增长点、支持科技创新和文化创新双轮驱动、支持保障和改善民生等方面取得明显成效；强化地方政府金融监管意识和责任。

2月25日 北京市农村基本金融服务村村通工程在怀柔区渤海镇北沟村正式启动。市委常委、常务副市长吉林出席了启动仪式并为基本金融服务点揭牌，市政府副秘书长杨志强出席并讲话。人民银行营业管理部、北京银监局、北京保监局、北京市金融工作局、北京市财政局、北京市农村工作委员会、怀柔区政府、北京农商银行领导出席仪式，相关区县主管领导和职能部门领导参加了启动仪式。农村基本金融服务村村通工程作为北京市政府折子工程，为农户提供小额取现、账单查询、汇兑、结算、缴纳公共事业费等基本金融服务，是首都农业信贷、农业保险、农业投资、农业产业基金、农业担保、农村信用、涉农企业上市培育、农村要素市场、农村金融改革试验区金融服务体系的有益补充。至此，首都“十农”金融服务体系基本形成。

2月28日 北京市科学技术委员会、人民银行营业管理部、北京银监局共同主办召开了“金融激励试点方案2011年发布会”。市科委刘晖委员主持会议，人民银行营业管理部、北京银监局、北京市银行业协会、北京市经济和信息化委员会、北京市食品药品监督管理局等有关单位负责人以及工商银行、建设银行、招商银行、北京银行、浦发银行、中关村担保等金融机构主要负责人出席了活动。“金融激励试点方案”自2010年启动以来成效显著。北京生物医药行业贷款总额由2009年实施前的9.6亿元增加到2011年的34.2亿元，平均增幅达到128%，两年累计发放61亿元贷款，先后共支持了172家生物医药企业，为“G20工程”2010年突破500亿元，2011年达到700亿元的产业目标给予了有力的金融支撑。发布会上，工商银行、北京银行、招商银行、浦发银行获得“金融激励试点方案2011年度最佳商业银行”称号；中关村科技担保公司获得“金融激励试点方案2011年度最佳融资性担保机构”称号；德福投资有限公司获得“金融激励试点方案2011年度最佳投资机构”称号。

2月29日 北京银行与北京市旅游发展委员会在唐拉雅秀酒店举行战略合作协议签约暨“北京旅游卡”揭卡仪式。北京银行承诺提供意向性授信100亿元，支持北京旅游业发展；并与3家国内知名旅游企业签署意向性授信协议；与北京市旅游发展委员会合作推出首批北京旅游主题信用卡——“北京旅游卡”，为广大旅游企业和市民提供高效快捷的金融服务。

3月

3月4日 由北京市金融工作局、北京市社会建设工作办公室共同举办的“北京‘三通’通到家”便民金融服务周在朝阳区将府家园社区启动，数十台Mini拉卡拉家用刷卡机送进社区家庭中，居民足不出户就可以在家中缴纳各种公共事业费用和便民服务项目费用。

3月8日 北京保监局印发《关于进一步加强北京地区人身保险业务销售资质

管理的通知》，要求辖内寿险公司改造管理信息系统，增加系统校验功能，对于无保险销售资质的代理机构和销售人员，寿险公司核心业务系统应自动予以控制，不予出单。

工银瑞信基金管理有限公司在港子公司——工银瑞信资产管理（国际）有限公司正式揭牌开业，这是开始正式运行的第13家中国公募基金公司在香港设立的子公司。

3月13日　北京市银行业协会召开消费者权益保护委员会成立大会，北京市消费者协会银行业服务专业委员会一并成立，北京银监局、北京市消费者协会等有关部门领导及成员单位代表100余人参加了会议。第一届主任委员会主任行、北京银行工会主席邢滨宣读了《2012年北京市银行业维护金融消费者合法权益倡议书》；工商银行北京市分行担任常务副主任行，中国银行北京市分行、建设银行北京市分行、交通银行北京市分行、农业银行北京市分行、招商银行北京分行当选为副主任行。

3月18日　平安银行北京分行与北京茶叶协会福安分会签订战略合作协议。平安银行北京分行将通过专业的小微金融服务，为福安分会的会员定制个性化产品，给予福安分会授信额度1.2亿元，有4个联保小组共14家会员单位获得贷款4 200万元。

3月21日　中国银行北京市分行与北京市保障性住房建设投资中心签署总额300亿元的《全面战略合作协议》。根据协议，双方将在北京市统筹建设保障性住房融资、建设收购和运营管理平台领域开展全面合作，实现互利共赢。7月3日，北京市第一笔公共租赁住房长期贷款审批通过，该笔贷款将由北京市保障性住房建设投资中心用于向开发商收购丰台区彩虹家园公租房项目。

3月28日　北京市银行业协会与西城区人民法院合作设立北京市首个银行业金融纠纷调解工作站。该工作站对西城区内涉及银行业金融纠纷的当事人进行专业的调解，并最终获得法院的法律确认，这是北京地区首个金融纠纷调解工作站。截至2012年末，共受理并调解金融纠纷11件，经调解达成调解协议4件。根据调解中发现的问题，北京市银行业协会向两家会员银行发出了《金融纠纷调解业务建议函》。

3月28～29日　北京市金融工作局会同相关单位，邀请国开行、农发行等14家银行及保险、信托等金融机构在北京国际饭店会议中心就2012年北京市保障性住房、轨道交通、园区建设、土地储备4个产业项目召开专题融资对接会，涉及84个重点产业项目的930.2亿元资金需求。

3月29日　人民银行营业管理部联合北京市文化局、北京市广播电影电视局、北京市文化创意产业促进中心共同举办“信贷政策执行效果通报会暨‘文化金融服务年’活动启动仪式”。辖内32家中资银行主管行长及相关部门负责人、部分媒体代表近100人参加会议。“文化金融服务年”主要围绕建立健全文化金融部门联席会议机制、文化金融智库专家工作机制两大平台，重点开展“一行一品”、“品牌支行创建”、“金融服务进集聚区”、“智库专家帮扶带”四项文化金融系列活动。

北京首家由村集体经济组织发起并筹建的小额贷款公司——北京金鹏丽行小额

贷款股份有限公司成立。该公司注册资本1亿元，共有5个股东，三路居村金鹏天润投资管理公司为第一大股东，其所持股份占公司总股本的30%。该公司将立足丰台，向全区农户、微型企业、中小型企业提供方便快捷的小额贷款服务，每年向“三农”方面发放的贷款金额不低于全年累计放款金额的70%；向同一借款人的贷款余额不超过公司资本净额的3%。

3月31日 北京银行私人银行中心开业。北京银行成为国内首家开展私人银行业务的城市商业银行。北京银行私人银行客户定位为拥有600万元以上的金融资产的高净值客户，并为这些高净值客户提供私密、尊贵、“1+1+N”全方位的私人银行服务。

3~5月 北京市金融工会组织劳模评选和宣传工作。北京市金融系统共评出“全国五一劳动奖章”获得者1人，“首都劳动奖章”获得者13人、“首都劳动奖状”获得单位2个、“北京市工人先锋号”获得单位7个，“北京市‘三八’红旗集体”1个、“北京市‘三八’红旗奖章”1个。

4月

4月1日 中信银行总行营业部与朝阳区外贸转型升级服装产业示范基地签订战略协议，双方就合作搭建示范基地公共服务平台、开展金融领域合作、特别是通过为朝阳区服装领域的自主品牌服装中小企业提供金融服务、促进示范基地的发展建设方面达成了共识。

4月12日 工商银行北京市分行与中关村管委会共同举办“信贷创新中关村”工商银行专场暨中小企业科技金融服务走进中关村活动仪式，双方签订了《战略合作框架协议》。工商银行北京市分行意向授予中关村示范区高科技企业500亿元授信额度，并现场与6家企业达成了合计5亿元的授信意向。活动仪式上，工商银行北京市分行发布了《工行科技型中小企业金融服务方案》，该方案包括“创业之路”、“成长之路”、“上市之路”、“卓越之路”系列金融产品，内容涵盖融资、结算、投行、个人金融、私人银行、电子银行等综合金融服务。

4月13日 浦发银行北京分行在北京新世纪日航酒店举行“浦发银行北京分行特色支行授牌仪式暨‘吉祥三宝’产品推介会”，授予中关村支行、电子城支行小微企业服务特色支行，宣武支行、德外支行、开发区支行科技企业服务特色支行、富力城支行、大望路支行文化创意企业服务特色支行和通州支行涉农企业服务特色支行。

4月18日 北京农商银行在新发地批发市场推出“金凤凰掌上交易宝”。“金凤凰掌上交易宝”是北京农商银行专门为广大批发市场、零售市场小微企业商户定制开发的一款专属产品，借助该行强大的网上支付系统和农信银资金清算平台，实现了覆盖北京农商银行及全国8万家农信机构的账户实时收款、付款业务，并可向全国各商业银行进行实时转账汇款。

4月21日 北京银行与北京市医院管理局签约暨“京医通”揭卡仪式在北京友谊医院举行。在仪式上，市医院管理局和北京银行在友谊医院率先启动了“京医通”服务项目，面向北京市非医保患者及外地来京患者发放“京医通”卡。

4月25日 渤海银行北京分行与北

京通州区私营个体经济协会共同举办中小微企业的银企对接会，并签订了金融服务合作协议。

4月26日 人民银行营业管理部召开北京地区国际收支工作会议，传达2012年全国国际收支工作会议精神，总结北京地区2011年国际收支工作，部署2012年工作任务，向获奖先进单位和个人颁发奖状和证书，并就《加强国际收支统计数据质量管理》、《做好2012年度北京地区国际收支申报宣传工作》、《北京地区外汇形势分析及调研工作》等3项新规程（指导意见）征求意见。67家外汇指定银行在京营业机构和中石化财务公司、中海油财务公司的国际收支业务负责人参加会议。

4月26～28日 北京银监局组织辖内银行机构举办了“北京银行业小微企业金融服务成就展”。主要展示了中国银监会及北京银监局推动银行机构支持小微企业金融服务的多方面成效。截至2011年末，辖内中资银行小微企业贷款余额4 010.49亿元，比上年同期增长36.78%，高于各项贷款平均增速25.97个百分点，圆满完成“两个不低于”年度目标。

4月27日 由北京市工商业联合会、北京市私营个体经济协会、北京市金融工作局主办的第三届“首都非公经济金融服务周”启动仪式在喜来登酒店举行。11家银行、4家投融资担保机构负责人和区县工商联、北京市私营个体经济协会会员企业共200余人参加了此次活动。北京市工商业联合会与工商银行北京市分行等11家银行机构签署了1 050亿元的信贷协议，重点支持北京非公有制企业发展。

4月28日 建设银行北京市分行主办的“青春炫服务 岗位展风采”建行青年服务主题活动暨“金融助盲卡”捐赠仪式在京举行，建设银行北京市分行向北京红丹丹公益助盲机构和部分视障人士捐赠了首批共5 000张“金融助盲卡”。“金融助盲卡”集人民币纸硬币面值辨识、银行凭条签名（手印）位置提示等功能于一身，具有使用简便、易于携带等特点，此类专为视障人士推出的金融服务卡片在全国范围内尚属首次。

5月

5月1～31日 人民银行营业管理部组织举办反假货币宣传月活动。活动期间，30余家中外资金融机构设立反假货币宣传咨询点800余个，发放《第五套人民币防伪知识宣传册》137余万册，参与宣传活动的银行从业者超过1万人，宣传范围覆盖全市各个区县。

5月9日 由海淀区政府、北京市金融工作局、人民银行营业管理部、北京银监局主办，海淀区金融服务办公室、海淀区经济和信息化办公室、海淀区工商联承办的“搭建中小微融资平台，促进政金企和谐发展——海淀区促进中小微企业融资对接活动”启动暨签约仪式在中关村西区朔黄发展大厦举行。海淀区政府相关部门、各街道、园区、协会组织，中小微企业共约150人参加了启动暨签约仪式。浦发银行北京分行、北京银行中关村分行等8家银行就创新型信贷产品与企业签订了授信协议，并向企业推出了“海淀区中小微企业融资创新服务示范平台”首批信用类、权益类贷款产品。

5月15日 北京银监局印发《关于表彰北京银行业2011年度小微企业金融

服务及2012年小微企业金融服务宣传月活动先进的决定》，对辖内银行机构2011年度中小企业金融服务工作开展情况进行综合考评，华夏银行等19家银行被评为2011年度小微企业金融服务工作先进单位，农发行北京市分行业务经理张玲等20人被评为2011年小微企业金融服务工作先进个人，民生银行总行营业部“商贷通”等8个特色产品受到表彰，北京银行等16家银行被评为2012年小微企业金融服务宣传月活动先进单位。

5月16日 在“纪念建团90周年——中央金融系统青年创先争优活动表彰会”上，北京保监局团委被授予2011年度“全国金融系统五四红旗团委”荣誉称号。

5月23日 北京证监局、上海证券交易所、深圳证券交易所、北京市金融工作局、中关村管委会在北京会议中心召开了2012年北京企业上市工作大会暨拟上市企业培训启动仪式。北京市委常委、常务副市长吉林出席并讲话。北京市拟上市企业联盟正式成立，并签署《北京证监局、上海证券交易所、深圳证券交易所、北京市金融工作局、中关村管委会关于建立五方企业上市联席会议机制的备忘录》。会后，召开了北京市企业上市工作顾问委员会委员第一次专题座谈会和中关村代办股份转让系统挂牌企业专题培训会。

5月25日 杭州银行北京分行与大兴区青年创业促进会签署合作协议。根据协议，杭州银行北京分行将参与支持大兴区青年创业促进会开展的“贷动青春项目”，通过提供灵活的微小额贷款，为青年创业就业、施展才华提供方便有效的资金支持。

5月26日至6月30日 人民银行营业管理部组织北京地区各中外资商业银行开展“北京市现金服务贴心工程”。

5月31日 农业银行北京市分行与资和信控股集团有限公司签署全面战略合作协议。农业银行北京市分行承诺，在未来五年内将向资和信集团提供不少于人民币80亿元的意向性信用支持，用于其发展第三方支付业务；并将与资和信集团在在线支付、银行卡收单、现金管理、预付费卡、融资等多个业务领域开展合作，成立联合项目工作小组，建立合作沟通机制，共同推进协议的有效落实，在第三方支付平台领域共同打造金融增值战略联盟。

5月 民生银行总行营业部正式启动“小微金融专业化支行”建设工作，全年共建成4家总行级“小微金融专业化支行”和16家分行级“小微金融专业化支行”。

6月

6月1日 北京市金融工作局和顺义区人民政府于首届京交会期间，共同主办了金融服务板块活动。金融服务板块以“产业金融”为主题，以金融服务实体经济发展为目标，共举办了包括展览展示、专题推介、金融家酒会、现场签约等在内的一系列活动。其中，28家在京金融机构报名参展，中信银行、汇丰银行等5家企业举行6场现场推介，100余家金融机构代表参加了金融家酒会。

6月8日 交通银行北京市分行与北京市中小企业信用再担保有限公司共同举办“创新·创业·创模式——小微企业金融加速器合作项目”启动仪式。双方联合推出“小微企业金融加速器合作项目”及此项合作中“展业通—创业一站通”创业园小微企业金融服务平台合作方案，并与中关村留学人员创业园协会、清华科技园玉泉慧谷园区、中关村东升科技园、创新工场、联想之星等科技创业园、特色孵化器管理机构签订合作协议，首批获得融资担保支持的创业园小微企业还进行了现场签约。

6月26日 中关村管委会、人民银行营业管理部、北京市经济和信息化委员会在北京世纪金源大饭店联合举办“信用中关村”系列活动暨2012中关村信用双百企业表彰大会。会上，表彰发布了2011～2012年103家“最具影响力信用企业”和107家“最具发展潜力信用企业”，以及599家中关村信用星级企业。中关村企业信用促进会与合作信用服务机构、金融机构共同签署“信用与科技金融服务企业融资发展合作协议”，北京银行、工商银行、民生银行、中国银行、招商银行与10家企业签署了总额近1亿元的信用贷款协议。

7月

7月8日 国务院正式批准中国证监会在中关村非上市股份公司进入证券公司代办转让系统进行股份报价转让试点的基础上，在京设立全国中小企业股份转让系统有限责任公司，作为全国性场外交易市场的运营管理机构。9月20日，全国中小企业股份转让系统有限责任公司在京注册。该公司采取公司制，注册资本、实收资本均为30亿元，股东包括上海证券交易所、深圳证券交易所等六家中国证监会直属机构。

7月12日 中信银行总行营业部与中国出口信用保险公司签署协议，面向北京地区中小出口企业合作推出“无担保”融资服务。根据协议，中小出口企业先投保中国出口信用保险公司的出口信用保险，再向银行申请应收账款融资，无须抵押土地或房产等资产，就可便捷地获得银行融资，同时还可保障收汇风险。

7月16日 宁波银行北京分行下辖第一家支行——中关村支行开业。

7月18日 由包商银行北京分行主办的主题为“分享、合作、共赢”的“草原行·包商情”大型同业交流会在内蒙古锡林浩特开幕，全国60余家金融机构的100余人参加了会议。

7月19日 人民银行营业管理部与海淀区经济和信息化办公室签署《海淀区中小企业信用体系试验区征信服务合作协议》。根据协议，人民银行营业管理部在海淀园企业服务大厅开设征信服务窗口，在中国人民银行规定的范围内，为相关企业提供贷款卡新办及信用报告的查询等服务，并逐步拓展服务内容，适时开展相关诚信宣传活动。12月5日，征信服务窗口正式对外办公，直接为园区企业提供办理贷款卡行政许可相关业务的一站式的服务。

7月22日 北京保监局组织辖区各有关财产保险公司和北京保险行业协会负责人召开紧急会议，就北京“7·21”特大自然灾害的保险理赔救援工作进行部署，对下一步理赔服务、救援和保全等工作提出明确要求。北京保险行业协会印发《关于切实做好北京“7·21”强暴雨保险理赔服务工作的通知》，并发出“温馨提示”新闻通稿。24日，北京保险行业协会与北京汽车维修行业协会联合发出倡议书，就受灾车辆保险理赔事宜作出六项承诺。

7月25日 北京银监局召开“北京银行业妥善应对‘7·21’特大暴雨灾害做好灾后金融服务专题会”，辖内各银行业金融机构高管及代表参加会议。

7月27日 “2012年度北京市金融安全知识宣传活动启动仪式”在石景山区万达广场举行。本次活动以“防范金融风险，远离金融诈骗”为主题，由北京市金融工作局、首都综合治理委员会办公室、北京市公安局、人民银行营业管理部、北京银监局、北京证监局、北京保监局、石景山区政府等部门共同组织开展。

国开行北京市分行为北京“7·21”特大暴雨受灾严重的房山、平谷两区提供4亿元救灾应急贷款，其中房山区3亿元、平谷区1亿元。贷款资金将专项用于两区的救灾善后工作，特别是在特大暴雨灾害中受灾群众转移安置及救助、救灾物资购置调拨、因灾损毁基础设施、公益设施的应急维护等方面。

“7·21”特大暴雨灾害后，北京各保险公司迅速启动应急预案，调度各方面资源，及时处置接报案和事故救援等工作。7月24日，中华财产保险公司北京分公司将灾后第一笔政策性农业保险理赔款30万元支票，送到房山区十渡镇西石门村农工商经济联合社负责人手中。泰康人寿保险公司北京分公司积极排查伤亡名单，主动寻找客户，开通95522报案及理赔绿色通道。平安财产保险公司北京分公司提供免费道路救援1 867次，完成客户回访5 477人次，财产险理赔4 897.68万元，车险理赔超2亿元。30日，民生人寿保险公司北京分公司郭东燊总经理看望遇难者家属，并将理赔款111 301.93元送至受益人。华安保险公司北京分公司、太平人寿保险公司北京分公司职工分别向灾区捐款12 190元、36 062.9元。

据北京保监局统计，截至7月30日24时，在京保险公司共接到因强降雨造成损失的各类报案4.7万件，估损金额约10亿元。其中，机动车辆保险接报案4.2万件，估损金额约3.9亿元；企业、家庭、工程等财产保险接报案2 331件，估损金额约5.1亿元；投保种植业保险农户受灾面积约28.3万亩，养殖业损失约24.3万头（只），种养两业估损金额约9 142.6万元，已向农户预先赔付保险金2 000余万元；人身保险预计赔付保险金额457.6万元，已赔付220.3万元，涉及53人，其中34人死亡、5人失踪、14人受伤。

8月

8月1日 北京地区开始实施货物贸易外汇管理制度改革。改革的主要内容：一是简化贸易进出口收付汇业务办理手续和程序。二是从2012年8月1日开始，企业办理出口报关时不再提供出口收汇核销单，申报出口退税时不再提供出口收汇核销单退税联。三是实施企业动态分类管理，根据企业遵守外汇管理规定的相关情况，将企业分为A类、B类和C类，并实施不同的管理措施。四是外汇、海关、税务三部门进一步优化升级信息共享机制，通过数据交换与监管合作，发挥监管协同效应。

北京市金融工作局会同北京保监局召开北京保险业“7·21”特大自然灾害保险善后服务工作会，通报全市保险理赔工作情况，部署下一阶段保险善后服务相关工作。会议由北京市金融工作局张幼林副局长主持，北京市民政局、北京市农业工作委员会、有关区县金融办、北京保险行业协会及有关保险公司负责人参加了会议。

8月7日 北京保险行业协会和北京保险中介行业协会联合印发《北京人身保险销售从业人员销售行为警示信息管理暂行办法》，同时建立了配套的警示信息管理系统。自2012年9月1日起，各在京经营业务的人身保险公司和专兼业保险代理机构所属销售人员的不规范销售行为信息均将在警示信息管理系统中被记录和保存，保险消费者、保险公司和保险代理机构及保险销售人员均可登录系统进行查询。

8月8日 北京农商银行与北京南水北调工程投资中心签署《战略合作协议》及《南干渠项目贷款合同》。根据协议，北京农商银行在未来三年内将向北京南水北调工程投资中心累计提供100亿元的意向性授信额度，用于南水北调市内配套工程建设及未来水务基础设施建设，同时提供11亿元贷款，用于南干渠工程建设。

8月15日 “2012年度中国银行业文明规范服务千佳示范单位”评选活动启动。北京市银行业协会聘请第三方中介机构进行暗访测评，抽调相关人员组成检查组，对网点服务状况进行不定期抽查，共抽查网点600多个，并逐步完善监测分析与暗访通报制度。农业银行北京铁道支行、招商银行北京小关支行等18家会员单位共49家网点荣获“中国银行业文明规范服务千佳示范单位”称号。

8月20日 原深圳发展银行股份有限公司北京分行更名为平安银行股份有限公司北京分行。

8月21日 由北京市委宣传部、北京市金融工作局共同起草的《关于金融促进首都文化创意产业发展的意见》经批准正式对外公布。意见指出，北京将加快完善创新文化创意产业直接融资体系，争取将中关村代办股份转让系统挂牌企业范围扩大到文化创意产业园区。“十二五”末，北京争取新增文化创意上市公司50家。

8月24日 交通银行北京市分行贵金属交易及回购中心在金融街正式开业，成为国内银行系统为数不多的集销售、回购、展示、交易于一体的高规格、标准化的贵金属旗舰店。

8月28日 第五届“银联杯”北京市商业服务业收银员职业技能竞赛在北京华融大厦举行。此次竞赛活动由中国银联北京分公司、北京市妇女联合会、北京市商业联合会、北京市总工会共同主办，各商业银行和专业化服务公司协办。141名参赛选手经过激烈的笔试和现场POS机操作角逐，决出了“优秀个人”、“商户优胜奖”和“优秀组织奖”等多个奖项。

8月29日至9月9日 太平洋人寿保险公司北京分公司为参加伦敦“第十四届夏季残奥会”的中国残奥代表团提供包括意外伤害身故、突发急性病身故、医疗保障及境外救援等方面的保险保障，总保险金额达1.68亿元。

8~12月 民生银行总行营业部与普华永道会计师事务所合作开设中小企业“挚友培训学院”，针对中小企业实际需求，每月举办一次专题培训，课程包括中小企业财务决策与公司治理、长期激励计划设计、估值与财税影响分析、如何向PE融资以及与PE谈判和沟通的技巧、增值税税改对中小企业的影响、突破财务困境—非财务高管的财务培训等。

9月

9月7日 中国证监会举行非上市股份公司股份转让试点合作备忘录签署暨首批企业挂牌仪式，市委常委、常务副市长李士祥代表北京市致辞并与中国证监会签署《中国证监会和北京市政府扩大非上市股份公司股份转让试点合作备忘录》，中关村两家企业——北京煦联得节能科技股份有限公司和北京安普能环保工程技术股份有限公司成为扩大试点后首批挂牌企业。

北京保险行业协会与西城区人民法院举行保险纠纷诉调对接机制签约仪式，这是行业协会与北京市城区第7家基层人民法院建立诉调对接机制。签约仪式中，双方明确了机构设置、合作机制、合作范围、合作原则等事项，确定双方在保险纠纷调解、行业指导、培训交流、调研宣传等多方面展开合作。

9月10日 由北京市商务委员会、北京市商业联合会组建的“北京市中小商贸企业融资服务平台”正式启动。该平台主要针对已形成的160个规模商圈内的中小企业降低贷款“门槛”，共吸引了工商银行、北京银行、民生银行、建设银行、邮政储蓄银行和首创投资担保、中关村科技担保、晨光昌盛投资担保、燕鸿投资担保、中小企业信用再担保公司共同参与。

9月15日 泰康人寿保险北京分公司推出寿险服务手机客户端——“泰康e服务”。该项服务不仅能提供保单信息查询、理赔报案、投资产品价格公布等多项服务，还能提供周边服务网点、定点医院查询等功能。

9月17日 “2012北京CBD国际金融论坛”在北京举行。本届论坛由中国社会科学院金融研究所、朝阳区人民政府、北京CBD商务节组委会主办，北京CBD国际金融研究院承办，北京CBD金融商会、北京CBD金融企业家俱乐部协办，以“金融发展与区域竞争力”为主题，围绕“全球视角下的经济增长新引擎”、“金融产业发展对提升北京城市竞争力的作用”、“基于实体经济发展的金融创新：制度、产品与服务”、“加快金融创新推动经济结构转型升级”等国内外关注的焦点议题展开研讨。

全国首家国际金融博物馆在朝阳区建成并开放。博物馆占地面积2 000平方米，馆内展陈由中国金融史、幽燕金融史、朝阳国际金融展、中英金融史展、国际金融角五个部分组成，主要负责征集、收藏、陈列、展示并研究各类与金融相关的文物珍品及珍贵文物复制品。

北京市商务委员会和中国出口信用保险公司签署《北京市小微企业出口信用保险统一投保协议》。根据协议，北京市为2011年度出口规模在100万美元（含）以下，且2012年有外贸出口业绩的小型微型企业统一投短期出口信用保险。

9月21日 北京人身保险电话营销禁拨平台上线运行，正式为首都市民提供禁拨登记服务。截至年末，6 368人次成功登录，登记禁拨号码5 373个；各保险公司上传禁拨号码18 581个，共对23 954个号码实施了禁拨。

9月25日 北京现代汽车金融有限公司正式成立。该公司由现代金融株式会社（出资比例46%）、北京汽车投资有限公司（出资比例40%）、现代自动车株式会社（出资比例14%）共同设立，注册资本5亿元。

9月26日 以“月刷卡、月中奖”为主题的“2012年北京市刷卡促消费活动”正式启动。此次活动由北京市商务委员会、北京市财政局、人民银行营业管理部、北京银监局主办，中国银联北京分公司及在京24家中资商业银行承办，北京市银行卡市场协调委员会、北京市商业联合会协办。此次刷卡消费活动设置了一、二、三等奖项和“特别奖”总计76万个，2012年10月1日至2013年3月31日期间，凡持有北京地区各参与银行所发行的带有“银联”标识的银行卡持卡人，在北京市商业领域内以刷卡消费方式购物、就餐等，且单笔金额在200元以上（含），均有机会参与抽奖。

9月28日 由海淀区政府、北京市金融工作局主办，海淀区金融服务办公室承办的“北京市中小微企业融资对接会暨海淀区科技金融政策发布会、海淀区科技金融综合服务平台发布会”在中关村展示中心举行。会上，工商银行、建设银行、北京银行、浦发银行、民生银行等就创新型信贷产品与企业签订了授信协议。软件园、全球网通过线下实体超市和线上网络平台发布科技金融政策、对接金融机构和科技中小微企业。浦发银行、交通银行的中小企业金融服务专营机构揭牌，至此海淀区共有15家中小企业金融服务专营机构。最后，海淀区金融服务办公室就促进中小微企业融资支持措施进行了解读。

10月

10月12日 全国新型农村和城镇居民社会养老保险工作总结表彰大会在人民大会堂召开。北京农商银行荣获“全国新型农村和城镇居民社会养老保险工作先进单位”称号，房山支行个人金融部经理陈洪远荣膺“全国新型农村和城镇居民社会养老保险工作先进个人”称号。

10月23日 北京市银行业协会首次对外公布金融纠纷调解中心的联系方式，公开受理社会公众提出的银行业金融纠纷调解申请。

10月26日 人民银行营业管理部举行北京人民币立体库与首批商业银行对接仪式，正式启动招商银行和北京银行在北京中心支库办理现金存取款业务。辖内各商业银行主管副行长、部门负责人以及人民银行营业管理部相关处室人员等共计40余人参加了会议。

10月28日 北京市“百万青工岗位建功”行动2012年度北京市青年点钞大赛在北京农商行举行。工商银行、农业银行等22家银行代表队，北汽集团、首旅集团等8家非银行企业代表队90多人参加了比赛。经过角逐，浦发银行北京分行、农业银行北京市分行、中信银行总行营业部获团体前三名，北京银行赵亚平、民生银行王森、杨兰分别获得个人前三名。

中国华融资产管理公司北京办事处更名为中国华融资产管理股份有限公司北京市分公司。

11月

11月8日 北京保监局和北京银监局联合发布《关于进一步规范北京地区商业银行代理保险业务有关事项的通知》，进一步明确了保险公司、商业银行双方责任，对银行信息展示、销售人员日常工作等方面提出六点要求。

11月9日 人民银行营业管理部举行“银企共建现金服务联系点授牌仪式”，同时推出首都第一台硬币自助存取款机。现金服务联系点由商业银行与现金流通量大、残损人民币集中的菜市场、集贸市场等非开户单位和现金业务量大的连锁超市、商场等商业服务业开户单位合作建立。北京市第一批现金服务联系点共145个，覆盖了众多在京城有影响力的市场和商业服务业企业。

建设银行北京市分行在石景山支行营业大厅内布设了首台硬币自助存取款机，硬币存款机可受理1角、5角和1元的硬币存款，每次最高可存款数量为200枚。同时可将公众存入的硬币兑换成10元、20元、50元和100元四种面值的纸币。

11月10日 工商银行、建设银行、交通银行开通网上认购国债业务，这是电子式国债首次上网销售。

11月11日 北京银行发布《北京银行科技金融三年发展规划》，提出加快科技金融发展的主要指标，实现科技企业信贷业务增速不低于全行信贷业务平均增速；未来三年累计为科技企业投放不低于1 000亿元的信贷支持；重点培育不低于1 000家高成长型科技企业；以中关村分行为阵地，以海淀园支行为标杆，累计建设科技企业专营支行不少于20家。

11月13日 宏源期货有限公司完成了增加注册资本、工商变更登记和《经营期货业务许可证》换领手续，公司注册资本正式变更为5.5亿元。

11月15日 工商银行北京市分行物联网智能管理平台正式启用。该平台整合了全行500多个网点、3 000多台自助机具的前中后端监控、报警资源，实现了生产运行值班、自助机具远程管理、服务与内控非现场检查、安保远程监控、应急处置指挥中心“五合一”功能。

11月18日 由北京市金融工作局、中共北京市西城区委员会、西城区人民政府共同主办的金融街论坛开幕。本届论坛以“金融业发展与金融中心建设”为主题，围绕“全球经济变革中的金融业创新与发展”，“金融市场完善与制度创新”、“金融机构创新发展与综合化经营”、“金融中心的发展与建设”4个议题进行讨论。同日，北京金融街研究院揭牌成立。

11月30日至12月3日 第八届北京国际金融博览会在北京展览馆举行。本届博览会以“金融服务实体经济　支持首都创新发展”为主题，通过展览展示、系列论坛和交流活动，全方位展示首都金融业科学发展成果，宣传金融机构的创新产品和服务。展览面积达2.3万平方米，设有展位900余个，共有金融机构、企业集团、首都区县、地方省市等百余家展商参展。

11月 华融证券股份有限公司直接投资业务子公司——华融天泽投资有限公司正式成立。

12月

12月1日 经国家外汇管理局批准，北京外汇管理部组织实施的跨国公司外汇资金集中运营管理改革试点工作率先在工商银行北京市分行启动，并成功地为获得试点资格的中粮集团、中化集团、施耐德电气（中国）有限公司办理了全国首发业务。

国内首家获得个人本外币兑换特许业务的非金融机构——北京渤海通汇投资咨询有限公司在京挂牌。个人本外币兑换特许业务是指境内非金融机构经国家外汇管理局及其分支机构批准，为境内外个人办理的人民币与外币之间的货币兑换业务。

12 月 11 日 中信银行总行营业部、北京银行与北京奔驰汽车有限公司签署了北京奔驰 26 亿元新建发动机工厂项目银团贷款协议。此笔融资将支持北京奔驰汽车有限公司建设一个产能 30 万台的发动机工厂，以全面实现国产奔驰乘用车的中国“心”战略计划。

12 月 14 日 渣打银行（中国）有限公司北京永定门支行正式营业，这是外资银行在京设立的第一家专门以小微企业作为服务对象的小微企业专营支行，也是北京市西南城区的首家外资银行支行。

12 月 18 日 北京市银行业协会举行发布会，正式发布“北京银行业精神”——“诚信、服务、稳健、创新”。北京是全国银行业内第一个发布“银行业精神表述语”的地区。

12 月 19 日 北京保监局和北京银监局联合发布《关于进一步规范北京地区商业银行代理保险业务有关事项的通知》，进一步明确了保险公司、商业银行的双方责任，细化了规范性要求，加强了银保双方沟通与交流机制。

12 月 28 日 邮政储蓄银行北京分行“电视银行”上线，成为北京地区首家推行电视银行系统的金融机构。“电视银行”依托数字电视运营商的双向数字网，以有线电视与机顶盒作为客户终端，遥控器作为操作工具，为客户提供银行服务。目前可以实现个人客户人民币账户信息查询、转账、信用卡业务、缴费、银行产品信息查询等功能。

十、附　　录

（一）北京市金融机构名录
（截至 2012 年 12 月 31 日）

1. 金融管理机构

机构名称	地　址	邮　编	电　话
中国人民银行营业管理部	西城区月坛南街 79 号	100045	68559027
（国家外汇管理局北京外汇管理部）	（海淀区莲花池东路 39 号西金大厦）	100036	（63988081）
中国银行业监督管理委员会北京监管局	西城区金融大街 20 号	100033	58391797
中国证券监督管理委员会北京监管局	西城区金融街 26 号金阳大厦 6 层	100033	88088060
中国保险监督管理委员会北京监管局	西城区金融大街 15 号鑫茂大厦北楼 9 层	100033	66060530
北京市金融工作局	西城区槐柏树街 2 号市府大楼 2 号楼	100053	63020601

2. 银行业机构

（1）中资银行

机构名称	地　址	邮　编	电　话
国家开发银行股份有限公司北京市分行	西城区复兴门内大街 158 号	100031	63223100
国家开发银行股份有限公司企业局	西城区复兴门内大街 158 号远洋大厦 9 层	100031	66492200
中国进出口银行北京分行	东城区北河沿大街 77 号	100009	64099688
中国农业发展银行股份有限公司北京市分行	西城区月坛北街甲 2 号	100045	68081842
中国农业发展银行股份有限公司总行营业部	西城区月坛北街甲 2 号月坛大厦南楼	100045	68081456

中国工商银行股份有限公司北京市分行	西城区复兴门南大街2号天银大厦B座	100031	66411138
中国农业银行股份有限公司北京市分行	东城区朝阳门北大街13号	100010	61127068
中国银行股份有限公司北京市分行	东城区朝阳门内大街2号凯恒大厦A座、C座、E座	100010	85122288
中国建设银行股份有限公司北京市分行	西城区宣武门西大街28号楼4门	100053	63603682
交通银行股份有限公司北京市分行	西城区金融街33号	100033	88668000
中国建设银行股份有限公司北京中关村分行	海淀区知春路96号	100086	82118322
招商银行股份有限公司北京分行	西城区复兴门内大街156号A座首层	100033	66426622
上海浦东发展银行股份有限公司北京分行	西城区太平桥大街18号丰融国际大厦	100033	57395588
广发银行股份有限公司北京分行	东城区大华路2号	100005	65169303
兴业银行股份有限公司北京分行	朝阳区安贞西里三区11号福建大厦1层	100029	64415117
平安银行股份有限公司北京分行	西城区复兴门内大街158号远洋大厦首层	100031	66292375
中信银行股份有限公司总行营业部	西城区金融大街甲27号投资广场A座	100031	66293513
中国光大银行股份有限公司北京分行	西城区宣武门内大街1号	100031	66567688
中国民生银行股份有限公司总行营业部	西城区复兴门内大街2号	100031	58560088
华夏银行股份有限公司北京分行	西城区金融大街11号	100034	58598700
渤海银行股份有限公司北京分行	西城区复兴门内大街28号凯晨世贸中心东C座F1层	100031	66270781
浙商银行股份有限公司北京分行	西城区金融大街甲1号-1	100033	88006154
中国邮政储蓄银行股份有限公司北京分行	朝阳区光华路50号	100600	65217190

北京银行股份有限公司	西城区金融大街丙 17 号北京银行大厦	100033	66223739
北京银行股份有限公司中关村分行	海淀区中关村大街甲 28 号	100086	82533039
天津银行股份有限公司北京分行	西城区东河沿胡同 73 号宣武门大厦	100052	83175930
大连银行股份有限公司北京分行	朝阳区建国路 93 号万达广场 B 座	100022	65813121
盛京银行股份有限公司北京分行	朝阳区光华路 4 号东方梅地亚中心 D 座	100026	85597777
南京银行股份有限公司北京分行	西城区金融大街 10 号	100033	83399030
上海银行股份有限公司北京分行	西城区金融街甲 9 号	100033	66528701
杭州银行股份有限公司北京分行	东城区朝阳门北大街 7 号第五广场大厦 C 座 4 层、8 层	100010	64088100
江苏银行股份有限公司北京分行	西城区金融大街 8 号 C 座	100033	83399519
宁波银行股份有限公司北京分行	东城区建国门内大街 28 号 B 座 1 ~4 层	100005	67557388
包商银行股份有限公司北京分行	朝阳区北四环东路 115 号	100101	64816067
锦州银行股份有限公司北京分行	东城区建国门北大街 5 号	100005	85072111
北京农村商业银行股份有限公司	西城区金融大街 9 号	100033	63229908
北京延庆村镇银行股份有限公司	延庆县高塔街 73 号	102199	69178738
北京密云汇丰村镇银行有限责任公司	密云县新东路 126 －1 号	101500	58120700
北京怀柔融兴村镇银行有限责任公司	怀柔区南华园二区甲 41 号楼	101499	61620106
北京大兴九银村镇银行股份有限公司	大兴区西红门镇欣荣北大街 18 号院 3 号	100162	80255566
北京昌平兆丰村镇银行股份有限公司	昌平区南环东路 32 －6 号	102299	60783888

北京大兴华夏村镇银行有限责任公司	大兴区黄村镇兴业大街（三段）32号-2	102611	69221122
北京顺义银座村镇银行股份有限公司	顺义区西辛南区乙62号	101399	61408713
北京通州国开村镇银行	通州区杨庄南里甲66号	101121	52998500
北京门头沟珠江村镇银行	门头沟区永定镇石龙南路8号	102308	60865137

（2）中资银行分支机构

中国农业发展银行股份有限公司北京市分行

机构名称	地　址	邮　编	电　话
分行营业部	西城区月坛北街甲2号	100045	68081050
天坛支行	东城区广渠门内大街11号	100062	87103181
西三环支行	海淀区西三环北路25号	100089	88568455
门头沟支行	门头沟区石龙南路14号	102300	69828640
房山区支行	房山区良乡西路28号	102488	69373003
通州区支行	通州区新华北街33号	101100	69521324
昌平区支行	昌平区北环路4号	102200	89784518
顺义区支行	顺义区五里仓小区38号楼	101300	69449488
大兴区支行	大兴区兴华中里14号楼	102622	69209352
平谷区支行	平谷区太和园甲7号	101200	89980049
怀柔区支行	怀柔区后横街15号	101400	69684840
密云县支行	密云县新南路70号	101500	69040079
延庆县支行	延庆县东外大街109号	102100	69188337

中国工商银行股份有限公司北京市分行

机构名称	地　址	邮　编	电　话
分行营业部	西城区复兴门南大街2号天银大厦B座	100031	66411138
东城支行	东城区东四十条24号	100007	84020331
王府井支行	东城区王府井大街237号	100006	65270660
和平里支行	东城区和平里北街14号	100013	64216766
长安支行	西城区宣内大街乙6号	100031	66031114
新街口支行	西城区西直门内大街143号	100035	62218008
南礼士路支行	西城区阜外大街8号	100037	68025558

金融街支行	西城区太平桥大街丰汇园11号	100032	58362270
地安门支行	西城区德外大街77号D座	100088	82251116
崇文支行	东城区永定门外大街86号	100075	87205518
宣武支行	西城区广外南滨河路3号楼	100055	63480657
广安门支行	西城区广外南滨河路3号楼	100055	63480658
珠市口支行	东城区珠市口东大街15号	100062	67050807
朝阳支行	朝阳区朝外大街1号	100020	65991018
九龙山支行	朝阳区广渠路甲40号	100022	67710822
亚运村支行	朝阳区慧忠北里407号	100012	64863545
望京支行	朝阳区酒仙桥路10号	100102	64379963
商务中心区支行	朝阳区建国路108号	100022	65669958
海淀支行	海淀区中关村东路100号	100080	62551286
海淀西区支行	海淀区北四环西路65号	101200	82886358
中关村支行	海淀区上地信息路2号	100085	82896655
翠微路支行	海淀区阜成路79号	100036	88127226
西客站支行	海淀区莲花池东路39号	100055	63955387
丰台支行	丰台区文体路19号	100071	63815971
方庄支行	丰台区芳城园三区18号楼	100078	67690160
经济技术开发区支行	经济技术开发区荣昌东街甲5号隆盛大厦A座2层	100176	67863557
石景山支行	石景山区石景山路63号	100043	68874128
门头沟支行	门头沟区新桥大街12号	102300	69844598
房山支行	房山区良乡西潞北大街32号	102488	89350799
通州支行	通州区新华大街155号	101100	69546362
大兴支行	大兴区兴政街24号	102600	69243119
顺义支行	顺义区石园西路	101300	69443932
昌平支行	昌平区科技园区综合办公楼	102200	69746269
怀柔支行	怀柔区商业街23号	101400	69642388
密云支行	密云县鼓楼南大街	101500	69042424
平谷支行	平谷区府前西街14号	101200	69961425
延庆支行	延庆县延庆镇东大街37号	102100	69143392

中国农业银行股份有限公司北京市分行

机构名称	地　　址	邮　编	电　话
分行营业部	东城区朝阳门北大街13号	100010	61127068
东城支行	东城区金宝街58号华丽大厦	100005	65281871

西城支行	西城区新华里16号院1号楼京桥大厦	100044	88319655
崇文支行	东城区珠市口东大街1号新阳商务楼A座	100062	67092480
宣武支行	西城区宣武门西大街28号院10门大成广场	100053	63602266
朝阳支行	朝阳区朝外工体路东2号	100020	65522915
海淀支行	海淀区海淀大街37号	100080	62533660
丰台支行	丰台区东大街9号	100071	63811911
石景山支行	石景山区八角南路18号	100043	68885947
万寿路支行	海淀区西四环中路16号院6号楼	100039	68276732
亚运村支行	朝阳区安定路33号化信大厦	100029	64411376
经济技术开发区支行	经济技术开发区中和街3号	100176	67882470
海淀东区支行	海淀区学院路丁11号	100083	82377410
通州支行	通州区八里桥南街1号	101100	69542656
顺义支行	顺义区府前西街2号	101300	69444435
昌平支行	昌平区西环南路蓝郡嘉苑13号综合楼	102200	69741458
大兴支行	大兴区兴丰南大街128号	102600	69243488
房山支行	房山区良乡拱辰北大街19号	102488	81389559
怀柔支行	怀柔区青春路39号	101400	69644982
平谷支行	平谷区府前街23号	101200	69961393
密云支行	密云县滨河路24号	101500	69041923
延庆支行	延庆县东外大街73号	102100	69144474
朝东支行	朝阳区光华路4号东方梅地亚中心A座	100026	85718176
知春路支行	海淀区知春路6号锦秋国际大厦A座	100191	82270080

中国银行股份有限公司北京市分行

机构名称	地　　址	邮　编	电　话
东城支行	东城区交道口东大街81号	100007	64066001
西城支行	西城区阜外大街5号	100037	68001360
崇文支行	东城区广渠门内大街47号雍贵中心1～4层	100062	87550600

宣武支行	西城区南新华街 1 号	100052	63044230
朝阳支行	朝阳区东三环北路霞光里 18 号佳程广场 A 座	100027	59207000
商务区支行	朝阳区东三环北路乙 19 号中青大厦 C 座	100020	85121901
海淀支行	海淀区北四环西路 58 号理想国际大厦 1 ~ 3 层	100080	82607305
丰台支行	丰台区右安门外大街 2 号迦南大厦 2 层	100069	83554566
昌平支行	昌平区南环路 57 号	102200	89701462
顺义支行	顺义区府前西街 4 号	101300	69445180
通州支行	通州区车站路 44 号	101100	80506266
经济技术开发区支行	经济技术开发区荣京东街 3 号	100176	67825808
大兴支行	大兴区黄村镇兴丰大街（三段）199 号	102600	81291699
平谷支行	平谷区林荫北街 11 号	101200	69973913
怀柔支行	怀柔区开放路 33 号	101400	69644815
密云支行	密云县鼓楼南大街 24 号	101500	69043884
延庆支行	延庆县庆园街 12 号	102100	69141843
首都机场支行	顺义区首都机场二纬路 8 号中国服务大厦 C 区 2 层	100621	64558010
王府井支行	东城区东长安街 1 号 W1 座 1102 号、W2 座 103 号	100738	85190668
奥运村支行	朝阳区北辰东路 8 号院 1 号楼	100101	64818005
使馆区支行	朝阳区三里屯路 5 号	100027	84429018
雅宝路支行	朝阳区雅宝路 8 号 3 号楼	100020	85662950
世纪财富中心支行	朝阳区光华路五号院世纪财富中心 2 层	100020	85875202
国际贸易中心支行	朝阳区建国门外大街 1 号国贸大厦三期 18 层	100004	85350699
中银大厦支行	西城区复兴门内大街 1 号中银大厦	100818	66591051
金融中心支行	西城区金融大街 27 号投资广场 B 座	100033	68529299
石景山支行	石景山区石景山路 20 号中铁建设大厦 2 层	100040	57832299

中关村中心支行	海淀区海淀大街8号中钢国际广场A座12层、3层A、D区	100080	62687099
上地支行	海淀区上地十街辉煌国际6号楼	100085	62410888
方庄中心支行	丰台区南三环东路23号1号楼1~2层东段商业	100078	59763758

中国建设银行股份有限公司北京市分行

机构名称	地　址	邮　编	电　话
中关村分行	海淀区知春路96号	100086	51998311
东四支行	东城区美术馆后街8号	100010	51997801
西四支行	西城区阜外大街甲26号	100037	51999908
前门支行	东城区西打磨厂街1号	100062	51992118
城建支行	丰台区方庄蒲芳路28号	100078	51999009
宣武支行	西城区广内大街314号	100053	63209509
铁道专业支行	丰台区莲花池东路114-1	100055	51996540
朝阳支行	朝阳门外大街乙10号楼	100020	51995616
丰台支行	丰台区西四环南路54号	100161	63826958
石景山支行	石景山区石景山路22号	100043	51993506
长安支行	海淀区复兴路33号翠微大厦西配楼	100036	51997000
经济技术开发区支行	经济技术开发区景园北街2号55栋	100176	67881039
安华支行	朝阳区安定路35号	100029	51993461
西单支行	西城区西单北大街34号	100032	66011802
安慧支行	朝阳区北辰东路8号汇欣大厦	100101	84970085
光华支行	朝阳区光华路7号汉威大厦	100004	65614009
月坛支行	西城区金融大街19号富凯大厦B座	100140	66573046
金安支行	海淀区复兴路戊12号恩菲科技大厦	100038	63955793
鼎昆支行	西城区黄寺大街23号	100011	51996248
保利支行	东城区朝阳门北大街1号新保利大厦	100010	64082280
苏州桥支行	海淀区北三环西路99号西海国际中心118号	100086	82194119

阜成路支行	海淀区阜成路 19 号	100048	68726964
东大街支行	丰台区东大街 25 号	100071	63818305
北环支行	海淀区北太平庄路 18 号城建大厦	100088	62091182
望京支行	朝阳区花家地北里 1 号	100102	64728181
华贸支行	朝阳区建国路 89 号 18 号楼	100025	51996592
地坛支行	东城区安定门外大街 192 号煤机大厦	100011	64261686
右安门支行	丰台区右安门外大街 1 号	100069	63293918
房山支行	房山区良乡拱辰北大街 1 号	102488	81389590
门头沟支行	门头沟区双峪路 22 号	102300	69835874
通州支行	通州区玉带河西街 25 号	101100	69543798
顺义支行	顺义区府前中街 7 号	101300	69443295
昌平支行	昌平区东环路 95 号	102200	69743173
延庆支行	延庆县东外大 97 号	102100	69189302
怀柔支行	怀柔区南大街 22 号	101400	69644594
密云支行	密云县新南路 71 号	101500	69044986
平谷支行	平谷文化南街 19 号	101200	69967298
大兴支行	大兴区兴政街 25 号	102600	69258846

交通银行股份有限公司北京市分行

机构名称	地　址	邮　编	电　话
分行营业部	西城区金融街 33 号	100033	66102323
金融街支行	西城区金融街 22 号和 20 号	100033	88668018
东单支行	东城区大雅宝胡同 8 号	100005	65125867
东单北大街支行	东城区东单北大街乙 112 号	100005	65136079
北京光华路支行	朝阳区光华路甲 8 号	100026	65274814
王府井支行	东城区王府井大街 200 号	100006	65289470
春秀路支行	朝阳区春秀路甲 1 号	100027	64152925
建国门支行	朝阳区雅宝路 8 号南华声国际大厦首层	100020	51201605
朝外支行	朝阳区朝阳门外大街 16 号	100020	85251075
亚运村支行	朝阳区安慧里二区四号楼	100101	64912548
马甸支行	西城区德胜门外大街 5 号	100088	62381989
惠新支行	朝阳区惠新东街 5 号	100029	64980664
慧忠北里支行	朝阳区慧忠北里 111 号	100108	64800897

育惠东路支行	朝阳区小营路12号亚运花园B座1层	100101	84624402
天通苑支行	昌平区天通苑小区203B—4单元	102218	84826489
科技会展中心支行	朝阳区裕民路12号中国国际科技会展中心	100029	82251033
亚北支行	朝阳区安立路60号院润丰花园六号楼X座西段	100101	64820724
北苑支行	朝阳区北苑6号院一区102号楼公建04号房天怡家园底商首层	100012	84945332
媒体村支行	北辰绿色家园天朗园C座1层西侧	100107	84932021
和平里支行	朝阳区外馆东街51号柳清居裙房	100011	64408057
北太平庄支行	海淀区花园东路32号仰源大厦1层	100191	62352649
惠新西街支行	朝阳区惠新西街33号	100029	64979662
胜古园支行	朝阳区胜古西庄胜古家园3号楼	100029	64426223
和平里东街支行	东城区和平里东街民旺园31号楼1层南侧	100013	84252419
兴化路支行	东城区和平里兴化路11号	100013	64283098
中轴路支行	朝阳区安贞西里三区26楼	100029	84134598
西坝河支行	朝阳区西坝河西里28号英特公寓首层及3层南侧	100028	64476075
国土房管局大厦支行	东城区和平里北街6号	100013	64409448
德胜门支行	西城区德外关厢地区中交大厦1~2层东侧	100022	82012821
阜外支行	西城区车公庄大街9号院1号楼	100044	88395765
西直门支行	海淀区高粱桥斜街59号院2号楼09号	100044	62239949
百万庄支行	西城区百万庄大街11号	100037	68342237
社会路支行	西城区二七剧场路南里商业楼首层北侧	100045	68028553
车公庄西路支行	海淀区车公庄西路20号	100044	68415660

阜成门支行	西城区阜外大街7号国投大厦首层	100037	68095528
海淀支行	海淀区苏州街16号神州数码大厦	100080	82608176
双榆树支行	海淀区双榆树都市网景E座1层	100086	62142620
中关村支行	海淀区成府路蓝旗营高校住宅楼	100084	62768691
上地支行	海淀区上地科技路甲2号	100085	62964300
万柳中路支行	海淀区巴沟路2号北京华联万柳购物中心首层L101房屋	100089	82319630
万柳支行	海淀区长春桥路11号万柳亿城大厦B座北侧1、2层	100089	58816701
农科院支行	海淀区学院南路97号	100081	62174430
西区支行	海淀区复兴路40号中国铁道建筑总公司综合办公大厦1~5层	100039	52689839
丰台东路支行	丰台区万芳园一区1号楼1层02号	100036	83683722
永定路支行	海淀区永定路66号	100070	68230979
翠微路支行	海淀区翠微路5号新华联商业大厦102商业用房	100036	68250872
石景山支行	石景山区石景山路29号京燕饭店西配楼	100043	68872697
定慧寺支行	海淀区恩济庄二区北三号楼新洲商务大厦1层	100036	88117661
马连道支行	西城区广外大街248号机械大厦	100055	63327912
三元支行	朝阳区曙光西里28号中冶大厦	100028	
团结湖支行	朝阳区农展馆南路13号瑞晨国际中心首层1号铺	100026	85986507
红庙支行	朝阳区红庙柴家湾1号	100025	65075182
麦子店支行	朝阳区枣营路甲4号永安宾馆	100026	65935314
工体北路支行	东城区新中街68号	100027	65521157
东大桥支行	朝阳区工体东路20号	100027	65863830
大望路支行	朝阳区西大望路3号蓝堡北区写字楼101~103号	100026	85997420
水碓子支行	朝阳区水碓子北里19号楼	100026	85960974

东润支行	朝阳区南十里居28号东润枫景底商	100016	64360718
顺源街支行	朝阳区顺源里2号楼	100027	64667167
朝阳北路支行	朝阳区朝阳北路99号楼	100123	85526505
天坛支行	东城区天坛东里北区12号	100061	67016662
华威路支行	朝阳区华威北里20号	100021	67784962
崇文门支行	东城区东兴隆街56号	100062	67029080
右安门支行	西城区白纸坊东街10号	100054	63513259
木樨园支行	丰台区东木樨园9号	100075	87206594
松榆里支行	朝阳区弘燕路周庄山水文园（二期）201号楼103号房屋	100122	67357136
东方庄支行	丰台区芳城东里9号楼1层	100078	87621981
南滨河路支行	南滨河路乙25号	100055	51891206
望京支行	朝阳区望京街9号	100102	59203677
望京中环路支行	朝阳区望京西园304号楼	100102	64751171
望京南湖中园支行	朝阳区望京南湖中园K3—301号楼	100102	84713883
望京西园支行	朝阳区望京西园4区416号楼	100102	84719673
经济技术开发区支行	北京经济技术开发区隆庆街3号	100176	67862746
东高地支行	丰台区南苑路警备东路6号方仕国际酒店1层、2层北端房屋	100076	67063672
大兴支行	大兴区龙河街127号	102600	69206687
顺义支行	顺义区仓上街AMB大厦B区1层	101300	89442193
顺义天竺支行	顺义区天竺花园天韵广场109－4商铺	101312	64577282
顺义石门支行	顺义区石门街6号顺义供销社大厦	101300	60416539
通州支行	通州区九棵树街	101100	81511870
通州梨园支行	通州区九棵树东路156号	101121	60553287
东区支行	朝阳区广渠路21号	100022	58202953
赛特支行	朝阳区建国门外大街22号	100004	65120446
广渠路支行	朝阳区双井1号优仕阁大厦B座和C座首层	100022	58614205
永安里支行	朝阳区建外永安东里甲3号通用时代国际中心首层	100022	65699303

建国路支行	朝阳区建国路90号	100022	85891257
工大桥支行	朝阳区东四环南路9号1层1105号商铺	100023	67302009
东三环中路支行	朝阳区东三环中路61号商用物业1~3层110号商铺	100022	59037427
林萃路支行	朝阳区林萃路倚林家园24号楼108－1号	100085	82722968
安翔里支行	朝阳区安翔路1号	100101	64853142
北清路支行	昌平区北清路1号永旺国际商城购物中心1层	102206	80700791
清河支行	海淀区龙岗路清景园4号楼1层	100192	52718580
回龙观支行	昌平区回龙观镇天龙苑25号1层01房屋	102208	81748371
西三旗支行	昌平区建材城西路87号院8号楼新龙大厦	100096	82969121
丰台支行	丰台区南四环西路188号5区24号楼	100070	63705559
玉泉营支行	丰台区草桥欣园一区6号楼1层	100068	87584458
长辛店支行	丰台区张郭庄16号	100072	83880276
西单支行	西城区西长安街甲17号	100031	66078429
西便门支行	西城区宣武门西大街甲129号	100031	66412659
北蜂窝路支行	海淀区北蜂窝路乙15号	100038	63985369
西三环支行	海淀区西三环北路89号	100089	88825870
紫竹桥支行	海淀区紫竹院路1号人济山庄D座裙房103号、203号	100048	88555386
阜成路支行	海淀区阜成路14号1号楼1层	100037	68768148
世纪城支行	海淀区蓝靛厂世纪城小区金夕园甲1号楼4段	100089	88463257
闵庄路支行	海淀区闵庄南路9号玉泉馨苑服务楼首层	100089	88403538
东直门支行	东城区东直门外大街48号东方银座大厦	100027	84476267
中关村园区支行	海淀区中关村新科祥园甲6号楼1层、2层东南侧	100080	82523708

五棵松支行	海淀区复兴路69号A1－02号房	100036	88213227
官园支行	西城区车公庄路新华里16－3号京侨国际公馆1～3层	100044	88359241
公主坟支行	海淀区复兴路甲14号	100036	63969655
芳群园支行	丰台区方庄芳群园4区23号	100078	67672634
酒仙桥支行	朝阳区酒仙桥路10号星城国际大厦C座	100016	64354445
慧忠里支行	朝阳区慧忠北里413号楼	100108	64924239
东三环支行	朝阳区东三环北路19号嘉盛中心B2座中青大厦1～2层	100020	65869832

招商银行股份有限公司北京分行

机构名称	地　址	邮　编	电　话
分行营业部	西城区复兴门内大街156号A座首层	100031	66426622
金融街支行	西城区金融大街35号国际企业大厦C座首层	100032	88091255
金融街中心支行	西城区金融大街16号中国人寿广场1层	100033	66290646
德胜门支行	西城区德胜门外大街81号德胜国际中心C座首层	100088	82065118
阜外大街支行	西城区阜外大街22号外经贸大厦	100037	68784030
甘家口支行	西城区百万庄大街甲39号	100037	68365433
首体支行	西城区西直门外大街甲143号凯旋大厦A座首层	100044	88016648
西直门支行	海淀区西直门北大街32号枫蓝国际A座北侧首层	100082	62252109
宣武门支行	西城区宣武门外大街30号富卓大厦首层	100052	63164377
陶然亭支行	西城区南纬路39号	100050	59362226
双榆树支行	海淀区中关村南大街9号理工科技大厦1层	100081	68467183
中关村支行	海淀区中关村南大街2号数码大厦A座2层	100086	52786214

海淀支行	海淀区北四环西路56号辉煌时代大厦1层	100080	62695365
中关村西区支行	海淀区海淀北二街6号普天大厦1层	100080	82488276
大运村支行	海淀区知春路27号量子芯座大厦1层	100086	82357508
清华园支行	海淀区双清路清华紫光大厦1层	100084	62793655
清华科技园支行	海淀区清华科技园清华科技大厦B座G层	100086	62602929
上地支行	海淀区农大南路1号硅谷亮城2号楼B座	100085	62667353
西二旗支行	海淀区上地十街1号院辉煌国际大厦6号楼1层	100085	62410126
西三环支行	海淀区阜成路67号银都大厦1层	100036	68718141
世纪城支行	海淀区蓝靛厂垂虹园甲1号	100089	88876711
万泉河支行	海淀区万柳东路阳春光华家园甲5号	100089	82573951
万寿路支行	海淀区复兴路乙20号汇通商务楼1层	100036	68286557
玉泉路支行	海淀区复兴路83号景藏健康大厦首层	100039	68171838
西翠路支行	海淀区西翠路17号院24号楼东南角首层	100036	68270271
大屯路支行	朝阳区大屯路南沙滩66号华源冠军城1－4－1号	100089	82884290
立水桥支行	朝阳区北苑路13号院领地OFFICE1号楼首层	100012	52086506
慧忠北里支行	朝阳区慧忠北里305号楼	100012	64887800
北苑路支行	朝阳区北苑路168号中安盛业大厦	100101	58246878
亚运村支行	朝阳区北辰东路8号北京国际会议中心地下1层	100101	84987476
小关支行	朝阳区芍药居北里101号世奥国际中心1层	100101	64822450
望京支行	朝阳区南湖南路15号院甲1号	100102	64799886

望京西园支行	朝阳区望京西园一区134号楼炫彩嘉轩1层	100102	64789637
静安里支行	朝阳区北三环东路8号静安中心首层	100028	64666786
东三环支行	朝阳区东三环北路1号	100027	64623026
朝外大街支行	朝阳区朝外大街26号B座首层	100020	85656433
工体支行	朝阳区新东路10号逸盛阁A座1层	100006	65272070
万通中心支行	朝阳区朝外大街甲6号万通中心首层	100020	59070215
光华路支行	朝阳区光华路1号嘉里中心2层	100020	85296379
京广桥支行	朝阳区东三环北路38号院泰康金融大厦首层	100026	85879737
建国路支行	朝阳区建国路116号招商局大厦东侧1层	100022	65660150
建外大街支行	朝阳区东三环中路39号建外SOHO小区6号楼0668号	100022	59000518
富力城支行	朝阳区东三环中路55号	100022	58767070
建国门支行	朝阳区建外大街24号京华公寓	100022	65150612
万达广场支行	朝阳区建国路93号万达广场7号楼	100022	58206783
大望路支行	朝阳区西大望路15号3号楼首层	100022	87723210
十里河支行	朝阳区东三环南路19号院联合国际大厦	100122	87667468
华贸中心支行	朝阳区建国路81号北京华贸中心3号楼1层、2层	100025	65981758
朝阳公园支行	朝阳区朝阳公园路19号佳隆国际大厦首层	100125	65398883
东四环支行	朝阳区东四环中路56号远洋国际中心A座1层	100025	59080177
青年路支行	朝阳区青年路西里5号院15号楼1层、2层	100123	85563091
太阳宫支行	朝阳区太阳宫南街21号楼	100028	84158784
长安街支行	东城区建国门内大街11号	100736	65292024

崇文门支行	东城区东兴隆街58号北京商界二期1层	100006	67089468
东方广场支行	东城区东长安街1号东方广场安永大楼平台层	100005	85150201
北三环支行	东城区北三环东路36号环球贸易中心D座1层	100086	59575123
东直门支行	东城区东直门外大街46号天恒大厦1层	100027	84608093
朝阳门支行	东城区朝阳门北大街6号首创大厦1层	100027	85282348
方庄支行	丰台区方庄芳古园一区29号楼通润商务会馆B区首层	100078	87676114
天通苑支行	昌平区东小口镇天通中苑F区华联商厦东北角首层	102218	57859588

上海浦东发展银行股份有限公司北京分行

机构名称	地　址	邮　编	电　话
分行营业部	西城区太平桥大街18号丰融国际大厦	100032	57395588
金融街支行	西城区金融大街35号国际企业大厦A座	100033	88091847
宣武支行	西城区广安门内大街316号	100053	63585776
黄寺支行	东城区安德里北街21号	100120	84138702
中关村支行	海淀区海淀南路15号	100080	62550747
朝阳支行	朝阳区朝阳门外大街19号	100020	65802602
建国路支行	朝阳区建国路99号中服大厦	100020	65819177
万寿路支行	海淀区万寿路西街2号	100036	68233372
安外支行	东城区安外大街甲88号	100011	64264903
阜成支行	西城区车公庄大街3号	100044	88383590
雅宝路支行	东城区建国门北大街8号	100005	85192337
海淀园支行	海淀区北四环西路62号中国化工集团公司大厦1层	100080	82660900
首体支行	海淀区中关村南大街乙56号	100044	88026239
东三环支行	朝阳区曙光西里甲6号时间国际中心	100028	84584729
亚运村支行	朝阳区慧忠路5号远大中心	100101	84891031

知春路支行	海淀区知春路9号蓟门坤讯大厦	100083	82319520
安华桥支行	朝阳区安贞西里3区15号凯康海油大厦	100029	64417341
灯市口支行	东城区灯市口大街50号好润大厦	100006	85115757
电子城支行	朝阳区酒仙桥路10号	100016	64350556
经济技术开发区支行	经济技术开发区天华园二里二区19号楼	100176	67890993
永定路支行	海淀区永定路甲51号	100039	68152005
复兴路支行	海淀区北蜂窝路5号1号楼	100038	51932666
花园路支行	海淀区花园东路10号高德大厦C座1层南侧	100191	82030630
丰盛支行	西城区广宁伯街2号1层、2层	100033	52601900
紫竹院支行	海淀区紫竹院路116号嘉豪国际中心C座	100097	51709797
马连道支行	西城区红莲南路55－2号	100055	59321959
和平里支行	朝阳区和平西苑20号楼B座101－1号、101－2号	100013	52081598
马家堡支行	丰台区马家堡西路15号时代风帆大厦	100068	67562966
世纪城支行	海淀区蓝靛厂晨月园甲1号楼	100097	88895800
清华园支行	海淀区中关村东路1号院5号楼文津国际酒店1层	100084	62618572
富丰路支行	丰台区西四环南路1号	100070	83208200
三里屯支行	朝阳区工体北路甲6号中宇大厦	100027	59752555
望京支行	朝阳区广顺北大街19－7号	100102	84780661
北沙滩支行	朝阳区北沙滩一号院31号楼B座	100083	64866883
德外支行	西城区德胜门外大街甲36号德胜凯旋大厦C座	100120	82063228
东四支行	东城区东四十条68号平安发展大厦	100007	84086436
富力城支行	朝阳区东三环中路61号万丽酒店	100022	59037768

通州支行	通州区梨园镇云景东路432号隆孚大厦	101101	57902222
东花市支行	东城区东花市南里东区1号楼1层、-1层	100062	87102681
大望路支行	朝阳区西大望路3号院2号楼1层S117号	100022	85997995
慧忠支行	朝阳区慧忠北里小区214号楼北京中奥华美达酒店	100012	64872366
金台路支行	朝阳区水碓子北里1号楼-1至2层	100026	59079680

广发银行股份有限公司北京分行

机构名称	地　　址	邮　编	电　话
分行营业部	东城区大华路2号	100005	65169303
月坛支行	西城区月坛北街2号	100045	68083556
中关村支行	海淀区中关村大街45号	100086	62510783
亚运村支行	朝阳区安定门外安立路8号	100101	64993863
建国路支行	朝阳区建国路112号	100022	65669647
航天桥支行	海淀区西三环北路甲105号	100037	88415097
国展支行	朝阳区西坝河东里18号	100028	84603165
朝阳门支行	东城区朝阳门内大街288号院1号楼	100010	65255322
新外支行	海淀区新街口外大街19号	100875	62202585
西客站支行	西城区广莲路1号	100055	63954853
甘家口支行	西城区阜外大街34号	100832	68510355
东直门支行	东城区东中街9号东环广场A座首层	100027	64182989
车公庄支行	海淀区车公庄西路乙19号	100044	88018701
翠微路支行	海淀区复兴路乙20号	100036	66803719
方庄支行	丰台区方庄路5号	100078	87681097
安贞支行	朝阳区安定路39号	100029	64445660
太阳宫支行	朝阳区夏家园11号楼1层03、04号	100023	64253052
金融街支行	西城区金融大街16号	100033	63190613
京广支行	朝阳区朝外大街甲6号	100020	59070619
知春路支行	海淀区知春路希格玛大厦49号	100080	88099482

王府井支行	东城区王府井大街 218 –2 号	100023	65271103
奥运村支行	朝阳区北沙滩甲 1 号中科电大厦首层	100083	64836760
黄寺支行	西城区德外大街 12 号	100011	62039133
天通苑支行	昌平区天通苑北 1 区甲 6 号楼	102218	81758219
莲花支行	海淀区莲花池东路 39 号 2 层	100036	63970761
大望路支行	朝阳区西大望路 15 号 4 号楼外企大厦 B 座	100022	87723795
望京支行	朝阳区望京悠乐汇中心 E 座	100102	84787933
潘家园支行	朝阳区华威里 10 号	100021	87785266
上地支行	海淀区农大南路 1 号院 4 号楼	100084	82349373
国贸支行	朝阳区光华东里 8 号院	100020	59772151
中轴路支行	东城区鼓楼外大街甲 56 号	110011	84130503
广渠门支行	东城区广渠门内大街 27 号	100062	87103902
五棵松支行	海淀区西四环中路 16 号院 1 号楼	100039	68285001
万达广场支行	朝阳区建国路 93 号 B 座	100022	65811308
宣武门支行	西城区宣武门外大街甲 1 号	100052	83151388
学院路支行	海淀区学院路 30 号	100083	62660291
海淀支行	海淀区海淀大街 27 号	100080	62623602
日坛支行	朝阳区建国门外大街 17 号38 –39 栋	100020	85306905
西单支行	西城区复兴门内大街 45 号	100801	88088268

兴业银行股份有限公司北京分行

机构名称	地 址	邮 编	电 话
分行营业部	朝阳区安贞西里三区 11 号福建大厦 1 层	100029	64415117
甘家口支行	海淀区三里河路 19 号	100037	88392102
中轴路支行	东城区鼓楼外大街 26 号	100120	84131495
朝外支行	朝阳区朝外大街 77 号	100020	65522236
广安门支行	西城区广安门内大街 315 号	100053	63691584
亚运村支行	朝阳区亚运村安慧里四区 16 楼	100101	84885210
西单支行	西城区宣内大街甲 6 号东南大厦 1 层北侧	100031	66033101
中关村支行	海淀区中关村南大街 32 号	100081	62140582

东外支行	朝阳区东直门外大街23号东外外交大楼1层	100600	64688194
上地支行	海淀区农大南路1号院硅谷亮城2号楼B座	100084	62960275
西客站支行	海淀区复兴路戊12号恩菲科技大厦1层	100038	63959953
东单支行	东城区东单三条8-2号	100005	65212364
长安支行	海淀区复兴路65号	100036	68134894
经济技术开发区支行	开发区荣京东街3号荣京丽都大厦1层	100176	67871927
月坛支行	西城区车公庄大街9号五栋大楼A-03号	100044	88395627
安华支行	朝阳区安贞西里三区11号福建大厦1层	100029	64450943
三元桥支行	朝阳区霄云路21号	100027	84540817
西直门支行	海淀区西直门北大街42号	100082	62218689
知春路支行	海淀区知春路59号	100190	62615405
花园路支行	海淀区花园东路19号中兴大厦配楼1层	100191	82247009
顺义支行	顺义区府前东街甲2号大龙城乡建设开发公司首层	101300	64582783
世纪坛支行	海淀区复兴路甲1号	100038	68525271
海淀支行	海淀区中关村西区丹棱街3号	100080	82607710
金源支行	海淀区蓝靛厂东路2号院金源时代商务中心2号楼A座1层	100080	88891472
永定门支行	东城区永定门外大街101号百荣世贸二期南门	100077	87804898
积水潭支行	西城区新街口外冰窖口胡同8号院8号楼	100088	82808762
崇文门支行	东城区珠市口东大街5号光明日报社1楼	100062	67016186
首体支行	海淀区首体南路9号主语商务中心2号楼	100048	68790767
魏公村支行	海淀区中关村南大街韦伯时代大厦C座首层	100081	88571570
方庄支行	丰台区方庄紫芳园三区5号楼	100078	87660014

光华路支行	朝阳区东三环中路 25 号住总大厦	100020	65086082－8822
通州支行	通州区车站路 39 号	101100	60569988
东长安街支行	东城区建国门内大街 28 号民生金融中心 A 座 1～2 层	100005	65980025
东四支行	东城区朝阳门北大街 5 号第五广场 B 座写字楼 1 层、2 层	100010	64088698
石景山支行	石景山区玉泉西里 1 号楼	100040	68636672
昌平支行	昌平区龙水路 26 号	102200	57700001
丽泽支行	西城区西客站南路 76 号楼－10 号	100055	59560499
顺义天竺支行	顺义区天竺镇小天竺路 1 号甲 2 号首层	100621	64588538
金融街支行	西城区金融街金城坊街 1 号 C106	100033	66217937
大兴支行	大兴区黄村镇兴华中路 9 号	102600	81297416
望京支行	朝阳区望京阜荣街 15 号院 3 号楼首层	100102	84763940
石景山科技园区支行	石景山区八角东街 25 号院 1 号楼 1 层	100043	56350103

平安银行股份有限公司北京分行

机构名称	地　址	邮　编	电　话
分行营业部	西城区复兴门内大街 158 号远洋大厦首层	100031	66292375
神华支行	东城区安德路 16 号洲际大厦首层	100011	64485668
花园路支行	海淀区花园东路 11 号泰兴大厦首层	100029	57625566
西三环支行	海淀区复兴路甲 14 号华鹰大厦 A 座首层	100036	63983622
中关村支行	海淀区苏州街 1 号绿创大厦首层	100080	82569902
三元桥支行	朝阳区新源南路 9 号首层	100027	84538668
朝阳门支行	朝阳区关东店北街国安宾馆首层	100020	65061188

官园支行	西城区车公庄大街乙1号富通大厦首层	100044	88370055
建国门支行	东城区建国门内大街18号恒基中心首层	100005	65188100
知春路支行	海淀区知春路113号银网中心首层	100086	62637497
海淀支行	海淀区中关村南大街甲32号首层	100081	62187508
东直门支行	东城区东直门外大街48号东方银座首层	100027	84477761
东城支行	东城区金宝街58号华丽大厦首层	100005	65127997
和平支行	东城区和平里9区甲4号安信大厦首层	100013	64464976
宣武支行	西城区南新华街甲1号瑞驰大酒店首层	100051	63153329
亚运村支行	朝阳区安立路66号安立花园1号楼首层	100101	64907572
万柳支行	海淀区万柳中路35号万柳蜂鸟家园2号楼首层	100089	82871700
德胜门支行	西城区安德路81号首层	100011	82063887
光华路支行	朝阳区光华路4号东方梅地亚中心A座首层	100026	65832833
望京支行	朝阳区望京新城南湖西园125号首层	100101	84721880
花园桥支行	海淀区西三环北路87号国际财经中心首层	100089	88820014
东四环支行	朝阳区八里庄西里100号1号楼首层	100102	85866189
开阳桥支行	丰台区开阳路1号瀚海花园大厦首层	100069	83973602
亚奥支行	朝阳区北辰东路8号5号楼2层	100101	84970866
清华园支行	海淀区成府路113号首层	100084	62760580
丰台支行	丰台区华源四里甲4号首层	100073	63252070
财满街支行	朝阳区朝阳路67号5号楼首层	100084	52323150

朝外支行	朝阳区朝外大街18号丰联广场首层	100020	65881991

中信银行股份有限公司总行营业部

机构名称	地　址	邮　编	电　话
营业结算部	西城区金融大街甲27号投资广场A座	100033	66293012
国际大厦支行	朝阳区建国门外大街19号	100004	65122233－225
京城大厦支行	朝阳区新源里南路6号	100004	84865386
富华大厦支行	东城区朝阳门北大街8号富华大厦E座1层	100027	65558365
朝阳支行	朝阳区农展馆南里12号	100026	65389575
中关村支行	海淀区中关村南大街6号	100086	62187401
富力支行	朝阳区双花园南里二区13号楼1至2层	100022	65687793
广安门支行	西城区广安门外南滨河路1号	100055	63288394
海淀支行	海淀区海淀北一街2号首创拓展大厦1～3层	100190	62613870
东大桥支行	朝阳区工体东路18号	100020	65944950
知春路支行	海淀区知春路14号	100088	62369830
新兴支行	海淀区西三环中路17号新兴宾馆写字楼首层	100036	68212510
奥运村支行	朝阳区大屯路慧忠北里309号楼D首层	100012	64802827
阜成门支行	西城区太平桥大街17号	100034	66579713
酒仙桥支行	朝阳区酒仙桥路14号兆维大厦1层	100016	64319780
崇文支行	东城区东花市南里富贵园三区底商裙房	100062	67151791
西单支行	西城区复兴门内大街45号	100801	66035493
万达广场支行	朝阳区建国路93号北京万达广场东区商业B座	100022	58208406
首体南路支行	海淀区首体南路22号国兴大厦首层	100044	88354581
中粮广场支行	东城区建国门内大街8号	100005	65228710

金运大厦支行	海淀区西直门北大街甲43号1号楼	100044	62294402
上地支行	海淀区上地东里1区4号楼科贸大厦1层	100085	62969970
经济技术开发区支行	经济技术开发区天华园一里三区14号楼1层	100176	67874552
安贞支行	朝阳区安贞西里三区26号浙江大厦1层、5层	100029	64417162
广渠路支行	朝阳区东三环外广渠路九龙商厦1层	100022	87768422
望京支行	朝阳区望京利泽中园2区208号院内B座1层	100102	64391220
清华科技园支行	海淀区中关村东路1号清华科技园9号楼威新国际大厦1层	100084	58722191
三元桥支行	朝阳区曙光西里甲1号首层	100028	58221129
世纪城支行	海淀区蓝靛厂居住区（世纪城三期）垂虹园甲2号	100097	88862208
尚都国际中心支行	朝阳区东大桥路8号尚都国际中心	100020	58700920
紫竹桥支行	海淀区北洼路9号世纪新景园7号楼	100089	88583990
凯晨广场支行	西城区复兴门内大街28号凯晨世贸中心中座第F3层	100031	66271586
万柳支行	海淀区万柳星标家园5－32号、5－31号、5－217号	100089	82567560
来福士支行	东城区东直门南大街1号来福士中心1层、2层	100007	64008190
财富中心支行	朝阳区东三环中路7号北京财富中心一期商铺E101、E205	100020	65309351
长安支行	朝阳区东三环中路39号建外SOHO小区17号楼	100022	59002847
北辰支行	朝阳区慧忠里320号住总大厦	100101	84837995
出国中心支行	朝阳区东三环北路四号东方歌舞团1号楼东侧	100016	84551178
福码大厦支行	朝阳区广顺路北大街33号院1号楼福码大厦办公楼B座1层	100102	84729727

观湖国际支行	朝阳区姚家园路105号3号楼万企控股大厦1层、2层	100025	59283846
太阳宫支行	朝阳区夏家园12号楼半岛国际公寓12号楼102号	100028	84419951
媒体村支行	朝阳区红军营南路北辰绿色家园天朗园C座1层	100012	84910928
国奥村支行	朝阳区林萃东路2号甲3号楼1层、2层	100101	84370723
通州支行	通州区翠景北里7号楼底商	101101	81593083
金泰国际支行	朝阳区广渠路11号院1号楼	100022	87213209
瑞城中心支行	朝阳区亮马桥路48号院4号楼1层	100125	60837085
丰台支行	丰台区太平路桥华源四里甲7号楼1层底商	100073	63252031
顺义支行	顺义区站前街2号办公楼	101399	60416922
回龙观支行	昌平区回龙观西大街北侧北店时代广场宜尚百货1层	102208	60728206
北苑支行	朝阳区清河营南街7号院华贸奥苑1F－S01号商铺	100012	84360115
中信城支行	西城区菜市口大街甲2号院6号楼	100052	83194420
房山支行	房山区西潞街道良乡西路26号西路时代大厦1层、2层	102488	69389317
珠市口支行	东城区珠市口东大街5号光明日报社办公楼西侧1楼底商	100062	67029851
密云支行	密云县鼓楼东大街19号院19－10号	101500	61094656
怀柔支行	怀柔区青春路21号慧友大厦	101400	61628741
方庄支行	丰台区方庄紫芳园四区3号楼	100164	87153978
石景山支行	石景山区政达路6号4号楼、5号楼	100041	68705670

中国光大银行股份有限公司北京分行

机构名称	地　址	邮　编	电　话
分行营业部	西城区宣武门内大街1号	100031	66567688
朝内支行	东城区朝阳门北大街17号人保大厦1层	100010	65279078
宣武支行	西城区广安门外大街1号深圳大厦1层	100055	63271188－8697
德胜门支行	西城区黄寺大街23号北广大厦1层	100011	82236900
海淀支行	海淀区中关村大街18号科贸电子城1层	100190	82598021－800
朝阳支行	朝阳区朝外大街16号中国人寿大厦1层	100020	85252009
建国门支行	朝阳区建国门外大街甲6号中环世贸中心D座1层	100022	65630255
复兴路支行	海淀区复兴路47号天行建商务大厦	100036	51921033
学院路支行	海淀区西直门北大街56号生命人寿大厦1层	100082	63018827
天宁寺支行	西城区莲花池东路1号	100045	63489739
西城支行	西城区车公庄大街甲4号－1物华大厦	100044	68008608
中关村支行	海淀区知春路63号	100190	62563410
东城支行	东城区东四北大街337号	100010	64079747
新源支行	朝阳区新源西里中街12号	100027	64648252
安定门支行	东城区安定门外大街208号三利大厦	100011	64280003
礼士路支行	西城区南礼士路66号建威大厦	100045	68025382
亚运村支行	朝阳区慧忠路5号远大中心C座1层	100101	84891160
首体支行	海淀区西直门外大街168号腾达大厦1层	100044	88576219
阜成路支行	海淀区西三环北路100号金玉大厦1层	100037	68727490

花园路支行	海淀区花园东路10号高德大厦B段1层	100191	82038352
三里河支行	西城区月坛南街71号1层配楼1~3层	100045	68519372
工体路支行	东城区东中街46号鸿基大厦1层、2层	100027	64171771
西单支行	西城区华远北街2号通港大厦1层	100032	66138310
西直门支行	西城区德宝新园22号德宝饭店1层	100044	68332338
方庄支行	丰台区方庄芳古园1区29号楼	100078	87673414
长安支行	西城区复兴门外大街6号光大大厦	100045	68561246
长虹桥支行	朝阳区东三环北路17号新时代大厦1层	100027	65958221
世纪城支行	海淀区板井路59号	100097	88508844
万柳支行	海淀区万柳中路11号	100089	82564234
北太平庄支行	海淀区北太平庄路18号城建大厦B座1层	100088	62091421
安贞支行	朝阳区安定路39号	100029	64417446
望京支行	朝阳区望京中环南路花家地街花家地商业1号楼	100102	84723281
金源支行	海淀区蓝靛厂垂虹园甲5号	100097	88878901
光华路支行	朝阳区光华路2号阳光100G座	100026	65063528
亦庄支行	北京经济技术开发区天宝园5里2区1-C2号	100176	67820492
金融街支行	西城区金融大街28号院2号楼1层	100032	66578055
石景山支行	石景山区阜石路166号泽洋大厦北座1层	100043	52638610
京广桥支行	朝阳区东三环中路7号北京财富中心写字楼A座1层	100020	65309889
崇文支行	东城区广渠门内大街27号	100062	87103728
苏州街支行	海淀区苏州街18号长远天地D座1层	100080	82609760

丰台支行	丰台区科学城恒富街2号院5号楼阳光四季1层	100070	63712533
劲松桥支行	朝阳区东三环南路甲52号－1	100022	67727118
清华园支行	海淀区双青路88号华园世纪商务楼1层	100083	82527673
上地支行	海淀区上地三街9号嘉华大厦B座1层	100085	62978318
顺义支行	顺义区站前西街3号顺鑫国际商务中心1层	101300	61409500
东高地支行	丰台区东高地万源西里36栋—甲44栋航天万源广场1层	100076	68753688
东长安街支行	朝阳区建国门外大街乙12号LG双子座大厦	100022	58287555
西坝河支行	朝阳区西坝河北里23号恒川广场1层	100028	64473806
富力城支行	朝阳区双井富力城A2楼	110105	58764958
金融街丰盛支行	西城区太平桥大街25号	100032	63639100
奥运支行	朝阳区南沙滩66号院1号楼1－2－1号	100101	84097001
五棵松支行	海淀区西四环中路16号院1号楼	100143	59739704
望京西支行	朝阳区望京新城南湖西园125号楼	100102	64751830
和平里支行	东城区和平里东街10号院1号楼	100013	64212258
姚家园路支行	朝阳区星火西路19号楼	100025	85855778
马连道西支行	丰台区华源四里甲4号楼	100073	63259978
经济技术开发区支行	经济技术开发区景园北街2号59幢	100176	87163918
安慧支行	朝阳区安慧北里逸园29号楼	100101	84860620

华夏银行股份有限公司北京分行

机构名称	地　　址	邮　编	电　话
分行营业部	西城区金融大街11号	100034	58598700
石景山支行	石景山区石景山路66号	100041	88294148
和平门支行	西城区前门西大街14号	100052	63163290

紫竹桥支行	海淀区广源闸5号	100081	68484497
东四支行	东城区东四十条21号	100007	84035177
长安支行	西城区三里河东路5号	100045	68535115
中关村支行	海淀区北四环56号	100080	62695278
知春支行	海淀区知春路111号理想大厦1层	100086	82665348
灯市口支行	东城区灯市口大街33号	100006	65261075
平安支行	西城区平安里西大街16号	100035	66150176
安定门支行	东城区安定门外大街甲68号	100011	84287858
建国门支行	东城区建国门内大街5号	100005	65225305
朝阳门支行	朝阳区工人体育场西路18号国际公寓	100020	65527595
京广支行	朝阳区东三环中路7号北京财富中心	100020	65330559
首体支行	海淀区西直门外大街168号	100044	88576050
公主坟支行	海淀区复兴路甲11号	100036	63984520
亮马河支行	朝阳区东三环北路3号幸福大厦B座	100027	64688007
东直门支行	朝阳区东土城路14号	100013	85271101
中轴路支行	东城区鼓楼外大街45号	100011	62362239
奥运村支行	朝阳区慧忠北里410号楼	100101	64876441
万柳支行	海淀区万柳中路31号	100089	82577299
两广支行	东城区东珠市口1号	100062	67086078
国贸支行	朝阳区双花园南里三区合生国际花园24号	100022	65669746
光华支行	朝阳区光华路8号	100026	65832410
魏公村支行	海淀区中关村南大街甲12号	100081	62109308
阜外支行	西城区阜外大街甲34号	100034	68528798
东单支行	东城区建外大街22号	100005	85237078
北沙滩支行	朝阳区德胜门外北沙滩1号	100083	64848676
德外支行	西城区德外大街3号	100088	62009388
西直门支行	海淀区西直门北大街60号	100088	82295260
望京支行	朝阳区望京广顺大街222号	100102	84725997
世纪城支行	海淀区蓝靛厂2号楼A座	100089	88861808
车公庄支行	西城区车公庄大街12号	100037	88306385
秀水支行	朝阳区秀水东街8号	100020	65930795

东外支行	东城区东外大街35号东湖别墅	100027	64678087
上地支行	海淀区信息路甲28号科实大厦	100085	82771598
丰台科技园支行	丰台航丰路1号时代财富天地大厦	100070	58090566
广外支行	西城区广安门外大街397号	100055	63329902
青年路支行	朝阳区青年路雅成一里14号世丰国际中心	100025	85521561
通州支行	通州区梨园北杨洼25号商务楼	101100	81528713
北三环支行	西城区北三环中路6号	100011	58572871
亦庄支行	经济技术开发区荣昌东街甲5号	100176	67806883
顺义支行	顺义区石园南区33号	101300	89440279
房山支行	房山区良乡苏庄东街9号（西侧）	102488	69369925
怀柔支行	怀柔区青春路26号工会综合楼	101400	61604075
大望路支行	朝阳区百子湾南2路70号1层102号	100124	87724593
天通苑支行	昌平区东小口镇天通苑一区甲4号楼101号	102218	81759167
玉泉路支行	石景山鲁谷路74号中国瑞达大厦	100040	68608628
方庄支行	丰台区方庄芳古园一区28号楼-2号	100078	67637838
菜户营支行	丰台区菜户营58号	100054	63356771
姚家园支行	朝阳区姚家园路105号观湖国际大厦	100025	59282276
学院路支行	海淀区学院路30号科技园大厦	100083	62660656
媒体村支行	朝阳区红军营南路媒体村天畅园8号楼8-102号	100107	58572869

中国民生银行股份有限公司总行营业部

机构名称	地　址	邮　编	电　话
木樨地支行	海淀区复兴路甲3号	100038	68579345

阜成门支行	西城区阜外大街2号万通新世界广场B座	100037	68588449
建国门支行	朝阳区建国门外大街21号国际俱乐部	100020	65325937
中关村支行	海淀区知春路113号银网中心	100086	62619096
西坝河支行	朝阳区西坝河西里甲18号	100028	64295659
工体北路支行	朝阳区工体北路9号	100027	64155280
安定门支行	朝阳区安外大街1号信义大厦	100011	58295809
万寿路支行	海淀区复兴路甲65号－A	100036	68169091
西客站支行	丰台区西客站南广场中盐大厦	100055	63485530
正义路支行	东城区正义路3号共青团中央综合楼	100006	65262023
上地支行	海淀区上地东里一区4号楼科贸大厦	100085	62971290
国贸支行	朝阳区建国路128号一航大厦	100022	65676300
首体支行	西城区西直门外大街甲143号凯旋大厦	100044	68310386
金融街支行	西城区金融街33号通泰大厦B座	100140	88087334
什刹海支行	东城区地安门东大街56号	100009	84050115
北太平庄支行	西城区新街口外大街2号金辉科技楼	100088	62382766
广安门支行	西城区广内大街338号港中旅大厦	100053	83512515
方庄支行	丰台区芳古园一区28－3号通润会馆	100078	67670385
朝阳门支行	朝阳区朝外大街22号泛利大厦	100020	65884529
紫竹支行	海淀区紫竹院路31号华澳中心嘉慧苑	100089	88510821
魏公村支行	海淀区中关村南大街16号科技出版社	100081	68937489
东单支行	东城区王府井金鱼胡同18号丽苑公寓	100006	85110682
亚运村支行	朝阳区北四环东路131号中国西藏博物馆	100101	64916864
苏州街支行	海淀区海淀南路32号中信国安数码港	100080	62526249

西直门支行	海淀区西直门大街45号时代之光名苑	100044	62266015
和平里支行	东城区青龙胡同1号歌华大厦B座	100007	84186208
崇文门支行	东城区崇外大街9号正仁大厦	100062	67089851
奥运村支行	朝阳区北辰西路8号院2号楼北辰世纪中心A座2层	100101	84377376
三元支行	朝阳区东三环北路甲2号京信大厦西南配楼	100027	84489520
西单支行	西城区西单北大街107号北京电信综合楼	100032	58503909
劲松支行	朝阳区劲松三区甲302号华腾大厦	100021	87730408
成府路支行	海淀区成府路298号中关村方正大厦	100080	82529408
德胜门支行	西城区德外大街新风街2号天成科技大厦	100088	82271439
电子城支行	朝阳区酒仙桥路14号兆维大厦	100015	58671027
首都机场支行	朝阳区航安路首都机场职工之家综合楼	100621	64595916
西二环支行	西城区平安里西大街26号新时代大厦	100034	88009826
空港支行	顺义区天竺空港工业区经纬四街9号院办公楼	101318	64595916
西长安街支行	西城区复兴门内大街2号民生银行大厦	100031	58560383
南二环支行	东城区永定门外大街101号百荣世贸商城A区	100077	87804382
建国门外支行	朝阳区建国门外大街甲12号新华保险大厦	100022	65693081
京广支行	朝阳区西大望路3号院2号楼	100026	65974216
航天桥支行	海淀区西三环航天桥核二院核电科技大楼	100084	59821800
中关村西区支行	海淀区海淀北二街10号泰鹏大厦	100080	62684314
望京支行	朝阳区南湖东园122号博泰国际B座	100102	64755278

环保园支行	海淀区地锦路5号中关村环保园原动力空间1号楼	100095	59738716
首体南路支行	海淀区首体南路9号中国电工大厦	100048	68790947
大兴支行	大兴区黄村镇永华路1号兴政家园	102600	69228357
东二环支行	东城区东直门南大街甲3号居然大厦	100007	64012217
顺义支行	顺义区大东路3号院27号商住楼	101300	81487783
总部基地支行	丰台区丰台镇富丰路2号星火科技大厦2－6幢	100070	83739712
世纪金源支行	海淀区蓝靛厂垂虹园甲4号楼	100097	88877430
国奥支行	朝阳区安立路66号4号楼	100101	64906808

渤海银行股份有限公司北京分行

机构名称	地　址	邮　编	电　话
魏公村支行	海淀区中关村南大街31号神舟科技大厦	100081	68729077
商务中心区支行	朝阳区光华路15号泰达时代中心1号楼	100600	85885416
亚运村支行	朝阳区慧忠里318号	100101	64953799
朝阳门支行	朝阳区吉庆里9～10号楼蓝筹名座E座	100020	65538038
万柳支行	海淀区长春桥路11号亿城中心4号楼	100089	62416917
望京支行	朝阳区广顺南大街21号	100102	64775011
德胜门支行	西城区德外大街36号楼德胜凯旋大厦A座	100120	82069650
京广支行	朝阳区呼家楼京广中心商务楼首层	100020	65973500

浙商银行股份有限公司北京分行

机构名称	地　址	邮　编	电　话
分行营业部	西城区金融大街甲1号－1	100033	88006154

中关村支行	海淀区中关村南大街甲12号寰太大厦	100081	62109815
丰台支行	丰台区南四环西路188号17区1号楼	100070	83739405

北京银行股份有限公司

机构名称	地　　址	邮　编	电　话
总行营业部	西城区金融大街丙17号首层	100033	66226060
沙滩支行	东城区北河沿大街97号	100006	65220219
惠新支行	朝阳区惠新东街4号	100029	84663956
右安门支行	西城区右安门内大街65号	100054	63514476
永外支行	西城区东革新里5号	100077	67275011
石景山支行	石景山区石景山路42号	100043	88706585
丰台支行	丰台区丰台镇东安街1号	100071	63836243
燕京支行	西城区复外大街19号燕京饭店西配楼	100045	68513355－11354
月坛支行	西城区太平桥大街8号院10号楼1～2层	100034	59352616
华安支行	西城区西黄城根北街甲2号	100034	66112971
阜成支行	西城区阜外大街2号	100037	68030042
三里河支行	西城区月坛南街85号	100045	68577116－116
德外支行	西城区德胜门外大街8号德胜园区	100120	62373099
复兴支行	西城区月坛南街14号	100045	68529977－1906
官园支行	西城区育教胡同33号	100035	66251347
西四支行	西城区西单北大街30号	100032	66034712
金融街支行	西城区金融大街丁26号	100033	88087435
展览路支行	西城区西直门外南路8号	100044	68336498
西直门支行	西城区冠英园西区31号楼	100035	66537790
车公庄支行	西城区车公庄大街乙8号	100044	68341546
西单支行	西城区复兴门内大街156号招商国际金融中心B座	100031	66426677
慧园支行	西城区教场口街9号院	100120	82061216
长安街支行	西城区真武庙1号中国职工之家C座首层	100045	68563182

红星支行	朝阳区朝外大街20号	100020	65885739
朝外支行	朝阳区朝外大街12号海蓝云天商城1层西门	100020	65993342
关东店支行	朝阳区东大桥三角地	100020	65062512
东大桥支行	朝阳区东直门外大街22号楼东侧	100027	64167506
商务中心区支行	朝阳区光华路丙12号首层	100020	65083280
安华路支行	朝阳区外馆东街51号商业楼首层	100011	64408638
雅宝路支行	朝阳区雅宝路二号天雅大厦1层	100020	51362781
东长安街支行	朝阳区建国门外大街乙12号	100022	65683696
樱花支行	朝阳区北三环东路15号北京化工大学校门旁	100029	64418052
酒仙桥支行	朝阳区酒仙桥路5号	100015	84564649
新源支行	朝阳区北三环东路6－2号	100028	64643177
望京支行	朝阳区望京西园429号楼底商	100102	64775720
芳草地支行	朝阳区东大桥路10号	100020	65867822
亚运村支行	朝阳区慧忠北里天创世缘309楼A座首层	100102	64802929
北辰路支行	朝阳区北辰东路8号汇珍楼1层	100101	84971480
八里庄支行	朝阳区朝外红庙延静西里2号	100025	65072544－8001
金台路支行	朝阳区团结湖路52号	100026	85985900
现代城支行	朝阳区建国路88号现代城A区S座0101室	100022	85803048
九龙山支行	朝阳区农光里117号	100021	67342062
燕莎支行	朝阳区亮马桥路42号光明饭店1层、3层	100125	84418578
大望路支行	朝阳区广渠路28号甲201号楼1层甲201－北105室	100022	87723756
健翔支行	朝阳区安翔北里甲11号	100101	64889928
北苑路支行	朝阳区北苑路172号万兴苑11号楼1层	100101	84854735
日坛支行	朝阳区日坛北路19号	100020	85625126
奥东支行	朝阳区惠新西街19号	100029	51300083
奥北支行	朝阳区天乐园1号楼1层1－6号	100107	84927536

远洋国际中心支行	朝阳区东四环中路56号远洋国际中心A座106～107室	100025	85865177
望京科技园支行	朝阳区望京西园一区134号楼101号	100102	64789797
和平里支行	东城区和平里东街1号	100013	84232288
东单支行	东城区建内大街19号中纺大厦1层	100005	65262730
建国支行	东城区建国门内大街乙18号	100005	65265285
景山支行	东城区美术馆东街20号	100010	64016958
东四支行	东城区东四北大街303－8号	100007	64062935
灯市口支行	东城区灯市口大街50号	100006	65232533
中轴路支行	东城区安德路16号洲际大厦首层	100011	84882626
工体北路支行	东城区新中西里13号巨石大厦首层	100027	51909895
长城支行	东城区王府井金鱼胡同18号丽苑公寓首层	100006	65258088
安定门支行	东城区交道口南大街16号	100007	64075243
雍和支行	东城区东直门北小街青龙胡同1号歌华大厦首层	100007	84186329
海运支行	东城区东直门南大街5号	100007	58156081
东直门支行	东城区东直门南大街9号	100007	84098610
双榆树支行	海淀区双榆树东里甲22号	100086	82116611－136
友谊支行	海淀区中关村南大街3号海淀科技大厦1层	100081	68945858
中关村科技园区支行	海淀区中关村大街甲28号海淀文化艺术大厦B座1层	100086	82533045
清华大学支行	海淀区清华大学照澜院商业楼1层	100084	62780101
北京大学支行	海淀区成府路298号方正大厦1层北侧	100871	82529701
金运支行	海淀区西直门北大街甲43号金运大厦A座	100044	62295223
燕园支行	海淀区西草场1号	100080	82852397
学院路支行	海淀区学院路30号	100083	62313296
清华园支行	海淀区双清路西王庄同方大厦	100084	62770466
学知支行	海淀区北土城西路197号	100191	62074986

四道口支行	海淀区西直门外大柳树路2号铁科院北区11号楼	100081	62243859
双秀支行	海淀区北三环中路31号	100088	82002649
北洼路支行	海淀区北洼路28号	100089	68451673
阜裕支行	海淀区阜成路28号	100142	51817100
万寿路支行	海淀区万寿路17号院综合楼B座	100036	68224508
北航支行	海淀区学院路35号世宁大厦首层102号	100191	82338398
海淀路支行	海淀区中关村大街22号中科大厦B座中段	100190	62628358
翠微路支行	海淀区复兴路33号	100036	68172288
上地支行	海淀区上地信息路1号院3号楼首层东部	100085	82895594
世纪城支行	海淀区板井路69号世纪金源国际公寓东区首层商业	100089	88462505
大钟寺支行	海淀区中关村南大街12号培训中心	100081	62164202
魏公村支行	海淀区中关村南大街25号中扬大厦	100081	68937792
中关村支行	海淀区中关村科学院南路12号住宅	100086	62563804
白石桥支行	海淀区中关村南大街48号	100081	62196712
永定路支行	海淀区复兴路83号景藏健康大厦西侧首层、2层	100039	68152651
西客站支行	海淀区羊坊店路21号	100038	63953594
国兴家园支行	海淀区首体南路20号	100044	88355433
航天支行	海淀区海淀南路30号	100080	82671123
北太平庄支行	海淀区北三环中路戊40号	100088	62043336－8201
新华支行	海淀区万柳中路15号1层底商	100089	82565336
新街口北大街支行	海淀区德胜门西大街15号远洋风景8号楼1单元102号	100082	82293543
紫竹支行	海淀区紫竹院路69号中国兵器大厦首层	100089	58830099
甘家口支行	海淀区三里河路39号	100037	68349787

中关村海淀园	海淀区海淀北一街2号首创拓展大厦1~2层	100080	62699713
万泉路支行	海淀区新建宫门路1号	100091	62878394
永丰支行	海淀区西北旺德政路南茉莉园甲19号楼Ⅱ段	100094	82403379
四季青支行	海淀区蓝靛厂世纪城三期时雨园甲1-1号	100089	88892380
北清路支行	海淀区北清路107号	100094	82789960
清河支行	海淀区清河清景园5号商业楼地上1层A区	100192	62990536
滨河路支行	西城区枣林前街119号	100053	63545695
广安支行	西城区广外大街乙6号	100055	63264141
陶然支行	西城区永定门内西街5号	100050	83162495
前门支行	西城区前门西大街正阳市场1号楼	100051	63048577
琉璃厂支行	西城区南新华街48号	100052	63174316
天宁支行	西城区核桃园西街36号	100053	63041992
报国寺支行	西城区白广路北口甲1号	100053	63546867
宣武门支行	西城区广安门内大街6号	100053	83529116
白云支行	西城区莲花池东路24号院1号楼	100055	63443075
天坛支行	西城区天坛东路76号	100061	67150862
花市支行	西城区东花市北里中区甲27号楼	100062	67189320
天桥支行	西城区大都市街南8楼	100050	67075133
光明支行	西城区光明路13-3号	100061	67129143
广渠门支行	西城区夕照寺街2号北京市电信工程局办公大楼1层	100061	67184883
方庄支行	丰台区方庄芳星园二区甲3号院6号	100078	67642846
成寿寺支行	丰台区南三环四方景园二区配套商业1-5号	100078	87647377-6617
西罗园支行	丰台区海户西里甲30号	100068	67253444
两桥支行	丰台区西四环南路31号	100071	63811374
玉泉营支行	丰台区南三环西路16号搜宝商务中心3-101号	100068	87576165
东高地支行	丰台区东高地万源西里41栋	100076	88524555

金融港支行	丰台区南四环西路188号17区15号1层	100070	63298500
三环新城支行	丰台区丰桥路7号院8号楼28号	100071	83631804
总部基地支行	丰台区南四环西路188号3区5号101室、102室	100070	63702466
京源路支行	石景山区石景山路23号中础大厦1层	100049	88706621
天通苑支行	昌平区东小口镇立汤路188号北方明珠大厦商业首层	102218	58608620
昌平支行	昌平区政府街2号	102200	80103925
石园支行	顺义区仁和镇石园南区33号楼102号	101300	89452680
天竺支行	顺义区天竺地区天竺花园天韵阁1层	101312	64561937
顺义支行	顺义区站前街粮食局商办楼	101300	81482121
龙水路支行	昌平区龙水路28－12号底商	102200	69711931
回龙观支行	昌平区回龙观镇北店时代广场商业综合楼E段地上1层	102208	80750306
通州支行	通州区新华西街59号4号楼一层	101100	89501186
绿港国际中心支行	首都机场四纬路2号绿港国际商务中心	101300	84169618
新国展支行	顺义区天竺空港工业区B区空港融慧园4号楼	101318	80470126
首都国际机场支行	顺义区首都机场三号航站楼A2E3－1	100621	64532592
怀柔支行	怀柔区府前街3号楼3－3号、3－4号	101400	69697085
经济技术开发区支行	北京经济技术开发区宏达北路12号	100176	67873397
大兴支行	大兴区黄村镇兴政街29号	102600	69261010
房山支行	房山区良乡月华大街3号龙建大厦首层	102488	81388150
燕山支行	房山区燕山岗南路东一巷6号C座1层	102500	69348654

瑞都支行	通州区九棵树街165号、167号、171号、175号	101100	60553323
密云支行	密云县鼓楼东大街19－5号	101500	69087741
平谷支行	平谷区迎宾环岛东南角金谷园21号楼1层商铺	101200	89999950
门头沟支行	门头沟区双峪路5号	102300	69862658
季庄支行	密云县果园新里北区综合楼1层	101500	69026927
黄村支行	大兴区黄村镇兴华路212号	102600	69238897
加州水郡支行	房山区长阳镇昊天北大街48号加州水郡东区商业中心A座106室	102445	80393723
孙河支行	朝阳区孙河乡康营家园小区KY15区D8R号楼	100103	84591236
广源支行	西城区广安门外大街305号院7号楼1层	100055	63458690－801
北七家支行	昌平区北七家镇立汤路58号王子大厦瑰宝商业中心	102209	89756407
奥运村支行	朝阳区北辰西路8号院2号楼	100101	84378380
双桥支行	朝阳区双柳北街39号商业2层	100024	65734009
中关村分行	海淀区彩和坊路6号朔黄发展大厦1层	100080	82533047
良乡支行	房山区西潞街道长虹西路71号	102488	60330532
运河支行	通州区通胡大街11号－1	101100	80853088
西内大街支行	西城区西直门内大街275号	100035	82141554
西三旗支行	昌平区建材城西路87号2号楼1层	100096	82969620
光机电园区支行	通州区次渠镇次渠西口次二村南1幢1层	101111	81509316
府前街支行	平谷区平谷镇新平东路13号	101200	61995896
马连道支行	西城区马连道南街1号院2号楼	100055	63287090
富力又一城支行	朝阳区黄厂南里2号院31号楼1层	100121	59643615
北三环支行	西城区北三环中路6号出版创意大厦首层	100120	82087500
电子城支行	朝阳区高家园二区14号	100015	64364806

石门支行	顺义区仁和镇前进花园石门苑甲13号国泰宏城购物广场F1-2号	101300	
田村支行	海淀区田村路畅茜园圣华里小区9号楼1层	100049	

天津银行股份有限公司北京分行

机构名称	地　址	邮　编	电　话
朝外支行	朝阳区朝外大街乙6号朝外SOHO D座	100020	59004356
三元桥支行	朝阳区东三环北路乙2号大新华航空大厦A座101号	100027	84471038
新兴桥支行	海淀区复兴路27号海育大厦首层	100036	68573491
中关村支行	海淀区海淀中街15号远中悦来大厦	100080	58730423
金融街支行	西城区二龙路甲33号新龙大厦B座	100032	66227910
丰台支行	丰台区南四环西路188号三区15号楼	100070	63706631
西直门支行	西直门北大街52号太平金融大厦1层	100082	82206858
东城支行	东城区朝内大街8号	100010	57929206

大连银行股份有限公司北京分行

机构名称	地　址	邮　编	电　话
西城支行	西城区金融大街甲9号	100033	66016356
海淀支行	海淀区知春路13号	100083	62308121
经济技术开发区支行	亦庄经济技术开发区宏达北路16号	100176	87220795

杭州银行股份有限公司北京分行

机构名称	地　址	邮　编	电　话
分行营业部	东城区朝阳门北大街3号第五广场大厦A座首层	100010	64088117

安贞支行	朝阳区安定路10号中国有色大厦首层	100029	64423711
顺义支行	顺义区府前东街10号自来水公司首层	101300	60417021
朝阳支行	朝阳区甜水园东街10号	100026	65000847
中关村支行	海淀区彩和坊西小街1号中湾国际首层	100080	59260522
通州支行	通州区九棵树街177号	101121	89542750
丰台支行	丰台区周庄子望园东里28号楼	100161	63822337
大兴支行	大兴区兴华大街（二段）13号院2号楼	102600	80255721
平谷支行	平谷区新平西路东侧紫贵庄园9号楼西侧	101200	61997288
房山支行	房山区良乡西潞南大街8号楼1－1号	102488	69389718
昌平支行	北京市昌平区府学路1－3号	102200	89787791

南京银行股份有限公司北京分行

机构名称	地　　址	邮　编	电　话
分行营业部	西城区金融大街10号	100033	83399112
万柳支行	海淀区万泉庄路28号万柳新贵大厦A座	100089	58720507
西坝河支行	朝阳区西坝河北里23号恒川广场	100028	64473138
朝阳门支行	东城区朝阳门南小街2号	100005	65267509
万寿路支行	海淀区万寿路28号	100036	88619369
中关村支行	海淀区中关村南三街6号	100080	82649800
呼家楼支行	朝阳区呼家楼北街7号	100026	65860699
顺义支行	顺义区华英园9号楼	101300	89425009

盛京银行股份有限公司北京分行

机构名称	地　　址	邮　编	电　话
中关村支行	海淀区海淀北二街8号金和国际大厦	100080	82012999

官园支行	西城区车公庄大街9号院1号楼	100044	85251177

上海银行股份有限公司北京分行

机构名称	地　址	邮　编	电　话
分行营业部	西城区金融街甲9号	100033	66528745
中关村支行	海淀区北四环西路66号中国技术交易大厦A座1层	100080	62418638
安贞支行	东城区安定路20号	100029	84109252
学院南路支行	海淀区学院南路15号学院派首层	100082	82418630
复兴门支行	西城区鲍家街43号	100031	66411135

江苏银行股份有限公司北京分行

机构名称	地　址	邮　编	电　话
分行营业部	西城区金融大街8号C座	100033	83399562
德胜支行	西城区德胜门外大街36号德胜凯旋大厦A座	100120	82063188
东直门支行	东城区东直门南大街甲3号居然大厦	100007	64025328
宣武门支行	西城区宣武门外大街甲1号环球财讯中心大厦	100052	63039950
西三环支行	海淀区西三环北路87号国际财经中心	100089	88824955
朝阳门支行	东城区朝阳门内大街8号朝阳首府大厦	100010	57929210
东四环支行	朝阳区百子湾东里101号楼首层	100124	67048236
马连道支行	西城区红莲南路28号楼红莲大厦A座	100055	63325956
安定门支行	东城区安定门外大街丁88号	100000	64407800
石景山支行	石景山区石景山路31号盛景国际广场	100043	57537005

包商银行股份有限公司北京分行

机构名称	地　　址	邮　编	电　话
分行营业部	朝阳区北四环东路115号	100101	64816060
中关村支行	海淀区彩和坊路8号	100080	60190698
大红门支行	丰台区马家堡东路101号院	100070	57704006

北京农村商业银行股份有限公司

机构名称	地　　址	邮　编	电　话
朝阳支行	朝阳区北苑路90号	100101	64945304
将台支行	朝阳区酒仙桥路14号51号楼兆维华灯大厦1层	100016	84799929
金盏支行	朝阳区金盏乡长店组团13号综合楼1层底商	100018	84392962
来广营支行	朝阳区望京北路18号	100102	64390398
高碑店支行	朝阳区建国路29号兴隆家园9号楼	100025	85777820
和平支行	朝阳区来广营东路5号东郊农场综合服务楼	100103	84701595
光华路支行	朝阳区光华路甲14号诺安大厦1层	100020	51309981
双井支行	朝阳区天力街1号楼B1－1号	100022	59060196
新源支行	朝阳区新源里16号琨莎中心1座	100027	84682578
太阳宫支行	朝阳区西坝河北里15号楼	100028	64215209
商务中心区支行	朝阳区广渠路南侧44号	100022	52081616
十八里店支行	朝阳区十八里店乡十八里店村19号	100023	87366616
小红门支行	朝阳区小红门乡宋家楼4号	100078	67632186
南磨房支行	朝阳区大望路平乐园路口南300米	100021	67308538
王四营支行	朝阳区王四营乡官庄大队陶庄个体公园南侧	100023	67187388
双桥支行	朝阳区朝阳路管庄路口西20米	100024	65760170
京粮支行	朝阳区东三环中路16号	100022	87951741

大望路支行	朝阳区西大望路15号3号楼1层	100022	87723831
亚运村支行	朝阳区安外安立路甲56号	100012	84802571
丰台支行	丰台区丰台北路45号	100073	63814036
成寿寺支行	丰台区四方景园二区配套商业2-11号	100078	87644288
花乡支行	丰台区看丹路甲15号	100071	63727772
六里桥支行	丰台区华源一街2号楼	100073	63334899
两广路支行	西城区广安门内大街311号院2号楼1层	100053	83130822
世界公园支行	丰台区丰葆路富锦嘉园综合服务楼1层北段	100070	83623563
新发地支行	丰台区新发地京新酒店西侧	100070	83724852
南苑支行	丰台区方庄路3号	100078	67633290
卢沟桥支行	丰台区丰台体育中心北路1号	100071	63804182
小屯支行	丰台区卢沟桥张仪村路125号院18号	100071	83695036
王佐支行	丰台区云岗南宫路3号	100074	83316018
长辛店支行	丰台区长辛店杜家坎南路甲6号	100072	83840581
马连道支行	西城区马连道南街1号依莲轩小区D座	100055	63326122
丽泽支行	丰台区三路居村骆驼湾65号	100073	83062902
宛平支行	丰台区卢沟桥晓月中路5号楼B座	100072	83896722
右安门支行	丰台区右安门外大街56号2号楼底商	100069	83974591
石景山支行	石景山区杨庄东路78号	100043	68877815
八角支行	石景山区八角南路7号	100043	68872063
西山支行	石景山区西黄新村东里2号楼01~03号	100041	88701303
京原支行	石景山区玉泉路玉泉大厦1层	100043	88259708
海淀支行	海淀区苏州街77号	100089	82518916
西苑支行	海淀区西苑草场2号乙	100091	62221232
东升支行	海淀区清华东路甲1号	100083	62313172
志新路支行	海淀区志新路二里庄35号	100083	59862776

清河支行	海淀区西三旗花园三里76号1层	100085	62913272
长河湾支行	海淀区高粱斜街59号2号楼1层	100044	82191491
八里庄支行	海淀区阜成路81号	100036	88130053
莲花路支行	丰台区莲花池西里6号院综合楼	100161	63958327
科技园支行	海淀区中关村北大街127－1号北大科技园创新中心大厦	100080	62760156
大钟寺支行	海淀区北三环西路甲18号中鼎大厦B座	100098	62123573
海淀新区支行	海淀区中关村永丰高新技术产业基地IV区4号永丰商业中心2号楼B座	100094	62473687
上地支行	海淀区上地信息路7号	100085	62973467
西北旺支行	海淀区西北旺镇百旺新城A4地块6号综合办公楼	100095	82404104
上庄支行	海淀区上庄镇上庄路72号	100094	82478951
温泉支行	海淀区温泉镇温泉路59号	100095	62456901
苏家坨支行	海淀区苏家坨镇温阳路18号	100095	62483441
北安河支行	海淀区苏家坨镇北安河路5号	100095	62455843
四季青支行	海淀区板井路81号	100089	88462661
军博支行	海淀区会城门北口路东	100038	63264781
新街口支行	西城区新街口北大街57号万特购物中心1层	100035	82226436
阜外支行	西城区车公庄大街9号院1号楼	100038	88312399
中关村支行	海淀区彩和坊路10号中关村瀚海国际大厦1层	100080	62535994
门头沟支行	门头沟区滨河路115号滨河大厦1层、12层	102300	69844765
斋堂支行	门头沟区斋堂镇斋堂大街43号	102309	69816714
永定支行	门头沟区石龙北路52号	102308	69809500
城龙支行	门头沟区门头沟路38号	102300	69828008
龙泉支行	门头沟区增产路22－1号	102300	69844522
昌平支行	昌平区东环路中医院路口往西20米少年宫对面	102200	69744891

兴昌支行	昌平区昌平镇东环路中医院对面	102200	69744889
南口支行	昌平区南口镇东大街保温瓶厂南侧	102202	69771185
小汤山支行	昌平区小汤山镇地税所西院	102211	61781226
兴寿支行	昌平区兴寿镇兴寿村709号	102212	61726064
阳坊支行	昌平区阳坊镇南阳路大都饭店北侧	102205	69760458
沙河支行	昌平区沙河镇展思门路29号	102206	69730414
马池口支行	昌平区马池口镇马池口村新街347号	102200	60774371
崔村支行	昌平区崔村镇西崔村11号	102212	60721355
南邵支行	昌平区南环路南邵回迁小区11号、12号	102200	60732142
十三陵支行	昌平区十三陵镇胡庄	102200	89761489
北环支行	昌平区昌平镇北环路2号金兰大厦三单元地下1层	102200	69709340
天通苑支行	昌平区东小口镇中滩村东镇政府后面	100085	84825685
回龙观支行	昌平区回龙观镇政府北100米	100085	62713142
北七家支行	昌平区北七家镇政府街八仙别墅北	102209	69750554
天通苑东区支行	昌平区东小口镇天通苑东苑东三区2号楼	102218	61765389
通州支行	通州区梨园北街63号、65号	101100	69548788
永顺支行	通州区新华北街31号	101100	69544516
宋庄支行	通州区宋庄文化创意产业集聚区京榆旧路南公共服务平台1～2层	101118	69595718
潞城支行	通州区潞城镇政府东侧	101117	89581155
西集支行	通州区西集镇国防路39号	101108	61576221
漷县支行	通州区漷县镇漷兴一街北侧	101109	80586191
永乐店支行	通州区永乐店镇永乐大街54号	101105	69568495
张家湾支行	通州区张家湾镇光华路西侧	101113	69572793
台湖支行	通州区台湖镇政府西200米	101116	61532735
晶城支行	通州区通胡大街11号-2	101100	89526810
梨园支行	通州区梨园镇九棵树大街17号	101100	81514458

翠屏北里支行	通州区翠屏北里（西区）商11号、12号	101100	81510142
马驹桥支行	通州区马驹桥镇兴华大街1号	101102	60509385
光机电支行	通州区中关村科技园区通州园区光机电一体化产业基地政府路8号	101102	81500307
顺义支行	顺义区新顺南大街15号	101300	69449330
仁和支行	顺义区石园南区33号楼	101300	89448320
建新东街支行	顺义区建南东街2号	101300	69443034
平各庄支行	顺义区顺通路20号	101300	89492528
马坡支行	顺义区马坡地区西马坡村西	101300	69405356
赵全营支行	顺义区赵全营镇政府西300米	101300	60431130
杨镇支行	顺义区杨镇顺平路杨镇段53号	101309	61451396
南彩支行	顺义区南彩镇顺平路南彩段45号	101300	89469330
北小营支行	顺义区北小营府前街11号	101305	60483640
高丽营支行	顺义区高丽营镇顺沙路高丽营段7号	101303	69455293
光明街支行	顺义区光明北街9号	101300	81491616
空港支行	顺义区天竺镇府前街37号	101312	64589783
南法信支行	顺义区华英园9号	101300	69472327
李家桥支行	顺义区李桥中心街53号	101304	81473813
后沙峪支行	顺义区后沙峪镇双裕街15号	101318	80496751
机场南路支行	朝阳区首都机场南路3号	101312	64503576
大兴支行	大兴区黄村东大街9号	102600	69255471
旧宫支行	大兴区旧宫镇旧宫东路90号	100076	87962463
西红门支行	大兴区西红门镇政府西侧1米	100162	60253045
北臧村支行	大兴区北京生物工程与医药产业基地天富大街9号	102609	61252854
庞各庄支行	大兴区庞各庄镇农行分理处南1米	102601	89283234
榆垡支行	大兴区榆垡镇卫生院东侧5米	102602	89216785
安定支行	大兴区安定镇农行分理处西侧1米	102607	80231261
玫瑰城支行	大兴区黄村玫瑰城商业中心大楼东侧	102600	69237083

青云店支行	大兴区青云店大东新村B区47号楼	102605	80285780
清澄支行	大兴区黄村镇清澄名苑南区31号楼政府综合服务大厅内	102600	81296803
采育支行	大兴区采育镇电管站西侧2米	102606	80271469
金星支行	大兴区西红门镇金星庄村黄亦路50号1层	100076	61285905
黄村支行	大兴区黄村镇兴华路216号	102600	69244961
经济技术开发区支行	北京经济技术开发区荣京东街3号A座01层	100176	67864946
亦庄支行	大兴区亦庄镇政府内	100176	67881972
瀛海支行	大兴区瀛海镇政府北侧20米	102600	69278359
房山支行	房山区良乡长虹东路1号	102488	69375122
燕房支行	房山区城关镇南大街16号	102400	89335566
阎村支行	房山区阎村镇紫园路115号	102412	89319361
青龙湖支行	房山区青龙湖镇豆各庄村下四区43号	102447	60320723
琉璃河支行	房山区琉璃河镇东街28号	102403	89383378
河北镇支行	房山区河北镇李各庄村	102417	60377286
长阳支行	房山区长阳镇北广阳城村西5号	102440	80351572
窦店支行	房山区窦店镇窦店村	102433	69396668
张坊支行	房山区张坊镇张坊村中二区61号	102409	61339993
长沟支行	房山区长沟镇长沟大街48号	102407	61362828
西潞支行	房山区良乡西路东里甲1号西潞商业大厦1层	102400	89368086
良乡支行	房山区良乡中路26号	102401	69366220
平谷支行	平谷区平谷镇新平北路平乐街8号	101200	89989578
东高村支行	平谷区东高村镇兴业路6号	101200	69900792
王辛庄支行	平谷区王辛庄镇齐各庄前街75号	101200	89984207
马坊支行	平谷区马坊镇西大街17号	101204	60995562
金海湖支行	平谷区金海湖镇韩庄北街154号	101201	69992097

南独乐河支行	平谷区南独乐河镇同乐路128号	101212	60920737
大华山支行	平谷区大华山镇大华山大街136号	101207	61941002
峪口支行	平谷区峪口镇峪口村西大街2号	101206	61906024
大兴庄支行	平谷区大兴庄镇大兴庄村东	101205	89932423
新开街支行	平谷区平谷镇林荫北街13号1层、2层东侧	100038	69975132
绿谷支行	平谷区光明西小区5号	101200	69961228
密云支行	密云县鼓楼南大街25号	101500	69042301
穆家峪支行	密云县穆家峪镇南穆家峪村南侧	101500	61052055
河南寨支行	密云县河南寨镇滨河工业开发区	101500	61086033
十里堡支行	密云县十里堡镇政府东侧	101500	69044918
溪翁庄支行	密云县溪翁庄镇溪翁庄村委会北楼	101512	69015565
巨各庄支行	密云县巨各庄镇巨各庄村南侧	101500	61031127
高岭支行	密云县高岭镇高岭村政府路东侧	101507	81081218
季庄支行	密云县果园西路21号	101500	89099367
檀州支行	密云县鼓楼东大街世豪大酒店对面	101500	69041225
怀柔支行	怀柔区迎宾北路18号	101400	69626174
泉河支行	怀柔区迎宾北路32号	101400	69646145
北房支行	怀柔区雁栖工业开发区888号	101400	61681807
杨宋支行	怀柔区杨宋镇凤翔科技开发区四园1号	101400	61679451
雁栖支行	怀柔区雁栖镇下庄村435号	101407	61641348
怀北支行	怀柔区怀北镇西庄村317号	101408	61661182
渤海支行	怀柔区渤海镇沙峪村350号	101405	61631741
庙城支行	怀柔区庙城镇庙城村派出所对面	101401	60691244
桥梓支行	怀柔区桥梓镇桥梓村村北	101402	69675148
汤河口支行	怀柔区汤河口镇汤河口村16号	101414	89671054

富乐支行	怀柔区富乐大街乐红园小区1号楼	101400	89688706
青春路支行	怀柔区青春路8号	101400	69642910
延庆支行	延庆县东外大街109号	102100	69176374
夏都支行	延庆县高塔路62号	102100	69180537
张山营支行	延庆县张山营镇张山营村南	102115	69111994
永宁支行	延庆县永宁镇北门口	102104	60171196
八达岭支行	延庆县八达岭镇政府院内	102102	69129421
旧县支行	延庆县旧县镇村北侧	102109	61152932
南菜园支行	延庆县延庆镇南菜园开发区17号	102100	69181198
西城支行	西城区复兴门外大街4号	100045	68562959
北三环支行	朝阳区北三环东路28号	100013	64405046
保福寺支行	海淀区中关村东路66号	100190	62672196
首体支行	西城区西直门外大街甲143号凯旋大厦C座首层东南侧	100044	88016491
车公庄支行	海淀区首体南路9号主语家园17号楼	100048	68790519
西外支行	海淀区西直门北大街32号枫蓝国际中心商场C座1层	100082	62245787
德胜门支行	西城区德外德胜国际中心东配楼	100088	82065608
宣武支行	西城区广安门南街6号广安大厦1层、4层	100053	83535776
宣外大街支行	西城区前青厂胡同66号和68号	100052	83150128
牛街支行	西城区牛街20号和22号	100053	83534866
东城支行	东城区北三环东路37号A座	100007	52979432
东长安支行	东城区东长安街12号	100006	85229655
王府井支行	东城区东单北大街3号	100005	65289368
北京站支行	东城区北京站西街1号自西向东1号商铺	100005	65283799
东单支行	东城区建国门内大街17号	100005	65268438
雍和宫支行	东城区安定门东大街28号2号楼B1号、B2号	100007	64097690
崇文支行	东城区崇文门外大街9号正仁大厦1层和7号崇文文化馆主楼	100011	67082025

建国门支行	朝阳区东三环中路39号建外SOHO12号楼1200商铺	102305	58696371
尚都支行	朝阳区东大桥路8号	100020	59000215
广渠门支行	东城区东花市南里东区15号楼2－101号	100061	87103692
天坛支行	东城区光明路13号1层	100061	67160558
东四十条支行	东城区东四十条甲22号	100007	52185028
东直门支行	东城区东直门南大街3号国华投资大厦首层	100007	58199571
西单支行	西城区华远街11－1号	100032	52603055

中国邮政储蓄银行股份有限公司北京分行

机构名称	地　址	邮　编	电　话
北七家支行	昌平区北七家镇定泗路北侧雅安商厦C号商业1层部分底商	102209	80126276
昌崔路支行	昌平区昌崔路201号大厦1层	102200	80107660
昌平路支行	昌平区昌平路380号院1号楼底商	100096	82965229
龙锦苑支行	昌平区回龙观龙锦苑五区	102208	80757025
龙水路支行	昌平区畅春阁小区龙水路22号院1号楼1层	102200	60741046
沙河支行	昌平区沙河镇	102206	69732648
天通北苑支行	昌平区天通北苑二区甲11号楼1门	102218	81771247
昌平区支行	昌平区政府街	102200	69729926
北苑支行	朝阳区朝来绿色家园赢秋苑18号楼底商	100012	84953875
大山子支行	朝阳区酒仙桥路13号	100015	64333112
垡头支行	朝阳区垡头一区4号楼东	100023	67371400
工体东路支行	朝阳区工人体育场东路甲2号1层101室	100027	85871416
广渠门外大街支行	广渠门外大街D51～D55号住宅楼及商业111层商业1117室	100022	58767943
广顺北大街支行	朝阳区广顺北大街19号1层	100102	64724599
花家地支行	朝阳区花家地北里1号楼	100102	64737340

吉庆里支行	朝阳区吉庆里6号楼102号A部分	100020	65520455
农光里支行	朝阳区农光里102号楼	100021	67341867
三间房支行	朝阳区三间房223号	100024	65762454
十里河支行	朝阳区东三环南路19号嘉多丽园A座京门综合楼（联合国际大厦）1层底商	100021	87664435
双井支行	朝阳区广渠东路48号楼	100022	67716753
双龙南里支行	朝阳区双龙南里204号楼	100122	87321621
水碓子支行	朝阳区金台北街6号楼	100026	65005146
万科星园支行	朝阳区仰山路万科星园甲7号	100107	84921227
西大望路支行	朝阳区西大望路59号甲3号楼	100022	67753891
香河园支行	朝阳区西坝河中里35号楼	100028	64624407
亚运村支行	朝阳区安慧里2区11号楼	100101	64938202
姚家园路支行	朝阳区姚家园路甲一号活力东方奥特莱斯购物广场首层	100123	51193713
百荣支行	东城区永外大街101号	100077	87802003
崇文支行	东城区崇文门外大街11号－7和11号－212	100078	67086252
埝坛支行	大兴区天河西路19号	102629	61252695
兴华路支行	大兴区黄村镇兴华路二段6号院	102627	60243749
大兴区支行	大兴区兴丰大街22号	102600	69252961
建内大街支行	东城区站西路2号	100001	65196657
交道口东大街支行	东城区交道口东大街10号楼低商B	100007	64003719
东区支行	朝阳区望京西园一区120号楼	100102	84718103
长虹东路支行	房山区良乡地区鸿顺园商业1号楼1层	102488	69387298
城关支行	房山区兴房大街19号	102400	69314309
良乡支行	房山区良乡昊天大街47号	102401	69351297
农林路支行	房山区城关农林路燕宾鑫源商贸中心	102400	69323310
迎风街支行	房山区燕山迎风街43号	102500	69347148
政通路支行	房山区拱辰街道政通路23号	102488	89352352
房山区支行	房山区良乡镇良乡西路11号	102488	89358306
分行直属支行	朝阳区光华路50号	100600	65217055

彩虹城支行	丰台区光彩路66号院5号楼1层103号	100075	87866180
长辛店支行	丰台区长辛店大街1号	100072	83876260
大红门服装城支行	丰台区南苑路15号大红门服装商贸城4层	100068	87255518
东高地支行	丰台区东高地斜街13号	100073	67978618
方庄支行	丰台区蒲方路22号	100078	67628474
嘉园支行	丰台区马家堡西路嘉园一里26号楼	100068	67560035
角门支行	丰台区马家堡路120号	100068	67526803
京温服装市场支行	丰台区高庄60号京温服装市场大厦地下1层	100068	67254639
开阳里支行	丰台区开阳里五区3号楼	100069	83559580
科学城支行	丰台区帝京路5号	100070	63714433
云岗支行	丰台区云岗南里2号	100074	83310974
德政路支行	海淀区西北旺德政路南百旺茉莉园底商	100094	82403968
阜玉路支行	海淀区玉泉路6号院玉阜嘉园1号楼1层10底商	100039	88262798
海淀南路支行	海淀区海淀南路34号艾瑟顿大厦1层	100080	82652567
会城门支行	海淀区北蜂窝1号	100038	63952700
晋元庄支行	海淀区建西苑晋元庄小区33号楼商业9号	100043	58971472
清河镇支行	海淀区清河三街	100085	62929688
上地东二路支行	海淀区信息产业基地内上地东二路上地佳园45号底商	100085	62981789
上地信息产业开发区支行	海淀区上地信息产业开发区综合楼	100085	62976834
上地支行	海淀区农大南路1号院2号楼	100085	62667560
世纪城支行	海淀区世纪城小区烟树园1号楼	100097	88874740
首体南路支行	海淀区首体南路9号主语家园17号楼底商9－12号	100048	68790664
苏州街支行	海淀区厂洼2号楼	100089	68423230
太阳园支行	海淀区大钟寺东路9号	100098	82128322
万寿路支行	海淀区万寿路7号	100036	68153866

魏公村支行	海淀区中关村南大街 17 号	100081	88578918
文慧园西路支行	海淀区文慧园小区 15～16 号楼底商 A 段 1 层	100082	62235092
香山支行	海淀区北辛村 55 号	100093	82592744
永定路支行	海淀区永定路甲 88 号	100039	68285870
育新花园支行	海淀区西三旗东路育新花园小区	100096	82908575
海淀区支行	海淀区圆明园西路骚子营小区内	100091	62875156
知春路支行	海淀区知春路 1 号	100083	82310721
中关村支行	海淀区海淀路 87 号	100080	62610262
紫竹院路支行	海淀区紫竹院路 116 号嘉豪国际中心 B 座、E 座首层	100097	51709058
怀柔区支行	怀柔区青春路 18 号	101400	69626806
经济技术开发区支行	大兴区经济技术开发区隆庆街 4 号	100179	67889408
滨河路支行	门头沟区滨河西区皓月园 6 号楼底商 11－3 号	102300	69828692
永定支行	门头沟区永定镇冯村商业街 10258、1027 号	102308	60869430
门头沟区支行	门头沟区河滩路 6 号	102300	69842927
果园西路支行	密云县果园西路 42 号、44 号	101500	69099490
密云县支行	密云县鼓楼东大街 36 号 1 号楼 1 层东大厅	101500	69042963
南区支行	丰台区西罗园 1 区 15 号楼	100077	87255517
乐园支行	平谷区平谷镇乐园西小区乙 17 号	101200	69982710
平谷区支行	平谷区旧城街 16 号	101200	69962700
金顶街支行	石景山区金顶街二区甲 2 栋	100041	88713519
鲁谷支行	石景山区鲁谷路 39 号	100040	88685282
新古城支行	石景山区古城南里 2－3 号楼	100043	68876096
杨庄支行	石景山区琅山苗圃南园子金辉苑小区 C3 配套服务楼底商	100041	52651257
重兴园支行	石景山区重兴园甲一号	100040	68632039
东兴路支行	顺义区绿港家园 1 区 9 号楼 120 号、125 号、126 号	101300	89403552

马驹桥支行	通州区马驹桥镇兴华西大街南侧潼关三区底商	101102	60597058
通胡大街支行	通州区通胡大街25号院-1至-10号	101100	89537237
新华支行	通州区新华西街57号	101100	69554110
永顺支行	通州区永顺西里46号楼	101100	81597149
中仓支行	通州区中仓小区	101100	80882381
广安门支行	西城区广安门外大街172号	100055	63279595
金融大街支行	西城区金融大街3号A座1层、2层	100808	66555571
三里河支行	西城区月坛南街65号	100045	68539131
西四支行	西城区西四南大街16号	100034	66176773
西外大街支行	西城区西外大街德宝新园甲22号	100044	68352749
新华里支行	西城区新华里16号院2号楼商业02号	100044	88359069
新街口支行	西城区西内大街32号	100035	66181633
真武庙支行	西城区真武庙路四条8号院4号楼	100045	68032808
西区支行	西城区阜成门北大街17号	100047	68334197
南滨河路支行	西城区南滨河路27号	100055	63364462
牛街支行	西城区牛街4号	100053	63572267
宣武门东支行	西城区宣武门东大街2号	100051	63186067
永安路支行	西城区虎坊路21-7号、21-8号	100052	51251458
延庆县支行	延庆县城关东门外大街79号	102100	69185122
丰台大街支行	丰台区西四环南路94号	100071	63823385
北太平庄支行	海淀区马甸村1号	100088	62029544
学院路支行	海淀区成府路17号	100083	82373385
后沙峪支行	顺义区后沙峪地区办事处	101300	80490822
石园支行	顺义区石园小区	101300	89440898
杨各庄支行	顺义区杨镇地区办事处政府街8号	101300	61459196
顺义区支行	顺义区新顺南大街	101300	69424651
通州区支行	通州区运河西大街174号	101100	81587584

（3）外资银行

机构名称	地　　址	邮　编	电　话
摩根大通银行（中国）有限公司	西城区金融大街7号英蓝国际金融中心19层	100034	59318000
友利银行（中国）有限公司	朝阳区东三环北路丙二号天元港中心1层	100020	84123000
韩亚银行（中国）有限公司	西城区金融大街17号中国人寿中心办公楼101单元和第11层	100140	66581133
德意志银行（中国）有限公司	朝阳区建国路81号华贸中心1号写字楼26层	100025	59698888
新韩银行（中国）有限公司	朝阳区工体北路甲6号中宇大厦12层	100027	85290090
法国兴业银行（中国）有限公司	西城区武定侯街2号泰康国际大厦16层	100004	58513038
蒙特利尔银行（中国）有限公司	朝阳区建国路77号华贸中心3号写字楼27层	100025	85881670
国民银行（中国）有限公司	西城区建国门外大街甲6号1幢19层	100000	56712800
瑞士银行有限公司	西城区金融大街7号英蓝国际金融中心1217～1230单元	100034	58327126
奥地利奥合国际银行股份有限公司北京分行	朝阳区建国门外大街21号北京国际俱乐部200室	100020	65323388
德国商业银行股份公司北京分行	朝阳区建国门外大街乙12号双子座大厦东塔25层	100022	85676888
德意志银行（中国）有限公司北京分行	朝阳区建国路81号华贸中心1号写字楼26层	100004	59698899
法国巴黎银行（中国）有限公司北京分行	朝阳区建国门外大街1号国贸大厦20层	100020	65350851
东方汇理银行（中国）有限公司北京分行	朝阳区建国路79号华贸中心2号写字楼22层	100025	65004562
法国兴业银行（中国）有限公司北京分行	西城区武定侯街2号泰康国际大厦16层	100004	58513888
苏格兰皇家银行（中国）有限公司北京分行	西城区金融大街7号英蓝国际金融中心7层	100033	59279000

渣打银行（中国）有限公司北京分行	朝阳区东三环中路1号环球金融中心渣打大厦12层	100020	59188838
蒙特利尔银行（中国）有限公司北京分行	朝阳区建国路77号华贸中心3号写字楼27层	100005	85881688
加拿大皇家银行有限公司北京分行	西城区金融大街7号英蓝国际金融中心9层	100034	58399231
摩根大通银行（中国）有限公司北京分行	西城区金融大街7号英蓝国际金融中心19层、20层	100034	59318800
花旗银行（中国）有限公司北京分行	西城区武定侯街6号卓著中心1层	100020	59376000
美国银行有限公司北京分行	朝阳区建国门外大街1号院1号楼国贸大厦35层	100020	65053508
三菱东京日联银行（中国）有限公司北京分行	朝阳区东三环北路5号北京发展大厦	100027	65908888
瑞穗实业银行（中国）有限公司北京分行	朝阳区建国门外大街甲26号长富宫办公楼8层	100022	65251888
三井住友银行（中国）有限公司北京分行	朝阳区光华路1号北京嘉里中心北楼16层	100020	59204610
友利银行（中国）有限公司北京分行	朝阳区东三环北路丙2号天元港中心A座1层	100020	84538880
新韩银行（中国）有限公司北京分行	朝阳区工体北路甲6号中宇大厦首层	100027	85235555
韩亚银行（中国）有限公司北京分行	朝阳区霄云路26号鹏润大厦B1层	100016	84580854
韩国产业银行北京分行	朝阳区建国门外大街乙12号双子座大厦西塔27层	100022	65688858
南洋商业银行（中国）有限公司北京分行	西城区丰汇园11号楼丰汇时代大厦首层	100022	65684728
汇丰银行（中国）有限公司北京分行	东城区建国门内大街8号中粮广场A座	100005	59998888
东亚银行（中国）有限公司北京分行	朝阳区光华路5号院1号楼东亚银行大厦首层、27~29层	100027	65891000
恒生银行（中国）有限公司北京分行	朝阳区光华路1号嘉里中心	100020	85299882
中信国际银行（中国）有限公司北京分行	朝阳区东三环中路9号富尔大厦3201~3205室	100020	85911161

星展银行（中国）有限公司北京分行	西城区金融大街7号英蓝国际金融中心5层	100140	58397500
大华银行（中国）有限公司北京分行	朝阳区景华南街5号远洋光华中心C座	100020	65051863
盘谷银行（中国）有限公司北京分行	朝阳区建国门外大街甲12号新华保险大厦1层东区	100022	65690059
澳大利亚和新西兰银行（中国）股份有限公司北京分行	朝阳区建国路77号华贸中心3号写字楼32层	100025	65998188
厦门国际银行北京分行	西城区三里河东路5号中商大厦首层	100045	68533333
华侨银行（中国）有限公司北京分行	西城区武定侯街6号卓著中心11层	100032	59315188
摩根士丹利国际银行（中国）有限公司北京分行	西城区太平桥大街18号丰融国际大厦11层	100032	83563019
外换银行（中国）股份有限公司北京分行	东城区建国门内大街18号恒基中心办公楼2座5层	100005	65183105
永亨银行（中国）有限公司北京分行	朝阳区建国路91号金地中心B座2809～2818室	100025	85713669
美国纽约梅隆银行有限公司北京分行	朝阳区建国门外大街2号银泰中心C座2106B单元	100033	85135300
美国北美信托银行有限公司北京分行	西城区金融大街7号英蓝国际金融中心F808B～810室	100022	66271960
美国道富银行有限公司北京分行	西城区金融大街7号英蓝国际金融中心F808B～810室	100034	66271960
澳大利亚西太平洋有限公司北京分行	朝阳区东三环中路1号环球金融中心西楼14层	100020	85877339
国民银行（中国）有限公司北京分行	朝阳区建国门外大街甲6号1幢1层06B室和11层	100000	56712937
荷兰合作银行有限公司北京分行	朝阳区东三环中路1号环球金融中心西楼21层	100020	56951088
马来西亚马来亚银行有限公司北京分行	朝阳区建外大街1号国贸大厦32层	100020	85351855

(4) 外资银行分支机构

澳大利亚和新西兰银行（中国）有限公司

机构名称	地　址	邮　编	电　话
北京中关村支行	海淀区海淀东三街2号欧美汇大厦1层	100005	62506301

大华银行（中国）有限公司

机构名称	地　址	邮　编	电　话
北京东城支行	东城区朝阳门北大街7号第五广场C座1层	100020	64088699

东亚银行（中国）有限公司

机构名称	地　址	邮　编	电　话
北京雅宝路支行	朝阳区朝外雅宝路12号G02	100020	85636566
北京望京支行	朝阳区望京中环南路甲2号金业大厦1层4号	100102	84720036
北京富华支行	东城区朝阳门北大街8号富华大厦A座首层和地下1层	100027	65543110
北京中关村支行	海淀区彩和坊路8号8号楼1层、2层	100080	62682151
北京金融街支行	西城区武定侯街2号泰康国际大厦首层	10004	59315060
北京经济技术开发区支行	经济技术开发区荣华南路12号兴基铂尔曼饭店首层	100176	67885198

法国兴业银行（中国）有限公司

机构名称	地　址	邮　编	电　话
北京光华支行	朝阳区金桐西路10号远洋光华中心AB座1层	100600	58573701

花旗银行（中国）有限公司

机构名称	地址	邮编	电话
北京中关村支行	海淀区北四环西路58号理想国际大厦首层	100080	82607250
北京金宝街支行	东城区东单北大街1号1号楼商业中心商场1层	100020	65618800
北京阳光上东支行	朝阳区东四环北路6号阳光上东中环商业广场A09～A15单元	100016	51307100
北京嘉里中心支行	朝阳区光华路1号嘉里中心办公楼首层02单元和北办公楼2层	100000	65009988
北京盈科中心支行	朝阳区工体北路甲2号盈科中心商场1层	100027	59272300
北京长安支行	东城区建国门内大街7号光华长安大厦101室	100005	65102458
北京亚运村支行	朝阳区慧忠里103号洛克时代中心C座首层、B座	100101	59377050
北京望京支行	朝阳区广顺北大街望京西园429号楼1层商铺105号	100102	59377301

韩亚银行（中国）有限公司

机构名称	地址	邮编	电话
北京望京支行	朝阳区望京广顺北大街33号福码大厦1层	100102	64721111

汇丰银行（中国）有限公司

机构名称	地址	邮编	电话
北京国贸支行	建国门外大街1号中国国际贸易中心国贸商城L129号	100020	58669866
北京中关村支行	海淀区中关村南大街2号北京科技会展中心数码大厦A座1层	100086	62159288

北京燕莎中心支行	朝阳区亮马桥路 50 号凯宾斯基饭店 1 层、3 层	100016	84519500
北京英蓝国际金融中心支行	西城区金融大街 7 号英蓝国际金融中心首层	100140	66555288
北京丽都广场支行	朝阳区将台路 6 号丽都 A2 商业楼首层	100016	64338800
北京中关村西区支行	海淀区丹棱街 3 号中国电子大厦 B 座 1 层	100080	59997288
北京北辰支行	朝阳区北辰东路 8 号北辰时代大厦首层	100101	59997711
北京远大路支行	海淀区远大路 1 号金源燕莎商厦首层	100097	59997888
北京华贸支行	朝阳区建国路 89 号院 13 号楼 L09 单元商铺	100025	59997268
北京翠微路支行	海淀区翠微路 17 号 B 楼底商	100036	59997968
北京光华路支行	朝阳区光华路丙 12 号数码 01 大厦 1 层	100020	59997999

恒生银行（中国）有限公司

机构名称	地　　址	邮　编	电　话
北京中关村支行	海淀区丹棱街 3 号中国电子大厦 A 座	100080	62500000
北京东单支行	东城区东单北大街 69 – 12 号首层	100005	85293507
北京工体北路支行	东城区工体北路 66 号 1 号楼 L105 单元、L205 单元	100007	85293726
北京嘉里中心支行	朝阳区光华路 1 号嘉里中心写字楼首层	100020	85293556

南洋商业银行（中国）有限公司

机构名称	地　　址	邮　编	电　话
北京建国门支行	朝阳区建国门外大街乙 8 号丽晶苑 1 层	100022	65684728
北京中关村支行	海淀区海淀北二街 8 号中关村 SOHO 大厦 1 层	100080	59718565

北京金融街支行	西城区丰汇园 11 号楼丰汇时代大厦首层商业 2 号	100033	65684728

三菱东京日联银行（中国）有限公司

机构名称	地　　址	邮　编	电　话
北京经济技术开发区支行	北京经济技术开发区荣华中路 10 号亦城国际中心 1 号楼 16 层 1603 房间	100176	59578000

星展银行（中国）有限公司

机构名称	地　　址	邮　编	电　话
北京金地中心支行	朝阳区建国路 91 号金地中心 A 座 1 层	100022	85713303
北京三里屯支行	朝阳区工人体育场北路 8 号院三里屯 SOHO 中心 1 号办公商业楼 1 层、2 层	100027	57529201
北京中关村支行	海淀区海淀东三街 2 号欧美汇大厦 1 层	100080	57529290
北京将台支行	朝阳区酒仙桥路 18 号 130 单元、183 单元	100016	57529336

厦门国际银行

机构名称	地　　址	邮　编	电　话
北京朝阳支行	朝阳区光华路 15 号院 2 号楼铜牛国际大厦首层	100022	52932008
北京中关村支行	海淀区海淀北二街 10 号泰鹏大厦首层西南侧商业 106 ~ 108 室	100080	82620999

新韩银行（中国）有限公司

机构名称	地　　址	邮　编	电　话
北京顺义支行	顺义区站前街三号顺鑫国际商务中心 1 层、2 层	100005	60406008

北京望京支行	朝阳区望京西园 429 号楼 1 层 103 号	100102	64729866

外换银行（中国）有限公司

机构名称	地　址	邮　编	电　话
北京望京支行	朝阳区望京街 9 号望京国际商业中心 A 座 212～213 室	100102	59203780
北京五道口支行	海淀区成府路 28 号优盛大厦 1 层	100083	62666710

友利银行（中国）有限公司

机构名称	地　址	邮　编	电　话
北京望京支行	朝阳区阜荣街 10 号 1 层	100102	84718866
北京顺义支行	顺义区仓上街 2 号 AMB 大厦 A 区 1 层	101300	89452220

渣打银行（中国）有限公司

机构名称	地　址	邮　编	电　话
北京燕莎中心支行	朝阳区亮马桥路 50 号北京燕莎中心写字楼 S102B 室	100016	64668803
北京中关村支行	海淀区海淀中街 6 号中关村金融中心 B 座首层	100080	62569990
北京华贸支行	朝阳区建国路 77－81 号华贸中心 L1～L2 层	100025	59627888
北京东方广场支行	东城区东长安街 1 号东方广场东方经贸城中一办公楼	100006	58172888
北京亚运村支行	朝阳区慧忠里 103 号洛克时代中心 1 层	100101	59113728
北京紫竹支行	海淀区首体南路 9 号主语商务中心 4 号楼 101 室	100044	58737017
北京东直门支行	东城区东直门南大街 1 号北京来福士中心办公楼 1 层、2 层	100007	59185986
北京金融街支行	西城区金融大街 7 号英蓝国际金融中心 F107 单元、F930 单元	100033	59188966

北京永定门支行	东城区永定门西滨河路 8 号院 7 号楼中海地产广场西塔 2 层	100077	59182530

（5）资产管理公司

机构名称	地　址	邮　编	电　话
中国华融资产管理股份有限公司北京市分公司	西城区阜成门内大街 293 号	100034	66511186
中国长城资产管理公司北京办事处	朝阳区工体南路东 2 号	100020	65528808
中国东方资产管理公司北京办事处	崇文门外大街 44 号大康大厦	100062	67177516
中国信达资产管理股份有限公司北京市分公司	朝阳区安华西里二区 18 号楼	100011	64263640

（6）信托公司

机构名称	地　址	邮　编	电　话
北京国际信托有限公司	朝阳区安立路 30 号院 1 号楼、2 号楼	100012	59680888
国投信托有限公司	西城区西直门南小街 147 号	100037	88006630
国民信托有限公司	东城区西滨河路 18 号国民信托中心	100011	84268088

（7）金融租赁公司

机构名称	地　址	邮　编	电　话
建信金融租赁股份有限公司	西城区闹市口大街 1 号长安兴融中心 4 号楼 6 层	100032	67594579

（8）汽车金融公司

机构名称	地　址	邮　编	电　话
丰田汽车金融（中国）有限公司	朝阳区东三环中路 1 号环球金融中心西楼 7 层	100020	57639999
梅赛德斯－奔驰汽车金融有限公司	朝阳区酒仙桥路 20 号颐堤港 1 座 19～22 层	100016	84433001

沃尔沃汽车金融（中国）有限公司	朝阳区景华南街5号远洋光华中心C座11层	100020	65982199
大众汽车金融（中国）有限公司	朝阳区建国门外大街8号国际财源中心16层、17层	100022	65897800
东风标致雪铁龙汽车金融有限公司	朝阳区光华路7号汉威大厦东区9A6~9A12	100004	65628288
宝马汽车金融（中国）有限公司	朝阳区东三环北路霞光里18号佳程广场B座22层	100027	84558607
北京现代汽车金融有限公司	朝阳区太阳宫中路12号冠城大厦16层	100028	56713188

（9）财务公司

机构名称	地　　址	邮　编	电　话
保利财务有限责任公司	东城区朝阳门北大街1号新保利大厦28层	100010	84192373
北大方正集团财务有限公司	海淀区成府路298号方正大厦9层	100871	82529801
北京汽车集团财务有限公司	丰台区南四环西路188号17区18号楼7层	100160	57318958
兵器财务有限责任公司	东城区安定门外青年湖南街19号	100011	84122859
兵器装备财务有限责任公司	海淀区车道沟10号院3号科研办公楼5层	100089	68966776
诚通财务有限责任公司	丰台区南四环西路188号总部基地6区17号楼7层	100070	83673718
大唐电信集团财务有限公司	海淀区学院路40号一区26号楼5层北区	100191	62303239
国电财务有限公司	西城区西直门外大街18号金贸大厦D座4层	100044	58682580
国核财务有限公司	西城区金融大街17号中国人寿中心9层	100032	58198878
国机财务有限责任公司	海淀区丹棱街3号A座8层	100080	82606822
国药集团财务有限公司	海淀区知春路20号中国医药大厦7层	100088	82092605
海航集团财务有限公司	朝阳区霄云路甲26号海航大厦写字楼22层	100125	57583779

航天科技财务有限责任公司	西城区平安里西大街 31 号	100035	66498836
华联财务有限责任公司	西城区金融大街 33 号通泰大厦 B 座 4 层	100018	88086596－666
京能集团财务有限公司	朝阳区永安东里 16 号国际大厦 23 层	100022	85218508
南车财务有限公司	海淀区西四环中路 16 号 5 号楼 5 层	100039	51872522
神华财务有限公司	东城区安定门西滨河路 26 号北京汉华国际饭店写字楼 8 层、10 层	100011	58131410
首都机场集团财务有限公司	顺义区北京首都国际机场首都机场集团公司综合楼 5 层	100621	64557035
通用技术集团财务有限责任公司	丰台区西三环中路 90 号通用技术大厦 6 层	100055	63348329
西门子财务服务有限责任公司	朝阳区望京中环南路 7 号	100102	64762305
亿利集团财务有限公司	西城区复兴门内大街 28 号凯晨世贸中心东座 6 层	100031	57387336
中电投财务有限公司	西直门外大街 18 号金茂大厦 C1 座	100044	56625900
中国北车集团财务有限公司	丰台区芳城园一区 15 号楼中国北车大厦 14 层	100078	52608023
中国大唐集团财务有限责任公司	西城区菜市口大街 1 号 13 层、14 层	100053	83956889
中国电子财务有限责任公司	海淀区中关村东路 62 号科贸大厦 23 层、25 层	100190	62672051
中国电子科技财务有限公司	海淀区复兴路 17 号国海广场 A 座 16 层	100036	59706039
中国航空集团财务有限责任公司	朝阳区霄云路 36 号国航大厦 2401B	100027	84475749
中国航油集团财务有限公司	顺义区后沙峪镇安福街 6 号 3 层	101318	80476278
中国华电集团财务公司	西城区宣武门内大街 2 号中国华电大厦 B 座 10 层	100031	83568095
中国化工财务有限公司	海淀区北四环西路 62 号	100080	82677968

中国铁建财务有限责任公司	海淀区复兴路40号中国铁建大厦10层	100855	52689022
中核财务有限责任公司	西城区三里河南四巷一号	100045	68555835
中化建工程集团财务有限公司	东城区东直门内大街2号化学工程大厦13层	100007	59765345
中建财务有限责任公司	海淀区三里河路15号	100037	88084589
中铝财务有限责任公司	北京西直门北大街62号7层	100082	82298439
中外运长航财务有限公司	海淀区西直门北大街甲43号金运大厦B座18层	100044	66296319
中冶集团财务有限公司	朝阳区曙光西里28号中冶大厦	100028	59869863
中远财务有限责任公司	西城区月坛北街2号月坛大厦A座19层	100045	68083165

（10）货币经纪公司

机构名称	地　址	邮　编	电　话
中诚宝捷思货币经纪有限公司	西城区太平桥大街18号丰融国际大厦1008~1009室	100032	63195001

（11）消费金融公司

机构名称	地　址	邮　编	电　话
北银消费金融有限公司	海淀区中关村大街22号中科大厦B座	100080	62521181

（12）外国银行北京代表处

机构名称	地　址	邮　编	电　话
德国北德意志州银行北京代表处	朝阳区亮马桥路50号燕莎中心办公楼C406	100125	64651046
德国巴登—符腾堡州银行北京代表处	朝阳区东三环北路8号亮马大厦2座1130室	100004	65900166
德国中央合作银行股份有限公司北京代表处	朝阳区建国门外大街19号国际大厦22－1B室	100004	85261162
德国迈世勒银行股份公司北京代表处	朝阳区亮马桥路50号燕莎中心C502室	100125	64600458

意大利联合圣保罗银行股份有限公司北京代表处	朝阳区新源南路6号京城大厦2108室	100004	84862108
意大利西雅那银行股份有限公司北京代表处	朝阳区建国门外大街1号国贸写字楼1座1602~1605室	100004	65053136
意大利裕信银行股份有限公司北京代表处	朝阳区建国门外大街19号国际大厦2604室	100004	65127183
意大利人民银行有限责任合作公司北京代表处	朝阳区建国门外大街乙12号双子座大厦西塔15层	100022	65664351
法国外贸银行股份有限公司北京代表处	东城区东长安街1号东方广场东方经贸城东一办公楼12层	100738	85185115-620
法国工商银行有限公司北京代表处	朝阳区建国门内大街7号光华长安大厦1座310室	100005	65102167
法国标致雪铁龙融资银行有限公司北京代表处	朝阳区光华路7号汉威大厦11层11A10号	100020	59275981
俄罗斯工业通讯银行开放式股份有限公司北京代表处	朝阳区建国门外大街22号赛特大厦1308室	100004	85120068
俄罗斯外贸银行公开股份公司北京代表处	朝阳区建国门外大街19号国际大厦18BC室	100020	85262800
俄罗斯信贷商业银行北京代表处	朝阳区建国门外大街24号京泰大厦1703室	100022	65159517
俄罗斯开发与对外经济银行国有公司北京代表处	朝阳区建国门外大街19号国际大厦20A室	100004	65928905
俄罗斯天然气工业银行股份公司北京代表处	朝阳区建国门外大街甲6号中环世贸中心C座1205室	100022	65630516
俄罗斯兴盛银行开放式股份公司北京代表处	朝阳区朝阳门外大街甲6号1座401-4A层-046室	100022	51235136
俄罗斯欧洲金融莫斯科人民银行公开股份有限公司	东城区东直门外大街35号5号楼A104	100027	64674091
俄罗斯联邦商业储蓄银行公开股份公司北京代表处	朝阳区亮马桥路50号燕莎中心办公楼C305~306A室	100016	64627039
白俄罗斯银行储蓄银行公开股份公司北京代表处	朝阳区建国路93号万达广场4号楼3103室	100022	59604292

乌克兰普理瓦特商业银行股份有限公司北京代表处	朝阳区雅宝路8号北京亚太大厦1403A	100020	65270792
欧洲金融集团银行瑞士有限责任公司北京代表处	朝阳区建国门外大街1号国贸写字楼2座813~815室	100004	65056908
瑞士苏黎世州银行北京代表处	朝阳区东三环北路38号3号楼6层	100125	64672539
瑞士信贷银行有限公司北京代表处	朝阳区东三环北路2号南银大厦31层	100027	64106866-405
北欧银行瑞典有限公司北京代表处	朝阳区东三环北路5号发展大厦818室	100004	65909070
瑞典商业银行公共有限公司北京代表处	朝阳区建国门外大街19号国际大厦21B~C室	100004	65004310
瑞典北欧斯安银行有限公司北京代表处	朝阳区东三环北路8号亮马大厦1座603室	100004	65900120
荷兰安智银行股份有限公司北京代表处	朝阳区东三环北路8号亮马大厦1座1510室	100004	65906606
西班牙对外银行有限公司北京代表处	东城区建国门内大街7号光华长安大厦2座618室	100005	65170937
西班牙桑坦德银行有限公司北京代表处	朝阳区建国门外大街甲6号SK大厦22层	100022	85679788
西班牙萨瓦德尔银行股份有限公司北京代表处	东城区东直门外大街46号天恒大厦8层	100027	84608366
西班牙巴塞罗那储蓄银行北京代表处	东城区建国门内大街7号光华长安大厦1座610室、611室	100005	59111199
英国巴克莱银行有限公司北京代表处	东城区建国门北大街8号华润大厦2108室	100005	58165023
英国高盛国际银行无限责任公司北京代表处	西城区金融大街7号英蓝国际金融中心17层	100140	66273138
英国野村国际银行有限公司北京代表处	朝阳区东三环北路5号北京发展大厦1218室	100004	59025902
澳大利亚国民银行有限公司北京代表处	朝阳区建国门外大街1号国贸写字楼1座2326室	100004	65052255
澳大利亚澳洲联邦银行公众股份有限公司北京代表处	朝阳区建国门外大街1号国贸写字楼1座2909室	100004	65055350

巴基斯坦国民银行股份有限公司北京代表处	朝阳区新源南路2号昆仑饭店435室	100004	65903388－435
巴基斯坦哈比银行有限责任公司北京代表处	东城区东长安街1号东方广场中1楼10层	100738	85151500－103
巴基斯坦联合银行股份有限公司北京代表处	朝阳区建国路乙118号京汇大厦2110室	100022	65675560
菲律宾首都银行及信托有限公司北京代表处	东城区建国门内大街18号恒基中心办公一楼1座1410室	100005	65183359
哈萨克斯坦人民储蓄银行股份公司北京代表处	朝阳区东四环中路41号嘉泰国际大厦A座2006室	100025	84532708
韩国输出入银行北京代表处	朝阳区亮马桥路50号燕莎中心办公楼C716室	100016	64653371
日本三菱日联信托银行股份有限公司北京代表处	朝阳区建国门外大街甲26号长富宫办公楼304室	100022	65139016
日本住友信托银行股份有限公司北京代表处	朝阳区建国门外大街甲26号长富宫办公楼7009室	100022	65139020
日本农林中央金库有限公司北京代表处	朝阳区建国门外大街甲26号长富宫办公楼601室	100022	65130858
泰国泰华农民银行（大众）有限公司北京代表处	朝阳区建国门外大街19号国际大厦22层	100004	65008333
朝鲜华丽银行有限公司北京代表处	东城区朝内北小街2号凯龙宾馆807室	100060	67081380
合作金库商业银行股份有限公司北京代表处	东城区建国门内大街18号恒基中心办公室1座1805室	100005	65188175
中国信托商业银行股份有限公司北京代表处	朝阳区光华路甲8号和乔大厦B座111室	100026	65813700
印度银行北京代表处	朝阳区西大望路3号院蓝堡国际中心1209室	100022	85997447
印度联合银行北京代表处	朝阳区建国门外大街乙12号双子座大厦东塔10层	100022	51235186
宁波国际银行北京代表处	西城区阜外大街2号万通新世界广场B座1710室	100037	68573148
伊朗德佳拉特银行北京代表处	朝阳区亮马桥路50号燕莎中心写字楼C208室	100125	84551116

蒙古国郭勒穆特银行有限公司北京代表处	朝阳区建国门外大街19号中信国际大厦A座10E室	100004	65033876
塞浦路斯玛芬大众银行公共有限公司北京代表处	朝阳区建国门外大街1号（一期）国贸写字楼1座10层	100004	65057763
阿联酋国民银行股份有限公司北京代表处	朝阳区亮马桥路50号燕莎中心办公楼C519室	100125	64650056
古巴国民银行北京代表处	朝阳区建国门外大街24号京泰大厦710室	100022	65156586
加拿大帝国商业银行有限公司北京代表处	朝阳区建国门外大街乙12号双子座大厦西塔11层	100022	65667071
加拿大丰业银行有限公司北京代表处	东城区建国门北大街8号华润大厦503室	100005	85192050
美国富国银行有限公司北京代表处	东城区建国门北大街8号华润大厦2302室	100005	65179022
美国远东国民银行有限公司北京代表处	朝阳区建国门外大街22号赛特大厦9层	100004	65159115
美国华美银行股份有限公司北京代表处	东城区建国门内大街7号光华长安大厦6楼	100005	65101551
智利银行股份有限公司北京代表处	朝阳区建国门外大街乙12号双子座大厦西塔606室	100022	58794301
摩洛哥外贸银行股份有限公司北京代表处	东城区建国门内大街18号东城区建国门内大街18号恒基中心	100005	65182363
喀麦隆非洲第一银行有限公司北京代表处	朝阳区建国路93号院1号楼1903室	100028	64640029
尼日利亚第一银行股份有限公司北京代表处	东城区建国门内大街8号中粮广场B座1431室	100005	65286820
尼日利亚詹尼斯银行股份有限公司北京代表处	西城区金融街7号英蓝国际金融中心208-6室	100033	58332228
加纳西非商业银行有限公司北京代表处	西城区武定侯街2号6层601-11室	100033	66290521
巴基斯坦艾尔哈比银行有限公司北京代表处	新设，暂无地址		

（13）外国非银行金融机构北京代表处

机构名称	地址	邮编	电话
万事达卡国际组织北京代表处	东城区建国门北大街8号华润大厦7层	100005	85199303
宝捷思资本市场（香港）有限公司北京代表处	东城区东长安街1号东方广场西2办公楼6层	100738	85200165
CMC Markets 英国公共有限公司北京代表处	东城区东长安街1号东方广场C1座1206室	100738	85200021
大来信用证国际（香港）有限公司北京代表处	西城区武定侯大街6号卓著中心1602室	100032	59376888
比利时欧洲清算银行有限公司北京代表处	西城区武定侯街6号卓著中心505室	100032	58543266
英国路透集团交易服务有限公司北京代表处	西城区复兴门内大街28号凯晨世贸中心中座2层	100031	6271288－1236
瑞士利顺金融公司北京代表处	建国门内大街18号恒基中心1座1907室	100005	65187959
威士国际组织（亚太）有限公司北京代表处	朝阳区光华路5号北京世纪财富中心2号楼1804室	100004	85873016
西联金融服务公司北京代表处	朝阳区建国门外大街乙12号双子座大厦东塔办公楼22层	100022	85165903
中银信用卡（国际）有限公司北京代表处	朝阳区永安东里8号华彬国际大厦901B	100022	85288101
英国银星速汇有限公司北京代表处	朝阳区永安东里16号CBD国际大厦5层C536办公室	100022	65637683
韩国货币经纪株式会社代表处	朝阳区建国门大街甲6号中环世贸中心C座29层	100022	65639965
美国嘉盛集团代表处	朝阳区建国门大街甲6号中环世贸中心C座29层	100022	65639955
日本国际信用卡公司北京代表处	朝阳区建国路乙118号北京京汇大厦20006室	100022	85185659
毅联汇业有限公司北京代表处	朝阳区朝阳门外大街甲6号万通中心C座1502室	100020	65381903

昆仑国际（新西兰）有限公司北京代表处	朝阳区东三环北路霞光里18号佳程广场A座16C	100027	59222082
日本爱可梦株式会社北京代表处	朝阳区东三环中路9号富尔大厦17层	100020	85911740
韩国现代金融株式会社北京代表处	朝阳区霄云路38号现代汽车大厦407室	100027	84538866－113

3. 证券业机构

（1）证券公司

机构名称	地　　址	邮　编	电　话
北京高华证券有限责任公司	西城区金融大街7号英蓝国际金融中心18层	100034	66273000
第一创业摩根大通证券有限责任公司	西城区武定侯街6号卓著中心10层	100033	63212287
东兴证券股份有限公司	西城区金融大街5号新盛大厦B座12～15层	100033	66555383
高盛高华证券有限责任公司	西城区金融大街7号英蓝国际金融中心18层	100034	65353000
国都证券有限责任公司	东城区东直门南大街3号国华投资大厦9～10层	100007	84183333
国开证券有限责任公司	东城区东直门南大街1号来福士中心办公楼21层、23层、25层	100011	58199800
华融证券股份有限公司	西城区金融大街8号A座3层、5层	100033	58568199
民生证券有限责任公司	东城区建国门内大街28号民生金融中心A座16～18层	100005	85127999
瑞信方正证券有限责任公司	西城区金融大街甲9号金融街中心南楼15层	100140	66538666
瑞银证券有限责任公司	西城区金融大街7号英蓝国际金融中心15层	100034	58328888
首创证券有限责任公司	西城区德胜门外大街115号德胜尚城E座	100088	59360000
信达证券股份有限公司	西城区闹市口大街9号院1号楼信达金融中心	100031	63081000

新时代证券有限责任公司	海淀区北三环西路99号西海国际中心1号楼15层	100086	83561000
中德证券有限责任公司	朝阳区建国路81号华贸中心写字楼一座22层	100025	59026793
中国国际金融有限公司	朝阳区建国门外大街1号国贸大厦2座28层	100004	65051166
中国民族证券有限责任公司	朝阳区北四环中路27号盘古大观A座40~43层	100101	59355588
中国银河证券股份有限责任公司	西城区金融大街35号国际企业大厦C座	100140	66568888
中信建投证券股份有限公司	东城区朝内大街188号	100010	85130588

（2）证券分公司

机构名称	地　址	邮　编	电　话
安信证券股份有限公司北京分公司	西城区金融大街5号1901室	100033	66581818
长城证券有限责任公司北京分公司	西城区西直门外大街112号阳光大厦10层	100044	88362851
长江证券股份有限公司北京分公司	西城区金融大街17号中国人寿中心606室	100033	66220706
德邦证券有限责任公司北京分公司	朝阳区朝阳北路237号复兴国际中心25层	100020	85715277
东北证券股份有限公司北京分公司	西城区锦什坊街28号楼5层、7层	100045	63210855
东吴证券股份有限公司北京分公司	西城区金融大街19号富凯大厦1003室	100033	66573700
方正证券股份有限公司北京自营分公司	西城区丰盛胡同28号太平洋保险大厦B座11层	100032	57398012
方正证券股份有限公司北京资产管理分公司	西城区阜外大街甲34号方正证券大厦7层	100037	68585030
光大证券股份有限公司北京分公司	西城区月坛北街2号月坛大厦东配楼5层	100045	68081186
广发证券股份有限公司北京分公司	西城区月坛北街2号月坛大厦18层	100045	59136733

国海证券有限责任公司北京分公司	海淀区西直门外大街168号腾达大厦1509室	100044	88576898－837
国盛证券有限责任公司北京分公司	西城区德胜门外大街83号德胜国际中心B座3层	100088	62657337
国泰君安证券股份有限公司北京分公司	海淀区知春路17号	100191	59312818
国信证券股份有限公司北京分公司	西城区平安里西大街28号中海国际中信1号楼5层	100034	88000888
国元证券股份有限公司北京分公司	东城区东直门外大街46号天恒大厦1008A	100027	84608712
海通证券股份有限公司北京分公司	海淀区中关村南大街甲56号方圆大厦	100044	88027068
恒泰证券股份有限公司北京分公司	西城区华远街7号鄂尔多斯大厦6层	100032	66297220
华创证券有限责任公司北京分公司	海淀区复兴路21号1幢8层	100036	68053239
华龙证券有限责任公司北京分公司	西城区金融街通泰大厦B座603室	100033	88086668
华泰证券股份有限公司北京分公司	西城区太平桥大街丰盛胡同28号太平洋保险大厦18层	100032	63211377
宏源证券股份有限公司资产管理分公司	西城区太平桥大街19号恒奥中心	100140	88085558
宏源证券股份有限公司承销保荐分公司	西城区太平桥大街19号恒奥中心	100140	88085959
齐鲁证券有限公司北京证券资产管理分公司	西城区丰盛胡同28号中国太平洋保险大厦4层	100032	59013968
日信证券有限责任公司北京分公司	西城区闹市口大街1号长安兴融中心西楼11层	100031	66414890
申银万国证券股份有限公司北京分公司	朝阳区劲松9区909楼	100021	67737485
天风证券有限责任公司北京证券承销分公司	西城区复兴门外大街A2号中化大厦F1层	100045	65534527
西南证券股份有限公司北京分公司	西城区金融大街35号国际企业大厦A座4层	100140	88091992
湘财证券有限责任公司北京承销与保荐分公司	西城区太平桥大街丰盛胡同28号太平洋保险大厦A座901单元	100032	56510920

湘财证券有限责任公司北京资产管理分公司	西城区太平桥丰盛胡同28号太平洋保险大厦A座9层	100032	56510777
兴业证券股份有限公司北京分公司	西城区武定侯街2号601－7至601－9号	100033	66290199
招商证券股份有限公司北京分公司	西城区金融大街1号金融街中心6层	100140	65682299－5803
中国中投证券有限责任公司北京分公司	西城区太平桥大街18号丰融国际大厦12层、15层	100030	84976181
中航证券有限公司北京分公司	朝阳区安立路60号润枫德尚6号楼3层	100012	84803620
中信证券股份有限公司北京分公司	朝阳区新源南路6号京城大厦3801～3802室	100027	84683886
中银国际证券有限责任公司北京分公司	西城区金融大街28号盈泰中心2号楼15层	100033	66229287
中原证券股份有限公司北京分公司	西城区广安门外大街168号1幢8～9层	100055	83067928
中国银河证券股份有限公司北京分公司	西城区金融街丰汇园小区21号楼	100032	58872777
中邮证券有限责任公司北京资产管理分公司	西城区西直门内大街56号生命人寿大厦9层	100082	68858133

（3）证券营业部

机构名称	地　　址	邮　编	电　话
安信证券股份有限公司北京复兴门外大街证券营业部	西城区复兴门外大街A2号中化大厦11层	100045	68616000
安信证券股份有限公司北京中关村南大街证券营业部	海淀区中关村南大街甲32号中关村科技发展大厦B座2层	100081	62140234
安信证券股份有限公司北京远大路证券营业部	海淀区远大路1号金源购物中心2期B区写字楼1203室	100097	88893680
安信证券股份有限公司北京北三环东路证券营业部	东城区北三环东路36号环球贸易中心A座26层	100013	59113466
爱建证券有限责任公司北京朝阳门内大街证券营业部	东城区朝阳门内大街298号盈地大厦601室	100032	85112998

北京高华证券有限责任公司北京金融大街证券营业部	西城区金融街7号英蓝国际金融中心18层	100140	66273000
渤海证券股份有限公司北京大兴三中西巷证券营业部	大兴区黄村镇三中西巷9号	102600	69224995
渤海证券股份有限公司北京望京广顺北大街证券营业部	朝阳区广顺北大街33号福码大厦A座705～706室	100102	64776858
渤海证券股份有限公司北京慧忠里证券营业部	朝阳区慧忠里417号	100101	64892168
渤海证券股份有限公司北京西外大街证券营业部	西城区西直门外大街甲143号凯旋大厦C座2层	100044	88016458
财达证券有限责任公司北京花园路证券营业部	海淀区花园路2号牡丹集团院内	100083	62356660
财达证券有限责任公司北京首体南路证券营业部	海淀区首体南路20号国兴家园D座	100044	88354677
财富证券有限责任公司北京阜外大街证券营业部	西城区阜外大街甲7号国投大厦1层、2层	100037	68003001
财富证券有限责任公司北京中关村东路证券营业部	海淀区中关村东路18号财智国际大厦A座2楼	100080	62615268
财通证券有限责任公司北京成府路证券营业部	海淀区成府路28号优盛大厦D座15层	100083	62660158
长城证券有限责任公司北京阜成门北大街证券营业部	西城区阜成门北大街17号中国大百科裙楼2～3层	100037	68338376
长城证券有限责任公司北京望京西路证券营业部	朝阳区望京西路50号卷石天地大厦A座7层	100102	64561190
长城证券有限责任公司北京中关村大街证券营业部	海淀区中关村大街甲28号海淀文化艺术大厦B座11层	100086	82533168

长城证券有限责任公司北京海鹰路证券营业部	丰台区海鹰路1号院7号楼	100070	83670701
长城证券有限责任公司北京通胡大街营业部	通州区通胡大街25号10号楼2号	101100	89529069
长江证券股份有限公司北京万柳东路证券营业部	海淀区长春桥路11号亿城中心A座901室	100089	58818698
长江证券股份有限公司北京新源西里证券营业部	朝阳区新源里16号琨莎中心B座3A层	100027	64679391
长江证券股份有限公司北京百万庄证券营业部	西城区百万庄大街22号院信息出版科研业务楼2层	100037	68364388－118
长江证券股份有限公司北京广渠门内大街证券营业部	东城区广渠门内大街80号11层	100062	51696616
大通证券股份有限公司北京建国路证券营业部	朝阳区建国路93号万达广场9号楼2层	100022	58207417
大同证券经纪有限责任公司北京西四环中路证券营业部	海淀区西四环中路39－7号万地名苑大厦1层	100039	68155388
德邦证券有限责任公司北京朝阳北路证券营业部	朝阳区朝阳北路237号复星国际中心2508室	100020	65085758
第一创业证券股份有限公司北京平安大街证券营业部	西城区平安大街26号新时代大厦3层	100045	68059090
第一创业证券股份有限公司北京阜石路证券营业部	石景山区阜石路165号院3号楼165－19号、165－26－2号	100043	88956766
东北证券股份有限公司北京三里河东路证券营业部	西城区三里河东路5号中商大厦第4层	100045	68573836
东北证券股份有限公司北京朝外大街证券营业部	朝阳区朝外大街乙6号朝外SOHOA座23层	100020	59000715
东方证券股份有限公司北京安苑路证券营业部	朝阳区小关北里45号世纪嘉园5号楼5层	100029	84896422

东方证券股份有限公司北京学院路证券营业部	海淀区学院路30号科大天工大厦B座12层	100083	62660253
东莞证券有限责任公司北京中关村大街证券营业部	海淀区海淀北一街2号首创拓展大厦3层	100080	58472833
东莞证券有限责任公司北京黄村东大街证券营业部	大兴区黄村镇龙河路107号	102600	62269600
东海证券有限责任公司北京安苑北里证券营业部	朝阳区安苑北里25号长白山国际酒店3层	100101	64993238
东海证券有限责任公司北京西三环北路证券营业部	海淀区西三环北路89号国际财经中心D座9层	100089	84892358
东吴证券股份有限公司北京安德里北街证券营业部	东城区鼓楼外大街27号万网大厦2层	100120	84117711
东吴证券股份有限公司北京大兴兴华大街证券营业部	大兴区黄村镇兴华大街三段53号1层	102600	69228589
东兴证券股份有限公司北京大望路证券营业部	朝阳区西大望路15号院4号楼外企大厦B座4层	100022	67771888
东兴证券股份有限公司北京北四环中路证券营业部	海淀区北四环中路229号海泰大厦2层	100083	82884280
东兴证券股份有限公司北京复兴路证券营业部	海淀区复兴路20号翠微商业楼2段	100036	88218659
方正证券股份有限公司北京阜外大街证券营业部	西城区阜外大街甲34号	100037	68583728
方正证券股份有限公司北京和平里东街证券营业部	东城区和平里东街6区8号	100013	84215535
方正证券股份有限公司北京通朝大街证券营业部	通州区通朝大街172号、178号	101100	57965907

方正证券股份有限公司北京回龙观西大街证券营业部	昌平区回龙观西大街18号一段1－102号	102208	57766997
光大证券股份有限公司北京东中街证券营业部	东城区东中街29号东环广场B座写字楼2层	100027	64182858
光大证券股份有限公司北京小营路证券营业部	朝阳区小营路25号房地置业大厦1层、7层	100029	59046206
光大证券股份有限公司北京月坛北街证券营业部	西城区月坛北街2号月坛大厦东配楼5层	100045	68081286
光大证券股份有限公司北京中关村大街证券营业部	海淀区中关村大街19号新中关大厦A座8层	100080	59851165
光大证券股份有限公司北京丽泽路证券营业部	丰台区广安门外菜户营东街60号北京哈特商务酒店1层	100054	63357146
光大证券股份有限公司北京天通苑证券营业部	昌平区东小口镇立汤路188号院北方明珠大厦1号楼	102218	58607128
广发证券股份有限公司北京中关村东路证券营业部	海淀区中关村东路8号东升大厦A座6层	100083	82527515
广发证券股份有限公司北京鲁谷路证券营业部	石景山区鲁谷路74号中国瑞达大厦F606～F609室	100040	68609562
广发证券股份有限公司北京建外大街证券营业部	朝阳区建外大街19号国际大厦A座3层	100004	65155163
广发证券股份有限公司北京广安门内大街证券营业部	西城区广安门内大街316号京粮大厦6层	100053	63547165
广发证券股份有限公司北京朝阳门北大街证券营业部	东城区朝阳门北大街6号首创大厦3层	100027	85282382
广发证券股份有限公司北京东三环北路证券营业部	朝阳区东三环北路3号幸福大厦A座1608室	100027	64669809
广发证券股份有限公司北京阜成门南大街证券营业部	西城区阜成门南大街甲3号	100037	68022088

广州证券有限责任公司北京三里河东路证券营业部	西城区三里河东路39号燕京大厦2层	100045	68521889
国都证券有限责任公司北京九棵树街证券营业部	通州区九棵树街109号	101100	59392161
国都证券有限责任公司北京三元西桥路证券营业部	朝阳区曙光西里甲6号院9号楼2层	100028	59762885
国都证券有限责任公司北京北三环中路证券营业部	西城区北三环中路23号燕莎盛世大厦	100029	64890703
国都证券有限责任公司北京阜外大街证券营业部	西城区阜外大街22号	100037	68329055
国都证券有限责任公司北京复兴路证券营业部	海淀区复兴路32号六建大院内	100030	68176002
国都证券有限责任公司北京工体北路证券营业部	东城区工体北路北京工人体育馆南区2层	100027	65533232
国都证券有限责任公司北京中关村南大街证券营业部	海淀区中关村南大街9号理工科技大厦303室	100081	68949680
国都证券有限责任公司北京回龙观西大街证券营业部	昌平区回龙观西大街118号龙冠置业大厦1层	100028	59812666
国都证券有限责任公司北京双峪路证券营业部	门头沟区双峪路5号楼5层2号	102300	69829800
国海证券股份有限公司北京和平街证券营业部	朝阳区和平街11区38号楼	100013	64283164
国开证券有限责任公司北京中关村南大街营业部	海淀区中关村南大街6号中电信息大厦1层、5层	100086	82168390
国开证券有限责任公司北京珠市口东大街证券营业部	东城区珠市口东大街14号	100062	67072600

国开证券有限责任公司北京南滨河路证券营业部	丰台区菜户营58号财富西环3层	100054	63385671
国金证券股份有限公司北京金融街证券营业部	西城区金融街27号投资广场B座4层	100033	66215599
国联证券股份有限公司北京建材城西路证券营业部	昌平区建材西路87号上奥世纪2号楼21层	100096	57391101
国联证券股份有限公司北京首体南路证券营业部	海淀区首体南路9号主语国际4号楼1202室	100048	63170199
国联证券股份有限公司北京石景山路证券营业部	石景山区万达广场B座12层	100040	88685951
国盛证券有限责任公司北京德胜门外大街证券营业部	西城区德胜门大街83号德胜门国际中心B座3层	100088	62631969
国泰君安证券股份有限公司北京亦庄宏达北路证券营业部	大兴区亦庄宏达北路16号写字楼1层东侧	100176	51062211
国泰君安证券股份有限公司北京怀柔府前街证券营业部	怀柔区府前街3号	101400	69680303
国泰君安证券股份有限公司北京鲁谷路证券营业部	石景山区鲁谷路35号电科大厦裙楼1层	100040	68659759
国泰君安证券股份有限公司北京德外大街证券营业部	西城区德外大街新风街2号天成科技大厦A座1层	100088	62034788
国泰君安证券股份有限公司北京方庄路证券营业部	丰台区方庄路1号	100078	67638335
国泰君安证券股份有限公司北京金融街证券营业部	西城区金融街28号盈泰中心2号楼10层	100140	59312793
国泰君安证券股份有限公司北京通州新华西街证券营业部	通州区新华西街甲59号	101100	69542299

国泰君安证券股份有限公司北京知春路证券营业部	海淀区知春路17号	100083	82311880
国信证券股份有限公司北京呼家楼北街证券营业部	朝阳区呼家楼北街7号楼	100026	95536
国信证券股份有限公司北京平安大街证券营业部	西城区平安西大街28号光大国际中心1号楼5层	100034	95536
国信证券股份有限公司北京亚运村证券营业部	朝阳区大屯路风林西奥中心A座5层	100101	95536
国信证券股份有限公司北京通朝大街证券营业部	通州区通朝大街203号2层	101120	95536
国元证券股份有限公司北京东直门外大街证券营业部	东城区东直门外大街46号天恒大厦9层	100027	84608839
国元证券股份有限公司北京西坝河南路证券营业部	朝阳区西坝河南路1号金泰大厦409室	100028	64402348
航天证券有限责任公司北京万柳中路证券营业部	海淀区万柳中路35号蜂鸟社区商业楼CD区2楼	100089	82871515
海通证券股份有限公司北京密云鼓楼东大街证券营业部	密云县鼓楼东大街19号密云广场	101500	89081208
海通证券股份有限公司北京工人体育场北路证券营业部	东城区工体北路66号瑞士公寓A3层	100028	64620913
海通证券股份有限公司北京光华路证券营业部	朝阳区光华路甲8号合乔大厦C座3层	100026	65831381
海通证券股份有限公司北京平谷金乡路证券营业部	平谷区金乡路1号1层、3层	101200	89999236
海通证券股份有限公司北京知春路证券营业部	海淀区知春路甲63号卫星大厦7层	100080	82625096
海通证券股份有限公司北京中关村南大街证券营业部	海淀区中关村南大街甲56号方圆大厦5层	100044	88027676

和兴证券经纪有限责任公司北京百万庄大街证券营业部	西城区百万庄大街19号	100037	68331829
恒泰证券股份有限公司北京安德路证券营业部	东城区安德路大街16号洲际大厦B座	100011	84128825
恒泰证券股份有限公司北京南滨河路证券营业部	西城区广安门外南滨河路1号高新大厦2层、5层	100055	63429711
恒泰证券股份有限公司北京东三环中路证券营业部	朝阳区东三环中路18号东环国际大厦3层	100022	87751481
宏源证券股份有限公司北京金融大街证券营业部	西城区太平桥大街19号	100140	88085208
宏源证券股份有限公司北京紫竹院路证券营业部	海淀区紫竹院路116号嘉豪国际中心A座	100089	88511326
宏源证券股份有限公司北京东四环中路证券营业部	朝阳区东四环中路56号远洋国际中心A座25层	100025	65505151
宏源证券股份有限公司北京丰北路证券营业部	丰台区望园东里28号楼2层	100073	63899061
华林证券有限责任公司北京北三环东路证券营业部	朝阳区北三环东路28号易亨大厦2层	100013	64405981
红塔证券股份有限公司北京板井路证券营业部	海淀区板井路69号世纪金源酒店1层西侧	100097	88464659
华安证券有限责任公司北京东三环中路证券营业部	朝阳区东三环中路24号乐成中心B座11层	100022	67769393
华安证券有限责任公司北京慧忠北里证券营业部	朝阳区慧忠北里305号	100012	64878858
华宝证券股份有限公司北京崇文门外大街证券营业部	东城区崇外大街9号正仁大厦3段4层	100062	67082997分8058

华创证券有限责任公司北京夕照寺街证券营业部	东城区夕照寺街14号4号楼1层北大厅108室、109室	100061	67139383
华创证券有限责任公司北京新兴桥证券营业部	海淀区复兴路21号1幢6层、8层	100036	59370992
华龙证券有限责任公司北京安外大街证券营业部	东城区安外大街191号天鸿宝景大厦西配楼3层	100101	64401206
华融证券股份有限公司北京金融大街证券营业部	西城区金融大街8号1~2层	100033	58568052
华融证券股份有限公司北京太平桥路证券营业部	丰台区太平桥路华源四里2号楼2层	100073	63380688
华融证券股份有限公司北京石景山路证券营业部	石景山区石景山路22号A座长城大厦A-1底商	100043	68687503
华泰证券股份有限公司北京农展南路证券营业部	朝阳区农展馆南路13号瑞辰国际中心2层	100028	65008166
华泰证券股份有限公司北京和平里证券营业部	东城区和平里小黄庄2区1号楼	100013	84273969
华泰证券股份有限公司北京广渠门内大街证券营业部	东城区广渠门内大街43号雍贵中心C座1~2层	100045	63433789
华泰证券股份有限公司北京苏州街证券营业部	海淀区苏州街29号18号楼维亚大厦207~509室、518~520室	100080	62526229
华泰证券股份有限公司北京西三环北路证券营业部	海淀区西三环北路72号中经大厦A座501室	100037	68733706
华泰证券股份有限公司北京月坛南街证券营业部	西城区月坛南街甲12号万丰怡和商务会馆3层	100045	68010996
华泰证券股份有限公司北京中关村南大街证券营业部	海淀区中关村南大街11号光大国信大厦3层	100081	68733973

华西证券有限责任公司北京紫竹院路证券营业部	海淀区紫竹院路31号华澳中心2层	100089	68716366
华西证券有限责任公司北京通州北苑南路证券营业部	通州区北苑南路42号院6号楼1层	101101	4008888818
华鑫证券有限责任公司北京车公庄大街证券营业部	西城区车公庄大街12号核工业建设集团大厦2层	100037	88306678
江海证券有限公司北京东三环南路证券营业部	朝阳区东三环南路58号富顿中心A座2层	100022	58674977
金元证券股份有限公司北京方庄芳古园证券营业部	丰台区方庄芳古园一区29－4 3层	100078	67646920
金元证券股份有限公司北京新外大街证券营业部	海淀区新外大街19号京师大厦6层	100875	62200317
开源证券有限责任公司北京开阳路证券营业部	丰台区开阳路1号瀚海花园大厦2层202室	100069	83570869
联讯证券有限责任公司北京北辰东路证券营业部	朝阳区北辰东路8号北京国际会议中心8层东区	100082	62279238
联讯证券有限责任公司北京外馆东街证券营业部	朝阳区外馆东街51号凯景铭座大厦2层	100011	64408900
民生证券有限责任公司北京北蜂窝路证券营业部	海淀区北蜂窝路5号院1号写字楼2层	100038	63980641
民生证券有限责任公司北京工体北路证券营业部	朝阳区工体北路甲6号中宇大厦501室	100027	85236010
民生证券有限责任公司北京顺义府前东街证券营业部	顺义区府前东街2号1号楼顺建大厦8楼	101300	69449233
民生证券有限责任公司北京菜市口大街证券营业部	西城区菜市口大街1号3层301室	100053	83555905

民生证券有限责任公司北京航丰路证券营业部	丰台区航丰路1号院2号楼103室	100070	58090966
南京证券有限责任公司北京惠新西街证券营业部	朝阳区惠新西街9号	100029	64913500
平安证券有限责任公司北京东花市证券营业部	东城区东花市北里西区B座23号楼	100062	67172171
平安证券有限责任公司北京金融大街证券营业部	西城区金融大街23号平安大厦10层	100140	59734968
平安证券有限责任公司北京石景山证券营业部	石景山区石景山路40号信安大厦1层	100043	59731820
齐鲁证券有限公司北京百万庄大街证券营业部	西城区百万庄大街16号	100040	66553889
齐鲁证券有限公司北京北四环西路证券营业部	海淀区北四环西路67号大地科技大厦2层	100080	82887888－3000
齐鲁证券有限公司北京朝外大街证券营业部	朝阳区朝外大街20号联合大厦2层	100020	65882620
日信证券有限责任公司北京新街口北大街证券营业部	西城区新街口北大街3号星街坊购物中心6层	100035	82200210
瑞银证券有限责任公司北京金融大街证券营业部	西城区金融街7号英蓝国际金融中心15层	100140	58328388
上海证券有限责任公司北京东直门南大街证券营业部	东城区东直门南大街3号国华投资大厦3层	100007	84085505
上海证券有限责任公司北京万寿路证券营业部	海淀区万寿路翠微中里14号楼	100036	68254012－102
山西证券股份有限公司北京太平庄证券营业部	海淀区高粱桥斜街13号	100081	62235588－6812
申银万国证券股份有限公司北京安定路证券营业部	朝阳区安定路39长新大厦3层	100029	64448218
申银万国证券股份有限公司北京劲松九区证券营业部	朝阳区劲松九区909楼	100021	67736860

首创证券有限责任公司北京北辰东路证券营业部	朝阳区北辰东路8号汇园公寓Q座1层、2层	100101	84976731
首创证券有限责任公司北京和平街证券营业部	朝阳区和平街13区35号煤炭大厦6层	100013	84292611
首创证券有限责任公司北京五道口证券营业部	海淀区成府路59－2号	100084	62793481
世纪证券有限责任公司北京平安大街证券营业部	东城区东十四条68号平安发展大厦3层	100020	65868567
太平洋证券股份有限公司北京海淀大街证券营业部	海淀区彩和坊路11号华一控股大厦17层	100080	82602867
万联证券有限责任公司北京西单证券营业部	西城区西单横二条3号	100031	66062626
五矿证券有限责任公司北京广安门外大街证券营业部	西城区广安门内大街248号机械大厦508室	100055	63367231
西部证券股份有限公司北京德胜门外大街证券营业部	西城区德胜门外大街乙10号太福大厦4层	100088	62013151
西部证券股份有限公司北京学院南路证券营业部	海淀区学院南路49号	100081	62120091
西南证券股份有限公司北京北三环中路证券营业部	西城区北三环中路商房大厦4层	100011	62015677
西南证券股份有限公司北京昌平政府街证券营业部	昌平区政府街22号	102200	69725243
西藏同信证券有限责任公司北京陶然亭路证券营业部	西城区陶然亭路16号	100054	83537678
厦门证券有限责任公司北京远大路证券营业部	海淀区远大路22号B区11号楼101号	100097	88596635
湘财证券有限责任公司北京北四环东路证券营业部	朝阳区芍药居北里101号世奥国际中心7层	100025	65586162

湘财证券有限责任公司北京朝外大街证券营业部	朝阳区朝外大街12号昆泰商城5层	100020	85638510
湘财证券有限责任公司北京朝阳路证券营业部	朝阳区朝阳路住邦2000	100025	65586162
湘财证券有限责任公司北京首体南路证券营业部	海淀区首体南路9号5号楼3层	100089	82518108
湘财证券有限责任公司北京顺义站前街证券营业部	顺义区府前西街10号3层	101300	81496902
信达证券股份有限公司北京北辰东路证券营业部	朝阳区北辰东路8号北辰时代大厦12层	100100	85983698
信达证券股份有限公司北京翠微路证券营业部	海淀区翠微路甲10号建筑大厦内	100036	68252099
信达证券股份有限公司北京古城路证券营业部	石景山区八角西街68号	100043	68843741
信达证券股份有限公司北京前门证券营业部	东城区东交民巷28号红都商务会馆B座1层、2层	100006	65285638
信达证券股份有限公司北京西单北大街证券营业部	西城区华远北街2号通港大厦1层、4层	100032	66127193
信达证券股份有限公司北京裕民路证券营业部	朝阳区裕民路12号中国国际科技会展中心C座4层	100029	82253889
新时代证券有限责任公司北京鲁谷路证券营业部	石景山区鲁谷路74号	100040	68608502
新时代证券有限责任公司北京马家堡西路证券营业部	丰台区星河苑2号院22号楼3层	100067	67528236
新时代证券有限责任公司北京东三环北路证券营业部	朝阳区东三环北路17号恒安大厦12层	100027	83561141
新时代证券有限责任公司北京南礼士路证券营业部	西城区南礼士路3号海通大厦3~4层	100037	68025299

新时代证券有限责任公司北京中关村东路证券营业部	海淀区中关村东路66号世纪科贸大厦B座25层	100190	62672766
新时代证券有限责任公司北京天通苑证券营业部	昌平区东小口镇天通苑405号楼2层	102218	84813518
新时代证券有限责任公司北京首都国际机场证券营业部	顺义区天竺镇天竺家园17号	100621	64565681
新时代证券有限责任公司北京永安路证券营业部	昌平区城南街道永安环岛东南侧永安电脑城2层	102200	89720988
新时代证券有限责任公司北京兴华大街证券营业部	大兴区黄村镇兴华大街（二段）13号院4号楼－2号	102600	80253565
兴业证券股份有限公司北京马甸南路证券营业部	海淀区马甸南路冠海大厦12层	100088	82000172
兴业证券股份有限公司北京朝阳公园路证券营业部	朝阳区朝阳公园19号佳隆国际大厦	100125	65397039
银泰证券有限责任公司北京王府井大街证券营业部	东城区王府井大街138号T3写字楼	100006	65287668
英大证券有限责任公司北京东直门证券营业部	东城区东直门海运仓胡同1号海运仓国际大厦1层、10层	100007	84002095
招商证券股份有限公司北三环东路证券营业部	朝阳区北三环东路西坝河东里18号三元大厦2层	100028	84603492
招商证券股份有限公司北太平庄路证券营业部	海淀区北太平庄路2号	100088	62073496
招商证券股份有限公司北京车公庄西路证券营业部	海淀区车公庄西路甲19号华通大厦A座3层	100044	68488335
招商证券股份有限公司北京东四十条证券营业部	东城区东四十条甲22号南新仓国际大厦B座3层	100007	65951602

招商证券股份有限公司北京光明路证券营业部	东城区光明路天玉大厦5层	100006	67119776
招商证券股份有限公司北京建国路证券营业部	朝阳区建国路118号招商局大厦8层	100022	65684890
招商证券股份有限公司北京金融街证券营业部	西城区金融大街33号通泰大厦C座605室	100140	88086655
招商证券股份有限公司北京西直门北大街证券营业部	海淀区西直门北大街60号首钢国际大厦6层	100088	82291140
招商证券股份有限公司北京朝外大街证券营业部	朝阳区朝外大街6号新城国际5号楼1~5层	100088	51603108
招商证券股份有限公司北京颐和园路证券营业部	海淀区颐和园路1号北大资源燕园宾馆1层、2层	100080	62641188－8062
招商证券股份有限公司北京知春东里证券营业部	海淀区知春东里15号楼	100086	82137708
招商证券股份有限公司北京安外大街证券营业部	东城区安定门外大街2号安贞大厦1层东侧4层	100013	64287707
招商证券股份有限公司北京顺义仓上街证券营业部	顺义区仓上街2号AMB智能大厦B座8层	101300	89452551
浙商证券有限责任公司北京朝阳门北大街证券营业部	东城区朝阳门北大街8号富华大厦E座4层	100027	13601267309
浙商证券有限责任公司北京骡马市大街证券营业部	西城区骡马市大街14号甲1号	100052	83555728
中航证券有限公司北京安立路证券营业部	朝阳区安立路甲56号九台2000家园南楼	100012	84801300
中国国际金融有限公司建国门外大街证券营业部	朝阳区建国门外大街甲6号A、B座爱思开大厦1层4~6室	100022	85679888
中国中投证券有限责任公司北京东三环北路证券营业部	东城区北三环东路安贞桥东南北京环球贸易中心A座2层	100101	84976155

中国中投证券有限责任公司北京朝阳路证券营业部	朝阳区朝阳路延静里中街3号长信大厦3层	100025	65082922
中国中投证券有限责任公司北京方庄芳群园证券营业部	丰台区方庄芳群园4区21楼南方证券大厦	100078	67642201
中国中投证券有限责任公司北京复兴路证券营业部	海淀区复兴路乙20号	100036	68274159
中国中投证券有限责任公司北京丽泽路证券营业部	丰台区丽泽路5号金泰地产大厦底商1~3层东侧	100073	63360186
中国中投证券有限责任公司北京鲁谷路证券营业部	石景山区鲁谷路35号701~705室	100040	88684886
中国民族证券有限责任公司北京丰台东大街证券营业部	丰台区东大街东里7号楼南	100071	51129702
中国民族证券有限责任公司北京北沙滩证券营业部	朝阳区北沙滩甲1号中科电大厦3层	100039	68188538
中国民族证券有限责任公司北京佟麟阁路证券营业部	西城区佟麟阁路95号尚信大厦6层、7层	100031	66413223
中国民族证券有限责任公司北京西坝河证券营业部	朝阳区西坝河南路22号	100028	64222168
中国民族证券有限责任公司北京中关村南大街证券营业部	海淀区中关村南大街2号数码大厦A座3层	100086	51727044
中国银河证券股份有限公司北京朝阳门北大街证券营业部	东城区朝阳门北大街5号第五广场B座6层	100037	68362033
中国银河证券股份有限公司北京建国路证券营业部	朝阳区建国路126号瑞赛大厦1层、3层	100078	65662092

中国银河证券股份有限公司北京阜成路证券营业部	海淀区阜成路67号银都大厦3层	100036	88411327
中国银河证券股份有限公司北京广渠门内大街证券营业部	东城区广渠门内大街27号鼎新大厦7层	100062	87103775
中国银河证券股份有限公司北京太阳宫证券营业部	朝阳区夏家园11号楼1层2号商业、2层9号商业	100013	64464775
中国银河证券股份有限公司北京黄寺大街证券营业部	西城区黄寺大街21号中银利华大厦1层、2层	100120	51297760
中国银河证券股份有限公司北京马家堡东路证券营业部	丰台区马家堡东路71号丽华饭店B座附楼2层南区	100068	67220677
中国银河证券股份有限公司北京望京证券营业部	朝阳区望京阜通东大街12号宝能中心2层	100102	64748888
中国银河证券股份有限公司北京学清路证券营业部	海淀区学清路甲38号金码大酒店A座7层	100083	82838908
中国银河证券股份有限公司北京学院南路证券营业部	海淀区学院南路34号1~3层	100082	62276491
中国银河证券股份有限公司北京金融街证券营业部	西城区金融街丰汇园21号楼	100045	58872889
中国银河证券股份有限公司北京中关村大街证券营业部	海淀区中关村大街甲59号文化大厦1~3层	100872	62512318
中国银河证券股份有限公司北京方庄南路证券营业部	丰台区方庄南路2号1层、4层	100078	57539008
中国银河证券股份有限公司北京亦庄荣京东街证券营业部	大兴区北京经济技术开发区荣京东街3号1栋B座4层	100176	58357979

中国银河证券股份有限公司北京石景山路证券营业部	石景山区石景山路乙18号2号楼7层	10040	58175666
中山证券有限责任公司北京车公庄大街证券营业部	西城区车公庄大街乙1号富通大厦2层	100044	68348878
中信建投证券股份有限公司北京东直门南大街证券营业部	东城区东直门南大街6号	100027	64172900
中信建投证券股份有限公司北京安立路证券营业部	朝阳区安立路66号4号楼	100101	64906210
中信建投证券股份有限公司北京海淀南路证券营业部	海淀区海淀南路19号时代网络大厦3层	100030	82666938
中信建投证券股份有限公司北京三里河路证券营业部	海淀区三里河39号	100037	88381545
中信建投证券股份有限公司北京马家堡西路证券营业部	丰台区马家堡西路15号时代风帆大厦1层	100068	67578532
中信建投证券股份有限公司北京南大红门路证券营业部	丰台区南大红门路15号梅园市场	100076	68759942
中信建投证券股份有限公司北京燕山燕房路证券营业部	房山区燕房路临99号燕山金融楼	102500	81337718
中信建投证券股份有限公司北京东三环中路证券营业部	朝阳区东三环中路9号1层、2层、地下1层	100020	85911109
中信建投证券股份有限公司北京农大南路证券营业部	海淀区农大南路一号硅谷亮城2号楼A座101室、102室	100084	82349798
中信建投证券股份有限公司北京望京中环南路证券营业部	朝阳区望京中环南路9号望京大厦3号楼7层、2号楼1层部分	100102	64792977

中信建投证券股份有限公司北京富丰路证券营业部	丰台区丰台镇富丰路2号星火科技大厦1层	100070	83739070
中信建投证券股份有限公司北京亦庄荣华中路证券营业部	北京经济技术开发区荣华中路10号A座106室、2201室	100176	57780069
中信建投证券股份有限公司北京时代花园南路证券营业部	石景山区时代花园南路17号1层	100043	88980277
中信建投证券股份有限公司北京回龙观西大街证券营业部	昌平区回龙观镇西大街85号	102208	57536727
中信建投证券股份有限公司北京良乡拱辰南大街证券营业部	房山区拱辰南大街1号1层	102401	69389199
中信建投证券股份有限公司北京顺义站前街证券营业部	顺义区站前街顺鑫国际商务中心7层	101300	61490987
中信建投证券股份有限公司北京太平桥路证券营业部	丰台区太平桥路华源四里13号楼1层、2层	100073	63259608
中信证券股份有限公司北京紫竹院路证券营业部	海淀区紫竹院路69号中国兵器大厦9层	100089	4008895548
中信证券股份有限公司北京呼家楼证券营业部	朝阳区向军北里28号院1号楼瀚海文化大厦3层	100020	57602571
中信证券股份有限公司北京复外大街证券营业部	西城区白云路1号3层、8层	100045	63482233－801
中信证券股份有限公司北京丰管路证券营业部	丰台区丰管路16号11号楼2层	100071	52217168
中信证券股份有限公司北京天通苑证券营业部	昌平区天通北苑一区甲4号楼	102218	80127369
中信证券股份有限公司北京北三环中路证券营业部	海淀区北三环中路43－3号	100088	82013236

中信证券股份有限公司北京花园东路证券营业部	海淀区花园东路10号高德大厦7层	100191	82038260
中信证券股份有限公司北京张自忠路证券营业部	东城区张自忠路7号	100007	84046829
中信证券股份有限公司北京南三环东路证券营业部	丰台区四方景园二区	100078	87645762
中信证券股份有限公司北京安外大街证券营业部	朝阳区安定门外大街1号信义大厦1层	100011	84122033
中原证券股份有限公司北京广安门外大街证券营业部	西城区广安门外大街168号朗琴国际大厦8层	100055	83067928
中原证券股份有限公司北京酒仙桥路证券营业部	朝阳区酒仙桥路14号兆维大厦3层	100016	58671108
中邮证券有限责任公司北京西直门北大街证券营业部	海淀区西直门北大街56号生命人寿大厦	100082	82291798
中银国际证券有限责任公司北京宣外大街证券营业部	西城区宣武门外大街甲1号环球财讯中心E座3层	100052	63109966
中银国际证券有限责任公司北京北四环西路证券营业部	海淀区北四环西路9号银谷大厦607室、609室	100190	82525151

（4）基金管理公司

机构名称	地　址	邮　编	电　话
长盛基金管理有限公司	海淀区北太平庄路18号北京城建大厦A座20~22层	100088	4008882666
东方基金管理有限责任公司	西城区金融大街28号盈泰商务中心2号楼16层	100140	66578578
方正富邦基金管理有限公司	西城区太平桥大街18号丰融国际大厦北区11层	100032	4008180990

工银瑞信基金管理有限公司	西城区金融大街丙17号北京银行大厦8层	100140	4008119999
国金通用基金管理有限公司	西城区武定侯街2号泰康国际大厦20层	100033	4000200018
华夏基金管理有限公司	西城区金融大街33号通泰大厦B座3层	100033	4008186666
华商基金管理有限公司	西城区平安里西大街28号院中海国际中心19层	100035	4007008880
建信基金管理有限责任公司	西城区金融大街7号英蓝国际金融中心16层	100034	4008195533
嘉实基金管理有限公司	建国门北大街8号华润大厦8层	100005	4006008800
江信基金管理有限公司	海淀区北三环西路99号西海国际中心1号楼2001－A	100086	57380888
泰达宏利基金管理有限公司	西城区金融大街7号英蓝国际金融中心南楼3层	100034	4006988888
银华基金管理有限公司	东城区东长安街1号东方广场东方经贸城中二办公楼15层	100738	4006783333
益民基金管理有限公司	西城区宣武门外大街10号庄胜广场中央办公楼南翼13A	100052	4006508808
英大基金管理有限公司	朝阳区环球金融中心西塔22楼	100020	59112288
中邮创业基金管理有限公司	海淀区西直门北大街60号首钢国际大厦10层	100082	4008801618

（5）基金管理分公司

机构名称	地　　址	邮　编	电　话
安信基金公司北京分公司	西城区金融大街15号鑫茂大厦北楼406室	100033	58247688
博时基金公司北京分公司	建内大街18号恒基中心1座23层	100005	65171166－2281
长盛基金公司北京分公司	海淀区北太平庄路18号城建大厦A座9层	100088	82019750
长信基金公司北京分公司	西城区金融大街17号中国人寿中心604室	100033	68042262

长城基金公司北京分公司	西城区金融大街7号英蓝中心916~917室	100033	88091157
大成基金公司北京分公司	西城区平安里西大街28号中海国际中心1601室	100034	88009300
东方基金公司北京分公司	西城区锦什坊街28号楼2层	100033	66295913
富国基金公司北京分公司	西城区武定侯6号卓著中心508室	100033	59315289
广发基金公司北京分公司	西城区宣武门外大街甲1号环球财讯中心D座11层	100052	68085227
工银瑞信基金公司北京分公司	西城区金融大街丙17号北京银行大厦8层	100033	66583239
国泰基金公司北京分公司	西城区金融大街7号英蓝国际金融中心F530室	100033	66555583
国投瑞银基金公司北京分公司	西城区金融大街7号英蓝国际金融中心815室	100033	66555550-1808
国海富兰克林基金公司北京分公司	西城区武定侯街2号泰康国际大厦1507室	100140	59315299
光大保德信基金公司北京分公司	西城区武定侯街6号卓著中心3层	100020	59111288
海富通基金公司北京分公司	西城区金融大街7号英蓝国际金融中心南楼621室	100140	59379001
华夏基金公司北京分公司	西城区复兴门金融大街33号通泰大厦B座12层	100033	88066837
华安基金公司北京分公司	西城区金融大街7号英蓝国际金融中心522室	100033	57635828
华宝兴业基金公司北京分公司	朝阳区建国门外大街乙12号双子座大厦西塔2503室	100022	58260601
华泰柏瑞基金公司北京分公司	西城区太平桥大街丰盛胡同28号中国太平洋保险大厦1802室	100032	66582808
汇添富基金公司北京分公司	西城区金融大街19号富凯大厦B座1703室	100033	66575118-6808
嘉实基金公司北京分公司	建国路91号金地中心A座6层	100005	65215359
交银施罗德基金公司北京分公司	西城区金融大街7号英蓝国际金融中心1105室	100140	88091019

金鹰基金公司北京分公司	西城区西单民丰胡同31号中水大厦303室	100085	68523608
建信基金公司北京分公司	西城区金融大街7号英蓝国际金融中心16层	100033	66228770
景顺长城基金公司北京分公司	西城区金融大街7号英蓝国际金融中心608~610室	100033	66555007
鹏华基金公司北京分公司	西城区金融大街甲9号502室	100033	88082426
摩根士丹利基金公司北京分公司	西城区太平桥大街18号丰融国际大厦1005室	100032	66155568-6100
南方基金公司北京分公司	西城区武定侯街6号卓著中心1603室	100140	66573356
融通基金公司北京分公司	西城区金融街35号国际企业大厦C座1241室	100033	66190928
泰信基金公司北京分公司	西城区广成街4号金宸国际公寓1号楼305室、306室	100033	66212113
泰达宏利基金公司北京分公司	西城区金融大街7号英蓝国际金融中心南楼3层	100033	66577868
天治基金公司北京分公司	西城区金融街19号富凯大厦B703A	100033	66574336
天弘基金公司北京分公司	西城区金融大街1号金亚光大厦A座15层	100140	83571789
上投摩根基金公司北京分公司	西城区金融街7号英蓝国际金融中心19层1925室	100033	58369199
申万巴黎基金公司北京分公司	西城区金融大街19号富凯大厦B座1006室	100033	66574332
兴业全球基金公司北京分公司	西城区锦什坊街26号恒奥中心C座508室	100033	66218629
新华基金公司北京分公司	海淀区西三环北路11号海通时代商务中心C1座	100089	68726666-398
信达澳银基金公司北京分公司	西城区月坛北街26号恒华国际写字楼606室	100045	58569988-8018
银华基金公司北京分公司	东城区东长安街1号东方广场东方经贸城中二办公楼10层	100738	58163000
银河基金公司北京分公司	西城区西直门外大街1号西环广场T3座15楼	100044	58302559

益民基金公司北京分公司	西城区宣武门外大街10号庄胜广场中央办公楼南翼13A	100052	63101218
易方达基金公司北京分公司	西城区金融大街20号B座8层	100033	66574311
招商基金公司北京分公司	西城区丰盛胡同28号太平洋保险大厦B座2层	100033	66290597
中海基金公司北京分公司	西城区复兴门内大街158号远洋大厦F211B	100031	66493586
中银基金公司北京分公司	西城区武定侯街2号泰康国际大厦19层	100033	88000688－8605
中欧基金公司北京分公司	西城区复兴门南大街2号天银大厦A座9层	100031	63082766

（6）基金管理公司理财中心

机构名称	地　址	邮　编	电　话
大成基金管理有限公司投资理财中心	东城区东直门南大街5号中青旅大厦105～106室	100007	85633388
华夏基金管理有限公司北京海淀投资理财中心	海淀区中关村南大街11号光大国信大厦1层	100081	68458998
华夏基金管理有限公司北京朝阳投资理财中心	朝阳区东三环中路39号建外SOHO B座0104室	100022	58693528
华夏基金管理有限公司北京东中街投资理财中心	东城区东中街29号东环广场B座1层	100027	64185181
华夏基金管理有限公司北京科学院南路投资理财中心	海淀区中关村科学院南路新科祥园甲3号	100080	82523197
华夏基金管理有限公司北京崇文投资理财中心	东城区安化寺幸福家园1层	100062	67146300
华夏基金管理有限公司北京西三环投资理财中心	海淀区西三环北路甲35号	100089	68463773
华夏基金管理有限公司北京世纪城投资理财中心	海淀区蓝靛厂时雨园甲2－4号	100089	88892832

华夏基金管理有限公司北京望京投资理财中心	朝阳区望京南湖东园122楼博泰国际商业广场1层F－36号	100102	64743055
华夏基金管理有限公司北京亚运村投资理财中心	朝阳区慧忠里103号洛克时代中心1层	100101	84871039
华夏基金管理有限公司北京东四环投资理财中心	朝阳区八里庄西里100号1幢103号	100025	85869585
华夏基金管理有限公司北京朝外大街投资理财中心	朝阳区朝外大街6号新城国际6号楼101号	100020	65336099
诺安基金管理有限公司投资理财中心	朝阳区光华路甲14号901室	100026	65863688

（7）证券投资咨询公司

机构名称	地　　址	邮　编	电　话
北京博星投资顾问有限公司	西城区西直门内南小街国英1号大厦1012室	100035	58561100－137
北京鼎信汇金投资管理有限公司	海淀区中关村东路1号院8号楼C座1701室	100084	65541328
北京东方高圣投资顾问有限公司	朝阳公园南路19号郡王府饭店四宜书屋	100026	65842004
北京海问咨询有限公司	朝阳区东大桥路8号尚都国际中心1101室	100020	58700055
北京和众汇富咨询有限公司	丰台区南三环西路16号3－806室	100066	87562519
北京京放投资管理顾问有限责任公司	西城区西直门外大街135号60号楼301室	100044	64920429
北京金美林投资顾问有限公司	西城区金融大街27号投资广场B座14层	100033	82871150
北京君之创证券投资咨询有限责任公司	朝阳区姚家园路105号1号楼6层	100027	62078002－814
北京盛世华商投资咨询有限公司	海淀区北四环西路58号理想国际大厦1610室	100080	84497361
北京首证投资顾问有限公司	东城区东四十条甲22号南新仓商务大厦B座1021室	100007	51690109

北京新兰德证券投资咨询有限公司	西城区辟才胡同丰汇园21号汉唐证券丰汇园营业部2128室	100037	68575862
北京中方信富投资管理咨询有限公司	朝阳区东三环北路甲19号嘉盛中心706室	100022	59670992
北京中富金石投资顾问有限责任公司	朝阳区西坝河南路芳馨园东2203室	100028	13910310590
北京中和应泰财务顾问有限公司	海淀区大柳树北路17号富海国际港1201室	100081	62129358
北京中资北方投资顾问有限公司	朝阳区北四环中路华严北里8号院1号楼1204房间	100029	82846645
大连华迅投资咨询有限公司北京分公司	海淀区苏州街18号长远天地C座2-402号	100086	52968888
广证恒生投资咨询有限公司北京分公司	东城区安定门外大街208号三利大厦9层	100010	13701038621
黑龙江荣维投资顾问有限责任公司北京分公司	朝阳区东三环东路9号建外SOHO 9号楼12层	100022	59001777
和讯信息科技有限公司	朝阳门大街22号泛利大厦10层	100020	85650803
天相投资顾问有限公司	西城区金融街新盛大厦4~5层	100140	66045429

（8）外国证券机构北京代表处

机构名称	地址	邮编	电话
布朗兄弟哈里曼（香港）有限公司北京代表处	建国门外大街1号国贸大厦2座2002室	100004	57832300
城市信贷投资银行有限公司北京代表处	西城区金融大街15号鑫茂大厦北楼601A单元	100032	66555590
大和证券资本市场株式会社北京代表处	朝阳区建国门外大街甲6号凯德大厦3503~3504室	100020	65006688
德意志银行股份有限公司（证券业务）北京代表处	朝阳区建国路81号华贸中心1座写字楼28层	100025	59698088
法国巴黎资本（亚洲）有限公司北京代表处	朝阳区光华路1号北京嘉里中心南楼1618室	100026	65611118
法国外贸银行（证券业务）北京代表处	东城区东长安街1号北京东方广场办公楼E1座1202室	100006	85189160

高盛（中国）有限责任公司北京代表处	西城区金融大街7号北京英蓝国际金融中心	100034	66273030
花旗环球金融中国有限公司北京代表处	西城区武定侯街6号卓著中心18层	100032	59376666
韩国大宇证券股份有限公司北京代表处	朝阳区建国门外大街乙12号双子座大厦东塔26层	100026	65679699－806
韩国友利投资证券股份有限公司北京代表处	西城区金融大街17号中国人寿中心办公楼7层	100032	59353500
韩国未来资产证券株式会社北京代表处	西城区金融大街7号英蓝国际金融中心9层	100034	58369114
汇富金融服务有限公司北京代表处	朝阳区东三环中路7号财富中心写字楼A座801室	100022	65308792
京华山－国际（香港）有限公司北京代表处	建国门内大街18号恒基中心一座1101室	100005	65182871－76
加拿大帝国商业银行世界市场公司（证券业务）北京代表处	朝阳区建国门外大街乙12号双子座大厦西塔1107～1106室	100600	65667071
金鼎综合证券（香港）有限公司北京代表处	海淀区善缘街一号立方庭1－915室	100080	84580303
交银国际控股有限公司北京代表处	西城区金融大街33号A座907室	100032	58150448
里昂证券有限公司北京代表处	建外大街1号国贸大厦2座25层10C－12单元	100020	59652188
洛希尔中国控股有限公司北京代表处	西城区金融大街7号英蓝国际金融中心9层	100034	66555660
美林国际有限公司北京代表处	建国门外大街1号国贸大厦2座3616室和3712～3715室	100026	65050290
摩根士丹利亚洲有限公司北京代表处	西城区太平桥大街18号丰融国际中心1座12层	100034	83563825
摩乃科斯证券股份有限公司北京代表处	西城区武定侯街6号11层1206H室	100032	88003732
蒙特利尔银行利时证券公司北京代表处	东城区东长安街1号东方广场东1座1503室	100738	85185821
瑞士信贷（香港）有限公司北京代表处	西城区金融大街甲9号金融街中心南楼11层	100032	64106611
瑞银证券亚洲有限公司北京代表处	西城区金融大街7号英蓝国际金融中心1121～1123室	100032	58327619

日本瑞穗证券股份有限公司北京代表处	建外大街甲26号长富宫办公楼8层	100600	65234779
日本野村证券株式会社北京代表处	朝阳区东三环北路5号北京发展大厦1708室	100027	65908181－1304
苏皇融资亚洲有限公司北京代表处	朝阳区光华路1号嘉里中心北楼28层	100026	59279155
三菱日联证券控股股份有限公司北京代表处	朝阳区光华路5号院世纪财富中心2座1705室	100026	65908770－160
台湾宝来证券股份有限公司北京代表处	东城区东直门外大街48号东方银座11L	100600	13264314934
香港星展亚洲融资有限公司北京代表处	西城区金融大街7号英蓝国际金融中心5层	100032	58397609
香港摩根大通证券（亚太）有限公司北京代表处	西城区金融大街7号英蓝国际金融中心2001～2006单元、2021～2028单元	100034	59318939
香港国浩资本有限公司北京代表处	西城区金融大街35号国际企业大厦B座422室	100032	88092244
香港加皇投资理财有限公司北京代表处	西城区金融大街7号英蓝国际金融中心9层	100034	58399393
香港上海汇丰银行有限公司（证券业务）北京代表处	建国门外大街1号国贸大厦1座23层、26层	100600	65260901
香港第一上海融资有限公司北京代表处	建国门内大街7号光华长安大厦2座1025室	100005	65102588
新百利有限公司北京代表处	建内大街7号光华长安大厦2座1126室	100005	65179186
现汽投资证券股份有限公司北京代表处	朝阳区霄云路38号现代汽车大厦802室	100016	84538720
元大证券股份有限公司北京代表处	建内大街7号光华长安大厦2座1722室	100005	65101266
中央三井信托银行株式会社（证券业务）北京代表处	朝阳区建国门外大街26号长富宫办公楼4层、5层	100600	65598556
中银国际控股有限公司北京代表处	西城区金融大街28号盈泰中心2号楼15层	100034	66229027
渣打证券（香港）有限公司北京代表处	朝阳区东三环中路1号环球金融中心渣打大厦12层	100022	59186317

兆丰资本（亚洲）有限公司北京代表处	西城区复兴门内大街158号远洋大厦F409室	100032	66421618
富邦综合证券股份有限公司北京代表处	新设暂无		
韩亚大投证券股份有限公司北京代表处	新设暂无		
维莎资本股份有限公司北京代表处	新设暂无		
香港致富证券公司驻北京代表处	新设暂无		

(9) 期货公司

机构名称	地　址	邮　编	电　话
安信期货有限责任公司	东城区北三环东路36号环球贸易中心A座26层	100013	59113606
北京中期期货有限公司	朝阳区东三环北路38号院1号楼泰康金融大厦22层	100020	85881000
北京首创期货有限责任公司	西城区闹市口大街1号长安兴融中心4号楼11层	100031	58379527
第一创业期货有限责任公司	西城区平安里西大街26号新时代大厦4层南侧	100034	63197096
国都期货有限公司	东城区东直门南大街3号国华投资大厦8层、10层	100007	68948940
国元期货有限公司	海淀区西三环北路89号中国外文大厦A座907~909室	100027	88820515
冠通期货有限公司	朝阳区朝阳门外大街甲6号万通中心4座18层	100011	85356566
格林期货有限公司	西城区金融大街27号投资广场B座5层、20层	100140	66218707
宏源期货有限公司	西城区太平桥大街19号4层	100034	82887366
京都期货有限公司	西城区德胜门外大街115号德胜尚城E座1层	100088	59366019
经易期货经纪有限公司	西城区百万庄北街6号	100037	68331566
金鹏期货经纪有限公司	西城区复兴门内金融街投资广场B座9层	100032	66211402

民生期货有限公司	东城区建国门内大街28号民生金融中心A座16层	100005	85127566
银河期货有限公司	复兴门外大街A2号中化大厦8层	100045	58363212
银建期货经纪有限责任公司	丰台区芳古园一区29号楼3层	100078	87611499
英大期货有限公司	朝阳区呼家楼京广中心3层	100020	51960379
中衍期货有限公司	朝阳区光华路15号院1号楼1804~1807室	100016	57414321
中钢期货有限公司	海淀区海淀大街8号A座19层	100080	62688588
中国国际期货有限公司	朝阳区建国门外光华路14号1幢1层、2层、9层、11层、12层	100016	65082296
中粮期货有限公司	东城区东直门南大街5号中青旅大厦15层	100020	85018775

（10）期货公司营业部

机构名称	地　址	邮　编	电　话
北京首创期货有限责任公司北京北辰东路营业部	朝阳区北辰东路8号亚运村1号门	100101	51269918
北京首创期货有限责任公司北京长虹桥营业部	朝阳区东三环北路19号楼601~602室	100020	65082885
北京中期期货有限公司北京西直门营业部	西城区西直门外大街1号院3号楼20D12~D13室	100031	66058401
北京中期期货有限公司北京彩和坊路营业部	海淀区彩和坊路8号2层213室	100080	82868079
北方期货经纪有限责任公司北京营业部	朝阳区安贞西里26楼5层503~505室	100026	64414066
渤海期货有限公司北京营业部	朝阳区朝外大街乙6号朝外SOHO23层	100020	59002617
长江期货有限公司北京建国门北大街营业部	东城区建国门北大街8号华润大厦1层	100005	84682186
财达期货有限公司北京首体南路营业部	海淀区首体南路20号国兴大厦D座2楼	100044	88315101

财富期货有限公司北京建外大街营业部	朝阳区建国门外大街甲6号爱思开大厦204室	100022	85679699
成都倍特期货经纪有限公司北京营业部	东城区北三环东路36号环球贸易中心D座705~706室	100013	58257901
晟鑫期货经纪有限公司北京东直门外大街营业部	东城区东直门外大街46号天恒大厦1203室	100000	84608408
大有期货有限公司北京北辰西路营业部	朝阳区北辰西路69号2层2单元	100029	58772051
大连良运期货经纪有限公司北京永安东里营业部	朝阳区永安东里甲3号院1号楼2207E	100022	65699929
大华期货有限公司北京北三环中路营业部	西城区北三环中路6号3栋13层	100120	62366132
大通期货经纪有限公司北京营业部	朝阳区光华路7号5B16室	100054	63356269
第一创业期货有限责任公司北京朝外大街营业部	朝阳区朝外大街乙12号昆泰国际大厦O－508室	100020	63197000
道通期货经纪有限公司北京蓝靛厂东路营业部	海淀区蓝靛厂东路2号院2号楼2单元B座2F	100097	88596865
东海期货有限责任公司北京西三环北路营业部	海淀区西三环北路87号9层	100089	88825107
东吴期货有限公司北京东三环中路营业部	朝阳区东三环中路24号楼5层	100022	67714238
方正期货有限公司北京阜外大街营业部	西城区阜成门外大街甲34号2层	100037	68578987
国金期货有限责任公司北京金融大街营业部	西城区金融大街27号投资广场B1106室、B1108室	100140	66219878
国信期货有限责任公司北京营业部	朝阳区北辰东路8号汇欣大厦1号楼B0801室	100101	84988801
国投中谷期货有限公司北京西直门南小街营业部	西城区西直门南小街147号5层	100034	58747656
国泰君安期货有限公司北京建国门外大街营业部	朝阳区建国门外大街乙12号双子座大厦东塔29层	100022	58795788

格林期货有限公司北京建国门外大街营业部	朝阳区建国门外大街乙12号双子座大厦西塔12层	100022	66215759
冠通期货有限公司北京知春路营业部	海淀区知春路118号知春大厦A座1001A室	100086	62578153
广发期货有限公司北京营业部	朝阳区安慧里四区15号院2号楼12层	100101	64923660
广永期货有限公司北京中关村大街营业部	海淀区中关村大街11号北科置业大厦A1108室	100080	62680482
华海期货有限公司北京西直门北大街营业部	海淀区西直门北大街甲43号1号楼2层	100044	82212180
华闻期货经纪有限公司北京营业部	朝阳区东三环北路丙2号天元港中心B座808室	100027	84464120
华泰长城期货有限公司北京营业部	朝阳区北三环东路28号易亨大厦1209室	100013	64405199
宏源期货有限公司北京海淀北一街营	海淀区海淀北一街2号首创拓展大厦406室	100080	62699689
海通期货有限公司北京南礼士路营业部	西城区南礼士路66号建威大厦812－815室	100045	68086817
海航东银期货有限公司北京新源南路营业部	朝阳区新源南路3号平安国际金融中心B座10层	100020	65974679
徽商期货有限责任公司北京南竹竿胡同营业部	东城区南竹竿胡同6号楼4层	100010	58641775
江海汇鑫期货有限公司北京朝阳北路营业部	朝阳区朝阳北路237号5层	100020	57320566
江苏弘业期货有限公司北京营业部	西城区月坛南街甲12号3层	100045	68014686
京都期货有限公司北京德胜门外大街营业部	西城区德胜门外大街115号1层B区	100088	59366136
经易期货经纪有限公司北京安立路营业部	朝阳区安立路80号1005室	100101	59636980
金鹏期货经纪有限公司北京海鹰路营业部	丰台区丰台科学城海鹰路1号院7号楼503室	100070	83681695
金鹏期货经纪有限公司北京太平街营业部	西城区太平街6号富力摩根中心D座1012室、1015室	100050	83132522
金瑞期货有限公司北京金融街营业部	西城区金融街5号新盛大厦B座1102室	100034	66555673

集成期货有限公司北京朝阳工人体育场北路营业部	朝阳区工人体育场北路8号院1号楼13层	100027	85270310
鲁证期货有限公司北京平安里西大街营业部	西城区平安里西大街28号楼	100028	64402709
民生期货有限公司北京新街口北大街营业部	西城区新街口北大街3号星街坊大厦5层	100029	82270085
迈科期货经纪有限公司北京朝阳门北大街营业部	东城区朝阳门北大街1号新保利大厦11层	100010	64082007
美尔雅期货经纪有限公司北京霞光里营业部	朝阳区霞光里15号楼3层309室	100125	84463679
南华期货有限公司北京营业部	西城区宣武门外大街28号B座8层	100052	63514526
乾坤期货有限公司北京月坛北街营业部	西城区月坛北街2号月坛大厦A座7层	100045	68083230
上海良茂期货经纪有限公司北京营业部	朝阳区北辰东路8号K座1216～1217室	100101	84970661
上海中财期货有限公司北京西直门外大街营业部	西城区西直门外大街1号院2号楼15C5室、15C6室	100044	82205581
上海东证期货有限公司北京安苑路营业部	朝阳区小关北里45号世纪嘉园5号楼6层	100029	84897986
上海中期期货经纪有限公司北京知春路营业部	海淀区知春路106号太平洋国际大厦905～906室	100086	59714689
上海大陆期货有限公司北京建国门北大街营业部	东城区建国门北大街8号华润大厦403室	100005	65521950
申银万国期货有限公司北京劲松九区营业部	朝阳区劲松九区909号楼4层	100021	67780608
神华期货经纪有限公司北京营业部	海淀区苏州街18号院长远天地大厦4号楼3A01室	100080	82613279
天富期货有限公司北京营业部	东城区东中街40号元嘉国际A座301室	100027	64178233
五矿期货有限公司北京东中街营业部	东城区东中街6号东环广场北写字楼6层F号	100027	64185677

万达期货有限公司北京营业部	西城区德胜门外大街125号3层301B（德胜园区）	100088	59321087
新湖期货有限公司北京东直门南大街营业部	东城区东直门南大街甲3号居然大厦5层	100007	64006526
新纪元期货有限公司北京东四十条营业部	东城区东四十条68号平安发展大厦4层	100027	84263892
信达期货有限公司北京裕民路营业部	朝阳区裕民路12号中国国际科技会展中心A座506室	100029	82252390
湘财祈年期货经纪有限公司北京建国路营业部	朝阳区建国路108号丰树大厦1402室	100022	59817091
一德期货有限公司北京北三环东路营业部	东城区北三环东路36号E栋7层	100013	88312828
永安期货股份有限公司北京营业部	东城区金宝街58号6层	100005	65120600
英大期货有限公司北京东三环中路营业部	朝阳区呼家楼京广中心3层301室	100020	65978338
光大期货有限公司北京营业部	西城区月坛北街2号月坛大厦东配楼3层	100045	68084651
银河期货有限公司北京营业部	朝阳区东三环北路38号院4号楼9层	100026	85879509
银河期货有限公司北京航丰路营业部	丰台区航丰路1号院2号楼817室	100070	57799801
招金期货有限公司北京朝阳北路营业部	朝阳区朝阳北路237号楼26层	100125	85951297
招商期货有限公司北京西直门北大街营业部	西直门北大街60号首钢国际大厦5层	100082	82293509
浙江中大期货有限公司北京营业部	东城区安定门外大街138号地坛大厦A0503室、A0505室、A0506室	100011	65060066
浙江新世纪期货有限公司北京营业部	西城区黄寺大街23号北广大厦1111室	100011	82232918
浙商期货有限公司北京光华路营业部	朝阳区光华路甲14号1幢12层	110023	67765590
中钢期货有限公司北京安外大街营业部	东城区安定门外大街甲88号中联大厦701室	100011	64251379
中国国际期货有限公司北京中关村大街营业部	海淀区中关村大街27号6层	100080	51905714

中国国际期货有限公司北京阜成门外大街营业部	西城区阜成门外大街22号1幢	100037	68021677
中国国际期货有限公司北京霄云路营业部	朝阳区霄云路26号鹏润大厦B23层	100016	84580015
中信建投期货经纪有限公司北京营业部	东城区朝阳门北大街6号首创大厦207室	100012	64811867
中证期货有限公司北京建国门外大街营业部	朝阳区建国门外大街8号国际财源中心A座8层	100007	57762888
中投天琪期货有限公司北京营业部	朝阳区朝阳门外大街18号丰联广场B座1116~1117室	100020	65880648
中粮期货有限公司北京北辰东路营业部	朝阳区北辰东路8号汇欣大厦A608室	100101	84981579
中衍期货有限公司北京西直门北大街营业部	西直门北大街32号院1号楼5层	100082	62269435

（11）外国资产管理类机构北京代表处

机构名称	地　　址	邮　编	电　话
安智投资管理亚太（香港）有限公司北京代表处	朝阳区东三环北路8号亮马大厦1座1501室	100004	65906926
澳大利亚罗素投资集团有限公司北京代表处	朝阳区建国门外大街1号国贸写字楼1座21层	100004	65058006
标准人寿投资公司北京代表处	东城区建国门北大街8号华润大厦1201－01室	100005	58111700
邓普顿国际股份有限公司北京代表处	西城区武定侯街6号卓著中心1100室	100033	88091365
法国法盛全球资产管理公司北京代表处	朝阳区工体北路甲6号中宇大厦2001室	100027	59752825
富达基金（香港）有限公司北京代表处	西城区金融大街7号英蓝国际金融中心9层	100034	66553282
宏富投资管理有限公司北京代表处	朝阳区光华路7号汉威大厦A座11A16室	100004	85261820－15
法国安盛投资管理巴黎公司北京代表处	西城区武定侯街6号卓著中心1207室	100033	66525880

法国巴黎资产管理有限公司北京代表处	朝阳区建国门外大街1号国贸大厦20层	100004	65350825
法国东方汇理基金管理公司北京代表处	朝阳区建外大街乙12号双子座大厦西塔办公楼1101B室	100022	65632498
美国桥水投资公司北京代表处	朝阳区建外大街1号国贸大厦47层	100004	57061666
美国先锋投资管理公司北京代表处	朝阳区建国门外大街22号赛特大厦810室	100022	65157288
施罗德集团北京代表处	西城区金融大街7号英蓝国际金融中心926室	100034	66555388
信安环球投资有限公司北京代表处	朝阳区建国门外大街1号16幢4层	100004	64637989
香港景顺投资管理有限公司北京代表处	西城区金融大街7号英蓝国际金融中心6层	100034	66555866
香港摩根资产管理有限公司北京代表处	西城区金融大街7号英蓝国际金融中心19层	100034	59318486
香港威灵顿环球投资管理有限公司北京代表处	西城区金融大街17号中国人寿中心705~706室	100033	66227600
香港贝莱德资产管理北亚有限公司北京代表处	西城区武定侯街6号卓著中心1907室	100032	66190586
新加坡富敦资金管理公司北京代表处	西城区金融大街7号英蓝国际金融中心	100034	58332327
新加坡摩根士丹利投资管理公司北京代表处	西城区太平桥大街18号12层	100035	83563893
英国百能投资管理有限公司北京代表处	东城区建国门内大街8号中粮广场B座1201室	100005	65278423
中国（香港）英仕曼投资有限公司北京代表处	朝阳区建国门外大街1号国贸写字楼1座30层	100004	65059179

4. 保险业机构

（1）中资保险公司

机构名称	地　　址	邮　编	电　话
中国人民财产保险股份有限公司北京市分公司	东城区朝阳门北大街17号	100010	58195001

中国太平洋财产保险股份有限公司北京分公司	西城区复兴门内大街158号远洋大厦F6层	100031	66428888
中国平安财产保险股份有限公司北京分公司	西城区金融街23号平安大厦15层	100033	59700088
华泰财产保险有限公司北京分公司	西城区德胜门外大街125号	100088	59375588
太平财产保险有限公司北京分公司	西城区太平桥大街丰汇园11号楼丰汇时代大厦东翼9层	100032	95529
中华联合财产保险股份有限公司北京分公司	东城区安外西滨河路18号首府大厦3号楼	100011	95585
永安财产保险股份有限公司北京分公司	朝阳区朝阳北路145号红领巾公园南门西侧办公楼	100022	95502
天安保险股份有限公司北京分公司	海淀区复兴路23号城乡华懋15层	100036	88574999
中国大地财产保险股份有限公司北京分公司	海淀区中关村南大街2号数码大厦B座16层	100086	95590
华安财产保险股份有限公司北京分公司	海淀区紫竹院路81号院北方地产大厦12A	100089	88829888
安邦财产保险股份有限公司北京分公司	朝阳区东三环中路55号富力城双子座B座8层	100020	95569
永诚财产保险股份有限公司北京分公司	西城区闹市口大街1号长安兴融中心4号楼5层	100031	95552
阳光财产保险股份有限公司北京分公司	通州区九棵树西路92号1层	101121	95510
都邦财产保险股份有限公司北京分公司	朝阳区东三环北路甲2号京信大厦344房间	100027	95586
天平汽车保险股份有限公司北京分公司	东城区东直门外大街46号天恒大厦7层	100027	95550
渤海财产保险股份有限公司北京分公司	丰台区南三环西路3号万芳亭公园管理处西配楼	100077	4006116666
安华农业保险股份有限公司北京分公司	朝阳区望京西路50号卷石天地大厦1号楼11层	100102	15810189797
民安财产保险有限公司北京分公司	海淀区莲花池东路53号5层	100038	95506
中国人寿财产保险股份有限公司北京市分公司	朝阳区朝外大街16号	100020	95519

中银保险有限公司北京分公司	东城区朝阳门内大街2号凯恒中心E座7层	100010	4006995566
安诚财产保险股份有限公司北京分公司	东城区白桥大街22号北京工商联大厦2层	100062	62379806
华农财产保险股份有限公司北京市分公司	海淀区万泉庄路28号万柳新贵B座6层东侧	100089	58720450
长安责任保险股份有限公司北京市分公司	西城区西站南路80号院6号楼1层101室	100073	51336771
英大泰和财产保险股份有限公司北京分公司	朝阳区东三环中路24号乐成中心B座20层	100022	51967588
紫金财产保险股份有限公司北京分公司	海淀区复兴路65号电信实业大厦2层	100039	68189089
信达财产保险股份有限公司北京分公司	海淀区西直门北大街60号首钢国际大厦11层	100082	58072866
浙商财产保险股份有限公司北京分公司	东城区东花市南里东区8号楼4层	100062	87101409
大众保险股份有限公司北京分公司	海淀区西三环北路87号11层	100089	56623600
中国人寿保险股份有限公司北京市分公司	朝阳区朝外大街16号	100020	85615141
中国太平洋人寿保险股份有限公司北京分公司	西城区复兴门内大街158号远洋大厦F6层	100031	83955555
中国平安人寿保险股份有限公司北京分公司	西城区金融街23号平安大厦	100033	59730098
新华人寿保险股份有限公司北京分公司	东城区东四十条68号平安发展大厦6~9层、11层	100007	95567
泰康人寿保险股份有限公司北京分公司	朝阳区东三环北路38号院1号楼泰康金融大厦37层	100026	85730000
太平人寿保险有限公司北京分公司	海淀区西直门北大街52号太平金融大厦	100082	82299500
民生人寿保险股份有限公司北京分公司	朝阳区东三环北路38号院2号楼民生大厦6层	100026	95596
生命人寿保险股份有限公司北京分公司	海淀区西直门北大街56号生命人寿大厦3~4层	100082	82290099
光大永明人寿保险有限公司北京分公司	朝阳区建国门内大街28号民生金融中心3幢10层、首层C05单元，2幢15层	100005	59128000

合众人寿保险股份有限公司北京分公司	朝阳区朝外大街乙12号昆泰国际大厦20层	100022	58797755
中国人民健康保险股份有限公司北京分公司	西城区阜外大街7号国投大厦10层	100037	95591
长城人寿保险股份有限公司北京分公司	西城区西直门外大街112号阳光大厦8层	100044	88362266
农银人寿保险股份有限公司北京分公司	海淀区苏州街3号恒大科技大厦5层	100080	82827788
中国人民人寿保险股份有限公司北京市分公司	海淀区首体南路38号创景大厦6层北区和北配楼1层	100037	4008895518
昆仑健康保险股份有限公司北京分公司	西城区宣武门西大街甲127号大成大厦5层	100032	4008118899
平安养老保险股份有限公司北京分公司	西城区金融街23号平安大厦9层	100140	95511
华夏人寿保险股份有限公司北京分公司	朝阳区北辰东路8号北京国际会议中心东配楼1层	100052	4007000777
平安健康保险股份有限公司北京分公司	西城区金融大街23号平安大厦810单元	100032	95512
英大泰和人寿保险股份有限公司北京分公司	西城区宣武门外大街28号富卓大厦A座9层	100052	4008895598
信泰人寿保险股份有限公司北京分公司	西城区宣武门西大街甲127号大成大厦12A、7层	100031	52612002
正德人寿保险股份有限公司北京分公司	顺义区华英园9号	101300	68293311
阳光人寿保险股份有限公司北京分公司	通州区云景北里53号C座16层	101101	59753565
幸福人寿保险股份有限公司北京分公司	丰台区莱户营甲88号鹏润家园3A3B 12层	100054	95560
国华人寿保险股份有限公司北京分公司	朝阳区朝阳北路237号复星国际中心5层	100020	59272266
太平养老保险股份有限公司北京分公司	海淀区西直门北大街52号太平金融大厦8层	100082	62248080
百年人寿保险股份有限公司北京分公司	朝阳区建国路丰树大厦7层	100022	59817111
泰康养老保险股份有限公司北京分公司	西城区闹市口大街1号院4号楼	100031	59311600

中邮人寿保险股份有限公司北京分公司	丰台区莲花池东路126号北京邮政信息大厦	100055	65123009
和谐健康保险股份有限公司北京分公司	朝阳区东三环中路55号楼7层	100022	59229348
安邦人寿保险股份有限公司北京分公司	朝阳区东三环中路55号楼6层	100022	59229719
中融人寿保险股份有限公司北京分公司	西城区丰盛胡同28号楼1701～1718室	100033	66290185
中国人寿养老保险股份有限公司北京市分公司	朝阳区朝外大街16号中国人寿大厦19层南区	100020	85659594
建信人寿保险有限公司北京分公司	西城区月坛北街2号	100000	56502666
中国出口信用保险公司总公司营业部	西城区阜成门北大街5号融金大厦	100037	66582195
太平再保险有限公司北京分公司	西城区西直门外大街1号院3号楼9层、8层	100044	82290701
天安人寿保险股份有限公司	石景山区实兴大街30号院8号楼	100045	88657751
弘康人寿保险股份有限公司	朝阳区建外大街8号国际财源中心B座7层	100022	57242286

（2）中资保险公司分支机构

中国人民财产保险股份有限公司北京市分公司

机构名称	地　　址	邮　编	电　话
车商业务一部	东城区朝阳门北大街17号	100010	58195100
车商业务二部	东城区朝阳门北大街17号	100010	58195500
车商业务三部	东城区朝阳门北大街17号	100010	58195966
车险代理业务部	东城区朝阳门北大街17号	100010	58195978
车险大客户业务部	东城区朝阳门北大街17号	100010	58195373
分公司直属业务一部	东城区朝阳门北大街17号	100010	58195351
分公司直属业务二部	东城区朝阳门北大街17号	100010	58195685
劲松营业部	朝阳区华威里10号楼	100021	58615120
科学城营业部	丰台区科学城中核路1号03号楼	100070	83526226
学院路营业部	海淀区学院南路乙68号	100000	62166331

双桥路营业部	朝阳区大黄庄南里甲 8 号楼 205 号	100024	65420883
重要客户营业部	东城区朝阳门北大街 17 号	100010	58195493
东城支公司	东城区王家园胡同 16 号	100027	65548700
西城支公司	西城区德外大街 73 号	100088	62370120
崇文支公司	东城区左安门内大街 5 号	100061	67199893
宣武支公司	西城区菜市口南大街平原里 20 号楼	100054	83526226
宣武支公司广安门中介业务部	西城区红居街 11 号楼 1 层 4 号	100055	63477549
宣武支公司菜市口中介业务部	西城区菜市口南大街平原里小区 20 号楼 223 室	100054	83526161
朝阳支公司	朝阳区霄云里 4 号	100125	84485277
朝阳支公司姚家园营业部	朝阳区姚家园路 72 号	100025	85575471
丰台支公司	丰台区东大街 11 号	100071	63812308
丰台支公司云岗营业部	丰台区云岗北区西里甲 8 号楼 1 层底商 101 房间	100068	63812308
石景山支公司	石景山区时代花园南路 17 号	100043	88980531
海淀支公司	海淀区阜成路 81 号	100036	88140542
海淀支公司会城门营业部	海淀区北蜂窝甲 4 号	100083	63269649
海淀支公司上地营业部	海淀区上地东里 4 区 1 号楼 3 单元 201 室	100085	62187752
门头沟支公司	门头沟区新桥大街 18 号	102300	69843284
房山支公司	房山区良乡政通路 6 号	102488	89369534
房山支公司房山城关营业部	房山区房山农林路 3 号	102400	69323172
通州支公司	通州区玉带河大街 4 号	101100	60560602
顺义支公司	顺义区新顺南大街	101300	69441191
昌平支公司	昌平区城区镇北环路 21 号	102200	69723366
昌平支公司西三旗营业部	昌平区供电局西三旗开辟站	102200	69723366
昌平支公司沙河营业部	昌平区巩华镇巩华城大街 76 号	102200	69723366
大兴支公司	大兴区黄村兴政街 26 号	102600	69244765
怀柔支公司	怀柔区青春路 21 号	101400	69644466
平谷支公司	平谷区府前西街 16 号	101200	69962161

平谷支公司平谷镇营业部	平谷区南独乐河镇	101200	69962161
责任险营业部	西城区德外教场口街9号院2－2号	100120	82067568
责任险营销服务部	西城区教场口街9号院2－2号	100120	82067568
95518营销服务部/电子商务营销服务部	海淀区学院南路乙68号5层	100081	62132773
分公司营业部	朝阳门北大街17号	100010	58195685
商务中心区营业部	朝阳区东三环北路19号中青大厦707室、708室	100020	65013939
金融街营业部	西城区宣武门西大街甲129号金隅大厦901室	100031	66410024
直属支公司	西城区西直门南大街2号成铭大厦3A层	100035	66119343
直属支公司国贸营业部	建外大街1号中国国际贸易中心1座316室	100004	65056530
燕山支公司	燕山迎风街三里金融综合楼	102500	69345633
密云支公司	密云县密云镇鼓楼南大街41号	101500	69044128
延庆支公司	延庆县妫水南街路东漂流总站北侧	102100	69144641
北京经济技术开发区支公司	北京经济技术开发区同济中路2号狮岛索龙大厦103室、303室	100176	67884992
特殊风险营业部	朝阳区驼房营西里甲3号2层	100016	84981988
中关村营业部	海淀区学院南路乙68号5～6层	100081	62130635
大型商业风险营业部	东城区朝阳门北大街17号9层	100010	58195259
重点客户营业部	东城区朝阳门北大街17号5层	100010	58195922
重点客户营业部花市营销服务部	东城区东花市南里3号楼B06单元	100000	87101188
东城营业部	东城区东直门南大街12号	100027	59417910
国际业务营业部	朝阳门北大街17号	100010	58195988
分公司东二环营销服务部	东城区朝阳门北大街17号首层	100010	58195988
海淀营业部	海淀区黄庄中关村大厦1层	100080	82856779
朝阳营业部	朝阳区望京新型产业园区利泽东园306号	100016	64637788－6601

大兴营业部	大兴区旧宫镇旧宫东路49号	100076	59295520
天通苑营业部	昌平区天通苑东二区东苑6组团1号楼-1层112室	102218	61743094
空港营业部	顺义区空港工业A区蓝天大厦1层北侧	101300	64588029
电子商务营业部	密云县经济开发区云西一街16号12层	100059	87511169

中国太平洋财产保险股份有限公司北京分公司

机构名称	地　址	邮　编	电　话
东城支公司	朝阳区东土城路13号	100013	83507156
西城支公司	西城区展览馆路3号	100037	88380075
海淀支公司	西城区新外大街2号	100088	83507908
丰台支公司	西城区广安门外大街87号	100055	83507206
朝阳支公司	朝阳区霄云路霄云里6号楼城宝饭店	100016	84482495
昌平支公司	昌平区科技园区创新路6号	102200	89705469
通州支公司	通州区通惠北路25号	101100	83507818
顺义支公司	顺义区顺通路27号	101300	89495863
亦庄支公司	经济技术开发区宏达北路16号1号楼2层	100176	67888921
商务中心区营业部	朝阳区百子湾路18号1号楼1层	100022	67716792
房山区营销服务部	房山区良乡长虹西路29号楼1层西侧大厅	102412	89310248
石景山区营销服务部	石景山区首特创业基地A座1层139号	100040	88697358
分公司营业部	西城区宣武门内大街甲1号3层	100052	83506158

中国平安财产保险股份有限公司北京分公司

机构名称	地　址	邮　编	电　话
第一营业部	西城区金融街23号平安大厦12层西侧	100140	59700088

第二营业部	朝阳区光华路5号院2号楼15~16层	100020	59710006
丰台支公司	丰台区航丰路1号院2号楼1层	100070	63821942
房山支公司	良乡政通路8号	102488	89363579
怀柔支公司	怀柔区府前街3号楼3-2号	101400	69686080
崇文支公司	东城区广渠门白桥大街22号北京工商联大厦4层	100062	67168919
通州营销服务部	通州区富河园4号楼107室	101125	69559127
大兴营销服务部	大兴区黄村镇兴业大街（三段）76号-1	102600	69237831
顺义营销服务部	顺义区双兴北区甲3号楼	101300	89429126
昌平营销服务部	昌平区城北街道西环路32-1号至32-11号	102200	57859106

华泰财产保险有限公司北京分公司

机构名称	地址	邮编	电话
西城支公司	西城区德胜门外大街125号301B1	100088	59375588
朝阳支公司	朝阳区曙光西里甲6号院8号楼时间国际大厦809室	100028	59375747
海淀支公司	海淀区四季青镇常润路11号院北1号	100195	59375700
东城支公司	东城区龙潭路3号翔龙大厦1层、5层	100061	67113332
通州支公司	通州区梨园路23号	101101	81573903
房山支公司	房山区体育场6号院体育培训中心底商1层4号	102401	89362879
大兴支公司	大兴区黄村镇永华南里12号楼底商4号、5号	102611	69244880
顺义支公司	顺义区馨港家园50号楼1层2单元04号	101320	89441566

太平财产保险有限公司北京分公司

机构名称	地　址	邮　编	电　话
西城支公司	西城区南滨河路27号7号楼18层	100055	
丰台支公司	丰台区南四环西路188号十五区12号楼2层	100071	83606273
海淀蓝靛厂营销服务部	海淀区蓝靛厂东路2号院金源时代商务中心2号楼	100070	82335121

中华联合财产保险股份有限公司北京分公司

机构名称	地　址	邮　编	电　话
崇文支公司	东城区夕照寺中街4号星海宏昌大厦A座1层	100061	87194319
西城支公司	西城区莲花池东路106号汇融大厦B座901室	100055	63952008
宣武支公司	宣武区广安门外马连道11号1001号	100055	63342601
朝阳支公司	朝阳区朝阳北路雅成一里19号楼603室	100123	85512057
海淀支公司	海淀区彰化路18号冠方大厦414~415室	100097	88432170
丰台支公司	丰台区草桥欣园四区9号楼底商1层A段	100067	63899123
怀柔支公司	怀柔区富乐小区北里25号	101400	69632621
通州支公司	通州区梨园镇梨园村商业楼	101100	60549180
顺义支公司	顺义区怡馨家园29号楼1层	101300	69461367
昌平支公司	昌平区东环路142号	102200	69749500
房山支公司	房山区良乡月华北大街34号	102488	89354988
石景山支公司	石景山区古城北路5号	100043	68888002
大兴黄村营销服务部	大兴区黄村镇富强路175号	102600	61219197
经济技术开发区营销服务部	宏达北路12号创新大厦B座1420室	100176	67860691

永安财产保险股份有限公司北京分公司

机构名称	地　址	邮　编	电　话
崇文营销服务部	东城区幸福大街甲39号北京德惠俱乐部A楼206房间	100061	67131449
朝阳支公司	朝阳区太阳宫路甲12号	100028	64270868
丰台支公司	丰台区梆子井甲18号5号房	100081	63330864
大兴营销服务部	大兴区滨河北里18号楼203室、205室、207室	102600	61216628

天安保险股份有限公司北京分公司

机构名称	地　址	邮　编	电　话
昌平支公司	昌平区昌平科技园区振兴路9号3层、4层	102200	88574828
顺义营销服务部	顺义区仁和镇顺通路27号2号楼1层、3层	103100	88574770
通州营销服务部	通州区玉带河东街143号	101100	88574868
房山营销服务部	房山区拱辰大街98号4层	102400	88574798
海淀营销服务部	海淀区阜成路42号院中裕商务花园6号楼C－205室	100036	88574895
朝阳营销服务部	朝阳区朝阳北路104号楼青年公社2层	100123	
丰台营销服务部	南三环西路16号2号楼搜宝商务中心1710室	100086	88574578
大兴营销服务部	大兴区黄村镇兴华大街（二段）3号院波普公社2号楼1609室	102600	

中国大地财产保险股份有限公司北京分公司

机构名称	地　址	邮　编	电　话
第一营销服务部	东城区广渠门南小街3号楼1201室、1202室	100010	82515533
朝阳支公司	朝阳区育慧西里10号楼3层	100101	64913626

丰台支公司	丰台区星火路1号昌宁大厦20D房间	100070	52262559

华安财产保险股份有限公司北京分公司

机构名称	地　址	邮　编	电　话
海淀支公司	海淀区紫竹院路81号院北方地产大厦6层	100089	88829485
朝阳支公司	朝阳区幺家店路2号院8号楼1层底商业3号	100024	65481130
昌平支公司	昌平区回龙观镇科协家园住宅小区29号楼B座1层2单元	102208	82945885
丰台支公司	丰台区青塔西路60号1层02号	100039	63878976
通州支公司	通州玉桥西里87号1层底商46号	101101	84775780
望京西路营销服务部	朝阳区望京西路48号院8号楼1层3号商业	100102	84775781
平谷平翔路营销服务部	平谷区兴谷开发区平翔路东侧7号商住1层9号商铺	101200	69959937
南磨房营销服务部	朝阳区世纪东方嘉园104楼15号商铺	100023	52097103
丰台丰桥路营销服务部	丰台区丰桥路1号院8848号	100070	83671242
顺义区营销服务部	顺义区望泉家园12号楼1层2单元	101300	89402474
通州玉桥西里营销服务部	通州玉桥西里87号1层	101101	84775780
丰台马家堡东路营销服务部	丰台区马家堡东路108号院10号楼1层	100068	58031290

安邦财产保险股份有限公司北京分公司

机构名称	地　址	邮　编	电　话
东城支公司	安外大街185号京宝大厦512B、513~514室	100011	64400919
西城支公司	西城区太平街6号8层	100053	63135727
崇文支公司	东城区崇文门外大街11号5层	100061	67087910

宣武支公司	朝阳区东三环中路55号富力城双子座B座8层	100020	59229229
朝阳支公司	朝阳区东三环中路55号富力城双子座B座8层	100020	59229119
丰台支公司	丰台区航丰路1号院2号楼时代财富大厦1303室	100070	87397686
石景山支公司	石景山区阜石路166号1号楼7层	100043	59229191
海淀支公司	西直门北大街32号院枫蓝国际大厦1号楼7层	100088	59229348
房山支公司	房山区良乡拱辰南大街42号楼A座8层	102401	59229119
通州支公司	通州区云景南大街144号1至2层	101100	13911777910
顺义支公司	顺义区前进花园石门苑18号楼3单元101号	101300	69443888
昌平支公司	昌平区白浮泉路甲12号1层	102200	80118515
天通苑营销服务部	昌平区东小口镇天通苑一区9号楼4单元2层	102200	80118590
大兴支公司	大兴区滨河街27号9层	102600	59229348
经济技术开发区支公司	经济技术开发区宏达北麓10号万源商务中心2层	100017	59229226
怀柔支公司	怀柔区青春路61号院1号楼-1层13号	101400	69659836
平谷支公司	平谷区平谷镇东方国际公寓5号楼1~2层	101200	89983722
密云支公司	密云县长城大厦A段1~2层北侧西	101500	69048098

永诚财产保险股份有限公司北京分公司

机构名称	地　　址	邮　编	电　话
东城支公司	鼓楼外大街26号荣宝大厦6层	100120	88365151
丰台支公司	丰台区方庄芳群园四区22号楼901室、908室	100078	67656098
海淀营销服务部	海淀区阜成路28号	100142	88511899

昌平营销服务部	昌平区西环路16号豪恒大厦4层	102200	89783620

阳光财产保险股份有限公司北京分公司

机构名称	地　址	邮　编	电　话
经济技术开发区营销服务部	北京经济技术开发区宏达北路10号万源商务中心101室、401室	100176	67881920
东城营销服务部	安德路甲61号B1座522室、530室，B2座522室	100011	84129896
昌平营销服务部	昌平区鼓楼北街5－1号至5－20号楼1～2层	102200	69746061
朝阳支公司	朝阳区东三环中路20号楼5层	100022	65308855
中关村营销服务部	海淀区四季青路8号1层155室	100195	65308855－171
房山营销服务部	房山区良乡嘉瑞通小区3号楼3－4号、3－5号	102401	69351831
通州营销服务部	通州区云景东路437号、甲437号	101100	81571169
顺义营销服务部	顺义区仓上小区37号楼1～2层2单元37－05	101300	69440345
大兴营销服务部	大兴区黄村富强路7号、9号	102600	69243205
平谷营销服务部	平谷区迎宾花园小区31号楼10号商铺	101200	69976001
延庆营销服务部	延庆县延庆镇石河营建材城综合楼南大2号	102100	69187890

都邦财产保险股份有限公司北京分公司

机构名称	地　址	邮　编	电　话
朝阳支公司	朝阳区东三环北路甲2号京信大厦344室	100027	84387559

天平汽车保险股份有限公司北京分公司

机构名称	地　　址	邮　编	电　话
崇文营销服务部	东城区东花市南里东区 3 号楼 B07、BF07 底商	100062	84608888
石景山支公司	石景山区时代花园南路 28 号院 2 号楼 1 层	100000	67159109

渤海财产保险股份有限公司北京分公司

机构名称	地　　址	邮　编	电　话
顺义支公司	顺义区仁和镇平各庄村顺通路 27 号	101300	81492122

安华农业保险股份有限公司北京分公司

机构名称	地　　址	邮　编	电　话
朝阳支公司	朝阳区望京西路 50 – 1 号卷石天地大厦 A 座 11 层	100102	64393199
分公司营业部	朝阳区望京西路甲 50 – 1 号卷石天地大厦 A 座 11 层	100102	64393060
海淀支公司	海淀区西四环北路 140 号京鼎原商务楼 610 室	100097	88450950
房山营销服务部	房山区良乡拱辰南大街 42 号楼 1 ~2 层	100102	64393098
通州营销服务部	通州区潞通大街 188 号 –1 层	101100	64393098
顺义支公司	顺义区双兴北区甲 3 号楼 3 层	101300	69440128
昌平营销服务部	昌平区昌崔路 201 号楼 4 层	102200	64393098
平谷营销服务部	平谷区新平北路南侧 K 栋小区配套商业楼 1 层	101204	64393098
密云支公司	密云县新南路 21 号楼 1 层	101500	69446920
延庆营销服务部	延庆县康安小区 30# – 03 商业楼	102100	69148706

民安保险（中国）有限公司北京分公司

机构名称	地　址	邮　编	电　话
海淀支公司	西直门北大街52号太平金融大厦11层	100082	82299999
平谷支公司	平谷区平谷镇西环南路1号楼3单元2号	101200	89988225

中国人寿财产保险股份有限公司北京市分公司

机构名称	地　址	邮　编	电　话
西城支公司	西城区黄寺大街26号院德胜置业大厦4号楼5层	100011	82960123
崇文支公司	东城区天坛东路74号北玻大厦4层南侧	100061	67162996
宣武支公司	西城区广安门内大街248号机械大厦5层	100055	63360670
朝阳支公司	朝阳区静安里26号通成达大厦6层	100028	64823368
分公司营业部	朝阳区广渠路3号中水电国际大厦7层	100124	13901054249
丰台支公司	丰台区方庄芳群园四区21号楼1层	100078	67680198
海淀支公司	海淀区北四环中路229号海泰大厦3层	100083	82885253
房山支公司	房山区良乡西潞北大街26号	102400	89369695
通州支公司	通州区云景东路417号	101100	81573960
顺义支公司	顺义区双兴北区33号楼1层	101300	69427867
大兴支公司	大兴区兴业街26号5层	100000	85253888

华农财产保险股份有限公司北京市分公司

机构名称	地址	邮编	电话
顺义营销服务部	顺义区宏城花园12号楼1层5单元	101100	89418290
房山支公司	房山区良乡地区佳世苑30号楼1－16号、1－17号	102488	60342185
昌平营销服务部	昌平区昌平镇振兴路28号	102200	80113236
平谷营销服务部	平谷区平三路临1号	101200	13901004167
密云营销服务部	密云县鼓楼东大街3号山水大厦3层西侧	110228	69089777

长安责任保险股份有限公司北京市分公司

机构名称	地址	邮编	电话
朝阳营销服务部	西城区北京西站南路80号院6号楼1层	100073	63370171
丰台支公司	丰台区纪家庙8号22号楼322房间	100070	51336771
海淀支公司	巴沟南路碧水云天颐园7号楼1层	100082	51336771

英大泰和财产保险股份有限公司北京分公司

机构名称	地址	邮编	电话
大兴支公司	大兴区富强路2号1层	102600	51967588
海淀支公司	海淀区厂洼街3号B2028室	100089	51967588
通州支公司	通州区车站路8号2－2室	101199	52047599
昌平支公司	昌平区北环路2号	102299	51967588

紫金财产保险股份有限公司北京分公司

机构名称	地址	邮编	电话
房山支公司	房山区良乡政通路23号良乡西北关综合楼2层	102400	88612831

平谷支公司	平谷区迎宾花园住宅小区31号楼8号	101200	88612868

信达财产保险股份有限公司北京分公司

机构名称	地　址	邮　编	电　话
丰台支公司	丰台区马家堡东路71号立业大厦1208室	100068	58072878
顺义支公司	顺义区顺榆路华英园9号商业楼408室	100082	89425675
昌平支公司	昌平科技园区凉水河路8号楼8－1室	102200	58072866

中国人寿保险股份有限公司北京市分公司

机构名称	地　址	邮　编	电　话
第一营销区部	朝阳金台北街7号2层、5层	100027	65035331
第二营销区部	西城区后广平胡同36号	100035	66137092
第三营销区部	西城区北纬路1号	100055	83160046
第四营销区部	西城区南大安胡同6号中宏大厦	100035	66153399
第五营销区部	海淀区知春路20号	100083	88820495
阜成门支公司	西城区阜外大街3号东润时代大厦308室	100037	68001517
石景山支公司	石景山区石景山路3号玉泉大厦4层	100049	88255987
丰台支公司	丰台区王佐镇福官路8号	100070	83315147
朝外支公司	朝外大街22号泛利大厦312室	100020	65887619
中关村支公司	中关村南大街40号当代商城9层	100081	62573189
第一收展区部	海淀区知春路6号锦秋国际大厦B座503B、504室	100083	82800104
第二收展区部	朝阳区金台北街7号	100026	85990969
城区支公司	西城区背阴胡同35号	100035	66082570
大客户业务部	朝外市场街20号中保大厦营业大厅	100020	63171068

开发区支公司	朝外市场街20号中保大厦14层	100020	85639867
西城支公司	西城区后广平胡同36号	100035	66163688
海淀支公司	海淀区知春路20号	100083	62006461
营业六部	海淀区中关村大街40号当代商城9010室	100083	51799267
营业七部	海淀区世纪经贸大厦B座29层	100037	51799313
电话营销中心	广渠路11号院1号楼金泰国际大厦6层	100022	59646688
金台路北街7号同城柜面	朝阳区金台北街7号	100026	85994718
北纬路1号同城柜面	西城区北纬路1号	100055	63166366
后广平胡同36号同城柜面	西城区后广平胡同36号	100035	66186119
知春路20号同城柜面	海淀区知春路20号	100083	62006459
中国人寿大厦同城柜面	朝阳区朝外大街16号中国人寿大厦2层	100020	85251538
金融街同城柜面	西城区金融街12号中国人寿广场B座首层	100032	66575339
门头沟支公司	门头沟区滨河路64号	102300	69866673
昌平支公司	昌平区昌平镇创新路5号	102200	69744266
顺义支公司	顺义区府前东街2号	101300	81481249
通州支公司	通州区玉带河大街22号	101100	69516373
大兴支公司	大兴区黄村镇兴政街34号	102600	69295431
房山支公司	房山区良乡西潞北大街26号	102488	89366242
平谷支公司	平谷区新开街25号	101200	69984204
怀柔支公司	怀柔区商业街2号	101400	69620027
密云支公司	密云县滨河路22号	101500	69059122
延庆支公司	延庆县东外大街九州宾馆	102100	69176734

中国太平洋人寿保险股份有限公司北京分公司

机构名称	地　址	邮　编	电　话
东城支公司	东城区东四十条113号	100007	84021767
海淀支公司	海淀区复兴路甲23号城乡华懋13层	100036	68298258
朝阳支公司	朝阳区安贞里二区1号楼	100029	64450228

通州支公司	通州区翠屏北里35号楼	101121	69555302
顺义支公司	顺义区石幢综合商业楼	101300	69431572
昌平支公司	昌平区鼓楼东街33号	102202	89784826
中关村支公司	海淀区中关村南大街10号银海大厦5层	100081	68910665
大兴支公司	大兴区康庄路28号水晶大厦11层	102600	69233196
密云支公司	密云县新中街42号	101500	69089016
西城支公司	西直门外新兴东巷15号金泰鑫侨大厦	100044	68311098
东四营销服务部	东城区东四前炒面胡同33号瀚海科技大厦A座	100010	52190686
复兴门营销服务部	西城区复兴门内大街158号远洋大厦G层	100031	83955555

中国平安人寿保险股份有限公司北京分公司

机构名称	地　址	邮　编	电　话
密云鑫盛营销服务部	密云县鼓楼北大街10号	101500	69029644
延庆板泉路营销服务部	延庆板泉路26号鑫妫川购物中心	102100	69173765
怀柔梅苑营销服务部	怀柔县青春路梅苑小区8号楼3门、2门	101400	69686296
平谷金乡路营销服务部	平谷区金乡路1号雅美奇商厦2层	101200	89991511
顺义府前街营销服务部	顺义区府前东街2号顺建大厦201室、203室	101300	69460470
顺义龙府营销服务部	顺义区站前北街78号	101300	69439079
房山良乡月华营销服务部	房山区良乡月华大街1号	102401	89354490
房山城关营销服务部	房山区城关镇燕房路20号楼	102400	89332799
房山良乡营销服务部	房山区良乡地区拱辰北大街3号	102488	89361741
通州西海子营销服务部	通州区九棵树东路	101121	60553345
大兴区兴政营销服务部	大兴区黄村镇兴政大街南区政府对面	102600	69200452

昌平永安营销服务部	昌平区西环路16号3层、1层06号房间	102200	89747087
昌平天通苑营销服务部	昌平区天通北苑北一区甲5号	102218	67150818
昌平西环路营销服务部	昌平区北环路2号院金兰大厦B座302房间	102200	80119101
东城东四营销服务部	东城区前炒面胡同33号瀚海科技大厦A座6~7层	100010	52190729
东城东方广场营销服务部	东城区东单三条8号东方广场东配楼6~8层	100005	65596534
东城东便门营销服务部	东城区建国门南大街5号金龙大厦	100005	65599979
东城雍和宫营销服务部	东城区藏经馆路11号	100007	64078251
东城鼓楼营销服务部	东城区东水井胡同5号楼6层	100010	58646687
朝阳亮马桥营销服务部	朝阳区新源南路1－3号B座5~6层	100027	59761266
西城北三环中路营销服务部	西城区北三环中路23号燕莎盛世大厦6层	100029	82270314
西城新街口北大街营销服务部	西城区新街口北大街3号星街坊大厦	100035	82200372
西城宣武门营销服务部	西城区宣武门东大街24号	100051	63156467
西城西单营销服务部	西城区背阴胡同甲35号2~5层	100037	59730818
石景山玉泉路营销服务部	石景山区石景山路3号玉泉大厦2层、3层西侧	100049	88255946
丰台开阳桥营销服务部	丰台区开阳路1号院瀚海花园大厦8层、9层	100069	56316001
丰台国润营销服务部	丰台区西四环南路46号国润商务大厦2层	100161	83834235
刘家窑龙兴营销服务部	丰台区方庄芳群园三区11号芳群商务会馆5层南侧区域	100068	67217770
海淀甘家口营销服务部	海淀区三里河路17号	100037	88392195
海淀紫竹院营销服务部	海淀区紫竹院路120号2层、5层	100097	59865855
海淀区寰太营销服务部	海淀区中关村南大街甲12号寰太大厦3层、4层、11层	100081	62109609
海淀北太平庄营销服务部	海淀区北太平庄路2号	100088	82022755

瀚海营销服务部	朝阳区向军北里28号院1号楼2层、6层	100020	52830400
金鹏营销服务部	朝阳区八里庄西里100号住邦2000商务中心1号楼B座3层、2层	100025	57160565

新华人寿保险股份有限公司北京分公司

机构名称	地　　址	邮　编	电　话
和平里支公司	朝阳区东土城路14号建达大厦7层、10层	100013	84189000
西城支公司	西城区西直门南大街2号成铭大厦5层	100035	66513028
新外大街营销服务部	西城区新街口外大街12号	100088	62079903
复兴路营销服务部	复兴路21号海育大厦11~13层	100036	68561822
东城支公司	东城区崇外大街新怡家园甲3号楼7层	100062	67087388
朝阳支公司	朝阳区团结湖南里15号恒祥大厦写字楼6层	100026	51399522
丰台支公司	丰台区莲花池西里11号3层	100073	84189000
丰台南苑营销服务部	丰台区和义东里三区9号楼1层、3层	100076	67942808
石景山支公司	石景山区石景山路22号A座长城大厦	100043	68684604
海淀支公司	海淀区花园路2号牡丹科技大厦2层	100088	82282766
学院南路营业部	海淀区中关村南大街12号科海福林大厦1层、4层	100081	62215601
德外营业部	西城区新街口外大街8号5幢C座写字楼	100875	62079905
门头沟营销服务部	西城区莲花池东路106号汇融大厦2单元	100055	84189229
房山支公司	房山区城关街道办事处东大街北侧福胜家园1号楼19号	102400	89369406
良乡镇营销服务部	房山区拱辰街道西潞南大街5号3层	102401	89369406

通州支公司	通州区云景东路1号园景商业公建C段南配楼3～4层	101100	84189000
潘家园营销服务部	朝阳区松榆北路7号院11号楼2层	100021	67498953
顺义支公司	顺义区仓上街2号智能大厦B区9层	101300	69424945
昌平支公司	昌平区西环南路78号2层、3层	102200	80107796
大兴支公司	大兴区金苑路3金融大厦2层B01室	102628	69299932
怀柔营销服务部	怀柔区迎宾北路1号4层	101400	69544778
平谷支公司	平谷区平谷镇府前西街5号渔阳大厦5层、8层	101200	69970193
密云鼓楼营销服务部	密云县果园新里北区综合楼东侧1层	101500	69068746
延庆营销服务部	延庆县延庆镇高塔街58号5层	102100	69148752

泰康人寿保险股份有限公司北京分公司

机构名称	地　址	邮　编	电　话
长安支公司	西城区白云路1号白云大厦	100045	63287695
西城支公司	西城区高粱桥路6号5号楼	100000	85730093
东城支公司	朝阳区朝外大街19号华普国际大厦16层西区	100026	85730093
宣武支公司	西城区广安门内广义街7号10层	100053	66428866
朝阳广渠路支公司	朝阳区广渠路南侧44号北人泽洋大厦4层北侧商业楼4010号	100022	63283349
朝阳支公司	朝阳区建外SOHO9号楼33层、23号楼B－32层	100031	66428866
丰台支公司	丰台区宋庄路71号院1号楼13层1601室、1602室	100026	85730093
石景山支公司	石景山区石景山路22号万商大厦2015室、2016室	100000	68655969
海淀支公司	海淀区中关村南大街2号北京科技会展中心数码B座2103室	100000	51626811
门头沟支公司	门头沟区霁月园8号楼	102300	69852175

窦店支公司	房山区窦店镇窦店村	100026	85730093
房山支公司	房山区拱辰街道月华大街1号	102401	89362945
延庆支公司	延庆县延庆镇高塔街66号3层	102100	69181004
通州支公司	通州区通惠南路6号8号楼4层、10号楼3层	100000	89501672
昌平支公司	昌平区龙水路22号院1－13号楼	100026	85730093
大兴支公司	大兴区双河南里甲15－1号2层、3层	100000	85730093
顺义支公司	顺义区站前东街商业楼2号楼	101300	81484491
怀柔支公司	怀柔区迎宾中路1号5层	100026	85730093
平谷支公司	平谷区建设西街17号	100026	85730093
密云支公司	密云县鼓楼东大街山水大厦1～2层	100000	69087811
西城第一营销服务部	西城区西直门南大街2号成铭大厦C19层	100026	85730093
西城第二营销服务部	西城区西直门南大街2号成铭大厦C2205室	100026	85730093
西城第三营销服务部	西城区西直门南大街2号成铭大厦	100031	66428866
西城西直门外大街营销服务部	西城区西直门外大街6号中仪大厦818室	100026	85730093
朝阳安定路营销服务部	朝阳区安定路39号长新大厦711室、713室	100000	66428866
西集营销服务部	朝阳区东三环北路38号院1号楼10层	100026	85730093
管庄营销服务部	朝阳区建东苑18号楼	100000	89501622
杨镇营销服务部	顺义区杨镇地区一街村委会南500米	100000	81484491
四季青营销服务部	朝阳区吉庆里6号楼3层	100031	66428866
上地营销服务部	海淀区北四环西路67号大地科技大厦0511～0513室	100031	66428866
西北旺营销服务部	马连洼梅园甲3号楼3单元102室	100085	63287695
大孙各庄营销服务部	顺义区大孙各庄镇府前街7号	100000	81484491
天通苑营销服务部	昌平区天通苑一区9号楼16单元	100031	66428866

回龙观营销服务部	昌平区建材路西城87号2号楼19层2单元	100031	66428866
房山燕山营业部	房山区燕山迎风南路甲6号楼	100000	69390236
房山城关营销服务部	房山区城关街道农林路1号1层05号	100000	85730093
琉璃河营销服务部	房山区琉璃河东街8号	100031	66428866
阎村营销服务部	房山区阎村镇大董村村委会商业楼2号	100000	89360165
燕化星城营销服务部	昌平区昌平镇鼓楼西街11号楼	102200	69724975
溪翁庄营销服务部	密云县溪翁庄镇碧水花园1楼	101512	13241631663
河南寨营销服务部	密云县河南寨镇政府北侧	101500	13681433084
平谷区文化南街营销服务部	平谷区平谷镇文化南街3号楼	100000	69980214
延庆妫水北街营销服务部	延庆县妫水北街县工会南	100000	69184944

太平人寿保险有限公司北京分公司

机构名称	地　址	邮　编	电　话
海淀营销服务部	海淀区西直门北大街52号太平金融大厦	100082	82299585
东城营销服务部	东城区朝阳门北大街6号首创大厦5层B室	100022	85283017
昌平营销服务部	昌平区水库路G5号配套公建楼4层	102200	69721296
平谷营销服务部	平谷区平谷镇新开街30号楼30－6室	101200	82299725
顺义营销服务部	顺义区仓上小区37号楼3层3单元301室	101300	82299725
密云营销服务部	密云区鼓楼东区1号楼	101500	69040149
大兴营销服务部	大兴工业开发区金苑路3号多元商务大厦3层西侧	102600	60212006
良乡营销服务部	房山区良乡地区拱辰大街90号楼3层	102488	69371789
通州营销服务部	通州区通惠南路6号8号楼3层1～2号	101100	52338222

民生人寿保险股份有限公司北京分公司

机构名称	地　址	邮　编	电　话
密云营销服务部	密云县新东路277号2层	101599	69080173
昌平营销服务部	昌平区东小口镇天通东苑三组团3号楼101号3层	102218	80788186
房山营销服务部	房山区良乡太平庄323号北京祥龙房地产开发有限公司1层	102488	69365509
怀柔支公司	怀柔区金台园甲56号5楼	101499	69698467
通州营销服务部	通州区通胡大街甲3号武夷花园综合楼256单元8B室	101117	80886731
平谷营销服务部	平谷区新平北路51号海泰大厦3层	101299	69989152
顺义营销服务部	顺义区站前东街商业楼2号楼420室	101399	69427824
西城营销服务部	西城区德外大街新风街2号天成科技大厦A座403室	100088	51732810
朝阳营销服务部	朝阳区霞光里9号中电发展大厦1层	100027	84681379

生命人寿保险股份有限公司北京分公司

机构名称	地　址	邮　编	电　话
东城营销服务部	东城区王家园胡同十号金泰商之苑大厦2层	110101	65516830
石景山营销服务部	石景山区鲁谷路35号冠辉大厦3层	100082	68668323
门头沟营销服务部	门头沟区滨河路127号	110109	58978171
通州营销服务部	通州区云景北里52号楼1709－1712号	101100	80855207
顺义营销服务部	顺义区龙府花园11号楼4层	110113	82290099
昌平营销服务部	昌平区昌平镇西环路24号楼	110109	82290099
大兴营销服务部	大兴工业开发区金苑路3号	102600	61273570
平谷营销服务部	平谷区府前西街7号楼	110117	69986311

光大永明人寿保险有限公司北京分公司

机构名称	地址	邮编	电话
东城营销服务部	东城区东中街29号东环广场B座	100027	64152828
丰台营销服务部	丰台区宋庄路71号院1号楼扑满山大厦8层、9层	100079	59128352
东单营销服务部	东城区东单三条8－16号东方广场东配楼10层	100005	59128352
通州营销服务部	通州区通惠南路6号8号楼4层1～5号	101100	89502156
顺义营销服务部	顺义区石园南区33号楼13层1304单元	101300	89448534
昌平营销服务部	昌平区西环路25号蓝郡嘉苑沿街商业4层3A07#	102200	80119273
良乡营销服务部	房山区良乡西潞甲一号楼Y－03号	102488	69351728

合众人寿保险股份有限公司北京分公司

机构名称	地址	邮编	电话
神路街营销服务部	朝阳区朝外大街10号昆泰大厦写字楼主楼9层	100020	58797755
朝阳门营销服务部	朝阳区朝外大街乙12号昆泰国际大厦21层	100020	58797755
海淀营销服务部	海淀区杏石口路9号1幢1层	100195	58797755
房山营销服务部	房山区良乡地区月华大街8－B号楼	102488	89369947
通州营销服务部	通州区新华北街65号	101100	52102563
顺义营销服务部	顺义区府前东街9号	101300	69428063
昌平营销服务部	昌平区天通苑东一区6号楼	102218	13601331948
大兴营销服务部	大兴区黄村镇黄村西大街107号	102600	69261468
平谷营销服务部	平谷区平谷镇新平东路7号	101200	89981078

中国人民健康保险股份有限公司北京分公司

机构名称	地　址	邮　编	电　话
第一营销服务部	西城区阜外大街7号国投大厦7层	100037	59867903
西城营业部	西城区阜外大街7号国投大厦7层	100037	59867903
房山营销服务部	房山区良乡地区拱辰大街90号楼2层	102401	89352953
第三营销服务部	通州区新华大街157号	101100	80882833
第五营销服务部	顺义区仓上街2号AMB大厦A区2层	101300	59867903
怀柔营销服务部	怀柔区迎宾中路36号楼4层楼梯北侧	101400	69687796
第二营销服务部	平谷区建设西街17号1幢	101200	89999305

长城人寿保险股份有限公司北京分公司

机构名称	地　址	邮　编	电　话
良乡营销服务部	房山区良乡拱振大街47号拱振大厦6层	102401	69375838

农银人寿保险股份有限公司北京分公司

机构名称	地　址	邮　编	电　话
西城区马甸营销服务部	西城区黄寺大街甲23号院1号楼1501室（德胜园区）	100011	82235606
第四营销服务部	海淀区苏州街3号大恒科技大厦北座5层	100080	82828899
第二营销服务部	海淀区苏州街3号5层	100080	82827788
第三营销服务部	海淀区苏州街3号501室	100080	82827788

中国人民人寿保险股份有限公司北京市分公司

机构名称	地址	邮编	电话
东城支公司	东城区东四北大街343号瑞城亿兴大厦9层	100010	13601131937
朝阳支公司	朝阳区惠新里3号楼C座3层	100013	58892518
丰台支公司	丰台区丰北路甲45号楼111房间、115房间	100073	57128971
西城支公司	西城区北三环中路6号伦洋大厦10层	100120	13401024501
海淀支公司	海淀区上地信息产业基地上地三街1号楼	100085	58892518
房山区营销服务部	房山区良乡地区良乡西路21号3层	102488	13810236566
通州支公司	通州区通惠南路6号10号楼3层	101100	52338008
顺义区营销服务部	顺义区石垣南区33号楼10层4单元	101300	13051380170
昌平支公司	昌平区科技园区凉水河路8号楼4层	102200	13661318151
大兴区营销服务部	大兴区康庄路28号12层	102600	58503737－6013
怀柔支公司	怀柔区迎宾中路36号3层	101400	69688589
平谷区营销服务部	平谷区保安街61号	101200	69963051
密云县营销服务部	密云县鼓楼东大街27号信远大厦写字楼4层	101500	89086316
延庆县营销服务部	延庆县延庆镇小营师范街西侧商业楼9号、10号	102100	13911290123

昆仑健康保险股份有限公司北京分公司

机构名称	地址	邮编	电话
昌平营销服务部	昌平镇鼓楼北街商业综合楼101号3层	102200	89705906

华夏人寿保险股份有限公司北京分公司

机构名称	地　址	邮　编	电　话
宣武营销服务部	西城区宣外大街6号庄胜广场北楼东翼1528号	100052	63106600
大兴营销服务部	大兴区枣园东里40号楼11层2单元	102600	69236985
密云营销服务部	密云县密云镇鼓楼东大街29号粮贸大厦9层西侧	101500	63106600
东城营销服务部	东城区南竹竿胡同6号楼8层	100010	59130633

英大泰和人寿保险股份有限公司北京分公司

机构名称	地　址	邮　编	电　话
朝阳营销服务部	朝阳区东三环南路甲52号楼顺迈金钻6层B2室	100022	13910091746
海淀营销服务部	海淀区永定路乙1号院乐府商务大厦402室	100080	58977852

信泰人寿保险股份有限公司北京分公司

机构名称	地　址	邮　编	电　话
西城营销服务部	西城区宣武门西大街甲127号大成大厦12A层	100037	52612004
房山营销服务部	房山区拱辰大街98号10层	102488	18701328566
密云营销服务部	密云县鼓楼北大街东侧10号3层	101500	69072473

阳光人寿保险股份有限公司北京分公司

机构名称	地　址	邮　编	电　话
东城支公司	东城区灯市口大街50号好润大厦5层、9层	100006	65268111
国贸营销服务部	朝阳区东三环中路16号京粮大厦3层、4层	100028	59046990

朝阳营销服务部	朝阳区东三环中路20号乐城中心A座8层	100022	65268111
石景山支公司	石景山区石景山路22号万商大厦1210~1212房间	100043	68651225
通州支公司	通胡大街25号10号楼河畔丽景商务楼4层	101117	59753562
顺义支公司	顺义区双兴北区33号	101300	65268111

幸福人寿保险股份有限公司北京分公司

机构名称	地　址	邮　编	电　话
第一营销服务部	丰台区莱户营甲88号鹏润家园3A3B10层	100054	85239988
海淀支公司	海淀区西直门北大街32号院2号楼409房间	100082	85239988

国华人寿保险股份有限公司北京分公司

机构名称	地　址	邮　编	电　话
宣武营销服务部	朝阳区朝阳北路237号复星国际中心5层	100020	59272200

百年人寿保险股份有限公司北京分公司

机构名称	地　址	邮　编	电　话
东城营业部	东城区珠市口东大街2号6层、7层	100062	59817191

（3）外资保险公司

机构名称	地　址	邮　编	电　话
现代财产保险（中国）有限公司	朝阳区霄云路38号现代汽车大厦508室	100027	4006080808
中意财产保险有限公司营业部	朝阳区建国门外大街乙12号双子座大厦西塔26层	100022	59601818
苏黎世保险公司北京分公司	朝阳区曙光西里甲5号院21号楼北京凤凰置地广场F座6层	100027	84547799

三星财产保险（中国）有限公司北京分公司	朝阳区建国路118号招商局大厦25层	100022	65668100
利宝保险有限公司北京分公司	朝阳区建国路77号华贸中心3号写字楼9层	100025	59100788
美亚财产保险有限公司北京分公司	朝阳区光华路7号汉威大厦A座9A	100004	59692888
太阳联合保险（中国）有限公司北京分公司	西城区西直门外大街1号院3号楼22D－D6	100044	59096188
三井住友海上火灾保险（中国）有限公司北京分公司	朝阳区东三环北路5号北京发展大厦1601室	100004	85598000
国泰财产保险有限责任公司北京分公司	西城区宣武门外大街甲1号环球财讯中心大厦412～413室	100052	59336888
日本财产保险（中国）有限公司北京分公司	朝阳区东三环中路1号环球金融中心东楼406～407室	100020	59817500
东京海上日动火灾保险（中国）有限公司北京分公司	朝阳区建国门外大街8号国际财源中心A座33层	100022	59138879
瑞士再保险股份有限公司北京分公司	朝阳区建国门外大街乙12号双子座大厦东塔23层、24层	100022	65638888
慕尼黑再保险公司北京分公司	朝阳区建外大街2号银泰中心C座18层、20层	100022	85919999
法国再保险公司北京分公司	朝阳区建国门外大街1号国贸大厦1座1215～1220室	100004	65055238
瑞泰人寿保险有限公司	朝阳区建国路81号华贸中心1号楼10层	100025	4008109339
中法人寿保险有限责任公司	朝阳区建国门外大街永安东里8号华彬大厦1202B～1207室	100022	85288588
新光海航人寿保险有限责任公司	朝阳区建国门外大街乙12号双子座大厦东塔6层、8层	100022	59216666
美国友邦保险有限公司北京分公司	朝阳区建国门外大街8号国际财源中心西塔A座、B座5层	100022	8008203588
信诚人寿保险有限公司北京分公司	东城区王府井大街138号北京新东安广场第3座10层	100738	4008838838
中意人寿保险有限公司北京分公司	朝阳区光华路5号院1号楼11层、12层	100020	4008889888

中宏人寿保险有限公司北京分公司	西城区复兴门外大街A2号中化大厦4层	100045	4008188888
中英人寿保险有限公司北京分公司	朝阳区永安东里16号CBD国际大厦8层	100022	4008800900
工银安盛人寿保险有限公司北京分公司	朝阳区建国路116号招商局大厦R2楼2层	100022	4006705566
中荷人寿保险有限公司北京分公司	东城区东长安街1号东方广场东方经贸城东一办公楼5层	100022	4008161688
招商信诺人寿保险有限公司北京分公司	朝阳区建国路甲92号世茂大厦9层	100022	4008888288
海康人寿保险有限公司北京分公司	朝阳区工体北路甲2号盈科中心A座12层	100027	58164868
华泰人寿保险股份有限公司北京分公司	西城区德胜门外大街125号德胜尚城大厦B座1层、4层北楼	100088	4008895509
恒安标准人寿保险有限公司北京分公司	朝阳区霄云路26号鹏润大厦	100016	59235588
国泰人寿保险有限责任公司北京分公司	西城区西单北大街甲131号大悦城8层	100032	59716818
中德安联人寿保险有限公司北京分公司	朝阳区建国路81号华贸中心1号写字楼5层	100025	8009886688
中美联泰大都会人寿保险有限公司北京分公司	东城区东长安街1号东方广场东方经贸城东二办公楼12层	100738	85180966
长生人寿保险有限公司北京分公司	西城区平安里西大街28号中海国际中心	100034	63220122
中航三星人寿保险有限公司北京分公司	朝阳区建国路93号万达广场9号楼3层	100022	58201621
汇丰人寿保险有限公司北京分公司	朝阳区建国门外大街8号国际财源中心西塔11层	100022	59860000

（4）外资保险公司分支机构

长生人寿保险有限公司北京分公司

机构名称	地　址	邮　编	电　话
朝阳营销服务部	朝阳区东三环中路39号院23号楼17层	100022	59000865

海康人寿保险有限公司北京分公司

机构名称	地　址	邮　编	电　话
朝外大街营销服务部	朝阳区工人体育场北路甲2号盈科中心A座12层	100027	58164868

华泰人寿保险股份有限公司北京分公司

机构名称	地　址	邮　编	电　话
东城营销服务部	西城区德胜门外大街125号德胜尚城大厦B座3层北楼	100088	59375566
西城营销服务部	西城区德胜门外大街125号德胜尚城大厦B座2层北楼	100088	59375566
北太平庄营销服务部	海淀区知春路51号慎昌大厦7层	100080	59375151
房山营销服务部	房山区拱辰街道拱辰大街53号611室、619~620室	102488	59375158
昌平营销服务部	昌平区八街双井胡同八街3号住宅楼1层6单元	100000	69726203
大兴营销服务部	大兴工业开发区金苑路3号多元商务大厦3层C21室	102600	60216335

恒安标准人寿保险有限公司北京分公司

机构名称	地　址	邮　编	电　话
朝阳营销服务部	朝阳区宵云路26号鹏润大厦	100016	59235582

工银安盛人寿保险有限公司北京分公司

机构名称	地　址	邮　编	电　话
国贸营销服务部	朝阳区建国路116号招商局中心R2楼2层	100022	51358866

美国友邦保险有限公司北京分公司

机构名称	地　址	邮　编	电　话
东城长安营销服务部	东城区东直门南大街甲3号居然大厦8层	100006	85117775
朝阳亚运村营销服务部	朝阳区裕民路12号1号楼A座4层	100029	65683338
朝阳建国路营销服务部	朝阳区建华南路6号院1号楼5层	100022	65666331
朝阳永安里营销服务部	朝阳区建华南路6号院1号楼5层	100022	65666331
朝阳大望路营销服务部	朝阳区建华南路6号院1号楼5层	100022	65666331
朝阳劲松营销服务部	朝阳区建华南路6号院1号楼5层	100022	65666331
朝阳三元桥营销服务部	朝阳区东三环北路3号幸福大厦B座301室	100027	64619828
朝阳长虹桥营销服务部	朝阳区东三环北路17号11层	100027	65301269
朝阳和平西桥营销服务部	朝阳区东三环北路3号B座1709室	100013	64618448
朝阳光华路营销服务部	朝阳区建华南路6号院1号楼5层05单元	100022	65666331
海淀营销服务部	海淀区紫竹院路69号兵器大厦	100089	68966966
通州营销服务部	通州区云景北里45号楼-1至2层45-2商业用房	101101	81511557
昌平营销服务部	昌平区回龙观镇龙泽苑小区东门商业楼北楼3层	100029	58907888

信诚人寿保险有限公司北京分公司

机构名称	地　址	邮　编	电　话
新东安营销服务部	东城区王府井大街138号新东安写字楼3座8层	100006	65888885
王府井营销服务部	东城区王府井大街138号新东安广场写字楼1座7层、2座7层	100006	85117988

海淀第一营销服务部	海淀区中关村南大街乙56号方圆大厦写字楼22层	100044	85181888
亚运村营销服务部	朝阳区安定路39号长新大厦604室	100029	85181888
朝阳第一营销服务部	朝阳区广顺北大街19号1层、01层A17－A19	101213	85181888
昌平营销服务部	昌平科技园区超前路甲1号11号楼6层	102200	85181888
平谷营销服务部	平谷区平谷镇新开街33号楼18－3号	101200	89999578

中荷人寿保险有限公司北京分公司

机构名称	地　址	邮　编	电　话
东方广场营销服务部	东城区东长安街1号东方广场中二办公楼7层	100738	65216685
第二营销服务部	朝阳区建外大街永安东里甲3号通用时代国际中心1号楼2层	110105	58793777

中美联泰大都会人寿保险有限公司北京分公司

机构名称	地　址	邮　编	电　话
第三营销服务部	朝阳区东三环中路20号A座17层	100022	85180966
东城第一营销服务部	东城区朝阳门内大街2号凯恒中心B座6层、E座6层、B座7层	100010	58320818
第二营销服务部	东城区东直门南大街11号B座1002室、11层	100007	85180966

中航三星人寿保险有限公司北京分公司

机构名称	地　址	邮　编	电　话
第一营销服务部	丰台区宋庄路71号扑満山大厦5层	100079	58201656

朝阳第一营销服务部	朝阳区建国路93号万达广场9号楼8层	100022	58201780

中意人寿保险有限公司北京分公司

机构名称	地　　址	邮　编	电　话
东恒营销服务部	东城区东直门外大街46号天恒大厦25层	100027	58190088
大成营销服务部	西城区宣武门西大街甲127号大成大厦15A层	100031	66422900
国贸营销服务部	朝阳区永安东里甲3号通用国际中心A座21层	100022	59257000

中宏人寿保险有限公司北京分公司

机构名称	地　　址	邮　编	电　话
朝阳区营销服务部	朝阳区朝阳公园路19号佳隆国际大厦7层	100125	65390701

中英人寿保险有限公司北京分公司

机构名称	地　　址	邮　编	电　话
朝阳区营销服务部	朝阳区永安东里16号CBD国际大厦812室	100022	85672888
西城区德胜门营销服务部	西城区黄寺大街甲23号院1号楼615室、712室及16层	100011	58540000

（5）保险代理公司

机构名称	地　　址	邮　编	电　话
保通时空（北京）保险代理有限公司	海淀区紫竹院路116号嘉豪国际中心D座606室	100079	58931833
葆和（北京）保险代理有限公司	东城区安定门外大街183号4层N401	100044	56150893
北京安邦保险代理有限责任公司	西城区六铺炕街一号1层	100011	82032385

北京安惠保险代理有限公司	东城区建国门内大街 8 号中粮广场 B 座 1418 室	100005	4006786070
北京安平保险代理有限公司	西城区德胜门内西顺城街 46 号东 101A	100035	66126609
北京佰阳保险代理有限公司	海淀区花园东路甲 32 号仰源大厦 13 层	100088	82023299
北京佰盈保险代理有限公司	海淀区西直门北大街甲 43 号 1 幢 504 号	100044	82212758
北京宝力诚保险代理有限责任公司	朝阳区安慧北里安园 10 号楼 H 座 202 室	100101	51667471
北京北盛联合保险代理有限责任公司	朝阳区朝阳门外大街 20 号 701A 室	100020	65884700
北京碧升保险代理有限公司	西城区西直门外大街 1 号院 3 号楼 18 层	100055	58301616
北京博瑞和铭保险代理有限公司	朝阳区安贞西里四区 16 号楼 -1	100029	64412240
北京财富之舟保险代理有限公司	大兴区经济开发区金辅路甲 2 号 4 幢 4 层	100022	60297165
北京财鑫保险代理有限公司	朝阳区西坝河西里 28 号 1 号楼 3 层	100028	64475227
北京辰洋保险代理有限公司	海淀区北洼路西里 19 号 A503 室	100097	80793268
北京诚成保险代理有限公司	朝阳区东大桥路 8 号 1 楼 3012 室	100020	58701778
北京诚联保险代理有限公司	海淀区学院路 40 号大唐电信研 8 楼 2 层	100191	62304911
北京诚信保险代理有限公司	朝阳区东三环南路甲 52 号楼 5 层 6C	100022	51660599
北京诚信通保险代理有限公司	平谷区贾各庄村东南街甲 6 号	101200	89997999
北京创富保险代理有限公司	朝阳区东三环中路 39 号院 10 号楼 1801 室	100022	51299166
北京德信保险代理有限公司	朝阳区安慧里四区 16 号化工大厦 916 室	100723	84885211
北京迪卡保险代理有限公司	海淀区二里庄 34 号楼 8 单元 503 号	100083	82375133

北京鼎世力德保险代理有限公司	海淀区西四环北路136号4幢平房3号	100055	88437573
北京东方之家保险代理有限公司	丰台区南四环西路123号北京旧机动车交易市场过桥5号	100070	83638069
北京泛华保险代理有限公司	朝阳区向军南里二巷甲5号雨霖大厦7层	100054	85951478
北京泛华富民保险代理有限公司	朝阳区酒仙桥南路4号院3号楼305室	100086	64386956
北京泛联保险代理有限公司	朝阳区呼家楼向军南里二巷甲5号7层	100020	51311666
北京丰裕保险代理有限公司	东城区东中街58号1号楼2单元	100027	65544788
北京福安天润保险代理有限责任公司	平谷区平谷镇平谷南街39号39－7室	101200	69982586
北京富邦保险代理有限公司	朝阳区安华里二区13楼103室	100011	64427323
北京格林保险代理有限公司	海淀区花园东路30号海淀花园饭店5201室	100037	62366843
北京广安保险代理有限责任公司	平谷区平谷镇谷丰东路8号	101200	69988080
北京国诚国际保险代理有限公司	朝阳区东风乡将台洼甲80号院内甲8号	100016	67713603
北京国恒保险代理有限公司	西城区德胜门外大街73号北楼2层	100088	62351912
北京国济保险代理有限公司	西城区北三环中路甲29号院2号楼华尊大厦B座1501室	100029	62356665
北京国民保险代理有限公司	西城区车公庄大街9号院5号楼1402室	100044	62538000
北京国人保险代理有限公司	朝阳区建国门外大街丙24号楼18层	100022	65666680
北京国泰保险代理有限公司	朝阳区幸福一村甲55号	100027	64162696
北京海商保险代理有限公司	朝阳区东四环中路60号楼305室	100025	59648671
北京恒荣汇彬保险代理有限公司	丰台区南三环东路6号楼2—1506室	100026	87670356

北京恒泰保险代理有限公司	朝阳区秀水街1号建国门外外交公寓7-1-14号	100600	85322837
北京恒信保险代理有限公司	朝阳区芍药居北里305楼203~204室	100029	84929744
北京红枫鑫保险代理有限公司	朝阳区东三环南路21号北侧翌景家园1号楼15G	100021	87731288
北京宏安信保险代理有限公司	海淀区中关村东路18号财智国际大厦A座1201室	100083	82600499-801
北京宏利保险代理有限公司	朝阳区建国门外大街1号（一期）16幢14层59室	100025	59630856
北京华诚保险代理有限公司	海淀区北三环西路32号恒润国际大厦809室	100086	82624648
北京华创明德保险代理有限公司	朝阳区东三环中路39号建外SOHO西区13号楼1602室	100022	58698747
北京华盛京港保险代理有限公司	海淀区北四环中路229号海泰大厦557室	100084	82885815
北京华夏经纬保险代理有限公司	朝阳区东三环中路59号楼601室	100022	58241666
北京华谊保险销售有限公司	东城区珠市口东大街2号4012室	100150	65387075
北京环宇康泰保险代理有限公司	丰台区丰管路22号院12栋105号	100071	63339582
北京汇通金隆保险代理有限公司	丰台区分中寺关家坑206号B座303室	100164	67684511
北京汇祥保险代理有限公司	海淀区复兴路20号44号楼319室	100036	68211690
北京汇泽保险代理有限公司	东城区朝阳门南小街2号楼3层335室	100028	58643561
北京吉顺佳保险代理有限公司	丰台区西四环南路46号国润商务大厦A座310室	100073	51661563
北京佳保保险代理有限公司	朝阳区京奥家园132号楼4层1门401号	100018	51079873
北京佳盛保险代理有限公司	海淀区建材城东二里15号楼2幢206室	100096	82934662
北京嘉信保险代理有限公司	朝阳区东四环中路60号楼4层401室	100007	84012449

北京嘉泽保险代理有限公司	朝阳区建国路93号院8号楼605室	100022	58205506
北京交广保险代理有限公司	朝阳区幸福三村北街1号	100027	84515731
北京金鼎涛保险代理有限公司	海淀区彰化南路18号1号楼3层328号	100097	88840744
北京金汉保险代理有限公司	海淀区四季青镇柴家坟78号	100097	88452586
北京金宏保险代理有限责任公司	西城区红莲南路28号6－1幢B座0309号	100124	64130456
北京金石保险代理有限公司	朝阳区亚运村北小营欧陆经典北区c座8层	100101	84850879
北京金隅民生保险代理有限公司	朝阳区向军北里28号院瀚海文化大厦3层	100075	59634321
北京金宇四越保险代理有限责任公司	昌平区鼓楼东街33号金宇大厦2层206室	102200	60741812
北京金支桥保险代理有限责任公司	朝阳区汤立路218号7层827室	100044	84675758
北京京安保险代理有限公司	西城区西直门南小街国英一号427室	100035	58561057
北京京安恒信保险代理有限公司	西城区平原里小区20号楼311室	100054	83554701
北京京广保险代理有限公司	朝阳区朝阳北路235号复地国际公寓703室	100020	85715028
北京京恒福保险代理有限公司	海淀区中关村南大街甲56号6层A座602室	100044	62186351
北京京铁保险代理有限公司	丰台区莲花池东路120－1号北京西站西附楼5301室	100055	51935016
北京精诚信联保险销售有限公司	东城区东花市南里东区8号楼5层2单元	100062	67195677
北京开诚保险代理有限公司	丰台区东大街66号新空间写字楼309室	100071	63861768
北京开元保险代理有限公司	海淀区巴沟南路35号京江阳光A座310号	100089	82551322
北京康硕保险代理有限公司	丰台区南苑北里二区6号楼2层201室	100164	59273405

北京康泰保险代理有限公司	丰台区五里店277号	100011	58042817
北京可为保险代理有限公司	朝阳区西坝河西里28号1号楼B0903室	100028	64475477
北京乐百家保险代理有限公司	西城区广外车站西街5号D层007室	100056	83724926
北京乐融保险代理有限公司	西城区西直门外大街1号院2号楼12层12C5室	100035	68563212
北京立康保险代理有限公司	海淀区中关村南大街乙12号院1号楼14层1710室	100027	82101143
北京丽华保险代理有限公司	丰台区丰台镇北大街14号1号楼403室	100070	84124980
北京利信保险代理有限公司	东城区安定门东大街28号雍和大厦东楼A座1011室	100007	64097126
北京利亚保险代理有限公司	海淀区中关村南大街2号数码大厦A座2706室	100050	51727665
北京美安保险销售有限公司	朝阳区秀水街1号6号楼2单元1层2号	100600	85321905
北京美日保险代理有限公司	密云县经济开发区康宝路10－3号	101500	65387031
北京名阳保险代理有限公司	朝阳区建国门外大街18号6层D单元706室	100029	65155189
北京铭信保险代理有限公司	西城区德外大街11号44号楼318室	100088	82081236
北京平和保险代理有限公司	西城区阜成门外大街7号国投大厦715室	100037	68008261
北京启盛保险代理有限公司	经济技术开发区西环南路18号	100070	63718665
北京钱袋网保险代理有限责任公司	海淀区知春路6号锦秋国际大厦15层B03号	100088	82800993
北京仁怡保险代理有限公司	东城区东四六条45号友诚商务楼403A室	100007	84012608
北京瑞安鸿泰保险代理有限公司	怀柔区青春路26号4层	101400	61665978
北京瑞宝寿康保险代理有限公司	朝阳区小关北里45号世纪嘉园1号楼17A	100029	84896216

北京瑞懋保险代理有限责任公司	海淀区复兴路 2 号 23 号南平房	100038	51916598
北京睿峰都保险代理有限责任公司	房山区城关街道顾八路 1 区 1 号—W18	102488	89358985
北京润昌保险代理有限公司	海淀区蓝靛厂南路 55 号金威大厦 303 房间	100083	62021595
北京润康保险代理有限公司	西城区新街口外大街 8 号金丰和写字楼 A 座 415 室	100088	67186620
北京赛保通保险代理有限公司	东城区幸福大街甲 39 号 A-207 室	100061	67186899
北京赛福特保险代理有限公司	朝阳区安立路 60 号院 2 号住宅楼 1502 室	100101	64827061
北京三合保业保险代理有限公司	丰台区南三环中路小铁营 10 号 5 层东段	100078	58076944
北京上禾保险代理股份有限公司	东城区广渠家园 2 栋 1308 室	100037	68029246
北京申根保险代理有限公司	朝阳区朝外大街 10 号（A1 区）706A	100020	64174035
北京胜易保险代理有限公司	东城区永定门内东街中里 9-17 号楼 3030 房间	100063	67018888
北京世纪隆盛保险代理有限公司	海淀区板井路 69 号世纪金源国际公寓东区 10H	100097	88460345
北京市金诚华夏保险代理有限公司	丰台区科技园区 3A 地块工商联科技大厦	100070	63743368
北京市神舟保险代理有限公司	西城区新街口外大街 8 号 1 幢 612 室	100088	82358474
北京市玉林保险代理有限责任公司	房山区西潞街道良乡西路苏庄三里 17 号楼 11 号	102488	69312808
北京双诚保险代理有限公司	东城区忠实里南街 6 号楼 3 单元 603 室	100022	87758893
北京泰铭保险代理有限责任公司	西城区莲花池东路甲 5 号院 1 号楼 11 层 2 单元 1104 室	100038	51289200
北京泰瑞保险代理有限责任公司	朝阳区东直门外大街 28 号 501 室	100027	64151042
北京泰洋保险代理有限公司	朝阳区吉庆里 6 号佳汇中心 B 座 407 号	100020	65531761

北京天地保险代理有限公司	海淀区中关村北二条13号中科科仪5－309室	100190	82671691
北京天岳保险代理有限公司	怀柔区青春路21号404室	101400	58773792
北京通盈保险代理有限公司	西城区红莲南路28号6－1幢301B室	100054	52619182
北京万家保险代理有限公司	海淀区阜成路115号北京印象1号楼205房间	100036	88128735
北京祥康保险代理有限公司	朝阳区建国路88号10号楼14～15层	100023	85806868
北京昕盈保险代理有限公司	丰台区万丰路317号	100073	86639611
北京新月保险代理有限责任公司	昌平区科技园区永安路26号	102200	80119100
北京信安保险代理有限公司	朝阳区北辰西路69号峻峰华亭C座5层	100029	58772233
北京信泰保险代理有限公司	海淀区昌运宫4号豪柏公寓B1－701号	100044	88420460
北京阳光保险代理有限公司	朝阳区慧忠里103楼8A层8A09	100102	84787548
北京阳光干线保险代理有限公司	海淀区祁家豁子甲2号建德商务楼117室	100083	62369090
北京阳光金元汇保险代理有限公司	朝阳区关东店南街2号0511室	100020	58797145
北京义邦保险代理有限公司	密云县百世城商业街7幢109号	101500	89080119
北京易品保险代理有限公司	朝阳区光华路4号东方梅地亚C座2708室	100026	85718581
北京银华同邦保险代理有限公司	西城区宣武门西大街28号大成广场9门1917～1920室	100053	83139918
北京永通保险代理有限公司	平谷区平谷镇兴谷园小区18楼12号	101200	89982282
北京远安保险代理有限公司	朝阳区霞光里66号院3号楼商业C06－2	100011	82231008
北京致用保险代理有限公司	西城区广安门南滨河路25号403室	100055	51656544－806

北京智瀚保险代理有限公司	朝阳区东直门外大街28号423号	100027	64157780
北京中佳保险代理有限公司	西城区南滨河路27号院7号楼307室	100055	63453588
北京中金同安保险代理有限公司	海淀区西四环北路158号慧科大厦东区5层H2	100142	88591798
北京中联信保险销售服务有限公司	朝阳区工人体育场北路甲6号中宇大厦1层010C	100027	85236865
北京中逸保险代理有限公司	海淀区北三环西路48号科技会展中心1号楼A座8B	100086	51627409
北京众合四海保险代理有限公司	朝阳区安华里二区13号楼101室	100011	59221533
北京众恒保险代理有限责任公司	大兴区黄村镇车站北里51号楼1层	102200	69208553
北京众联汇华保险代理有限公司	东城区夕照寺街14号4号楼3层	100061	59790423
北京资本动力保险代理有限公司	朝阳区东三环中路12号1号楼1401室	100022	87710095
大童保险销售服务有限公司	西城区宣武门西大街甲127号22层	100031	57382999
泛华联兴保险销售股份公司	朝阳区建国路93号院9号楼4层	100022	58205550
国福家庭保险销售服务有限责任公司	西城区莲花池东路106号2单元705室	100055	66290713
国华五洲保险代理(北京)有限公司	海淀区西直门北大街45号2-2-203	100044	62220725
国仁泰和(北京)保险代理有限公司	东城区东直门外大街46号1007室	100027	84608228
航联保险销售(北京)有限公司	东城区东直门南大街5号中青旅大厦8层	100007	58157000
和谐保险销售有限公司	朝阳区建国门外大街6号9层	100022	85256380
汇银林泰(北京)保险代理有限公司	海淀区万柳东路11号5层508室	100080	82553362
康盛(北京)保险销售有限公司	平谷区平谷镇向阳北街4号	100022	58614829
纳捷奥保险代理(北京)有限公司	海淀区车公庄西路乙19号华通大厦B座北塔10层	100048	51666898

盛源兴保险代理（北京）有限责任公司	平谷区平谷镇文化南街8号楼	101200	69971759
世捷开元保险代理有限公司	石景山区八大处高科技园区西井路3号3号楼8737室	100041	57273371
太阳联创保险代理（北京）有限公司	朝阳区和平街东土城路12号院3号楼1702室	100013	64489960
天勤保险代理（北京）有限公司	朝阳区幸福一村55号1号楼1层	100021	87667158
天圆地方（北京）保险代理有限公司	东城区天坛东路74号4层	100026	85999605
五星保险销售有限公司	海淀区西直门北大街56号生命人寿大厦6楼	100082	58978222
新宝宇业（北京）保险代理有限公司	丰台区成寿寺路5号楼5层	100022	87527425
阳光一家家庭综合保险销售服务有限公司	朝阳区朝外大街乙12号1号楼昆泰国际大厦9层	100020	58289877
阳光之音保险销售服务有限公司	通州区梨园镇小街三队综合楼3层A区	101121	81593211
洋坤（北京）保险代理有限公司	海淀区永泰园16号楼101室	100081	62166258
宜信博诚保险销售服务（北京）有限公司	朝阳区建国路88号8号楼12层	100022	57951600
英硕伦斯保险代理（北京）有限责任公司	东城区忠实里南街甲6号楼807室	100022	67759836
永安保险销售（北京）有限公司	朝阳区建国路甲92号世茂大厦C座901~902室	100022	58660038
中驰保险代理（北京）有限公司	石景山区石景山路乙18号院3号楼6层	100101	84787713
中际保险代理（北京）有限公司	朝阳区管庄杨闸环岛西侧北角京通新城13号楼12-E室	100024	51397938
中天信合保险代理（北京）有限公司	西城区新街口外大街8号101室	100088	51140532
北京欧尼斯特保险代理有限公司	海淀区蓝靛厂东路2号院金源时代商务中心2号楼C座5D	100089	88877794
北京瑞丰民安保险代理有限公司	海淀区大钟寺13号院1号华杰大厦10B21房间	100098	62152078-808

（6）保险经纪公司

机构名称	地址	邮编	电话
安润国际保险经纪（北京）有限公司	西城区阜成门外大街2号万通新世界广场A座1811室、1812室	100037	68060129
安行保险经纪（北京）有限公司	西城区三里河一区5号院7号楼裙房5-3号3层	100022	65387011
北京安华保险经纪有限公司	门头沟区城子大街73-3号	100026	58790790
北京安康保险经纪有限公司	朝阳区西坝河西里28号B205室	100028	64477610
北京安平中鼎保险经纪有限公司	丰台区科技园富丰路4号工商联科技大厦B座2004室	100070	63784045
北京鞍汇联保险经纪有限公司	朝阳区东三环中路39号建外SOHO15号楼805室	100022	58695890
北京奥创保险经纪有限公司	朝阳区洼里乡北苑北辰居住区B5区商业及办公11层	100101	84938008
北京百川保险经纪有限公司	东城区安定门西大街25号	100009	64052860
北京邦恒保险经纪有限公司	丰台区南四环西路188号15区15号楼6层	100070	51298395
北京大唐泰信保险经纪有限公司	西城区菜市口大街1号13层	100053	83956356
北京大童保险经纪有限公司	西城区宣武门西大街甲127号大成大厦19层	100031	57382999
北京鼎盛保险经纪有限责任公司	朝阳区东三环北路16号	100125	65065338
北京东方保险经纪有限公司	朝阳区东三环中路39号院18号楼2801室	100052	59000271
北京东方华信保险经纪有限公司	西城区高井胡同16号北京惠福园宾馆203房间	100037	68366080
北京丰融保险经纪有限公司	东城区朝阳门北大街8号富华大厦D座17层A室	100053	58373700
北京富诚保险经纪有限公司	东城区广渠门南小街3号一单元1002室	100062	67169146

北京富达保险经纪有限公司	朝阳区吉庆里9号、10号蓝筹名座B座1单元502室	100020	65539310
北京关爱保险经纪有限公司	朝阳区朝阳北路99号1号楼1903室	100125	65992887
北京广发保险经纪有限公司	密云县新南路110号密云镇政府办公楼417室-100	101300	69472620
北京广丰保险经纪有限公司	西城区复兴门内大街45号4-102A室	100027	66095658
北京国采保险经纪有限公司	东城区东直门外大街48号1幢10层办公楼10K	100020	84477399
北京国中保险经纪有限公司	朝阳区建国门外大街18号D702号	100022	65691466
北京海力保险经纪有限公司	丰台区政馨园一区2号楼8层822室	100079	56127490
北京合利仁保险经纪有限公司	朝阳区建国路77号2418~2419室	100028	58220292
北京和政保险经纪有限公司	朝阳区道家园18号楼12层	100025	65301358
北京恒丰保险经纪有限公司	西城区西四南大街砖塔胡同40号宝塔宾馆308室	100810	88891941
北京宏源保险经纪有限公司	东城区工体北路工人体育馆北区2层6~7室	100021	51401796
北京华川恒健保险经纪有限公司	海淀区永泰庄北路9号永泰绿色生态园V6号院	100086	51582188
北京华钢联合保险经纪有限公司	朝阳区建国路甲92号5层16单元	100022	67042316
北京华汇保险经纪有限公司	大兴区黄村镇金星桥西金星西路1号	100021	60298585
北京华融保险经纪有限公司	西城区阜成门外大街11号国宾大厦808室	100037	68002925
北京华夏保险经纪有限公司	东城区朝阳门内大街2号13层1602号	100011	62028188
北京华育保险经纪有限公司	朝阳区亮马桥路42号院光明饭店内0808室	100031	84418408
北京环球保险经纪有限公司	西城区西直门内南小街国英园1号	100035	58561188

北京汇保联保险经纪有限公司	石景山区石景山路20号2004A	100131	59932888
北京汇金保险经纪有限公司	朝阳区建国门外大街1号（一期）16号楼422~425室	100738	51660028
北京惠邦保险经纪有限公司	朝阳区裕民路12号中国国际科技会展中心C座901室	100028	84414473
北京慧保保险经纪有限公司	朝阳区和平里西街1号院C号楼413室	100032	57063999
北京吉泰保险经纪有限公司	海淀区紫竹院路81号院3号楼北方地产大厦6层609室	100089	88580566
北京嘉信保险经纪有限公司	朝阳区东四环中路60号楼远洋国际C座402室	100007	84012135
北京金诚国际保险经纪有限公司	海淀区西三环北路91号7号楼3层C02号房间	100089	52961111
北京金甲保险经纪有限公司	西城区西直门内南小街国英园1号楼707室	100035	58561769
北京金路方舟保险经纪有限公司	丰台区马家堡东路106号2号楼8层825室	100068	56213185
北京金永泰保险经纪有限责任公司	海淀区西八里庄北里56号院西钓鱼台庄园3号楼4门401室	100036	88122415
北京康信保险经纪有限公司	朝阳区八里庄西里远洋天地61号楼2503室	100025	85861166
北京联合保险经纪有限公司	朝阳区静安里26号楼8层、9层	100028	64680488
北京隆华保险经纪有限公司	朝阳区百子湾西里403号楼15层	100028	87101985
北京美邦保险经纪有限公司	海淀区车公庄西路22号院1号楼B座14层	100027	84473181
北京明亚保险经纪有限公司	朝阳区朝外大街22号泛利大厦5层	100020	85658565
北京木易保险经纪有限责任公司	海淀区厂洼街5号院博越写字楼6506室	100089	52963666
北京普华盛世保险经纪有限公司	朝阳区北四环中路8号H座2006室	100101	85323306
北京乾泰保险经纪有限公司	西城区珠市口西大街120号1号楼1037室	100081	58528120

北京秦华保险经纪有限公司	西城区广安门外大街168号中座1010室	100055	63985525
北京全联保险经纪有限公司	丰台区角门18号枫竹苑二区1号楼	100068	87262958
北京瑞和保险经纪有限公司	朝阳区东三环中路55号楼20层	100020	85256408
北京瑞康国际保险经纪有限公司	丰台区丰北路甲45号楼1层111室	100073	63347044
北京瑞信保险经纪有限公司	朝阳区北四环东路108号千鹤家园3号楼504室	100029	84832950
北京润得保险经纪有限公司	朝阳区北小营欧陆经典万兴苑11座4层A室	100101	84851002
北京润盛保险经纪有限公司	朝阳区东方东路8号	100016	64681372
北京赛福哈博保险经纪有限公司	海淀区北小马厂6号华天大厦514～516室	100036	63378585、
北京三角洲保险经纪有限责任公司	海淀区青云里满庭芳园小区9号楼青云当代大厦1811号	100086	62124086
北京盛安国际保险经纪有限公司	海淀区中关村东路18号财智国际大厦A座1105室	100083	82600498－801
北京盛唐保险经纪有限公司	朝阳区高碑店乡半壁店村惠河南街1008－B四惠大厦3004～3006室	100022	56145295
北京世纪保险经纪有限公司	西城区复兴门内大街156号北京招商国际金融中心A座10层1001室	100031	88086600
北京泰丰保险经纪有限公司	东城区东水井胡同11号楼3层3C02室	100077	67281839
北京天道保险经纪有限责任公司	海淀区西郊半壁店59号4298室	100097	51502735
北京天和保险经纪有限公司	朝阳区北土城西路7号F座802室	100029	82275811
北京天时国际保险经纪有限公司	海淀区清华园街道清华大学33区12楼3层盛世华园酒店301室	100037	88578257
北京天易保险经纪有限公司	海淀区阜外亮甲店1号恩济西园10号楼西3门3305室	100142	68177335

北京同泰保险经纪有限责任公司	朝阳区曙光西里甲1号B—2703室	100028	58221917
北京问鼎保险经纪有限公司	朝阳区东三环中路39号院14号楼1102室	100022	58691652
北京物融保险经纪有限公司	西城区阜成门外大街甲9号国宾酒店9层902室	100037	68005737
北京协荣保险经纪有限公司	西城区广义街5号3层	100053	83126678
北京新城保险经纪有限公司	朝阳区北土城西路7号国恒基业大厦D座804室	100029	51663231
北京新域保险经纪有限公司	东城区崇文门外大街3号南办9层	100062	67092376
北京鑫恒保险经纪有限公司	西城区西直门外大街1号院2号楼12层12C5室	100045	68563212
北京信成和盛保险经纪有限责任公司	朝阳区大郊亭中街2号院华腾国际公寓5号楼12B	100052	63036418
北京信德保险经纪有限公司	海淀区昌运宫4号豪柏国际公寓A1座2402～2403室	100044	68436261
北京亚泰胜达保险经纪有限责任公司	西城区金融街通泰大厦703室	100079	58626666
北京阳光三泰保险经纪有限公司	石景山区政达路2号3层1单元	100040	59497070
北京银河时空保险经纪有限责任公司	海淀区北四环西路9号银谷大厦812室	100190	82525388
北京永诚保险经纪有限公司	海淀区中关村南大街2号科技会展中心数码银座803室	100081	80812570
北京永达理保险经纪有限公司	海淀区丹棱街18号创富大厦19层	100080	82828863
北京远安保险经纪有限公司	朝阳区霞光里66号院3号楼商业C06－1	100011	82231008
北京中兵保险经纪有限公司	海淀区紫竹院路69号17层1707单元	100089	68966743
北京中鼎保险经纪有限责任公司	西城区大安澜营胡同31号4号楼218室	100050	63163589
北京中海联合保险经纪有限公司	朝阳区朝外大街16号中国人寿大厦201B号	100020	85253855

北京中汇国际保险经纪有限公司	朝阳区东三环中路39号建外SOHO15号楼808室	100022	58691896
北京中金保险经纪有限公司	海淀区新街口外大街19号1区3号楼9716单元	100875	88400426
北京中联恒信保险经纪有限公司	西城区太平街6号6层E－711室	100050	59361219
北京中联金安保险经纪有限公司	海淀区知春路111号719室	100086	88353855
北京中瑞惠银国际保险经纪股份有限公司	朝阳区东三环南路甲52号顺迈金钻大厦15层18C	100022	87729970
北京中泰鑫海保险经纪有限公司	西城区香炉营头条庄胜商住楼305室、328室	100052	83172500
北京中体保险经纪有限公司	东城区天坛东路50号国家体育总局训练局院内	100061	67162121
北京中天保险经纪有限公司	西城区闹市口大街1号院2号楼长安兴融中心6C	100031	59799818
北京中卫保险经纪有限公司	朝阳区安外外馆斜街甲1号泰利明苑A座212号	100011	85285599
北京中兴保险经纪有限公司	西城区广安门内大街6号8门502室	100075	87874667
标准（北京）保险经纪有限公司	朝阳区朝外大街乙12号1号楼昆泰国际大厦29层	100020	58289621
财富亿家（北京）保险经纪有限公司	东城区桃园东里1号	100055	58643561
诚合保险经纪有限责任公司	海淀区复兴路40号中国铁建大厦8层	100855	52689665
达信（北京）保险经纪有限公司	朝阳区光华路1号北京嘉里中心北楼15层1506室	100020	65334000
道可特保险经纪（北京）有限公司	朝阳区八里庄西里100号住邦2000一号楼西区1601室	100025	85863605
德圣保险经纪有限公司	朝阳区南磨房路37号7层707室	100034	51908196
鼎高保险经纪有限责任公司	朝阳区光华路8号楼4层A428室、A436室	100032	52450450
鼎力（北京）保险经纪有限公司	东城区安定门东大街28号B座1102～1103室	100142	84683568

泛华博成保险经纪有限公司	通州区安顺二街1号	100004	58205550
方胜保险经纪有限公司	朝阳区西大望路15号4号楼7层	100031	67771270
国安国际保险经纪股份有限公司	朝阳区和平街13区35号楼煤炭大厦	100738	64257976
国电保险经纪（北京）有限公司	西城区阜成门北大街6号C幢601室	100875	58682591
国联（北京）保险经纪有限公司	朝阳区北苑路170号5号楼1203室	100089	63202640
国泰路安保险经纪（北京）有限公司	西城区白纸坊西街20号圣都大厦1806室	100043	63585718
哈保保险经纪（北京）有限公司	朝阳区建国路93号院10号楼601室	100101	58203824
海盟国际保险经纪（北京）有限公司	朝阳区永安东里甲3号院1号楼8层0806号	102218	64200617
海峡联合保险经纪（北京）有限责任公司	海淀区金源时代商务中心B座5E	100068	88878991
海亚（北京）国际保险经纪有限公司	朝阳区安慧北里小区秀园15号楼4层	100089	64912569
航联保险经纪有限公司	东城区东直门南大街5号中青旅大厦9层	100080	58157000
和德（北京）保险经纪有限公司	朝阳区东三环北路丙2号14层17B08	100044	84464608
宏达通泰保险经纪（北京）有限公司	海淀区车公庄西路甲19号华通大厦8层828室	100738	51662261
宏孚保险经纪（北京）有限公司	朝阳区拂林路9号D座1003室	100102	64466561
华安（北京）国际保险经纪有限公司	西城区富国街2号富国饭店写字楼1601室	100034	66123935
华富（北京）保险经纪有限公司	西城区金融街35号国际企业大厦B1122室	100012	88092087
华旅（北京）保险经纪有限公司	海淀区西四环北路158号慧科大厦东区8A	100027	88592081
华泰保险经纪有限公司	西城区金融大街11号中国再保险大厦14层	100004	66576588

华信保险经纪有限公司	西城区宣武门内大街2号楼西楼办公1119－1124室	100031	83568356
佳达保险经纪（北京）有限公司	东城区东长安街1号东方广场东方经贸城东三办公楼1109室	100738	65334100
江泰保险经纪股份有限公司	海淀区新街口外大街19号京师大厦7层	100875	62202788
金安保险经纪有限公司	海淀区板井路69号世纪金源国际公寓东区11层12I	100054	88430676
金丰（北京）保险经纪有限公司	石景山区石景山路乙18号院3号楼5层	100022	88689990
金兰（北京）国际保险经纪有限公司	朝阳区慧忠北里315号楼1603号	100028	64938131
金联安保险经纪（北京）有限公司	昌平区东小口镇立汤路188号院北方明珠大厦1号楼2310室	100140	58608292
金晟保险经纪有限公司	朝阳区安定路10号中国有色大厦北楼2层	100089	64421991
九州联合（北京）保险经纪有限公司	海淀区车道沟8号5号楼A420	100101	68473708
康桥保险经纪有限公司	朝阳区华威里3号楼2E	100007	87731845
昆仑保险经纪股份有限公司	丰台区角门18号枫竹苑二区1号楼1101室	100044	87571701
联华国际保险经纪（北京）有限公司	西城区闹市口大街1号院长安兴融中心3号楼519室	100107	59731672
领航国际保险经纪（北京）有限公司	朝阳区东四环中路60号楼305室	100034	58362067
民生保险经纪有限公司	朝阳区工体西路18号光彩国际公寓1号楼3A	100032	85259863
全景保险经纪（北京）有限责任公司	朝阳区将台路6号丽都饭店内3层	100142	64373510
融超保险经纪有限公司	西城区阜外大街2号万通新世界广场A座1705号	100004	87615005
赛诺保险经纪（北京）有限公司	昌平区科技园区振兴路9号力兴大厦310～319室	100031	80119057
三峡保险经纪有限责任公司	海淀区玉渊潭南路1号B座三峡大厦3层	100738	57081400
苏黎世保险经纪（北京）有限公司	朝阳区曙光西里甲5号院21号楼凤凰置地广场F座6层605B单元	100875	84398158

通联保险经纪有限公司	丰台区靛厂路汉唐国际大厦3层	100089	63713236
文津国际保险经纪（北京）有限公司	海淀区善缘街1号立方庭2－119室	100043	84641963
五矿保险经纪（北京）有限责任公司	海淀区三里河路5号五矿大厦B座410室	100101	88821652
五洲（北京）保险经纪有限公司	东城区东长安街1号东方广场东2座1704－5A	102218	85188766
希尔曼（北京）国际保险经纪有限公司	朝阳区京顺路四元桥1号	100068	84729364
新航保险经纪（北京）有限公司	朝阳区建国路88号7号楼710室	100089	85808907
新时代保险经纪有限公司	海淀区花园路7号	100021	84979909
扬子江保险经纪有限公司	顺义区天竺镇府右街6号	100031	57583451
宜安（北京）保险经纪有限公司	东城区东直门外大街48号东方银座1幢9层办公楼09K	102200	84476603
银河保险经纪（北京）有限责任公司	西城区金融大街35号国际企业大厦C座12层	100016	66568300
银泰（北京）保险经纪有限公司	海淀区高粱桥斜街59号院1号楼17层	100080	82149692
英大长安保险经纪集团有限公司	西城区南横东街8号都城大厦12层	100044	63411499
英硕（北京）保险经纪有限公司	西城区黄寺大街26号院1号楼608室	100738	80859193
宇泰保险经纪（北京）有限公司	朝阳区建国路乙118号21层2106室	100102	65675665
远通（北京）保险经纪有限公司	海淀区北四环西路9号2106－148号	100034	52720502
正丰国际保险经纪（北京）有限公司	西城区闹市口大街1号院长安兴融中心3号楼1204室	100012	58529167
正隆（北京）保险经纪股份有限公司	西城区月坛北街2号月坛大厦22层2215室	100027	66290533
中电投保险经纪有限公司	西城区金融大街28号院3号楼6层	100032	56625687

中工海亚（北京）国际保险经纪有限公司	丰台区南四环西路188号十区8号楼4层	100044	63703398
中铝保险经纪（北京）股份有限公司	海淀区西直门北大街62号9层	100052	82298566
中盛国际保险经纪有限责任公司	东城区安定门东大街28号雍和大厦A座11层	101100	51239700
中盛融安国际保险经纪（北京）有限公司	海淀区大柳树路富海中心3号楼富海国际港1501室	100085	62138771－813
中泰国际保险经纪（北京）有限公司	海淀区海淀大街8号中钢大厦7层716～717室	100097	62686563
中铁保险经纪有限责任公司	西城区西绒线胡同28号天安国汇14层1410室	100031	59739002
北京众合保险经纪有限公司	朝阳区安华里二区13楼303室	100032	66553355
海盟联合保险经纪（北京）有限公司	北京市西城区金融大街5号新盛大厦A座409室	100140	66553313－888

（7）保险公估公司

机构名称	地　　址	邮　编	电　话
北京安诚保险公估有限公司	怀柔区怀北镇西庄村308号	100029	84926917
北京安恒信保险公估有限公司	西城区南横东街8号都城大厦1106室	100052	63411487
北京邦业保险公估有限公司	朝阳区来广营西路甲8号3层	100012	85257312
北京保程保险公估有限公司	海淀区农大南路1号院2号楼2层办公B－207－448	101200	52720503
北京北极星保险公估有限公司	平谷区贾各庄村东南街甲6号	100044	69919999
北京大陆保险公估有限公司	西城区车公庄大街6号3号楼468室	100101	68003256
北京大唐泰信保险公估有限公司	西城区菜市口大街1号1303室	100052	83956378
北京德仁保险公估有限公司	朝阳区北苑路170号2号楼1603室	100070	58691977

北京俄杰斯特保险公估有限公司	丰台区丰台科学城恒富中街2号院1号楼3188室	100013	63814081
北京格林保险公估有限公司	朝阳区东土城路8号林达大厦B座11层D室	100080	64462990
北京古辕行保险公估有限公司	海淀区苏州街31号1层	100067	62538000－501
北京国信行保险公估有限公司	丰台区花乡南三环西路万柳桥西北侧商业及行政办公综合楼13层	100856	87565219
北京合信保险公估有限公司	丰台区政馨园一区2号楼7层711室	100036	13681182658
北京和泰保险公估有限公司	海淀区复兴路乙59号巨星大厦108室	100038	62669763
北京华大保险公估有限公司	西城区莲花池东路5号白云时代大厦B座1503室	100034	63480458
北京华泰保险公估有限公司	西城区金融大街11号中国再保险大厦8层0803室	100031	66577488
北京华信保险公估有限公司	西城区宣武门内大街2号华电大厦B座11层	100073	83568356
北京汇明保险公估有限公司	丰台区马连道高楼村49号D19室	100855	63257228
北京佳实德保险公估有限公司	海淀区复兴路40号中国铁建大厦9层东侧	100048	52689672
北京金兆保险公估有限公司	朝阳区十里堡路1号112号楼107室	100024	51393196
北京金正保险公估有限公司	海淀区西三环北路91号7号楼C02－1号房间	100062	52961111
北京君恒保险公估有限责任公司	东城区东花市北里东区1号楼3段7层	100097	67164581
北京路吉丰保险公估有限公司	东城区忠实里南街甲6号楼A－1211	100022	87758699
北京平信保险公估有限公司	大兴区黄村镇清源西里1号、2号底商	102600	61240198
北京普惠保险公估有限责任公司	朝阳区西大望路63号院7号楼7层	100022	59600111
北京全天候保险公估有限公司	顺义区府前东街2号1号楼	101300	69421005

北京仁济和保险公估有限责任公司	西城区富国街2号富国饭店1305室	100045	66130459
北京首证保险公估有限公司	西城区德胜门内西顺城街46号	100035	66562573
北京天恒保险公估有限公司	海淀区北小马厂6号华天大厦2216室	100038	58891218
北京天诺嘉福保险公估有限公司	朝阳区百子湾南2路88号8层	100022	58693424
北京通宝行保险公估有限公司	石景山区政达路2号3层1单元07室	100040	83065677
北京鑫恒保险公估有限公司	西城区西直门外大街1号院2号楼12层	100044	68563212
北京一清行保险公估有限公司	海淀区人民大学北路33号院1号楼1302室	100085	62019818
北京正和保险公估有限公司	经济技术开发区科创三街富士办公楼208室	100023	67892179
北京正汇保险公估有限公司	朝阳区东三环中路39号建外SOHO15号楼802室	100022	59005459
北京中达信保险公估有限公司	海淀区车公庄西路45号花园写字楼3层C02室	100048	68428636
北京中铁保险公估有限责任公司	西城区珠市口西大街120号太丰慧中大厦606~609室	100050	83163518
北京中咨保险公估有限公司	海淀区上地信息路1号1－1幢A栋3层C区	100193	82826109
海峡联合保险公估（北京）有限责任公司	海淀区蓝靛厂东路2号院2号楼B座5E－3室	100097	88878381
衡信哲保险公估（北京）有限公司	顺义区顺平路580号天竺综合保税区FTZ—037	116021	88312557
金联安保险公估（北京）有限公司	朝阳区樱花园28号楼樱花集中办公区0279号	100029	58608356
竞胜保险公估有限公司	丰台区角门18号枫竹苑二区1号楼1201室	100068	87571701
仁祥保险公估（北京）有限公司	海淀区车公庄西路甲19号华通大厦716室	100048	68482580
中瑞国际保险公估（北京）有限公司	朝阳区立水桥北侧22号楼12层1522室	100012	84832952

中至和保险公估（北京）有限公司	西城区太平街6号E座619室	100050	59360803

（8）外国保险公司北京代表处

机构名称	地　址	邮　编	电　话
安保集团北京代表处	东城区建国门内大街7号光华长安大厦2座1726室	100005	65102125
澳大利亚康联保险集团北京代表处	朝阳区建国门外大街1号国贸大厦1座2908室	100004	65055350
澳大利亚万城保险有限公司北京代表处	朝阳区国贸大厦1座2327～2328室	100004	65052255－307
百慕大博纳再保险有限责任公司北京代表处	东城区东方广场写字楼C1座1211室	100738	85185780
百慕大凯林集团有限公司北京代表处	西城区武定侯街6号卓著中心1202F室	100033	88003707
开曼群岛信利集团公司北京代表处	西城区武定侯街6号卓著中心12层1206室	100140	88003706
加拿大永明人寿保险公司北京代表处	朝阳区金桐西路10号远洋光华国际大厦AB座10层A01室	100020	85906500
加拿大人寿保险公司北京代表处	东城区建国门内大街8号中粮广场B123室	100005	65264005
加拿大皇家银行人寿保险公司北京代表处	西城区金融街7号英蓝国际金融中心9层927室	100140	58399388
枫信金融控股责任有限公司北京代表处	朝阳区建国门外大街2号银泰中心写字楼15层1527室	100022	65637920
法国安盛公司北京代表处	西城区金融大街7号英蓝国际金融中心F907室	100140	66555983
法国安盟保险公司北京代表处	东城区建国门内大街7号光华长安大厦2座1022室	100005	65102170
法国国家人寿保险公司北京代表处	朝阳区建外大街永安里8号华彬大厦2101室	100022	85288185
法国科法斯信用保险公司北京代表处	东城区建国门内大街1号国贸中心写字楼1座2925室	100004	65057092
法国巴黎财产保险有限公司北京代表处	朝阳区东三环中路9号富尔大厦3003室	100020	85910181

法国兴业保险股份有限公司北京代表处	西城区武定侯街2号泰康国际大厦1601A	100010	58513984
法国安盟甘寿险公司北京代表处	东城区建国门内大街8号中粮广场B座1016	100005	65261055
德国安联保险集团北京代表处	朝阳区亮马桥路50号燕莎中心办公楼C211室	100125	64638052
德国通用再保险公司北京代表处	东城区建国门内大街7号光华长安大厦1座808室	100005	65102960
德国安顾保险集团股份公司驻中国总代表处	朝阳区亮马桥路50号燕莎中心1号楼C713A	100125	64627675－1032
其士保险有限公司北京代表处	西城区南礼士路丙3号楼海通大厦705室	100037	68000970
中银集团人寿保险有限公司北京代表处	西城区复兴门内大街1号中银大厦8号楼	100818	66533316
汇丰保险（亚洲）有限公司北京代表处	东城区建国门内大街8号中粮广场B座3层328室	100005	85118592
香港领航海上保险顾问有限公司北京代表处	朝阳区光华路1号嘉里中心北楼11层30室	100020	65997927
荷兰保险有限公司北京代表处	朝阳区东三环北路8号亮马大厦1座1508室	100004	65907568－201
全球人寿保险国际公司北京代表处	朝阳区东三环北路38号安联大厦2606单元	100026	85151248
金光集团保险私人有限公司北京代表处	西城区阜外大街2号万通新世界广场B座1710室	100037	68573147
忠利保险有限公司北京代表处	朝阳区建外大街乙12号双子座大厦西塔9层06室	100022	59601817
第一生命保险公司北京代表处	朝阳区建国门外大街26号长富宫中心办公楼8005室	100022	65139031
日本东京海上日动火灾保险株式会社驻中国总代表处	朝阳区建国门外大街甲6号爱思开大厦1105室	110022	65630180
日本明治安田生命保险公司北京代表处	朝阳区建外大街26号长富宫办公楼6003室	100022	65139815
爱和谊日生同和保险公司驻中国总代表处	朝阳区呼家楼京广中心办公楼2912室	100020	65058960
日本生命保险公司北京代表处	朝阳区建国门外大街26号长富宫办公楼4007室	100022	65139240

三井住友海上火灾保险公司驻中国总代表处	朝阳区东三环北路5号北京发展大厦1608室	100004	65908500
日本住友生命保险公司北京代表处	朝阳区光华路7号汉威大厦17层1721单元	100005	65616120
日本兴亚损害保险公司驻中国总代表处	朝阳区东三环北路5号北京发展大厦1001A	100004	65909500
日本索尼人寿保险股份有限公司北京代表处	朝阳区太阳宫中路12号楼冠城大厦701室	100028	84586772
韩国乐爱金财产保险有限公司北京代表处	朝阳区建国门外大街乙12号双子座大厦西塔EF层03号	100022	65632390
三星火灾海上保险公司北京代表处	朝阳区建国路118号招商局大厦25层	100022	65668100－6213
三星生命保险公司北京代表处	朝阳区建国路118号招商局大厦2801A室	100022	65668100－6101
韩国贸易保险公社北京代表处	朝阳区东三环北路2号南银大厦915室	100027	64106439
现代海上火灾保险有限公司北京代表处	朝阳区霄云路38号现代汽车大厦518室	100027	83600610
大韩再保险公司北京代表处	朝阳区建国路118号招商局大厦10层A2	100022	65906276
韩国韩华生命保险有限公司北京代表处	朝阳区光华路1号嘉里中心南楼1026室	100020	65837920
教保生命保险株式会社北京代表处	朝阳区东三环北路2号北京南银大厦3210室	100004	65058658
韩国东部火灾海上保险公司北京代表处	朝阳区霄云路36号国航大厦1011室	100027	84475427
韩国首尔保证保险株式会社北京代表处	朝阳区东三环北路8号亮马河大厦1座1208室	100004	65900288
韩国兴国生命保险株式会社北京代表处	朝阳区霄云路36号1号楼611室	100027	84475411
俄罗斯赢国斯达保险有限公司北京代表处	朝阳区亮马桥路42号光明饭店0405室	100016	64685852
职总英康保险合作社北京代表处	西城区金融大街27号投资广场B座1008室	100032	66211880
新加坡大东方人寿保险有限公司北京代表处	西城区月坛北街26号恒华国际商务中心写字楼710A	100045	58565501

西班牙曼福保险集团北京代表处	朝阳区工人体育场北路甲6号中宇大厦1809室	100027	59752558
南非和德保险有限公司北京代表处	朝阳区东三环北路丙2号天元港中心B座1708A	100027	84464164
瑞士苏黎世保险公司北京代表处	朝阳区曙光西里甲5号院21号楼北京凤凰置地广场F座6层603A单元	100028	84398100
富邦产物保险股份有限公司北京代表处	朝阳区建国路91号金地中心A座1210室	100026	58658843
(台湾) 国泰人寿保险股份有限公司北京代表处	朝阳区东大桥路9号B楼6层02单元	100020	83913425
新光人寿保险股份有限公司北京代表处	东城区建国门内大街7号1822室	100005	65102115
富邦人寿保险股份有限公司北京代表处	朝阳区建国路91号金地中心A座1209室	100026	58658847
台湾人寿保险股份有限公司北京代表处	西城区西直门外大街1号院2号楼16C11室		58302588
中国人寿保险股份有限公司(台湾)北京代表处	西城区闹市口大街1号院长安兴融中心3号楼619室	100032	65832585
台湾台银人寿保险股份有限公司北京代表处	朝阳区建国路118号18层1833室	100022	59233755
美国大都会人寿保险公司北京代表	东城区长安街1号东方广场东方经贸城东二办公楼12层1211A	100738	85189790
美国大陆保险公司北京代表处	朝阳区亮马桥路50号燕莎中心C609B	100125	64637972
美国国际集团北京代表处	西城区金融大街7号英蓝国际金融中心	100033	58332366
美国联邦保险股份有限公司北京代表处	朝阳区光华路5号世纪财富中心西座2号楼6层605室	100004	85731018
美国纽约人寿国际公司北京代表处	东城区建内大街7号光华长安大厦2座821室	100005	65171016
美国信安人寿保险公司北京代表处	朝阳区建外大街1号国贸写字楼1座416室	100004	64629266

美国信诺保险公司北京代表处	朝阳区建国路甲92号世贸大厦A座908室	100022	85809055
美国怡安保险（集团）公司北京代表处	朝阳区建外大街甲6号SV大厦1205室	100022	65630671
美国保德信保险公司北京代表处	朝阳区建国路118号招商局大厦29层290B室	100022	65669800
美国北美洲保险公司北京代表处	西城区金融街35号国际企业大厦B座528室	100033	88091177
第一美国产权保险公司北京代表处	朝阳区建国路79号华贸中心写字楼2座807室	100025	59085000
RGA美国再保险公司北京代表处	东城区东长安街1号东方广场东方经贸城西一办公楼11层3室	100738	85182528－49166
美国展维住房抵押贷款保险公司北京代表处	朝阳区光华路1号嘉里中心北座11层	100020	65999159
美国联合保险公司北京代表处	西城区金融街35号国际企业大厦B座527室	100033	88091175
美国柏柯莱保险集团公司北京代表处	东城区东长安街1号东方广场东三座1905室	100738	85189168
美国史带公司北京代表处	朝阳区建国门外大街1号国贸写字楼1座1425室	100004	653503188
美国法特瑞互助保险公司北京代表处	朝阳区建国路77号华贸中心三座24层	100025	85880198
美国国际金融保险公司北京代表处	朝阳区安立路80号马哥孛罗大厦606A	100101	59636798
美国联合健康保险公司北京代表处	朝阳区霄云路38号现代汽车大厦1701－25室	100027	64108568
美国恒诺公司北京代表处	朝阳区光华路1号写字楼北楼11层10号	100020	65997929
美国维朋公司北京代表处	朝阳区建国门外大街乙12号双子座大厦（东）10楼1013室	100022	51235105
美国万凯公司北京代表处	朝阳区北苑路甲13号院北辰新纪元大厦2号楼1002B室	100107	84929668
英国保诚保险有限公司北京代表处	东城区长安街1号东方广场W1座610室	100738	85183098
劳合社北京代表处	朝阳区建国门外大街1号国贸大厦1座1229室	100004	65058391

英国耆卫公共有限公司北京代表处	朝阳区建外大街1号国贸写字楼1座1306室	10004	65057686
英国保柏金融公众有限公司北京代表处	朝阳区亮马桥路甲40号二十一世纪大厦3层A302室	100125	58571720
英国亚瑟J. 盖勒格英国有限公司北京代表处	朝阳区建外大街19号国际大厦A座23B	100004	65125954

5. 其他

(1) 小额贷款公司

机构名称	地　址	电　话
北京农投东方小额贷款有限公司	东城区朝阳门北大街6号首创大厦6层	85283318
北京京融小额贷款股份有限公司	东城区光明路11号天玉大厦807室	51902301
北京崇信农投小额贷款股份有限公司	东城区天坛东路74号201A	67166563
北京金瑞通小额贷款有限责任公司	东城区西花市南里东区16号楼1层商业03号	87108131
北京润泽小额贷款股份有限责任公司	东城区朝阳门内大街298号	59575137－802
北京市国旭小额贷款有限公司	西城区丰汇园11号楼丰汇时代大厦东602室	58362740
北京金正融通小额贷款有限公司	西城区西砖胡同2号院7号楼3层	83521115
北京江川小额贷款有限公司	西城区阜成门外大街7号国投大厦18层	68095633
北京邦信小额贷款股份有限公司	西城区阜成门内大街410号	66071560
北京德盛行小额贷款有限公司	西城区南礼士路66号1号楼建威大厦811室	83169919
北京恒源小额贷款有限公司	朝阳区望京北路9号叶青大厦A座7层	64391236
北京富安小额贷款有限公司	朝阳区东三环北路甲2号京信大厦2层	84492068

北京市中金小额贷款股份有限公司	朝阳区广顺北大街16号院2号楼9层	59780425
北京农投金阳小额贷款股份有限公司	朝阳区东三环北路19号楼1505房间	59670699
北京凤凰小额贷款股份有限公司	朝阳区新源南路3号21层	56372222
北京市商络小额贷款有限责任公司	朝阳区裕民路12号1号楼10层	85183671
北京朝汇通小额贷款股份有限公司	朝阳区东三环南路17号B座8层	67498580
北京泛华小额贷款有限公司	朝阳区东三环北路向军南里二巷甲5号雨霖大厦20层	51311777
北京市中关村小额贷款股份有限公司	海淀区海淀北二街10号泰鹏大厦9层	82483630
北京农投诚兴小额贷款股份有限公司	海淀区北四环西路58号理想国际大厦703A	82607838
北京鑫泰小额贷款股份有限公司	海淀区北四环西路66号中国技术交易所2005室	62682320
北京亚联财小额贷款有限公司	海淀区科学院南路2号融科资讯中心A座4层	62539666
北京市乾元联合小额贷款有限责任公司	海淀区彩和坊路11号华一控股大厦1602B室、1603室	82870036
北京京投信业小额贷款股份有限公司	海淀区长春桥路5号北京北纬四十度大酒店1层	51297777－8607
北京市古今小额贷款股份有限公司	海淀区龙翔路甲1号601室、602室	82038166
北京世欣仁达小额贷款股份有限公司	海淀区丹棱街6号523房间	57569788
北京吉信小额贷款股份有限公司	海淀区海淀大街38号1层、2层	88506868
北京丰花小额贷款有限公司	丰台区花乡黄土岗甲1号	83677826
北京农投丰融小额贷款股份有限公司	丰台区西四环南路101号丰台科技园创新大厦2035室	63719141
北京鑫福海小额贷款有限公司	丰台区南苑路15号大红门服装城写字楼4层	87299651
北京金鹏丽行小额贷款股份有限公司	丰台区凤凰嘴村2号	63351678

北京乾元汇通小额贷款有限公司	丰台区丰管路50号	83818403
北京石金小额贷款股份有限公司	石景山区中铁建设大厦20层	52656198
北京金陵小额贷款有限公司	石景山区鲁谷路台湾街C2区5号楼	68647601
北京铭鑫小额贷款有限公司	石景山区西井路17号实验楼4层	88794608
北京市盛丰小额贷款有限责任公司	石景山区时代花园东街8号院2号楼101～104室	88937113－8012
北京农投京西小额贷款股份有限公司	门头沟区蓝龙家园6号楼2层B区	69866777
北京大方小额贷款有限公司	房山区良乡长虹西路翠柳东街1号	69382395
北京龙盛源小额贷款有限责任公司	房山区良乡长虹东路2号	69378911
北京中金福小额贷款有限责任公司	房山区良乡长虹西路73号1楼101室	89360914
北京泽惠小额贷款有限责任公司	房山区燕房路临99号	69348156
北京国能小额贷款股份公司	顺义区赵全营镇兆丰产业基地东盈路19号	81499715
北京市旺泰小额贷款有限责任公司	顺义区赵全营镇兆丰产业基地东盈路19号3幢	65996103
北京市农投首诚小额贷款股份有限公司	通州区梨园路120号	80818188
北京澳美小额贷款有限公司	通州区京洲园402号楼40号	80815517
北京银泰小额贷款有限公司	通州区云景南大街22号	81511486
北京兴宏小额贷款有限公司	大兴区首邑上城小区吉星德亿底商210号	69229131
北京市兴融小额贷款股份有限公司	大兴区黄村镇兴丰北大街143号	69248008
北京兴瑞小额贷款有限公司	大兴区黄村镇兴丰大街三段118号	69222292
北京亦庄国际小额贷款有限公司	经济技术开发区文化园西路8号院27号楼2层	87162501
北京金泰小额贷款有限公司	大兴区东大路53号院2号楼103室	89230873
北京亿兆小额贷款股份有限公司	经济技术开发区荣华南路19号中铁十九局1111室	67806572

北京金典小额贷款股份有限公司	昌平区龙水路22号院28-6号	69714409
北京资丰小额贷款股份有限公司	昌平区龙水路26号	69743290-808
北京农投金通小额贷款股份有限公司	昌平区东小口镇天通苑西苑30号楼5门	84820329
北京农投谷成小额贷款股份有限公司	平谷区金谷园小区21号楼商铺-9号	69973284
北京庄子天运小额贷款有限公司	平谷区紫贵庄园8号楼1~2层	89978992
北京市利源小额贷款股份有限公司	怀柔区富乐北大街1号乐红园小区1号楼	89688893
北京农投国汇小额贷款股份有限公司	密云县鼓楼东大街19-6号	89088111
北京惠丰融金小额贷款有限公司	密云县花园小区1-23号	69029540
北京农投庆融小额贷款股份有限公司	延庆县人民商场5层	69145919
北京长江小额贷款有限公司	延庆县百泉街10号	60168666

（2）个人本外币兑换特许业务机构

机构名称	地址	电话
北京通济隆丰盛科技有限公司	顺义区北京首都国际机场2号航站楼	
北京通济隆丰盛科技有限公司第一分公司	顺义区北京首都国际机场3号航站楼A2C10-I	
北京通济隆丰盛科技有限公司第二分公司	顺义区北京首都国际机场3号航站楼B2E12	
北京通济隆丰盛科技有限公司红桥分公司	东城区天坛路9号地上3层265号	
北京通济隆丰盛科技有限公司水秀分公司	朝阳区秀水东街8号2层B6-0001号	
北京通济隆丰盛科技有限公司第六分公司	顺义区北京首都机场2号航站楼2层E024	
北京通济隆丰盛科技有限公司第七分公司	顺义区北京首都机场1号航站楼1层Y119号	

北京通济隆丰盛科技有限公司第五分公司	顺义区北京首都国际机场3号航站楼A2C17
北京通济隆丰盛科技有限公司亚秀分公司	朝阳区工体北路58号第2层2228号
北京通济隆丰盛科技有限公司后海分公司	西城区前海南沿2号楼1层东侧单间
北京通济隆丰盛科技有限公司日坛路分公司	朝阳区日坛北路17号院2号楼1K26
北京通济隆丰盛科技有限公司第八分公司	顺义区天竺镇花梨坎村南
艾西益商务服务（北京）有限公司首都机场分公司	顺义区北京首都国际机场G108
艾西益商务服务（北京）有限公司首都机场第二分公司	顺义区北京首都国际机场3号航站楼A4E10
艾西益商务服务（北京）有限公司首都机场第三分公司	顺义区北京首都国际机场3号航站楼A2C9－1
艾西益商务服务（北京）有限公司朝阳第一分公司	朝阳区国家体育场南路1号1幢1层807室
北京恒生联合投资有限公司	顺义区北京首都国际机场2号航站楼G112号
北京恒生联合投资有限公司第一咨询营业部	顺义区北京首都国际机场3号航站楼A2W8－1
北京恒生联合投资有限公司第二咨询营业部	顺义区北京首都国际机场3号航站楼B2W12
北京恒生联合投资有限公司第三咨询营业部	顺义区北京首都国际机场2号航站楼2层国际隔离区G235
北京恒生联合投资有限公司三里屯咨询营业部	朝阳区工体北路58号楼1层36室
北京恒生联合货币兑换有限公司第六咨询营业部	朝阳区雅宝路街甲5号1层101内1000号
环九州信用管理（北京）有限公司首都机场分公司	顺义区北京首都国际机场（新航站楼）1号1层Y117C
环九州信用管理（北京）有限公司首都机场第二分公司	顺义区北京首都国际机场2号航站楼1层Y118
北京渤海通汇投资咨询有限公司	西城区西长安街复兴门外大街19号燕京饭店1层

北京渤海通汇投资咨询有限公司雅宝路分公司	朝阳区雅宝路7号178号
北京金宝行投资顾问有限公司	朝阳区望京园401号楼2层
北京乾坤运通商务咨询有限公司	海淀区苏州街31号1层

（3）信用评级机构

机构名称	地　址	电　话
大公国际资信评估有限公司	朝阳区霄云路26号鹏润大厦A座29层	51087768
中国诚信信用管理有限公司	东城区礼士胡同54号	66428855
中诚信国际信用评级有限责任公司	西城区复兴门内大街156号北京招商国际金融中心D座7层	66428877
联合资信评估有限公司	朝阳区建国门外大街2号PICC大厦17层	85679696
东方金诚国际信用评估有限公司	海淀区西直门北大街54号伊泰大厦5层	62299800
联合信用管理有限公司北京分公司	朝阳区安慧里四区15号楼五矿大厦18层	64912118
长城资信评估有限公司	海淀区板井路69号世纪金源国际公寓6－16C	88433015
北京资信评估有限公司	西城区平安里西大街28号楼中海国际中心17层	88366252
北京银建资信评估事务所	西城区广安门南滨河路7号	63401197
北京国融工发投资咨询有限公司	朝阳区惠新东街6号乡镇企业大厦6层	57587441
北京君维诚信用评估有限公司	海淀区苏州街49号盈智大厦301室	82622979

（4）融资担保机构

机构名称	地　址	电　话
北京首创融资担保有限公司	西城区闹市口大街1号长安兴融中心4号楼3层	58528787
北京中关村科技融资担保有限公司	海淀区中关村南大街12号天作国际中心1号楼A座30层	59705600－6153

中鸿联合融资担保有限公司	海淀区学院路 30 号科大天工大厦 B 座 13 层 01～15 室	59862588－808
北京瀚华融资担保有限公司	朝阳区东三环中路 1 号环球金融中心东塔 5F	15011111985
北京资和信融资担保有限公司	西城区金融大街 27 号投资广场 A 座 16 层	63019430
北京闽商融资担保有限公司	朝阳区望京中环南路 9 号 3 号楼 5 层 501 室	13601147477
华尊融资担保有限公司	海淀区丹棱街 18 号创富大厦 1507A 室	82606625
中保财富融资担保有限公司	东城区广渠门内大街 45 号雍贵中心 D 座 9 层	13701309176
京银汇通融资担保有限公司	朝阳区东三环中路 39 号建外 SOHO15 号楼 1608 室	13661270296
华诚联合融资担保有限公司	朝阳区新源南路 6 号京城大厦 1603 号	13366663639
中国华海融资担保有限公司	朝阳区东三环北路霞光里 18 号佳程广场 B 座 15 层 A 单元	13581841006
北京晨光昌盛融资担保有限公司	昌平区科技园区超前路 9 号 502 房间	15810320096
北京中天财智融资担保有限公司	朝阳区东三环中路 7 号 A 座 517 室	13311007440
北京联合开元融资担保有限公司	西城区金融街 7 号英蓝国际金融中心 5 层 516 室	13810785707
北京华夏兴业融资担保有限公司	西城区新街口外大街甲 18 号 4 层	15210985157
北京中小企业信用再担保有限公司	西城区平安里西大街 28 号楼 17 层	63220300－6606
中瑞信融资担保有限公司	东城区安定门西滨河路 9 号中成大厦 901 室	13811120317
中商联合融资担保有限公司	朝阳区西坝河南路 1 号金泰大厦 2605 室	64402155
中投国泰融资担保有限公司	朝阳区亮马桥路甲 40 号二十一世纪大厦 B 座 306～307 室	18601121643
中金信诺融资担保有限公司	东城区北三环东路 36 号环球贸易中心 B 座 2303 室	13910501404

速融融资担保有限公司	东城区广渠门外大街广渠家园8号楼	15901255666
国能融资担保股份公司	朝阳区东三环北路甲19号嘉盛中心2301室	15801160639
中桥融资担保有限公司	海淀区西三环北路100号光耀东方中心1103室	82319571
中诚润通融资担保有限公司	昌平科技园区白浮泉路10号北控科技大厦405室	13601038960
北京康正恒信融资担保有限公司	朝阳区裕民路12号1号楼A座1306室	118611032524
中嘉联合融资担保有限公司	朝阳区崔各庄乡南皋路1号2层	13911927906
华夏金谷融资担保有限公司	西城区金融街35号国际企业大厦B座9层	88092665
保福融资担保有限公司	海淀区中关村东路66号世纪科贸大厦B座501室	13691086881
北京海淀科技企业融资担保有限公司	海淀区北四环西路66号A座2003号	13811568715
世铎融资担保有限公司	朝阳区民族园路1号1号楼3－5层5059室	13601361057
北京燕鸿融资担保有限责任公司	房山区良乡月华大街3号龙建大厦5层	89358335
北京金家园融资担保有限公司	通州区玉带河东街85号1～2层	13601275166
金达融资担保有限责任公司	东城区安定门东大街28号雍和大厦1号楼D单元506室	64097398－809
北京兴展融达融资担保有限公司	大兴区永华路1号院2号、3号、4号1层101	81297291
朔天通淼融资担保有限公司	朝阳区西坝河西里28号英特公寓B座2层208室	15910683584
中鑫同洲融资担保有限公司	西城区德内大街兴华胡同31号	13552931833
北京金正光彩融资担保有限公司	西城区西砖胡同2号院7号楼311～312室	13810668550
北京海大富林融资担保有限公司	朝阳区光华路8号和乔大厦B座502室	13269601176
北京美嘉信融资担保有限公司	海淀区彩和坊路8号12层1218室	62698235－8038
北京三山永泰融资担保有限公司	海淀区西三环北路72号世纪经贸大厦B座809室	51799757
顺泰融资担保有限公司	朝阳区东三环中路7号	13264352217

北京中联华水融资担保有限公司	丰台区星火路1号昌宁大厦11D2E	15810281028
北京安家世行融资担保有限公司	东城区东四十条68号平安发展大厦西区303室	13910177666
北京厚泽融资担保有限公司	朝阳区惠新里240号2号楼109A室	13901047817
中际恒瑞融资担保有限公司	丰台区南四环西路123号NO28	83638252
北京中科智融资担保有限公司	朝阳区建国路91号金地中心B座21层	59050528
紫御湾融资担保有限公司	海淀区首体南路6号新世纪饭店写字楼15层1551室	51292237
中企信用融资担保有限公司	西城区金融大街5号新盛大厦B座10层	18600029993
恩义融资担保有限公司	丰台区康泽园小区17号楼01室	13488802389
北京沃伦万联融资担保有限公司	西城区华远北街2号502室	66116399
跃天财富融资担保有限公司	顺义区赵全营镇牛板路板桥段43号	15801160639
上合诚融资担保有限公司	朝阳区东四环中路78号大成国际中心05B29	59105858-8032
中绿融资担保有限公司	东城区朝阳门北大街2号港澳中心写字楼10层	13910167650
中企联合融资担保有限公司	朝阳区建国路93号万达广场10号楼23层	13311313500
仕达融资担保有限公司	朝阳区东大桥路8号尚都国际中心A座2217室	18701432833
中鸿基融资担保有限公司	朝阳区东三环北路甲19号楼36层4106室	13693593151
中融兴业融资担保有限公司	西城区太平桥大街丰融园15号楼4座1501室	18611367044
中商汇融资担保有限公司	朝阳区延静里中街3号新建科研楼508~510室	13910922422
中元金汇融资担保有限公司	东城区马家堡路1号901~906室	13520397660
中保兴业融资担保有限公司	海淀区西直门北大街60号首钢国际大厦4018室	58810026
中商财富融资担保有限公司	经济技术开发区荣昌东街7号201幢2层203室	88320931

北京硅银融资担保有限公司	朝阳区朝外大街甲6号万通中心A座1301室	59152898
中扶华夏融资担保有限公司	东城区北三环东路36号环球贸易中心B栋1207室	18910555056
和协海峡融资担保有限公司	朝阳区建国门外大街2号院2号楼1601号单元	59346977
北京市农业融资担保有限公司	大兴区西红门镇北京燕南鹿鸣春大酒店308室	13693199188
中硕融资担保有限公司	丰台区丰管路16号4号楼3001室	13911768933
北京亦庄国际融资担保有限公司	经济技术开发区景园北街2号BDA国际企业大道56栋5层	15810296576
中远信融资担保有限公司	西城区太平街6号4层E－507室	59360266
兴融融资担保有限公司	海淀区西直门北大街32号院2号楼8层803室	18210257127
北京国雄融资担保有限公司	朝阳区建国门外大街甲6号A、B座907室	13701229869
中金兴业融资担保有限公司	海淀区西三环北路87号6层1－601室	88825677－8007
北京中兰德融资担保有限公司	朝阳区建国门路91号金地中心B座21层	59050681
中投财富融资担保有限公司	朝阳区光华路4号东方梅地亚中心A座15层1802B	85570188
北京首担融资担保有限公司	海淀区彩和坊路8号5层512室	13520685196
中际钰贷融资担保有限公司	朝阳区朝阳公园路19号1幢1501内1506室	64647777
北京荣京融资担保有限公司	经济技术开发区荣京东街3号荣京丽都1幢A座4层	13683590688
中国创投融资担保有限公司	经济技术开发区科创十四街99号33幢D栋2层2101号	84446888
中企达融资担保有限公司	朝阳区东四环中路82号金长安大厦3座2012号	13716655569
中运顺通融资担保有限公司	石景山区八大处高科技园区西井路3号2号楼489房间	15811100285
国瑞泰融资担保有限公司	西城区闹市口大街1号院4号楼12层F1	58529469－101
北京鼎信创伟融资担保有限公司	怀柔区雁栖经济开发区雁栖路33号1幢	69660003

北京诚信佳融资担保有限公司	丰台区西四环南路55号院7号楼	63629142
中海国发融资担保有限公司	丰台区菜户营58号28层2801～2803室	13552168086
中光财富融资担保（北京）有限公司	海淀区紫竹院路81号北方地产大厦905室	13501169703
中融诚融资担保有限公司	朝阳区八里庄西里甲15号1幢303室	65585995－824
北京同益达融资担保有限公司	朝阳区望京南湖东园122号博泰国际大厦A座1007室	13810319908
北京光彩融资担保有限公司	顺义区仁和地区仓上街3号	81482918
北京久久红业融资担保有限公司	丰台区芳城园一区17号楼B座103室	15243477152
北京东方天元融资担保有限公司	朝阳区慧忠北里219号楼6层	13601396155
中安泰融资担保有限公司	朝阳区北三环东路8号静安中心1572室	15801470077
财富时代融资担保有限公司	顺义区金马工业园区96号	13701159486
北京市住房贷款担保中心	海淀区北四环西路56号辉煌时代西座7～8层	62695036
北京银达信融资担保有限责任公司	昌平区沙河镇沙阳路北侧1栋418室	13910631101
华夏融资担保有限公司	朝阳区芳园里小区22楼前	13693192857
御德金（北京）融资担保有限公司	海淀区海淀北二街8号中关村SOHO大厦1105室	13311288899
中通瑞丰融资担保有限公司	顺义区顺通路38号107室	13621123201
中源盛祥融资担保有限公司	海淀区西外大街168号腾达大厦2310室	13521476251
清大华智融资担保有限公司	东城区王家园胡同10号221C室	13811240909
北京密云农业融资担保有限公司	密云县信远大厦3段3层	69069911
京乐融资担保有限公司	丰台区紫芳园六区5号楼2层3单元221室	13701072118
德和德美融资担保有限公司	东城区永定门内东街中里9－17号8号楼2074室	18803159133
中利人和融资担保有限公司	顺义区大孙各庄镇府前街16号	13701050450
中保信合融资担保有限公司	朝阳区亚运村汇欣公寓S座2402室	13810830487

北京国华文创融资担保有限公司	东城区安定门东大街28号国际版权交易中心F座203室	13683139111
华财正大融资担保有限公司	顺义区赵全营镇牛板路板桥段43号602室	18611705473
中铁融资担保有限公司	西城区华远街11号	13693297729
富登投资信用担保有限公司北京融资担保分公司	西城区武定侯街6号卓著中心3层307单元	025－83778904
重庆市三峡担保集团有限公司北京融资担保分公司	西城区宣武门西大街甲129号1704～1706室	13811961552
北京鑫顺融资担保有限公司	顺义区大东路6号111～120平房	69445659
东方宝利（北京）融资担保有限公司	朝阳区慧忠里103号楼B座1101室	15811182542
国通融资担保有限公司	石景山区八大处高科技园区西井路3号2号楼237房间	13521562655
北京金成锦华融资担保有限公司	门头沟区石龙经济开发区永安路20号产业孵化中心3#科研办公楼	15001196412
北京万容鼎信融资担保有限公司	西城区新街口北大街57号623室	13611155160
中合中小企业融资担保股份有限公司	西城区阜外大街7号国投大厦11层	18610133218
汇民融资担保有限公司	海淀区紫竹院路116号嘉豪国际中心A座1109室	13910167650
北京宝越融资担保有限公司	西城区广安门外大街168号1幢12层	13661339782
联合融信（北京）担保有限公司	海淀区知春路6号锦秋国际大厦7层	13910655641
中国投资担保有限公司	海淀区西三环北路100号金玉大厦9层	88822585
中元国信信用担保有限公司	朝阳区南新源西路松榆花园御景园2层	15810664458
中海信达担保有限公司	朝阳区东三环中路7号财富中心写字楼4栋3101室	13911594623
长安保证担保有限公司	东城区安化北里1号长保大厦	13810693975
北京瑞宝鼎国际投资担保有限公司	西城区西直门外大街1号院1号楼17层B5－B8室	13164216631
中担投资信用担保有限公司	西城区复兴门内大街28号凯晨世贸中心中座F3层C301室	13911767768

北京财富通投资担保有限公司	朝阳区建国路 88 号 8 号楼 12 层 1207 室	13167367229
北京云政金融控股有限公司	密云县东源路 10 巷	69061711

（5）支付机构

机构名称	地　址	电　话
资和信电子支付有限公司	海淀区东北旺北京中关村软件园孵化器 1 号楼 B 座	88665528
开联通网络技术服务有限公司	海淀区知春路 51 号慎昌大厦 5360 室	84783057
北京通融通信息技术有限公司	石景山区八大处高科技园区西井路 3 号 3 号楼 558 房间	59013985
钱袋网（北京）信息技术有限公司	海淀区知春路 6 号锦秋国际大厦 15 号	59799152
北京数字王府井科技有限公司	东城区朝阳门内大街 199 号 307 室	65148000
北京银联商务有限公司	海淀区车公庄西路乙 19 号华通大厦 B 座 10 层	88019861
裕福网络科技有限公司	朝阳区建国路 77 号 2801B	85888656
网银在线（北京）科技有限公司	海淀区中关村南大街 2 号 1 号楼 16 层 A 座 1901 室	65698686
拉卡拉支付有限公司	海淀区海淀中街 16 号 5 单元 305 室	56710550
联动优势电子商务有限公司	西城区新街口外大街 28 号 B 座 510 室	58351122
天翼电子商务有限公司	昌平区定泗路北侧雅安商厦 C 号	58520462
联通支付有限公司	西城区金融大街 35 号 901 室、902 室	66505686
国付宝信息科技有限公司	顺义区南法信镇顺畅大道 1 号 B－041 室	60195866
北京海科融通信息技术有限公司	海淀区人大北路 33 号院 1 号楼大行基业大厦 17 层北侧	82685056
易智付科技（北京）有限公司	海淀区知春路 113 号 0706 室	82652626
北京资和信通联科技有限公司	海淀区东北旺北京中关村软件园孵化器 2 号楼	88265528
北京金科信安科技有限公司	西城区平原里小区 20 号楼	83519761

安易联融电子商务有限公司	西城区西单北大街甲 131 号 1105A 室	59716386
北京爱农驿站科技服务有限公司	朝阳区来广营西路 5 号 2A	59716386
北京首采联合电子商务有限责任公司	朝阳区雅宝路 10 号 5 层	85638736
北京中欣银宝通商业服务有限公司	东城区珠市口东大街 14 号 308 室	67077777
北京市政交通一卡通有限公司	西城区金融街 33 号通泰大厦 B 座 18 层	88087735
北京雅酷时空信息交换技术有限公司	海淀区海淀大街 3 号 A 座 A1616 室	51657126
中投科信科技股份有限公司	海淀区复兴路丙 12 号 5 层 520 室	63979733
北京一九付支付科技有限公司	海淀区海淀大街 3 号 1 栋 17 层 1725 室	57386888
北京数码视讯软件技术发展有限公司	顺义区文化营村北 3 幢 007 号平房	82346115
北京汇元网电子商务有限公司	海淀区人民大学北路 33 号院 1 号楼大行基业大厦 1605 室	82684945
北京随行付信息技术有限公司	海淀区阜成路 67 号 17 层 1704 室	52823977
北京恒信通电信服务有限公司	海淀区青龙桥后营北上坡 13 号	64090016
北京和融通科技有限公司	西城区德胜门外大街 3 号 304～306 房间（德胜园区）	62353131
北京商银信商业信息服务有限责任公司	东城区建国门内大街 8 号中粮广场 B 座 1428 室	63106796
北京市银博盛世电子商务有限公司	西城区月坛北街 26 号恒华国际商务中心 A 座 1209 室	58565009
北京银通支付有限公司	西城区华远北街 2 号 303 室	66510188
北京交广科技发展有限公司	朝阳区建国门外大街 14 号 4 号楼 1619 室	85013399
北京华瑞富达科技有限公司	西城区金融大街 33 号 C 座 717 室	59508049
北京高汇通商业管理有限公司	朝阳区西坝河 168 号恒川酒店 H 座 03A 号	65390399
北京润京搜索投资有限公司	东城区永定门内东街中里 9－17 号楼 431 室	58029211
银信联（北京）商务服务有限公司	朝阳区建国路甲 92 号	85893580

北京中诚信和支付有限公司	西城区五根檩胡同 11 号金泰通华苑写字间 B101 室	62269055
北京广聚福企业商务服务有限公司	朝阳区东大桥路 8 号 SOHO 尚都 2 楼 24 层 2－2703 号	58697787
北京商银科技有限公司	海淀区北四环西路 66 号 1205 室、1206 室	82488399
国旅（北京）信息科技有限公司	东城区东直门外小街甲 2 号 A 座 8 层	85228932
北京亚科技术开发有限责任公司	顺义区后沙峪镇裕民大街 7 号	64513317
百联优力（北京）投资有限公司	朝阳区东大桥路 8 号尚都国际中心 A 座 1610 室	51661203
北京银盈通管理咨询有限公司	西城区宣武门外大街 6 号庄胜广场北办公楼东翼 721 室、722 室	63133083
北京全顺通商贸有限公司	海淀区苏州街 3 号 7 层 703 室	84885140
北京恒达万华商业经纪有限公司	东城区崇文门外大街 16 号 1 幢 1503 室	87555559

（6）协会、商会、学会

机构名称	地　址	电　话
北京市银行业协会	海淀区车公庄西路乙 19 号华通大厦 B 座北塔 8 层	88088014
北京证券业协会	西城区金融大街 35 号国企大厦 C 座 17 层	66568614
北京保险行业协会	朝阳区东大桥路 8 号尚都国际中心 1916 室	58703366
北京保险中介行业协会	西城区西直门成铭大厦 B2 座 18H	66008027
北京典当行业协会	东城区永内大街东里 13 号院内	84544366
北京市金融业文化建设协会	西城区月坛南街 79 号	68559162
北京期货商会	朝阳区光华路 16 号中期大厦 A 座 403 室	65807378
北京金融街商会	西城区金融大街 33 号通泰大厦 B 座 616 室	66574347
北京 CBD 金融商会	朝阳区京广中心商务楼 10 层 1007 室	65978750

北京中关村海淀金融创新商会	海淀区海淀北二街8号中关村SOHO大厦710室	82504182
北京市金融学会	西城区月坛南街79号	68559556
北京市城市金融学会	西城区复兴门南大街2号天银大厦B座906室	66410543
北京市钱币学会	西城区月坛南街79号	68559317
北京市金融工会	东城区台基厂三条3号6号楼110室	65592747

（二）机构简介

北京门头沟珠江村镇银行股份有限公司

北京门头沟珠江村镇银行股份有限公司（以下简称北京门头沟珠江村镇银行）于2012年7月17日经北京银监局批准正式成立，同年8月15日正式对外营业。

北京门头沟珠江村镇银行由广州农村商业银行股份有限公司发起设立，注册资本10 000万元。其中，广州农村商业银行公司出资5 100万元，占比51%；港通物流（北京）有限公司、北京千禧世豪电子科技有限公司、北京歌德拍卖有限公司和浙江恒际实业发展有限公司各出资1 000万元，各占比10%；北京中财立志科贸有限公司出资900万元，占比9%。

经营范围：吸收公众存款；发放短期、中期和长期贷款；办理国内结算；办理票据承兑与贴现；从事同业拆借；从事银行卡（借记卡）业务；代理发行、代理兑付、承销政府债券；代理收付款项及代理保险业务；经银行业监督管理机构批准的其他业务。

2012年末，北京门头沟珠江村镇银行资产总计38 159.89万元，负债合计28 683.91万元，所有者权益9 475.89万元。

北京门头沟珠江村镇银行设有综合管理部、计划财务部、信贷管理部、市场营销部、营业部5个部门，在册员工24人，董事长马宇阳，行长于春阳。

地址：门头沟区永定镇石龙南路8号

邮政编码：102308

联系电话：010－60865137

（高宾）

瑞士银行（中国）有限公司

瑞士银行（中国）有限公司于2012年3月16日经中国银监会批准开业，注册资本20亿元人民币等值外币，是瑞士银行有限公司的全资子公司，可经营对各类客户的外汇业务以及对除中国境内公民以外客户的人民币业务。

地址：北京市西城区金融大街7号英蓝国际金融中心1217～1230单元

邮编：100033

电话：010－58327000

传真：010－58327111

国民银行（中国）有限公司

韩国国民银行股份有限公司成立于1963年，总部设在韩国首尔市，是韩国最大的金融服务机构之一。

国民银行（中国）有限公司于2012年9月24日经中国银监会批准设立，是韩国国民银行股份有限公司的全资子公司，可经营全面外汇业务和对除中国境内公民以外客户的人民币业务。

截至年末，国民银行（中国）有限公司设有北京、广州、哈尔滨、苏州4家分行。

地址：北京市朝阳区建国门外大街甲六号1幢19层01～05室和08室

邮编：100022

电话：010－56712800

传真：010－56712701

荷兰合作银行有限公司北京分行

荷兰合作银行有限公司（以下简称荷兰合作银行）1970年依据荷兰民法典成立，注册办公地位于荷兰阿姆斯特丹，主要营业地位于荷兰乌特勒支。荷兰合作银行在荷兰本土为各类客户提供全方位的金融服务；在海外为食品、农业及相关产业链企业提供全方位的金融服务。目前，荷兰合作银行在48个国家和地区开展营运。

2012年2月，荷兰合作银行有限公司北京分行经中国银监会批准成立，同年3月9日正式营业。是荷兰合作银行在中国开立的第三家分行，其他两家分别是香港分行和上海分行。截至年末，该行营运资金为2亿元人民币等值外币。主营业务为向食品、农业及相关产业链企业提供全方位的外汇金融服务。

地址：北京市朝阳区东三环中路1号环球金融中心西塔21层14～15单元

邮编：100020

电话：010－56951000

传真：010－59817538

马来西亚马来亚银行有限公司北京分行

马来西亚马来亚银行有限公司（以下简称马来亚银行）位于马来西亚吉隆坡，于1960年成立。马来亚银行力争为客户提供各类优秀的金融产品及多样化的金融服务，主要包括零售业、企业存贷款、贸易融资、投行业务、信托、伊斯兰银行业务、保险业等。目前，马来亚银行为马来西亚排名第一的商业银行集团，在20个国家设有分行及子公司网络（在中国北京和上海各设有一家分行，上海为主报告行），服务超过2 200万名客户。

2012年5月8日，马来西亚马来亚银行有限公司北京分行经中国银监会批准成立，同年7月2日正式营业。截至年末，该行营运资金为2亿元人民币等值外币。主营业务包括公司信贷业务、贸易融资业务、公司的外币存款业务等。

地址：北京市朝阳区建国门外大街1号国贸大厦32层

邮编：100004

电话：010－85351855

传真：010－85351825

（刘述）

国药集团财务有限公司

国药集团财务有限公司于2011年6月获准筹建，于2012年2月10日获准开业，注册资本5亿元人民币。主要股东为中国医药集团总公司、国药控股股份有限公司。

经营范围：对成员单位办理财务和融资顾问、信用鉴证及相关的咨询、代理业务；协助成员单位实现交易款项的收付；经批准的保险代理业务；对成员单位提供担保；办理成员单位之间的委托贷款；对成员单位办理票据承兑与贴现；办理成员单位之间的内部转账结算及相应的结算、清算方案设计；吸收成员单位的存款；对成员单位办理贷款及融资租赁；从事同业拆借。

负责人：邓金栋

地址：北京市海淀区知春路 20 号中国医药大厦 7 层

邮编：100088

电话：010－82092606

传真：010－82092606

中国铁建财务有限责任公司

中国铁建财务有限责任公司于 2011 年 3 月获准筹建，2012 年 3 月 21 日获准开业，注册资本 13 亿元人民币。主要股东为中国铁道建筑总公司、中国铁建股份有限公司。

经营范围：对成员单位办理财务和融资顾问、信用鉴证及相关的咨询、代理业务；协助成员单位实现交易款项的收付；经批准的保险代理业务；对成员单位提供担保；办理成员单位之间的委托贷款；对成员单位办理票据承兑与贴现；办理成员单位之间的内部转账结算及相应的结算、清算方案设计；吸收成员单位的存款；对成员单位办理贷款及融资租赁；从事同业拆借。

负责人：庄尚标

地址：北京市海淀区复兴路 40 号中国铁建大厦 10 层东

邮编：100088

电话：010－82092606

传真：010－82092606

中国电子科技财务有限公司

中国电子科技财务有限公司于 2012 年 8 月获准筹建，同年 12 月 12 日获准开业，注册资本 20 亿元人民币。主要股东为中国电子科技集团公司、中国电子科技集团公司第十研究所、中国电子科技集团公司第十四研究所、中国电子科技集团公司第二十八研究所、中国电子科技集团公司第二十九研究所、中国电子科技集团公司第三十六研究所。

经营范围：对成员单位办理财务和融资顾问、信用鉴证及相关的咨询、代理业务；协助成员单位实现交易款项的收付；经批准的保险代理业务；对成员单位提供担保；办理成员单位之间的委托贷款；对成员单位办理票据承兑与贴现；办理成员单位之间的内部转账结算及相应的结算、清算方案设计；吸收成员单位的存款；对成员单位办理贷款及融资租赁；从事同业拆借。

负责人：张登洲

地址：北京市海淀区复兴路 17 号国海广场 A 座 16 层

邮编：100038

电话：010－59706691

传真：010－59706291

诚通财务有限责任公司

诚通财务有限责任公司于 2010 年 12 月获准筹建，2012 年 5 月获准开业，注册资本 10 亿元人民币。主要股东为中国诚通控股集团有限公司、中国纸业投资总公司、中储发展股份有限公司。

经营范围：对成员单位办理财务和融资顾问、信用鉴证及相关的咨询、代理业务；协助成员单位实现交易款项的收付；经批准的保险代理业务；对成员单位提供担保；办理成员单位之间的委托贷款；对成员单位办理票据承兑与贴现；办理成员单位之间的内部转账结算及相应的结算、清算方案设计；吸收成员单位的存款；对成员单位办理贷款及融资租赁；从事同业拆借。

负责人：徐震

地址：北京市丰台区南四环西路188号总部基地6区17号楼A座7层

邮编：100070

电话：010－83673596

传真：010－83673575

中化建工程集团财务有限公司

中化建工程集团财务有限公司于2011年10月获准筹建，2012年8月获准开业，注册资本10亿元人民币。主要股东为中国化学工程集团公司、中国化学工程股份有限公司。

经营范围：对成员单位办理财务和融资顾问、信用鉴证及相关的咨询、代理业务；协助成员单位实现交易款项的收付；经批准的保险代理业务；对成员单位提供担保；办理成员单位之间的委托贷款；对成员单位办理票据承兑与贴现；办理成员单位之间的内部转账结算及相应的结算、清算方案设计；吸收成员单位的存款；对成员单位办理贷款及融资租赁；从事同业拆借。

负责人：刘毅

地址：北京市东城区东直门内大街2号化学工程大厦13层

邮编：100007

电话：010－59765345

传真：010－59765353

亿利集团财务有限公司

亿利集团财务有限公司于2011年10月获准筹建，2012年9月获准开业，注册资本5亿元人民币。主要股东为亿利资源集团有限公司、内蒙古亿利能源股份有限公司、鄂尔多斯市金威建设集团有限公司。

经营范围：对成员单位办理财务和融资顾问、信用鉴证及相关的咨询、代理业务；协助成员单位实现交易款项的收付；经批准的保险代理业务；对成员单位提供担保；办理成员单位之间的委托贷款；对成员单位办理票据承兑与贴现；办理成员单位之间的内部转账结算及相应的结算、清算方案设计；吸收成员单位的存款；对成员单位办理贷款及融资租赁；从事同业拆借。

负责人：王文治

地址：北京市西城区复兴门内大街28号凯晨世贸中心东座6层

邮编：100031

电话：010－57387336

传真：010－57376961

南车财务有限公司

南车财务有限公司于2012年3月获准筹建，同年11月获准开业，注册资本10亿元人民币。主要股东为中国南车股份有限公司、中国南车集团公司。

经营范围：对成员单位办理财务和融资顾问、信用鉴证及相关的咨询、代理业务；协助成员单位实现交易款项的收付；经批准的保险代理业务；对成员单位提供担保；办理成员单位之间的委托贷款；对成员单位办理票据承兑与贴现；办理成员单位之间的内部转账结算及相应的结算、清算方案设计；吸收成员单位的存款；对成员单位办理贷款及融资租赁；从事同业拆借。

负责人：徐伟锋

地址：北京市海淀区西四环中路16号5号楼5层

邮编：100036

电话：010－51872522

传真：010－51872504

中国北车集团财务有限公司

中国北车集团财务有限公司于2012年3月获准筹建，同年11月获准开业，注册资本12亿元人民币。主要股东为中国北方机车车辆工业集团公司、中国北车股份有限公司。

经营范围：对成员单位办理财务和融资顾问、信用鉴证及相关的咨询、代理业务；协助成员单位实现交易款项的收付；经批准的保险代理业务；对成员单位提供担保；办理成员单位之间的委托贷款；对成员单位办理票据承兑与贴现；办理成员单位之间的内部转账结算及相应的结算、清算方案设计；吸收成员单位的存款；对成员单位办理贷款及融资租赁；从事同业拆借。

负责人：高志

地址：北京市丰台区芳城园一区15号楼中国北车大厦14层

邮编：100078

电话：010－52608075

传真：010－52608077

北京现代汽车金融有限公司

北京现代汽车金融有限公司于2011年9月28日获准筹建，同6月8日获准开业，注册资本5亿元人民币。

北京现代汽车金融有限公司的股东是现代金融株式会社（韩国）、北京汽车投资有限公司和现代自动车株式会社（韩国）。其中，现代金融株式会社出资2.3亿元人民币，持股比例46%；北京汽车投资有限公司出资2亿元人民币，持股比例40%；现代自动车株式会社出资0.7亿元人民币，持股比例14%。

经营范围：接受境外股东及其所在集团在华全资子公司和境内股东3个月（含）以上定期存款；接受汽车经销商采购车辆贷款保证金和承租人汽车租赁保证金；经批准，发行金融债券；从事同业拆借；向金融机构借款；提供购车贷款业务；提供汽车经销商采购车辆贷款和营运设备贷款（包括展示厅建设贷款和零配件贷款以及维修设备贷款等）；提供汽车融资租赁业务（售后回租业务除外）；向金融机构出售或回购汽车贷款应收款和汽车融资租赁应收款业务；办理租赁汽车残值变卖及处理业务；从事与购车融资活动相关的咨询、代理业务；经批准从事与汽车金融业务相关的金融机构股权投资业务。

2012年末，北京现代汽车金融有限公司资产总额4.68亿元。其中，发放个人零售贷款2.56亿元，无经销商和机构贷款。负债总额0.21亿元；所有者权益4.48亿元。

北京现代汽车金融有限公司内设财经、风险、人事、行政、销售和运营六个一级部门，现有员工86人。

负责人：李教彰

地址：北京市朝阳区太阳宫中路12号冠城大厦16层

邮编：100028

电话：010－56713188

传真：010－56713189

（王巍）

湘财证券有限责任公司
北京资产管理分公司

湘财证券有限责任公司北京资产管理分公司是经湖南证监局审核批准，于2012年2月14日在北京设立的专门经营全国范围内资产管理业务的分公司，是在原湘财证券有限责任公司（以下简称湘财证券）客户资产管理总部基础上组建而成，是湘财证券的全资非独立法人的分支机构。

经营范围：定向资产管理和集合资产管理。

负责人：李翰园

地址：北京市西城区丰盛胡同28号楼901室

邮编：100032

电话：010－56510777

传真：010－56510990

方正证券股份有限公司
北京证券自营分公司

方正证券股份有限公司北京证券自营分公司是方正证券股份有限公司在北京设立的专门经营证券自营业务的分支机构。2012年8月15日经湖南证监局批准成立，注册资本1 000万元人民币。2013年1月4日经北京证监局核准开业，同年1月21日取得中国证监会核发的《证券经营机构营业许可证》。

经营范围：证券自营业务。

机构设置：投资研究部、固定收益部、数量化投资部、交易部、综合部，现有员工20人。

负责人：蔡一兵

地址：北京市西城区丰盛胡同28号太平洋保险大厦B座11层

邮编：100032

电话：010－57398012

传真：010－57398005

方正证券股份有限公司
北京证券资产管理分公司

方正证券股份有限公司北京证券资产管理分公司前身为方正证券股份有限公司资产管理部，经湖南证监局批准，于2012年5月开始筹建，同年12月正式开业，运营资金1 000万元人民币。

经营范围：证券资产管理。

机构设置：方正证券股份有限公司北京证券资产管理分公司设总经理一名，下设市场部、量化投资部、固定收益部、权益投资部、交易部、创新业务一部、创新业务二部、创新业务三部、创新业务四部、创新业务五部、风险管理部、运营部，现有员工35人。

负责人：潘明伟

地址：北京市西城区阜外大街34号

邮编：100037

电话：010－68585030

传真：010－68585927

英大基金管理有限公司

2012年8月17日，经中国证监会批准，英大基金管理有限公司（以下简称英大基金）在北京正式成立。英大基金由英大国际信托有限责任公司（以下简称英大信托）、中国交通建设股份有限公司（以下简称中交股份）和航天科工财务有限责任公司（以下简称航天科工财务）发起成立，三家股东的实际控制人分别是国家电网公司、中交集团、航天科工集团。英大基金注册资本 1.2 亿元人民币，其中英大信托出资比例为 49%，中交股份出资比例为 36%，航天科工财务出资比例为 15%。

江信基金管理有限公司

江信基金管理有限公司于 2012 年 12 月 20 日经中国证监会批准设立，2013 年 1 月 28 日在北京市工商行政管理局注册成立，同年 2 月 6 日取得中国证券监督管理委员会核发的《基金管理资格证书》。注册资本 1 亿元人民币，其中国盛证券有限责任公司出资比例为 49%，恒生阳光集团有限公司出资比例为 31%，中炬高新技术实业（集团）股份有限公司出资比例为 20%。

东京海上日动火灾保险（中国）有限公司北京分公司

东京海上日动火灾保险（中国）有限公司于 2008 年 7 月 22 日成立，注册资本 4 亿元，总部设在上海市。前身为成立于 1994 年的日本东京海上火灾保险株式会社上海分公司，是首家进入中国保险市场的日资保险公司，2008 年 7 月获批改建为独资法人公司，由东京海上日动火灾保险株式会社 100% 出资。

东京海上日动火灾保险（中国）有限公司北京分公司于 2011 年 11 月 9 日开始筹建，2012 年 7 月 10 日成立。截至年末，实现原保险保费收入 1 703.71 万元。

经营范围：经营除法定保险业务以外的下列保险业务：财产损失保险、责任保险、信用保险等财产保险业务；短期健康保险、意外伤害保险；上述业务的再保险业务。

机构设置：行政管理部、财务部、核保部、营业部、汽车营业部、理赔服务部；共有员工 24 人。

负责人：唐金才

地址：北京市朝阳区建国门外大街 8 号国际财源中心 A 座 33 层 02 单元

邮编：100022

电话：010 – 59138879

传真：010 – 59138950

（谭锐）

大众保险股份有限公司北京分公司

大众保险股份有限公司是 1995 年 1 月在上海注册成立的股份制商业保险公司，注册资本 14.3 亿元人民币，总部设在上海市。

大众保险股份有限公司股东为史带保险和再保险有限公司（Starr Insurance & Reinsurance Limited）、上海国际集团有限公司、上海国际集团资产管理有限公司、上海市城市建设投资开发总公司、上海大众公用事业（集团）股份有限公司、上海汽车工业销售有限公司等 29 家中、外资企业。

大众保险股份有限公司北京分公司于 2012 年 7 月 19 日开始筹建，同年 10 月 9 日正式开业。截至年末，实现原保险保费收入 67.01 万元。

经营范围：财产保险、工程保险、货运保险、船舶保险、责任保险、机动车辆保险、短期人身意外保险和健康险、信用保证保险，经中国保险监督管理委员会批准的其他业务。

机构设置：综合管理部、计划财务部、车险部、商业险水险意健险部、市场部、理赔服务部；共有员工20人。

负责人：卓颖（女）

地址：北京市海淀区西三环北路87号国际财经中心C座1101室

邮编：100089

电话：010－56623600

传真：010－56623668

（谭锐）

天安人寿保险股份有限公司

天安人寿保险股份有限公司于2000年11月成立，前身为由美国恒康人寿保险公司和中国天安保险股份有限公司合资组建的恒康天安人寿保险有限公司。2009年经中国保监会批准，改制为股份有限公司，名称变更为天安人寿保险股份有限公司，注册资本金10亿元人民币，总部设在北京，公司性质为中资。

经营范围：人寿保险、健康保险、意外伤害保险等各类人身保险业务；上述业务的再保险业务；国家法律、法规允许的保险资金运用业务；经中国保监会批准的其他业务。

机构设置：战略管理部、银代业务管理部、个人业务管理部、创新业务部、法人业务管理部、精算部、产品开发部、财务管理部、人力资源部、投资部、资金结算中心、机构管理部、办公室、法律合规部、审计部、运营管理部、客户服务部、信息技术部、董事会办公室。

法定代表人：范小清

总经理：郭自光

地址：北京市西城区复兴门外大街6号光大大厦

邮编：100045

电话：010－88657666

传真：010－88657756

（肖海）

弘康人寿保险股份有限公司

弘康人寿保险股份有限公司于2012年7月19日成立，注册资本5亿元人民币，总部设在北京。

经营范围：人寿保险、健康保险、意外伤害保险等各类人身保险业务；上述业务的再保险业务；国家法律、法规允许的保险资金运用业务；经中国保监会批准的其他业务。

机构设置：战略企划部、人事行政部、法律合规部、财务管理部、投资管理部、产品精算部、运营管理部、信息技术部、银行保险部、电子商务部。

董事长：李安民

总　裁：严　峰

地址：北京市朝阳区建国门外大街甲8号国际财源中心B座705～707室

邮编：100022

客服电话：4008500365

电话：010－85660977

传真：010－85660677

（肖海）

德盛行小额贷款有限公司

北京德盛行小额贷款有限公司是由企业法人与自然人共同投资，经北京市金融工作局批准设立的从事个人投资、企业金融、物权抵押、投资管理等业务的小额贷款公司。

地址：北京西城区南礼士路66号1

号楼建威大厦811室

电话：010－83169919

传真：010－63181899

网址：www. deshenghang. net

北京泛华小额贷款有限公司

2012年8月，经北京市金融工作局批准，北京泛华小额贷款有限公司在朝阳区发起设立。该公司由北京瑞斯科管理咨询有限公司为主发起人，协同深圳泛华投资集团有限公司，联合3位自然人共同投资筹办，注册资本1亿元人民币。

经营范围：房屋短期拆借、银行房产抵押贷款、银行无企业经营贷款、汽车抵押贷款等贷款服务及投资咨询服务。

地址：北京市朝阳区向军南里二巷甲5号雨霖大厦20层

电话：010－51311858

网址：www. fhxdbj. com

北京邦信小额贷款股份有限公司

北京邦信小额贷款股份有限公司是经北京市金融工作局批准，由邦信资产管理有限公司为主发起人设立的小额贷款公司，注册资本2亿元人民币。公司注册成立于2012年7月23日，并于9月25日正式营业。

经营范围：在西城区行政区域内开展小额贷款金融服务，重点面向“三农”、微型企业、中小企业提供信贷服务，支持广大中小企业的发展。

机构设置：设有董事会、监事会，下设信贷业务部、风险管理部和资金财会部；共有员工10人。

地址：北京市西城区阜成门内大街410号1单元1501室

北京市旺泰小额贷款有限责任公司

北京市旺泰小额贷款有限责任公司是经北京市金融工作局批准，由旺泰控股集团有限公司为主发起人，联合华纺房地产开发公司、北京太阳宏港投资有限公司、北京旺瑞达商贸有限公司、北京旺泰晓景运输有限公司共同设立的小额贷款公司，成立于2012年6月7日，注册资本金1亿元人民币，为顺义区“三农”、中小企业及个人提供小额信贷融资服务。

地址：北京市顺义区站前街1号院1号楼顺鑫国际商务中心层

电话：010－60406089

北京市古今小额贷款股份有限公司

北京市古今小额贷款股份有限公司是经北京市金融工作局批准，由北京古今出版策划有限公司、北京金都房地产实业股份有限公司等法人单位和自然人共同出资设立的面向海淀区的法人、个体工商户和自然人提供贷款支持的专业贷款公司，注册资本1.7亿元人民币。

地址：北京市海淀区龙翔路甲1号泰翔商务楼六层601室、602室

电话：010－82038166

北京世欣仁达小额贷款股份有限公司

北京世欣仁达小额贷款股份有限公司是北京市供销合作总社下设的综合融资平台，于2012年6月21日经北京市金融工作局批准设立，注册资本2亿元人民币。

公司经营的产品有小企业房产抵押贷款、应收账款质押贷款、小企业联保贷款、存单质押贷款、仓单质押担保贷款等，并根据客户的需求量身打造个性化融资解决方案，为客户提供规范、高效灵活的贷款服务。

地址：北京市海淀区丹棱街6号中关村金融大厦（丹棱SOHO）523室

电话：010－57569766

传真：010－57569766

北京乾元联合小额贷款有限公司

北京乾元联合小额贷款有限公司是经北京市金融工作局批准，由北京万柳置业集团有限公司作为主发起人，联合乾元联合投资有限公司、北京德之宝投资有限公司、洋浦百年投资有限公司、中凡煤电集团（天津）有限公司共同发起于2012年3月16日成立，注册资本金1.2亿元人民币。以海淀区的中小企业、个体工商户和个人为主要服务对象，提供高效的融资服务。

地址：北京市海淀区彩和坊路11号华一控股大厦16层

邮编：100080

传真：010－82567231

北京市盛丰小额贷款有限责任公司

北京市盛丰小额贷款有限责任公司是经北京市金融工作局批准，由“北京服务·新首钢”股权创业投资基金联合北京市和内蒙古多家企业、企业家共同发起设立的股份制企业，注册资本10亿元人民币，经营区域为北京市中关村国家自主创新示范区及京西地区。

地址：北京市石景山区时代花园东街8号院2号楼101～104室

邮编：100043

电话：010－88937167

传真：010－88937220

北京金鹏丽行小额贷款股份有限公司

北京金鹏丽行小额贷款股份有限公司是经北京市金融工作局批准设立，由丰台区卢沟桥乡三路居村发起组建的小额贷款公司，于2012年2月23日经北京市工商行政管理局核准登记成立，注册资金1亿元人民币，同年3月29日正式开业。

北京金鹏丽行小额贷款股份有限公司共有5名股东，金鹏天润置业投资管理公司为第一大股东，持股30%，北京丰肇龙综合批发市场中心为第二大股东，持股20%，是北京市首家由村集体经济组织担当小额贷款公司第一大股东的小贷公司。经营区域为丰台区农户、微型企业、中小型企业提供方便快捷的小额贷款服务。

地址：北京市丰台区凤凰嘴村2号

电话：010－63351578

北京亿兆小额贷款股份有限公司

北京亿兆小额贷款股份有限公司是由数位浙商投资在北京大兴区设立的、为个人和小微企业提供小额贷款的金融服务组织，向大兴区域的企业、自然人提供短期贷款支持的金融机构。公司以私营企业北京佳杰铖泰服装服饰有限公司为主要发起人出资设立，注册资本金1.15亿元人民币。

地址：北京市经济开发区荣华南19

号中铁十九局 1111 室

北京京投信业小额贷款股份有限公司

北京京投信业小额贷款股份有限公司是经北京市金融局批准设立，在海淀区域范围向中小企业、自然人等提供短期周转资金的小额贷款公司，于 2012 年 4 月 23 日正式开业，注册资金 1 亿元人民币。

地址：海淀区万柳东路南口北纬四十度大酒店一层

邮编：100089

电话：010－82562753

传真：010－82563204

北京铭鑫小额贷款有限公司

北京铭鑫小额贷款有限公司是经北京市金融工作局批准，由北京市景山房地产有限公司、北京澳达天翼投资有限公司等机构发起设立，面向石景山区域内急需资金支持的个人、个体工商户、中小企业、小微企业及其他组织机构提供小额贷款及关联的投融资服务的小额贷款公司，注册资金 1 亿元人民币。主要产品有：流动资金贷款、综合授信额度贷款，担保方式可接受房产抵押、存货质押、商圈联保、第三方保证以及小额信用等。

地址：北京市石景山西井路 17 号诚海大厦后院西楼 4 层

电话：010－88794608

北京国能小额贷款股份公司

北京国能小额贷款股份公司是由北京市金融工作局于 2012 年 2 月 15 日批准设立，中油新兴能源产业集团及中天财富园林（北京）有限公司等多家财团联合组建，于 2012 年 3 月 2 日在工商局注册登记成立的小额贷款股份公司。在顺义行政区域内开展小额信贷业务，为区内广大中小企业、个体工商户、及自然人提供资金贷款支持。

地址：北京市顺义区赵全营镇兆丰产业基地东盈路 19 号

北京朝汇通小额贷款股份有限公司

北京朝汇通小额贷款股份有限公司是经北京市金融局批准，由天龙海公司和自然人发起，于 2012 年 2 月正式成立，注册资本金 2 亿元人民币。该公司为朝阳区域急需资金支持的个人、个体工商户、中小企业及其他组织机构提供小额贷款及关联的融资服务，主要业务包括：房屋抵押贷款、车辆抵质押贷款、股权质押贷款、保证贷款、信用贷款等。

地址：北京市朝阳区东三环南路 17 号 B 座 8 层 D 室

电话：010－67498606

北京资丰小额贷款股份有限公司

北京资丰小额贷款股份有限公司是经北京市金融局批准、市工商局注册成立，为昌平区农户、中小企业、微型企业和个人提供小额信贷和投融资咨询服务的小额贷款公司，注册资金 1.2 亿元人民币。

地址：北京市昌平区龙水路 26 号

电话：010－69743290

北京金陵小额贷款有限公司

北京金陵小额贷款有限公司由金陵投资控股有限公司、北京基亚特环保工程有限公司、北京普兰普系统技术有限公司等六家企业和自然人发起，2012 年 1 月成立，注册资本 1 亿元人民币。主要面向广大科技型小微和私营企业、个体商户、“三农”经济单位以及中青年创业者发放小额贷款。

地址：北京市石景山区石景山路 2 号北京台湾街 C2 区 5 号楼—D

邮编：100040

电话：010－68647601

北京农投金通小额贷款股份有限公司

北京农投金通小额贷款股份有限公司是经北京市金融工作局批准，由北京小额贷款投资管理有限公司、北京澳达天翼投资有限公司及民营企业家共同出资成立，于 2012 年 2 月正式开业，股份总额为 1 亿元人民币。经营区域为面向昌平区的个人、个体工商户、小微企业及其他组织机构提供小额贷款及关联的投融资服务，主要产品有高科技企业低息贷款、大学生创业低息贷款、公司循环授信贷款、房产抵押贷款，股权（份）质押贷款等。

地址：北京市昌平区东小口镇天通苑西苑 30 号楼 5 门

电话：010－84820329

北京吉信小额贷款股份有限公司

北京吉信小额贷款股份有限公司经北京市金融工作局审批，国家工商总局核准登记，面向海淀区域的企业、自然人提供短期贷款等相关金融服务的小额贷款公司，注册资本 1 亿元人民币。

地址：北京市海淀区海淀大街 38 号 1 层 10 号房间、2 层 10 号房间

电话：010－88506868

传真：010－82603960－6011

网址：http://www.jixin-finance.com/

北京乾元汇通小额贷款有限公司

北京乾元汇通小额贷款有限公司是经北京市金融工作局批准设立的小额贷款公司，股本总额为 1 亿元，实收股本总额为 1 亿元人民币。经营区域是为丰台区内急需资金支持的个人、个体工商户、中小微企业及农村经济体提供小额贷款服务，主要产品有房地产抵押贷款、股权（份）质押贷款、汽车质押贷款以及其他动产质押贷款等。

地址：北京市丰台区丰管路 50 号

电话：010－83818403

传真：010－63812632

邮箱：admin@somicrocredit.com

北京商络小额贷款有限责任公司

北京商络小额贷款有限责任公司是经北京市金融工作局批准设立，由北京商络投资管理有限公司等 5 家法人单位共同出资设立的小额贷款公司，注册资本 1 亿元人民币。经营区域是为朝阳区的中小企业，个体工商户和“三农”提供小额贷款，为具备一定条件的个人企业提供微贷业务。

地址：北京市朝阳区裕民路 12 号 1 号楼 10 层

电话：010－65277717
传真：010－65277717
邮箱：shangluodk@126. com

北京泽惠小额贷款有限责任公司

北京泽惠小额贷款有限责任公司是经北京金融工作局批准、北京市工商局登记注册，面向房山区的中小微企业、创业者、个体工商户等提供小额贷款服务的专业化公司，一期注册资本5 000万元人民币，于2012年11月12日正式营业。

地址：北京市房山区燕房路临99号
电话：010－69348156
网址：http：//www. bjzhdk. com/

北京庄子天运小额贷款有限公司

北京庄子天运小额贷款有限公司是经北京市金融工作局批准，由北京庄子天运房地产开发有限公司联合其他四位自然人股东发起，于2012年12月成立的小额贷款公司，注册资本金2亿元人民币。

地址：北京市平谷区紫贵庄园8号楼1～2层
电话：010－89978992

（三）协会、商会、学会活动简介

北京市银行业协会

组织机构与负责人

会　长：严晓燕（女，北京银行股份有限公司行长）

副会长：朱鹤新（交通银行股份有限公司北京市分行行长）

王　良（招商银行股份有限公司北京分行行长）

屈家智（汇丰银行（中国）有限公司北京分行行长）

专职副会长：李　阳（女）

监事长：滕红军（花旗银行（中国）有限公司北京分行行长）

秘书长：赖　恽

会员单位

2012年末，共有会员88家。其中，中资会员41家（银行机构34家，非银行金融机构7家），外资会员47家（银行机构34家，非银行金融机构2家，外国金融机构代表处11家）。

联系方式

地址：北京市海淀区车公庄西路乙19号华通大厦B座北塔8层
邮编：100048
传真：010－88018014
电子邮箱：office@bbanet. org

重要活动

2月1日，按照中国银行业协会要求，北京市银行业协会（以下简称协会）下发了《关于对北京市银行业中小微型企业金融服务收费进行检查的紧急通知》，要求各银行机构做好金融服务收费检查的相关工作。2月3日，组织召开北京市银行业规范金融服务收费专题工作会，就规范金融服务收费工作中遇到的问题进行讨论，并就共性问题进行汇总反映。

3月7日，协会召开宣传工作联席会筹备会，来自交通银行北京市分行等18家会员单位的代表参加了会议。与会人员就成立宣传工作联席会的可行性与必要性进行研究，就如何做好舆情管理等工作进行交流；会议审议了联席会工作规则和2012年工作计划，并选举产生了第一届宣传工作联席会主任委员会委员，交通银行北京市分行当选为联席会主任行，工商银行北京市分行、中国银行北京市分行、建设银行北京市分行、北京银行当选为副主任行。

3月13日，协会召开消费者权益保护委员会成立大会，北京市消费者协会银行业服务专业委员会一并成立，北京银监局、北京市消费者协会等有关部门领导及成员单位代表等100余人参加了会议。第一届主任委员会主任行、北京银行工会主席邢滨宣读了2012年北京市银行业维护金融消费者合法权益倡议书；工商银行北京市分行担任常务副主任行，中国银行北京市分行、建设银行北京市分行、交通银行北京市分行、农业银行北京市分行、招商银行北京分行当选为副主任行。

3月15日，中国银行业协会《2011年中国银行业服务改进情况报告》发布暨文明规范服务表彰大会在京召开。协会报送的工商银行北京东四支行、农业银行北京铁道支行、华夏银行北京国贸支行、北京农商银行总行营业部荣获“中国银行业文明规范服务百佳示范单位”称号。

3月28日，协会与西城区法院合作建立银行业金融纠纷联合调解工作站。9月底正式受理公众提出的纠纷调解申请。截至年末，该工作站共受理并调解金融纠纷11件，经调解达成调解协议4件。根据调解中发现的问题，协会向两家会员银行发出了《金融纠纷调解业务建议函》。

3月，协会配合北京银监局小微企业金融服务宣传月活动领导小组办公室编制活动简报11期，并利用协会网站对宣传月活动进行跟踪报道。

4月10日，协会召开私人银行业务联席会成立大会暨私人银行高层研讨会。会上选举产生了第一届主任委员，工商银行北京市分行为主任行，建设银行北京市分行、中国银行北京市分行、招商银行北京分行、民生银行总行营业部为副主任行。

4月27日，中国银监会召开2011年度全国小微企业金融服务评优表彰（电视电话）大会。协会获得“全国银行业协会小微企业金融服务先进单位”称号。

5月9日，协会正式启动北京市银行业特色服务示范单位评选活动。特色服务示范单位是指在服务文化、服务管理、技术支撑、服务环境、团队建设等方面具有独特优势，且具有行业推广价值和良好的社会效益，被业内和社会公众认可的银行营业网点。

5月21日，协会联合北京市消费者协会向社会征集对银行金融服务工作的意见和建议，引起了社会各界的广泛关注。7月25日，协会联合北京市消费者协会举办“践行社会管理创新 共创和谐消费环境——优化银行服务质量研讨会”，来自银行机构、学术界专家、人大代表、消费者代表参加会议。根据两协会联合征集消费者意见和建议的情况，8月27日，协会推出加强服务收费告知公示、做好特殊客户群体个性化服务、着力改善网点排队问题、鼓励客户使用自助渠道、建立弹性窗口和弹性岗位制度等十项措施。

5月，结合“爱国、创新、包容、厚德”的北京精神，协会开展了征集、总结、提炼“北京银行业精神”表述语工作。通过征文、会员征集、专家论证、向市民征求意见、媒体公布等活动，12月18日“北京银行业精神”表述语发布会召开，“诚信、服务、稳健、创新”的“北京银行业精神”表述语正式发布。中国银监会、北京银监局、人民银行营业管理部、北京市金融工作局、首都精神文明建设委员会办公室、中国银行业协会、北京市消费者协会、北京市残疾人福利基金会和80余家金融机构的代表参加了会议。

7月13日，协会召开维权专项工作会议，对会员行提交的维权申请进行初步审议。7月23日，协会会同交通银行北京市分行、招商银行北京分行相关部门负责人拜访了北京市金融工作局，就协会提交的维护银行债权安全的函及银行维权行动进行交流与沟通。

8月15日，2012年度中国银行业文明规范服务千佳示范单位评选活动启动。协会聘请第三方中介机构进行暗访测评，抽调会员单位人员组成检查组，对网点服务状况进行不定期抽查，共抽查网点600多个，并逐步完善监测分析与暗访通报制度。农业银行北京铁道支行、招商银行北京小关支行等18家会员单位共49家网点荣获“中国银行业文明规范服务千佳示范单位”称号。

8月16日，北京地区票据融资业务风险管理研讨会顺利举行。北京银监局向世文副局长出席并致辞、协会李阳专职副会长及部分商业银行主管副行长出席会议，40余家金融机构相关业务负责人参会。中国人民银行总行和人行营业管理部的代表应邀就全国的票据业务基本情况、发展趋势、风险防控、制度建设和北京地区货币、信贷及票据业务情况作专题演讲，交通银行北京市分行等四家银行的代表就本行票据业务发展与风险管理情况作交流发言。

11月15日，协会银团贷款专业委员会举办北京市十佳银团贷款银行评选表彰暨经验交流会，工商银行北京市分行、北京银行、国家开发银行北京市分行、交通银行北京市分行、中国银行北京市分行、建设银行北京市分行、中信银行总行营业部、北京农商银行、华夏银行北京分行、农业银行北京市分行荣获“北京市十佳银团贷款银行”称号。

11月17～18日，协会举办手语培训班，来自12家会员单位的100多名一线服务人员参加了培训。12月2日，在北京市残联、北京市残疾人福利基金会联合举办的首届手语风采大赛上，协会荣获优秀组织奖，工商银行北京市分行、中国银行北京市分行分别获得团体二等奖、三等奖。

12月6日，由协会主办，工商银行北京市分行协办的北京市银行业利率市场化推进与商业银行转型发展高层论坛暨北京市银行业协会利率协调联席会成立大会在京举办。

协会受中国银行业协会委托，认真做好北京地区从业人员资格认证考试工作。2012年度组织发售教材2 539本，对北京地区41个考场进行抽查巡考，对考试通过人员提交的419份资格认证表进行了审核。

（任浩杰）

北京证券业协会

组织机构与负责人

理事长：朱云来

秘书长：周　雷

常务副秘书长：许　慧

副秘书长：丛小路

会员单位

会员单位共计333家。其中，证券公司18家，证券分公司35家，基金管理公司13家，证券营业部266家，投资咨询公司1家。

联系方式

地址：北京市西城区金融大街35号国际企业大厦C座17层

邮编：100033

电话：010－66568614

传真：010－66568583

网址：Http：//www. sabbj. org

邮箱：bjzq@163. com

重要活动

2月14日，为进一步加强北京证券业协会（以下简称协会）的服务职能，切实了解所有会员单位的需求，有针对性地开展行业自律、培训、交流等工作，协会开展征询会员意见和建议的问卷调查活动。2月20日，协会召开征询工作意见座谈会。辖区内16家证券公司、证券公司分公司、资产管理分公司、基金管理公司、证券营业部负责人参加了会议。

3月6日，协会联合法国LEVI（国际）集团北京莱维珠宝有限公司、北京幸福医疗美容医院举办“翡翠鉴赏、人体抗衰老驻颜”专家专题讲座。北京地区证券机构的女老总们欢聚一堂，庆祝“三·八国际妇女节”。

4月17日，协会召开第四届第二次理事会。会议听取了《2011年理事会工作报告》、《2011年财务工作报告》，审议通过了部分理事及常务理事变更、协会秘书长变更、成立北京证券业协会经纪业务委员会及委员的聘任、2011年区域自律工作先进单位和优秀营业部负责人等事宜。

4月，为进一步加强北京地区佣金管理工作，协会下发了《关于2012年证券营业部A股交易成本佣金报备工作的通知》，并与北京证监局对部分证券营业部进行了现场检查。

5月17日，协会在海淀区中工大厦举办“投资顾问优势谈判技巧”免费培训班，对来自北京地区的证券公司、证券分公司、证券营业部、投资咨询公司的300多位投资顾问相关人员进行了培训。

5月26日，协会联合北京证监局举办“基金公司债券业务专题培训”，辖区基金管理公司的督察长、基金经理、监察稽核总监、风控总监等近百人参加了培训。

5～8月，协会进一步从培训管理制度、技术支持、培训组织三方面完善从业人员的后续培训体系，保障后续教育的连续性与有效性，北京地区共有证券从业人员4 504人参加后续执业培训，完成22 520课时。

6月，协会举办“北京证券行业摄影作品及普法征文比赛”，共收到摄影作品120多幅，普法征文70多篇。

7月12日，协会与北京期货商会、北京上市公司协会在国宾酒店举行“北京机构投资者金融期货交流培训会”，来自北京证券公司、基金管理公司、上市公司的近300人参加了会议。

8月11日，协会与市金融团工委、中国联通北京市分公司团委联合举办“金融情　联通谊”单身青年人才联谊会，来自中央组织部、市委组织部、市总工会、国开证券、信达证券、华商基金、北京联通、工商银行、国家开发银行等的近200名青年人参加了活动。

9月15日，协会在北京天泰宾馆会议厅举办“北京地区证券经营机构业务培训班——客户服务专场”的免费培训，来自北京地区的证券公司、证券分公司、证券营业部的近600多位客服、投资顾问和财富管理相关人员参加了培训。

11月14日，协会与北京证监局主办，由中金公司、民族证券和银河证券协办的“第二届北京证券业人力资源经理人联席会”在京召开。本次活动会聚了在京证券公司、基金管理公司的人力资源骨干人员近百人，邀请了证券业人力资源专家和业界精英，就人力资源改革与实践、高管人员的考核评价、绩效管理与激励等主题进行了分享和交流，并进行了轮值主席的交接仪式。

12月12日，协会举办“北京地区证券公司稽核审计人员交流培训”。毕马威华振会计师事务所的老师讲述了证券公司创新业务内部控制与审计，证券公司内部控制评价经验，中金证券和银河证券的审计部负责人与学员们进行了交流。来自北京地区15家证券公司的稽核、审计、合规部门的主要负责人，共计60余人参加了此次培训。

12月15～24日，协会组织会员单位相关业务负责人和业务骨干14人组团赴台考察，并就此次考察的收获和体会进行整理和总结，撰写了“北京证券业协会业务创新赴台考察”报告。

2012年，协会协助中国证券业协会完成从业人员资格考试巡考20万多科次，参与中国证券业协的保荐人考试及CIIA考试等多项巡考工作，完成了分支机构负责人任职考试45人次。

2012年，协会网站继续完善业内监管和经营所需的信息发布与查询功能，在上、下半年分别对协会网站上的“营业部变更查询”和“营业部区域分布”各更新一次。网站已经成为业内、外监管政策与经营情况重要的公示工具，社会各界与股民查询的主要途径之一。截至年末，网站点击率已突破80万人次。

（王永刚）

北京保险行业协会

组织机构与负责人

会　长：刘凤全（中国人寿保险股份有限公司北京市分公司总经理）

副会长：冯贤国（中国人民财产保险股份有限公司北京市分公司总经理）

臧　炜（中国太平洋财产保险股份有限公司北京分公司总经理）

张爱民（女，华泰财产保险有限公司北京分公司总经理）

秦旭辉（中国平安人寿保险股份有限公司北京分公司总经理）

郑庆红（女，太平人寿保险有限公司北京分公司总经理）

方　萍（女，北京保险行业协会、北京保险学会秘书长）

监事长：李洪林（中国太平洋人寿保险股份有限公司北京分公司总经理）

秘书长：方萍（女，专职）

副秘书长：刁粤生（专职）

王小河（专职）

陆秀萍（女，专职）

会员单位

会员公司90家。其中，财产保险公司39家；人身保险公司51家；准会员单位5家。

联系方式

地　址：北京市朝阳区东大桥路8号尚都国际中心1916室

邮　编：100020

电　话：010—58703366

传　真：010—58701290

网　址：http：//www. biabii. org. cn

重要活动

1月1日，《中华人民共和国车船税法》、《中华人民共和国车船税法实施条例》正式实施。受北京市地税局委托，在北京保监局的协调指导下，北京保险行业协会（以下简称协会）组织建设的“北京车险信息平台车船税应急征收系统”上线运行。全年，在京30家保险机构代收代缴车船税款21. 97亿元，为各公司带来营业外收入1. 1亿元。

北京地区定损员分级管理制度正式实施。全年，协会共组织4次定损员初级考试，33家财产险公司共3 016人次报考，1 616人通过考试。

1月9日，协会走访顺义区人民法院，就推动保险案件与商事审判诉调对接机制运行的相关事宜进行商榷。本次走访活动是2011年提出“诉调对接机制三个延伸”思路的具体行动。

1月20日，北京车险信息平台车险理赔信息查询功能与市交管局网站对接，车主可查询在京登记、注册车辆的理赔信息。截至年末，车险理赔信息查询709万人次。

2月22日，协会保险合同纠纷调解委员会召开2011年度保险合同纠纷调解工作表彰会，100多名业内、外调解员及80多家会员公司代表参会，有75名调解员获得“优秀调解员”荣誉。

3月16日，协会方萍秘书长、王小河、陆秀萍副秘书长和秘书处相关部门负责人一行9人赴天津市保险行业协会，就商业保险定点医院管理、保险合同纠纷调解模式及秘书处运行管理等方面的工作进行了调研交流。

3月23～26日，协会组织定损员初级考试，共进行14场。32家公司的1 077名定损人员参加了考试，680人通过考试。

3月28日，协会与北京市银行业协会联合举办银保代理业务规范培训，在京开展保险代理业务的40余家银行的300余人参加了培训。为配合培训学习，两协会联合编印了《银行保险代理业务规范指引》。

3月30日，协会召开第七届理事会第三次会议。会议审议并通过了协会《工作报告》、《财务报告》、刘凤全代会长为会长的建议等有关事项。

4月1日，北京人身意外伤害保险信息平台启用中介销售机构管理功能。

4月15日，协会与和讯、搜狐、新浪等网站合作，开展车险理赔服务社会调查问卷，共回收问卷7 000余份，此项工作获得北京市社科联重点课题资助项目。

4月18日，协会举办《保险知识普及丛书》（1～5册）首发仪式。该丛书由协会、北京保险学会、北京市消费者协会联合编著，中国金融出版社出版发行，首批印制5万套，通过会员公司发送消费者。

5月17日，协会举办2012年“保险

公益大讲堂”，北京市金融工作局张幼林副局长作了“把握宏观经济形势，推动保险行业健康发展”的主题讲座，会员公司代表200余人参加了此次活动。

5月23日，经申报，北京车险信息平台的“交强险”集中管理软件、“商业车险”集中管理软件、“车船税”代收代缴管理软件、“中介业务管理”软件获得著作权。

6月12～19日，协会组织会员公司法务人员一行13人就有关交强险法律制度、寿险营销员品质管理制度赴台湾进行考察交流，走访了台湾保发中心、产物保险同业公会、人寿保险同业公会和新光人寿保险公司。

7月4日，协会考试中心举办首次盲人保险代理人资格电子化考试，6名盲人参加了考试，通过4人。盲人参加保险代理人资格考试在全国尚属首例。

7月9日，协会举办财产险公司定损员培训班，讲授了车险定损人员相关专业知识与监管规定及行业要求，28家公司的233名定损人员参加了培训。

7月22日，协会组织部分公司领导参加北京保监局召开的紧急会议。根据北京保监局就“7·21”特大自然灾害的保险理赔救援工作进行部署，协会印发了《关于切实做好北京“7·21”强暴雨保险理赔服务工作的通知》，并发出“温馨提示”新闻通稿。7月24日，协会与北京汽车维修行业协会联合发出倡议书，就受灾车辆保险理赔事宜作出六项承诺。

8月7日，协会组织会员公司参加北京市金融工会举办的第三届北京市职业技能大赛理财规划师比赛，中意人寿北京分公司员工荣获“2012年金牌理财规划师”称号。

协会举办车损险及发动机涉水损失险相关问题研讨会，就车险产品设计体例及可能涉及的相关法律问题进行探讨，北京保监局有关领导、高校专家、律师及部分公司车险业务专家参加了会议。

9月1日，《北京人身保险销售从业人员销售行为警示信息管理暂行办法》实施，53家人身险会员公司签署了《北京保险行业贯彻落实警示信息管理暂行办法自律公约》。

9月6日，协会组织召开健康险工作委员会工作会议，共13人参加。会议审议通过了《北京地区健康保险经营规范》。

9月7日，协会与西城区人民法院举办“诉调对接机制的实施意见”签字仪式。北京保险行业协会法律专业委员会主任王文宣宣读了《北京市西城区人民法院与北京保险行业协会关于保险纠纷诉调对接机制的实施意见》，并由安凤德院长与北京保险行业协会副会长臧炜签署了对接协议。

9月21日，北京人身保险电话营销禁拨平台上线运行，正式为首都市民提供禁拨登记服务。截至年末，6 368人次成功登录，登记禁拨号码5 373个；各保险公司上传禁拨号码18 581个，共对23 954个号码实施了禁拨。

9月24日，北京健康保险信息平台二期正式上线，截至年末，已陆续对50家保险公司的系统改造和数据对接情况进行了上线验收。

9月28日，北京车险信息平台车船税应急征收系统与北京市地税局车船税征收系统进行成功切换。

10月8日，协会制定《北京保险行业人身保险合同纠纷处理指引》、《北京地区健康保险经营规范》，并印发各公司。《北京地区健康保险经营规范》将于2013年1月1日起实施。

10月31日至11月2日，协会就“格式保险合同的司法规制与诉讼实务、如何在纠纷案件处理工作中与12378保险维权热线相配合尽快解决争议”等内容举办调解员业务培训，来自80余家会员公司的113名调解员参加了培训。

11月19～30日，协会组织人身险会员公司代表对北京市8个行政区11家银行的90余个网点开展暗访调查，并就调查中发现的问题、网点和不规范的销售行为，向各公司进行通报，同时报北京市银行业协会。

11月29日，协会组织会员公司参加第八届北京国际金融博览会，并举办以“明明白白买保险”为主题的保险大讲堂活动，由专家讲解保险知识，并向消费者赠送《保险知识普及丛书》。

12月3～10日，协会组织33家财产险公司推荐的代表组成行业检查小组，就车险有关制度办法的执行情况及服务工作进行了互查。

12月15～25日，根据《关于进一步规范北京地区商业银行代理保险业务有关事项的通知》要求，协会向在京40余家商业银行发放《人身保险投保提示书》6 000余份。

（周宏）

北京保险中介行业协会

组织机构与负责人

会　长：陈建国（北京国民保险代理有限公司董事长）

副会长：边　勇（华泰保险经纪有限公司副总裁）

吕　阳（英大长安保险经纪有限公司副总经理）

李永奇（航联保险经纪有限公司董事长）

黄伟坚（北京联合保险经纪有限公司总经理）

宋爱民（中盛国际保险经纪有限公司董事长）

梁译之（华信保险经纪有限公司总经理）

韦　朴（达信（北京）保险经纪有限公司董事长）

高鹏飞（中电投保险经纪有限公司总经理）

陶立新（中铁保险经纪有限公司总经理）

监事长：张志安（江泰保险经纪有限公司副总裁）

秘书长：张永庄（专职）

会员公司

会员单位共计167家。其中，保险代理公司68家；保险经纪公司76家；保险公估公司23家。

联系方式

地址：北京市西城区西直门成铭大厦B2座18H

邮编：100035

电话：010－66008027

传真：010－66113349

网址：http：www. bjbxzjxh. org. cn

邮箱：bjbiia@ 126. com

重要活动

2月24日，北京保险中介行业协会（以下简称协会）召开第二届第八次会长会。会议审议了协会2012年工作总体安排、专业中介机构高管培训工作方案、协会网站改版方案、新修订的新会员入会制度；通报了自律维权服务中心会议情况，会长、副会长的工作分工和专业委员会的调整意见；审议了国信行、天诺嘉福、格林、中达信保险公估公司，海亚（北京）、国泰路安保险经纪公司为常务理事的申请。

2月28日，协会召开2012年协会工作座谈会。陈建国会长对协会2012年工作作出说明，北京保监局罗青副局长在会上强调了对保险中介行业的监管重点，并对协会工作提出了要求。

3月15日，协会第二届第七次常务理事会以书面通讯形式召开。会议审议了2012年保险中介机构高管培训工作方案；通过了国信行、天诺嘉福、格林、中达信保险公估公司，海亚（北京）、同泰路安保险经纪公司为常务理事的申请。

3月16日，协会召开保险中介机构《北京人身保险销售从业人员销售行为警示信息管理暂行办法》座谈会，对该办法进行了讨论。

4月23日，协会召开北京保险中介行业自律维权座谈会，就保险公司提高手续费上限问题征求会员公司意见。

5月3日，协会召开第二届第九次会长会。会议审议了网站管理办法、北京华汇保险有限公司担任常务理事的申请，通报了自律维权座谈会情况。

5月15日，协会吕阳副会长为北京市“金融大讲堂”作了《北京保险专业中介的现状与发展》的专题报告，北京市金融工作局及各区县金融办的人员参加了讲座。

5月23日，协会组织会员公司赴台湾考察，参访了台湾永达经纪人公司，对台湾地区保险中介市场的发展现状有了一定的认识和了解。

7月12日，协会举办北京保险中介机构高管人员培训班，115家专业中介机构的133名高管人员参加了培训。培训的主要内容是北京市金融形势，保险中介机构营业税、个人所得税政策，保险专业中介机构政策法规、产销、电销、网销中介业务监管要求及案例分析，人身险中介业务监管要求及案例分析，北京地区中介市场监管重点通报。

8月29日，协会接待到访的山东保险中介行业考察团，就京鲁两地保险经纪机构业务运营和行业发展情况进行交流，山东考察团一行参观了华泰保险经纪有限公司。

8月30日，协会召开《北京人身保险销售从业人员销售行为警示信息管理暂行办法》推动实施暨自律公约签约大会，在京79家保险专业代理机构的90余人参加了大会。会上，北京保险行业协会寿险部符云波主任，对9月1日即将上线“北京保险信息服务平台”的“北京人身保险销售行为警示信息管理系统”进行了全方位的讲解。

9月14日，协会举办北京保险中介市场发展专题报告会。中国保监会中介部主任孟龙作专题报告，北京地区132家保险专业中介机构的董事长、总经理、副总经理及相关部门负责人等180余人参加了报告会。

10月16～20日，协会组团赴香港、澳门参观考察保险中介市场并与当地保险中介协会进行了业务交流。

11月7日，协会举办北京保险公估发展研讨会暨保险公估服务手册发放仪式。会上，会员代表对保险条款问题、理赔难问题、风险评估、风险责任、社会监督、提高从业人员素质、加强业务培训、持双证上岗、树立行业形象、增强行业凝聚力等问题提出了意见和建议，并举行了《北京保险公估理赔服务手册》发放仪式。

11月8日，协会完成北京金融工作局组织的“‘7·21’特大自然灾害与北京保险业发展”课题的撰写工作。

11月22日，协会组织保险公估公司参加了北京保监局召开的“保险公估行业服务标准”征求意见及保险公估行业发展座谈会。

12月27日，协会召开第二届第十一次会长会。会议审议了协会2012年工作报告和2013年工作计划、2012年财务决算和2013年财务预算、2012年年会方案，提出了增选协会保险代理、保险经纪、自律维权服务中心副主任人选等事宜。

（张永庄）

北京典当行业协会

组织机构与负责人

会长：杨永（北京市华夏典当行有限责任公司）

秘书长：郝凤琴（女）

会员单位

会员单位共计248家。

联系方式

地址：北京市东城区永内东街中里13号院内

邮编：100050

电话：010－84544366

传真：010－84544368

网址：http：//www.bjpawn.org

邮箱：beijingpawn@sina.com

重要活动

2月23日，北京典当行业协会（以下简称协会）召开第三届第一次会员大会。会议通过了《北京典当行业协会章程》；选举产生了北京典当行业协会第三届理事会、监事会，北京市华夏典当行有限责任公司董事长杨永任第三届会长，严兴农、张正雨、李荣、张波续任第三届副会长，徐云鹏续任第三届监事长，郝凤琴续任协会秘书长。

3月6日，协会在崇文商务大厦为已取得2011年度新设典当企业指标、正在等待商务部批准的51家企业负责人举办了《典当经营场所安全防范技术要求》辅导班，旨在帮助新设典当企业避免因装修问题延误后续审批程序。

3月29～30日，协会秘书处以面谈和电话访谈的方式，就区县建委对典当行办理房产抵押手续要求不统一、影响典当企业经营活动顺利开展的问题，向北京民生典当有限责任公司等会员企业了解在办理抵押登记时遇到的各种问题。

4月22～26日，协会以“温州金融改革试验区政策对典当经营的影响”为主题，组织11家典当企业总经理前往温州、宁波考察金融改革试验区政策对典当行业的影响。

4月24日，协会在北京京泰龙国际大酒店举办了主题为《风险控制系列培训第一讲——典当企业内部控制的概念、意义、要求及方法》的讲座，96家典当企业的136人参加了培训。

5月29日，协会与内蒙古自治区典当行业协会在北京温都水城会议中心签订了战略合作协议。

6月28～30日，协会举办新企业开业经营辅导班，45个企业的投资人、经理人、财务负责人、业务员等100余人参加了培训。

7月4日，协会党支部与中国银行北京东城支行党委举办了以《携手创先争优　促进双赢发展》为题的党建研讨会。

8月2～8日，根据《北京典当行业协会与内蒙古典当行业协会战略合作协议》，协会应邀承办了与内蒙古典当行业协会的第一个合作项目——《内蒙古典当行业协会民品典当培训班》，78家内蒙古典当企业的150余人参加了本次培训。

8月21日，协会开始为会员企业提供房产抵押业务资质鉴证服务。

8月28日，协会在崇文商务大厦举办官方网站开通仪式暨信息工作会议，60余家会员企业代表参加了会议。

11月14日，协会组织北京市华夏典当行有限责任公司等企业参加商务部流通业发展司召开的“关于讨论典当行与当户签订的动产抵押借款合同效力问题”座谈会。

12月25日，协会在天方饭店三层多功能厅举办《北京典当行业2012年度财务培训》。

（黄佳）

北京市金融业文化建设协会

组织机构与负责人

会　长：单强（中国人民银行营业管理部党委委员、副主任）

副会长：张中奇（中国银行业监督管理委员会北京监管局纪委书记、副局长）

孙才仁（中国证券监督管理委员会北京监管局党委委员、副局长）

刘跃林（中国保险监督管理委员会北京监管局局长助理）

秘书长：王远志（中国人民银行营业管理部宣传群工部部长）

监事长：张友芬（女，中国工商银行股份有限公司北京市分行纪委书记、工委主任）

会员单位

2012年共有会员单位29家，其中包括人民银行营业管理部、北京银监局、北京证监局、北京保监局及18家银行、6家保险公司的在京机构及北京国际信托有限公司。协会共有常务理事29人、理事31人。

联系方式

办公地点：中国人民银行营业管理部

地址：北京市西城区月坛南街79号

邮编：100045

电话：010－68559162

传真：010－68559084

重要活动

4月13日，北京市金融业文化建设协会（以下简称协会）召开理事大会。会议通报了2011年协会工作情况及各会员单位在金融企业文化建设方面的先进经验，推举中国人民银行营业管理部宣传群工部部长王远志担任协会法定代表人兼秘书长，并对荣获“魅力政工——思想政治工作创新实践大家征文”活动的获奖者进行颁奖。

11月16日，协会组织青年志愿者一行30余人赴房山区英才小学开展主题教育实践活动，为孩子们送去了羽绒服、文具、体育器材、图书等价值6万余元的物品。

2012年，协会积极开展分层次培训，进一步提高文化建设工作者的综合素质。派员参加北京市民政局社团办、北京市思想政治工作研究会组织的协会理事工作会议及专题学习讲座，先后有300人次参加了培训；组织会员单位参加形势政策宣传教育系列报告会，先后有500余人次参加了“政府工作报告解读”、“解读首都经济形势”、“十八大政策解读”、“如何实现伟大的中国梦”、“当前国际形势”等有关讲座。

2012年，协会积极开展学术交流，推选优秀稿件参加北京市“丹柯杯”优秀研究成果的评选活动和“魅力政治工作创新实践大家谈”征文活动。协会荣获“魅力政治工作创新实践大家谈”征文活动优秀组织奖，中信银行北京京城大厦支行、工商银行北京南礼士路支行、工商银行北京东城支行员工的稿件分别荣获二等奖、三等奖。

（山峰）

北京期货商会

组织机构与负责人

会　长：王化栋（宏源期货有限公司总经理）

副会长：陈冬华（中国国际期货有限公司总经理）

赵广钰（格林期货有限公司董事长）

曹　胜（经易期货经纪有限公司总经理）

许丹良（北京中期期货有限公司总经理）

姚　广（银河期货有限公司总经理）

吴立军（中钢期货有限公司总经理）

席　立（中证期货有限公司副总经理）

苏　英（女，专职）

秘书长：苏　英（女）

监事长：黄　辉（中粮期货有限公司总经理）

会员单位

北京期货商会会员108家。其中，公司会员20家；营业部会员81家；特邀会员7家。

联系方式

地址：北京市朝阳区光华路16号中期大厦A座403室

邮编：100020

电话：010－65807378

传真：010－88556593

网址：http：//www. bjqh. org

重要活动

1月13日，北京期货商会（以下简称商会）联合中粮期货有限公司在中青旅大厦举办了原油期货沙龙，邀请对能源、排放和大宗商品交易具有20多年实践经验的汤姆·詹姆士教授与北京期货机构的分析师们交流研讨国际原油的影响因素及发展趋势。

2月9日，商会在翠宫饭店举办摄影沙龙，邀请金融摄影协会副会长兼秘书长徐波先生作“金融系统摄影展获奖作品赏析及摄影技巧”的讲座，并为获奖者颁发了奖品、证书。

2月15日至3月20日，商会与北京科莫迪投资咨询有限公司联合举办二期“期现结合（铜品种）高级研修班”。

2月23日，商会召开第三届第四次理事会。会议听取并审议了商会2011年工作报告和2012年工作计划、2011年财务决算报告和2012年财务预算报告，通报了会员大会“关于增补中证期货有限公司北京营业部为理事单位”的决议，审议了理事会、监事会会员代表变更的提议，商会31位理事代表全部出席了会议。

3 月 7 日，商会与北京证监局联合举办“关爱女性保健　留住美丽健康”为主题的期货高管沙龙。中国医促会亚健康专业委员会副主任、协和健康讲师团副秘书长、卫生部《抗癌之窗》特邀科普教育专家、中国医学科学院肿瘤医院防癌科袁凤兰主任，就如何保养生命、健康精神、预防癌症等与北京期货业女高管进行了交流。

4 月 26 日，商会举办人力资源管理培训班，辖区 20 家期货公司及部分营业部主管人力资源工作的领导及部门经理 38 人参加了培训。

5 月 6～13 日，商会举办第四届“格林・期货杯”乒乓球赛，共有 41 个单位、248 名选手参加了比赛。

5 月 19 日，商会承办第七届中国（北京）期货暨衍生品市场论坛。论坛以“期货市场如何服务实体经济”为主题，邀请了国内外专家、业界同人就国内外期货市场服务实体经济方面的差异，国债期货、原油期货和期权等新产品、新业务，期货公司如何加大业务创新能力、培养创新型人才、实现业务模式转型等方面展开讨论。来自于证券、银行、保险、期货和上市企业的代表 400 余人出席了论坛。

5 月 30 日，依据《北京证监局 2012 年度普法工作计划》和《北京证监局关于开展北京辖区 2012 年普法宣传活动的通知》的要求，商会制订了《2012 年度普法宣传计划》（以下简称《计划》）。《计划》围绕“学法律、守诚信、促规范、谋发展”的宣传主题，从投资者教育、诚信宣传、居间人管理等方面落实宣传任务，充分利用会刊、《北京期货沙龙》和网站等现有宣传平台，向广大投资者宣传期货交易常识和整治非法期货活动的法规政策；制定居间人管理办法，探索建立居间人管理制度，为杜绝非法代客理财提供制度保障。

6 月 20 日，商会举办“焦煤、焦炭企业期现结合高级研修班”，就中国焦煤焦炭企业生存与发展、如何做好风控管理、期货公司如何为企业的套期保值提供服务等问题进行研讨，并组织参观考察北京旭阳伟业煤焦化工有限公司生产基地。

7 月 7 日，商会举办“2012 年中国再生铜企业期现结合高级研修班”，邀请众多再生铜产业资深专家、再生铜企业负责人，金融及投资机构就铜企业管理运营、期货工具的作用及其对铜产业链的影响及企业参与期货业务中应注意的问题等进行了分析和解读，并带领学员前往山东东营的两家现货企业进行实地考察学习。

7 月 12 日，商会联合北京上市公司协会、北京证券业协会举办北京机构投资者金融期货交流培训会。北京工商大学证券期货研究所所长胡俞越教授、宏源期货有限公司总经理王化栋、格林期货有限公司研究院院长于军礼应邀作了主题演讲。来自北京上市公司、证券公司、基金管理公司的近 300 人参加了培训交流会。会议结束后，参会嘉宾与场外 20 家北京期货公司进行了交流咨询活动。

8 月 1 日，根据北京证监局要求，商会组织辖区期货公司以服务实体经济为主题撰写 20 余篇文章，分别在《期货日报》、《中国证券报》、《证券时报》及和讯网等多家媒体进行专题报道，宣传北京期货行业服务实体经济的举措和创新，向社会展示辖区期货行业的良好形象。

10 月 20 日，商会与第一创业期货有限责任公司共同举办“北京地区第一届期货公司信息技术研讨会”，并成立信息技术管理工作委员会。

10月21日，商会举办北京地区期货市场后备人才培训班开班仪式。北京证监局陆倩副局长致辞，中国期货业协会刘志超会长为学员们讲授第一节课——《期货市场发展与人才需求》。本期培训班共有学员60名，共安排80课时，采取周末上课的方式，并组织学员到北京期货机构实习。

11月26日，商会与《期货日报》联合主办“2012第六届期货高管年会”。本届年会以《学习国际经验、发展中国期货市场》为主题，与会嘉宾就中国期货业创新发展的理论突破、期货市场风险管理的重要意义和期货公司商业模式的质变之路等进行研讨，北京及部分异地期货机构中、高层管理人员近300人参加了会年。

（苏英）

北京金融街商会

组织机构与负责人

理事长：陈耀先

常务副理事长：王功伟（北京金融街投资（集团）有限公司董事长）

副理事长：略

秘书长：鞠瑾（北京金融街投资（集团）有限公司总经理）

监事长：范勇宏（华夏基金管理有限公司总经理）

会员单位

北京金融街商会共有会员140余家，其中理事会会员单位90余家。会员单位分别来自金融监管机构、金融机构、电信、电力、服务等行业。

联系方式

地址：西城区金融大街33号通泰大厦B座616室

邮编：100032

电话：010－66574347

传真：010－66574389

网址：http：//www. bfscc. com

邮箱：bfscc@ sohu. com

重要活动

一、认真落实市区两级政府的金融产业优惠政策，为金融街区域机构提供优质政策服务

北京金融街商会（以下简称商会）作为首都金融业优惠政策兑现的受理窗口部门，认真落实市区两级政府的金融产业优惠政策。2012年共受理50余家企业单位的各项申报材料，兑现资金1.56亿元。

二、有效整合区域资源，健全服务体系，策划组织35次各类活动，增进区域机构之间、区域机构与政府之间的沟通与了解，扩大金融街的影响力

1.2012年，商会组织了教育招生工作咨询会、金融街教育大讲堂、单身青年联谊会等一系列主题活动，为会员提供务实服务。

2.2012年，金融街医疗服务共同体累计接受门诊预约挂号2 179人次；金融街出入境签证中心共为金融街驻区机构的境外人员提供了600余次服务。

3.在西城区委、区政府统一组织下，商会组织策划了金融街建设与发展二十周年系列活动。主要有举办“感谢有你——北京金融街建设与发展二十周年文艺晚会”，承办“北京金融街建设与发展二十周年座谈会”，协办金融街论坛、“金融街建设与发展二十周年主题展”，组织“金融街集团首届对联原创大赛”，

征集“金融街之歌”、“金融街赋”，举办“金融街杯”乒乓球和网球比赛、摄影大赛，种植金融街建设与发展二十周年纪念树等活动。

4. 商会特邀中国光大集团董事长唐双宁走进金融街学术大讲堂，剖析国际国内经济金融形势；联合清华大学五道口金融学院举办金融街大讲堂暨第七届中国消费金融论坛。促进了会员机构的业务交流与合作。

5. 2012 年底，在西城区政府相关职能部门的支持下，商会邀请近 30 余家会员单位，启动金融街亮丽工程。

三、“一本书”爱心活动圆满成功，树立了金融街良好的社会形象

2012 年，金融街“一本书”爱心行动共募集各类图书 12 000 册、文具 500 份、衣物 300 件，全部送往山西省忻州市五台县金岗库小学。

四、完善区域信息交流平台，不断加强自身建设，推进金融街品牌建设

2012 年共出版会刊《金融街》杂志 5 期。金融街官方网站“金融街在线”增加了金融街区域新闻及活动报道数量，尤其针对区域机构主动要求登载人才招聘信息的需求，加快金融街招聘信息的上网频率，增加岗位招聘信息量。

（史瑞）

北京 CBD 金融商会

组织机构与负责人

名誉会长：龙永图（二十国集团研究中心秘书长）

会　长：吴桂英（女，朝阳区委副书记、区长）

副会长：幸公杰（蒙特利尔银行（中国）有限公司副行长）

丁国良（汇丰银行（中国）有限公司副行长）

赖祥麟（美国友邦保险有限公司北京分公司总经理）

许宁跃（北京银行股份有限公司副行长）

马思中（中美大都会人寿保险有限公司首席代表）

姜　新（中国中期投资股份有限公司董事长）

韩巍强（中国国际金融有限公司董事、总经理）

宋福兴（中国人民人寿保险股份有限公司副总裁）

监事长：刘雪斌（女，澳大利亚和新西兰银行（中国）有限公司北京分行行长）

秘书长：李　瑶（女，朝阳区人民政府区长助理、朝阳区金融服务办公室主任）

副秘书长：李 蘅（北京恒言投资有限公司总经理）

会员单位

北京 CBD 金融商会会员单位共有 85 家，涵盖银行、证券、保险、财务公司等多种企业类型。

联系方式

地址：北京市朝阳区京广中心商务楼 10 层 1007 室

邮编：100020

电话：010－65978750

传真：010－65978236

网址：http：//www. cbdjrsh. org/

重要活动

3 月 7 日，北京 CBD 金融商会（以下简称商会）联合国家外汇管理局在北

京 CBD 商务会所举办外汇管理政策培训会。会议就“当前我国外汇管理框架及相关热点问题”、“外汇管理政策法规及下一步政策趋势”等进行了解读，驻区50余家金融机构、跨国公司的近百名企业负责人和外汇业务负责人参加了培训。

5月3日，商会第八次理事和会员代表大会暨宏观经济形势分析会在北京CBD商务会所举办。会议由美国大都会人寿保险公司中国区首席代表马思中主持，中国人民人寿保险股份有限公司等70余家会员单位的高层代表出席了会议。

9月17日，商会与北京CBD金融企业家俱乐部协办的“2012北京CBD国际金融论坛”在朝阳区规划艺术馆举行。本届论坛以“金融发展与区域竞争力”为主题，围绕“全球视角下的经济增长新引擎”、“金融产业发展对提升北京城市竞争力的作用”、“基于实体经济发展的金融创新：制度、产品与服务”、“加快金融创新推动经济结构转型升级”等焦点问题进行研讨，中国社会科学院学部委员、副院长、北京CBD国际论坛理事李扬主持论坛。

（李晶）

北京中关村海淀金融创新商会

组织机构与负责人

会　长：任路平（女，中国工商银行股份有限公司北京市分行海淀西区支行行长）

常务副会长：沈鹏（北京海淀科技金融资本控股集团股份有限公司集团董事长兼总经理）

副会长：栾文生（女，中国建设银行股份有限公司北京中关村分行副行长）

周伟京（中国农业银行股份有限公司北京市分行海淀支行行长）

理事长：王　喆（女，北京银行股份有限公司卡中心总经理）

副理事长：李 莹（女，中国光大银行股份有限公司北京分行海淀支行行长）

王 进（嘉禾人寿保险股份有限公司副总经理）

秘书长：李晓玲（女）

会员单位

北京中关村海淀金融创新商会共有会员单位43家。其中，理事单位8家，普通会员35家。会员单位以银行、保险、证券等金融机构为主，其中也包括部分企业单位。

联系方式

地址：北京市海淀区海淀北二街8号中关村SOHO大厦710室

邮编：100080

电话：010－82504182

传真：010－82504282

网址：hppt：//www. bjzfic. com

重要活动

3～6月，北京中关村海淀金融创新商会（以下简称商会）积极了解驻区中小企业融资需求，连续举办多场投融资对接系列活动，20余家企业参加了路演，数十家金融机构与股权投资机构参与对接会，部分企业已获得投资机构和银行贷款支持。

5月13日，商会在海淀体育馆举办“招商银行小贷中心‘伙伴工程杯’”乒乓球比赛，12家金融机构组织的18支代表队参赛。

7月，商会与中关村西区管理委员会办公室联合主办了“中关村西区创新要素交流平台——小微企业融资系列活动”。此次活动从7月2日起，为期三周，分别在位于中关村西区的鼎好电子商城、海龙电子市场、中关村e世界数码广场举办，农业银行、建设银行、中国银行、北京银行、民生银行、招商银行、光大银行、天津银行、宁波银行、北京亚联财小额贷款有限公司10家机构参加了活动。

8月27日，由海淀区人民政府、北京市金融工作局主办，海淀区金融服务办公室承办，商会等单位协办的海淀区金融安全宣传周活动在新中关二层大厅举行。活动现场以播放金融安全宣传片的形式向市民宣传金融安全知识，并发放《首都金融安全知识宣传手册》、《海淀金融》等宣传材料，银行、证券等金融机构的工作人员针对市民关心的金融安全热点、难点问题进行现场解答、传授理财技巧。

9月25日，由海淀区人民政府主办，海淀区金融服务办公室、圆明园管理处承办，商会等单位协办的“海淀区金融企业中秋联谊会暨中关村金融家俱乐部揭牌仪式”在圆明园举行。相关委办局等领导及海淀区银行、保险、证券、股权投资等行业的金融机构近150人参加了活动。

（薛明君）

北京市金融学会

组织机构与负责人

会　长：杨国中（国家外汇管理局党组纪检组组长、党组成员）

常务副会长：姜再勇（中国人民银行营业管理部副主任，2012年10月离任）

严宝玉（女，中国人民银行营业管理部副主任，2012年10月任）

监事长：汪晓芳（女，中国工商银行股份有限公司北京市分行副行长）

秘书长：盛朝晖（中国人民银行营业管理部金融研究处处长）

会员单位

学会共有团体会员单位60家。

联系方式

办公地点：中国人民银行营业管理部

地址：北京市西城区月坛南街79号

邮编：100045

电话：010－68559272

重要活动

3月，北京市金融学会（以下简称学会）组织会员单位参与“北京市社会科学界联合会2012年重点学术活动资助”申报，《北京市保障性住房建设中的金融支持研究》课题获得资助。

4月，学会参加社科联“周末社区大讲堂”活动，学会秘书长为石景山区老山社区居民讲解金融知识，并派员参加2012年社会组织公益活动启动仪式。

学会举办宏观经济形势培训暨2012年春季研究论坛。此次活动邀请了政府官员、学者和商业银行高管就当前房地产市场形势、保障房金融服务工作和房地产调控政策等问题进行研讨，取得了良好的学术交流与互动效果。

5月，学会秘书长参加社科联召开的“部分学会秘书长座谈会议”，就学会的建设与发展建言献策，增进了与社会各界的交流。

6月，学会主办“银行服务收费与经营转型研讨会”，来自北京市金融学会、北京市城市金融学会、北京市国际金融学会、北京市银行业协会、高校和辖内商业银行的数十名代表就相关业务问题进行了热烈的讨论。

9月，学会主办“银行理财业务研讨

会”。与会代表认为，在商业银行经营转型以及利率市场化改革加快的背景下，银行理财业务日益成为金融理论研究与实践领域的亮点和焦点。

10月，学会增补中国人民银行营业管理部严宝玉副主任为北京市金融学会副会长，主持学会日常工作。

11月，学会依照《北京市金融学会章程》，召开了年度学会联席工作会议。会议总结了2012年学会工作情况，讨论并通过了2013年学会工作计划，学会秘书长、各副秘书长以及重点会员单位代表共18人出席会议。

12月，学会会刊《北京金融评论》与《中国知网》、《龙源期刊网》签订电子出版协议，促成刊物以数字化形式进行互联网和移动互联网的传播与发行，起到进一步提高公众认知率、延伸刊物品牌的效应。

12月，学会主办的《北京金融评论》第一届征文大赛活动结束。经评选委员会投票确认，共评选出一等奖2名，二等奖6名，三等奖10名。

（吴逾峰）

北京市城市金融学会

组织机构与负责人

会　长：王珍军（中国工商银行股份有限公司北京市分行行长）

副会长：龚　萍（女，中国工商银行股份有限公司北京市分行副行长）

监事长：于云丽（女，中国工商银行股份有限公司北京市分行内控合规部总经理）

秘书长：董咸松（中国工商银行股份有限公司北京市分行管理信息总经理）

下设机构情况

北京市城市金融学会青年经济理论研究分会。

联系方式

地址：北京市西城区复兴门南大街2号天银大厦B座906室

邮编：100031

电话：010－66410543

传真：010－66410543

重要活动

1. 组织开展2012年度重点课题研究工作。北京市城市金融学会（以下简称学会）组织认领中国工商银行（以下简称总行）重点研究课题6个，同时开展工商银行北京市分行（以下简称分行）年度课题调研活动。全年共收到34个理事单位课题成果163篇，分别比去年增加报送单位3个和成果61篇；组织评选获奖成果63篇、课题活动组织奖7个理事单位。

2. 完成2011年度课题评选表彰，推荐优秀课题报送总行公开发表和参加新一届评优活动。1月，印发《关于公布金融学会2011年度优秀调研课题评选结果的通知》，表彰获奖作者和组织单位，并在分行网讯上刊发获三等奖以上作品。2月，推送总行拟发公开刊物优秀成果16篇，其中一篇在《金融论坛》上发表。3～5月，组织报送参加总行第十一届优秀论文及调研报告评选作品10篇。

3. 积极参与和组织开展学术交流和培训活动。6月28日，承办银行服务收费与经营转型小型研讨会。分行财会部的代表作了题为“银行服务收费与经营转型”的发言，受到与会人员的好评，并刊发在《北京金融评论》2012年第3辑。9月25日，协助分行财会部邀请总行金研所专家做金融资产服务业务专题培训，帮助课题组成员拓宽研究思路。11 月 30 日，会同北京市国际金融学会举办 2012 年度学会调研课题培训。首都高校等知名教授、学者分别就经济金融热点的初浅分析、商业银行创建强势品牌之路和关于品牌建设与提升银行服务水平的思考做主题宣讲。

4. 协调配合完成总行新三年规划宣讲传达工作。按照总行部署要求及分行安排，协同相关部门落实学习组织督导工作。

5. 会同管理信息部采编《经济金融信息提要》48 期，完成报送总行北京地区《银行业竞争动态》资料 36 期、同业分析报告 57 篇。

（李杰）

北京市钱币学会

组织机构与负责人

会长：杨伟中（中国人民银行人事司巡视员）

监事长：李 辉（女，中国人民银行营业管理部机关事务处调研员）

秘书长：焦春莲（女）

会员单位

个人会员 1 200 人，团体会员 13 个。

联系方式

办公地点：中国人民银行营业管理部办公楼 2001 室

地址：北京市西城区月坛南街 79 号

邮编：100045

电话：010 － 68559317

传真：010 － 88655100

邮箱：zhidongli@ sina. com

重要活动

一、组织开展学术研究活动，成效显著

2012 年，北京钱币学会（以下简称学会）组织开展钱币学术研究活动，支持和鼓励会员在钱币学各个领域进行研究。会员王春利的《中国金银币目录（1791 ~ 1949）》、孙克勤的《中国现代流通硬币标准目录》、程继红的《货币与国家军事》、段忠谦主编的《古币的收藏故事》和梁贻斌的《梁贻斌货币文选》相继出版。

配合人民银行做好纪念币发行及人民币收藏品市场发展情况的调研工作。承担中国人民银行（以下简称总行）普通纪念币发行情况调研工作，组织召开 2 次研讨会，撰写了调研报告，并上报总行。受邀参加总行和中国钱币学会组织的关于普通纪念币发行办法改革方案的起草和修改工作。开展人民币收藏品市场发展情况调研，撰写《人民币收藏品市场管理方法研究》，上报人民银行营业管理部，为有关部门加强钱币市场的管理提出相关建议。

二、坚持开展钱币知识宣传普及和学术交流活动

2012 年，学会坚持按月举办会员日活动，活动内容包括钱币知识讲座、会员交流和钱币鉴定等。学会邀请在京的钱币专家高桂云、王纪洁、潘世杰、刘春声、王培伍、李志东等主讲了“钱币学与钱币文化”、“中国古代钱币的发展”、“古钱币鉴定”、“人民币收藏与辨伪”、“北京地区钱币文物的出土与发现”、“民俗钱鉴赏知识”和“龙年话龙币”等。每期活动中，到场的专家还义务为会员和钱币爱好者鉴定钱币。

学会举办多期钱币学术交流会、座谈会，积极参加社会大讲堂活动。1月，学会组织纸币专题小组召开“北京地区票贴的发行”座谈会；3月，李志东副秘书长受邀在西城区图书馆举办的社区大讲堂活动中作了题为《钱币学与钱币文化》的演讲。5月，召开有钱币市场经营者及钱币收藏者和爱好者参加的“纪念币发行问题”座谈会；10~11月，两次组织外币专题小组开展座谈，主题分别为“中国古代钱币对东南亚国家钱币的影响”和“现代世界硬币上的新工艺及其应用”；11月，请中国钱币学会、中国社科院等单位的专家与学会钱币会员代表座谈“中国古代白银货币化”问题。与中国钱币博物馆合作举办“反假货币展”，展出的内容包括中国古代货币反假的历史和古钱币辨伪知识、人民币辨伪知识、新中国反假人民币的成果和相关政策法规。为纪念中国钱币学会成立30周年，学会整理了《北京市钱币学会大事记(1985~2011)》和近年来学会开展活动的图片，上报中国钱币学会，被选入“中国钱币学会30年成果展”和《中国钱币学会30年纪念文集》。

三、加强学会制度建设

学会结合北京市社团办组织的社团评估工作，针对评估组指出的“学会人员不足”、“管理制度不健全”等问题，结合人民银行开展的“科学规范管理，提高制度执行力”活动，对学会有关规章制度进行了修改和完善。制定了《北京市钱币学会档案管理制度》，修订了《北京市钱币学会秘书处工作条例》、《北京市钱币学会会员发展办法》等。

（李志东）

北京市金融工会

组织机构与负责人

主　席：周玉忠

常务副主席：王兆华

副主席：张幼林（北京市金融工作局副局长）

副主席：方芳（女）

会员单位

北京市金融工会共有会员单位52家，会员107 000人。其中，市属工会组织17家，会员近29 000人；中央在京工会组织16家，会员约69 000人；外埠在京单位19家，会员9 000人。

联系方式

地址：北京市东城区台基厂大街3条3号6号楼110室

邮编：100005

电话：010－65592747

传真：010－65230907

网址：http：//www. jrgh. org. com

邮箱：jrgh2006@163. com

重要活动

3月1~2日，北京市金融工会召开第一届第三次委员（扩大）会议。会议审议通过了北京市金融工会主席周玉忠所作的工作报告，对《北京市“十二五”时期职工发展规划》进行解读，并介绍了工会三级服务体系建设情况。

3月28日，北京市金融工会召开北京市金融企业文化建设座谈会，来自11家金融企业、金融文化机构和高等院校的16名专家学者参加了座谈，为金融系统文化建设与发展和谐劳动关系论坛的举办奠定了基础。

3~4月，北京市金融工会开展“走

进基层、走进企业、服务职工”活动，走访慰问了9家金融企业和困难职工。

3~5月，北京市金融工会组织劳模评选和宣传工作。北京市金融系统共评出全国五一劳动奖章获得者1人，首都劳动奖章获得者13人、首都劳动奖状获得单位2个、北京市工人先锋号获得单位7个，北京市“三八”红旗集体1个、北京市“三八”红旗奖章1个。

北京市金融工会主席周玉忠一行赴北京银行等10多家金融企业开展工会经费税务代收工作专项调研，为进一步理顺工会经费管理关系，全面推进工会经费税务代收工作提供第一手资料。

3月~11月，北京市金融工会加强基层工会组建工作，建立新时代证券工会等5家基层工会，指导区县建立120家基层工会。

4月8日，北京市金融工会在门头沟区举行了“2012年北京市工会系统理财规划进乡镇、进社区、服务职工群众活动”启动仪式，并组织全市十佳理财规划师和专家组成的10支理财团队开展了两场大型服务活动，为400多位职工群众提供家庭理财基本知识普及与理财风险防范咨询。

5月17日，北京市金融工会召开推进工资集体协商和集体合同研讨会，来自全市41家单位90余名工会和人力资源部门负责人参加了会议。会议部署了全市金融企业积极开展工资集体协商要约行动，继续加强对集体协商工作的分类指导，切实推动集体合同和工资集体协商的开展；中信银行总行营业部工会等3家单位介绍了工作经验。

6月19日，北京市金融工会联合中央直属机关工委、北京职工婚姻家庭建设协会举办了北京市金融系统和中央国家机关青年联谊活动，共吸引了50多家单位的500余名单身青年参加。

7~8月，北京市金融工会为在“7·21”特大自然灾害中受灾的11家企业的78名困难家庭送去慰问款15万元。

7月27日，北京市金融工会召开了全系统2012年半年工作会议。会上组织学习了北京市委十一次党代会精神和市总工会十二届八次会议精神，总结了2012年北京市金融工会上半年工作，就下半年做好第一届首都金融系统文化建设与发展和谐劳动关系论坛暨成果展、组织好第三届职业技能大赛理财规划师比赛等提出明确要求。

8~9月，北京市金融工会主席周玉忠一行赴农业银行北京分行等10家单位开展金融系统职工维权服务需求专项调研，为扎实做好职工维权服务工作提供一手资料。

由北京市金融工会、北京市金融工作局主办，北京市第三届职业技能大赛西城赛区组委会承办的第三届北京市职业技能大赛理财规划师系列比赛在西城区开赛。来自全市150个单位的3 000余名金融从业人员经过初赛、复赛、半决赛和决赛，共产生了金银铜牌选手、年度十佳理财规划师10名和优秀理财规划师40名、理财规划能手150名。北京市金融工会获得“优秀组织奖”和“特别贡献奖”。

10月19日，由北京市金融工会、北京市金融工作局主办，北京银行承办的第一届首都金融系统文化建设与发展和谐劳动关系论坛暨成果展在市职工服务中心举办，51家单位参加论坛，38个基层单位的98篇论文和100多延米成果展版，全面展示了首都金融系统企业文化和职工文化建设取得的成就。

12月26~27日，北京市金融工会对全市金融系统工会工作进行集中交流和考核评比，有27家单位被评为优秀、12家单位被评为良好、6家单位被评为合格。

（杨军）

（四）2012年度北京市金融系统先进单位、先进个人名录

北京市“全国五一劳动奖章”获得者

屈　霆　中国民生银行股份有限公司北京管理部中关村支行行长

北京市“全国工人先锋号”获得集体

中国建设银行股份有限公司北京市分行铁道专业支行

北京市“全国金融五一劳动奖状”获得单位

（中国金融工会全国委员会
金工发〔2013〕9号
2013年4月10日）

中国进出口银行北京分行

中国工商银行股份有限公司北京市分行营业部

中国农业银行股份有限公司北京市分行

中国建设银行股份有限公司北京市分行投资银行部债券业务部

交通银行股份有限公司北京市分行个人金融业务部

中信建投证券股份有限公司北京东直门南大街证券营业部

中国人民健康保险股份有限公司北京分公司平谷新农合共保联办项目组

北京市“全国金融五一劳动奖章”获得者

（中国金融工会全国委员会
金工发〔2013〕9号
2013年4月10日）

贾淑梅（女）中国人民银行营业管理部调查统计处副处长

何　平　中国工商银行股份有限公司北京市分行翠微路支行行长

辛　铭　中国农业银行股份有限公司北京市分行万寿路支行行长

姜　华（女）中国农业银行股份有限公司北京市分行丰台支行行长

李迎春（女）中国银行股份有限公司北京市分行商务区支行行长

闫建霖　中信证券股份有限公司董事总经理

史学纲　中国人民财产保险股份有限公司北京市分公司西城支公司资深客户经理

孙　凉（女）中国人民健康保险股份有限公司北京分公司团险销售部副总经理兼平谷新农合共保联办项目组负责人

韩　笑　中国人民人寿保险股份有限

公司北京市分公司团体保险部业务总监

阎陆军　中国人寿养老保险股份有限公司北京市分公司总经理

陈　飞　中国民族证券有限责任公司固定收益部投资业务负责人

王建荣（女）中国农业发展银行股份有限公司北京市分行党委委员、副行长

（金工发〔2013〕10号　2013年4月11日）

北京市“全国金融系统‘学习型组织标兵单位’”获得单位

（中国金融工会全国委员会
金工发〔2013〕12号
2013年5月13日）

中国农业发展银行股份有限公司北京市分行西三环支行

招商银行股份有限公司北京分行零售银行部

信达证券股份有限公司北京古城路证券营业部

中国民族证券有限责任公司信用业务部

北京市“全国金融系统‘知识型职工标兵’”获得者

（中国金融工会全国委员会
金工发〔2013〕12号
2013年5月13日）

苗　蕾（女）中国农业银行股份有限公司北京市分行建国门支行个人客户经理

北京市“全国金融系统‘职工之友’”获得者

（中国金融工会全国委员会
金工发〔2013〕13号
2013年5月13日）

易映森　中国农业银行股份有限公司北京市分行党委书记、行长

王常青　中信建投证券股份有限公司党委书记、董事长

姚　广　银河期货有限公司董事会董事、总经理

北京市“全国金融系统先进工会组织”获得单位

（中国金融工会全国委员会
金工发〔2013〕14号
2013年5月14日）

中国工商银行股份有限公司北京市分行工会

中国农业银行股份有限公司北京市分行工会

交通银行股份有限公司北京市分行工会

中信银行股份有限公司总行营业部工会

北京市“全国金融模范职工之家”获得单位

（中国金融工会全国委员会
金工发〔2013〕14号
2013年5月14日）

国家开发银行股份有限公司北京市分行工会

中国银行股份有限公司北京市分行东城支行工会

交通银行股份有限公司北京市分行中关村园区支行工会

中信建投证券股份有限公司工会

中国光大银行股份有限公司北京分行工会

中国人寿养老保险股份有限公司北京市分公司工会

2011～2012 年度全国青年文明号

（共青团中央　中青发〔2013〕6 号
2013 年 1 月 31 日）

中国人民银行营业管理部清算中心系统运行中心维护科

中国农业银行股份有限公司北京市分行铁道支行

中国银行股份有限公司北京市分行亮马河大厦支行

交通银行股份有限公司北京市分行林萃路支行营业室

中国光大银行股份有限公司北京分行世纪城支行

北京市“首都劳动奖状”获得单位

（北京市总工会　京工发〔2013〕21 号
2013 年 4 月 10 日）

北京银行股份有限公司

中国农业银行股份有限公司北京市分行

北京市“首都劳动奖章”获得者

（北京市总工会　京工发〔2013〕21 号
2013 年 4 月 10 日）

王　惠（女）新时代证券有限责任公司工会主席

史玉杰（女）泰康人寿保险股份有限公司北京分公司第八区域 CBD 收展经理

李　洁（女）中国光大银行股份有限公司北京分行朝内支行行长

李　涛　中意人寿保险有限公司北京分公司兼业代理营销部主管

杨爱军　中国工商银行股份有限公司北京市分行海淀支行运营管理部经理

贺　骞　民生证券股份有限公司董事、副总经理

夏　凡　招商银行股份有限公司北京分行零售银行部总经理助理

唐　宇　华夏银行股份有限公司北京分行车公庄支行行长

涂光华　中国银行股份有限公司北京市分行望京支行行长

滕兆见　北京农村商业银行股份有限公司朝阳支行行长

戴春荣（女）中信建投证券股份有限公司研究发展部分析师

北京市“工人先锋号”获得集体

（北京市总工会　京工发〔2013〕21 号
2013 年 4 月 10 日）

中国建设银行股份有限公司北京市分行铁道专业支行

中国邮政储蓄银行股份有限公司北京分行通州区支行信贷业务部

中信银行股份有限公司总行营业部崇

文支行

北京国际信托有限公司房地产金融业务总部

交通银行股份有限公司北京市分行松榆里支行

中国平安财产保险股份有限公司北京分公司第二营业部

中国民生银行股份有限公司北京管理部木樨地支行

北京银行股份有限公司平谷支行零售部